Heimatgeschichtlicher Wegweiser zu Stätten des Widerstandes und der Verfolgung 1933 – 1945

Band 5/2

Baden-Württemberg II

Regierungsbezirke Freiburg und Tübingen

Mit einem Vorwort von Siegfried Pommerenke, DGB-Landesvorsitzender Baden-Württemberg

Autorin: Ursula Krause-Schmitt

Herausgegeben vom Studienkreis Deutscher Widerstand und der
Vereinigung der Verfolgten des Naziregimes (VVN) / Bund der Antifaschisten Baden-Württemberg

Gedruckt mit einem Zuschuß der Landeszentrale für politische Bildung Baden-Württemberg

„Wer sich der Unmenschlichkeit nicht erinnern will, der wird wieder anfällig für neue Ansteckungsgefahren."

Bundespräsident Richard von Weizsäcker, 8. Mai 1985

Wenn wir und die Generationen nach uns aus der Nazizeit die richtigen Lehren ziehen wollen, dann müssen wir uns immer wieder mit diesem unglaublichen Akt der Barbarei auseinandersetzen und ihn möglichst lückenlos als schreckliches Lehrbeispiel festhalten.
Wir brauchen also Daten, Fakten, Zeugen.
Heute, fünfzig Jahre nach Beendigung des Krieges und der Befreiung vom Naziterror, sind viele Zeugnisse verschwunden, die Zahl der lebenden Zeugen dieser Apokalypse wird immer kleiner.
Viele solcher Orte versanken langsam im Nebel der Geschichte oder wurden mit einem Schleier des Schweigens überzogen. Archive wurden „gesäubert", belastendes Material vernichtet. Interesse, das „Dritte Reich" aus dem Gedächtnis zu löschen, gab es nach Kriegsende und gibt es noch heute. Auch Geschichtsschreiber beteiligen sich am Verdrängen und Verfälschen historischer Tatsachen in diesem Zusammenhang.
Vieles wird einfach verschwiegen, so z.B. der Widerstand der „kleinen Leute", darunter Gewerkschafter, Sozialdemokraten, Kommunisten und Christen. Wer damals Flugblätter verteilt hat, wer Verfolgte versteckt hat, der mußte ebenfalls mit dem Tod rechnen. Nicht nur der 20. Juli 1944 darf in die Geschichte und Schulbücher eingehen, auch das, was zahllose und namenlose Demokraten unter Einsatz ihres Lebens für ein besseres Deutschland getan haben, muß der Nachwelt überliefert werden.
Wer über die Jahre 1933 bis 1945 mehr als das Offizielle wissen will, wer gar überprüfen oder forschen möchte, wird häufig angefeindet. Das Wort vom „elenden Schnüffler" und „böswilligen Nestbeschmutzer" fällt nicht selten.
Die Forderungen der Überlebenden jener Zeit - „Nie wieder Faschismus! Nie wieder Krieg!" -, die in den Nachkriegsjahren politisches Allgemeingut waren, wurden im Laufe der Zeit und im Zug des wirtschaftlichen Aufschwungs von einer immer breiteren Öffentlichkeit als unzeitgemäß und lästig empfunden.
Antifaschisten galten als Störenfriede der Wohlstandsgesellschaft und wurden von Konservativen und reaktionären Kräften nicht selten in die Nähe von Staatsfeinden gerückt. Großindustrielle indessen, die Hitler zur Macht verholfen hatten, waren bald wieder etabliert und rehabilitiert. Ehemalige Nazigrößen stiegen in Wirtschaft, Verwaltung, Justiz und Politik bis in die höchsten Ämter auf und genießen zum Teil heute noch ihre Pensionen.
Vielen Verfolgten wie den Sinti und Roma, den Homosexuellen oder den Zwangsarbeitern aus dem Osten, die in der Rüstungsindustrie Sklavenarbeit leisten mußten, wurde die Wiedergutmachung verweigert.
Auch die Bereitschaft, sich in den Schulen mit der Nazizeit auseinanderzusetzen, läßt vieles zu wünschen übrig. Es ist alarmierend, daß antisemitische Vorfälle oft verharmlost werden. Wir Deutschen, in deren Namen die Vernichtung des europäischen Judentums erfolgte, dürfen dies nicht zulassen.
Eine „Gnade der späten Geburt" kann es nicht geben. Wir können uns nicht aus unserer Geschichte stehlen. Die „politische Erbschaft der Schuldigen" (Bundeskanzler a.D. Helmut Schmidt) zu tragen, bedeutet - für Junge wie Ältere -, sich immer wieder mit dieser Schuld auseinanderzusetzen, obwohl sie niemals erlischt.
Dieser „Heimatgeschichtliche Wegweiser zu Stätten des Widerstandes und der Verfolgung 1933–1945" in Baden-Württemberg ist ein wichtiger Beitrag zu dieser Auseinandersetzung. Durch ihn wird der lokale Bezug hergestellt, das furchtbare Geschehen fühlbar gemacht und als grausame Realität in unser Bewußtsein gerückt. Naziherrschaft, das war nicht nur Berlin, waren nicht Hitler und seine Gehilfen allein. Auch unmittelbar vor unserer Haustür, in der Nachbarschaft, waren die Schergen am Werk, gehörten Terror und Mord zum Alltag.
Erinnern wir uns als stetige Mahnung daran, damit nie wieder geschehen wird, was auch vor 1933 undenkbar war.

S. Pommerenke

Siegfried Pommerenke
Vorsitzender des DGB-Landesbezirkes
Baden-Württemberg

Alfred Hausser zum 85. Geburtstag am 27. August 1997

Dieser zweite Band des Heimatgeschichtlichen Wegweisers Baden-Württemberg ist dem Ehrenpräsidenten der Vereinigung der Verfolgten des Naziregimes (VVN) – Bund der Antifaschisten mit Hochachtung und Dankbarkeit gewidmet.
Alfred Hausser ist einer der Widerstandskämpfer, die ihre Gegnerschaft zum Nationalsozialismus von Anfang an offen bekannten und dafür Verfolgung und langjährige Haft hinnehmen mußten. Als er 1930 in Stuttgart seine Mechanikerlehre beendete, traf ihn die Wirtschaftskrise unmittelbar. Er wurde arbeitslos und stand ohne einen Pfennig da, nachdem die letzte Notverordnung der Regierung Brüning den jungen Erwerbslosen auch noch die wöchentliche Unterstützung von einer Mark fünfzig entzogen hatte. Damals trat der junge Gewerkschafter in den Kommunistischen Jugendverband und zwei Jahre später in die KPD ein. Das erste Flugblatt, für das er verantwortlich zeichnete, rief zum Widerstand gegen Sozialabbau und gegen weitere Zugeständnisse an die Nationalsozialisten auf.
Als Reichspräsident von Hindenburg am 30. Januar 1933 Hitler die Macht übertrug, mußte Alfred Hausser untertauchen, um der drohenden Festnahme zu entgehen. Er führte den Kampf gegen die Nationalsozialisten aus der Illegalität heraus fort, bis er Ende 1934 in Chemnitz verhaftet wurde. Mit elf Genossen stand er im Sommer 1936 vor dem „Volksgerichtshof" in Berlin und wurde wegen „Vorbereitung zum Hochverrat" zu 15 Jahren Zuchthaus verurteilt. Alfred Hausser war 24 Jahren alt, als sich im Zuchthaus Ludwigsburg die Gefängnistore hinter ihm schlossen. Da ihn das Urteil als „entschlossenen Kommunisten" und „unbelehrbaren Feind des nationalsozialistischen Staates" beschrieb, wurde Einzelhaft und für eineinhalb Jahre absolutes Sprechverbot über ihn verhängt.
Zehn Jahre verbrachte Alfred Hausser hinter Zuchthausmauern, davon sieben als Zwangsarbeiter für die Firma Bosch. Er mußte Anker für verschiedene Typen von Lichtmaschinen wickeln und bekam dafür 40 Pfennig Tageslohn, ein Bruchteil der normalen Entlohnung von 20 Mark. Er gewann der erzwungenen Arbeit, die seine ganze Konzentration erforderte, jedoch auch eine gute Seite ab: Sie hielt ihn tagsüber vom Grübeln ab. Am Abend setzte er der zermürbenden Wirkung der Isolationshaft das Studium der klassischen Literatur entgegen. Wöchentlich durfte er nur ein Buch aus der Zuchthausbücherei ausleihen, und er merkte bald, daß ein Buch, das schnell zu Ende gelesen war, ihm nicht genügend Stoff für die geistige Auseinandersetzung bot. So beschäftigte er sich sehr lange und intensiv mit Goethe's „Faust". Er, der mit niemanden sprechen durfte, entdeckte das Musikalische in dieser Sprache, lernte ganze Passagen auswendig, die er, in der engen Zelle auf- und abgehend, deklamierte. 50 Jahre später wird er sagen:
„Das ist meine entscheidende Lehre aus zehn Jahren Haft: Nur der ist verloren, der sich selbst aufgibt!"
Während der Haft hielt er die Erinnerung an das große Vorbild seiner Jugend, Karl Liebknecht, wach; auch er wollte seinen Zuchthauskittel mit Stolz tragen. Vorbilder ja, aber Alfred Hausser lehnt, wie er 1994 in einem Interview verdeutlicht, die Heroisierung der Antifaschisten ab:
„Wenn man alle Antifaschisten zu Helden macht, die sie absolut nicht sein wollten, dann ist das eine Bewertung des Antifaschismus, die viele junge Menschen nicht nachvollziehen können. Und auch für mich möchte ich sagen: Also ich wollte beileibe kein Held sein, und ich weigere mich auch mir einen solchen Schuh anzuziehen. Wir haben für eine Überzeugung gekämpft, recht und schlecht. Wir sind Menschen gewesen und geblieben, auch nach der Befreiung, mit unseren Schwächen. Kurz und gut, also man soll den Antifaschismus – ich will mal sagen – etwas vermenschlichen."
Im April 1945 sieht Alfred Hausser die Freiheit wieder. Zurückgekehrt in das zerbombte Stuttgart engagiert er sich für den Aufbau einer antifaschistischen Gesellschaft. Er ist zunächst Redakteur einer Jugendzeitschrift, die mit der Lizenz der französischen Militärregierung in den drei westlichen Besatzungszonen erscheint. Ein Jahr nach der Gründung der Vereinigung der Verfolgten des Naziregimes (VVN) übernimmt er 1948 in der Organisation die Aufgabengebiete Presse- und Sozialarbeit. Es ist die Zeit des beginnenden Kalten Krieges, und die Gemeinschaft der NS-Gegner ist schweren Belastungen ausgesetzt. Was 1945 noch unvorstellbar erschien, vollzieht sich nun in ganz kurzer Zeit: Die Restauration marschiert, und nicht wenige ehemalige Nationalsozialisten kehren in führende Positionen in Staat, Wirtschaft und Gesellschaft zurück. Die VVN ist in immer stärkerem Maße in der politischen Auseinandersetzung gefordert und massivem Druck von Seiten der Adenauer-Regierung ausgesetzt. Sozialdemokratischen und auch christlichen VVN-Mitglieder wird, sofern sie im öffentlichen Dienst beschäftigt sind, mit Entlassung gedroht. Das Bestreben der KPD, möglichst viele Positionen innerhalb der VVN mit eigenen Vertrauensleuten zu besetzen, führt zu Mißtrauen und Zwietracht. Im September 1948 setzt der SPD-Parteivorstand einen „Unvereinbarkeitsbeschluß" durch, der die gleichzeitige Mitgliedschaft in der SPD und der VVN untersagt.
Alfred Hausser bedauert die Fehler, die damals innerhalb der VVN gemacht werden, und bleibt von einer Grunderfahrung seiner Haft geprägt:
„Daß man den anderen in seiner Meinung, in seiner Weltanschauung, in seinen religiösen Gefühlen tolerieren muß, ob man sie sich selber zu eigen macht oder nicht, ist nicht die Frage. Aber das gemeinsame Grundanliegen des Antifaschismus, das mußte über

all diese unterschiedlichen Positionen hinweg Gültigkeit haben. Schade, daß wir das nicht durchhalten konnten."
Die zweite Hälfte seines Lebens widmet Alfred Hausser bewußt dem Kampf um die Entschädigung für die Opfer des Nationalsozialismus. Klarsichtiger als andere erkennt er, daß mit der Einrichtung staatlicher Wiedergutmachungsbehörden die Arbeit der Betreuungsstellen für die Opfer des Nationalsozialismus nicht wegfallen wird. Im Gegenteil: Der Rechtsanspruch auf Entschädigung muß in unzähligen Einzelfällen erst durchgesetzt werden und der Kampf um Entschädigung für alle NS-Opfer beginnt erst:
„Es gab ja damals 1948 die Illusion, daß die ganze Geschichte in sechs Monaten erledigt sei. Bei mir sind bis jetzt 50 Jahre daraus geworden, und sie ist noch nicht erledigt, und ich bin noch dabei, weil ich mir sage, solange ich kann, möchte ich die Menschen nicht im Stich lassen. Sie sind alle älter geworden und brauchen mehr Hilfe, und da ich mich noch stark und gesundheitlich in der Lage fühle, diese Aufgabe weiter zu betreiben, bin ich auch noch dabei."
Alfred Hausser verhilft tausenden von Verfolgten zu ihrem Recht, soweit es der enge Rahmen der Wiedergutmachungsgesetzgebung ermöglicht. Der gelernte Mechaniker wird zum Spezialisten nicht nur im Entschädigungsrecht mit allen seinen Sonderregelungen, sondern auch im Sozialrecht und in der Zivilprozeßordnung; er lernt medizinische Gutachten zu entschlüsseln und wenn nötig zu widerlegen. Den Hilfesuchenden kommt zu gute, daß er gegenüber den Behörden und Gerichten die Verfolgungstatbestände aus eigenem Erleben heraus beschreiben kann. Unter den von ihm bearbeiteten Entschädigungsfällen gibt es nach damaliger Rechtslage auch zahlreiche aussichtslose. Doch Alfred Hausser gibt nicht auf; er ist ein Anwalt für alle NS-Verfolgten – für die Sintezza Sophie Wittich ebenso wie für die das FrauenKZ Ravensbrück überlebende Gertrud Müller, der die geringe Entschädigungsrente entzogen werden soll, als sie sich in den 50er Jahren erneut für die KPD engagiert. Er kennt die zahllosen Härtefälle, kümmert sich einerseits, seine vielen persönlichen Kontakte nutzend, um individuelle Hilfe und entwickelt andererseits immer wieder Initiativen, um die gesetzlichen Grundlagen und die Errichtung eines Fonds für die Entschädigung bisher ausgegrenzter Opfer des NS-Regimes zu schaffen. Anfang der 80er Jahre gründet er die Interessengemeinschaft ehemaliger Zwangsarbeiterinnen und -arbeiter, um den Anliegen dieser Menschen stärker Gehör zu verleihen.
In ebenso starkem Maße ist sein Leben vom Wachhalten der Erinnerungen an Widerstand und Verfolgung bestimmt. Zu Beginn der 60er Jahre wird er zum Landesvorsitzenden der VVN in Baden-Württemberg gewählt - in einer Zeit, in der das Wissen um die Verbrechen des NS-Staats und um den Widerstand weitestgehend verdrängt ist. Bei vielen, die damals zur Schule gingen, hinterläßt die Begegnung mit den Überlebenden der Zuchthäuser und der Konzentrationslager einen nachhaltigen Eindruck. Von ihnen erfahren sie erstmals, was ihnen in Schule und Elternhaus verschwiegen wurden, was sich in der NS-Zeit in der unmittelbaren Nachbarschaft ereignet hatte, und sie hören von Menschen, die Widerstand wagten. Es gab also doch nicht nur die Helden des 20. Juli ...
Alfred Hausser setzt sich dafür ein, daß in seiner Heimatstadt ein Mahnmal für die Opfer des Faschismus errichtet wird und daß Frauen und Männer des Widerstands im Stuttgarter Rathaus öffentlich geehrt werden. Er geht in Schulen, entwickelt zusammen mit dem Stadtjugendring das Konzept der antifaschistischen Stadtrundfahrten. Mehr als 500 Rundfahrten hat er seitdem begleitet und dabei erfahren, wie wenig die Zeit des Nationalsozialismus an den Schulen aufgearbeitet wird. Er spricht, wann immer er gefragt wird, bei Veranstaltungen, Seminaren und bei Gedenkkundgebungen an den vielen Stätten der Verfolgung in Baden-Württemberg. Er kümmert sich um das kostbare Archiv, das die VVN Baden-Württemberg seit ihrer Gründung aufgebaut hat, und sorgt dafür, daß es für die Forschung zugänglich ist. Zahllose lokale und regionale Dokumentationen zur NS-Zeit sind mit seiner Unterstützung, seinen Hinweisen und Ratschlägen entstanden.
Das Projekt „Heimatgeschichtlicher Wegweiser zu Stätten des Widerstandes und der Verfolgung 1933–1945" in Baden-Württemberg hat Alfred Hausser von seinen Anfängen zu Beginn der 80er Jahre an unterstützt und gefördert. Daß auch dieser zweite Band für Baden-Württemberg erarbeitet werden konnte, ist vor allem ihm zu verdanken. Er sieht in dieser Spurensuche eine Fortsetzung dessen, was seine Gefährten in der VVN, vor allem Julius Schätzle und Bruno Lindner, nicht mehr vollenden konnten. „Kennst Du das Land?" sollte der Titel eines von ihnen geplanten Dokumentarfilms über die Orte des Widerstands und der Verfolgung in Baden-Württemberg sein.
Zugleich schätzt er die eigenständige Aneignung der NS-Geschichte durch jüngere Generationen. Es macht ihn dankbar und glücklich, daß es heute in Baden-Württemberg zahlreiche lokale Geschichtswerkstätten, Gedenkstätten und Initiativen zur Errichtung von Gedenkstätten gibt. Wenn die Orte, an denen sich die Grausamkeiten des NS-Systems ereigneten, nicht vergessen werden, so werden auch die Fragen nach den Lehren aus dieser Geschichte nicht verstummen:
„Hautnah und ergreifend wird Geschichte, wenn man ihre Spuren vor der eigenen Haustür entdeckt und verfolgen kann. Oft wird nach Alternativen zu Lebensgewohnheiten gefragt. Warum nicht auch alternatives Wandern? Da ragt zum Beispiel hinter Tübingen die Stammburg der Hohenzollern weit ins Land hinein. Aber an ihrem Fuß liegt der riesige KZ-Friedhof Bisingen. Welches der beiden Ziele hat uns heute mehr zu sagen?"
Wir gratulieren Alfred Hausser ganz herzlich zu seinem 85. Geburtstag und wünschen ihm Gesundheit, Lebensfreude und – als sein ganz besonderes Lebenselixier – noch viele, viele gute Gespräche und Begegnungen mit jungen Menschen.

Ursula Krause-Schmitt

Die wörtlichen Zitate stammen aus einem Interview, das Conrad Taler im Dezember 1994 für Radio Bremen aufgenommen hat: „Nur wer sich aufgibt, ist verloren. Alfred Hausser – Porträt eines Antifaschisten".

Danksagung

Den Autorinnen und Autoren, auf deren Forschungen ich mich stützen konnte, danke ich an dieser Stelle noch einmal herzlich. Ihre Publikationen sind bei den jeweiligen Kreisen aufgeführt.

Bei Dr. Udo Bayer, Laupheim, Jost Grosspietsch, Sulzburg, Axel Huber, Laichingen, Carsten Kohlmann, Petra Sachs-Gleich und Birgit Locher, Wangen, Ulrich Seemüller, Ulm, und Klaus Schätzle, Sulz am Neckar, bedanke ich mich für ihre großzügige Unterstützung. Sie haben für diesen Band eigene Texte zur Verfügung gestellt.
Herzlichen Dank auch an Oswald Burger, Überlingen, Manfred Bosch, Rheinfelden, Ruth Fichtner, Ulm, und Reinhold Adler, Ummendorf, die die Mühe auf sich genommen haben, die Manuskripte einzelner Kreise zu lesen und wesentliche Ergänzungen eingebracht haben.

Dem Städtetag Baden-Württemberg sei für die wohlwollende Unterstützung der Gemeindeumfrage im Frühjahr 1996 gedankt, durch die ein erstes Grundgerüst an Daten erhoben werden konnte. Etwa 80 % der Gemeinden und Städte haben den Fragebogen beantwortet. Für umfangreiche Auskünfte und weiterführende Hinweise bedanke ich mich bei den Mitarbeiterinnen und Mitarbeitern folgender Stadt- und Gemeindeverwaltungen:

Achberg, Albbruck, Asselfingen, Bad Buchau, Bad Säckingen, Bad Wurzach, Baienfurt, Balzheim, Berghaupten, Blaubeuren, Blumberg, Bollschweil, Bräunlingen, Buchenbach, Burladingen, Büsingen, Denkingen, Denzlingen, Dettingen an der Erms, Dornhan, Dunningen, Eichstetten, Efringen-Kirchen, Engstingen, Eningen unter Achalm, Ertingen, Ettenheim, Friesenheim, Gosheim, Gottenheim, Gottmadingen, Grenzach-Wyhlen, Gutenzell-Hürbel, Hausen im Wiesental, Hechingen, Herdwangen-Schönach, Herrischried, Hohberg, Hohentengen, Hülben, Illerkirchberg, Immenstaad, Inzigkofen, Krauchenwies, Kippenheim, Klettgau, Königsfeld im Schwarzwald, Langenargen, Lauchringen, Lauf, Laufenburg (Baden), Leibertingen, Mahlberg, Maulburg, Mietingen, Mönchweiler, Münstertal, Murg, Neenstetten, Neuhausen ob Eck, Neufra, Öhningen, Ostrach, Pfullendorf, Rheinfelden, Sankt Peter, Sankt Märgen, Sasbach, Sasbachwalden, Saulgau, Schallstadt, Schramberg, Schwanau, Seebach, Sigmaringen, Spaichingen, Stegen, Steinhausen an der Rottum, Tengen, Todtmoos, Weilheim, Umkirch, Villingendorf, Vogtsburg, Vörstetten, Wald, Wehingen, Westerheim, Westerstetten, Wutöschingen, Zell am Harmersbach und Zimmern ob Rottweil.

Ein ganz besonderes Dankeschön geht an folgende Personen, die bei den weitere Nachforschungen kompetent und hilfsbereit geholfen haben:
Herr Alfänger, Stadtverwaltung St. Blasien
Herr Allgeier, Stadtarchiv Waldkirch
Herr Barczyk, Stadtarchiv Bad Waldsee
Herr Baumer, Friedhofsverwaltung Konstanz
Herr Bäurer, Stadtarchiv Stockach
Herr Bertele, Eriskirch
Frau Betz-Wischnath, Landratsamt Reutlingen
Herr Bidlingmaier, Stadtarchiv Metzingen
Dr. Bothe, Freiburg
Herr Croin, Bürgermeisteramt Ihringen
Herr Deigendesch, Stadtarchiv Münsingen
Herr Dreyer, Bürgermeisteramt Immendingen
Frau Dufner, Bürgermeisteramt Unterkirnach
Dr. Dumke, Zentrum für Psychiatrie, Bad Schussenried
Dr. Eitel, Stadtarchiv Ravensburg
Herr Elbs, Stadtarchiv Tettnang
Herr Fahrer, Stadtarchiv Breisach
Herr Federle, Stadtarchiv Oberndorf am Neckar
Herr Fenner, Stadtarchiv Radolfzell
Herr Frick, Bürgermeisteramt Jungingen
Frau Fricke, Stadtarchiv Ravensburg
Dr. Gemeinhardt, Stadtarchiv Reutlingen
Herr Geppert, Stadt- und Spitalarchiv Rottenburg/Neckar
Herr Gillen, Hohwald/Luxembourg
Herr Haas, Oberwolfach
Dr. Hecht, Stadtarchiv Rottweil
Herr Hildenbrandt, Stadtarchiv Haslach im Kinzigtal
Herr Hollerbach, Stadtverwaltung Blaustein
Herr Huber, Oberkirch-Nußbach
Herr Jenne, Stadtarchiv Emmendingen
Frau Kappes, Stadtarchiv Singen
Herr Kienle, Bürgermeisteramt Gomaringen
Herr Kluckert, Nordrach
Frau Kottmann, Stadtarchiv Villingen-Schwenningen
Herr Krais, Ettenheim
Herr Kronenbitter, Stadtverwaltung Riedlingen
Herr Kuhn, Kreisarchiv Bodensee-Kreis
Herr Kuthe, Stadtarchiv Konstanz
Dr. Lang, Stadtarchiv Albstadt
Herr Lehle, Oberndorf am Neckar
Herr Lehmann, Oberharmersbach
Herr Lehmann, Stadtverwaltung Oberndorf am Neckar
Herr Liehner, Stadtarchiv Überlingen
Herr Lohmann, Stadtarchiv Weingarten
Frau Maerker, Stadtarchiv Biberach
Herr Maier, Appenweier
Herr Martin, Archiv- und Museumsbetreuung Blaubeuren, Schelklingen und Munderkingen
Frau Merk, Bürgermeisteramt Allensbach
Frau Meyer, Stadtarchiv Albstadt
Frau Michels, Bürgermeisteramt Riegel
Herr Moehring, Museum am Burghof, Lörrach
Herr Müller, Stadtverwaltung Oberkirch
Dr. Ohngemach, Stadtarchiv Ehingen
Herr Ott, Münsingen-Buttenhausen
Frau Pfanzelt, Bürgermeisteramt Bisingen
Herr Pfau, Stadtarchiv Schiltach
Frau Poeck, Gemeindeverwaltung Jestetten
Herr Pontier, Winterswijk/Niederland
Herr Popp, Bürgermeisteramt Gailingen
Herr Reeb, Bürgermeisteramt Hornberg
Herr Rüdenburg, Zentrum für Psychiatrie, Zwiefalten
Frau Sadlau, Hanauer Museum, Kehl
Dr. Schadek, Stadtarchiv Freiburg
Herr Schiele, Stadtverwaltung Markdorf
Dr. Schimpf-Reinhardt, Stadtarchiv Balingen

Dr. Schwarzbauer, Kulturamt Meersburg
Frau Scherzer, Stadtverwaltung Hüfingen
Frau Schmidt, Stadtarchiv Schopfheim
Herr Seeger, Biberach
Frau Siegloch, Stadtarchiv Leutkirch
Herr Silvers, Steinhausen an der Rottum
Herr Stege, Hermann-Hesse-Höri-Museum, Gaienhofen
Herr Stehle, Stadtarchiv Mengen
Herr Stutz, Stadtverwaltung Schömberg
Herr Stude, Friesenheim
Frau Sütterlin, Bürgermeisteramt Teningen
Herr Vollet, Stadtverwaltung Achern
Herr Walter, Gemeindeverwaltung Schliengen
Herr Wehrle, Bürgermeisteramt Reichenau
Herr Weißer, Stadtverwaltung Elzach
Herr Werner, Stadtverwaltung Rheinau
Herr Wieland, Stadtarchiv Friedrichshafen
Frau Woll, Heimatmuseum Tuttlingen
Frau Zacharias, Stadtarchiv Tübingen
Herr Zimmermann, Stadtverwaltung Donaueschingen

Für die Hilfe bei der Auswertung der Gedenkbücher für die jüdischen Opfer und für die Opfer der Sinti und Roma bedanke ich mich herzlich bei Ingrid Krell, Maintal-Bischofsheim, und bei Christine Krause, Berlin.

Computerpannen gab es noch und noch. Für die Rettung abgestürzter Texte waren zuständig: Christine und Katja Krause sowie Dr. Gottfried Schmidt. Gottfried Schmidt gebührt Dank für seine Geduld beim Lay-out und den Nachträgen in letzter Minute. Daß er sich nicht gar zu sehr mit Schreibfehlern plagen mußte, ist denen zu danken, die geduldig Korrektur gelesen haben: Renate Beck, Biebergemünd, und Dr. Jutta von Freyberg, Dreieich. Bei Jutta von Freyberg bedanke ich mich zusätzlich für die stilistische Überarbeitung gar mancher Textpassagen, für die Hilfe beim Lay-out und für die Erstellung des Registers.

Last but not least sei an dieser Stelle denen gedankt, die die Herausgabe dieses Bandes in finanzieller Hinsicht ermöglicht haben: der Daimler Benz AG, der Landeszentrale für politische Bildung, der Landesarbeitsgemeinschaft der Gedenkstätten und Gedenkstätteninitiativen in Baden-Württemberg und den vielen Einzelpersonen, die durch Spenden und Subskriptionen geholfen haben.

Ursula Krause-Schmitt

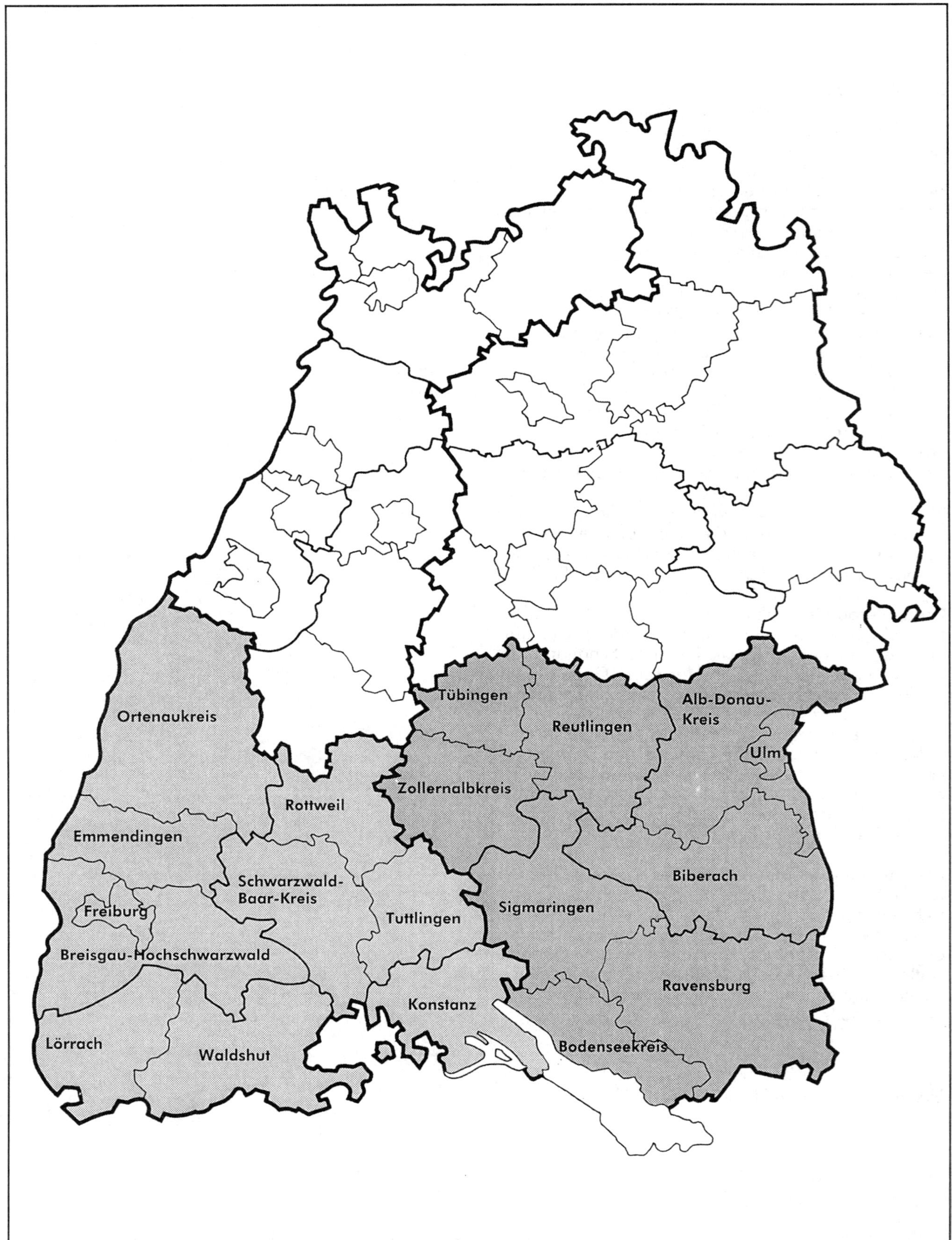

Baden-Württemberg – Übersichtskarte

Die in diesem Band bearbeiteten kreisfreien Städte und Kreise wurden getönt.

Kreis Breisgau-Hochschwarzwald

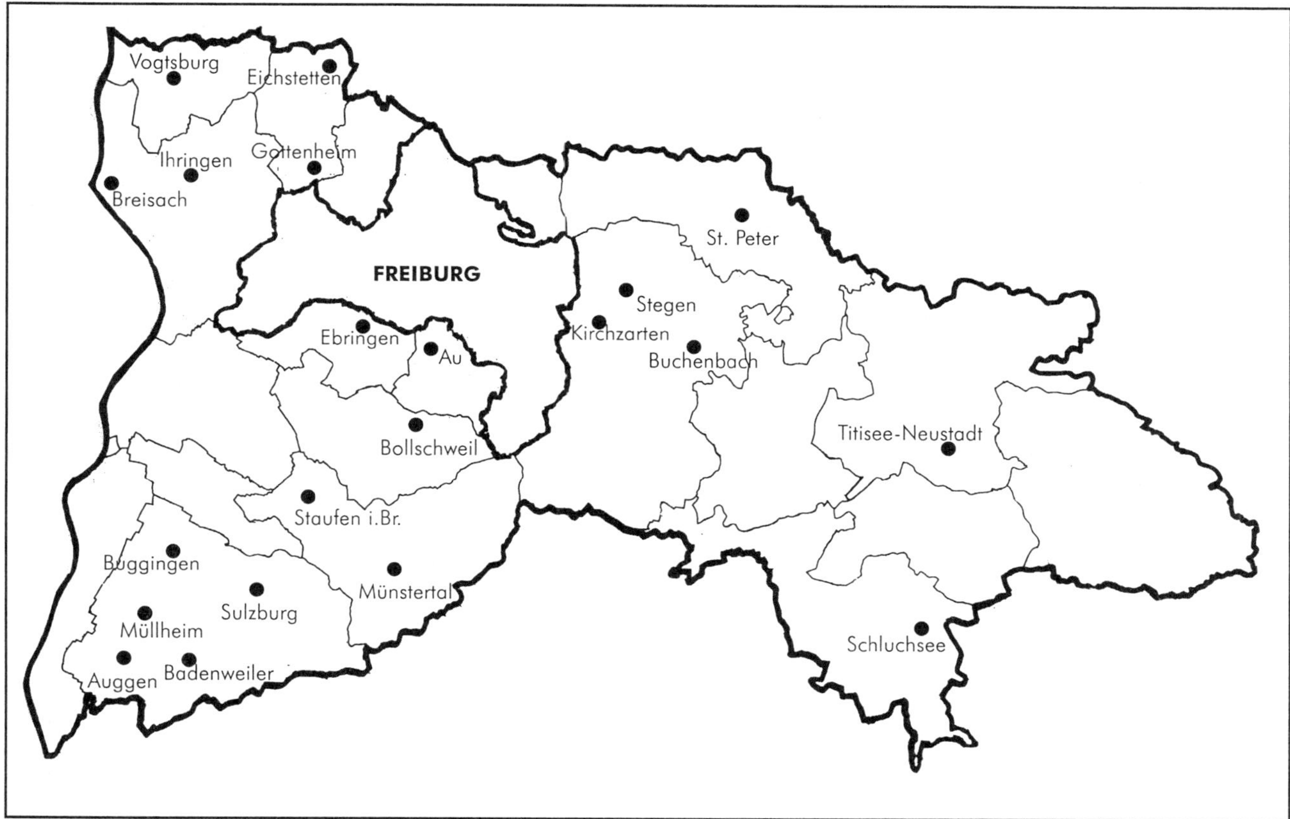

AU

Widerstand und Naziterror

Der am 5. Juni 1899 in **Au** geborene Bibelforscher Julius Engelhardt wurde am 2. Juni 1944 zum Tode verurteilt und am 14. August 1944 im Zuchthaus Brandenburg mit weiteren Glaubensgenossen hingerichtet. Weitere Informationen zu seiner Biographie finden sich in dem Buch „Der Widerstand im deutschen Südwesten".

„Rassische" Verfolgung und „Euthanasie"

In der NS-Zeit lebten zwei jüdische Familien in **Au**: Der Chemiker Dr. Hans Magnus und die Familie des Textilkaufmanns Simon Fürth. Simon und Paula Fürth geb. Hirsch wurden im Oktober 1940 nach Gurs deportiert und kamen dort ums Leben. Ihr Sohn Oskar gilt als „verschollen".

AUGGEN

„Rassische" Verfolgung und „Euthanasie"

In **Auggen** war 1930 das Sinti-Mädchen Martha Reinhardt zur Welt gekommen. Am 18. März 1943 wurde sie zusammen mit ihrer Familie in das Vernichtungslager Auschwitz-Birkenau eingeliefert. Knapp ein Jahr lang hielt sie dem Hunger, dem Durst, der qualvollen Enge und der grausamen Behandlung durch die SS-Wachmannschaften stand. Sie mußte in dieser Zeit hilflos den Tod ihrer Verwandten miterleben, bis sie am 1. März 1944 im Alter von 14 Jahren starb.

Konzentrationslager und Zwangsarbeit

In **Auggen** waren 330 ausländische Zwangsarbeitskräfte während der Kriegsjahre gemeldet; diese Zahl gibt der FNTB als Ergebnis seiner Nachkriegsermittlungen an.

BADENWEILER

Widerstand und Naziterror

Nur wenige Kilometer von seinem Heimatort **Schweighof** entfernt fand die Flucht des Deserteurs Erhard Leisinger am 15. April 1945 ein tödliches Ende. Der junge Soldat wurde in Untermünstertal von Angehörigen des berüchtigten SS-Jagdkommandos Süd erschossen (s. Münstertal).

„Rassische" Verfolgung und „Euthanasie"

Im Gedenkbuch für die Opfer der Judenverfolgung und auf dem Gedenkstein auf dem **Friedhof** von **Badenweiler** stehen die Namen von acht Jüdinnen und Juden, die am 22. Oktober 1940 von Badenweiler in das südfranzösische Internierungslager Gurs deportiert und ermordet wurden:

Die Schwestern Berta, Charlotte und Gertrud Monasch hatten lange Jahre ein Textilgeschäft in der **Luisenstr.** 2 betrieben. Der Boykott trieb sie in die Armut. Die drei Frauen, bei der Deportation zwischen 50 und 60 Jahre alt, erlagen nacheinander den harten Lebensbedingungen in Gurs.

Das Ehepaar Jules und Celine Mager-Levy wurde mit den Kindern Gertrud, geb. 1918, und Louis, geb. 1928, deportiert. Die Eltern kamen 1942 auf Transport nach Auschwitz und wurden ermordet, die Kinder sind „verschollen". Jules Mager-Levy war Besitzer des **Hotels Bellevue** in der **Luisenstr.** 12 gewesen.

Margarethe Stern geb. Lippmann wurde als 70jährige ebenfalls in Auschwitz ermordet.

Konzentrationslager und Zwangsarbeit

Nach Angaben des FNTB waren während der Kriegsjahre in **Badenweiler** 130 ausländische Zwangsarbeitskräfte gemeldet.

BOLLSCHWEIL

Widerstand und Naziterror

Der **Anton-Fränznick-Weg** und ein **Gedenkstein** bei der Pfarrkirche erinnern in **Bollschweil** an den katholischen Pfarrer, der seit 1940 die Gemeinde betreute. Am 27. Juni 1942 wurde er von der Gestapo verhaftet. Als Gründe nannte er in einem aus dem Gefängnis geschriebenen Brief Auseinandersetzungen mit der örtlichen NSDAP. Als weiterer Grund dürfte eine Rolle gespielt haben, daß sich Pfarrer Fränznick in einer Predigt über die Hinrichtung eines polnischen Zwangsarbeiters empörte. Der junge Pole war mit einer Bollschweilerin eine Liebesbeziehung eingegangen. Am 24. Juli 1942 verfügte die Gestapo die Überstellung von Fränznick in das KZ Dachau, wo er am 7. August 1942 eintraf und unter der Nummer 33686 registriert wurde. Im Priesterblock mußte er zunächst Tüten kleben, dann bei einem Kommando in München beim Kraut-Schneiden helfen, schließlich kam er an die „Teemaschine" und mußte Teeblätter, Kräuter und Gewürze mahlen. Als die inhaftierten Pfarrer ab Herbst 1942 Pakete mit Lebensmittel empfangen durften, teilte Anton Fränznick großzügig mit seinen Mitgefangenen. Die staubige Arbeit an der „Teemaschine" hatte seine Lungen angegriffen: Am 25. Januar 1944 wurde er viel zu spät mit Staublunge, Typhus und kranken Nieren ins Revier eingeliefert, wo er zwei Tage später im Alter von 55 Jahren starb.

Konzentrationslager und Zwangsarbeit

Nach Angaben des Französischen Nationalen Suchdienstes waren in **Bollschweil** 55 ausländische Zwangsarbeitskräfte registriert; möglicherweise mußten sie außer in der Landwirtschaft auch in der Grube Steinberg arbeiten (s. Ebringen).

Am 25. Dezember 1944 kam in Bollschweil der Russe Peter Kanontschuk ums Leben; er war gerade 22 Jahre alt. Sein Grab ist auf dem Hauptfriedhof von Freiburg.

BREISACH AM RHEIN

Widerstand und Naziterror

Die Ergebnisse der Reichstagswahlen vom 5. März 1933 zeigen, daß es in **Breisach** keine Mehrheit für die NSDAP gegeben hatte. Zwar waren die Nationalsozialisten mit 34,6 % der Stimmen stärkste Partei geworden (gegenüber 21,9 % im November 1932); doch die demokratischen Parteien der Weimarer Republik erzielten rein rechnerisch die Mehrheit: Zentrum 29,7 %, SPD 14,4 % und die in Breisach traditionell starke Deutsche Staatspartei 8,8 %. Die Kommunisten, die erst in den Jahren der Wirtschaftskrise an Wählerstimmen gewonnen hatten, erzielten 5,8 %.

Die Durchsetzung der NS-Herrschaft und die Ausschaltung der oppositionellen Kräfte hat Gebhard Klein recherchiert:

Noch vor den Wahlen randalierten Nazis auf Veranstaltungen der „Badenwacht", der Schutzorganisation der Zentrumspartei, so am 11. Februar 1933 in **Niederrimsingen**. Doch es dauerte noch bis zum 1. April 1935, bis sie den vom Zentrum und der Deutschen Staatspartei unterstützten Bürgermeister Adolf Meyer gänzlich aus dem Amt vertrieben hatten. Die Nazis verschärften schrittweise ihren Terror gegen Meyer: von der Besetzung des **Rathauses** am 29. März 1933 über die kurzfristige Verhaftung Meyers am 1. April 1933 sowie ein Disziplinarverfahren bis zu der von der NSDAP organisierten Kundgebung am 1. August 1933 vor der Wohnung Meyers. Dabei wurden Steine gegen die Fenster seiner Wohnung im oberen Stockwerk der **Sparkasse** geworfen – ein Vorwand dafür, daß zwei SS-Leute schließlich den Bürgermeister „vor der wütenden Menge in Schutzhaft" nahmen.

Die Gleichschaltung des Gemeinderats war bis August 1933 vollzogen. Bei den bürgerlichen Vereinen verlief sie weitgehend reibungslos. Doch bei dem von Carl Willig geleiteten Kolping-Verein und dem ihm angegliederten Sportverein Deutsche Jugendkraft kam es zu Hausdurchsuchungen bei allen Vorstandsmitgliedern, zur Beschlagnahmung der Kasse und der geweihten Fahne. Schikanen wie das Verbot, den städtischen Sportplatz oder die Spitalskirche zu nutzen, machten die Vereinsarbeit unmöglich. Zudem warb die NSDAP-Ortsgruppe unter den vielen arbeitslosen Mitgliedern des Gesellenvereins für die SA und andere NS-Gliederungen – mit dem billigen Versprechen, dadurch eher zu Arbeit und Verdienst zu kommen. Bis Sommer 1935 hatte der Verein fast alle Mitglieder verloren.

Carl Willig, der sich der Gleichschaltung widersetzt hatte, war im April 1933 kurzzeitig verhaftet und in das **Freiburger** Polizeipräsidium im „Basler Hof" gebracht worden. Im Juni 1933, bei einer dritten Wohnungsdurchsuchung, stellten die SS-Leute die Wohnung auf den Kopf; Willig wurde erneut nach Freiburg gebracht, doch die NSDAP-Ortsgruppe **Breisach** konnte sich mit ihrer Forderung, ihn in das KZ **Kislau** (Kr. Karlsruhe, Baden-Württemberg I) zu sperren, nicht durchsetzen. Carl Willig fand schließlich Arbeit in Kehl und blieb dort im Kolping-Verein aktiv.

Ein weiteres Mittel zur Ausschaltung der oppositionellen Kräfte waren Entlassungen bzw. Zwangsversetzungen u.a. bei der Sparkasse, der Ortskrankenkasse, beim Finanzamt, beim Zollamt, bei der Post und der Wasserschutzpolizei.

Karl Braun, der Vorsitzende der SPD und der Arbeiterwohlfahrt in **Breisach**, hatte bereits im März 1933, bei der erzwungenen Absetzung von Bürgermeister Meyer, sein Mandat im Gemeinderat niedergelegt. In seiner Wohnung fanden Hausdurchsuchungen statt, doch die Polizei konnte nichts Belastendes finden, da alle Unterlagen im Garten vergraben waren, einschließlich der schwarz-rot-goldenen Fahne der Republik, die nach 1945 bei der Neugründung der SPD wieder aus dem Versteck geholt wurde. Braun, als Beamter am **Bahnhof** Breisach tätig, wurde auf Betreiben der örtlichen NSDAP mehrfach strafversetzt: von Breisach nach Bad Krozingen, dann nach Emmendingen, Freiburg und schließlich nach Ihringen. Nachforschungen, ob Breisacher Sozialdemokraten oder Kommunisten sich an den Widerstandsaktionen ihrer Parteien beteiligten, fehlen bisher.

Prof. Dr. Josef Schmidlin (1876–1944) machte aus seiner Gegenerschaft zum Nationalsozialismus keinen Hehl. Deshalb wurde der bekannte Kirchenhistoriker 1934 von der Universität Münster, wo er den ersten Lehrstuhl für katholische Missionswissenschaft innehatte, zwangsemeritiert. 1935 zog er nach **Breisach**, um seiner elsässischen Heimat näher zu sein. Er engagierte sich im sozialen Bereich, in dem er die Schulspeisung für Schulmädchen finanzierte. Im April 1937 verurteilte ihn das Sondergericht in Frankenthal (Rheinland-Pfalz) aufgrund einer Denunziation zu sieben Monaten Gefängnis, die er in Freiburg verbüßen mußte. Er habe, so die NS-Richter, „staatsgefährliche Reden" geführt und „den Führer beleidigt". Man entzog ihm auch den Paß. Bei dem Versuch, seinen Bruder im Elsaß zu besuchen, wurde er im August 1941 und erneut im Oktober 1941 verhaftet. Aus Furcht vor weiteren Verhaftungen lebte Prof. Schmidlin in der folgenden Zeit bei Freunden und Bekannten; zeitweise fand er ein Versteck in kirchlichen Einrichtungen. Im September 1943, als er sich in einem katholischen Heim in der Nähe von Offenburg aufhielt, stellte ihm die Gestapo mit einem fingierten Brief eine Falle. Er wurde verhaftet und in das KZ Schirmeck im besetzten Elsaß eingeliefert. Dort kam er am 10. Januar 1944 ums Leben: Nach amtlicher Darstellung ist er an „Lungenentzündung" gestorben. Ein Mitgefangener bezeugte jedoch, daß Schmidlin nach einem Gestapoverhör „bis zur Unkenntlichkeit entstellt tot herausgeschleppt worden" ist.

An Josef Schmidlin erinnern zwei **Gedenktafeln**. Die 1982 an seinem ehemaligen Wohnhaus in der **Kapuzinergasse** 13 angebrachte Tafel trägt den Text:

> „Hier wohnte von 1935 bis 1944 der Kirchenhistoriker Prof. Dr. Josef Schmidlin. Als Gegner der nationalsozialistischen Gewaltherrschaft fand er im Jahr 1944 im Konzentrationslager Schirmeck den Tod."

Sein Name wird auch auf der Gedenktafel in der Krypta des **St. Stephansmünsters** genannt. Diese 1978 gestaltete Mahnstätte, die eine zerschossene Christusfigur zeigt, schuf die Pfarrgemeinde Breisach zur Erinnerung an die Zerstörung von Stadt und Münster in den letzten Kriegswochen und als ein „Zeichen der Hoffnung und Mahnung zum Frieden unter den Völkern".

Zum 50. Todestag des im elsässischen Biesheim geborenen und in Breisach zur Schule gegangenen Sozialdemokraten Julius Leber (1891-1945) fanden an beiden Orten Gedenkveranstaltungen statt. Julius Leber war wegen seiner Verbindungen zu den Offizieren des 20. Juli am 5. Januar 1945 in Berlin-Plötzensee hingerichtet worden. In Biesheim richtete die Stadtverwaltung eine Gedenkfeier aus, und das Stadtarchiv Breisach zeigte die für Baden-Württemberg erste Ausstellung über Lebers politisches Wirken. Die Stadt Breisach plant, einen Julius-Leber-Preis zu stiften – für „Persönlichkeiten, die sich um die grenzübergreifende Zusammenarbeit verdient gemacht haben".

In Biesheim ist ein kleiner Platz nach ihm benannt. An der Stelle seines Geburtshauses gibt es eine Gedenktafel, und auf den Grabstein seiner Eltern ist auch sein Name eingemeißelt. In der ehemaligen Realschule in Breisach, dem heutigen **Martin-Schongauer-Gymnasium**, erinnert seit 1967 eine **Gedenktafel** an den ehemaligen Schüler:

> „Julius Leber, geboren am 16. November 1891 in Biesheim – Elsass. Hingerichtet als Widerstandskämpfer gegen die nationalsozialistische Gewaltherrschaft am 5. Januar 1945 in Berlin-Plötzensee. Er besuchte diese Schule von 1902 bis 1908."

Seit 1969 trägt die neuerbaute **Julius-Leber-Grund- und Hauptschule** seinen Namen, auch hier gibt es am Eingang eine Erinnerungstafel.

„Rassische" Verfolgung und „Euthanasie"

Die Geschichte der Jüdischen Gemeinde **Breisach** reicht mit Unterbrechungen, die durch Verfolgung und Vertreibung bedingt sind, bis in die Anfänge des 13. Jahrhunderts zurück. Um 1839 erreichte die Gemeinde mit 572 Mitgliedern ihren höchsten Stand. Ihr Zentrum lag im Bereich der **Rheintorstraße**, der ehemaligen Judengasse. Hier stand an der Ecke Judengasse/Synagogengasse die beim Novemberpogrom 1938 vollständig zerstörte **Synagoge**; das noch erhaltene Haus Nr. 3 war die **Schule**. In nächster Nähe, in der Synagogengasse, die heute den Namen **Klösterle** trägt, lag der **Alte Jüdische Friedhof**, der in der NS-Zeit mehrfach verwüstet und abgeräumt wurde. Der **Neue Jüdische Friedhof** wurde 1850 eingeweiht und ebenfalls beim Novemberpogrom 1938 geschändet; er liegt zwischen **Isenbergstraße** und **Mühlwasen**.

Alter jüdischer Friedhof in Breisach: Ein Großteil der erhaltenen Grabsteine wurde nach dem Krieg zusammengetragen und einbetoniert.

Am ehemaligen Standort der **Synagoge** steht seit 1959 ein von dem Bildhauer Karlheinz Engelin gestalteter **Gedenkstein**. Die Anregung dazu gab die in die USA emigrierte Helene Weil geb. Kahn, die auch einen größeren Geldbetrag spendete. Der Gedenkstein trägt die Inschrift:

> „Orate Mementote
> Synagoge der ehem. Israelit. Kultusgemeinde Breisach, welche am 9. 11. 1938 im Auftrag d. Machthaber des 3. Reiches gewaltsam zerstört wurde."

1988 begannen Schülerinnen und Schüler unter Anleitung der Lehrerin Elisabeth Kallfaß mit der Spurensuche zur Geschichte der Breisacher Juden. Ergebnisse ihrer Arbeiten finden sich in der Ausstellung „Judentum – Kultur, Geschichte, Schicksal", die zum 50. Jahrestag des Novemberpogroms eröffnet wurde, und in dem 1993 erschienenen, sehr beeindruckenden Buch „Breisach Judengasse". Ihm entnahmen wir die folgenden Informationen zum Schicksal der früheren Bewohnerinnen und Bewohner der Judengasse:

Rheintorstraße, ehemals Judengasse:

Textil- und Reisegeschäft von Moritz und Melanie Weil:
Das Ehepaar wurde 1940 nach Gurs verschleppt und später in einem Vernichtungslager im Osten ermordet.

Ledergroßhandlung von Julius Weil:
Julius Weil konnte mit seiner Frau Helene 1936 in die USA auswandern. Helene Weil regte 1956 bei einem Besuch Breisachs die Instandsetzung des Synagogenplatzes und die Errichtung eines Gedenksteins an.

Lederhandlung Geismar-Uffenheimer:
Rosa Geismar geb. Uffenheimer wurde im Oktober 1940 mit ihrer Tochter Erna Mayer geb. Geismar und dem Enkelkind Jürgen nach Gurs verschleppt. Bei den ersten nach Auschwitz abgehenden Transporten wollte sich Frau Geismar nicht von ihren Kindern trennen. Alle drei wurden ermordet.

Mehl- und Getreidehandlung von Berthold Levy:
Berthold Levy und seine Frau Julie geb. Eppstein hatten vier Kinder. Bruno wanderte bereits 1933 nach Frankreich aus; 1936 emigrierte Betty nach Großbritannien. Auch Greta gelang noch rechtzeitig die Flucht. Im Oktober 1940 wurden die Eltern mit ihrem Sohn Erich nach Gurs deportiert. Die Mutter starb in Gurs, Erich kam auf Transport nach Auschwitz. Als einer der ganz wenigen Juden kehrte Berthold Levy nach Breisach zurück, wo er 1957 starb.

Textilgeschäft von Herbert Greilsamer:
Der Geschäftsmann wanderte 1937 mit Frau und Sohn in die USA aus.

Gasthaus „Zum Adler" von Abraham Mock:
Die drei Kinder von Abraham und Jenny Mock konnten noch rechtzeitig auswandern; die Eltern mußten den Weg nach Gurs antreten, wo beide ums Leben kamen.

Augustinerweg:

Lebensmittelgeschäft der Schwestern Luise und Korinna Breisacher:
Am Tag des Novemberpogroms 1938 wurde der kleine Laden geplündert. Die beiden Schwestern flüchteten sich in das Obergeschoß und warfen den Kindern Bonbons zu. Nach der Besetzung des Elsaß ließ die NSDAP-Ortsgruppe die beiden Schwestern und alle zu diesem Zeitpunkt noch in Breisach lebenden Jüdinnen und Juden in die Irrenanstalt in Rufach einweisen. Beide Schwestern wurden ermordet, Korinna in der „Euthanasie"-Tötungsanstalt Grafeneck, Luise, die nach Gurs deportiert wurde, in einem Vernichtungslager im Osten.

Gasthaus „Zum Bären" von Emilie Schwab:
Emilie Schwab wanderte nach dem Tod ihres Mannes Abraham mit ihrer Schwester Jeanette 1937 bzw. 1938 in die USA aus.

Neutorstraße, ehemals Neugasse:

Eisengroßhandlung Gebr. Bähr:
Inhaber dieses Betriebs, der zu den bedeutendsten der Stadt gehörte, waren die Brüder Julius und Hermann Bähr. Hermann Bähr war Vorsteher der Jüdischen Gemeinde und bis 1933 für die Deutsche Staatspartei im Stadtrat gewesen. Das Ehepaar Julius und Natalie Bähr zog 1938 nach Mannheim; dort starb Frau Bähr noch vor der Deportation der badischen Juden. Julius Bähr konnte dank der Hilfe seines 1934 nach Frankreich geflüchteten Sohnes Heinz von Gurs aus in die USA ausreisen. Hermann und Fanny Bähr und ihre Tochter Ruth wurden aus Breisach nach Gurs verschleppt. Dort starb der Vater Ende Januar 1941. Fanny und Ruth Bähr bekamen zwar Ausreisepapiere in die USA, blieben jedoch in Marseille aufgrund der Schikanen der deutschen Besatzungsbehörden hängen und lebten bis zur Befreiung in einem Versteck. Die jüngere Tochter Margot, von Beruf Zahnärztin, hatte vor dem Krieg einen Niederländer geheiratet. Nach dem Einfall der deutschen Wehrmacht wurde sie mit Mann und Kind nach Osten deportiert und ermordet.

Metzgerei von Josef Frank:
Josef und Ida Frank wanderten bereits 1933 in die USA aus.

Metzgerei von Gustav Günzburger (heute: Schuhhaus Haaf):
Nach dem Tod von Gustav Günzburger 1935 emigrierte der Sohn Theo nach Frankreich, wohin ihm 1937 die Mutter folgte. Theo wurde 1942 bei einer Razzia festgenommen; in letzter Minute gelang ihm die Flucht aus einem Transport nach Auschwitz. Er kehrte nach Frankreich zurück, wo seine Mutter inzwischen gestorben war.

Kupfertorplatz und Kupfertorstraße:

Gaststätte „Zum Schiff" von David Bergheimer:
David Bergheimer und seine Frau Jenny hatten bis 1921 die Neumühle, nördlich von Breisach gelegen, bewirtschaftet. Dann kauften sie die Gastwirtschaft „Zum Eckartsberg" am Neutorplatz. Als der Boykott gegen die Juden seine wirtschaftliche Existenz zerstörte, zog David Berghauser mit Frau und Tochter in sein Elternhaus, in das Gasthaus „Zum Schiff", wo auch seine Schwester lebte. Das Ehepaar David und Jenny Bergheimer und die Schwester Emilie Bergheimer wurden nach Gurs und später nach Auschwitz deportiert und ermordet. Die Tochter Selma war mit einem Christen, dem Kaufmann Albert Ziehler, verheiratet. Trotz vieler Anfeindungen, denen auch die Kinder aus dieser „Mischehe" ausgesetzt waren, konnte sie überleben – in den letzten Monaten des 3. Reiches versteckt in Sulzburg, wohin ihr Mann sie und die Kinder gebracht hatte. Beim Einmarsch der Franzosen ging Albert Ziehler den Panzern mit der weißen Fahne entgegen. Für kurze Zeit war er dann kommissarischer Bürgermeister von Breisach; zusammen mit seiner Frau richtete er in der schwer zerstörten Stadt eine Volksküche ein, in der ausgebombte Menschen ein warmes Essen erhielten.

Metzgerei von Salomon und Balbine Wurmser:
Kurz vor Kriegsbeginn, im April 1939, konnte der fünfzehnjährige Alexander Wurmser mit einem Kindertransport in die Schweiz entkommen. Seine Eltern sowie eine Schwester von Salomon Wurmser, Katharina, wurden nach Gurs deportiert und später in Auschwitz ermordet.

Holz- und Kohlenhandlungen von Hermann und Egon Blozheimer:
Die Brüder Blozheimer wanderten bereits 1933 mit ihren Familien in das Elsaß aus. Auf welche Weise sie die Zeit der deutschen Besetzung überlebten, ist nicht bekannt. Ein Mitglied der Familie, der 1895 geborene Ludwig Blozheimer, wurde 1943 in einem Vernichtungslager im Osten ermordet.

Textilgeschäft von Julius Dreyfuß:
Der Sohn Werner Dreyfuß verließ bereits 1933 seine Heimatstadt; die Eltern Julius und Martha folgten ihm 1937 in die USA.

Schuhgeschäft von Klara Dreyfuß, der Witwe von Max Dreyfuß:
Sie wurde 1940 mit ihrer Tochter Else nach Gurs deportiert. Dort kam Else 1941 ums Leben. Klara Dreyfuß konnte von ihrem nach Frankreich emigrierten Sohn Ludwig aus dem Lager geholt werden und lebte bis zum Kriegsende in verschiedenen Verstecken. Dann zog sie zu ihren Kindern in die USA. 1964 kehrte Ludwig Dreyfuß in seine Heimatstadt zurück, lebte zuletzt in der Kupfertorstr. 8, wo er 1993 im Alter von 93 Jahren starb.

Fischerhalde:

Haushaltsartikel- und Rauchwarengeschäft von Leopold Breisacher:
Leopold Breisacher war der letzte Jude, der in seiner Heimat starb und von seinen Glaubensgenossen auf dem **Neuen Jüdischen Friedhof** beerdigt wurde. Bei seiner Beisetzung hatte die Stadt Breisach bereits die Benutzung des städtischen Totenwagens verweigert und angeordnet, daß Juden „das Grab auf ihrem Friedhof unter Aufsicht des städtischen Totengräbers selber schaufeln" müssen. Seine Frau Melanie geb. Blozheimer wurde nach Gurs und später in den Osten deportiert und ermordet. Den Söhnen Sigmar und Hans gelang die Auswanderung nach Palästina bzw. in die USA.

Beim Novemberpogrom 1938 setzten Freiburger SA-Leute in den frühen Morgenstunden des 10. November die Synagoge in Brand, die so bis auf die Grundmauern zerstört wurde. Feuerwehr und Schaulustige sahen tatenlos zu. Es griff auch niemand ein, als die jüdischen Mitbürger mißhandelt und ihre Wohnungen geplündert wurden. Etwa 60 jüdische Männer wurden in der **Nährflockenfabrik** in der Nähe des Bahnhofes zusammengepfercht, dann zu Fuß nach Freiburg getrieben und von da in das KZ Dachau gebracht. Bei der Ankunft in Dachau prügelten SS-Leute den 68jährigen Metzgermeister Jakob Bernheim zu Tode.

Die Breisacher Juden wurden bei Kriegsbeginn im September 1939 – im Zuge der allgemeinen Evakuierung der Stadt – aus ihren Wohnungen vertrieben und nach Württemberg umgesiedelt; einige kehrten Ende des Jahres nach Breisach zurück. 14 Menschen aus dieser Gruppe wurden 1941/1942 in ihren württembergischen Wohnorten von den Deportationen erfaßt. Im Juni 1940 ordnete der Bürgermeister von Breisach eigenmächtig an, alle noch in der Stadt lebenden Juden in der Irrenanstalt Rufach im gerade von der Wehrmacht besetzten Elsaß einzusperren. Nach einem Monat konnten sie in ihre teilweise leergeräumten Häuser zurückkehren, um am 22. Oktober 1940 in das südfranzösische Internierungslager Gurs deportiert zu werden. Von den insgesamt 70 Breisacher Juden in Gurs – 34 waren direkt aus ihrer Heimatstadt abgeholt worden, die übrigen erfasste die Deportation an anderen badischen Orten – starben 18 an den entbehrungsreichen Lagerbedigungen in Gurs, 33 wurden nach Osten deportiert und in Auschwitz bzw. Majdanek ermordet.

„Für die Zukunft lernen" ist ein gemeinsames Projekt der Katholischen Fachhochschule für Sozialarbeit und Religionspädagogik in Freiburg und des Christopherus-Jugendwerks. Sozial benachteiligte und für rassistisches Denken anfällige Jugendliche sollen in diesem Projekt eigene Begegnungen mit der NS-Geschichte machen. Mitarbeiter und Jugendliche des Christopherus-Heims in **Oberrimsingen** fuhren 1993 nach Auschwitz, arbeiteten auf dem Gelände, legten Barackenfundamente frei und hatten Gespräche mit ehemaligen Häftlingen. Nach ihrer Rückkehr zeigten sie im Juni 1994 die Ausstellung „Die Kinder von Auschwitz". Zugleich wurde ein Verein gegründet, der sich die Erhaltung der Kinderbaracke im KZ Auschwitz-Birkenau zum Ziel gestellt hat.

Konzentrationslager und Zwangsarbeit

Nach den Nachkriegsermittlungen des FNTB waren im heutigen Ortsteil **Gündlingen** während des Krieges 85 ausländische Zwangsarbeiterinnen und -arbeiter gemeldet. Es hat unter ihnen mindestens drei Todesfälle gegeben, wie die Gräber auf dem **Friedhof** von Gündlingen bezeugen.

Auf dem **Friedhof** von **Oberrimsingen** besteht noch ein Grab eines ausländischen Zwangsarbeiters; ein weiterer Toter – der am 7. Februar 1945 in Oberrimsingen ums Leben gekommenen „Ostarbeiter" Bolestan Njenyara – wurde auf den Freiburger Hauptfriedhof umgebettet.

Von einem in **Niederrimsingen** gestorbenen Russen, der ebenfalls nach Freiburg umgebettet wurde, sind weder Name noch Lebensdaten bekannt.

BUCHENBACH

Widerstand und Naziterror

Der Besitzer des **Melcherhofs**, Hellmuth von Marschall, wurde Opfer einer Denunziation. Im Juli 1944 hatte er in Tschechnitz, wo er das der Universität Breslau gehörende Lehr- und Versuchsgut leitete, im Kreis von Mitarbeitern Kritik an der Erhängung von Offizieren des 20. Juli geäußert. Ein Mitarbeiter meldete dies der Gestapo. Hellmuth von Marschall wurde zunächst im Gefängnis in Breslau inhaftiert und bei dessen Evakuierung in das KZ Groß-Rosen gebracht, wo er am 6. Februar 1945 im Alter von 61 Jahren ums Leben kam. Auf dem Melcherhof erinnert ein **Kruzifix** an ihn.

„Rassische" Verfolgung und „Euthanasie"

Im Auftrag der Gemeinde **Buchenbach** erarbeitete Bernd Boll 1996 die Ortsgeschichte, die auch die heute zur Gemeinde gehörenden Ortsteile **Falkensteig**, **Wagensteig** und **Unteribental** einbezieht. Hierin schildert Boll zwei Fälle von Zwangssterilisierung, die dadurch aktenkundig wurden, daß es sich bei den Betroffenen um Fürsorgeempfänger handelte und somit die Gemeinde für die Kosten aufkommen mußte. Zwangssterilisiert wurde im Juli 1934 ein Mann aus **Wagensteig**, der in der Landes-Heil- und Pflegeanstalt Emmendingen untergebracht war (s. Kreis Emmendingen). Den Antrag stellte das Bürgermeisteramt im Zusammenhang mit seiner Verlegung in die Kreispflegeanstalt Freiburg. Das weitere Schicksal dieses Patienten ist nicht bekannt. Möglicherweise gehörte er zu den 125 Insassen der Freiburger Anstalt, die 1940/1941 in der „Euthanasie"-Aktion nachweislich ermordet wurden (s. Stadt Freiburg).

Der zweite Fall betraf eine Patientin des **Sanatoriums Wiesneck**; sie wurde 1937 zwangssterilisiert. Nach Aussagen von Mitarbeitern ist es dem Leiter des Sanatoriums Dr. Friedrich Husemann in den folgenden Jahren mit persönlichem Mut und großem Geschick gelungen, die psychisch kranken Patientinnen und Patienten vor dem Abtransport in die „Euthanasie"-Tötungsanstalten zu schützen.

Opfer des staatlichen Krankenmordes wurde Leo Molz, der aus dem 1. Weltkrieg mit einer schweren Kopfverletzung zurückgekehrt war und zunächst bei seinen Eltern auf dem **Schwärzlehof** lebte. 1924 hatte sich der Zustand des 28jährigen Mannes so verschlechtert, daß er in die Heil- und Pflegeanstalt Emmendingen eingewiesen werden mußte. Er wurde am 10. Juni 1940 in den Gaskammern von Grafeneck ermordet (s. Gomadingen, Kr. Reutlingen).

In **Buchenbach** waren 1933 eine Jüdin und ein Jude gemeldet. Die Heilpädagogin Dr. Elisabeth Rosenbusch emigrierte nach Palästina. Dr. Bernhard Guttmann, langjähriger Mitarbeiter der „Frankfurter Zeitung", war mit einer „arischen" Frau verheiratet. Diese Ehe schützte ihn zwar im Oktober 1940 vor der Deportation nach Gurs, er mußte in den folgenden Jahren jedoch zahllose Schikanen erleiden: Er durfte den Ort nicht ohne die schriftliche Genehmigung der Ortspolizei verlassen, erhielt keine Kleiderkarte, mußte seine „nicht unbedingt notwendige Kleidung" abgeben und war gezwungen, den „Judenstern" zu tragen. Hinzu kam die ständige Angst, doch noch abgeholt zu werden. Dr. Guttmann überlebte und arbeitete nach dem Krieg an der Zeitschrift „Die Gegenwart" mit. In den fünfziger Jahren veröffentlichte er seine Beiträge unter dem Titel „Das alte Ohr".

Konzentrationslager und Zwangsarbeit

Die ersten polnischen Kriegsgefangenen trafen nach den Feststellungen von Bernd Boll im Dezember 1939 oder im Januar 1940 in **Buchenbach** ein. Ihr erste Unterkunft befand sich im **Schul-** und **Rathaus**. Wenig später wurde das Lager in zwei Räume der Freiburger Fa. Fauler verlegt. Das Kommando 3055 bestand aus sechzehn Männern im Alter von 22 bis 38 Jahren und arbeitete bei Bauern. Ende Juli 1940 wurden die Kriegsgefangenen in den Status von „Zivilarbeitern" überführt; sie wohnten von da an bei ihren Arbeitgebern. Von Juni bis August 1941 waren Kriegsgefangene des Kommandos 106 B zu Erntearbeiten eingesetzt.

Zusätzlich waren in **Buchenbach** auch ausländische Zwangsarbeiterinnen und -arbeiter beschäftigt. Der Französische Nationale Suchdienst ermittelte nach dem Krieg 74 Personen: 59 Polen, sieben Russen und Ukrainer, vier Niederländer und vier Rumänen.

Auf dem **Friedhof** von **Buchenbach** wurde Michail Kowal aus der Ukraine begraben, der am 22. Dezember 1944 ums Leben kam.

In **Wagensteig** war seit Juni oder Juli 1940 das Kommando 3401 mit zehn polnischen Kriegsgefangenen und seit August 1940 das Kommando 14022 mit durchschnittlich etwa zehn französischen Kriegsgefangenen stationiert. Außerdem arbeiteten in der Gemeinde 20 Männer und zwei Frauen aus Polen, seit

Frühjahr 1942 sieben aus der Ukraine verschleppte Männer und Frauen und seit Juli 1942 zwei russische Zwangsarbeiterinnen. Im Sommer 1941 verurteilte das Landgericht Freiburg eine 28jährige Frau aus **Wagensteig** wegen „verbotenen Umgangs mit Kriegsgefangenen" zu zehn Monaten Gefängnis.

BUGGINGEN

Widerstand und Naziterror

Im **Kaliwerk Buggingen** kursierten antifaschistische Schriften, die über die schweizerische oder die französische Grenze nach Deutschland geschmuggelt wurden. Am 7. November 1934 verhaftete die Gestapo den 30jährigen Bergmann Helmut Sander aus Müllheim; die Anklage gegen ihn lautete auf „Verbreitung einer kommunistischen Druckschrift."

Konzentrationslager und Zwangsarbeit

Der Französische Nationale Suchdienst ermittelte für **Buggingen** die Zahl von 730 ausländischen Zwangsarbeitskräften, die während des Krieges gemeldet waren. Über ihre Lebens- und Arbeitsbedingungen ist bisher nichts bekannt. Außer in der Landwirtschaft mußten viele von ihnen im 1973 stillgelegten **Kaliwerk** arbeiten. In der Dorfchronik findet sich nur ein Satz: „Zum Kriegsdienst eingezogene Deutsche (1943 = 208 Mann) wurden zunehmend durch Ausländer ersetzt." Zwangsarbeiterunterkünfte waren vermutlich jene Baracken an der Halde, die 1942 für etwa 250 Mann errichtet wurden.

EBRINGEN

Konzentrationslager und Zwangsarbeit

Im Rahmen des „Vierjahresplans zur wirtschaftlichen Mobilmachung" wurde 1937 der Erzbergbau am Schönberg reaktiviert. Die **Grube Schönberg** war im Besitz der Vereinigten Stahlwerke GmbH mit Sitz in Dortmund. Das Bergwerk erstreckte sich vom Freiburger Stadtteil St. Georgen bis oberhalb des Weinbauerndorfes Ebringen. Bereits 1942 wurde die Grube Schönberg wieder stillgelegt, da man nach dem Überfall auf Frankreich über die gehaltvolleren lothringischen Eisenerze verfügte. Im Ebringer Wald erinnern ein Betonturm und einige verfallene Stolleneingänge an den Eisenerzbergbau.

Die Vereinigten Stahlwerke suchten sich die benötigten Arbeitskräfte bevorzugt unter „Volksdeutschen": Als erste hatte man etwa 100 Jugoslawen (aus den bis 1918 zu Österreich gehörenden Gebieten) angeworben, es folgten – nach dem Münchner Abkommen – Sudetendeutsche, nach dem Einmarsch in Polen Oberschlesier, nach dem Frankreichfeldzug Elsässer und als Folge des Hitler-Stalin-Paktes aus der Sowjetunion, d.h. aus Wolhynien und Bessarabien umgesiedelte Menschen.

Seit 1940 mußten in der Grube Schönberg etwa 250 französische Kriegsgefangene arbeiten, die in einem Lager in Freiburg-St.Georgen lebten. Ab Herbst 1941 wurden sie durch sowjetische Kriegsgefangene ersetzt. Über diese heißt es in den Akten des Bergamtes: „Bei der Grube Schönberg kamen im September 1941 die ersten hundert russischen Kriegsgefangenen zum Einsatz. Es waren meist stark unterernährte Leute von geringer Leistungsfähigkeit."

EICHSTETTEN

„Rassische" Verfolgung und „Euthanasie"

Das Zentrum der Jüdischen Gemeinde **Eichstetten** lag im Bereich von **Eisengasse**, der früheren Judengasse, und dem **Altweg**. Die **Synagoge** mit Mikwe stand auf dem Grundstück Altweg 10 und wurde beim Novemberpogrom 1938 zerstört; übrig blieben Reste der Umfassungsmauern. In der **Bahlinger Str.** 7 steht das noch erhaltene **Schulhaus**, in dem der Kantor wohnte. Die Gemeinde besaß seit 1809 einen eigenen **Friedhof** im Unterdorf an der **Straße Im Längental**.

In Eichstetten lebten zu Beginn der NS-Zeit zahlreiche Viehhändler: Jakob Bickart in der **Eisengasse** 8, Bernhard Bloch in der **Bahlinger Str.** 3, Gustav Bloch in der **Hauptstr.** 27, Moritz Bloch in der **Hauptstr.** 45, Max Dreifuß I in der **Nimburger Str.** 8, Alfred und Max Hofeler in der **Bahlinger Str.** 5, Sigmund Hofeler in der **Hauptstr.** 14, David Klein im **Altweg** 11, David Weil II in der **Hauptstr.** 25, Hermann Weil in der **Hauptstr.** 35, Isidor Weil, Moritz Weil II und Semi Weil im **Altweg** 6 und 8.

Die von D. S. Epstein gegründete Papierverarbeitungsfabrik hatte ihren Sitz im **Altweg** 10; die Getreide-, Mehl- und Futtermittelhandlung von Hermann Epstein befand sich in der **Hauptstr.** 20, die Mehlhandlung von David Epstein im **Altweg** 17. Ihre Geschäfte betrieben die Kaufleute Isaak Hofeler in der **Hauptstr.** 33, Bernhard Rothschild in der **Mühlenstr.** 16, Isaak Weil in der **Hauptstr.** 69 und David Weil I im **Altweg** 16. Die Metzgerei von Moritz Weil befand sich im **Altweg** 31 und die Weinhandlung von Samuel Weil in der **Hauptstr.** 32. In der **Klarastr.** 4 unterhielt Dr. Wilhelm Reutlinger seine Arztpraxis. Die Familie Liebmann Bloch lebte im **Altweg** 15.

Beim Novemberpogrom 1938 zündeten auswärtige SA-Leute die **Synagoge** an; 18 jüdische Männer wurden verhaftet, unter Schmähungen durch das Dorf geführt und schließlich in das KZ Dachau eingeliefert.

In Dachau wurde Siegfried Bloch am 8. Dezember 1938 im Alter von 57 Jahren ermordet. Auch Abraham Dreifuß, Jg. 1865, fand in Dachau den Tod.

Leo Hofeler lebte in einer Psychiatrischen Anstalt und wurde am 2. April 1940 vermutlich in der „Euthanasie"-

Tötungsanstalt Grafeneck ermordet (s. Gomadingen, Kr. Reutlingen).

Außer diesen drei Namen enthält das Gedenkbuch für die Opfer der Judenverfolgung noch 25 weitere Namen von Jüdinnen und Juden aus Eichstetten, die die Deportation am 22. Oktober 1940 nach Gurs nicht überlebten: Dreizehn kamen in Gurs und weiteren Lagern in Südfrankreich ums Leben, sieben wurden in Auschwitz ermordet, fünf sind in den Vernichtungslagern im Osten „verschollen".

Die Zahl der Opfer der Jüdischen Gemeinde Eichstetten erhöht sich auf mindestens 37, zählt man diejenigen hinzu, die an anderen Orten Zuflucht gesucht hatten und von dort deportiert wurden.

Konzentrationslager und Zwangsarbeit

Der FNTB ermittelte die Zahl von 105 ausländischen Zwangsarbeiterinnen und -arbeitern, die während des Krieges in **Eichstetten** gemeldet waren.

Wenige Tage nach der Befreiung, am 4. Mai 1945, starb in Eichstetten Klara Sitschkar, Tochter einer „Ostarbeiterin". Ihr Grab liegt auf dem Freiburger Hauptfriedhof.

GOTTENHEIM

Konzentrationslager und Zwangsarbeit

Zwei ausländische Zwangsarbeiter kamen in **Gottenheim** ums Leben. Am 24. Februar 1945 starb Petronije Schwabic im Alter von 27 Jahren; sein Grab befindet sich auf dem **Gemeindefriedhof**. Der ukrainische Zwangsarbeiter Wolodymir Jurkewycz setzte seinem Leben selbst ein Ende. Ob sein Grab noch vorhanden ist, wissen wir nicht.

IHRINGEN

„Rassische" Verfolgung und „Euthanassie"

Letzter Zeuge der einst blühenden Jüdische Gemeinde **Ihringen** ist ihr mitten in den Weinbergen des Kaiserstuhls gelegener **Friedhof**. Dieser Friedhof wurde um 1810 im **Gewann Mittlere Gasse** auf dem Weg nach Blankenhornsberg angelegt. Zuvor waren die Toten auf dem Jüdischen Friedhof von Emmendingen beigesetzt worden. Im Herbst 1990 wurde dieser Friedhof von Neofaschisten geschändet. Sie zerstörten Grabsteine und beschmierten die Umfriedungsmauer mit antisemitischen Parolen.

Die beim Novemberpogrom 1938 zerstörte **Synagoge** stand etwas zurückversetzt zwischen den Häusern **Bachenstr.** 15 und 17; heute führt der Schulweg über dieses Gelände. Ein am 19. November 1980 enthüllter **Gedenkstein** in ummittelbarer Nähe trägt die Widmung:

> „Im Westen, unweit dieser Stätte, stand das ehemalige jüdische Gotteshaus, das am 9. November 1938 gewaltsam zerstört wurde. An jenes Unrecht und an die damaligen jüdischen Mitbürger soll dieser Gedenkstein erinnern und zur Verständigung aufrufen."

Über den 10. November 1938 berichtete Hansjörg Sick, Sohn des damaligen evangelischen Pfarrers von Ihringen, seine eigene Haltung und die seines Vaters kritisch reflektierend:

> „Als ich vom Bahnhof die lange Straße nach Hause marschierte, sah ich vor dem **Rathaus** einen Lastwagen stehen. Das war damals etwas Ungewöhnliches. ‚Ist denn etwas los?' dachte ich und sah beim Näherkommen, wie ältere Männer einzeln aus dem großen Tor des Rathauses heraustraten. Am Tor stand einer, ein Handwerker, den ich gut kannte, und gab jedem der Heraustretenden einen kräftigen Fußtritt. – Still und langsam stiegen sie auf den Lastwagen, der mit ihnen wegfuhr: Juden. Ich mußte mit den Tränen kämpfen, und das ärgerte mich, denn ich wollte doch kein Waschlappen sein. Hitler-Jungen sind hart wie Krupp-Stahl und zäh wie Leder, so lauteten doch die Grundsätze ... Abends ging mein Vater hinunter zur ausgebrannten **Synagoge**. Ich lief mit. Auf dem Vorplatz zerstreut sah man Bücher und Schriften, irgendwo lag ein demoliertes Harmonium. Einige ältere Leute kamen dazu. Man spürte die gedrückte Stimmung. Einer der Männer trat auf meinen Vater zu und sagte: ‚Herr Pfarrer, wenn die Synagogen brennen, dann brennt noch mehr.' Aber mein Vater schwieg. Ich dachte, warum redet er denn nicht? Er wird wohl seine Gründe haben. Er wird wohl wissen, was vor sich ging und wie er das einzuordnen hat. Später, erst viel später kamen mir Zweifel."

Am 22. Oktober 1940 wurden 15 in **Ihringen** wohnende Jüdinnen und Juden in das Internierungslager Gurs in Südfrankreich deportiert; weitere 25 wurden an anderen Orten von dieser Deportation erfaßt. Vierzehn Namen stehen im Gedenkbuch für die Opfer der Judenverfolgung. In Gurs und den südfranzösischen Internierungslagern Récébédou und Rivesaltes starben Julius Felsenstein, Siegfried Felsenstein, Philipp Lion und Sophie Lion geb. Wertheimer. Nach Auschwitz deportiert und ermordet wurden Julius Bloch und Camilla Bloch geb. Guggenheimer, Carolina Ginsburg geb. Weil, Marx Guggenheimer und Karoline Guggenheimer geb. Geismar, Benjamin Lion und Rosa Lion geb. Guggenheimer. Die Spur der bei der Deportation 34 Jahre alten Theodore Mayer verliert sich im Getto von Kowno (Litauen). Paula Weil kam am 7. Dezember 1943 im Alter von 55 Jahren im Internierungslager Ferramonti in Süditalien ums Leben. Wolfgang Weyl, bei der Deportation vierzehn Jahre alt, starb in Cosel in Oberschlesien, vermutlich in einem der berüchtigten Zwangsarbeitslager der „Organisation Schmelt".

Konzentrationslager und Zwangsarbeit

Die Nachkriegsermittlungen des Französischen Nationalen Suchdienstes ergaben, daß in der Weinbauerngemeinde während des Krieges 210 ausländische Zwangsarbeitskräfte beschäftigt waren.

Am 1. April 1945 starb der Russe Gustav Martschenko in **Ihringen**. Sein Grab befindet sich auf dem Hauptfriedhof von Freiburg.

KIRCHZARTEN

„Rassische" Verfolgung und „Euthanasie"

Im **Kurhaus** von **Kirchzarten** ist eine ständige Ausstellung des jüdischen Bildhauers Prof. Richard Engelmann (1865–1966) zu sehen. Prof. Engelmann hatte 1935 von den Nationalsozialisten Berufsverbot erhalten und war seines Amtes als Direktor der Kunsthochschule Weimar enthoben worden. Seit 1937 lebte er mit seiner nicht-jüdischen Frau und seiner Tochter in der **Lindenaustr.** 21 in Kirchzarten. Diese Ehe schützte ihn zwar vor der Deportation nach Gurs, aber die Familie wurde isoliert und diskriminiert. Darüber berichteten Schülerinnen und Schüler der 12. Klasse des Kreisgymnasiums, die 1980/1981 das Schicksal der Familie Engelmann im Rahmen des Schülerwettbewerbs „Alltag im Nationalsozialismus" erforschten.

Auf dem **Markenhof** betrieb Alexander Moch aus Schwanau-Nonnenweier (Ortenau-Kreis) eine landwirtschaftliche Ausbildungsstätte, die zur Vorbereitung der Auswanderung nach Palästina diente.

Konzentrationslager und Zwangsarbeit

Nach Angaben des FNTB waren während der Kriegsjahre 260 ausländische Zwangsarbeitskräfte in **Kirchzarten** gemeldet.

MÜLLHEIM

Widerstand und Naziterror

Außer der Verhaftung des Bergmanns Helmut Sander im Kaliwerk Buggingen (s. Buggingen) ist ein weitere Festnahme mit politischem Hintergrund bekannt: Andreas Mejovslik hatte bei der „Volksabstimmung" über den „Anschluß" Österreichs seinen Unmut geäußert und demonstrativ den Wahlzettel zerrissen.

„Rassische" Verfolgung und „Euthanasie"

Den ermordeten Mitglieder der Jüdischen Gemeinde **Müllheim** ist seit 1987 eine **Gedenkstätte** auf dem **Jüdischen Friedhof** an der **Schwarzwaldstraße**, in der Nähe der Kasernen, gewidmet. Die Initiative dazu ergriff ein Bürgerkomitee. Die Gestaltung übernahm Professor Konrad Sage, der die noch gut erhaltene Sandsteinkrone eines Seitentürmchens der Synagoge in das Mahnmal integrierte. Auf vier Bronzetafeln stehen stellvertretend für die vielen unbekannten Opfer 45 Namen jüdischer Menschen aus Müllheim und Badenweiler, ihre Geburtsdaten und die Orte ihrer Vernichtung: Lemberg, Gurs, Theresienstadt, Majdanek und Auschwitz. Eine Tafel trägt die Widmung:

> „Zum Gedenken an jüdische Mitbürger
> die dem Naziterror zum Opfer fielen
> Einige konnten ermittelt werden
> und sind für alle, die kein Grab fanden,
> hier genannt.
> Von der Synagoge blieben übrig
> vier Säulen
> und die Krone eines Türmchens."

Die **Synagoge** in der **Hauptstraße** – sie stand zwischen den Gebäuden Nr. 92 und Nr. 94 – war schon vor 1933 nicht mehr zum Gottesdienst genutzt worden. Beim Novemberpogrom 1938 verwüsteten SA-Leute den Innenraum; wegen der engen Bebauung wurde das Gotteshaus jedoch nicht niedergebrannt. Das in der Bausubstanz guterhaltene stattliche Gebäude wurde 1968 trotz des Protestes einiger Bürgerinnen und Bürger abgerissen. An der Stelle befindet sich heute ein Parkplatz und an dessen Rand ein 1973 errichteter **Gedenkstein**.

> „Dem Gedenken ihrer jüdischen Mitbürger, deren
> Gotteshaus an dieser Stätte stand.
> Die Bürger der Stadt Müllheim."

Jüdische Geschäfte und Wohnungen lagen um 1933 überwiegend in der **Hauptstraße**:

Nr. 81 Kolonialwaren, Zigarren und Porzellan Emil Mayer,
Nr. 97 Lederhandlung Leopold Mayer,
Nr. 123 Kurzwarengeschäft David Bloch Wwe.,
Nr. 132 Farbengeschäft Zivi,
Nr. 141 Kleidergeschäft Abraham Rieser, Inh. Lazarus Bernheimer und Arnold Günzheimer,

Innenansicht der 1968 abgebrochenen Synagoge Müllheim. Diese Aufnahme stammt von 1967.

Nr. 143 Schneiderwerkstatt Meyer,
Nr. 147 Kaufhaus Weil.

In der **Werderstr.** 18 befand sich die Eisenhandlung Adolf Heimann, Inh. A. Heimann und Heinrich Mayer, und in einem Nebengebäude des Hauses **Werderstr.** 1 lebte die Schneiderin Jeanette Schwab.

Bis 1940 hatten alle jüdischen Bürgerinnen und Bürger ihren Heimatort verlassen. Wer nicht in das sichere Ausland fliehen konnte, wurde an den jeweiligen Zufluchtsorten von den Deportationen erfaßt.

Konzentrationslager und Zwangsarbeit

Nach dem Krieg ermittelte der FNTB zum Ausmaß der zur Zwangsarbeit verschleppten Zivilpersonen in der französisch besetzten Zone. Für **Müllheim** kam er auf 775 Personen.

MÜNSTERTAL

Widerstand und Naziterror

Seit Februar 1945 war auf der **Münsterhalde** der Zug Perner des „SS-Jagdkommando Süd" stationiert. „SS-Jagdkommandos" waren im Dezember 1944 aufgestellte Spezialeinheiten unter dem Befehl des SS-Obersturmbannführers Otto Skorzeny. Zu ihren Aufgaben gehörte die Bildung von „Werwolf"-Kampfgruppen, die Durchführung von Sabotage-Aktionen und die Sicherung von Fluchtwegen für das NS-Führungspersonal. Sie waren mit den modernsten Waffen, mit Sprengstoff, mit gefälschten Papieren aller Art und mit viel Geld in verschiedenen ausländischen Währungen ausgestattet. Der Zug Perner, so genannt nach seinem Kommandeur, dem SS-Untersturmführer Heinrich Perner, Jg. 1909, setzte sich aus zum „Endsieg" entschlossenen, höchst fanatischen deutschen SS-Männern und französischen Angehörigen der Waffen-SS zusammen; sie alle hatten eine Spezialausbildung in der „Kampfschule der SS-Jagdverbände" im Kloster Tiefental bei Eltville (Hessen) erhalten.

Mit dem Zug Perner verbreitete sich im bis dahin eher beschaulichen Münstertal ein Regime des Terrors, dem einige Bürger gerade noch entkommen konnte; drei jedoch mußten mit ihrem Leben bezahlen: Pfarrer Willibald Strohmeyer und die beiden Deserteure Erhard Leisinger aus Schweighof (s. Badenweiler) und Otto König aus Rheinzabern (Rheinland-Pfalz).

Für Pfarrer Strohmeyer, der sich in der NS-Zeit nach Aussagen seiner Amtskollegen „niemals gefährdend und auffällig" verhalten habe, gibt es zahlreiche Gedenkstätten:
die **Gedächtniskapelle** auf dem **Heubronner Eck**, 1947 am Ort seiner Ermordung errichtet, sein Grab auf dem **Friedhof** von **St. Trudpert**, ein 1995 von dem Bildhauer Franz Gutmann geschaffenes Totenbrett in der **Pfarrkirche St. Trudpert**, das **Dekan-Strohmeyer-Haus** und den **Willibald-Strohmeyer-Weg**.

Alljährlich am 1. Mai findet in der **Gedächtniskapelle** ein Gedenkgottesdienst statt. Die Kapelle, aus Granitsteinen des geschleiften Schlageter-Denkmals in Schönau gebaut, wurde 1992 von den Bergfreunden Münstertal restauriert. Dabei machte man auch die Inschrift der Bodenplatte wieder lesbar.

> „Hier wurde am 6. Mai 1945 der Leichnam des HH. Pfarrektors von St. Trudpert, Willibald Strohmeyer, Dekan und Geistlicher Rat, gefunden. Wenige Tage vor dem Kriegsende am 22. April 1945 wurde er von SS-Leuten verhaftet, entführt und grausam ermordet. Bis in den Tod für die Gerechtigkeit!"

1963 war diese Bodenplatte beschädigt worden: Unbekannte hatten versucht, den Hinweis auf die Täter – das Wort „SS-Leute" – herauszumeißeln.

Gedenkstein für Pfarrer Willibald Strohmeyer auf dem Friedhof St. Trudpert

Für die beiden in **Untermünstertal** ermordeten Deserteure hingegen gibt es kein Mahnmal. Über das Verbrechen an den jungen Soldaten läßt sich aufgrund des Prozesses, der im Mai 1948 vor dem Landgericht Freiburg begann, folgendes berichten: Drei Angehörige des „SS-Jagdkommandos Süd" standen damals vor Gericht, Heinrich Perner, Horst Schauer und der damals 24jähriger Soldat S. aus Friedrichshafen. Das Gericht beschäftigte sich vorrangig mit den Vorgängen, die zur Ermordung Strohmeyers geführt hatten. Es verurteilte Perner zu Tode und Schauer zu zehn Jahren Zuchthaus.

Gegen den Angeklagten S. wurde wegen der Erschießung der beiden Deserteure verhandelt. Die beiden jungen Soldaten Erhard Leisinger und Otto König, die sich von ihrer Einheit abgesetzt hatten, waren am 13. April 1945 am **Haldenhof** festgenommen worden. Perner befahl ihre Übergabe an die Ortskommandantur in Untermünstertal, wo sie dem Kriegsgericht übergeben werden sollten. Einen Tag später wagten die beiden einen Fluchtversuch und konnten trotz eines großen Suchaufgebotes nicht gefunden werden. Am 15. April 1945 erhielt S. einen Hinweis von einem Bauern, daß sich die beiden jungen Männer möglicherweise auf seinem Heuboden versteckt hielten. S. kletterte auf den Heuboden, stöberte einen nach dem anderen auf und tötete beide mit gezielten Kopfschüssen, noch bevor sie sich halb aufgerichtet hatten. Das Gericht verurteilte S. wegen Totschlags in zwei Fällen zu sieben Jahren Gefängnis.

Ein Gnadengesuch des Freiburger Erzbischofs Konrad Gröber und der Schwester von Pfarrer Strohmeyer bewirkte, daß das Todesurteil gegen Heinrich Perner bereits am 23. Februar 1949 in eine lebenslange Zuchthausstrafe umgewandelt wurde. Perner wurde am 9. Mai 1957 entlassen. Schauer kam bereits am 9. November 1953 wieder frei. Wie viele Jahre S. von seiner Strafe verbüßte, ist nicht bekannt.

SCHLUCHSEE

Konzentrationslager und Zwangsarbeit

Zum Einsatz ausländischer Zwangsarbeitskräfte in Schluchsee konnte der Französische Nationale Suchdienst nach 1945 lediglich ermitteln, daß 75 Personen während des Krieges gemeldet waren. Vor dem Einmarsch der französischen Armee seien alle Akten, die ein „Zwangsarbeiterlager" betrafen, vernichtet worden. Haupteinsatzort war – neben der Landwirtschaft – der Ausbau des **Schluchseekraftwerkes**. Etwa 70 polnische und tschechische Zwangsarbeiter nutzten 1940 den ihnen gewährten Urlaub zur Flucht: Die meisten wurden jedoch wieder eingefangen und vom Landgericht Waldshut wegen „Arbeitsvertragsbruch" abgeurteilt. Ende August 1941 traf im Stalag VB Villingen der erste Transport mit 2.500 sowjetischen Kriegsgefangenen ein; auch sie sollten zum Ausbau des Schluchseekraftwerkes eingesetzt werden. Nach einer ärztlichen Untersuchung erwies sich kaum einer der „17- bis 21jährigen, die vollkommen ausgehungert sind", als arbeitsfähig. Ein Arzt-Bericht vom Juni 1942 kam zum Ergebnis, daß die Arbeitshetze auf den Baustellen des Schluchseekraftwerkes und die unzureichende Ernährung zu einem sehr starken „Verbrauch" der Zwangsarbeiter aus Polen, der Sowjetunion und einigen südosteuropäischen Ländern geführt habe. Auch Mißhandlungen sind bezeugt. Aus dem Kreis Waldshut sind mindestens drei Lager im Zusammenhang mit der Baustufe III bezeugt; das größte dieser Lager befand sich in Berau und war mit 1.330 Kriegsgefangenen und 3.395 Zwangsarbeitern belegt (s. Ühlingen-Birkendorf, Dachsberg, Weilheim und Waldshut-Tiengen, Kr. Waldhut).

STAUFEN IM BREISGAU

„Rassische" Verfolgung und „Euthanasie"

1933 lebte nur noch das jüdische Ehepaar Emil und Fanny Grumbach in **Staufen** in der **Hauptstr.** 55. Im August 1935 erließ die Gemeinde ein Zuzugsverbot für „Juden und Judenstämmige", schloß den Viehhändler Grumbach von der Nutzung der Gemeindeeinrichtungen aus und drohte jedem, der mit Juden privat oder geschäftlich verkehrte, mit dem Entzug von städtischen Aufträgen. Emil Grumbach zog mit seiner Frau nach Breisach. Beim Novemberpogrom 1938 wurde er in das KZ Dachau verschleppt und dort fünf Wochen später ermordet. Fanny Grumbach mußte im Oktober 1940 den Weg in das Internierungslager Gurs antreten und starb dort im Dezember 1940.

Konzentrationslager und Zwangsarbeit

Im heutigen Ortstteil **Grunern** waren nach Angaben des FNTB während der Kriegsjahre 75 ausländische Zwangsarbeitskräfte gemeldet.

STEGEN

Widerstand und Naziterror

Das heutige **Kolleg St. Sebastian** in **Stegen** war in der NS-Zeit ein Zufluchtsort für verfolgte Menschen jüdischen Glaubens. In jahrelangen Nachforschungen hat Pater Dr. Bernd Bothe das mutige Handeln des damaligen Rektors Dr. Heinrich Middendorf, der der Ordensgemeinschaft der Herz-Jesu-Priester vorstand, und die Lebensschicksale von Geretteten dokumentiert.

Seit Juli 1943 lebten auf dem Klostergelände außer den Herz-Jesu-Priestern und einigen Dominikanerinnen auch etwa 90 aus dem Katholischen Waisenhaus in Hagen (Nordrhein-Westfalen) evakuierte Kinder, betreut von acht Ordensfrauen der Barmherzigen Schwestern. Unter ihnen waren zwei Geschwister, Eva und Dieter Bachenheimer, deren jüdischer Vater nach dem Novemberpogrom 1938 in die Niederlande emigriert war, um von dort aus die Auswanderung der Familie nach Brasilien zu betreiben. Beide Kinder konnten vor den Nachforschungen der Gestapo geschützt werden.

Nach dem großen Luftangriff auf Freiburg am 27. November 1944 fanden ausgebombte Menschen in Stegen eine erste Unterkunft; viele wurden in den folgenden Tagen in andere Orte im Schwarzwald weitergeschickt. Unter denen, die in Stegen bleiben konnte, befand sich Grete Borgmann, die Frau des Freiburger Caritas-Angestellten Dr. Karl Borgmann, mit ihren Kindern. Das Ehepaar Borgmann hatte in Freiburg zum Kreis um Dr. Gertrud Luckner gehört und Juden auf der Flucht Unterkunft gewährt (s. Stadt Freiburg). Grete Borgmann und Pater Middendorf nutzten die unübersichtliche Lage nach dem Bombenangriff, um jüdische Menschen zu verstecken. Sie holten die bereits illegal in Freiburg lebende Jüdin Lotte Paepcke geb. Maier und ihren Sohn Peter nach Stegen. Irmgard Giessler geb. Freitag und ihre kleine Tochter Ursula waren bereits seit Sommer 1944 auf dem Klostergelände untergebracht. Frau Giessler war ebenfalls Jüdin und – wie Frau Paepcke – durch ihre Ehe mit einem nicht-jüdischen Partner vor der Deportation geschützt gewesen.

Ein weiteres Beispiel: Gerhard Zacharias, 1923 in Braunschweig geboren, hatte eine jüdische Mutter. Er mußte erleben, wie eine Schwester der Mutter von der Gestapo abgeholt wurde, eine andere Schwester beging kurz vor der drohenden Deportation Selbstmord, die Mutter selbst kam bei einem Bombenangriff ums Leben. Der junge Mann wurde 1943 vor seiner bevorstehenden Deportation gewarnt. Er tauchte unter, gelangte in den Schwarzwald und schließlich nach Stegen. Pater Middendorf veranlaßte, daß er in die Gemeinschaft der Herz-Jesu-Priester aufgenommen wurde.

Nach den bisherigen Nachforschungen konnten in Stegen sieben Menschen jüdischen Glaubens versteckt werden. „Der entscheidende Mann", so Pater Dr. Bernd Bothe, „der zusammen mit denjenigen, die Bescheid wußten und ihm bei seiner Rettungsaktion halfen, viel gewagt hat, ist P. Dr. Heinrich Middendorf. Er war von 1938-1946 Rektor des Hauses Stegen."

Der Staat Israel verlieh Heinrich Middendorf im Mai 1995 posthum den Ehrentitel „Gerechter der Völker". Er ist damit der erste deutsche Priester, dem diese Auszeichnung zuteil wurde.

ST. PETER

Widerstand und Naziterror

Die berüchtigte Parole des Nürnberger NSDAP-Parteitags von 1935 „Juden sind unser Unglück!" prangte an allen „Stürmer"-Kasten. Aus **St. Peter** ist überliefert, daß Unbekannte im August 1937 die erste Silbe im Wort „Unglück" überstrichen haben. Die Täter konnten nicht gefunden werden. Denunziert wurde jedoch der Landwirt Karl Blattermann, der am 4. Oktober 1934 wegen „staatsfeindlicher Äußerungen" festgenommen wurde.

„Rassische" Verfolgung und „Euthanasie"

In der Gräberliste der auf dem Freiburger Hauptfriedhof bestatteten russischen Kriegstoten ist bei drei Kindern **St. Peter** als Todesort eingetragen: Erwin Schuhmacher starb am 24. März 1944, Lina Martin am 3. Januar 1945 und Bernhard Mögling am 19. Mai 1945. Aufgrund der deutschen Namen könnte es sich um Kinder aus „volksdeutschen" Familien handeln, die als Folge der rassistischen „Germanisierungspolitik" zwangsumgesiedelt wurden. Die Gemeinde St. Peter wies uns auf ein noch bestehendes **„Slowenengrab"** hin, bei den Toten habe es sich nicht um Zwangsarbeiter gehandelt. Es bleibt zu prüfen, ob in

Kolleg St. Sebastian, in den letzten Kriegsjahren Zufluchtsort für jüdische Verfolgte

St. Peter eines der „SS-Umsiedlungslager" der „Volksdeutschen Mittelstelle" bestanden hat (s. z.B. Schelklingen, Alb-Donau-Kreis).

SULZBURG

Rassische" Verfolgung und „Euthanasie"

An die einst blühende Jüdische Landgemeinde Sulzburg erinnert heute die in den 80er Jahren restaurierte **Synagoge** in der **Gustav-Weil-Straße**, die im vergangenen Jahrhundert das „Judengäßle" war. Die Initiative dazu war vom Landesdenkmalamt, der Anna und Hugo Bloch-Stiftung und einigen Sulzburger Bürgern ausgegangen. Es war die erste Synagoge in Baden-Württemberg, deren Restaurierung mit Landesmitteln begonnen wurde. Im Gebäude finden heute Ausstellungen, Veranstaltungen und Vorträge statt, die die Geschichte des Landjudentums in Südbaden in Erinnerung halten. Der **Jüdische Friedhof**, außerhalb der Stadt in einem mittelalterlichen Erzabbaugebiet gelegen, war einst bedeutendste Begräbnisstätte der Region und ist heute neben der ehemaligen Synagoge das zweite steinerne Dokument zur jüdischen Geschichte Sulzburgs. 1970 wurde hier ein **Mahnmal** eingeweiht. Auf der Vorderseite trägt es den Text:

> „Den Opfern der Judenverfolgung von 1933–1945 gewidmet und dem Gedenken der Juden von Sulzburg und Staufen, die schutzlos preisgegeben den Tod für ihren Glauben erlitten. Errichtet zum dreißigsten Jahrestag der Auslöschung ihrer altehrwürdigen frommen Gemeinde – 1970."

Text und Gedenkstein wurden von einer Privatinitiative initiert, die dann von der politischen Gemeinde mitgetragen wurde.

1927 hatte der Gemeinderat die damalige Judengasse in **Gustav-Weil-Straße** umbenannt zu Ehren des berühmten Orientalisten und ersten jüdischen Professors im Großherzogtum Baden. Gustav Weil (1808-1889) hatte sich vor allem durch seine Übersetzung der Geschichten von „1001 Nacht" einen Namen gemacht hatte. Diese Namensgebung hatte Bestand bis 1936; von da an hieß die Straße Mühlbachgasse. 1991 wurde sie in Gustav-Weil-Straße rückbenannt. Jüdische Geschäfte und Wohnungen lagen um 1933 vor allem in der **Hauptstraße** und in der **Gustav-Weil-Straße**. Es gab drei Weinhandlungen: die Weingroßhandlung David Bloch und Simon Dukas, Hauptstr. 29, die Weinhandlung & Branntweinbrennerei Fa. H. Dukas & Söhne in der Hauptstr. 17 und die Weinhandlung & Branntweinbrennerei Max und Gustav Weil Hauptstr. 43, sowie mehrere Textilgeschäfte und Viehhandlungen.

Am 10. November 1938 schändeten Nationalsozialisten die **Synagoge**; wenig später wurde das Gebäude zwangsenteignet. Auf dem **Jüdischen Friedhof** wurden Grabsteine zerstört. Jüdische Familien wurden in ihren Wohnungen überfallen, beraubt und ihre Geschäfte geplündert. Am 22. Oktober 1940 wurden die noch in Sulzburg verbliebenen 27 Jüdinnen und Juden in das Lager Gurs deportiert. Etwa 47 Jüdinnen und Juden gelang die Auswanderung.

Der **Gedenkstein** auf dem **Jüdischen Friedhof** verzeichnet folgende Namen aus **Sulzburg** und Staufen:

Helene Abraham, geb. 1868, Gurs; Rosa Abraham (1865–1941), Gurs; Erna Bickart geb. Rieser (1893–1945); Adolf Bloch, geb. 1869, und Amalie Bloch geb. Dreyfuss, geb. 1867, Gurs; Anna Bloch (1898–1944); Betty Bloch geb. Ottenheimer (1880–1943); Gustav Bloch (1864–1944); Gustav Bloch (1894–1942); Josef (1886–1942) und Toni Bloch geb. Braun (1869–1942), Auschwitz; Martha Bloch (1891–1942), Auschwitz; Max, geb. 1867, und Elise Bloch geb. Levi, geb. 1867; Gurs; Moses I.S. (1855–1941), Noé, und Pauline geb. Rothschild (1862–1944); Rosa Bloch (1888–1942), Auschwitz; Simon Bloch (1886–1945); Eugen Bruchsaler (1886–1942); Helene (1890–1942) und Klara Dukas (1882–1942), Auschwitz; Friedrich (1889–1943) und Betty Engelmann geb. Bloch (1906–1943), Auschwitz; Friedrich (1889–1943) und Cecile Flanter geb. Bloch (1906–1943), Auschwitz; Siegfried und Mina Myrtha Goldschmidt geb. Marx (1899–1943) und die Söhne Alfred und Max; Emil Grumbach (1868–1938), Dachau; Eduard (1876–1945) und Ida Heilbrunner (1890–1945), Auschwitz; Hans Jeremias (1902–1942), Mourmellon/Frankreich; Babette Kahn (1878–1942); Bella Kahn (1887–1942), Gurs; Bertha Kahn (1867–1942), Theresienstadt; Hans Kahn (1906–1943) mit Ehefrau und vier Kindern, Sobibor; Ilse Kahn (1921–1943), Minsk; Isaak Julius Kahn (1873–1944); Leo Louis Kahn (1884–1944) und Elfriede geb. Baendel (1869–1942), Auschwitz; Samuel Kahn (1882–1942) und Hilde geb. Rieser (1880–1942), Auschwitz; Siegfried Kahn (1884–1942), Auschwitz; René Kappel und Alice geb. Bloch (1905–1944) mit den Zwillingstöchtern Yvonne und Louise, Auschwitz; Arnold Kleefeld (1882–1943) und Ida Helene geb. Ruf (1884–1945), Theresienstadt bzw. Auschwitz; Malwine Marum geb. Kahn (1883–1942); Mathilde Naumann geb. Kahn (1871–1944), Auschwitz; Max Schriesheimer und Rosa geb. Dukas (1880–1944); Adolf Alfons Weil (1872-1942) und Ella geb. Stern (1888–1942), Auschwitz; Bella Weil (1894–1942); Justina Weil (1865–1942), Theresienstadt; Kurt Gustav Weil (1918–1942); Leo Weil (1870–1944) und Pauline geb. Greilsheimer (1878–1944), Auschwitz; Bertha Wormser geb. Kahn (1867–1942), Theresienstadt; Joseph Zivi und Rosa geb. Kahn (1895–1943) und Tochter Mathilde.

Konzentrationslager und Zwangsarbeit

Der FNTB ermittelte nach dem Krieg die Zahl von 290 Personen, die in Sulzburg zur Zwangsarbeit eingesetzt gewesen waren.

TITISEE-NEUSTADT

„Rassische" Verfolgung und „Euthanasie"

Bis 1933 lebte der jüdische Bezirksarzt Dr. Alfred Mayer mit seiner Familie in **Neustadt**. Im Sommer 1933 mußte er aus dem Staatsdienst ausscheiden und wanderte nach Palästina aus. Nathan und Selma Schlessinger waren nach 1933 nach Neustadt gezogen; beide wurden im Oktober 1940 nach Gurs deportiert und kamen dort ums Leben.

Konzentrationslager und Zwangsarbeit

Aufgrund seiner Nachkriegsermittlungen kam der FNTB zum Ergebnis, daß während der Kriegsjahre in **Titisee** 210 und in **Neustadt** 350 ausländische Zwangsarbeitskräfte eingesetzt waren.

VOGTSBURG

Konzentrationslager und Zwangsarbeit

Auf dem **Friedhof** von **Oberrotweil** befindet sich das Grab eines polnischen Kriegsgefangenen, der bei einem Luftangriff ums Leben kam. Es wird von der Familie, bei der er damals beschäftigt war, gepflegt.

SPUREN DER ZWANGSARBEIT

Der Französische Nationale Suchdienst (FNTB) ermittelte nach 1945 zum Ausmaß der zur Zwangsarbeit eingesetzten Zivilpersonen. Bei Orten, zu denen wir bei unserer Spurensuche auch zu den anderen Bereichen überhaupt nichts gefunden haben, seien hier zumindest die Zahlen genannt:

Bötzingen	140 Personen
Breitnau	130 Personen
Ehrenkirchen, Ortsteil Ehrenstetten	90 Personen
Ehrenkirchen, Ortsteil Kirchhofen	55 Personen
Eisenbach	105 Personen
Eschbach	75 Personen
Hinterzarten	135 Personen
Lenzkirch	345 Personen
Löffingen	420 Personen
Sankt Märgen	145 Personen
Umkirch	85 Personen

LITERATUR

Walter Arndt u.a.: Richard Engelmann, ein jüdischer Mitbürger in **Kirchzarten**. Schülerarbeit der 12. Klasse des Kreisgymnasiums Kirchzarten im Rahmen des Schülerwettbewerbs „Alltag im Nationalsozialismus" 1980/1981.
Bei der Landesbildstelle Baden ist zu Leben und Werk von Richard Engelmann eine Diareihe mit Begleitheft zu entleihen.

Martin Bier: „Alles wirkliche Leben ist Begegnung". Eine Ausarbeitung des Freundeskreis Ehemalige Synagoge **Sulzburg** für die Besucher von ehemaliger Synagoge und Friedhof. Sulzburg 1991

Bernd Boll: Krisen, Modernisierungen, Kriege: Die Jahre 1914 bis 1945. In: Ursula Hugglé, Ulrike Rödling (Hg.): **Buchenbach**. Buchenbach 1996

Bernd Bothe: Das Schicksal jüdischer Menschen in **Stegen** von 1942–1945. In: Institut für Religionspädagogik der Erzdiözese Freiburg (Hg.): IRP Mitteilungen 24. Jg., Heft 3, 1994

Bernd Bothe: Pater Heinrich Middendorf – „Gerechter unter den Völkern". Aschendorfer Heimatblätter. Heft 29. Aschendorf 1997

Buggingen. Eine Markgräfler Gemeinde im Wandel der Zeit. Herausgegeben von der Gemeinde **Buggingen** anläßlich der 1200-Jahr-Feier 1978. Freiburg 1978

Louis Dreyfuß: Emigration – nur ein Wort? Konstanz 1991 (zu **Breisach**)

Der Jüdische Friedhof in **Sulzburg**. Katalog zur Ausstellung. Hg.: Freie Künstlergruppe Freiburg e.V.. Karlsruhe 1990

Günther Haselier: Geschichte der Stadt **Breisach** am Rhein in drei Bänden. Band 3. Breisach 1985

Haus – Bild – Stein: Skulpturen und Bilder von Bernd Völkle. Fotografien der frühen Synagogen. Katalog zur Ausstellung mit Textbeiträgen von Gabriel Heim, Wolfgang Heidenreich und Jost Grosspietsch. **Sulzburg** o.J.

Dieter Heck: Pfarrer Anton Maria Fränznick. Regensburg 1994 (zu **Bollschweil**)

Justiz und NS-Verbrechen. Sammlung deutscher Strafurteile wegen nationalsozialistischer Tötungsverbrechen 1945–1966. Bd.2, lfd. Nr. 062: Prozeß vor dem Landgericht Freiburg gegen drei Angehörige des SS-Jagdkommandos Süd wegen der Ermordung von Pfarrer Willibald Strohmeyer und der Deserteure Erhard Leisinger und Otto König. Amsterdam 1969 (zu **Münstertal**)

Elisabeth Kallfaß: **Breisach** Judengasse. Breisach 1993

Gebhardt Klein: **Breisach** im Dritten Reich. Ein Versuch. Breisach 1995

Manfred Koch: Julius Engelhard. Drucker, Kurier und Organisator der Zeugen Jehovas. In: Michael Bosch, Wolfgang Niess (Hg.): Der Widerstand im deutschen Südwesten. Stuttgart 1984 (zu **Au**)

Renate Liessem-Breinlinger: Die Belegschaft der Grube Schönberg in **Ebringen** 1937–1942. In: Schau-ins-Land. Band 103. Freiburg 1984

Wolfgang von Marschall: Opfer des Nationalsozialismus. In: Ursula Hugglé, Ulrike Rödling (Hg.): **Buchenbach**. Buchenbach 1996

Lotte Paepcke: Unter einem fremden Stern. Moos, Baden-Baden 1989 (zu **Stegen**)

Rolf Schuhbauer: Nehmt dieses kleine Heimatstück. Spuren und Stationen der Leidenswege von **Müllheimer** und **Badenweiler** Juden zwischen 1933 und 1945. Müllheim 1988

Hansjörg Sick: Die Fahne am Pfarrhaus. Eine Jugend zwischen 1933 und 1945. Karlsruhe 1994 (zu **Ihringen**)

Spuren. Katalog zur Ausstellung Jürgen Brodwolf 1990 in **Sulzburg**. Mit Beiträgen über die Deportation der Sulzburger und Müllheimer Juden am 22. 10. 1940 von Rolf Schuhbauer, J. Grosspietsch und Wolfgang Heidenreich.

Die Stimme der Wörter der Bilder. Arbeiten von Gerta Haller, Nikolaus Cybinski, Wolfgang Heidenreich und Jost Grosspietsch. **Sulzburg** 1996

„Ich bin doch geborener Sulzburger und Deutscher." Text von Ingeborg Hecht. Hg. Freundeskreis Ehemalige Synagoge **Sulzburg** e.V. Freiburg 1994

KONTAKTE

Verein zur Erhaltung der Kinderbaracke Auschwitz-Birkenau. c/o Norbert Schweiwe, Christopherus-Jugendwerk Oberrimsingen, 79206 Breisach

Freundeskreis Ehemalige Synagoge Sulzburg e.V., c/o Stadtverwaltung Sulzburg, Hauptstr. 60, 79295 Sulzburg, Tel.: 07634-5600-35 bzw. -40

FILME

Die polnische Erinnerung. Eine filmische Erzählung über polnische Zwangsarbeiter im Kaiserstuhl von Jürgen Stumpfhaus. WDR 1992

FAHRRADTOUREN

„Jüdisches Leben im Kaiserstuhl und im Breisgau". Eine ausführliche Beschreibung der Fahrradtour, die in Freiburg beginnt und endet, bei:
Susanne Wetterich: Davids Stern an Rhein und Neckar. Ausflüge auf den Spuren jüdischen Lebens in Baden-Württemberg. Stuttgart 1990

Kreis Emmendingen

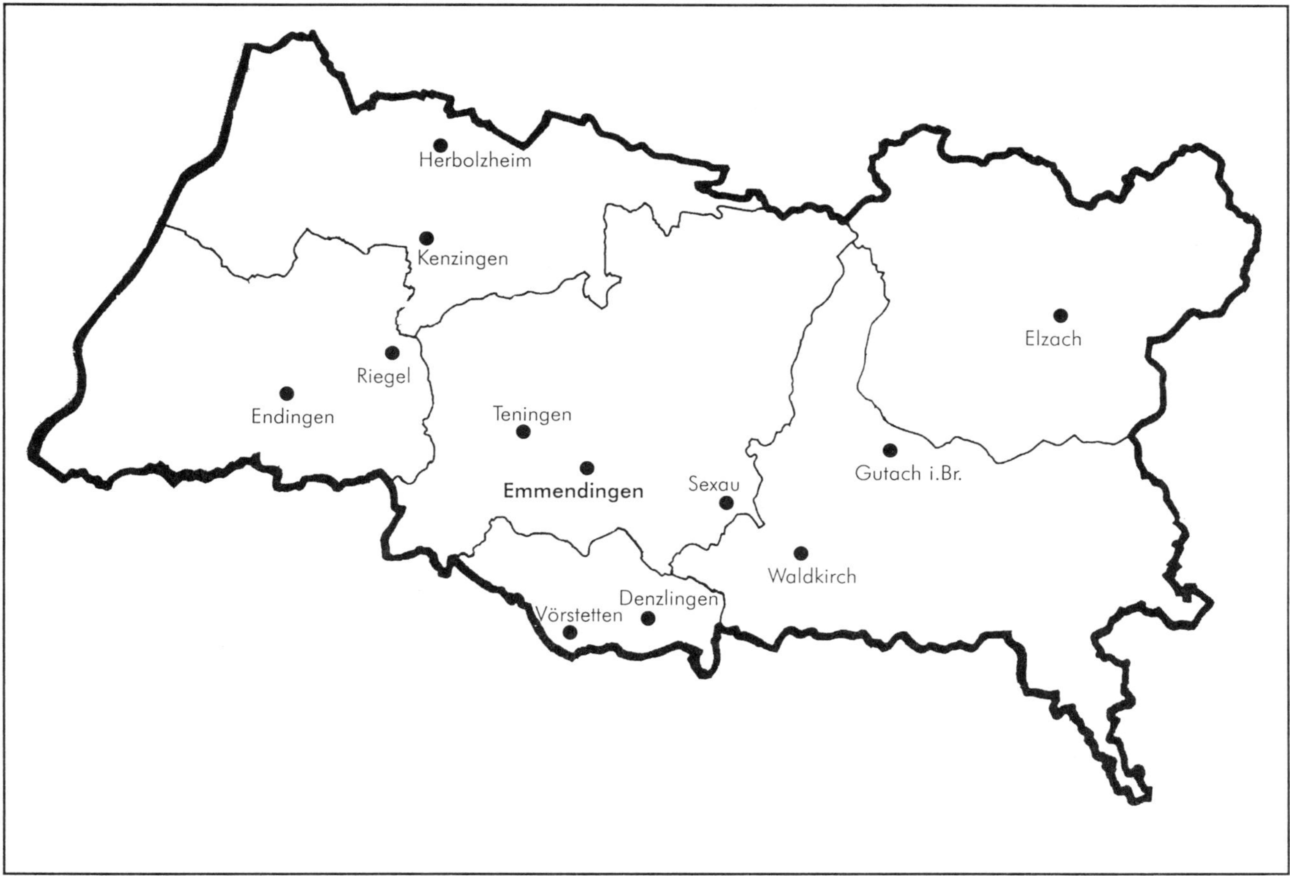

DENZLINGEN

Konzentrationslager und Zwangsarbeit

In der nördöstlichen Ecke des Denzlinger **Friedhofes** liegt das Grab des polnischen Kriegsgefangenen Kazimierc Dworak. Er wurde am 14. September 1943 im Alter von 26 Jahren „wegen Meuterei erschossen".

ELZACH

Widerstand und Naziterror

Elzach war vor 1933 eine Hochburg der katholischen Zentrumspartei. Um Bürgermeister Adolf Rapp abzusetzen, griffen die Nationalsozialisten zunächst zu einer der üblichen Diffamierungskampagnen. Als dies nicht ausreichte, zogen SA-Leute im Sommer 1933 vor Rapps Wohnhaus auf, warfen die Fensterscheiben ein und mißhandelten ihn schwer. Sie schleppten ihn zum **Rathaus** und setzten dort ihre Brutalitäten fort. Zwei Augenzeugen, die dagegen protestierten, wurden in den **„Bürgerhof"** gebracht, schwer verprügelt und bis in die Nacht hinein eingesperrt.

Bis zum Sommer 1934 konnte sich Vikar Albin Bächle, der für die Kolping-Jugend zuständig war, trotz massiver Angriffe von seiten der NSDAP in Elzach halten, dann mußte er den Ort verlassen. Der Kolping-Verein wurde schließlich 1940 aufgelöst.

„Rassische" Verfolgung und „Euthanasie"

Eine informative **Erinnerungstafel** wurde am 27. Januar 1996 an einem Wohnhaus in der **Freiburger Straße** 6 enthüllt:

> „Hier wohnte von 1919-1938
> Dr. med. vet. Bruno Türkheimer
> mit seiner Familie.
> Während der nationalsozialistischen Judenverfolgung warfen ihm Schüler und Jugendliche, angeführt von Elzacher NSDAP-Mitgliedern, am 09. November 1938 die Fensterscheiben ein. Der Bürgermeister führte die Familie aufs Rathaus und hielt sie dort fest.
> Dr. Türkheimer, Träger des Eisernen Kreuzes und des Badischen Verdienstordens, kam ins KZ Dachau.
> Auf Intervention eines Elzacher Bürgers wurde er im Dezember 1938 wieder entlassen.
> Die Familie emigrierte in die USA. 76jährig starb Dr. Türkheimer 1967 in San Francisco."

Im August 1935 forderte der stellvertretende NSDAP-Kreisleiter Leibiger auf einer Kundgebung in **Oberprechtal** eine „harte Abrechnung" mit dem Inhaber der Pension Kern, weil dort auch „Juden" Urlaub machten. Oberprechtal sei – so der Kreisleiter – „von heute an frei von jüdischen Kurgästen".

Konzentrationslager und Zwangsarbeit

Bei den **Badischen Saphir-Schleifwerken** in **Elzach**, die zum IG-Farben-Konzern gehörten, mußten überwiegend aus der Sowjetunion verschleppte Frauen Zwangsarbeit leisten. Eine am 30. April 1945 von der Firmenleitung erstellte Liste enthält die Namen von 50 „Ostarbeiterinnen". Ferner beschäftigten die Schleifwerke während des Krieges noch „10–15 männliche Inder", vermutlich Kriegsgefangene. Ihre Unterkünfte haben sich auf dem Fabrikgelände befunden. Aufgrund seiner Nachkriegsermittlungen kam der FNTB für Elzach auf die Zahl von 55 zivilen Zwangsarbeitskräften.

Auf dem **Friedhof** von **Elzach** gibt es ein Grab, das nach dem Kriegsgräbergesetz gepflegt wird: Jan Hrotko war slowakischer Kriegsgefangener; er starb nach der Befreiung in Oberwinden (Winden im Elztal) im Alter von etwa 20 Jahren.

Für **Prechtal** nennt der FNTB die Zahl von 70 Ausländern. Es waren überwiegend polnische Zwangsarbeiter, die in der Landwirtschaft arbeiten mußten.

Für polnische Zwangsarbeiter, die auf Bauernhöfen in **Yach** arbeiten mußten, las Pfarrer Stoffel heimlich die Messe.

EMMENDINGEN

Widerstand und Naziterror

Am 20. Mai 1933 wurde der jüdische Sozialdemokrat Fritz Weinstock verhaftet und auf die Polizeiwache gebracht. Der Grund: Die SA wollte sich an ihm öffentlich rächen. Sie beschuldigte ihn, einige Zeit zuvor einen SA-Mann in Teningen tätlich angegriffen zu haben. Als Weinstock in Begleitung eines SA-Hilfspolizisten in das **Gerichtsgefängnis** gebracht werden sollte, wurde er von zwei weiteren SA-Männern überfallen: Sie stülpten dem jungen Mann einen Sack über den Kopf, stießen ihn in ein bereitstehendes Auto und fuhren zu einer Lehmgrube. Dort wurde Weinstock an einen Baum gefesselt und mit Stahlruten geschlagen. Mit zerbrochenen Rippen und blutendem Gesicht brachte man ihn in aller Öffentlichkeit zum Gerichtsgefängnis zurück. Fritz Weinstock flüchtete nach seiner Freilassung nach Frankreich, trat 1934 in die französische Armee ein und war im 2. Weltkrieg in Indochina stationiert. Dort fiel er im März 1945. Sein Bruder Rolf, der Gurs, Auschwitz und Buchenwald überlebte und 1945 nach Emmendingen zurückkehrte (s.u.), versuchte, die Verantwortlichen für die Folterung seines Bruders vor Gericht zu bringen. Doch trotz seines sorgfältig zusammengetragenen Beweismaterials kam es nie zur Anklage. Einer der Verantwortlichen – der NSDAP-Kreisleiter Theo Rehm – sprach entschuldigend von einem „Bubenstreich der Emmendinger SA".

In den sehr unvollständigen Unterlagen des KZ Ankenbuck (s. Brigachtal, Schwarzwald-Baar-Kreis) findet sich der Hinweis auf drei aus **Emmendingen** stammende „Schutzhäftlinge": Max Fritz, Max Jüngst und Willi Sablonski. Willi Sablonski hatte in der Nacht zum 1. März 1933 in seiner Wohnung eine Ausgabe der „Wahrheit", der Zeitung der KPD-Ortsgruppe Emmendingen, vervielfältigt. Im Zusammenhang mit dem Verbot der „Wahrheit" erfolgten weitere Hausdurchsuchungen und Festnahmen, so bei Richard Markstahler, August Leonhardt, Willi Heiland, August Beying und Wilhelm Reibel. Willi Heiland und Wilhelm Reibel wurden in das KZ Heuberg (s. Stetten a.k.M., Kr. Sigmaringen) gebracht. Die KPD-Stadtverordnete Klara Sablonski war vom 2. März bis zum 23. April 1933 in Freiburg in „Schutzhaft".

Theo Schatz, Kassierer im SPD-Ortsverein, war bereits im Sommer 1933 in „Schutzhaft" genommen worden. Er hatte nach dem Verbot der SPD einem Kurier die letzten hundert Mark aus der Kasse mitgegeben, die dieser über die Grenze in die Schweiz bringen sollte. Der Kurier wurde verhaftet, dabei fielen Unterlagen über die Herkunft des Geldes in die Hände der Polizei. Theo Schatz wurde „auf Bewährung" verurteilt, fand wochenlang keine Arbeit, traf sich dennoch mit Genossen auf dem **Rohrhardsberg** und half bei der Verbreitung antifaschistischer Flugblätter. Bis 1935, so berichtete Schatz, konnten in Emmendingen „bei Nacht und Nebel" Flugblätter verbreitet werden:

> „Die Flugblätter kamen aus der Schweiz. Und die hat man mitten in der Nacht, so um zwei Uhr morgens, auf eine Baustelle gebracht. Wo man gewußt hat, da sind Arbeiter, da hat man sie hingeworfen. Es ist eigentlich bei allen Aktionen gutgegangen. Bis man eines Tages, das war, glaube ich in Freiburg, jemand festgenommen hatte und den ins KZ gesteckt hat. Und dann haben wir keine Flugblätter mehr bekommen."

Die **Herrmann-Günth-Straße** trägt ihren Namen nach dem von den Nationalsozialisten 1933 aus dem Amt gejagten stellvertretenden Bürgermeister von Emmendingen. Herrmann Günth (1887–1940), Mitglied der SPD, war im Frühjahr 1933 einige Zeit in „Schutzhaft".

„Rassische" Verfolgung und „Euthanasie"

Das religiöse Zentrum der Jüdischen Gemeinde **Emmendingen** befand sich in unmittelbarer Nähe des Alten Schlosses in der **Kirchstraße**. Hier stand die 1821 erbaute und 1922/1923 erweiterte **Synagoge**, die beim Novemberpogrom 1938 geschändet und zerstört wurde. Neben der Synagoge – im noch erhaltenen Haus Nr. 11 – war das **Gemeindehaus**, in dem bis 1872 jüdische Kinder auch zur Schule gingen. Im ebenfalls erhaltenen Haus Nr. 15 befand sich eine **Mikwe**. Von 1717 bis 1899 bestattete die Gemeinde ihre Toten auf dem **Alten Jüdischen Friedhof** neben der Markgrafenschule an der Ecke **Herrmann-Günth-Straße/Haselmattenstraße**. Der **Neue Jüdische Friedhof**, seit 1899 belegt, liegt neben dem Bergfriedhof. Beide jüdischen Friedhöfe wurden beim Novemberpogrom 1938 geschändet.

Die weitaus meisten jüdischen Geschäfte und Wohnungen befanden sich in der **Karl-Friedrich-Straße**:

Nr. 9: Viehhandlung Israel Philipp Günzburger
Nr. 17: Metzgerei Leopold Goldschmidt
Nr. 19: Gasthaus „Zum Schwanen" von Rosa Haas

Nr. 21: Rechtsanwalt Emil Dreifuß
Nr. 24: Arzt Dr. Julius Neuburger
Nr. 32: Viehhandlung Arthur und Louis Veit
Nr. 36: Kolonialwarenhandlung Max Bloch
Nr. 38: Viehhandlung Max Goldschmidt
Nr. 39: Metzgerei Samuel Veit
Nr. 40: Viehhandlung Albert Goldschmidt
Nr. 47: Viehhandlung Hermann Günzburger
Nr. 50: Viehhandlung Adolf Weil
Nr. 53: Textilgeschäft Theodor Geismar
Nr. 55: Viehhandlung Simon Pikkard
Nr. 63: Viehhandlung Julius Veit

Käte Sondhelm geb. Weil hatte unmittelbar neben der **Synagoge** in der **Kirchstraße** gewohnt und berichtete über die Zerstörung am 10. November 1938:

> „Am frühen Morgen war der Eingang zur Synagoge schon völlig aufgerissen. Die Gebetsbücher, die Gebetsschäle und die Thorarollen sind hinten zum Fenster rausgeflogen. Die wurden dann im hinteren Synagogenhof alle angebrannt ... Das waren alles Emmendinger Bürger, die meine Eltern alle gut gekannt haben, die hier mitgemacht haben. Das hat uns besonders weh getan."

Am hellichten Tag wurden die jüdischen Männern „wie Vieh an den **Bahnhof** getrieben" und „die Bevölkerung hat gejubelt". Der Transport ging über Karlsruhe in das KZ Dachau. Dort wurde Richard Günzburger, Sohn des Viehhändlers Israel Günzburger, ermordet. Diejenigen, die aus Dachau zurückkehrten, betrieben so schnell wie möglich ihre Auswanderung.

Von den 138 Jüdinnen und Juden, die 1939 noch in Emmendingen lebten, gelang 67 die Auswanderung; 71 wurden am 22. Oktober 1940 nach Gurs deportiert. Dort bzw. in weiteren südfranzösischen Lagern kamen 20 Emmendinger Jüdinnen und Juden ums Leben; 32 wurden nach Auschwitz deportiert. Nimmt man die Zahl derer hinzu, die an ihren Zufluchtsorten von den Deportationen erfasst wurden, so wurden mindestens 68 jüdische Bürgerinnen und Bürger Emmendingens Opfer des Holocaust.

Im Sommer 1945 kehrte Rolf Weinstock nach Emmendingen zurück. Er wohnte damals in der **Karl-Friedrich-Str.** 36, saß im Bürgerausschuß, war Leiter der Emmendinger Zweigstelle der Badischen Landesstelle für die Betreuung der Opfer des Nationalsozialismus und beim Finanzamt Freiburg in der Abteilung Vermögenskontrolle und Wiedergutmachung tätig. Bereits im Juni 1945 erschien sein Buch mit dem Titel „Das wahre Gesicht Hitler-Deutschlands", in dem er über seine qualvollen Erinnerungen berichtete. 1946 sorgte Weinstock für die Errichtung eines **Mahnmals** auf dem **Neuen Jüdischen Friedhof**, das „Den Opfern des Nazismus 1933–1945" gewidmet ist. Weinstock starb 1952 an den Folgen der KZ-Haft. An ihn erinnert die **Weinstock-Straße**.

Am ehemaligen Standort der **Synagoge** am Schloßplatz war 1968, zum 30. Jahrestag des Novemberpogroms, eine **Gedenktafel** angebracht worden:

> „Auf diesem Platz stand die Synagoge der ehemaligen israelitischen Kultusgemeinde. Sie wurde kurz nach der im Jahr 1716 erfolgten Gründung der Gemeinde errichtet, 1821 neu erbaut, 1922/23 erweitert, 1938 zerstört."

Der Text, den viele als beschönigend empfanden, wurde 1988 auf Initiative des Kulturkreises Emmendingen durch eine zweite Tafel ergänzt. Um deren Text, d.h. um die Benennung der Täter, gab es eine heftige Diskussion, in deren Verlauf der vom Kulturkreis vorgeschlagene Wortlaut angenommen wurde:

> „Die Synagoge wurde in der Zeit des Nationalsozialismus am 10. November 1938 von Emmendinger Bürgern demoliert und niedergerissen. Die Jüdische Gemeinde wurde ausgelöscht.
> Zum Gedenken an die Leiden der Emmendinger Juden und als Warnung vor jeden Rückfall in Faschismus und Rassenwahn.
> Im Jahre 1988."

Der im November 1988 gegründete Verein für jüdische Geschichte und Kultur Emmendingen plant, die noch erhaltene **Mikwe** zu restaurieren und als **Gedenkstätte** zu gestalten.

Im Gedenkbuch der Sinti und Roma steht der Name des 1928 in **Emmendingen** geborenen Sinto Paul Winter. Am 13. März 1943 wurde der Fünfzehnjährige mit zahlreichen Familienangehörigen in das Vernichtungslager Auschwitz-Birkenau eingeliefert und unter der Nummer Z-2679 registriert. Dort starb er im Dezember 1943 (s. auch Herbolzheim).

Die **Heil- und Pflegeanstalt Emmendingen** war seit 1934 Aufnahmeanstalt für die Amtsbezirke Emmendingen, Waldkirch und Lahr. Im Herbst 1939 war sie mit 1.247 Patientinnen und Patienten belegt. Wie Heinz Faulstich in seiner Untersuchung zu den „Euthanasie"-Morden in den badischen Anstalten feststellte, waren Emmendinger Patienten nach den von der Berliner T4-Zentrale entwickelten Tötungskriterien besonders bedroht. Die wenigsten galten als „arbeitsfähig", da Emmendingen vor allem Pflegeanstalt für Langzeitpatienten war. Zwischen dem 5. März 1940 und dem 30. Juni 1941 wurden in 22 Transporten mindestens 975 Insassen – der Rappenecker-Bericht spricht von 1.014 Kranken – abgeholt und in den Tötungsanstalten, insbesondere in Grafeneck (s. Gomadingen, Kr. Reutlingen), ermordet. Unter ihnen befanden sich 220 nach Emmendingen verlegte Kinder aus der St. Josephsanstalt in Herten (s. Rheinfelden, Kr. Lörrach), 83 Patienten aus der Anstalt Illenau (s. Achern, Ortenau-Kreis) und etwa 60 Patienten aus der Anstalt Reichenau (s. Kr. Konstanz).

Direktor Mathes versuchte, Patienten, deren Namen bereits auf den Transportlisten standen, zurückzuhalten bzw. ihr Leben durch Entlassungen und Verlegungen in Kreispflegeanstalten zu retten. Er gab bei seiner Vernehmung im August 1947 die Zahl von etwa 150 Patienten an, die dadurch überleben konnten. Eine von Untersuchungsrichter Rappenecker angefertigte Zusammenstellung der Entlassungen bestätigte diese Aussage. Zwei Ärzte nahmen gefährdete Patientinnen in ihre Haushalte auf. Direktor Mathes, der sich bereits zu Beginn der „Euthanasie"-Aktion pensionieren lassen wollte, mußte 1942 gehen, weil er „für die Partei untragbar" geworden wäre. Die Leitung übernahm nun Dr. Kuhn von der Anstalt Reichenau.

Im Juni 1944 erhielt Dr. Kuhn die Aufforderung, 128 namentlich aufgeführte Patienten für den Transport in die Anstalt Eichberg (Hessen) bereitzuhalten. Dieser Transport habe, so wurde ihm auf seine mißtrauischen Anfragen versichert, nichts mit der „früheren Sache" zu tun. Er gab die Patienten heraus, schärfte aber dem Begleitpersonal ein, sich in Eichberg umzusehen. Die Oberin Schöneberger berichtete bei der Rückkehr, daß ihr die Anstalt „verdächtig" vorkam, das Personal habe einen „robusten Ton" und gebe „auffallend häufig

Einspritzungen". Der Friedhof umfasse viele Gräber, sei pietätlos angelegt, die Gräber trügen nur Nummern.

Zum Schicksal dieser Patienten konnte Kuhn 1947 keine Auskunft geben. Inzwischen weiß man, daß von 125 Emmendinger Patienten nur neun auf dem Eichberg überlebt haben, sechs wurden entlassen oder konnten fliehen, vierzig starben noch im Laufe des Jahres 1944, sieben weitere im Jahr 1945. 61 Emmendinger Patienten wurden in drei Transporten – zwei im November 1944, einer im Februar 1945 – in die hessische Tötungsanstalt Hadamar gebracht. Dieser Transport stand in Verbindung mit der „Aktion Brandt", bei der Krankenhausbetten für Opfer der Bombenangriffe bereitgestellt wurden. Zu „Ausweichkrankenhäuser" bestimmte Prof. Karl Brandt, seit Frühjahr 1943 „Generalkommissar für das Sanitäts- und Gesundheitswesen", bevorzugt die noch existierenden Heil- und Pflegeanstalten. Bei einer Besprechung zur Durchführung der „Aktion Brandt" am 22. November 1943 in Emmendingen hatte Direktor Kuhn auf die Probleme seiner Anstalt hingewiesen: Es kämen immer mehr Patienten aus „luftgefährdeten Gebieten" und die „Einweisung von Ostarbeitern nehme überhand". Man könne die Überfüllung nicht mehr durch „Abschiebung von Kranken in Kreispflegeanstalten" lösen, für die Aufstellung von Stockbetten und Baracken fehlten die Mittel und das Material.

Im Dezember 1944, als die französische Armee bereits den Rhein erreicht hatte, erhielt Dr. Kuhn den Befehl, die Anstalt binnen kurzem für Wehrmachtszwecke zu räumen; die „Geisteskranken würden von der SS abgeholt". Dies konnte Kuhn verhindern, in dem er Evakuierungsplätze für rund 600 Kranke in der Anstalt Schussenried (s. Kr. Biberach) und im Kreispflegeheim Geisingen (s. Kr. Tuttlingen) sowie Transportmöglichkeiten bei der Reichsbahn organisierte. 200 Patienten blieben als „Arbeitsfähige" zur Aufrechterhaltung der Versorgungsbetriebe in Emmendingen zurück. Von den 406 aus Emmendingen nach Schussenried verlegten Patienten überlebte jeder vierte die Evakuierung nicht. Auch in Geisingen herrschten „schreckliche Zustände. Die Säle, in denen sich die Geisteskranken aus Emmendingen befanden, waren in stärkster Art überbelegt. Die Lebensmittelvorräte waren so gut wie erschöpft. Wir hörten, daß die Leute sich z.T. von Gras und Baumrinde ein Essen zubereitet haben ... die meisten waren zum Skelett abgemagert." Dies berichtete der 1933 abgesetzte Verwaltungsleiter von Geisingen bei seinem Besuch im Mai 1945. Von den rund 500 Patienten am Ende des Jahres 1944, unter ihnen 200 aus Emmendingen, starben 1945 nicht weniger als 186, also 37 % aller Heimbewohner (s. Geisingen, Kr. Tuttlingen).

Konzentrationslager und Zwangsarbeit

Zu den Gräbern von russischen und polnischen Zwangsarbeitskräften auf dem **Städtischen Bergfriedhof** stellte uns Stadtarchivar Jenne die Ergebnisse seiner bisherigen Nachforschungen zur Verfügung:

„Auf dem Emmendinger Bergfriedhof, am südöstlichen Rand, befindet sich das kleine Gräberfeld mit der Amtsbezeichnung Feld R. Auf ihm steht ein großer Gedenkstein und dahinter ca. 15–20 Grabsteine mit polnischen und kyrillischen Inschriften. Sie erinnern an nach Emmendingen verschleppte Zwangsarbeiter/innen, die hier ihr Leben ließen. Auf den meisten Steinen steht als Todestag der 28. Februar 1945. An jenem Tag wurde Emmendingens größte Fabrik, die **Ramie AG**, durch einen Luftangriff in Schutt und Asche gelegt ... Aus den Unterlagen des Airforce-Archives in Montgomery/Alabama geht hervor, daß den alliierten Streitkräften bekannt war, daß in der Ramiefabrik außer Textilien Waffenteile im Auftrag der Fa. Opel (Rüsselsheim) produziert wurden ...

Unter den Opfern des Ramiebombardements waren 115 Frauen, Kinder und Männer, die nicht von hier und nicht freiwillig bei Ramie waren. Die meisten von ihnen stammten aus Polen oder Rußland. Sie waren von den Nazis hierher verschleppt worden, um als Zwangsarbeiter für die deutsche Kriegsmaschine zu arbeiten. Unter ihnen befand sich auch die 42jährige Katarzyna Stawiarz mit ihrer 13jährigen Tochter Stanislawa. Sie kamen aus der heutigen Emmendinger Partnerstadt in Polen, Sandomierz.

Die meisten Opfer wurden auf dem Städtischen Friedhof beim Soldatenfriedhof in Sammelgräbern beigesetzt,

Gedenkstein für die ermordeten Patientinnen und Patienten der Heil-und Pflegeanstalt Emmendingen

so auch die russischen und polnischen Zwangsarbeiter/innen. Insgesamt ruhen auf dem Feld R 76 namentlich bekannte und sieben unbekannte Opfer. Das kleine abgesonderte Gräberfeld bestand aus sieben Reihen. Angelegt wurde es im September 1942. Bis März 1945 waren es hauptsächlich Neugeborene der Zwangsarbeiterinnen, die wenige Tage oder Wochen nach der Geburt starben (Todesursache?). In den ersten beiden Reihen, bis zum Gedenkstein des Polnischen Komitees, befinden sich diese Kindergräber. In der dritten Reihe liegen Kinder und Erwachsene, die zwischen Januar und März 1945 verstarben. Als Todesursache, sofern angegeben, stehen in den Unterlagen ‚Rippfellentzündung', ‚Unterernährung' usw. In den Reihen 4–6 liegen die Opfer des Ramieangriffs. Auch nach Kriegsende wurden in Emmendingen verstorbene Russen und Polen auf Feld R beigesetzt. Die letzten Bestattungen haben vermutlich 1946 stattgefunden.

Das **Denkmal** für die polnischen Opfer stammt vom Polnischen Komitee, in dem sich nach dem Krieg die ehemaligen polnischen Zwangsarbeiter organisierten, um sich um die Belange ihrer Landsleute zu kümmern. Seine Geschäftsstelle befand sich in der **Karl-Friedrich-Straße** im **Gasthaus ‚Sinnerhalle'**. Die Inschrift des Gedenksteins, in dessen Mitte das polnische Staatswappen angebracht ist, lautet:

> ‚Den in der Verbannung verstorbenen Landsleuten 39–46. Polnisches Komitee'

Die auf dem Gräberfeld stehenden Grabsteine wurden vermutlich von den Angehörigen der Toten gestiftet. Daraufhin weisen die Inschriften – sofern noch entzifferbar – wie ‚Gewidmet von Deiner Dich liebenden Schwester' oder ‚Von Deiner Mutter'."

Mahnmal für polnische Opfer der Zwangsarbeit auf dem Bergfriedhof

Eine Übersicht über die Zahl der ausländischen Zwangsarbeitskräfte, die während des Krieges in Emmendinger Betrieben, bei der Stadtverwaltung und in der Landwirtschaft arbeiten mußten, fehlt. Stadtarchivar Jenne spricht von mehreren hundert aus osteuropäischen Ländern verschleppten Menschen und von französischen „Zivilarbeitern" bzw. Kriegsgefangenen. Bei der **Textilfabrik Erste Deutsche Ramie**, die wie bereits erwähnt Rüstungsaufträge im Metallbereich ausführte, waren 1943/1944 auch Kriegsgefangene aus dem damals noch zu Großbritannien gehörenden Indien eingesetzt. Als ihnen eine Leistungszulage in Form einer höheren Brotration angeboten wurde, lehnten sie diese ab mit dem Bemerkung: alle oder keiner.

ENDINGEN

„Rassische" Verfolgung und „Euthanasie"

Nach den Verfolgungen im Mittelalter konnten sich jüdische Menschen erst in der zweiten Hälfte des 19. Jahrhunderts wieder in **Endingen** niederlassen (1895: 43 Personen). Um 1933 bestanden noch zwei jüdische Geschäfte: das Strickwaren- und Wäschegeschäft von Rosalie Blum in der **Hauptstr.** 63 und das Konfektions- und Wäschegeschäft von Siegfried Hauser am **Marktplatz** 19. Das Ehepaar Siegfried und Lina Hauser geb. Fröhlich wurde von Freiburg aus in das südfranzösische Internierungslager Gurs deportiert und mußte am 10. August 1942 den Transport in das Vernichtungslager Auschwitz antreten, wo sich ihre Spuren verlieren. Der Namen von Siegfried Hauser steht auf dem Ehrenmal für die Toten der Jahre 1933–1945 an der nördlichen Turmmauer der **St. Martinskirche**.

In seinem Geburtsort **Kiechlinsbergen** wohnte im **Tennenbachweg** 1 bis zu seiner Emigration 1933 der jüdische Dichter Karl Wolfskehl (1869-1948).

Konzentrationslager und Zwangsarbeit

Nach Angaben des FNTB waren während des Krieges in **Endingen** 140 ausländische Zwangsarbeitskräfte beschäftigt. Es scheint sich überwiegend um Polen und Russen gehandelt zu haben, die in einem „Wohnlager" untergebracht waren.

GUTACH IM BREISGAU

Widerstand und Naziterror

Im heute zu Gutach gehörenden Dorf **Siegelau** gab es in den zwölf Jahren der NS-Diktatur keine Gruppe der Hitler-Jugend. Darauf war die Gemeinde nach dem Krieg zurecht stolz:

„Es wird wohl wenige Gemeinden im badischen Land geben, wo keinerlei nationalsozialistische Jugendorganisation möglich war. Wir sind uns dessen bewußt und sind stolz auf diese charaktervolle Haltung unserer Jugend einer verhängnisvollen politischen und weltanschaulichen Irrlehre gegenüber, vergessen aber nie, daß solches nur möglich war, weil durch die gute Erziehungsmethode unseres Lehrers Herrn Klauser die seelische Grundlage dafür gelegt worden ist."

Der Hauptlehrer Adolf Klauser, aus einer katholischen Familie stammend, weigerte sich konsequent, mit dem Elztäler Jungvolkführer zusammenzuarbeiten. In der Schule untersagte er den Hitler-Gruß. Das obligatorische „Führer-Bild" war hinter der Wandtafel versteckt, während das Kreuz frei sichtbar an der Wand hängen blieb. Die örtliche NSDAP reagierte mit Drohungen und erreichte schließlich 1941 seine Versetzung nach Riegel.

Konzentrationslager und Zwangsarbeit

Der Französische Nationale Suchdienst ermittelte unmittelbar nach Kriegsende zum Ausmaß der Zwangsarbeit in der französisch besetzten Zone. Für **Gutach** gab er die Zahl von 65 ausländischen Arbeitskräfte an. Dies entspricht etwa den Angaben, die die **Fa. Gütermann & Co** 1972 auf eine damalige Umfrage der Vereinigung der Verfolgten des Naziregimes machte. Danach arbeiteten während des Krieges im Landwirtschaftsbetrieb Gütermann zehn polnische Kriegsgefangene, die 1940 in den Status von „Zivilarbeitern" überführt wurden. Aus der Ukraine verschleppte Zwangsarbeiter lösten sie später ab. Den Sachverhalt der Zwangsrekrutierungen in der Ukraine beschönigend sprach die Fa. Gütermann & Co allerdings von „ukrainischen Dienstverpflichteten". Die im Textilbetrieb Gutach beschäftigten ca. 30 Zwangsarbeiterinnen – im Sprachgebrauch der Fa. Gütermann „jugoslawischen Mitarbeiterinnen" – waren im **Werkheim**, in der Turnhalle Kollnau (s. Waldkirch) und im **Kaiserhof** untergebracht. Vermutlich handelt es sich bei diesen Frauen um zwangsumgesiedelte Sloweninnen.

Des weiteren gab die Fa. Gütermann & Co an, daß in einigen Fabrikräumen auch für die **Elektrofirma Saba** und die **Sundgau-Maschinen GmbH**, letztere eine Tochterfirma der Robert Bosch AG, gearbeitet worden sei, die Teile ihrer Fertigung nach Gutach verlagert hatten. Bei beiden Betrieben waren weitere 20 „Ostarbeiterinnen" beschäftigt. Hinzu kamen noch rund 60 dienstverpflichtete Elsässer, die im September 1944 geschlossen ihren Arbeitsplatz verließen.

In **Bleibach** waren in zwei Räumen der **Dorfschule** von November 1944 bis zu ihrer Repatriierung im September 1945 zwischen 35 und 42 aus der Sowjetunion zur Zwangsarbeit verschleppte Menschen untergebracht, darunter auch Familien mit Kindern. Sie mußten ebenfalls für die Sundgau-Maschinen GmbH arbeiten.

HERBOLZHEIM

„Rassische" Verfolgung und „Euthanasie"

Die Familie des Sinto Peter Spindler wurde bereits im Juli 1934, vier Jahre vor dem entsprechenden Erlaß, in **Herbolzheim** „festgesetzt". Als Unterkunft wies ihr die Stadtverwaltung eine alte **Ziegelei** an der Straße nach Oberhausen zu. Peter Spindler versuchte, seine Familie mit einem Alteisenhandel zu ernähren, was jedoch immer schwieriger wurde. Er bekam keinen Wandergewerbeschein mehr und war dadurch zunehmend auf die Wohlfahrtsunterstützung angewiesen. Am 5. August 1942 forderte der Bürgermeister von Herbolzheim in einem Schreiben an den Landrat in Emmendingen „die Wegnahme der Familie Spindler". Seine wiederholten „Anträge, vom Sterilisationsgesetz in weitestem Maße Gebrauch zu machen", hätten nicht zum Erfolg geführt, die Familie sei zu einer „richtigen Landplage" geworden.

Acht Monate später, am 10. März 1943, übermittelte die Kriminalpolizei Karlsruhe dem Landratsamt in Emmendingen die genauen Anweisungen zur Deportation der Sinti und Roma und legte einen Fahrplan Herbolzheim – Auschwitz bei. Von Herbolzheim bis Offenburg war für den 24. März 1943 der fahrplanmäßige Personenzug – Abfahrt: Herbolzheim 16.41 Uhr, Ankunft: Offenburg 17.36 Uhr – vorgesehen. In Offenburg mußten die Sintifamilien aus Herbolzheim und Umgebung in einen von Radolfzell kommenden Waggon umsteigen, in dem sie auf Leidensgefährten aus dem Bodenseegebiet trafen. Die Fahrt in das Vernichtungslager Auschwitz-Birkenau dauerte drei Tage und Nächte und führte über Karlsruhe, Heilbronn, Nürnberg, Hof, Dresden, Liegnitz, Gleiwitz, Kattowitz nach Auschwitz, wo der Zug am 27. März 1943 um 15.01 Uhr eintraf.

Unter diesem Datum wurden in den „Hauptbüchern des Zigeunerlagers", nach Geschlechtern getrennt, 514 Sinti und Roma registriert, unter ihnen das Baby Luiza Wagner-Spindler, das 1942 in **Herbolzheim** zur Welt gekommen war. Es erhielt die Nummer Z-5951. Unter den Nummern Z-5945 bis Z-5950 wurden weibliche Familienangehörige der Familie Spindler registriert, unter ihnen zwei in Freiburg geborene Mädchen, die zwölfjährige Paula und die neunjährige Lieselotte. Die nachfolgenden Nummern Z-5952 und Z-5953 erhielten Rosa Wagner, geboren 1920 in Estfelden, und das 1942 in Frommern (Ost-Alb-Kreis) geborenen Baby Juliette. Im „Hauptbuch (Männer)" sind unter den Nummern Z-5380 bis Z-5385 männliche Mitglieder der Familie Spindler registriert, darunter der 1926 in Sexau geborene Franz und der 1928 in Kenzingen geborene Lorenz, sowie männliche Mitglieder der Familie Wagner. Die „Hauptbücher" überliefern lediglich Todesdaten der Erwachsenen: Johanna Spindler starb am 1. Juli 1943 im Alter von 51 Jahren, Peter Spindler kam am 27. September 1943 im Alter von 59 Jahren ums Leben. Angela Spindler war bei ihrem Tod am 22. Juli 1944 30 Jahre alt, Ludwike Spindler, deren Beruf mit „Arbeiterin" angeben wird, starb am 13. April 1944 im Alter von 23 Jahren. Bei den Säuglingen, Kindern und Jugendlichen ist kein Todesdatum angegeben. Es ist daher zu befürchten, daß sie einer der Mordaktionen der

SS zum Opfer fielen, deren Opfer nicht registriert wurden (s. auch Ravensburg, Kr. Ravensburg).

Konzentrationslager und Zwangsarbeit

Der FNTB ermittelte unmittelbar nach Kriegsende für **Herbolzheim** die Zahl von 500 ausländischen Zwangsarbeitskräften, die während des Krieges hier gemeldet waren. 1972 waren es nach Auskunft der Stadt Herbolzheim „nur" 400: etwa 200 Zwangsarbeiter seien von Sommer 1942 bis Anfang 1945 in einem Lager untergebracht gewesen und hätten in ortsansässigen Industriebetrieben gearbeitet. 200 weitere Zwangsarbeiter – überwiegend Franzosen, Holländer und Belgier – seien in Handwerksbetrieben und in der Landwirtschaft eingesetzt gewesen.

KENZINGEN

„Rassische" Verfolgung und „Euthanasie"

Die in **Kenzingen** wohnenden jüdischen Menschen gehörten zur Synagogengemeinde Emmendingen. 1933 lebten noch zwei Familien am Ort, die des Kaufmanns Siegfried Dreifuß in der **Dorfstr.** 15 und die des Viehhändlers Michael Epstein am **Kirchplatz** 17. Berta und Ludwig Dreifuß, beide über 70 Jahre alt, wurde in das südfranzösische Internierungslager Gurs deportiert. Berta Dreifuß starb bald nach der Ankunft am 7. November 1940, Ludwig kam nach Récébédou und erlag dort am 20. Dezember 1941 den harten Lagerbedingungen.

Der in **Kenzingen** geborene Sinto Lorenz Spindler wurde, als er 15 Jahre alt war, mit seiner Familie im März 1943 in das Vernichtungslager Auschwitz-Birkenau deportiert (s. Herbolzheim).

Konzentrationslager und Zwangsarbeit

Nach einer Auskunft, die die Stadt Kenzingen 1972 auf eine Umfrage der Vereinigung der Verfolgten des Naziregimes erteilte, gab es während des Krieges zwei Zwangsarbeiterlager. Das eine trug die Bezeichnung „Betriebsgemeinschaftslager" und war mit etwa 30 Franzosen aus der Gegend um Marseille belegt. Das zweite befand sich im Saal der **Gastwirtschaft „Zum Salmen"**, wo etwa 40 „Ostarbeiterinnen" untergebracht waren. Sie alle mußten für einen damaligen Rüstungsbetrieb, die **Kaiser-Werke**, arbeiten.

RIEGEL

„Rassische" Verfolgung und „Euthanasie"

Die wenigen in **Riegel** wohnenden jüdischen Gläubigen gehörten zur Synagogengemeinde Eichstetten. Als letzter verließ unter dem Druck der politischen Verhältnisse der wegen seiner Hilfsbereitschaft geschätzte Weinhändler Edmund Weil seinen Heimatort. Bruder und Schwester sowie der einzige Sohn waren bereits in die USA geflüchtet. Edmund Weil emigrierte noch vor dem Novemberpogrom 1938 nach Argentinien. So blieb es ihm erspart mitzuerleben, wie Nationalsozialisten in der Nacht vom 9. zum 10. November 1938 sein Anwesen und seine Weinkeller gegenüber dem **Rathaus** und im **Amtshof** verwüsteten. An ihn erinnert seit 1986 der **Edmund-Weil-Weg**.

SEXAU

„Rassische" Verfolgung und „Euthanasie"

Zwei in **Sexau** geborene Kinder der Sintifamilie Spindler wurden in das Vernichtungslager Auschwitz-Birkenau deportiert. Franz war 17 Jahre alt, als er am 24. März 1943 mit weiteren Familienangehörigen den Deportationszug in Herbolzheim besteigen mußte (s. Herbolzheim). Friedrich, 1925 geboren, kam in einem Einzeltransport zusammen mit einem weiteren Sinto am 16. Mai 1944 in Auschwitz-Birkenau an. Da die beiden Jugendlichen nicht zur Zwangsarbeit selektiert wurden und damit keine wenn auch geringe Chance zum Überleben hatten, ist es zu befürchten, daß sie einer der planmäßigen Vernichtungsaktionen der SS zum Opfer fielen.

TENINGEN

Konzentrationslager und Zwangsarbeit

Auf die Anfrage des FNTB nach in der Gemeinde beschäftigten Displaced Persons meldete das Bürgermeisteramt Teningen im Oktober 1949 311 ausländische Zivilpersonen und 165 ausländische Kriegsgefangene. Unter den zivilen Zwangsarbeitskräften stellten Franzosen mit 132 Personen die größte Gruppe, gefolgt von 112 Russen, 29 Polen, 13 Belgiern, acht Litauern, vier Italienern, zwei Niederländern, einem Slowaken, einem staatenlosen Mann und neun Personen unbekannter Nationalität. Unter den Kriegsgefangenen waren 80 italienische Militärinternierte, 55 französische und 30 Kriegsgefangene aus Indien, die im Stalag V Offenburg registriert waren.

Nur von 178 ausländischen Zwangsarbeitern und Kriegsgefangenen sind uns Einzelheiten über die Arbeitsstätten und Unterbringung bekannt:

Das **Eisen- und Hammerwerk Teningen** beschäftigte von Juni 1942 bis Kriegsende insgesamt 103 ausländische Zwangsarbeitskräfte: 16 Zwangsarbeiter und sieben Zwangsarbeiterinnen aus Polen, 23 dienstverpflichtete Franzosen aus dem Elsaß, 22 aus Rußland und Litauen verschleppte Männer, zwei Niederländer, einen Slowaken, einen Belgier, einen Staatenlosen sowie von Januar 1944 bis Kriegsende 30 Männer aus Indien, die in der britischen Armee gedient hatten und in Kriegsgefangenschaft geraten waren. Dieses Kriegsgefangenen-Arbeitskommando war in Mundingen, heute Stadtteil von Freiburg, stationiert, während die zivilen Zwangsarbeiterinnen und -arbeiter zum Teil auf dem Firmengelände untergebracht waren.

Bei der **Fa. Frako Kondensatoren- und Apparatebau** in Teningen mußten insgesamt 75 ausländische Zwangsarbeitskräfte arbeiten. Das größte Kontingent stellten hier 52 in Frankreich zur Zwangsarbeit rekrutierte Männer, unter ihnen 17 Elsässer, gefolgt von zwölf Frauen und Männern aus Belgien, fünf Frauen und Männern aus Litauen und sechs polnischen Zwangsarbeiterinnen aus Warschau. Als Lager wird die **Winzerhalle** in Teningen angegeben; einige waren auch in Köndringen und Mundingen untergebracht.

Das **Breisgau-Walzwerk Tscheulin** unterhielt ein eigenes Lager, das Tscheulin-Lager, in dem überwiegend aus Rußland und der Ukraine verschleppte Frauen und Männer leben mußten. Der Unternehmer Emil Tscheulin, dessen Villa den Teningern als Inbegriff des Reichtums galt, war einer der ersten Förderer der NSDAP in der Region gewesen; während des Krieges stieg er zum „Wehrwirtschaftsführer" auf und profitierte am Boom der Aluminiumindustrie. Über die Behandlung der russischen und ukrainischen Zwangsarbeitskräfte in seinem Betrieb liegen noch keine Berichte vor. Im März 1944 stellte Tscheulin den Antrag, die wöchentliche Arbeitszeit für „Ostarbeiterinnen" auf 72 Stunden zu erhöhen, was vom Gewerbeaufsichtsamt in Freiburg im Hinblick auf die höchste Dringlichkeitsstufe der Produktion im „Jägerprogramm" genehmigt wurde.

In den Tagen des Einmarsches der französischen Armee ist vom „Russenpack" die Rede, das „zusammen mit den noch immer hier weilenden Zivilfranzosen und Polen ... in den Kellern räubert".

Ein Todesfall ist bekannt: Die 18jährige Belgierin Luise Verkest kam am 27. November 1944 beim Bombenangriff auf Freiburg ums Leben.

VÖRSTETTEN

Widerstand und Naziterror

Im protestantischen **Vörstetten** erzielte die NSDAP bei den Reichstagwahlen vom 5. März 1933 mit 464 Stimmen eine überwältigende Mehrheit. Sieben Stimmen für die SPD und zehn für die KPD belegen die absolute Minderheitsposition der antifaschistischen Kräfte. Die Orientierung auf die NSDAP war spätestens im Sommer 1932 abgeschlossen. Damals schwenkte ein Großteil der Wählerinnen und Wähler vom 1929 gegründeten Evangelischen Volksdienst zur NSDAP über.

Auf einen über Vörstetten hinaus bekannten Sozialdemokraten, den Hauptlehrer König, verübten Nationalsozialisten ein Attentat, in dem sie einen Sprengsatz in der Lehrerwohnung im **Rathaus** zur Explosion brachten. König und seine Frau entgingen dem Anschlag, der nie aufgeklärt wurde.

WALDKIRCH

Widerstand und Naziterror

Daß das **Gymnasium Waldkirch** seit 1987 den Namen der Geschwister Scholl trägt, ist weit mehr als ein formaler Akt. Die Initiative war von der Schülervertretung ausgegangen und vom Gemeinderat einstimmig beschlossen worden. Im Zusammenhang mit der Namensgebung hatten die Arbeitsgemeinschaft Geschwister Scholl, der Arbeitskreis Regionalgeschichte Elztal und der Arbeitskreis Widerstand und Arbeitergeschichte nachgeforscht, ob es in Waldkirch Beispiele des Widerstands gegeben hatte.

Im katholischen Elztal, im „Vaterunserloch", konnte die NSDAP nicht jene Wahlergebnisse vorweisen, die ihrer „Machtergreifung" den Anschein der Legalität gaben. Der damalige Waldkircher Amtsbezirk gehörte zu den wenigen Wahlbezirken Badens, in denen die NSDAP bei der Reichstagswahl vom 31. Juli 1932 weniger als 25 % der Stimmen erzielte. Und selbst bei der Reichstagswahl vom 5. März 1933 wurden für das Zentrum in **Waldkirch** noch 1.287 Stimmen (37,5 %) gezählt; die KPD erhielt 413 (12,3 %) und die SPD 273 Stimmen (8,1%). Für die NSDAP stimmten 1.195 Wählerinnen und Wähler (35,2 %), und die Kampffront Schwarz-Weiß-Rot kam auf 4,4 %.

In **Kollnau** war die Ablehnung der Nationalsozialisten noch eindeutiger: Das Zentrum erhielt 837 Stimmen, die SPD 336 und die KPD 222. Die NSDAP kam lediglich auf 320 Stimmen.

Zum Widerstand aus der Arbeiterbewegung hat der Arbeitskreis Widerstand und Arbeitergeschichte eine umfassende Dokumentation über **Waldkirch** und die Region Südbaden erarbeitet. Danach saßen für die SPD bis 1933 Jakob Geiger, Ernst Herzog und Max Kahle im Gemeinderat. Die KPD hatte mit ihrer Fraktionsvorsitzenden Carla Cuntz die einzige weibliche Gemeindeabgeordnete gestellt. Hausdurchsuchungen fanden Anfang März 1933, noch vor den Reichstagswahlen, bei Mitgliedern der KPD und des Kommunistischen Jugendverbandes statt. Carla Cuntz kam in „Schutzhaft"; zunächst in Emmendingen, dann in Freiburg. Anschließend wurde sie des Landes verwiesen. Bis 1943 lebte sie in Hamburg und kehrte dann nach Waldkirch zurück. Ende August 1944, bei der „Aktion Gitter" nach dem gescheiterten Attentat auf Hitler, wurde sie erneut verhaftet.

In **Kollnau**, wo die Belegschaft der Kollnauer Spinnerei & Weberei noch im Februar 1933 gegen die

Erhöhung der Arbeitszeiten erfolgreich gestreikt hatte, nahmen SA-Hilfspolizisten die Kommunisten Rudolf Resch, Mitglied des Bürgerausschuß, und August Stöhr fest und brachten sie in das Waldkircher **Gefängnis**.

Bereits am 13. März 1933 wurde die Bezirksfiliale des Deutschen Textilarbeiterverbandes in der **Damenstr.** 1a polizeilich geschlossen. Ende März 1933 begann die Auflösung der Arbeiter-Sport- und Kulturvereine: Als erster wurde am 30. März 1933 der der KPD nahestehende Rote Sportclub aufgelöst. Dessen Vorsitzender, der Maurer Wilhelm Stiefel, befand sich zu diesem Zeitpunkt bereits in „Schutzhaft". Einen Tag später beschlagnahmte die Polizei die **Wanderhütte** auf dem **Waltersberg**, die den Gutacher Naturfreunden gehörte. Am 6. April 1933 folgte die Auflösung der Freien Turnerschaft Waldkirch und am 8. April wurde der Waldkircher Arbeiter-Sängerbund verboten, seine Liederbücher verbrannt. Am gleichen Tag wurde die **Gaisfelsenhütte** der Waldkircher Naturfreunde geschlossen. In der ersten Aprilhälfte trafen Auflösung und Beschlagnahmung den Arbeiterschützenbund Waldkirch und die Gruppen des Radfahrvereins Solidarität in Waldkirch, Kollnau, Gutach, Oberwinden, Elzach, Katzenmoos und Yach. Das beschlagnahmte „volks- und staatsfeindliche" Vermögen übernahm die Hitlerjugend und der Schwarzwaldverein.

Im Juni 1933 entdeckte man im **Kastelwald** ein angebliches „kommunistisches Waffenlager"; in diesem Zusammenhang kam es zu erneuten Verhaftungen. Drei Kommunisten konnten noch rechtzeitig in die Schweiz fliehen; unter ihnen August Stöhr. Mit Hilfe der Kollnauerin Emilie Walz, deren Mann in Basel Arbeit gefunden hatte, ging Stöhr bei Weil am Rhein über die Grenze. In Basel arbeitete er bei der Roten Hilfe, deren Büro sich im „Bläsitor" an der Rheinbrücke befand. Zusammen mit Hermann Böning organisierte er den Aufbau der KPD-Grenzstelle und eines illegalen Transportweges für antifaschistische Materialien. 1936 meldete sich Stöhr zu den Internationalen Brigaden in Spanien und wurde Kompanieführer im legendären Tschapajew-Batallion. Nach der Niederlage der spanischen Republik kam er in verschiedene Internierungslagern in Südfrankreich. Vom SS-Sicherheitsdienst aufgespürt wurde Stöhr am 13. April 1943 verhaftet und in das Gefängnis Karlsruhe überstellt. Dort verbrachte er zwei Jahre in strenger Einzelhaft, von ständigen Gestapo-Verhören gequält. Die Anklageschrift des „Volksgerichtshofes" war am 25. März 1945 fertiggestellt; zum Glück kam es zu keiner Verhandlung mehr. Gesundheitlich schwer geschädigt kehrte August Stöhr Ende 1945 nach **Kollnau** zurück, wo er 1960 starb.

Emilie Walz wurde für ihre Fluchthilfe im November 1933 mit drei Monaten Gefängnis bestraft. Am 9. März 1944 wurde sie zum zweiten Mal verhaftet und in das Gefängnis nach Freiburg, später nach Stockach gebracht. Die Anklage lautete auf „Wehrkraftzersetzung" und „Heimtücke". Das Vorrücken der französischen Armee verhinderte die Eröffnung der Hauptverhandlung, so daß Emilie Walz im Sommer 1945 nach Kollnau zurückkehren konnte.

Bis Anfang 1937 hatten Waldkircher Kommunisten Verbindungen zur KPD-Grenzstelle in Basel und beteiligten sich an der Verbreitung antifaschistischer Materialien. Als die Gestapo dem Verteilernetz in Südbaden auf die Spur kam, wurden in **Waldkirch** und **Kollnau** Franz Pfeiffer, Fritz Pfeiffer, Anton Töpper, Hans Dezulian, Georg Biesinger und Hermann Krieg verhaftet. Der Prozeß gegen Franz Pfeiffer, Hans Dezulian, Hermann Krieg und Georg Biesinger fand am 21. September 1937 vor dem OLG Stuttgart statt. Das Gericht sah in Franz Pfeiffer, dem ehemaligen Vorsitzenden des KJVD Waldkirch, den Hauptverantwortlichen und verurteilte ihn zu drei Jahren und zwei Monaten Zuchthaus. Die übrigen Angeklagten erhielten Gefängnisstrafen zwischen 16 und 24 Monaten. Nach der Verbüßung der Haft kehrte Franz Pfeiffer nach Waldkirch zurück und stand unter Polizeiüberwachung. Im Februar 1943 wurde der bis dahin „Wehrunwürdige" eingezogen und nach kurzer Ausbildung auf dem Truppenübungsplatz Heuberg (s. Stetten a.k.M., Kr. Sigmaringen) in die Strafdivision 999 abkommandiert. An seinem Einsatzort Griechenland an Malaria erkrankt, überstellte ihn die Wehrmacht als „dienstuntauglich" der Organisation Todt. Bei der Befreiung geriet er zunächst in US-amerikanische, dann französische Kriegsgefangenschaft und konnte erst 1948 wieder nach Waldkirch zurückkehren.

Sein Bruder Fritz Pfeiffer, der zum Zeitpunkt der Verhaftung bereits zur Wehrmacht eingezogen war, kam vor das Reichskriegsgericht, das am 5. Oktober 1937 in Karlsruhe tagte. Er wurde zu drei Jahren Zuchthaus verurteilt, die er in Ludwigsburg (Kr. Ludwigsburg, Baden-Württemberg I) und in den Moorlagern im Emsland (Niedersachsen) verbüßen mußte. Nach dem Ende der Haftzeit überstellte ihn die Gestapo in das KZ Dachau. Von dort wurde er im April 1944 in das KZ Buchenwald verlegt. Die letzte Nachricht stammt aus dem Außenkommando Abteroda, wo Fritz Pfeiffer wie schon im Dachauer Kommando Allach für BMW arbeiten mußte.

Im Zusammenhang mit der Zerschlagung der illegalen Transportwege in Südbaden wurde der Kollnauer Sozialdemokrat Heinrich Licht verhaftet, der in der Textilfabrik Lauffenmühle bei Tiengen (s. Waldshut-Tiengen, Kr. Waldshut) Arbeit gefunden hatte. Sein Vater Adolf hatte 1910 zu den Mitbegründern der SPD in **Kollnau** gehört. Als die Nationalsozialisten an die Macht kamen, führten sie bei der Familie Licht mehrere Hausdurchsuchungen durch. Adolf Licht wurde gezwungen, sein Mandat im Gemeinderat niederzulegen, und starb 1934 im Alter von 55 Jahren. Hermann Licht war damals 30 Jahre alt, verheiratet und Vater von fünf Kindern; politisch engagierte er sich in der 1932 von der KPD ins Leben gerufene Antifaschistischen Aktion. Im Mai 1933 verhaftete ihn die Gestapo an seinem Arbeitsplatz in der Lauffenmühle. Nach seiner Freilassung engagierte er sich weiter im Widerstand, transportierte in der Schweiz gedruckte antifaschistische Zeitungen heimlich über die Grenze und half bei ihrer Verteilung. Im Januar 1936 wurde er zum zweiten Mal festgenommen und im August 1936 vor das OLG Karlsruhe gestellt. Nach sechs Jahren Haft in den Zuchthäusern Bruchsal (Kr. Karlsruhe, Baden-Württemberg I) und Ludwigsburg (Kr. Ludwigsburg, Baden-Württemberg I) brachte ihn die Gestapo 1942 in das KZ Dachau. Im Juni 1944 kam er in das Dachauer Außenkommando in Leonberg (Kr. Böblingen, Baden-Württemberg I), später noch in das Kommando Kaufering bei Landsberg am Lech (Bayern), wo er für die Messerschmidt-Flugzeugwerke

Gräber der fünf Deserteure auf dem Waldkircher Friedhof

Zwangsarbeit verrichten mußte. Kurz vor Kriegsende gelang ihm und einigen Mitgefangenen die Flucht aus einem bereits zusammengestellten „Evakuierungstransport". Er kehrte nach Kollnau zurück, wo seine Schwester lebte. Von einem Mithäftling beschuldigt, in Dachau „Aufseher" gewesen zu sein, wurde Hermann Licht bald nach seiner Rückkehr von der französischen Polizei nach Lahr in ein Internierungslager gebracht und kam erst nach Monaten wieder frei.

Beispiele für widerständiges Verhalten gaben auch einige **Waldkircher** Katholiken: Im August 1934 wurde der Forstassessor Hans Jörg Oeschger verhaftet. Dem Bundesführer der katholischen „Quickborn"-Jugend warf man vor, die Hitler-Jugend „zersetzen" zu wollen. Oeschger wurde auf Grund einer Intervention seines Amtsleiters bald wieder freigelassen, stand jedoch unter ständiger Überwachung und wurde kurz darauf von Waldkirch versetzt.

Heinrich Baumer, bis 1933 für das Zentrum im Gemeinderat, sah sich bereits im Sommer 1933 massiven Einschüchterungen ausgesetzt. Unter Hausarrest gestellt drohte man ihm mit der Einlieferung in das KZ Heuberg. Über den ehemaligen Vorsitzenden der christlichen Gewerkschaften Jakob Kaiser hatte er Verbindung zum Widerstandskreis des 20. Juli und wurde nach dem gescheiterten Attentat auf Hitler zusammen mit dem Schreinermeister Heinrich Dufner und dem Gärtnermeister Maier verhaftet.

Von Kaplan Otto Bauer wird berichtet, daß er „hundertprozentiger Gegner der Nazis" gewesen sei, für den es keine Kompromisse gab. Er habe in seinen Predigten den Mord an Kranken und Behinderten verurteilt.

In **Kollnau** wurde im Juni 1940 der katholische Pfarrer Eduard Trabold von der Gestapo abgeholt; er war – so berichtete der Zeitzeuge Heinrich Disch – wegen kritischer Äußerungen zur Verfolgung der Juden in seinen Predigten denunziert worden. Nach Informationen von Disch ist auch seine Schwester, die bei den Blessing-Werken in Waldkirch arbeitete, denunziert worden, weil sie sich mit einem jungen Franzosen, der dort als Zwangsarbeiter eingesetzt war, befreundet hatte. Sie wurde einige Wochen in das Gefängnis in Waldkirch gesperrt.

Die Erschießung von fünf Deserteuren im Bruckwald an der Auffahrt zum Kandel hat der Freiburger Militärhistoriker Wolfram Wette 40 Jahre nach Kriegsende dokumentiert. Nach seinen Ermittlungen befand sich seit Januar 1945 im **Haus Margarethe**, dem heutigen **Heimatmuseum**, der Gefechtsstand des Oberkommandos der 19. Armee. Deren Kommandeur war General Erich Brandenberger, ein fanatischer Anhänger der „Durchhalte"-Parolen, die jeden mit dem Tod bedrohten, der nicht bis zum „Endsieg" kämpfen wollte. Die erste nachgewiesene Erschießung von Deserteuren fand am 21. Januar 1945 statt; die Opfer waren die Grenadiere Rudolf Otto Ernst und Werner Mensch.

Unter dem Vorsitz Brandenbergers tagte im April 1945 erneut ein Standgericht, das fünf Soldaten wegen „Fahnenflucht" zum Tode verurteilte. Am Morgen des 10. und 11. April 1945 wurden die jungen Männer in einer Sandgrube im Bruckwald, in der Nähe eines noch heute sichtbaren Wasserreservoirs, erschossen. Volkssturmmänner aus dem ganzen Elztal mußten – zum Zwecke der Abschreckung – der Hinrichtung zusehen. Man beerdigte die Toten auf dem **Friedhof** von **Waldkirch**, ohne die Personalien, die Anschriften der Familienangehörigen oder die Erkennungsmarken festzuhalten. In den fünfziger Jahren wurden ihre sterblichen Überreste auf den „Ehrenhain für die Gefallenen des 2. Weltkrieges" umgebettet; dabei konnten einige Lebensdaten ergänzt werden:

Bei den am 10. April 1945 Erschossenen handelte es sich um den 23 Jahre alten ledigen Hilfsarbeiter Theodor Johann Heinz und den 24jährigen verheirateten Angestellten Alfons Gierlinger. Am 11. April wurden ermordet: Wilhelm Emil Kohl, geboren am 12. Februar 1905, verheiratet, Adolf Grasamer, geboren am 21. Februar 1911, und Max Geisler, geboren am 30. August 1920, ledig, von Beruf Elektromechaniker.

1985, zum 40. Jahrestag der Ermordung der fünf Deserteure, luden die Jungsozialisten von Waldkirch erstmals zu einem Gedenkgang ein, der vom ehemaligen **Heeresgefängnis** in der **Freien Straße** zum Erschießungsort beim alten **Wasserreservoir** führte. 1989 gründete sich die Initiativgruppe zur Ehrung der Waldkircher Deserteure, die seitdem alljährlich am Todestag eine Gedenkfeier abhält.

An Max Barth, 1896 in **Waldkirch** geboren, erinnert eine Straße. Nach seinen bitteren Erfahrungen im 1. Weltkrieg war Barth zum engagierten Sozialisten und Pazifisten geworden. Er arbeitete als Journalist bei der „Sonntags-Zeitung", einer der profiliertesten linksunabhängigen Zeitungen der Weimarer Republik. Nach Differenzen mit dem Herausgeber wegen „KPD-Nähe" gründete er 1932 in Stuttgart eine eigene Zeitung „Die Richtung“, in der er zum Generalstreik gegen den aufkommenden Faschismus aufrief. Des Hochverrats angeklagt konnte er im Frühjahr 1933 mit knapper Not in die Schweiz flüchten. Im gleichen Jahr wurde er wegen „parteifeindlicher Tätigkeit“ aus der KPD ausgeschlossen. 1950 kehrte Barth nach Waldkirch zurück, wo er 1970 starb. Dem Historiker Manfred Bosch ist die Herausgabe der Exilerinnerungen von Max Barth zu verdanken.

Das **Georg-Scholz-Haus** in **Waldkirch** trägt seinen Namen nach dem Maler Georg Scholz (1890–1945), dessen gesellschaftskritische Bilder die Nationalsozialisten als „entartet“ diffamierten und dem sie im Frühjahr 1933 seine Professur an der Landeskunstschule in Karlsruhe entzogen. Seit 1935 lebte Georg Scholz mit seiner Familie zurückgezogen, in ständiger Angst vor der Gestapo, in Waldkirch in der **Hebelstr.** 14. Nach der Befreiung wählte das „Gemeinderatskomitee“, das sich aus früheren Zentrumspolitikern, Sozialdemokraten und Kommunisten zusammensetzte, den unbelasteten und integren Kunstprofessor zum Bürgermeister. Dieses Amt konnte Georg Scholz nur 40 Tage, vom 19. Oktober bis zum 27. November 1945, ausüben. Am 27. November 1945 erlag er im Alter von nur 55 Jahren einem Herzschlag. Auf den Antrag von Scholz ging der Beschluß des „Gemeinderatskomitee“ vom 3. Dezember 1945 zurück, die „nationalsozialistischen Wandgemälde im Treppenhaus des **Rathauses**“ zu entfernen. Die „Blut- und Boden“-Gemälde des Malers Josef Schroeder-Schoenenberg wurden – wie aus der umfangreichen Dokumentation „NS-Propaganda in Waldkirch“ des Arbeitskreises Widerstand und Arbeitergeschichte hervorgeht – übertüncht. 1956 legte man sie bei Renovierungsarbeiten jedoch wieder frei.

Erst Anfang der 70er Jahre formierte sich der Protest, und im Dezember 1975 mußte sich der Gemeinderat erneut mit den Gemälden befassen. Er beschloß nun, die Erhaltungswürdigkeit durch das Denkmalamt prüfen zu lassen. Ein halbes Jahr später wurde mit 15 Ja- und sechs Nein-Stimmen ihre Restaurierung in Auftrag gegeben. Keine Mehrheit fand ein SPD-Antrag vom Mai 1985, die Bilder abzudecken; stattdessen sollten sie nun mit erklärenden Texten versehen werden. Diese wurden schließlich 1988 angebracht.

„Rassische“ Verfolgung und „Euthanasie“

Die 1908 gegründete Fa. Mechanische Weberei M. Rothschild & Söhne in Waldkirch-**Batzenhäusle**, deren Stammsitz Uhingen im Kr. Göppingen war, entwickelte sich nach dem Ersten Weltkrieg zu einer der größten Fabriken in jüdischem Besitz in Baden. Im Oktober 1936 mußte der damalige Inhaber Arthur Rothschild seinen Betrieb weit unter Wert an den Textilfabrikanten Walter Otto aus Klingenstein verkaufen. Arthur Rotschild emigrierte in die Schweiz. Nach 1945 forderte er die Rückgabe des „arisierten“ Betriebes, die 1950 erfolgte.

Ein Waldkircher Bürger, der nach den Bestimmungen der Nürnberger Rasse-Gesetze als „Halbjude“ galt, sollte in das KZ Dachau eingeliefert werden. Nach vagen Erinnerungen von Zeitzeugen soll er sich vor der Deportation das Leben genommen haben.

Mindestens sechs Urnen aus „Euthanasie“-Tötungsanstalten wurden auf dem **Friedhof** von **Waldkirch** beigesetzt.

Konzentrationslager und Zwangsarbeit

Aufgrund seiner Nachkriegsermittlungen meldete der FNTB für **Waldkirch** 465, für **Buchholz** 60 und für **Kollnau** 280 ausländische Zwangsarbeitskräfte. Es ist der Arbeitsgemeinschaft Geschwister Scholl zu verdanken, daß über deren Arbeits- und Lebensbedingungen etwas mehr bekannt geworden ist. Die Schülerinnen und Schüler befragten Zeitzeugen und erfuhren über die Unterbringung:

> „Die Polen ... waren im Lager bei Rambach. Das war eine Zimmerei. Dort haben sie auch geschafft. Das war unterhalb von Blessing. Das Lager für französische Kriegsgefangene war oben an der Wisserswand, im **Tannenweg**, da, wo jetzt dieses Hochhaus ist. Dort war eine Holzbaracke, da waren sie untergebracht. Das Russenlager war in der Nähe vom jetzigen Tunnelausgang. Es war größer, das waren mehrere Holzbaracken.“

Zum „Ostarbeiter- Lager“ in der **Dettenbachstraße**, auf der Wiese bei der Leo-Wohlleb-Straße und dem Birsnerweg, fanden sie heraus, daß es 1943 von den **Blessing-Werken** errichtet worden war. Es war für etwa 70 Personen gebaut, bestand aus einer Männer- und einer Frauen-Baracke sowie einer kleineren Verwaltungsbaracke und war bewacht. Die Blessing-Werke waren ein Rüstungsbetrieb, der Abwurfmunition herstellte und seit 1942 aus der Ukraine zur Zwangsarbeit verschleppte Frauen und Männer beschäftigte. In der ersten Zeit waren die Männer im **„Schwarzwälder Hof“** und die Mädchen und Frauen im **„Pfauen“** einquartiert gewesen.

Am 1. Mai 1944 beschäftigten die **Blessing-Werke** 500 Arbeiterinnen und Arbeiter; etwa 200 davon waren ausländische Zwangsarbeitskräfte: 100 Russinnen, zehn Russen, 30 Holländer, etwa 30 Zivilarbeiter und 30 Kriegsgefangene aus Frankreich.

Das Lager in **Kollnau** befand sich in der **Turnhalle**. Etwa 20 der hier untergebrachten „Ostarbeiterinnen“ arbeiteten bei der **Fa. Gütermann** (s. Gutach), die übrigen vermutlich in den Fabrikräumen der Kollnauer Spinnerei und Weberei, in die der zum Bosch-Konzern gehörende Rüstungsbetrieb Sundgau-Maschinen AG Fertigungsbereiche verlagert hatte.

Ein weiteres „Ostarbeiter-Lager“ war in **Batzenhäusle** und war – nach Angaben der Fa. Werkstoff AG im Juni 1945 – mit 94 Russen, drei Litauern und 23 Italienern belegt. Hinter der Bezeichnung **Werkstoff AG** verbirgt sich die **Zahnradfabrik Friedrichshafen**, die ihre Produktionsstätte vom elsässischen Schlettstadt im Oktober 1944 nach Waldkirch, in die Räume der von Walter Otto „arisierten“ Mechanischen Baumwollspinnerei GmbH, verlagert hatte (s. Friedrichshafen, Bodensee-Kreis).

Weitere Arbeitsstätten ausländischer Zwangsarbeitskräfte waren die auf Rüstungsproduktion umgestellten Waldkircher Betriebe: Die **Fa. Karl Kumlin**, die für die Wehrmacht Schlitten fertigte, die **Fa. Matthias Storz Söhne**, die für die Luftwaffe produzierte, die **Fa. August Wintermantel** (Schlagbolzen) und die **Fa. Göppert**, die Verpackungsmaterial für die Wehrmacht herstellte.

Das **Forstamt Waldkirch** beschäftigte ebenfalls Kriegsgefangene und Zwangsarbeiter: 1942 waren es neun Holzhauer aus Ungarn, 1943 neun kriegsgefangene Russen und zehn polnische Zwangsarbeiter; 1945 acht französische Kriegsgefangene. Im Falle der Ungarn empfahl das Forstamt der Stadtverwaltung, von einer Unterbringung in Privatquartieren „grundsätzlich abzusehen. Die Unterbringung in Baracken, Hütten oder Sälen usw. mit Schlafgelegenheit aus Strohsäcken scheint als das Zweckmässigste." Obwohl man den ungarischen Holzhauern eine Wiederbeschäftigung in der nächsten Saison angeboten hatte, lehnten sie alle ab.

Des weiteren waren Zwangsarbeitskräfte und Kriegsgefangene auch auf Bauernhöfen und in Handwerksbetrieben eingesetzt.

LITERATUR

Arbeitskreis Regionalgeschichte Elztal: **Waldkirch** 1939 – davor und danach. Beiträge des Arbeitskreises Elztal zu den Kulturtagen 1989. Waldkirch 1989

Arbeitskreis Widerstand und Arbeitergeschichte: NS-Propaganda in **Waldkirch**. Waldkirch 1989

Arbeitskreis Widerstand und Arbeitergeschichte: Widerstand und Verfolgung in Südbaden. Der organisierte Widerstand aus der Arbeiterbewegung gegen den Nationalsozialismus. Waldkirch 1996

Gerhard Auer: Persönliches von der Vertreibung der Juden aus **Emmendingen**. In: Kreisjahrbuch des Landkreis Emmendingen. Emmendingen 1989

Max Barth: Flucht in die Welt. Exilerinnerungen 1933–1950. Mit einem Nachwort von Manfred Bosch. Waldkirch 1986 (zu **Waldkirch**)

Gerhard Behnke: Das Geheimnis der Versöhnung ist Erinnerung. Dokumentation zum Besuch der ehemaligen jüdischen Mitbürger. **Emmendingen**, 29. Mai bis 5. Juni 1989. Hg.: Stadt Emmendingen. Emmendingen 1989

Fremdarbeiter in **Waldkirch** und Umgebung zur Zeit des Nationalsozialismus. Herausgegeben von der Arbeitsgemeinschaft „Geschwister Scholl" unter Leitung von Jutta Nolle und Klaus Banholzer. Waldkirch 1989

Heiko Haumann: Widerstand im **Elztal** während des „Dritten Reiches". In: Waldkircher Heimatbrief Nr. 122. Waldkirch 1988

Rolf-Dieter Müller, Gerd R. Überschär, Wolfram Wette: „Wer zurückweicht, wird erschossen". Kriegsalltag und Kriegsende im Südwesten 1944/45. Freiburg 1985 (zu **Waldkirch**)

Vörstetten. Ein Dorf im Wandel der Zeit. Herausgegeben von Gerhard A. Auer, Dieter Geuenich und Axel Verderber im Auftrag der Gemeinde Vörstetten. Vörstetten 1993

Wolfram Wette: Politik im **Elztal** 1890–1990. Ein historisches Lesebuch. Mit Beiträgen von Hans-Jochen Vogel, Detlev Hoffmann, Richard Leibinger und Rolf Maier. Waldkirch 1990

STADTSPAZIERGÄNGE

Antifaschistischer Stadtrundgang in **Waldkirch**. Hg.: Arbeitskreis Widerstand und Arbeitergeschichte. Waldkirch 1995

FILME

Am 10. November 1938 ... Die Vertreibung der **Emmendinger** Juden im Nationalsozialismus. Eine Filmdokumentation von Gerhard Auer und Hans-Jörg Jenne. SWF 1989

Stadt Freiburg

Widerstand und Naziterror

In der Münster- und Universitätsstadt lagen die Orte des frühen Widerstandes gegen den Nationalsozialismus jenseits der Bahnlinie, welche die gehobenen Wohngegenden von den Arbeitervierteln im **Stühlinger** und in **Haslach** trennte. Von bürgerlicher Seite gab es – wie im dritten Band der Geschichte der Stadt Freiburg nachzulesen ist – „keine Berührungsängste" gegenüber der NSDAP, als diese im November 1930 mit drei Stadtverordneten in das Rathaus einzog: Die konservativen und obrigkeitstreuen Kreise des Freiburger Bürgertums standen der Weimarer Republik gleichgültig bis ablehnend gegenüber und fühlten sich vom Feindbild der Nationalsozialisten („gegen Marxismus und Judentum") ebenso angezogen wie von deren autoritären Gesellschaftsvorstellungen von „Führer" und „Volksgemeinschaft".

Die Wirtschaftskrise trieb der NSDAP neue Wählerschichten vor allem aus dem sozial verunsicherten Mittelstand zu. In der von Universität, Verwaltung, Handel und Fremdenverkehr lebenden Stadt fielen die Übernachtungszahlen, der Einzelhandel konnte Umsatzeinbußen bis zu 50 % kaum mehr verkraften, und auch bisher gutgehenden Unternehmen mußten schließen. Schnell sah man in den jüdischen Geschäften, in den Konsumvereinen und Genossenschaften eine „undeutsche" Konkurrenz. In den 30er Jahren gab es in Freiburg lediglich sieben Industriebetriebe mit mehr als 200 Beschäftigten, die von Kurzarbeit oder gar von Massenentlassungen betroffen waren. Zu Beginn des Jahres 1933 hatten mehr als 8.000 Freiburger (18,1 % der erwerbstätigen Bevölkerung) keinen Arbeitsplatz mehr. Rechnet man die Familienangehörigen hinzu, waren rund 25.000 Menschen auf Fürsorgeunterstützung angewiesen. Das Wählerpotential der beiden Arbeiterparteien blieb dennoch weitgehend stabil, wobei die relativ kleine und junge Ortsgruppe der KPD bei den Wahlen im Jahr 1932 in den Arbeitervierteln von der Unzufriedenheit der Wählerschaft mit dem Kurs der SPD profitierte.

Am 6. März 1933 hißten Nationalsozialisten die Hakenkreuzfahne am **Neuen Rathaus**. Das Ergebnis der Reichstagswahlen vom 5. März 1933 hatte die NSDAP mit 35,8 % der Stimmen zur stärksten Partei gemacht. Das Zentrum mußte mit 29,4 % nur geringe Verluste hinnehmen. Die SPD konnte sich mit 14,2 % knapp behaupten, während der Stimmanteil für die KPD von 12 % im November 1932 auf 7,9 % gesunken war. Zwar lag das Wahlergebnis der NSDAP weit unter dem Landes- und Reichsdurchschnitt, was jedoch die Nationalsozialisten nicht hinderte, die Macht im Rathaus zu übernehmen. Sie setzten dabei, wie schon in den Wochen vor der Reichstagswahl, auf Terror und auf die Uneinigkeit der demokratischen Kräfte.

Am 7. März 1933 besetzten SA-Trupps das **Gewerkschaftshaus** am **Schwabentor** in der **Schwarzwaldstraße** und durchsuchten es – ohne großen Erfolg – nach Waffen. Hausdurchsuchungen bei bekannten Arbeiterfunktionären und Gewerkschaftern waren in diesen Tagen häufig. Allein am 7. März 1933 wurden in Freiburg und umliegenden Orten 52 Kommunisten in „Schutzhaft" genommen, am 11. und 12. März erfolgte die Festnahme von drei weiteren Kommunisten. In der Nacht vom 16./17. März 1933 nahm die Polizei bei erneuten Razzien 24 Sozialdemokraten und einige Kommunisten fest. Der jüdische SPD-Landtagsabgeordnete Daniel Nußbaum, der in der **Barbarastr.** 3 wohnte und schon seit längerer Zeit von den Nationalsozialisten unter Druck gesetzt worden war, geriet in Panik, als gegen die Tür seiner Wohnung getreten wurde; er schoß durch die geschlossene Tür auf zwei Polizeibeamte und traf einen tödlich.

Diese Notwehrhandlung war für Reichskommissar Robert Wagner der Anlaß, noch am gleichen Tag landesweit die Verhaftung sämtlicher Landtags- und Reichstagsabgeordeter der SPD und der KPD anzuordnen, alle SPD-Zeitungen zu verbieten und „sämtliche in Baden bestehenden marxistischen Wehr- und Jugendverbände einschließlich ihrer Hilfs- und Nebenorganisationen, insbesondere die Eiserne Front, das Reichsbanner Schwarz-Rot-Gold, die Antifa, den kommunistischen Jugendverband Deutschland, die sozialistische Arbeiterjugend, marxistische Schützenvereine" aufzulösen. Für die Stadt Freiburg ordnete er die sofortige Auflösung der örtlichen SPD- und KPD-Organisationen sowie die Schließung des Gewerkschaftshauses an.

Die Freiburger NSDAP ging noch weiter: Sie ließ sämtliche SPD-Stadtverordnete in „Schutzhaft" nehmen und wie die meisten der bereits früher Verhafteten in das neuerrichtete KZ Ankenbuck (s. Brigachtal, Schwarzwald-Baar-Kreis) überstellen. Sie erwirkte die sofortige Absetzung des Polizeidirektors Paul Baer, der in den Jahren der Wirtschaftskrise die „Gefahr von rechts" schärfer als mancher Politiker gesehen hatte; im **Polizeipräsidium** im **Basler Hof** in der **Kaiser-Joseph-Straße** richtete sich die Gestapo ein. Die NSDAP entfachte ein Kesseltreiben gegen Oberbürgermeister Bender (Zentrum). Dieser gab am 9. April 1933 sein Amt auf. Sein Nachfolger wurde NSDAP-Kreisleiter Kerber, zunächst kommissarisch und seit dem 19. Mai 1933 vom gleichgeschalteten Bürgerausschuß, dem nur noch Mitglieder der NSDAP und des Zentrums angehörten, gewählt.

Die beiden Stützen des Freiburger Bürgertums – **erzbischöfliches Ordinariat** und **Universität** – bezeugten dem neuen Regime sehr schnell ihre Unterstützung:

Der seit 1932 amtierende Erzbischof Conrad Gröber forderte auf der Ende April 1933 in Freiburg tagenden Diözesansynode die „unbeirrbare Mitarbeit im neuen Staat". Er wurde – wie auch einige Domherren – förderndes Mitglied der SS. Da auch seine judenfeindlichen Äußerungen in der Öffentlichkeit bekannt waren, verwundert es nicht, daß er im **Stühlinger**, in **Haslach** und anderswo den Beinamen „brauner Conrad" erhielt. Gröber bezog erst dann eine gewisse Distanz zum NS-Staat, als deutlich wurde, daß dieser die katholische Kirche aus wichtigen gesellschaftlichen Bereichen – Sozialarbeit, Kindergärten, Erziehungs-

und Bildungswesen – herauszudrängen begann. Zu einem systemgefährdenden Widerstand weitete sich Gröbers Distanzierung in den Jahren der Diktatur allerdings nicht aus. Nach wie vor stimmte er mit tragenden Elementen der NS-Politik überein, insbesondere mit deren Eroberungsplänen, die ihn den Vernichtungskrieg gegen die Sowjetunion voll unterstützen ließen (zum Widerstand im katholischen Milieu s.u.).

An der **Albert-Ludwigs-Universität** übernahm am 23. April 1933 der Philosoph Martin Heidegger das Rektorat. Heideggers Amtsantritt, bis heute Gegenstand leidenschaftlicher Kontroversen, war von langer Hand vorbereitet und in der NS-Zeitung „Der Alemanne" von massiven Angriffen gegen den gerade gewählten Rektor Wilhelm von Moellendorf, der als aufrechter Demokrat galt, begleitet. Heidegger begann seine einjährige Amtszeit mit seiner berühmten, bis in alle Einzelheiten inszenierten Rektoratsrede, in der er sich als „geistiger Führer der neuen Bewegung" pries. Zu seiner Wahl waren die jüdischen Mitglieder der Professorenschaft schon nicht mehr zugelassen. Im Verlaufe seiner Amtszeit wurden sie mit außerordentlicher Gründlichkeit von der Universität vertrieben. Unter Rektor Heidegger wurde der Pflichtsport eingeführt, ein „Wehrsport-Lager" in Löffingen abgehalten und die Kasernierung aller Studenten in „Kameradschaftshäusern" geplant; nur letzteres rief den erfolgreichen Protest der Freiburger Vermieterinnen hervor. An der von „undeutschem Geist gesäuberten" Universität regte sich erst nach dem Novemberpogrom 1938 innere Opposition, als sich einige Professoren der **Rechts-** und **Staatswissenschaftlichen Fakultät** zu einem Gesprächskreis trafen, der unter dem Namen „Freiburger Konzil" bekannt wurde (s.u.).

Früher als in anderen Städten waren die Arbeiterparteien in Freiburg bereits Mitte März 1933 in den Untergrund gedrängt worden. Doch der Arbeiterwiderstand konnte trotz der Beschlagnahmung der Büros und der zahlreichen Verhaftungen, die für einen Großteil der bisher Aktiven einige Monate „Schutzhaft" im **Polizeigefängnis**, im KZ Ankenbuck bzw. im KZ Kislau (Kr. Karlsruhe, Baden-Württemberg I) bedeuteten, nicht zum Schweigen gebracht werden. Vor allem Mitglieder des KJVD, die bereits am 30. Januar 1933 in einem spontanen Protestmarsch vom **Martinstor** zur **Siegessäule** gezogen waren, stellten im Untergrund Flugblätter her. Eines der ersten klärte über die Hintergründe des von den Nationalsozialisten inszenierten Reichstagsbrandes auf. Es wurde u.a. vor dem **Arbeitsamt** an die dort wartenden Erwerbslosen verteilt. Für die Herstellung der Zeitungen und Flugblätter organisierte man zahlreiche Verstecke: Zeitweise war der Abziehapparat in einer Gartenhütte im **Stühlinger** vergraben. Gedruckt wurde u.a. in der **Bauhöferstraße** und im **Anatomischen Institut**. Im September 1933 kam es in der Arbeitersiedlung in der **Ferdinand-Weiß-Straße** im **Stühlinger** zu Verhaftungen. Einige der Flugblattverteiler verurteilte das Sondergericht Mannheim im Dezember 1933 zu Gefängnisstrafen bis zu einem Jahr. Im Dezember 1933 fand die Gestapo den im Anatomischen Institut versteckten Abziehapparat. Mindestens zwei Flugblätter hatte eine kleine Gruppe junger Kommunisten hier mit Unterstützung des beim Institut beschäftigten Laboranten Erich Maurer herstellen können. Eines der Flugblätter prangerte unter der Überschrift „Die sozialen Segnungen des dritten Reiches" die rigiden Sparmaßnahmen im Fürsorgeamt und die Entziehung der Fürsorgeunterstützung für „politisch Mißliebige" an. Das Sondergericht Mannheim verurteilte am 14. Februar 1934 drei Kommunisten, die den Abziehapparat versteckt hatten: Erich Maurer, Wilhelm Julius Grünfeld und Ernst Wilhelm Kohler.

Das im badischen Raum am weitesten verbreitete Flugblatt trug die Überschrift: „Schluß mit dem Terror!" In einer Auflage von mindestens 5.000 Exemplaren wurde es im Februar und März 1935 zwischen Karlsruhe und Lörrach in Briefkästen gesteckt, vor Hofeinfahrten gelegt, in Nahverkehrszügen „liegengelassen"; es zirkulierte in Fabriken und in Arbeitersiedlungen. Es trug das Datum „Freiburg im Breisgau, im Januar 1935" und war unterzeichnet von der „Roten Hilfe Deutschlands, Bezirksleitung Süd- und Mittelbaden, der SPD Bezirksleitung Süd- und Mittelbaden und dem Roten Schutzbund, Brigade Karl Liebknecht, Baden". Kurz danach erschien ein „zum 15. Todestag von Karl Liebknecht und Rosa Luxemburg" verfaßter Aufruf „An alle Arbeiter und Werktätigen von Mittel- und Oberbaden!", der zum Zusammenhalt aller Antifaschisten aufforderte und außer von den bereits genannten Organisationen auch von den Bezirksleitungen der KPD und des KJVD unterzeichnet war.

Entscheidenden Anteil an diesen Anfängen einer antifaschistische Aktionseinheit hatte der Rote Schutzbund, in dem sich im Laufe des Sommers 1933 zum Widerstand bereite Sozialdemokraten in Freiburg zusammenfanden. In ihrer Partei bis dahin eine kritische Minderheit, suchten sie unter dem Eindruck der faschistischen Machtübernahme und der Tolerierungspolitik innerhalb der Vorstände der SPD und des ADGB nach konkreten Ansätzen, um jenseits der ideologischen Gräben aus den letzten Jahren der Weimarer Republik in konkreten Punkten den Widerstand auf möglichst breiter Ebene neu zu gestalten. Diskutiert wurden diese Fragen u.a. bei unauffälligen Spaziergängen auf dem **Lorettoberg**. Am 12. November 1933 fand in Freiburg ein geheimes Treffen statt, an dem neben Sozialdemokraten und Gewerkschaftern auch Kommunisten teilnahmen. Man einigte sich auf ein gemeinsames politisches Minimalprogramm, das an marxistische Positionen anknüpfte.

Führende Mitglieder des Roten Schutzbundes, Brigade Karl Liebknecht waren die Freiburger Emil Dietsche, bis Frühjahr 1933 SPD-Stadtrat, Rupert Reindl, Paul und Heinrich Andrae, Wilhelm Christian Engler, Fritz Schieler und der frühere Gewerkschaftssekretär Hans Schönberger. Den Druck der illegalen Flugblätter organisierte der nach Basel geflüchtete SPD-Sekretär Peter Mayer mit Hilfe der dortigen Stützpunkte der Roten Hilfe. Bekannt sind Kontakte in das noch unbesetzte Elsaß sowie nach Stuttgart und Mannheim. Der Verhaftungswelle im Jahr 1936 fielen im Raum Freiburg schließlich 52 Sozialdemokraten zum Opfer.

Bis ins Jahr 1936 diente Freiburg als eine Drehscheibe für den Transport antifaschistischer Materialien aus der Schweiz. Eine Widerstandsgruppe konnte bis zu ihrer Verhaftung im Juli 1935 arbeiten. Zu ihr gehörten Erich Hoske, Jg. 1907, bis 1933 in der „Roten Sporteinheit" aktiv, der 31jährige Schlosser Max Klappenbach, KPD-Mitglied seit 1932 und im Juli 1933 beim Städtischen Wasserwerk aufgrund des

„Gesetzes zur Wiederherstellung des Berufsbeamtentums" entlassen sowie die bei der Roten Hilfe aktiven Brüder Adolf, Gustav und Urban Keller. Sie holten die Zeitungen und Flugblätter aus Lörrach und aus Weil am Rhein (beide s. Kr. Lörrach), richteten in der **Schuhmacherwerkstatt** von Urban Keller ein Depot ein, bis die Schriften weitergeleitet werden konnten. Der „Volksgerichtshof" verurteilte am 29. Oktober 1936 Erich Hoske zu acht Jahren, Adolf Keller und Max Klappenbach zu je fünf Jahren Zuchthaus. Die ebenfalls angeklagte Theresia Hoske mußte freigesprochen werden.

Die zweite Kurier-Gruppe um Emil Sehrer konnte bis 1936 arbeiten. Trotz seiner ersten Verhaftung und Verurteilung Ende Dezember 1933 wollte Emil Sehrer den Kampf gegen die Nationalsozialisten fortsetzen. Zusammen mit Paul Mattlin, den er aus dem KJVD kannte, fuhr er im April 1935 nach Basel, um mit der KPD-Grenzstelle Kontakt aufzunehmen. Zurückgekehrt konnten sie Ernst Hohl und dessen Onkel Hermann Moser für den Materialtransport gewinnen. Enge Kontakte bestanden zu den Kurier-Gruppen in Waldkirch (s. Kr. Emmendingen) und in Grenzach-Wyhlen (s. Kr. Lörrach). Im späteren Prozeß wurden einige der Transporte, die bei den Gestapo-Ermittlungen bekannt wurden, aufgeführt: Im Sommer 1935 brachte Otto Kiefer aus Wyhlen einen Koffer mit ca. 1.000 Flugblättern zum Internationalen Jugendtag und verschiedenen Zeitungen nach Freiburg in die Wohnung des Ehepaars Moser. Die nächste Lieferung enthielt 800-1.000 Exemplare der „Roten Fahne", der „Jungen Garde" und des „Tribunals". Am 4. September 1936 durchsuchte die Gestapo die Wohnung von Hermann und Anna Moser und kam der Gruppe auf die Spur. Im Juli 1937 fand der Prozeß statt: Emil Sehrer erhielt mit fünf Jahren Zuchthaus die Höchststrafe, Paul Mattlin und Ernst Hohl mußten für drei Jahre und zwei bzw. sechs Monate ins Zuchthaus. Erfolgreich hatten die drei jungen Männer versucht, das Ehepaar Moser zu schützen. Das Gericht konnte nicht nachweisen, daß Hermann und Anna Moser von Anfang an über den Inhalt der Koffer Bescheid wußten; dennoch wurden beide zu je zehn Monaten Gefängnis verurteilt.

Das **Tabakwarengeschäft** von Stefan Meier in der **Eisenbahnstraße** war bis in die Kriegsjahre ein Treffpunkt, an dem Antifaschisten Informationen austauschen konnten. Stefan Meier, seit 1919 SPD-Sekretär in Oberbaden und von 1924 bis 1933 SPD-Reichstagsabgeordneter, war schon am 17. März 1933 in das KZ Ankenbuck zur „Schutzhaft" verschleppt worden und kam erst am 9. März 1934 wieder aus dem KZ Kislau frei. In den folgenden Jahren hielt er Kontakt zu Widerstandsgruppen und unterstützte beispielweise die Arbeit des Roten Schutzbundes mit Geld. Ein zufälliges Gespräch mit einer Mitbewohnerin wurde Meier im Juni 1941 zum Verhängnis: Er hatte vom „Größenwahn" Hitlers gesprochen und ihn einen „Dschingis-Khan, der im Blutrausch von einem Land zum anderen ziehe", genannt. Die Frau meldete dies einem Polizisten und brachte damit eine Anzeige bei der Gestapo ins Rollen. Meier wurde am 24. Juni 1941 verhaftet und stand am 21. Oktober 1941 vor dem Sondergericht Freiburg, das ihn zu drei Jahren Zuchthaus verurteilte. Nach dem Ende der Haft verfügte die Gestapo Freiburg seine Einweisung in das KZ Mauthausen, wo er am 19. September 1944 ermordet wurde.

An einem Hilfsnetz für Bedrohte und Verfolgte waren einige Freiburgerinnen beteiligt, die haupt- oder nebenberuflich in der katholischen Sozialfürsoge arbeiteten: Maria Loofs trug 1941 in Tirol dazu bei, daß ihr anvertraute Kranke nicht in württembergische Anstalten abtransportiert wurden (zu den Südtiroler Patienten s. auch Zwiefalten, Kr. Reutlingen).

Von Freiburg aus leitete Dr. Gertrud Luckner, die 1938 eine Anstellung beim Caritasverband im **Werthmannhaus** gefunden hatte, Hilfsaktionen für katholische „Nicht-Arier". Gertrud Luckner war seit ihrer Studienzeit in Freiburg Mitglied im Friedensbund der deutschen Katholiken und in sozialen und ökumenischen Fragen sehr engagiert. In der ersten Phase ihrer Tätigkeit ging es zunächst darum, den in die Armut getriebenen Familien materiell zu helfen, Rat und Unterstützung bei der Auswanderung zu geben oder Pflegeeltern für Kinder im Ausland zu finden. Der 22. Oktober 1940, der Tag, an dem alle badischen und pfälzischen Juden in das Internierungslager im südfranzösischen Gurs abtransportiert wurden, bedeutete eine radikale Verschärfung der bisherigen Verfolgungspolitik gegenüber der jüdischen Bevölkerung. Doch der Protest der Kirchen, auch des Freiburger Erzbischofs, blieb aus, und auch in den kirchlichen Hilfswerken hielten sich noch eine Zeitlang die Illusionen, den Deportierten mit Paketen helfen zu können. Für Gertrud Luckner trat sehr bald die Erschließung illegaler Fluchtwege in den Mittelpunkt ihrer Tätigkeit. Dabei nutzte sie, die in Liverpool aufgewachsen war, ihre Kontakte zu den britischen Quäkern.

Sie wurde am 24. März 1943 im Zug von Düsseldorf nach Berlin von der Gestapo verhaftet und nach wochenlangen Verhören in das FrauenKZ Ravensbrück eingeliefert. In Ravensbrück traf sie auf einige katholische Frauen, die sie aus Freiburg kannte, so auf Eva Laubhardt und Katharina Katzenmaier. In ihren Erinnerungen beschreibt Katharina Katzenmeier die gegenseitige Fürsorge und Hilfe für andere, die das Überleben unter den vernichtenden Lagerbedingungen ermöglichte. Nach der Befreiung fanden einige dieser Frauen erste Aufnahme und Pflege im **Kloster St. Lioba** in **Günterstal**.

Hilfe für verfolgte Jüdinnen und Juden organisierte ein kleiner Kreis von Gleichgesinnten, zu dem das Ehepaar Borgmann, der mit einer Jüdin verheiratete Publizist Rupert Gießler, die Leiterin der Caritas-Schwesternschaft Adelheid Testa, Pater Rupert Reinartz und andere gehörten. Sie eruierten Fluchtwege in die Schweiz und über das Elsaß in den unbesetzten Teil Frankreichs. Grete Borgmann berichtete:

> „Man schickte sich gegenseitig verfolgte Juden zu, die eine Woche lang oder vierzehn Tage in einer Wohnung untertauchten. Wir hatten immer einzelne Juden, meistens waren es Frauen, auf unserer Mansarde wohnen. Vierzehn Tage lang, dann mußten sie weiter."

Von Juni 1943 bis April 1944 fand Else Behrend-Rosenfeld Unterschlupf bei der Familie von Stefan Meier, bis sie am 20. April 1944 mit dem Zug nach Singen und von dort über die Schweizer Grenze gebracht werden konnte (s. Kr. Konstanz). Unterlagen über die Flucht von Ellen Bier geb. Feitler und ihren Kindern im März 1944 befinden sich im Stadtarchiv. Lotte Paepcke, die mit einem Christen verheiratete Tochter des Freiburger SPD-Abgeordneten Max Mayer, hat in ihren Erinnerungen darüber berichtet, wie man das Chaos nach der Bombardierung Freiburgs am

27. November 1944 nutzte, um einige untergetauchte Jüdinnen, darunter auch sie selbst, zu Pater Middendorf in das Herz-Jesu-Kloster nach Stegen zu bringen (s. Kr. Breisgau-Hochschwarzwald). Ein Versteck fanden verfolgte Juden auch im Haus des früheren Zentrumsabgeordneten Dr. Josef Ruby.

Weil sie in der militärischen Niederlage des Deutschen Reiches eine „Strafe Gottes für die Judenverfolgung" sah, stand die Ordensschwester Dr. Maria Hilberling am 27. Oktober 1944 vor dem „Volksgerichtshof" in Berlin; die Anklage lautete auf „Wehrkraftzersetzung", begangen von einer „Halbjüdin". 1941 hatte die 43jährige Maria Hilberling von ihrem Orden die Erlaubnis erhalten, an der **Universität Freiburg** Kirchengeschichte zu studieren. Daneben widmete sie sich im Auftrag des **erzbischöflichen Ordinariats** der seelsorgerischen Arbeit mit Frauen und Mädchen. Um sie herum bildete sich bald ein kleiner Kreis ehemaliger Schülerinnen, die – wie Maria Hilberding es ausdrückte – „religiöse und geistige Anregung suchten". Ein Gespräch, das sie im Dezember 1943 mit einer Medizinstudentin führte, wurde denunziert. Die Gestapo nahm sie am 14. Januar 1944 fest und überstellte sie nach sieben Monaten im Gerichtsgefängnis Freiburg Anfang Juli 1944 zur Gestapo nach Berlin. Der Prozeß gegen sie konnte jedoch nicht eröffnet werden, da die Belastungszeugen nicht vor Gericht erschienen waren. Dennoch blieb Maria Hilberling bis Kriegsende in Gestapohaft, kehrte dann in das Kloster Zoffingen (Kr. Konstanz) zurück, wo sie 1985 starb.

Ganz auf sich allein gestellt versteckte Carola Kistner im letzten Kriegsjahr in einer Waldarbeiterhütte auf dem **Schauinsland** über mehrere Monate den jüdischen Mathematik-Professor Paul Salomon. Salomon berichtete nach der Befreiung, daß er seine Rettung vor der Deportation dieser mutigen kleinen Frau zu verdanken haben, einer Kommunistin, die außer ihm auch jugendliche Deserteure, die sich dem Volkssturm entziehen wollten, in einem Heuschober versteckt und verpflegt habe. Carola Kistner wohnte in der **Unterwiehre** und verdiente sich ihren Lebensunterhalt nach dem Krieg mit Beerensammeln und einem Blumenstand auf dem Münstermarkt.

Im Unterschied zu Erzbischof Conrad Gröber, dessen fördernde Zustimmung zum NS-Regime nach langen Jahren des Verschweigens inzwischen hinreichend dokumentiert ist, kamen mindestens 483 Geistliche aus dem Erzbistum Freiburg aus den verschiedensten Gründen in Konflikte mit dem NS-Staat. 152 von ihnen wurden zu Gefängnis- und Zuchthausstrafen verurteilt, 25 in Konzentrationslagern inhaftiert, zwölf überlebten dies nicht. An die überwiegend im KZ Dachau ermordeten katholischen Pfarrer aus der Erzdiözese Freiburg erinnert eine **Gedenkwand** in der **Wallfahrtskapelle** auf dem **Lindenberg** bei Sankt Peter (Kr. Breisgau-Hochschwarzwald).

Ein Gestapo-Spitzel aus Lörrach, der zur Überwachung katholischer Kreise angesetzt worden war, wurde 1948 vom Landgericht Freiburg zu sechs Monaten Gefängnis verurteilt. Er hatte das Ehepaar Philipp und Camilla Auer aus der **Tennenbacher Straße** und weitere Gäste einer Hochzeitsfeier wegen des Abhörens ausländischer Sender denunziert. Sie wurden vom Sondergericht Freiburg zu Gefängnisstrafen zwischen acht und 18 Monaten verurteilt. Das Verfahren gegen Kaplan Striegel, der nach drei Monaten „Schutzhaft" wieder freikam, wurde abgetrennt. Nach der Gefängnishaft wurde Camilla Auer in das FrauenKZ Ravensbrück überstellt. Philipp Auer brachte die Gestapo in das KZ Dachau, wo er im Januar 1945 ums Leben kam. Frau Auer überlebte den Todesmarsch aus dem Kommando Malchow und kehrte nach Freiburg zurück.

In den Kriegsjahren gab es in der Universitätsstadt drei Gesprächszirkel, die parallel und unabhängig voneinander bestanden und in der Widerstandsforschung als „Freiburger Kreise" bezeichnet werden: Es waren das Freiburger Konzil, der Bonhoeffer-Kreis und die Arbeitsgemeinschaft Erwin von Beckerath. Personell verbunden waren sie durch die Wirtschaftswissenschaftler Constantin von Dietze, Walter Eucken und Adolf Lampe. Das nach dem Novemberpogrom 1938 von Lampe ins Leben gerufene Freiburger Konzil stand der Bekennenden Kirche nahe; an den Gesprächen, die bis 1944 von dem Historiker Gerhard Ritter geleitet wurden, nahmen neben Professoren auch Pfarrer der Bekennenden Kirche und einige katholische Theologen teil. Stützpunkte der Bekennenden Kirche waren die **Christuskirche** mit Pfarrer Hermann Weber und seinem Nachfolger Otto Hof, die **Pauluskirche** mit Pfarrer Karl Dürr und die **Friedenskirche** mit Pfarrer Fritz Horch.

Aus dem Konzil entwickelte sich Ende 1942 ein kleinerer Arbeitskreis, der Bonhoeffer-Kreis, der im Auftrag der Bekennenden Kirche an einer Denkschrift über die Grundsätzen einer Neuordnung Deutschlands arbeitete und über enge Kontakte zur Widerstandsgruppe des 20. Juli 1944 sowie zum Kreisauer Kreis verfügte. Die Mitarbeit an der Denkschrift, von der Teile nach dem gescheiterten Attentat auf Hitler in die Hände der Gestapo fielen, führte zur Verhaftung von Ritter, Lampe und Dietze.

Der Arbeitskreis um Erwin von Beckerath, in dem sich ab 1943 Juristen und Wirtschaftswissenschaftler trafen, beschäftigte sich in enger Verbindung mit Carl Goerdeler und den Männern des 20. Juli mit den wirtschaftlichen Weichenstellungen für die Nachkriegszeit.

Zum Freiburger Zweig der „Weißen Rose" gehörte Dr. Heinrich Bollinger. Der Assistent am Philosophischen Seminar wurde am 5. März 1943 im Haus **Schwarzwaldstraße** 80, wo er zur Untermiete wohnte, verhaftet. Von der Vermieterin gewarnt, konnte er noch einen Abziehapparat und eine Pistole verstecken. Am gleichen Tag nahm die Gestapo auch den Medizinstudenten Helmut Bauer fest. Bauer und Bollinger kannten Willi Graf, einen der Initiatoren der „Weißen Rose", aus ihrer Kindheit in Saarbrücken und aus der gemeinsamen Zeit in der katholischen Jugendorganisation „Neudeutschland". Im Januar 1943 kam Willi Graf nach Freiburg, um sie als Mitstreiter zu gewinnen. Bollinger, Bauer und ein weiterer Jugendfreund, Rudi Alt, trafen sich Ende Januar 1943 im **„Löwen"** in der **Herrenstraße** und berieten über Möglichkeiten zur Weiterverbreitung der Flugblätter der „Weißen Rose". Kurz darauf wurden jedoch in München die führenden Mitglieder verhaftet. Beim Prozeß vor dem „Volksgerichtshof" am 19. April 1943 versuchten Willi Graf und Prof. Kurt Huber, die Freiburger zu entlasten. Dennoch wurden Heinrich Bollinger und Helmut Bauer zu je sieben Jahren Zuchthaus verurteilt. Beide erlebten Ende April 1945 die Befreiung im Zuchthaus Ludwigsburg (Kr. Ludwigsburg, Baden-Württemberg I);

Bauer starb jedoch bereits 1952 an den Folgen einer Tuberkulose, die er sich im Zuchthaus zugezogen hatte.

Widerständiges Verhalten äußerte sich in den Kriegsjahren auch in „Delikten" wie „Heimtücke", „Wehrkraftzersetzung", „Arbeitsverweigerung", „Kontakte zu ausländischen Kriegsgefangenen und Zwangsarbeitern", die das **Freiburger Sondergericht** mit unnachgiebiger Härte verfolgte. Seine Urteile trafen Einzelpersonen, die sich den Normen der „Volksgemeinschaft" nicht anpassen wollten, sich ihnen zum Teil auch bewußt entzogen, die ihren Wertvorstellungen oder ihrem Glauben treu blieben. Unter den z.B. wegen „Wehrkraftzersetzung" Verurteilten befanden sich auch Freiburger Bibelforscher. In den Jahren 1940 bis 1945 waren beim Sondergericht weit über 1.000 Verfahren anhängig. Das Gericht fällte allein im Zeitraum von Januar 1942 bis September 1944 15 Todesurteile, von denen 13 in Stuttgart (Baden-Württemberg I) vollstreckt wurden. Nach der Bombardierung Stuttgarts fand die Hinrichtung von Verurteilten aus dem süddeutschen Raum in Bruchsal statt (Kr. Karlsruhe, Baden-Württemberg I).

Untersuchungen über die Opfer der Wehrmachtsjustiz, die ihre Strafe im Freiburger **Wehrmachtsgefängnis** verbüßten, fehlen.

Zwei gebürtige Freiburger wurden im Zuchthaus Brandenburg hingerichtet: Der Friseur Walter Gossenberger wohnte bei seiner Verhaftung in München. Er wurde wegen „Fahnenflucht" zum Tode verurteilt und starb am 17. Oktober 1942 im Alter von 30 Jahren unter dem Fallbeil. Franz Heim, 1885 in Freiburg geboren, war Bankangestellter und wurde in **Hugstetten** verhaftet. Das Todesurteil gegen ihn erfolgte wegen „Wehrkraftzersetzung" und wurde am 1. November 1943 vollstreckt.

Mahnmal für die Opfer des Widerstandes und der Verfolgung am Rotteckring

Es ist bis heute noch nicht möglich, eine Liste mit den Namen all derer zu erstellen, die in den Jahren 1933-1945 Widerstand leisteten und verfolgt wurden: In der von der VVN-Bund der Antifaschisten Freiburg erstellten Dokumentation, bis heute ein Standardwerk, werden folgende Zahlen genannt:

> „Etwa 130 Widerstandskämpfer der Arbeiterparteien aus dem Raum Freiburg verbüßten zusammen 3.115 Monate Gefängnis-, Zuchthaus- oder KZ-Haft, davon allein ca. 90 Mitglieder der KPD mit 2.605 Monaten Haft. In einem Verzeichnis der Opfer des Faschismus aus dem Archiv der Stadt Lörrach von 1949 sind namentlich 29 Freiburger Bürger genannt, die aus politischen, rassischen und religiösen Gründen länger als 60 Monate inhaftiert waren."

Die Ehrung von Persönlichkeiten des örtlichen Widerstandes erfolgte in Freiburg sehr zögerlich und mit großen zeitlichen Abständen. Sie schließt bis heute Widerstandskämpferinnen und -kämpfer aus den Reihen der KPD und des kommunistischen Jugendverbandes aus.

1946 wurden erstmals zwei Straßen nach verfolgten Sozialdemokraten benannt. Es waren die **Stefan-Meier-Straße** und der **Friedrich-Wilhelm-Engler-Platz**. An einen weiteren Vertreter des Arbeiterwiderstandes, den SPD-Landtagsabgeordneten und Vorsitzenden der Freiburger SPD, Philipp Martzloff, erinnert eine **Gedenktafel** in der **Hebelstraße**, die vermutlich in den 60er Jahren angebracht wurde:

> „Zum Gedenken. Philipp Martzloff, 1880–1962, Arbeitersekretär, Politiker und Antifaschist."

1960 erhielten eine **Grund- und Hauptschule** und eine Straße den Namen des Schriftstellers **Reinhold Schneider** (1903–1958), der zum Freiburger Konzil gehörte. In den Jahren 1967 und 1968 gab ein weiteres Mitglied der „Freiburger Kreise" dem **Walter-Eucken-Gymnasium** seinen Namen; die **Adolf-Reichwein-Grund- und Hauptschule** führt den Namen eines bekannten Mitglieds des Kreisauer Kreises.

In den Jahren 1970 bis 1980 wurden weitere Vertreter des bürgerlichen und kirchlichen Widerstandes geehrt. Seit 1971 gibt es eine **Joseph-Wirth-Straße** und – nach heftigen Diskussionen – eine **Gedenktafel** am Haus **Herrenstraße** 25, in dem der Zentrumspolitiker und Reichskanzler in den ersten Jahren der Weimarer Republik seine Jugendzeit verbrachte. Als 1971 die **Anne-Frank-Schule** eingeweiht wurde, ehrte die Stadt damit erstmals ein jüdisches Opfer. 1973 erhielt das **Gerhard-Ritter-Haus** seinen Namen nach dem zum Freiburger Konzil und Bonhoeffer-Kreis gehörenden Historiker.

Dank der Initiative der VVN-Bund der Antifaschisten Freiburg gibt es seit dem 8. Mai 1975 ein **Mahnmal** für die Freiburger Opfer des Widerstands und der Verfolgung. Die Bronzeplastik steht am **Rotteckring** vor dem Schwarzen Kloster und trägt auf dem Sockel die Inschrift:

> „Den Opfern der Gewaltherrschaft
> Den Kämpfern im Widerstand
> 1933–1945"

Seit 1979 erinnert die **Karl-Leisner-Straße** an den im KZ Dachau ums Leben gekommenen Theologiestudenten (s. St. Blasien, Kr. Waldshut). Im gleichen Jahr wurde Dr. Gertrud Luckner Ehrenbürgerin der Stadt; acht Jahre später erhielt die **Gewerbeschule** ihren Namen. 1980 wurden zwei Straßen, die **Edith-Stein-Straße** und die **Maximilian-Kolbe-Straße**, nach katholischen NS-Opfern benannt. Die **Hauswirtschaftsschule** erhielt 1996 den Namen der zum katholischen Glauben konvertierten, in Auschwitz ermordeten Jüdin Edith Stein. Am Haus **Goethestr.** 63, in dem Edith Stein in den Jahren 1916 bis 1917 wohnte, wurde 1987 eine **Gedenktafel** angebracht.

Am 4. Mai 1985 wurde ein **Gedenkstein** ethüllt, der den Opfern des ersten Bombenangriffs auf Freiburg gewidmet ist. Dieser fand am 10. Mai 1940 am hellichten Tag statt und kostete 13 Kindern, die auf dem **Hildaspielplatz** im **Stühlinger** spielten, das Leben. Um diesen Gedenkstein hatte die VVN-Bund der Antifaschisten 15 Jahre lang gekämpft und sich dabei mit der in der öffentlichen Meinung vorherrschenden Nazi-Version auseinandergesetzt, wonach es sich um einen „Terrorangriff feindlicher Flugzeuge" gehandelt habe. Sie konnte diese Version als Fälschung aufdekken und nachweisen, daß deutsche Flugzeuge die Bomben über der Stadt abgeworfen hatten – ob absichtlich oder versehentlich, wird sich wohl nie mehr vollständig aufklären lassen.

1994 wurden Straßen in einem Neubaugebiet im Westen der Stadt nach überregional bekannten Persönlichkeiten des Widerstands und des Exils benannt, von dem einige in bestimmten Abschnitten ihres Lebens eine Beziehung zu Freiburg hatten: **Käthe-Kollwitz-Straße, Carl-von Ossietzky-Straße, Max-Josef-Metzger-Straße, Geschwister-Scholl-Straße, Walter-Benjamin-Straße, Hannah-Arend-Weg** und **Nelly-Sachs-Straße**. Zwei der damals vergebenen Namen erinnern an Freiburger Jüdinnen: der **Else-Liefmann-Platz** und die **Erica-Sinauer-Straße**.

Im gleichen Jahr fand am Haus **Maria-Theresia-Str.** 13 die feierliche Enthüllung einer **Gedenktafel** statt:

> „In diesem Haus lebte in den Jahren 1938–1954 Constantin von Dietze, 1891–1973 Professor für Volkswirtschaftslehre, Rektor der Albert-Ludwigs-Universität von 1946–1949. Hier traf sich zwischen 1938 und 1944 oftmals der Freiburger Kreis im Widerstand gegen das NS-Regime."

1996 stellte die SPD-Fraktion den Antrag, elf nach hohen Militärs des 1. Weltkriegs benannte Straßen im 1930 gebauten „Heldenviertel" in der **Unterwiehre** umzubennen. Der Antrag fand jedoch keine Mehrheit; als Kompromiß einigte man sich auf eine Informationstafel mit verharmlosendem Text.

Es gibt in Freiburg weitere Namengebungen, die erst heute Anstoß erregen:

Einige **Krankenstationen** des Universitätsklinikums und eine **Straße** sind nach dem Professor für Hygiene und Mikrobiologie **Paul Uhlenhuth** (1870–1957) benannt. Eine im Februar 1997 im WDR gezeigte Fernsehdokumentation „Ärzte ohne Gewissen" von Ernst Klee deckte auf, wie aktiv der Mediziner am NS-System mitwirkte und daraus seinen Nutzen zog: Uhlenhuth hatte im April 1933 jenen Erlaß von Rektor Heidegger unterschrieben, der die sofortige Entlassung jüdischer Kollegen anordnete. 1936 wurde er emeritiert und trat 1937 in die NSDAP ein, um – wie er nach Krieg erläuterte – seine Arbeitsbedingungen zu verbessern. Dies gelang ihm in den folgenden Jahren: Uhlenhut führte u.a. an Kriegsgefangenen Experimente durch, um festzustellen, ob sich das Blut von weißen und farbigen Menschen unterscheide. Er beantragte am 2. August 1944 bei der Wehrmacht Versuchsobjekte und erhielt „150 schwarze und farbige Kriegsgefangene zur Auswahl". Die Medizinische Fakultät und die Stadt Freiburg erwägen nach diesen Enthüllungen Konsequenzen, wobei die Stadt das Ergebnis der Nachforschungen im Universitätsarchiv abwarten will.

„Rassische" Verfolgung und „Euthanasie"

Der erste **Betsaal** der 1863 neugegründeten **Jüdischen Gemeinde Freiburg** befand sich im Hinterhaus der **Schusterstr.** 27. 1869/1870 wurde eine **Synagoge** am damaligen **Werthmannplatz** gegenüber der Einmündung der Sedanstraße erbaut. Neben der Synagoge lag das **Gemeindehaus**, in dem sich eine **Mikwe** und der **Betsaal** der orthodox-jüdischen Gemeinde befand. Religionsunterricht erhielten die jüdischen Kinder in der früheren **Lateinschule** in der **Herrenstr.** 4. Das **Rabbinat** befand sich in der **Hebelstr.** 12. Seit 1870 hatte die Gemeinde einen eigenen **Friedhof** an der **Elsässer Straße** 35.

1933 hatte die Jüdische Gemeinde Freiburg 1.138 Mitglieder (1,1 % der Bevölkerung). Etwa die Hälfte

Gedenkstein für die Opfer des Bombenangriffs vom 10. Mai 1940. Die Inschrift lautet: „Unter den 57 Todesopfern, die der irrtümliche Bombenangriff deutscher Flugzeuge auf Freiburg am 10. Mai 1940 forderte, waren 20 Kinder. 13 von ihnen starben auf diesem Spielplatz.
Die nationalsozialistische Propaganda stellte den Vorfall als Terrorangriff feindlicher Flieger dar, um damit sogenannte Vergeltungsschläge der deutschen Luftwaffe zu rechtfertigen.
Laßt uns die Toten nicht vergessen –
Nie wieder Krieg!"

lebte vom Handel und Gewerbe, 15 % waren als Wissenschaftler oder Studenten an der Universität tätig, 10 % verdienten ihren Lebensunterhalt als Arbeiter und Angestellte, 5 % übten freie Berufe aus, unter ihnen Ärzte, Apotheker und Rechtsanwälte. Bis 1940 hatte sich im Zuge der fortschreitenden Entrechtung und der Flucht ins Ausland die Zahl der jüdischen Bevölkerung auf 600 verringert.

Chronologie der Verfolgung:

11. März 1933: Ein erster Boykottaufruf jüdischer Geschäfte, der auf geringe Resonanz stößt.

17. März 1933: Unter den verhafteten Sozialdemokraten befinden sich die jüdischen Stadträte Max Mayer, Simon Strauß und Robert Grumbach.

1. April 1933: SA-Doppelposten ziehen vor allen jüdischen Geschäften vor allem in der **Kaiser-Joseph-Straße** auf, um einem weiteren Boykott Nachdruck zu verleihen.

Mitte April: Beginn der Vertreibung jüdischer Wissenschaftler und Wissenschaftlerinnen von der **Albert-Ludwigs-Universität**. Allein im Bereich der Medizinischen Fakultät werden 39 Ordinarien, Professoren, Privatdozenten, Assistenten und andere Beschäftigte vom Dienst suspendiert, unter ihnen der Direktor der **Medizinischen Klinik**, Siegfried Thannhauser, sowie mit sechs Ärzten nahezu der gesamte wissenschaftliche Stab der **Hautklinik**.

20. April 1933: Die jüdische Studentenverbindung Neo-Friburgia wird zur Auflösung gezwungen.

21. April 1933: Das Städtische Fürsorgeamt entläßt jüdische Frauen, die ehrenamtlich TBC-Kranke betreut haben.

Ende April 1933: Teilnahmeverbot für jüdische Händler bei der Freiburger Frühjahrsmesse.

Ende Juni 1933: NS-Studenten erzwingen die Schließung des Hauses der Verbindung Neo-Friburgia; sechs jüdische Studenten werden in „Schutzhaft" genommen.

13. April 1934: Die neugegründete Breisgauer Narrenzunft, Nachfolgeorganisation der Freiburger Großen Karnevalgesellschaft, schließt jüdische Mitglieder, unter ihnen Hans Pollock, die zentrale Gestalt der Freiburger Fasnacht, aus.

1935: Jüdische Kinder werden in Baden im Vorgriff auf eine reichsweite Regelung aus den allgemeinen Schulen ausgesondert; die Jüdische Gemeinde richtet in zwei Klassenräumen der **Lessing-Schule** eine eigene Schule ein. Später findet der Unterricht im **Jüdischen Gemeindehaus** statt, bis er am 1. Oktober 1939 endgültig verboten wird.

1935: Verbot für Juden, städtische **Freibäder** an der **Dreisam** zu besuchen. Drei Jahre später ist ihnen auch der Besuch von Hallenbädern wie dem **Marienbad** und der Zugang zu den medizinischen Badeabteilungen im **Universitätsklinikum** verwehrt.

2. Februar 1936: Zwei jüdische Frauen, Thekla Lion und Selma Lion geb. Stein, werden mit der Anprangerung im „Stürmer" bedroht. Sie ertränken sich im Rhein. Hugo Lion unternimmt einen Selbstmordversuch im Titisee, wird gerettet und in psychiatrische Behandlung gebracht. Sein weiteres Schicksal ist unbekannt.

März 1937: Ein Jude aus Laupheim (s. Kreis Biberach) wird wegen „Rassenschande" zu acht Monaten Gefängnis verurteilt; seine „arische" Freundin" aus Freiburg wird in der NS-Zeitung „Der Alemanne" öffentlich angeprangert und wirft sich vor einen Zug.

1. März 1938: Die Zahl der jüdischen Firmen und Geschäfte ist auf 71 gesunken.

28. Oktober 1938: Deportation der „Ostjuden"; unter der kleinen aus Freiburg ausgewiesenen Gruppe befindet sich der Kantor der orthodoxen Gemeinde, Abraham Kuflik.

10. November 1938: In den frühen Morgenstunden beginnt unter der Leitung des SS-Standartenführers Walter Gunst und des SA-Brigadeführers Joachim Weist die Zerstörung der **Synagoge**. Rabbiner Dr. Siegfried Scheuermann, Kantor David Ziegler und der Vorsteher des Synagogenrates, Löb David Meier, werden aus ihren Wohnungen geholt und müssen die Schändung des Gotteshauses mitansehen. „Unbekannte" dringen in den **Jüdischen Friedhof** ein, verwüsten Grabsteine und zerstören das Leichenhaus. In der **Kaiser-Joseph-Straße** werden jüdische Geschäfte geplündert. Noch während die Synagoge brennt, beginnen die Verhaftungen. Im Laufe des 10. November liefert die Polizei 137 Juden in das **Gefängnis** ein. Am Abend werden sie zum **Bahnhof** getrieben, wo der Zug bereitsteht, der sie in das KZ Dachau bringt.

Der Freiburger Bevölkerung wird sowohl von einem überlebenden Juden – Max Mayer – als auch vom damaligen Gefängnisdirektor „schweigendes Herumstehen" bescheinigt; Max Mayer sah in diesem „tiefen Schweigen" sogar eine „teilnehmende, würdige Haltung, eine Kritik". Der Schriftsteller Reinhold Schneider schrieb 1959 über sein Schweigen an diesem Tag:

> „Am Tage des Synagogensturms hätte die Kirche schwesterlich neben der Synagoge erscheinen müssen. Es ist entscheidend, daß das nicht geschah ... Aber was tat ich selbst? Als ich von den Bränden, Plünderungen, Greueln hörte, verschloß ich mich in meinem Arbeitszimmer, zu feige, um mich dem Geschehen zu stellen und etwas zu sagen."

Über die wenigen Freiburgerinnen und Freiburger, die später etwas getan haben, bei der Flucht geholfen oder Verstecke bereitgestellt haben, wurde im Abschnitt über den Widerstand berichtet.

In den knapp zwei Jahren vom Novemberpogrom 1938 bis zur Deportation der badischen und pfälzischen Juden am 22. Oktober 1940 bemühten sich die Freiburger Jüdinnen und Juden um eine schnelle Auswanderung. Die Lebensverhältnisse wurden immer bedrückender. Anfang 1939 entfiel für jüdische Personen der Mieterschutz, was es dem Wohnungsamt ermöglichte, sie aus ihren Wohnungen zu vertreiben und in **„Judenhäuser"** einzuweisen.

Über den Ablauf der Deportation am 22. Oktober 1940 in das südfranzösische Internierungslager Gurs liegt der Bericht von Nathan Rosenberger vor:

> „Die Gestapo und die gesamte Polizei waren aufgeboten, um die Juden aus ihren Wohnungen zu holen; innerhalb einer halben Stunde wurden sie abtransportiert, sie hatten kaum Zeit, das Allernotwendigste zusammenzuraffen. Viele wurden direkt mitgenommen, so wie sie standen, ohne Kopfbedeckung, in den Hausschuhen. Anfänglich wurden sie auf öffentlichen Plätzen gesammelt, da dies aber den Verbrechern zuviel Aufsehen erregte, ließ man dieses System fallen, und man führte

> sie familienweise in Personenkraftwagen ab. Man sammelte sie in einem **Schuppen** hinter dem **Hauptbahnhof** und in der **Stühlinger Schule**. Von ca. 600 jüdischen Einwohnern blieben 41 Personen zurück, und zwar alte, kranke Leute, die nicht transportfähig waren, außerdem die Mischehenpartner."

In der **Stühlinger Schule** mußten sich auch die jüdischen Familien aus den Landgemeinden am Kaiserstuhl versammeln. Im Videofilm, den die VVN Freiburg 1995 der Öffentlichkeit vorstellte, kommt ein Augenzeuge zu Wort, der als Schuljunge die Vorgänge beobachtete. Der Film dokumentiert zudem mit zahlreichen persönlichen Fotos das Schicksal der Familie Judas aus Ihringen (zum Internierungslager Gurs s. auch Offenburg, Ortenau-Kreis).

Über die bedrückenden Lebensumstände der nach dem 22. Oktober 1940 in Freiburg zurückgebliebenen Jüdinnnen und Juden berichtete Nathan Rosenberger:

> „In nur wenigen jüdischen Wohnungen aufs Engste zusammengepfercht und schließlich im September 1941 zum Tragen des sogenannten Judensterns gezwungen, waren äußerlich jene ghettoartigen Zustände wiederhergestellt, wie sie Freiburg nicht einmal während des Mittelalters in dieser unmenschlichen Härte gekannt hatte."

Am 23. August 1942 wurden 31 Personen, darunter Nathan Rosenberger und seine Familie, nach Theresienstadt deportiert und im April 1944 noch einmal vier Personen. Im Februar 1945 verließ der letzte Transport mit 15 Personen, die nach den NS-Rassenkriterien des Nationalsozialismus „Mischlinge" und jüdische Partner aus „Mischehen" waren, die Stadt.

Mindestens 314 jüdische Menschen aus Freiburg wurden in Vernichtungslagern ermordet.

Im Laufe des Jahres 1945 kehrten 15 Jüdinnen und Juden wieder in ihre Heimatstadt zurück und bildeten den Kern der **Neuen Jüdischen Gemeinde**, die 1950 bereits 58 Mitglieder zählte. Der erste Vorsteher war der aus dem KZ Theresienstadt zurückgekehrte Nathan Rosenberger. Den ersten Gottesdienst konnten sie am 7. September 1945 im **Kaufhaussaal** halten. 1946 befanden sich die Gemeindeeinrichtungen in drei Räumen in der **Hansjakobstr.** 8; 1953 zog die Gemeinde in die **Holbeinstr.** 25, wo sie sich auch einen **Betsaal** einrichtete.

1962 wurde in Freiburg das erste **Gedenkzeichen** für die jüdischen Opfer gesetzt, obwohl sich bereits Anfang der fünfziger Jahre Gertrud Luckner (s.o) und die aus der Deportation zurückgekehrte Else Liefmann mit entsprechenden Vorschlägen an die Stadtverwaltung gewandt hatten. Die Universität hatte Ende der fünfziger Jahre das aufgrund der zentralen Lage sehr wertvolle ehemalige Synagogengrundstück, das nach dem Novemberpogrom 1938 in städtischen Besitz übergegangen war, erworben und darauf das neue Kollegiengebäude errichtet. Im Austausch für die Überlassung des Synagogengeländes hatte sich die Stadtverwaltung gegenüber der Jüdischen Gemeinde verpflichtet, den Friedhof wiederherzustellen, mit einer Einfriedung zu umgeben sowie ein Wärterhaus und eine Leichenhalle zu bauen. Am 10. November 1962, 24 Jahre nach der Zerstörung der Synagoge, enthüllte der Rektor der Universität, Prof. Dr. Clemens Bauer, eine in die Rasenfläche vor dem **Kollegiengebäude** II eingelassene **Bronzetafel**:

> „Hier stand die Synagoge, erbaut 1870. Sie wurde am 10. November 1938 unter einer Herrschaft der Gewalt und des Unrechts zerstört."

Daneben wurden später zwei **Steine** eingelassen, die an die Bombardierung vom 27. November 1944 erinnern:

> „Als Dank für die Bewahrung von Stadt und Münster am 27. November 1944.
> Im Gedenken an die Synagoge."

Daß es sich um den **„Platz der Alten Synagoge"** handelt, macht seit 1996 ein Straßenschild deutlich. Bis dahin hieß der Platz vor dem Kollegiengebäude II Europaplatz.

Auf dem **Friedhof** wurde erst 1986 ein **Mahnmal** enthüllt, das „den jüdischen Opfern der Gewaltherschaft 1933–1945", gewidmet ist; es wurde 1991 durch einen Brunnen ergänzt. 1985 fand die erste offizielle Begegnungswoche mit ehemaligen jüdischen Bürgerinnen und Bürgern statt. Anläßlich dieses Besuches erfolgte der Spatenstich für den Bau eines neuen **Jüdischen Gemeindezentrums** auf dem Gelände an der **Nußmannstraße**, Ecke **Engelstraße**, in unmittelbarer Nähe des Münsters. In das am 5. November 1987 feierlich eingeweihte Gotteshaus integrierte man zwei Portaltüren der Alten Synagoge, die die Zerstörung unversehrt überstanden hatten und bis Kriegsende in einem städtischen Amt gelagert worden waren. Eine **Gedenktafel** trägt den Text:

> „Freiburger Synagoge nach Brandschatzung und Zerstörung in der NS-Zeit neuerrichtet und wiedereröffnet am 5. November 1987.
> Mein Haus wird ein Haus des Gebetes sein für alle Völker. Jes. 56,7."

Eine am 22. Oktober 1990 enthüllte **Gedenktafel** am Jüdischen Gemeindezentrum erinnert an die Deportation nach Gurs:

> „Erde bedecke nicht mein Blut und mein Schreien finde keine Ruhestatt. Hiob 16/18.
> Unter der NS-Dikatur wurden am 22. Oktober 1940 die jüdischen Bürgerinnen und Bürger der Stadt Freiburg nach Gurs in Südfrankreich deportiert. Die Stadt erinnert sich in Scham und Trauer. Freiburg, am 22. Oktober 1990."

Kein Gedenkzeichen gibt es bis heute für die Freiburger Sinti und Roma, die Opfer des Völkermordes wurden. Anfang der 30er Jahre nutzten Sintifamilien einen Lagerplatz bei den **Städtischen Kiesgruben** an der **Hugstetter Straße** als Winterquartier. Eine weitere Sintifamilie lebte auf einem Grundstück am Fußweg von **Littenweiler** nach **Ebnet**, das ihr von einem Privateigentümer zur Pacht überlassen worden war. Unterhalb des **Jüdischen Friedhofes** an der **Elsässer Straße** befand sich ein Stellplatz für Wohnwagen. Im März 1935 schloß die Stadt Freiburg mit einem Bauunternehmen einen Vertrag über die Nutzung einer etwa 2.900 qm großen Kiesgrube in **Haslach** am **Rankackerweg** zwischen der Güterbahnlinie und dem heutigen Umspannwerk. Hier sollte ein kommunales „Zigeuner-Lager" entstehen. Zugleich erließ die Stadtverwaltung ein Verbot, Wohnwagen an anderen Plätzen im Stadtbereich aufzustellen, und befristete die Aufenthaltsgenehmigung für durchreisende Sinti und Roma auf wenige Tage. Gegen das geplante Lager setzte sich die badische Stromversorgungsgesellschaft zur Wehr, die um den „Wert der benachbarten Grundstücke" und die „Betriebssicherheit im Schalthaus Haslach" fürchtete.

Am 6. Mai 1935 kam es zu einer Polizeiaktion: Man schob die Sinti-Familien über die Gemarkungsgrenze in eine **Kiesgrube** nach **St. Georgen** ab, das damals noch nicht eingemeindet war. Dagegen legte der Bürgermeister von St. Georgen sofort Protest ein. Die Polizeidirektion Freiburg übte nun massiven Druck aus. Sie bedrohte die Sinti-Familien mit der nach Geschlechtern getrennten „Festsetzung", d.h. mit dem Auseinanderreißen der Familien. Die Männer sollten in ein Arbeitsdienstlager in **Günterstal**, die Frauen in das Augustinus-Heim und die Kinder in ein Waisenhaus gebracht werden. Daraufhin verließen die meisten Sintifamilien die Kiesgrube in St. Georgen.

In den folgenden Jahren schaffte das Naziregime mit dem „Festsetzungserlaß" vom Oktober 1939 die organisatorischen Voraussetzungen für den geplanten Völkermord. Es ist kaum etwas darüber bekannt, wie Freiburger Sinti-Familien diesen Zeitabschnitt erlebten. Es heißt, einige Familien seien in die Gegend von Köln gezogen. Familien, die in Freiburg geblieben waren, sahen sich zunehmenden Diskriminierungen ausgesetzt. Erst im Frühjahr 1943, als der „Auschwitz-Befehl" des Reichsführers SS Himmler in die Tat umgesetzt wurde, erfahren wir wieder von ihnen. Am 18. März 1943 wurde ein Transport mit 647 Sinti aus dem Reich in das Vernichtungslager Auschwitz-Birkenau eingeliefert. In diesem Transport befanden sich in **Freiburg** geborene Kinder der Familie Reinhardt. Walter, 1928 geboren, starb am 13. Juli 1943. Die 1926 in Freiburg geborene Waltraud, deren Beruf im „Hauptbuch (Frauen)" als „Arbeiterin" angegeben ist, kam am 4. Juli 1943 ums Leben. Die Sterbedaten von Eva, Jg. 1934, und von Friedrich, 1936 in Freiburg zur Welt gekommen, sind nicht überliefert.

Im Transport, der am 27. März 1943 in den „Hauptbüchern" registriert wurde, befanden sich wiederum in **Freiburg** geborenen Mitglieder der Familie Reinhardt. Da die Erfassung in den „Hauptbüchern", zwar nach Geschlechtern getrennt, jedoch nach Familien erfolgte, muß es sich bei folgende Personen um enge Verwandte handeln.

Männliche Mitglieder waren:

Z-5366 Jakob Reinhardt, 1902 in Freiburg geboren, am 3. August 1943 in Auschwitz-Birkenau ermordet.

Z-5367 Stefan Reinhardt, 1912 in Unterriffingen (Ostalb-Kreis, Baden-Württemberg I) geboren, keine weiteren Angaben.

Z-5368 Stefan Reinhardt, 1935 in Freiburg geboren, keine weiteren Angaben.

Z-5369 Friedrich Reinhardt, 1938 in Freiburg geboren, am 21. August 1943 in Auschwitz-Birkenau ermordet.

Z-5370 Max Reinhardt, 1940 in Freiburg geboren, keine weiteren Angaben.

Weibliche Mitglieder:

Z- 5931 Veronika Reinhardt, geb. 1913 in Stein bei Pfautheim, am 30. Mai 1944 in das Frauenlager Auschwitz überstellt.

Z-5932 Rita Reinhardt, 1936 in Freiburg geboren, am 30. Mai 1943 in das Frauenlager Auschwitz überstellt.

Z-5933 Emma Reinhardt, 1935 in Freiburg geboren, am 30. Mai 1943 in das Frauenlager Auschwitz überstellt.

Z-5934 Maria Reinhardt, 1916 in Ulm geboren, keine weiteren Angaben.

Wenn keine weiteren Angaben vorliegen, muß davon ausgegangen werden, daß die Betroffenen bei einer der Vernichtungsaktionen der SS ermordet wurden.

Am 17. Januar 1944 traf in Auschwitz-Birkenau ein Transport mit 351 Sinti und Roma ein, die zuvor im belgischen Durchgangslager Malines festgehalten worden waren. Unter ihnen befanden sich die 1872 in **Freiburg** geborene Josephine Mehrstein und zehn weitere Familienmitglieder. Frau Mehrstein starb knapp zwei Monate nach ihrer Ankunft.

Nur vier Angehörige der 20 Sintifamilien, die um 1933 in Freiburg ansässig waren, kehrten im Juni 1945 nach Freiburg zurück.

Die Diskussion um die Ermordung kranker Menschen war zu Beginn der Weimarer Republik von zwei Freiburger Professoren begonnen worden. Alfred Erich Hoche, damals Direktor der **Psychiatrischen Klinik**, und der emeritierte Strafrechtler Carl Binding hatten bereits 1920 ihre Schrift „Die Freigabe der Vernichtung lebensunwerten Lebens" veröffentlicht. Eines der ersten Gesetze im NS-Staat war das „Gesetz zur Verhütung erbkranken Nachwuchses", mit dem Sterilisationen erzwungen wurden. In Freiburg waren dafür das Erbgesundheitsgericht und vier Kliniken zuständig. Bisher liegen lediglich Zahlen aus den **Universitäts-Kliniken** vor: In der **Frauenklinik** wurden im Zeitraum von 1934 bis 1944 932 Frauen zwangssterilisiert, in der **Chirurgie** gab es bis zum 1. April 1935 bereits 214 Fälle von Zwangssterilisationen an

Seit 1990 erinnert ein Gedenkstein an die ermordeten Insassen der Kreispflegeanstalt in der Eschholzstraße. Die Inschrift lautet: „Ehemalige Kreispflegeanstalt für geistig und körperlich Behinderte (seit 1877). Auflösung der Anstalt durch die Nationalsozialisten 1940. Viele der fast 600 Pfleglinge wurden als Opfer des nationalsozialistischen Rassenwahns im Rahmen der Aktion zur Vernichtung ‚unwerten' Lebens ermordet. Zur Erinnerung an die unschuldigen Opfer – den Lebenden zur Mahnung."

männlichen Patienten. Das tatsächliche Ausmaß dürfte wesentlich größer sein. Der Gau Baden lag bei der Durchführung der Zwangssterilisationen bereits 1934 mit knapp drei Anträgen auf tausend Einwohner an der Spitze aller Länder, was den Protest des Erzbischofs Gröber gegen die „ganz besondere Strenge" der badischen Sterilisationspolitik und auch gegen die Sterilisationsziffern hervorrief, die dreimal so hoch seien wie in Berlin. Von einer prinzipiellen Verurteilung des eugenischen Rassismus war sein Protest jedoch weit entfernt.

Als nur fünf Jahre später die Krankenmorde in die Tat umgesetzt wurden, erhoben nur wenige Menschen, darunter auch der Erzbischof Gröber, öffentlichen Protest, allerdings erst zu dem Zeitpunkt, als die Tötungsanstalt Grafeneck nahezu ihr Plansoll erfüllt hatte (s. Gomadingen, Kr. Reutlingen). Als einziger an der **Universität** Freiburg wandte sich der Pathologie-Professor Dr. Franz Büchner (1895–1991) öffentlich gegen den Krankenmord, als er am 18. November 1941 einen Vortrag über den Eid des Hippokrates hielt.

Der Leiter der **psychiatrischen Universitätsklinik**, Professor Beringer, galt als Gegner der „Euthanasie"; dennoch haben neuere Forschungen ergeben, daß zwischen Januar 1940 und August 1941 im Zuge der „Euthanasie"-Aktion 96 Patienten aus der Universitätsklinik verlegt wurden, von denen 1945 nur noch acht lebten. Die größte Gruppe kam nach Emmendingen und mußte den Leidensweg der Emmendinger Patientinnen und Patienten teilen (s. Kr. Emmendingen).

Von der zentralen Tötungsaktion, der „Aktion T4", war in Freiburg die **Kreispflegeanstalt** an der **Eschholzstraße** im Stadtteil **Stühlinger** besonders betroffen. Die Anstalt, 1877 als Einrichtung der geschlossenen Armenfürsorge gegründet, wurde seit 1920 von dem Verwaltungsbeamten Wilhelm Späth geleitet; Pflege- und Küchenpersonal stellten die Barmherzigen Schwestern von St. Trudpert. Soweit die Insassen arbeitsfähig waren, wurden sie in der Anstaltsgärtnerei und in einigen Werkstätten beschäftigt. Der städtische Zuschuß – 1927/1928 waren es pro „Pflegling" 2,62 Mark – verringerte sich von Jahr zu Jahr; 1937 wurden für das Essen pro Kopf und pro Tag nur noch 77 Pfennige ausgegeben.

Im Herbst 1939 hatte die Anstalt 590 Bewohnerinnen und Bewohner. Etwa zur gleichen Zeit trafen die Meldebögen zur planwirtschaftlichen Erfassung ein. Auf der Grundlage der von Späth gemachten Angaben entschieden die Ärzte der Berliner „Euthanasie"-Zentrale über Leben und Tod. Am 8. August 1940 holte die Gemeinnützige Krankentransport GmbH, eine Tarnfirma der „Aktion T4", die ersten Anstaltsinsassen ab, am 10. Oktober 1940 erfolgte der zweite Transport. Die Transporte gingen in die Kreispflegeanstalten Kenzingen (Kr. Emmendingen), Fußbach (s. Gengenbach, Ortenau-Kreis) und Geisingen (s. Kr. Tuttlingen). Nachweislich wurden 125 Insassen der Freiburger Kreispflegeanstalt in der Gaskammer von Grafeneck (s. Gomadingen, Kr. Reutlingen) und anderen Tötungsanstalten ermordet. Bis Kriegsende dienten die geräumten Anstaltsgebäude als Wehrmachtslazarett; danach befand sich hier bis 1991 das Militärhospital der französischen Armee.

Auf dem **Städtischen Friedhof** sind im **Feld** 43 in einem Sammelgrab und 50 Einzelgräbern die Urnen von Opfern der „Euthanasie"-Morde bestattet. Eine **Gedenktafel** trägt die Inschrift:

> „Zum Gedenken derer, denen Willkür und Wahn
> Würde und Leben nahmen. 1933–1945"

Kein Gedenkzeichen gibt es bis heute auf dem **Gräberfeld** des **Anatomischen Instituts**. Dessen Rolle in der NS-Zeit ist im Unterschied zum Anatomischen Institut der Universität Tübingen, dessen Leichenbücher Benigna Schönhagen auswerten konnte, bisher nicht erforscht (s. Kr. Tübingen). Man wird jedoch davon ausgehen müssen, daß das Anatomische Institut in Freiburg ebenfalls Leichen von Hingerichteten oder in Konzentrations- und Kriegsgefangenenlagern Verstorbenen zu Lehr- und Forschungszwecken bezog. In einem vertraulichen Erlaß hatte der Reichsminister für Wissenschaft, Erziehung und Volksbildung am 18. Februar 1939 angeordnet, daß die Leichen der im Zuchthaus Stuttgart (Baden-Württemberg I) Hingerichteten künftig den Anatomischen Instituten in **Freiburg**, Heidelberg und Tübingen zu überlassen seien. Nach der Bombardierung des Stuttgarter Gerichtsgebäudes am 12./13. September 1944 wurden sämtliche Hinrichtungen im süddeutschen Raum im Zuchthaus Bruchsal (Kr. Karlsruhe, Baden-Württemberg I) vorgenommen. Die Leichen der Hingerichteten hat man seitdem – so Benigna Schönhagen – an die nähergelegenen Anatomischen Institute von Freiburg und Heidelberg geliefert.

Die Tübinger Untersuchung ergab, daß sich unter den Hingerichteten Widerstandskämpfer – z.B. aus der Gruppe Faulhaber-Lechleiter aus Mannheim (Baden-Württemberg I), wegen „Wehrkraftzersetzung" oder „Heimtücke-Vergehen" zum Tode verurteilte Deutsche und Ausländer sowie Opfer der Wehrmachtsjustiz befanden.

Ebenso wie im Anatomischen Institut Tübingen dürften auch in Freiburg die Leichname von polnischen Zwangsarbeitern eingeliefert worden sein, die wegen ihrer Liebesbeziehungen zu deutschen Frauen öffentlich erhängt worden waren. In solchen Fällen war ausdrücklich vorgesehen, daß die Leichname in das Anatomische Institut der nächstgelegenen Universität zu bringen seien. Im Sommer 1941 hatte sich die Zahl der Hinrichtungen wegen „verbotener Liebe" in Baden so erhöht, daß sich Erzbischof Gröber besorgt an Bischof Wienken, den Leiter der Fuldaer Bischofskonferenz, wandte. Seine Besorgnis galt jedoch nicht der Todesstrafe als solcher, und auch nicht ihrer rassistischen Begründung, sondern dem Seelenheil der Verurteilten, denen die Beichte und Absolution „rücksichtslos verweigert" werde.

Konzentrationslager und Zwangsarbeit

An die Ankunft eines Transportes von „Ostarbeiterinnen" auf dem **Hauptbahnhof** erinnerte sich eine Freiburgerin:

> „Ich sah in der Halle eine Gruppe von ca. 60 Frauen jeden Alters mit Kindern und Säuglingen, zusammengedrängt, von Soldaten mit Gewehren bewacht ... Die Menschen machten einen stumpfsinnigen, uninteressierten, erschöpften Eindruck, waren total verdreckt und ungepflegt, und viele hatten nur Lumpen um die Füße gewickelt. Soweit man ihre Haare sehen konnte, die meisten trugen Kopftücher, waren sie ungekämmt und verfilzt. Von der Gruppe ging ein unbeschreiblicher Gestank aus, so daß die ganze Wahrnehmung einen abstoßenden,

ekligen Eindruck erweckte, was auch bei jedem Beobachter festzustellen war. Und genau dies wurde auch damit bezweckt ... Man stellte sie in der **Bahnhofshalle** in ihrer ohnmächtigen Verfassung noch stundenlang zur Schau ..., um der Bevölkerung durch eigene Anschauung zu vermitteln, daß es sich hier um Gesindel und Untermenschen handelt, was die nachfolgende Behandlung rechtfertigen würden."

Eines der Lager, in das russische und ukrainische Zwangsarbeitskräfte gebracht wurden, war das **„Russenlager"** in der heutigen **Habsburger Str.** 28. Laut einem Bericht des damaligen Amtsarztes Dr. Pfunder vom 4. August 1942 befand sich das zum Zeitpunkt der Besichtigung mit 160 Frauen und Männer belegte Lager in einem katastrophalen Zustand:

„Keine Waschgelegenheit, nur zwei oder drei Aborte, in der Küche fehlen große Kessel ... Koch und Köchin sollten waschbare Arbeitskleidung oder wenigstens Schürzen bekommen ... Die meisten Leute besitzen nur ein Hemd, das meist noch zerrissen ist, und konnten sich bisher nicht umziehen. Ein Umstand, der die beste Brutstätte für Läuse schafft und dazu das Auftreten von Hautkrankheiten begünstigt."

Das „Russenlager" an der Habsburger Straße beherbergte bis zum Kriegsende für kürzere oder längere Zeit insgesamt etwa 1.500 Personen, die bei verschiedenen Firmen eingesetzt waren. Ein weiteres „Russenlager" befand sich in **Baracken** am **Rennweg**.

Forschungen zum Einsatz ausländischer Zwangsarbeitskräfte in Freiburg fehlen. Schätzungen gehen davon aus, daß es mindestens 3.000 Personen waren. Als erste Unterkünfte dienten die **Jugendherberge** in **Littenweiler**, das **Forsthaus** an der **Kartäuserstraße** und Säle in Gastwirtschaften. Ab 1942 kamen eigens errichtete Barackenlager auf Firmengelände hinzu und gegen Kriegsende auch Schulgebäude wie z.B. die ehemalige Hindenburg-Schule. Ein Lager in **Ebnet** war – nach Ermittlungen des FNTB – mit 90 ausländischen Zwangsarbeiterinnen und -arbeitern belegt.

In einem Lager in **St. Georgen** waren russische Kriegsgefangene untergebracht, die trotz ihres erbärmlichen Gesundheitszustandes in der **Grube Schönberg** eingesetzt wurden (s. Ebringen, Kr. Breisgau-Hochschwarzwald). Das **Säge- und Hobelwerk Himmelsbach** erhielt im Januar 1942 13 sowjetische Kriegsgefangene aus dem Stalag VC Offenburg (s. Ortenau-Kreis). Von ihnen starben zwei unmittelbar nach der Ankunft, der Gesundheitszustand der übrigen war so miserabel, daß die Firma sie dem Stammlager zurückgab.

Bislang sind lediglich folgenden Firmen bekannt, die Zwangsarbeitskräfte beschäftigten:

Bei der **Rhodiaseta AG** mußten etwa 340 Zwangsarbeiterinnen und -arbeiter schuften, von denen etwa die Hälfte aus der Sowjetunion kam. Sie waren in Unterkünften auf dem Betriebsgelände untergebracht und durften sich nicht frei bewegen. Die **Fa. Raimann** in **St. Georgen** fertigte Armaturen für Flugzeuge und U-Boote und beschäftigte ebenfalls ausländische Zwangsarbeitskräfte. Die **Fa. Mez GmbH** erhielt ebenso wie die **Fa. Hellige** für ihre Rüstungsproduktion – u.a. wurden elektrische Ausrüstungen für die V 2-Raketen hergestellt – bevorzugt Kontingente von Zwangsarbeitskräften zugewiesen. Ein junger Russe, der bei Hellige arbeiten mußte, beklagte sich, daß er die schwere Arbeit in Holzschuhen verrichten müsse. Dies legte ihm die Werksleitung als Sabotage aus und überstellte ihn der Gestapo. Im August/September 1944 meldete das **Arbeitsamt** Freiburg, daß „mehrere Ausländer wegen des Verdachts auf Sabotage" in Konzentrationslager eingewiesen wurden. Die Kommandantur des KZ Mauthausen bestätigte am 19. Februar 1945 die Überstellung von vier „Ostarbeitern" aus Freiburg. Fälle von gescheiterten Fluchtversuchen finden sich in den Akten des Sondergerichtes. Am 23. Februar 1945, als in der schwer zerstörten Stadt die Versorgung völlig zusammengebrochen war, verurteilte das **Sondergericht** den Zwangsarbeiter Franziszek Dziezak wegen „Plünderns" zum Tode. Der junge Mann, der sich vermutlich nur etwas zum Essen beschafft hatte, wurde zur Hinrichtung nach Bruchsal gebracht.

Das **Strafgefängnis** II war in den letzten Kriegsmonaten total überfüllt. In 77 Transporten wurden zwischen dem 7. Dezember 1944 und dem 19. April 1945 insgesamt 515 Personen überwiegend aus den Gefängnissen und Konzentrationslagern im Elsaß über Freiburg in unterirdische Verlagerungsprojekte bzw. in weiter östlich gelegene Lager „verschubt". Die Gefangenen gehörten zu einem Großteil zur Résistance im besetzten Elsaß. Ein Transport mit 93 KZ-Häftlingen, unter ihnen drei Frauen, ging am 15. Januar 1945 über das „Arbeitserziehungslager" Villingendorf (s. Kr. Rottweil) in das KZ-Außenkommando Haslach (s. Ortenau-Kreis).

Auf dem **Hauptfriedfriedhof** ist im **Feld 16** ein **Gedenkstein** den sowjetischen Opfern der Zwangsarbeit gewidmet. Die Inschrift lautet (in deutscher Übersetzung):

„Hier wurden 66 sowjetische Bürger beigesetzt, die in faschistischer Gefangenschaft umgekommen sind.
4. März 1950"

Die Gräberliste ermöglicht genauere Angaben hinsichtlich der Nationalitäten und der Zahl der heute noch auf dem Hauptfriedhof bestatteten ausländischen

Das Mahnmal für sowjetische Opfer der Zwangsarbeit auf dem Freiburger Hauptfriedhof

Kriegsopfer: Es sind 102 Tote. Ob Umbettungen stattgefunden haben, konnten wir nicht feststellen. Im **Feld 16** ruhen drei Frauen und 20 Männer aus Polen, eine Frau und drei Männer aus Jugoslawien; leider fehlen bei diesen Toten die Lebensdaten, so daß keine Angaben gemacht werden können, ob unter ihnen auch Säuglinge und Kinder waren. Zu den 67 aus der Sowjetunion stammenden Toten, die ebenfalls im Feld 16 bestattet wurden, liegen Lebensdaten und teilweise Angaben zu den Sterbeorten vor. Bei 33 Toten ist Freiburg als Sterbeort genannt: Es waren 25 Männer, drei Frauen, vier in Freiburg zur Welt gekommene Säuglinge und der mit seinen Familienangehörigen aus Benkow/Ukraine verschleppte Viktor Jermolschenkow, der bei seinem Tod am 16. Juni 1945 neun Jahre alt war. Von 14 sowjetischen Toten ist der Sterbeort nicht bekannt; die übrigen 20 kamen in Orten des ehemaligen Landkreises Freiburg bzw. heute eingemeindeten Stadtteilen von Freiburg ums Leben. Soweit die Gräberliste Berufe angibt, waren dies „Arbeiter", „Landarbeiter", „Hausgehilfin" bzw. „Ostarbeiter". Zwei Tote werden als „Kriegsgefangene" bezeichnet: Fiedosi Kowalenko starb unmittelbar nach seiner Ankunft in Freiburg am 1. September 1941 im Alter von 21 Jahren; Michael Starowarau war 33 Jahre alt, als er am 8. Februar 1945 ums Leben kam.

In den **Feldern 59, 62** und **64** sind weitere zwölf Männer aus der Sowjetunion bestattet; von ihnen scheinen zehn – den Dienstgraden nach zu schließen – als „Hilfsfreiwillige" bei der Wehrmacht gewesen zu sein. Bei vier Toten ist als Sterbedatum der 27. November 1944 angegeben. Die Zahl der ausländischen Zwangsarbeiter und Kriegsgefangenen, die an diesem Tag bei dem verheerenden Bombenangriff auf Freiburg ums Leben kamen, ist bis heute nicht bekannt.

LITERATUR

Arbeitskreis Widerstand und Arbeitergeschichte (Hg.): Widerstand und Verfolgung in Südbaden. Der organisierte Widerstand aus der Arbeiterbewegung gegen den Nationalsozialismus. Waldkirch 1996

Jörg Baten u.a.: „Wir wollen auf Erden glücklich sein". 100 Jahre 1. Mai in **Freiburg**. Freiburg 1991

Gabriele Blod: Die Entstehung der israelitischen Gemeinde **Freiburg** 1849–1971. In: Stadt und Geschichte. Neue Reihe des Stadtarchivs Freiburg. Heft 12. Freiburg 1988

Angela Borgstedt: „... zu dem Volk Israel in einer geheimnisvollen Weise hingezogen". Der Einsatz von Hermann Maas und Gertrud Luckner für verfolgte Juden. In: Michael Kißener (Hg.): Widerstand gegen die Judenverfolgung. Konstanz 1996

Bernd Bothe: Pater Heinrich Middendorf – „Gerechter unter den Völkern". Aschendorfer Heimatblätter Heft 29. Aschendorf/Ems 1997

Ernst Otto Bräunche: Die „Reichskristallnacht" in **Freiburg**. In: Schau-ins-Land Band 103. Freiburg 1984

Gisela Brodesser: Dr. phil. Maria Brigitte Hilberding O.P. In: Michael Kißener (Hg.): Widerstand gegen die Judenverfolgung. Konstanz 1996

Brot ist Freiheit, Freiheit Brot. Dokumente zur Geschichte der Arbeiterbewegung in Südbaden 1832–1952. Zweiter Band: 1933–1952. Hg.: IG Metall Verwaltungsstelle Offenburg. Bearbeitet von Anna Merklin. Heilbronn 1991

„Eigentlich habe ich nichts gesehen ..." Beiträge zu Geschichte und Alltag in Südbaden im 19. und 20. Jahrhundert. Hg. von Heiko Haumann und Thomas Schnabel. Freiburg 1987

Die unterlassene Ehrung des Reichskanzlers Joseph Wirth. Blüten eines provinziellen Antikommunismus. Ein dokumentarisches Lesebuch. Hg. von Gernot Erler und Karl-Otto Sattler. Freiburg 1980

Wilhelm Engler: **Freiburg**, Baden und das Reich. Lebenserinnerungen eines südwestdeutschen Sozialdemokraten 1873-1938. Bearbeitet von Reinhold Zumtobel. Stuttgart 1991

Heinz Faulstich: Von der Irrenfürsorge zur „Euthanasie". Geschichte der badischen Psychiatrie bis 1945. Freiburg 1993

Der **„Freiburger Kreis"**. Widerstand und Nachkriegsplanung 1933–1945. Katalog einer Ausstellung. Mit einer Einführung von Ernst Schulin. Hg. von Dagmar Rübsam und Hans Schadek. Freiburg 1990

Die **Freibuger Universität** im Nationalsozialismus. Hg. von Eckhard John. Freiburg 1991

Geschichte der Stadt **Freiburg** im Breisgau. Band 3: Von der badischen Herrschaft bis zu Gegenwart. Herausgegeben im Auftrag der Stadt Freiburg im Breisgau von Heiko Haumann und Hans Schadek. Stuttgart 1992 (mit ausführlicher Bibliographie)

„Haslemer erzählen ..." Annäherungen an den Alltag eines Freiburger Stadteils von der Jahrhundertwende bis 1945. Hg. von der Projektgruppe **Haslach** und vom Arbeitskreis Regionalgeschichte Freiburg. Freiburg 1990

Michael Hensle: Die Todesurteile des Sondergerichts **Freiburg** unter dem Aspekt Verfolgung-Widerstand. Manuskript. Freiburg 1991

Justiz und NS-Verbrechen. Sammlung deutscher Strafurteile wegen nationalsozialistischen Tötungsverbrechen. Band I und Band III. Amsterdam 1968 und 1969

Hans Peter Mehl, Adolf Dettling: Die **Freiburger** Zigeuner. Auf der Suche nach einer neuen Identität. Freiburger Stadthefte 25. Freiburg 1979

Gerlind Leininger: Die Kreispflegeanstalt **Freiburg** im Breisgau. Diss. phil. Freiburg 1988

Hugo Ott: Möglichkeiten und Formen kirchlichen Widerstands gegen das Dritte Reich von seiten der Kirchenbehörde und des Pfarrklerus, dargestellt am Beispiel der Erzdiözese **Freiburg**. In: Historisches Jahrbuch 92, 1972

Hugo Ott: Martin Heidegger. Unterwegs zu seiner Biographie. Frankfurt 1988

Lotte Paepcke: „Ich wurde vergessen". Bericht einer Jüdin, die das Dritte Reich überlebte. Freiburg 1979

Das Schicksal der **Freiburger** Juden am Beispiel des Kaufmanns Max Mayer und die Ereignisse des 9./10. November 1938. Mit Beiträgen von Rolf Böhme und Heiko Haumann. Freiburg 1989

Thomas Schnabel, Gerd R. Ueberschär: Endlich Frieden! Das Kriegsende in **Freiburg** 1945. Freiburg 1985

Benigna Schönhagen: Das Gräberfeld X. Eine Dokumentation über NS-Opfer auf dem Tübinger Stadtfriedhof. Tübingen 1987

Bruno Schwalbach: Erzbischof Conrad Gröber und die nationalsozialistische Diktatur. Eine Studie zum Episkopat des Metropoliten der oberrheinischen Kirchenprovinz während des Dritten Reiches. Karlsruhe 1986

Berent Schwineköper, Frank Laubenberger: Geschichte und Schicksale der **Freiburger** Juden. Aus Anlaß des 100jährigen Bestehens der israelitischen Gemeinde in Freiburg. Freiburger Stadthefte 6. Freiburg 1963

Brigitte Oleschinski: „Daß das Menschen waren, nicht Steine". Hilfsnetze katholischer Frauen für verfolgte Juden im Dritten Reich. Rundfunk-Feature für eine Sendung des Deutschland-Funks am 8. November 1988.

Else R. Behrend-Rosenfeld: Ich stand nicht allein. Erlebnisse einer Jüdin in Deutschland 1933–1944. Frankfurt 1979

In der Stunde Null. Die Denkschrift des **Freiburger** „Bonhoeffer-Kreises". Hg. von Helmut Thielicke. Tübingen 1979

Gerd R. Ueberschär: **Freiburg** im Luftkrieg 1939–1945. Mit einer Photodokumentation zur Zerstörung der Altstadt am 27. November 1944 von Hans Schadek. Freiburg 1990

Gerd R. Ueberschär, Wolfram Wette: Bomben und Legenden. Die schrittweise Aufklärung des Luftangriffs auf **Freiburg** am 10. Mai 1940. Ein dokumentarischer Bericht. Freiburg 1981

Verfolgung, Widerstand, Neubeginn in **Freiburg**. Hg.: Vereinigung der Verfolgten des Naziregimes (VVN) – Bund der Antifaschisten, Kreis Freiburg. Freiburg 1981, 2. Auflage 1989

Von einem, der sich nicht einschüchtern ließ. Gedenken an Stefan Meier 1889 bis 1944. Dokumentation anläßlich des 100. Geburtstages am 6. 11. 1989. Hg. von der Stadt Freiburg. Freiburg 1989

Hans-Josef Wollasch: Beiträge zur Geschichte der deutschen Caritas in der Zeit der Weltkriege. Freiburg 1978

KONTAKTE

Projekt „Erinnern und Begegnen" c/o Erzbischöfliches Jugendamt und Bund der Deutschen Katholischen Jugend, Okenstr. 15, 79108 Freiburg

Vereinigung der Verfolgten des Naziregimes – Bund der Antifaschisten c/o Inge und Hans Kaufmann, Stechertweg 7, 79104 Freiburg

FILME

„Es geschah in unserer Stadt – Freiburg 1933–1945. Video-Dokumentation der VVN-BdA Freiburg und des ARGUS, Verein für soziale Medienarbeit, 80 Minuten, Freiburg 1996
Verleih: VVN-BdA Freiburg c/o Inge und Hans Kaufmann, Stechertweg 7, 79104 Freiburg

STADTSPAZIERGÄNGE, RUNDFAHRTEN

Fahrradtour „Jüdisches Leben im Breisgau und Kaiserstuhl".
Eine ausführliche Beschreibung der Tour, die von Freiburg über Staufen, Sulzburg, Heitersheim, Bad Krozingen, Biengen, nach Breisach und über Ihringen wieder zurück nach Freiburg führt, findet sich bei:
Susanne Wetterich: Davids Stern an Rhein und Neckar – Ausflüge auf den Spuren jüdischen Lebens in Baden-Württemberg. Stuttgart 1990

Kreis Konstanz

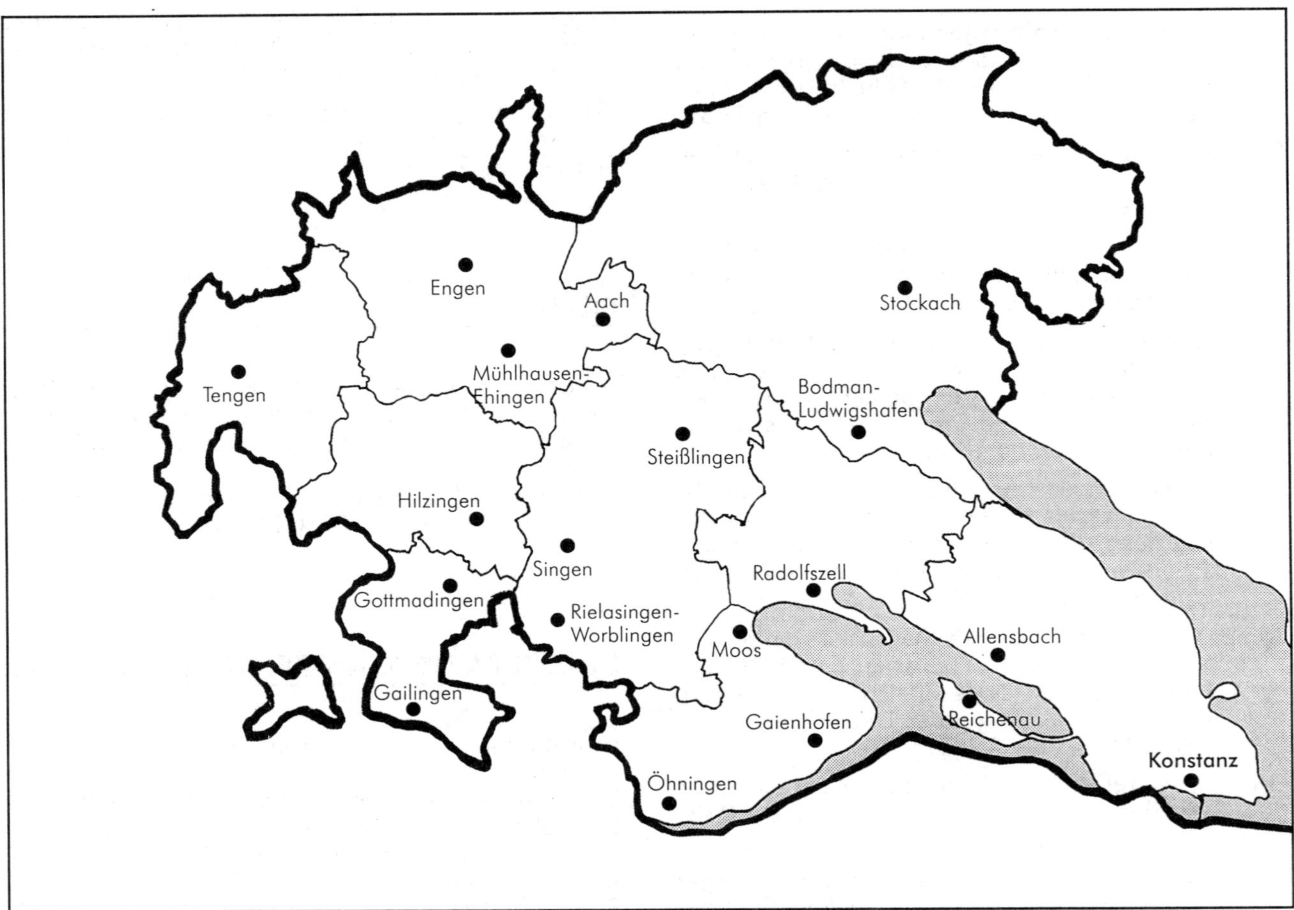

AACH

Konzentrationslager und Zwangsarbeit

Im Gedächtnis der Ortsansässigen spielen ausländische Zwangsarbeitskräfte häufig erst in den Tagen der Befreiung eine Rolle. In **Aach** erinnert man sich der kriegsgefangenen Serben im Zusammenhang mit dem Bombenangriff vom 4. März 1945, als sie Blindgänger entschärfen mußten. Sie hätten die Bevölkerung nicht „belästigt" und seien später in ein Lager nach Stockach gebracht worden. Untergebracht waren sie im **Oberdornsberger Hof**, dessen Stube im Gesindehaus als „Gefangenenstube" hergerichtet wurde. Hier wohnten wechselweise französische und serbische Kriegsgefangene, die auf dem Hof und im benachbarten **Unterdornsberg** arbeiten mußten. Daß auch zur Zwangsarbeit verschleppte Zivilpersonen in Aach waren, bezeugte das Grab der russischen Zwangsarbeiterin Larissa Sesulkina auf dem Gemeindefriedhof, bis es 1949 nach Biberach verlegt wurde (s. Kr. Biberach).

Eine stillgelegte Weberei in **Aach** war ab 1943 eine von der Deutschen Forschungsanstalt betriebene Produktionsstätte in der weitgehend dezentralisierten V2-Raketen-Fertigung. Ob hier auch ausländische Zwangsarbeitskräfte eingesetzt wurden, ist bisher nicht bekannt (s. Friedrichshafen, Bodensee-Kreis, und Saulgau, Kr. Sigmaringen).

ALLENSBACH

Widerstand und Naziterror

„Das Haus des Kunstmalers Otto Marquardt, direkt am See gelegen, mit eigenem Strand und eigenem Boot, war für meine Tätigkeit im Widerstand eine der wichtigsten Stationen" – so beschreibt Willi Bohn eine zentrale Anlaufstelle der „Transportkolonne Otto". Im April 1933 war Bohn, der Chefredakteur der kommunistischen „Süddeutschen Arbeiter-Zeitung" bis zu deren Verbot gewesen war, erstmals in das Haus am See gekommen, das wegen seiner Lage und der antifaschistischen Gesinnung seines Besitzers außerordentlich gut für den Aufbau einer Untergrundverbindung zur Schweiz geeignet war. Otto Marquardt (1881–1969), gläubiger Christ und überzeugter Pazifist, half beim Aufbau eines konspirativen Netzes von vertrauenswürdigen Menschen. Die Beteiligten kannten sich, wenn überhaupt, lediglich mit Vor- oder Tarnnamen, und auch die Bezeichnung „Transportkolonne Otto" wurde nur in Gesprächen zwischen wenigen Vertrauten erwähnt. Vom Haus am See brachte man auch Flüchtlinge in die Schweiz. Otto Marquardt berichtete 1949:

> „Trotzdem haben wir fortwährend bei Nacht und Nebel mit der Gondel Flüchtlinge ins Asyl der Schweiz geschafft: Kollegen, Lehrer, Pfarrer, Arbeiter, Kommunisten, Sozialisten, religiös Verfolgte. Andere wurden mit dem Paddelboot von Schaffhausen abgeholt, und wenn dann

Das Haus am See. Zeichnung von Otto Marquardt

> das Stichwort ‚Kakao' auf dem See erscholl, wußten wir: Jetzt wird wieder einer von unseren ‚Pensionären' geholt."

Otto Marquardt wurde am 16. Juni 1935 von der Reichskammer für bildende Künste mit einem Mal- und Ausstellungsverbot belegt. Er selbst und die Helfer der „Transportkolonne Otto" sahen darin eine ernste Gefährdung der geheimen Transportwege und suchten nach anderen Anlaufstellen. Als die Gestapo im Juli 1937 erstmals eine Hausdurchsuchung bei Marquardt machte, fand sie keine belastenden Materialien, beschlagnahmte dafür aber etwa 100 Bilder. Am 30. Juli 1938 wurde Otto Marquardt an der Schweizer Grenze verhaftet und in das Gefängnis München-Stadelheim gebracht. Dort blieb er bis zum 18. Dezember 1938 in Untersuchungshaft. Er gab keinen Namen preis und zuckte bei allen Vernehmungen nur mit der Schulter: „Ich bin halt ein Maler!" (s. auch Singen, Konstanz und Stuttgart, Baden-Württemberg I).

Konzentrationslager und Zwangsarbeit

Die sterblichen Überreste von sechs französischen Kriegsgefangenen wurden am 19. September 1945 vom **Friedhof Allensbach** nach Konstanz überführt. Sie sollen in einem Lazarettzug ums Leben gekommen sein, der vom 22. bis 26. Februar 1941 auf dem **Bahnhof** von Allensbach stand.

Nach Angaben des Französischen Nationalen Suchdienstes waren während des Krieges in **Hegne** 320 zur Zwangsarbeit rekrutierte Zivilpersonen gemeldet.

BODMAN-LUDWIGSHAFEN

Widerstand und Naziterror

Am 28. Juli 1933 verhaftete die Gestapo in **Bodman** den Wirtschaftswissenschaftler Dr. Karl Bittel (1892-1969) und brachte ihn in das KZ Heuberg (s. Stetten a.k.M., Kr. Sigmaringen) und nach dessen Schließung in das KZ Oberer Kuhberg (s. Stadt Ulm). Bittel war Mitglied der KPD und hatte sich in den letzten Jahren der Weimarer Republik in Berlin gegen den aufkommenden Faschismus engagiert. Um den Verhaftungen in Berlin zu entgehen und gleichzeitig Möglichkeiten der illegalen Arbeit in Grenznähe zu eruieren, war er im Mai 1933 mit seiner Familie an den Bodensee gezogen. Nach seiner Entlassung aus dem KZ Oberer Kuhberg „aus Gesundheitsgründen" – er war in den unterirdischen Kasematten fast erblindet – lebte Dr. Bittel, von der Gestapo häufig schikaniert, bis 1935 in **Ludwigshafen** am See, später in Hödingen. Im September 1945 gehörte er zu den Mitbegründern des Antinazi-Comitees in Überlingen (s. Bodenseekreis).

Auch Thomas Feger aus **Ludwigshafen** am See wurde 1933 zur „Schutzhaft" in das KZ Ankenbuck gebracht (s. Brigachtal, Schwarzwald-Baar-Kreis).

ENGEN

Widerstand und Naziterror

Als „wichtiges staatspolizeiliches Ereignis" meldete das Reichssicherheitshauptamt der SS im Juni 1942 den Fund eines „im Rotationsdruck hergestellten Flugblattes ‚An die deutschen Soldaten!' auf den Bahnhöfen **Engen**, Mühlhausen bei Engen, Weil a. Rhein sowie in Orten nächst der Schweizer Grenze". Um das Völkermorden zu beenden, forderte das Flugblatt zur Sabotage, zur Behinderung von Militärtransporten und zur Desertion auf.

In Engen hatte ein Frau den Mut, die Pläne der Radolfzeller SS, die sich in Altdorf verschanzt hatte und die Stadt „bedingungslos verteidigen" wollte, zu durchkreuzen, indem sie eigenständig Übergabeverhandlungen mit der französischen Armee aufnahm. Vera Backmund, damals 33 Jahre, wurde von vielen Zeitgenossen die „Retterin von Engen" genannt. Sie war nie in die NSDAP eingetreten, weswegen ihr 1942 die Konzession für ihren Kinobetrieb in Engen entzogen wurde. 1983 beschäftigten sich Geschichtsstudenten der Universität Konstanz mit dem mutigen Handeln von Frau Backmund und kamen zum Ergebnis, daß ihr „die Abwendung einer nicht etwa nur vagen, sondern sehr realen Gefahr, nämlich der Zerstörung oder Teilzerstörung der Stadt Engen zu verdanken sei." Die Fakultät stellte daraufhin bei der Stadt Engen den Antrag, Frau Backmund mit der Ehrenbürgerschaft auszuzeichnen. Dieser Antrag wurde mehrfach abgelehnt.

Konzentrationslager und Zwangsarbeit

Der FNTB gibt die Zahl der ausländischen Zwangsarbeitskräfte, die während des Krieges in **Engen** im Einsatz waren, mit 340 Zivilpersonen an. Zwei Russen – nach den Angaben in der Gräberliste des sowjetischen Kriegsgräberfriedhofes in Biberach sollen es Kriegsgefangene gewesen sein – und die „Ostarbeiterin" Lida Skulkowa kamen in Engen ums Leben. Bei Lida Skulkowa sind keine Lebensdaten angegeben. Wassili Melnik war 20 Jahre alt, als er am 17. April 1945 starb. Arsenij Semenow aus Smolensk kam in den letzten Kriegstagen am 23. April 1945 im Alter von 36 Jahren ums Leben. Die drei Gräber wurden 1949 nach Biberach verlegt (s. Kr. Biberach).

GAIENHOFEN

Widerstand und Naziterror

Die Halbinsel Höri am unteren Bodensee entwickelte sich in der NS-Zeit zu einem Zufluchtsort von Künstlern, die als „entartet" galten und mit Berufs- und Ausstellungsverboten belegt wurden. Werke der damals dort lebenden Maler Helmuth Macke, Otto Dix, Max Ackermann, Ferdinand Macketanz, Erich Heckel, des Bildhauers Hans Kindermann und des Fotografen Hugo Erfurth bilden heute den Schwerpunkt in der Gemälde- und Skulpturengalerie des **Hermann-Hesse-Höri-Museums**, das im ehemaligen Schul- und Rathaus von **Gaienhofen** untergebracht ist. In Hemmenhofen erinnern einige Straßennamen an die Künstler: **Erich-Heckel-Weg**, **Curth-Georg-Becker-Weg** und **Otto-Dix-Weg**.

Die **Walter-Kaesbach-Straße** in **Hemmenhofen** trägt den Namen des ehemaligen Direktors der Staatlichen Kunstakademie Düsseldorf, der 1933 von den Nationalsozialisten als „politisch und künstlerisch unzuverlässig" zwangspensioniert wurde. Dr. Walter Kaesbach war 1934 nach Hemmenhofen gezogen. Sein Haus auf dem **Guggenbühl** wurde in den folgenden Jahren zum Treffpunkt von Künstlern, Kunstfreunden, Verlegern und Kunsthändlern, die mit dem NS-Regime nicht konform gingen. Ihm ist es auch zu verdanken, daß wenige Monate nach Kriegsende, im Oktober 1945, in Überlingen einige vor der Zerstörung gerettete Werke der verfemten Künstler in der ersten freien Kunstausstellung nach zwölf Jahren Kulturbarbarei gezeigt werden konnten.

Der 1988 gegründete Verein zur Förderung und Pflege der Kunst e.V. richtete im ehemaligen Wohnhaus des Malers Otto Dix in **Hemmenhofen** zu seinem 100. Geburtstag 1991 eine Erinnerungsstätte ein. Otto Dix wurde 1933 als Professor an der Kunstakademie Dresden entlassen und aus der Preußischen Akademie der Künste ausgeschlossen. Er zog zunächst zu seinem Schwager Dr. Koch auf Schloß Randegg bei Singen und lebte ab 1936 in Hemmenhofen. Im **Otto-Dix-Haus** wird den Besucherinnen und Besuchern anhand von Werken, Originaldokumenten und photographischem Material Leben und Werk des Malers und die Zeitgeschichte nahegebracht.

„Rassische" Verfolgung und „Euthanasie"

Dr. Erich Bloch wurde 1933 gezwungen, seine Stelle als Verlagsleiter und Dozent in Konstanz aufzugeben. Er erwarb den **Michaelishof** in **Horn** in der **Erbringstraße** und betrieb hier ein landwirtschaftliches Lehrgut, eine Ha'chara, in dem junge Juden auf die Auswanderung nach Palästina vorbereitet wurden. In unmittelbarer Nachbarschaft hatte Anna Reizenberger aus Nürnberg ein Haus gekauft, in dem jüdische Kinder unbeschwerte Ferien verbringen konnten. Erich Bloch konnte 1939, in letzter Minute, in das Ausland fliehen.

Von 1936 bis 1938 lebte der jüdische Schriftsteller Jacob Picard (s. Öhningen), der mit Erich Bloch befreundet war, im **Gasthaus „Hirschen"** in **Horn** und schrieb an seinem Buch „Die alte Lehre".

GAILINGEN

Widerstand und Naziterror

Heinz Heilbronn, Sohn des jüdischen Arztes Dr. Siegmund Heilbronn, führte über seine immer bedrückender werdende Kindheit in **Gailingen** ein Tagebuch. Darin berichtete er unter dem Datum des 4. März 1933 von Hausdurchsuchungen, die SA-Leute bei Gailinger Kommunisten, von denen einer gegenüber der Synagoge wohnte, durchführten. Heinz Heilbronn notierte auch die Ergebnisse der Reichstagswahlen vom 5. März 1933 in Gailingen: Zentrum 352, Sozialdemokraten 150, Deutsche Staatspartei 60, Kommunisten 90 und Nationalsozialisten 347 Stimmen. Zur kurzfristigen Verhaftung des Rabbiners Dr. Mordechai Bohrer am 20. Oktober 1933 schreibt er:

> „Grund: Er soll den Martin Saile, der nach der Schweiz durchgebrannt ist, veranlaßt haben, einen Rechtsanwalt Guttmann aus Berlin über die Grenze geschafft zu haben."

Der Gailinger Kommunist Otto Henze befand sich bis Dezember 1933 in „Schutzhaft" im KZ Ankenbuck (s. Brigachtal, Schwarzwald-Baar-Kreis).

„Rassische" Verfolgung und „Euthanasie"

Gailingen, zwischen dem Bodensee und Schaffhausen gelegen und überwiegend von Schweizer Gebiet umgeben, gehörte im 19. Jahrhundert zu den badischen Gemeinden mit dem größten jüdischen Bevölkerungsanteil. 1858 lebten hier 996 jüdische und 982 christliche Einwohner. Die Jüdische Gemeinde Gailingen, deren Anfänge in das 17. Jahrhundert zurückgingen, hatte im 19. und 20. Jahrhundert ihr religiöses Zentrum an der **Ramsener Straße**, wo die beim Novemberpogrom 1938 geschändete und zerstörte **Neue Synagoge** stand. Der Platz heißt heute **Synagogenplatz**; 1967 wurde hier ein **Gedenkstein** enthüllt. Der Text – in hebräischer und deutscher Sprache eingemeißelt – lautet:

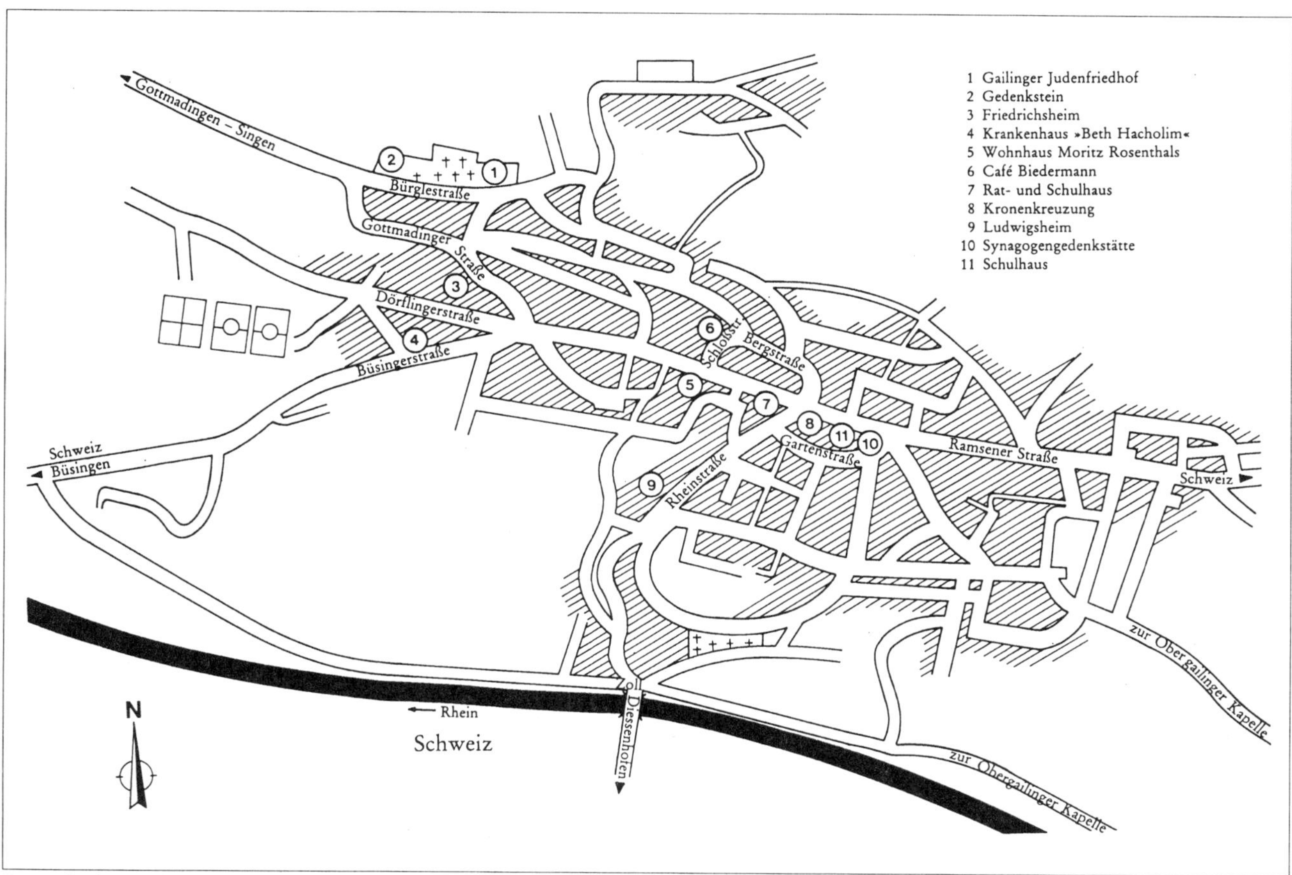

Das jüdische Gailingen

„Wahrlich, der Ewige ist an
dieser Stätte, und ich wußte
es nicht. Gen.28.16
Eingeweiht am 6. September 1836
Zerstört am 10. November 1938
Zum Gedächtnis errichtet von
der pol. Gemeinde Gailingen
Den 25. Juni 1967."

Die daneben liegende Platte, die an die „große Synagoge der alten ehrwürdigen Jüdischen Gemeinde Gailingen" erinnert, war ursprünglich – 1958 – am falschen Ort, nämlich am ehemaligen jüdischen Schulhaus, angebracht worden.

Gegenüber der Synagoge stand in der **Ramsener Str.** 12 die 1845 bis 1847 erbaute **Schule** mit Wohnungen für den Rabbiner und den Religionslehrer sowie einer **Mikwe** in den Kellerräumen. Die Schule bestand bis 1876, danach wurden hier auch christliche Kinder unterrichtet. Das Schulgebäude überstand dadurch den Novemberpogrom 1938 und diente ab 1984 als **Bürgerhaus**. Seit diesem Zeitpunkt informiert eine Tafel über die Geschichte des Hauses.

Die Jüdische Gemeinde verfügte über eine Handelsschule, ein Krankenhaus, ein Altersheim und ein Schlachthaus. Ihr **Friedhof** an der **Bürglestraße** unterhalb des „Bürgli Schlosses" stammt aus dem 17.

Landesasyl Friedrichsheim

Jahrhundert. Er diente zeitweise auch den Gläubigen aus Wangen (s. Öhningen) und Worblingen (Rielasingen) als Begräbnisstätte. An der Außenwand der Friedhofshalle wurden die beim Novemberpogrom 1938 aus der Synagoge geretteten Gedenktafeln für 16 jüdische Gefallene aus dem Ersten Weltkrieg angebracht. Seit 1948 erinnert ein **Mahnmal** auf diesem Friedhof an die Gailinger Jüdinnen und Juden, die Opfer der Deportationen wurden. Die Widmung lautet:

> „Zum ewigen Gedenken an die Gailinger Juden, welche am 22. Oktober 1940 deportiert und in den Konzentrationslagern ums Leben gebracht wurden."

Bis 1933 hatten auf dem **Kriegerdenkmal** oberhalb des Synagogenplatzes auch die Namen der im Krieg 1870/1871 jüdischen Gefallenen gestanden; dann wurden sie von Nationalsozialisten herausgemeißelt. Nach 1945 wurden sie wieder hinzugefügt.

Das 1891 erbaute **Krankenhaus** in der **Büsinger Str.** 6 war bis 1940 mit jüdischen Patienten und Patientinnen belegt, die ebenso wie die Bewohnerinnen und Bewohner des Jüdischen Altersheims im Oktober 1940 nach Gurs deportiert wurden. Das **Altersheim**, 1898 erbaut und zu Ehren des badischen Großherzogs „Friedrichsheim" genannt, liegt in der **Gottmadinger Str.** 1. Nach 1938 wurden hier ältere, aus ihren Wohnungen vertriebene jüdische Menschen zwangsweise eingewiesen. Das noch erhaltene Gebäude dient heute als Altersheim des Landkreises Konstanz und trägt inzwischen auch wieder seinen alten Namen: „Friedrichsheim". Seit 1992 gibt es eine **Gedenktafel** mit der Inschrift:

> „Friedrichsheim
> Altenpension des Landkreises Konstanz
>
> Als jüdisches Altersheim 1897-98 erbaut
> Eröffnet im Oktober 1898
> Namenspatron war Großherzog Friedrich I. von Baden
> Hier wirkten die Ärzte Dr. Kalman Heilbronn
> und dessen Sohn Dr. Siegmund Heilbronn
> Am 20. Oktober 1940 Deportation der jüdischen Heimbewohner
> in das Konzentrationslager Gurs
> Danach Erholungsheim der Reichsfinanzverwaltung
> 1944–1946 Marinelazarett
> Nach Kriegsende jüdisches Durchgangslager „Ha'chara"
> Am 28. März 1950 erwarb der Landkreis Konstanz das Anwesen."

Um 1933 lagen die Wohnungen und Geschäftshäuser jüdischer Menschen vor allem in der **Hauptstraße**, in der **Ramsener Straße**, in der **Rheinstraße** und in der **Schloßstraße**. Noch heute lassen sich trotz massiver Eingriffe in das Straßenbild und in die Bausubstanz Spuren des jüdischen und christlichen Zusammenlebens erkennen. Die jüdischen Bürgerhäuser des 19. Jahrhunderts weisen mit ihren gegliederten, mit Schmuckformen gestalteten Fassaden und den Lagerräumen oberhalb des Kniestocks eine besondere Architektur auf, die sich von den bäuerlichen christlichen Wohnhäusern unterscheidet. Häuser mit zwei Eingängen, meist aus dem 17. oder 18. Jahrhundert, weisen daraufhin, daß hier jüdische und christliche Familien unter einem Dach wohnten.

Beim Novemberpogrom 1938 stürmten ortsfremde SA-Leute die Wohnung des Rabbiners Dr. Mordechai Bohrer und mißhandelten ihn. In den frühen Morgenstunden des 10. November trieben sie alle jüdischen Einwohnerinnen und Einwohner aus ihren Wohnungen in die **Turnhalle**. Jenny Bohrer, die Frau des Rabbiners, schrieb 1943 in Palästina, wohin sie mit ihren Kindern noch flüchten konnte, ihre Erinnerungen an die Zerstörung der **Synagoge** auf:

> „Zu zweien mußten wir uns aufstellen und marsch ging es auf die Dorfstraße zu. Dieser Zug soll furchtbar anzusehen gewesen sein. Sie hatten alle Kranken, alle gebrechlichen Alten aus den Häusern und Betten geholt. Man zog sie mehr als sie gingen. Die Männer eröffneten den Reigen, die Frauen folgten. Die Frauen mit Kindern ganz zuletzt. Keiner wußte, was nun geschehen sollte. Stumm bewegte sich dieser Judenzug durch das Dorf. ... Keiner weinte, keiner schrie, keiner flehte um Erbarmen. Als wir uns der Synagoge näherten, sahen wir eine Unmenge SA-Leute. Eine Todesahnung ging durch den Zug. Man sah die SA Zündschnüre hin- und hertragen, hörte das Wort Dynamit, ob in Phantasie oder Wirklichkeit weiß ich nicht. ... Unmittelbar vor der Synagoge hieß man uns stillstehen und in dem Augenblick erfolgte eine kolossale Detonation. Die nach dem Garten gerichtete Wand unserer lieben, alten Synagoge stürzte ein, einen Teil der Vorderfront mitreißend und das Innere der Synagoge vollkommen zerstörend."

Jüdische Männer wurden bis zu ihrem Abtransport in das KZ Dachau im **Rathaus** gefangengehalten. Im Keller des Rathauses verprügelten SA und SS-Leute ihre wehrlosen Opfer, unter ihnen Dr. Siegmund Heilbronn und Karl Bloch. Dr. Mordechai Bohrer wurde im KZ Dachau Ende Dezember 1938 im Alter von 43 Jahren ermordet.

Die folgenden zwei Jahre bis zur Deportation nach Gurs beschreibt Berty Friedländer-Bloch, deren Mann in Gurs starb, während sie selbst mit ihrem damals vierjährigen Sohn gerettet werden konnte, als „Ausnahmezustand", geprägt durch Ausgehverbot und zahlreiche weitere Beschränkungen. Jüdische Familien mußten ihre Wohnungen räumen; vielen blieb nur das **Jüdische Krankenhaus** und **Altersheim** als Notunterkunft:

> „Wie Ausgestoßene, Verfemte, kamen wir uns vor. Eine Flucht schien uns, da Felder und Wälder von den SS und SA bewacht wurden, und wir oft deren Schießereien aus der Ferne vernehmen konnten, eine Unmöglichkeit. ... Jeder Ausbruch aus dieser Hölle, in der wir lebten, schien uns ein aussichtsloses Unterfangen. Wir waren sowohl in Übersee wie in europäischen Ländern unerwünscht, sofern wir uns nicht zu den ‚oberen Zehntausend' zählen konnten."

Von den 314 jüdischen Menschen, die 1933 in Gailingen lebten, wurden 178 am 22. Oktober 1940 in das Internierungslager Gurs in Südfrankreich deportiert. Zwischenstation auf dem Weg nach Gurs war die Waldeck-Turnhalle in Singen (s. Singen). Im Einwohnermeldeamt vermerkte man in den Meldebögen: „Durch Aktion nach Frankreich ausgewandert."

Seit seiner Gründung im Jahr 1991 bemüht sich das „Komitee zum Schutz der Zeugnisse jüdischen Lebens in Gailingen", alarmiert durch das Verschwinden der jüdischen Stadtgeschichte im Zuge von Ortskernsanierungen, um die Bewahrung der noch stehenden Gebäude und um die Sammlung von Dokumenten aller Art, die als Grundstock für ein Museum und Dokumentationszentrum zur Geschichte des Landjudentums am Bodensee dienen sollen. Der hoffentlich letzte Abriß betraf das „Hasgall-Haus" in der **Gartenstraße**, eines der christlich-jüdischen Wohnhäuser mit zwei Eingängen. Das Komitee fordert von der Stadtverwaltung, der besonderen christlich-jüdischen Geschichte Gailingens durch Veranstaltungen, Straßennamen und Erinnerungstafeln an den ehemals jüdischen Häusern zu gedenken. Von großer Bedeutung ist sein Konzept einer umfassenden und integrierenden Gedenkstättenplanung, die das ehemalige Schulhaus mit Mikwe, die Rabbinerwohnung, den Synagogenplatz und die zum Teil denkmalgeschützten jüdischen Häuser als Ensemble begreift. Gegenwärtig (1996) gibt es auch von Seiten der Stadtverwaltung ernsthafte Pläne, in der inzwischen sanierungsbedürftigen ehemaligen Jüdischen Schule ein Museum zur Geschichte des Landjudentums am Bodensee einzurichten.

Konzentrationslager und Zwangsarbeit

Der FNTB nannte aufgrund seiner Nachkriegsermittlungen die Zahl von 60 ausländischen Zwangsarbeitskräften, die während der Kriegsjahre in **Gailingen** gemeldet waren.

GOTTMADINGEN

Widerstand und Naziterror

Josef Höfler aus **Gottmadingen** gehörte zu einem Kreis mutiger Menschen, die Flüchtlingen den Weg zur Schweizer Grenze wiesen. Er stand in Verbindung mit der Offizierswitwe Luise Meyer in Berlin, die Rat und Hilfe suchende Juden an ihn verwies. Er brachte 16 Juden sicher in die Schweiz und half acht weiteren auf anderen Wegen. 1944 gelang es der Gestapo, den Fluchthelfern auf die Spur zu kommen: In Berlin wurden Frau Meyer und der Unteroffizier Herbert Strunck verhaftet, in Gottmadingen Josef Höfler. Der „Volksgerichtshof" verurteilte Strunck zu Tode, Luise Meyer und Josef Höfler erhielten hohe Zuchthausstrafen; beide überlebten.

„Rassische" Verfolgung und „Euthanasie"

Seit der Mitte des 17. Jahrhunderts lebten in **Randegg** jüdische Menschen. Mit 351 Mitgliedern hatte die Jüdische Gemeinde 1849 ihre höchste Zahl erreicht. Die um 1810 erbaute **Neue Synagoge**, die in einem seitlichen Anbau das Rabbinat und einen Schulraum beherbergte, stand an der heutigen **Otto-Dix-Straße** neben dem Gasthaus „Krone". Der **Jüdische Friedhof** datiert aus dem 17. Jahrhundert und liegt im Gewann **„Flözler"** am Waldrand in unmittelbarer Nähe zur Schweizer Grenze. Man erreicht ihn über eine kleine Straße, die bald nach dem Ortsende auf der rechten Seite von der Dörflinger Straße abzweigt. Zwei Gemälde dieses Friedhofes, die Otto Dix (s. Gaienhofen) 1934/1935 malte, hängen heute im Saarland-Museum in Saarbrücken und in der Städtischen Galerie Albstadt (s. Zollern-Alb-Kreis). Der Friedhof wurde nach dem Krieg mehrfach geschändet: 1945, 1966, 1970, 1986.

Am Standort der ehemaligen **Synagoge**, die beim Novemberpogrom 1938 von einem SS-Kommando aus Radolfzell gesprengt wurde, befindet sich heute eine Grünanlage mit einem **Gedenkstein**. Die Initiative, diesen Gedenkstein zu errichten, war von Marco Bloch und seinem Sohn Hans ausgegangen, die sich nach Basel hatten retten können. Der Stein trägt die Inschrift:

> „Hier stand die Synagoge der Israelitischen Gemeinde Randegg. Sie wurde am 10. November 1938 unter der Herrschaft der Gewalt und des Unrechts zerstört."

Geschäfte und Wohnungen jüdischer Bürger und Bürgerinnen befanden sich in Randegg vor allem in der Umgebung der Synagoge, in der heutigen **Otto-Dix-Straße**. Im Haus Nr. 7 war die Pferdehandlung von Hermann Samuel Weil. Im Haus Nr. 41a wohnten und arbeiteten der Viehhändler Emil Biedermann, der Friseur Jakob Biedermann, der Schächter und Vorsänger Isidor Biedermann und der Möbelvertreter Saly Biedermann mit ihren Familien. Im Haus Nr. 30 befand sich die Gemischtwarenhandlung von Hans Bloch. Das Haus Nr. 31, in dem im 19. Jahrhundert Wilhelm Moos eine Mazzenbäckerei betrieb, war das Geburtshaus von Dr. Semi Moos (s. Konstanz). Max Rothschild hatte im Haus Nr. 34 sein Konfektionsgeschäft. Im Haus Nr. 42 wohnte der Güterhändler Leopold Rothschild und im Haus Nr. 46 lebte der Handelsmann Salomon Guggenheim.

Weitere jüdische Geschäfte befanden sich um 1933 **Im Winkel** 2 (Pferdehandlung Abraham und Salomon Bloch) und in der **Kronenstr.** 3 (Schnaps- und Pferdehandlung Hermann Rothschild).

Opfer der Deportation nach Gurs und der von dort ab August 1942 erfolgten Transporte in die Vernichtungslager im besetzten Polen wurden:

Max Bloch, das Ehepaar Salomon und Ida Bloch und die Tochter Gertrud, Simon Eichstetter, die Brüder Isidor und Emil Biedermann, das Ehepaar Siegfried und Johanna Guggenheim und die Tochter Erna, Hedwig Nothmann, das Ehepaar Moritz und Recha Rothschild und die Söhne Bernhard, Josef und Karl, das Ehepaar Hermann und Berta Rothschild, Adele und Berty Rothschild, Maria Reutlinger, Luise Weil und Rosa Marx geb. Schwab.

Konzentrationslager und Zwangsarbeit

Nach dem schweren Bombenangriff auf die Friedrichshafener Rüstungsindustrie verlagerten die Maybach-Motoren-Werke 1943/1944 Produktionsbereiche in die **Landmaschinenfabrik Fahr AG** nach **Gottmadingen**. Dabei wurden 107 deutsche Arbeiter und 374 ausländische Zwangsarbeitskräfte von Friedrichshafen nach Gottmadingen „umgesetzt". Unter den aus der Sowjetunion verschleppten Menschen waren zahlreiche Kinder und Jugendliche, wie Christa Tholander in ihre Untersuchung über „Kinderzwangsarbeit in der Friedrichshafener Rüstungsindustrie" dokumentiert hat. In den Abteilungen Weichguß, Messermontage und in der Schreinerei mußte zwölf- bis dreizehnjährige Mädchen aus der Ukraine arbeiten.

Berichte ehemaliger Zwangsarbeiter aus dem „Gemeinschaftslager" der Landmaschinenfabrik befinden sich im Archiv des Internationalen Suchdienstes in Arolsen und sind damit für die Forschung kaum zugänglich.

Wilhelm J. Waibel fand bei seinen Nachforschungen zur Zwangsarbeit in Singen heraus, daß die **Kiesgruben** beim Lager der Fa. Fahr für die Flucht über die nur 300 Meter entfernte Schweizer Grenze eine wichtige Station darstellten. Zwei Fluchtwege hatte die Gestapo Singen im Juni 1943 ausgemacht. Der eine führte von Singen über Hilzingen zu den Kiesgruben, der andere verlief entlang der Bahnlinie Singen-Gottmadingen. Waibel erfuhr von geglückten Fluchten ukrainischer Zwangsarbeiter und -arbeiterinnen, aber auch von drei tödlich verlaufenen Versuchen (s. Steißlingen und Singen).

In **Gottmadingen** kam am 3. April 1945 der 22 Jahre alte russische Kriegsgefangene Nikolai Sudenko ums Leben. Die Zwangsarbeiterin Olga Lodazka aus der Ukraine starb am 21. Juni 1944 im Alter von 25 Jahren ebenfalls in Gottmadingen. **Randegg** war der Sterbeort von Afanas Gowaraschkin und Anastasia Korolikowa. Die vier Gräber wurden 1949 auf den „Russenfriedhof" nach Biberach verlegt (s. Kr. Biberach). Heute befinden sich auf dem **Friedhof** von **Gottmadingen** noch die Gräber von vier polnischen Kleinkindern und einer polnischen Zwangsarbeiterin:

Anatoli Toskalow, geboren am 16. Februar 1943, gestorben am 14. September 1944;
Valentine Masslin, geboren am 16. Oktober 1944, gestorben am 17. Januar 1945;
Josef Milai, geboren am 27. Februar 1945, gestorben am 15. März 1945;
Viktor Krautschuk, geboren 1944, gestorben am 28. Februar 1945;
Stefanie Majstoaska, geboren 1899, gestorben am 15. März 1944.

HILZINGEN

„Rassische" Verfolgung und „Euthanasie"

Seit 1921 lebte der Land- und Gastwirt Leopold Friedmann mit seiner Familie in Hilzingen. Der 74jährige wurde am 22. Oktober 1940 in das Internierungslager Gurs deportiert und kam dort am 11. Januar 1941 ums Leben.

Konzentrationslager und Zwangsarbeit

In **Binningen** starb am 12. April 1943 der russische Kriegsgefangene Zima Proniewitsch im Alter von 20 Jahren. **Weiterdingen** war der Todesort von Sonja Tschernoschukowa. Beide Gräber wurden 1949 auf den „Russenfriedhof" nach Biberach umgebettet (s. Kr. Biberach).

Im **Gasthaus „Krone-Post"** in **Hilzingen** war die polnische Zwangsarbeiterin Anna Jastrazebska beschäftigt. Sie erwartete ein Kind von einem Landsmann, der in Konstanz zur Zwangsarbeit eingesetzt war. Bei einem Besuch im Februar 1945 kam es zwischen beiden zu einem Streit, in dessen Verlauf der Mann die hochschwangere Frau in den Bauch trat. Obwohl ihr deutscher Arbeitgeber sie sofort mit einem Pferdefuhrwerk in das Singener Krankenhaus fuhr, starb Anna Jastrzebska noch am gleichen Tag. Ihr Grab ist auf dem Singener Waldfriedhof.

KONSTANZ

Widerstand und Naziterror

In der Nacht vom 30. zum 31. Januar 1933, als die Nachricht von der Machtübertragung an Hitler und die NSDAP in Konstanz eintraf, druckten Mitglieder der Antifaschistischen Aktion ein Flugblatt, das zum Generalstreik aufrief. Am Morgen gingen sie vor die Betriebe und forderten die Belegschaften zur Arbeitsniederlegung auf. Dies gelang für einige Stunden bei der Fa. Stromeyer, während bei Herosé ein großes Polizeiaufgebot jegliche Diskussion verhinderte.

Alfons Beck, in der KPD und der Antifaschistischen Aktion engagiert, berichtete über eine SA-Demonstration Anfang März 1933 und über die Gegenwehr der Antifaschisten:

> „In der **Rosgartenstraße** trafen sich dann beim **Bodanplatz** beide Züge. Zu direkten Handgreiflichkeiten kam es dabei nicht. Die SA schlug mit ihren Fackeln in den Zug der KPD. Die KPD schimpfte und spuckte, und auch die Zuschauer, die den SA-Zug betrachteten, waren hauptsächlich links ... Auf der **Marktstätte**, wo erst der SA-Zug durchzog, waren ebenfalls eine ganze Anzahl Gegner der SA. Ich erinnere mich, daß bei der **Post** alles voll stand und mit allen möglichen Gegenständen und mit Spucke auf die SA runter gedroschen wurde. Meine Frau befand sich mit ihrer Schwägerin dort bei der Post, und diese Spucke hat ihr später zwei Jahre Ravensbrück und dann zwei Jahre Auschwitz eingetragen."

Am 16. März 1933 verhaftete die Polizei bekannte Sozialdemokraten und Kommunisten, unter ihnen den Rechtsanwalt Dr. Hans Venedy, der zugleich SPD-Stadtrat und Vorsitzender der Eisernen Front war, und den SPD-Landtagsabgeordneten Karl Großhans. Als Großhans ins **Gefängnis** kam, traf er dort „eine ganze Anzahl meiner eigenen Parteifreunde und mehrere Kommunisten".

Am 13. März 1933 wurde auf Anordnung des Kultusministers am Konstanzer **Gymnasium** neben der schwarz-weiß-roten Fahne die Hakenkreuzfahne hochgezogen. Nur ein Lehrer, der Studienassessor Dr. Hermann Venedy, protestierte und erklärte, er könne unter der Hakenkreuzfahne seinen Dienst nicht weiter ausüben. Daraufhin wurde er fristlos entlassen. Dr. Hermann Venedy flüchtete nach Basel, fand zeitweise Arbeit als Redakteur der „Arbeiterzeitung" und engagierte sich in der Liga für Menschenrechte. 1936 benannte sich das Gymnasium auf eigenen Wunsch nach dem NS-Idol Schlageter. Nach 1945 suchte man bei der neuerlichen Namensgebung etwas Beständigeres und knüpfte an die mittelalterliche Tradition an; das Gymnasium wählte den Namen des Mystikers Heinrich Suso. Im **Suso-Gymnasium**, **Neuhauser Straße**, erinnert eine **Gedenktafel** an Max Josef Metzger (s. Schopfheim, Kr. Lörrach):

> „Max Metzger
> 1905 Abiturient dieses Gymnasiums
> Doktor d. Theologie
> 1944 hingerichtet
> Opfer der Diktatur
> Diener des Friedens"

Im Mittelpunkt der Widerstandsaktivitäten von Sozialdemokraten und Kommunisten in Konstanz stand der Transport antifaschistischer Schriften aus der Schweiz ins Reichsgebiet und die Fluchthilfe für gefährdete Menschen.

Der bereits erwähnte Alfons Beck, der bei der Fa. Herosé beschäftigt war, betrieb zusammen mit seiner Frau eine Fremdenpension in der **Bodanstraße**. Hier fanden politische Flüchtlinge – Beck erinnerte sich auch an zwei jüdische Männer – eine Unterkunft, bis sie in die Schweiz gebracht werden konnten. Aus der Schweiz wiederum kamen „Zentnerladungen Material" an. Beck berichtete:

> „Da die Tarnung schon ziemlich weitgehend durchdacht war, konnte ich die Transportkolonne, die den Transport von der Reichenau besorgte, persönlich nicht kennen ... Die Zulieferung von der **Reichenau** bis in die **Bodanstraße** erfolgte meistens mit dem üblichen Transportmittel kleiner Leute, mit Gemüsekörben, Handwagen, Brotkrätzen. ... Außer diesem Materialtransport wurde diese eingefuchste Transportmöglichkeit über den Untersee und den See überhaupt, über die **Hafenbucht** von der **Badeanstalt** nach der Schweiz, wo nur eine Strecke von 200 Meter zu überwinden ist, auch benutzt, um irgendwelche Flüchtlinge abzutransportieren."

Eine weitere Anlaufstelle für Flüchtlinge war die Wohnung des Ehepaars Karl und Margarete Durst in der **Turnierstraße** 26. Über sie lief eine der Verbindungen zwischen der sozialdemokratischen Exilgruppe um Anton Döring in St.Gallen und der Widerstandsgruppe um Paul Apel in Frankfurt. Die Gestapo meldete am 27. Mai 1938 die Verhaftung des Ehepaars Durst:

> „Die Eheleute Durst haben in den Jahren 1933 bis 1936 mehrfach flüchtige SPD-Funktionäre über die Schweizer Grenze geschafft. Durst ... hat dies zum Teil in der Weise bewerkstelligt, daß er in der Schweiz Grenzscheine auf falsche Namen beschaffte, mit denen die Flüchtlinge dann in seiner Begleitung die Grenze im sogenannten ‚Kleingrenzverkehr' überschreiten konnten. Darüber hinaus hat Durst von 1933 bis Herbst 1935 zahlreiche illegale Druckschriften der SPD, insbesondere aber auch Filmnegative von solchen aus der Schweiz nach Deutschland gebracht."

Zusammen mit dem Ehepaar Durst standen die Schweizer Helfer Ernst Bärtschi und Andreas Fleig aus Kreuzlingen vor Gericht. An Ernst Bärtschi (1902–1983), der mit 15 Jahren Zuchthaus die Höchststrafe erhielt, erinnert der **Ernst-Bärtschi-Weg** im Bereich des ehemaligen Klosters **Petershausen**. Hier wurden 1986 noch weitere Straßen nach Personen des Widerstands und der Verfolgung benannt:

Der **Pauline-Gutjahr-Weg** trägt den Namen einer sozialdemokratischen Lehrerin, die Fluchthilfe geleistet und antifaschistisches Material verbreitet hat. Pauline Gutjahr (1878–1957) wurde 1936 zu einer Gefängnisstrafe von viereinhalb Jahren verurteilt und am 28. Juli 1942 in das FrauenKZ Ravensbrück eingeliefert.

Der **Karl-Großhans-Weg** ist nach dem damaligen SPD-Abgeordneten im Badischen Landtag Karl Großhans (1881–1946) benannt: Er gehörte zu den im Frühjahr 1933 verhafteten Konstanzer Arbeiterfunktionären. Wieder in Freiheit machte er sein Tabakgeschäft in der **Hussenstraße** zur Anlaufstelle für den Transport illegaler Zeitungen und für gefährdete Personen auf der Flucht in die Schweiz. Er wurde noch zwei Mal verhaftet und ins KZ gebracht, bei Kriegsbeginn und schließlich in der „Aktion Gitter" Ende August 1944.

Ein Mitglied der Familie Venedey wurde ebenfalls mit einer Straßenbenennung geehrt: Martin Venedey (1860–1934) war Rechtsanwalt, von 1891 bis 1921 Mitglied der Fortschrittlichen Volkspartei und der Zweiten Kammer des Badischen Landtags und Zeit seines Lebens ein Kämpfer für Frieden und soziale Gerechtigkeit.

Der **Leopold-Spiegel-Weg** erinnert an den geachteten Konstanzer Rechtsanwalt, der im Oktober 1940 mit seiner Familie nach Gurs deportiert und ermordet wurde.

1989 wurde der **Georg-Elser-Platz** in **Petershausen** eingeweiht, der an den „einsamen Attentäter" – wie Helmut Ortner seine Elser-Biographie benannte – erinnert. Bereits 1983 wurde an der **Schwedenschanze** eine **Gedenktafel** an Georg Elser (1903–1945) enthüllt, unweit der Stelle, wo er beim Versuch, in die Schweiz zu gelangen, verhaftet wurde.

Seit 1994 gibt es auch den **Dr. Max-Joseph-Metzger-Weg** (s.o.) und den **Wilhelm-Schürmann-Horster-Weg**. Wilhelm Schürmann-Horster war Schauspieler und in der Spielzeit 1942/1943 Dramaturg am Konstanzer Stadttheater. Zuvor hatte er ein Engagement in Berlin, wo er sich der Widerstandsorganisation Schulze-Boysen/Harnack anschloß. Am 21. August 1943 verurteilte ihn der „Volksgerichtshof" zu Tode. Er wurde am 9. September 1943 im Alter von 43 Jahren in Berlin-Plötzensee hingerichtet.

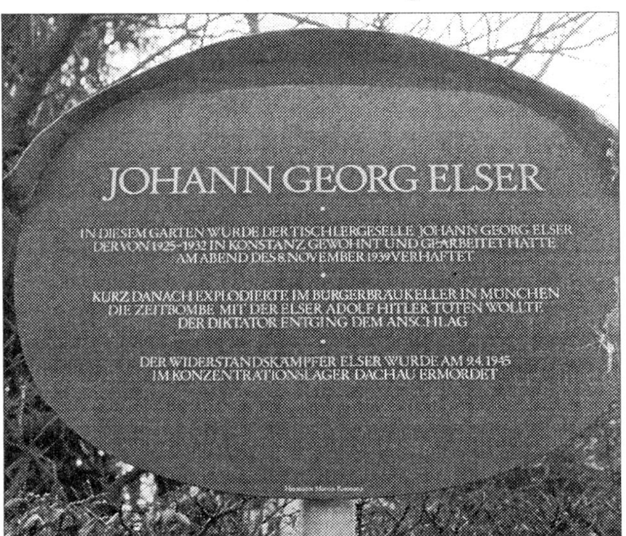

Gedenktafel für Georg Elser

In Konstanz kam es 1939 und 1940 zu größeren Verhaftungen und nachfolgenden Prozessen. So standen z.B. am 13. Juni 1940 der Schreiner Karl Hartmann, der Schuhmacher Paul Raddatz und der Gärtner Friedrich Sernatinger vor dem OLG Stuttgart, das sie „wegen Vorbereitung eines hochverräterischen Unternehmens" zu Zuchthausstrafen von zwei und zweieinhalb Jahren verurteilte. Alle drei hatten seit Beginn der Diktatur im Widerstand gearbeitet. Paul Raddatz z.B. hatte die Aufgabe, der KPD-Auslandsleitung Berichte über die Stimmung in Konstanzer Betrieben, vor allem bei Herosé und Stromeyer, zu übermitteln. Von seinen Besuchen in der Schweiz kehrte er mit Flugschriften beladen zurück. 1937 brachte er mit Hilfe einer Schweizer Freundin einen Koffer mit doppeltem Boden, der etwa 40 Briefe enthielt, nach Konstanz:

> „Die Adressen waren schon geschrieben. Es war die Anklageschrift von Lilo Herrmann. Alle Briefe gingen nach Stuttgart. Wir mußten die Briefe dann noch frankieren und sie von verschiedenen Orten aus zur Post geben. Das ging bis nach Meersburg, Überlingen usw. Adressiert waren die Briefe an Universitätsprofessoren und solche Leute von der Universität. Man wollte diese aufklären, weshalb Lilo Herrmann angeklagt war und was sie gemacht hat."

Die Ernsten Bibelforscher, in Baden seit dem 15. Mai 1933 verboten, hatten zahlreiche Kontakte zu ihren in der Schweiz lebenden oder dorthin geflüchteten Glaubensgenossen. Sie brachten heimlich Schriften über die Grenze. Ihre Gottesdienste feierten sie, um der Gestapoüberwachung zu entgehen, auf Booten auf dem See. Im September 1936 fand in Luzern der Mitteleuropäische Kongreß der Zeugen Jehovas statt, bei dem eine grundsätzliche Resolution gegen die Hitler-Regierung verabschiedet wurde. Man verabredete, diese Resolution am 12. Dezember 1936 überall in Deutschland zu verbreiten. Auch in Konstanz wurden an diesem Tag Flugblätter in Briefkästen gesteckt. Drei Tage später durchsuchte die Gestapo Wohnungen von Bibelforschern. In **Litzelstetten** wurde der 60jährige Landwirt Augustin Romer verhaftet und vor Gericht gestellt. Nach der Verbüßung seiner Haftstrafe im **Gerichtsgefängnis Konstanz** kam er jedoch nicht frei, sondern wurde als „politischer Strafgefangener – Überhaft (Bibelforscher)" in das KZ Kislau (Kr. Karlsruhe, Baden-Württemberg I) überstellt. Von dort brachte ihn die Gestapo am 13. Januar 1938 in das KZ Dachau.

Die katholische Ordensschwester Anna Madlinger betreute 4–14jährige Kinder in einem Konstanzer Heim. Im Juni 1943 wurde sie aufgrund einer Denunziation aus den Reihen des Personals zur Gestapo vorgeladen. Diese warf ihr vor, sie sei an einem Mittwochnachmittag mit den Mädchen zur **Reichenau** gefahren, um Gemüse zu holen, statt sie zum BdM-Dienst zu schicken. Bei der Vernehmung machte man ihr den Vorschlag, für die Gestapo Spitzeldienste zu leisten. Als Anna Madlinger ablehnte, wurde sie sofort in das FrauenKZ Ravensbrück überstellt, wo sie Anfang Juli 1943 eintraf. Sie bekam den „roten Winkel" der politischen Gefangenen, mußte längere Zeit als „Verfügbare" arbeiten, d.h. Loren schieben, Sand und Steine entladen. Im Oktober 1944 wurde sie als Häftlingskrankenschwester in das Außenkommando Neu-Brandenburg geschickt. Obwohl es an allem, an Medikamenten, Verbandsmaterial mangelte, versuchte sie, den schwerkranken Frauen Linderung zu verschaffen. Am 23. April 1945 wurde Anna Madlinger, inzwischen selbst an Typhus erkrankt, durch die Rettungsaktion des Schwedischen Roten Kreuzes nach Lübeck in Sicherheit gebracht.

Zwei Konstanzer Bürger wurden im Zuchthaus Brandenburg hingerichtet:
Der Schneidermeister Wilhelm Ill wurde wegen „Fahnenflucht" zum Tod verurteilt und am 24. Januar 1944 im Alter von 35 Jahren ermordet.
Eduard Risch, von Beruf Tapezierer, war 65 Jahre alt, als er auf dem Schafott sterben mußte. Die Anklage gegen ihn lautete auf „Wehrkraftzersetzung".

Am 12. Februar 1943 standen vier nach Konstanz dienstverpflichtet Elsässer vor dem „Volksgerichtshof" unter der Anklage des „kommunistischen Hochverrats und Feindbegünstigung". Tatsächlich scheinen die Männer jedoch lediglich gemeinsam ausländische Sender gehört und die Nachrichten diskutiert zu haben. Der Dreher Viktor Freund aus Lutterbach (Elsaß) wurde zum Tode verurteilt, die drei anderen Angeklagten – Robert Ballast, Andreas Friedrich und Arthur Neuhaus – wurden zu Zuchthausstrafen zwischen zwei und vier Jahren verurteilt.

„Den Opfern nationalsozialistischer Gewaltherrschaft in Konstanz 1933–1945" ist eine **Gedenktafel** im **Rathaushof** gewidmet, die 1983 enthüllt wurde.

„Rassische" Verfolgung und „Euthanasie"

Das jüdische Konstanz

Seit 1863 gab es in Konstanz wieder eine Jüdische Gemeinde, deren 1883 erbaute **Synagoge** in der **Sigismundstr.** 19 stand. Bereits 1936 fand ein erster Brandanschlag auf das Gotteshaus statt, bei dem sieben Thora-Rollen beschädigt wurden. Wie es die religiösen Vorschriften gebieten, begrub die Gemeinde sie auf dem **Jüdischen Friedhof** an der **Wollmatinger Straße**. Ein **Gedenkstein** erinnert in hebräischer Sprache an den ersten Synagogenbrand. Die deutsche Übersetzung lautet:

> „Dieser Gedenkstein ist Zeuge des Brandes, der am 1. November 1936 sieben Thorarollen zerstörte, und ihrer Beerdigung am Tage des Fastens der Gemeinde (17. Dezember 1936)."

Ein zweiter **Gedenkstein** auf dem **Jüdischen Friedhof**, 1990 geweiht, erinnert an die Opfer der Jüdischen Gemeinde Konstanz.

Beim Novemberpogrom 1938 wurde die **Synagoge** völlig zerstört. SS-Leute drangen in den frühen Abendstunden des 9. November in die Synagoge ein und legten Feuer, das jedoch erst in der Nacht mit Hilfe der Feuerwehr zu einem richtigen Brand wurde. In den Morgenstunden des 10. November traf das berüchtigte Radolfzeller SS-Kommando ein und brachte die Mauern mit Sprengladungen zum Einsturz. Nach 1945 erhielt der Israelitische Oberrat in Baden das Grundstück zurück. Es wurde in den fünfziger Jahren überbaut; heute befindet sich im ersten Stock des Geschäftshauses wieder ein kleiner Betsaal. An der Fassade erinnert recht unscheinbar eine kleine **Tafel** an die zerstörte Synagoge:

> „Hier stand die Synagoge der Israelitischen Gemeinde Konstanz. Sie wurde am 10. November 1938 unter der Herrschaft der Gewalt und des Unrechts zerstört."

Bis zur Überbauung stand auf dem ehemaligen Synagogengelände ein aus Bruchstücken der Synagoge gebildeter **Gedenkstein**, der dann auf den **Jüdischen Friedhof** an der **Wollmatinger Straße** versetzt wurde. Die Inschriften lauten, aus dem Hebräischen übersetzt:

> „Hier stand der große und heilige Bau der
> Synagoge der Israelitischen Gemeinde Konstanz,
> erbaut in den Jahren 1881–1883
> und von den Deutschen zerstört im November 1938.
> Um diese Synagoge, die verwüstet ist,
> leidet unser Herz."

Darunter steht in deutscher Sprache:

> „Dieser Stein stammt aus der Synagoge Konstanz, die im November 1938 von den Nationalsozialisten in Brand gesteckt worden ist."

Aus weiteren Steinen der Synagoge wurde nach 1945 der Taufstein der evangelischen **Lutherkirche** gefertigt.

Gestapo und SS verhafteten in den frühen Morgenstunden des 10. November 1938 fast alle jüdischen Männer. Einige wurden zur brennenden Synagoge geführt, getreten und bespuckt. SS-Leute versuchten, den Vorsteher der Jüdischen Gemeinde, den Rechtsanwalt Moritz Bloch, im Rhein zu ertränken. In dem Moment, als sie den siebzigjährigen Mann beim **Rheinstieg** ins Wasser stießen, kamen Passanten hinzu und protestierten. Die SS-Leute sahen sich gezwungen, Bloch wieder in das Boot zu holen. Sie brachten ihn dann in das **Gestapoquartier** in der **Mainaustraße** 27, sperrten ihn in eine Einzelzelle und schlugen ihn mit Stahlruten. Rechtsanwalt Eduard Frank fand in dieser Nacht im **Gefängnis** in der **Wallgutstraße** den Tod, dessen Umstände nicht eindeutig zu klären sind. Entweder wurde er von Gefängnisbeamten ermordet oder er setzte seinem Leben selbst ein Ende, um den Folterern zu entgehen. Am nächsten Tag wurden die verhafteten und mißhandelten Juden in das KZ Dachau gebracht. Dort wurde der Kaufmann Hans Thannhauser am 4. Dezember 1938 im Alter von 64 Jahren ermordet.

Nach Wochen oder Monaten kehrten die jüdischen Männer, gezeichnet von der erlittenen Qual, zurück, mit der Auflage, innerhalb kürzester Zeit auszuwandern. Jedoch erhielten nur 67 Personen nach dem Novemberpogrom eine Ausreisegenehmigung in die Schweiz. Die in Konstanz verbliebenen jüdischen Familien wurden aus ihren Wohnungen vertrieben und mußten in **„Judenhäuser"** – wie z.B. die Häuser Nr. 6 und Nr. 8 in der **Bruderturmgasse** – ziehen.

110 Jüdinnen und Juden – die älteste war eine 90jährige Frau, das jüngste ein Kind von drei Jahren – mußten sich am Nachmittag des 22. Oktober 1940 mit etwas Handgepäck und höchstens 100 Reichsmark am **Bodanplatz** einfinden. Sie wurden zum **Bahnhof** geführt und mußten den Zug in das Internierungslager Gurs in Südfrankreich besteigen. 90 von ihnen fanden bis Kriegsende den Tod in Gurs oder den Vernichtungslagern Auschwitz und Majdanek.

In Konstanz waren acht nicht transportfähige Juden zurückgeblieben, die zuletzt im Jüdischen **Gemeindehaus** in der **Sigismundstraße** 21 lebten. Von dort wurden sie im April 1942 in das Vernichtungslager Majdanek bei Lublin deportiert und ermordet. Nimmt man die Zahl derer hinzu, die vor dem 22. Oktober 1940 aus Konstanz weggezogen sind und an ihren Zufluchtsorten von den Deportationen erfasst wurden, so wurden mindestens 102 Mitglieder der Jüdischen Gemeinde Konstanz Opfer des Holocaust.

Am **Wohnhaus** des Frauenarztes Dr. Semi Moos (1881–1984) in der **Oberen Laube** 38/40 befindet sich seit 1985 eine **Gedenktafel**:

> „Hier lebte und arbeitete von 1914 bis 1933 der Frauenarzt Dr. Semi Moos, der wegen seines jüdischen Glaubens in der Zeit der Nationalsozialistischen Diktatur die Heimat verlassen mußte."

Seit 1986 gibt es im Bereich des ehemaligen Klosters **Petershausen** den **Leopold-Spiegel-Weg** (s.o.) und seit 1994 den **Erich-Bloch-Weg**, benannt nach dem Sohn des letzten Vorstehers der Jüdischen Gemeinde Konstanz, der bis zu seiner Auswanderung ein Gut auf der Höri bewirtschaftete, auf dem sich junge Juden auf die Auswanderung nach Palästina vorbereiten konnten (s. Gaienhofen).

Im Februar 1983 entdeckte man im Keller des **Friedhofgebäudes** 193 Urnen mit der Asche von in Grafeneck und anderen „Euthanasie"-Tötungsanstalten ermordeten Patienten. Der Konstanzer „Urnenskandal" veranlaßte Mitarbeiter des Psychiatrischen Landeskrankenhauses auf der Insel **Reichenau**, das Sozialministerium um die Genehmigung zur Beisetzung der

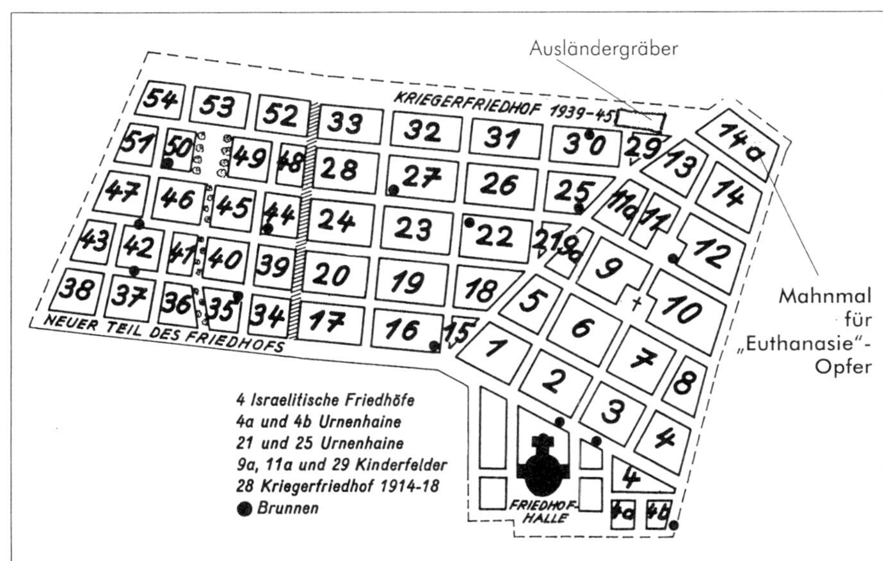

Felderplan des Konstanzer Hauptfriedhofes

Gedenkstätte für „Euthanasie"-Opfer auf dem Konstanzer Hauptfriedhof.

Urnen von 20 ehemaligen Patienten auf dem Anstaltsfriedhof und um die Errichtung einer würdigen Gedenkstätte zu bitten. Das Ergebnis war ein im Mai 1983 an alle Psychiatrischen Landeskrankenhäuser verschickter Erlaß „Betr. Bestattung von Opfern der Aktion zur Vernichtung ‚Lebensunwerten Lebens' im Dritten Reich und Errichtung einer Gedenkstätte". Mit dem Hinweis auf das bereits vor 20 Jahren errichtete „Sühnekreuz" in Grafeneck (s. Gomadingen, Kr. Reutlingen) lehnte das Ministerium weitere Gedenkstätten ab, denn man wolle die Patienten und deren Angehörige vor der Erinnerung an diese „schreckliche Vergangenheit" schützen.

Doch die Mitarbeiterinnen und Mitarbeiter in den baden-württembergischen Anstalten entwickelten Vorstellungen für das Gedenken am Ort des Leidens und der Verbrechen. Das erste Mahnmal, von Spenden finanziert, wurde 1987 im Psychiatrischen Landeskrankenhaus Zwiefalten eingeweiht; es folgten Mahnmale auf der Reichenau (1988), Emmendingen und Schussenried (1992) und Grafeneck (1990).

Die Friedhofsverwaltung hatte sich 1983 bemüht, die Adressen von Familienangehörigen der Ermordeten ausfindig zu machen. Dies gelang in 158 Fällen. Nur zehn Familien ließen jedoch Urnen überführen und am Heimatort bestatten. Die Mehrzahl der Urnen, die aus den Anstalten Grafeneck (s. Gomadingen, Kr. Reutlingen), Hadamar (Hessen), Hartheim bei Linz (Österreich) und Sonnenstein bei Pirna (Sachsen) stammen, wurden in einem eigenen **Gräberfeld** auf dem **Hauptfriedhof** beigesetzt. Im Bereich des Grabfeldes 14a wurde inzwischen eine **Gedenkstätte** für die „Euthanasie"-Opfer errichtet. Auf den drei Gedenk-Stelen finden sich die Inschriften:

„Wer den Geringen bedrückt, der schmäht dessen Schöpfer"

„Den Opfern von Euthanasie und Unmenschlichkeit"

„Den Schöpfer ehrt, wer Erbarmen hat mit den Bedürftigen. Spr. Salomos 14.31"

Konzentrationslager und Zwangsarbeit

Gesamtzahlen zum Einsatz ausländischer Zwangsarbeitskräfte in Konstanz liegen uns nicht vor. Der vom Internationalen Suchdienst in Arolsen herausgegebene Catalogue of camps and prisons 1939–1945 nennt lediglich zwei sogenannte „Gemeinschaftslager", von denen eines sich in der **Dalwitzenstraße**, das andere in der **Schneckenburger Straße** befunden hat.

Im Januar 1944 forderte der Landrat zum Bau von Luftschutzräumen acht „Ostarbeiterinnen", zwölf „Ostarbeiter" und 166 Kriegsgefangene an, die bisher in den **Rieterwerken** (Produktion von Stahlgußrohlingen für Munition), bei der **Bahnmeisterei**, im **Falzziegelwerk**, bei der **Kohlenhandlung Ellegast-Grundler**, bei der **Fa. L. Stromeyer & Co** und einigen kleineren Betrieben gearbeitet hatten.

Weitere Arbeitsstätten waren vermutlich die **Trikotfabrik Schiesser**, die von Wehrmachtsaufträgen profitierte und dadurch von den kriegsbedingten Stillegungen in der Textilindustrie nicht betroffen war, die **Fa. Schwarzwald-Flugzeugbau**, die ebenso wie die Firmen Stromeyer und Schwarzenbach in Wollmatingen 1944 Fertigungsbereiche der bombenzerstörten Dornierwerke übernommen hatte (s. Friedrichshafen, Bodensee-Kreis), sowie die Frankfurter **Degussa**, die 1944 vier Abteilungen nach Konstanz verlagerte. Da es in der Lazarettstadt Konstanz keine Unterkünfte gab, wurden die bei **Dornier** eingesetzten knapp 500 ausländischen Zwangsarbeiter und -arbeiterinnen täglich mit 16 Lastwagen von Friedrichshafen über die Autofähre Meersburg–Konstanz zu ihrem Arbeitsplatz transportiert.

Weitere Hinweise liefern Gräber. Bei Kriegsende befanden sich auf dem Konstanzer **Hauptfriedhof** zehn Gräber von zur Zwangsarbeit verschleppten Frauen und Männern aus Rußland und der Ukraine. Diese wurden 1949 auf den „Russenfriedhof" nach Biberach verlegt (s. Kr. Biberach). Dreizehn Gräber ausländischer Kriegstoter werden heute noch entsprechend den Bestimmungen des Kriegsgräbergesetzes gepflegt. Bei den Toten handelt es sich um sechs Zwangsarbeiter aus Polen, einen Esten, einen Italiener, einen Franzosen, einen Mann und eine Frau aus Jugoslawien, einen Griechen und eine Rumänin, die in den Jahren 1941–1945 zumeist in Konstanz gestorben sind.

MOOS

Widerstand und Naziterror

Der Kommunist Otto Riedle aus **Bankholzen** wurde im Frühjahr 1933 in „Schutzhaft" genommen und in das KZ Ankenbuck (s. Brigachtal, Schwarzwald-Baar-Kreis) gesperrt. Wieder in Freiheit, beteiligte er sich am Transport antifaschistischer Schriften über die Schweizer Grenze. Ende Januar 1935 wurde er erneut verhaftet und zu einer Gefängnisstrafe verurteilt.

MÜHLHAUSEN-EHINGEN

Widerstand und Naziterror

Die **Schenkenberg-Kapelle** im Wasserburger Tal war ein beliebter Treffpunkt der von Pfarrer Albert Riesterer aus **Mühlhausen** betreuten katholischen Jugendlichen. Hier fanden Spielnachmittage und Zeltlager statt, die offiziell verboten waren. Der Pfarrer wurde deswegen häufig zur Gestapo nach Singen bestellt. In seiner Akte war auch vermerkt, daß er in Schlatt unter dem Krähen einen Gottesdienst gefeiert hatte, an dem drei polnische Kriegsgefangene teilgenommen hatten, was ebenfalls verboten war. Im Juli 1941 verhafteten Beamte der Gestapo Singen den Pfarrer. Albert Riesterer schrieb über die folgende Zeit:

> „In Singen 30 Stunden im Drahtkäfig des Polizeigefängnisses. Verhör am 3. Juli früh 8.00 Uhr ... Schulkinder werden verhört. Ihre und meine Aussagen decken sich. Eine Liste von über 20 Nummern zählt den Raub auf, der im **Pfarrhaus** durch die Zimmer ging. Ich protestiere ... und lasse am Schluß des Protokolls den Satz beifügen: ‚Ich bedauere, daß ich durch die ständige Glaubensbedrohung unserer Jugend in der Schule gezwungen bin, mit unserer Jugend auch weiterhin in Berührung zu bleiben.' Dieser Satz gab den Wortlaut für die Begründung meiner Inhaftierung. Der Schutzhaftbefehl lautet: ‚... wurde verhaftet, weil er die staatliche Jugenderziehung für eine Glaubensbedrohung hält und mit allen Mitteln und allen Kräften versuchte, diese zu sabotieren'."

Albert Riesterer wurde nach dem Ende der dreimonatigen „Schutzhaft" im Untersuchungsgefängnis Konstanz zunächst des Landes verwiesen und am 29. Oktober 1941 in Horb am Neckar verhaftet. Über das Stuttgarter Gestapogefängnis kam er am 9. November 1941 auf Transport in das KZ Dachau. Er erhielt die Häftlingsnummer 28658 und teilte im Priesterblock die Leiden seiner Mitgefangenen, bis für ihn im April 1945 die Stunde der Befreiung kam.

Leo Bohnenstengel aus **Mühlhausen** wurde vom OLG Stuttgart wegen „Wehrkraftzersetzung" zum Tode verurteilt und am 10. Februar 1942 im Alter von 45 Jahren in Stuttgart hingerichtet. Seinen Leichnam übergab man dem Anatomischen Institut der Universität Tübingen (s. Tübingen).

ÖHNINGEN

„Rassische" Verfolgung und „Euthanasie"

Grabstein von Dr. Nathan Wolf auf dem Jüdischen Friedhof in Wangen. Dr. Nathan Wolf, beim Novemberpogrom 1938 mißhandelt und nach Dachau verschleppt, konnte nach dem Tod seiner nicht-jüdischen Ehefrau in die Schweiz fliehen. Nach 1945 kehrte er nach Wangen zurück, wurde erster Nachkriegsbürgermeister und war lange Zeit Mitglied im Gemeinderat.

Früher als in anderen Landgemeinden am Bodensee ließen sich Juden in der Hegaugemeinde **Wangen** nieder. Sie wohnten alle an den hochwassergefährdeten Ufern des Bodensees, „in einem Ghetto ohne Mauern". Um 1750 bildete sich eine Jüdische Gemeinde, 1825 zählte sie bereits 224 Mitglieder. Bis dahin stand direkt am See eine kleine hölzerne **Synagoge**, die 1825/1826 durch einen größeren Neubau ersetzt wurde. 1827 wurde am Berghang auf dem **Hardtbühl** ein eigener **Friedhof** angelegt. Die Blütezeit der Gemeinde, die 1825 40 % der Einwohner stellte, war nur kurz. 1900 lebten 105, 1925 nur noch 23 jüdische Menschen in Wangen. Unter den 20 jüdischen Einwohnern von 1933 befanden sich der Arzt Dr. Nathan Wolf, der Schriftsteller Jacob Picard, einige Gastwirte und Händler.

Am 10. November 1938 steckten SS-Leute aus Radolfzell die **Synagoge** in Brand, auch der **Friedhof** wurde geschändet. Von Dr. Otto Blumenthal, einem Berliner Rechtsanwalt, der von 1935 bis 1939 auf dem **Oberbühlhof** mit seiner Familie wohnte, gibt es einen Bericht über den Pogrom. Danach kam in den frühen Morgenstunden ein Lastwagen mit SS-Leuten aus Radolfzell auf den Hof. Zunächst durchwühlten sie die Bibliothek, und Blumenthal mußte befürchten,

Geburtshaus von Jacob Picard (1883–1967), des Dichters des alemannischen Landjudentums, in Wangen

daß sie seine Trotzki-Biographie fänden. Dann zwangen sie ihn, den Lastwagen zu besteigen. In **Wangen** angekommen wurde er zum **Ortsarrest** gebracht:

> „Unten öffnet sich eine Tür, ich bekomme einen kräftigen Fußtritt und stürze auf einen Haufen Menschen, die dort im Zwielicht des Kellers liegen. Es sind die fünf Juden aus dem Dorf, die sich mit aschgrauen Gesichtern wimmernd dort winden. Unser Arzt, Dr. Wolf, liegt fast leblos und stöhnend auf der Pritsche hingestreckt. Flüsternd bestürmt man mich mit Fragen. Ich selbst erfahre von diesen völlig gebrochenen Menschen folgendes: Als der Gendarm fort war, haben die SS-Leute sie einzeln hier herausgeholt und in den Nebenkeller geschleppt. Dort sind sie zu viert über den einzelnen hergefallen und haben geschlagen, barbarisch, viehisch geschlagen. Wenn der eine 'erledigt' war, kam der nächste dran. So haben sie nacheinander alle fünf geholt und den Dr. Wolf zweimal."

In dieser Nacht prügelten die Radolfzeller SS auch den Schreinermeister Engelbert Hangarter fast tot, weil er, ein Nicht-Jude, sich über die Zerstörung der Synagoge empört hatte. Gegen Abend kamen die Mißhandelten für wenige Stunden frei, bis sie in der Nacht von Konstanzer Gestapobeamten abgeholt wurden. Die Fahrt ging nach Konstanz in das dortige Gestapogefängnis, wo ständig verhaftete Juden aus der Stadt und umliegenden Dörfern eingeliefert wurden, und endete schließlich im KZ Dachau. Die Wangener Juden Dr. Otto Blumenthal, Alfred, Nathan und Emil Wolf kehrten nach einigen Wochen, von Mißhandlungen gzeichnet, zurück; Emil Wolf starb Anfang 1939 im Krankenhaus von Singen an den Folgen der KZ-Haft.

Von den 20 meist älteren jüdischen Bürgerinnen und Bürgern starben fünf in ihrem Heimatort, bevor die Deportationen begannen, acht konnten auswandern, sieben wurden am 22. Oktober 1940 nach Gurs deportiert. Von ihnen kamen Rosalie Wolf geb. Gump und Fanni Bernheim in Gurs und Karoline Sandmer geb. Bernheim im Lager Récébédou ums Leben. In Auschwitz „verschollen" sind: Therese Blum, Regine Levy geb. Wolf, Alfred Wolf und Pauline Wolf geb. Vollmer.

Seit 1968 erinnert am Standort der ehemaligen **Synagoge** – heute ein **Campingplatz** – ein Gedenkstein. Er trägt die Inschrift:

> „Hier stand die Synagoge der Jüdischen Gemeinde Wangen. Im November 1938 wurde sie von frevelhafter Hand unter der Herrschaft des Nationalsozialismus zerstört."

Der **Oberbühlhof** bei **Wangen** war vor dem Krieg ein Ort der „inneren Emigration", ein beliebter Treffpunkt der auf der Höri wohnenden Literaten und Künstler. Besitzer waren der Rechtsanwalt und Schriftsteller Dr. Udo Rukser und der Rechtsanwalt Dr. Otto Blumenthal. Aus politischen Gründen sahen sie sich gezwungen, ihre bisherige berufliche Existenz in Berlin aufzugeben. Sie entschieden sich für den Versuch, vom Obstanbau zu leben – möglichst fern der Zentren der Naziherrschaft und nahe der Schweizer Grenze. Mit Unterstützung des Obstbauern Paul Weber aus Bodman, der zudem ein Kunstfreund, von „erzliberaler Gesinnung" und mit Dr. Kaesbach (s. Gaienhofen) befreundet war, erwarben sie 1934 den Oberbühlhof. Nach dem Novemberpogrom 1938 und der Rückkehr aus dem KZ Dachau betrieb Dr. Blumenthal die Auswanderung seiner Familie nach Palästina, die ihm im Februar 1939 gelang. Dr. Rukser, der seine jüdische Ehefrau Dora Richter-Rothschild zuvor in die Schweiz in Sicherheit gebracht hatte, wanderte Anfang April 1939 mit seiner Frau über die Schweiz nach Chile aus und wurde dort Herausgeber der Exilzeitschrift „Deutsche Blätter".

Wangen war auch eine Station auf dem Weg ins Exil: Dr. Herbert Strauss, nach dem Krieg langjähriger Direktor des Berliner Zentrums für Antisemitismusforschung, wurde von Wangen aus über die Schweizer Grenze gebracht.

Konzentrationslager und Zwangsarbeit

Während des Kriegs mußten auf dem **Oberbühlhof** polnische Zwangsarbeiter und vermutlich auch französische Kriegsgefangene arbeiten. Sie scheinen von dem SS-Mann Fritz Cordes, der nach der Emigration von Dr. Blumenthal und Dr. Rukser den Hof in Besitz genommen hatte, sehr schlecht behandelt worden zu sein. Unmittelbar nach dem Einmarsch der Franzosen wurde Cordes „wegen Waffenbesitz" von einem französischen Standgericht zu Tode verurteilt und sofort erschossen. Pfarrer Heidelberger aus **Schienen** notierte in diesem Zusammenhang: „Er war SS-organisiert und gegen die polnischen Arbeiter etwas schroff."

RADOLFZELL

Widerstand und Naziterror

Die **Schrotzburg** zwischen Radolfzell und der Schweizer Grenze war einer der Treffpunkte der „Transportkolonne Otto". Hinter dieser Bezeichnung verbirgt sich der von dem Kommunisten Willi Bohn in Stuttgart organisierte Transport antifaschistischer Materialien aus der Schweiz in den süddeutschen Raum. Dabei diente die Burgruine, so Willi Bohn, als Umschlagstelle: Die Freunde aus der Schweiz übernahmen den Transport über die Grenze, die deutschen Freunde aus Singen und Radolfzell sorgten für die pünktliche Abnahme und den Weitertransport. Getarnt als Wanderer machten sie auf der Burgruine ihre Vesperpause und nahmen die illegalen Schriften in Empfang, was viele Monate funktionierte.

Mitglied der „Transportkolonne Otto" in **Radolfzell** war der 29jährige Arbeiter Karl Brucker. Im Juni 1934 gelang es der Gestapo, zwei Beteiligte – Franz Frank und Friedrich Mattes aus Singen – mit ihren Rucksäkken, gefüllt mit 2.058 Druckschriften, zu verhaften. In der Folge kam es zur Festnahme von insgesamt sieben jungen Männern, darunter auch Karl Brucker. Sie wurden vom OLG Karlsruhe „wegen Vorbereitung zum Hochverrat und wegen Beeinflussung der Massen durch Herstellen und Verbreiten von Druckschriften" zu hohen Zuchthausstrafen verurteilt (s. auch Singen). Doch der heimliche Materialtransport ging weiter. Im monatlichen Lagebericht der Gestapo Karlsruhe wurde für den 22. April 1935 die Verteilung von „Druckschriften, Flugblättern und kleinen Handzetteln kommunistischen und marxistischen Inhalts" in Radolfzell erwähnt, „der Täter" sei jedoch „unbekannt".

Unter den in der „Aktion Gitter" Ende August 1944 Verhafteten befand sich auch der frühere Reichstagsabgeordnete des Zentrums, der Landwirt Carl Diez (1877–1969) aus Radolfzell. Dietz war schon im Frühjahr 1933 kurzfristig in „Schutzhaft" und stand danach unter Gestapo-Überwachung. Über den Zentrumsabgeordneten Joseph Ersing hielt er Verbindung mit dem Widerstandskreis um Eugen Bolz (s. Rottenburg, Kr. Tübingen).

Seit dem 25. April 1995 erinnert am **Münsterbrunnen** eine **Gedenktafel** an die kampflose Übergabe der Stadt an die französischen Truppen:

> „Zur Erinnerung an die Bewahrung von Radolfzell: Am 25. April 1945 verhinderten verschiedene Personen die totale Zerstörung der Stadt: Bürgermeister-Stellvertreter August Kratt und Erwin Berger verhandelten mit den Franzosen über eine gewaltfreie Übergabe. Stadtpfarrer Josef Zuber ließ durch seinen Vikar Karl Ruby unter Mithilfe von Manfred Lipp und Heinz Frank eine weiße Fahne auf dem Münsterturm hissen, mit Mathäus Hermann und Franz Stuber sicherte er den Turmeingang. Franz Stuber hißte auf Veranlassung von Gastwirt Fritz Volk eine zweite weiße Fahne auf der Obstbaugenossenschaft. 1962 wurden Stadtpfarrer Josef Zuber und August Kratt zu Ehrenbürgern ernannt. Große Kreisstadt Radolfzell am Bodensee, 25. April 1995."

Das **Naturfreundehaus** in **Markelfingen**, direkt am See gelegen, gehörte der Singener Ortsgruppe. Es war ein mit viel Idealismus und Opferbereitschaft gebautes Haus, das von Naturfreunden aus ganz Europa gerne besucht wurde. Am 31. März 1933 wurde

Stele auf dem Gelände des Naturfreundehauses Markelfingen

es von den Nationalsozialisten beschlagnahmt. Drei Mitbegründer – Max Seebacher, Heinrich Weber und Friedrich Vallendor – ließen im Widerstand gegen den Nationalsozialismus ihr Leben (s. Singen).

„Rassische" Verfolgung und „Euthanasie"

Am 27. März 1943 traf im Vernichtungslager Auschwitz-Birkenau ein Transport mit 514 Sinti und Roma aus dem Reichsgebiet ein. Unter der Nummer Z-5391 wurde Bruno Reinhardt, 1923 in **Radolfzell** geboren, in das „Hauptbuch (Männer)" des „Zigeunerlagers" eingetragen. Die folgenden Nummern erhielten fünf männliche Verwandte, zwischen zwei und siebzehn Jahren alt. Der jüngste, Walter Reinhardt, war 1941 in Oberschwandorf (Haiterbach, Kr. Calw) zur Welt gekommen. Fünf weibliche Familienangehörige wurden im „Hauptbuch (Frauen)" unter den Nummern Z-5958 bis Z-5962 eingetragen. Das jüngste Mädchen, Gertrud, war 1942 in Meßkirch (Kr. Sigmaringen) geboren worden. Bei sieben Mitgliedern der Familie Reinhardt vermerken die „Hauptbücher" ein Todesdatum.

Konzentrationslager und Zwangsarbeit

Seit 1936 verfügte die SS in Radolfzell über einen sich immer mehr vergrößernden **Kasernenkomplex**, in dem die SS-Unterführer-Schule „Heinrich Himmler", das SS-Regiment „Germania" und weitere SS-Verfügungstruppen stationiert waren. Von den einstmals über 60 Gebäuden an der **Bundesstraße** 33 am

Ortsanfang von **Böhringen**, die nach 1945 von der französischen Armee belegt wurden, standen bis vor einiger Zeit noch 19, darunter Häftlingsunterkünfte und Fundamente des Krematoriums. Die meisten sind inzwischen wohl abgerissen.

Seit Mai 1941 mußte ein Häftlingskommando aus dem KZ Dachau einen Schießplatz am **„Alten Bohl"** bauen. Das Kommando bestand anfänglich aus etwa 100–120 polnischen und deutschen Männern; 1942 war es noch etwa 50, ab 1943 etwa 20 Gefangene. Am 16. Januar 1945 wurde das Kommando nach Dachau zurückverlegt. Die Gefangenen sollen in alten Pferdeställen untergebracht gewesen sein. Ein Zeitzeuge sprach von vier Todesfällen.

In Radolfzeller Betrieben und in der Landwirtschaft waren während des Krieges nach Ermittlungen des FNTB mindestens 850 ausländische Zwangsarbeiterinnen und -arbeiter eingesetzt. Im Stadtarchiv Radolfzell befinden sich Akten über die „Bestattung ausländischer Zivilarbeiter", Gräberlisten, eine Ausländer-Statistik aus den Jahren 1943–1945 sowie aus der Zeit nach der Befreiung Akten des Polen-Komitees und Meldungen an die Suchdienste der Vereinten Nationen.

Arbeitsstätten der ausländischen Zwangsarbeitskräfte waren vermutlich die **Trikotwarenfabrik Schiesser AG**, die sich bereits vor dem Krieg als Wehrmachtslieferant bewährt hatte, und die **Fa. Allweiler**, deren Chef sich nach dem Krieg wegen Mißhandlungen von Fremdarbeitern verantworten mußte. In der Pumpenfabrik Allweiler wurden Motorenteile für Panzer, Munitions- und Geschoßhülsen hergestellt.

Bei Kriegsende gab es auf dem **Friedhof** von **Radolfzell** die Gräber von vier Männern und zwei Frauen aus der Sowjetunion; auf dem **Friedhof** von **Markelfingen** das Grab einer russischen Zwangsarbeiterin. Sie wurden 1949 auf den „Russenfriedhof" nach Biberach verlegt. Die Namen der Toten stehen in der Gräberliste dieses Friedhofes: Hans Stadnik, Peter Metinski, ein Mann mit dem Nachname Kalinin, Fjoklin Sergel, der in **Böhringen** ums Leben gekommen ist, Mana Kuzenko, Hildegard Aryglot und Valentina Illuk. Nach Angabe der Gräberliste sollen die Männer sowjetische Kriegsgefangene gewesen sein.

Auf dem **Waldfriedhof** von **Radolfzell** befinden sich inmitten des „Ehrenfeldes für die gefallenen deutschen Soldaten des 1. und 2. Weltkrieges" heute noch drei Gräber von Zwangsarbeitern: Ladislaus Zazulak (1922–1942), Istwan Sallai (1920–1945) und Wladislaw Grymiel (1909–1945).

REICHENAU

„Rassische" Verfolgung und „Euthanasie"

Am 2. Dezember 1988 wurde auf dem Gelände des **Psychiatrischen Landeskrankenhauses** ein **Gedenkstein** enthüllt:

> „508 Patienten der Heilanstalt Reichenau wurden 1940/41 in der Zeit des Nationalsozialismus ermordet.
> Dies mahnt uns das Leben jedes Menschen zu achten und zu schützen."

Unter dem damaligen Direktor Dr. A. Kuhn war die **Anstalt Reichenau** zum „nationalsozialistischen Musterbetrieb" (1937) geworden. Keine badische Anstalt hatte so viele Anträge auf Zwangssterilisation gestellt wie die Anstalt Reichenau. Die Ärzte überprüften sämtliche seit Bestehen der Anstalt angelegten Krankengeschichten auf das Vorliegen einer „Erbkrankheit". Allein 1934 wurden dem Erbgesundheitsgericht in Konstanz 1.596 Fälle angezeigt, nicht allein von damaligen oder früheren Patienten, sondern auch von Familienangehörigen. Bis Ende 1940 war die Zahl der Anzeigen auf 1.947 gestiegen. Es ist, wie Heinz Faulstich darlegt, bei Berücksichtigung der hohen „Erfolgsquote" der Anträge bei den Erbgesundheitsgerichten davon auszugehen, daß 450 bis 500 Patienten zwangssterilisiert wurden.

1939 war die Anstalt Reichenau mit etwa 850 Kranken belegt. Von den Meldebögen zur planwirtschaftlichen Erfassung, die Anfang Oktober 1939 eintrafen, füllte Dr. Kuhn 596 aus. Wie die meisten Anstaltsdirektoren ging auch er in der Anfangsphase der Aktion T4 davon aus, daß der Zweck der „planwirtschaftlichen Erfassung" die „Abziehung von arbeitsfähigen Kranken" sei. Um möglichst viele Patienten zu behalten, stufte er die Arbeitsfähigkeit sehr viel geringer ein, als sie in Wirklichkeit war. Im Mai 1940 begann der Abtransport in die Tötungsanstalt Grafeneck (s. Gomadingen, Kr. Reutlingen).

Folgende Aufstellung der Abtransporte und der Zugänge verdeutlichen die Durchführung der Aktion T4 in der **Anstalt Reichenau** und ihre Funktion als „Zwischenanstalt" auf dem Weg ins Gas:

7. Mai 1940: 52 Patienten aus der Gruppe der Langzeitkranken kamen zunächst in die „Zwischenanstalt" Zwiefalten (s. Kr. Reutlingen) und am 12. Juni nach Grafeneck.

15. Juni 1940: Zugang von 81 Patienten der aufgelösten Anstalt Rastatt.

17. Juni 1940: 59 Patientinnen nach Grafeneck aus der Gruppe der Langzeitkranken, unter ihnen drei jüdische Frauen.

Zwischen dem zweiten und dem dritten Transport trafen Nachrichten von in Grafeneck beurkundeten Todesfällen ein. Der Verdacht schlug in die Gewißheit um, daß die verlegten Kranken ermordet wurden.

27. Juni 1940: 75 Patientinnen nach Grafeneck.

19. Juli und 26. Juli 1940: Zugang von 140 Kranken aus der Anstalt Illenau.

24. Juli 1940: 75 Patienten aus der Gruppe der Langzeitkranken nach Grafeneck

14. August 1940: 31 Patienten und 35 Patientinnen nach Grafeneck. 25 Kranke, überwiegend Frauen, konnten zurückbehalten werden, aber für sie wurden zwölf andere in den Tod geschickt.

Heinz Faulstich wertet das Vorhandensein von zwei Listen, auf denen Namen gestrichen und andere zugefügt wurden, als Anzeichen dafür, daß „sich die Anstalt ab diesem Transport zu einer neuen und aktiveren Form der Auseinandersetzung durchgerungen hatte, daß nach der ersten Phase des Nichtglauben- und Nichtwahrhabenwollens und der folgenden einer tiefen Depression und Resignation nun eine Phase angebrochen war, in der man sich aktiv zur Wehr setzen wollte".

10. Oktober 1940: Von 73 angeforderten Patienten mußten 57 die grauen Omnibusse besteigen; die meisten waren ehemalige Illenauer. Drei kriegsversehrte Patienten wurden in Grafeneck von der Tötung zurückgestellt. Dies war zuvor von der Berliner T4-Zentrale so angeordnet worden, nachdem das Gerücht, daß auch Kriegsinvalide ermordet würden, in der Bevölkerung eine besondere Empörung ausgelöst und Landesbischof Theophil Wurm in seinem Brief an das Reichsinnenministerium vom 19. Juli 1940 dagegen protestiert hatte.

28. November 1940: Abtransport von 25 Patientinnen und 15 Patienten (27 Langzeitpatienten, fünf ehemalige Rastatter und acht ehemalige Illenauer Patienten). Es war der letzte Transport, der nach Grafeneck ging; kurze Zeit später wurde die berüchtigte Tötungsanstalt geschlossen.

17. Dezember 1940: Von 59 Patienten wurden 16 zurückbehalten. Der Transport ging in die „Zwischenanstalt" Wiesloch (Rhein-Neckar-Kreis, Baden-Württemberg I) und von dort am 2. April 1941 in die Tötungsanstalt Hadamar (Hessen).

21. Januar 1941: Über diesen Transport in die „Zwischenanstalt" Wiesloch gibt es weder Listen noch Vollzugsmeldungen.

1. Februar 1941: Die letzten vier in der Anstalt lebenden „geisteskranken Juden" wurden in einer Sonderaktion der SS in die Anstalt Heppenheim (Hessen) verlegt und wahrscheinlich in Hadamar ermordet.

21. Februar 1941: 19 Patienten kamen in die „Zwischenanstalt" Wiesloch und am 2. April 1941 nach Hadamar.

Als dieser letzte Transport abging, war die Auflösung der Anstalt Reichenau bereits beschlossene Sache. Bis zum März 1941 wurden 482 Patientinnen und Patienten in die Anstalt Emmendingen verlegt, deren Leitung Dr. Kuhn übernahm (s. Kr. Emmendingen).

Bereits am 1. April 1941 zog eine Nationalpolitische Lehranstalt (NAPOLA) in die geräumten Gebäude auf der Reichenau ein.

Über das Schicksal einer weiteren Patientengruppe, die ab 1940 in die **Anstalt Reichenau** kam, nämlich psychisch erkrankte Zwangsarbeiter und -arbeiterinnen aus Polen, liegen keine Untersuchungen vor.

Die **Heinrich-Feurstein-Straße** in der Nähe des Psychiatrischen Landeskrankenhauses erinnert an den katholischen Pfarrer von Donaueschingen, der seinen Protest gegen die Ermordung der psychisch Kranken mit seinem Leben bezahlen mußte (s. Donaueschingen, Schwarzwald-Baar-Kreis).

Konzentrationslager und Zwangsarbeit

Nach dem Krieg ermittelte der FNTB zum Ausmaß der Zwangsarbeit in der französischen Besatzungszone. Für die Insel **Reichenau** nannte er die Zahl von 205 ausländischen Zivilpersonen.

Drei russische Kriegsgefangene kamen auf der Reichenau ums Leben: T. Marschinko, Boris Pareschtschug und Georges Makaschow. Ihre Gräber wurden 1949 auf den „Russenfriedhof" nach Biberach umgebettet (s. Kr. Biberach).

RIELASINGEN-WORBLINGEN

Widerstand und Naziterror

Die „Transportkolonne Otto" (s. Singen und Allensbach) hatte auch in **Rielasingen** Helfer. Am 15. Dezember 1937 verurteilte das OLG Stuttgart den 40jährigen Fabrikarbeiter Albert Heiss, den 66jährigen Schlosser Ernst Domka, den 38jährigen Schmied Bernhard Lochbaum, den 34jährigen Fabrikarbeiter Eugen Hoffmann, den 35jährigen Hilfsarbeiter Josef Hundt, den 32jährigen Steinhauer Georg Jäger und den 42jährigen Hilfsarbeiter Friedrich Graf zu Gefängnis- und Zuchthausstrafen zwischen acht Monaten und drei Jahren. Den Angeklagten wurde vorgeworfen, „in den Jahren 1933–1936 in Singen und Rielasingen den organisatorischen Zusammenhalt der KPD aufrecht erhalten, zu diesem Zweck Geld gesammelt, aus der Schweiz eingeschmuggelte Druckschriften unter sich ausgetauscht, verbreitet und teilweise auch gemeinsam den Moskauer Sender abgehört und die von dort übermittelte Propaganda unter sich besprochen (zu) haben". Einen der Angeklagten, den Hilfsarbeiter Otto Matheis, mußte das Gericht freisprechen.

Konzentrationslager und Zwangsarbeit

Bei der Baumwollspinnerei in **Rielasingen** mußten während des Krieges ausländische Zwangsarbeiter und -arbeiterinnen arbeiten. Der FNTB nennt die Zahl von 190 ausländische Zivilpersonen, von denen vermutlich ein Teil auch in der Landwirtschaft und anderen Gewerbebetrieben eingesetzt war.

SINGEN

Widerstand und Naziterror

Auf die Nachricht von der Machtübertragung an die NSDAP reagierten in Singen vor allem die Mitglieder des Kommunistischen Jugendverbandes (KJVD) sehr schnell: Sie trafen sich in der **Jugendherberge**, übten einige Sprechchöre ein und zogen den ganzen Tag über durch die Straßen der Stadt und vor Betriebe. In der Nacht zum 31. Januar 1933 druckte die Singener KPD ein Flugblatt, in dem sie zum Generalstreik aufrief. Es wurde bei Schichtbeginn vor den **Maggi-Werken**, den **Aluminium-Werken** und den **Fitting-Werken** verteilt, wobei die Polizei einen großen Teil der Auflage beschlagnahmte. Noch vor den Reichstagswahlen vom 5. März 1933 erfolgten Hausdurchsuchungen bei Kommunisten und Verhaftungen. Karl Thoma, der in Hausen an der Ach wohnte und Mitglied im KJVD Singen war, wurde am 3. März 1933 frühmorgens aus dem Bett geholt, verprügelt und nach Singen aufs **Polizeirevier** gebracht. Dort traf er auf seine ebenfalls verhafteten Genossen; zusammen kamen sie in das Gefängnis nach Überlingen und dann in das KZ Ankenbuck (s. Brigachtal, Schwarzwald-Baar-Kreis).

Am 17. März 1933 erfolgte die Beschlagnahmung der **Redaktion** und der **Druckerei** der sozialdemokratischen Tageszeitung **„Volkswille"**, bei der die beiden Geschäftsführer Emil Schwörer und Paul Gutmann in „Schutzhaft" genommen wurden. Am 31. März wurde den Singener Naturfreunden ihr Haus in Markelfingen geraubt (s. Radolfzell). Nach der Auflösung der Betriebsräte am 11. April 1933 besetzten die Nazis am 2. Mai 1933 das **Gewerkschaftshaus** in der **Ekkehardstraße** und verhafteten den ADGB-Sekretär Straub.

Der Arbeiterwiderstand im ehemals „roten" Singen hatte drei Schwerpunkte: 1. Aufklärungsarbeit in den Betrieben und Unterstützung der Familien politisch Verfolgter, 2. Transport antifaschistischer Materialien aus der Schweiz und deren Weiterverbreitung im süddeutschen Raum. Wie ein roter Faden durchzieht diese risikoreiche Arbeit der „Transportkolonne Otto" alle Berichte der am Widerstand Beteiligten, alle Gestapoermittlungen, alle Gerichtsurteile. 3. Die Erfahrungen, die man beim Transport illegaler Schriften machte, wurden zur Fluchthilfe für Verfolgte genutzt. Verhaftungen führten zu Unterbrechungen dieser Widerstandsaktionen. Einer erste Verhaftungswelle im August 1933 fielen 13 Menschen zum Opfer, bei der zweiten im Januar 1936 waren es sieben, und die dritte im Frühjahr und Sommer 1937 erfasste über 30 Personen. Dennoch konnte diese Tätigkeit bis etwa 1937, zum Teil auch noch bis Kriegsbeginn geleistet werden. Beim Materialtransport wie auch bei der Fluchthilfe scheinen die ideologischen Gegensätze innerhalb der Linken nicht mehr bestanden zu haben, wie aus zahlreichen Berichte hervorgeht. Auch Georg Blohorn, der von den Naturfreunden in der Illegalität zur KPD kam, bestätigte dies, als er über seine Zusammenarbeit mit Sozialdemokraten Auskunft gab.

In der **Harsenstraße** 36 wohnte das Rentnerehepaar Georg und Therese Harlander mit ihren erwachsenen Kindern Xaver und Anna. Für viele, die aus Hitler-Deutschland flüchten mußten, war die Harsenstr. 36 die rettende Adresse, die Anlaufstelle, bevor sie im „kleinen Grenzverkehr" zur Roten Hilfe nach Schaffhausen gebracht wurden. Von Julius Bader, dem ehemaligen kommunistischen Betriebsrat bei den Fitting-Werken um Hilfe gebeten, stellte das parteilose Ehepaar ein Zimmer in der kleinen Wohnung zur Verfügung. Xaver Harlander berichtete:

> „Immer wenn ein Emigrant angelaufen ist, hat er bei uns übernachtet. Am nächsten Tag habe ich die Ankunft in Schaffhausen gemeldet. Daraufhin kam ein Schweizer Genosse zu uns und brachte einen Tagesschein und eine Rückfahrkarte mit. Tagesschein und Rückfahrkarte bekam unser Emigrant. Der Schweizer Genosse fuhr mit einer neuen Fahrkarte und mit seinem richtigen Paß zurück. War bei uns eine Frau angekommen, so schickten die Schweizer eine Frau – und wenn zwei angekommen sind, dann sind eben zwei rübergekommen. Das hat ganz tadellos funktioniert."

Durch einen unglücklichen Zufall wurde Xaver Harlander am 23. Januar 1935 beim Transport antifaschistischer Flugblätter von Bankholzen (s. Moos) nach Singen verhaftet. Seine Mutter reagierte schnell und mutig, indem sie die Freunde in Schaffhausen warnte. Sie half, bei der Familie Schwarz im **Posthalterswäldle** eine neue Anlaufstelle einzurichten. Doch die Gestapo war dem „kleinen Grenzverkehr" bereits auf der Spur. Sie verhaftetete am 26. August 1935 Friedrich Schwarz und im Januar 1936 das Ehepaar Harlander, die Tochter Anna, Julius Bader und weitere Beteiligte. Beim Prozeß, der im Juli 1936 vor dem OLG Karlsruhe stattfand, wurden die Hauptangeklagten zu hohen Zuchthausstrafen verurteilt. Therese und Georg Harlander erhielten Gefängnisstrafen von je einem Jahr und sieben Monaten, die Tochter Anna mußte für zehn Monate ins Gefängnis und Xaver Harlander kam erst 1942 wieder aus der „Schutzhaft" in den Konzentrationslagern Kislau (Kr. Karlsruhe, Baden-Württemberg I), Dachau und Flossenbürg frei. Therese Harlander, die als betagte Frau ins Gefängnis gesperrt wurde, starb kurz nach der Entlassung an den Entbehrungen der Haft.

Der Sozialdemokrat Karl Möllinger hatte eine Spedition und kam dadurch oft in die Schweiz. Dabei besorgte er für jüdische Menschen Passier- und Tagesscheine. Am 11. Februar 1939 wurde er von der Gestapo verhaftet. Wegen Paßvergehens wurde er zu drei Monaten Gefängnis verurteilt. Diese Strafe war der Gestapo zu niedrig. Sie überstellte Möllinger nach dem Ende der Haftzeit in Konstanz in das KZ Dachau, wenig später kam er nach Mauthausen, wo er zehn Monate nach seiner Verhaftung im Alter von 48 Jahren ums Leben kam.

Von 1945 bis 1959 trug die **Harsenstraße** in der alten Nordstadt, die vor 1933 das „rote Viertel" von Singen genannt wurde, den Namen Max-Maddalena-Straße. Nach dem KPD-Verbot war es nicht mehr erwünscht, daß in Singen eine Straße den Namen des in Singen geborenen, von den Nationalsozialisten ermordeten kommunistischen Reichstagsabgeordneten trug. So bekam sie ihren alten Namen wieder, den sie bis heute führt. Soweit Straßen nach Personen des Widerstandes benannt wurden, tragen sie die Namen von Sozialdemokraten bzw. des Pfarrers August Ruf:

Die **Fritz-Vallendor-Straße** in der Innenstadt erinnert an den Ersten Bevollmächtigten des Deutschen Metallarbeiterverbandes in Singen, der von den Nazis aus dem Amt gejagt wurde. Fritz Vallendor wurde im August 1944 in der „Aktion Gitter" verhaftet und einen Monat später im KZ Mauthausen ermordet.

Die **Max-Seebacher-Straße** wurde nach einem Mitglied der Naturfreunde benannt. Seebacher arbeitete bei den **Maggi-Werken** als Packer und wurde wegen des Abhörens ausländischer Sender in das KZ Kuhberg (s. Stadt Ulm) gebracht. Er kam bei einem Bombenräumkommando ums Leben.

Die **August-Ruf-Straße** hält die Erinnerung an den mutigen Pfarrer der **St. Peter- und Paul-Kirche** wach, der zusammen mit Vikar Weiler aus Wiechs politisch und rassisch Verfolgten bei der Flucht in die Schweiz half. Beide wurden 1943 verhaftet. August Ruf starb am 8. April 1944 an den Folgen der Haft; er wurde auf dem **Waldfriedhof** bestattet. Vikar Weiler überlebte das KZ Dachau. Über August Ruf informiert seit 1994 auch eine **Tafel** am Haupteingang der Katholischen Pfarrkirche St. Peter und Paul.

Das Wohngebiet im Süden der Stadt heißt bei der älteren Bevölkerung **„Heinrich-Weber-Siedlung"**. Dieser Name erinnert an einen der Männer, die hier in den zwanziger Jahren mit dem Bau kleiner Siedlungshäuser begannen. Heinrich Weber, der bei der **Georg Fischer AG** als Maschinist gearbeitet hatte, war bis 1933 für die SPD im Bürgerausschuß und Obmann der Naturfreunde. Er wurde in der „Aktion Gitter" im August 1944 verhaftet und am 24. September 1944 im KZ Mauthausen ermordet.

Im Mai 1947 wurde auf dem **Waldfriedhof** ein **Gedenkstein**, „Den Opfern des Nationalsozialismus gewidmet", eingeweiht. Er trägt die folgenden Namen:
„Albert Bronner, Johann Ehinger, August Hampp, Therese Harlander, Friedrich Klees, Max Maddalena, Karl Möllinger, Karl Schafheutle, Max Seebacher, Friedrich Vallendor, Heinrich Weber, Herrmann Weber, Edgar Weisser, Johann Winter, Philippinne Winter und vier Anverwandte."

Seit 1989 gibt es in der Hohentwielstadt einen **Geschichtspfad „Auf den Spuren des Bären"** mit Informationstafeln und einem Begleitheft durch die 1200 Jahre alte Geschichte. An Widerstand und Verfolgung erinnern einige Stationen:
Die **Peter- und Paul-Kirche**, an der der katholische Pfarrer August Ruf wirkte;
der **Schnaidholz-Sportplatz**: Die dortige Informationstafel berichtet über die Auflösung der Arbeitersport- und Kulturvereine;
das **Gebäude** der im Frühjahr 1933 verbotenen sozialdemokratischen Zeitung **„Volkswille"** an der Ecke **Thurgauer Straße/Ekkehardstraße**;
das **Gewerkschaftshaus** in der **Schwarzwaldstraße**;
das Haus in der **Hadwigstraße** 32, in dem sich die Zentrale der örtlichen NSDAP befand.

Geplant (1996) ist die Anbringung einer **Gedenktafel** am ehemaligen Wohnhaus des Schriftstellers und Journalisten Max Porzig. Porzig war verantwortlicher Redakteur der SPD-Zeitung „Volkswille". Er wurde bei der „Aktion Gitter" im August 1944 verhaftet, durchlitt die KZ Natzweiler und Dachau und wurde im Dachauer Außenkommando Allach befreit. Soweit bisher bekannt wurden bei der „Aktion Gitter" in Singen nahezu 30 Männer, ehemalige Abgeordnete und Funktionäre der SPD, der KPD und des Zentrums in Konzentrationslager verschleppt.

„Rassische" Verfolgung und „Euthanasie"

Der Geschichtspfad „Auf den Spuren des Bären" führt zum ehemaligen **Geschäfts- und Wohnhaus** der Familie Guggenheim in der **Scheffelstraße**. Die dortige Tafel informiert über die Geschichte der jüdischen Kaufhäuser Guttmann und Guggenheim und ihre durch Boykott erzwungene Schließung.

In Singen lebten um 1930 14 jüdische Familien mit 60 Mitgliedern. Sie gehörten zur Synagogengemeinde Konstanz. Da der Weg nach Konstanz weit war, richteten sie sich 1931 im **Lagerhaus** der jüdischen Fa. Roll & Co in der heutigen **Freiheitstraße** einen **Betsaal** ein. Bis August 1938 waren alle jüdischen Geschäfte in „arischen" Besitz übergegangen, d.h. weit unter Wert verkauft. Als im Oktober 1940 die erste Deportation erfolgte, wohnten in Singen keine Juden mehr. 30 Personen hatten rechtzeitig in das sichere Ausland – USA, Palästina und Südamerika – fliehen können. Von 14 ist bekannt, daß sie von ihren Zufluchtsorten deportiert und ermordet wurden, das Schicksal von zwölf weiteren ist ungeklärt. Aus dem heute eingemeindeten **Bohlingen** wurde 1943 Johanna Schwarz geb. Michel deportiert und ermordet.

Die **Waldeck-Turnhalle** diente am 22. Oktober 1940 einige Stunden lang als Gefängnis für die Gailinger Juden und Jüdinnen, bevor sie auf offenen Lastwagen – „zur Volksbelustigung der Singener Stadtbevölkerung", wie Berty Friedländer schrieb – zum **Bahnhof** gebracht wurden und dort gemeinsam mit den Konstanzer Juden den Zug besteigen mußten, der sie in das Internierungslager Gurs in Südfrankreich bringen sollte. Ihr Hab und Gut wurde währenddessen hinter der **Scheffelhalle** versteigert.

Die am 4. Mai 1993 am **Bahnhof** enthüllte **Informationstafel** des Geschichtspfades berichtet über die Bedeutung Singens als letzte Station vor der Flucht in die Schweiz und über das Schicksal des jüdischen Ehepaares Margarete und Ottmar Pollok aus Berlin, das am 25. November 1942 auf dem Bahnhof Selbstmord beging.

Die sterblichen Überreste von Margarete und Ottmar Pollok sowie der beiden Juden Hans-Georg Kornblum und Josef Martin, die ebenfalls Selbstmord verübten, waren ursprünglich bei den „Russengräbern" auf dem Waldfriedhof bestattet (s.u.) und wurden nach 1945 auf den Jüdischen Friedhof von Gailingen überführt. Wo die Jüdin Fanny Flatauer begraben ist, ist uns nicht bekannt. Sie war am 15. Februar 1943 mit dem Zug von Berlin nach Singen gekommen, wurde verhaftet und beging noch am selben Tag im **Gefängnis** an der **Erzbergerstraße** Selbstmord.

Die gelungene Flucht des heute in Haifa lebenden jüdischen Lehrers Jizchak Schwersenz (s. auch Blaustein, Alb-Donau-Kreis) wurde 1986 vom Kulturamt Singen rekonstruiert und als Videofilm festgehalten.

Wie bereits oben erwähnt, steht auf dem **Gedenkstein** für die Opfer des Nationalsozialismus sechsmal der Name Winter. Die Sinti-Familie Winter lebte in den dreißiger Jahren in einem Haus am nordwestlichen Stadtrand von Singen. Am 23. März 1943 fuhr ein Lastwagen mit Gestapobeamten vor, sie verhafteten alle Anwesenden. Am 27. März 1943 wurde die Ankunft der Familie, nach Geschlechtern getrennt, in den „Hauptbüchern des Zigeunerlagers Auschwitz-Birkenau" registriert. Zu ihrem weiteren Schicksal sind dem „Hauptbuch (Männer)" einige dürftige Angaben zu entnehmen:

Johann Winter, 1892 in Eckingen geboren, wurde am 31. Juli 1943 ermordet;
Anton Winter, 1913 in Ehrenstädt geboren, wurde am 15. April 1944 zur Zwangsarbeit in das KZ Buchenwald geschickt;
David Winter, 1922 in Markelfingen zur Welt gekommen, wurde bereits im April 1943 ermordet;

Bei den Kindern, dem fünf Jahre alten Lothar und dem drei Monate alten Säugling Willy, die beide in Singen zur Welt gekommen waren, fehlen Todesdaten: So ist zu befürchten, daß sie einer der zahllosen Mordaktionen der SS zum Opfer gefallen sind.

Bei den im „Hauptbuch (Frauen)" am 27. März 1943 eingetragenen Frauen und Mädchen mit dem weitverbreiteten Familiennamen Winter war es uns nicht möglich, sie der Familie aus Singen zuzuordnen. Jedoch fanden wir zwei in **Singen** geborene Mädchen: die vierjährige Genofefa Winter und die zweijährige Juliane Winter, deren Einlieferung am 10. Dezember 1943 registriert wurde. Die beiden kleinen Mädchen befanden sich ohne Verwandte in einem kleinen Transport von insgesamt neun Sinti aus dem Generalgouvernement. Juliane erlag am 24. April 1944 den entsetzlichen Lagerbedingungen; von Genofefa ist kein Todesdatum überliefert.

Konzentrationslager und Zwangsarbeit

Mehr als 30 Jahre erforschte Wilhelm J. Waibel das Schicksal ausländischer Zwangsarbeiterinnen und -arbeiter in Singen. Lange Jahre hindurch waren seine Briefe in die damalige Sowjetunion unbeantwortet geblieben, bis er 1989 endlich Antwort aus Poltava in der Ukraine bekam. Mit dem Journalisten Wasilij Kotljar fand er einen Menschen, der ihn bei seinem Nachforschungen unterstützt. Zusammen suchten sie in der Region nach Menschen, die zur Zwangsarbeit nach Singen verschleppt worden waren, und legten mit dieser Spurensuche die Grundlagen für ein Städtepartnerschaft, die 1993 zwischen Singen und Poltava besiegelt wurde. 1995 schließlich erschien Waibels Dokumentation „Schatten am Hohentwiel", die zahlreiche Berichte ehemaliger Zwangsarbeiterinnen und -arbeiter vor allem aus der Ukraine enthält.

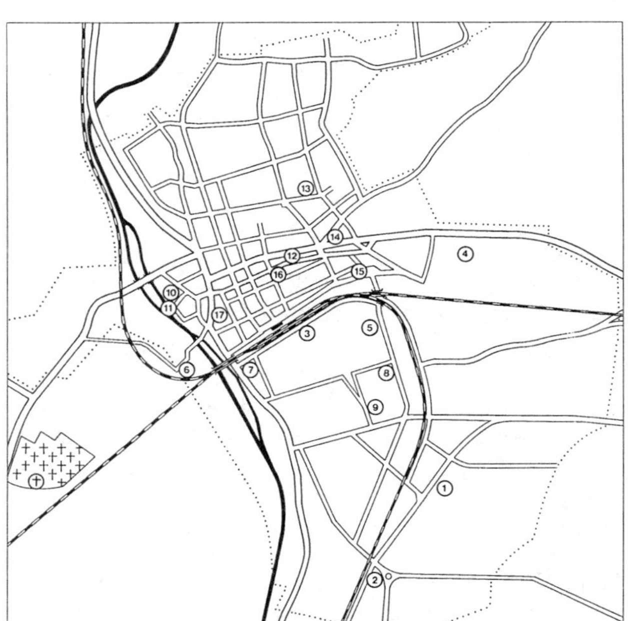

Lager für Zwangsarbeiter und Kriegsgefangene in Singen

Gegen Kriegsende waren mindestens 3.000 Zwangsarbeitskräfte in Singen eingesetzt, d.h. jeder sechste Einwohner war Ausländer. Mit 1.604 Zwangsarbeitskräften einschließlich 68 Kriegsgefangenen stand die **Georg Fischer AG** hinsichtlich des Ausländer-Einsatzes an der Spitze der Singener Rüstungsbetriebe.

Bei den **Aluminium-Walzwerken** arbeiteten 1.195 Ausländer, darunter 403 Kriegsgefangene, unter Zwangsbedingungen; ein Großteil lebte im Lager Tann. Die **Maggi GmbH** beschäftigte 348 Zwangsarbeitskräfte, unter ihnen 164 Kriegsgefangene. Im **Maggi-Lager Gütterli** waren zeitweise auch die bei den Firmen Haas & Kellhofer (266) und J.H. Bek (72) beschäftigten Ausländer untergebracht.

Im Sommer 1942 lebte der größte Teil der ausländischen Zwangsarbeitskräften in fünf großen Lagerkomplexen: Lager Gütterli (Maggi), Lager Aluminium-Walzwerke, Barackenlager Georg Fischer AG und in den neu errichteten Barackenlager, die südlich der Georg Fischer AG lagen und für aus der Ukraine und Rußland verschleppte Frauen und Männer bestimmt waren.

Waibel konnte das Archiv der Georg Fischer AG auswerten und stieß auf beschönigende Beschreibungen der Firmenlager: Hochglanzfotos zeigen lachende „Ostarbeiterinnen" und „Ostarbeiter", die an blumengeschmückten Tischen sitzen. Bei einem 1943 von der DAF Kreisverwaltung Konstanz ausgeschriebenen Lagerwettbewerb schnitten die Georg-Fischer-Lager mit dem 4. Platz ab.

In den Berichten der ehemaligen Zwangsarbeiterinnen und -arbeiter hat die Art der Unterbringung, so stellt Waibel fest, keinen so großen Stellenwert; ihre Hauptklage gilt der schlechten Ernährung und der demütigenden Behandlung. Bei den **Maggi-Werken** protestierten 1943 einige polnische und ukrainische Zwangsarbeiter wegen des ungenießbaren Essens. „Es gab Suppe, in der es von Maden wimmelte. Das Betteln um mehr Brot oder um besseres Essen wurde vom Lagerleiter mit unbarmherzigen Prügeln beantwortet" – so der Ukrainer Nicholas Lyszyk 1989 bei seinem Besuch in Singen. Sechs sogenannte „Rädelsführer" wurden der Gestapo übergeben, nur zwei oder drei kehrten wieder aus der „Erziehungshaft" zurück, die die Gestapo in solchen Fällen in ihren eigens zum Zwecke der Disziplinierung eingerichteten „Arbeitserziehungslagern" verhängte.

Ähnliche Klagen über die unzureichende Ernährung wurden auch über das **Fitting-Lager**, die **Lager** der **Georg Fischer AG** und der **Aluminiumwerke** geäußert. Die befragten ehemaligen Zwangsarbeiterinnen und -arbeiter erinnern sich vor allem an Schläge. Wie z.B. Antonina Danilowna Trinoshenko, die bei der **Georg Fischer AG** arbeiten mußte:

> „Meine Arbeit war sehr schwer, ich mußte Formen mit Sand füllen. Es war sehr heiß in der Halle. Später als ich schon sehr krank und erschöpft war, versetzte man mich zum Ofen, wo die Granaten getrocknet wurden.

Wir mußten dort Granaten und Ersatzteile abreiben und aufstellen. Einmal fielen die Granaten um und waren kaputt. Wir beschädigten so viele Granaten. Plötzlich kam der Meister und schlug mich. Und seit jener Zeit arbeitete ich dann im Keller und mußte das Fließband mit Sand beladen."

Das Geburtsregister der Stadt verzeichnet von 1942 bis 1945 76 Geburten von polnischen, russischen und ukrainischen Kindern. Die Entbindungen fanden in Lagern statt. So hatte die **Georg Fischer AG** im Lager „Ostend" eine „Entbindungsstation" und einen „Kinderhort" eingerichtet; allein hier kamen 26 Kinder zur Welt. Im **Maggi-Lager** wurde der erste polnische Säugling im Januar 1943 geboren; um die Jahreswende 1943/1944 gab es bereits sechs Geburten. Als der Stadtpfarrer Gottfried Kaiser die Kinder auf Wunsch der Eltern taufen wollte, protestierte die Werksleitung. Pfarrer Kaiser wurde deshalb im Mai 1944 für drei Monate in „Schutzhaft" genommen. Über die Lebenssituation der Säuglinge und Kleinkinder in den Lagern ist noch wenig bekannt. Die Gräber von vier Säuglingen, Lena Schaschko, Ludmilla Panarina, Sinaida Olexanka und Natalia Antonowa, die in Singen starben, wurden nach Biberach verlegt (s.u.).

In der Erinnerung der ehemaligen Zwangsarbeiter und -arbeiterinnen blieben auch gute Erfahrungen mit einigen Deutschen. Bei der **Georg Fischer AG** war der Arbeiter Michael Wutzer ein guter Freund. Er verschaffte ihnen eines Tages sogar ein Rundfunkgerät. Dieses wurde jedoch entdeckt: Die Gestapo verhaftete daraufhin die Ukrainer Nicolaj Winnik und Pjotr Omeltschenko. Winnik kam in das KZ Dachau, das er überlebte, während sich die Spur von Omeltschenko im „Arbeitserziehungslager" Niederbühl (Kr. Rastatt, Baden-Württemberg I) verliert. Die Gestapo Singen unterzog auch Wutzer einem scharfen Verhör, bei dem er geprügelt wurde, mußte ihn jedoch wieder freilassen.

Die nahe, jeoch scharf bewachte Grenze zur Schweiz bedeutete für die Zwangsarbeiterinnen und -arbeiter im Singener Raum das Tor in die Freiheit. Aufgrund seiner Recherchen kommt Waibel zum Ergebnis, daß etwa 15 % der ausländischen Zwangsarbeitskräfte versucht haben, in die Schweiz zu fliehen. Es war für sie außerordentlich schwierig, sich genaue Kenntnisse über den Grenzverlauf zu verschaffen. Das Badische Innenministerium hatte z.B. im Juni 1941 angeordnet, daß Übersichtskarten an Tankstellen, Orientierungstafeln an Wanderwegen und sonstige öffentlich ausgestellte Landkarten „für die Dauer des Krieges entfernt oder wenigstens überdeckt werden" mußten. Doch es gab ein Informationsnetz unter den ausländischen Zwangsarbeitern und Hilfe von einigen Deutschen. Die Ukrainerin Serafina Kusmiwna Skorobagatsch berichtete über eine Kollegin namens Berta, die ihr und einem Tschechen zur Flucht verholfen hat: Sie steckte ihnen bei einem Luftalarm zivile Kleidung zu und wies den Weg zum ersten sicheren Versteck auf einem Bauernhof in unmittelbarer Nähe der Schweizer Grenze. Dort blieb sie einige Tage in einem Kuhstall, der ihr „wie ein Palast" vorkam, bis sie schließlich mit einer Gruppe von Flüchtenden über die Grenze gebracht wurde.

Waibel dokumentiert auch drei tödlich endenden Fluchtversuche: Der französische Kriegsgefangene Paul Bonnard starb am 17. April 1942 im **Singener Krankenhaus** an den Folgen von Schußverletzungen; Antoine Blondeau starb am 4. Mai 1942 an „Blutvergiftung infolge Nachschusses bei einem Fluchtversuch" und der russische Kriegsgefangene Iwan Rückin wurde am 10. Juni 1943 bei seinem Fluchtversuch von Werkschutzleuten der Aluminiumwerke erschossen (s. auch Gottmadingen und Tengen).

In den Sterbebüchern des Singener **Friedhofsamtes** sind lediglich 18 Todesfälle von Zwangsarbeitern und Kriegsgefangenen aufgezeichnet. Waibel geht davon aus, daß es etwa 50 Todesfälle gegeben hat, die durch Dokumente oder Hinweise bekannt wurden.

Gräber ausländischer Zwangsarbeiterinnen und -arbeiter liegen an der nordwestlichen Mauer des **Waldfriedhofs** in unmittelbarer Nähe der Friedhofsmülldeponie. Die offizielle Bezeichnung „Ausländerehrenmal" steht in traurigem Kontrast zu dieser Anlage: 13 schlichte Holzkreuze mit Namen und Lebensdaten der hier Bestatteten. Unmittelbar nach Kriegsende hatte es hier noch mehr Gräber ausländischer Toter gegeben. Im Frühjahr 1950 wurden die sterblichen Überreste von 21 (so eine handschriftliche Notiz im

St. Theresienkapelle

Stadtarchiv) oder 16 (so die Gräberliste von Biberach) aus der Sowjetunion verschleppten Frauen, Männern und Kindern auf den „Russenfriedhof" von Biberach umgebettet. Umgebettet oder in ihre Heimat überführt wurden vermutlich auch die beiden bei Fluchtversuchen erschossenen französischen Kriegsgefangenen Antoine Blondeau und Paul Bonnard.

Nach dem Krieg dienten die ehemalige Barackenlager der Georg Fischer AG der französischen Besatzungsmacht als Lager für deutsche Kriegsgefangene. Der Lagerkommandant Jean Le Pan de Ligny beauftragte im Herbst 1946 zwei deutsche Gefangene, Pläne für eine Lagerkirche zu entwerfen. Die **St. Theresienkapelle** ist eine Station auf dem Geschichtspfad.

STEISSLINGEN

Konzentrationslager und Zwangsarbeit

Mit der Flucht über die Schweizer Grenze versuchten ausländische Zwangsarbeiter und Kriegsgefangene, ihren verzweiflungswürdigen Arbeits- und Lebensbedingungen zu entkommen. Man schätzt, daß 15 % der im Raum Singen registrierten Zwangsarbeiter einen Fluchtversuch gewagt haben, einzeln oder in ganzen Gruppen. Am 21. September 1944 scheiterte bei **Wiechs** die Flucht einer größeren Gruppe, die sich ein Gewehr beschafft hatte. Bei einer Schießerei mit dem Zollgrenzschutz wurde der 22jährige polnische Kriegsgefangene Wladislaus Hutnik tödlich getroffen, zwei weitere Flüchtlinge erlitten Verletzungen. Die Leiche des jungen Polen wurde auf dem **Friedhof** von **Wiechs** bestattet.

STOCKACH

Widerstand und Naziterror

Zehn Antifaschisten wurden im Laufe des Jahres 1933 zur „Schutzhaft" in das KZ Ankenbuck (s. Brigachtal, Schwarzwald-Baar-Kreis) gesperrt: August Schmidt, Wilhelm Leibach, Fritz Schimanski, Albert Ziegler, Karl Haselmaier, Ernst Seelenbrand, Karl Walter und Thomas Feger aus **Stockach** sowie Karl Hege aus **Mahlspüren** im Hegau und Alois Gromer aus **Zizenhausen**.

Johann Michael Schwall, katholischer Pfarrer in **Raithaslach**, wurde wegen regimekritischer Äußerungen am 9. Oktober 1941 verhaftet und in das KZ Dachau überstellt. Er konnte überleben und kehrte in seine Gemeinde zurück.

„Rassische" Verfolgung und „Euthanasie"

Um 1933 lagen die jüdischen Geschäfte alle in der **Hauptstraße**: Apotheke Inh. Heinz Cohn, Gastwirtschaft „Deutsches Haus", Inh. Ida Erlanger, Manufakturwarengeschäft Isaak/Hermann Weil. In der **Bahnhofstr.** 4 hatte Dr. Gerhard Bütow seine Zahnarztpraxis. Nachforschungen zum Schicksal der jüdischen Bürgerinnen und Bürger fehlen. Im Gedenkbuch für die Opfer der Judenverfolgung steht lediglich ein Name: Liselotte Erlanger. Die damals 25jährige Frau wurde in der „Euthanasie"-Tötungsanstalt Grafeneck (s. Gomadingen, Kr. Reutlingen) ermordet.

Konzentrationslager und Zwangsarbeit

Akten im Stadtarchiv Stockach geben einen ersten Einblick über den Arbeitseinsatz von ausländischen Kriegsgefangenen und zivilen Zwangsarbeitskräften:

Von April bis Oktober 1940 waren zur „Reinhaltung von Bächen und Gräben" im Kreis Stockach 160 vermutlich polnische Kriegsgefangene aus dem Stalag VB Villingen eingesetzt. Kommandos mit je zehn Mann bestanden außer in **Stockach** in den Gemeinden Volkertshausen, **Wahlwies**, Ludwigshafen am See, Heudorf (Hegau), Schwandorf, Mühlingen, **Mahlspüren** (Tal), Orsingen, Göggingen, Meßkirch, Worndorf, Sauldorf und **Winterspüren**. Kommandos mit je fünf Mann arbeiteten in Steißlingen, Honstetten, **Hoppetenzell** und Engelswies.

1940 arbeitete zusätzlich das Kommando 5009 aus dem Stalag VB Villingen mit 16 polnischen Kriegsgefangenen bei Landwirten in Stockach. Ein weiteres Kommando mit neun französischen Kriegsgefangenen scheint bei der **Metallwarenfabrik Glatt** bestanden zu haben. Im Dezember 1941 wurde das **Josefsheim** als Unterkunft von etwa 50 Kriegsgefangenen hergerichtet.

Erstmals im Februar 1942 wurden polnische Zivilarbeiter, die in Handwerksbetrieben beschäftigt waren, gemeldet. Es bleibt offen, ob es sich bei ihnen um ehmalige Kriegsgefangene oder um zur Zwangsarbeit verschleppte Zivilpersonen handelte. Ende 1944 lebten in firmeneigenen Barackenlagern etwa 360 ausländische zivile Zwangsarbeitskräfte:

In der **Landmaschinenfabrik Fahr** waren „130 Russen, 100 Italiener, 40 Polen und Ukrainer, 20 Serben" eingesetzt, bei der **Metallwarenfabrik Glatt** 50 „Russen", in der **Landmaschinenfabrik Graber** 15 „Ostarbeiter" und bei der **Fa. Pütz** fünf Polen.

Weitere 16 Zwangsarbeiter waren in Privatquartieren untergebracht. Die Zahlen, die der FNTB nach 1945 ermittelte, liegen jedoch höher: **Stockach** 540 und **Winterspüren** 80 zivile ausländische Zwangsarbeitskräfte.

Am 23. April 1945 verübte eine SS-Einheit in **Stockach** ein Massaker, dem 14 (oder 15) ausländische Zwangsarbeiter – überwiegend Russen, Polen und Italiener – und fünf französische Soldaten zum Opfer fielen. Vorangegangen war der Durchzug der französischen Armee durch Stockach, ohne militärischen Schutz zu hinterlassen. So konnten SS-Leute sich gegen Mittag wieder in der Stadt festsetzen. Über die Vorgänge, die zur Erschießung der „Fremdarbeiter" führten, ist bisher nichts bekannt. Es heißt, sie seien beim Plündern angetroffen worden. Hinsichtlich der französischen Soldaten wird gesagt, sie seien ahnungslos in die Stadt gefahren und in einen von der SS gelegten Hinterhalt geraten. Pfarrverweser A. Mutz und einige städtische Bedienstete begruben die Ermordeten im **Stadtpark**, in der Nähe des Erschießungsplatzes. Als der französische Kommandant vom Massengrab im Stadtpark erfuhr, drohte er, die Stadt niederzubrennen, da er die Täter unter den Einheimischen vermutete. Mit Mühe konnten Pfarrer Mutz und der provisorische Bürgermeister Sigl den französischen Kommandanten davon überzeugen, daß eine SS-Einheit diesen Mord begangen hatte.

Am Volkstrauertag 1995 wurde am **Ehrenmal** für die Toten des 2. Weltkrieges eine **Gedenktafel** enthüllt – „Zur Erinnerung an die Opfer des SS-Massakers vom 23. April 1945". Die Tafel trägt 16 Namen, vier Ermordete konnten nicht mehr identifiziert werden.

Beim Standesamt sind insgesamt 23 Todesfälle von Ausländern registriert worden, darunter die Opfer des SS-Massakers vom 23. April 1945. Drei Tage später kam ein französischer Zwangsarbeiter (oder Kriegsgefangener) ums Leben: Der Student Francois Rouvé aus Dijon starb nach Auskunft des Sterbebucheintrags an Magentuberkulose. Sein Name steht jedoch auf der Gedenktafel für die Opfer des SS-Massakers.

Drei weitere beim Standesamt registrierte Todesfälle lagen im Zeitraum von Juni 1941 bis Februar 1945: Max Louis Prince, gestorben am 10. Juni 1941, Raymond Chevet, gestorben am 13. Dezember 1941 und Jean Antonie Rossi, gestorben am 28. Februar 1945. Von diesen drei Toten konnten wir kein Grab und keinen Hinweis auf eine Umbettung finden.

Doch die Suche nach ihren Gräbern deckte weitere Todesfälle auf, die offensichtlich nicht beim Standesamt registriert sind. So steht in der Gräberliste von Stockach, nicht jedoch in den Standesamtsunterlagen der Name von Piotr Juchnowski, der am 2. Juli 1944 im Alter von 19 Jahren in Stockach ums Leben gekommen war. Sein Grab befindet sich ebenfalls in der Ehrenanlage des Stockacher Friedhofes. Die Gräber von fünf aus der Sowjetunion verschleppten Menschen – einer Frau und vier Männern – wurden 1949 von Stockach auf den „Russenfriedhof" nach Biberach verlegt.

In **Zizenhausen** kam am 21. November 1942 der russische Kriegsgefangene Stephan Pakitin im Alter von 20 Jahren ums Leben; sein Grab befindet sich heute ebenfalls auf dem „Russenfriedhof" in Biberach.

TENGEN

Widerstand und Naziterror

Am 29. November 1935 zogen 28 Steinbrucharbeiter durch den kleinen Ort. An der Spitze des Zuges marschierte der Bauunternehmer Adolf Lauster aus Stuttgart und sein Tengener Betriebsleiter. Eine mitgeführte Tafel benannte die Gründe für die „Demonstration": „28 Mann arbeitslos durch unseren Ortsgruppenleiter Rösch. Belegschaft Lauster!" Auf dem **Marktplatz** hielt einer der Arbeiter eine hitzige Rede, dann ging es von Wirtschaft zu Wirtschaft, und der Bauunternehmer spendete großzügig Freibier. Noch am gleichen Tag trafen sich der Landrat, ein Gestapobeamter aus Singen, ein Vertreter des Arbeitsamtes Konstanz und neun „Hoheitsträger" der NSDAP und forderten „energisches Eingreifen" wegen des „regelrechten Propagandamarsches, der einem kommunistischen Umzug glich". Am 7. Dezember 1935 erließ die Gestapo „Schutzhaft" gegen den Betriebsleiter und den als „Rädelsführer" ausgemachten Arbeiter Franz E., der vom Ortsgendarm als ehemaliger Kommunist, „der heute noch dieselbe Gesinnung haben dürfte", bezeichnet wurde. Der Betriebsleiter kam am 24. Dezember 1935 wieder frei; der Bauunternehmer Lauster war ebenfalls kurzzeitig in Haft. Wegen „Vergehens gegen die Verordung zum Schutz des deutschen Volkes" wurden am 14. April 1936 er und der Betriebsleiter zu Geldstrafen und der Arbeiter Franz E. zu vier Wochen Gefängnis verurteilt.

In einem spannend zu lesenden Aufsatz mit dem Titel „Es kam uns niemals in den Sinn, etwas gegen Regierung und Staat zu unternehmen" ordnet Werner Trapp diese Ereignisse in die politische und wirtschaftliche Entwicklung der Randenstadt ein, in der mit Beginn des NS-Regimes das „Muschelkalkfieber" ausgebrochen war und zwei große Bauunternehmen auf Kosten der kleinen Tengener Steinbruchbesitzer um das für die Monumentalbauten begehrte Gestein konkurrierten.

„Rassische" Verfolgung und „Euthanasie"

Auf einem Hügel in der Nähe der alten Straße Watterdingen–Engen wurde am 8. Oktober 1942 vormittags 8.00 Uhr im Beisein seiner in der Umgebung arbeitenden Landsleute der 25jährige polnische Zwangsarbeiter Ludwig Szymanski aus Lodz erhängt. In mehr als fünf Jahre dauernden Recherchen, erschwert durch den Mantel des Schweigens, der seit jener Zeit über der rassistisch motivierten Verfolgung von Beziehungen zwischen deutschen Frauen und „Fremdvölkischen" liegt, konnte Wilhelm J. Waibel die Hintergründe dieses Mordes erhellen und polnische Augenzeugen befragen. Danach hatte Szymanski auf einem Bauernhof in **Watterdingen** gearbeitet und war von seinem Arbeitgeber angezeigt worden, als dieser vermutete, daß sich zwischen seiner Tochter und dem jungen Polen eine Freundschaft entwickelte. Die damals 18jährige Hermine P. wurde an den Pranger gestellt und kahlgeschoren, anschließend kam sie in das JugendKZ Uckermark bei Ravensbrück und kehrte erst am 15. Januar 1943 wieder nach Hause zurück. Nach Kriegsende wurde der Vater der jungen Frau von einem französischen Militärtribunal in Freiburg zu einer Gefängnisstrafe von zehn Jahren verurteilt, die später auf drei Jahre und schließlich auf Bewährung ausgesetzt wurde. Im Dorf blieb das „Thema" ein Tabu. Man hat später sogar den Baum gefällt, an dem der Pole erhängt wurde. Auch der damalige katholische Ortspfarrer von Watterdingen erwähnte in seinem im Mai 1945 verfaßten Bericht über Ereignisse in der NS-Zeit mit keinem Wort diese Geschehnisse.

Konzentrationslager und Zwangsarbeit

Die sterblichen Überreste des in **Tengen** ums Leben gekommenen russischen Kriegsgefangenen Iwan

Mosijkow wurden 1949 auf den „Russenfriedhof" nach Biberach umgebettet (s. Kr. Biberach).

SPUREN DER ZWANGSARBEIT

Bei einigen Orten blieb unsere Spurensuche erfolglos – bis auf die Zahlen, die der Französische Nationale Suchdienst (FNTB) zum Einsatz ausländischer Zwangsarbeitskräfte ermittelte. Sie seien dennoch als Anstoß für Nachforschungen hier genannt:

Eigeltingen, Ortsteil Honstetten	65 Personen
Hohenfels, Ortsteil Kalkofen	65 Personen
Mühlingen, Ortsteil Mainwangen	55 Personen

LITERATUR

Otto Blumenthal: Die Verhaftung. In: Wir haben es gesehen. Augenzeugenberichte über die Judenverfolgung im Dritten Reich. Hg.: Gerhard Schoenberner. Hamburg 1962

Erich Bloch: Geschichte der Juden von **Konstanz** im 19. und 20. Jahrhundert. Konstanz 1971

Erich Bloch: Das verlorene Paradies. Ein Leben am Bodensee 1897–1939. Sigmaringen 1992 (zu **Konstanz** und **Horn**)

Willi Bohn: Transportkolonne Otto. Frankfurt 1970

Manfred Bosch: „Der Abschied von **Singen** fiel uns nicht schwer...". Die Hohentwielstadt als letzte deutsche Station auf der Flucht verfolgter Juden . In: Singener Jahrbuch, Singen 1983

Manfred Bosch: Bohème am Bodensee. Literarisches Leben am See von 1900 bis 1950. Lengwil 1996

Manfred Bosch: „Für eine Vergeistigung der Politik" – Zum 100. Geburtstag Udo Ruksers. In: Hegau. Zeitschrift für Geschichte, Volkskunde und Naturgeschichte des Gebietes zwischen Rhein, Donau und Bodensee. Bd. 49/50. Singen 1992/1993

Lothar Burchardt, Dieter Schott, Werner Trapp: **Konstanz** im 20. Jahrhundert. Die Jahre 1914 bis 1945. Konstanz 1990

Heinz Faulstich: Von der Irrenfürsorge zur „Euthanasie". Geschichte der badischen Psychiatrie bis 1945. Freiburg 1993 (zu Reichenau)

Eckhardt Friedrich, Dagmar Schmieder-Friedrich (Hg.): Die Gailinger Juden. Materialien zur Geschichte der Jüdischen Gemeinde **Gailingen** aus ihrer Blütezeit und den Jahren der gewaltsamen Auflösung. Konstanz 1981

Alfred G. Frei, Jens Runge (Hg.): Erinnern – Bedenken – Lernen. Das Schicksal von Juden, Zwangsarbeitern und Kriegsgefangenen zwischen Hochrhein und Bodensee in den Jahren 1933–1945. Sigmaringen 1990

Andrea Hofmann: Künstler auf der Höri. Zuflucht am Bodensee in der ersten Hälfte des Zwanzigsten Jahrhunderts. Konstanz 1989

Reinhild Kappes: ... und in **Singen** gab es keine Juden? Eine Dokumentation. Hg.: Kulturamt der Stadt Singen (Hohentwiel). Sigmaringen 1991

Erwin Keller: Als die Franzosen kamen. Kriegsende 1945 im oberen Hegau. Eine Dokumentation über das Ende des 2. Weltkrieges 1945-1946. Herausgegeben vom Heimat- und Verkehrsverein und der Stadt Aach. Singen 1985

Mathias Knauer, Jürgen Frischknecht: Die unterbrochene Spur. Antifaschistische Emigration in der Schweiz von 1933 bis 1945. Zürich 1983

Ingeborg Meier: Die Stadt **Singen** am Hohentwiel im Zweiten Weltkrieg. Konstanz 1992

Jacob Picard 1883-1967. Dichter des deutschen Landjudentums. Katalog zur gleichnamigen Ausstellung in der ehemaligen Synagoge Sulzburg. Erarbeitet von Manfred Bosch und Jost Grosspietsch. Freiburg 1992

Jizchak Schwersenz: Die versteckte Gruppe. Ein jüdischer Lehrer erinnert sich. Berlin 1988 (zu Singen)

Werner Trapp: „Es kam uns niemals in den Sinn, etwas gegen die Regierung oder Staat zu unternehmen." Die Demonstration der **Tengener** Steinbrucharbeiter vom November 1935, ihre Hintergründe und ihre Folgen. Ein Kapitel Alltagsgeschichte des Nationalsozialismus aus dem westlichen Bodenseeraum. Singen 1994

Wilhelm J. Waibel: Schatten am Hohentwiel. Zwangsarbeiter und Kriegsgefangene in **Singen**. Konstanz 1995

Käte Weick: Widerstand und Verfolgung in **Singen** und Umgebung. Berichte, Lebensbilder und Dokumente. Hg.: VVN-Bund der Antifaschisten Baden-Württemberg. Stuttgart 1981

Erhard R. Wiehn: Novemberpogrom 1938. Die „Reichskristallnacht" in der Erinnerung jüdischer Zeitzeugen der Kehilla Kedoscha. **Konstanz** 50 Jahre danach. Konstanz 1988

KONTAKTE

Komitee zum Schutz der Zeugnisse des jüdischen Lebens in **Gailingen** und Umgebung, c/o Bernd Renner, Am Wald 11, 88316 Isny/Allgäu

STADTSPAZIERGÄNGE, STADTFÜHRER

Das Kulturamt der Stadt Singen, August-Ruf-Straße 7, 78224 Singen, organisiert Stadtführungen und verkauft Begleitmaterialien:

Klaus Michael Peter: Stadtrundfahrt durch die Geschichte der Stadt **Singen** (Hohentwiel) 1930–1950. Hg.: Stadt Singen, Singen 1988
Michael Schäfer, Detlef Stender: Auf den Spuren des Bären. Der Singener Geschichtspfad. Singen 1989

Der „Arbeitskreis für Regionalgeschichte Bodensee" bietet einen geführten „Rundgang durch das jüdische **Konstanz**" an.
Arbeitskreis Regionalgeschichte e.V., c/o Norbert Linke, Marktstätte 22, 78462 Konstanz

Stadtspaziergang „Auf den Spuren des jüdischen **Gailingen**":
Detlef Girres, Obergailinger Str. 4, 78262 Gailingen

MUSEEN

Hermann-Hesse-Höri-Museum, Gaienhofen, beim Rathaus
Öffnungszeiten:
14. Oktober bis 29. März: Freitag und Samstag 14–16 Uhr, Sonn- und Feiertage 11–16 Uhr;
30. März bis 13. Oktober: Dienstag bis Samstag 14–17 Uhr, Sonn-und Feiertage 11–17 Uhr

Otto-Dix-Haus, Hemmenhofen
Öffnungszeiten:
März bis Ende Oktober: Mittwoch bis Samstag 14–17 Uhr, Sonn- und Feiertage 11–18 Uhr
Führungen durch Mitglieder des Fördervereins Otto-Dix-Haus Hemmenhofen e.V. nach Vereinbarung: Tel. 07735/3151

Kreis Lörrach

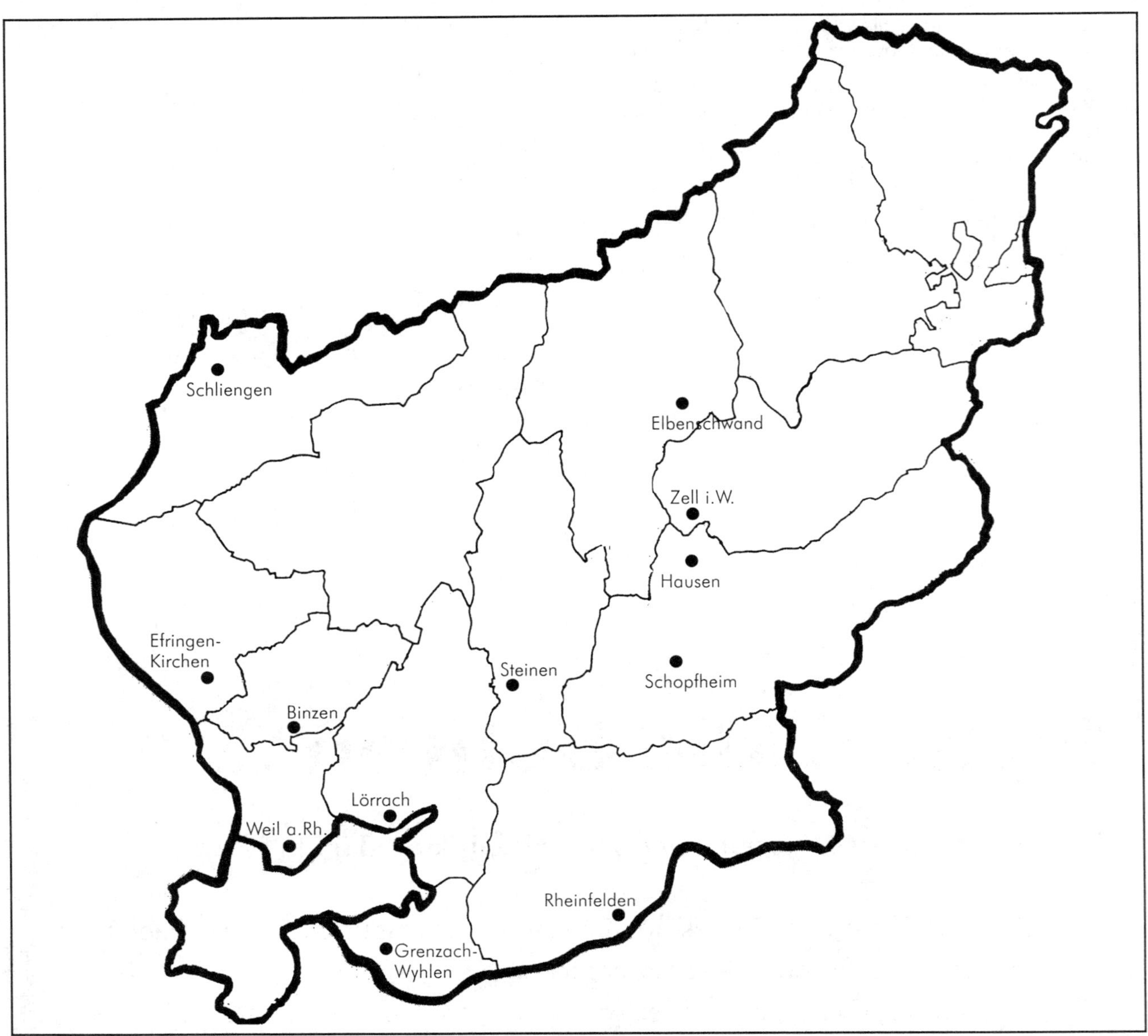

BINZEN

„Rassische" Verfolgung und „Euthanasie"

Am 14. März 1943 traf im Vernichtungslager Auschwitz-Birkenau ein großer Transport von Sinti- und Roma-Familien ein. Unter ihnen befanden sich der 1892 in **Binzen** geborene Johannes Eckstein und 17 Familienangehörige. Bei dreizehn Kindern, Frauen und Männern der Familie Eckstein überliefert das Gedenkbuch der Sinti und Roma ein Todesdatum. Johannes Eckstein wurde im November 1943 ermordet.

Konzentrationslager und Zwangsarbeit

Nach Angaben des FNTB waren in **Binzen** während der Kriegsjahre 75 ausländische Zwangsarbeitskräfte gemeldet.

EFRINGEN-KIRCHEN

„Rassische" Verfolgung und „Euthanasie"

Die Namen von 21 Opfern der Jüdischen Gemeinde **Kirchen** stehen auf einem 1966 errichteten Gedenkstein am Eingang des **Jüdischen Friedhofes** im Gewann **Kehlacker**. Dieser Friedhof ist der einzige noch sichtbare Zeuge der seit dem 18. Jahrhundert ansässigen Jüdischen Gemeinde Kirchen, zu der auch in **Efringen** wohnende Gläubige gehörten.

Die **Synagoge** mit Lehrerwohnung, 1831 erbaut, und die daneben stehende **Jüdische Schule** wurden beim Novemberpogrom 1938 zerstört. Nationalsozialisten aus Haltingen (Weil am Rhein) schändeten das Gotteshaus, zerschnitten die Thorarollen und warfen sie auf einen Mistwagen. Anschließend legten sie Feuer und trieben die jüdische Bevölkerung vor die brennende Synagoge. Neun jüdische Männer wurden verhaftet und zunächst in das Bezirksgefängnis nach Lörrach, später auf Lastwagen in das KZ Dachau verschleppt. Sie kehrten nach Wochen der Erniedrigung zurück. Am 22. Oktober 1940 wurden die letzten in **Kirchen** und **Efringen** lebenden Juden in das Internierungslager Gurs deportiert.

Nach 1945 ließ die politische Gemeinde die Ruine der Synagoge bis auf einen etwa acht Meter langen Mauerrest abtragen; das Grundstück hinter der **Basler Str.** 57 wird heute als Garten genutzt.

Seit Mai 1996 erinnert ein **Gedenkstein** an die ehemalige **Synagoge**:

> „Zum Gedenken. Nur ca. 30 Meter südöstlich stand die 1831 erbaute Synagoge unserer jüdischen Gemeinde. Am 9. November 1938 wurde dieses Gotteshaus geschändet, verwüstet und später abgetragen. Die Bürger der Gemeinde Efringen-Kirchen."

Konzentrationslager und Zwangsarbeit

Nach dem Krieg ermittelte der Französische Nationale Suchdienst den Umfang der Zwangsarbeit in der französisch besetzten Zone. Für **Egringen** nannte er die Zahl von 70, für **Efringen**, die Zahl von 80 ausländischen Zwangsarbeitskräften.

ELBENSCHWAND

Konzentrationslager und Zwangsarbeit

Im Mai 1950 fand vor dem Französischen Militärgericht in Freiburg ein Prozeß gegen sechs ehemalige Angehörige der Hitlerjugend und einen SS-Unterscharführer statt, denen die Erschießung von acht litauischen und/oder polnischen Zwangsarbeitern in **Elbenschwand** und am **Hägelberg** zur Last gelegt wurde. Sie gehörten einer „Werwolf"-Gruppe unter dem Kommando des HJ-Führers im Kreis Lörrach, Kurt Rahäuser, an, die in den letzten Kriegswochen im Gebiet des **Blauen** Unterstände für geplante Sabotageaktionen baute. Ihr waren zehn Zwangsarbeiter zugeteilt. Nachdem zwei von ihnen geflüchtet waren, erteilte Rahäuser am 23. April 1945 den Befehl, die übrigen acht zu erschießen. Ihre Leichen wurden im September 1945 von zwei Pilzsuchern gefunden. Das Französische Militärgericht verurteilte den damals untergetauchten Rahäuser zum Tode, der SS-Unterscharführer Eugen Walz erhielt eine lebenslängliche Zuchthausstrafe, sechs ehemalige Hitlerjungen bekamen Gefängnisstrafen zwischen drei Monaten und sieben Jahren.

35 Jahre später fand vor dem Landgericht Waldshut-Tiengen dieser „Werwolf"-Prozeß seine Fortsetzung: Vor Gericht stand Kurt Rahäuser, der „Hauptschuldige", der 1950 auf der Anklagebank gefehlt hatte. Er bestritt, wie in solchen Fällen üblich, den Befehl zur Erschießung gegeben zu haben, und die beteiligten ehemaligen Hitlerjungen konnten sich an nichts mehr erinnern. Die Staatsanwaltschaft forderte eine Freiheitsstrafe von acht Jahren; das Gericht verurteilte Rahäuser schließlich zu drei Jahren Gefängnis bei Anrechnung der Untersuchungshaft.

GRENZACH-WYHLEN

Widerstand und Naziterror

Antifaschisten aus **Grenzach** und **Wyhlen** beteiligten sich am Transport kommunistischer Zeitungen aus Basel nach Deutschland und stellten auch selbst Flugblätter her. 1935 legten sie an der Straße von Rötteln nach Haagen Flugblätter nieder, die für die Arbeiterinnen einer Strickerei in **Rötteln** bestimmt waren. Die Flugblätter riefen zum Protest gegen die Hungerlöhne auf.

Antifaschistische Aufklärungsschriften kursierten auch bei der **Fa. Geigy** in **Grenzach**. Über die Aktivitäten der kommunistischen Betriebszelle ist jedoch kaum etwas bekannt. Georg Dockhorn aus Grenzach, der als Angestellter bei Geigy beschäftigt war, kam am 22. Juni 1939 im Alter von 53 Jahren im Zuchthaus Ludwigsburg ums Leben. Emil Brugger aus **Wyhlen** leitete bei Geigy gesammelte Spenden an die Rote Hilfe in Basel weiter. Er gehörte zusammen mit Otto Kiefer und Albert Nönninger zu einer Dreier-Gruppe, die bis zu ihrer Verhaftung im Herbst 1936 Zeitungen über die Grenze schmuggelte. Ihre Verbindungen gingen bis in den Freiburger Raum (s. Stadt Freiburg). Am 7. Juli 1937 standen Brugger, Kiefer und Nönninger vor dem OLG Stuttgart, das Zuchthausstrafen zwischen 26 Monaten und vier Jahren gegen sie verhängte.

„Rassische" Verfolgung und „Euthanasie"

Die sieben jüdischen Menschen, die zu Beginn der NS-Zeit in **Grenzach** lebten, gehörten zur Synagogengemeinde Lörrach. In der **Basler Str.** 7 wohnte die Familie des Kaufmanns Salomon Bloch, die am 22. Oktober 1940 nach Gurs deportiert wurde. Salomon Bloch, Jg. 1867, starb unmittelbar nach der Ankunft in Gurs am 4. November 1940. Karl Bloch, Jg. 1896, mußte 1942 auf Transport nach Auschwitz und wurde ermordet. Josefine Bloch überlebte das Lager. Auch die Familie Stein wurde deportiert und gilt als „verschollen".

Beim Versuch, in die Schweiz zu fliehen, kam unter ungeklärten Umständen die Jüdin Friederike Grünberg ums Leben. Der Standesamteintrag besagte lediglich, daß die 62jährige am 25. Dezember 1942 „tot aufgefunden" wurde. Ihr Grab befindet sich auf dem **Friedhof** von **Grenzach**.

Konzentrationslager und Zwangsarbeit

Nach den Ermittlungen, die der Französische Nationale Suchdienst nach Kriegsende zum Ausmaß der Zwangsarbeit in der französisch besetzten Zone durchgeführt hat, waren in **Grenzach** 475 und in **Wyhlen** 350 ausländische Zwangsarbeitskräfte eingesetzt.

Für die in **Wyhlen** arbeitenden Ausländer liegen Angaben zu ihrer Herkunft vor: Die weitaus meisten – 218 Männer – waren im besetzten Elsaß dienstverpflichtet worden; 33 kamen aus Polen, 33 aus Rußland und der Ukraine, 15 aus den Niederlanden, 14 aus Slowenien, fünf aus Rumänien, drei aus Kroatien und drei aus Frankreich.

Das größte Lager in Grenzach unterhielt das Chemiewerk **Geigy AG** auf seinem Firmengelände. Zeitweise waren aus der Sowjetunion verschleppte Frauen im **Gasthaus „Ochsen"** untergebracht. Ein Lager für russische und ukrainische Männer befand sich auf dem Grundstück **Rheinau/Hauptstraße**.

Zusätzlich waren auch ausländische Kriegsgefangene im Einsatz. Sieben Arbeitskommandos sind bekannt: In der Landwirtschaft mußten 20 französische und zehn polnische Kriegsgefangene arbeiten. Die **Deutschen Solvaywerke** in **Wyhlen** beschäftigten 44 französische und 102 sowjetische Kriegsgefangene. Bei der **Eisenbau Wyhlen AG** waren 49 französische und 89 sowjetische Kriegsgefangene im Einsatz. 62 polnische Gefangene arbeiteten bei der **Carbidfabrik Wyhlen**.

Auf dem **Gemeindefriedhof** von **Wyhlen** waren 1946 sechs Ausländer bestattet. Bei dem Niederländer Johann Willem Van der Woude, der am 30. September 1943 starb, ist als Todesursache „Krankheit" angegeben; die übrigen fünf – zwei Franzosen, zwei Russen und ein Pole – sind bei Fluchtversuchen im Rhein ertrunken.

Kein Grab fand der am 26. August 1941 im Wald oberhalb des Rathauses von **Grenzach** erhängte Pole Jan Wielgo. Er war wegen seiner Beziehung zu einer deutschen Frau denunziert worden. Es wird berichtet, daß die beiden damaligen Bürgermeister von Grenzach und Wyhlen und einige Bürger erfolglos gegen die Hinrichtung protestiert hätten. Wie in solchen Fällen der „verbotenen Liebe" üblich, fand die Ermordung des Polen im Beisein seiner Landsleute statt, sein Leichnam wurde einem Anatomischen Institut übergeben.

HAUSEN im WIESENTAL

Widerstand und Naziterror

1949 zeichnete die Gemeinde **Hausen**, das Heimatdorf des alemannischen Dichters Johann Peter Hebel, den 1878 in Hausen geborenen Reinhold Zumtobel mit der Ehrenbürgerschaft aus. 1953 – kurz vor seinem Tod – erhielt er den Hebel-Preis. Zumtobel war seit 1911 Redakteur bei der sozialdemokratischen Zeitung „Volkswacht" in Freiburg gewesen und vertrat zeitweise auch seine Partei im Stadtrat. 1933 verlor er seine Stellung und wurde mehrere Wochen in „Schutzhaft" gehalten. Die folgenden Jahre verbrachte er in Hausen mit der Abfassung der Dorfchronik und Artikeln über den alemannischen Heimatdichter. Eine zweite Verhaftung erfolgte im August 1944 im Zusammenhang mit der „Aktion Gitter", bei der die Gestapo nach dem gescheiterten Attentat auf Hitler alle ehemaligen Abgeordneten der Arbeiterparteien und des Zentrums festnehmen ließ.

Karl Bender aus **Hausen** starb am 22. April 1941 im Alter von 61 Jahren im KZ Auschwitz. Sein Name steht auf einer von Josef Knoll gefertigten Liste mit den Namen von 25 Opfern des Nationalsozialismus im Kreis Lörrach (s. Lörrach).

Konzentrationslager und Zwangsarbeit

Nach den Ermittlungen des FNTB waren während der Kriegsjahre in **Hausen** 190 ausländische Zwangsarbeitskräfte eingesetzt.

LÖRRACH

Widerstand und Naziterror

Ein **Gedenkstein** im Park der **Villa Aichele**, dem ehemaligen Sitz der Gestapo-Dienststelle Lörrach, an der **Basler Str.** 120 ist dem „Gedenken an die Opfer der Gewaltherrschaft 1933–1945" gewidmet. Die Initiative dazu ging von der Vereinigung der Verfolgten des Naziregimes Kreis Lörrach aus. Deren Vorsitzender Josef Knoll hat im November 1967 dem Bürgermeisteramt eine Liste mit den Namen von 25 Opfern des Nationalsozialismus aus dem Kreis Lörrach geschickt und auf das „Verzeichnis der am 22. Oktober 1940 aus Baden ausgewiesenen Juden" hingewiesen, wo unter den Nummern 2730-2791 61 Menschen aus dem Landkreis Lörrach aufgeführt werden.

Dreizehn der von Josef Knoll Genannten waren Bürgerinnen und Bürger von Lörrach. Soweit es uns möglich war, haben wir Lebensdaten und die Gründe, die zu ihrer Verfolgung führten, zusammengetragen:

Prof. Theodor Crecelius, geb. 27. Juni 1883; am 5. August 1941 nach einer Hausdurchsuchung, die seiner anthroposophischen Bibliothek galt, tot im Wald aufgefunden.

Anna Barbara Denz geb. Dillmann, geb. am 17. April 1896, und ihr Ehemann Ludwig Denz, geb. 9. Januar 1899, wurden als Zeugen Jehovas verfolgt. Ludwig Denz war bereits im Frühjahr 1933 erstmalig verhaftet worden. Im Februar 1938 wurde das Ehepaar zu einer Gefängnisstrafe verurteilt. Nach dem Ende der Haftzeit überstellte die Gestapo Ludwig Denz in das KZ Dachau, von dort nach Mauthausen, wo er am 23. Juli 1942 ums Leben kam. Frau Denz wurde in das FrauenKZ Ravensbrück gebracht; ihr Todesdatum ist der 31. Januar 1942.

Der Jude Josef Grunkin, geboren am 17. Januar 1908, wurde am 22. Oktober 1940 von Riedöschingen nach Gurs deportiert, im September 1942 auf Transport nach Auschwitz geschickt und im November 1944 in das KZ Buchenwald gebracht. Dort verliert sich seine Spur.

Maria Hoff geb. Goldstein, am 25. Mai 1908 geboren, Jüdin, am 10. Dezember 1943 im KZ Auschwitz ermordet.

Joseph Hottinger, geboren am 17. Juni 1890, Fabrikarbeiter in **Hauingen**, am 6. August 1941 im KZ Buchenwald ums Leben gekommen.

René Kron, geb. 2. Januar 1914, Arbeiter, am 3. Juni 1940 in der „Euthanasie"-Tötungsanstalt Grafeneck ermordet.

Die Hausfrau Emma Kübler, geboren am 13. Dezember 1885, wurde als Zeugin Jehovas verfolgt; am 15. Dezember 1936 zu einer Gefängnisstrafe verurteilt; anschließend in die FrauenKZ Lichtenburg und Ravensbrück, Anfang 1945 in das KZ Bergen-Belsen transportiert, wo sie ums Leben kam.

Den Kommunisten Eugen Reinert, geb. 1892 in **Haagen**, brachten die Nazis 1933 zur „Schutzhaft" in das KZ Ankenbuck (s. Brigachtal, Schwarzwald-Baar-Kreis); in der „Aktion Gitter" wurde er am 23. August 1944 erneut verhaftet und in das KZ Mauthausen verschleppt. Dort kam er am 8. Januar 1945 ums Leben.

Die Hausfrau Anna Strasser geb. Bachmann, geboren am 28. März 1885, wurde im März 1940 wegen „Abhörens ausländischer Sender" zu einer Gefängnisstrafe verurteilt. Sie starb am 23. August 1940 im Frauengefängnis Gotteszell (Kr. Schwäbisch-Gmünd, Baden-Württemberg I).

Alfred Tröndle, geboren am 1. März 1883, am 11. Februar 1945 im KZ Vaihingen (Kr. Ludwigsburg, Baden-Württemberg I), einem Außenkommando des KZ Natzweiler, ums Leben gekommen.

Der Jude Hermann Weiß, geboren 30. März 1882, emigrierte nach Basel und ist dort am 21. November 1945 gestorben.

Die Jüdin Paula Weil geb. Heilbronner, am 14. August 1888 geboren, Jüdin, nach Italien emigriert, ist am 7. Dezember 1943 im Internierungslager Ferramonti ums Leben gekommen.

Über den frühen Widerstand aus den Reihen der Arbeiterbewegung liegen einige Hinweise vor: Bis zu den Massenverhaftungen Ende 1935/Anfang 1936 war in der Grenzstadt eine KPD-Widerstandsgruppe um den Friseur Wilhelm Haubensack aktiv. Zu ihren Hauptaufgaben gehörte der Transport antifaschistischer Materialien aus der Schweiz, die Besorgung von Tagesgrenzscheinen, die für die Flucht gefährdeter Personen benötigt wurden, und natürlich das Sammeln von Unterstützungsgeldern für die Rote Hilfe. Man hatte Kontakte zu anderen Gruppen in Oberbaden und nach Freiburg. Anlaufstelle für Grenzkuriere war das Friseurgeschäft von Haubensack. In den Geheimen Lageberichten der Gestapo Karlsruhe wurde immer wieder über den Fund kommunistischer Zeitungen wie der in Basel hergestellten „Rundschau über Politik, Wirtschaft und Arbeiterbewegung", der „Roten Fahne" und von Flugblättern berichtet. Im Mai 1934 kam es zur Verhaftung von zehn Mitgliedern, dennoch ging der Transport bis zur großen Verhaftungswelle Ende 1935 weiter. Am 5. April 1936 standen einige Beteiligte vor Gericht. Als Organisator der Gruppe wurde Wilhelm Haubensack zu sieben Jahren Zuchthaus verurteilt. Nach Ende der Haftzeit überstellte die Gestapo ihn in das KZ Dachau.

Im Laufe des Jahres 1933 wurde der Lehrer Friedrich Kuhn (1895–1976) an die **Fridolinschule** in **Stetten** strafversetzt. Der Sozialdemokrat und überzeugte Katholik, der bis zur Gleichschaltung für die SPD im Rheinfelder Bürgerausschuß gesessen hatte, bewies – wie Manfred Bosch schreibt – „in den folgenden Jahren ein beispielhaftes Maß an Zivilcourage und Widerständigkeit": Er hielt seinem jüdischen Hausarzt Dr. Moses trotz aller Boykottaufrufe die Treue, nahm stets an den Fronleichnamsprozessionen teil und verhalf mehrfach verfolgten Juden und elsässischen Lehrerkollegen, die in Baden eingesetzt waren und in die Wehrmacht gepreßt werden sollten, zur Flucht. Mindestens einmal versteckte er flüchtende Zwangsarbeiter in seiner Gartenhütte am **Tüllinger Berg**. Als die Nazis nach dem Attentat vom 20. Juli zum Racheschlag ausholten und in der „Aktion Gitter" im gesamten Reich Zehntausende von Hitlergegnern verhafteten, zählte auch Friedrich Kuhn dazu. Fünf Monate, bis zum 26. Dezember 1944, saß er in Lörrach in Gestapohaft. Nach der Befreiung übernahm er die Neuorganisation des Schulwesens im Kreis Lörrach.

Der Sozialdemokrat Emil Huber gehörte zu den Kurieren, die das vom Exilvorstand der SPD (Sopade) in Prag herausgegebene Material in Basel abholten und über die Grenze schmuggelten. Er berichtete:

> „Eine Sendung, das war die einzige, die ich auf besondere Weise herausgebracht habe. Und zwar gibt es in Lörrach einen Landzipfel, die ‚Eiserne Hand'. Ein ganz langer Spitz von der Schweiz, der reicht hinein nach Deutschland. In dieser ‚Eisernen Hand' sind jede Nacht Schmuggeltransporte organisiert worden, nicht politische, sondern Zuckerschmuggler waren das. Diese Leute sind alle mit einem Sack voll Zucker auf dem Buckel da raufgegangen und dann rüber zur Bundesstraße und dann runter nach Lörrach. Und da habe ich jemand gekannt, der hat gesagt, da gehst du mit, das ist ungefährlich, im Notfall kannst du deine Flugblätter wegwerfen, dann weiß keiner, wer das gehabt hat. Sonst habe ich viel Material mit dem Fahrrad transportiert."

Eine wichtige Rolle beim Materialtransport spielten Basler Kommunisten und Kommunistinnen. Die Brüder Fritz und Robert Kehrli brachten tausende von Zeitungen über die Grenze, wobei ihnen der Umstand, daß Fritz Kehrli sich nur im Rollstuhl bewegen konnte, zu Hilfe kam, denn der Rollstuhl bot ein sicheres Versteck. Am 4. Dezember 1934 wollte die Gestapo die beiden Brüder am **Grenzübergang** verhaften. Geistesgegenwärtig gab Robert Kehrli dem Rollstuhl seines Bruders einen kräftigen Stoß, so daß er auf Schweizer Boden zurück rollte. Er selbst wurde verhaftet und vom „Volksgerichtshof" zu fünf Jahren Zuchthaus verurteilt. Zwei weitere Schweizer Bürger – Hans Bachofen und Olga Burser – waren im April 1934 beim Transport antifaschistischer Schriften am **Grenzübergang Riehen** festgenommen worden. „Kameraden! Hitler treibt uns in den Krieg. Protestiert am 10. April 38 mit NEIN!" – 55 dieser Streuzettel gegen die „Volksabstimmung" zur Annexion Österreichs wurden von der Gestapo-Zweigstelle Lörrach erfaßt. Sie verhaftete in diesem Zusammenhang Martha Schwartz geb. Grether aus Basel, Ehefrau eines Straßenbahnschaffners. Es sei schließlich bekannt, so die Gestapo, daß für die Verbreitung nur „marxistische Kreise" in Frage kämen, und die Basler Straßenbahnschaffner gehörten zum größten Teil der Kommunistischen oder Sozialistischen Partei an.

Nach den Verhaftungen Ende 1935/Anfang 1936 konstatierte die Gestapo einen Rückgang des Materialtransportes, was sie als ihren Erfolg verbuchte. Gleichzeitig beobachtete sie aber auch erneute Aktivitäten an der Grenze: Die „marxistischen Kreise" in Basel hätten ab Sommer 1936 alle Kräfte darauf konzentriert, Freiwillige, die sich zu den Internationalen Brigaden in Spanien melden wollten, über die Grenze zu bringen. Einer, der diesen Weg damals ging, war Walter Chemnitz (1901–1947), von Beruf Maurer und bis 1933 KPD-Reichstagsabgeordneter und Stadtverordneter in Lörrach. Er war bereits im Frühjahr 1933 in „Schutzhaft" gewesen. 1936 ging er über Basel nach Spanien und meldete sich bei den Internationalen Brigaden. 1938 wurde er schwer verwundet. Sein weiteres Schicksal ist unklar: In der Dokumentation über die Reichstagsabgeordneten der Weimarer Republik steht, daß er im August 1938 in seiner Heimatstadt Rudolstadt in Thüringen verhaftet worden sei. Das Handbuch der deutschsprachigen Emigration hingegen nimmt an, daß Chemnitz nach dem Sieg des Franco-Regimes wie andere republikanische Spanienkämpfer in ein Internierungslager nach Südfrankreich kam. Vermutlich sei er später in ein Konzentrationslager in Deutschland überstellt und gegen Kriegsende noch in die Strafdivision Dirlewanger gepreßt worden. Chemnitz starb am 2. Oktober 1947 in sowjetischer Kriegsgefangenschaft.

Keine Gedenktafel gibt es am „Schumacher", dem Lörracher **Bezirksgefängnis**. Es war Anfang März 1933, kurz vor der Reichstagswahl, überfüllt. Dreimal konnte die aufgebrachte Bevölkerung den Abtransport der Verhafteten verhindern, schließlich mußte ein Großteil freigelassen werden. Am 13. April 1933 befanden sich noch mindestens dreizehn Antifaschisten in „Schutzhaft": Zehn stammten aus Lörrach, zwei aus Weil am Rhein und Elisabeth Argast aus Fahrnau (s. Schopfheim). Am 8. Mai 1933 wurden zehn Männer – Ludwig Denz, Otto Sinz, Eugen Reinert, Otto Fritz, Johann Georg Schumacher aus Lörrach sowie Hermann Huck, Wilhelm Kern, Johann Gustav Drews, Wilhelm Lehmann und Hermann Hundemer aus Weil am Rhein – zur „Schutzhaft" in das KZ Ankenbuck (s. Brigachtal, Schwarzwald-Baar-Kreis) überstellt.

Das Bezirksgefängnis war für seine brutalen Verhörmethoden berüchtigt. 1936 nahm sich Fritz Gräßlin (s. Schopfheim) in seiner Zelle das Leben. Auch die Flucht zweier Zwangsarbeiter aus den Niederlanden endete dort. Pieter Hendriks und Frans Fesevur, die in Offenburg bei der Fa. Stahlbau Müller eingesetzt waren, hatten versucht, mit einem Güterzug, unter der Kohle versteckt, in die Schweiz zu gelangen. Wegen eines Defekts wurde ihr Waggon jedoch in Weil am Rhein abgekuppelt; deutsche Bahnarbeiter entdeckten sie und übergaben sie trotz ihrer Bitten der Lörracher Gestapo. Im Gefängnis wurden sie bei den Verhören schwer mißhandelt und nach drei Wochen Untersuchungshaft in das „Arbeitserziehungslager" Niederbühl bei Rastatt, (Kr. Rastatt, Baden-Württemberg I) eingewiesen.

„Rassische" Verfolgung und „Euthanasie"

Die Geschichte der Jüdischen Gemeinde Lörrach reicht in das 17. Jahrhundert zurück. Ihr religiöses Zentrum lag in der **Teichstraße**, am neuen **Marktplatz**: Hier wurde 1806–1808 die **Synagoge** im klassizistischen Weinbrenner-Stil erbaut; zuvor hatten die Gottesdienste in Privathäusern und in Betsälen stattgefunden. Neben der Synagoge stand das um 1819 erbaute **Gemeindehaus**, das Haus Großmann, das in den folgenden Jahrzehnten als Schule, Lehrerwohnung, Spital und Herberge für durchreisende Juden diente. Dieses Haus in der **Teichstr.** 15 ist noch erhalten, während die Synagoge am Vormittag des 9. November 1938 von „einer kleinen Gruppe besonders zuverlässiger Anhänger der NSDAP" geschändet und verwüstet wurde. Einige Tage später zerstörten sie auch das Dach; schließlich wurde das Gebäude abgebrochen. Das Synagogengrundstück ging in den Besitz der Stadt über, die es mit einem Wohn- und Geschäftshaus überbauen ließ. Seit 1976 ist hier eine **Gedenktafel** angebracht:

> „Hier stand die Synagoge der israelitischen Gemeinde Lörrach, erbaut 1808. Sie wurde am 9. November 1938 unter der Herrschaft der Gewalt und des Unrechts zerstört."

Der um 1670 angelegte **Alte Jüdische Friedhof** liegt am Fuß des **Schädelberges** und ist über den **Schützenwaldweg** zu erreichen. Nationalsozialisten schändeten den Friedhof 1934/1935. 1940 wollte die Stadt den Friedhof einebnen. In dieser Situation versuchte der Denkmalpfleger Julius Wilhelm zu retten, was zu retten war: Er trat für die Umwandlung des Judenfriedhofs unter Belassung der alten Grabsteine in

Der Alte Jüdische Friedhof diente auch den Gläubigen aus Tumringen, Fischingen und zeitweise auch denen aus Kirchen als Begräbnisstätte.

einen Naturschutzpark ein und zog sich damit den Zorn des Lörracher NSDAP-Bürgermeisters Boos zu. Auf dem Friedhof stehen heute etwa 20 Grabsteine und ein nach 1945 errichtetes **Mahnmal** für die Opfer des Holocaust. Der **Neue Jüdische Friedhof**, 1891 angelegt, liegt unmittelbar neben dem Städtischen Friedhof an der **Brombacher Straße**.

Aus folgenden Häusern wurden am 22. Oktober 1940 jüdische Menschen deportiert:

Teichstraße:

Aus dem Haus Nr. 29 wurden Isaak, Adele und Samuel Beck sowie Babette Riester geb. Beck nach Gurs verschleppt, aus dem Haus Nr. 51 Emil Odenheimer. Samuel Beck starb einen Monat nach der Ankunft, am 27. November 1940, im Alter von 68 Jahren. Isaak und Adele Beck wurden nach Auschwitz deportiert und ermordet.

Turmstraße:

Nr. 13 Wohnung von Judith Weil, die im Alter von 72 Jahren den Weg nach Gurs antreten mußte; sie starb am 23. Januar 1942 im Lager Récébédou.
Nr. 18 Wohnung von Artur und Frieda Juliusberger geb. Wolf; das Ehepaar wurde nach Gurs deportiert. Artur Juliusberger wurde nach Auschwitz gebracht und gilt als „verschollen".

Grabenstraße:

Nr. 11 Elisabeth Guggenheim geb. Jakobi wurde nach Gurs deportiert.
Nr. 15 Wohnung von Josef und Toni Bloch geb. Baum, von Moses und Lina Bloch geb. Rothschild und von Martha Bloch. Die fünf alten Menschen, die aus Sulzburg stammten, wurden am 22. Oktober 1940 nach Gurs deportiert. Von dort mußten Josef, Toni und Martha Bloch 1942 den Weg in die Gaskammern von Auschwitz antreten. Moses Bloch starb am 19. März 1941 im Lager Noé.

Schützenstraße:

Nr. 12 Aus diesem Haus wurden Sophie Bloch geb. Geismar und ihre Tochter Paula, Frieda Joseph geb. Faust, ihr Sohn Artur sowie die 64jährige Karolina Weil nach Gurs deportiert. Sophie Bloch und Artur Joseph mußten auf Transport nach Auschwitz, dort verliert sich ihre Spur.
Ohne Hausnummer: Praxis von Dr. Amalie Joseph. Die Ärztin war nach Frankfurt gezogen und wurde 1941 deportiert. Sie gilt als „verschollen".

Schwarzwaldstraße:

Nr. 31 Eisenhandlung Simon Joseph. Das Ehepaar Simon und Regina Joseph geb. Kahn, das in der Basler Straße wohnte, wurde nach Gurs deportiert; Simon Joseph starb am 14. November 1942 in Toulouse, Regina wurde nach Auschwitz gebracht und ermordet. Der Sohn Bernhard war nach Heilbronn verzogen und wurde von dort im April 1942 nach Izbica verschleppt; keiner aus diesem Transport überlebte.

Basler Straße:

Nr. 3 Wohnung von Karl und Pauline Bloch geb. Strauß, Salomon und Josefine Bloch geb. Kleefeld; beide Ehepaare waren aus Grenzach zugezogen und wurden nach Gurs deportiert; dort starb Salomon Bloch am 4. November 1940, Karl und Pauline Bloch mußten den Weg nach Auschwitz antreten; dort verliert sich ihre Spur.
Nr. 27 Die Schwestern Anna, Berta und Selma Bloch aus Efringen sowie das Ehepaar Bernhard und Juliane Loeb geb. Broda mit den Töchtern Erna und Gerda wurden nach Gurs deportiert. Berta Bloch starb am 19. November 1940 in Gurs, Anna und Selma Bloch wurden nach Auschwitz deportiert und gelten als „verschollen". Bernhard Loeb kam zu einem unbekannten Zeitpunkt in Gurs ums Leben, seine beiden Töchter waren in einem Transport nach Auschwitz und sind „verschollen". Ob Frau Loeb überlebte, ist nicht bekannt.

Tumringer Straße:

Nr. 190 Textilhandlung August Weil; 1940 wohnten hier Alfred und Rosa Weil, das Ehepaar Sigmund und Lina Wertheim geb. Strauß mit ihrem Sohn Herbert; sie alle wurden nach Gurs deportiert; von Sigmund Wertheim ist bekannt, daß er nach Auschwitz gebracht wurde.
Nr. 260 Wohnung von Friederike Bodenheimer geb. Zwang, Clementine Mayer geb. Bodenheimer, Babette Model geb. Benzinger und Berta Schwab geb. Dornacher; die Frauen wurden im Greisenalter nach Gurs deportiert. Friederike Bodenheimer starb am 16. Dezember 1940 im Alter von 84 Jahren in Gurs, Berta Schwab wurde nach Auschwitz gebracht und ermordet. Von den beiden anderen Frauen ist kein Todesdatum bekannt.

Herrenstraße:

Nr. 10 Wohnung des Ehepaars Ludwig und Elise Beck geb. Heilbronner und ihres Sohnes Walter sowie von Emilie Heilbronner; die Familie wurde nach Gurs deportiert. Dort starb Ludwig Beck am 27. Dezember 1940, Emilie Heilbronner, die aus Ihringen stammte, wurde nach Auschwitz verschleppt und ermordet.

Wilhelmstraße:

Nr. 22 Max Fleischmann, 49 Jahre alt, wurde nach Gurs deportiert.

Schulstraße:

Nr. 29 Fanny, Josef und Maria Grunkin wurden nach Gurs deportiert. Von Josef, Jg. 1908, und Maria, Jg. 1913, ist bekannt, daß sie 1942 auf Transport nach Auschwitz kamen. Dort verliert sich die Spur von Maria. Die letzte Nachricht von Josef Grunkin stammt aus dem KZ Buchenwald, wohin ihn im November 1944 ein Evakuierungstransport brachte.

Ortsstraße:

Nr. 41 Jonas Olesheimer, aus Efringen zugezogen, wurde nach Gurs deportiert. Er gilt als in Auschwitz „verschollen".

Stettengasse:

Nr. 5 Sara Scharf geb. Herling wurde nach Gurs deportiert.

Riehenstraße:

Nr. 1 Gustav und Elise Willstädter geb. Maier wurden nach Gurs deportiert. Elise Willstädter starb in Gurs am 16. Oktober 1941 im Alter von 85 Jahren; Gustav Willstädter, Jg. 1885, wurde nach Auschwitz deportiert.

Am 22. Oktober 1940 mußten die in Lörrach verbliebenen Jüdinnen und Juden sich mit wenig Handgepäck am **Marktplatz** einfinden und den Weg in das Internierungslager Gurs in Südfrankreich antreten.

Ungefähr die Hälfte der Verschleppten kam in Gurs und den Vernichtungslagern im Osten ums Leben. Nimmt man die Zahl derer hinzu, die von Lörrach weggezogen waren und an ihren Zufluchtorten von den Deportationen erfaßt wurden, so erhöht sich die Zahl der Opfer auf mindestens 47 Personen.

Gegen die Brandstifter der Lörracher Synagoge fand 1947 vor dem Landgericht Freiburg ein Prozeß statt. Als Haupttäter wurde der NSDAP-Kreispropagandaleiter Karl Glünkin zu dreieinhalb Jahren Gefängnis verurteilt, während der NSDAP-Kreisleiter und NS-Bürgermeister Reinhard Boos, der sich während des Prozesses noch seiner „Verdienste um den Aufbau der Bewegung" in Lörrach rühmte und die Zuständigkeit des Gerichts in Zweifel zog, freigesprochen wurde und später sogar wieder im Lörracher Gemeinderat saß.

Konzentrationslager und Zwangsarbeit

Der Französische Nationale Suchdienst kam aufgrund seiner Nachkriegsermittlungen zum Ergebnis, daß während der Kriegsjahre in **Lörrach** 400 und in **Brombach** 580 ausländische Zwangsarbeitskräfte eingesetzt waren. Zahlen zum Einsatz ausländischer Kriegsgefangener liegen nicht vor. 1942 gab es ein Lager mit kriegsgefangenen Polen im alten Gaswerk in der **Teichstraße** 66. Ein Lager für sowjetische Kriegsgefangene befand sich in der **Schwarzwaldstraße** auf dem Gelände der Tankstelle Olex.

In die stillgelegte Textilfabrik der Gebr. Grossmann in **Brombach** verlagerte die in Frankfurt ausgebombte Fa. Teves im März 1944 die Fertigung von Panzerkolben und -bremsen. Von etwa 1.000 Beschäftigten waren rund 700 Kriegsgefangene und Zwangsarbeiter. Am 24. Februar 1945 traf ein Bombenangriff, bei dem 16 Belegschaftsmitglieder getötet wurden, das Brombacher Werk.

Die Hinrichtung eines polnischen Zwangsarbeiters in **Brombach**, der wegen seiner Liebe zu einer deutschen Frau denunziert worden war, recherchierte Rolf Hochhuth und dokumentierte sie in seinem Roman „Eine Liebe in Deutschland".

RHEINFELDEN

„Rassische" Verfolgung und „Euthanasie"

„An Aufbau und Umfang dürfte unsere Schule von keiner ähnlichen Anstalt in Deutschland übertroffen werden." 1932 zählte die **St. Josefsanstalt** in **Herten** 736 geistig und körperlich Behinderte, unter ihnen Kinder und Jugendliche, die in 32 Abteilungen ein „familienhaftes Eigenleben" führen konnten. Mit dem Jahr 1933 begann für die als vorbildlich geltende Schule eine harte Bewährungsprobe. Die Anstaltsleitung wurde 1934 vom Gesundheitsamt aufgefordert, Angaben über „Zöglinge mit mehrjähriger Aufenthaltsdauer" und über „alle über 14 Jahre alten männlichen Taubstummen" zu machen. Diese Angaben führten zu Zwangssterilisationen, vor allem bei Neuzugängen und Pfleglingen, die entlassen werden sollten. 1936 wurden 25, 1939 elf Insassen zwangssterilisiert.

Im Herbst 1939 trafen in der St. Josefsanstalt, die zu diesem Zeitpunkt mit 876 Insassen, unter ihnen 318 Kinder, voll belegt war, die Meldebögen der Berliner „Euthanasie"-Zentrale ein. Nachdem die Meldebögen ausgefüllt und zurückgeschickt waren, erstellten die SS-Ärzte in Berlin die Namenslisten der zu Ermordenden. Am 26. Juli 1940 holte die Gemeinnützige Krankentransport GmbH, eine Tarnfirma der „Euthanasie"-Zentrale, 70 Mädchen und Frauen aus der St. Josefsanstalt ab und brachte sie zunächst in die Heil- und Pflegeanstalt Emmendingen (s. Kr. Emmendingen). Bald jedoch erhielten Angehörige Todesnachrichten aus Grafeneck (s. Gomadingen, Kr. Reutlingen). Trotz der Proteste des Direktors Vomstein und der Freiburger Erzbischofs Konrad Gröber kam es drei Wochen

Gedenkstein, 1965 eingeweiht, auf dem Hertener Friedhof. Das Gedenken an die ermordeten 400 Behinderten ist auf die Rückseite des den Kriegsopfern gewidmeten Mahnmals verwiesen:

„Karl Berger
10 Jahre alt
und seine 400
Kameraden
des St. Josefsheim
Herten
die 1940 eines
gewaltsamen
Todes
sterben
mußten."

später, am 12. August 1940, zu einem zweiten Transport von 75 behinderten Menschen. Weiter Transporte folgten am 20. August 1940, am 29. September 1940 und am 2. Dezember 1940. Direktor Vomstein versuchte, die Kranken so gut es ging zu schützen: 126 konnten nach Hause entlassen oder auf andere Weise gerettet werden, 387 Patientinnen und Patienten blieben nach dem angeblichen Stopp des Krankenmordes in der Anstalt, aber 400 Kinder und Erwachsene, untern ihnen auch einige jüdischen Glaubens, wurden in Grafeneck und anderen „Euthanasie"-Mordanstalten ums Leben gebracht.

Gebäude der St. Josefsanstalt wurden 1942 von der „Volksdeutschen Mittelstelle" beschlagnahmt und zur Unterbringung von Familien genutzt, die aus Slowenien zwangsumgesiedelt worden waren. 42 Personen aus diesem „Umsiedlungslager" waren 1944 bei der Stadt Lörrach beschäftigt.

Konzentrationslager und Zwangsarbeit

Der Französische Nationale Suchdienst gibt als Ergebnis seiner Ermittlungen zur Zwangsarbeit für den Ortsteil **Herten** die Zahl von 435 zivilen ausländischen Zwangsarbeitskräften an; für **Rheinfelden** meldete er das „Degussa-Lager" – ohne weitere Angaben zur Belegstärke.

Der Arbeitskreis für Geschichte im „Verein Haus Salmegg" konnte bei seinen Nachforschungen nicht nur die Zahlen präzisieren, sondern auch die wichtigsten Lager lokalisieren:

„Insgesamt waren es 4.074 Fremdarbeiter, die ab Juli 1940 – meist gegen ihren Willen – in die hiesigen Betriebe zwangsverpflichtet wurden. Um diese große Menge von Arbeitern unterzubringen, wurden fünf große Lager bzw. Lagerkomplexe gebaut."

Lager für Zwangsarbeitskräfte und Kriegsgefangenen in Rheinfelden (Plan von 1944)

Den größten Komplex bildeten die Baracken der **Aluminiumwerke**: Seit 1939 waren die sog. Autobahnbaracken nördlich der früheren oberen **Scheffelstraße** (heute: KWR-Umspannanlage) mit bis zu 100 Personen belegt; 1940 kam das „Franzosenlager" westlich der **Schildgasse** und 1941 östlich der Schildgasse das Lager für sowjetische Kriegsgefangene hinzu.

Das **Degussa-Lager** befand sich auf dem Werksgelände in der Nähe des Stauwehrs: Es war für etwa 300 Personen gebaut. Hier lebten überwiegend jugendliche russische Zwangsarbeiterinnen und -arbeiter.

Hinter den **Richterwiesen** befand sich das Lager „Sulfur" der **IG Farben AG** (heute: Hüls AG), auch „Dynamit-Lager" genannt.

Das Lager der **MSO** (Maschinen & Schleifmittelwerke AG Offenbach) befand sich zwischen **Cesar-Stünzi-Straße**, **Karlstraße** und **Industrieweg**.

Das aus zwei Baracken bestehende **Reichsbahn-Lager**, in dem russische Kriegsgefangene untergebracht waren, lag zwischen der **Güterstraße** und den Gleisen, etwa in der Höhe des jetzigen **Bauhofs**.

Nicht lokalisieren läßt sich ein Lager in **Warmbach**.

Von den Rheinfeldener Chemiebetrieben hatten die **Degussa** und die **IG Farben AG** mit etwa 10% der Gesamtbelegschaft den größten Ausländeranteil. Die weitaus meisten Ausländer mußten jedoch im Aluminiumwerk arbeiten. Die **Aluminium-Industrie AG** Werk Rheinfelden war ein Rüstungsbetrieb mit Schweizer Kapital, der zu den wichtigsten Zulieferbetrieben der Flugzeugindustrie gehörte. Im Juli 1944 waren hier 1.149 ausländische Zwangsarbeitskräfte beschäftigt, die 55,6 % der Gesamtbelegschaft ausmachten. Die Gesamtzahl lag bei 1.718 Personen, davon 614 Franzosen und 858 Sowjetbürger.

Die russischen Kriegsgefangenen und Zwangsarbeiter, die beim **Aluminiumwerk** schuften mußten, litten unter entsetzlichem Hunger. Kleinste Verstöße gegen die Arbeitsdisziplin wurden mit Schlägen oder mit Meldungen an die Gestapo geahndet, die in der Regel die Einweisung in ein „Arbeitserziehungslager" so z.B. nach Oberndorf-Aistaig (s. Kr. Rottweil) zur Folge hatten. Für 1942 sind 15 Überstellungen belegt.

Wie viele ihre Rettung in einer lebensgefährlichen Flucht über den Rhein suchten, ist nicht bekannt:

> „Insgesamt 84 geflüchtete Personen sind registriert, davon 70 Ostarbeiter, vermerkt ist aber nicht, ob alle die Freiheit in der Schweiz erreicht haben. Die Zahl müßte aber höher liegen, da die Massenflucht der Franzosen und die Ausbrüche aus dem **Reichsbahnlager** nicht angeben sind. Augenzeugen bestätigen, daß verschiedene Male Leichen in den Rechen der **Kraftwerke Rheinfelden** und Wyhlen gehangen haben. Ein Belgier ist bei seinem Fluchtversuch gefaßt und an die Gestapo ausgeliefert worden."

Im März 1942 erließ der Reichsführer SS Himmler den Befehl, auf fliehende Kriegsgefangene nach Anruf, auf sowjetische sofort zu schießen.

Hans Studinger berichtete dem Arbeitskreis, wie er einem polnischen Zwangsarbeiter, der bei der städtischen Müllabfuhr eingesetzt war, zur Flucht verholfen hatte, indem er ihn mit dem Fahrrad nach Grenzach zum Hörnle fuhr, wo der Grenzverlauf sehr unübersichtlich war. Der sowjetische Kriegsgefangene Pjotr Bilan aus dem Reichsbahn-Lager wagte 1942 die Flucht über den Rhein:

> „Am Ufer lag noch harter Schnee, es war kalt und ich wollte zuerst mit Kleidern schwimmen; aber ich überlegte und zog sie aus, band sie zusammen und nahm sie in die Hand ... Früher bin ich gut geschwommen, aber jetzt war ich schwach und brauchte lange Zeit, bis ich durchgekommen bin. Einmal habe ich das Bewußtsein verloren und wußte nicht, wo ich bin. Aber dann erinnerte ich mich an alles, was ich erlebt habe, und bin langsam weitergeschwommen. Als ich über den Rhein geschwommen bin, hatte ich keine Kraft mehr und lange Zeit lag ich am Ufer. Am Ufer lag noch Schnee, es war kalt und ich kletterte durch den Grenzstacheldraht in die Schweiz. Ich war nackt, weil ich meine Kleider im Fluß verloren hatte. Ich ging zu einem Bauernhof und klopfte am Fenster. Das war das Haus von Herrn Märki."

Vier Tage vor dem Einmarsch der französischen Armee versuchten die Verantwortlichen in der Stadt und den Betrieben, sich der Zwangsarbeiter zu entledigen. Am 20. April 1945 sollten sämtliche noch anwesende sowjetischen Kriegsgefangenen, 365 Männer, per Bahn angeblich in das zu diesem Zeitpunkt bereits geräumte Stammlager nach Offenburg (s. Ortenaukreis) gebracht werden. Ob und mit welchem Ziel dieser Transport abging, ist nicht bekannt. Am 21. April schob man dann sämtliche in der Stadt noch vorhandenen Fremdarbeiter zusammen mit weiteren aus den Dinkelberggemeinden und aus den Dörfern des Wiesentals über die beiden Rheinbrücken in die Schweiz ab.

Auf dem **Friedhof** von **Rheinfelden** ist ein kleines russisches Mädchen begraben: Anna Suchowjer war gerade acht Monate alt, als sie am 28. Januar 1945 in Rheinfelden starb.

Auf dem **Friedhof** von **Nollingen** befindet sich ein weiteres Kindergrab: Teresia Peters, Tochter einer belgischen Zwangsarbeiterin, ist am 26. Dezember 1944 im Alter von zehn Monaten gestorben.

20 Ausländer-Gräber befinden sich auf dem **Friedhof** von **Warmbach**. Als erster wurde hier Nikolaus Gauz bestattet, der am 2. Juli 1942 im Lager Aluminium an Lungentuberkulose gestorben war. Bei drei weiteren Russen ist als Todesursache ebenfalls Lungentuberkulose angegeben, eine typische Lager-Krankheit, die auf unzureichende Ernährung bei körperlicher Schwerarbeit und mangelnde hygienische Verhältnisse zurückzuführen ist. Bei zwei Russen wird „ertrunken" als Todesursache genannt, was auf Fluchtversuche hinweist. Ferner sind hier vier belgische Zwangsarbeiter und vier italienische Militärinternierte bestattet: Franz Verbust (1923–1943), Julius Vossert (1906–1945); Bapist Jean Van Looy und Camille Degriyse kamen beide am 24. März 1945 ums Leben. Von den Italienern starb Albo Calderoni am 1. November 1944 im Alter von 23 Jahren. Der 31. Mai 1944 war der Todestag von Elia Pantelio und Guiseppe Annico; Floriedo Gozzi starb am 31. Dezember 1944.

SCHLIENGEN

Widerstand und Naziterror

Der Schmied Ernst Meier aus **Schliengen** stand im März 1934 zusammen mit zwei Kommunisten aus Freiburg und Emilie Wagner aus Landstuhl in der Pfalz in Freiburg vor Gericht. Die Anklage lautete auf „Weiterführung der verbotenen KPD". Ernst Meier hatte u.a. antifaschistische Schriften aus Basel eingeschmuggelt und weiterverbreitet. Er wurde zu einem Jahr Gefängnis, Friedrich Bruder aus Freiburg zu zehn Monaten, Emilie Wagner zu vier Monaten verurteilt; freigesprochen wurde Anton Thoma aus Freiburg.

Konzentrationslager und Zwangsarbeit

Ein Grabstein auf dem **Friedhof** von **Schliengen** trägt die Namen von Bogolub Timotijevic, gestorben 1943, und Alexander Kortum (oder Kowtun), gestorben 1945.

Der Französische Nationale Suchdienst gab die Zahl der im Ortsteil **Mauchen** eingesetzten zivilen ausländischen Zwangsarbeitskräfte mit 55 Personen an.

SCHOPFHEIM

Widerstand und Naziterror

Frieda Faller vor dem Mahnmal für die Opfer des Nationalsozialismus in Schopfheim

Das **Mahnmal** für die Opfer des Nationalsozialismus auf dem **Friedhof** von **Schopfheim** hat eine besondere Geschichte. Es wurde von Betty Grether geb. Eisenstaedt (1890–1975) gestiftet. Frau Grether, aus einer jüdischen Familie stammend, war evangelisch getauft und mit einem Christen verheiratet. Nach dem frühen Tod ihres Mannes im Jahr 1923 lebte sie mit ihrem Sohn Karl Walter in Schopfheim. 1943 wurde Frau Grether in das KZ Theresienstadt verschleppt. Sie überlebte, während ihr Sohn sich einer angeblichen Blinddarmoperation im Krankenhaus in Zell im Wiesental unterziehen mußte und dort am 6. Dezember 1944 unter kaum noch aufzuklärenden Umständen gestorben war.

Mit der Durchführung ihres Testaments hatte Frau Grether Emil Faller (1904–1978) beauftragt. Emil Faller war vor 1933 Mitglied der KPD gewesen und gehörte zu den Antifaschisten aus Schopfheim und dem Wiesental, die am 2. März 1933, drei Tage vor der Reichstagswahl, verhaftet wurden. Mit Ketten gefesselt brachte ihn die Gestapo in das Bezirksgefängnis nach Freiburg. Im Mai 1933 kam er in das KZ Heuberg (s. Stetten a.k.M., Kr. Sigmaringen), später in das KZ Kislau (Kr. Karlsruhe, Baden-Württemberg I).

Am 16. März 1934 aus der „Schutzhaft" entlassen, arbeiteten Emil Faller und seine Frau Frieda, die ebenfalls für kurze Zeit verhaftet gewesen war, weiter im Widerstand. Bis 1935 brachten sie zusammen mit anderen Antifaschisten Flugblätter und Zeitungen aus der Schweiz, verteilten sie in Schopfheim und hatten Verbindungen nach Lörrach, Haltingen, Zell im Wiesental und Wehr. Am 9. Juli 1936 verhaftete die Gestapo Emil Faller an seinem Arbeitsplatz in der **Weberei Vogelbacher** in Schopfheim. Der Generalstaatsanwalt am OLG Karlsruhe erhob im September 1936 Anklage wegen „Vorbereitung zum Hochverrat". Am 17. Dezember 1938 kehrte Emil Faller nach zwei Jahren und vier Monaten Haft im Zuchthaus Ludwigsburg zu Frau und Kind zurück. Im Herbst 1944 wurde er, bis dahin „wehrunwürdig", in das Strafbataillon 999 einberufen. Nach kurzer Ausbildung in Baumholder brachte die Wehrmacht ihn zunächst in das KZ Buchenwald, wo er nach vierzehn Tagen wieder freigelassen wurde.

Nach dem Krieg war Emil Faller 25 Jahre lang von SPD und KPD unterstützter Bürgermeister von **Fahrnau**. Nach der Eingemeindung Fahrnaus im Jahr 1969 saß er für die SPD im Schopfheimer Stadtrat und im Kreisrat. Manfred Bosch, der die während der Haft geschriebenen Briefe von Frieda und Emil Faller herausgegeben hat, würdigt Emil Faller als „unermüdlich tätigen und selbstlosen Menschen", der sich „hohe Achtung" erworben hat. „Selbst zu Zeiten des schlimmsten Antikommunismus – in denen Emil Faller als ‚Stalin von Fahrnau' verunglimpft wurde – war die menschliche Überzeugungskraft Fallers stärker als alle Denunziationsversuche, die ihn zu Fall zu bringen versuchten." Seit 1985 trägt die **Emil-Faller-Straße** seinen Namen.

Zur Einweihung des Mahnmals verfaßte Emil Faller zwei Jahre vor seinem Tod die Dokumentation „Zum Gedächtnis an die Opfer der politischen und rassischen Verfolgungen im ‚Dritten Reich' 1933–1945 in Schopfheim". Darin stehen die Namen von 53 Frauen und Männern aus Schopfheim und Fahrnau, die aus politischen Gründen verfolgt wurden, von zwei aus religiösen Gründen Verfolgten: dem katholischen Pfarrer Dr. Max Metzger und dem Fabrikarbeiter Nikolaus Wagner, und von 28 Schopfheimer Jüdinnen und Juden (s.u.).

Emil Faller berichtete von vier Menschen, die ihr Leben im Widerstand ließen:

Der Heizungsmonteur Fritz Gräßlin (1899–1936) aus der **Himmelreichstraße** war Mitglied der KPD. Er arbeitete in der Schweiz und beteiligte sich am Transport antifaschistischer Zeitungen. Am 9. Juli 1936 wurde er verhaftet und in das Lörracher Gefängnis gebracht. Den Verhören der Gestapobeamten Nagel und Schlude nicht gewachsen, erhängte er sich am 20. Juli 1936 in seiner Zelle.

Der Schlosser Erwin Matt hatte in der **Hauptstr.** 57 gewohnt. Er wurde ebenfalls am 9. Juli 1936 verhaftet und nach Lörrach gebracht. Die Gestapo vermutete bei ihm illegale Schriften. Er kam wieder frei und starb kurze Zeit später an den Folgen der Haft.

Der Maler Otto Morgenstern (1902–1945) war Mitglied der KPD und saß vor 1933 im Bürgerausschuß. Er wohnte mit Frau und Tochter in der **Roggenbachstr.** 4. Im August 1933 wurde er wegen Verbreitung antifaschistischer Schriften zu 1½ Jahren Gefängnis verurteilt. Nur kurze Zeit in Freiheit wurde er am 9. Juli 1935 erneut verhaftet und kehrte nie wieder nach Schopfheim zurück. Das OLG Karlsruhe verurteilte ihn zu 2½ Jahren Zuchthaus, die er in Ludwigsburg und im berüchtigten Moorlager in Aschendorf (Emsland) verbüßte. Danach ließ ihn die Gestapo in das KZ Dachau, später nach Mauthausen überstellen. Dort wurde er 1944 in das Strafbataillon Dirlewanger gezwungen, kam an die Ostfront und starb im April 1945 in russischer Gefangenschaft.

Dr. Max Josef Metzger (1887–1944) war 1911 zum Priester geweiht worden. Er gründete in den Jahren der Weimarer Republik die Christkönigsgesellschaft und setzte sich für die Erhaltung des Friedens ein. Die Gestapo nahm ihn erstmals 1934 und erneut 1939 wegen seiner Denkschrift „Die Kirche und das neue Deutschland" für kurze Zeit in Haft. Eine eigens auf ihn angesetzte Gestapoagentin sorgte für seine Verhaftung am 29. Juni 1943. Der „Volksgerichtshof" unter seinem berüchtigten Vorsitzenden Roland Freisler verurteilte den entschiedenen Pazifisten am 14. Oktober 1943 zu Tode. Max Josef Metzger wurde am 17. April 1944 im Zuchthaus Brandenburg hingerichtet.

An ihn erinnert in seinem Geburtsort Schopfheim die Grundschule, die seinen Namen trägt, und ein **Gedenkstein** vor dem katholischen **Pfarrhaus**. Er trägt die Inschrift:

> „Ich sterbe für den Frieden der Welt
> und die Einheit der Kirche.
> Dr. theol. Max Metzger
> geb. am 3. 2. 1887 in Schopfheim
> hingerichtet am 17. 4. 1944 in Brandenburg."

„Rassische" Verfolgung und „Euthanasie"

Das **Kreispflegeheim Wiechs** beging 1977 sein 100jähriges Bestehen. In der Jubiläumsschrift findet sich ein kleiner Abschnitt, der dem Schicksal der Insassen in der NS-Zeit gewidmet ist:

> „Die Machtergreifung 1933 durch die Nationalsozialisten und der Ausbruch des 2. Weltkrieges 1939 erschwerten die dem Heim gestellten Aufgaben. Am 1. August 1940 begann der Abtransport von 96 Pfleglingen unter dem Vorwand der Räumung frontnaher Anstalten. 80 davon fielen mit Sicherheit der ‚Euthanasie', der gewaltsamen Tötung ‚lebensunwerten Lebens' zum Opfer."

Dem Anstaltsdirektor Piepenbrink, der seit dem 1. August 1940 die ärztliche Leitung hatte, wurde 1947 bestätigt, daß er 66 Pfleglinge „der Tötung entzogen" hatte.

Die von Hartmut Bertsch zusammengestellte Liste der jüdischen Familien, die bis zur Deportation der badischen Juden am 22. Oktober 1940 in Schopfheim und in den Ortsteilen **Wiechs**, **Gersbach** und **Langenau** lebten, enthält 32 Namen. Mehr als die Hälfte von ihnen hatte bis zum Novemberpogrom 1938, bei dem in Schopfheim von angeblich Betrunkenen Fensterscheiben eingeworfen und zwei jüdische Geschäfte geplündert wurden, die Heimat bereits verlassen. „Unbekannt abgeschoben" lautet bei denjenigen, die nach Gurs deportiert wurden, der Eintrag im Einwohnermelderegister.

Aus dem **„Judenhaus"** in der **Wallstr.** 5 wurden abgeholt: das Ehepaar Samuel und Friederike Braunschweig geb. Moses, der Bruder von Frau Braunschweig, der Viehhändler Samuel Moses und die Haustochter Bella Auerbacher. Aus der **Hauptstr.** 49 wurden abgeholt: Meta Mayer geb. Bloch, Dr. Herbert Mayer und die Hausgehilfin Berta Grünebaum. Samuel Braunschweig starb in Gurs, die anderen wurden nach Auschwitz bzw. Majdanek verschleppt und ermordet.

Weitere Schopfheimer Jüdinnen und Juden wurden an den Orten, wo sie Zuflucht gesucht hatten, von den Deportationen erfaßt, wie z.B. das Ehepaar Isaak und Klara Hess geb. Picard, die von Frankfurt/Main aus deportiert wurden, und das Ehepaar Salomon und Klara Weil geb. Auerbacher, deren letzter Wohnort Haigerloch war.

Katharina Waldi geb. Wolf, jüdische Ehefrau eines Rechtsanwaltes, nahm sich am 28. November 1944 im Ortsarrest des **Rathauses** vor der drohenden Deportation das Leben.

Am Geburtshaus von Dr. Max Picard (1888–1965) in der **Hauptstr.** 49 ist eine **Gedenktafel** für den berühmten Sohn der Stadt Schopfheim angebracht. Max Picard war Arzt, später Schriftsteller und lebte seit 1919 bis zu seinem Tod 1965 im Tessin. In seinem damals viel diskutierten Buch „Hitler in uns selbst" (1946) wandte er seine philosophische Betrachtungsweise in höchst eindrucksvoller Weise auf die Geschichte an.

Schopfheim war der Geburtsort des Sinto Karl Eckstein. Am 18. März 1943 wurde er unter der Nummer Z-4170 im Vernichtungslager Auschwitz-Birkenau registriert. Die folgenden Nummern erhielten seine Söhne Anton, geboren 1929 in Laupheim, Willy, geboren 1932 in Ulm, und Karl, geboren 1934 in Stuttgart. Zwei Töchter wurden am gleichen Tag mit den Nummern Z-4663 und Z-4664 im „Hauptbuch (Frauen)" registriert: Regina, 1928 in Böblingen geboren, und Margot, 1930 in Stuttgart geboren. Das Gedenkbuch der Sinti und Roma verzeichnet die Todesdaten von vier Kindern und dem Vater. Sie alle erlagen den vernichtenden Lagerbedingungen wenige Monate nach ihrer Einlieferung.

Konzentrationslager und Zwangsarbeit

Für **Fahrnau** und für **Gersbach** meldete der Französische Nationale Suchdienst die Zahl von 225 bzw. 80 zivilen ausländischen Zwangsarbeitskräften. Zusätzlich waren Kommandos mit ausländischen Kriegsgefangenen im Einsatz. Wie der SS-Sicherheitsdienst am 16. Februar 1942 meldete, floh aus einem Lager in Schopfheim fast die Hälfte der Insassen in die Schweiz.

STEINEN

Konzentrationslager und Zwangsarbeit

Der am 30. April 1997 im **Hägelberger Wald** eingeweihte **Gedenkstein**, der an die Ermordung von drei jungen Zwangsarbeitern kurz vor Kriegsende erinnert, geht auf eine Schülerinitiative zurück. Die Schülerinnen und Schüler hatten die grausame Tat mit ihrem Lehrer Guido Schmidt erforscht und fanden mit ihren Vorstellunggen zur Errichtung eines Mahnzeichens am Ort der Erschießung die mehrheitliche Unterstützung des Gemeinderats. Die Widmung auf dem Gedenkstein entspricht ihrem Vorschlag:

> „Ihr Todeskampf ist längst vorbei
> ihre Angst nicht zu ermessen
> Aus uns heraus ein leiser Schrei
> zuckt gegen das Vergessen."

WEIL am RHEIN

Widerstand und Naziterror

Seit April 1933 befanden sich mindestens sechs Antifaschisten aus **Weil** in „Schutzhaft" im KZ Ankenbuck (s. Brigachtal, Schwarzwald-Baar-Kreis): Valentin Dehm, Hermann Huck, Hermann Hundemer, Wilhelm Lehmann, Wilhelm Kern und Franz Schrempp. Andere, wie der Arbeitersportler Josef Knoll, waren nach einigen Tagen Haft im Bezirksgefängnis Lörrach wieder freigelassen worden. Sie organisierten nun den Transport antifaschistischer Schriften aus der Schweiz. Im Mai 1936 wurden Knoll und weitere Mitglieder der Kuriergruppe in **Haltingen** verhaftet. Das OLG Karlsruhe verurteilte Knoll zu drei Jahren Zuchthaus, die er in Ludwigsburg (s. Kr. Ludwigsburg, Baden-Württemberg I) und im Lager Aschendorfer Moor im Emsland (Niedersachsen II) verbüßte (s. auch Lörrach).

Die KPD versuchte, ihre im Untergrund arbeitenden Gruppen als Gruppen des „Weltrabattsparvereins" zu tarnen. Man gab Mitgliedsbücher aus und verkaufte Rabattmarken; das Geld – im Oktober 1935 z.B. waren es 60 Mark – brachten Kassierer nach Basel. Es diente zur Finanzierung der antifaschistischen Druckschriften und zur Unterstützung der Flüchtlinge. Aus Basel zurück kamen über verschiedene Stationen Flugblätter und Zeitungen wie die „Rote Fahne", die „Rundschau über Politik, Wirtschaft und Arbeiterbewegung" und die „Inprekorr", die an Mitglieder des „Sparvereins" verkauft wurden. Eine der Abholstellen in Basel war das Zigarettengeschäft Müller. Oft übergaben aber auch Skifahrer und Wanderer aus der Schweiz die Materialien beim Schweizer Naturfreundhaus auf dem Belchen. Weitere Depots befanden sich in **Weil** im Hinterhof des Hauses **Mattweg** 19 und in der Kiesgrube in **Haltingen**. Der **Grenzübergang** bei **Riehen** wurde bei Kriegsbeginn auf deutscher Seite mit einem drei Meter hohen Stacheldrahtzaun und Alarmanlagen versehen – ein Anzeichen dafür, daß die illegalen Grenzgänger noch immer aktiv waren.

Karl Rhein aus **Weil** am Rhein war im November 1933 nach Basel emigriert und beteiligte sich am Materialtransport:

> „Geschleppt hat man bis zu 60 Kilo, in zwei Paketen, die man sich an die Achseln gehängt hat, oder verteilt auf den Rucksack und je eines links und rechts in der Hand. Ich selbst bin meistens durch die **Wiese**, den Grenzfluß zwischen Riehen und Weil, zwischen den Langen Erlen und dem neuen Steg. Das war mein Weg. Natürlich nur nachts oder bei Nebel – bei Tag hat man das nicht machen können, weil die Wiese eingesehen werden konnte von den Grünspechten, den deutschen Zöllnern, die ja mit Feldstechern bewaffnet waren. Das ging bis zu 80 cm Wasserstand, höher ging's nicht, da hat es einen weggeschwemmt."

Im Frühjahr 1936 entdeckte die Gestapo Lörrach das Widerstandsnetz. Sie verhaftete am 30. März 1936 in Weil Sofie und Valentin Dehm, Heinrich Finke, Sebastian Löcherer, Hermann Hudemer, Karl Hummel, Franz Hinnenberger, Karl Greiner, Franz Kessler, Walter Hering und Franz Schrempp. 1937 wurden sie vom OLG Karlsruhe zu mehrjährigen Zuchthausstrafen verurteilt. Sofie Dehm geb. Ritter aus **Weil** am Rhein, geboren am 3. Juli 1891, starb am 8. Mai 1945, wenige Tage nach der Befreiung, im FrauenKZ Ravensbrück.

Karl Rhein würdigte in seinem Bericht die Unterstützung der illegalen Grenzgänger durch schweizerische und deutsche Eisenbahner:

> „Eine wichtige Rolle haben Leute gespielt, die im Badischen Bahnhof beim Handgepäck gearbeitet haben. Über die ist viel gegangen, bis dann auch dieses Loch verstopft worden ist. Das Material ist also irgendwie durch den Bahnhof und dann von Bähnlern, die in der **Werkstatt Haltingen** gearbeitet haben – der Rangierbahnhof geht ja von Basel bis Haltingen – von Heizern, Lokführern oder Schaffnern bis zu dem Gleisdreieck nördlich des Ottenbacher Zolls mitgenommen worden. Da hatte es ein paar Schrebergärtchen, und da haben sie es einfach hinausgeworfen."

Drei Männer aus **Haltingen** kamen in Konzentrationslagern ums Leben: Willi Baumann starb am 22. Oktober 1942 im Alter von 41 Jahren im KZ Dachau, Heinrich Haas, 60 Jahre alt, am 24. Oktober 1944 und Hermann Währer, 61 Jahre alt, am 17. März 1945 im KZ Mauthausen; an ihn erinnert die **Hermann-Währer-Straße**.

„Rassische" Verfolgung und „Euthanasie"

Um 1933 lebten in **Weil** am Rhein mindestens zwei jüdische Familien: Die Familie von Edmund Geismar, der eine Tabakwarengroßhandlung betrieb, und die

Familie des Textilkaufmanns Siegfried Metzger. Beide Geschäfte lagen in der **Hauptstraße**. Edmund Geismar und Rosa Metzger geb. Bigar wurden im Oktober 1940 nach Gurs und im August 1942 von dort nach Auschwitz deportiert und ermordet.

Konzentrationslager und Zwangsarbeit

Der FNTB ermittelte für **Weil** am Rhein die Zahl von 230 ausländischen Zwangsarbeitskräften.

ZELL im WIESENTAL

Widerstand und Naziterror

Manfred Bosch, der 1983 die in der Haft geschriebenen Briefe von Frieda und Emil Faller (s. Schopfheim) herausgab, schrieb in seiner Einleitung:

> „Auch im Wiesental waren es Arbeiter, die als erste verhaftet und mißhandelt, bedroht und eingesperrt wurden und später in Konzentrationslagern umkamen. Es gehört zu den eindrucksvollsten Seiten dieses Briefwechsels, zu sehen, wie nach und nach fast ausnahmslos der gesamte Freundeskreis der Fallers von der Verfolgung durch die Nazibehörden eingeholt wird."

Im Januar 1934 stand eine Gruppe von Antifaschisten aus dem Wiesental vor dem Landgericht Waldshut, der zur Last gelegt wurde, „von Mitte Juli bis November 1933 in Todtnau, **Zell i.W.** und anderwärts auf deutschem Gebiete gemeinschaftlich ... den organisatorischen Zusammenhalt einer anderen politischen Partei als der NSDAP aufrecht zu erhalten, indem sie in bewußtem und gewolltem Zusammenwirken als Mitglieder der KPD weiter tätig waren". Unter den Verurteilten war die damals 25jährige Fabrikarbeiterin Hedwig Hüglin (1909–1982). Nach dem Ende ihrer zehnmonatigen Gefängnisstrafe in Bruchsal wollte die Gestapo sie als Spitzel anwerben. Hedwig Hüglin ging zum Schein darauf ein, verlangte einen Tagesschein und benutzte ihn zur Flucht nach Basel.

Christian Bauer, Jg. 1907, war zusammen mit Otto Morgenstern (s. Schopfheim) bei der Rückkehr von einem Schmuggelgang in **Gündenhausen** von Gendarmen gestellt worden. Er konnte jedoch fliehen und lebte in den folgenden Jahren in Straßburg. Nach der Besetzung Frankreichs wurde er wie zahlreiche Elsässer zur Zwangsarbeit rekrutiert und kam nach Ulm. Dort wurde er, da die Lörracher Gestapo noch immer nach ihm suchte, verhaftet und am 9. September 1941 vom OLG Stuttgart zu 18 Monaten Gefängnis verurteilt. Zu nennen ist auch der Textilarbeiter Fritz Eiche (1902–1967), der bis 1933 für die KPD im Stadtrat saß. Eiche war 1931 wegen „Vorbereitung zum Hochverrat" zu 21 Monaten Festungshaft verurteilt worden, die er in Rastatt und anschließend in den Konzentrationslagern Heuberg (s. Stetten a.k.M., Kr. Sigmaringen) und Kislau (Kr. Karlsruhe, Baden-Württemberg I) verbüßte. Im April 1934 kehrte er nach Zell zurück und beteiligte sich, obwohl er unter Polizeiaufsicht stand, am Transport antifaschistischer Zeitungen aus der Schweiz. Er wurde 1937 erneut verhaftet, 1939 zu Schanzarbeiten am Westwall verpflichtet und 1941 als „wehrwürdig" erklärt und an die Front geschickt. Fritz Eiche überlebte. Er war bis 1951 KPD-Abgeordneter im Badischen Landtag und bis 1962 Stadtrat in Zell im Wiesental.

Konzentrationslager und Zwangsarbeit

Die Zahl der ausländischen Zwangsarbeitskräfte, die der Französische Nationale Suchdienst nach Kriegsende ermittelte, ist sehr hoch: In **Zell** waren es 800 und im heutigen Ortsteil **Atzenbach** 245. Eine ihrer Arbeitsstätten war vermutlich die **Spinnerei** und **Weberei Zell-Schönau AG**, die ab 1942 S 30-Zünder für die Fa. Junghans produzierte (s. Schramberg, Kr. Rottweil).

SPUREN DER ZWANGSARBEIT

An einigen Orten haben wir bei unserer Spurensuche lediglich die vom Französischen Nationalen Suchdienst (FNTB) ermittelten Zahlen zum Einsatz von ausländischen zivilen Zwangsarbeitskräften gefunden. Sie seien hier genannt und können als Ausgangspunkt weiterer Nachforschungen dienen:

Eimeldingen	50 Personen
Kandern	170 Personen
Wollbach, Ortsteil von Kandern	60 Personen
Steinen	110 Personen
Todtnau	205 Personen

LITERATUR

Arbeitskreis Widerstand und Arbeitergeschichte (Hg.): Widerstand und Verfolgung in Südbaden. Der organisierte Widerstand aus der Arbeiterbewegung gegen den Nationalsozialismus. Waldkirch 1996

Heiner A. Baur: Auch wir sind Deutsche – Juden sind hier nicht erwünscht. In: Jahrbuch **Schopfheim** Nr. 5, 1989. Schopfheim 1990

Hartmut Bertsch: Jüdische Familien in **Schopfheim**. In: Jahrbuch Schopfheim Nr. 8, 1992. Schopfheim 1993

Alfred Bloch: Aus der Vergangenheit der **Lörracher** Juden. In: Unser Lörrach 10 (1979), 11 (1980) und 12 (1981)

Manfred Bosch: Reinhold Zumtobel. In: Bernd Ottnad (Hg.): Badische Biographien. Neue Folge Band III. Stuttgart 1990

Manfred Bosch (Hg.): Wir trugen die Last, bis sie zerbrach. Frieda und Emil Faller. Ein deutscher Briefwechsel 1933–1938. Mit einem Nachwort von Martin Walser. Freiburg 1983 (zu **Schopfheim**)

Manfred Bosch: Als die Freiheit unterging. Eine Dokumentation über Verweigerung, Widerstand und Verfolgung im Dritten Reich in Südbaden. Konstanz 1985

Emil Faller: Zum Gedächtnis an die Opfer der politischen und rassischen Verfolgungen im „Dritten Reich" 1933–1945 in **Schopfheim**. Schopfheim 1976

Fremd und nicht freiwillig. Zwangsarbeit und Kriegsgefangenschaft in **Rheinfelden**/Baden und Umgebung 1940–1945. Begleitheft zur Ausstellung im Haus Salmegg, November 1952. Rheinfelden 1992

Axel Hüttner: Die Jüdische Gemeinde von **Kirchen** 1736–1940. Hg.: Gemeinde Efringen-Kirchen. Grenzach, 3. Auflage 1993

Mathias Knauer, Jürg Frischknecht: Die unterbrochene Spur. Antifaschistische Emigration in der Schweiz von 1933 bis 1945. Zürich 1983 (zu **Weil** am Rhein)

Leben nach ordre. Die deutsche Südwestecke unter französischer Besatzung 1945–1948 in den Lage- und Stimmungsberichten von Friedrich Kuhn. Herausgegeben von Dr. Wolfgang Bocks und Manfred Bosch. Rheinfelden 1995 (zu **Lörrach**)

Max Josef Metzger: Christus – Zeuge in einer zerrissenen Welt. Briefe aus dem Gefängnis 1934-1944. Herausgegeben von Klaus Kienzler. Freiburg, 4. Auflage 1990

Arnold Walter: Im Rausch der Begeisterung. Das Aufkommen des Nationalsozialismus in **Schliengen** und in den jetzigen Schliengener Ortsteilen im Spiegel der Berichterstattung in den „Markgräfler Nachrichten". In: Das Markgräflerland. Hg.: Geschichtsverein Markgräflerland. Heft 1. Schopfheim 1994

DIAREIHEN

Die Tonbildschau „Ein Leben für Frieden und Einheit. Dr. Max Josef Metzger" ist bei der Bild- und Filmstelle der Erzdiözese Freiburg, Okenstr. 15, 79108 Freiburg zu beziehen.

KONTAKTE

Arbeitskreis für Geschichte im Haus Salmegg e.V., c/o Kulturamt der Stadt Rheinfelden, Rathaus, 79618 Rheinfelden

Ortenaukreis

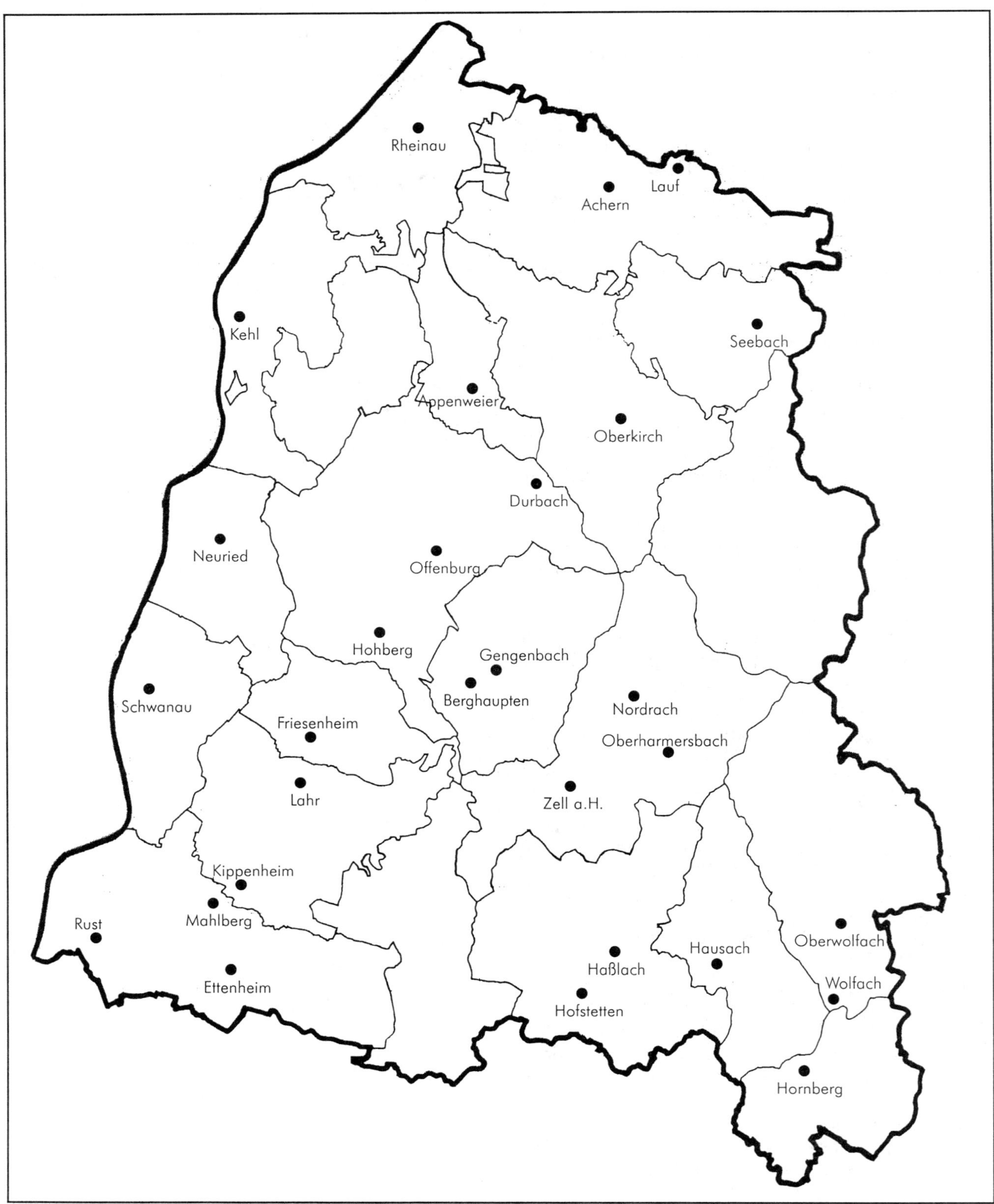

ACHERN

Widerstand und Naziterror

Am 17. Oktober 1942 wurde der in **Achern** geborene Franz Ruschmann im Alter von 32 Jahren im Zuchthaus Brandenburg wegen „Wehrkraftzersetzung" hingerichtet.

„Rassische" Verfolgung und „Euthanasie"

Zu Beginn der NS-Zeit lebten in **Achern** zwei jüdische

Familien, die des Zahnarztes Dr. Gerber und die Familie Hammel. Dr. Walter Gerber wanderte im Dezember 1936 mit seiner Frau Hedwig und seinem kleinen Sohn nach Indien aus. Das Ehepaar Max und Johanna Hammel aus der **Fautenbachstr.** 8 mußte am 22. Oktober 1940 den Weg in das Internierungslager Gurs antreten. Beide überlebten und wanderten nach dem Krieg in die USA aus. Die Tochter Hannelore wurde 1941 im Alter von 18 Jahren von Stuttgart nach Riga deportiert; ihr Spuren verlieren sich im KZ Stutthof. Das Schicksal von Julius Hirsch, 1892 in Achern geboren, zweimaliger deutscher Meister im Fußball, am 1. März 1942 in Auschwitz ermordet, ist von Friedrich Peter dokumentiert worden.

Dem Völkermord an Sinti und Roma fiel vermutlich Friederike Wagner, die 1931 in **Achern** zur Welt gekommen war, zum Opfer. Sie wurde im Frühjahr 1943 zusammen mit sechs Familienangehörigen in das Vernichtungslager Auschwitz-Birkenau deportiert. Die Todesnacht von Friederike dürfte die Nacht des 2. August 1944 gewesen sein, als die SS das „Zigeunerlager" liquidierte und alle Gefangenen in die Gaskammern trieb.

Am 14. Mai 1940 traf in der **Heil- und Pflegeanstalt Illenau** die Anordnung von Medizinalrat Dr. Ludwig Sprauer aus dem Badischen Innenministerium zur Verlegung der Kranken ein, da die Räume als Lazarett benötigt werden würden. Sprauer war für die Durchführung der „Euthanasie"-Aktion in Baden verantwortlich. Bereits fünf Tage später wurden 75 Patienten abgeholt. Der Anstaltsleiter Dr. Hans Römer versuchte Anfang Juni 1940 vergeblich, weitere Abtransporte zu verhindern. Auf seine Veranlassung hin wurden einige Patienten nach Hause entlassen; er selbst meldete sich krank. Daraufhin übernahm Dr. Arthur Schreck die Leitung, der sich bei der Räumung der Rastatter Anstalt als radikaler Befürworter des Krankenmords erwiesen hatte (Kr. Rastatt, Baden-Württemberg I). Bis Anfang Oktober 1940 ließ er in sieben Transporten weitere 530 Kranke, unter ihnen fünf jüdische Patienten, abholen und in die „Zwischenanstalten" Reichenau (s. Kr. Konstanz), Emmendingen (s. Kr. Emmendingen), Wiesloch (Rhein-Neckar-Kreis, Baden-Württemberg I) bringen. Von 239 Patienten ist eindeutig bekannt, daß sie in der „Euthanasie"-Mordanstalt Grafeneck (s. Gomadingen, Kr. Reutlingen) ermordet wurden.

Die katholische und evangelische Kirchengemeinde widmeten den Ermordeten einen **Gedenkstein**.

In die Gebäude der geräumten Heil- und Pflegeanstalt **Illenau** zog die „Reichsschule für Volksdeutsche" ein. Die Schule, bei Älteren noch als „Hitler-Schule" bekannt, gehörte während des Krieges der SS-Organisation Lebensborn. Dokumente, die dem Nürnberger Militärgericht vorlagen, belegen, daß hier junge Frauen und Kinder aus osteuropäischen Ländern, die die „Volksdeutsche Mittelstelle" für „eindeutschungsfähig" erachtete, „rassisch" begutachtet wurden. Nach den Recherchen des französischen Beauftragten der Internationalen Flüchtlingsorganisation (IRO) von 1948 gab es zwei Gruppen: etwa 300 deutschstämmige Mädchen, unter ihnen viele aus Tirol, sowie „eindeutschungsfähige" Mädchen, vor allem aus Polen und der Sowjetunion. 1943 brachten drei Transporte Kinder aus Polen. Helena Wilkanowicz, 1931 in Pabjanice in Polen geboren und bei Kriegsbeginn in einem Kinderheim untergebracht, berichtete:

„Ich wurde in Polen gekidnappt, in Pabjanice. Drei SS-Männer traten in den Raum und stellten uns an der Wand auf. Wir waren etwa hundert Kinder. Die Blonden und Blauäugigen haben sie sofort herausgesucht, das waren – mich eingerechnet – sieben. Dabei habe ich keinen Tropfen deutsches Blut in den Adern. Damals war ich zwölf Jahre alt. Mein Vater, der sich meiner Abreise zu widersetzen suchte, wurde von den Soldaten bedroht... Im November 1943 trafen wir hier in der SS-Schule Illenau in Achern ein. Die ungeeigneten Kinder wurden von der Schule verwiesen und beseitigt. Bei jeder Gelegenheit drohte man uns mit dem Konzentrationslager. Ich bin irgendwie davongekommen. Vielleicht weil ich blond war, ich weiß es nicht."

Helena Wilkanowicz wurde unter dem Namen Helene Wilkenauer von einer Acherner Gärtnerfamilie adoptiert, bei der es ihr relativ gut ging. Sie kehrte nach dem Krieg nicht in ihre Heimat zurück, da keine Verwandten mehr lebten. Ein anderes Mädchen – Helena Fice – wurde nach dem Krieg von seinen Eltern gesucht. Das Polnische Rote Kreuz fand Helena als Adoptivkind des NSDAP-Bürgermeisters von **Achern** Karl Steidel. Im März 1948 konnte sie zu ihren Eltern zurückkehren. Steidel, 1973 von Marc Hillel bei seinen Recherchen zum Schicksal der geraubten Kinder befragt, beharrte darauf, daß es sich um „deutschblütige Waisenkinder" gehandelt habe, denen es sehr gut gegangen sei.

Konzentrationslager und Zwangsarbeit

Die Zahl der ausländischen Zwangsarbeitskräfte, die nach den Ermittlungen des Französischen Nationalen Suchdienstes während des Krieges in Achern und den heute eingemeindeten Orten gemeldet waren, ist erstaunlich hoch: **Achern** 820 Personen, **Oberachern** 230, **Gamshurst** 50 und **Fautenbach** 55 Personen.

APPENWEIER

Widerstand und Naziterror

Karl Maier, der seine Kindheit in **Appenweier** verbrachte und heute Mitglied im Historischen Verein für Mittelbaden ist, erinnert sich an die Festnahme mehrerer Kommunisten im Dorf. Es war unmittelbar nach dem Reichstagsbrand am 28. Februar 1933, als man sie in das KZ Kislau (Kr. Karlsruhe, Baden-Württemberg I) gesperrt habe. Er berichtet über gelegentliche Konflikte zwischen der Gestapo und dem katholischen Pfarrer sowie über einen „arbeitslosen Mann, unehelich geboren, als Kommunist verschrien", der wegen Homosexualität verurteilt wurde:

„Als Rückfalltäter wies man ihn in ein KZ ein, wo er umkam. Ein behindertes Kind starb in einer Heilanstalt. Man erzählte damals, auch unter uns Kindern, es sei getötet worden."

Ein echter Widerstandskämpfer sei der Schriftsetzer Georg Lechleiter gewesen:

„Am 14. April 1885 in Appenweier geboren, verließ er seinen Heimatort schon vor dem 1. Weltkrieg. Nach dem Krieg zog er nach Mannheim, wo er – auch als

Funktionär – in der Kommunistischen Partei mitarbeitete. 1942 wurde er wegen seiner Tätigkeit in Mannheim hingerichtet".

„Rassische" Verfolgung und „Euthanasie"

Dr. Leo Wolff, ein am Ort hochgeschätzter Arzt, dessen Praxis sich in der **Ebbostraße** 30 befand, mußte am 22. Oktober 1940 den Weg in das KZ Gurs antreten und kam 1942 in Toulouse ums Leben.

Konzentrationslager und Zwangsarbeit

Der FNTB meldete für **Appenweier** 70 und für **Urloffen** 80 ausländische Zwangsarbeiter. Es handelte sich, wie aus den Gemeindeakten hervorgeht, überwiegend um aus Polen und der Ukraine verschleppte Personen. Französische Kriegsgefangene – 1940 etwa 30 – waren in einem Raum des **Alten Schulhauses** untergebracht.

Ein polnischer Kriegsgefangener aus einem Nachbardorf verunglückte im Herbst 1939 beim **Gasthaus „Zur Linde"**. Sein Grab auf dem Appenweierer **Friedhof** –"leider nicht besonders gepflegt – erinnert noch heute an den Herrenrassenwahn des Nazisystems", berichtet Karl Maier.

BERGHAUPTEN

Widerstand und Naziterror

Im katholischen Eintausend-Seelendorf **Berghaupten** erhielt die NSDAP bei den Reichstagswahlen am 5. März 1933 244 Stimmen (39,9 %). Dem Zentrum waren noch 35,4 %, der SPD 23 % der Wähler treugeblieben. Die Nationalsozialisten setzten den Bürgermeister Franz Bruder (Zentrum) ab, lösten die Musikkapelle auf, verboten den Radfahrverein „Solidarität", schalteten die Feuerwehr und andere Vereine gleich, ohne auf Widerstand zu stoßen.

Unmut über die nationalsozialistische Politik wurde in den folgenden Jahren im Wirtshaus geäußert. Aufgrund von Denunziationen wurden 1935 fünf Einwohner wegen „Heimtücke" verhaftet und in das Offenburger Gefängnis gebracht. Ein weiterer Berghauptener stand vor dem Sondergericht Mannheim, weil er am Stammtisch die Hetzkampagne gegen die katholische Kirche kritisiert hatte. In diesem Fall kam es zu einem Freispruch, weil die Anzeige zu spät erfolgt war und keiner aus der Stammtischrunde bereit war, die fraglichen Äußerungen zu bestätigen.

„Rassische" Verfolgung und „Euthanasie"

Der Sinto Josef Laubinger, 1921 in **Berghaupten** zur Welt gekommen, war den Massendeportationen im Frühjahr 1943 in das Vernichtungslager Auschwitz-Birkenau zunächst entgangen. Ein Jahr später, am 23. März 1944, traf auch er in Auschwitz-Birkenau ein. Zusammen mit ihm wurden zwei in Würzburg ansässige Sinti-Familien eingeliefert. Ob Josef Laubinger überleben konnte, vielleicht dadurch, daß er zur Zwangsarbeit selektiert wurde, ist nicht bekannt.

Konzentrationslager und Zwangsarbeit

Kriegsgefangene kamen 1940 ins Dorf. Hermann Rapp berichtet: „Noch gut ist mir in Erinnerung, wenn wieder ein solcher Trupp Gefangener von Gengenbach kam, wobei auf der Brücke beim **‚Badischen Hof'** der Treffpunkt war und sie den einzelnen Landwirten zur Arbeit zugeteilt wurden. Tagsüber wurden Arbeiten auf Feld, Wald und Wiese verrichtet, die Nacht verbrachten die Gefangenen im ehemaligen **Turnlokal** im **Rathaus** (an den Schulhof grenzend) unter ständiger Bewachung, damit niemand ‚türmte'. Morgens in aller Früh wurden sie dann von den Landwirten wieder zur Arbeit abgeholt."

1942 waren 16 Franzosen, 14 Russen, zwei Ukrainer und acht Polen gemeldet. Hinzu kamen, wie der FNTB für den Zeitraum 1939–1945 ermittelte, noch 70 zivile ausländische Zwangsarbeiter.

DURBACH

„Rassische" Verfolgung und „Euthanasie"

An die Jüdische Gemeinde **Durbach** erinnert ihr **Friedhof** im Gewann **Allmend**, unweit des Dorfes inmitten der Felder versteckt. Dort stehen 16 Grabsteine, die in der NS-Zeit stark beschädigt wurden.

1933 lebten noch die Familien Bodenheimer und Strauß in Durbach. Herr Bodenheimer war Landwirt und Weingärtner, Herr Strauß Bäcker. Sie unterhielten eine Ha'chara, eine Ausbildungsstätte für junge Juden, die nach Palästina auswandern wollten. Beide Familien wurden am 22. Oktober 1940 nach Gurs deportiert. Das Ehepaar Bodenheimer kam in Gurs ums Leben, Albert Strauß wurde in Majdanek ermordet.

Konzentrationslager und Zwangsarbeit

Akten im Gemeindearchiv geben über polnische Kriegsgefangene und Zwangsarbeiter Auskunft. Sie waren überwiegend in der Landwirtschaft eingesetzt. Für die Kriegsgefangenen hatte die Gemeinde eine bewachte Unterkunft zu stellen; die zivilen Zwangsarbeiter wohnten auf den Höfen.

1944 verurteilte das Sondergericht Offenburg den 21jährigen Zwangsarbeiter Michael Jakubowski aus der Ukraine zu Tode. Obwohl keine Beweise vorlagen, sah es das Gericht als erwiesen an, daß der junge Mann den Hof, auf dem er arbeiten mußte, angezündet habe. Er wurde am 29. März 1944 im Zuchthaus Stuttgart hingerichtet.

ETTENHEIM

Widerstand und Naziterror

Im **Pfarrzentrum** erinnert seit 1994 eine **Gedenktafel** an Pfarrer August Ruf (s. Singen, Kr. Konstanz), dessen Elternhaus in der **Turmstraße** stand:

„Zum Gedenken an Monsignore August Ruf
* 5. Nov. 1869 in Ettenheim
† 8. April 1944 in Freiburg
Priester
Stadtpfarrer und
Sozialreformer in Singen
Märtyrer für Menschlichkeit
in der Zeit
des Nationalsozialismus
Gestiftet zum 50. Todestag
Kath. Pfarrgemeinde St. Bartholomäus
Historischer Verein Ettenheim"

„Rassische" Verfolgung und „Euthanasie"

Der Verfolgung der jüdischen Bürger und Bürgerinnen wird seit Juli 1969 mit einer **Gedenktafel** im Bürgersaal des **Rathauses** gedacht:

„Seit dem Mittelalter lebten
in Ettenheim Juden und Christen einträchtig zusammen.
Im Jahre 1933 waren noch 31 Israeliten ansässig.
Unter der nationalsozialistischen Gewaltherrschaft wurden sie gedemütigt und vertrieben oder verschleppt.
Ihre Synagoge in der Alleestraße ist zerstört worden.
Die Ritualien wurden
entweiht, verbrannt oder geraubt.
Wir wollen das Leid, das unseren jüdischen Mitbügern widerfahren ist, nie vergessen.
In Ehrfurcht gedenken wir der Toten,
den Lebenden bleiben wir in Achtung und Duldsamkeit zugetan."

Beim Novemberpogrom 1938 drangen SS-Leute am frühen Morgen in die Wohnungen jüdischer Familien ein und trieben die Männer auf dem **„Adler"-Platz** zusammen. Gemeinsam mit den Altdorfer Juden mußten sie unter Verhöhnungen und Schlägen zu Fuß nach Kippenheim laufen (s. Kippenheim). Dort trafen sie auf ihre Leidensgenossen aus Rust und Schmieheim. Die SS brachte sie an den Bahnhof von Dinglingen bei Lahr, wo sie in Viehwagen verladen und in das KZ Dachau transportiert wurden. In **Ettenheim** fand während dessen auf dem **Rathausplatz** eine Hetzkundgebung des Bürgermeisters Eduard Seitz statt. Sie mündete in die Plünderung jüdischer Geschäfte wie des Textilgeschäfts Forsch neben dem Rathaus. Der Zug der Plünderer ging in die **Thomasstraße** und verwüsteten das kleine Geschäft und die Wohnung von Karoline Schnurmann. Das Haus von Fanny Lion in der **Festungsstraße** wurde ebenso heimgesucht wie das **Gasthaus „Krone"**. In der **Alleestraße** drang die Menge in die Synagoge ein und schändete das Gotteshaus. Bücher und Gebetsrollen, Vorhänge und Bänke wurden auf einem Scheiterhaufen vor der Synagoge verbrannt. Überfallen und ausgeraubt wurden auch die Schwestern Sofie und Helene Lion in der **Berggasse**. Zum Schluß wälzte sich die Menge in die Vorstadt zur Metzgerei Lion, wo es – wie Augenzeugen berichteten – „noch lange und schrecklich" zuging.

Mindestens 19 Mitglieder der Jüdischen Gemeinde Ettenheim wurden Opfer des Holocaust.

In **Altdorf** errichtete die Jüdische Gemeinde ihre **Neue Synagoge** in der **Eugen-Lacroix-Str.** 2. In der **Schmieheimer Str.** 2 befand sich die **Jüdische Volksschule** und in der Nummer 27 die **Mikwe**. Alle drei Gebäude sind noch erhalten. Die Synagoge wurde beim Novemberpogrom 1938 geschändet. Das Gebäude kam in den Besitz der politischen Gemeinde, die sie während des Krieges als Kriegsgefangenenlager nutzte und 1952 zur Fabrik umbauen ließ.

Die Wohnungen und Geschäfte jüdischer Menschen lagen im Umkreis der Synagoge.

Eugen-Lacroix-Straße:

Nr. 1 Metzgerei Leopold Dreifuß: Leopold Dreifuß wurde mit der Tochter Alice am 28. Juli 1942 in das KZ Theresienstadt deportiert, wo er am 14. Februar 1944 starb. Alice gilt als „verschollen".

Jakob-Dürrse-Straße (Ettenheimer Straße):

Nr. 6 Antiquitäten Louis Blum: Ida Blum geb. Roos, nach Gurs deportiert, starb am 4. Dezember 1942 im Lager Noé, Louis Blum im KZ Dachau am 21. Juli 1941.
Nr. 10 Textilgeschäft von Bernhard und Cilly Groß: Cilly Groß überlebte die Deportation nach Gurs. Bernhard Groß gilt als „verschollen". Emma Groß wurde im August 1942 von Gurs in das Vernichtungslager Auschwitz deportiert.
Nr. 32 Tabakhandlung Robert Wertheimer: Robert Wertheimer, der Vorsteher der Jüdischen Gemeinde, wurde in das KZ Dachau gebracht und starb ein Jahr später an den Folgen der Mißhandlungen. Seine Frau Klara und sein Bruder Siegfried, der in Gailingen (Kr. Konstanz) lebte, wurden nach Gurs deportiert und in den Vernichtungslagern Auschwitz bzw. Majdanek ermordet.

Schmieheimer Straße:

Nr. 11 Branntwein- und Zigarrenhandlung Emil Rothschild: Emil und Julie Rothschild, ihre Tochter Jenny und der Schwiegersohn Simon Scheibe wurden nach Gurs deportiert. Nur Julie und Jenny Rothschild überlebten.
Nr. 30 Viehhandlung von Gustav Dreifuß: Zunächst in das KZ Dachau verschleppt, wurde Gustav Dreifuß nach Minsk deportiert.

Löwenstraße:

Nr. 11 Viehhandlung Jakob Weis: Die Familie Weis hat zwei Opfer zu beklagen: Wilhelmine Weis, Jg. 1896, gilt als „verschollen", Ruth Weis wurde im August 1942 nach Auschwitz deportiert.

Orschweierer Straße:

Nr. 4 Viehhandlung Leopold Levi: Das Ehepaar Leopold und Klara Levi wurde von Offenburg nach Gurs und 1942 nach Auschwitz deportiert. Abraham Levi, der Vater von Leopold, lebte in Freiburg, wurde ebenfalls nach Gurs deportiert und starb am 1. September 1941 im Lager Récébédou.

Mindestens 46 Mitglieder der Jüdischen Gemeinde Altdorf wurden in den nationalsozialistischen Vernichtungslagern ermordet.

Konzentrationslager und Zwangsarbeit

Die beim Novemberpogrom 1938 verwüstete Synagoge in **Altdorf** war während des Krieges Unterkunft für ausländische Kriegsgefangene. Wie der FNTB ermittelte, waren auch zivile ausländische Zwangsarbeitskräfte in der Stadt eingesetzt: Für **Ettenheim** nennt er 240 und für **Münchweier** 105 Personen. Im Stadtarchiv befinden sich – allerdings noch ungeordnet – Akten, die über Arbeits- und Lebensbedingungen der Fremdarbeiter Auskunft geben können.

FRIESENHEIM

Widerstand und Naziterror

Vier Deserteure wurden in den Tagen, als die französische Armee Friesenheim einnahm, erschossen. Sie hatten sich bei einem Bauern in **Heiligenzell**, dem späteren Bürgermeister Josef Roth, versteckt und verließen ihren Unterschlupf, als sie glaubten, die SS-Einheit, die sich auf dem **Schutterlindenberg** verschanzt hatte, sei abgezogen. In den ersten Maitagen 1945 fand der Heiligenzeller Förster Hermann Schabinger auf dem **Höhenweg** drei im Unterholz verscharrte Leichen, die von Gewehrsalven durchsiebt waren. Der vierte Soldat wurde einige Tage später im Gewann **Leimrot** erschossen aufgefunden. Die Identifizierung ergab, daß es sich um die vier Deserteure handelte: August Eckert aus Rheinfelden, 49 Jahre alt, Martin Ott aus einem Dorf bei Säckingen, 40 Jahre alt, Adolf Zimmermann aus Rheinfelden, 41 Jahre alt, und Otto Hermann aus Wehr im Wiesental, 33 Jahre alt.

Wer die Mörder waren, wurde nie festgestellt. Einige meinten, es wären französische Soldaten gewesen; andere machten eine SS-Einheit unter dem SS-Führer Steck verantwortlich, der, von den Franzosen gefaßt, zum Tode verurteilt und in Lahr hingerichtet wurde. Am Höhenweg im Heiligenzeller Wald, dem ursprünglichen Begräbnisplatz der inzwischen umgebetteten Deserteure, befindet sich ein **Gedenkstein** mit der irreführenden Inschrift:

> „An dieser Stelle starben den Heldentod am 17. April 1945 August Eckert – Martin Ott – Adolf Zimmermann, alle aus Rheinfelden".

„Rassische" Verfolgung und „Euthanasie"

Die **Synagoge** der Jüdischen Gemeinde **Friesenheim** auf dem Grundstück hinter der **Lahrgasse** 8 hatte den Novemberpogrom 1938 äußerlich unversehrt überstanden. Sie ging in den Besitz der politischen Gemeinde über, die sie 1944 abreißen ließ. Auf dem ehemaligen Synagogengrundstück steht heute eine Garage. Am 8. Mai 1995 erhielt der Weg, der früher zur Synagoge führte, im unteren Bereich der Lahrgasse die Bezeichnung **Synagogengasse**. Gleichzeitig wurde eine **Gedenktafel** enthüllt:

„Zur Mahnung gegen
Rassismus und Gewalt
In einem Anbau an diesem Haus
befand sich von 1820–1944 die Synagoge
der Jüdischen Gemeinde Friesenheim
Zur Erinnerung an unsere jüdischen
Bürger, die der nationalsozialistischen
Gewaltherrschaft zum Opfer fielen
8. Mai 1995"

Jürgen Stude hat die Wohnungen und Geschäfte jüdischer Bürgerinnen und Bürger und deren späteres Schicksal dokumentiert:

Hauptstraße

Nr. 38: Textilgeschäft Hugo Greilsheimer: Hugo Greilsheimer wurde 1935 angezeigt, weil er eine „arische" Haushaltshilfe beschäftigte. Er kam 46jährig am 9. Dezember 1935 im Lahrer Gefängnis unter nie geklärten Umständen ums Leben.
Nr. 53: Manufakturwaren- und Wäschehandlung Bertold Weil: Das Ehepaar Bertold und Thekla Weil und ihr Sohn Robert wanderten in die USA aus.
Nr. 58: Damenschneiderei Bettina und Blandina Greilsheimer: Bettina zog nach dem Novemberpogrom nach Lahr, wo sie am 11. Juli 1939 starb. Blandina wurde nach Gurs deportiert und ist in Auschwitz „verschollen".
Nr. 87/89: Eisenwarenhandlung Alfred Levi: Beim Novemberpogrom wurde das Geschäft geplündert, Alfred Levi wurde in das KZ Dachau verschleppt. Er wurde am 22. Oktober 1940 zusammen mit seiner Frau Brunhilde geb. Haberer nach Gurs deportiert, beide sind in Auschwitz „verschollen". Der 12jährige Richard Levi kam im Frühjahr 1939 mit einem Kindertransport nach Großbritannien.
Nr. 95: Viehhandlung Josef Greilsheimer: Josef Greilsheimer war der Vorsteher der Jüdischen Gemeinde und wurde beim Novemberpogrom 1938 in das KZ Dachau verschleppt. Er und seine Frau entgingen als einzige Friesenheimer Juden der Deportation der badischen Juden am 22. Oktober 1940 – vermutlich, weil der jüdische Gemeindevorsteher zur Abwicklung der Enteignungen gebraucht wurde. Er nahm sich am 9. April 1942 das Leben, seine Frau Miriam wurde im Alter von 49 Jahren am 26. April 1942 nach Izbica bei Lublin deportiert und kehrte nicht mehr zurück.
Nr. 103: Schuh-, Häute- und Fell-Handlung Edgar Cerf: Edgar Cerf flüchtete 1933 mit Frau und Tochter nach Straßburg. Sie versteckten sich nach dem deutschen Überfall auf Frankreich in der Dordogne. Dort starb Edgar Cerf am 9. September 1941 im Alter von 54 Jahren. Rosa Cerf geb. Greilsheimer und ihre Tochter Martha überlebten.

Engelgasse Nr. 31: Dr. Siegfried Dreyfuß: Der beliebte Tierarzt erhielt 1933 Berufsverbot und emigrierte noch im gleichen Jahr nach Palästina.

Lahrgasse Nr. 14: In dem heute abgerissenen Haus hinter der Synagoge lebte Sara Greilsheimer, die Witwe des Viehhändlers Isaak Greilsheimer, mit ihren Kindern Ludwig, Hermann und Flora. Sara starb am 10. Januar 1940. Hermann, Flora und Ludwig, der nach seiner Heirat mit Flora Greilsheimer in die Bärengasse 1 gezogen war, wurden nach Gurs deportiert und später in den Vernichtungslagern Auschwitz bzw. Majdanek ermordet.

Bärengasse Nr. 1: Viehhandlung von Ludwig Greilsheimer: Beim Novemberpogrom in das KZ Dachau verschleppt. Nach der erzwungenen Geschäftsaufgabe mußte Ludwig Greilsheimer im Straßenbau arbeiten. Am 22. Oktober 1940 wurde er mit seiner Frau Flora, die schwanger war, und der fünfjährigen Tochter Lieselotte nach Gurs deportiert, wo am 5. April 1941 die zweite Tochter Germaine zur Welt kam. Das Baby überlebte in einem jüdischen Kinderheim, Lieselotte bei Nonnen. Am 4. März 1943 mußte Ludwig Greilsheimer auf Transport, seine Spur verliert sich im Vernichtungslager Majdanek. Frau Greilsheimer erlebte die Befreiung im Lager und wanderte 1947 mit ihren Töchtern in die USA aus.

Adlerstraße Nr. 19: Chem. Produkte Vertretung Josef Greilsheimer II: Das Ehepaar Josef und Sara Greilsheimer verzog 1934 nach Gailingen und wurde von dort nach Gurs deportiert.

Friedensstraße Nr. 22: Viehhandlung Julius Greilsheimer: Die größte Viehhandlung in Friesenheim wurde durch Boykottmaßnahmen ruiniert. Julius Greilsheimer und sein Sohn Willi wurde beim Novemberpogrom 1938 in das KZ Dachau gebracht; der Sohn kehrte mit schweren Verletzungen zurück. Das Ehepaar Greilsheimer konnte mit seinen drei Söhnen noch in die USA auswandern.

Kronenstraße Nr. 5: Stoffgeschäft der Schwestern Renée, Lucienne und Marcelle Kahn. Die drei jungen Frauen, die die französische Staatsangehörigkeit besaßen, emigrierten bereits 1933 nach Frankeich.

Bahnhofstraße Nr. 13: Die Schwestern Delphine und Marie Haberer wurden nach Gurs deportiert; dort starb Marie am 13. September 1941 im Alter von 55 Jahren. Delphine wurde in den Gaskammern von Auschwitz ermordet.

GENGENBACH

„Rassische" Verfolgung und „Euthanasie"

Eine **Gedenktafel** am Städtischen Verkehrsamt am **Marktplatz** erinnert seit 1985 daran, daß die kleine Jüdische Gemeinde **Gengenbach**, eine Filialgemeinde von Offenburg, von 1919 bis 1934 im zweiten Stock des Gebäudes ihre Gottesdienste feierte. Bereits am 1. März 1934 war die Gemeinde durch Boykottmaßnahmen so verarmt, daß sie die monatliche Miete von 30 Mark nicht mehr aufbringen konnte.

1933 lebten 30 jüdische Menschen in Gengenbach. Ihr Verfolgungsschicksal hat Gabi Aubele dokumentiert:

Feuergasse Nr. 3: Viehhandlung Siegmund Bloch: Beim Novemberpogrom 1938 wurde Siegmund Bloch in das KZ Dachau gesperrt. Danach Umzug Blochs nach Offenburg; 1942 wurde er von Halle/Saale nach Auschwitz deportiert und ermordet. Seine Frau Selma starb 1937 in Gengenbach. Ihre Kinder Paula und Gustav wanderten in die USA aus, Ludwig zog nach dem Novemberpogrom nach Offenburg, später ins Elsaß. Er kam im KZ Flossenbürg ums Leben.

Grünstr. Nr. 21: Tabakwarenladen Berthold Meier: Berthold Meier kam beim Novemberpogrom nach Dachau. Am 22. Oktober 1940 wurde er mit seiner Frau Sofie nach Gurs deportiert, wo Sofie am 13. Januar 1942 starb; Berthold wurde 1943 in das Vernichtungslager Majdanek deportiert. Der Sohn Arthur war 1937/1938 in die USA emigriert.

Hauptstraße

Nr. 3: Hier wohnten Anna Fetterer geb. Valfer mit ihrem Sohn Ernst, das Ehepaar Leopold und Rosa Kahn geb. Bergheimer mit zwei Kindern sowie Sofie Bergheimer. Anna Fetterer wurde nach Gurs deportiert und starb bald nach der Befreiung in Straßburg, ihr Sohn Ernst, beim Novemberporgrom 1938 nach Dachau verschleppt, wurde vermutlich von Stuttgart aus deportiert. Die übrigen Hausbewohner konnten auswandern.
Nr. 38: Weinhandlung Isaak und Adolf Valfer und Textilgeschäft von Ludwig und Sophie Valfer: Beim Novemberpogrom 1938 verhaftete die Polizei alle fünf Männer und brachte sie in das KZ Dachau. Lediglich Julie Valver, ihr Sohn Fred und Jakob Valver konnten kurz vor Kriegsbeginn noch nach Großbritannien flüchten, die übrigen fünf Familienmitglieder wurden nach Gurs verschleppt und kamen ums Leben.
Nr. 50: Textilgeschäft Siegfried Blum: Das Ehepaar Blum konnte mit seinen drei Kindern nach Südamerika auswandern.

In der **Schillerstraße** wohnten das Ehepaar Ferdinand und Julie Blum, das mit seinen beiden Kindern nach Südamerika emigrierte. Ferdinand Blum war letzter Vorsteher der Gemeinde.

Das **Heinrich-Maas-Gemeindezentrum** trägt seinen Namen nach dem in Gengenbach geborenen Heidelberger Pfarrer Heinrich Maas, der als Mitglied der Bekennenden Kirche die Rettungsaktion des Berliner Probstes Heinrich Grüber unterstützte und vielen jüdischen Menschen bei ihrer Flucht half (Heidelberg, Baden-Württemberg I).

Die **Kreispflegeanstalt Fußbach** war am 1. September 1939 mit 382 Patienten belegt. Von Leiter August Schilli wird berichtet, daß er sich dem Abtransport der Insassen in die „Euthanasie"-Tötungsanstalten widersetzte. Er protestierte beim Badischen Innenministerium, entließ Kranke in ihre Familien und vermittelte arbeitsfähige Insassen in Arbeitsstellen außerhalb der Anstalt. Da die Anstaltsakten beim Einmarsch der französischen Truppen vernichtet wurden, bleibt das Schicksal vieler Insassen im Dunkeln. Belegt sind vier Transporte nach Grafeneck (s. Gomadingen Kr. Reutlingen): Am 13. Juni 1940 waren es 75 Kranke, am 15. August 1940 mußten statt der geforderten 90 Personen 30 den Weg in die Gaskammer antreten, am 18. Oktober 1940 wurden 13 Patienten und am 26. November 1940 noch einmal 12 abgeholt. In die hessische Tötungsanstalt Hadamar wurden am 3. März 1941 vier und am 29. Mai 1941 drei Patienten überstellt.

Konzentrationslager und Zwangsarbeit

Ein Kriegsgefangenen-Kommando aus dem Stalag V C Offenburg arbeitete in der Malzfabrik in Gengenbach.

Zum Einsatz ziviler ausländischer Zwangsarbeitskräfte ermittelte der FNTB folgende Zahlen: **Gengenbach** 85, **Bermersbach** 75 und **Reichenbach** 140 Personen.

HASLACH im KINZIGTAL

„Rassische" Verfolgung und „Euthanasie"

Die kleine Jüdische Gemeinde **Haslach** war eine Filialgemeinde von Offenburg; sie bestattete ihre Toten auf dem dortigen Jüdischen Friedhof und hatte für ihre Gottesdienste einen **Betsaal** im Haus von Joseph Bloch in der **Sägestr.** 20. Außer der Familie Bloch, die eine Öl- und Fetthandlung betrieb, lebten um 1933 der Zahnarzt Eugen Geismar im **Niederhofweg** 1 und der Altwarenhändler Alfred Moses in der **Mühlenstr.** 9

Alfred Moses und seine Familie befanden sich 1939 an Bord des Auswandererschiffs „St. Louis", das weder in Kuba noch in den USA anlegen durfte und mit seinen 900 jüdischen Passagieren wieder nach Europa zurückkehren mußte. Die Familie Moses konnte sich ein Jahr später in Sicherheit bringen. Von der im Oktober 1940 nach Gurs deportierten Familie Bloch überlebte niemand. Ihre Namen stehen auf dem **Ehrenmal** für die Gefallenen des 2. Weltkrieges beim **Kloster** in Haslach.

Über die Hinrichtung eines jungen Polen, der in Hofstetten auf dem Spänlehof arbeiten mußte und sich in eine deutsche Frau verliebt hatte, schrieb Wilhelm Engelberg am 24. November 1942 in sein Tagebuch:

> „Heute wurde bei den Haslacher **Schießständen** im **Bächlewald**, aber auf Hofstetter Gemarkung, ein in Hofstetten in Arbeit befindlicher Pole durch den Strang hingerichtet. Ortsgruppenleiter der NSDAP Haslach verlas das Urteil. Zur Vollstreckung wurden zwei Polen, welche wegen irgendeines Vergehens Gefängnis abzubüßen haben, mit Auto unter Polizeiaufsicht herbeigeführt. Sämtliche Polen, die in Haslach und Umgebung in Arbeit stehen, mußten der Hinrichtung anwohnen."

Seit dem 24. November 1985 steht an der Hinrichtungsstätte ein großer **Granitstein** mit der Inschrift:

> „Jan Ciechanowski
> * 6. 8. 1911
> in Sendow, Polen
> † 24. 11. 1942
> in Haslach i. K.
> Opfer der NS-Gewalt-
> Herrschaft"

Ein bereits am 18. Februar 1946 an der **Kreisstraße Haslach-Hofstetten** in Höhe des Laiferhofes aufgestellter **Gedenkstein** war Anfang der fünfziger Jahre von „Unbekannten" entfernt worden.

Konzentrationslager und Zwangsarbeit

Am **Urenkopf** zwischen Haslach und Mühlenbach hatte die Fa. Gebr. Leferenz aus Heidelberg seit 1906 im Untertagebau das sehr zähe Hornblendegestein

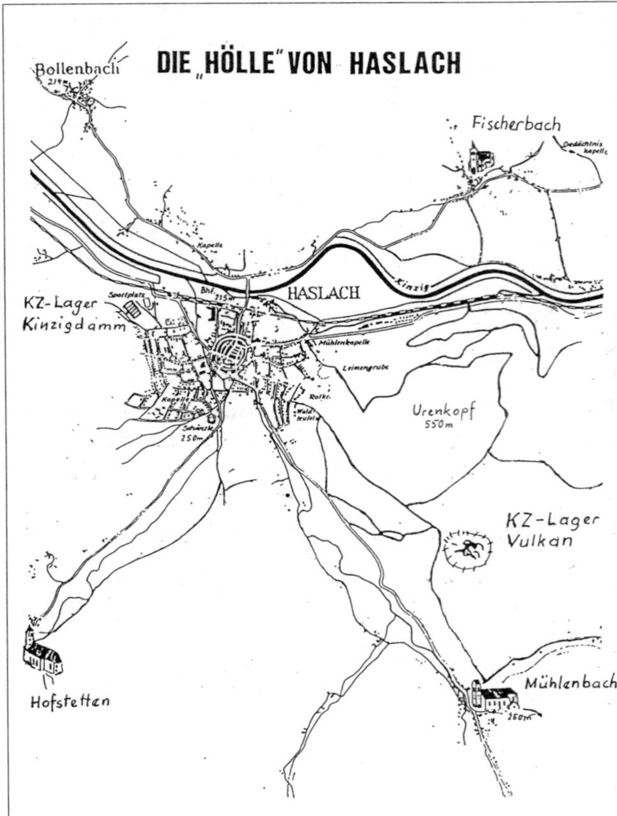

Die Hölle von Haslach (Manfred Hildenbrand)

(Amphibolit) abgebaut, das für den Straßenbau verwendet wurde. 1942 zog der Betrieb mit Maschinenpark und Arbeitskräften in die besetzte Sowjetunion. Unter der Leitung der Organisation Todt wurden dort im „Jakob-Programm" Nachschubwege für die Wehrmacht gebaut.

Auf der Suche nach bombensicheren, unterirdischen Verlagerungsräumen wurden die leerstehenden Stollen im April 1944 von Rüstungsminister Speer in Besitz genommen. Nach der Zerstörung des Daimler-Benz-Werkes in Gaggenau (Kr. Rastatt, Baden-Württemberg I) am 3. Oktober 1944 erhielt Daimler-Benz den Zuschlag für die unterirdische Verlagerung der Kurbelwellenfertigung für Flugzeugmotoren, die unter dem Tarnnamen „Barbe" lief.

Im Mai 1944 begann unter Leitung der Organisation Todt der Ausbau der **Vulkan-Stollen**. Die Aufträge gingen an zwei Baufirmen, an die Frankfurter Fa. Wayss & Freytag AG, Niederlassung Straßburg, und an die Fa. Dohrmann, Mühlheim. Beide Baufirmen erhielten für das Projekt, das auf höchster Dringlichkeitsstufe stand, KZ-Häftlinge. Ein erster Transport mit 400 Männern kam am 16. September 1944 in Haslach an, weitere Transporte in das durchschnittlich mit 600 Gefangene belegte **KZ-Außenkommando am Kinzigdamm** folgten. Die Unterkunft, die auch als „Arbeitslager Barbe" bezeichnet wurde, bestand aus einem Lagerschuppen in der Nähe des Haslacher **Sportplatzes**. Die Bewachung übernahmen etwa 30 SS-Leute, denen das Clubhaus auf dem Sportplatz zur Verfügung stand. Erster Kommandant des KZ-Außenkommandos Kinzigdamm war der SS-Oberscharführer Robert Hochhaus, er wurde bereits im Oktober 1944 nach Calw versetzt, um die Leitung des dortigen Frauen-KZ-Außenkommandos zu übernehmen

(Kr. Calw, Baden-Württemberg I). Ihm folgte der 25jährige Unteroffizier Erwin Dold, der nach der Auflösung des Lagers am Kinzigdamm Ende Januar 1945 als Kommandant in das KZ-Außenkommando Dautmergen (s. Zollern-Alb-Kreis) versetzt wurde. Dold, der 1947 vom Rastatter Militärgericht freigesprochen wurde, weil zahlreiche Häftlinge seine humane Haltung bezeugten, beschrieb seine Ankunft im Lager am Kinzigdamm:

> „Den Augenblick, in dem ich den Haslacher Kommandobezirk betrat, werde ich niemals vergessen: Schmutzige, halbverhungerte, von Ausschlägen und Mißhandlungen entstellte Menschen starrten mich angstvoll an. Nicht zwei oder drei Menschen lebten hier in größter Not, sondern Hunderte, und täglich kamen neue dazu."

Die Gefangenen waren mehrheitlich französische Widerstandskämpfer und Kriegsdienstverweigerer aus dem Elsaß, die zuvor im KZ Natzweiler-Struthof inhaftiert gewesen waren. Aber auch Deutsche, Niederländer, Belgier, Luxemburger, Polen und Russen befanden sich unter ihnen.

Die Bauarbeiten im Stollen, die in den Wintermonaten unter größter Eile ausgeführt werden mußten, waren außerordentlich hart. Die Gefangenen waren unzureichend bekleidet und versuchten, sich mit leeren Zementsäcken, die sie unter ihre dünnen Jacken schoben, etwas zu wärmen. Sobald die SS dies bemerkte, drohten Prügelstrafen. Die tägliche Arbeitszeit betrug zwischen zehn und zwölf Stunden zuzüglich des etwa einstündigen Anmarschweges durch die Stadt den Berg hinauf. René Thalmann, ein überlebender Häftling, berichtete:

> „Der Abstieg war ebenso beschwerlich wie der Aufstieg, um so mehr, als wir oft vornedraus die gehbehinderten oder die bei der Arbeit oder von den Schlägen verwundeten Kameraden hinunterbringen mußten. Nach einer gewissen Zeit waren es nicht nur Verwundete, sondern Leichen, die wir hinunterbrachten ... Täglich verminderte sich die Arbeitskolonne ... Jeden Morgen lagen die abgemagerten Leichen unserer armen Kameraden auf einem Haufen vor der Tür der Baracke. Sie wurden vormittags im Massengrab verscharrt, das am Rande des Haslacher Friedhofs ausgegraben war."

Im November 1944 starben im **Lager am Kinzigdamm** mindestens 192 Häftlinge an einer Ruhrepidemie. Gleichzeitig traf ein neuer Transport mit 650 französischen Widerstandskämpfern aus dem inzwischen nach Rotenfels bei Rastatt „rückverlagerten" KZ Schirmeck ein (Kr. Rastatt, Baden-Württemberg I). Der Kommandant von Schirmeck, der SS-Hauptscharführer Karl Buck, ordnete an, daß diese Häftlinge nicht im Lager am Kinzigdamm, in dem Ruhr und andere ansteckenden Krankheiten grassierten, untergebracht werden sollten, sondern im **Stollen** am **Urenkopf**. Dort begann das, was die wenigen Überlebenden die „Hölle von Haslach" nannten. Der elsässische Häftling A. Daul berichtete 1947 als Zeuge im Rastatter KZ-Prozeß gegen Karl Buck und Mitglieder der Wachmannschaften:

> „Obwohl es sich nicht um ein Lager handelte, in dem Tausende von Häftlingen schmachten mußten, ist es jedoch durch die höchstwahrscheinlich einzig dastehende Tatsache gekennzeichnet, daß 600 Menschen fast vier Monate in einem unterirdischen, von der Öffentlichkeit vollkommen abgeschlossenen, licht- und luftlosen, eiskalten und nassen Felsenraum 100 bis 150 Meter unter der Erde schmachten, kampieren und hausen mußten ... Es gab für die Häftlinge weder Betten noch Strohsäcke, lediglich eine Handvoll nassen Strohs ... Die Häftlinge wurden stets viehisch mißhandelt und geschlagen. Millionen von Läusen konnten auf Grund dieser grenzenlosen Verwahrlosung aufkommen und wurden eine für die Häftlinge fast unausstehliche Qual. Die Folge dieser Zustände waren Massenerkrankungen und Tod. Das Höllenlager ‚Vulkan' bleibt für die Naziverbrecher ein ewiger Schandfleck!"

Am 4. Februar 1945 traf der letzte Transport mit 93 französischen Gefangenen aus dem Freiburger Gefängnis ein. Sie mußten zunächst ebenfalls im Stollen dahinvegetieren. Das KZ am Kinzigdamm war zu diesem Zeitpunkt gerade aufgelöst worden; von den ehemals 600 Gefangenen lebten noch etwa 150 Männer, die in elender Verfassung nach Dachau transportiert wurden. Erst am 28. März 1945 wurden die Häftlinge aus dem Stollen in die Baracken am Kinzigdamm verlegt, wo französische Truppen sie am 21. April 1945 befreiten. Nach dem Abzug der SS-Mannschaften am 13. April 1945 bemühte sich der katholische Stadtpfarrer von Haslach, August Vetter, um die Aufnahme der Schwerstkranken im **Städtischen Krankenhaus**; einige Gefangene wurden im **Katholischen Kindergarten** von Ordensschwestern gepflegt.

Nachweislich sind in den beiden Haslacher KZ-Außenkommandos über 400 Gefangene umgekommen. Nur ein Teil wurde im Massengrab auf dem Haslacher **Friedhof** begraben, viele blieben für immer unter den Geröllhalden im Stollen. Am 17. September 1946 wurde das Massengrab auf dem Haslacher Friedhof geöffnet. Die französische Gräberkommission konnte 135 Leichen identifizieren, die in ihre Heimat überführt wurden. 75 nicht identifizierte Tote bestattet man in einem neuen Gräberfeld auf dem Haslacher Friedhof.

Gedenkstein für die KZ-Opfer auf dem Haslacher Friedhof.

Das erste Gedenkzeichen wurde im Oktober 1970 bei einem Treffen von Mitglieder der Vereinigung der Verfolgten des Naziregimes (VVN) mit ehemaligen französischen Widerstandskämpfern und KZ-Häftlingen an der damals noch vorhandenen KZ-Baracke am Haslacher **Sportplatz** angebracht. Als diese Baracke 1979 abgebrochen wurde, ließ die Stadtverwaltung die schlichte **Gedenktafel** aus Holz an der auf diesem Gelände errichteten neuen **Markthalle** anbringen. Ihre Inschrift lautet:

> „Von September 1944 bis Februar 1945 befand sich hier ein Außenkommando der NS-Konzentrationslager Schirmeck und Struthof. Hunderte Häftlinge aus ganz Europa litten und starben hier.
> Dies darf niemals mehr geschehen."

Die Stollen der Hartsteinwerke Vulkan wurden 1948 auf Befehl der französischen Besatzungsmacht in mehreren Versuchen gesprengt. Von 1953 bis 1965 diente das Vulkangelände als Munitions- und Sprengstoffdepot der französischen Armee; seit 1973 befindet sich hier die Mülldeponie des Ortenau-Kreises.

Um die Aufarbeitung der Geschichte und den Kontakt zu Überlebenden kümmerte sich Stadtarchivar Manfred Hildenbrandt und Anfang der neunziger Jahre die Initiativgruppe Vulkan. Sie entwickelte das Konzept einer unterirdischen Gedenkstätte in einem noch zugänglichen Stollen. Es scheint jedoch an der ausbleibenden Finanzierung durch Daimler-Benz zu scheitern.

Haslach war im Februar 1945 auch einer der Einsatzorte der 10. SS-Eisenbahnbaubrigade (s. Offenburg).

Kaum erforscht ist die „normale" Zwangsarbeit von ausländischen Kriegsgefangenen und zivilen ausländischen Zwangsarbeitskräften. Der FNTB ermittelte die Zahl von 756 Personen, die in den Kriegsjahren in Haslach – möglicherweise auch im Bauvorhaben „Barbe" – arbeiten mußten.

HAUSACH

„Rassische" Verfolgung und „Euthanasie"

An die ehemaligen jüdischen Besitzer des 1938 „arisierten" Schwarzwälder Blechwalzwerkes erinnern die **Netterstraße** und die **Jacobistraße**. Die Fabrikanten Netter und Jacobi stammten aus Bühl (Kr. Rastatt, Baden-Württemberg I).

Konzentrationslager und Zwangsarbeit

Nach den Ermittlungen des FNTB waren in **Hausach** in den Kriegsjahren 455 ausländische zivile Zwangsarbeitskräfte eingesetzt. Sie mußten u.a. für die **Mannesmann-Werke** arbeiten.

Im Dezember 1944 erfolgte die „Rückführung" der in Offenburg beschäftigten ausländischen Zwangsarbeiter, nachdem der Bombenangriff vom 27. November 1944 die meisten Fabriken zerstört hatte (s. Offenburg). Am 12. Dezember 1944 fuhr ein Zug mit etwa 200 „Westarbeitern" und 600 „Russen" unter Bewachung Richtung Schwarzwald. Beim Halt in Hausach wurden die sowjetischen Zwangsarbeiter aus dem Zug geholt, die übrigen kamen über Freudenstadt in das Durchgangslager des Landesarbeitsamtes in Bietigheim-Bissingen (Kr. Ludwigsburg, Baden-Württemberg I), wo sie an neue Arbeitsstätten beordert wurden. Über den Verbleib der sowjetischen Zwangsarbeiter ist bisher nichts bekannt.

HOFSTETTEN

Konzentrationslager und Zwangsarbeit

Für Hofstetten ermittelte der FNTB die Zahl von 60 ausländischen Zwangsarbeitskräften. Einer von ihnen, Jan Ciechanowski aus Sendow bei Turek im besetzten Polen, mußte auf dem **Spänlehof** arbeiten. Als man ihn wegen seiner Liebesbeziehung zu einer Deutschen denunzierte, wurde er am 22. November 1942 im **Bächlewald** an der Gemarkungsgrenze aufgehängt. Die deutsche Frau wurde verhaftet und vermutlich in das FrauenKZ Ravensbrück überstellt (s. Haslach).

HOHBERG

„Rassische" Verfolgung und „Euthanasie"

Das religiöse Zentrum der im Jahr 1737 erstmals bezeugten Jüdischen Gemeinde **Diersburg** lag in der **„Strittmatt"**, die früher auch „Judenstadt" genannt wurde. Hier stand die **Synagoge**, die beim Novemberpogrom 1938 geschändet und verwüstet wurde – 1988 war in dem Gebäude noch eine Schreinerei untergebracht. Am Haus **Strittmatt** 4 erinnert eine Inschrift in Hebräisch mit der Jahreszahl 1826 daran, daß sich hier einst die **Jüdische Schule** befunden hat. Eine aus dem Türsturz der Schule stammende Mesusa, eine kleine Pergamentrolle mit Texten aus dem alten Testament, befindet sich im Roederschen **Heimatmuseum**. Als Gebäude ist auch die **Mikwe** auf dem Anwesen **Talstr.** 30 erhalten geblieben. Seit 1770 verfügte die Jüdische Gemeinde über einen eigenen **Friedhof** in der **Bachstraße**, dessen 214 erhaltenen Grabsteine von Naftali Bar-Giora Bamberger dokumentiert wurden. Die meisten jüdischen Geschäfte und Wohnungen befanden sich um 1933 in der **Talstraße**.

Mindestens zwölf Mitglieder der Jüdischen Gemeinde Diersburg wurden Opfer des Holocaust.

Konzentrationslager und Zwangsarbeit

Nach Angaben des FNTB waren in **Hofweier** 50 ausländische zivile Zwangsarbeitskräfte eingesetzt. Zusätzlich war zeitweise ein Arbeitskommando mit etwa 20 französischen Kriegsgefangenen stationiert, die in der Landwirtschaft arbeiten mußten.

HORNBERG

Widerstand und Naziterror

Den Wahlausgang bei den Reichstagswahlen vom 5. März 1933 in **Hornberg** verglichen die Nationalsozialisten mit dem von Schwenningen (s. Schwarzwald-Baar-Kreis). Schwenningen galt als „kommunistische Hochburg", und Hornberg wählte sozialdemokratisch. Zwar war die NSDAP mit 40 % (oder 823 Stimmen) stärkste Partei geworden, für die SPD stimmten jedoch 37 %. Dieses Ergebnis lag weit über dem badischen Landesdurchschnitt, bei dem die SPD auf 11,9 % gesunken war. Fast der gesamte SPD-Ortsverein wurde nach den Wahlen auf das **Rathaus** bestellt, und die bekannten Sozialdemokraten und Kommunisten wurden einige Wochen lang im Gefängnis von Wolfach festgesetzt. Einige mußten zur „Schutzhaft" in das KZ Ankenbuck, so Johann Albiez und Gustav Fimpel (s. Brigachtal, Schwarzwald-Baar-Kreis). Fimpel, Vorsitzender des SPD-Ortsvereins, war bis 1935 in den KZ Ankenbuck und Kislau (Kr. Karlsruhe, Baden-Württemberg I). Er war erster Nachkriegsbürgermeister, und die erste Nachkriegsgemeinderatswahl gewann die SPD mit 52 % der Stimmen.

An einen gebürtigen Hornberger, der sein Leben im Widerstand gegen den Nationalsozialismus ließ, erinnerte Alfons Stadler im März 1993 in einer Artikelserie im „Schwarzwälder Boten". Albert Fritz, 1899 in Hornberg geboren, war Mitglied der KPD. Er war 1924/1925 Betriebsrat bei der Baufirma Grün & Bilfinger, die das **Hornberger Viadukt** baute. 1926 zog er nach Heidelberg, wo er für die KPD in den Stadtrat gewählt wurde. Im Frühjahr 1933 wurde er verhaftet und dreizehn Monate im KZ Ankenbuck eingesperrt. 1936 folgte eine eineinhalbjährige Gefängnisstrafe, weil er aus der Schweiz eingeschmuggelte kommunistische Zeitungen verbreitet hatte. Im Krieg schloß er sich der im Raum Mannheim und Heidelberg (Baden-Württemberg I) wirkenden Widerstandsgruppe Lechleiter-Faulhaber an. Im Sommer 1942 wurde Albert Fritz verhaftet, am 21. Oktober 1942 vom OLG Stuttgart zum Tode verurteilt und am 24. Februar 1943 mit vier Mitgliedern der Widerstandsgruppe Lechleiter-Faulhaber in Stuttgart hingerichtet.

Konzentrationslager und Zwangsarbeit

Der FNTB kam bei seinen Nachkriegsermittlungen zum Einsatz ausländischer Zwangsarbeitskräfte für **Hornberg** auf die Zahl von 1.015 Personen; im Ortsteil **Reichenbach** waren es 70 Personen. Nachforschungen über Unterbringung und Arbeitsbedingungen fehlen. Arbeitsstätten waren die **Fa. Schondelmaier**, ein Zulieferbetrieb für die Rüstungsindustrie, der u.a. Zündschrauben herstellte, sowie die **Elektrogerätefirma Schiele**.

KEHL

Widerstand und Naziterror

Nach den ersten Verhaftungen im Frühjahr 1933 – mindestens zehn Sozialdemokraten und Kommunisten aus **Kehl** waren zur „Schutzhaft" in das KZ Ankenbuck (s. Brigachtal, Schwarzwald-Baar-Kreis) eingeliefert worden – gelang es beiden Arbeiterparteien, ihre Widerstandsaktivitäten neu zu organisieren. Eine bedeutende Rolle spielten dabei die im benachbarten Strasbourg eingerichteten Grenzsekretariate.

Das Grenzsekretariat Südwest des Exilvorstandes der SPD (Sopade) wurde seit Juni 1933 von Georg Reinbold (1885–1946) geleitet. Reinbold betrieb mit Unterstützung französischer Sozialdemokraten eine Volksbuchhandlung, die sich gut zur Tarnung der umfangreichen Transporte antifaschistischer Materialien über den Rhein nach Kehl eignete. Sein Kuriersystem, mit dem er den „Neuen Vorwärts" und ab November 1933 die „Sozialistische Aktion" einschleuste, erreichte SPD-Widerstandsgruppen in der Pfalz, im Raum Mannheim und Heidelberg und im gesamten Rhein-Main-Gebiet. Die Kuriere lieferten Berichte über die Lage in Hitler-Deutschland, die Reinbold an die Sopade weiterleitete und die dann in den „Deutschland-Berichten" veröffentlicht wurden. Im Juli 1934 wurde ihm die Aufenthaltserlaubnis entzogen. Unter dem Decknamen „Schwarz" arbeitete er bis 1940 als Grenzsekretär in Luxembourg. Beim Einmarsch der Wehrmacht flüchtete er nach Frankreich, wurde interniert und konnte durch die Hilfe US-amerikanischer Gewerkschafter im Frühjahr 1941 in die USA emigrieren, wo er am 24. Mai 1946 starb.

Unter dem Decknamen „Oskar Faß" leitete der ehemalige KPD-Landtagsabgeordnete Robert Klausmann (1896–1972) nach seiner Flucht aus dem KZ Kislau (Kr. Karlsruhe, Baden-Württemberg I) ab Oktober 1933 den KPD-Grenzstützpunkt in Strasbourg. Seine Arbeit konzentrierte sich auf die kommunistischen Widerstandsgruppen in Nordbaden. Nach dem Überfall auf Frankreich kämpfte er unter dem Decknamen Jacques auf der Seite der französischen Résistance, während ihn die Gestapo in der Sowjetunion vermutete. Nach der Befreiung kehrte er nach Deutschland zurück und war Mitglied der Verfassunggebenden Landesversammlung in Württemberg-Baden.

Zwischen 1934 und 1937 wird in den Geheimen Lageberichten der Gestapo immer wieder über Widerstandsaktionen der **Kehler** Sozialdemokraten und Kommunisten berichtet. Aufgeführt werden Verhaftungen wegen Abhörens des Moskauer Senders, illegale Materialverteilungen z.B. in Fernzügen, Flugblätter der Roten Hilfe sowie die Zusammenarbeit mit französischen Antifaschisten.

Gelder der Roten Hilfe, die Robert Klausmann weiterleitete, erhielten „Angehörige der politischen Gefangenen durch anonyme Geldüberweisungen" zu Weihnachten 1936. Dies ermittelte der Generalstaatsanwalt in Karlsruhe und übergab das Verfahren „gegen R.B. u.a." am 30. Januar 1937 an den „Volksgerichtshof".

Im Frühjahr 1936 gelang es der Gestapo, in Kehl und Umgebung die kommunistischen und sozialistischen

Widerstandsgruppen zu zerschlagen. Der Kehler Gestaposekretär Julius Gehrum erhielt dafür eine Prämie von 50 Reichsmark. Gehrum stand 1947 vor einem französischen Militärgericht, wurde zum Tod verurteilt und hingerichtet. Im Mittelpunkt dieses Prozesses stand die Ermordung elsässischer Widerstandskämpfer (s.u.).

Das Ehepaar Stopp gehörte zur Glaubensgemeinschaft der Ernsten Bibelforscher; es wurde im August 1934 festgenommen, weil es „verbotenen Druckschriften" eingeführt hatte.

Am 23. November 1996 wurde – infolge einer Kehler Ärzte-Initiative – am Rheinufer bei Kehl, am Pfeiler der **Europabrücke**, eine **Gedenktafel** für neun an dieser Stelle ermordete französische Widerstandskämpfer der „Alliance" enthüllt. Die Widerstandsgruppe „Alliance" war vor allem bei den Vorbereitungen zur Landung der Alliierten Streitkräfte im Juni 1944 in der Normandie beteiligt gewesen; zudem organisierte sie Fluchtwege nach Nordafrika und unterstützte die Bildung von Partisanengruppen im Maquis. 439 Mitglieder der „Alliance" gerieten in die Hände des SS-Sicherheitsdienstes und wurden ermordet (s. auch Offenburg).

„Rassische" Verfolgung und „Euthanasie"

Seit 1984 erinnert auf dem **Friedhof** von **Bodersweier** neben dem Denkmal für die Toten des Ersten Weltkriegs ein **Gedenkstein** mit 17 Namen an die Opfer des Holocaust.

Das religiöse Zentrum der Jüdischen Gemeinde **Bodersweier** lag in der **Querbacher Straße**: Auf dem Grundstück Nr. 33 stand die **Synagoge**, die den Novemberpogrom 1938 äußerlich unversehrt überstanden hat. Das Gebäude wurde 1951 abgebrochen. Neben der Synagoge – auf dem Grundstück Nr. 35 – stand das **Gemeindehaus**, in dem sich auch die **Mikwe** befand. Dieses Gebäude wurde bereits 1940/1941 abgerissen.

Die Jüdische Gemeinde in **Kehl** hatte ihre **Synagoge** auf dem Grundstück Ecke **Schulstraße** und **Kasernenstraße** und einen eigenen **Friedhof**, der sich an den Städtischen Friedhof an der **Friedhofstraße** anschließt.

Nach der Aufstellung bei Joachim Hahn gab es um 1933 in Kehl noch zwanzig jüdische Handels- und Gewerbebetriebe; 1938 bestand kein einziger mehr. Der Großteil der jüdischen Bevölkerung wanderte zwischen 1935 und 1938 über Strasbourg nach Frankreich aus. Von der Abschiebung der „Ostjuden" am 28. Oktober 1938 war das Ehepaar Pinkas und Laje Schwarzkächel mit ihrem Sohn Arnold betroffen; alle drei sind „verschollen". Beim Novemberpogrom 1938 schändeten Nationalsozialisten und eine aufgeputschte Menge die **Synagoge**, die bis auf die Grundmauern zerstört wurde. Jüdische Männer wurden aus ihren Wohnungen geholt, in die **Stadthalle** in der **Jahnstraße** getrieben, verhöhnt und mißhandelt. Dort trafen auch ihre Leidensgenossen aus den umliegenden Dörfern ein. Am Abend des 10. November mußten sie am Bahnhof den Zug besteigen, der sie in das KZ Dachau brachte.

Die Deportation nach Gurs am 22. Oktober 1940 erfaßte in Kehl 22 Personen; lediglich vier erlebten die Befreiung. Man muß heute davon ausgehen, daß mindestens 38 jüdische Bürgerinnen und Bürger ihr Leben in der NS-Zeit verloren haben. An einen von ihnen erinnert seit 1975 der **Dr.-Rosenthal-Weg** im Neubaugebiet **Niedereich**. Der Chefarzt für Innere Medizin am Stadtkrankenhaus Dr. Karl Rosenthal wurde 1944 in Auschwitz ermordet. Er hatte mit seiner Familie an der Ecke **Großherzog-Friedrich-Straße/Kinzigstraße** gewohnt.

An das Schicksal der Jüdischen Gemeinde Kehl und ihrer Synagoge erinnert seit 1983 eine **Gedenktafel** an der Evangelischen **Friedenskirche**.

Über die Räumung der **Anstalt Kork**, die der Inneren Mission gehörte, berichtete Hermann Rückleben: Bei Kriegsbeginn lebten in der Anstalt für Epileptiker 275 Personen. Daneben gab es ein Altersheim mit etwa 30 Bewohnerinnen und Bewohnern. Anfang Oktober 1939 trafen die Meldebögen zur „planwirtschaftlichen Erfassung" von der Berliner „Euthanasie"-Zentrale ein, die die organisatorische Grundlage für den Krankenmord bildeten. Als am 22. Mai 1940 der erste Abtransport von 75 Patienten erfolgen sollte, bemühte sich Pfarrer Adolf Meerwein durch Vorsprachen im Badischen Innenministerium, dies zu verhindern. Er erreichte am 14. Oktober 1940 die ersatzlose Streichung aller arbeitsfähigen Patienten von einer weiteren Transportliste. Indem er die Familienangehörigen benachrichtigte, konnten weitere Kranke gerettet werden. Doch für 113 Patienten blieben alle Bemühungen ergebnislos: Sie wurden in Grafeneck (s. Gomadingen, Kr. Reutlingen) ermordet. 1990 wurde im heutigen Epilepsiezentrum eine Ausstellung „Wo bringt ihr uns hin?" gezeigt.

1940 beschlagnahmte die „Volksdeutsche Mittelstelle" Gebäude der Anstalt **Kork** und richtete ein SS-Umsiedlungslager ein, in dem „Volksdeutsche" aus Rumänien und ab 1941 auch zwangsumgesiedelte Slowenen untergebracht waren. Zeitweise wohnten hier bis zu 250 Menschen.

Konzentrationslager und Zwangsarbeit

Als der FNTB nach dem Krieg zum Ausmaß der Zwangsarbeit von ausländischen Zivilpersonen in der französisch besetzten Zone ermittelte, konnte er für die Stadt **Kehl** keine Zahlen nennen. Für einige heute eingemeindete Dörfer hingegen liegen Zahlen vor: **Bodersweier** 85, **Goldscheuer** 75 und **Kork** 105 Personen.

In **Goldscheuer** waren polnische Kriegsgefangene anfangs im ehemaligen **„Hechtensaal"** untergebracht. Als ihr Status in den von „Zivilarbeitern" geändert wurde, konnten sie das Sammelquartier verlassen und auf den Bauernhöfen wohnen. Zeitweise waren auch acht bis zehn aus Weißrußland verschleppte Zwangsarbeiterinnen im Dorf. Eine der jungen Frauen soll Selbstmord begangen haben; ein junger Pole kam durch eine Mine ums Leben. Die beiden Gräber auf dem **Gemeindefriedhof** wurden umgebettet – wohin, konnten wir nicht feststellen.

In **Bodersweier** trafen am 14. April 1940 die ersten 30 polnischen Kriegsgefangenen aus dem Stalag VA Ludwigsburg ein (Kr. Ludwigsburg, Baden-Württemberg

I). Im Sommer 1940, als etwa 25 französische Kriegsgefangene ins Dorf kamen, erhielten 48 polnische Gefangene den Status von „Zivilarbeitern"; sie lebten fortan auf den Höfen, wo sie zur Arbeit eingesetzt waren. Bis zum März 1943 diente der Saal der **Gastwirtschaft „Krone"** als Nachtunterkunft für französische Kriegsgefangene. Sie wurden außer zur Landarbeit auch zur Säuberung und Instandhaltung der Wasserläufe auf der Gemarkung eingesetzt.

Auf die Anfrage des FNTB antwortete der Bürgermeister von **Auenheim** am 30. Januar 1946, daß in seiner Gemeinde „vorübergehend französische und russische Kriegsgefangene" ohne Meldung auf der Gemeinde stationiert gewesen seien. Das „Krankensammellager" in den damaligen **Doggererzbaracken** unterstand – so der Bürgermeister – dem Gauarbeitsamt Straßburg. Alle Kranken im Lager, überwiegend Zwangsarbeiterinnen und -arbeiter aus Polen und der Ukraine, seien auf dem Rathaus polizeilich gemeldet worden. Bei der Evakuierung der Gemeinde im November 1944 kamen die das „Krankensammellager" betreffenden Gemeindeakten mit nach Nußbach (Oberkirch) und seien dort „infolge Kriegseinwirkung" alle verbrannt. Dem Antwortschreiben des Bürgermeisters lag eine Liste der im „Krankensammmellager" verstorbenen Personen bei, die dreizehn Namen sowie Nationalität, Geburts- und Todesdatum – soweit bekannt – enthält. Sechs der Verstorbenen waren Frauen; sie kamen aus der Region Leningrad, aus Shitomir und aus der Region Kiew. Das „Krankensammellager" hatte eine eigene **Begräbnisstätte** im Gemeindewald, „Schlag 5,70 Meter von der Leutesheimer Gemarkungsgrenze entfernt". Hier wurden zehn der auf der Liste angegebenen Toten beerdigt, während drei Tote auf dem Gemeindefriedhof bestattet wurden.

KIPPENHEIM

„Rassische" Verfolgung und „Euthanasie"

Die **Neue Synagoge** der Jüdischen Gemeinde **Kippenheim** wurde in der **Poststr.** 17 errichtet, daneben befand sich die **Mikwe**. Das Gotteshaus wurde beim Novemberpogrom 1938 geschändet und demoliert. Nach 1945 wurde das Gebäude als Werkstatt und von 1955 bis 1985 als Lager der Raiffeisengenossenschaft genutzt. Seit 1978 bemühte sich der Deutsch-Israelische Arbeitskreis südlicher Oberrhein um die Restaurierung der ehemaligen Synagoge. Die Restaurierung der 1981 in den Rang eines „Kulturdenkmals von nationaler Bedeutung" erhobenen Synagoge erfolgte in den Jahren 1986–1989. Im Vorraum wird eine **Gedenkstätte** für die Jüdische Gemeinde eingerichtet.

Nach der Aufstellung von Joachim Hahn befanden sich um 1933 in Kippenheim 21 jüdische Handels- und Gewerbebetriebe, darunter fünf Viehhandlungen, drei Metzgereien, eine Bäckerei, drei Textilgeschäfte, ein Schuhgeschäft, zwei Kolonialwarengeschäfte, eine

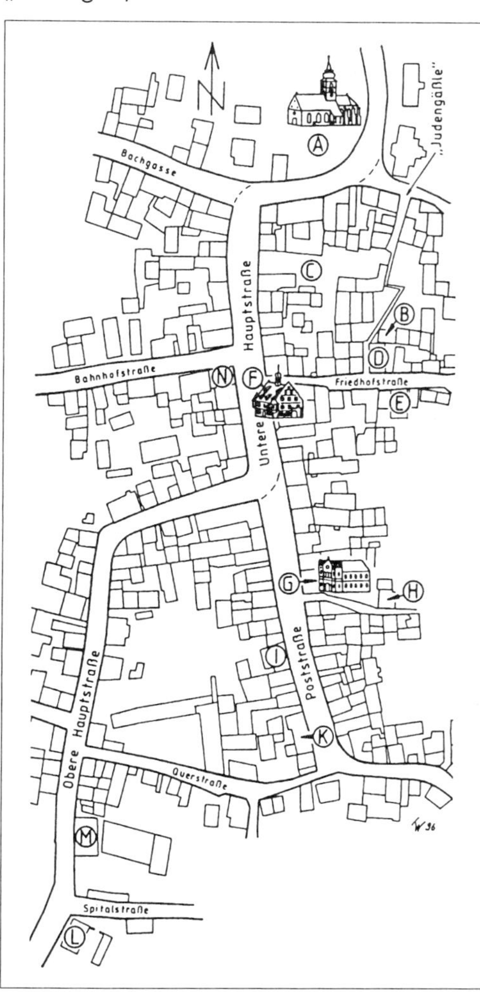

Legende

[A] Friedenskirche, hier predigte Bernhard von Clairvaux am 1. Dezember 1146.

[B] Standort der (zweiten) 1793 erbauten und 1983 abgerissenen Synagoge.

[C] Ungefährer Standort der ehemaligen jüdischen Schule. 1876 nach Einführung der Simultanschule in Baden aufgelöst.

[D] *„Judenmetzgerei"* Abraham Wertheimer, Friedhofstraße 5.

[E] Friedhofstraße 6, einzige noch bekannte hebräische Inschrift in Kippenheim.

[F] Das Rathaus.

[G] (dritte) Synagoge, zwischen 1850 und 1852 erbaut ersetzte sie die alte Synagoge im *„Judengäßle"*.

[H] Sogenanntes Rabbinerhaus, Wohnhaus des jüdischen Kantors. Zuletzt versah Kantor Schwab dieses Amt.

[I] Gasthaus *„Badischer Hof"*. Zur Gaststätte gehörte eine koschere Metzgerei.

[K] Geburtshaus der Schriftstellerin Inge Auerbacher, Poststraße 20.

[L] Das Spital.

[M] Frühere Weinhandlung der Gebrüder Durlacher.

[N] Eisenhandlung Hermann Wertheimer: Die Firma betreute 4.000 Kunden und beschäftigte 20 Mitarbeiter.

Das ehemalige jüdische Kippenheim

Die restaurierte Synagoge von Kippenheim

Wein- und Spirituosenhandlung, ein Tabakwarengroßhandel, ein Ledergeschäft, eine Eisenwarenhandlung und eine Getreide-, Mehl- und Futtermittelhandlung.

Über die Geschichte des Hauses **Postgasse** 56 und seiner jüdischen Bewohner berichtet Inge Auerbacher in ihrem Buch „Ich war ein Stern". Nach dem Novemberpogrom 1938 war Inge Auerbacher mit Eltern und Großeltern nach Jebenhausen (Göppingen, Baden-Württemberg I) gezogen. Dort starb der Großvater. Die Großmutter wurde nach Riga deportiert und ermordet. Im August 1942 – Inge war gerade sieben Jahre alt – mußte sie mit den Eltern auf Transport: Alle drei überlebten das KZ Theresienstadt und wanderten nach ihrer Befreiung in die USA aus. Mindestens 31 jüdische Bürgerinnen und Bürger von Kippenheim verloren ihr Leben in den nationalsozialistischen Vernichtungslagern.

Die Jüdische Gemeinde **Schmieheim** baute 1812 in der **Schloßstraße** eine neue **Synagoge**, nachdem die alte aus dem 18. Jahrhundert zu klein geworden war. Sie wurde beim Novemberpogrom 1938 geschändet und verwüstet; unmittelbar danach wurde das Gebäude als Fabrik genutzt. **Schulhaus**, **Mikwe** und **Rabbinat**, das allerdings 1893 nach Offenburg verlegt wurde, waren in einem 1867 erbauten Haus in der **Kirchstr.** 6 untergebracht. Um 1933 lag das Zentrum jüdischen Lebens zwischen **Schloß-**, **Kirch-**, **Dorf-** und **Waldstraße**. Zu dieser Zeit lebten noch etwa 120 Jüdinnen und Juden im Dorf. Bis zum Novemberpogrom 1938 hatte ein Großteil seinen Besitz verkauft und war ausgewandert. Es war „arisches" Eigentum, daß die Dorfbewohner in der Nacht des 10. November vor der Zerstörung durch die Ettenheimer Nationalsozialisten schützten.

14 Jüdinnen und Juden aus Schmieheim und 20, die in andere badische Orte verzogen waren, wurden in Gurs interniert. Sechs von ihnen starben dort, 17 im Vernichtungslager Auschwitz.

Der **Jüdische Friedhof** von **Schmieheim**, an der Straße von Kippenheim nach Münchweier gelegen, ist der größte Verbandsfriedhof Südbadens und diente den Gläubigen aus Altdorf, Ettenheim, Friesenheim, Diersburg, Kippenheim, Nonnenweier, Orschweier und Rust als letzte Ruhestätte. Beim Novemberpogrom 1938 zerstörten Nazis die Friedhofshalle und schändeten Grabsteine. Heute stehen unter alten Kastanien und Zypressen noch 2.356 Grabsteine, der älteste stammt aus dem Jahr 1703. Seit 1994 bemüht sich der Deutsch-Israelische Arbeitskreis um die Unterstützung der von Naftali Bar-Giora Bamberger begonnenen Dokumentation, um die Herausgabe eines Memor-Buches und sammelt dazu Spenden.

Konzentrationslager und Zwangsarbeit

Nach Angaben des FNTB waren während des Krieges in **Kippenheim** 130 ausländische Zwangsarbeitskräfte gemeldet. Französische Kriegsgefangene, die in der Landwirtschaft arbeiten mußten, hatten ihre Nachtunterkunft in dem zur ehemaligen **Synagoge** gehörenden Wohnhaus. Als sie im Winter sehr unter der Kälte litten, holten sie zum Heizen Gebälk, Holzdielen und Teile der Empore aus der Synagoge.

LAHR

Widerstand und Naziterror

Unter den „Schutzhaftgefangenen", die im Frühjahr 1933 in das KZ Ankenbuck (s. Brigachtal, Schwarzwald-Baar-Kreis) eingeliefert wurden, befand sich Ernst Matthis aus **Lahr**.

Die „Lageberichte der Gestapo" meldeten im Sommer 1934, daß in den RAD-Lagern **Lahr** und **Allmannsweier** „kommunistische Zellen" gebildet würden; fünf Männer seien deshalb festgenommen worden. In der Nacht zum 10. November 1934 wurde das KPD-Flugblatt „An alle Werktätigen in Stadt und Land" in Lahr verbreitet.

In den Kriegsjahren häuften sich Denunziationen, und die Strafen wurden immer drakonischer. So verurteilte das OLG Stuttgart am 22. Februar 1944, den 59jährigen Maurer und Kriegsinvaliden Karl Ludwig U. aus Lahr zu zwei Jahren Zuchthaus wegen „Vorbereitung zum Hochverrat und Zersetzung der Wehrkraft". U., der vor 1933 der KPD angehörte und in erster Ehe mit der KPD-Landtagsabgeordneten Frieda Eckert verheiratet war, wurde wegen Äußerungen über die schlechte Ernährungslage und den unsinnigen Krieg in der Kleinbahn Altenheim–Lahr angezeigt. Der „Volksgerichtshof" zog das Verfahren an sich, um ein schärferes Urteil zu erwirken. Der neue Prozeß, der vermutlich mit dem Todesurteil geendet hätte, fand jedoch nicht mehr statt. Die Gestapo brachte U. vom Zuchthaus Ensisheim im Elsaß in das Untersuchungsgefängnis Berlin-Moabit und dann in das KZ-Außenkommando Dreibergen in Mecklenburg. Nach der Befreiung kehrte U. am 15. November 1945 todkrank nach Lahr zurück, wo er einen Monat später starb.

Zwei seiner Denunziantinnen standen im Oktober 1948 vor dem Landgericht Offenburg: Eine wurde freigesprochen, die andere, seit 1933 Mitglied in der NS-Frauenschaft, beharrte darauf, daß sie nur ihre Pflicht getan habe. Sie wurde zu vier Monaten Gefängnis verurteilt.

„Rassische" Verfolgung und „Euthanasie"

Nach den Verfolgungen im Mittelalter konnten sich jüdische Familien erst im letzten Drittel des 19. Jahrhunderts wieder in **Lahr** niederlassen. Die Gottesdienste feierten sie in einem **Betsaal** im Obergeschoß des Hauses **Bismarckstr.** 12; hier befand sich auch ein Schulraum. Beim Novemberpogrom 1938 verwüsteten SA-Leute und Jugendliche der „Gebietsführerschule Lahr" das gesamte Obergeschoß. Von den in das KZ Dachau verschleppten Juden erlag der 75jährige Karl Haberer am 3. Dezember 1938 den Verletzungen, die ihm SA-Leute beim Abtransport aus Lahr zugefügt hatten. Mehrere alleinstehende Personen mußten 1939 in ein „Judenhaus", das Haus von Johanna Schnurmann in der **Schlosserstraße** 5, umziehen; in diesem Haus fanden auch die letzten Gottesdienste statt. Von den 121 in Lahr zwischen 1933 und 1945 gemeldeten Jüdinnen und Juden wurden 35 in den NS-Vernichtungslagern ermordet, darunter alle 16 Frauen und Männer, die am 22. Oktober 1940 nach Gurs deportiert worden waren.

An den in Nonnenweier (s. Schwanau) geborenen Rechtsanwalt Ludwig Frank, der 1893 sein Abitur am Lahrer Gymnasium machte, erinnern die **Ludwig-Frank-Straße** und das **Altenheim „Ludwig-Frank-Haus"**.

Kein Erinnerungszeichen gibt es für den in **Lahr** geborenen jüdischen Maler Alfred Frank (1884–1945), dessen Selbstbildnisse „Der Maler mit dem Stern" zu den eindrucksvollsten Dokumenten antifaschistischer Kunst gehören. Sein Studium an der Kunstakademie Leipzig (1912–1923) wurde durch den ersten Weltkrieg unterbrochen. Seine Kriegserfahrungen ließen ihn 1918 der KPD beitreten. Er verzichtete auf eine akademische Karriere, gab Unterricht an der Volkshochschule und der Marxistischen Arbeiterschule und gründete 1929 die Leipziger Gruppe der Assoziation revolutionärer bildender Künstler. Im Juni 1933 wurde Frank erstmals verhaftet; die Gestapo beschlagnahmte sämtliche Werke. 1934 wurde er wegen „Verbreitung hochverräterischer Druckschriften" zu sechs Monaten Gefängnis verurteilt. Wieder in Freiheit stellte er sein Können in den Dienst der antifaschistischen Untergrundarbeit. 1943 war er Mitglied der Leipziger Widerstandsgruppe Schuhmann-Engert-Kresse. Zusammen mit seiner Frau Gertrud wurde er am 19. Juli 1944 verhaftet. Wegen „Wehrkraftzersetzung, Feindbegünstigung und Vorbereitung zum Hochverrat" verurteilte der „Volksgerichtshof" ihn und vier weitere Mitglieder der Widerstandsgruppe am 23. November 1944 zum Tode. Alfred Frank starb am 12. Januar 1945 in Dresden unter dem Fallbeil. Seine Frau Gertrud wurde zu sechs Jahren Zuchthaus verurteilt.

Konzentrationslager und Zwangsarbeit

Thorsten Mietzner, der zur Geschichte der Fremdarbeiter in **Lahr** forscht, weist für die gesamte Kriegszeit den Einsatz von 119 Kriegsgefangenen und 396 zivilen ausländischen Zwangsarbeitskräften nach. Dies entspricht den Zahlenangaben, die der FNTB nach dem Krieg für Lahr recherchierte: Er nannte die Zahl von 400 Zivilpersonen. Etwa die Hälfte kam aus Polen und der Sowjetunion, die andere Hälfte aus Frankreich.

LAUF

Widerstand und Naziterror

Der zur Wehrmacht eingezogene Schlosser Stefan Könninger aus **Lauf** war als Nazigegner bekannt. Bei einem Heimaturlaub wurde er im Januar 1944 wegen der Äußerung, der Krieg sei verloren, denunziert und verhaftet. Das Zentralgericht des Heeres in Berlin verurteilte ihn wegen „Wehrkraftzersetzung" am 12. Juli 1944 zum Tode. Das Urteil wurde am 21. August 1944 im Zuchthaus Brandenburg vollstreckt.

MAHLBERG

Konzentrationslager und Zwangsarbeit

Auf dem **Städtischen Friedhof** ist Sigmund Baran aus Warschau bestattet. Er ist am 13. September 1944 im Alter von 32 Jahren bei einem Bombenangriff am **Bahnhof Orschweier** ums Leben gekommen. Baran war einer der etwa 60 ausländischen zivilen Zwangsarbeitskräfte, die nach Ermittlungen des FNTB während des Krieges in Mahlberg eingesetzt waren. Zeitweise waren auch russische Kriegsgefangene am Ort; Ende 1944 wurden sie nach Offenburg zu Aufräumarbeiten im Bereich des bombenzerstörten Bahnhofs gebracht.

NEURIED

Konzentrationslager und Zwangsarbeit

Nach den Ermittlungen des FNTB waren während des Krieges in **Altenheim** 95, in **Dundenheim** 100 und in **Ichenheim** 70 ausländische Zwangsarbeitskräfte eingesetzt. Als erste trafen polnische Kriegsgefangene ein, die in der Anfangszeit – so berichtete 1972 der damalige Bürgermeister von **Dundenheim** – tagsüber bei Landwirten arbeiten mußten und in einem Lager nächtigten. 1940 überführte sie die Arbeitsverwaltung in den Status von „Zivilarbeitern"; seitdem wohnten sie auf den Bauernhöfen. Ein **Gasthaussaal** war die Nachtunterkunft von französischen Kriegsgefangenen, die ebenfalls überwiegend in der Landwirtschaft eingesetzt wurden. 1942/1943 trafen aus der

Sowjetunion zur Zwangsarbeit verschleppte junge Frauen und Männer ein.

Vier Todesfälle ereigneten sich in den letzten Kriegstagen: Zwei russische Zwangsarbeiter starben an Verletzungen durch Granatsplitter, zwei französische Kriegsgefangene erlitten durch eine heruntergefallene Stromleitung tödliche Verbrennungen. Die sterblichen Überreste der beiden Franzosen wurden in ihre Heimat überführt, die Gräber der beiden Russen befinden sich noch auf dem **Friedhof** von **Dundenheim**.

Zwei weitere „Todesfälle" wurden auf der Gemeinde nicht registriert: Es waren zwei polnische Zwangsarbeiter, die wegen Liebesbeziehungen zu deutschen Frauen am 31. Oktober 1942 erhängt wurden. Das **Mahnmal** im **Ichenheimer Fürthwald**, ist – wie Jürgen Stude schreibt – nicht leicht zu finden, nur ein unbefestigter Pfad führt dort hin.

Mahnmal für die beiden ermordeten polnischen Zwangsarbeiter Josef Wojecik und Franz Strojowski, errichtet vom „Polnischen Komitee Offenburg" im Herbst 1945. Die Inschrift lautet in deutsche Übersetzung: „An dieser Stelle wurden zwei Polen am 31. Oktober 1942 durch Nazi-Mörder ermordet."

NORDRACH

„Rassische" Verfolgung und „Euthanasie"

1905 ging die von Dr. Hettinger geleitete **Lungenheilanstalt** (heute: **St. Georgskrankenhaus**), die jüdische Frauen aus ganz Deutschland, aber auch aus Belgien, Großbritannien und anderen Ländern aufnahm, in die Rothschild'sche Stiftung über. Zwischen 1933 und 1942 wurden hier über 100 Patientinnen gepflegt. Beim Novemberpogrom 1938 zogen Nationalsozialisten aus dem benachbarten Zell vor dem Sanatorium auf, grölten Hetzparolen und warfen Steine gegen die Fenster. Daß keine weiteren Übergriffe und keine Brandstiftung erfolgten, sei – so wird berichtet – dem damaligen Bürgermeister von Nordrach, Ludwig Spitzmüller, zu verdanken.

1942 begannen die Abtransporte. Beim letzten im September 1942 trieb die Gestapo die noch in der Anstalt lebenden 26 Patientinnen, den Arzt Dr. Nehemias Wehl und das Pflegepersonal auf Lastwagen und brachte sie nach Darmstadt in das Jüdische Altersheim; von dort wurden sie am 10. Februar 1943 in das KZ Theresienstadt deportiert. 56 Namen finden sich im Gedenkbuch für die Opfer der Judenverfolgung. Nur eine Frau, die die Küche geleitet hatte, überlebte.

Zum Sanatorium gehörte ein eigener **Jüdischer Friedhof** im **Untertal**, auf dem seit 1907 die verstorbenen Patientinnen bestattet wurden. In der NS-Zeit schändeten „Unbekannte" den Friedhof und zerstörten Grabsteine. 29 Grabsteine sind erhalten. Einer trägt ein Todesdatum aus dem Jahr 1977: Es war zugleich die letzte Beisetzung, mit der der Wunsch von Meta Beinstein, in der Heimat begraben zu sein, erfüllt wurde. Frau Beinstein, die Tochter des früheren Verwalters, war nach Indien emigriert.

Der Jüdische Friedhof ist eine Station auf dem **Dorfrundweg**.

Nach dem Abtransport der Patientinnen beschlagnahmte die SS-Organisation „Lebensborn" das Sanatorium und richtete ein Entbindungsheim ein.

Konzentrationslager und Zwangsarbeit

Nach Angaben des FNTB waren während des Krieges in **Nordrach** 260 ausländische Zwangsarbeitskräfte im Einsatz.

OBERHARMERSBACH

Widerstand und Naziterror

Bei der Reichstagswahl vom 5. März 1933 verlor die bis dahin führende katholische Zentrumspartei die absolute Mehrheit; sie erhielt mit 501 Stimmen 49,7%. Die NSDAP erreichte 44,1 % und setzte nach wenigen Wochen den bisherigen Bürgermeister Fridolin Lehmann (Zentrum) ab. Zu den ersten Aktivitäten des gleichgeschalteten Gemeinderates gehörte die Ernennung Adolf Hitlers zum Ehrenbürger, die bis heute (1996) nicht widerrufen wurde, obwohl der Historische Verein bisher zweimal einen entsprechenden Antrag stellte.

Im Sommer 1935 löste die Gestapo die in Oberharmersbach recht aktive Deutsche Jugendkraft auf. Den Anlaß gab eine SA-Sonnwendfeier auf dem Sportplatz, die katholische Jugendliche angeblich mit ihren Liedern störten. Auf dem Heimweg kam es zu einer

Prügelei. In der Folge beschlagnahmte die Gestapo das Vereinsvermögen und die Fahne, neun junge Katholiken mußten wegen „gefährlicher Körperverletzung" für drei Wochen in das Offenburger Gefängnis.

Der deutsche Soldat Josef Savernik wurde am 20. April 1945 von einem Standgericht wegen Desertion zum Tode verurteilt und erschossen. Sein Leichnam wurde zunächst auf dem **Friedhof** von **Oberharmersbach** beigesetzt und später an seinen Heimatort überführt. Ein weiteres Opfer dieses Standgerichts, das sich aus Offizieren einer auf dem **Hughof** stationierten SS-Einheit zusammensetzte, war ein Zwangsarbeiter aus dem Elsaß. Er hatte in einem Sägewerk in **Ibach** gearbeitet und war von SS-Angehörigen festgenommen worden, als er am späten Abend sein am Ladeplatz im Wald vergessenes Werkzeug holen wollte. Das brachte ihm die willkürliche Anklage wegen „Spionage" ein. Der Elsässer wagte am Hinrichtungsplatz im **Holdersbach**, Gewann Löchli, einen Fluchtversuch, doch ein SS-Mann stellte ihm nach und erschoß ihn. Sein Leichnam wurde nach Frankreich umgebettet.

„Rassische" Verfolgung und „Euthanasie"

Aus den im Gemeindearchiv vorhandenen Akten geht hervor, daß an vier Bürgerinnen und Bürgern von **Oberharmersbach** Zwangssterilisationen vorgenommen wurden. Ein Mann, Josef Lehmann, wurde in einer „Euthanasie"-Tötungsanstalt ermordet.

Armin Camp, Lehrer an der Volkschule, erhielt 1936 Berufsverbot, da sein Großvater mütterlicherseits Jude war.

Konzentrationslager und Zwangsarbeit

Nach Angaben des FNTB waren während des Krieges in **Oberharmersbach** 120 ausländische Zwangsarbeitskräfte im Einsatz.

OBERKIRCH

Widerstand und Naziterror

Oberkirch war das Zentrum des Widerstandes katholischer Jugendorganisationen im Renchtal. Karl Benz, seit 1929 im Katholischen Jungmännerverein und im Gesellenverein aktiv, war überzeugt, daß „Hitler den Krieg will und deshalb nicht an die Macht kommen darf". Nach ihrem Machtantritt spielten sich in **Oberkirch**, in Seebach und anderen Orten des Renchtals eine Reihe heftiger Auseinandersetzungen ab. SA und Hitlerjugend zerstörten die Schaukästen der katholischen Organisationen, demolierten die **Wanderhütte** der katholischen Sturmscharen in **Ödsbach** und attackierten Austräger katholischer Zeitungen. Ein Bericht über den Überfall auf zwei junge Katholiken, den Karl Benz an das Erzbischöfliche Ordinariat in Freiburg schrieb, wurde bei Emil Bemmer gefunden, als er nach Straßburg zum Eucharistischen Kongreß reisen wollte. Man beschuldigte ihn, er habe „Greuelpropaganda" ins Ausland schmuggeln wollen. Dafür mußte er für einige Wochen in das KZ Kislau (Kr. Karlsruhe, Baden-Württemberg I).

Obwohl den katholischen Jugendverbänden am 23. Juli 1935 jegliche nichtreligiöse Aktivität verboten wurde, fanden in der **Pfarrscheune** noch Treffen statt. Im Oktober 1935 wurde der für die Jugendarbeit zuständige Kaplan Hermann Legler aus **Nußbach** ausgewiesen. 1944 wurde er an seinem neuen Wirkungsort Leutkirch verhaftet und in das KZ Dachau überstellt. Auch Pfarrer Ludwig Müller aus Nußbach wurde schließlich ausgewiesen. Ein Spitzel hatte der Gestapo angegeben, Müller habe den Krieg als „Strafe Gottes" bezeichnet, da in Deutschland „furchtbare Dinge" geschehen seien. Müller mußte am 9. April 1940 binnen dreier Tage seine Gemeinde verlassen und starb kurz nach Kriegsende im Alter von 72 Jahren in seiner neuen Gemeinde Bingen bei Beuron.

Im März 1938, als die Hetzpropaganda des „Stürmers" das Klima für die Verfolgung und Vernichtung der jüdischen Bevölkerung anheizte, schrieb der 48jährige Landwirt Wilhelm Kasper, der in **Nußbach** in der **Kirchstraße** wohnte, einen Brief an Julius Streicher, den Herausgeber des „Stürmers", in dem er sich satirisch-kritisch mit dieser Hetzpropaganda auseinandersetzte. Das Sondergericht Mannheim verurteilte Wilhelm Kasper zu einer sechsmonatigen Gefängnisstrafe, die er jedoch wegen der „Österreich-Amnestie" nicht antreten mußte. 1940 schrieb er einen weiteren Brief, diesmal an Hitler persönlich. Nun überstellte ihn die Gestapo sofort in das KZ Schirmeck/Elsaß und von dort in das KZ Dachau. Er kam in den letzten Kriegstagen bei Schanzarbeiten in einem Kommando bei Heilbronn ums Leben.

Die **Fritz-Tröndle-Straße** trägt ihren Namen nach einem Mann, der von 1946 bis 1971 für seine Partei, zunächst die Badisch-Christlich-Soziale Volkspartei, später die CDU, im Gemeinderat saß. Geehrt wurde mit dieser Benennung ein Mitglied des Oberkircher Kolpingvereins, das sich der Vereinnahmung durch

Der Gedenkstein für Wilhelm Kasper steht auf privatem Gelände, im Garten seiner Nichte in der Zusenhofener Str. 2.

die NS-Organisationen widersetzte. Drei weitere Straßennamen erinnern in Oberkirch an den Widerstand und die Verfolgung um des Glaubens willen: die **Dietrich-Bonhoeffer-Straße**, die **Edith-Stein-Straße** und die **Geschwister-Scholl-Straße**.

„Rassische" Verfolgung und „Euthanasie"

Klara Boss, Ehefrau des jüdischen Arztes Dr. Boss, wurde 1942 nach Theresienstadt deportiert und kam dort im Alter von 74 Jahren ums Leben. Die Familie hatte in der **Stadtgartenstr.** 32 gewohnt.

Konzentrationslager und Zwangsarbeit

Ende 1939 trafen die ersten polnischen Kriegsgefangenen in **Butschbach-Hesselbach** ein: 15 Männer waren in einem Raum in **Rathaus** in **Hesselbach** und zehn auf dem Hof des Landwirts Josef Sester in **Butschbach** untergebracht. Sie wurden später in den Status von „Zivilarbeitern" überführt.

In **Gaisbach** befand sich die Nachtunterkunft von etwa 60–65 französischen Kriegsgefangenen zunächst im **Rathaus** und ab 1941 im **Gasthaus „Lamm"**. Es waren zwei Kommandos: das Industriekommando mit 40–45 Männern und das 20 Mann starke Bauernkommando. Im Juli 1944 kam eine weiteres Industriekommando hinzu: das Kommando 6172, das auf dem Gelände der Weißgerberei Grau am **Südring** untergebracht war. Es bestand aus 16 Kriegsgefangenen aus den französischen Kolonien. Kranke Gefangene wurde in das Stammlager, vermutlich das Stalag VB Villingen (s. Schwenningen-Villingen, Schwarzwald-Baar-Kreis), zurücküberstellt. Ein französischer Kriegsgefangener, bei dem Bauern Hildenbrand in Gaisbach beschäftigt, starb an den Folgen eines Arbeitsunfalls im **Krankenhaus** von **Oberkirch**. Sein Grab befindet sich auf dem **Friedhof** von **Oberkirch** an der **Oberdorfstraße**.

Gräber von polnischen Zwangsarbeitern auf diesem Friedhof weisen daraufhin, daß auch zur Zwangsarbeit verschleppte Zivilpersonen während der Kriegsjahre eingesetzt waren. Nach den Ermittlungen des FNTB mußten in **Oberkirch** 295 und in **Tiergarten** 85 ausländische zivile Zwangsarbeitskräfte arbeiten.

OBERWOLFACH

Widerstand und Naziterror

Eine **Gedenktafel** an der Außenmauer des **Oberwolfacher Friedhofes** erinnert an Konrad Wagner (1900–1945), der in der Nacht vom 19. zum 20. April 1945 an dieser Stelle erschossen wurde. Der Lokalhistoriker Hans-G. Haas hat das Verbrechen recherchiert: Der Kaufmann Konrad Wagner aus Hornberg war aufgrund seiner linksorientierten Gesinnung in den Jahren 1933 bis 1937 dreimal in Haft genommen worden. Bei Kriegsbeginn wurde er zur Wehr-

Gedenktafel an der Außenmauer des Friedhofes von Oberwolfach

macht eingezogen und befand sich 1944 in Frankreich. Nach dem Attentat auf Hitler am 20. Juli 1944 erhielt er von einem Oberfeldwebel den Hinweis, daß die Gestapo nach ihm suche. Er desertierte und konnte sich bei seiner Familie in Hornberg verstecken. Bei einem Luftangriff im April 1945 wurde er gesehen und verraten. Am 19. April 1945 brachten ihn Feldjäger in das Gefängnis von Wolfach. Das Divisionsgericht im Haus des damaligen Ratschreibers Mathäus Oberfell in Oberwolfach verurteilte ihn zum Tode. Konrad Wagner mußte sein Grab selbst schaufeln, und mit der Erschießung wartete man bis kurz nach Mitternacht, um Hitler ein „Geburtstagsgeschenk" zu bereiten. Zwei Tage später war der Krieg in Wolfach zu Ende. Nach der Befreiung ließ Wagners Familie den Leichnam nach Hornberg überführen. Die Täter wurden nie zur Rechenschaft gezogen.

Pfarrer Augustin Mayer (1897–1962) fand an seinem Heimatort **Oberwolfach** die letzte Ruhestätte. In seiner Pfarrei in Todtnauberg war er im März 1940 beim Anhören ausländischer Sender verhaftet worden. Mayer mußte eine Strafe im Zuchthaus Bruchsal (Kr. Karlsruhe, Baden-Württemberg I) verbüßen. Nach dem Ende der Haft durfte er nicht mehr nach Baden zurückkehren. Im württembergischen Burladingen mußte er sich bis Kriegsende als Hilfsarbeiter in einem Rüstungsbetrieb verdingen.

Konzentrationslager und Zwangsarbeit

Nach den Ermittlungen des FNTB waren während der Kriegsjahre in **Oberwolfach** 95 ausländische Zwangsarbeitskräfte gemeldet. Hans G. Haas konnte die Akten des Gemeindearchivs auswerten und nennt höhere Zahlen: 1942 waren 103 Frauen und Männer zur Zwangsarbeit vor allem in der Landwirtschaft eingesetzt, 55 kamen aus Polen, 27 aus Slowenien, neun aus Rußland und acht aus Ungarn. Zusätzlich waren noch 25 Kriegsgefangene auf Bauernhöfen beschäftigt. Ein Barackenlager befand sich auf dem Gelände der **Blechnerei Vollmer**. Nach dem Krieg wurden in diesen Baracken für kurze Zeit führende Nationalsozialisten aus Wolfach und Oberwolfach interniert. Als Unterkunft für Slowenen wird die **Turnhalle** genannt.

Im Sterbebuch sind zwei Todesfälle registriert: der 74jährige Bauer Johannes Bukowinski aus Slowenien starb am 16. März 1945; die ukrainische Zwangsarbeiterin Katharina Petraschowa starb nach der Befreiung am 24. Mai 1945 im Alter von 75 Jahren. Beide Gräber befinden sich auf dem **Friedhof** von **Oberwolfach**.

OFFENBURG

Widerstand und Naziterror

Eine Liste der Betreuungsstelle für die Opfer des Nationalsozialismus in Offenburg aus dem Jahr 1949 nennt die Namen von 41 Verfolgten. In dieser Aufstellung fehlen aber – entsprechend der damaligen Definition von NS-Opfern – die Namen der Zwangssterilisierten, der Opfer der „Rassenhygiene", der überlebenden Sinti und Roma, der Deserteure und der Frauen, die wegen ihrer Beziehungen zu ausländischen Kriegsgefangenen und Zwangsarbeitern verfolgt wurden. Das Landgericht Offenburg hatte in den Jahren 1939–1945 mehr als 70 Urteile wegen „verbotener Liebe" gegen Frauen aus Offenburg und Umgebung gefällt.

Über Widerstand und Verfolgung kann diese Liste dennoch vielfältige Auskünfte geben:

Die ersten Verhaftungsaktionen erfolgten im Frühjahr 1933 und betrafen vor allem Mitglieder der KPD. Damals wurden in das KZ Heuberg (s. Stetten a.k.M., Kr. Sigmaringen) eingeliefert: Richard Bätz (KPD), Karl Hesser, Otto Schneider (KPD). Im **Offenburger Gefängnis** befanden sich in „Schutzhaft": Emil Zachmann und Karoline Fritsch; im Frauengefängnis Bruchsal: Wilhemine Döserich (KPD). Die Nachforschungen von Martin Ruch haben inzwischen ergeben, daß sich allein am 5. März 1933 31 „Schutzhäftlinge" im Offenburger Bezirksgefängnis befanden, unter ihnen 18 Kommunisten aus Offenburg und neun aus Lahr.

Einem der Mitbegründer der KPD Offenburg gelang damals die Flucht: Robert Krause versteckte sich im Haus eines alten SA-Manns auf dem Speicher und lebte dann im Untergrund. Bis Ende 1933/Anfang 1934 stellte er in einer geheimen Druckerei in Haslach antifaschistische Zeitungen und Flugblätter her. Im Frühjahr 1934 wurde er gewarnt und flüchtete ins Saarland, 1935 nach Frankreich. Er lebte unter falschem Namen in Südfrankreich und kehrte 1945 nach Offenburg zurück, wo er 1952 starb.

Wegen der Zugehörigkeit zur Glaubensgemeinschaft der Zeugen Jehovas wurden inhaftiert: Emil Bleich (April 1937 bis Februar 1938 im KZ Dachau), Ida Kern (September 1936 bis Dezember 1936 im Gefängnis Offenburg); der Ehemann von Ida Kern wurde im September 1936 in das KZ Dachau eingeliefert, wo er am 14. März 1940 ums Leben kam.

Fortführung der katholischen Jugendarbeit war der Haftgrund von Kurt Habich (August 1942 bis März 1945 im KZ Dachau). In der Dokumentation von Martin Ruch finden sich weitere Fälle der Verfolgung katholischer Priester.

Verurteilungen wegen „Vorbereitung zum Hochverrat" und „Verbreitung illegaler Schriften": Emil Matull (sieben Monate im Gefängnis Offenburg), Ludwig Dielenschneider (Juni 1937 bis Februar 1938 im Gefängnis Offenburg), Wilhelm End (September 1933 bis Mai 1934 im Landesgefängnis Mannheim), Heinrich Stritt (acht Monate Gefängnis in Offenburg und Mannheim), Max Mittermeyer (November 1935 bis Mai 1936 im KZ Dachau), Helene Ruf (Oktober 1933 bis Mai 1934 in den FrauenKZ Brauweiler und Moringen).

Verurteilungen wegen „staatsfeindlicher Äußerungen": Hans Ludwig (Februar 1943 bis Juli 1943 in den Gefängnissen von Strasbourg und Offenburg), Albert Fleig (vom November 1936 bis März 1937 im Gefängnis Offenburg), Peter Bamberger (sechs Monate Gefängnis in Mannheim), Albert Hasenlohr (Januar 1940 bis Februar 1942 in den KZ Welzheim und Dachau), Franz Karl Hilberer (August 1943 bis März 1944 im Gefängnis Offenburg).

Verurteilungen wegen des Abhörens ausländischer Sender: Karl Durban (1941 bis 1944 Strafgefangenenlager Rollwald in Hessen), Wilhelm Wagner (Mai 1941 bis August 1943 im Zuchthaus Bruchsal), Otto Friedrich (drei Jahre Zuchthaus Bruchsal, am 30. April 1945 im KZ Dachau ums Leben gekommen), Franz Obreiter (3½ Jahre Zuchthaus, Strafgefangenenlager Rollwald), Peter Heizmann (Untersuchungshaft in Offenburg).

Verurteilung wegen „Wehrkraftzersetzung", „Wehrmittelbeschädigung", „Preisgabe von Landesgeheimnissen", „Spionage und Feindbegünstigung": Werner Helfen (Todesurteil, KZ Schirmeck, auf dem Abtransport gelang ihm die Flucht), Gustav Rothenberger (von 1938 bis 1942 im Zuchthaus und in den Emslandlagern), Johann Vogel (Juli 1944 bis April 1945 in den Gefängnissen Offenburg und Emmendingen), Friedrich Bürstner (Mai 1944 bis März 1945 im Wehrmachtsgefängnis auf der Insel Usedom), Helene Merk (Juni 1944 bis April 1945 im Gefängnis Offenburg), Emilie Haas (vier Jahre und sechs Monate im Landesgefängnis Freiburg), Franz Luntz (April 1938 bis April 1945 im Zuchthaus Bruchsal und in den Emslandlagern).

In der „Aktion Gitter", mit der die Gestapo gegen die ehemaligen Mandatsträger von SPD, KPD und Zentrum vorging, wurden am 22. August 1944 in Offenburg verhaftet und in das KZ Natzweiler bzw. Dachau überstellt: Franz Berl, Richard Baetz (KPD), August Huber (SPD), Fritz Müller (SPD), Julius Müller, Emil Zachmann. Der frühere KPD-Stadtrat Otto Schneider wurde von Dachau in das Außenkommando Gusen des KZ Mauthausen gebracht, wo er am 4. Oktober 1944 ermordet wurde.

Über fünfzig Mitglieder der elsässischen Widerstandsgruppe „Alliance" wurden von der Gestapo im

November 1944 erschossen. Einige der Opfer, unter ihnen auch Frauen, waren in den Gefängnissen von Rastatt und Bühl und im KZ Rotenfels gefangen gewesen und wurden im Erlichwald bei Gaggenau ermordet (Kr. Rastatt, Baden-Württemberg I). Andere wurden bei Kehl in den Rhein geworfen (s. Kehl). Eine Gruppe von 29 elsässischen Widerstandskämpferinnen und -kämpfern verschleppte die Gestapo bei ihrer Flucht aus Mulhouse nach Offenburg. Sie alle wurden zwischen dem 27. November 1944 und dem 6. Dezember 1944 auf Befehl des Gestapochefs Schöner im Durbacher Wald bei **Rammersweier** erschossen. Vier Frauen und sieben Männer dieser Gruppe stammten aus Thann. Die Gestapo hatte sie in einer „Nacht- und Nebel"-Aktion als Geiseln verhaftet, um gegen die Wehrdienstverweigerer aus Thann wie aus dem ganzen Elsaß vorzugehen. Seit 1946 erinnert ein **Mahnmal** an diese Gestapo-Morde.

„Rassische" Verfolgung und „Euthanasie"

Eine **Tafel** im Treppenaufgang des Hauses **Lange Straße** 52 erinnert an die Geschichte des ehemaligen **Gasthauses „Zum Salmen"** in der badischen Revolution. Der zweite Teil der Tafel lautet:

> „1875 erwarb die Jüdische Gemeinde das Haus.
> Es wurde ihre Synagoge.
> 1938 in der Nacht vom 10. auf den 11. November
> wurde sie von SA-Leuten verwüstet.
> 1933 zählte die Jüdische Gemeinde Offenburgs
> 271 Mitglieder.
> Im Frühjahr 1945 betrug die Zahl noch drei.
> Diese Tafel erinnert an seine Geschichte.
> Sie soll nicht vergessen sein.
> November 1978"

Den Offenburger Opfern des Holocaust – es waren mindestens 97 Kinder, Frauen und Männer – wurde im Oktober 1990 ein **Mahnmal** auf dem **Jüdischen Friedhof**, einem Teil des Städtischen Friedhofs an der **Moltkestraße**, gewidmet. Es trägt die Inschrift:

> „Im Gedenken an die
> Jüdische Gemeinde.
> Durch die
> NS-Gewaltherrschaft
> vernichtet
> Oktober 1990."

Das religiöse Zentrum der Jüdischen Gemeinde lag seit Ende des 19. Jahrhunderts im rückwärtigen Saal des **Gasthauses „ Zum Salmen"** in der **Lange Str.** 52, der zur **Synagoge** umgebaut wurde. Im vorderen Haus befand sich das Gemeindezentrum. Der **Jüdische Friedhof** in der **Moltkestraße** wird bis heute belegt. In den Kriegsjahren wurden hier etwa 20 ausländische Zwangsarbeiterinnen und -arbeiter und 41 überwiegend jüdische KZ-Häftlinge, die am 12. April 1945 in der **Ihlenfeld-Kaserne** bestialisch ermordet worden waren, bestattet (s.u.).

Am Morgen des 10. November 1938 erzwangen SA-Leute die Öffnung der **Synagoge** und richteten große Verwüstungen an. Die endgültige Zerstörung erfolgte am Nachmittag: Eine Menschenmenge, von der NSDAP-Kreisleitung mobilisiert, zog vom **Gasthaus „Palmengarten"** in der **Hauptstraße** unter Hetzrufen vor die Synagoge in der Langen Straße, stürmte in das Gebäude und plünderte es. Auf einem Scheiterhaufen vor dem **Rathaus** verbrannte man die Thorarollen und was von der Inneneinrichtung noch übrig war. Den ganzen Tag über wurden jüdische Männer aus ihren Wohnungen geholt und zum **Landratsamt**, dann in das **Gerichtsgefängnis** in der **Grabenallee** gebracht. Abends trieb man sie durch die Grabenallee und die **Hauptstraße** zum **Bahnhof**.

Im Frühjahr 1939 wurden die in Offenburg verbliebenen Jüdinnen und Juden aufgrund des „Gesetzes über die Mietverhältnisse von Juden" in **„Judenhäuser"** eingewiesen: in die **Schanzstraße** 7, die **Okenstraße** 3, die **Gaswerkstraße** 8, die **Friedensstraße** 30 und 46, die **Badstraße** 10, die **Blumenstraße** 3, die **Wilhelmstraße** 5, die **Hildastraße** 57, die **Zeller Straße** 8 und die **Prädikaturstraße** 6.

Bis zum November 1938 waren 116 von 349 Mitgliedern der Jüdischen Gemeinde Offenburg ausgewandert. Im Mai 1939 lebten noch etwa 100 jüdische Bürger und Bürgerinnen in der Stadt. Wie viele von ihnen am 22. Oktober 1940 nach Gurs deportiert wurden, steht – wie Martin Ruch ausführt – noch immer nicht fest. Er geht davon aus, daß es mehr als 92 Personen waren.

Die Verantwortung für diese erste Massendeportation, die die badischen und pfälzischen Juden betraf, lag bei den Gauleitern von Baden und Saarpfalz. Sie nutzten eine Bestimmung im deutsch-französischen Waffenstillstandsabkommen vom Mai 1940, die die Abschiebung aller französischen Juden aus dem Elsaß und aus Lothringen vorsah, willkürlich zur Deportation der gesamten jüdischen Bevölkerung in den Gauen Baden, zu dem nun das Elsaß gehörte, und im Gau Saarpfalz, dem Lothringen eingegliedert wurde.

Das Internierungslager Gurs, in dem zu diesem Zeitpunkt noch etwa 700 Flüchtlinge aus Spanien und mehrere tausend politische und jüdische Emigranten aus Deutschland und Österreich lebten, erwies sich für die 6.500 Neuankömmlinge aus Baden und der Pfalz als viel zu klein. Innerhalb weniger Tage war die Zahl der Lagerinsassen auf 13.000 gestiegen. Die Juden aus Baden und der Pfalz kamen in drei leerstehenden Ilots, das waren mit Stacheldraht umzäunte Komplexe mit 25 Baracken, während die jüdischen Frauen auf bereits bewohnte Ilots verteilt wurden. Die Ernährung war völlig unzureichend. In den Monaten November 1940 bis Januar 1941 wurden besonders alte Menschen und Kleinkinder von ruhrartigen Darmerkrankungen dahingerafft. Bis März 1941 erlagen 1.050 Menschen den qualvollen Verhältnissen. Ab Frühjahr 1941 kam ein Teil der Internierten in Nebenlager wie Noé, Rivesaltes, Récébédou, und die Sterblichkeit ging etwas zurück. Als die „Endlösung der Judenfrage" in Gang gesetzt wurde, begannen ab August 1942 die Abtransporte aus Gurs in die Vernichtungslager im Osten.

Nach dem 22. Oktober 1940 lebten die wenigen in Offenburg zurückgebliebenen Juden, die vor der Deportation durch ihre Ehe mit christlichen Partnern zunächst geschützt waren, in ständiger Angst. Zum Transport, der am 22. August 1942 nach Theresienstadt ging, wurden abgeholt: das Ehepaar Gutmann, Leopold Kahn, Isidor Kleeberg, dessen Frau Rebecca sich vor der drohenden Deportation das Leben genommen hatte, und Charlotte Rosenheimer. Nur Martha Gutmann kehrte zurück. Im Januar 1944 wurden Frau Wiegand und Frau Seidel nach Theresienstadt gebracht. Frau Wiegand nahm sich während der Fahrt das Leben, und Berta Seidel starb in Theresienstadt. Noch am 14. Februar 1945 mußten zwei hochbetagte Juden auf Transport: Albert Levi konnte untertauchen, und Siegfried Bernheimer kehrte im Juni 1945 nach Offenburg zurück. Von den überlebenden jüdischen Verfolgten waren 1949 bei der Offenburger Betreuungsstelle für die Opfer des Nationalsozialismus gemeldet: Siegfried Bernheimer (November 1938 KZ Dachau, 1945 KZ Theresienstadt), Martha Gutmann (August 1942 KZ Theresienstadt) und Simon Wertheimer (November 1938 KZ Dachau).

Konzentrationslager und Zwangsarbeit

Den Einsatz von ausländischen Kriegsgefangenen, Zwangsarbeitern und KZ-Häftlingen in Offenburg hat Bernd Boll untersucht:

Im April 1940 wurden 460 polnische Kriegsgefangene für Offenburg und 1.070 für die Nebenstellen Kehl, Lahr und Oberkirch bestimmt. Im Sommer 1940 forderten das Wasserwirtschaftsamt Offenburg sowie die Stadtverwaltung weitere Arbeitskommandos an. Als Unterkünfte dienten eine ehemalige Badeanstalt, das **Bad Ries** in der **Wasserstraße**, das zu diesem Zweck mit Gittern versehene **Gasthaus „Zur Sonne"** in **Käfersberg** und – für das Kommando 6031 mit französischen Gefangenen – ein Haus auf dem Gelände des **Rebgutes**.

Im **Lager Bad Ries** waren auch bei Betrieben eingesetzte Arbeitskommdandos untergebracht: so etwa 30 Franzosen, die im Auftrag der **Fa. Wagenhan** Gleisarbeiten am Offenburger Bahnhof verrichteten. Im Oktober 1942 war es mit 89 Mann überbelegt. Zu diesem Zeitpunkt richtete die Stadtverwaltung im Ausschankraum hinter der **Landwirtschaftlichen Halle** ein weiteres Lager für Kriegsgefangene ein.

Die Offenburger Industriebetriebe unterhielten für ihre Kriegsgefangenen eigene Lager: das Kommando 6062, das u.a. bei der **Fa. Stahlbau Müller**, der **Maschinenfabrik Martin** und der **Fabrik für Bierausschankanlagen Kirsch** arbeiten mußte, hatte als Nachtunterkunft den Saal des **Gasthauses „Bären"** in der **Langestraße** 29. Weitere Lager unterhielt die **Spinnerei & Weberei** in der **Wilhelm-Bauer-Straße** 12 sowie die **Glasplakatefabrik C. Robert Dold** in der **Zeller Straße** 45.

Im März 1942 verlegte die Wehrmacht das **Stammlager VC** endgültig von Malschbach (Baden-Baden, Baden Württemberg I) nach Offenburg in das 1937 erbaute Wehrmachtslager im Industriegebiet **„Am Holderstock"** an der **Zeppelinstraße**. Nach dem Waffenstillstand mit Frankreich im Mai 1940 waren in den Baracken des Lagers am Holderbach zunächst sogenannte „Heimkehrer" registriert worden. Es handelte sich um französische Soldaten aus dem Elsaß und Lothringen, die, wenn sie sich zum „Deutschtum" bekannten, entlassen wurden. Andernfalls wurden sie als Kriegsgefangene Arbeitskommandos zugeteilt. Ab 1941 war das Lager nur noch mit Kriegsgefangenen belegt: 25.470 Kriegsgefangene waren hier registriert, von denen die meisten auf etwa 500 Arbeitskommandos in Baden verteilt wurden.

Im Stalag VC wurden im Dezember 1941 1.668 sowjetische Kriegsgefangene gezählt, im Januar 1942 waren es 1.712 und im April 1942 war ihre Zahl auf 1.528 gesunken. Keinesfalls alle sowjetischen Kriegsgefangenen kamen, wie Boll annimmt, im Herbst/Winter 1941/1942 in der Phase des Massensterbens zum „Aufpäppeln" in landwirtschaftliche Betriebe: Im Zweiglager Malschbach wurden nach Kriegsende in einem Massengrab beim Lagergelände die Leichname von mindestens 253 sowjetischen Kriegsgefangenen gefunden, von denen kein einziger mehr identifiziert werden konnte. Im Oktober 1944 stellten „Russen" mit 7.593 Mann nach den Franzosen (8.668) die zweitstärkste Nationalität.

Die ersten zivilen Zwangsarbeitskräfte trafen im Herbst 1941 aus der Sowjetunion ein, von denen die meisten beim **Reichsbahnausbesserungswerk** (RAW) Offenburg arbeiten mußten. Erste Unterkunft war eine Baracke auf dem RAW-Gelände, die bald überbelegt war, sowie eine Baracke im ehemaligen Lager der Hitlerjugend im Gewann **„Im Unteren Angel"** bei der Kläranlage zwischen Kinzig und Mühlbach. In dieser Baracke waren auch die bei Stahlbau-Müller und der Maschinenfabrik Martin eingesetzten „Ostarbeiterinnen" und „Ostarbeiter" untergebracht.

1942 entstand im Gewann „Im Unteren Angel" das **„Gemeinschaftslager Ost"** mit einer Kapazität von rund 1.000 Schlafplätzen in 14 Baracken, einer Kranken- und einer Isolierbaracke, einer Entbindungsbaracke, einer Wirtschaftsbaracke, zwei Latrinen sowie einer Unterkunft für die Wachmannschaften. Die 1943 nach dem Rückführungsstopp schwangerer „Ostarbeiterinnen" errichtete Entbindungsstation nahm Russinnen und Polinnen aus den Kreisen Offenburg, Lahr, Wolfach und Kehl bis zur Niederkunft auf; anschließend mußten die Mütter wieder zurück zur Arbeit, ihre Babies blieben in der Kinderkrippe. „Das Lager", so schrieb der niederländische Zwangsarbeiter Alfons van Buiten, „war noch schlimmer als ein Viehstall, und geschlagen wurde überall." Im Dezember 1943 war es bereits mit 979 Personen belegt.

Außer den Zwangsarbeitskräften aus der Sowjetunion, die das größte Kontingent stellten, mußten in der Offenburger Rüstungsindustrie und bei der Reichsbahn auch Frauen und Männer aus Polen, Männer aus Frankreich, Belgien und den Niederlanden sowie italienische Militärinternierte arbeiten. Für Zwangsarbeiter aus westlichen Ländern richtete man 1943 das **„Gemeinschaftslager West"** auf der **Kronenwiese** am Kinzigdamm ein. Es bestand anfangs aus drei Mannschaftsbaracken, einem Waschraum, einer Wirtschafts- und einer Verwaltungsbaracke und war im September 1943 mit 277 Mann belegt. Nach Erweiterungen stieg die Belegzahl bis Dezember 1944 auf 386 Mann.

Nach dem vernichtenden Luftangriff auf Offenburg am 27. November 1944 begann die Verlagerung der Rüstungsbetriebe in den Schwarzwald und die „Rückführung" der ausländischen Zwangsarbeiter in Richtung Württemberg und Bayern. Am Morgen des 12. Dezember 1944 wurden unter der Bewachung von Wehrmachtsoldaten etwa 200 „Westarbeiter" und 600 „Russen" zum Bahnhof geführt. Der Zug brachte sie zunächst nach Hausach, wo die „Russen" aus dem Zug geholt wurden; über ihren weiteren Verbleib ist nichts bekannt. Die „Westarbeiter" kamen bis Freudenstadt, wo sie schließlich nach einigen Irrfahrten in das „Durchgangslager des Gauarbeitsamtes Württemberg"

Opfer der Zwangsarbeit ruhen auf dem Jüdischen Friedhof beim Alten Städtischen Friedhof. Eine Gedenkplatte trägt französische und polnische Namen.
Das Mahnmal hat die Inschrift:
„72 Angehörige von 8 Nationen
Europas ruhen hier,
Opfer der Gewaltherrschaft
in dunkler Zeit.
Ihr Tod mahnt uns alle,
das Rechte zu tun,
dem Unrecht zu wehren
und die Würde des Menschen zu achten."

in Bietigheim (Kr. Ludwigsburg, Baden-Württemberg I) gebracht wurden. Von hier aus wurden sie in neue Arbeitsstätten abkommandiert. Kriegsgefangene aus Offenburg wurden in das Stalag VB Villingen „rückgeführt". Aus einem dem Nürnberger Militärgerichtshof vorgelegten Dokument der französischen Regierung geht hervor, daß sie dort unter den schrecklichsten Bedingungen dahinvegetieren mußten (s. Schwenningen-Villingen, Schwarzwald-Baar-Kreis).

Im März 1945 lebten im „Gemeinschaftslager West" noch 155 Ukrainer, 119 Weißrussen, 63 Franzosen, 13 Polen, sieben Niederländer, sieben Italiener, fünf Männer aus Galizien, vier Belgier und ein staatenloser Zwangsarbeiter. Das weitgehend zerstörte „Gemeinschaftslager Ost" gab 122 Russen, die zerstörte Gleisanlagen instandsetzen mußten, eine Behelfsunterkunft. Als die Lager durch weitere Bombenangriffe zerstört wurden, richtete die Stadtverwaltung in der **Michelhalle**, im **Gymnasium** und schließlich auch in der ehemaligen **Synagoge** Notunterkünfte ein.

Zur Reparatur der Gleisanlagen trafen wenige Tage vor Weihnachten 1944 zwei Güterzüge mit etwa 500 KZ-Häftlingen – der 8. und 9. SS-Eisenbahnbrigade – auf dem **Offenburger Bahnhof** ein. Als das „rollende KZ" immer wieder unter Beschuß geriet, verlegte die Reichsbahndirektion Offenburg die Häftlinge in das „Gemeinschaftslager Ost". Anfang Januar 1945 traf auch die 10. SS-Eisenbahnbaubrigade in Offenburg ein; von den etwa 500 Gefangenen sollen 60 Polen und 440 Juden aus Ungarn gewesen sein. Über die grauenvolle Behandlung der Häftlinge der 10. SS-Eisenbahnbaubrigade liegen Zeugenberichte vor, da die Staatsanwaltschaft Offenburg 30 Jahre später ein Ermittlungsverfahren durchführen mußte; Überlebende bezeugten acht Morde, doch keiner der Täter konnte ermittelt werden. Wenigstens 20, möglicherweise bis zu 50 Häftlinge der 10. Eisenbahnbaubrigade sollen bei Bombenangriffen ums Leben gekommen sein. Über Todesfälle bei den beiden anderen Baubrigaden ist nur bekannt, daß zwischen dem 27. November 1944 und dem 8. März 1945 fünf ausländische KZ-Häftlingen verstorben sind.

Ende März 1945 kam ein Transport von 635 KZ-Häftlingen aus dem KZ Flossenbürg in Offenburg an. Etwa 50 Häftlinge sollen während der Fahrt gestorben sein. Die Männer stammten aus Belgien, Italien, der Tschechoslowakei, der Sowjetunion und Polen; unter ihnen waren Juden, die den Aufstand des Warschauer Gettos und das Vernichtungslager Treblinka überlebt hatten. Unmittelbar nach der Ankunft in Offenburg starben weitere 13 an „Herz- und allgemeiner Körperschwäche". Man brachte sie in der **Ihlenfeldkaserne** unter. In drei Arbeitskommandos mußten sie täglich auf dem **Bahngelände** Blindgänger entschärfen und Aufräumungsarbeiten durchführen. Überlebende berichteten, daß es fast täglich Tote gab, sei es aufgrund der Erschöpfung oder wegen der ständigen Mißhandlungen durch die SS-Bewacher. Beurkundet ist der Tod von 23 Häftlingen. Die Kommandatur des KZ Natzweiler überstellte am 6. April 1945 33 weitere KZ-Gefangene nach Offenburg.

Am 12. April 1945, kurz vor der Einnahme Offenburgs durch die französische Armee, erfolgte der überstürzte Abtransport in Richtung Donaueschingen (s. Hüfingen, Schwarzwald-Baar-Kreis). Zuvor entledigte sich der Kommandant M. jedoch der transportunfähigen Häftlinge, indem er sie von SS-Leuten bestialisch ermorden ließ. Der jüdische Arzt Sigmund Nissenbaum vermutete seinen Vater unter den Ermordeten und stellte zwei SS-Leute zur Rede; er berichtete:

> „Daraufhin schleppten sie mich ebenfalls in den Keller und zeigten mir einen Berg von etwa 40 Leichen, die offensichtlich mit der Axt erschlagen worden waren. Sie drohten mir, wenn ich noch ein Wort sagen würde, sei ich als nächster dran."

Unmittelbar nach der Befreiung ereignete sich in der **Ihlenfeldkaserne** an der **Brachfeldstraße** eine weitere Tragödie. 114 Tote und zahlreiche Verletzte unter den sowjetischen und polnischen Zwangsarbeitskräften forderte eine Explosion am 4. Mai 1945, als die Minen und Zeitzünder, mit denen die Wehrmacht vor ihrer Flucht die Kaserne bestückt hatte, hochgingen.

RHEINAU

„Rassische" Verfolgung und „Euthanasie"

Die Jüdischen Gemeinden in **Neufreistett** und **Rheinbischofsheim** schlossen sich 1935 zusammen, da jede für sich nicht mehr die vorgeschriebene Anzahl von Mitgliedern hatte. Bei diesem Zusammenschluß wurde die **Neufreistetter Synagoge** am **Marktplatz**, Ecke **Rheinstraße** und **Freiburger Straße** gelegen, verkauft. Gottesdienste fanden nun in der Synagoge von **Rheinbischofsheim** in der **Oberdorfstraße** 3 statt. Das Synagogengebäude hat den Novemberpogrom 1938 und die Belegung mit ausländischen Kriegsgefangenen überdauert, wurde jedoch 1948 wegen „Baufälligkeit" abgebrochen. Der **Jüdische Friedhof** in **Neufreistett**, im Gewann **Hungerfeld** gelegen, wurde seit dem 19. Jahrhundert von der Neufreistetter und der Rheinbischofsheimer Gemeinde und weiteren Gemeinden im Hanauerland genutzt.

Beim Novemberpogrom 1938 schändeten ortsfremde SA- und SS-Männer die **Synagogen** in **Freistett** und **Rheinbischofsheim**. In beiden Dörfern verhafteten sie alle Juden, die unter Mißhandlungen und Demütigungen nach Kehl und von dort in das KZ Dachau verschleppt wurden. An den Folgen der Mißhandlungen starb Gustav Bloch am 1. Januar 1939 im Krankenhaus von Offenburg.

Nach der Rückkehr aus dem KZ Dachau bemühte sich, wer immer es konnte, um die Auswanderung. Innerhalb weniger Monaten verließen 17 jüdische Menschen **Freistett**, aus **Rheinbischofsheim** wanderten 39 aus. Nicht in allen Fällen brachte die Flucht ins Ausland die Rettung: So wurden Hermine und Selma Hammel aus Neufreistett, die in die Niederlande ausgewandert waren, von dort in das Vernichtungslager Sobibor verschleppt und ermordet.

Am 22. Oktober 1940 wurde die letzte in **Neufreistett** wohnende Jüdin – Berta Hammel geb. Bensinger – abgeholt und nach Gurs deportiert. Sie kam am 25. Februar 1941 im Lager Rivesaltes im Alter von 79 Jahren um. Aus **Rheinbischofsheim** wurden acht Jüdinnen und Juden nach Gurs gebracht, von denen keiner überlebte.

Konzentrationslager und Zwangsarbeit

Der FNTB ermittelte für **Freistett** die Zahl von 105 ausländischen zivilen Zwangsarbeitskräften, die während der Kriegsjahre in der Landwirtschaft und in Gewerbebetrieben arbeiten mußten. Zudem waren in der Landwirtschaft polnische, französische und russische Kriegsgefangene eingesetzt, wobei Polen und Franzosen ab 1940 bzw. 1941 teilweise den Status von „Zivilarbeitern" erhielten. Als Unterkünfte dienten in **Memprechtshofen** der **Rathaussaal**, in **Freistett** das **Zollhaus** an der Ecke **Hauptstraße** und **Maiwaldstraße** sowie das **Gasthaus „Zum Schiff"**, in **Rheinbischofsheim** die ehemalige **Synagoge**, in **Diersheim** die **Gasthäuser „Zum Rappen"** und **„Adler"**, in **Linx** die ehemalige Drogerie in der **Tullastraße** und in **Helmlingen** das Haus **Hindenburgstraße** 2.

RUST

„Rassische" Verfolgung und „Euthanasie"

Die **Synagoge** in der **Klarastraße** 14 wurde beim Novemberpogrom 1938 von SA-Leuten geschändet und ihre Inneneinrichtung zerstört. Das Gebäude, das in den Besitz der Raiffeisenbank überging, stand noch bis 1964, dann wurde es nach heftigen Debatten abgerissen. An seiner Stelle baute die Raiffeisenbank ein Lagerhaus. An diesem wurde eine **Gedenktafel** mit einer zumindest unvollständigen Information über das Ende der Synagoge angebracht:

> „Hier stand die Synagoge
> der Israelitischen Gemeinde Rust.
> Sie wurde am 10. Nov. 1938
> unter der Herrschaft der Gewalt
> und des Unrechts geschändet
> und 1944 durch Kriegs-
> einwirkungen zerstört."

Um 1933 hatten in **Rust** noch 26 Personen jüdischen Glaubens gelebt. Bis 1940 verließen 18 ihren Heimatort; acht wurden am 22. Oktober 1940 nach Gurs deportiert. Im Gedenkbuch für die Opfer der Judenverfolgung stehen die Namen derer, die die Deportation nicht überlebten; sie alle gelten als „in Auschwitz verschollen": Lina Abraham geb. Johl, bei der Verschleppung 74 Jahre alt, Fanny Grumbacher geb. Abraham und ihre 1923 geborene Tochter Erni, David Klein, 71 Jahre alt, und das Ehepaar Max und Cora Moch geb. Falk, beide um die 40 Jahre alt.

Konzentrationslager und Zwangsarbeit

Nach Angaben des FNTB waren während der Kriegsjahre 70 ausländische Zwangsarbeitskräfte in **Rust** gemeldet.

SCHWANAU

„Rassische" Verfolgung und „Euthanasie"

Die über 200 Jahre alte Geschichte der Jüdischen Gemeinde **Nonnenweier** wurde von Elfie Labsch-Benz und Hildegard Kattermann dokumentiert. Frau Kattermann hat das Ende der Gemeinde in der NS-Zeit erforscht und, soweit es möglich war, die Schicksale der Emigrierten und Deportierten dokumentiert:

Um 1933 hatten 65 Personen jüdischen Glaubens in überwiegend bescheidenen Verhältnissen in Nonnenweier gelebt. Ihre Wohnungen und Geschäfte lagen in der **Schmidtenstraße**, in der **Ottenheimer Straße** und in der **Hauptstraße**. Die bei der Dorfbevölkerung beliebte **Wirtschaft „Zum Strauß"** in der **Hauptstraße** 30 wurde nach dem Tod von Sofie Frank im Mai 1934 von den Töchtern Ernestine und Frieda Frank weitergeführt. Beide wanderten unmittelbar nach dem Novemberpogrom 1938 in die USA aus.

Während dieses Pogroms wurde die **Synagoge** in der **Schmidtenstraße** 10 geschändet und niedergebrannt. Auch auf dem **Jüdischen Friedhof** im Gewann **Rebgarten**, an der Straße nach Kippenheimweiler gelegen, wüteten „Unbekannte" und zerstörten Grabsteine. Von den in das KZ Dachau verschleppten Juden kehrten zwei nicht mehr zurück: der 48 Jahre alte Polsterer Adolf Moch und der 81jährige Viehhändler Julius Daniel Baum.

Am 22. Oktober 1940 wurden die 27 noch am Ort lebenden Jüdinnen und Juden nach Gurs deportiert. Mindestens 21 von ihnen wurden Opfer des Völkermords.

Am Geburtshaus von Ludwig Frank (1874–1914) in der **Poststraße** 4 ist eine **Gedenktafel** angebracht. Auch die Grundschule trägt den Namen des bekannten Reichstagsabgeordneten der SPD im Kaiserreich.

SEEBACH

Widerstand und Naziterror

Bei den Reichstagswahlen vom 5. März 1933 stimmten 211 Seebacher Wahlberechtigte für das katholische Zentrum, die traditionell stärkste Partei, und 200 für die NSDAP, die SPD erhielt 40 Stimmen. Aufgrund des badischen Gesetzes zur Gleichschaltung der Kommunen vom 9. April 1933 wurde der Gemeinderat auf vier Sitze verkleinert, von denen zwei die Landwirte und Zentrumsvertreter Wilhelm Knapp aus **Seebach** und Mathäus Huber vom **Grimmerswald** einnahmen. Im Gegensatz zu Knapp, der sich der NSDAP anschloß, legte Mathäus Huber am 1. August 1933 sein Mandat nieder. Karl Sackmann, ebenfalls Mitglied der Zentrumspartei, verweigerte sich der Gleichschaltung der Waldgenossenschaft Grimmerswald und legte sein Amt im Verwaltungsrat nieder.

Katholische Jugendgruppen widersetzten sich den Schikanen der SA, die u.a. dem Gesellenverein 1934 die „Bannerweihe mit geschlossenem Kirchgang" verboten hatte. Daraufhin kam es zu einer nächtlichen Prügelei und zu Verhaftungen der jungen Katholiken (s. Oberkirch).

Der Nationalsozialismus brachte der kleinen Gemeinde jedoch mit den Bauarbeiten am Westwall auch eine wirtschaftliche Blüte: Seebach profitierte vom Straßenbau am Schwarzwaldaufstieg, und die Granitwerke Schwarzenbach GmbH in **Furschenbach** produzierten ab 1935 über die Hälfte aller im Land Baden benötigten Pflastersteine. Die Stimmen der NS-Gegner wurden immer weniger und leiser: Bei der Volksabstimmung vom 19. August 1934 registrierte man 49 „Nein"-Stimmen, bei der Abstimmung über den „Anschluß" Österreichs vom 10. April 1938 waren es noch 13.

„Rassische" Verfolgung und „Euthanasie"

In der Ortschronik wird über eine jüdische Jugendherberge in **Seebach** berichtet: 1933 mietete Siegfried Schnurmann, ein junger Jude aus Offenburg, den zweiten Stock im Haus des Steinhauers Georg Kloiber und seiner Frau Marie im Gewann **Achert**. Die drei Zimmer wurden mit Stockbetten für etwa 20 Personen eingerichtet. Jüdische Jugendliche, denen die Nationalsozialisten den Besuch „deutscher" Jugendherbergen verboten hatten, nutzten ihre Jugendherberge bis 1935. In diesem Jahr drang ein SA-Kommando aus Ottenhöfen in das Haus ein, führte die anwesenden jungen Leute ab und beschlagnahmte die Räume. Marie Kloiber, die diese Aktion kritisch kommentierte, mußte dafür eine Woche im Bühler Gefängnis einsitzen. In der Nachbarschaft, in der **Schwarzkopfstraße** 8, wohnte die Familie Blust, die während der Sommermonate jüdische Feriengäste aufnahm. Auch hier erschienen Gestapo-Männer und nahmen die jüdische Familie Heil fest.

In der Heil- und Pflegeanstalt Illenau (s. Achern) waren einige Behinderte aus **Seebach** untergebracht, für die die Gemeinde die Pflegekosten trug. Die Akte „Die Aufnahme von Ortsansässigen in Heil-und Pflegeanstalten", seit 1838 geführt, endet mit dem Jahr 1939, d.h. zu dem Zeitpunkt, als die Anstalt Illenau geräumt wurde, weil sie angeblich als Lazarett gebraucht wurde. Tatsächlich wurden die Insassen im Zuge der „Euthanasie"-Aktion ermordet. In den Akten der Gemeinde finden sich auch Unterlagen über Zwangssterilisationen, die im Krankenhaus Achern vorgenommen wurden.

Konzentrationslager und Zwangsarbeit

Auf den Bauernhöfen in **Seebach** arbeiteten ab 1940 mindestens 35 polnische, später auch französische Kriegsgefangene. Zu ihren Aufgaben gehörten Meliorationsarbeiten.

WOLFACH

Widerstand und Naziterror

In den Nachmittagstunden des 17. April 1945 erschienen „auswärtige Volkssturmleute" – so heißt es in den späteren Prozeßakten – im **Gefängnis** von **Wolfach**, nahmen 14 elsässische Gefangene mit und erschossen sie in einem Waldstück bei Wolfach. Am Tag zuvor soll der NSDAP-Ortsgruppenleiter Karl Hauger dem Gefängnisverwalter mit der Erschiessung gedroht haben, falls er am nächsten Tag noch einen Gefangenen vorfinde. Ebenfalls am 17. April 1945 hatte Hauger, der zugleich Leiter des Forstamtes Wolfach II war, einem ihm unterstellten Haumeister befohlen, zwei russische Zwangsarbeiter zu erschiessen. Der Haumeister wollte diesen Befehl nicht ausführen und versteckte sich bis zum Einmarsch der französischen Armee am folgenden Tag im Wald.

Die Erschießung der 14 Elsässer war 1947 Gegenstand eines Prozesses vor dem Französischen Militärgericht in Rastatt. Dieses verurteilte Karl Hauger, der den Rang eines SS-Hauptsturmführers hatte und auch Leiter der SD-Nebenstelle Wolfach war, in Abwesenheit zum Tode. Leider konnten wir die Prozeßakten nicht auswerten. Hauger tauchte unmittelbar bei Kriegsende unter dem Namen Karl Weber unter und bereitete seit 1955 sein Wiederauftauchen mit Hilfe zweier Rechtsanwälte vor. Nach Haugers Selbstanzeige bei der Staatsanwaltschaft Offenburg fand am 10. Juli 1961 vor dem Landgericht Karlsruhe der Prozeß gegen ihn und seinen Mitangeklagten, den in Freiburg geborenen Angestellten Wipfler, statt. Gegenstand des Verfahrens war nur eines der von Hauger begangenen Verbrechen, die Erschiessung des 17jährigen Sinto Anton Reinhardt aus Waldshut am 30. März 1945 in der Nähe von Bad Rippoldsau (Kr. Freudenstadt, Baden-Württemberg I). Das Gericht verurteilte Hauger zu sieben Jahren Zuchthaus und Wipfler zu dreieinhalb Jahren Gefängnis.

Konzentrationslager und Zwangsarbeit

Der FNTB bezifferte die Zahl der ausländischen Zwangsarbeitskräfte für **Wolfach** mit 230 und für **Kinzigtal** mit 135 Personen. Angaben zum Einsatz ausländischer Kriegsgefangener sowie zur Unterbringung und den Arbeitsbedingungen liegen nicht vor.

ZELL am HARMERSBACH

Konzentrationslager und Zwangsarbeit

Der FNTB nennt für **Zell** die Zahl von 350 ausländischen Zwangsarbeitskräften. Ein Barackenlager befand sich auf dem **Sportplatz**; es war ab 1940 mit polnischen und französischen, später auch mit sowjetischen Kriegsgefangenen und Zwangsarbeitern belegt. Die Männer mußten im Rüstungsbetrieb **Prototyp-Werke GmbH** Präzisionswerkzeuge herstellen. Am 19. April 1945, wenige Stunden vor der Befreiung, wurde das Lager von Bomben getroffen; dabei kamen mindestens sieben Franzosen ums Leben: Maurice Chamorin, Josef Klein, Marcel Rosseau, Charles Devallière, René Thélu, Léon Najean und Jean Serge. Ihre sterblichen Überreste wurden nach dem Krieg nach Frankreich überführt. Auf dem **Gemeindefriedhof** ruhen im Kriegsopferehrenfeld noch zwei weitere Franzosen: Lacorne und Vilain.

Unter den bei den Prototyp-Werken Beschäftigten waren auch zur Zwangsarbeit verschleppte Zivilisten. Von zwei niederländischen Zwangsarbeitern wird berichtet, daß sie in den letzten Kriegswochen flüchteten und bei der Familie Mellert in **Unterharmersbach-Roth** ein Versteck fanden.

SPUREN DER ZWANGSARBEIT

Nach Kriegsende ermittelte der Französische Nationale Suchdienst zum Ausmaß der Zwangsarbeit in der französisch besetzten Zone. Seine Ermittlungen erstreckten sich lediglich auf ausländische Zivilpersonen, nicht auf Kriegsgefangene. Zu folgenden Orten liegen nur Zahlenangaben vor:

Bad Peterstal-Griesbach	110 Personen
Fischerbach	60 Personen
Gutach (Schwarzwaldbahn)	250 Personen
Meißenheim-Kürzell	70 Personen
Ohlsbach	75 Personen
Oppenau	110 Personen
Oppenau-Ibach	70 Personen
Ottenhöfen	90 Personen
Renchen	135 Personen
Sasbach	120 Personen
Steinach	70 Personen
Willstädt-Eckartsweier	50 Personen

LITERATUR

Gabi Aubele: Jüdische Mitbürger in **Gengenbach** während der Zeit des Nationalsozialismus. Gengenbach 1983

Inge Auerbacher: Ich bin ein Stern. Autobiographie einer jüdischen Frau aus **Kippenheim**. Weinheim 1990

Resul Aydogdu, Benny Guttierrez: Menschlichkeit im Kriegsjahr 1945. In: Schüler schreiben über die Heimat. 25 Bildsteinaufsätze. 1990–1994. Hg.: Bildungszentrum Ritter von Buß und Bezirkssparkasse **Zell am Hammersbach**. Zell am Hammersbach 1994

Naftali Bar-Giora Bamberger: Der jüdische Friedhof in **Diersburg**. In: Die Ortenau. Veröffentlichungen des Historischen Vereins für Mittelbaden. Band 65. Offenburg 1985

Bernd Boll: „Das wird man nie mehr los ...". Ausländische Zwangsarbeiter in **Offenburg** 1939 bis 1945. Pfaffenweiler 1994

Günter Braun: Georg Reinbold. Grenzsekretär der Sozialdemokraten für Baden und Pfalz. In: Der Widerstand im deutschen Südwesten 1933–1945. Herausgegeben von Michael Bosch und Wolfgang Niess. Stuttgart 1984 (zu **Kehl**)

Horst Brombacher: Das Euthanasieprogramm für „unheilbar Kranke" (1939–1941) und seine Durchführung in den Anstalten Mittelbadens. In: Die Ortenau. Band 67. Offenburg 1987

Michael Friedmann: Die **Offenburger** Innenstadt. Ein historischer Rundgang. Offenburg 1979

Christine Geißler: Der Judenfriedhof in **Nordrach**. Schülerarbeit um den Bildsteinpreis. Nordrach 1987.

Manfred Hildenbrand: Der „Vulkan" in **Haslach im Kinzigtal** – Hartsteinwerke, Konzentrationslager, Munitionslager, Mülldeponie. In: Die Ortenau. Band 57. Offenburg 1977

Manfred Hildenbrand: Die „Hölle" von **Haslach**. Die beiden Konzentrationslager „Kinzigdamm" und „Vulkan". In: Die Ortenau. Band 73. Offenburg 1993

Marc Hillel, Clarissa Henry: „Lebensborn e.V.". Im Namen der Rasse. Wien 1975 (zu **Achern-Illenau**)

Nikolaus Honold, Kurt Schütt: Chronik der Stadt **Rheinau**. Rheinau o.J.

Heinz G. Huber: „Wo kein Gewissen mehr ist, hat alles keinen Wert mehr!" Wilhelm Kasper aus **Nußbach**, ein fast vergessener Widerstandskämpfer, wurde vor 100 Jahren geboren. In: Die Ortenau. Band 70, Offenburg 1990

Heinz G. Huber: **Nußbach** im Renchtal. Die Geschichte eines tausendjährigen Dorfes. Oberkirch 1994

70 Jahre Ortsverein der Sozialdemokratischen Partei Deutschlands. Hg.: SPD Ortsverein **Hornberg**. Hornberg 1963

Justiz und NS-Verbrechen. Sammlung deutscher Strafurteile wegen nationalsozialistischen Tötungsverbechen 1945–1966. Band XVII, lfd. Nummer 517: Prozeß gegen Karl Hauger wegen Verbrechen der Endphase in Bad Rippoldsau. Amsterdam 1977 (zu **Wolfach**)

Hildegard Kattermann: Geschichte und Schicksale der **Lahrer** Juden. Lahr 1976

Hildegard Kattermann: Das Ende einer jüdischen Landgemeinde. **Nonnenweier** in Baden 1933–1945. Freiburg 1984

Ekkehard Klem: Fünfzig Jahre nach dem II. Weltkrieg. Augenblicke und Erinnnerungen an eine schlimme, schreckliche Zeit in **Friesenheim**. Friesenheim 1995

Das Kriegsende in der Ortenau 1945. Sonderdruck der Zeitschrift Die Ortenau. Band 75. Offenburg 1995

Elfie Labsch-Benz: Die jüdische Gemeinde **Nonnenweier**. Jüdisches Leben und Brauchtum in einer badischen Landgemeinde zu Beginn des 20. Jahrhunderts. Freiburg 1981

Karl-August Lehmann: Die Zeit der Weimarer Republik und des Nationalsozialismus in **Oberharmersbach**. In: Die Ortenau. Band 67, Offenburg 1987

Karl-August Lehmann: Alltag im Nationalsozialismus. In: Harmersbach – Die Gemeinde **Oberharmersbach** 1812–1991. 2. Band. Oberharmersbach 1991

Thorsten Mietzner: Kriegsgefangene und ausländische „Zivilarbeiter" im Zweiten Weltkrieg. In: Geschichte der Stadt **Lahr**. Band 3. Hg.: Stadt Lahr. Lahr 1993

Jüdische Mitbürger in **Kehl** zwischen 1930 und 1940. Versuch einer Dokumentation. Erarbeitet durch Schüler der Klasse 10b der Tulla-Realschule Kehl. Kehl 1982

Ulrike und Hans Nußbaum: Das Schicksal der Juden von Bodersweier. In: Karl Britz, Hans Georg Zier (Hg.): **Bodersweier**. Berichte, Erzählungen und Bilder aus der Geschichte eines Dorfes im Hanauerland. Bodersweier1984

Friedrich Peter: Schicksale. Dokumentation nationalsozialistischer Gewaltherrschaft für einen regionalbezogenen Unterricht. Hg.: Realschule **Achern**. Achern 1995

Friedrich Peter: Das Schicksal der Juden in **Kehl** und im Hanauerland unter der nationalsozialistischen Gewaltherrschaft. Dokumentation. Aktualität und Bedeutung. Unterrichtsmodelle. Rheinau 1990

Hermann Rapp: 40 Jahre danach ... Das Dorf **Berghaupten** in der Kriegs- und Nachkriegszeit. Berghaupten 1986

Martin Ruch: Tanzsaal – Revolutionslokal – Synagoge – Lagerhalle. Die Geschichte des „Salmen" in **Offenburg**. In: Die Ortenau. Band 67, Offenburg 1987

Martin Ruch: Verfolgung und Widerstand in **Offenburg** 1933–1945. Offenburg 1995

Martin Ruch: Jüdische Stimmen. Interviews, autobiographische Zeugnisse, schriftliche Quellen zur Geschichte der **Offenburger** Juden. Offenburg 1995

Hermann Rückleben: Deportation und Tötung von Geisteskranken aus den badischen Anstalten der Inneren Mission **Kork** und Mosbach. Karlsruhe 1981

Hugo Schneider: Die ehemalige Heil- und Pflegeanstalt **Illenau**. In: Die Ortenau. Band 61, Offenburg 1981

Ulrich Spitzmüller: Die Schwarzen sind da! Der Krieg ist aus. 1933–1945. Anfang und Ende des Dritten Reiches in der badischen Kleinstadt **Zell am Harmersbach**. Zell am Harmersbach 1995

Jürgen Stude: Die jüdische Gemeinde **Friesenheim**. Geschichte – Schicksale und Dokumente. Hg.: Gemeindeverwaltung Friesenheim. Friesenheim 1988

Jürgen Stude: Die **Lahrer** Juden. In: Geschichte der Stadt Lahr. Band 3. Hg. Stadt Lahr. Lahr 1993

Bernhard Uttenweiler: Schicksale und Geschichte der Jüdischen Gemeinden **Ettenheim**, **Altdorf**, **Kippenheim**, **Schmieheim**, **Rust**, **Ortschweier**. Hg.: Historischer Verein für Mittelbaden. Ettenheim 1988

Verfolgung und Widerstand unter dem Nationalsozialismus in Baden. Die Lageberichte der Gestapo und des Generalstaatsanwalts Karlsruhe 1933–1940. Bearbeitet von Jörg Schadt. Hg.: Stadtarchiv Mannheim. Stuttgart 1976 (zu **Kehl**)

KONTAKTE

Initiativgruppe Vulkan c/o Hubert Schwarz, Schulstr. 10, 77784 Oberharmersbach

Deutsch-Israelischer Arbeitskreis südlicher Oberrhein e.V., c/o Robert Krais, Im Altwick 12, 77955 Ettenheim

Förderverein Ehemalige Synagoge **Kippenheim** c/o Jürgen Stude, Oberweierer Hauptstr. 14, 77948 Friesenheim

Projekt Erinnern und Begegnen
Die Projektmappe enthält zahlreiche Vorschläge zu Begegnungen mit der jüdischen Geschichte in der Region und eine umfangreiche Literatur- und Medienzusammenstellung. Sie ist zu beziehen beim:
Erzb. Jugendamt/BDKJ, Postfach 449, 79004 Freiburg

FILME/DIAREIHEN

„Alle Juden raus!" Judenverfolgung in einer deutschen Kleinstadt 1933–1945. Eine Filmdokumentation von Emanuel Rund, in der u.a. Inge Auerbacher aus **Kippenheim** berichtet.
Auch als Videokasette zu beziehen bei:
Bild – und Filmstelle der Erzdiözese Freiburg, Okenstr. 15, 79004 Freiburg

Jüdische Spuren in der südlichen Ortenau. Kult und Leben. Diareihe mit umfangreichem Textheft.
Zu entleihen: Kreisbildstelle Lahr, Tramplerstraße 80, 77933 Lahr

STADTSPAZIERGÄNGE, FAHRTEN

Rundgang durch das jüdische **Kippenheim**
dazu: Jürgen Stude: Ein Gang durch das jüdische Kippenheim. In: Geroldsecker Land. Ein Jahrbuch der Landschaft. Band 36. Lahr 1994

Deutsch-Israelischer Arbeitskreis, Förderverein Ehemalige Synagoge Kippenheim (Hg.): Ein Rundgang durch das ehemalige jüdische **Kippenheim**. Lahr 1996

Planwagenfahrten zu Stätten des Judentums in der südlichen Ortenau:
Reitclub 77 Kippenheim, Familie W. Frank, G.-von-Stulz-Str. 1, 77971 Kippenheim. Tel. 07825/7481

Fahrradtour „Jüdisches Leben in der Ortenau":
Eine detaillierte Beschreibung der Tour – Ausgangs- und Endpunkt ist Offenburg – findet sich bei:
Susanne Wetterich: Davids Stern an Rhein und Neckar. Ausflüge aus den Spuren jüdischen Lebens in Baden-Württemberg. Stuttgart 1990

Kreis Rottweil

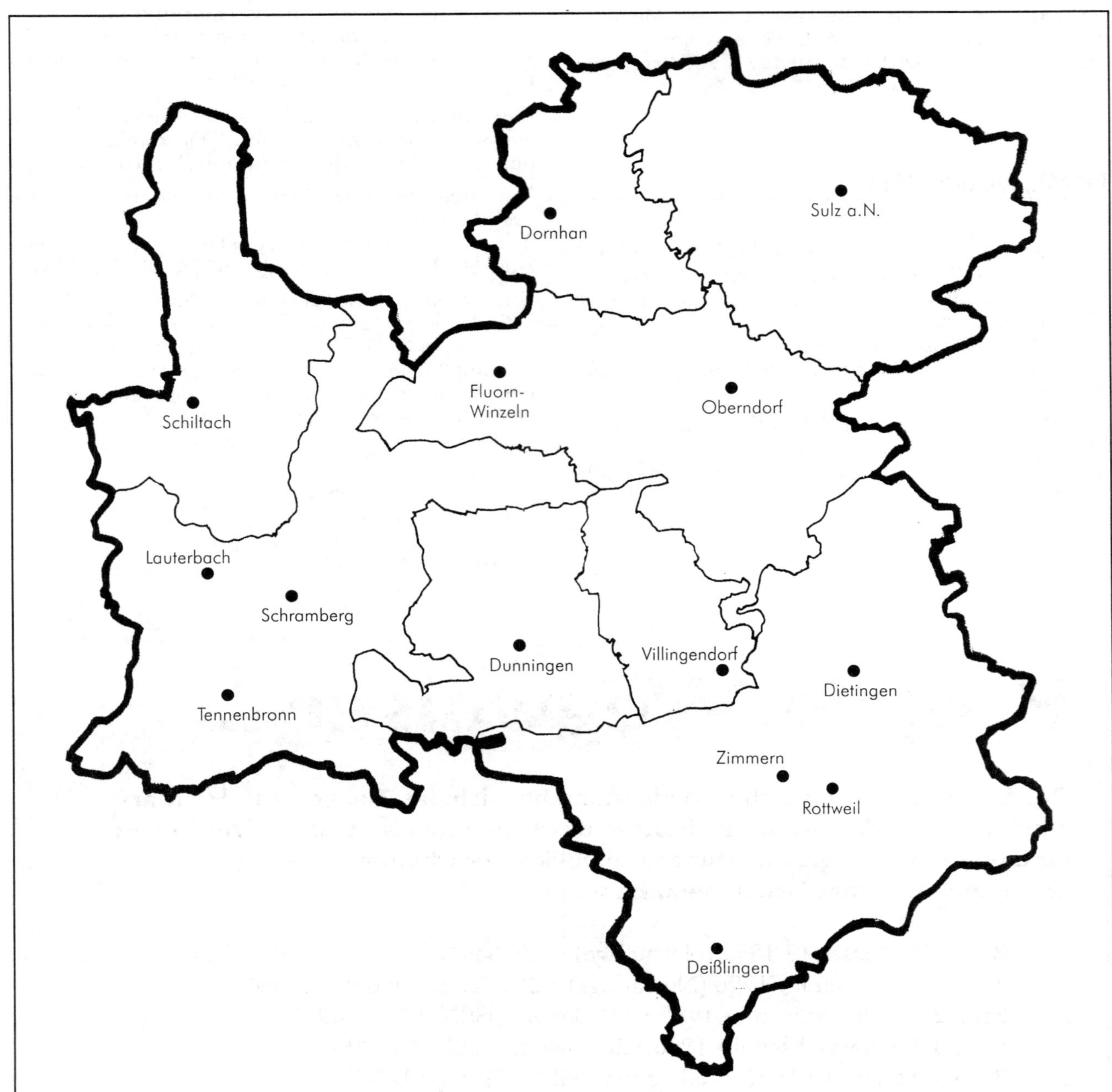

DEISSLINGEN

Konzentrationslager und Zwangsarbeit

Die Ermittlungen des FNTB ergaben, daß in **Deißlingen** während des Krieges 215 ausländische zivile Zwangsarbeitskräfte gemeldet waren. Auf eine Umfrage des Landratsamtes Rottweil im Jahr 1972 „betr. Zwangsarbeiterlager im Landkreis Rottweil" meldete die Gemeinde, daß „mehrere Russinnen" an ihrem Arbeitsplatz bei den **Schwarzwälder Gipswerken** der Fa. Schuler untergebracht waren. Eine Russin „soll (angeblich an Alkoholvergiftung) gestorben und auch hier beerdigt sein". Französische und niederländische Zwangsarbeiter hätten „bei Privatpersonen" gewohnt und in der „örtlichen und in der Industrie der Umgebung" gearbeitet. Bei der Umfrage 1996 war auch dieses spärliche Wissen in Vergessenheit geraten.

DIETINGEN

Konzentrationslager und Zwangsarbeit

Für **Dietingen** ermittelte der FNTB die Zahl von 60 ausländischen zivilen Zwangsarbeitskräften. Zusätzlich waren in der Gemeinde noch Kommandos mit Kriegsgefangenen stationiert: 1942/1943 ein Kommando mit

10–12 Polen, 1944/1945 ein Kommando mit zehn Franzosen. Beide Kommandos wurden zu Waldarbeiten und auf Bauernhöfen eingesetzt.

Der polnische Zwangsarbeiter Feodor Gadzuk wurde am 1. Februar 1943 im Beisein seiner Landsleute erhängt. Er war wegen seiner nach den rassistischen NS-Gesetzen verbotenen Beziehung zu einer deutschen Frau angezeigt worden. Der Leichnam des 21jährigen jungen Mannes wurde dem Anatomischen Institut der Universität Tübingen übergeben (s. Tübingen). Über das Schicksal der deutschen Frau ist nichts bekannt: als Strafe war in der Regel die Überstellung in das FrauenKZ Ravensbrück vorgesehen.

DORNHAN

Konzentrationslager und Zwangsarbeit

Nach den Ermittlungen des FNTB waren während des Krieges in Dornhan 85 ausländische Zwangsarbeitskräfte gemeldet.

Auf dem **Friedhof** von **Leinstetten** sind zwei junge Polen bestattet: Alexander Lukomski kam aus der Gegend von Kielce; er starb in Leinstetten am 16. Juni 1944 im Alter von 32 Jahren. Waclaw Mieszek aus Petrikau im Distrikt Radom war 17 Jahre alt, als er am 21. September 1944 in Leinstetten ums Leben kam.

DUNNINGEN

Widerstand und Naziterror

Die Reichstagswahl vom 5. März 1933 brachte für die NSDAP im katholischen **Seedorf** mit 311 Stimmen doppelt soviel wie 1932, einen ziemlich knappen Sieg. 270 Wählerinnen und Wähler waren dem Zentrum treugeblieben. SPD und KPD hatten am Ort nie eine Rolle gespielt. Bei den Katholiken ging das Gerücht um, die Wahlen seien manipuliert worden; einige wurden als „Volksverräter" angeprangert. Nach der Gleichschaltung des Gemeinderates im April 1933 sahen sich die vier Abgeordneten des Zentrums beleidigenden Unterstellungen ausgesetzt, bis sie im September 1933 schließlich ausgeschlossen wurden. 1936 spitzte sich der Kirchenkampf in Seedorf zu: Die bis dahin katholische Volksschule wurde zur „Deutschen Schule"; katholische Pfarrer durften nur noch Religionsunterricht halten, wenn sie ein Treuegelöbnis gegenüber dem NS-Staat ablegten. Pfarrer Mayenberger unterschrieb den Erlaß mit Vorbehalt, was seinen Ausschluß aus dem Schulunterricht nicht verhinderte. Sein Nachfolger, der 37jährige Vikar Franz Balles, der im Oktober 1939 nach Seedorf kam, widmete sich intensiv der katholischen Jugendarbeit. Dies sowie alltägliche Konflikte um das Glocken-Läuten und die Einhaltung der kirchlichen Feiertage führten 1940 zu einer Durchsuchung des **Pfarrhauses**, der kurzfristigen Verhaftung des Vikars und schließlich zur Ausweisung aus dem Kreis Rottweil. Balles starb 1941 in Ebersberg bei Backnang.

Der aus Kempten stammende Elektromonteur Johann Hartung wohnte seit 1939 mit seiner Familie in **Lackendorf**. Er wurde im Juli 1941 wegen „den Führer beleidigender Äußerungen" von der Gestapo verhaftet. Vom Gefängnis Mannheim kam er in das KZ Groß-Rosen und im Mai 1943 in das KZ Mauthausen. Dort starb er am 28. November 1943 im Alter von 47 Jahren. Seine Frau Margarete kam am 16. März 1944 bei einem Bombenangriff auf Lackendorf ums Leben. Der Fabrikarbeiter Franz Kammerer aus Lakkendorf wurde 1938 ebenfalls wegen „Beleidigung der Hitler-Regierung" zu neun Monaten Gefängnis verurteilt; sein weiteres Schicksal ist gegenwärtig nicht bekannt.

„Rassische" Verfolgung und „Euthanasie"

Eine 23jährige Magd, ein Kriegsinvalide, der an den Folgen einer Verschüttung im 1. Weltkrieg litt, und ein Mann, der keiner geregelten Arbeit nachging, sondern sich als „wandernde Hilfskraft" verdingen mußte, wurden im Kreiskrankenhaus Rottweil zwangssterilisiert. Ein weiterer in der Heil- und Pflegeanstalt Rottenmünster untergebrachter psychisch kranker Mann aus **Seedorf** wurde am 6. September 1940 in der „Euthanasie"-Tötungsanstalt Grafeneck (s. Gomadingen, Kr. Reutlingen) ermordet.

Konzentrationslager und Zwangsarbeit

Der FNTB ermittelte für **Dunningen** die Zahl von 105 ausländischen, zivilen Zwangsarbeitskräften. Nach einer Auskunft der Gemeinde Dunningen aus dem Jahr 1972 hätten sich lediglich „ca. 30 französische Kriegsgefangene und ca. 35–40 polnische und russischen Zivildeportierte", untergebracht in zwei „Wohnlagern", in der Gemeinde befunden. Einige französische Kriegsgefangene, die den Status von „Zivilarbeitern" angenommen hatten und zur Arbeit bei den Mauserwerken in Oberndorf verpflichtet waren, wohnten auch in Privatquartieren.

In **Seedorf** waren nach den Akten im Gemeindearchiv während des Krieges 33 Zwangsarbeitskräfte aus Polen, der Ukraine, Rußland und Frankreich eingesetzt.

In den ersten Monaten nach der Befreiung gab es auf der **Zimmerer Höhe** ein Lager für ehemalige Zwangsarbeitskräfte, überwiegend aus östlichen Ländern.

FLUORN-WINZELN

Widerstand und Naziterror

Axel Huber hat sich in Fluorn-Winzeln auf Spurensuche begeben und den folgenden Text geschrieben:

Gleich in den ersten Monaten nach der Machtübernahme verschärfte sich das politische Klima in den damals noch eigenständigen Gemeinden **Fluorn** und **Winzeln**. Mundtot machten die Nazis Mitglieder der KPD und der SPD mit Aufenthalten im KZ Heuberg in Stetten am kalten Markt (s. Kr. Sigmaringen). Die Wohnungen von Zentrumsmitgliedern wurden durchsucht. Im Laufe des Jahres 1933 drängten die Nazis die frei gewählten Gemeinderäte aus ihren Ämtern und setzten Männer der neuen Richtung dafür ein.

Der wohnsitzlose und als Nichtsnutz geltende Fluorner Gottlieb Maser geriet 1942 in die Mühlen des Systems. Das Arbeiten sollte er ab dem 8. Juli 1942 im KZ Dachau lernen. Nach mehreren Verlegungen starb er vermutlich noch im Dezember 1944 in einem Außenlager des KZ Natzweiler. Seinen Bruder Jakob nahmen die Nazis in Münster in „Polizeiliche Sicherheitsverwahrung". In einem Brief aus dem KZ Sachsenhausen bat er die Familie in **Fluorn** 1941 oder 1942 um Essen. Etwa 1943 kam die Meldung seines Todes.

„Rassische" Verfolgung und „Euthanasie"

Polizeilich gemeldet werden mußten im Herbst 1939 die Insassen der Behinderteneinrichtung **Bruderhaus** der Gustav-Werner-Stiftung in **Fluorn**. Am 22. April 1941 holten die Nazis die taubstumme und „gewalttätige" Patientin Stahl sowie die Patientin Waldemeyer. Sie mußten in der Tötungsanstalt Hadamar (Hessen) sterben.

Als Berufssoldat erhielt der Fluorner Christian Kaufmann im Ersten Weltkrieg während der Schlacht um Verdun einen Kopfschuß und wurde verschüttet. Fortan war er behindert und lebte in der Heil- und Pflegeanstalt in Zwiefalten (s. Kr. Reutlingen). Von dort holten ihn die „grauen Busse" der Berliner „Euthanasie"-Zentrale. Lapidar teilte der Bürgermeister 1940 mit: „Der Geisteskranke Christian Kaufmann ist in Grafeneck bei Münsingen gestorben." Zu dieser Zeit wurden Behinderte in Grafeneck ausnahmslos vergast (s. Gomadingen, Kr. Reutlingen).

Konzentrationslager und Zwangsarbeit

Seit Beginn des Krieges kamen Kriegsgefangene in die Gemeinden **Fluorn** und **Winzeln**. In mehreren Schüben erreichten jeweils etwa 50 Polen, Franzosen und Russen die zwei Schwarzwaldgemeinden. Für sie gab es eine Sammelunterkunft in der **Alten Kirche**. Der Pfarrer richtete einmal im Monat einen Gottesdienst für die Gefangenen aus. Sie mußten in der Landwirtschaft, im Wald und beim Bau der Kanalisation in **Winzeln** arbeiten.

LAUTERBACH

Naziterror und Widerstand

Die Gemeinde **Lauterbach** war am Ende der Weimarer Republik eine der Hochburgen der NSDAP im mittleren Schwarzwald. Bei den Reichstagswahlen am 5. März 1933 erreichte die NSDAP 30,1% der Wählerstimmen. Stärkste politische Kraft blieb aber das Zentrum mit 47,0 %, während auf die SPD 9,7 % und auf die KPD 8,8 % der Wählerstimmen entfielen. Am 31. März 1933 wurde der Bäckermeister und Gastwirt Otto Arnold als Kreisleiter der NSDAP zum „Sonderkommissar für politische Angelegenheiten" im Oberamt Oberndorf ernannt. Bald darauf verhaftete die „Hilfspolizei" aus den Reihen von SA, SS und Stahlhelm viele KPD- und SPD-Mitglieder in Lauterbach, die in das „Schutzhaftlager" Heuberg kamen (s. Stetten a.k.M., Kr. Sigmaringen). Der SPD-Ortsverein, der Arbeitergesangverein „Freiheit", der Arbeiterradfahrer- und -kraftfahrerbund „Solidarität" und der Touristenverein „Die Naturfreunde" wurden verboten und das Vereinseigentum beschlagnahmt. Zur Geschichte der Gemeinde Lauterbach in der Zeit des Nationalsozialismus liegen aber leider noch keine Forschungsarbeiten vor.

Konzentrationslager und Zwangsarbeit

Die ersten sowjetischen Zwangsarbeiter der **Uhrenfabrik Gebrüder Junghans** aus Schramberg wurden1942 in dem bis heute erhaltenen Gebäude der **Goldleistenfabrik** in **Lauterbach** untergebracht und 1943 in das „Lager Meierhof" an der Straße zwischen Schramberg und Lauterbach verlegt (s. Schramberg). Nach dem Ende des Warschauer Aufstandes wurden am 16. März 1944 etwa 1.500 Bürger aus der polnischen Hauptstadt deportiert, die einige Tage später in Schramberg ankamen und in der Uhrenfabrik Gebrüder Junghans als Zwangsarbeiter eingesetzt wurden. Viele von ihnen wurden in der Gemeinde Lauterbach untergebracht, wo sich vor allem der katholische Geistliche Albert Gold für sie einsetzte. Nach der Befreiung erklärte er: „Und selbst wenn ich für die den Warschauern erwiesene Hilfe verhaftet worden wäre, so wäre ich ja nicht der erste Verfolgte. Ihr Polen habt mehr von euren Leuten verloren, darunter viele Geistliche. Ich habe nur meine Pflicht als Priester getan." Zwei Polen, Marian Rogowski und Konstanty Malenowski, wurden auf dem **Friedhof** der Gemeinde **Lauterbach** beigesetzt.

OBERNDORF am NECKAR

„Rassische" Verfolgung und „Euthanasie"

Zu Beginn der NS-Zeit lebten sechs Personen jüdischen Glaubens in **Oberndorf**. Josef Löwenstein, mit einer Christin verheiratet, arbeitete als Angestellter bei den **Mauserwerken**. 1935 wurde er entlassen. Frau Löwenstein widerstand dem Druck, sich von ihrem Mann scheiden zu lassen. Die NSDAP-Kreisleitung drohte ihr daraufhin mit dem Boykott ihres Friseurgeschäftes. Das Ehepaar Löwenstein wanderte im September 1938 in die USA aus.

Beim Novemberpogrom 1938 plünderte eine aufgehetzte Menge den Schuhladen von Josef und Ella

Eppstein in der **Bahnhofstr.** 19. Die Familie flüchtete für einige Tage in die umliegenden Wälder. Einen Monat später konnte Ella Eppstein in die USA ausreisen; im Januar 1940 folgte ihr die Tocher Mathilde. Josef Eppstein, seine beiden Schwestern Mina und Regina, sowie Sara Wallach, die im Haushalt der Familie Eppstein tätig war, mußten am 20. Oktober nach Haigerloch (s. Zollern-Alb-Kreis) umsiedeln. Von dort wurden sie deportiert. Lediglich von Regina Eppstein ist ein Todesdatum bekannt: Sie starb am 7. Dezember 1942 im KZ Theresienstadt im Alter von 70 Jahren; die anderen gelten als „verschollen".

Am ehemaligen **Haus Eppstein** in der **Bahnhofstr.** 19 wurde im Juli 1994 eine **Gedenktafel** enthüllt:

> „Wir gedenken der in Oberndorf a.N. geborenen und 1942 in Konzentrationslager verschleppten und umgekommenen Familie Josef Eppstein, die in diesem Gebäude wohnte und ein Schuhgeschäft betrieb, sowie aller jüdischen Mitbürger, die unter der nationalsozialistischen Gewaltherrschaft Leiden und Tod erdulden mußten. Stadt Oberndorf a.N."

Opfer der rassistischen Polen-Erlasse, die Liebesbeziehungen zwischen „Fremdvölkischen" und deutschen Frauen mit der öffentlichen Erhängung des Mannes und der Einweisung der Frau in das KZ Ravensbrück bestraften, wurde in **Oberndorf** der 23jährige Stanislaus Jozwik. Um die Spuren dieses Verbrechens zu verwischen, übergab die Gestapo – wie in vielen solchen Fällen – seinen Leichnam an das Anatomische Institut der Universität Tübingen (s. Tübingen).

Konzentrationslager und Zwangsarbeit

In der Waffenschmiede Oberndorfs, den **Mauser-Werken**, waren während der Kriegsjahre 6.903 ausländische Zwangsarbeiterinnen und -arbeiter sowie 691 Kriegsgefangene eingesetzt. Diese Zahlen meldete die Stadtverwaltung mit erheblicher Verspätung im März 1950 an die Französische Suchdienststelle in Freudenstadt. Da die Arbeiten am „Catalogue of camps and prisons", der ersten Aufstellung zum Ausmaß der Zwangsarbeit, zu diesem Zeitpunkt bereits abgeschlossen waren, konnte der FNTB die dort angegebene viel zu niedrige Zahl nicht mehr korrigieren. Die weitaus größten Gruppen kam aus der Sowjetunion, gefolgt von zwangsrekrutierten Niederländern (1.580), Polen (1.380), Franzosen (986), italienischen Militärinternierten (450) und aus der Tschechoslowakei verschleppten Männern (390).

Vier große Lager sind bekannt. Daneben hatte es auch Unterkünfte, insbesondere für Kriegsgefangene, im **Schützensaal**, im **Augustaheim** und im ehemaligen **Lehrerwohnheim** in der **Lindenstr.** 13 sowie – für Zwangsarbeitskräfte aus westlichen Ländern – Privatquartiere gegeben.

Das ehemalige RAD-Lager **„Wiederhold"** auf dem **Lindenhof**, einer Anhöhe etwa 250 Meter oberhalb der Mauser-Werke, diente als „Polenlager". Der Rechtsanwalt Jan Osktolowski, damals 55 Jahre alt, war bei der Niederschlagung des Warschauer Aufstands am 12. August 1944 willkürlich verhaftet worden. Nach einem acht Tage dauernden Transport traf er in Oberndorf ein. Er berichtete:

> „Ich wohnte in einem Lager in einer Holzbaracke, die nur am Abend gewärmt war. Es wohnten 22 Personen in meiner Stube. Die Ernährung war ungenügend: Am Morgen ½ Pfund Brot, ein Stück Margarine oder Marmelade und bitteren Ersatzkaffee; zum Mittagessen und am Abend einen Teller Wassersuppe und fünf Kartoffeln ohne Fett ... Ich war meiner Freiheit beraubt, da ich das Lager nicht verlassen konnte, mit Ausnahme des Sonntags. An diesem Tag war es erlaubt, einen Spaziergang im Umkreis von drei Kilometern zu machen. Das Lager war voll von Läusen und Wanzen. Ich war zur schweren, physischen Arbeit bei den **Mauser-Werken** gezwungen."

Als Osktolowski sich eines Tages darüber beschwerte, daß ein junger Pole von einem deutschen Vorarbeiter geschlagen wurde, bestrafte die Werksleitung ihn mit der Zuteilung zur Nachtschicht in der ungeheizten Fabrikhalle. Mit bloßen Händen mußte er kaltes Metall tragen. Nach der 12stündigen Schicht schleppten er und seine Kameraden sich nur mühsam den eisbedeckten Weg zum Lager hoch.

Wegen der Mißhandlung polnischer Zwangsarbeiter standen 1949 der Leiter der **Gestapo-Außenstelle Oberndorf**, Hans Zuckschwert, zwei weitere Gestapobeamte und der polnische Gestapo-V-Mann und Dolmetscher Hugo Manitzki vor einem französischen Militärgericht. Im Prozeß sagten Anwohner des **Gestapoquartiers** (heute: Kreissparkasse) aus, daß sie oft stundenlang die Schreie der Gefolterten gehört hätten. Der Sabotage verdächtigte Zwangsarbeiter wurde in das Gestapohauptquartier Stuttgart überstellt; zwei Gestapogefangene begingen angeblich „Selbstmord", weitere Todesfälle ereigneten sich im Gestapogefängnis in Sulz (s. Sulz am Neckar). Manitzki wurde zu zehn Jahren Zwangsarbeit, Zuckschwert zu drei Jahren und die beiden Gestapobeamten E.F. und A.Z. zu je zwei Jahren Gefängnis verurteilt.

Im **Lager „Buche"** waren französische und im **Lager „Eiche"** auf dem heutigen Gelände der **Fa. Feinwerkbau** niederländische Zwangsarbeiter, später auch italienische Militärinternierte untergebracht.

Das weitaus größte Lager, das **„Russenlager"**, befand sich etwas außerhalb von **Altoberndorf** auf dem Gelände der **Fa. Kienzle**. Die aus der Sowjetunion verschleppten Frauen, Kinder und Männer, oft ganze Familien, mußten hier unter absolut unzureichenden Bedingungen leben. Die schlechten sanitären Bedingungen führten 1943 zum Ausbruch einer Typhus-Epidemie, die zahlreiche Opfer forderte, da man die Erkrankten lediglich in einer abgesonderten „Typhusbaracke" isolierte. Die Sterblichkeit besonders unter den Säuglingen und Kleinkindern war extrem hoch; in einem kurzen Zeitraum ist der Tod von 28 Säuglingen und Kleinkindern beurkundet.

Im Herbst 1941 richtete die Gestapo Stuttgart in **Aistaig** ein **„Arbeitserziehungslager"** (AEL) ein, das bis Kriegsende bestand. Es lag südwestlich des Ortes im **Lautenbachtal**. Die vier Gefangenenbaracken, mit Wachtturm und Stacheldraht gegen Fluchtversuche gesichert, waren anfangs mit 160 bis 180, in den letzten Kriegsmonaten – insbesondere nach der Räumung der Haftstätten im Elsaß und in der Rheinebene – mit bis zu 400 Häftlingen belegt. Die Haftdauer konnte zwischen drei und sechs Monate liegen; häufig erfolgte nach dem Ende der „Erziehungshaft" die Überstellung in ein KZ. Es muß davon ausgegangen werden, daß insgesamt etwa 4.500 Männer im AEL Aistaig inhaftiert waren. Die Gefangenen wurden unter Bewachung zu ihren verschiedenen Arbeitsplätzen gebracht: Die **Stadt Oberndorf** setzte sie zum Bau von Luftschutzstollen und zur Straßenreinigung ein. In den **Mauserwerken** arbeitete ein Kommando bei der Bauabteilung, beim Entladen von Kohle und Werkstoffen sowie in der Fertigung. Ein drittes Kommando war bei der **Maschinenfabrik Mafell** in **Aistaig**, und ein weiteres Kommando wurde täglich zur Arbeit nach Sulz, zur dortigen Buntweberei GmbH, gebracht.

In ihrer kargen Freizeit sahen sich die Gefangenen den verschärften Bestimmungen der „Erziehungshaft" ausgesetzt: an den Kräften zehrendes Appellstehen sowie ständige Schikanen und Prügel von den Wachmannschaften. Berüchtigt war der Strafbunker, eine etwa 40 cm breite, 80 cm tiefe und 160 cm hohe Betonzelle, in der man weder stehen noch sitzen konnte; Licht fiel nur durch einen kurzen, etwa 1 cm breiten Schlitz in der Tür. Der Niederländer Jan Gotje mußte hier fünf bis sechs Wochen in Fesseln verbringen, tagsüber alleine, des nachts an zwei Mitgefangene gefesselt, als er nach einem Fluchtversuch wieder eingefangen worden war. Ein deutscher Arbeiter aus Metzingen bei Reutlingen berichtete über den grausamen Mord an einem Mitgefangenen: Dieser wurde eines „Diebstahls" beschuldigt; Wachmänner schlugen ihn bis zur Bewußtlosigkeit und tauchten ihn mehrfach in eiskaltes Wasser. Als Todesursache ist im Sterberegister „Gefäßlähmung durch rasche Abkühlung" eingetragen.

Körperverletzungen – auch mit Todesfolge – waren nach 1945 Gegenstand mehrerer Prozesse gegen Mitglieder der Wachmannschaften vor französischen Militärgerichten. Das Landgericht Stuttgart stellte am 25. Oktober 1951 ein Verfahren gegen den Wachmann R. aus Stuttgart wegen Körperverletzung in zwölf Fällen – in einem Fall starb der 18jährige Häftling Missner an den Schlägen – mit der Begründung ein, R. sei bereits 1948 vom Französischen Militärgericht in Reutlingen wegen Mißhandlungen von Häftlingen zu drei Jahren Gefängnis verurteilt worden. Die Anklage wegen Körperverletzung mit Todesfolge wurde fallengelassen, da das Gericht keinen ursächlichen Zusammenhang zwischen den von R. verabreichten Prügeln und dem in der darauffolgenden Nacht eingetretenen Tod erkennen wollte.

79 Todesfälle sind beim Standesamt Oberndorf registriert. 15 Leichen wurden erst nach der Befreiung gefunden: acht im Juni 1945 in einem Deckungsgraben und sieben, die nach dem Exhumierungsbericht „absichtlich ermordet" worden waren, im Juni 1946 in einem zugeschütteten Stollen.

Am 18. April 1945 ließ die Gestapo das Lager räumen; einige Häftlinge kamen frei, eine größere Gruppe wurde in Richtung Dautmergen auf den Todesmarsch getrieben (s. Zollern-Alb-Kreis). Zurück blieben etwa 50 marschunfähige Häftlinge, die nach der Befreiung notdürftig im **Städtischen Krankenhaus** und in der **Krankenstation** der **Mauser-Werke** versorgt wurden. Das Lager wurde bei der Räumung in Brand gesetzt, vermutlich um die Spuren der Verbrechen zu verwischen.

Die Toten des AEL Aistaig ruhen auf drei verschiedenen Friedhöfen: auf dem Gräberfeld X des Tübinger Hauptfriedhofes, auf dem Waldfriedhof von Schwenningen und auf dem **Friedhof** von **Oberndorf** a.N. Wie Benigna Schönhagen bei ihrer Untersuchung zum Anatomie-Gräberfeld in Tübingen feststellte, wurden dem Anatomischen Institut 31 Leichname (23 Polen, sechs Ukrainer, ein Russe und ein Grieche) aus Oberndorf zur Verfügung gestellt; 25 der Toten kamen aus dem AEL Aistaig (s. Tübingen). Im Krematorium auf dem Waldfriedhof von Schwenningen wurden 19 Tote aus Oberndorf eingeäschert. Als das Krematorium seinen Betrieb wegen Kohlenmangels einstellten mußte, wurden die Toten auf dem Oberndorfer Friedhof verscharrt (s. Villingen-Schwenningen, Schwarzwald-Baar-Kreis).

Unklarheit besteht darüber, wie viele Opfer der Zwangsarbeit auf dem **Friedhof** von **Oberndorf** ursprünglich bestattet gewesen waren. Die Angaben schwanken zwischen 295 und 283 Toten; bei den 295 Toten sind 17 Tote aus dem AEL Aistaig (fünf Niederländer und zwölf Deutsche) mitgezählt, während sich die Zahl 283 auf die ausländischen Opfer bezieht. Zieht man die fünf Niederländer, die im AEL Aistaig ums Leben kamen, ab, so starben in den Lagern der **Mauser-Werke** 278 ausländische Zwangsarbeitskräfte, unter ihnen 28 Säuglinge und Kleinkinder. Bis zum Dezember

Gedenkstein für die Opfer der Zwangsarbeit auf dem Friedhof von Oberndorf.

Gedenkstätte für die Opfer des „Arbeitserziehungslagers" in Oberndorf-Aistaig.

1953 erfolgten Umbettungen, u.a. auf den sowjetischen Kriegsgräberfriedhof in Friedrichshafen (s. Bodensee-Kreis), und Überführungen in die Heimatländer. Der damals gesetzte **Gedenkstein** wurde zum Stein des Anstoßes, denn er gab lediglich die Zahl der 1953 hier noch bestatteten Toten an und trug die verharmlosende Inschrift:

„Fern der Heimat starben 1942–1945 hier 61 Angehörige fremder Nationen."

Daß diese falschen Angaben schließlich geändert und mit der Erinnerungsarbeit an die Opfer der Zwangsarbeit in Oberndorf begonnen wurde, geht auf die Initiative ehemaliger niederländischer Zwangsarbeiter und die örtliche Gruppe der Naturfreundejugend zurück. Am 6. September 1981 konnte auf dem Gelände des ehemaligen „Arbeitserziehungslagers" in **Lautenbach** ein **Mahnmal** eingeweiht werden:

„Erinnert Euch
an Eure Brüder, die von 1942 bis 1945
hier im ‚Arbeitserziehungslager'
Qual, Not und Tod erleiden mußten."

Im gleichen Jahr wurde der „Stein des Anstoßes" auf dem **Oberndorfer Friedhof** durch eine neues **Mahnmal** ersetzt:

„Wir mahnen zum Frieden.
Zum ehrenvollen Gedenken an die
283 Kriegsgefangenen,
ausländischen Zwangsarbeiter und deren Angehörige,
die hier während des 2. Weltkrieges gestorben sind."

Einzigartig in der Bundesrepublik ist das Beispiel der Familie Pfaff in **Altoberndorf**, die auf ihrem Grundstück in der **Kienzlestraße**, nahe dem ehemaligen „Russenlager", selbst einen **Gedenkstein** errichtete:

„Zur ehrenden Erinnerung
an die fremden Zwangsarbeiter
im Krieg 1939–1945."

Auf dem Sockel stehen die Nationalitäten:

„Polen, Russen, Franzosen,
Holländer, Belgier, Jugoslawen,
Tschechoslowaken und andere."

ROTTWEIL

Widerstand und Naziterror

Seit 1988 erinnert an der **Justizvollzugsanstalt** Rottweil an der **Nägelesgrabenstraße** eine **Tafel** an Gräfin Nina von Stauffenberg, die nach dem Attentat vom 20. Juli 1944 zeitweise in diesem Gefängnis in „Sippenhaft" gehalten wurde.

„Gräfin von Stauffenberg
Ende Juli 1944
im Rottweiler Gefängnis"

In der „Aktion Gitter", bei der als Reaktion auf das Attentat vom 20. Juli alle früheren Funktions- und Mandatsträger der Arbeiterparteien und des Zentrums Ende August 1944 verhaftet wurden, kamen auch die Zentrumsabgeordnete Luise Rist und der Rechtsanwalt Lorenz Bock in dieses Gefängnis. Lorenz Bock hatte von 1919 bis 1933 das katholische Rottweil als Zentrumsabgeordneter im Stuttgarter Landtag vertreten; er wurde 1947 zum ersten Staatspräsidenten des Landes Württemberg-Hohenzollern gewählt. Die Namen der acht Kommunisten, die am 10. März 1933 in das Gefängnis eingeliefert und von dort den Weg in das KZ Heuberg (s. Stetten a.k.M., Kr. Sigmaringen) antreten mußten, sind in Vergessenheit geraten.

Der Müller Albert Merz aus **Neukirch** wurde am 4. April 1941 wegen „Wehrkraftzersetzung" im Zuchthaus Brandenburg hingerichtet.

„Rassische" Verfolgung und „Euthanasie"

Die jüdischen Familien, die sich im 19. Jahrhundert wieder in **Rottweil** niederließen, gehörten zuerst zur Synagogengemeinde Mühringen. Bis 1850 fanden die Toten ihre letzte Ruhestätte auf den jüdischen Friedhöfen von Mühringen und Hechingen. Dann legte die Gemeinde einen eigenen **Friedhof** auf dem **Nikolausfeld**, Ecke **Lindenstraße/Hoferstraße**, an. Seine Besonderheit sind schrägliegende Grabsteine. Beim Novemberpogrom 1938 schändeten Nationalsozialisten den Friedhof, und in den folgenden Jahre konnte jeder seinen Müll hier abladen. Das Verbot von „Unratablagerung beim Judenfriedhof" erfolgte erst im November 1946. Es dauerte schließlich noch zwanzig Jahre, bis der Friedhof wiederhergerichtet und ein **Gedenkstein** mit den Namen der acht Rottweiler Jüdinnen und Juden, die den Tod in den NS-Vernichtungslagern fanden, eingeweiht wurde. 1990 wurden die 112 erhaltenen Grabsteine dokumentiert.

Die Gottesdienste fanden im Haus von Moses Kaz (um 1816), in einem Saal der **Gastwirtschaft „Krone"** in der **Hochbrücktorstr.** 16 (um 1849) und seit 1861 in einem Haus in der **Cameralamtsgasse** 6 statt. Beim Novemberpogrom 1938 wurde diese **Synagoge** geschändet, die Kultgegenstände auf die Straße geworfen und verbrannt. Das im selben Haus wohnende Ehepaar Wilhelm und Emilie Wälder wurde mißhandelt. Das äußerlich unversehrte Gebäude wurde nach 1945 für gewerbliche Zwecke genutzt und schließlich 1979 an den Stadtjugendring vermietet. Jugendliche entdeckten die noch erhaltenen Fresken und restaurierten sie 1981 auf eigene Initiative. An der Straßenseite ist seit 1979 eine **Tafel** angebracht:

> „Dieses Haus war 1861–1938 Synagoge der Juden von Rottweil."

1933 hatten in Rottweil noch 96 Menschen jüdischen Glaubens gewohnt. Textilindustrie und -handel waren ihr bedeutendster Erwerbszweig. Um diese Zeit bestanden noch die Rottweiler Hemdenfabrik A. Degginger & Cie. in der **Königstr.** 2, die Webwarengesellschaft und Textilgroßhandlung von Isidor Augsburger in der **Hauptstr.** 33, das Textilhaus Bermann & Wälder in der **Hochbrücktorstr.** 22/22a, das Konfektionsgeschäft Gabriel Degginger in der **Hochbrücktorstr.** 4, das Textilgeschäft Steinberger & Co am **Friedrichsplatz** 9 und die Schneiderei Nathan Oko in der **Hauptstr.** 64. Ferner gab es das Bankhaus Bernheim, zwei Schuhgeschäfte, zwei Viehhandlungen, die Pfauenbrauerei und zwei beliebte Gasthäuser, die „Krone" und den „Becher".

Als erster Kaufmann wurde Selik Oko zur Aufgabe seines Schuhgeschäftes in der **Oberamteistr.** 1 gezwungen: Die NSDAP hatte, um den Interessen der „hiesigen Schuhmacherinnung und der kleineren Gewerbetreibenden" Nachdruck zu verleihen, für den 29. Juli 1933 eine „bedrohliche Menschenmenge" vor dem Laden organisiert. Der Inhaber wurde in „Schutzhaft" genommen; wieder in Freiheit, flüchtete Selik Oko Anfang August über die Schweiz nach Palästina, wohin ihm auch seine Familie folgen konnte. Die Familie Oko stammte aus Polen; als „Ostjuden" waren sie den Nationalsozialisten besonders verhaßt; auch – so heißt es in der Dokumentation „Reichskristallnacht in Rottweil" – habe sie sich politisch in der KPD engagiert.

Am **Friedrichsplatz** 16 lag das Druck- und Verlagshaus der Familie Rothschild, die seit 1851 die national-liberale „Schwarzwälder Bürgerzeitung" herausgab. Das in bürgerlichen Kreisen geachtete Blatt mußte zum 1. Mai 1934 sein Erscheinen einstellen. Bis 1938 sahen sich alle jüdischen Kaufleute gezwungen, ihre Geschäfte zu schließen oder weit unter Wert zu verkaufen.

Der letzte Vorsteher der Jüdischen Gemeinde Rottweil war Rechtsanwalt Berthold Singer; seine Kanzlei hatte sich in der **Königstr.** 11 befunden. Durch Boykottmaßnahmen und Auswanderungen war die Gemeinde bereits 1936 so verarmt, daß sie um die Stundung der Gebäudesteuer für die Synagoge ersuchen mußte. Berthold Singer gelangte mit seiner Frau Karoline geb. Gunzenhauser im Frühjahr 1939 über Stuttgart nach Lissabon, wo er 1942 im Alter von 76 Jahren starb. Von den im Jahr 1933 gezählten 96 Mitgliedern der Jüdischen Gemeinde konnten 75 auswandern, acht wurden in Vernichtungslagern ermordet.

Die **Heil-und Pflegeanstalt Rottenmünster** (heute: Fachklinik für Psychiatrie und Neurologie) wurde von Dr. Josef Wrede geleitet; Ordensschwestern der Vinzentinerinnen kümmerten sich um die etwa 1.000 Kranken. Am 3. Februar 1940 holten die „grauen Busse" der Gekrat, einer Tarnorganisation der Berliner „Euthanasie"-Zentrale, 45 Patienten ab, bald danach eintreffende Todesnachrichten alarmierten die Leitung und das Pflegepersonal. Dr. Wrede begann nun, die aus Berlin eintreffenden Meldebögen zu fälschen, Krankenblätter umzuschreiben und – soweit die Angehörigen zustimmten – Kranke nach Hause zu entlassen. Er konnte dennoch nicht verhindern, daß 305 der etwa 1.000 Patienten in den Tötungsanstalten der „Euthanasie" – so in Grafeneck (s. Gomadingen, Kr. Reutlingen) – ermordet wurden. Während des Krieges beschlagnahmte die Wehrmacht einige Anstaltsgebäude und nutzte sie als Lazarett.

Konzentrationslager und Zwangsarbeit

Gräber sind die letzten Spuren: Nach der Gräberliste von 1952 waren auf dem **Rottweiler Friedhof Ruhe Christi** 45 zur Zwangsarbeit verschleppte Frauen, Männer und auch Kinder bestattet. Die weitaus meisten – 23 – stammten aus Polen, sechs aus Belgien, fünf aus Lettland, je vier aus Jugoslawien und Estland und drei aus den Niederlanden. 17 Personen starben – an den Folgen der Zwangsarbeit – nach der Befreiung, 28 im Zeitraum zwischen Juni 1941 und April 1945. Alle Todesfälle wurden beim Standesamt Rottweil beurkundet.

Als häufigste Todesursache wurde Lungentuberkulose angegeben, eine für extreme Lagerbedingungen bei harter Zwangsarbeit typische Mangelerkrankung. Auf unzureichende medizinische Betreuung weisen Todesursachen wie „Herzentzündung", „chronische Eiterung", „Blinddarm, Bauchfellentzündung", „Knochenmarkvereiterung" und „Lungenentzündung" hin. „Bauchquetschungen", „innere Blutungen", „Brustkorb-Lungenverletzung" lassen Arbeitsunfälle oder Mißhandlungen vermuten. Ein belgischer Zwangsarbeiter starb beim „Explosionsunglück I.G. Farben" am 15. Januar 1942. Bei drei Todesfällen im Juni 1944 wird „Methylalkoholvergiftung" angeben. Soweit es sich um Kinder handelte, starben sie an „Lungenentzündung", „Ernährungsstörungen", „Brechdurchfall" und „Kreislaufschwäche". „Selbstmord" beging am 15. Juni 1941 der polnische Kriegsgefangene Stanislaus Wierdak. Die polnische Zwangsarbeiterin Marie Zeles aus Sosnika wurde am 30. November 1941 „bei Deisslingen tot aufgefunden".

Von diesen 45 Toten wurden ein Belgier in seine Heimat überführt und zwei niederländischen Zwangsarbeiter auf den niederländischen Ehrenfriedhof in Frankfurt (Hessen) umgebettet. Von den Kindergräbern wurden, wie die Streichungen in der Gräberliste nahelegen, eingeebnet: das Grab von Hans Musia, geboren am 3. Mai 1944 in Aichhalden, gestorben am 23. Februar 1945 in **Rottweil**, das Grab von Werner Damekens, geboren am 16. Dezember 1944 in Lauchheim, gestorben am 8. April 1945 in **Rottweil**, das Grab von Stanislawa Cuzowska, geboren am 11. September 1944 in Tübingen, gestorben am 12. Oktober 1944 in **Rottweil** und das Grab von Maria Johanna van Kimmeren, geboren am 10. Januar 1945 in **Rottweil** und dort am 2. April 1945 gestorben.

Lediglich für die polnischen Opfer der Zwangsarbeit liegt uns eine ältere Liste der Sterbefälle vor. Sie enthält 43 Namen, zwanzig mehr als die Gräberliste von 1952. Nach dieser Liste ereignete sich der erste Todesfall bereits am 28. März 1941: An diesem Tag war der polnische Zwangsarbeiter Wladislaw Wolski, im Alter von 37 Jahren an „Gehirnentzündung" gestorben und wurde „eingeäschert". In dieser Liste stehen die Namen von elf Kindern von polnischen Zwangsarbeiterinnen (gegenüber nur zwei in der Gräberliste von 1952). Als Todesorte werden u.a. das „Kriegsgefangenenlazarett" bzw. für die Zeit nach der Befreiung das „Polenlager" in **Rottenmünster** genannt.

Nicht überprüfen konnten wir die Angaben zu den Todesfällen unter den aus der Sowjetunion zur Zwangsarbeit verschleppten Menschen: Nach einer Auskunft des Stadtarchivs Rottweil aus dem Jahr 1972 wurden „insgesamt 330 russische Staatsangehörige in Rottweil" beerdigt"; „etwa 144 Russen" seien in Rottweil gestorben, hinzu kämen „75 Todesfälle von Russen, die auf Methylalkoholvergiftungen zurückzuführen waren".

Bereits im Januar 1942 hatte sich der Stadtrat mit der Frage beschäftigt, wo man die verstorbenen Russen bestatten könne und wer die Kosten dafür trage – Diskriminierung auch nach dem Tod. Auf dem Katholischen Friedhof war kein Platz, so wurden sie in Massengräbern auf einem **„Russenfriedhof"**, dem heutigen sowjetischen Ehrenhain, begraben.

Dem Stadtarchiv ging es in seiner Antwort auf eine 1972 von der VVN auf den Weg gebrachten, von den Landratsämter teils unterstützten, teils negierten Umfrage nach dem Ausmaß der Zwangsarbeit letztendlich darum, den Einsatz von 5.000 ausländischen Zwangsarbeitskräften in Rottweil zu minimalisieren. Die Zahl von 5.000 Personen – hinzu kamen 65 im heute eingemeindeten Ortsteil **Feckenhausen** – hatte der Französische Nationale Suchdienst nach 1945 ermittelt. 1972 wies das Stadtarchiv diese Zahl entschieden zurück: Man habe lediglich eine Liste mit den Namen von 420 „Ostarbeitern" gefunden.

1996 können wir uns dennoch nur auf die Auskünfte von 1972 berufen; dreißig Jahre sind verstrichen, in denen sich in Rottweil weder städtische Institutionen noch Privatpersonen um das Schicksal der Zwangsarbeiterinnen und -arbeiter gekümmert haben.

Das Stadtarchiv nannte zehn Lager. Zum **IG-Farben Werk Rottweil** (heute: Rhodia), das im Rüstungsbereich neben der Munitionsherstellung eine führende Stellung bei Acetat-Produkten hatte, gehörten drei Lager: Das **Lager Hinterprediger** am **Omsdorfer Hang**, das das wohl größte „Ostarbeiter-Lager" in der Stadt war, die **Liederhalle** und das **Gasthaus „Sonne"**. Verschiedene Rottweiler Baufirmen unterhielten für ihre Zwangsarbeiter ein Lager in der **Grundstraße** 1. Das **Gasthaus „Löwen"** war mit beim **Stadtbauamt** beschäftigten Zwangsarbeitern belegt; diese mußten u.a. den Nägelesgraben auffüllen. Die **Reichsbahn** brachte die in der Bahnmeisterei I eingesetzten – 1943 etwa 100 – Russen auf dem Bahngelände unter. Im **Lager Emanuelverlag** lebten aus der Ukraine verschleppte Frauen, die bei der **Fa. Moker** und der **Bezirksmilchverwertung** arbeiten mußten. Drei weitere Lager befanden sich auf Firmengelände: bei der **Fa. Peter-Uhren**, die Zünder für die Luftwaffe produzierte, bei der **Staatlichen Saline** und bei dem von Stuttgart-Bad Cannstadt nach **Bühlingen** verlagerten **Mahle-Werk**. Beim Mahle-Werk, sicher aber auch bei anderen Firmen, waren ausländische Kriegsgefangene im Einsatz, ohne daß dazu Gesamtzahlen vorliegen.

Im Waldgebiet etwa 1,5 km südlich des Landeplatzes **Zepfenhan** befand sich im Herbst und Winter 1944/45 eine Ölschiefer-Abbaustelle, das Werk 10 der „Gruppe Wüste". Aufgrund der katastrophalen Lebens- und Arbeitsbedingungen wurden hier hunderte von Häftlingen aus dem KZ-Kommando Schörzingen (s. Schömberg, Zollernalbkreis) zu Tode geschunden. Die Toten wurden auf dem KZ-Friedhof Schörzingen beigesetzt.

Zu den heute noch sichtbaren Ruinen der Industrieanlagen führt ein **Waldweg**, angelegt auf einem von Häftlingen aufgeschütteten Schotterdamm der heute stillgelegten Eisenbahnlinie Schörzingen–Wellendingen. Er beginnt an der Kreuzung dieser Eisenbahnlinie mit der Straße Neuhaus–Feckenhausen. Die Initiative Gedenkstätte Eckerwald kümmert sich seit Jahren, unterstützt von überlebenden Häftlingen der „Gruppe Wüste", um die Erhaltung der noch sichtbaren Spuren und legte einen **Geschichtspfad** im **Eckerwald** an. 1995 wurde im Dominikanerforum in Rottweil die Ausstellung „Das Unternehmen ‚Wüste'. Ölschieferwerke und Konzentrationslager entlang der Bahnlinie Tübingen-Rottweil 1944/45" gezeigt (s. Schömberg, Zollern-Alb-Kreis).

SCHILTACH

Naziterror und Widerstand

In der Stadt **Schiltach** konnte die NSDAP am Ende der Weimarer Republik ihre Position kontinuierlich ausbauen. Bei den Reichstagswahlen am 5. März 1933 erhielt die NSDAP 40,6 %, die SPD 24,8 % und die KPD 10,7 % der Wählerstimmen. Die ehemaligen DDP-Wähler waren fast vollständig zur NSDAP übergegangen. Das Zentrum war in der überwiegend evangelisch geprägten Stadt fast bedeutungslos. In Schiltach stand vor allem das „Reichsbanner Schwarz-Rot-Gold" für die Verteidigung der Weimarer Republik, bis sich dieser „Bund deutscher Kriegsteilnehmer und Republikaner" am 12. März 1933 noch vor dem Verbot selbst auflöste. Bei zahlreichen Reichsbannerangehörigen fanden Hausdurchsuchungen statt, aber trotzdem konnten die Fahne und viele Unterlagen des

Kampfverbandes versteckt und vor einigen Jahren dem Stadtarchiv übergeben werden. Außerdem wurde der KPD-Funktionär Ferdinand Wöhrle mehrfach festgenommen und in das „Schutzhaftlager" Ankenbuck eingewiesen (s. Brigachtal, Schwarzwald-Baar-Kreis).

„Rassische" Verfolgung und „Euthanasie"

Am 13. Januar 1942 wurde im **Zellersgrund** der 27 Jahre alte Pole Bernard Perzynski – in den Akten lautet sein Name Podzinski – erhängt, weil er mit einer Arbeiterin befreundet war, die als Dienstverpflichtete in einer Fabrik arbeitete. Über das Schicksal dieser Frau, die möglicherweise wie viele andere in ein KZ eingewiesen wurde, ist momentan noch nichts bekannt. Zur Erinnerung an das Schicksal dieses polnischen Zwangsarbeiters wurde nach der Befreiung vom sog. „Polnischen Komitee" ein **Gedenkstein** errichtet. In drei Sprachen – polnisch, deutsch und französisch – ist auf diesem Gedenkstein zu lesen:

> „An dieser Stelle wurde am 13. 1. 1942 der Pole Perzynski Bernard, Offiziersanwärter der polnischen Armee, erhängt. Opfer des Naziterrors. Ehre seinem Andenken. Schiltach – Januar 1946 – Polnisches Komitee."

Konzentrationslager und Zwangsarbeit

Die Nachkriegsermittlungen des FNTB ergaben für **Schiltach** die Zahl von 220 und für den Ortsteil **Lehengericht** die Zahl von 135 ausländischen Zwangsarbeitern während des Krieges.

SCHRAMBERG

Widerstand und Naziterror

Carsten Kohlmann forscht seit einiger Zeit zur NS-Zeit im Kreis Rottweil. Ihm verdanken wir nicht nur den Text zu Schramberg, sondern auch die Texte zu Lauterbach und Schiltach.

Am Ende der Weimarer Republik wurde die Industriestadt **Schramberg** immer stärker von der Weltwirtschaftskrise erfaßt. Insbesondere die **Uhrenfabrik Gebrüder Junghans** mußte oft Kurzarbeit anmelden und viele Fabrikarbeiter entlassen. Das Alltagsleben der kleinen Industriestadt mit etwa 12.000 Einwohnern wurde vor allem durch das Vereinswesen der katholischen Kirche, aber auch durch die Kultur- und Sportorganisationen der Arbeiterbewegung geprägt. Auf Initiative des Kaufmanns Kurt Maurer entstand 1930 eine NSDAP-Ortsgruppe, die sich hauptsächlich auf Geschäftsleute und Handwerker aus dem Mittelstand stützen konnte. Die Wahlergebnisse der NSDAP blieben aber in der Industriestadt Schramberg immer weit unter dem Landes- und Reichsdurchschnitt. Bei den Reichstagswahlen am 5. März 1933 erreichte das Zentrum als traditionell stärkste politische Kraft 32,6 %, die NSDAP 25,9 %, die SPD 17,2 % und die KPD 14,9 % der abgegebenen Stimmen.

Mahnmal „Des Bruders Tod", das von dem Bildhauer Siegfried Haas gestaltet wurde.

In der Schramberger Arbeiterbewegung kämpfte vor allem das „Reichsbanner Schwarz-Rot-Gold" für die Weimarer Republik. Bei einer letzten Großkundgebung der „Eisernen Front" versammelten sich am 6. Februar 1933 2.500 Schramberger auf dem **Rathausplatz**, um „Gegen die faschistische Reaktion!" und „Für die Einheit der Arbeiterklasse!" zu demonstrieren. Gleichzeitig verbreiteten sich im Kinzigtal Gerüchte über einen Generalstreik der Schramberger Arbeiterschaft. Nach einigen ersten Hausdurchsuchungen wurde am 10. März 1933 die KPD-Ortsgruppe im Zuge einer landesweiten Verhaftungswelle zerschlagen. 23 KPD-Mitglieder – unter ihnen der KPD-Vorsitzende Oskar Andreas Wössner sowie die beiden KPD-Funktionäre Franz Armbruster und Alfons Haid – kamen in das „Schutzhaftlager" Heuberg (s. Stetten a.k.M., Kr. Sigmaringen). Die führenden Gewerkschafter und Sozialdemokraten Jonas King und Otto Schlachter wurden am 16. März 1933 festgenommen und ebenfalls auf den Heuberg gebracht. Wenig später wurde der SPD-Ortsverein aufgelöst, alle Kultur- und Sportorganisationen der Arbeiterbewegung wie der „Freie Volkschor" und der Arbeiterradfahrer- und -kraftfahrerbund „Solidarität" verboten und das **Wanderheim** des Touristenvereins „Die Naturfreunde" auf der **Sommerecke** beschlagnahmt. Am 2. Mai 1933 besetzte die NSBO die Geschäftsstelle des Deutschen Metallarbeiterverbandes im „Volkshaus" der Schramberger Arbeiterbewegung an der **alten Steige** und leitete damit die Gleichschaltung der Gewerkschaften ein.

Im Verlauf des Jahres 1933 fanden immer wieder Hausdurchsuchungen und Verhaftungen statt. Am 20.

März 1933 erfolgte die Festnahme von David Deiber, der in der Weimarer Republik zeitweise Bürgermeister von **Sulgen** war und wie die anderen „Schutzhäftlinge" auf den Heuberg kam. Während des Stuttgarter Turnfestes vom 22. Juli bis 30. Juli 1933 wurden die KPD-Mitglieder erneut verhaftet und im **Polizeiamt** Schramberg festgehalten. Die meisten Gefangenen kehrten im Sommer und Herbst 1933 aus dem KZ Heuberg zurück, einige wurden aber auch in das KZ Oberer Kuhberg verlegt (s. Stadt Ulm).

Auf der Grundlage des „Gesetzes zur Wiederherstellung des Berufsbeamtentums" vom 7. April 1933 verloren die DDP-Mitglieder Karl Kolb und Rudolf Linkenheil ihre Stellen als AOK-Geschäftsführer und Vermessungsrat. Am 10. Januar 1934 mußten schließlich auch die ehemaligen Gemeinderäte des Zentrums ihre Mandate aufgeben. Der Gemeinderat der Stadt Schramberg war damit vollständig gleichgeschaltet. Auf einzelne Zentrumspolitiker wie den Flaschnermeister Karl Schinle wurde durch „Schutzhaft" zusätzlicher Druck ausgeübt. Der parteilose Oberbürgermeister Eugen Ritter erhielt bereits am 3. Juni 1933 sein Entlassungsschreiben, um durch den NSDAP-Bürgermeister Dr. Fritz Klingler ersetzt zu werden.

Im Auftrag der illegalen KPD-Bezirksleitung nahmen im Sommer 1934 Jakob Binder und Alois Vater aus Stuttgart Kontakt zu dem ehemaligen KPD-Vorsitzenden Oskar Andreas Wössner auf, um die KPD im Raum Schramberg wiederaufzubauen. Wössner verteilte mit seinen Genossen Franz Armbruster und Alfons Haid unter anderem die „Süddeutsche Arbeiter-Zeitung" und sammelte für die „Rote Hilfe" Geld. An der Jahreswende 1934/1935 wurde die KPD-Ortsgruppe von der Gestapo erneut zerschlagen. Alois Vater, Oskar Andreas Wössner, Franz Armbruster und Alfons Haid standen am 15. und 16. Oktober 1935 vor dem Oberlandesgerichts Stuttgart und erhielten wegen „Vorbereitung zum Hochverrat" hohe Gefängnis- und Zuchthausstrafen. Ein weiteres Strafverfahren eröffnete das Sondergericht Stuttgart gegen die KPD-Mitglieder Ernst Gulde, Markus Klaussner, Karl Siegel, Gottlob Strecker und Friedrich Wenzel, weil sie beim Wiederaufbau der KPD-Ortsgruppe Flugschriften bekommen oder für die „Rote Hilfe" Geld gespendet hatten. Für einige Schramberger Kommunisten begann in dieser Zeit ein jahrelanger Leidensweg. Oskar Andreas Wössner wurde am 16. Januar 1942 wegen der Weitergabe eines Zettels, der einige Zeilen an einen Mithäftling im Zuchthaus Ludwigsburg (Kr. Ludwigsburg, Baden-Württemberg I) enthielt, vom Strafsenat des Oberlandesgerichts Stuttgart als „gefährlicher Gewohnheitsverbrecher" zum Tode verurteilt und bald darauf hingerichtet. Das Schicksal von Oskar Andreas Wössner spiegelt sich auch in der Figur von „Andreas Weller" in dem 1979 erschienenen Roman „Das Schafott" von Curt Letsche über den antifaschistischen Widerstand im Zuchthaus Ludwigsburg eindrucksvoll wider. Franz Armbruster überlebte nach seiner Haftstrafe im Polizeigefängnis Rottenburg a.N. die Konzentrationslager Dachau, Mauthausen, Majdanek und Auschwitz. Über seine Erinnerungen schrieb er 1947 unter dem Titel „Erlebnisse aus verschiedenen Konzentrationslagern" einen bisher noch unveröffentlichten autobiographischen Bericht. Alfons Haid wurde am 3. Februar 1940 im KZ Mauthausen ermordet. Im KZ Dachau starb am 20. Mai 1939 der ehemalige Bürgermeister David Deiber an den Folgen eines 36stündigen Strafappells und am 22. Januar 1942 der Kommunist Johann Chaloun. An das Schicksal von David Deiber erinnert in **Sulgen** eine Straße.

Seit 1935 ging die NSDAP auch gegen die katholische Kirche und ihr Vereinswesen in Schramberg immer schärfer vor. Erste Provokationen wurden beim „Bischofstag" mit Diözesanbischof Joannes Baptista Sproll am 24. März 1935 organisiert, als sich etwa 9.000 katholische Jugendliche zu einer „Glaubenskundgebung" um ihren Bischof versammelten. Nach einer pogromartigen Demonstration vor dem Redaktions- und Verlagsgebäude in der **Berneckstraße** mußte am 1. September 1935 auch das „Schwarzwälder Tagblatt" als Tageszeitung der katholischen Bevölkerung sein Erscheinen einstellen. Der Redakteur der Zeitung, August Ludwig Ackermann, wurde bei dieser Demonstration schwer mißhandelt und mit dem Aufsichtsratsvorsitzenden der Zeitung, Bäckermeister Alfons Straub, in „Schutzhaft" genommen. 1937 verhaftete die Gestapo den jungen Katholiken Franz Paul Erath, der wegen Kritik am Dritten Reich vor das Sondergericht Stuttgart gestellt und verurteilt wurde. Im Alter von 26 Jahren wurde Franz Paul Erath am 11. Februar 1940 im Steinbruch des KZ Mauthausen von SS-Männern umgebracht. Wenig später stand auch seine Mutter Anna Erath, die den Tod ihres Sohnes nicht verkraften konnte, vor dem Sondergericht Stuttgart und erhielt eine Gefängnisstrafe. 1938 sollte Bischof Sproll, der am 10. April 1938 seine Teilnahme an der Reichstagswahl und Volksabstimmung verweigert hatte, durch eine von mehreren Demonstrationen begleitete Kampagne aus seiner Diözese vertrieben werden (s. Rottenburg a. N., Kr. Tübingen). Vor diesem Hintergrund fand am 9. August 1938 vor dem **Kloster Heiligenbronn**, wo sich der Bischof zu Exerzitien aufhielt, eine erneute Hetzkundgebung statt, bei der Bischof Sproll mit Rufen wie „Du Lump! Du Volksverräter! Du schwarzer Zigeuner!" beleidigt wurde.

Auch während der Kriegsjahre kam es in der Industriestadt Schramberg immer wieder zu Verhaftungen durch die Gestapo. Friedrich Kesselring, ein ehemaliger Arbeitersportler, stand am 4. Dezember 1939 wegen der Verbreitung ausländischer Rundfunknachrichten in der **Uhrenfabrik Gebrüder Junghans** vor Gericht. Nach einigen kritischen Äußerungen in seinen Predigten verhaftete die Gestapo am 12. Mai 1941 den Kaplan Josef Hörner, der vom Sondergericht Stuttgart zu einer Gefängnisstrafe verurteilt wurde. Wegen „Vergehens gegen das Heimtückegesetz" nahm die Gestapo am 19. März 1942 den Gewerkschafter und Sozialdemokraten Eugen Mann und am 19. Mai 1942 den Kommunisten Johann Friedrich Haupt fest.

Nach dem Attentat vom 20. Juli 1944 waren auch in Schramberg einige Personen von der als „Aktion Gitter" bezeichneten Verhaftungswelle im Deutschen Reich betroffen. Im **Polizeiamt Schramberg** wurden die ehemaligen SPD-Gemeinderäte Albert Bauer und Josef Schneider sowie die ehemaligen Gemeinderäte Gustav Brucker, Fritz Haas, Heinrich Koch, Anton Pfeffer, Lambert Sailer, Josef Schinle und Karl Schinle vom Zentrum teilweise für mehrere Wochen inhaftiert. Am 23. August 1944 verhaftete die Gestapo in Schramberg Josef Andre, der als ehemaliger Landtags- und Reichstagsabgeordneter des Zentrums mit Persönlichkeiten des 20. Juli 1944 wie Eugen Bolz, Joseph Ersing und Carl Goerdeler Kontakt hatte und nun in das KZ Welzheim und in das „Arbeitserziehungslager" Aistaig eingewiesen wurde (s. Rems-Murr-Kreis, Baden-Württemberg I und Oberndorf a. N.).

Von 1943 bis 1945 entwickelte sich um Christian Beiter und Alfons Kuhner in der **Uhrenfabrik Gebrüder Junghans** eine Widerstandsgruppe, die sich „Aktion Freies Deutschland" nannte, beim Einmarsch der Franzosen am 20. April 1945 die Stadt den einrückenden Truppen übergab und sinnlose Zerstörungen verhinderte.

Zur Erinnerung an einige während der nationalsozialistischen Gewaltherrschaft ermordete Schramberger Bürger wurde am 29. September 1946 ein **Gedenkstein** der KPD-Ortsgruppe Schramberg mit der Inschrift „Den Opfern des Faschismus" und „Den Toten zur Ehre – Den Lebenden zur Mahnung" in einer **Grünanlage** an der Ecke **Schillerstraße/Am Mühlegraben** eingeweiht. Auf einer Tafel stehen die Namen, Lebensdaten und Todesorte von Johann Chaloun, David Deiber, Franz Paul Erath, Alfons Haid und Oskar Andreas Wössner. Außerdem erinnert dieses Denkmal auch an das Schicksal von Wilhelm Jakob Blank, einem Schramberger Kommunisten, der in Berlin lebte, am 9. April 1945 im KZ Mauthausen-Gusen ermordet wurde und im Pieskowerweg des Berliner Stadtteils Prenzlauer Berg mit einer eigenen Gedenkstätte geehrt wird. In der Grünanlage bei diesem Denkmal wurde am 26. Januar 1997 im Rahmen einer Feierstunde zum Gedenktag für die Opfer der nationalsozialistischen Gewaltherrschaft eine **Plastik** mit dem Titel „Des Bruders Tod" des Bildhauers Siegfried Haas von der überparteilichen Initiative „Gemeinsam gegen Gewalt" der Öffentlichkeit übergeben. Die Initiative „Gemeinsam gegen Gewalt" möchte an diesem Gedenktag zukünftig mit einer Veranstaltungsreihe an die Geschichte von Widerstand und Verfolgung in der Industriestadt Schramberg aufmerksam machen.

Das Mahnmal für die Opfer des Faschismus in Schramberg.

„Rassische" Verfolgung und „Euthanasie"

Während des Dritten Reiches lebten in **Schramberg** als einzige jüdische Bürger die Familien von Moritz und Leopold Meyer als Besitzer der **Schramberger Majolika-Fabrik**. Am 1. April 1933 beteiligte sich auch die NSDAP-Ortsgruppe Schramberg an den Boykottmaßnahmen gegen jüdische Firmen und Geschäfte im Deutschen Reich. Vor dem **Kino** der „Lichtspiel-Betriebs-GmbH Laupheim" am **Paradiesplatz**, das den beiden jüdischen Filmindustriellen Carl Lämmle und Max Friedland gehörte, wurden SA-Posten und Plakate aufgestellt (s. Laupheim, Kr. Biberach). Im Herbst 1933 mußten die Besitzer das Kino unter erheblichem Druck verkaufen. Systematisch ging die NSDAP-Ortsgruppe auch gegen die jüdischen Kaufleute auf den Schramberger Jahrmärkten und gegen die jüdischen Viehhändler in den Umlandgemeinden vor. Fotos von Personen, die nach wie vor zu den jüdischen Kaufleuten gingen, wurden in einem „Stürmer"-Kasten ausgehängt und es wurde ein eigener „Judenmarkt" geschaffen. Im Zuge der allgemeinen Verhaftungswelle beim Novemberpogrom 1938 wurde auch der Fabrikant Moritz Meyer festgenommen und in das KZ Dachau verschleppt. Kurz nach seiner Entlassung mußte er die Schramberger Majolika-Fabrik weit unter Wert an den NSDAP-Gauamtsleiter Alfons Zeller verkaufen und nach Großbritannien auswandern. 1949 konnte der Unternehmer nach einem Restitutionsverfahren die Schramberger Majolika-Fabrik wieder übernehmen. 1964 wurde er zum Ehrenbürger der Stadt Schramberg ernannt. An ihn erinnert in **Sulgen** auch die **Moritz-Meyer-Straße**.

Vor dem Hintergrund der „Nürnberger Gesetze" verweigerten Bürgermeisteramt und Parteidienststellen Rudolf Bleicher aus Mannheim, der als „jüdischer Mischling ersten Grades" galt, die Heirat mit Katharina Brotzer aus Schramberg. 1941 fiel Rudolf Bleicher an der Ostfront. Ende 1944 versteckte die Familie des Redakteurs August Ludwig Ackermann die untergetauchte Jüdin Charlotte Dreyfuss unter dem Decknamen „Charlotte Grote" für einige Monate in ihrer Wohnung in der **Berneckstraße**.

Zwischen **Heiligenbronn** und **Waldmössingen** existierte seit langer Zeit in einer Lehmgrube ein beliebter Lagerplatz vieler Sinti-Familien aus Württemberg, auf dem aber nach einem örtlichen Verbot bereits 1933 keine Wohnwagen mehr aufgestellt werden durften. Am 17. Oktober 1939 wurden durch den „Festschreibungserlaß" des Reichssicherheitshauptamtes mehrere Sinti-Familien zur Seßhaftigkeit gezwungen. In **Heiligenbronn** mußten die Sinti-Familien Pfisterer und Reinhardt in ein altes Haus einziehen. Der Familienvater Bernhard Heinrich Pfisterer wurde bereits am 21. September 1939 bei einer Polizeirazzia verhaftet und überlebte trotz schwerster Mißhandlungen die Konzentrationslager Sachsenhausen, Dachau, Neuengamme und Mauthausen. Der Sinto Franz

Sowjetische Zwangsarbeiter nach der Befreiung vor dem „Lager Meierhof" der Uhrenfabrik Gebrüder Junghans an der Straße zwischen Schramberg und Lauterbach im Sommer 1945.

Reinhardt, dem in **Waldmössingen** das bis heute erhaltene „Zigeunerhäusle" in der **Vorstadtstraße** gehörte, wurde am 16. April 1944 von der Gestapo in das KZ Auschwitz eingewiesen. Nach dem „Auschwitz-Erlaß" des Reichssicherheitshauptamtes vom 16. Dezember 1942 kam es am 16. März 1943 zur Deportation mehrerer Sinti aus **Heiligenbronn**. Im „Zigeunerlager" Auschwitz-Birkenau starben aus Heiligenbronn Johanna und Magdalene Reinhardt sowie die Kinder Anna und Karl Reinhardt an den katastrophalen Lebensbedingungen.

Während des Dritten Reiches wurden viele geistig und körperlich Behinderte aus Schramberg in den Tötungsanstalten der „Euthanasie-Aktion" grausam ermordet, deren Schicksale aber bisher nur teilweise bekannt sind. In der Tötungsanstalt Grafeneck starben Otto Abt, Bruno Haller, Josef Hellstern und Helene Mackle, in der Tötungsanstalt Hadamar Karl Maier, in der Tötungsanstalt Hartheim a.d.L. Maria Keller und an bislang unbekannten Orten Maria Mayer, Karoline Rieder und Antonie Schlauder aus Schramberg (s. Gomadingen, Kr. Reutlingen). Von einer Vielzahl noch unbekannter Opfer ist auszugehen.

Konzentrationslager und Zwangsarbeit

Im Zuge der allgemeinen Kriegsvorbereitungen erhielt auch die **Uhrenfabrik Gebrüder Junghans** zahlreiche Rüstungsaufträge und produzierte wie im Ersten Weltkrieg wieder Zünder unterschiedlichster Art. Wegen „Rüstungsspionage" wurde 1938 der Fabrikarbeiter Ernst Weißer aus Alpirsbach als „Volksschädling" zum Tode verurteilt und hingerichtet. 1940 liefen bereits 40 % der Firma des Generaldirektors und Wehrwirtschaftsführers Helmut Junghans für die Rüstungsindustrie, deren Produktionsanteil kontinuierlich ausgebaut wurde. Auf dem Höhepunkt der Kriegsproduktion arbeiteten etwa 10.000 Personen für das Unternehmen und seine zahlreichen Nachbaufirmen. 1942 – eine der wenigen bekannten Zahlen – mußten in dem Rüstungsunternehmen 440 „Ostarbeiter" aus der Sowjetunion, 332 Kriegsgefangene und Zwangsarbeiter aus Frankreich und 90 Zwangsarbeiter aus Polen arbeiten. Die Franzosen wurden in Gemeinschaftsunterkünften, Gasthäusern und Privatquartieren untergebracht. Für die Zwangsarbeiter aus Polen errichtete man im **Schiltachtal** ein eigenes **Barackenlager**, über das bisher aber nur wenige Informationen vorliegen. Die ersten „Ostarbeiter" der Firma Junghans kamen 1942 in ein provisorisches Lager in der Goldleistenfabrik in Lauterbach (s. Lauterbach).

Im Frühjahr 1943 verlegte die Firma die sowjetischen Zwangsarbeiter in ein eigenes Barackenlager an der Straße zwischen Schramberg und Lauterbach. Das **„Lager Meierhof"** unter dem Kommando des SA-Haupttruppführers Ludwig Riehle bestand aus einer Kommandantur, einer Küche, einem Duschbad, zwei Latrinen und neun Wohnbaracken für insgesamt etwa 300 Zwangsarbeiter aus der Ukraine und aus Weißrußland. Die Überwachung der „Ostarbeiter" in der Firma Junghans übernahmen die Gestapo-Leitstelle Stuttgart und die Gestapo Außenstelle Oberndorf (s. Oberndorf a. N.). Die Wachmänner des „Lagers Meierhof" verhielten sich mit einer Ausnahme menschlich gegenüber den Zwangsarbeitern, die bei einem 10stündigen Arbeitstag von 300 Gramm Brot, einigen ungeschälten Kartoffeln und etwas Kraut oder Sauerkohl leben mußten. Zur Gründung einer antifaschistischen Gruppe wie der „Brüderlichen Zusammenarbeit der Kriegsgefangenen" kam es unter den sowjetischen Zwangsarbeitern in der Firma Junghans nicht. Dennoch konnten im Lauf der Zeit einige Waffen ins Lager geschmuggelt werden.

Ein weiteres **Barackenlager** für Zwangsarbeiter aus der Sowjetunion, die für unterschiedliche Firmen arbeiten mußten, baute eine „Gesellschaft zur Unterbringung von Ostarbeitern" auf dem **Bernecksportplatz**. Im Rahmen ihrer Möglichkeiten haben zahlreiche Fabrikarbeiter in der Firma Junghans die Zwangsarbeiter trotz Verboten mit Lebensmitteln und Kleidern unterstützt oder zum Durchhalten ermutigt. Vom 15. Dezember 1944 bis zum 13. April 1945 arbeitete in der Rüstungsproduktion der Firma Junghans auch ein Kommando aus der Frauenstrafanstalt Gotteszell, das überwiegend aus Frauen bestand, die aus politischen

Gründen verhaftet worden waren (s. Schwäbisch Gmünd, Baden-Württemberg I).

Der „Catalogue of camps and prisons" gibt die Zahl der in der Industriestadt Schramberg eingesetzten Kriegsgefangenen und Zwangsarbeiter nach der Befreiung am 20. April 1945 mit 2.750 Personen an. Obwohl entsprechende Vergleichszahlen fehlen, dürfte diese Zahl vermutlich zutreffen.

Die Gebäude der verschiedenen Barackenlager wurden in der Nachkriegszeit oft noch zur Unterbringung von Flüchtlingen und Heimatvertriebenen oder „Displaced Persons" verwendet und schließlich abgerissen, so daß heute nichts mehr an die Geschichte der Zwangsarbeiter in der Industriestadt Schramberg erinnert.

Zum 50. Jahrestag des Kriegsendes wurde aber 1995 erstmals ein ehemaliger sowjetischer Zwangsarbeiter der Firma Junghans, Iwan Iwanowitsch Kriworutschko aus der Ukraine, von der Stadt Schramberg zu einem Besuch als Geste der Versöhnung und Zeichen der Wiedergutmachung eingeladen.

SULZ AM NECKAR

Widerstand und Naziterror

Seit Jahren forscht Klaus Schätzle, SPD-Gemeinderat und Lehrer am Albeck-Gymnasium, zur Geschichte der Arbeiterbewegung und der NS-Zeit in Sulz. Zahlreiche Projekte mit Schülerinnen und Schülern sowie zwei Ausstellungen gingen daraus hervor. Unterstützung fanden die Projekte bei Stadtoberamtsrat Kläger, der auch den Zugang zu städtischen Akten ermöglichte. Für den Heimatgeschichtlichen Wegweiser hat Klaus Schätzle die bisherigen Ergebnisse im folgenden Beitrag zusammengefaßt:

Vorbemerkung: Sebastian Haffner hat zu Recht darauf verwiesen, daß nach der Zerschlagung der Parteien und Gewerkschaften nicht-militärischer Widerstand mit dem Ziel der Beseitigung der Tyrannei nicht mehr möglich war. Aber auch andere Formen der Verweigerung störten die totalitäre Maschinerie und setzten großen Mut voraus. So gesehen wirkt die feinsinnige Unterscheidung heutiger Historiker zwischen Widerstand und Widerborstigkeit ziemlich anmaßend.

Sich gegenüber den zahlreich nach **Sulz** verschleppten Häftlingen und Zwangsarbeitern menschlich zu verhalten, war zweifellos ein Akt des Widerstehens. Hier wie andernorts schrieben die Behörden bis ins Detail vor, wo ein „Ostarbeiter" zu essen habe, nämlich nicht am Familientisch, wie man ihn zu behandeln habe, nämlich als „rassisch minderwertig", und wie Mann oder Frau bei den geringsten Vergehen zu bestrafen seien, nämlich drakonisch. Und da versteckte die Sulzer Bauernfamilie Plocher auf dem **Brändehof** zehn Tage bis zum Einmarsch französischer Truppen mehrere flüchtige Häftlinge und versorgte sie – trotz Suchhunden und „Fliegender Standgerichte". Manche polnische Zwangsarbeiter begründeten mitten im Krieg eine lebenslange Freundschaft mit „ihren" Bauern, die sie nach dem Fall der Grenzen 1989 erneuerten. Andere freilich wurden, solange noch Siegesmeldungen aus dem Volksempfänger dröhnten, geschlagen.

Schon viel früher hatten zwei Pfarrer aufhorchen lassen – die Nazis unter der Kanzel ebenso wie ihre Getreuen. In der Nachbargemeinde Vöhringen, wie Sulz eine braune Hochburg, hielt der junge Vikar Schneeweiß im Mai 1935 eine mutige Predigt gegen Kirchenschließungen. In **Sulz** verlas am 28. August 1938 der katholische Pfarrer Ginther, trotz vorherigen Verbotes durch die Gestapo und obwohl ein Polizist in der Kirche war, den Hirtenbrief seiner Bischöfe im Früh- und Hauptgottesdienst: „... unsere Gegner ... erstreben die Hemmung und Blutentziehung des katholischen Lebens; noch mehr: die Zerstörung der katholischen Kirche innerhalb unseres Volkes, ja selbst die Ausrottung des Christentums überhaupt und die Einführung eines Glaubens, der mit dem wahren Gottesglauben ... nicht das Geringste mehr zu tun hat". Der Kampf gegen das Christentum müsse endlich eingestellt werden.

In beiden Fällen, wie auch bei einer Denunziation in **Holzhausen**, heute einem Stadtteil, vermittelt sich der Eindruck, die Sulzer Polizei habe nicht ihre ganze Kraft in die fälligen Ermittlungen gesteckt. Wie sehr Verstöße gegen „Führerbefehle" auch in der Kleinstadt trotz Bekanntschaft oder gar Verwandtschaft der jeweiligen Gegenspieler denunziert wurden und so eine Gratwanderung zwischen Leben und Tod bedeuten konnten, zeigte sich schließlich in den letzten Kriegstagen. Der Leiter der Sulzer Lazarette, Dr. Kohler, versuchte erst, die Sprengung der oberen **Neckarbrücke**, die den Vormarsch der Franzosen erschweren sollte, zu verhindern. Nachdem dies durch Verrat mißlungen und obwohl er selbst mehrfach mit dem Tode bedroht worden war, ging er mit einer weißen Fahne den französischen Panzern entgegen und rettete die Stadt vor dem drohenden Beschuß.

Dem Kriegsende verdankte der inhaftierte Gründer des SPD-Ortsvereins und stadtbekannte Nazi-Gegner, Ernst Keck, seine Befreiung aus Gestapo-Haft. Insgesamt acht Monate war er 1944/45 inhaftiert, nachdem Sulzer SA ihn wegen regimefeindlicher Äußerungen festgenommen hatte. Auch die kommunistischen ehemaligen Stadträte Stockburger und Rauch überlebten. Jedoch mußten sie ebenfalls erfahren, daß Widerstand und Verfolgung nach dem Ende der Naziherrschaft keineswegs zu hohem Ansehen führten. Ein Mantel des Schweigens deckte den jämmerlichen Zusammenbruch des Tausendjährigen Reiches ebenso zu wie die in seinem Namen begangenen Verbrechen. Viele blieben ungesühnt. Die Entwicklung echten Schuldbewußtseins wurde durch das Verhalten mancher Besatzungssoldaten erschwert; viele Sulzer glaubten, von ihnen ungerechtfertigt verfolgt worden zu sein, verharmlosten und verdrängten die NS-Verbrechen, erkannten die Beschuldigungen nicht an oder rechneten sie auf.

„Rassische" Verfolgung und „Euthanasie"

Am 10. Mai 1938 beschloß der Gemeinderat auf Antrag des stellvertretenden „Ortsbauernführers" mit sofortiger Wirkung, jüdischen Gewerbetreibenden die Beschickung der städtischen Vieh- und Schweinemärkte zu verbieten, nachdem wegen des Angebots durch „zuverlässige arische Händler" ein „Bedürfnis für die Zulassung jüdischer Händler nicht mehr besteht". Ebenso geräuschlos verschwand aus der **Schäfferstraße** die Niederlassung eines jüdischen Lumpen- und Alteisenhändlers aus Schramberg.

Nur ein im Sterberegister des Dekanats Sulz beurkundeter Todesfall weist die charakteristischen Merkmale der „Euthanasie"-Morde auf:

Am 21. August 1940 starb in der Tötungsanstalt Grafeneck (s. Gomadingen, Kr. Reutlingen) Marie G. im Alter von 49 Jahren. Ihre in **Sulz** wohnenden Eltern hatten die lakonische Mitteilung bekommen, daß die Verstorbene „eingeäschert" worden sei und man auf Wunsch die Urne schicken werde. Am 14. September 1940 wurde die Urne auf dem Sulzer **Friedhof** beigesetzt.

1943 ist im Sterberegister ein anonymer Todesfall eingetragen. Da sind viele Erklärungen denkbar; es könnte sich beispielsweise um die Bestattung eines geächteten „Fremdarbeiters" gehandelt haben.

Die Stadtverwaltung hat in eigenen Recherchen ein weiteres Schicksal aufgedeckt. Am 2. Oktober 1940 setzte die Anstalt Grafeneck die Ortsfürsorge in **Sulz** auf einem Formblatt in dürren Worten davon in Kenntnis, daß Anna Elise G., geboren am 8. Juni 1891 „in unserer Anstalt verstorben" war. In Grafeneck hatte sie nach ihrer Überweisung aus der Rottweiler Anstalt Rottenmünster gerade zwei Wochen gelebt. Die Todesursache war nicht angegeben, sie fehlt auch im Sterbebuchauszug des „Standesamtes Grafeneck", welcher mit Siegel und Unterschrift beglaubigt ist. Allerdings hat ein echtes Standesamt in Grafeneck nie existiert; der Brief mit der Benachrichtigung wurde denn auch in Stuttgart aufgegeben.

Unter den auf dem Waldfriedhof von Schwenningen (s. Villingen-Schwenningen, Schwarzwald-Baar-Kreis) beigesetzten Urnen von „Euthanasie"-Opfern befindet sich außer der von Anna Elisa G. auch die Urne von Johs. Bühler, geboren am 3. Dezember 1875 in **Hopfau**, ermordet am 18. November 1940 in der Anstalt Grafeneck.

Konzentrationslager und Zwangsarbeit

Ein halbes Jahrhundert nach Kriegsende ist immer noch ungeklärt, ob einer der beiden Haupt-Lagerkomplexe auf **Sulzer Markung** zu irgendeinem Zeitpunkt eine Außenstelle des KZ Natzweiler-Struthof oder des „Sicherungslagers" Schirmeck-Vorbruck im besetzten Elsaß war. Hinweise auf ersteres gibt es zuhauf, und deshalb firmiert Sulz auch in vielen Karten als KZ-Außenkommando. Wirklich geschichtswissenschaftlich beweisen läßt sich diese Behauptung bislang freilich nicht.

Andere Fragen dagegen lassen sich fundierter beantworten. In der 1984 erschienenen Chronik der Stadt Sulz schreibt Paul T. Müller: „Bereits im Oktober 1939 forderte die Stadtverwaltung beim Landesarbeitsamt die erste Gruppe von 40 polnischen Gefangenen an. Sie ... konnten gegen eine Gebühr tageweise für landwirtschaftliche oder gewerbliche Hilfsarbeiten ausgeliehen werden." Die Zahl der Zwangsarbeiter wuchs, Bauern, Firmen, Stadtverwaltung und Forstamt griffen zu. Je näher die drohende Niederlage rückte, desto hemmungsloser wurde die Ausbeutung ausländischer Arbeitskräfte betrieben. Nach Stalingrad wuchs die Zahl der Baracken sprunghaft an. Neben diversen Unterkünften einheimischer und auswärtiger Firmen im ganzen Stadtgebiet gab es zwei größere Lagerkomplexe.

Der erste befand sich auf den damaligen Parzellen 147–149, dem heutigen **Neuen Friedhof** und Schindergraben. Dort hatten **Stadt** und **Forstamt** sowie die **Firmen Steeb** und **Kläger** insgesamt sechs Unterkünfte errichtet, von welchen zwei umzäunt und bewacht waren. Hier waren russische Zwangsarbeiter untergebracht. In die übrigen Baracken teilten sich ehemalige französische und polnische Kriegsgefangene, denen man den angeblich besseren Status „freiwilliger" Zivilarbeiter angeboten hatte. Zwangs- und Zivilarbeiter arbeiteten tageweise oder ständig verpflichtet in der Landwirtschaft, im Wald, als Müllkutscher, im städtischen Steinbruch, als Straßenwärter, Bauhilfsarbeiter und in der Rüstungsproduktion. Landwirte hatten pro Tag und Kraft eine Reichsmark an die Stadt zu bezahlen, Firmen zahlten drei RM. Neben Ausgaben für Verpflegung und Bewachung entstanden der Stadt Kosten für die „Ausleihe" der Gefangenen in Höhe von 80 Pfennigen pro Tag und Kopf. Diese Tarife kamen erst nach umfangreichem brieflichen Feilschen mit dem Kriegsgefangenen-Stammlager VC in Wildberg (Kr. Calw, Baden-Württemberg I) zustande.

Einer der größten Sulzer Rüstungsbetriebe, die **Buntweberei**, unterhielt seine eigenen Unterkünfte für Zwangsarbeiterinnen und Zwangsarbeiter in der **Bahnhofstraße** Nr. 66. Es bestanden darüber hinaus nicht quantifizierbare Verbindungen zum „Arbeitserziehungslager" Aistaig (s. Oberndorf). Im Verzeichnis der Haftstätten unter dem Reichsführer SS findet sich bei Aistaig die Bemerkung: „Ein Teil der Häftlinge fuhr täglich mit der Bahn nach Sulz a.N. ... Arbeitgeber: Buntweberei Sulz GmbH."

Das Lager der 3. Kompanie des Fliegerersatzbataillons VII im Gewann **Forlewangen** stellte dagegen keine Arbeitskräfte für hiesige Betriebe; seine Beziehungen zu Sulz zeichneten sich dadurch aus, daß die Verwaltung den Soldaten das Betreten der Stadt verbieten wollte.

Wo sich die heutige Sulzer **Kläranlage** auf der **„Bitze"** befindet, standen bis nach Kriegsende vier Baracken. Sie waren eingezäunt und bewacht, mit einem Tor etwa 10 m vor dem südwestlichen Rand des Kläranlagengrundstücks. Der Neckar floß damals an dieser Stelle weiter nördlich, und in dem so entstandenen Bogen befand sich das Lager (alte Parzellennummern 1928-1931 und 1975). Seine Insassen – Franzosen, Russen und Polen – wurden nach Zeugenaussagen geschlagen und befanden sich in schrecklichem körperlichem Zustand. Zwei Zeitzeugen bezeichneten das Lager als KZ. Nach der Befreiung am 19. April 1945 sollen einige Gefangene einen Lager-Kapo ausgepeitscht haben.

Akten im Zusammenhang mit diesem **„Bitzelager"** waren bislang nicht zu finden. Vielleicht hat es seinen Charakter im Laufe der Jahre geändert; insbesondere gegen Kriegsende wird die Quellenlage unübersichtlich. Möglicherweise stand es in Verbindung mit der Rüstungsproduktion in den **Stollen** des alten **Hallerdebergwerks** unter dem „Gähnenden Stein". Der Häftling Kurt Lieser aus Offenburg schreibt:

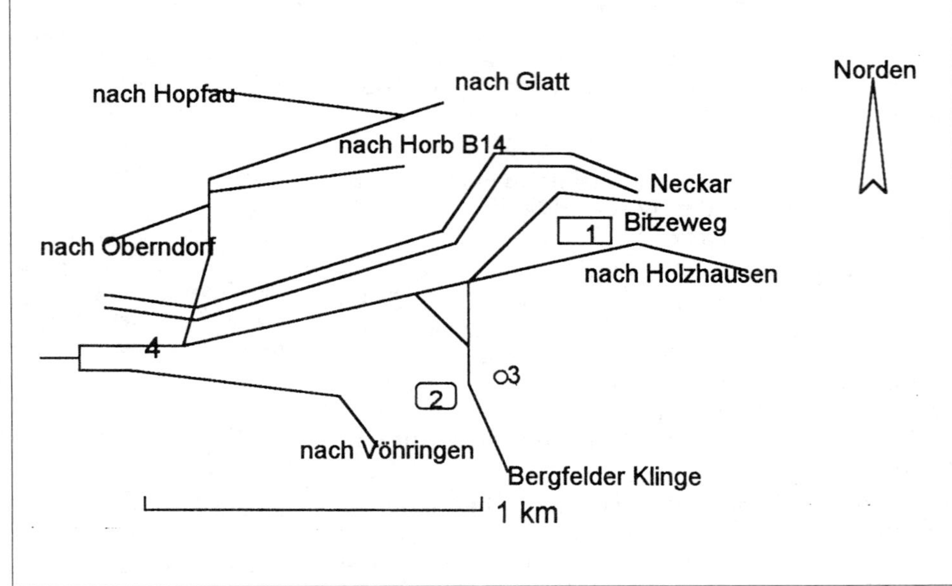

Lageplan der Zwangsarbeiterlager in Sulz am Neckar (Klaus Schätzle)

1 Bitzelager
2 Neuer Friedhof und Schindergraben
3 Stolleneingang
4 Stadtmitte

> „Durch die Kriegsereignisse kam ich zunächst (1942, Verf.) ins Lager Sulz/Neckar. Über die schrecklichen Ereignisse selbst brauche ich nichts weiter zu erzählen, hier war der Mensch geringer als ein Stück Vieh. Wir wurden von SS bewacht und arbeiteten in einem **Bergwerksstollen**. Viel Arbeit gabs und wenig Brot, dazu noch tüchtig Schläge. In den Baracken gab es zwar einen Ofen, doch kein Heizmaterial, keine Betten, nur Bretter und dünne Decken. Das Dach war undicht, und wir konnten uns wochenlang nicht waschen, und das Ungeziefer nahm überhand ... 14 Tage vor der Befreiung durch die Franzosen im April 1945 wurde ich durch einen SS- Mann derart mit einem Stock geschlagen, daß mein linker Unterkiefer zertrümmert wurde."

Vor der **Rüstungsfirma Trippel**, die im Oktober 1944 nach Sulz kam, um dort unter dem Tarnnamen „Gipswerke" Bombentorpedos im **Stollen** zu produzieren, waren dort schon die Firmen **Kläger**, **Buntweberei** und **R. Bosch GmbH** mit Ausbau und Produktion tätig. Trippel kam ursprünglich aus Homburg/Saar, danach über das elsässische Molsheim mit über 100 Häftlingen aus dem „Sicherungslager" Schirmeck-Vorbruck nach Sulz. Über das Schicksal der Häftlinge ist nichts weiter bekannt, auch nicht ihre Unterbringung. Einer von ihnen, August Satory (oder Satorius) starb am 3. April 1945. Die Stollen beschrieb ein holländischer Zwangsarbeiter, Henk C. Saakes, in seinem 1994 erschienen Lebensbericht:

> „Durch einen Tunnel mit einer Schmalspurbahn kamen wir nach etwa 100 m in einen enormen Raum, ausgehauen aus dem Felsen und durch ausgesparte Felsensäulen gestützt. Der Raum war hell erleuchtet, und ich sah überwältigend viele Maschinen, die von Gefangenen bedient wurden."

Hier seien V1-Leitwerke hergestellt worden. Saakes bestätigt Liesers Schilderungen der menschenverachtenden Behandlung im Lager. Allerdings verhängte ein französisches Militärgericht 1947 über Trippel mit fünf Jahren Gefängnis und einer Geldstrafe von 20.000 RM ein vergleichsweise mildes Urteil. Darauf, daß „nur" einer seiner Häftlinge gestorben sei, hat er während des Prozesses selbst verwiesen; angesichts noch größerer Greuel anderswo hat ihm dies wohl genützt. Leider sind die Prozeßakten auf hundert Jahre unzugänglich.

Im Jahre 1940 wurden etwa 500 polnische Zwangsarbeiter aus Lodz und Umgebung zur Arbeit in den Oberndorfer Mauser-Werken abgestellt. Eine größere Gruppe dieser Polen wurde im Sommer 1944 unter der Beschuldigung verhaftet, Sabotage verübt und Pistolen aus dem Werk geschmuggelt zu haben. Einige von ihnen wurden im **Sulzer Gefängnis** von Beamten der Gestapo Stuttgart „vernommen". Stefan Galas, Czeslaw Kudelski, Tadeus Frankowski und Wladyslaw Owczarski starben an den Folterungen, Leon Czech entzog sich seinen Peinigern, indem er sich vor einen Zug warf. Der Standesbeamte verzeichnete Todesursachen wie Herz- und Kreislaufschwäche oder Lungenentzündung. 38 Jahre später füllten die Aussagen von 13 Zeugen mit Schilderungen der sadistischen Quälereien über 100 Schreibmaschinenseiten. Die polnische Hauptkommission zur Untersuchung von NS-Verbrechen übergab das Beweismaterial der Zentralen Stelle der Landesjustizverwaltungen für die Verfolgung nationalsozialistischer Verbrechen in Ludwigsburg.

Insgesamt elf sogenannte Polengräber mit 14 Namen findet man auf dem alten **Sulzer Friedhof**; in Gerichtsakten und beim Standesamt tauchen weitere Namen auf: die Weißrussin Galina Kalugina starb am gleichen Tag wie Czeslaw Kudelski.

Zutreffend bemerkt das Standardwerk über das nationalsozialistische Lagersystem, der Catalogue of camps and prisons, der ganze „Lagerkosmos" sei nur höchst unzulänglich erforscht (von etwa 20.000 Lagern auf dem Gebiet des ehemaligen Deutschen Reichs nur etwa 7.000). Es darf also nicht verwundern, wenn die Zahlenangaben über Zwangsarbeitskräfte, Kriegsgefangene und Häftlinge in Sulz zeitlich und nach Status nicht aufgeschlüsselt und insgesamt ungenau sind. Sie schwanken zwischen 1.345 und 748 Personen. Sie kamen aus Frankreich, Belgien, den Niederlanden, Estland, Lettland, Polen (mindestens 193 Männer, Frauen und Kinder), der Sowjetunion (wohl die größte Gruppe: 245 Personen wenigstens), der Tschechoslowakei, Rumänien, Jugoslawien und Italien. Ihre Namen sind nur teilweise überliefert. Kein Denkmal erinnert an ihre Leiden.

TENNENBRONN

„Rassische" Verfolgung und „Euthanasie"

Opfer der rassistischen Polen-Gesetze wurde in **Tennenbronn** ein junger Zwangsarbeiter: Er wurde wegen seiner Beziehung zu einer deutschen Frau denunziert und am 25. Juni 1942 öffentlich erhängt. Die Ermordung des Polen war 1948 ein Anklagepunkt im Prozeß gegen fünf Beamte der Gestapo-Dienststellen in Konstanz und Singen vor dem Französischen Militärgericht in Rastatt.

Konzentrationslager und Zwangsarbeit

Der FNTB ermittelte, daß während der Kriegsjahre 300 ausländische Zwangsarbeitskräfte in **Tennenbronn** gemeldet waren.

VILLINGENDORF

Konzentrationslager und Zwangsarbeit

Villingendorf war die letzte Station in der KZ-Karriere von Karl Buck. Nach Zeugenberichten, die im leider für die wissenschaftliche Forschung noch immer verschlossenen Archiv des Internationalen Suchdienstes Arolsen (ITS) liegen, trafen die ersten KZ-Häftlinge im November 1944 aus dem KZ-Außenkommando Gaggenau-Rotenfels (Kr. Rastatt, Baden-Württemberg I) in Villingendorf ein; ein weiterer Transport mit Häftlingen aus dem KZ Schirmeck-Vorbruck im besetzten Elsaß kam nach einer Zwischenstation im Freiburger Gefängnis am 20. Januar 1945. Etwa zur gleichen Zeit übernahm Karl Buck, von Haslach kommend (s. Ortenau-Kreis), das Kommando.

Als Unterkunft der KZ-Häftlinge, die zu „landwirtschaftlichen Arbeiten" eingesetzt gewesen seien, wird in den Quellen des ITS das ehemalige **Gasthaus „Zum Kreuz"** genannt. Da sehr viele der im Herbst 1944 eingerichteten KZ-Außenkommandos von Natzweiler und Schirmeck in Verbindung mit unterirdischen Verlagerungsprojekten standen, kann diese Funktion für das nicht erforschte KZ-Außenkommando Villingendorf nicht ausgeschlossen werden. Nach Roland Peter plante die Rüstungskommission Oberrhein bis Ende 1944 in Baden und im besetzten Elsaß insgesamt 20 unterirdische Verlagerungsprojekte. Erforscht sind bisher lediglich sieben: die Gipsgruben bei Obrigheim, Neckarzimmern und Seckach (Neckar-Odenwald-Kreis, Baden- Württemberg I), die Stollen in Überlingen (s. Bodensee-Kreis), die Tunnels in Markirch und Wesseling im besetzten Elsaß sowie die Hartsteinstollen bei Haslach im Kinzigtal (s. Ortenau-Kreis).

Auf dem **Friedhof** von **Villingendorf** ist der Landarbeiter Stanislaus Sadlo bestattet. Nach den Angaben der Gräberliste beging der 40jährige Pole am 29. September 1944 Selbstmord.

ZIMMERN OB ROTTWEIL

Konzentrationslager und Zwangsarbeit

Das Militärlager auf der **Stettener Höhe** stammte aus dem ersten Weltkrieg; damals wurde eine Flak-Stellung gebaut, um die örtliche Pulverfabrik vor Luftangriffen zu schützen. Ein Jahr vor Beginn des 2. Weltkrieges war das Gelände zum Panzertruppenübungsplatz ausgebaut. Während des 2. Weltkrieges waren auch Kriegsgefangene in einigen Baracken untergebracht – Franzosen, Briten und Russen. Nach einer Auskunft des Bürgermeisters Mager aus dem Jahr 1946 sollen es nie mehr als 100 Mann gewesen sein, und die Gefangenen seien durchweg zu Bauarbeiten in der Flakstellung eigesetzt gewesen.

Ein Zeitzeuge erinnerte sich besonders an den Hunger der Russen; bei sonntäglichen Spaziergängen mit dem Großvater habe man immer etwas Brot und Äpfel eingepackt und über den Stacheldraht geworfen. Bei einem Bombenangriff am 16. März 1945 wurde das Lager zerstört; ob dabei Kriegsgefangenen ums Leben kamen, ist in der Gemeinde nicht bekannt; wenn ja, dann müßten sich die Gräber in Rottweil befinden. Im Sommer 1945 war das ausgebrannte und von den Einheimischen ausgeplünderte Lager für einige Zeit Unterkunft von befreiten sowjetischen und polnischen Zwangsarbeiterinnen und -arbeitern, unter ihnen sehr viele, die in den Mauserwerken (s. Oberndorf) eingesetzt waren und unter ständigem Hunger und Mißhandlungen gelitten hatten.

Nach den Ermittlungen des FNTB waren in **Zimmern** ob Rottweil während des Krieges 60 zivile ausländischen Zwangsarbeitskräfte eingesetzt.

SPUREN DER ZWANGSARBEIT

Der Französische Nationale Suchdienst (FNTB) ermittelte nach dem Krieg zum Ausmaß der Zwangsarbeit in der französisch besetzten Zone. Diese Nachforschungen galten den ausländischen Zivilpersonen, nicht den Kriegsgefangenen. Für folgende Orte sind nur Zahlen bekannt:

Aichhalden	115 Personen
Epfendorf	540 Personen
Hardt	110 Personen
Hochmüssingen	60 Personen
Schenkenzell	55 Personen
Vöhringen	50 Personen

LITERATUR

Alltag im Nationalsozialismus. **Rottweil** 1933–1945. Begleitheft zur Sonderausstellung (13. Mai–26. Juni 1995). Hg.: Stadtmuseum Rottweil. Rottweil 1995

Gesine Becher-Sofouglu: Erinnerungsarbeit in Oberndorf. Zwangsarbeiter und AEL **Aistaig** – Aufarbeitung und Umgang mit der eigenen Geschichte. Magisterarbeit am Ludwig-Uhland-Institut für Empirische Kulturwissenschaft der Universität Tübingen. Tübingen 1988

Stanislaw Dryja-Wysocki: Die edlen Menschen aus **Lauterbach**. In: Zehn Gerechte – Erinnerungen aus Polen an die deutsche Besatzungszeit 1939–1945.Hg.: Jan Turnau. München 1989 (zu Lauterbach)

Hans Harter: „Das Bürgertum fehlt und überläßt dem Arbeiter den Schutz der Republik." Die Ortsgruppe **Schiltach** des Reichsbanners Schwarz-Rot-Gold. In: Die Ortenau 72 (1992)

Winfried Hecht: Reichskristallnacht in **Rottweil** 1938–1988. Quellen und Materialien. Hg.: Stadtarchiv Rottweil und Rottweiler Geschichts- und Altertumsverein. Rottweil 1988

Carsten Kohlmann: **Schramberg** in der Weimarer Republik – Eine Industriestadt im Umbruch. In: Momentaufnahmen Schramberg. Ein Lesebuch 1867–1992. Hg.: Große Kreisstadt Schramberg. Schramberg 1992

Carsten Kohlmann: Franz Armbruster – Spuren eines Lebens. Vortrag beim SPD-Ortsverein Schramberg am 12. März 1993 in Schramberg

Carsten Kohlmann: Jüdische Kaufleute und Viehhändler im Raum **Schramberg**. In: D'Kräz. Beiträge zur Geschichte der Stadt und Raumschaft Schramberg. Heft 14. Hg.: Museums- und Geschichtsverein Schramberg. Schramberg 1994

Carsten Kohlmann: Verfolgt, vergast, vergessen – Euthanasieopfer des Nationalsozialismus in **Schramberg**. Vortrag im Rahmen der Initiative „Gemeinsam gegen Gewalt" am 2. Dezember 1994 in Schramberg

Carsten Kohlmann: Für Einigkeit und Recht und Freiheit! Das Reichsbanner Schwarz-Rot-Gold in der Industriestadt **Schramberg** während der Weimarer Republik. Vortrag bei der Jahreshauptversammlung des Museums- und Geschichtsvereins Schramberg am 12. Juli 1996 in Schramberg

Carsten Kohlmann: Endstation Auschwitz – Die Verfolgung der Sinti und Roma im Raum **Schramberg** in der Zeit des Nationalsozialismus. Vortrag im Rahmen der Initiative „Gemeinsam gegen Gewalt" am 23. Januar 1997 in Schramberg

Achim Lehle u.a.: Nationalsozialistische Unterdrükkung – Heutige Aussöhnung: Vergangenheitsbewältigung am Beispiel **Oberndorf**. Arbeit der Naturfreundejugend Oberndorf im Rahmen des Schülerwettbewerbs „Alltag im Nationalsozialismus". Oberndorf 1983

Hans-Joachim Losch: Die KZ-Opfer des Nationalsozialismus in **Schramberg**. Eine Dokumentation. Hg.: Große Kreisstadt Schramberg. Schramberg 1982

Hans-Joachim Losch: **Schramberg** unter dem Hakenkreuz. In: Momentaufnahmen Schramberg. Ein Lesebuch 1867–1992. Hg.: Große Kreisstadt Schramberg. Schramberg 1992

Schramberg 1933. Eine Dokumentation. Begleitheft zur Ausstellung im Stadtmuseum Schramberg vom 23.09.–23.10.1983. Hg.: Stadtmuseum Schramberg. Schramberg 1983

Gernot Stähle: Vorwärts! Und nicht vergessen! 100 Jahre Sozialdemokraten in **Schramberg**. Hg.: SPD-Ortsverein Schramberg. Schramberg 1988

Werner Stiefele: Josef Wrede – Sand im Getriebe der Euthanasie. In: Michael Bosch/Wolfgang Niess. Hg.: Der Widerstand im deutschen Südwesten. Stuttgart 1984 (zur Anstalt **Rottenmünster**)

Erhard Westen: **Seedorf** unter dem Hakenkreuz. In: Heimat an der Eschach. Hg.: Gemeinde Dunningen. Sigmaringen 1986

FILM

„Vergeben, aber nicht vergessen. Zwangsarbeiter im Deutschen Reich 1939–1945." Der Film, der sich mit dem Thema Zwangsarbeiter in **Oberndorf** a.N. beschäftigt, wurde im Auftrag der Naturfreundejugend Württemberg gedreht. Regie: Wolfgang Landgraeber, 60 Min. Farbe.
Verleih: Naturfreundejugend Württemberg, Neue Straße 150, 70186 Stuttgart (16-mm-Film oder Videokassette)

KONTAKTE

Lokal- und Regionalhistoriker mit zeitgeschichtlichen Forschungsthemen:

Werner Kessl, Krummer Weg 54, 78628 Rottweil a.N.

Carsten Kohlmann, Dr. Helmut Junghansstraße 18, 78713 Schramberg-Sulgen

Hans-Joachim Losch, Landenbergerstraße 46, 78713 Schramberg

Klaus Schätzle, Breslauerstraße 3, 72172 Sulz a.N.

Schwarzwald-Baar-Kreis

BAD DÜRRHEIM

Widerstand und Naziterror

Die Transportwege antifaschistischer Schriften aus dem schweizerischen Kanton Schaffhausen führten über die Baar in den Stuttgarter Raum. Ein Heuschober in **Fützen** diente als Materialdepot. Im Oktober 1933 entdeckte die Gestapo Waldshut das Versteck und beschlagnahmte drei Koffer, die u.a. Miniaturausgaben des „Braunbuchs über Reichstagsbrand und Hitler-Terror", die Basler „Rundschau über Politik, Wirtschaft und Arbeiterbewegung" und die „Rote Fahne" enthielten. Verhaftet und verurteilt wurden in diesem Zusammenhang der Schlosser Wilhelm Wenger aus Tiengen (s. Kr. Waldhut) und der Schweizer Arbeiter Friedrich Werner aus Schaffhausen. 1934 folgte ein weiterer Prozeß gegen die Stuttgarter Kommunisten Wilhelm Dollmaier, Hans Meitz, Walter Vielhauer und Jakob Kraus. Obwohl die gerichtlichen Voruntersuchungen „keine Aufklärung über die näheren Umstände der Einfuhr" gebracht hatten, wurden alle zu Gefängnis- und Zuchthausstrafen verurteilt.

„Rassische" Verfolgung und „Euthanasie"

Das **Friedrich-Luisen-Hospiz** im **Sattelweg** 1 (heute: Heim des Chrischona-Schwestern-Verbandes) diente von 1912 bis 1941 als Erholungsheim für jüdische Kinder und Ausbildungsstätte für jüdische Kindermädchen. Von den Bewohnern (Heimleitung, Angestellte und Pflegepersonal) kamen mindestens sieben bei den Deportationen ums Leben. Vier Namen stehen im Gedenkbuch für die jüdischen Opfer: Kurt Stern, Jg. 1933, Bianka Schuster, Jg. 1892, und Ilse Lewinski, Jg. 1920, gelten als „in Polen verschollen"; Edith Dannenberg, Jg. 1915, wurde in Auschwitz ermordet.

Nach seiner Räumung wurde das Hospiz zum Lazarett umfunktioniert.

Konzentrationslager und Zwangsarbeit

Der FNTB ermittelte für Bad Dürrheim die Zahl von 350 ausländischen Zwangsarbeitskräften. Über deren Unterbringung und Arbeit ist bisher nicht bekannt.

In **Hochemmingen** kam am 2. Dezember 1944 Nikolaus Spiza als Kind einer Zwangsarbeiterin zur Welt; er starb noch am gleichen Tag. Philipp Kotschan stammte aus Rostow und wurde zur Zwangsarbeit nach Deutschland verschleppt. Er starb am 14. September 1945 in **Bad Dürrheim**. Beide Gräber wurden 1949 auf den „Russenfriedhof" nach Biberach verlegt (s. Kr. Biberach).

BLUMBERG

Widerstand und Naziterror

Der Name von Pfarrer Adolf Bernhard (1882–1942) aus **Hondingen** steht auf der Liste der badischen Märtyrerpriester. Lange Jahre hindurch überwachte und bespitzelte ihn die Gestapo wegen seiner Predigten, bis sie ihn am 21. März 1941 in das KZ Dachau überstellte. Dort wurde er Opfer von Phlegmoneversuchen, die SS-Ärzte im Auftrag der Wehrmacht an ihm durchführten. Zum Skelett abgemagert starb er am 11. Juli 1942.

Seit 1993 trägt der Kindergarten von Blumberg den Name von Sophie Scholl.

Konzentrationslager und Zwangsarbeit

Erste Hinweise auf Opfer der Zwangsarbeit in Blumberg und den heute eingemeindeten Orten fanden wir in der Gräberliste des „Russenfriedhofes" von Biberach. In **Randen** kam Wladimir Jalcow ums Leben, in **Blumberg** Wladislaw Tabor. **Hondingen** war der Todesort von Titan Karolijow, der am 7. Februar 1945 im Alter von 39 Jahren ums Leben kam. In **Riedöschingen** starb am 13. Januar 1945 Mina Naumova, das elf Tage alte Kind einer sowjetischen Zwangsarbeiterin, und in **Riedböhringen** wenige Tage nach der Befreiung der 36jährige Michael Nowinski. Alle Gräber wurden 1949 nach Biberach verlegt (s. Kr. Biberach).

Die meisten ausländischen Zwangsarbeiter waren im **Erzbergwerk Blumberg** beschäftigt, das im Rahmen des Vierjahres-Plans zur wirtschaftlichen Mobilmachung förmlich aus dem Boden gestampft wurde. Der Abbau der Doggererze wurde 1934 zur Erlangung einer kriegsnotwendigen Autarkie begonnen. Zu diesem Zweck gründeten vier Stahlbetriebe aus dem Saarland unter Führung von Hermann Röchling die Doggerz-Bergbau GmbH Blumberg, die für eine Tonne Erz vier Reichsmark als staatliche Subvention erhielt. In den folgenden Jahren wurde das Dorf zu einer Bergarbeiterstadt ausgebaut, die 1941 etwa 7.000 Einwohner zählte. Die ersten Arbeitskräfte waren Bergleute aus dem Saarland. Bereits Ende 1935 machte die Gestapo Villingen unter ihnen „Ansätze kommunistischer Zersetzungszellen" aus, die nach „rein kommunistischen Methoden" ihre Kollegen „unter dem Hinweis auf die geringen Löhne und primitiven Wohnverhältnisse zur Unzufriedenheit aufhetzen". Im Dezember 1939 wurde gegen 71 Bergleute aus Oberschlesien Strafanzeige wegen „unberechtigten Verlassens ihres Arbeitsplatzes" erstattet.

Im Februar 1940 traf ein erster Transport mit 175 polnischen Zwangsarbeitern in Blumberg ein. Im August 1940 folgte eine Gruppe italienischer Bergarbeiter; von Anfang an waren auch tschechische Zwangsarbeiter eingesetzt. Aufgrund seiner Nachkriegsermittlungen gibt der FNTB die Zahl von 1.615 zivilen ausländischen Zwangsarbeitskräften an.

Ausdruck der harten Arbeitsbedingungen sind die zahlreichen versuchten und gelungenen Fluchtunternehmen. Mit diesem Problem befasste sich der Generalstaatsanwalt in Karlsruhe in seinem Lagebericht für die Monate April/Mai 1940:

> „Das Werk beschäftigt zur Zeit 1.800 in- und ausländische Arbeiter. Die hohe Zahl und die Zusammensetzung der Blumberger Arbeiterschaft bringen es mit sich, daß auch hier immer wieder Strafverfahren gegen Werksangehörige wegen Arbeitsverweigerung und Arbeitsvertragsbruch anhängig werden. Insbesondere ist eine nicht unerhebliche Zahl von dort beschäftigten Protektoratsangehörigen flüchtig gegangen und an der nahegelegenen Schweizer Grenze bei Singen von der Grenzpolizei aufgegriffen worden. Ihre Vernehmung hat ergeben, daß sich in Magdeburg eine namentlich genannte Person damit befaßt hat, protektoratsangehörige Arbeitspflichtige zur Aufgabe ihrer Arbeitsstelle in Südbaden und zur Flucht über die Schweiz nach Frankreich zu veranlassen, damit sie dort in die ‚tschechische Legion' eingegliedert würden ... Schließlich hat eine Reihe von Werksdiebstählen in Blumberg, bei denen vor allem Sprengstoff entwendet worden ist, Veranlassung gegeben, durch Abhaltung einer Strafkammersitzung im Verwaltungsgebäude des Erzbergwerkes selbst, bei der ein Arbeiter als Volksschädling zu drei Jahren Zuchthaus verurteilt wurde, abschreckend und erzieherisch auf die Belegschaft einzuwirken."

Im Zusammenhang mit den Fluchten der tschechischen Bergarbeiter gab die Staatsanwaltschaft Konstanz ein Verfahren wegen Landesverrats an den „Volksgerichtshof" ab. Im Dezember 1941 waren von 200 neuzugewiesenen polnischen Zwangsarbeitern 170 geflüchtet. Die Fluchtwege aus Blumberg führten bei Singen über die Schweizer Grenze. Leider ist die Fluchthilfeorganisation, die polnische und tschechische Zwangsarbeiter mit der Unterstützung einiger

Deutscher aufbauten, bisher kaum erforscht (s. Singen, Kr. Konstanz).

1942 ordnete das Rüstungsministerium die Schließung des Bergwerks an, da nach der Eroberung Frankreichs die wertvolleren lothringischen Minette-Erze zur Verfügung standen. 1943/1944 verlagerte die Hamburger Fa. Kopperschmidt ihre Fertigung von Flugzeugkanzeln aus Plexiglas nach Blumberg. Ob hierbei ebenfalls ausländische Zwangsarbeitskräfte eingesetzt waren, konnte nicht festgestellt werden.

BRÄUNLINGEN

Widerstand und Naziterror

1942 wurde Kaplan Kurt Habich nach Bräunlingen versetzt. Der junge Priester war der Gestapo kein Unbekannter. An seinem vorherigen Wirkungsort in Pforzheim hatte er sich intensiv um die von den Nationalsozialisten verbotene katholische Jugendarbeit gekümmert und deshalb bereits im Gefängnis gesessen. Auch in Bräunlingen scharten sich Jugendliche um ihn. Nach der erneuten Verhaftung überstellte die Gestapo ihn in das KZ Dachau, das Kurt Habich mit schweren gesundheitlichen Schäden überlebte.

Konzentrationslager und Zwangsarbeit

Nach Angaben des FNTB waren in Bräunlingen während des Krieges 250 ausländische zivile Zwangsarbeitskräfte eingesetzt; über Kriegsgefangene liegen keine Zahlen vor.

Auf dem **Friedhof** von **Bräunlingen** befinden sich heute noch die Gräber von Henri Le Sacon (1878–1943), Johann Zarni (1914–1944) und Radoyko Widoyevic (1919–1944).

BRIGACHTAL

Widerstand und Naziterror

Die Arbeiterkolonie **Ankenbuck**, im Brigachtal zwischen Bad Dürrheim und Donaueschingen gelegen, war von April 1933 bis März 1934 Konzentrationslager für politische Schutzhäftlinge. Es wurde auf Befehl des NSDAP-Gauleiters und Reichkommissars Robert Wagner eingerichtet und war neben Kislau (Kr. Karlsruhe, Baden Württemberg I) das zweite KZ in Baden, in dem Kommunisten und Sozialdemokraten gefangengehalten wurden.

Gesamtzahlen über die Belegung sind bisher nicht gesichert. Im Laufe des 9. Mai 1933 z.B. kamen auf der zuständigen **Bahnstation Klengen** 80–100 Männer aus den Bezirksämtern Lörrach, Konstanz, Stockach, Kehl, Waldshut und Wolfach und aus dem Freiburger Polizeigefängnis an. Im Dezember 1933 trafen 40 bis 50 badische Häftlinge aus dem württembergischen KZ Heuberg (s. Stetten a.k.M., Kr. Sigmaringen) in Ankenbuck ein. Gleichzeitig wurden 34 Männer entlassen. Bei der Schließung des KZ Ankenbuck am 13. März 1934 wurden 18 „Schutzhaftgefangene" entlassen und eine weitere Gruppe in das KZ Kislau überführt.

Die politischen Gefangenen wurden zu Meliorationsarbeiten eingesetzt: Sie mußten Entwässerungsgräben ausheben, den **Ankengraben** säubern, den Bachlauf der **Stillen Musel** verlegen und die Zufahrtswege zum Hofgut ausbauen. Bewacht wurden sie von einem bewaffneten Kommando, das aus 14 SA-„Hilfspolizisten" und dem Zugführer Werner bestand. Das Wachkommando wurde am 1. Juli 1933 um sechs SA-Männer aufgestockt, von denen drei aus dem KZ Heuberg kamen. Erster Leiter des KZ Ankenbuck war der Polizeihauptmann Mohr, der im Juni 1933 die Leitung des KZ Kislau übernahm. Ihm folgte der Polizeihauptmann Biniossek. Am 1. Oktober 1933 übernahm SS-Standartenführer Hans Helwig das Kommando.

Ein mißlungener Fluchtversuch ist bekannt: Der Maler Joachim Karl aus Freiburg wurde am 9. Juni 1933 „wieder eingefangen" und mit „vier Wochen Arbeit mit allen Schärfungen im Bezirksgefängnis Villingen" bestraft. Der Freiburger Kommunist Kurt Hilbig wurde mit vierzehn Tagen „verschärftem Arrest" in Villingen bestraft, weil er, als er am 23. Juni 1933 in der Zeitung die Nachricht vom Tode Klara Zetkins gelesen hatte, die Mitgefangenen zu einer Gedenkminute aufforderte. Die letzte Alterspräsidentin des Deutschen Reichstages war am 20. Juni 1933 im Moskauer Exil gestorben.

Unter den Gefangenen befanden sich der 1942 hingerichtete KPD-Landtagsabgeordnete Georg Lechleiter aus Mannheim (Baden-Württemberg I) und der Freiburger SPD-Landtagsabgeordnete Stephan Meier, der 1944 im KZ Mauthausen ermordet wurde (s. Stadt Freiburg). Auf einer von ehemaligen Häftlingen zusammengestellte Liste steht auch der Name des Sozialwissenschaftlers Karl August Wittfogel. Wittfogel war Mitglied der KPD und wurde am 10. März 1933 beim Versuch, in die Schweiz zu fliehen, verhaftet. Bereits im Sommer 1933 wurde er in das KZ Esterwegen überstellt; Weihnachten 1933 kam er frei und konnte schließlich emigrieren. Über seine Erfahrungen als „Moorsoldat" veröffentlichte er 1936 in London unter dem Pseudonym Klaus Hinrichs den Roman „Staatliches Konzentrationslager VII. Eine ‚Erziehungsanstalt' im Dritten Reich".

An das KZ Ankenbuck erinnert heute nichts mehr. Während des Krieges hatten seine Gebäude als Warenlager der „Organisation Todt" gedient.

DONAUESCHINGEN

Widerstand und Naziterror

„Rechnet man zu den SPD- und Zentrumsstimmen noch die der Staatspartei hinzu", so Volkhard Huth in seiner Analyse der Ergebnisse bei der Reichstagswahl vom 5. März 1933, „so vereinigten drei demokratische

Parteien noch im Frühjahr 1933 knapp die absolute Mehrheit der Donaueschinger Wähler auf sich – ungeachtet eines Klimas der Einschüchterung".

Im **Rathaus** von Donaueschingen hatte die NSDAP ebenfalls keine Mehrheit. Bürgermeister Friedrich Fischer (Zentrum) konnte zwar am 9. März 1933 das Hissen der Hakenkreuzfahne nicht mehr verhindern, doch in der Gemeinderatssitzung Mitte März 1933 bekamen die beiden NSDAP-Vertreter Sedelmeyer und Allgaier sowie der DNVP-Gemeinderat Berthold Schwierigkeiten mit ihrem Antrag, Hindenburg und Hitler zu Ehrenbürgern zu ernennen. Auf den Feldmarschall konnte man sich noch einigen, bei Hitler jedoch enthielten sich die vier Zentrumsabgeordneten und der einzige anwesende Sozialdemokrat der Stimme, die beiden Abgeordneten der Staatspartei Georg Mall und Karl Stier stimmten mit „Nein". Die Gleichschaltung des Gemeinderats zog sich bis Mitte Juli 1933 hin; Bürgermeister Fischer wurde am 28. Februar 1934 in den Ruhestand geschickt. Nachfolger wurde der NSDAP-Kreisleiter Eberhard Sedelmeyer.

Am 22. April 1933 wurde der „Donaubote", die Zeitung der Zentrumspartei, für einige Zeit verboten. Auch das traditionsreiche „Donaueschinger Tageblatt" war Repressionen ausgesetzt. Beide Zeitungen mußten Anfang 1936 ihr Erscheinen einstellen. Polizeiwachtmeister Mager erhielt „wegen untragbarer politischer Gesinnung" im April 1933 Berufsverbot. Seine Stelle erhielt der NSDAP-Mann Bühr, der sich – so Huth – „im Krieg durch die brutale Mißhandlungen der in Donaueschingen eingesetzten Fremdarbeiter einen traurigen Namen machte".

Im **Schloß** hatte die NSDAP mit SA-Sturmbannführer Max Egon Fürst zu Fürstenberg einen bewährten Verbündeten. Sein 70. Geburtstag am 14. Oktober 1933 wurde mit Fackelzug, Festgottesdienst, Aufmarsch aller NS-Organisationen und des Infanterieregiments und großem Zapfenstreich gefeiert. Der SA-Sturmbannführer Fürst zu Fürstenberg ließ sich einen Monat später von Hitler und Hindenburg zu einer längeren „Audienz" empfangen. In seinem Testament – er starb 1941 – hinterließ er der NSDAP das Anwesen am **Postplatz**. Diese konnte dort jedoch nicht mehr einziehen. Das Gebäude wurde nach 1945 als NSDAP-Vermögen beschlagnahmt und kam in den „Wiedergutmachungsfonds" des Landes Baden; 1966 kaufte es die Fürstenberg-Brauerei zurück.

Als harten Kern des katholischen Widerstandes hatte Sedelmeyer 1934 den Fürstlich-Fürstenbergischen Oberkammerrat Kreuzer und den Stadtpfarrer Dr. Heinrich Feurstein (1877–1942) ausgemacht. Die Predigten des Stadtpfarrers schrieben Gestapo-Spitzel mit. Erstmals wurde Feurstein 1939 zu einem Gestapo-Verhör geholt, wahrscheinlich im Zusammenhang mit seiner Hilfe für jüdische Bürgerinnen und Bürger. Die zweite Verhaftung, von der er nicht wieder zurückkehrte, erfolgte im Anschluß an seine Neujahrspredigt am 7. Januar 1942. In dieser Predigt hatte Feurstein die Fortsetzung der Mordaktionen gegen Kranke und Behinderte nach der offiziellen Beendigung der „Euthanasie"-Aktionen verurteilt:

> „Nachdem vor 1½ Jahren bekanntlich in sämtlichen Anstalten für Geisteskranke und Geistesschwache schlagartig eine ‚Seuche' eingesetzt hat – die Zahl der Opfer wurde schon im Sommer dieses Jahres auf fünfviertel Millionen geschätzt, geht der Kampf gegen das sogenannte lebensunwerte Leben zum Teil in hemmungsloser Weise weiter ... Man wird sich also künftig seinen Arzt genau ansehen müssen, ob er kommt zu heilen und um Schmerzen zu lindern, oder als der Mann, der mit der Giftspritze uns naht."

Dr. Heinrich Feurstein wurde nach sechsmonatiger Haft im Gefängnis Konstanz am 20. Juni 1942 in den Priesterblock des KZ Dachau eingeliefert; dort erlag er am 2. August 1942 im Alter von 65 Jahren den unmenschlichen Lagerbedingungen. An ihn erinnert die **Feurstein-Straße**.

Durch die Verhaftung des Stadtpfarrers alarmiert, sammelte Anna Hepting Unterschriften, um seine Freilassung zu bewirken. Rosa Wais schickt die Unterschriften zusammen mit einem Bittschreiben an die Gestapo Karlsruhe. Drei Tage später, am 2. Februar 1942, wurde Frau Wais in ihrem Geschäft, der **Drogerie St. Joseph**, verhaftet, und in das Gefängnis nach Villingen gebracht.

In der Stadtkirche St. Johann erinnert eine Gedenktafel an Pfarrer Dr. Heinrich Feurstein:
„Dem Gedächtnis unseres Seelsorgers Monsignore Dr. Heinrich Feurstein. Geboren am 11. April 1877, zum Priester geweiht am 12. August 1899. Pfarrer der Gemeinde St. Johann seit 19. Okt. 1906. Gestorben am 2. Aug. 1942 im Konzentrationslager Dachau als Märtyrer der Wahrheit."

An weitere Opfer des Widerstandes erinnern die **Geschwister-Scholl-Straße** und die **Dietrich-Bonhoeffer-Straße**. Eine **Gedenktafel** am **Rathaus** ist allen Opfern der nationalsozialistischen Diktatur gewidmet.

„Rassische" Verfolgung und „Euthanasie"

Zu Beginn der NS-Zeit lebten drei jüdische Familien mit achtzehn Mitgliedern in Donaueschingen, die zur

Synagogengemeinde Randegg (s. Gottmadingen, Kr. Konstanz) gehörten. Die Familie Fritz Bensinger führte ein Manufakturwarengeschäft in der **Rosenstr.** 11. Bona und Dagobert Guggenheim waren die Inhaber eines Kaufhauses in der **Max-Egon-Str.** 14, und Max Lindner betrieb ein Konfektions- und Manufakturwarengeschäft in der **Zeppelinstr.** 10. Der Boykott der „Judenläden" am 1. April 1933, bei dem SS- und SA-Patrouillen die Zugänge bewachten, war der Auftakt zu ihrer schließlichen Enteignung. Beim Novemberpogrom 1938 kam es zu Plünderungen und üblen Ausschreitungen. Mindestens zwei Personen, deren Namen im Gedenkbuch für die Opfer der Judenverfolgung in Baden-Württemberg stehen, wurden Opfer des Holocaust: Dagobert Guggenheim, Jg. 1910, wurde von Konstanz nach Gurs deportiert und mußte dort im August 1942 den Weg nach Auschwitz antreten; er gilt als „verschollen". Henriette Lindner geb. Weil starb am 5. November 1944 im Alter von 76 Jahren in Perpignan.

Donaueschingen war der Geburtsort von Andreas Lagrin. Am 13. März 1943 wurde der 64jährige Sinto mit sechs Familienangehörigen in das Vernichtungslager Auschwitz-Birkenau eingeliefert. Das Gedenkbuch der Sinti und Roma nennt die Todesdaten von Andreas Lagrin, der am 25. August 1943 den mörderischen Lagerbedingungen erlag, von Alfons Lagrin, am 25. Mai 1943 im Alter von 26 Jahren ums Leben gekommen, und der sechsjährigen Katharina Lagrin, die am 10. Februar 1944 starb. Von den übrigen Familienmitglieder ist nicht bekannt, ob sie überleben konnten.

Vier Tage später, am 18. März 1943, wurde im „Hauptbuch (Männer)" des „Zigeunerlagers" der ebenfalls in **Donaueschingen** geborene elfjährige Johann Nock registriert. Er war das einzige männliche Familienmitglied. Im „Hauptbuch (Frauen)" stehen seine Angehörigen: Wilhelmine, 1911 in Wiesenstetten im Kreis Freudenstadt geboren, Maria, 1908 in Reichenbach zur Welt gekommen, Gertrud, 1931 in Hechingen (Zollern-Alb-Kreis) geboren, Therese, 1938 in Haigerloch (Zollern-Alb-Kreis) geboren, und die fünfjährige Maria, in Rottweil zur Welt gekommen. Das „Hauptbuch" gibt bei Wilhelmine Nock als Beruf „Arbeiterin" mit dem Vermerk an: „Transport 15. 4. 44". Hinter diesem Datum verbirgt sich eine von der SS durchgeführte Selektion, bei der noch arbeitsfähigen Sinti und Roma zur Zwangsarbeit in Konzentrationslager überführt wurden – die Mädchen und Frauen nach Ravensbrück, die Jungen und Männer nach Buchenwald. Ob Wilhelmine Nock die Zwangsarbeit überlebte, ist uns nicht bekannt. Bei allen anderen Mitgliedern der Familie Nock ist zu befürchten, daß sie bei der „Liquidierung" des „Zigeunerlagers" in der Nacht vom 2. zum 3. August ermordet wurden.

Konzentrationslager und Zwangsarbeit

Nach Angaben des FNTB waren während des Krieges in Donaueschingen 545 ausländische zivile Zwangsarbeitsarbeitskräfte eingesetzt. Zahlen über Kriegsgefangene liegen nicht vor.

Das sowjetische Gräberfeld auf dem **Stadtfriedhof** von **Donaueschingen** wurde nach 1945 angelegt. Bestattet sind hier 369 Tote, lediglich 264 sind namentlich bekannt. Leider gibt es kaum Unterlagen zur Herkunft der Toten; die Gräberliste enthält nur Namen und Todesdaten. Die Friedhofsverwaltung vermutet, daß zahlreiche Tote von Friedhöfen des ehemaligen Landkreises Donaueschingen hierher umgebettet wurden. Daß auch aus dem Kreis Waldshut Umbettungen erfolgten, vermutet die Gemeinde Weilheim: Mindestens 18 beim Bau des Schluchseekraftwerkes ums Leben gekommene sowjetische Kriegsgefangene seien nach Donaueschingen überführt worden (s. Kr. Waldhut). Das früheste Sterbedatum ist der 14. Oktober 1941. An diesem Tag kamen fünf sowjetische Kriegsgefangene ums Leben. Bei 37 Toten, von denen 35 namentlich unbekannt sind, ist als Todestag der 22. April 1945 vermerkt. Neun unbekannte Russen starben am 24. April 1945.

In **Pfohren** kam der russische Kriegsgefangene Nikolai Pigorow ums Leben und in Wolterdingen Anatolij Hatilow. 1949 wurden ihre Gräber auf den „Russenfriedhof" von Biberach umgebettet (s. Kr. Biberach).

FURTWANGEN

Konzentrationslager und Zwangsarbeit

Die Nachkriegsermittlungen des FNTB ergaben für Furtwangen die Zahl von 1.120 ausländischen zivilen Zwangsarbeitskräften. Über den Einsatz von Kriegsgefangenen liegen hingegen keine Zahlen vor. Forschungen zu den Lebens- und Arbeitsbedingungen fehlen. Nach der Studie von Roland Peter über die Kriegswirtschaft in Baden mußten die meisten in den ehemaligen Uhrenfabriken arbeiten, die während des Krieges Präzisionsteile für die Rüstungsindustrie herstellten. In der Region Villingen/Furtwangen arbeiteten insgesamt 18 Firmen als Zulieferbetriebe für V2-Raketen. Diese Firmen genossen bei der Zuweisung ausländischer Zwangsarbeitskräfte höchste Priorität.

HÜFINGEN

Widerstand und Naziterror

Dankenswerterweise hat uns die Stadt Hüfingen Einsicht in relevante Akten gewährt, so daß wir hier vergleichsweise ausführlich über Verfolgungsschicksale berichten können.

Zwei Hüfinger, der damals 37jährige Bauhilfsarbeiter Franz Böhler und der Arbeiter Fridolin Labor, wurden am 7. Juli 1937 vom OLG Stuttgart wegen „Vorbereitung zum Hochverrat" zu zwei Jahren und drei Monaten Zuchthaus (Böhler) und zu drei Jahren Zuchthaus (Labor) verurteilt. Fridolin Labor war bereits am 19. September 1933 vom Amtsgericht Donaueschingen wegen „unerlaubtem Waffenbesitz" zu einer viermonatigen Gefängnisstrafe verurteilt worden.

Der Sägewerkarbeiter Eugen Merz hatte im Herbst

1934 „die Reichsregierung beleidigt"; deshalb wurde er am 16. November 1934 vom Amtsgericht Donaueschingen zu vier Wochen Gefängnis verurteilt.

Wegen ihrer religiösen Überzeugung wurde Elsa Tretter aus **Mundelfingen** verfolgt. Frau Tretter blieb auch nach dem Verbot der Zeugen Jehovas ihrem Glauben treu, empfing religiöse Schriften und gab sie weiter. Die Gestapo-Nebenstelle Singen verhaftete am 13. Juli 1940 die 39jährige Frau an ihrem Arbeitsplatz, der Fa. J. Müller & Söhne in Hüfingen, und brachte sie in das Frauengefängnis Gotteszell in Schwäbisch Gmünd (Ostalb-Kreis, Baden-Württemberg I). Das Sondergericht Mannheim verurteilte sie am 28. Oktober 1940 zu einem Jahr Gefängnis. Man entzog ihr das Erziehungsrecht für ihre beiden Kinder, die in eine NS-Erziehungsanstalt eingewiesen wurden. Am 11. Oktober 1941 kam Frau Tretter wieder nach Hüfingen zurück mit der Auflage, sich zweimal wöchentlich bei der Ortspolizei zu melden. Diese Meldepflicht wurde zwei Monate später aufgehoben – nicht zuletzt aufgrund der Fürsprache ihres früheren Arbeitgebers, der sie als zuverlässige und gewissenhafte Arbeitskraft weiter beschäftigte. Ihr Ehemann wurde ebenfalls verfolgt und kam in der Haft ums Leben.

Weil er unmittelbar nach Kriegsbeginn die Wehrmacht „beschimpft und beleidigt" hatte, verurteilte das Sondergericht Mannheim den 62jährigen Sattlermeister Johann Riegger am 6. Oktober 1939 zu einer Gefängnisstrafe von vier Monaten und einer Woche.

Der Postfacharbeiter Kurt Müller wurde am 17. März 1943 vom Sondergericht Freiburg als „Volksschädling" zum Tode verurteilt. Er wurde der „Beraubung von Post- und Feldpostsendungen" beschuldigt. Das Reichsjustizministerium änderte das Todesurteil am 8. Juli 1943 in eine zwölfjährige Zuchthausstrafe um. Dennoch sah Kurt Müller die Freiheit nicht wieder: Er kam in Singen am 8. April 1945 im Alter von 26 Jahren ums Leben.

„Rassische" Verfolgung und „Euthanasie"

In der Landes-Heil- und Pflegeanstalt Sonnenstein bei Pirna wurde die Sterbeurkunde für Ernst Merz ausgestellt – mit gefälschter Todesursache. Lediglich der Todestag, der 6. August 1940, stimmte. An diesem Tag ist der 50jährige in der Tötungsanstalt Grafeneck (s. Gomadingen, Kr. Reutlingen) ermordet worden. Der in **Hüfingen** geborene Ernst Merz hatte zuletzt in der Heil- und Pflegeanstalt Reichenau gelebt (s. Kr. Konstanz). Im 1. Weltkrieg hatte er sich ein Nervenleiden zugezogen, das 1916 in der Heilanstalt Illenau behandelt wurde (s. Achern, Ortenau-Kreis). Danach konnte er seinen Beruf als Elektromonteur nicht mehr ausüben, erhielt eine kleine Rente als Kriegsversehrter und ging – wie es in den Akten heißt – „auf Wanderschaft". Am 15. Mai 1926 wurde er „fürsorglich" in die Heil- und Pflegeanstalt Reichenau eingewiesen. Am 29. Juli 1926 attestierte ihm die Anstaltsleitung eine Besserung seines Zustandes und Arbeitsfähigkeit. Ernst Merz kehrte auf den Hof seiner Eltern nach Hüfingen zurück. Im Juni 1928 beantragten die Eltern wegen „geistiger Störung" erneut die Anstaltsunterbringung. Am 29. Mai 1932 wurde Merz wegen wiederholten Bettelns in Jestetten festgenommen. Um seine dauerhafte Einweisung zu verhindern, schrieb der Hüfinger Bürgermeister Metzger am 1. Juni 1932 in einem Brief an das Bezirksamt Waldshut u.a.:

> „Eine dauernde Unterbringung in einer Irrenanstalt ist nicht erforderlich ... Es ist daher das beste, wenn er wieder auf die Straße gestellt wird, damit er wieder hierher zu seiner Mutter kommen kann. Die Gendarmerie im ganzen badischen Oberland und auch in Württemberg kennt Merz, man läßt ihn laufen, denn bösartig ist er nicht; es kann ihm höchstenfalls passieren, daß er dann und wann das Fell vergerbt bekommt, wenn er sich auf Streit einläßt auf der Herberge."

Seit dem 13. September 1932 befand sich Merz in der Anstalt Reichenau, wo er hoffte, in seinem Beruf arbeiten zu können. Zwei Jahre später überbrachte ein entlassener Mitpatient der Mutter die Klage des Sohnes über „die furchtbare Behandlung" und seine Bitte, „alles (zu) unternehmen, damit er aus dieser Umgebung heraus komme". Er bekäme „jeden Tag Einspritzungen und dürfe nicht mehr aufstehen, so daß er vollständig herunter komme". Als Frau Merz bei der Anstaltsleitung vorstellig wurde, erhielt sie eine Diagnose, die allen bisherigen widersprach: Ernst Merz sei „ein gemeingefährlicher Geisteskranker, bei dem die Voraussetzungen des § 5 Irrenfürsorgegesetz auch heute noch in vollem Umfange gegeben sind".

Die letzte Nachricht von Ernst Merz stammte vom 18. Januar 1940 und war von einem entlassenen Mitpatienten verfaßt und an den Hüfinger Bürgermeister Müller gerichtet:

> „Ernst Merz war der einzige in dem Bau U II unter den 70 Leidensgenosen, mit dem man noch reden konnte von den Verhältnissen ... Ich hab gesehen, ... daß Merz sich auffallend gebessert hat, die Trunksucht abgewöhnt, nach sieben Jahren wieder Freude am Gottesdienst ... Es wär mir lieb, Herr Bürgermeister, wenn Sie mal nach dem Ernst Merz sehen würden."

Sieben Monate später traf bei den Angehörigen in Hüfingen die Sterbeurkunde aus Sonnenstein ein.

Im Falle der Dienstmagd Luise Hofmeier war der Umstand, daß sie aus armen Verhältnissen stammte, Ursache für ihre Verfolgung. Sie wurde am 3. Juli 1898 als uneheliche Tochter der Dienstmagd Josefa Hofmeier geboren. Ihr ebenfalls unehelich geborener Bruder Josef mußte Kindheit und Jugend in Erziehungsheimen verbringen. Luise hatte zwei uneheliche Kinder und war trotz schwerer Arbeit auf Unterstützung durch die Gemeinde angewiesen. Nach der Geburt ihres zweiten Kindes am 27. Mai 1935 wurde der Bürgermeister Philipp Frank aktiv. Er leitete, unterstützt von Dr. Sumser, ein Verfahren zur Sterilisation gegen die Geschwister Hofmaier ein und bewirkte die Einweisung von Luise Hofmaier in die Kreispflegeanstalt Geisingen (s. Kr. Tuttlingen). Die von Dr. Sumser gestellte Diagnose lautete „angeborenes Übel". Die Frage „Worin bestehen die Leiden?" beantwortete der Arzt mit „In Lügereien, Diebereien und Schwachsinn. Sterilisation ist beantragt."

In Geisingen fühlte sich Luise Hofmaier eingesperrt, sie schickte einen Hilferuf an Bürgermeister Frank:

> „Ich glaube, ich werde als Verrückte angesehen ... Sie machen es mich, wenn ich nicht bin. Ein armer Tropf, der niemand hat, wird unterdrückt, so gut man kann. Ich möchte Ihnen bloß diese Bitte anempfehlen, daß ich Ausgang bekomme, und meinen kleinen Konrad möchte ich auch mal wieder sehen ... Jeder Mensch hat Fehler, haben Sie allein keine, daß die Fehler mir so hoch genommen werden. Ich bin wahrscheinlich der

> größte Sündenbock in Hüfingen gewesen. Mit wem habt Ihr's jetzt dann wieder. Meine Sache wird halt aufgedeckt und bei anderen wird es verschwiegen. Bleibe um keinen Preis hier, ich möchte in eine Stelle, fort, wo man auch wieder Menschen sieht, wo es gut mit einem meinen."

Luise Hofmaier wurde nach einigen Monaten aus dem Kreispflegeheim Geisingen entlassen; man bescheinigte ihr einwandfreie Führung und geschickte Verrichtung von häuslichen Arbeiten. Sie wurde wieder im **Städtischen Krankenhaus Hüfingen** untergebracht, hatte ihren jüngsten Sohn bei sich, während der ältere in ein Erziehungsheim nach Ettlingen eingewiesen wurde. Obwohl sie in der Küche, der Wäscherei und in der Nähstube des Krankenhauses schwer arbeiten mußte, galten sie und ihre Kinder der Gemeinde als „unnütze Esser", die auf Gemeindekosten „durchgehalten werden" mußten. Im April 1939 beantragte Bürgermeister Müller beim Bezirksfürsorgeamt Donaueschingen ein „Einschreiten auf Grund des Irrenfürsorgegesetzes". Er begründete diesen Antrag mit dem „äußerst trüben Lebensbild". „Die Hofmeier" sei „als geistig minderwertig zu betrachten", neige „stets und bei jeder Gelegenheit zu Diebstählen" und versuche „heute noch, Männer jeden Alters zum Geschlechtsverkehrs zu animieren." Als Luise Hofmaier im Februar 1940 zufällig beim Gesundheitsamt erfuhr, daß sie für immer in eine Anstalt eingewiesen werden solle, schrieb sie wieder hilfesuchend dem Bürgermeister: „Ich habe doch nichts verbrochen ... Ich habe gearbeitet, so alt ich bin, und meine Hände kommen nicht von ungefähr."

Die Gemeinde hatte sie inzwischen dem Bauern Paul Heinemann als Dienstmagd zugewiesen. Sie litt an Gicht und hatte offene Beine. Im Herbst 1940 bat sie um eine neue Arbeitsstelle, da sie die schwere Arbeit auf dem Bauernhof gesundheitlich nicht mehr schaffe.

In den Jahren von 1941 bis 1943 verschlechterte sich der Gesundheitszustand von Luise Hofmaier, sie mußte im November 1941 in der Nervenklinik Freiburg behandelt werden. Schließlich wurde ihr eine Arbeit als Näherin im Wehrmachtslazarett Donaueschingen zugewiesen. Als sich die Gicht an den Händen verschlimmerte, warfen ihr die Ärzte „Selbstverschulden" vor. Im Januar 1943 wurde sie wieder in das Kreispflegeheim Geisingen eingewiesen, und die Gemeinde mußte die Kosten tragen. Am 27. Mai 1943 stellte Bürgermeister Müller beim Landrat in Donaueschingen den förmlichen Antrag auf Einweisung in ein Arbeitshaus oder, falls das nicht möglich sei, auf „sofortige Festnahme und Inhaftierung". Am 20. September 1943 erfolgte die Verhaftung von Luise Hofmaier; die Kriminalpolizei Donaueschingen sah darin eine Maßnahme der „vorbeugenden Verbrechensbekämpfung". Der Vorgang wurde an die Kriminalpolizei in Karlsruhe weitergeleitet, die am 8. Oktober 1943 eine Rückfrage an den Bürgermeister von Hüfingen richtete. Die Antwort des Bürgermeisters brachte Luise Hofmaier in das KZ Auschwitz: Luise Hofmaier sei 1924 und 1925 wegen „Blutschande" – darunter ist nach damaligem Recht der sexuelle Mißbrauch durch ihren Stiefvater zu verstehen – zu je einem Monat Gefängnis verurteilt worden. Beide Strafen seien zwar am 26. November 1940 getilgt worden; eine weitere Bestrafung wegen „neuerlichen Diebstahls" sei jedoch noch nicht in das Strafregister eingetragen worden. Anfang Februar 1944 traf in Hüfingen die Todesbescheinigung aus Auschwitz ein. Danach war Luise Hofmaier am 28. Januar 1944 im Alter von 46 Jahren an „Herzinsuffizienz" gestorben. Einen Monat später folgte eine Urne aus Auschwitz.

Im Mai 1939 erschienen zwei Sinti, die Erdarbeiter Georg Wagner und Franz Peter Wagner, bei der Ortsarmenbehörde in Hüfingen und baten um Unterstützung für ihre Familien. Kurz zuvor waren sie von Villingen, wo sie „in einer eigenen Wohnbaracke in einem Steinbruch" gewohnt hatten, nach Hüfingen gezogen. Der damals 27jährige Georg Wagner und seine Frau Olga hatten sechs Kinder im Alter von ein bis vierzehn Jahren, ein siebtes – Theresia – kam am 2. April 1940 in Hüfingen zu Welt. Franz Peter Wagner, damals 48 Jahre alt, und seine Frau Theresia hatten drei Söhne und eine Tochter, ein weiterer Sohn Adolf wurde am 18. Juli 1939 in Hüfingen geboren. Die Männer waren seit dem August 1938 vom Arbeitsamt Villingen auf einer Baustelle in Villingen, und im Mai 1939 auf dem **Flugplatz Hüfingen** dienstverpflichtet worden. Dies war der Grund ihres Umzugs nach Hüfingen. Das Tiefbauunternehmen Fa. Richard Schulz, das die Erdarbeiten auf dem Flugplatz ausführte, hatte dann jedoch die Arbeit am 17. Mai 1939 bis nach den Pfingstfeiertagen eingestellt, wodurch jegliche Verdienstmöglichkeit entfallen war.

Der Bürgermeister von Hüfingen wandte sich nun sofort an seinen Amtskollegen in Villingen, um von ihm die gesetzlich vorgeschriebene Unterstützung von sieben Reichsmark pro Tag und Familie zurückerstattet zu bekommen. Das Fürsorgeamt Villingen wies aber jede Zuständigkeit zurück, da die beiden Familien in Villingen nicht hilfsbedürftig gewesen seien. Bei Kriegsbeginn sah Bürgermeister Müller eine Möglichkeit, die Sintifamilien abzuschieben. In einem Schreiben „Betr. Aufenthalt von Zigeunern im Operationsgebiet unweit der Reichsgrenze" an das Landratsamt in Donaueschingen vom 19. Oktober 1939 beklagte er, daß er den Familien ein gemeindeeigenes Abbruchhaus in der Ortsmitte habe zuweisen müssen. Hüfingen sei inzwischen ein „regelrechtes Zigeunerasyl" geworden, da das Arbeitsamt Villingen „fortwährend weitere Zigeuner zur Arbeitsleistung nach Hüfingen" zuweise; zudem setzten sich bei den schon anwesenden Familien Flüchtlinge fest.

Neben den üblichen, von Vorurteilen geprägten Anschuldigungen, daß „vor den vielen Kindern nichts sicher" sei und dadurch „die Erbitterung der den Zigeuern zunächst wohnenden Bürger dauernd" zunähme, bediente er sich einer in der Sintiverfolgung zunehmenden sicherheitspolitischen Argumentation:

> „Was aber von der gesamten Bürgerschaft und ganz besonders auch von den einquartierten Soldaten nicht begriffen wird, ist die Duldung von so vielen Zigeuern mitten im Operationsgebiet und die Beschäftigung von Zigeunern an heereswichtigen Anlagen nahe der Reichsgrenze."

Seinem Schreiben legte er eine Liste der „Zigeunerbande, die angeblich alle irgendwie verwandt sind", bei. Die Liste enthält 26 Namen: Außer den beiden Familien Wagner mit ihren Kindern noch die Familie Konrad und Wilhelmine Lehmann mit dem Sohn Michael und den Töchtern Rosa und Maria. Maria, die herzkrank war, lebte mit ihren beiden kleinen Kindern bei den Eltern.

Am 17. Oktober 1939 bemühte sich die damals 51-jährige Wilhelmine Lehmann geb. Wagner beim Landratsamt in Donaueschingen um einen Gewerbeschein zur Ausübung ihrer Tätigkeit: „Hausieren, Feilbieten von Korbwaren, Spitzen, Faden usw.". Bürgermeister Müller versagte die Zustimmung, um „eine Zusammenrottung von unerwünschten Elementen" zu vermeiden. Gegen den Ablehnungsbescheid legte Wilhelmine Lehmann Widerspruch ein, da sie die einzige sei, die die Familie ernähren könne. Bürgermeister Müller lehnte die Ausstellung eines Wandergewerbescheins am 22. Februar 1940 erneut ab.

Mehrere Mitglieder der Familien Wagner und Lehmann wurden in der Folgezeit wegen Vergehen gegen die Grenzzonenverordnung und die Gewerbeordnung zu Geldstrafen verurteilt, die sie nicht bezahlen konnten, und kamen daher ins Gefängnis.

Die Familien Wagner und Lehmann lebten unter engsten Verhältnissen im abbruchreifen, gemeindeeigenen Haus in der **Kirchstr.** 117. Die arbeitsfähigen Männer und Söhne waren inzwischen zum Flugplatzbau in Hüfingen dienstverpflichtet. Sie mußten für die Fa. Völkel & Heidingsfelder arbeiten und wurden im November 1939 entlassen. Bürgermeister Müller versuchte nun, eine erneute Dienstverpflichtung durch das Arbeitsamt Villingen zu unterbinden. Neben den bereits aufgeführten sicherheitspolitischen Bedenken machte er auch die Kosten, die der Gemeinde entstanden, geltend. Die Anwort des Arbeitsamtes Villingen vom 8. Dezember 1939:

> „Im Benehmen mit dem Herrn Landrat sind inzwischen Vorkehrungen getroffen worden, so daß in Bälde mit einem Abschieben der dort ansässigen Zigeuner gerechnet werden kann."

Anfang März 1940 schickte das Arbeitsamt Villingen die Familienväter Georg und Franz Peter Wagner zur Zwangsarbeit nach Schwäbisch Hall. Ende März sollten die Söhne Ernst und Karl Lehmann sowie Anton und Karl Wagner nach Rottweil zwangsverpflichtet werden; doch ihnen wurde die „Aufenthaltserlaubnis für den Kreis Rottweil im Hinblick auf den Schnellbrief des Reichsarbeitshauptamtes (!) Berlin vom 17. 10. 1939 Nr. RKPA 149/39 versagt". Dieser Schnellbrief war der „Festsetzungserlaß": Die „Zigeunererfassung" zur ersten Massendeportation hatte begonnen.

Den Stempel „Geheim" trägt das Schreiben des Landrates des Kreises Donaueschingen vom 16. Mai 1940, das die Namen von 28 in Hüfingen wohnenden Sinti enthielt, die am 17. Mai 1940 zum „Sammellager Hohenasperg" (Asperg, Kr. Ludwigsburg, Baden-Württemberg I) abgeschoben wurden:

> „Die Reichsbahn stellt für diesen Transport ab Hüfingen einen Sonderwagen zur Verfügung. Um zu verhindern, daß einer der Zigeuner sich des Transportes durch die Flucht entzieht, sind sämtliche Zigeuner in der Frühe des 17. Mai festzunehmen. Gleichzeitig mit der Bekanntgabe der Festnahme an die Obengenannten ist ihnen zu eröffnen, daß jede Person für den Transport ein Handgepäck bis zu 50 kg mitnehmen darf. Das Handgepäck hat in erster Linie aus Kleidung, Wäsche und Decken zu bestehen ... Die Abfahrt in Hüfingen erfolgt am 17. Mai 1940 um 10.20 Uhr."

Nach 1945 wurden auf dieser Deportationsliste handschriftlich weitere Nachrichten und Todesdaten vermerkt:

Bei Karl Wagner, geboren am 28. Januar 1923 in Auhausen bei Nördlingen/Bayern, wurde das Todesdatum hinzugefügt: 23. Juli 1942 in Gusen, einem Kommando des KZ Mauthausen.

Konrad Lehmann, geboren 21. Januar 1870 in Laupheim, ist am 29. Mai 1945 in Rielasingen gestorben.

Rosa Afra Wagner, geboren am 7. August 1920 in Estfelden, wurde 1952 für tot erklärt; als Todesdatum setzte das Amtsgericht Donaueschingen den 1. Februar 1943 fest.

Bei Josef Wagner lauten die Ergänzungen:

„Wagner Josef, geb. 31. 10. 1920, soll im Sommer 1941 im Krankenhaus in Krakau (Gen.Gouv.) gestorben sein.

1949 Josef Wagner soll wohl im Sommer 1941 im Krankenhaus in Krakau gewesen sein, sei aber im K.Z.Lager in Auschwitz mit seinen vier Geschwistern Karl, Jakob, Anton und Adolf ums Leben gekommen. Der Vater Franz Peter Wagner ist im Lager in Flossenbürg gestorben. Sterbebucheintrag von hier Nr. 53/1947. Es leben nur noch die Mutter Theresia Wagner und die Tochter Katharina Wagner, die beide wieder in einem anderen Lager untergebracht waren."

Ernst Lehmann, Jg. 1917, und seine Mutter Wilhelmine überlebten und kehrten im Oktober 1945 nach Hüfingen zurück. Ihren Angaben über ihr zurückgelassenes Eigentum – Bettwäsche, Kleidung, Goldschmuck, Geschirr – wurde kein Glauben geschenkt, vielmehr hätte man lediglich „verdreckte und verlauste Sachen" verbrannt. Die von Ernst Lehmann erstattete Strafanzeige wurde am 12. November 1945 vom Landrat nicht nur als unglaubwürdig niedergeschlagen, sondern auch mit der Androhung einer „strafrechtlichen Überprüfung wegen eines eventuellen Betrugsversuches" beantwortet.

Im „Barackenlager", einem ehemaligen RAD-Lager in Hüfingen, lebte 1945/1946 eine weitere Sintifamilie, die Familie Reinhard mit 22 Mitgliedern. Auch Theresia Wagner und ihre Tochter Katharina, die vom 26. Februar 1941 bis zum 21. April 1945 im Frauen-KZ Ravensbrück inhaftiert waren, bemühten sich im November 1946 um die Rückkehr nach Hüfingen. Doch sie waren nach wie vor unerwünscht. Die Briefe des ersten Nachkriegsbürgermeisters gleichen denen seines Vorgängers: Er richtete an den Landrat die „höfliche, aber dringende Bitte, sich mit allen Mitteln dafür einzusetzen, daß die Zigeuner nicht wieder nach Hüfingen kommen". Entsprechend ordnete der erste Nachkriegslandrat am 29. November 1946 die Einweisung der Überlebenden der Sintifamilien Wagner und Lehmann in das „Landeshauptdurchgangslager" in Offenburg „binnen drei Tage" an.

Konzentrationslager und Zwangsarbeit

Im Dezember 1939 bemühte sich die Gemeinde **Hüfingen** erstmals um den Einsatz ausländischer Zwangsarbeitskräfte, d.h. zu diesem Zeitpunkt um polnische Kriegsgefangene aus dem Stalag VA Ludwigsburg (Kr. Ludwigsburg, Baden-Württemberg I). Man benötige für elf Bauernhöfe je einen Mann, zehn für die **Fa. J. Müller & Söhne**, 20 für das **Säge- und Hobelwerk** des Fürsten Max Egon zu Fürstenberg in Hüfingen und

60 für vom Straßenbauamt Donaueschingen geleitete Baumaßnahmen in der Gemeinde. Als Unterkunft stellte die Gemeinde die **Kinderschule**, die schon im 1. Weltkrieg als Gefangenenlager gedient hatte, und die **Festhalle** zur Verfügung. Bevor die ersten polnischen Gefangenen am 18. Mai 1940 in Hüfingen eintrafen, erhielt der Bürgermeister vom Stalag Ludwigsburg „Erläuterungen zum landwirtschaftlichen Arbeitseinsatz pol. Kriegsgefangener". In dieser Liste sind genaue Verhaltenmaßregeln für die Gefangenen und ihre deutschen Arbeitgeber aufgeführt, die insbesondere die Bewachung, die Arbeitszeiten und Verpflegung betreffen („Hochwertige Lebensmittel sind nicht an Gefangene zu verabreichen").

Am 21. Mai 1940 trafen die ersten zehn polnischen Kriegsgefangenen in Hüfingen ein. Zwei Tage später gab Bürgermeister Müller dem Schulleiter und Oberlehrer Ferdinand Frei die Instruktion:

> „Die Kinder sind mit aller Schärfe darauf hinzuweisen, daß die Polen und die Kriegsgefangenen nach wie vor unsere Feinde sind und als solche behandelt werden müssen".

Wenig später folgte das Verbot an die Gastwirte, Getränke an Polen zu verkaufen, auch nicht über die Straße. Als erste mußte die Wirtin der **Gastwirtschaft „Zum Rössle"** eine Geldstrafe von 60 Reichsmark bezahlen, weitere Bußgelder folgten. Der Gastwirt und Bauer Robert Burger wurde am 9. September 1942 vom Amtsgericht Donaueschingen wegen „verbotenem Umgang mit Kriegsgefangenen" zu einer Geldstrafe von 80 Reichsmark bzw. 20 Tage Gefängnis verurteilt. Für die Hilfsarbeiterin Frieda Krätz geb. Maier fiel die Strafe wegen des gleichen Delikts wesentlich höher aus. Das Landgericht Konstanz verurteilte am 3. Februar 1943 die damals 48 Jahre alte Frau zu zwei Jahren und sechs Monaten Zuchthaus.

Am 20. Juni 1940 war das **Barackenlager** der Baufirma **Alfred Müller KG** mit 88 polnischen Zwangsarbeitern belegt. Es lag im **Schloßbuck**, etwa 3 km von Hüfingen entfernt, an der Landstraße nach Pfohren. Die Männer waren auf der Baustelle „Hüttenneubau" in den Gemarkungen Pfohren-Neudingen eingesetzt. Am 13. Juni 1940 starb unter ungeklärten Umständen ein Insasse dieses Lagers in Donaueschingen. Es war der 28jährige Arbeiter Josef Sadorczyk aus Koschmin.

Im **Lager Kinderschule**, d.h. im Dachgeschoß des Gebäudes, trafen am 21. Juni 1940 15 weitere polnische Kriegsgefangene ein. Die polnische Kriegsgefangenen wurden im Juli 1940 in den Status von „Zivilarbeitern" überführt, ohne daß sich dadurch ihre Lebens- und Arbeitssituation verbessert hätte.

Im August 1940 meldete die Stadt Hüfingen fünf Kriegsgefangenenlager, die mit französischen Kriegsgefangenen belegt sind:

Arbeitskommando 28009 bei der **Maschinenfabrik J. Müller & Söhne** mit zehn Gefangenen und einem Wachmann,

Arbeitskommando 18046 **Lehrhof** der Badischen Landesbauernschaft mit zehn Gefangenen und einem Wachmann,

Arbeitskommando 18046 der **Stadtgemeinde Hüfingen** mit zehn Gefangenen, die bei Bauern arbeiten mußten, und einem Wachmann,

Lager der **Bahnmeisterei**, an einem Nebenarm der Breg gelegen, mit 70 Gefangenen,

Lager des **Säge- und Hobelwerkes** mit 30 Gefangenen.

Russische Kriegsgefangene, die bei der Bahnmeisterei arbeiten mußten, waren im April 1942 in der Festhalle oder im Gemeindehaus bei der **Festhalle** untergebracht. Das Säge- und Hobelwerk Max Egon Fürst zu Fürstenberg in Hüfingen erhielt am 15. Oktober 1943 ein neues Arbeitskommando Nr. 88402 mit 24 italienischen Gefangenen zugeteilt.

In den frühen Morgenstunden des 24. April 1941 wurde im Gewann **Mönchswiese** der 21jährige Pole Josef Ponczek aus der Nähe von Krakau erhängt. An der Hinrichtung mußten alle Landsleute aus der Umgebung teilnehmen. Man hatte ihn vermutlich wegen einer Liebesbeziehung zu einer deutschen Frau denunziert. Im Juli 1941 forderte der Landrat des Kreises Donaueschingen die Unterbringung aller polnischen Zwangsarbeiter in „Sammelunterkünften", da trotz schwerer Strafen, die über polnische Arbeiter verhängt worden seien, eine „wesentliche Besserung im Verhalten dieser fremdstämmigen Arbeitskräfte kaum zu verzeichnen" sei:

> „Da nach den Feststellungen in Baden über 20.000 und im Elsaß nahezu 10.000 ausländische Arbeitskräfte zum Einsatz kommen, darunter in Baden 12.000 und im Elsaß 2.600 Polen, so bedeutet das eine ständige Bedrohung insbesondere der ländlichen Bevölkerung des Gaues, abgesehen davon, daß immer wieder deutsche Frauen und Mädchen infolge des Verhaltens der Fremden selbst straffällig werden."

Im Mai 1941 trafen 16 serbische Kriegsgefangene in Hüfingen ein. Das Arbeitskommando Nr. 38015 war im „Gemeindelager" untergebracht, die Männer arbeiteten in der Landwirtschaft. Der Bürgermeister von Hüfingen beklagte sich am 2. Juli 1941 über die schlechte Arbeitsleistung von korsischen Kriegsgefangenen bei der Heuernte. Unter ihnen seien „Kreaturen ..., die eben kaum eine halbe Arbeitskraft darstellen, und die Bauern behalten sie nur, um das Anrecht auf die spätere Zuteilung eines anderen Gefangenen nicht zu verlieren."

Die Anwesenheit von aus der Ukraine verschleppten Zwangsarbeitern und -arbeiterinnen in Hüfingen wird zum ersten Mal am 11. Februar 1942 aktenkundig. Im Juli 1942 forderte der Bürgermeister weitere fünf russische Arbeitskräfte an. Man wolle allerdings „wegen der ganz unzureichenden Wohnmöglichkeiten keine Ehepaare mit und ohne Kinder". Im August 1942 waren 23 russische Zwangsarbeitskräfte in Hüfingen eingesetzt, zehn bei Bauern, zwei auf dem **Lehrhof**, einer im **Krankenhaus** und neun bei der **Maschinenfabrik Fa. Jakob Müller & Söhne**. Hinsichtlich der „Behandlung ostländischer landwirtschaftlicher Arbeitskräfte" gehörten Kennzeichnungspflicht, ständige Bewachung, auch in der kargen Freizeit, und genaue Befolgung der polizeilichen Vorschriften zu den wichtigsten Bestimmungen. Klagen über die schlechte Behandlung häuften sich: Der 17jährige Peter Kowaljow bat inständig um einen anderen Arbeitsplatz, da er beim Bauern Schafbuch immer geschlagen werde. Schließlich wurde er im **Sägewerk** eingesetzt. Seinem 13jährigen Bruder Wasili ging es bei dem Bauer Julius Straub etwas besser. Auch die Ukrainerin Olga Magun, die etwas Deutsch sprach, beklagte sich darüber, daß sie „von der Frau des Bauern Frank geschlagen werde und oft nicht wisse, weshalb". Eine auf dem **Schosenhof** eingesetzte junge polnische Zwangsarbeiterin wollte ihren Arbeitsplatz wechseln, weil sie wiederholt geschlagen und mit übelsten Ausdrücken beschimpft worden sei. Sie werde auch geschlagen, wenn sie ihr eigene Kleidung waschen oder flicken wolle.

Nicht alle deutschen Arbeitgeber mißhandelten „ihre" Zwangsarbeitskräfte. So erhielt im Januar 1943 der Bauer Josef Albert eine Verwarnung, weil er zu einer Filmvorführung der NSDAP-Gaufilmstelle in der **Festhalle** die bei ihm beschäftigte „Ostarbeiterin" mitgenommen habe und damit das „deutsche Volksempfinden" verletzt habe. Bürgermeister Müller drohte, ihn wegen „der Störung des Arbeitsfriedens zur Kriegszeit" anzuzeigen.

Im März 1942 bot das Arbeitsamt Villingen slowenische Zwangsarbeitskräfte an: Sie kamen aus dem Lager Maria Tann, das die „Volksdeutsche Mittelstelle" in Unterkirnach eingerichtet hatte. Ein „Merkblatt für den vorübergehenden Arbeitseinsatz der Slowenen" forderte „mit Rücksicht darauf, daß es sich bei der Mehrzahl der Absiedler (Slowenen) um Menschen handelt, die nicht betont deutschfeindlich sind und mit den in der Untersteiermark Einzudeutschenden verwandt sind" eine gute Behandlung. Darunter verstand man, daß ihnen „ab und zu über Sonntag Urlaub zum Besuch ihrer Eltern oder Angehörigen, die im Lager zurückgeblieben sind, zu gewähren" sei.

Am 7. Oktober 1942 wurden drei Schüler vor der versammelter Klasse belobigt, weil sie durch ihr „richtiges Verhalten die Festnahme von zwei geflohenen französischen Kriegsgefangenen ermöglicht hatten. Kurz vor Weihnachten 1942 versuchten zwei serbische Kriegsgefangene zu fliehen; sie wurden bereits bei Grüningen gefaßt. Am 19. September 1943 flüchteten fünf serbische Kriegsgefangene, einem weiteren gelang am 27. September 1943 die Flucht.

Das **Gasthaus „Zum Ochsen"** stand im Januar 1943 unter polizeilicher Beobachtung, da Bürgermeister Müller den Verdacht hegte, daß polnische Zwangsarbeiter bei dem aus dem Elsaß stammenden Bahnarbeiter Andreas Miesch ausländische Sender hörten. Im März 1943 erfolgte das Verbot für Polen und „Ostarbeiter", die Gemarkung Hüfingen zu verlassen.

Das ehemalige **RAD-Lager** in Hüfingen war eine Station bei dem Todestransport der etwa 550 KZ-Häftlinge aus Offenburg. Unmittelbar vor dem Abtransport am 12. April 1945 hatten SS-Wachleute in der Offenburger Ihlenfeld-Kaserne 41 Gefangene auf viehische Weise erschlagen (s. Offenburg, Ortenau-Kreis). In Hüfingen ging das Morden weiter. Die Opfer waren hier ein ungarischer Jude, ein Russe und ein Ukrainer. Am 20. April 1945 setzte sich der Transport per Zug von Donaueschingen Richtung Ulm in Bewegung. Bei einer Brücke in der Nähe von Geisingen geriet er in einen Tieffliegerangriff und blieb mit beschädigter Lokomotive liegen. In dem Chaos gelang einigen Häftlingen die Flucht, andere mußten mit ihren Bewachern zu Fuß weitermarschieren. Eine Gruppe von Gefangenen, in der sich die Brüder Sigmund und Joseph Nissenbaum befanden, lief im Schutz der Wälder bis nach Donaueschingen, wo sie auf eine Vorhut der französischen Armee traf. Die Männer wurden zunächst in Klengen (Brigachtal) untergebracht, wo sie wieder zu Kräften kommen sollten. Einige starben nach der Befreiung im Krankenhaus von Donaueschingen. Eine weitere Gruppe wurde in Immendingen befreit (s. Kr. Tuttlingen).

Vier Gräber von „Ostarbeiterinnen" und „Ostarbeitern" wurden 1949 von Hüfingen auf den „Russenfriedhof nach Biberach verlegt (s. Biberach).

KÖNIGSFELD

Widerstand und Naziterror

Das **Gasthaus „Zum Neuen Rössle"** unweit der Ruine Waldau war vor 1933 beliebtes Ziel von Wanderungen der Naturfreunde gewesen. Im Dezember 1932 kaufte der Schwenninger Sozialdemokrat Reinhard Müller das Wirtshaus, das in den frühen Jahren der NS-Diktatur zu einem Treffpunkt von Antifaschisten wurde. Im Juni 1935 fand hier eine Besprechung von Sozialdemokraten aus Schwenningen statt, bei der es um eine festere Organisation der Widerstandsaktivitäten ging (s. Schwenningen-Villingen). 1941 wurde Reinhard Müller vom Sondergericht Donaueschingen wegen „wehrkraftzersetzender Äußerungen" zu 18 Monaten Gefängnis verurteilt.

Konzentrationslager und Zwangsarbeit

Nach Angaben des FNTB waren in **Königsfeld**, dessen Fremdenverkehrseinrichtungen während der Kriegsjahre als Lazarette dienten, 160 und in **Buchenberg** 80 ausländische zivile Zwangsarbeitskräfte im Einsatz.

MÖNCHWEILER

„Rassische" Verfolgung und „Euthanasie"

Mit Himmlers „Auschwitz-Befehl" vom 16. Dezember 1942 begann der lange vorbereitete Völkermord an den Sinti und Roma. Wer der ersten Deportation im Mai 1940 entgangen war (s. Hüfingen sowie Hohenasperg, Baden-Württemberg I), wurde im Frühjahr 1943 von der Polizei abgeholt. Wo der 21jährige, in **Mönchweiler** geborene Sinto Emil Meinhardt zum Zeitpunkt der Massenverhaftungen lebte, ist uns unbekannt. Seine Einlieferung in das Vernichtungslager Auschwitz-Birkenau ist im „Hauptbuch (Männer)" am 27. März 1943 registriert. Da die Erfassung der Sinti und Roma bei der Ankunft zwar nach Geschlechtern getrennt, doch familienweise erfolgte, ist davon auszugehen, daß Wilhelm, 1924 in Lautenbach geboren, und der 1928 in Villingen zur Welt gekommene Heinrich seine Brüder oder nahe Verwandte waren. Drei weibliche Familienmitglieder wurden am gleichen Tag im „Hauptbuch (Frauen)" erfaßt. Emil Meinhardt erlag am 27. April 1944 den mörderischen Lagerbedingungen.

Konzentrationslager und Zwangsarbeit

Das Grab von Janina Miankowna auf dem **Friedhof** von **Mönchweiler** ist die einzige sichtbare Spur, die von der Anwesenheit ausländischer Zwangsarbeitskräfte während des Krieges berichtet. Nach Angaben des FNTB sollen es 105 Personen gewesen sein. Die junge Polin war am 5. März 1942 im Alter von erst 20 Jahren ums Leben gekommen.

SCHONACH

Widerstand und Naziterror

Der 1911 in Schonach geborene Kraftfahrer Heinrich Schlegel, der während des Krieges in Berlin wohnte, wurde wegen „Fahnenflucht" zum Tode verurteilt und am 27. März 1944 im Zuchthaus Brandenburg hingerichtet.

Konzentrationslager und Zwangsarbeit

Der FNTB ermittelte für Schonach die Zahl von 365 ausländischen zivilen Zwangsarbeitskräften.

SANKT GEORGEN im SCHWARZWALD

Widerstand und Naziterror

Zum Widerstand in Sankt Georgen, einem Zentrum der Schwarzwälder Uhrenindustrie, liegt noch keine Untersuchung vor. Eine Protestaktion um den 1. Mai 1933 herum ist überliefert: Bei der **Fa. Perpetuum-Ebner** weigerten sich einige Arbeiter, der Übertragung einer Führerrede zuzuhören. Die Deutsche Arbeitsfront Ortsgruppe St. Georgen forderte daraufhin ihre sofortige Entlassung.

Am 11. Dezember 1933 standen drei Sozialdemokraten wegen der heimlichen Weitergabe des „Vorwärts", der vom Exilvorstand der SPD in Karlsbad herausgegeben und nach Deutschland geschmuggelt wurde, vor dem Sondergericht Mannheim: Der Uhrmacher Georg Glenz, SPD-Vorsitzender in Sankt Georgen, der Reisende Erich Stockburger und der Glasergeselle Adam Göbel erhielten Gefängnisstrafen zwischen sechs und acht Monaten.

Weitere Spuren von Widerstandsarbeit fanden sich in den Lageberichten der Gestapo Karlsruhe: Im März 1934 nahm die Gestapo den Eisendreher Johann Burry und den ehemaligen Gewerkschaftssekretär Oskar Laier fest; bei beiden bestand der Verdacht, daß sie „für die illegale KPD gearbeitet" und Kontakte in die Schweiz unterhalten hätten. Im August 1934 wurde der Kraftwagenfahrer Kemmler „wegen Einfuhr verbotener Druckschriften" verhaftet. Vermutlich bekam Kemmler die aus der Schweiz eingeschmuggelten antifaschistischen Zeitungen von Karl Thoma aus Singen (s. Kr. Konstanz).

Konzentrationslager und Zwangsarbeit

Nach Angaben des FNTB waren während des Krieges in **St. Georgen** 880, in **Brigach** 70, in **Langenschiltach** 85 und in **Peterzell** 110 ausländische Zwangsarbeitskräfte gemeldet. Die meisten mußten bei den Firmen **Perpetuum-Ebner** (Dual), **Gebr. Staiger**, **Gebr. Steidinger** und **Jäckle** arbeiten. Als Zulieferbetriebe für die Flugzeugindustrie produzierten sie nachrichtentechnische Ausrüstungen. Die **Gebr. Heinemann AG** stellte Drehbänke für die Munitionsfertigung her.

Zahlen zum Einsatz von Kriegsgefangenen liegen nicht vor. 46 sowjetische Kriegsgefangene, die in St. Georgen gearbeitet hatten, wurden in den letzten Kriegstagen von ihren Bewachern in Richtung Nußbach-Triberg getrieben und sollen unterwegs erschossen worden sein.

TRIBERG im SCHWARZWALD

Widerstand und Naziterror

„Der Schwarzwald war die ganzen Jahre bis kurz vor der Machtübernahme das schwierigste Gebiet", heißt es in der 1935 erschienenen Kampfschrift der NSDAP Gau Baden. **Triberg** bildete jedoch eine Ausnahme, da die Nazis hier ihre erste Ortsgruppe aufbauen konnten. Gegenspieler war die Liga für Menschenrechte, die – so die NSDAP-Kampfschrift – „ein arges Fiasko erlebte". Diese Auseinandersetzungen sind noch nicht dokumentiert. Die Namen von zwei Antifaschisten sollen als Ausgangspunkt für weitere Nachforschungen erwähnt werden: Georg Reinhard befand sich im Sommer 1933 in „Schutzhaft" im KZ Ankenbuck (s. Brigachtal). Der Bauarbeiter Stefan Andreas Schuble wurde im September 1934 bei der Gestapo Villingen angezeigt, da er auf der Tunnelbaustelle in Triberg „wiederholt mißliebig über die Maßnahmen der heutigen Regierung" geredet hatte.

An Georg Reinbold (1885–1946), den SPD-Landesvorsitzenden und ersten Vizepräsidenten des badischen Landtags bis zu seiner Emigration im März 1933, erinnert in seinem Geburtsort Triberg kein Gedenkzeichen (zu seiner Tätigkeit als Sopade-Grenzsekretär in Strasbourg s. Kehl, Ortenau-Kreis).

„Rassische" Verfolgung und „Euthanasie"

Zu Beginn der NS-Zeit hatten in **Triberg** zehn jüdische Menschen gelebt, die zur Synagogengemeinde Offenburg gehörten. Das Gedenkbuch für die Opfer der Judenverfolgung in Baden-Württemberg gibt über das Schicksal einiger von ihnen Auskunft: Dr. Hans Wagner und seine Frau Milly geb. Naumann setzten angesichts der immer bedrückender werdenden Lage am 18. März 1935 ihrem Leben ein Ende. Frieda Sinsheimer, Hedwig Heymann geb. Wertheimer und Otto Haas wurden am 22. Oktober 1940 nach Gurs und später nach Auschwitz verschleppt; dort verlieren sich ihre Spuren.

Konzentrationslager und Zwangsarbeit

Die Uhrenindustrie im Raum Triberg wurde zu einem wichtigen Zulieferbereich für die Flugzeugproduktion und fertigte Präzisisonsteile für Siemens, AEG und Junkers. Entsprechend hoch war der Einsatz ausländischer Zwangsarbeitskräfte u.a. bei der **Fa. Bäuerle & Söhne**. Der FNTB gab die Zahl der während des Krieges nach Triberg verschleppten zivilen ausländischen Zwangsarbeitskräften mit 1.235 Personen an. Über völkerrechtswidrig in der Rüstungsindustrie eingesetzte Kriegsgefangene liegen keine Zahlen vor. Ein **Barackenlager** befand sich an der alten **Straße** nach **Schonach**, in der Nähe eines Steinbruchs.

UNTERKIRNACH

„Rassische" Verfolgung und „Euthanasie"

Die **Klosterschule Maria Tann** war seit 1919 Mutterhaus des katholischen Ordens „Brüder der christlichen Schulen" und wurde bei Kriegsbeginn als Lazarett genutzt, nachdem die Nationalsozialisten die Schließung des Schul- und Klosterbetriebs erzwungen hatten. 1940/1941 beschlagnahmte die NS-Organisation „Volksdeutsche Mittelstelle" die Gebäude und richtete ein „Umsiedlungslager" ein. 1941 waren in den beiden Neubauten 260 „Volksdeutsche" aus Siebenbürgen untergebracht. 1942 folgten aus ihrer Heimat zwangsumgesiedelte slowenische Familien; ihre Zahl stieg schließlich auf 500 Personen an, die unter erbärmlichsten Bedingungen leben mußte. Auf dem **Friedhof** von **Unterkirnach**, **Esperantoweg** 12, ruhen in einem Sammelgrab sechs Sloweninnen und Slowenen. Heute sind in Maria Tann Aussiedler untergebracht, und die Gemeinde erhielt 1991 eine Silberplakette als Auszeichnung für die „vorbildliche Integration von Aussiedlern" verliehen.

Konzentrationslager und Zwangsarbeit

Der FNTB ermittelte nach dem Krieg für **Unterkirnach** die Zahl von 725 ausländischen zivilen Zwangsarbeitskräften. Möglicherweise sind in dieser hohen Zahl die zwangsumgesiedelten Slowenen und die überwiegend in der Landwirtschaft eingesetzten Zwangsarbeiterinnen und -arbeiter enthalten.

VILLINGEN-SCHWENNINGEN

Widerstand und Naziterror

1990 erschien die erste umfassende Dokumentation zu „Widerstand und Verfolgung in Schwenningen und Villingen 1933–1945", erarbeitet von Ekkehard Hausen und Eberhard Danneck, auf deren Ergebnisse wir dankbar zurückgreifen.

Der heutige **Geschwister-Scholl-Platz**, ein bis dahin namenloser Platz vor der Polizeidirektion, war am 20. April 1933 nach dem NS-Idol Horst Wessel benannt worden. Bei der pompösen Feier pflanzte man eine „Hitler-Eiche"; gleichzeitig erhielt die **Bahnhofstraße** den Namen Hindenburgs und die **Alleenstraße** den des „Führers". Die NSDAP feierten ihren „Sieg": Die „einst rote Hochburg" Schwenningen sei „eine deutsche Stadt geworden". Kaum einen Monat später manifestierte sich hier der neue Geist mit einem Akt der Kulturbarbarei, als Nazis die Bücher aus der Gewerkschaftsbibliothek verbrannten, die ihnen nach der Beschlagnahmung des SAJ-Jugendheims in der **Austraße** in die Hände gefallen waren.

Wie sehr der Weg der Nationalsozialisten zur Macht von Terror geprägt war, belegen die Massenverhaftungen im März/April 1933, die vor allem die Mitglieder der KPD trafen. Die KPD hatte am 30. Januar 1933 in Flugblättern und mit Demonstrationen vor

Maria Tann: Hotel, Klosterschule und SS-Umsiedlungslager

Auf dem Geschwister-Scholl-Platz in Schwenningen steht ein Mahnmal „Den Opfern der Gewalt" mit der Inschrift: „Wisse ein jeder, vergessen ist niemand, vergessen ist nichts"

Betrieben zum Generalstreik aufgerufen – allerdings ergebnislos, da es angesichts der zögerlichen Haltung der Schwenninger SPD auch keine Versuche zu Absprachen über gemeinsames Vorgehen gegeben hatte. In der Nacht zum 1. März 1933 fanden erste Hausdurchsuchungen bei bekannten KPD-Funktionären statt; eine für den 3. März angemeldete KPD-Demonstration wurde verboten. So rief die KPD ihre Anhänger mit einem eigenen Aufruf zu der einen Tag später stattfindenden Demonstration der – sozialdemokratisch orientierten – Eisernen Front auf. Beide Demonstrationszüge vereinigten sich spontan. Mit 2.000 bis 3.000 Teilnehmern soll diese letzte antifaschistische Demonstration auf dem **Marktplatz** die größte gewesen sein, die Schwenningen je erlebt hat.

Am 8. März 1933 wehte auf dem **Rathaus** am **Marktplatz** die Hakenkreuzfahne, denn aus den Reichstagswahlen vom 5. März war die NSDAP mit 31,5 % der Stimmen als stärkste Partei hervorgegangen (wie erstmals im Juli 1932). Die beiden Arbeiterparteien konnten jedoch zusammen 43,3 % der Stimmen auf sich vereinen (SPD 21,6 % und KPD 21,7 %). Das Zentrum hielt mit 7,5 % seinen Stimmenanteil ebenso wie die liberal-bürgerliche Deutsche Staatspartei mit 12 %. In der Nacht vom 10. zum 11. März 1933 verhafteten SA-Hilfspolizisten 14 Kommunisten, unter ihnen die Gemeinderäte Jakob Sulan, Berthold Furtwängler und Eugen Jetter, und brachten sie in das auf dem Heuberg errichtete KZ (s. Stetten a.k.M., Kr. Sigmaringen). Die KPD-Gemeinderätin Mathilde Müller protestierte auf der Gemeinderatssitzung am 14. März 1933 gegen die willkürlichen Verhaftungen. Bei der nächsten Verhaftungsaktion, die am 11. April 1933 stattfand, gehörte sie zu den 13 Kommunisten und fünf Kommunistinnen, die gefangen genommen wurden. Lastwagen transportierten die Männer aus dem Polizeigefängnis in das KZ Heuberg, die Frauen in das Gefängnis Gotteszell bei Schwäbisch Gmünd (Ostalb-Kreis, Baden-Württemberg I). Bis Ende Mai 1933 befanden sich über 50 Mitglieder der KPD in „Schutzhaft".

Der erste Schlag gegen die SPD und die ihre nahestehenden Organisationen erfolgte mit der Beschlagnahmung des SAJ-Jugendheims am 6. März 1933, dem Verbot der SPD-Zeitung „Volksstimme" am 10. März und der Durchsuchung der Redaktionsräume am 19. März. Der Lokalredakteur Herbert Holtzhauer versuchte zunächst unterzutauchen, stellte sich jedoch der Polizei, als man drohte, seine im vierten Monat schwangere Frau als Geisel zu nehmen. Über das Amtsgerichtsgefängnis in Oberndorf (s. Kr. Rottweil) wurde er in das KZ Heuberg eingeliefert. Ende März 1933 erfolgte das landesweite Verbot der SAJ.

Am 18. März 1933 wurde in Stuttgart auf offener Straße der SPD-Landtagsabgeordnete von Schwenningen, Karl Ruggaber (1887–1936), verhaftet und in das KZ Heuberg gebracht. Mitgefangene berichteten, wie er dort mit seinen Genossen Fritz Ulrich (Heilbronn, Baden Württemberg I) und Erich Roßmann vor eine Straßenwalze gespannt wurde. Am 24. Oktober 1933 kam Ruggaber wieder frei. Frau und Kinder waren inzwischen nach Stuttgart gezogen, um sich vor den nächtlichen Hausdurchsuchungen und Steinwürfen gegen die Fensterläden zu schützen. Von den auf dem Heuberg erlittenen Qualen gezeichnet, starb Karl Ruggaber im Januar 1936 nach einer Nierenoperation. An seiner Beisetzung auf dem Bad Cannstatter Friedhof nahmen an die 1.500 Menschen aus allen Gegenden Württembergs teil.

Am 2. Mai 1933 besetzte SA das **Gewerkschaftshaus** am **Marktplatz** 19, in dem sich auch die Büros des Deutschen Metallarbeiterverbandes (DMV) und des Deutschen Holzarbeiterverbandes befanden. Zu Verhaftungen kam es bei dieser Aktion anscheinend nicht. Der Erste Bevollmächtigte des DMV, Ludwig Becker (1892–1974), genoß so viele Sympathien, daß die Nazis von seiner Verhaftung absahen. Ihr Versuch, ihn für ihre Deutsche Arbeitsfront zu gewinnen, scheiterte. Becker, der in Schwenningen eine KPO-Gruppe gegründet hatte, konnte mit seinen Freunden bis 1939 im Widerstand arbeiten. Unmittelbar nach dem Überfall auf Polen, am 1. September 1939, wurde er in einer reichsweiten Aktion verhaftet und über das Zuchthaus Hohenasperg (Kr. Ludwigsburg, Baden-Württemberg I) in das KZ Buchenwald eingeliefert. Er gehörte dort der internationalen Widerstandsorganisation an. Becker konnte überleben, war nach dem Krieg für kurze Zeit stellvertretender Bürgermeister von Schwenningen und widmete sich dann dem Aufbau der IG Metall in Württemberg.

Trotz des frühen Terrors und der im Sommer 1933 folgenden Verbote und Zwangsauflösungen der zahlreichen Arbeiter-Sport- und Kulturvereine gelang es dem Nationalsozialismus nicht, das in Schwenningen festverwurzelte Arbeitermilieu gänzlich zu kontrollieren. Die zum Widerstand bereiten Antifaschisten konnten sich auf gewachsene, oft freundschaftliche Bindungen stützen und schufen sich Aktionsmöglichkeiten, die erst 1938 im Zuge reichsweiter Gestapoermittlungen erheblich gestört wurden.

Polizeigebäude am heutigen Geschwister-Scholl-Platz

Beim Transport antifaschistischer Materialien aus der Schweiz war Schwenningen eine wichtige Station. Jugendliche aus der SAJ leisteten Kurierdienste. Die Brüder Karl und Robert Glunz fuhren mit dem Fahrrad über den Randen nach Merishausen bei Schaffhausen. Treffpunkt war dort das Naturfreundehaus „Buchberghaus". Erich Vosseler berichtete von Fahrten bis nach Zürich, die sie Ostern 1934 unternahmen. Die auf Dünndruckpapier hergestellten Zeitungen im Miniaturformat versteckten sie in den Fahrradschläuchen. Karl Schäfer jun. war Kurier auf einem Transportweg, der vom schweizerischen St. Gallen über Konstanz nach Schwenningen bis in den Frankfurter Raum reichte und vom Sopade-Grenzsekretär Erwin Schöttle organisiert wurde. Von den Schwenninger Beteiligten – Schöttle sprach von einer 25 Mann starken Gruppe – standen am 17./18. Februar 1939 acht vor dem OLG Stuttgart. Bei ihrer Verhaftung am 31. Mai 1938 kam es vor dem **Polizeigebäude** zu einer Protestaktion, an der sich vor allem Frauen und Familienangehörige beteiligten.

Das Gericht verurteilte fünf der Angeklagten zu Gefängnisstrafen zwischen sieben und zwanzig Monaten; drei mußten freigesprochen werden.

Karl Schäfer sen., den die Gestapo als „Leiter der Schwenninger Widerstandsgruppe" ausmachte, sollte in einem abgetrennten Verfahren vor den „Volksgerichtshof" gezerrt werden; dazu kam es nicht mehr: Karl Schäfer sen. wurde bald nach seiner Verhaftung am 8. Juni 1938 bei einer „Sonderbehandlung" im KZ Welzheim (Rems-Murr-Kreis, Baden-Württemberg I) ermordet.

In Schwenningen gab es eine Reihe „guter Adressen" von Menschen, die anderen auf der Flucht in die nahe Schweiz halfen: In der **Bürkstraße** 94 wohnten Kurt und Else Nickstadt. Der parteilose Uhrmacher Kurt Nickstadt hatte sich auf Bitten von Ludwig Becker und anderen im Widerstand Aktiven bereit erklärt, Flüchtenden ihren Speicher als Übernachtungsmöglichkeit zur Verfügung zu stellen. Die Anlaufstelle funktionierte von 1933 bis 1940. **Staufenstraße** 5 war die Adresse von Eugen Leitermann, Mitglied der KPO, der im Frühjahr 1933 nach Schaffhausen geflüchtet war. Er kehrte nach Schwenningen zurück und engagierte sich in der Widerstandsarbeit der KPO. Man wanderte an den Wochenenden gemeinsam mit ehemaligen Mitgliedern der „Naturfreunde" und traf sich bis etwa 1934/1935 im **Gasthaus „Ochsen"** am **Rohrhardsberg**. Leitermann holte die avisierten Flüchtlinge manchmal an bestimmten Orten z.B. in Bad Dürrheim ab, andere kannten die verschlüsselte Adresse:

> „Es war ein Zettel, auf dem folgende Zeichen gemalt waren: ein Männchen, eine Leiter, ein Berg und die Zahl fünf".

Erich Vosseler berichtete von einer Flucht, bei der Leitermann und er „einen prominenten KP-Genossen aus Sachsen" im April 1934 in die Schweiz gebracht hatten:

> „Am nächsten Morgen in aller Früh fuhr der Taxifahrer Haller, ein ehemaliges SPD-Mitglied, uns ... nach Randen und setzte uns dort ab. Natürlich war Haller eingeweiht und wußte, worum es ging. Von Randen marschierten wir drei entlang der Grenze zum Randenhof, den Hohen Randen hinauf und schlichen dort irgendwo unbemerkt über die Grenze. Über das Naturfreundehaus ‚Buchberghaus' ging es dann hinunter nach Merishausen und weiter nach Schaffhausen ... Bald danach traten wir dann wieder den Rückweg an über Neuhaus nach Randen, wo uns Haller wieder abholte."

Auch bei der Familie Sulan in der **Bürkstraße** 77 fanden Flüchtlinge eine Unterkunft. Jakob Sulan war vor 1933 KPD-Gemeinderat und hatte vor der drohenden Verhaftung am 10. März 1933 gerade noch rechtzeitig in die Schweiz fliehen können. Die Gestapo nahm seine Frau Berta für neun Monate als Geisel in Haft. Nach ihrer Freilassung aus dem Frauengefängnis Gotteszell gelangte Frau Sulan mit der Tochter Sonja nach Basel, eine Omnibusfahrt der Fa. Erhard Bürk zur Basler Messe ausnutzend. Die antifaschistische Arbeit in Basel, zusammen mit Schweizer und deutschen Genossen, war für die Schweizer Behörden Grund, der Familie Sulan im Juni 1934 die Verlängerung der Aufenthaltsgenehmigung zu verweigern. Frau und Tochter mußten im Oktober 1934 nach Schwenningen zurückkehren. Der Vater folgte im November 1934 und lebte einige Monate bei Eltern, Schwiegereltern und Freunden versteckt, bis er verraten wurde. Am 5. April 1935 verhaftete ihn die Gestapo und brachte ihn in das KZ Dachau. Trotz des Risikos der Polizeiüberwachung bot Frau Sulan Flüchtlingen auf dem Weg in die Schweiz Unterkunft, wie z.B. im Oktober 1937 dem aus dem KZ Welzheim geflüchteten

Karl Ackermann, der vor 1933 Leiter der Roten Hilfe Württemberg war. Am 20. April 1939 kam Jakob Sulan aus dem KZ Dachau frei. Seine Tochter Sonja erinnert sich:

> „Er war nur noch ein Strich, wog keinen Zentner mehr. Ein Auge war im KZ halb herausgeschlagen, ein Finger, der im Lager eingeklemmt und nicht ärztlich behandelt worden war, war total vereitert."

Im August 1944, als die Gestapo in der „Aktion Gitter" alle früheren Mandatsträger von SPD, KPD und Zentrum verhaften ließ, mußte sich Jakob Sulan noch einmal verstecken. Im Spätherbst 1944 ergriff er die Flucht nach vorn und meldete sich freiwillig in Baden-Baden zur Wehrmacht. Am 4. Dezember 1944 wurde er wegen „Wehrkraftzersetzung" verhaftet; man brachte ihn nach Berlin in das Gefängnis Plötzensee. Zu einem Prozeß vor dem „Volksgerichtshof" kam es zu seinem Glück nicht mehr. Die Familie Sulan versuchte in den Kriegsjahren, trotz der eigenen Not, das Los der Zwangsarbeiter zu mildern. Sie brachte ihnen Lebensmittel und Kleidung und beförderte Briefe. 55 französische Kriegsgefangene dankten ihr am Tag der Befreiung mit einem Schreiben:

> „Wir, die Unterzeichneten, sind ehemalige Kriegsgefangene. Wir haben in der hiesigen Gegend gearbeitet und kennen diese Familie, die Sympathie für alle Kriegsgefangenen zeigte. Darüber hinaus ist der Familienvater in einem Konzentrationslager eingesperrt wegen seiner Opposition zu Hitler und seiner frankreichfreundlichen Einstellung. Wir bitten alle Kameraden, die dies nicht wissen sollten, dieser Familie Achtung zu erweisen und sie, falls nötig, zu schützen."

Anlaufstellen für jüdische Flüchtlinge waren das evangelische **Johannes-Pfarrhaus** und das Haus des Kirchengemeinderates Pfäffle in der **Oberdorfstraße** 6. Vikarin Margarete Hoffer sorgte zusammen mit den Pfarrern Weber und Schäfer sowie drei oder vier ins Vertrauen gezogenen Mitgliedern der Bekenntnisgemeinde für die Unterbringung und Betreuung der Flüchtlinge.

Gedenktafel am Heidplatz

In Villingen-Schwenningen gibt es nicht nur einen **Geschwister-Scholl-Platz**, eine **Von-Stauffenberg-Straße** und eine **Janusz-Korczak-Schule**. Im Unterschied zu vielen Städten, die bei der Namengebung ausschließlich auf überregional bekannte Vertreter des 20. Juli und des christlichen Widerstandes zurückgriffen, ehrt die Stadt auch die örtlichen Widerstandskämpfer und – was ganz selten ist – auch eine Frau, die noch dazu Kommunistin war. Die **Lieselotte-Herrmann-Straße** in Schwenningen ist die einzige, die wir in Baden-Württemberg gefunden haben (zu Lieselotte Herrmann s. Stuttgart, Baden-Württemberg I).

Josef Heid, geboren am 17. November 1882 in Stühlingen, umgekommen am 21. Dezember 1944 im KZ Dachau, gab dem **Heid-Platz** in **Villingen** seinen Namen. Heid war bis Frühjahr 1933 SPD-Gemeinderat in Villingen und vertrat seine Partei auch im Kreistag. Er wurde in der Nacht vom 16. zum 17. März 1933 von SA- und SS-Leuten aus dem Bett gezerrt, ins Gefängnis und wenig später zusammen mit weiteren bekannten Villinger Sozialdemokraten in das KZ Heuberg (s. Stetten a.k.M., Kr. Sigmaringen) gebracht. Wieder in Freiheit verlor er seine Stelle als Revisionsinspektor beim Bezirksamt und mußte die Stadt verlassen. Heid zog nach Bruchsal. Dort wurde er nach dem Attentat vom 20. Juli 1944 in der Aktion Gitter verhaftet und in das KZ Dachau verschleppt.

Der **Ewald-Huth-Saal** im Gemeindezentrum der Münsterpfarrei und die **Ewald-Huth-Straße** erinnern an den Chordirigenten und Organisten Ewald Huth, der 1890 in Hersfeld (Hessen) geboren wurde und seit 1921 in Villingen lebte. Er stand als gläubiger Katholik von Anfang an in Opposition zum NS-Regime. Im Krieg wurde er gegen seinen Willen zur Gendarmerie eingezogen. Kameraden denunzierten ihn, worauf er am 19. Januar 1944 verhaftet wurde. Als Mitglied der Gendarmerie unterstand er der Gerichtsbarkeit der SS und wurde wegen „Wehrkraftzersetzung" am 26. April 1944 zum Tode verurteilt. Ewald Huth wurde am 1. November 1944 auf dem Schießstand Dornhalde in Stuttgart erschossen. Nach dem Krieg ließ seine Familie seine sterblichen Überreste nach Villingen überführen.

In ihrer Dokumentation über Widerstand und Verfolgung belegen Hausen und Danneck, daß Villingen von 1934 bis 1939 eine Station der „Transportkolonne Otto" war (s. Singen, Kr. Konstanz).

Im Sommer 1944 schlossen sich Antifaschisten in Villingen zu einer Widerstandsgruppe zusammen, deren Mittelpunkt der Kaufmann Franz Frank bildete. Die Gruppe bestand aus sieben bis elf Mitgliedern, die sich in Wohnungen und im damaligen **Gasthaus „Lamm"** in der **Goldgrubengasse** trafen. Sie suchten und fanden Verbindung zu ausländischen Zwangsarbeitern. Bis Kriegsende war die Gruppe auf etwa 20 deutsche und 20 ausländische Antifaschisten angewachsen, unter ihnen Franzosen und Niederländer. Gemeinsam wurden Aktionen zur Beendigung des Krieges und zur Verhinderung sinnloser Zerstörungen beraten, und für die „Stunde Null" plante man die Mitwirkung bei der Entnazifizierung und dem demokratischen Neubeginn. Mitglieder der Gruppe fuhren den französischen Truppen entgegen und stellten ortskundige

Führer; andere wirkten bei der Befreiung von Kriegsgefangenen aus dem Stalag und der **Klosterkaserne** mit und versorgten diese mit Waffen. Nach der Besetzung Villingens am 21. April 1945 betraute der französische Ortskommandant die „Gruppe Frank" mit Sicherungsaufgaben in der Stadt und der Verhaftung bekannter Nazis, die in das Internierungslager in der **Knabenschule** gebracht wurden. Nach Erfüllung dieser Aufgaben stellte die Gruppe am 20. Mai 1945 ihre Arbeit ein. Ein Mitglied der „Gruppe Frank", Walter Bräunlich, wurde kommissarischer Bürgermeister von Villingen, Franz Frank für kurze Zeit Verlagsleiter des „Schwarzwälder Tagblattes". Die französische Besatzungsmacht versuchte jedoch, ihn wegen seiner kommunistischen Überzeugung auszuschalten. Frank wurde am 31. August 1945 unter dem Vorwurf des Waffenbesitzes verhaftet und zunächst zu sieben Jahren Gefängnis verurteilt. Am 2. April 1946 kam er wieder frei, mußte jedoch Villingen verlassen. 1946 wurde er als KPD-Abgeordneter in den Kreistag von Donaueschingen gewählt.

„Rassische" Verfolgung und „Euthanasie"

Auf dem **Waldfriedhof** von **Schwenningen** sind 65 Urnen von „Euthanasie"-Opfern bestattet. Laut der vom Stadtarchiv erstellten „Liste der Urnenbeisetzungen 1940–1942" kamen die Urnen aus den Tötungsanstalten Grafeneck (24 Urnen), Hartheim bei Linz (30 Urnen), Sonnenstein (6 Urnen) und Hadamar (zwei Urnen); drei Urnen stammen aus dem KZ Mauthausen. Vier Urnen sind in Familiengräbern beigesetzt, die übrigen in doppelt belegten Reihengräbern. Ein Gedenkzeichen für die ermordeten Kranken und Behinderten fehlt.

Aus der „Vorläufigen Gräberliste über Kriegsgräber 1939/1945" gehen die Heimatorte der ermordeten Kranken hervor: Spaichingen (Kr. Tuttlingen), Sulz am Neckar (Kr. Rottweil), Tuningen (Schwarzwald-Baar-Kreis), Hattingen (Immendingen, Kr. Tuttlingen), Böllen (Kr. Lörrach), Buhlbach (?), Hofen (?), Rosenfeld (Zollern-Alb-Kreis), Frittlingen (Kr. Tuttlingen), Bieringen (vermutlich Rottenburg, Kr. Tübingen), Wurmlingen (Kr. Tuttlingen), Kirchheim/Teck (Kr. Esslingen), Langenschiltach (St. Georgen im Schwarzwald, Schwarzwald-Baar-Kreis), Kirchzarten (Kr. Breisgau-Hochschwarzwald), Binsdorf (Geislingen, Zollern-Alb-Kreis), Böttingen (Kr. Tuttlingen), Schramberg (Kr. Rottweil), Owingen (Bodensee-Kreis), Triberg (Schwarzwald-Baar-Kreis), Meßstetten (Zollern-Alb-Kreis), Rosswangen (Balingen, Zollern-Alb-Kreis), Nendingen (Tuttlingen, Kr. Tuttlingen), Freudenstadt (Kr. Freudenstadt), Furtwangen (Schwarzwald-Baar-Kreis), Seelbach (Ortenau-Kreis), Villingen (Schwarzwald-Baar-Kreis), Tübingen (Kr. Tübingen), Tuttlingen (Kr. Tuttlingen), Königsbronn (Kr. Heidenheim), Singen (vermutlich Kr. Konstanz), Allendshofen (?), Hopfau (Sulz am Neckar, Kr. Rottweil), Eckhof bei Rottweil (Kr. Rottweil), Trossingen (Kr. Tuttlingen), Oberndorf (Kr. Rottweil) und Stockburg (St. Georgen im Schwarzwald, Schwarzwald-Baar-Kreis).

Mindestens drei jüdische Familien haben 1933 in **Schwenningen** gelebt. Max Bikart war Zahnarzt und wohnte in der **Karlstr.** 72. Salomon Bloch hatte ein Konfektionsgeschäft in der **Alte Herdstr.** 28. Der Heilpraktiker Richard Schlesinger wohnte in der **Hirschbergstr.** 10. Allen scheint die Auswanderung gelungen zu sein.

In **Villingen** hatten sich nach den Verfolgungen im Mittelalter erst gegen Ende des 19. Jahrhunderts wieder jüdische Familien niedergelassen. Zu Beginn der NS-Zeit zählte die Jüdische Gemeinde Villingen, die zur Synagogengemeinde Randegg (s. Gottmadingen, Kr. Konstanz) gehörte, 68 Mitglieder. An ihren **Betsaal** im Obergeschoß des Hauses **Gerberstr.** 33 erinnert seit dem 9. November 1978 eine **Gedenktafel**, die allerdings nicht am Gebäude selbst, sondern an einem etwa 100 Meter entfernten Brunnen angebracht wurde, da der Besitzer des Hauses die Anbringung der Tafel an seinem Haus untersagte. Die Tafel trägt die Inschrift:

> „In dieser Straße befand sich bis zum 9. 11. 1938 der Betsaal der Jüdischen Gemeinde Villingen, der in der ‚Kristallnacht' zerstört wurde.
> Diese Tafel soll der jüdischen Mitbürger gedenken, die in der Zeit der nationalsozialistischen Gewaltherrschaft verfolgt, vertrieben oder getötet wurden."

Vier jüdischen Familien lebten um 1933 vom Viehhandel; des weiteren gab es das Konfektionsgeschäft von Salomon Bloch in der **Rietstr.** 15, das Kaufhaus Boss in der **Oberen Str.** 1, das Textilgeschäft von Heinrich Schwab in der **Rietstr.** 40 und das Textilgeschäft Michael Bloch und Elsa Gideon. Karl Rothschild hatte in der **Waldstr.** 27 ein Immobiliengeschäft und Felix Zaitschek eine Reisegeschäft in der **Friedrichstr.** 7. Die Kanzlei des Rechtsanwaltes Bernhard Schloß befand sich in der **Luisenstr.** 8. Am 1. April 1933 standen SA-Posten vor den jüdischen Geschäften. Die wenigen Kunden, die nach dem Boykott noch hier einkauften, benutzten den Hintereingang.

Bis zum Novemberpogrom 1938 sahen sich bereits 25 jüdische Personen gezwungen, ihren Heimatort zu verlassen; bis 1940 wanderten noch einmal 37 aus. Bei diesem Pogrom schändeten Nationalsozialisten den **Betsaal** und legten Feuer. Vier Juden, unter ihnen den schwer mißhandelten Viehhändler Hugo Schwarz, brachte man in das KZ Dachau. Die in Villingen verbliebenen Jüdinnen und Juden wurden am 22. Oktober 1940 nach Gurs deportiert. Im Gedenkbuch für die Opfer der Judenverfolgung stehen 16 Namen, Mitglieder der Familien Bikart, Faber, Haberer, Schwab, Schwarz und Zaitschek.

An das **„Sühnekreuz"** im **Tannhörnle** erinnerte Werner Huger in einem 1989 veröffentlichten Aufsatz. Im März 1943 wurde hier der junge Pole Marian Lewicki im Beisein seiner Landsleute an einer Eiche erhängt. Er hatte sich in eine Villingerin verliebt und damit gegen die rassistischen Polen-Erlasse verstoßen. Die junge Frau wurde wegen ihres „ehrvergessenen Verhaltens" in das KZ Auschwitz überstellt. Annemarie Conradt-Mach erwähnt in ihrer Untersuchung über Zwangsarbeit in Villingen-Schwenningen weitere vier Fälle von „verbotener Liebe" im Schwarzwald-Baar-Kreis: in Mönchweiler, Weiler (Königsfeld), Furtwangen und Vöhrenbach.

Das Verbrechen im Tannhörnle war Gegenstand eines Prozesses gegen fünf Beamte der Gestapo-Dienststellen Konstanz und Singen, der im Oktober 1948 vor dem französischen Militärgericht in Rastatt stattfand.

Konzentrationslager und Zwangsarbeit

Die Uhren- und Rundfunkindustrie im Raum **Villingen** war bis zu Kriegsbeginn vollständig auf die Rüstungsproduktion umgestellt. Elf Betriebe mit 4.800 Beschäftigten lieferten Präzisionsteile (Schrauben, Muttern, Stifte, Drehteile) für die Flugzeugindustrie. Ab 1943 bekamen Villinger und Schwenninger Unternehmen als Zulieferbetriebe im „Jägerprogramm" und im A-4-Raketenprogramm vorrangig ausländische Zwangsarbeitskräfte zugewiesen.

Die **Schwarzwälder Apparatebauanstalt** (Saba), das größte Villinger Unernehmen, produzierte u.a. Bordfunkgeräte und Landminen und hatte seit 1937 den bevorzugten Rang eines „Wehrwirtschaftsunternehmens". Die Saba-Belegschaft stieg von 1.075 überwiegend weiblichen Beschäftigten (vor 1939) in den Kriegsjahren auf mindestens 1.234; ausländische Zwangsarbeitskräfte stellten etwa 1/5 der Belegschaft.

Bei der **Kienzle Apparatebau GmbH** waren 1944 425 Zwangsarbeiterinnen und -arbeiter eingesetzt, was etwa einem Drittel der Belegschaft entsprach. Im Arbeitsamtsbezirk Villingen wies die Fa. Kienzle, seit 1938 mit Wehrmachtsaufträgen ausgestattet, die größte Zahl an Kriegsgefangenen und „Ostarbeitern" auf. Das Unternehmen produzierte Fahrzeug- und Flugmotoren-Teile, Zeitzünder sowie U-Boot-Elektrik. Gearbeitet wurde bereits ab 1940 in Tag- und Nachtschichten, 1944 erhöhte man die Arbeitszeiten für Frauen und Männer auf 65 Wochenstunden. Noch nicht erforscht ist das 1944 betriebene Projekt der unterirdischen Produktionsverlagerung in einen Gipsstollen bei Ewattingen (Wutach, Kr. Waldshut).

Ein weiterer Rüstungsbetrieb war die **Aluminiumgießerei** in Villingen, die 1943 mit 30,6 % der Beschäftigten den höchsten Ausländeranteil aufwies.

1942 waren im Arbeitsamtsbezirk Villingen 3.423 ausländische Zwangsarbeitskräfte gemeldet; ihre Zahl stieg in den folgenden Kriegsjahren beträchtlich an. Schätzungen – so Ekkehard Hausen und Hartmut Danneck in ihrer bereits erwähnten Dokumentation – gehen davon aus, „daß im Jahr 1944 etwa 25 % der Schwenninger Arbeitskräfte Zwangsarbeiter und Zwangsarbeiterinnen waren; bei Kriegsende dürften es etwa 3.500–4.000 gewesen sein. Aus allen Richtungen wurden sie herangeschleppt: aus den westlichen Ländern Frankreich, Belgien, Niederlande, Luxemburg als ‚dienstverpflichtete' Zivilarbeiter (aus Frankreich auch als Kriegsgefangene), aus den östlichen Ländern Rußland, Polen, Jugoslawien als Kriegsgefangene (Männer) und Zwangsdeportierte (Frauen). Die Beitreibung der letzteren ging oft so vor sich, daß man Dörfer umstellte, die arbeitsfähigen Frauen auf einem Platz zusammentrieb, in Lastwagen (danach Eisenbahn) verlud und ohne deren Wissen und ohne jedes Gepäck nach Deutschland verfrachtete. Hier waren sie größtenteils gezwungen, unter sklavenähnlichen Bedingungen in Betrieben der Kriegsindustrie zu arbeiten, d.h. die tödliche Munition mitherzustellen, die ihre eigenen Landsleute treffen sollte."

Als Unterkünfte sind in **Schwenningen** bislang bekannt: ein Barackenlager an der **Alten Ziegelei** (heute: Städtischer Bauhof), in dem französische Kriegsgefangene, später italienische Militärinterierte untergebracht waren; ein Lager im **„Helgle"**, **Goethestraße**, das die **Schuhfabrik Johannes Haller** im September 1941 für russische Kriegsgefangene einrichtete; das „Gemeinschaftslager" **Dickenhardt** (oder Nord) für „Ostarbeiterinnen"; das „Gemeinschaftslager" **Brühl** an der **Liststraße** für Zwangsarbeiter aus westlichen Ländern; das ehemalige Fabrikgebäude in der **Winkelstraße**, in dem die **Fa. Junghans** (s. Schramberg, Kr. Rottweil) ab September 1942 Zwangsarbeitskräfte aus der Sowjetunion unterbrachte; das ebenfalls von Junghans genutzte Gebäude in der **Rathausstraße** 3; ein Gebäude in der **Gerokstraße** 17; die **Jugendherberge** in der **Neckarstraße** 65a, in dem französische Kriegsgefangene untergebracht waren, sowie das ehemalige Verwaltungsgebäude der **Uhrenfabrik Thomas Ernst Haller** in der **Austraße**, in dem bei Kienzle eingesetzte Zwangsarbeitskräfte leben mußten. Weitere Unterkünfte standen auf den Firmengeländen, u.a. bei der **Württembergischen Uhrenfabrik** in der **Bürkstraße** und bei **Saba**.

Für **Villingen** werden – außer dem Gelände des Stalag VB – die **Klosterkasernen** als Unterkunft für

Stalag VIB Villingen (Aufnahme von 1945)

Kriegsgefangene, und das ehemalige RAD-Lager in der **Rietheimer Straße** für „Ostarbeiter" und „Ostarbeiterinnen" genannt.

Das Kriegsgefangenen-Stammlager, das Stalag VIB Villingen, befand sich auf dem Gelände zwischen der Richthofen-Kaserne an der **Kirnacher Straße**, der Fa. Saba und der **Richthofenstraße**. Eingerichtet Ende März 1940, waren hier bis Kriegsende zwischen 20.000 und 30.000 ausländische Kriegsgefangene registriert, die in Villingen und Schwenningen sowie in Hunderten von Arbeitskommandos im Raum südlich der Linie Kaiserstuhl-Villingen-Münsingen-Ulm Zwangsarbeit verrichten mußten. Im Stammlager selbst waren anfangs 500, gegen Kriegsende über 2.000 Gefangene untergebracht. Waren dessen Baracken überbelegt, wurden auch die **Turnhalle** und die **Franziskanerkirche** als Nachtunterkunft genutzt. Franzosen und sowjetische Gefangene stellten die stärksten Gruppen, des weiteren waren Polen, Briten, Serben, Belgier, US-Amerikaner, Italiener und jüdische Gefangene im Lager.

Gräber von in Schwenningen verstorbenen Zwangsarbeitern befinden sich auf dem **Waldfriedhof** von **Schwenningen**. Das Ausländergräberfeld mit einfachen Holzkreuzen, auf denen osteuropäisch klingende Namen stehen, erreicht man über einen Weg links vom Haupteingang. Nach Auskunft des Stadtarchivs sind es „nur noch wenige Gräber, da die meisten Toten in ihre Heimat überführt wurden". Laut Gräberliste von 1953 waren hier 53 Tote bestattet, 20 Männer, dreizehn Frauen, zwei Unbekannte und 18 Kinder, die in den Jahren 1943, 1944 und 1945 starben. Das Alter der Frauen lag fast durchweg zwischen 20 und 27 Jahren, das der Männer zum Teil darüber. Bei den Kindern handelte es sich ausnahmslos um polnische und russische Säuglinge, die in Schwenningen geboren waren. Die bei ihnen angegebenen Todesursachen wie „Ernährungsstörung" oder „Lebensschwäche" lassen auf extreme Lagerbedingungen schließen, die ihren frühen Tod herbeiführten. Möglicherweise befand sich in Schwenningen eine jener „Ausländerkinder-Pflegestätten einfachster Art", wie sie der Himmler-Erlaß vom Juni 1943 für die Kinder von „fremdvölkischen" Zwangsarbeiterinnen vorsah.

Auf dem **Villinger Friedhof** befinden sich in der Abteilung „Ausländer" noch 33 Gräber; auch hier haben Umbettungen stattgefunden. Ein **Gedenkstein** trägt lediglich die Jahreszahlen 1939–1945.

Bis Ende 1944 wurden im **Krematorium** von **Schwenningen** Tote aus dem „Arbeitserziehungslager" (AEL) Oberndorf-Aistaig (s. Kr. Rottweil) und den KZ-Außenkommandos der „Gruppe Wüste" in Schömberg, Schörzingen und Erzingen (s. Zollern-Alb-Kreis) verbrannt. Die vom Stadtarchiv erstellte „Liste der Urnenbeisetzungen 1940–1942" weist 91 Urnen nach. 19 Tote stammten aus dem AEL Oberndorf-Aistaig, 71 aus den KZ-Außenkommandos der „Gruppe Wüste", ein Toter, ein im September 1944 auf der Flucht erschossener Bulgare, aus dem KZ Markirch im besetzten Elsaß. Von den 43 Toten des KZ Schörzingen waren 31 Polen, sechs Russen, zwei Italiener, zwei Deutsche, ein Elsässer und ein Jugoslawe; sieben waren erschossen worden, einer hatte Selbstmord begangen. 24 Tote wurden aus dem KZ Schömberg eingeliefert, es waren elf Polen, fünf Deutsche, drei Italiener, zwei Russen, zwei Bulgaren und ein Norweger; drei waren an Schußverletzungen gestorben. Aus dem KZ Erzingen wurden zwei Franzosen und zwei Niederländer eingeäschert.

Diese Urnen sind auf dem am 12. September 1947 eingeweihten Ehrenfeld auf dem **Waldfriedhof** von **Schwenningen** beigesetzt. In den Boden eingelassene Tafeln geben lediglich – und außerdem unvollständig – Auskunft über die Nationalität der Toten. Der **Gedenkstein** bei diesem Gräberfeld trägt die Inschrift:

> „Den unsterblichen Opfern aller Nationen, im Kampf gegen nazistische Barbarei verfolgt, gemartert, erschlagen. Den Toten zur Ehre, den Lebenden zur Mahnung."

VÖHRENBACH

Widerstand und Naziterror

Auf einer Liste der Betreuungsstelle für die Opfer des Nationalsozialismus in Südbaden steht der Name von Karl Lauth aus Vöhrenbach. Die Gründe, weshalb er 81 Monate in Haft war, sind uns nicht bekannt.

Konzentrationslager und Zwangsarbeit

Nach Angaben des FNTB waren in Vöhrenbach während des Krieges 445 ausländische Zwangsarbeitskräfte gemeldet. Zahlen über Kriegsgefangene liegen nicht vor. Die meisten mußten für die **Fa. Heine & Söhne KG** arbeiten, die feinmechanische Ausrüstungen für die Flugzeugindustrie herstellte.

SPUREN DER ZWANGSARBEIT

Der Französische Nationale Suchdienst (FNTB) ermittelte nach dem Krieg zum Ausmaß der Zwangsarbeit in der französisch besetzten Zone. Seine Recherchen erfassten lediglich Zivilpersonen, nicht jedoch Kriegsgefangene. Für folgende Orte sind nur Zahlen bekannt:

Niedereschach	215 Personen
Schönwald	75 Personen

LITERATUR

Manfred Bosch: Vom Gemeinnutz zum Unrecht. Die Arbeiterkolonie **Ankenbuck** – ein Paradigma. In: Allmende. Heft 6, 1983

Manfred Bosch: Widerstand und Verfolgung 1933-1945. Das Hakenkreuz über der Baar und dem Schwarzwald. In: Almanach. Heimatjahrbuch Schwarzwald-Baar-Kreis. 1984

Manfred Bosch: Als die Freiheit unterging. Eine Dokumentation über Verweigerung, Widerstand und Verfolgung im Dritten Reich in Südbaden. Konstanz 1985 (zu **Blumberg**, **Sankt Georgen**, **Triberg**)

Die Chronik. 100 Jahre SPD in **Villingen** und **Schwenningen**. Hg.: SPD-Ortsverein Villingen-Schwenningen. Villingen-Schwenningen 1990

Annemarie Conradt-Mach: Arbeit für den Krieg. Beilage der Südwestpresse/Neckarquelle zum 50. Jahrestag des Ausbruchs des 2. Weltkrieges vom 2. Sept. 1989 (zu **Villingen-Schwenningen**)

Annemarie Conradt-Mach: „Alle mieden und verachteten uns ...". Fremdarbeiter in **Villingen** und **Schwenningen**. In: Ausstellungskatalog 1939/1949. Villingen-Schwenningen in Aussagen, Bildern und Dokumenten. Villingen-Schwenningen 1989

Kathrin Engel, Katja Hauser, Tatjana Kizmann: Judenschicksale in **Villingen**. In: Blätter zur Geschichte der Stadt Villingen-Schwenningen 1. Villingen-Schwenningen 1994

Ekkehard Hausen, Helmut Danneck: „Antifaschist, verzage nicht ...!" Widerstand und Verfolgung in **Schwenningen** und **Villingen**. Villingen-Schwenningen 1990

Werner Huger: Sühnekreuz im Tannhörnle. In: Blätter des Geschichts-und Heimatsvereins **Villingen** 1988/1989 (zu Villingen)

Volkhardt Huth: **Donaueschingen**. Stadt am Ursprung der Donau. Ein Ort in seiner geschichtlichen Entwicklung. Hg.: Stadt Donaueschingen. Sigmaringen 1989

Ingeborg Kottmann (Hg.): 1939/1949. Fünfzig Jahre Kriegsausbruch, vierzig Jahre Bundesrepublik Deutschland. **Villingen-Schwenningen** in Aussagen, Bildern und Dokumenten. Kriegs- und Nachkriegszeit, Kunst und Kultur. Villingen-Schwenningen. 1989

Heinz Lörcher: Josef Heid – ein Opfer des Nationalsozialismus. In: Almanach. Heimatjahrbuch Schwarzwald-Baar-Kreis. 1989 (zu **Villingen-Schwenningen**)

Klaus Maiwald: **Unterkirnach**. Geschichte einer Schwarzwaldgemeinde. Hg.: Gemeinde Unterkirnach. Unterkirnach 1994

Karl Rudolf Schäfer: Sicherer Stollen für Kienzle Uhren. Rüstungsindustrie und Zwangsarbeit. In: Südwest Presse vom 13. April 1995 (zu **Villingen-Schwenningen**)

Karl Rudolf Schäfer: Dolmetscher übergab Gefangenenlager. Geschichte des Stammlagers V B. In: Südwest Presse vom 19. April 1995 (zu **Villingen-Schwenningen**)

Verfolgung und Widerstand unter dem Nationalsozialismus in Baden. Die Lageberichte der Gestapo und des Generalstaatsanwalts Karlsruhe 1933–1940. Bearbeitet von Jörg Schadt. Hg. Stadtarchiv Mannheim. Stuttgart 1976 (zu **Blumberg**, **Sankt Georgen**, **Triberg**)

Karl August Wittfogel: Staatliches Konzentrationslager VII. Eine „Erziehungsanstalt" im Dritten Reich. Bremen 1991 (zu **Ankenbuck**)

Richard Zahlten: Dr. Heinrich Feurstein. Hg.: Katholisches Pfarramt St. Johann. Donaueschingen 1992 (zu **Donaueschingen**)

Kreis Tuttlingen

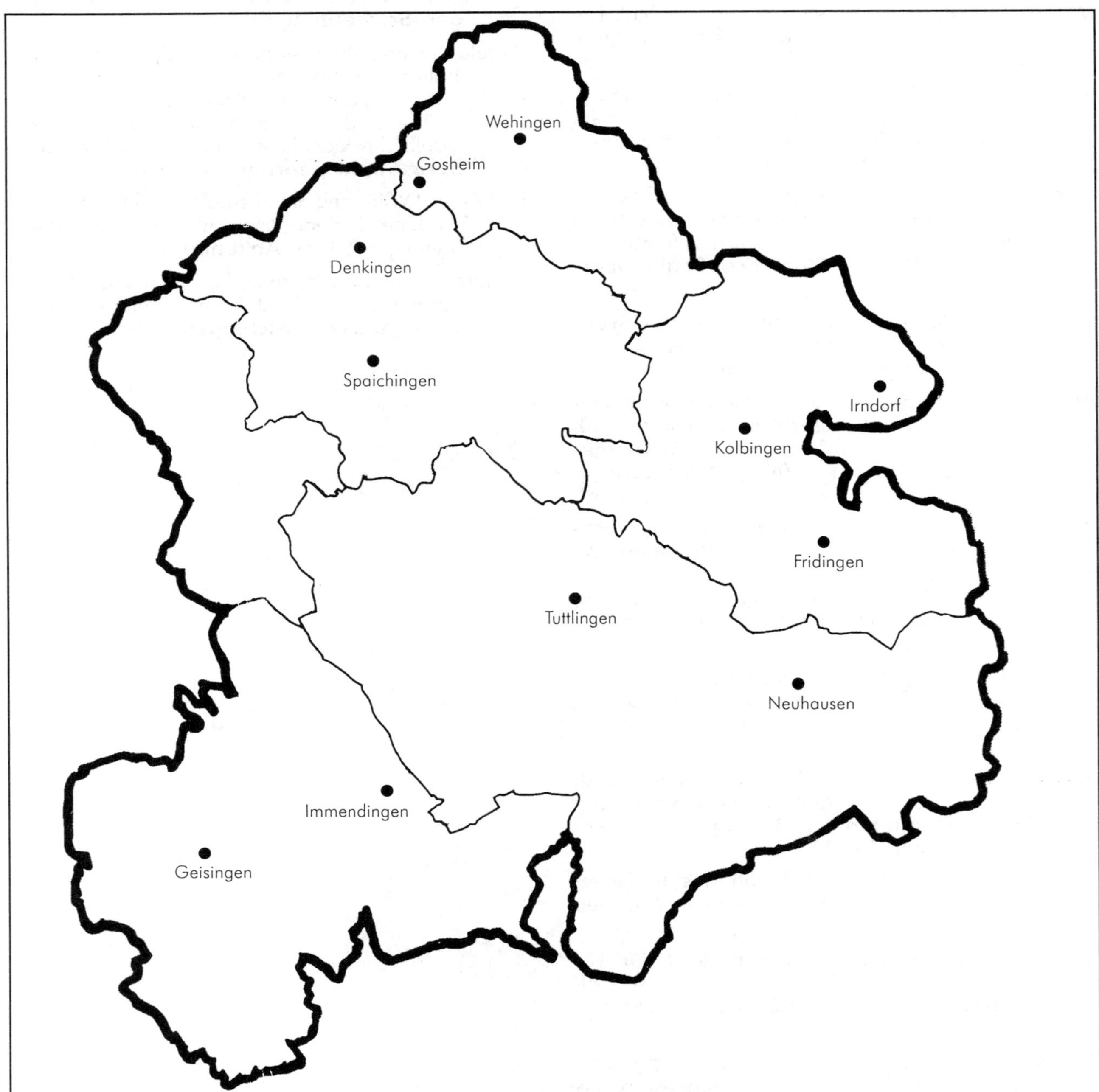

DENKINGEN

Widerstand und Naziterror

Pfarrer Adolf Bernhard aus **Hilpensberg** wurde 1941 verhaftet, weil er sich bei einer Beerdigung kritisch über den Krieg geäußert hatte. Die Gestapo überstellte ihn in das KZ Dachau, wo er am 11. Juni 1942 ums Leben kam.

Konzentrationslager und Zwangsarbeit

Opfer eines Todesmarsches von KZ-Häftlingen wurden 1945 auf dem **Friedhof** von **Denkingen** bestattet: Drei Männer waren an Entkräftung gestorben, zwei wurden erschossen im **Spritzenhaus** aufgefunden.

FRIDINGEN an der DONAU

Widerstand und Naziterror

Auf dem **Hof Ziegelhütte** nahe der Stadt Fridingen überlebte die Jüdin Sybille Kramer aus Tuttlingen dank der Hilfe des Ehepaars Maria und Ernst Heni. Seit Sommer 1988 steht ein von dem Bildhauer Andreas Schönian geschaffenes **Denkmal** am Wanderweg zwischen Bergsteig und Beuron, unmittelbar neben dem Hof. Auf dem Stein ist folgender Text zu lesen:

„Gedenken an Maria und Ernst Heni.
Sie haben die jüdische Tuttlinger Mitbürgerin
Sybille Kramer von 1944–1945
in der Ziegelhütte vor den Nazis versteckt und
durch dieses mutige beispielhafte
Verhalten das Leben gerettet.
Deutscher Gewerkschaftsbund Kreis Tuttlingen.
August 1988"

Wie in der vom DGB Kreis Tuttlingen herausgegebenen Dokumentation nachzulesen ist, weigerte sich die Stadt Fridingen, dieses Denkmal aufzustellen.

Die NS-Zeit in Fridingen hat Wolfgang Wirth aufzuarbeiten begonnen. Er fand heraus, daß in der **Ziegelhütte** auch andere Juden, „die nachts durch das Donautal zogen, um in die Schweiz zu fliehen, Unterschlupf und Nahrung fanden". Auf dem benachbarten **Scheuerlehof** wurden ebenfalls zwei Juden versteckt. Wirth erinnert auch an den Löwenwirt Josef Schnell, der im Frühjahr 1933 von den Nationalsozialisten gezwungen wurde, sein Gemeinderatsmandat niederzulegen. Der überzeugte Sozialdemokrat machte aus seiner Gegnerschaft zu Hitler keinen Hehl und mußte des öfteren Hausdurchsuchungen und Gestapoverhöre über sich ergehen lassen. Sein Name stand an zweiter Stelle auf einer in den Kriegsjahren erstellten „schwarzen Liste von Partei- und Staatsfeinden", mit denen die NSDAP nach dem „Endsieg" endgültig abrechnen wollte.

An erster Stelle dieser Liste stand der katholische Dekan Alfons Epple (1896–1976). Epple war seit 1932 Stadtpfarrer von **Fridingen**, einer Hochburg der Zentrumspartei, für die bei den letzten Reichstagswahlen vom 5. März 1933 44,1 % der Wahlberechtigten stimmten. Die SPD erhielt bei dieser Wahl 16,1 % der Stimmen und die KPD 6,6 %. Die NSDAP blieb mit 30,6 % der Stimmen weit unter dem Reichsdurchschnitt. Epple geriet im Kirchenkampf in ständige Konflikte mit der NSDAP, so 1936 bei der Abschaffung der katholischen Volksschule und den zahlreichen Behinderungen religiöser Veranstaltungen. Nach dem Verbot der katholischen Organisationen im Frühjahr 1939, das in Fridingen den Arbeiterverein, den Krankenpflegeverein Sankt Elisabeth, den Frauen- und Mütterverein, den Borromäusverein, den Volksverein für das katholische Deutschland, einige Bruderschaften und die Jugendvereinigungen betraf, organisierte Dekan Epple „religiöse Abende" im Pfarrgemeindesaal. Mit Themen wie „Was ist Weltanschauung?" oder „Was ist Pflicht am Volke?" setzte er sich aus christlicher Sicht mit der nationalsozialistischen Ideologie auseinander. Im Zug der Verbotsaktionen verhörte die Gestapo Oberndorf (s. Kr. Rottweil) auch Ernest Schiele, den Vorsitzenden des Katholischen Arbeitervereins, und durchsuchte mehrere Male seine Wohnung. Im April 1939 wurde dem Stadtpfarrer verboten, weiterhin Religionsunterricht zu erteilen. Er richtete daraufhin Kinder- und Jugendseelsorgestunden im Pfarrhaus ein. Wenige Tage nach seiner Wahl zum Dekan des Landkapitels Wurmlingen schloß die Gestapo Oberndorf die Fridinger Pfarrbücherei und beschlagnahmte alle Bücher. Aufgrund einer Denunziation mußte Epple im Januar 1942 wegen „Heimtücke" und „Kanzelmißbrauchs" vor dem Sondergericht Tuttlingen erscheinen, das ihn zu einer Geldstrafe verurteilte. Bei seiner Heimkehr nach Fridingen wurde er von über 100 Bürgerinnen und Bürger und der Gestapo empfangen. Die ganze Nacht durch hielten Ernest Schiele und anderer Männer vor dem **Pfarrhaus** Wache, weil sie befürchteten, die Gestapo würde den Pfarrer in einer Nacht- und Nebel-Aktion mitnehmen. Nach dem Krieg geriet Dekan Epple unter Kritik, weil er sich als Seelsorger für auf dem Heuberg internierte Fridinger NSDAP-Mitglieder einsetzte. 1954 verließ er auf eigenen Wunsch die Stadt, die ihm 1973 anläßlich seines 50jährigen Priesterjubiläums die Ehrenbürgerwürde verlieh.

Bei der „Volksabstimmung" im April 1938 hatte Frau Büche mit „Nein" gestimmt. Nationalsozialisten stellten sie vor dem **Rathaus** an den Pranger und führten sie unter Schmähungen zu ihrer Wohnung am Bahnhof zurück; dort standen inzwischen Schilder mit der Aufschrift „Hier wohnt die Volksverräterin!". Die Familie Büche wurde solange von den Nazis geplagt, bis sie die Stadt verließ.

Konzentrationslager und Zwangsarbeit

Nach Angaben des FNTB waren während der Kriegsjahre in **Fridingen** 230 ausländische Zwangsarbeitskräfte gemeldet.

GEISINGEN

„Rassische" Verfolgung und „Euthanasie"

Seligmann Hirsch, der einzige Jude, der 1933 in Geisingen wohnte, wurde am 22. Oktober 1940 in das Internierungslager Gurs in Südfrankreich deportiert. 1942 mußte der 54jährige den Weg in das Vernichtungslager Auschwitz antreten. Dort verlieren sich seine Spuren.

In seiner „Geschichte der badischen Psychiatrie bis 1945" schreibt Heinz Faulstich über die **Kreispflegeanstalt Geisingen**:

„In dieser ältesten badischen Kreispflegeanstalt hatte man 1933 aus politischen Gründen den Verwaltungsleiter Simon abgelöst und durch den Ortsgruppenleiter der NSDAP in Geisingen, Wilhelm Weick, ersetzt. Während der Aktion T4 hat er, darin stimmen die Aussagen aller von Rappenecker (Rappenecker leitete 1947 die Ermittlungen für die ‚Euthanasie'-Prozesse in den badischen Anstalten, d.Vf.) vernommenen Zeugen überein, absolut nichts gegen den Abtransport seiner Pfleglinge unternommen. Er hat sogar einen Patienten, der wenige Tage vor dem der Anstalt bekannten Termin des Abtransportes entwichen war, eigens durch die Gendarmerie wieder zurückholen lassen. Um die Ernährung seiner Pfleglinge soll er sich nach Zeugenaussagen nicht besonders gekümmert haben, es gab sogar das Gerücht, daß er Fleisch an die Wehrmacht abgegeben oder absichtlich eingespart habe. Während in den ersten vier Kriegsjahren im Durchschnitt 35 Sterbefälle vorkamen, stieg die Zahl 1943 auf 63 und 1944 auf 75, also auf das Doppelte an. Zu den rund 300 Geisinger Patienten kamen am 11. Dezember 1944 noch 200 Kranke aus Emmendingen hinzu.

Der frühere Verwalter Simon besuchte zusammen mit einem von der Besatzungsmacht empfohlenen Verwaltungsbeamten wegen umlaufender Gerüchte über die dort herrschenden ‚schrecklichen Zustände' sechs Monate später, im Mai 1945, die Anstalt und gewann einen ‚nachhaltig erbärmlich wirkenden Eindruck': Die Aufenthaltsräume waren überfüllt, schmutzig und ‚rochen zum Erbrechen'. In den ebenfalls überfüllten Schlafräumen sah man nur wenig und zum Teil ‚schmutzstarrende' Wäsche. ‚Entsetzenerregend wirkte ein kleiner Raum im ersten Stock, ... gewissermaßen die Todeskammer der Anstalt. Die Säle, in denen sich die Geisteskranken aus Emmendingen befanden, waren in stärkster Art überbelegt.' Vor dem Untersuchungsrichter ergänzte er noch: ‚Die Lebensmittelvorräte waren so gut wie erschöpft. Wir hörten, daß die Leute sich z.T. von Gras und Baumrinde ein Essen zubereitet haben, ... die meisten waren zum Skelett abgemagert.' Eine Folge dieser Zustände war ein dramatischer Anstieg der Sterbefälle: Von den rund 500 Patienten am Ende des Jahres 1944 starben 1945 nicht weniger als 186, also 37% aller Heimbewohner. Die Todesfälle waren gleichmäßig über das ganze Jahr verteilt, die Sterblichkeit blieb also auch nach dem Ende des Krieges noch erhöht: 1946 starben immer noch 86 Menschen. Ursache des Massensterbens war ohne Zweifel die Unterernährung."

(Zum Schicksal einer Geisinger Patientin s. Hüfingen, Schwarzwald-Baar-Kreis)

Konzentrationslager und Zwangsarbeit

Für **Geisingen** gab der FNTB die Zahl der ausländischen zivilen Zwangsarbeitskräfte mit 145 Personen an. Ein Teil hat vermutlich im **Eisenerzbergwerk Gutmadingen** gearbeitet, das im Zuge der Aufrüstung und der im Blick auf den Krieg angestrebten Autarkie wieder reaktiviert worden war. Eine weitere Arbeitsstätte war der Zweigbetrieb der **Landmaschinenfabrik Gebr. Fahr** (s. Stockach, Kr. Konstanz).

Vom **Friedhof Aulfingen** wurde das Grab der Ostarbeiterin Maria Kurylak auf den „Russenfriedhof" nach Biberach umgebettet (s. Kr. Biberach).

GOSHEIM

Widerstand und Naziterror

Bei den Reichstagswahlen vom 5. März 1933 entfielen in der Gemeinde am Heuberg von 482 abgebenen Stimmen 369 für das Zentrum, 19 für die SPD und zehn für die KPD; die NSDAP erhielt 65 Stimmen. Der Gemeinderat setzte sich, wie zuvor, aus fünf Zentrumsvertretern und einem Mitglied der NSDAP zusammen. Im August 1933 legten die Zentrumsgemeinderäte geschlossen ihr Mandat nieder; sie waren nicht bereit, zur NSDAP überzuwechseln. Der langjährige Gemeinderat Johannes Weiß (Zentrum) kam im Sommer 1933 für eine Woche in „Schutzhaft", weil er eine Rede des NSDAP-Kreisleiters mit Pfui-Rufen kommentiert hatte. Bei der „Volksabstimmung" im November 1933 gab es zwar noch eine Wahlkabine, vor dieser prangte jedoch ein Transparent: „Willst Du ein Volksverräter sein, dann tritt in diese Zelle ein!" 18 Gosheimer stimmten unter diesem Druck mit „Nein"; eine Frau, die der Wahl fern blieb, wurde übel beschimpft.

Konzentrationslager und Zwangsarbeit

Nach Angaben des FNTB waren während der Kriegsjahre in **Gosheim** 430 zivile ausländische Zwangsarbeitskräfte gemeldet. Zusätzlich war ein Kommando mit französischen Kriegsgefangene im Dorf stationiert, das in einer heute noch stehenden Holzbaracke am Ausgang der **Austraße** untergebracht war. In der Gemeindechronik von 1995 ist für das Jahr 1944 von „380 Ausländern" die Rede, die „zumeist aus den Oststaaten stammten" und angeblich „in der Kriegsindustrie des Ortes eine gute Beschäftigung" gefunden hätten. Sie lebten in einer Baracke im **„Gehren"**, auf dem heutigen Gelände der Fabrik Hugo Weiß.

Die Kriegsvorbereitungen hatten dem Ort zu einem wirtschaftlichen Aufschwung verholfen: Bis 1940 waren elf Fabrikgebäude und sieben Werkstätten gebaut worden. Die Gosheimer **Fa. Haller & Co**, Uhren- und Radiobestandteile, richtete 1939 zusätzlich einen Zweigbetrieb in Wehingen ein. Arbeitsstätten der Zwangsarbeitskräfte waren die örtlichen Metall- und Uhrenfabriken, die nun Zünder und ähnliches produzierten, sowie ein in die Streichersche Fabrik verlagerter Rüstungsbetrieb.

Möglicherweise mußten einige auch für die Oberhausener **Gute-Hoffnungs-Hütte** arbeiten, die in den Jahren 1940 bis 1941 auf der Gosheimer Gemarkung nach Eisenerz schürfen ließ. Insgesamt wurden neun Schächte oberhalb der Ziegelhütte, im „Albarain", im „Gehren" und im „Brühl" geteuft, die nach negativen Ergebnissen wieder zugeschüttet wurden.

Beim Einmarsch der 1. französischen Armee bestimmte diese den ehemaligen französischen Kriegsgefangenen Paul Noir zum Ortskommandanten; ihn unterstützten ehemalige belgische, französische und niederländische Zwangsarbeiter. Über den Verbleib der aus Polen und der Sowjetunion verschleppten Zwangsarbeiterinnen und -arbeiter ist nichts bekannt.

IMMENDINGEN

Widerstand und Naziterror

Im Januar 1937 wurde der katholische Pfarrer Gustav Oßwald (1885-1962) erstmals wegen „Heimtücke und groben Unfugs" angezeigt. Doch das Verfahren wurde im April 1937 eingestellt. Als Ende 1939 die ersten polnischen Kriegsgefangenen nach **Immendingen** kamen, sah Oßwald ihre seelsorgerische Betreuung als seine Pflicht an. Er besuchte sie in ihrer Unterkunft, unterhielt sich mit ihnen, ließ auch

Zigaretten da. Zu Weihnachten hielt er für sie einen eigenen Gottesdienst. Am 29. Januar 1940 nahm die Gestapo Pfarrer Oßwald in „Schutzhaft" und brachte ihn in das Gefängnis von Donaueschingen. Auch nach der Aufhebung des richterlichen Haftbefehls hielt die Gestapo den Pfarrer bis zum 9. Mai 1940 in Gewahrsam. Nach seiner Freilassung verließ er Immendingen und übernahm eine kleine Pfarrei am Kaiserstuhl. Er starb 1962 und wurde in seiner Heimatgemeinde Büßlingen (Kr. Konstanz) beigesetzt.

Konzentrationslager und Zwangsarbeit

Nach Angaben des FNTB waren während der Kriegsjahre in **Immendingen** 150 ausländische zivile Zwangsarbeitskräfte eingesetzt. Über deren Lebens- und Arbeitsbedingungen ist bisher nichts bekannt. Ein Teil mußte vermutlich bei der **Reichsbahn** sowie der Immendinger **Gießerei** und **Maschinenfabrik** arbeiten. Polnische Kriegsgefangene, untergebracht im ehemaligen Lager der Hitlerjugend, wurden zu Waldarbeiten eingesetzt.

Die lokale Literatur spricht über das Schicksal der der Ausländer nur im Zusammenhang mit den dramatischen Tagen der Befreiung. Am 23. April 1945 übernahm ein Offizier der 1. französischen Armee, unterstützt von befreiten französischen und niederländischen Zwangsarbeitern, die Befehlsgewalt. Zu den dringendsten Aufgaben gehörte die Versorgung von KZ-Häftlingen, deren Transportzug aus Offenburg am 21. April in Immendingen liegen geblieben war. Die Häftlinge waren von der langen Haft im KZ Flossenbürg und der mörderischen Arbeit im Außenkommando Offenburg aufs äußerste erschöpft, von Hunger gequält, viele litten an schweren Erkrankungen (s. Offenburg, Ortenau-Kreis).

Am 25. April 1945 überfielen in den frühen Morgenstunden Wehrmachtseinheiten unter Führung der SS, die aus Bad Dürrheim einrückten, die befreite Stadt. Für die KZ-Häftlinge und für die in Immendingen sich befindenden sowjetischen, polnischen, serbischen und italienischen Zwangsarbeiterinnen und -arbeiter entstand nun eine lebensgefährliche Situation. Denn die SS trieb sie alle aus den **Stollen** unterhalb des **Hinterbirkenweges** und am **Mettenberg**, wo sie Schutz gesucht hatten, zur ehemaligen **Schule** in der Absicht, sie im Wald zu erschießen. Die beiden Ortspfarrer Burgert und Fischer konnten der SS einige der ihnen bekannten Immendinger Zwangsarbeiter entreißen. Hinsichtlich der KZ-Häftlinge heißt es in der Ortschronik, daß man „Vorkehrungen getroffen" habe, damit sie nicht erschossen würden. Da wir die Gräberlisten nicht einsehen konnten, bleibt es offen, wie viele Opfer die Rückkehr der Wehrmacht und der SS gefordert hat. Die unvollständigen Namen von sieben KZ-Häftlingen, die im Lazarett im **Schwesternhaus** starben, sind in der Ortschronik aufgeführt:

„Adolf Klein, Milosna bei Warschau, ein Pole namens Heinrich; ein Pole namens Dormei, ein Grieche namens Gamke, ein Italiener aus Mailand, Karl Grisa aus Peseritz (Rügen), ein unbekannter Russe, der tot am Bahndamm lag."

Bei Kriegsende befanden sich auf dem **Friedhof** von **Immendingen** fünf Gräber von sowjetischen Kriegsgefangenen. Sie wurden 1949 auf den „Russenfriedhof" von Biberach verlegt. In der Gräberliste dieses Friedhofes stehen vier Namen: Alexander Melis, Johann Szalay, Mikall Mironienko, Aljeksey Rilkow, der fünfte Tote ist ein namentlich unbekannter Russe (s. Kr. Biberach).

In **Hintschingen** starb der russische Kriegsgefangene Jury Pelikow, dessen Grab heute ebenfalls in Biberach zu finden ist.

IRNDORF

Widerstand und Naziterror

Der 1881 in Irndorf geborene Schneider Karl Rabold lebte zu Beginn der NS-Zeit in Frankfurt am Main und gehörte dort zum Verteilerkreis der „Sozialistischen Aktion", einer Widerstandszeitung, die von der Exil-SPD in der Schweiz herausgegeben wurde und auf heimlichen Transportwegen über Konstanz und andere Orte bis nach Frankfurt gelangte (s. Schwenningen-Villingen, Schwarzwald-Baar-Kreis, und Konstanz, Kr. Konstanz). Im März 1935 wurde Rabold zu 16 Monaten Zuchthaus verurteilt. Ein zweiter Prozeß gegen ihn wegen „Wehrkraftzersetzung" endete mit der Todesstrafe. Karl Rabold wurde am 9. Oktober 1944 im Zuchthaus Brandenburg hingerichtet.

Auf dem Tuttlinger Ehrenmal für die Opfer des Nationalsozialismus stehen die Namen von Ludwig Reitze und Martin Wolf aus Irndorf. Weshalb die beiden Männer ihr Leben lassen mußten, ist nicht bekannt (s. Tuttlingen).

KOLBINGEN

Konzentrationslager und Zwangsarbeit

Während der Kriegsjahre waren in **Kolbingen** französische, später auch russische Kriegsgefangene eingesetzt, die bei Bauern und im **Steinbruch** arbeiten mußten. Zu ihren Bewachern gehörte der Sozialdemokrat Wilhelm Eisenlohr aus Tuttlingen, der nach seiner Entlassung im Dezember 1933 aus dem KZ Heuberg (s. Stetten a.k.M., Kr. Sigmaringen) keine Arbeit mehr gefunden hatte. Er wurde zum Arbeitsdienst bei der Elta-Korrektur in Wurmlingen gezwungen und bei Kriegsbeginn, obwohl bereits 45 Jahre alt, als einer der ersten eingezogen. Eisenlohr konnte den Gefangenen ihre karge Freizeit im Lager etwas erleichtern, indem er heimlich Holz, Pinsel und Farben besorgte, mit denen die Gefangenen allerlei Spielzeug zum Tausch gegen zusätzliche Nahrungsmittel anfertigten.

Zusätzlich waren, wie der FNTB ermittelte, in der Gemeinde noch 75 ausländische zivile Zwangsarbeitskräfte gemeldet.

NEUHAUSEN ob ECK

Widerstand und Naziterror

Im Heimatbuch berichtet Kurt Lang über die Verhaftung bekannter Kommunisten:

„Am Morgen des 21. März 1933 fuhren vor dem **Rathaus** zwei Omnibusse vor, denen politische Polizei (Angehörige einer in Trossingen stationierten SS-Hundertschaft), SA und einige Landjäger entstiegen. Unter dem Vorwand, daß die hiesigen Kommunisten Unruhe und Gewalt stiften wollten, sollten sie festgenommen werden. Als erster wurde Bürgermeister Paul Sabbath vernommen. Unterdessen nahmen die Mannschaften, mit Karabiner im Anschlag, Hausdurchsuchungen vor. August Luz, als guter Redner bekannter KPD-Funktionär und Gemeinderat, wurde verhaftet und zu einem der beiden Omnibusse gebracht. Darin saßen schon Festgenommene aus anderen Gemeinden. Sie wurden bis zum nächsten Tag in Tuttlingen in Arrest genommen. Paul Lang konnte in die Schweiz fliehen. Der Gemeinderat Ernst Seeh, zunächst ebenfalls flüchtig, stellte sich am anderen Tag der Polizei. Alle Festgenommenen wurden in das sogenannte ‚Umschulungsschutzhaftlager Heuberg' bei Stetten am kalten Markt verbracht."

Mit dieser Verhaftungsaktion reagierte die Mitte 1932 gegründete NSDAP-Ortsgruppe auf den Ausgang der Reichstagswahlen vom 5. März 1933, aus der sie mit 241 Stimmen als stärkste Partei hervorging. Die Unterstützung durch die Tuttlinger SA bei ihren Aufmärschen sowie das Verbot der örtlichen KPD-Zeitung hatten jedoch nicht verhindert, daß die antifaschistischen und bürgerlichen Parteien rein rechnerisch mehr Stimmen bekamen: SPD 129, KPD 101, DDP 38 und der Bauernbund, der in Neuhausen nicht geschlossen mit der NSDAP sympathisierte, 18 Stimmen. Im April 1933 entfielen bei der Gleichschaltung des Gemeinderats die beiden KPD-Mandate, die SPD-Gemeinderäte Hermann Storz und Wilhelm Reichle legten nach dem Verbot ihrer Partei im Juni 1933 ihre Ämter nieder. SPD-Bürgermeister Paul Sabbath wurde am 22. Juni 1933 seines Amtes vorläufig enthoben und am 1. Oktober 1933 endgültig entlassen.

Der Kommunist August Luz kehrte nach fünf Monate Haft auf dem Heuberg nach Neuhausen zurück. In den folgenden Jahren beteiligte er sich an der Verbreitung antifaschistischer, aus der Schweiz eingeschmuggelte Zeitungen (s. Tuttlingen). Bei Kriegsende ging er mit dem damaligen Bürgermeister Hermann Zahner den anrückenden französischen Panzern entgegen und brachte als Zeichen der Übergabe eine weiße Fahne auf dem Kirchturm an. Mit Zustimmung des Tuttlinger Ortskommandanten Capitaine Bellevie, der als französischer Kriegsgefangener im gleichen Betrieb wie Luz, bei der AVOG in Möhringen, heute Ortsteil von Tuttlingen, gearbeitet und ihn als solidarischen Kollegen schätzen gelernt hatte, wurde August Luz erster kommissarischer Nachkriegsbürgermeister.

Konzentrationslager und Zwangsarbeit

Ab 1935 brachte die Ankurbelung der Rüstungsindustrie den örtlichen Fabriken und Handwerkern vermehrt Aufträge. Die Luftwaffe erwarb teils in Pacht, teils durch Kauf ein ca. 93 Hektar großes Gelände im oberen Esch, um dort einen Flugplatz anzulegen. Gleichzeitig wurden Kasernen gebaut. 1939 waren im Ort 1.000 und auf dem **Flugplatz** 1.400 deutsche Soldaten stationiert. 1944 verlagerten die Dornier-Werke aus dem zerstörten Friedrichshafen Werkstätten und die Ausbildung ihres Einflugpersonals nach Neuhausen in die **Kartonagenfabrik Birk** und in die **Schuhfabrik Hepfer** (s. Friedrichshafen, Bodensee-Kreis). Vermutlich waren ausländische Kriegsgefangene bzw. Zwangsarbeiter im Bereich des Flugplatzes eingesetzt; im Dezember 1944 wurden griechische Zwangsarbeiter, die bis dahin beim Ausbau des Nachtjägerflugplatzes Hailfingen gearbeitet hatten, nach Neuhausen verlegt (s. Rottenburg, Kr. Tübingen).

Kurt Lang berichtet im Heimatbuch über ein Lager von französischen Kriegsgefangenen, das sich in einer mit Stacheldraht umzäunten Baracke auf dem **Bergenhof** befunden hat. Die Franzosen mußten in der Landwirtschaft und im Wald arbeiten. Das Verhältnis zu ihnen sei gut gewesen, besonders Jugendliche seien sonntags zum Bergenhof gegangen, hätten Brot und Most gebracht und dafür manchmal auch einen der begehrten Schokoladenriegel erhalten. Kriegsgefangene westlicher Nationen durften ja Päckchen aus ihrer Heimat empfangen. Die NSDAP reagierte mit Drohungen auf diese „Bettelei bei Feinden". 1944, bei der Wiederbelegung des Flugplatzes, bekamen die französischen Kriegsgefangenen eine neue Unterkunft im alte **„Waschhäusle"** an der **Stockacher Straße**. Auch polnische Zwangsarbeiter waren im Ort, wie aus einem Bericht aus den Tagen der Befreiung hervorgeht.

SPAICHINGEN

Widerstand und Naziterror

Am 11. März 1933 verhaftete SA-Hilfspolizei den Bezirksgruppenleiter der KPD im Oberamt **Spaichingen**, Karl Birnbreier, und brachte ihn in das auf dem Truppenübungsplatz Heuberg eingerichtete KZ (s. Stetten a.k.M., Kr. Sigmaringen). Birnbreier kehrte nach fünf Monaten Haft nach Spaichingen zurück.

Konzentrationslager und Zwangsarbeit

Vom 26. September 1944 bis zur „Evakuierung" in den Tagen vom 15. bis zum 18. April 1945 bestand in **Spaichingen** ein Außenkommando des KZ Natzweiler. Die etwa 300 bis 400 Häftlinge aus mindestens neun Nationen, unter ihnen zahlreiche Juden, mußten bei den **Metallwerken GmbH**, einem nach Spaichingen verlagerten Rüstungsbetrieb, Zwangsarbeit verrichten; teilweise wurden sie auch zu Bau- und

Mahnmal für die Opfer des KZ Spaichingen

Transportarbeiten in der Lehmgrube und auf dem „Bulzen" eingesetzt. Es wird vermutet, daß diese Arbeiten mit dem Bau einer unterirdischen Fabrikanlage zusammenhingen.

Das aus drei mit Stacheldraht umzäunten Baracken bestehende Lager befand sich auf dem ehemaligen **Sportplatz**; es ist das Gelände hinter dem nach dem Krieg errichteten neuen **Rathaus**. Den katastrophalen Arbeitsbedingungen erlagen viele Häftlinge. Über die Zahl der Toten besteht bis heute Unklarheit. Als 1947 anläßlich der Einweihung des Tuttlinger Mahnmals für die Opfer des Nationalsozialismus ein Gedenkbuch herausgegeben wurde, waren dort 95 Namen verzeichnet. 21 Tote stammten aus Ungarn, 20 aus Italien, 15 aus Jugoslawien, zehn aus der Tschechoslowakei, zwei aus Frankreich und je einer aus Österreich, Rußland und der Schweiz. 24 Tote waren unbekannter Nationalität. Bei der ersten Gedenkfeier im Juli 1946 in Tuttlingen berichtete Eugen Rosenfeldt jedoch, daß zu diesem Zeitpunkt bereits 110 Tote exhumiert worden waren, die man in einem Massengrab außerhalb des Spaichinger Friedhofs, zwischen dem Friedhof und der Bahnlinie gelegen, verscharrt hatte. Mindestens 26 Tote aus dem KZ Spaichingen wurden zudem im Krematorium Tuttlingen verbrannt.

Beim Rastatter Prozeß gegen SS-Wachmannschaften der Natzweiler-Außenkommandos sagte der Spaichinger Arzt Dr. Ruffing aus, er habe im Zeitraum von Ende September 1944 bis Anfang 1945 zehn Sterbeurkunden ausgestellt, ohne die Leichen je gesehen zu haben. Die Gesamtzahl der in diesem Zeitraum vorgekommenen Todesfälle schätzte er auf etwa 80. Von Januar 1945 bis Ende April 1945 erlagen, wie das französische Militärgericht feststellte, weitere 78 Häftlinge den auf Vernichtung zielenden Arbeitsbedingungen und der Brutalität der SS-Aufseher.

Am 24. November 1963 wurde ein von dem Tuttlinger Bildhauer Roland Martin geschaffenes **Mahnmal** über dem ehemaligen Massengrab eingeweiht. Neben einer Steinplatte mit der unzureichenden Inschrift „Den Opfern der Gewalt" sind auf weiteren Platten die Namen von 30 KZ-Opfern festgehalten, die seit den Umbettungen Ende der vierziger, Anfang der fünfziger Jahre hier ruhen. Ein erstes Mahnmal war im Sommer 1945 von einer in Tuttlingen stationierten Einheit der französischen Armee errichtet worden. 1960 hatte das Regierungspräsidium Südwürttemberg-Hohenzollern die Erneuerung der Gedenkstätte veranlaßt. Sie ist über einen Fußweg hinter dem **Spaichinger Friedhof** zu erreichen. 1994 wurde im Gewerbemuseum eine von Jochen Kastilan erarbeitete Ausstellung über das KZ Spaichingen gezeigt. Bis heute fehlt sowohl in der Stadt als auch am abseits gelegenen Mahnmal eine Information über die geschichtliche Realität.

Die rund 400 ausländischen Zwangsarbeitskräfte, die während der Kriegsjahre nach den Ermittlungen des FNTB in Spaichinger Betrieben arbeiten mußten, sind völlig in Vergessenheit geraten.

TUTTLINGEN

Widerstand und Naziterror

Am 8. Februar 1933 erlebte Tuttlingen auf dem **Steinewasen** eine große antifaschistische Demonstration, zu der die sozialdemokratische Eiserne Front und der kommunistische Kampfbund gegen den Faschismus gemeinsam aufgerufen hatten. Die Redner – Eugen Rosenfeldt, SPD-Stadtrat und Gewerkschaftssekretär, und der Vorsitzende der KPD Tuttlingen Emil Rieger – forderten die Einheitsfront und riefen zum Kampf gegen den Faschismus auf. Bei den Reichstagswahlen vom 5. März 1933 erhielten SPD (25 %) und KPD (14,3 %) zusammen 39,3 % der Stimmen; das Zentrum erreichte 14,3 % der Wählerinnen und Wähler. Stärkste Partei wurde in der überwiegend protestantischen Stadt – wie bei den Novemberwahlen 1932 – mit 41,7 % der Stimmen die NSDAP.

Wie schon am Tag der Machtübertragung an die NSDAP gab es auch am Tag nach den Reichstagswahlen ein sichtbares Zeichen des Widerstandes. Am 30. Januar 1933 hatten Nationalsozialisten auf dem **Honberg** eine Hakenkreuzfahne gehißt. Fritz Fleck, Vorsitzender des Metallarbeiterverbandes, und seine beiden Söhne holten damals die Fahne herunter, schnitten das Hakenkreuz heraus und zogen sie wieder hoch. Am 6. März 1933 wehten rote Fahnen auf dem **Gewerkschaftshaus**, dem „Falken", an der Ecke **Karl-** und **Zeughausstraße**. Die aufmarschierte SA-Truppe und die Tuttlinger Polizei mußten Verstärkung aus Reutlingen anfordern, um sie schließlich herunterzuholen. Als die Nazis vier Tage später die Hakenkreuzfahne auf dem **Rathaus** hißten, flatterte auf dem Honberg erneut eine rote Fahne, die jedoch sofort entfernt und auf dem Marktplatz verbrannt wurde. Am 1. Mai 1933 schließlich, als zahlreiche Antifaschisten bereits verhaftet waren, prangte eine rote Fahne auf dem Turm der **Evangelischen Stadtkirche**.

Am 9. März 1933 begannen die ersten Verhaftungen: Der Vorsitzende des KJVD, Albert Reuchlen, wurde an seinem Arbeitsplatz, einer Schuhfabrik in Schwenningen, von SA-Hilfspolizisten abgeführt. In Tuttlingen wurde Oskar Heuberger, Redakteur der bereits am 28. Februar verbotenen Zeitung „Rote Einheit", verhaftet und in das KZ Heuberg (s. Stetten a.k.M., Kr. Sigmaringen) eingeliefert. Am 17. März 1933 und den Tagen darauf erfolgte die Verhaftung der SPD-Stadträte Fridolin Bacher, Eugen Rosenfeldt, Fritz Fleck, Alfred Hauser und Ernst Haug. Ernst Haug war Redakteur der „Tuttlinger Volksstimme", deren letzte Ausgabe vom 11. März 1933 das gegen sie verhängte Verbot bekanntgab. Die fünf Sozialdemokraten wurden in das **Amtsgerichtsgefängnis** in der **Gerberstraße** und nach wenigen Tagen ebenfalls auf den Heuberg gebracht. Dem Regionalgeschichtlichen Arbeitskreis Tuttlingen sind bislang die Namen von 18 Tuttlinger Kommunisten, Sozialdemokraten und Gewerkschaftern bekannt, die für kürzere oder längere Zeit auf dem Heuberg in „Schutzhaft" gehalten wurden.

Bei der Besetzung des **Gewerkschaftshauses** und des gegenüberliegenden Büros des Metallarbeiterverbandes in der **Zeughausstr.** 49 sperrte SA die ganze Gegend ab und verhaftete die Gewerkschaftssekretäre Koßmann und Eisenlohr. Heinrich Zepf, vor dem Überfall gewarnt, versteckte sich drei Tage und Nächte im Wald und stellte sich schließlich, als er erfuhr, daß die Nazis seiner Frau und seinen Kindern mit Geiselhaft drohten. Die drei Gewerkschafter und SPD-Stadtrat Schillinger wurden ebenfalls auf den Heuberg gebracht (zu Wilhelm Eisenlohr s. Kolbingen).

Von den in Tuttlingen sehr aktiven Vereinen des Arbeitersport- und Kulturkartells wurden, wie Marliese Allgaier-Schutzbach vom Regionalgeschichtlichen Arbeitskreis berichtet, der Turnverein Jahn, der Gesangverein „Freiheit", der Radfahrerverein „Solidarität" und die Ortsgruppe der Naturfreunde verboten. Das von den Naturfreunden in Eigenarbeit gebaute Haus bei den **Schaufelsen** im Donautal wurde von der Hitler-Jugend in Besitz genommen.

In den Morgenstunden des 2. August 1933 fanden die Frühschichten bei der **AG für Feinmechanik** und bei der **Schuhfabrik Rieker** Flugblätter, die auf einem einfachen Abziehapparat vervielfältigt worden waren. Die „Revolutionäre Gewerkschaftsopposition" prangerte hierin die fortschreitende Entrechtung unter dem Zeichen des Hakenkreuzes an und forderte zum Widerstand auf:

> „Haben sie nicht die Gewerkschaften zu Staatsorganen gemacht, die heute dazu dienen sollen, Deine Ausbeutung und Unterdrückung noch besser als bisher durchzuführen. Unter Drohungen der Entlassung wird Dein Beitritt erzwungen. Trotzdem sie keine Streikunterstützung zahlen und angeblich auch die hohen Bonzengehälter heruntergesetzt haben, sind die Beiträge so hoch wie früher. Als ‚Führer' haben sie Elemente eingesetzt, die es vorher nie für notwendig hielten, sich zu organisieren und zu kämpfen ... Arbeiter und Angestellte! Eure Aufgabe ist es, mitzukämpfen trotz Terror und Zuchthaus. Nur durch gemeinsamen Kampf aller Unterdrückten und Ausgebeuteten verhindert Ihr Euren völligen Untergang in Sklaverei und Knechtschaft!"

Obwohl Polizei, SA und SS daraufhin 15 Kommunisten verhafteten, gingen die Widerstandsaktivitäten weiter. Bei der „Volksabstimmung" am 12. November 1933 war Tuttlingen, wie die NS-Zeitungen meldeten, eines der „Kommunistennester, die mehr als 500 Nein-Stimmen aufwiesen".

Nach seiner Entlassung aus dem KZ Heuberg im Dezember 1933 wurde der Sozialdemokrat Ernst Haug erneut verhaftet. Die Gestapo hatte einen Brief in die USA abgefangen, in dem Haug die wahren Zustände in Hitler-Deutschland schilderte. Er wurde nun in das KZ Welzheim gesperrt (Rems-Murr-Kreis, Baden-Württemberg I) und erst als Todkranker entlassen. Er starb bald darauf am 5. Dezember 1936 im Alter von 53 Jahren.

Tuttlinger Kommunisten gehörten zur „Transportkolonne Otto", die in der Schweiz gedrucktes antifaschistisches Material heimlich über die Grenze brachten. Günter Lipowsky vom Regionalgeschichtlichen Arbeitskreis nennt in diesem Zusammenhang sechs Namen: Reinhold Rall, Eugen Ranzenhausen, Albert Reuchlen, Eugen Huber, Emil Gerach aus Tuttlingen sowie August Luz aus Neuhausen. Der Treffpunkt zur Materialübergabe lag in der Nähe von Stockach, etwa an der heutigen Autobahnauffahrt. Die Tuttlinger kamen zum verabredeten Zeitpunkt mit dem Fahrrad, später auch mit dem Motorrad, und täuschten eine Panne vor, um die Zeitungspakete unauffällig zu übernehmen. Über den dortigen Kontaktmann, den Arbeitersportler Franz Kreis, berichtete Albert Reuchlen:

> „Franz Kreis war ein ausgezeichneter Schwimmer und Kanusportler. Er nahm es auf sich, in Konstanz an einer Stelle, die nur 200 Meter vom Schweizer Ufer entfernt ist, die illegalen Flugschriften per Kanu oder schwimmend über die Grenze zu bringen."

Anfang 1934 fand bei dem jungen Reinhold Rall eine Hausdurchsuchung statt. Er wurde in das **Amtsgerichtsgefängnis** in der **Gerberstraße** eingeliefert, wo er im Juli 1934 unter ungeklärten Umständen ums Leben kam. Zweifel an der offiziellen Selbstmordversion äußerten Mitgefangene; sie berichteten über die rüden Vermehmungsmethoden, mit denen Rall, der „ein sehr lebensfroher Mensch war, immer optimistisch und immer lustig", zu Aussagen über die illegale Arbeit gezwungen werden sollte. Die Grabrede, die Emil Rieger hielt, war für die Gestapo Anlaß zu seiner Verhaftung. Der frühere KPD-Vorsitzende wurde in das KZ Oberer Kuberg (s. Stadt Ulm) eingeliefert und nach dessen Schließung 1935 in das KZ Dachau überstellt. Im Februar 1937 wurde er schließlich entlassen und blieb von einer schweren Rheumaerkrankung, die er sich in den Kasematten des Kuhbergs zugezogen hatte, sein Leben lang gezeichnet.

Trotz Verhaftungen konnten die Tuttlinger Mitglieder der „Transportkolonne Otto" bis 1938 ihre gefährliche Arbeit ausführen. Im September 1938 wurde Emil Gerach, der sich wegen seiner Familie nicht zur Flucht hatte entschließen können, verhaftet und später vor Gericht gestellt. Albert Reuchlen gelang die Flucht in die Schweiz. Dabei kam ihm zu Hilfe, daß die Wohnung der Familie Reuchlen in der **Neuhauser Straße** schon längere Zeit als Anlaufstelle für politische Flüchtlinge diente. Mit Hilfe eines Genossen aus Basel wurde Albert Reuchlen bei Lörrach über die Grenze gebracht.

Zwei Tuttlinger Kommunisten – Paul Rall und Anton Mattes – kämpften in den Reihen der Internationalen Brigaden in Spanien: Von Paul Rall, dem Bruder von Reinhold, ist nur bekannt, daß er in Spanien fiel. Anton Mattes, in **Nendingen** geboren, hatte vor 1933 Arbeit bei den Aluminiumwerken in Singen gefunden. Er gehörte zu den Organisatoren des frühen Widerstandes und mußte bereits Ende 1933 in die Schweiz fliehen. Da er keine Aufenthaltserlaubnis erhielt, führte ihn sein Exil weiter nach Frankreich und nach Belgien. Unmittelbar nach dem Putsch des Generals Franco meldete Mattes sich zu den Internationalen Brigaden. Nach der Niederlage der spanischen Republik kam er in ein Internierungslager in Südfrankreich und wurde an die Gestapo ausgeliefert. Der „Volksgerichtshof" verurteilte ihn zu 4½ Jahren Zuchthaus, die er in Ludwigsburg (Kr. Ludwigsburg, Baden-Württemberg I) verbüßte. Seine Kontakte zu politischen Mitgefangenen, der vorsichtige Austausch von Informationen durch Kassiber wurden denunziert, worauf der Direktor des Zuchthauses Max Klaus Anzeige bei der Gestapo erstattete. Der „Volksgerichtshof" verurteilte nun den 35jährigen Anton Mattes und Andreas Wössner, den ehemaligen KPD-Stadtrat aus Schramberg (s. Kr. Rottweil), zum Tode; beide wurden am 23. Juni 1942 im Hof des Stuttgarter Landgerichts hingerichtet.

Nach dem gescheiterten Attentat auf Hitler am 20. Juli 1944 kam es auch in Tuttlingen zu Verhaftungen im Rahmen der Aktion Gitter, bei der die Gestapo alle früheren Funktionsträger der Arbeiterparteien und des Zentrums, derer sie habhaft werden konnte, in „Schutzhaft" nahm. Die Tuttlinger Antifaschisten wurden jedoch nicht in Konzentrationslager gebracht, sondern blieben im **Amtsgerichtsgefängnis**: Dort berieten sie, so faßt Marliese Allgaier-Schutzbach die Berichte der Überlebenden zusammen, „beim Tütenkleben, wie nach der endgültigen Niederlage des Faschismus der demokratische Neubeginn in Tuttlingen vonstatten gehen sollte. Fridolin Bacher und Wilhelm Eisenlohr sollten das Arbeitsamt übernehmen, auch Oskar Heuberger zeigte hier Interesse, Fritz Fleck sollte die Gesamtleitung übertragen werden, wie diese dann auch immer benannt werden würde. Eugen Rosenfeldt sollte für die Aufrechterhaltung der öffentlichen Ordnung zuständig sein, Emil Rieger für die Erneuerung von Kunst und Kultur nach der Barbarei."

Nach der Befreiung am 21. April 1945 übernahm dieser Kreis – bis auf Fridolin Bacher, der am 4. März 1945 beim Bombenangriff auf Tuttlingen ums Leben gekommen war – die provisorische Verwaltung der Stadt.

Einer von ihnen – Eugen Rosenfeldt – bemühte sich vor allem um die Aufklärung der faschistischen Verbrechen und um die Erinnerung an die Opfer des NS-Regimes. Rosenfeldt gründete den Verein ehemaliger politischer Gefangener des Kreises Tuttlingen, aus dem später die VVN hervorging. Am 10. Juli 1946 wurden auf dem **Alten Stadtfriedhof** 77 Urnen mit der Asche der im Krematorium Tuttlingen verbrannten Toten aus den KZ-Außenkommandos Spaichingen, Schörzingen und Schömberg und die sterblichen Überreste von neun Häftlingen, die vermutlich auf einem Evakuierungsmarsch von Donaueschingen nach Tuttlingen ums Leben gekommen waren, feierlich bestattet. In das Ehrenfeld waren bereits die in Tuttlingen verstorbenen Zwangsarbeiterinnen und -arbeiter umgebettet worden, unter ihnen der polnische Zwangsarbeiter Boreslaw Prochaska (Prochoswki). Er war, im Sommer 1944 in die Schweiz geflüchtet, nach Tuttlingen zurückgekehrt, um seiner Verlobten und seinem Freund zu helfen. Bei der Rückkehr wurde er von der Gestapo gefaßt und am 28. August 1944 hingerichtet.

Bei der Einweihung des **Mahnmals** am 12. Oktober 1947 berichtete Eugen Rosenfeldt:

> „Am 10. Juli 1946 gelang es uns, für 87 ehemalige KZ-Häftlinge, welche einen grauenhaften Tod erleiden mußten, an dieser Stelle eine würdige Grabstätte zu erstellen. Damals wußten wir nur die Namen der Unglücklichen und deren Alter, wovon das jüngste Opfer ein Knabe von 15 Jahren war. Heute sind wir in der Lage, von 77 Toten die genauen Personalien zu besitzen, und können die Angehörigen, welche sich in elf verschiedenen Ländern befinden, benachrichtigen und denselben im Lichtbild die letzte Ruhestätte ihrer Angehörigen übermitteln. Unsere Vereinigung erblickt ihre Hauptaufgabe darin, Klärung über die an der Menschheit begangenen Verbrechen zu erzielen, besonders aber das schmerzliche Gefühl, die Ungewißheit nach einem Verschollenen, das ewig Vermißtsein zu bereinigen, und den toten Opfern eine würdige Grab- und Gedenkstätte zu geben."

In seiner Rede beklagte Rosenfeldt die Ermordung von 80 Kreisangehörigen, von Kranken, die in der „Euthanasie"-Anstalt Grafeneck (s. Gomadingen, Kr. Reutlingen) getötet wurden und von acht jüdischen Opfern aus Tuttlingen (s.u.).

Im 1947 (oder 1948) erschienenen Gedenkbuch des Kreises Tuttlingen stehen die Namen von 167 zu diesem Zeitpunkt bekannten Opfern des NS-Regimes sowie die Namen der auf den KZ-Friedhöfen Schömberg, Schörzingen, Bisingen und Spaichingen bestatteten Toten. Ferner finden sich in diesem Gedenkbuch auch die Namen der „Fliegeropfer sowie der im Krieg gefallenen Kreisangehörigen, denn auch sie würden nicht zu den Toten zählen, wenn der Faschismus nicht in Erscheinung getreten wäre".

„Rassische" Verfolgung und „Euthanasie"

Seit Ende des 19. Jhs. lebten einige jüdische Familien in Tuttlingen; sie gehörten zur Synagogengemeinde Mühringen, ab 1880 zu Rottweil. 1933 betrieben die Familien Elias Gideon und Artur Landauer eine Schuhwarengroßhandlung in der **Oberen Hauptstr.** 9. Der Arzt Dr. Hans Chassel lebte in der **Blumenstraße**, die Familie des Viehhändlers Julius Fröhlich in der **Dammstr.** 15. Den Familien von Isidor und Ludwig Kälbermann gehörte die Schuhfabrik in der **Hermannstr.** 23 und der Familie Ludwig Maier das Lederwarengeschäft in der **Möhringer Str.** 52.

Bei der Einweihung des **Mahnmals** auf dem **Alten Tuttlinger Friedhof** berichtete Eugen Risenfeldt:

> „Das jüngste Opfer, das den Bestien des 3. Reiches in die Hände fiel, war das neunjährige Mädchen Edith, welches mit seiner Mutter, der 32jährigen Frau Else Kälbermann am 26. März 1942 bei Riga erschossen wurde, worauf deren beide Eltern, der 68jährige Siegfried und die 63jährige Rosel Blatt, in den Gasöfen von Auschwitz verschwanden. Auch die Mutter und die beiden Geschwister des im Kreis Tuttlingen gut bekannten Julius Fröhlich wurden, nur weil sie Juden waren, ermordet."

Die Jüdin Sybille Kramer konnte in ihrem Versteck in der Ziegelhütte bei Fridingen überleben (s. Fridingen).

Das Tuttlinger Ehrenmal ist auch den Opfern der „Euthanasie" gewidmet. Im bereits zitierten Gedenkbuch sind die Namen der ermordeten Kranken auf der Seite

„Durch Vergasung und Erschießung ums Leben gekommene Kreisangehörige" aufgeführt. Heimatorte waren Aldingen, Böttingen, Deilingen, Denkingen, Dürbheim, Frittlingen, Irndorf, Mahlstetten, Nendingen, Oberflacht, Rietheim, Seitingen, Spaichingen, Trossingen, Tuningen, Tuttlingen, Weilheim und Wurmlingen.

Im Gedenkbuch der im Konzentrationslager Auschwitz-Birkenau ermordeten Sinti und Roma fanden wir zwei Sinti-Kinder, vermutlich Geschwister, deren Geburtsorte im Kreis Tuttlingen liegen. Hans Reinhardt kam 1937 in Spaichingen auf die Welt, Johann 1934 in **Tuttlingen**. Die beiden Kinder befanden sich mit zehn Verwandten in einem Transport, dessen Ankunft im Vernichtungslager Auschwitz-Birkenau am 18. März 1943 registriert wurde. Bei sieben Mitgliedern der Familie Reinhardt vermerkt das Gedenkbuch ein Todesdatum: Als erstes kam der 21jährige Georg knapp drei Wochen nach seiner Einlieferung ums Leben; am 18. Mai 1943 starb Anna, gerade vier Jahre alt. Die Korbflechterin Pauline Reinhardt, die älteste der Familie, starb im Alter von 55 Jahren am 9. Juli 1943; bei dem siebenjährigen Karl und dem neunjährigen Johann ist nur das Jahr 1943, jedoch kein genauer Todestag angegeben. Im Januar 1944 schließlich erlagen Johanna, 52 Jahre alt, und die 31jährige Gertrud den mörderischen Lagerbedingungen. Das Schicksal der übrigen Mitglieder der Familie Reinhardt – Marie, Jg. 1918, Louise, Jg. 1932, Friedolina, Jg. 1937, Josef, Jg. 1928, und Hans, Jg. 1937 – ist ungewiß. Im Gedenkbuch ist nicht vermerkt, daß sie zur Zwangsarbeit selektiert und auf Transport geschickt wurden. So ist zu befürchten, daß alle in der Nacht vom 2. zum 3. August 1944 bei der Liquidierung des „Zigeunerlagers" von der SS in die Gaskammern getrieben wurden.

Konzentrationslager und Zwangsarbeit

1995 fand erstmals ein Besuch ehemaliger Zwangsarbeiterinnen und Zwangsarbeiter in Tuttlingen statt. Aus diesem Anlaß wurde eine Gedenktafel enthüllt, die an das größte Lager, das **Lager Mühlau**, erinnert. Berichte der ehemaligen Zwangsarbeiterinnen und Zwangsarbeiter aus der Ukraine und aus Polen werden 1997 in der Dokumentation „Wir hatten immer Hunger" veröffentlicht.

Der FNTB hatte nach dem Krieg für **Tuttlingen** die Zahl von 1.680 zivilen ausländischen Zwangsarbeitskräften ermittelt; in **Nendingen** waren 70 und in **Möhringen** 340 Personen gemeldet. Zahlen zum Einsatz von Kriegsgefangenen sind nicht bekannt. Nach der unvollständigen Meldekartei im Stadtarchiv waren in Tuttlingen mindestens 1.576 ausländische Zwangsarbeitskräfte registriert, unter ihnen 482 Frauen und Mädchen.

Arbeitsstätten waren die **AG für Feinmechanik** (heute: Aesculap AG), die **Schuhfabrik Rieker AG**, die beide auf ihrem Betriebsgelände Baracken als Unterkünfte errichtet hatten, die **Chiron-Werke** (Flugzeug- und Panzerbau), die **Fa. Georg A. Henke**, die **Fa. E.A. Storz** und das **Hofgut Bleiche**.

In **Möhringen** mußten französische Kriegsgefangene bzw. Zwangsarbeiter und aus der Sowjetunion verschleppte Frauen und Männer beim Rüstungsbetrieb **AVOG** arbeiten, einem Zulieferbetrieb für die Flugzeugindustrie, der seine Produktion in die Räume der Kartonagenfabrik Kohler verlagert hatte. Als Unterkünfte sind das ehemalige **Feuerwehrgerätehaus** und **Lagerräume** der Fa. Unger bekannt.

In den letzten Kriegsmonaten setzte die Organisation Todt „Ostarbeiter" und „Ostarbeiterinnen" zum Ausbau von Luftschutzstollen am **Eichbühl**, am **Egartenweg**, im **Brunnental** und am **Honberg** ein. Möglicherweise standen die Bauarbeiten aber auch in Zusammenhang mit geplanten unterirdischen Verlagerungen von Rüstungsbetrieben.

Auf dem Ehrenfeld des **Alten Stadtfriedhofes**, das man über den Eingang **Obere Hauptstraße** erreicht, sind elf Zwangsarbeiterinnen und Zwangsarbeiter aus Tuttlingen bestattet. Sie stammten – soweit bekannt – aus Polen, der Ukraine, der Tschechoslowakei, Litauen, Slowenien, Galizien und Ungarn. Bis zur Umbettung auf den „Russenfriedhof" in Biberach im Jahr 1949 befanden sich auch auf dem **Friedhof** von **Möhringen** sechs Gräber, in denen sowjetische Opfer der Zwangsarbeit bestattet waren.

Ferner wurden, wie bereits erwähnt, hier die Urnen der im **Krematorium** Tuttlingen eingeäscherten KZ-

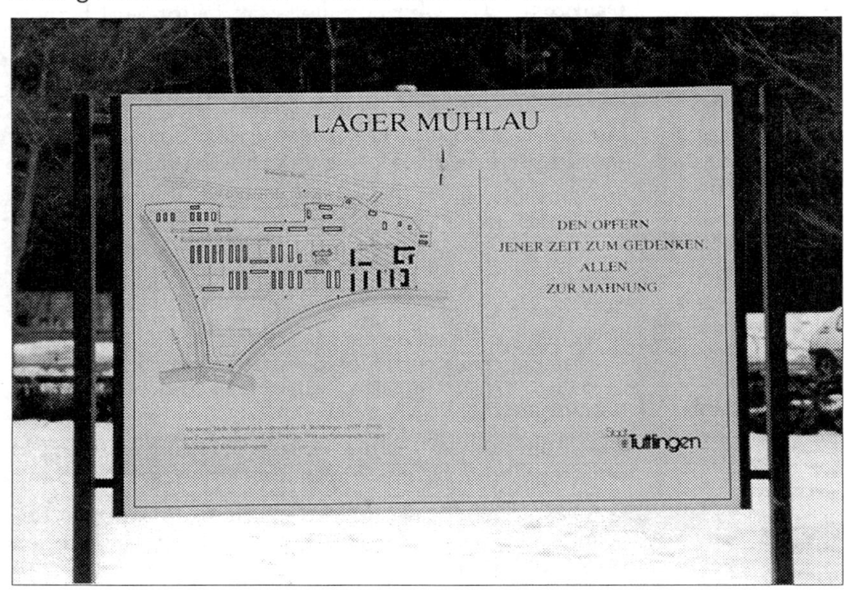

Gedenktafel für die Zwangsarbeiterinnen und Zwangsarbeiter des Lagers Mühlau.

Mahnmal für die Opfer der Nationalsozialismus auf dem Alten Stadtfriedhof von Tuttlingen

Häftlinge beigesetzt. Eine Inschrift des 1947 eingeweihten **Mahnmals** nennt die Gesamtzahl der Opfer:

> „Tuttlingen, Schömberg, Schörzingen, Spaichingen, Bisingen. 3645 Tote."

Der das Ehrenfeld überragende Obelisk trägt auf seinen vier Seiten die Inschriften:

> „Wie war das möglich? Miseris procul patria defunctis. Mors eorum sit finis laborum. Kreis Tuttlingen 81 Tote" (vorn)
>
> „Den Unglücklichen, die fern der Heimat starben" (links)
>
> „Du sollst nicht töten. Spaichingen 131 Tote, Schörzingen 548 Tote, Schömberg 1771 Tote" (rechts)
>
> „Wo ist Dein Bruder?" (hinten)

Neben dem Obelisk stehen auf der linken und rechten Seite Steine mit den Namen der „durch Vergasung und Erschießung ums Leben gekommenen Kreisangehörigen". Davor liegen Grabplatten mit den Namen der im Krematorium eingeäscherten KZ-Häftlinge und den Namen der in Tuttlingen ums Leben gekommenen Zwangsarbeiterinnen und -arbeiter. Vor der von ihm initiierten und gestalteten Grabanlage liegt der 1958 verstorbenen Eugen Rosenfeldt begraben.

WEHINGEN

Konzentrationslager und Zwangsarbeit

Die Nachkriegsermittlungen des FNTB ergaben für **Wehingen** die Zahl von 80 ausländischen zivilen Zwangsarbeitskräften, die während der Kriegsjahre in der Gemeinde gemeldet waren. Ihre Arbeitsstätten waren bei der **Fa. Erwin Haller**, Uhren- und Radiobestandteile, aus Gosheim, die aufgrund von Rüstungsaufträgen expandierte und im Frühjahr 1939 Produktionsbaracken auf einem kostenlos von der Gemeinde zur Verfügung gestellten Gelände errichtete; außerdem bei der seit 1932 am Ort ansässigen **Fa. Groz-Beckert** aus Ebingen (Albstadt, Zollern-Alb-Kreis) und der **Fa. Steiner**. Letztgenannte beschäftigten, wie in der Dorfgeschichte berichtet wird, vor allem Frauen aus Belgien und Polen. Während die Polinnen eindeutig unter Zwangsmaßnahmen nach Hitlerdeutschland verschleppt wurden, erfolgten die Anwerbemethoden der deutschen Arbeitsverwaltung im besetzten Belgien anfänglich unter dem Mantel der „Freiwilligkeit".

Hinzu kamen im Herbst 1940 französische Kriegsgefangene, die zuerst in Gosheim untergebracht gewesen waren. Für sie richtete die Gemeinde im hinteren Zimmer des **Armenhauses** ein Lager ein. Die Kriegsgefangenen mußten u.a. bei der Fa. Haller & Co arbeiten.

Im Winter des Jahres 1944 beteiligten sich der Wehinger Landjäger und eine kleine Gruppe Bürger bei der Suche nach vier aus dem nahe gelegenen KZ Schörzingen entflohenen Gefangenen. Obwohl man in Wehingen über die schlimmen Zustände in Schörzingen Bescheid wußte – des öfteren erledigten Handwerker Aufträge im Lager –, wagte niemand, den Flüchtenden zu helfen. Im Gegenteil: Sie hätten Hühner gestohlen, das seien doch alles Verbrecher, hieß es. Spuren im Schnee verrieten ihr Versteck im **Thann**. Der Landjäger ermordete ohne Grund mit einem gezielten Kopfschuß einen der von Hunger geschwächten Entflohenen, die drei anderen wurden zurück in das Lager gebracht (s. Schömberg, Zollern-Alb-Kreis). Der Vorfall verursachte Aufregung im Dorf, das Verhalten des Landjägers wurde von einigen scharf kritisiert. Als sich Ende April 1945 streng bewachte Häftlingskolonnen aus den Lagern der „Gruppe Wüste" durch den Ort in Richtung Reichenbach schleppten, steckte – so die Dorfgeschichte – „mancher Wehinger den Bedauernswerten bei Gelegenheit etwas zu".

SPUREN DER ZWANGSARBEIT

An einigen Orten blieb unsere Spurensuche erfolglos – mit Ausnahme der Zahlen, die der FNTB nach Kriegsende zum Ausmaß der Zwangsarbeit in der französisch besetzten Zone ermittelte. Sie werden hier aufgeführt und sollen weitere Nachforschungen anregen:

Aldingen	245 Personen
Frittlingen	140 Personen
Mühlheim a.d. Donau	195 Personen
Talheim	65 Personen
Weilheim	110 Personen
Trossingen	485 Personen
Wurmlingen	380 Personen

LITERATUR

Robert Allmendinger: Marksteine aus der Geschichte der SPD in Stadt und Kreis **Tuttlingen**. Hg.: SPD-Kreisverband Tuttlingen. Tuttlingen o.J.

Alexandra Buhl: Arbeiterbewegungskultur in der Provinz. Magisterarbeit an der Universität Tübingen. Tübingen 1996 (zu **Tuttlingen**)

DGB Kreis Tuttlingen (Hg.): Dokumentation „Gedenkstein für Familie Heni". Tuttlingen 1988 (zu **Fridingen**)

Heinz Faulstich: Von der Irrenfürsorge zur „Euthanasie". Geschichte der badischen Psychiatrie bis 1945. Freiburg 1993 (zu **Geisingen**)

Immendingen. Geschichte einer Gemeinde an der Donauversickerung. Hg.: Stadt Immendingen. Immendingen 1989

Jochen Kastilan: Das Konzentrationslager **Spaichingen**. In: Spaichinger Stadtchronik. Spaichingen 1990

Kurt Lang: **Neuhausen** 1933–1948. In: Neuhauser Heimatbuch

Miseris procul patria defunctis. Ansprachen von Eugen Rosenfeldt anläßlich der Beisetzung von 87 Opfern des Faschismus auf dem **Tuttlinger** Friedhof am 10. Juli 1946 und der Einweihung des Mahnmals am 10. Juli 1947. Tuttlingen o.J. (1947)

Nationalsozialismus in **Tuttlingen**. Beiträge zur Zeitgeschichte. Hg.: Stadt Tuttlingen. Tuttlingen 1985

Nationalsozialismus – nicht irgendwo, sondern bei uns in **Spaichingen**, **Dürbheim**, **Denkingen**, **Balgheim** und **Frittlingen**. Schülerarbeit der Klasse 9 a der Rupert-Mayer-Schule in Spaichingen im Rahmen des Schülerwettbewerbs Alltag im Nationalsozialismus 1982/1983. Spaichingen 1983

Bernhard Weber: Die politische Entwicklung in **Gosheim** von der Mitte des 19. Jahrhunderts an. In: 700 Jahre Gosheim 1295–1995. Hg.: Gemeinde Gosheim. 1995

Wolfgang Wirth: Der **Fridinger** Dekan Alfons Epple. In: Nationalsozialismus in Tuttlingen. Beiträge zur Zeitgeschichte. Hg.: Stadt Tuttlingen. Tuttlingen 1985

Wehingen. Dorfgeschichte und -geschichten

Gunda Woll, Marliese Allgaier-Schutzbach, Arnulf Hugel: „Wir hatten immer Hunger". Dokumentation eines Besuchs von ehemaligen Zwangsarbeiterinnen und Zwangsarbeitern nach 50 Jahren in **Tuttlingen**. Hg.: Museum der Stadt Tuttlingen. Tuttlingen 1997.

KONTAKTE

Heimatmuseum **Tuttlingen**, Donaustraße 50, 78512 Tuttlingen. Leiterin: Gunda Woll

Kreis Waldshut

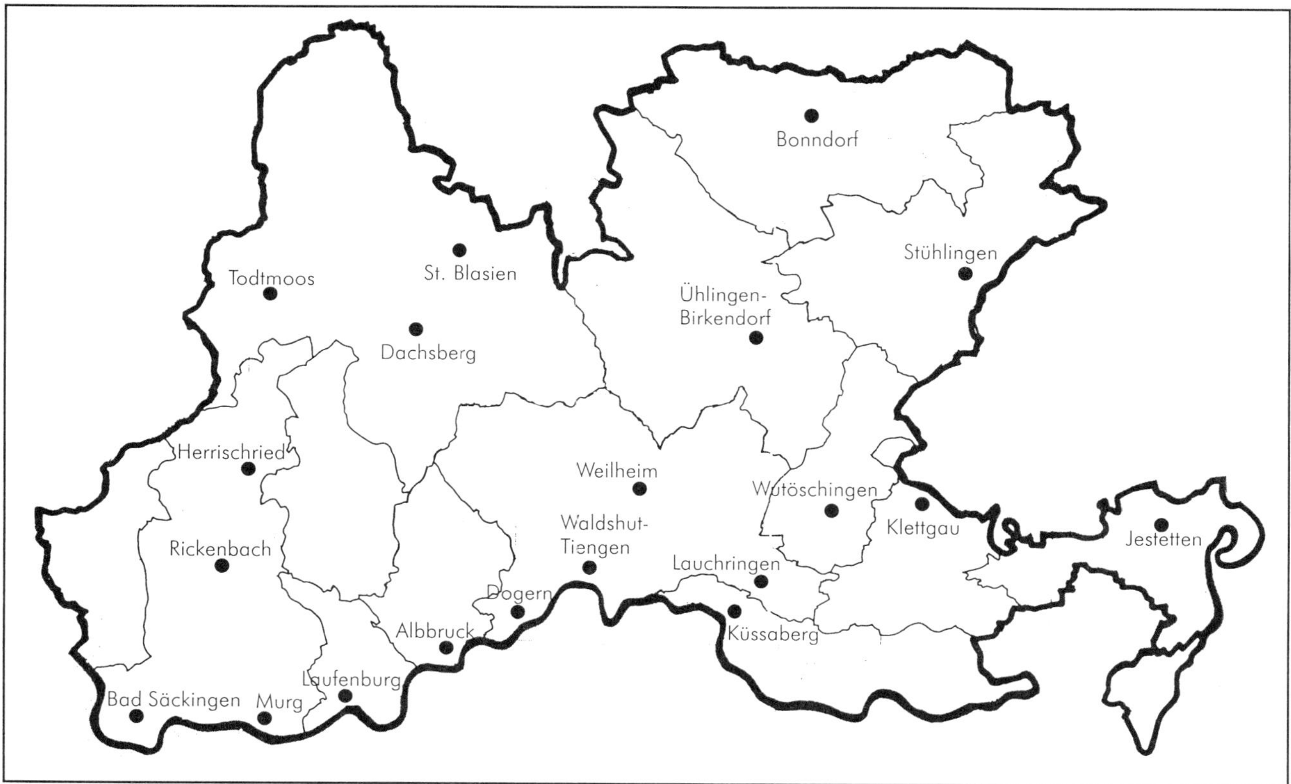

ALBBRUCK

Widerstand und Naziterror

Kommunisten aus **Albbruck** beteiligten sich in den Jahren 1933/1934 am Transport antifaschistischer Schriften aus der Schweiz (s. Waldshut-Tiengen).

Der Name des Pfarrers Max Graf (1894–1945) von **Unteralpfen** ist auf der Liste der badischen Märtyrerpriester aufgeführt. Wegen seiner Predigten stand er unter jahrelanger Überwachung und hatte schon mehrere Verhöre überstehen müssen, bis ihn im Oktober 1944 die Gestapo verhaftete und in das Gefängnis Waldshut brachte. Danach wurde er in den Priesterblock des KZ Dachau gesperrt. Unmittelbar nach seiner Freilassung im April 1945 starb er an Flecktyphus.

Konzentrationslager und Zwangsarbeit

Der FNTB ermittelte für Albbruck die Zahl von 215 ausländischen Zwangsarbeitskräften. Eine „vor wenigen Jahren noch existente Namensliste der in Albbruck beschäftigten Fremdarbeiter" ist – laut Auskunft der Gemeinde von 1986 – nicht mehr vorhanden. Nach heutiger Aktenlage läßt sich über Unterbringung und Arbeit noch folgendes feststellen:

Bei der **Eisengießerei Nägele** waren ab 1942 Zwangsarbeiter aus Polen und der Sowjetunion eingesetzt; sie wohnten in einer Baracke auf dem Firmengelände. Eine weitere Baracke befand sich im inzwischen stillgelegten Steinbruch; zwischen 1942 und 1945 mußten hier etwa 20 Polen und Russen arbeiten.

Die meisten ausländischen Zwangsarbeitskräfte waren bei der **Papierfabrik** beschäftigt: Zwangsarbeiter aus Griechenland, Jugoslawien, Frankreich und Italien waren zum Teil in Privatquartieren, zum Teil in Baracken und in der jetzigen Möbelwerkstätte Schmidt untergebracht. Sie konnten sich in ihrer Freizeit relativ frei bewegen, wie dies den Bestimmungen über Arbeitskräfte aus westlichen Ländern entsprach. Für polnische und sowjetische Zwangsarbeiterinnen gab es zwei Lager: eines in der früheren Kinderschule der Papierfabrik und eine Baracke auf dem Firmengelände. In der Kinderschule wohnten ab Juni 1942 21 junge Polinnen und Russinnen, in der Baracke etwa zehn 17- bis 18jährige Russen und Polen. Drei junge Frauen – Nastia Korsch, Warwara Oriesko und Tatjana Suchamin – flüchteten am 20. Mai 1943 „vermutlich nach der Schweiz"; am 20. Februar 1944 wurde der 18jährige Dimitri Messailowski als „abgegangen" gemeldet; am 31. Juli 1944 flüchtete Wassily Zukanow und am 14. April 1945 Valentina Sitalo. Es ist nicht bekannt, ob diese Fluchtversuche einen glücklichen Ausgang nahmen. Valentina Sitalo war mit ihren Schwestern Alexandra und Jenny aus dem Dorf Karchutora in der Ukraine zur Zwangsarbeit verschleppt worden; vier weitere junge Frauen, die bei der Papierfabrik arbeiten mußten, stammten ebenfalls aus diesem Dorf.

Nach der Befreiung brachte man die polnischen und russischen Zwangsarbeiterinnen und -arbeiter zunächst nach **Unteralpfen**. Danach waren sie bis zu ihrer Repatriierung in einem Sammellager einquartiert. Die bei einem Bombenangriff im Februar 1945 verletzte polnische Zwangsarbeiterin Ludmilla Wichmeka wurde bereits am 24. April 1945 in die Schweiz gebracht. Sie überlebte und stand noch lange Jahre mit der Gemeinde Albbruck in Verbindung.

Auf dem **Friedhof** von **Albbruck** befinden sich die Gräber der polnischen Zwangsarbeiter Felix Brzozowski und Wladislaw Bendowski, deren Beruf mit „landwirtschaftlicher Arbeiter" angegeben wird, des Schlossers Jean Desmedt aus Molenbeck (Belgien) und eines litauischen Kriegsgefangenen. Ein Pole ist auf dem **Friedhof** von **Unteralpfen** bestattet. Die sterblichen Überreste eines Italieners, der bei der Papierfabrik gearbeitet hatte, wurden in seine Heimat überführt.

BAD SÄCKINGEN

Widerstand und Naziterror

An die Verfolgung von Dr. Hermann Stratz durch die Nationalsozialisten hat Adelheid Enderle-Jehle in den „Blättern für Heimatkunde und Heimatschutz" erinnert: Stratz war der Enkel des Gründers des „Säckinger Volksblattes", das sich im wilhelminischen Deutschland der „Verteidigung der römisch-katholischen Sache am Oberrhein" widmete. Er leitete zu Beginn der NS-Zeit Redaktion und Verlag und war für die Zentrumspartei im Gemeinderat. Ein Artikel über „Die braune Schmach", in dem Stratz über den Terror der Nationalsozialisten im Wahlkampf berichtet hatte, war Anlaß zu seiner ersten Verhaftung am 2. Mai 1933. In den folgenden Jahren mußte er Bespitzelungen, Hausdurchsuchungen und ständige Vorladungen bei der Gestapo – wegen seiner „tendenziösen Berichterstattung", des Nicht-Grüßens der Reichsfahne und ähnlichen Signalen der persönlichen Resistenz – über sich ergehen lassen. Ein Artikel anläßlich des Fridolinfestes 1935 führte zum Verbot der Zeitung und zu erneuter „Schutzhaft". Am 5. April 1935 erhielt Stratz Berufsverbot mit der Begründung: „Rücksichtslose Bekämpfung der Partei vor der Machtübernahme und Fortsetzung dieses Kampfes nach der Machtübernahme". Dr. Hermann Stratz starb im Alter von 33 Jahren am 26. Juli 1936 in „staatlichem Gewahrsam" im Gefängnis Freiburg an „Lungenentzündung".

NSDAP-Kreisleiter Bender war, wie Christoph Schrenk schrieb, „eine schreckliche Gallionsfigur der Hitler-Diktatur". Er habe vielen Familien großes Leid zugefügt und katholischen Geistlichen übel mitgespielt. Er war für die Ermordung von drei jungen Polen in Rütte (s. Herrischried) verantwortlich. Kurz vor Kriegsende wollte er noch 96 polnische Zwangsarbeiter in der **Warmbacher Kiesgrube** erschießen lassen. Verhindert wurde dieser Massenmord von Erna Döbele, einer jungen Frau aus Murg. In einem nächtlichen Telefonanruf war sie von Gewerbeschullehrer Hörle aus Rheinfelden (s. Kr. Lörrach) über den Befehl des Kreisleiters, alle auf den Höfen im Hotzenwald lebende Polen nach Säckingen zu bringen, informiert worden. Eilig begab sie sich zum **Rathaus** von Säckingen, wo sie die abfahrbereiten Lastwagen erblickte. Vor dem damals ummauerten Hof des Rathauses hatten sich auch etliche Frauen und ältere Bauern eingefunden, die „ihre" Polen zurückverlangten. Frau Döbele erreichte die Herausgabe der Männer. Nach Murg zurückgekehrt sperrte der damalige Bürgermeister Graß sie erst einmal in den Ortsarrest: „Vorsichtshalber, da bist Du vor weiterer Verfolgung erst einmal sicher!"

Als die französische Armee einmarschierte, flüchtete der NSDAP-Kreisleiter Bender mit seiner Familie in das alte Schulhaus von Herrischried, wo er seine Frau, seine vier Kinder, eine Tante seiner Frau und schließlich sich selbst umbrachte.

Konzentrationslager und Zwangsarbeit

Nach dem Krieg ermittelte der französische Nationale Suchdienst für Bad Säckingen die Zahl von 270 ausländischen Arbeitskräften. Zum Einsatz ausländischer Kriegsgefangener liegen keine Angaben vor. Eine ihrer Arbeitsstätten war die 1934 gegründete **Lonzana AG** in der **Basler Straße**, eine Tochtergesellschaft des deutsch-schweizerischen Chemiewerks Lonza in Waldshut (s. Waldshut-Tiengen). Das Werk, das Kunstseide und weitere Acetat-Produkte herstellte und damit im Zuge der Autarkiebestrebungen von großer Bedeutung war, wurde mit Schweizer Kapital und einem Reichskredit gebaut.

Im Verlauf des Krieges kamen weitere Rüstungsbetriebe hinzu, die ihre Produktion aus bombengefährdeten Regionen verlagerten, so die **Vita Zahnfabrik H. Rauter OHG** aus Essen, die **Chemischen Werke Albert** aus Wiesbaden, die **Maschinenfabrik H. Danger** aus Hamburg und die **Elementa Batteriebau GmbH** aus Berlin.

BONNDORF im SCHWARZWALD

„Rassische" Verfolgung und „Euthanasie"

Die wenigen in Bonndorf wohnenden jüdischen Familien gehörten zur Synagogengemeinde Tiengen. 1910 waren es zehn Personen. Mindestens zwei Personen wurden in der NS-Zeit deportiert und ermordet.

Bonndorf war der Geburtsort von Luise Lauster. Das 13jährige Sinti-Mädchen traf am 18. März 1943 mit einem Tranport von Sinti und Roma aus dem Reichsgebiet im Vernichtungslager Auschwitz-Birkenau ein. Im „Hauptbuch (Frauen)" wurde sie mit vier weiblichen Verwandten unter den Nummern Z-4674 bis Z-4677 registriert. Zwei Frauen – so überliefert es die Eintragung im „Hauptbuch" – kamen in Auschwitz-Birkenau ums Leben: Die Händlerin Klara Lauster, 1887 in Holzelfingen (Lichtenstein, Kr. Reutlingen) geboren, wurde zu einem unbekannten Zeitpunkt in Auschwitz-Birkenau ermordet; Johanna Lauster starb am 11. Juli 1944 im Alter von 47 Jahren. Über das Schicksal von Luise, von Krescentia, 1922 in Mehrstetten (Kr. Reutlingen) geboren, und von Johanna, 1921 in Reutlingen geboren, ist nichts bekannt.

DACHSBERG

Konzentrationslager und Zwangsarbeit

Das **Schluchseekraftwerk** wurde überwiegend mit ausländischen Zwangsarbeitskräften bzw. Kriegsgefangenen gebaut (s. Schluchsee, Kr. Breisgau-Hochschwarzwald). Eines der Lager befand sich in **Urberg**. Seine Belegstärke gab der FNTB mit 350 Personen an. Es seien Griechen, Franzosen und Russen gewesen, meldete die Gemeinde 1972 (s. auch Ühlingen-Birkendorf).

DOGERN

Widerstand und Naziterror

Aufgrund seiner Widerstandsaktivitäten mußte Jakob Beck aus Dogern ein Jahr Gefängnis erleiden. Sein Name steht auf der von Josef Arzner erstellten Liste der NS-Verfolgten im Kreis Waldshut. Vermutlich wurde er Anfang Mai 1934 bei einer großangelegten Gestapoaktion gegen kommunistische Widerstandsgruppen in der Grenzregion verhaftet (s. Waldshut-Tiengen).

HERRISCHRIED

„Rassische" Verfolgung und „Euthanasie"

Christoph Schrenk aus Dogern berichtete in der „Badischen Zeitung" vom 1./2. September 1979 über die öffentliche Erhängung von drei jungen Polen und die Hintergründe:

„In der damaligen Gemeinde **Rütte**, die heute einen Ortsteil von Herrischried bildet, waren auch polnische Gefangene eingesetzt worden. Zunächst waren diese Polen in Massenunterkünften untergebracht und streng bewacht gewesen. Ein derartiges Lager war das **Schulhaus** in Rütte. Später dann, ab 1941, wurden die Polen bei den jeweiligen Bauern, wo sie im Arbeitseinsatz waren, beherbergt und verpflegt. Es war strengstens verboten, daß deutsche Bauern und Polen gemeinsam an einem Tisch die Mahlzeiten einnahmen. Ebenso strafbar waren zwischenmenschliche Beziehungen zwischen Deutschen und Polen. Auch war ein Zusammentreffen mehrerer Polen in einem Bauernhaus oder an anderer Stelle strikt untersagt. Der irrsinnige Rassismus des Dritten Reiches konnte keine Kontakte zu ‚slawischen Untermenschen' aus Polen verantworten.

In der kleinen Hotzenwaldgemeinde Rütte, malerisch am Fuße des Ödlandes gelegen, gab es keine NSDAP-Ortsgruppe, so daß es aufgrund der Hilfsbereitschaft der Bevölkerung von Rütte zu freundschaftlichen Beziehungen der Dorfbewohner zu den Polen kommen

Gedenkstätte für drei ermordete polnische Kriegsgefangene auf dem Weg von der Ödlandkapelle nach Rütte.

konnte. Der gemeinsame katholische Glaube hat wahrscheinlich eine Brücke schlagen helfen.

Unter den polnischen Zivilarbeitern befanden sich junge Männer, und daher ist es nicht verwunderlich, sondern ganz natürlich, daß es auch zu Kontakten der Polen mit deutschen Mädchen kam. Außer harmlosen Spaziergängen ist jedoch nichts bekannt geworden."

Zwei damals in **Herrischried** wohnende Mitglieder der NSDAP meldeten die freundschaftlichen Beziehungen, die in Rütte herrschten, dem NSDAP-Kreisleiter Bender in Bad Säckingen und gaben Namen an. Bender berief ein „NS-Sondergericht unter seinem Vorsitz" ein, das Marian Grudzien, Bruno Orczynski und Josef Krakowski zum Tode durch Erhängen verurteilte. Die Hinrichtung fand auf einer Anhöhe im Ödland zwischen Rütte und Hornberg im Beisein der im Umkreis von Herrischried eingesetzten polnischen Zwangsarbeiter statt. Die Leichen der Ermordeten wurden, so berichteten Zeitzeugen, dem Anatomischen Institut der Universität Freiburg übergeben. Der gesamte Ablauf entspricht den Anordnungen des Reichsführers SS Himmler vom 29. Februar 1940. In Rütte wurden – im Unterschied zu anderen Dörfern – jedoch nicht allein die denunzierten deutschen Mädchen und Frauen verhaftet. Christoph Schrenk:

„Erwiesen ist jedoch, daß eine große Anzahl Mädchen, Frauen und auch Männer von Rütte verhaftet und nach Waldshut ins Gefängnis gebracht wurden ... Man entließ die Verhafteten nach einigen Tagen, ohne auch nur ein Wort über den Grund der Verhaftung verloren zu haben. Mindestens sieben Mädchen und Frauen aus Rütte wurden aber in ein Konzentrationslager (in das FrauenKZ Ravensbrück, d. Vf.) verschleppt, wo sie unvorstellbare Qualen erlitten. In einem Fall hat man Mutter und Tochter gleichzeitig ins KZ gebracht."

Nach der Befreiung errichteten ehemalige polnische Zwangsarbeiter und Kriegsgefangene ihren ermordeten Kameraden an der Hinrichtungsstätte ein **Mahnmal**, an dessen Gestaltung sich auch die Bevölkerung von Rütte mit Spenden beteiligte. 1963 entsprach dieses Mahnmal nicht mehr den Vorstellungen der Denkmalpfleger: Es sei zu groß und passe nicht in die Landschaft, acht verschiedene Steinsorten seien verwendet worden, und der Platz hieße im Volksmund noch immer „die Polenhenke". Das neue Denkmal, ein „Findling aus dem Hotzenwald", ist mit einer „schlichten Bronceplatte versehen. Der Text derselben ist gestrafft und aus gestalterischen Gründen nur in deutscher Sprache aufgebracht ... Auch der Name der Hinrichtungsstelle hat sich mit dem neuen Denkmal bereits gewandelt. Die Bevölkerung spricht jetzt vom ‚Polenstein', wenn sie jene Höhe mit den alten Bäumen über Rütte meint. Es kann als schöner Erfolg der Aktion Dorfverschönerung bezeichnet werden, daß es möglich war, ... ein nach dem Kriege in bester Absicht, jedoch zu aufwendig gestaltetes Ehrenmal zu korrigieren."

JESTETTEN

„Rassische" Verfolgung und „Euthanasie"

Bis 1934 lebten in **Jestetten** zwei jüdische Familien, die des Kürschners Alexander Kohn und die des Kaufmanns Michael Weiss. Über ihr Schicksal im Dritten Reich ist nichts bekannt.

Der polnische Zwangsarbeiter Bestry wurde Opfer der rassistischen Bestimmungen, die Beziehungen zwischen Angehörigen seines Volkes und deutschen Frauen mit härtesten Strafen sanktionierten. Bei Liebesbeziehungen wurde der polnische Partner mit dem Tod durch Erhängen, die deutsche Partnerin mit der öffentlichen Demütigung und der Einweisung in das FrauenKZ Ravensbrück bestraft. Erschien der Gestapo der polnische Mann als „eindeutschungsfähig", überstellte sie ihn zur „Umerziehung" in ein Konzentrationslager, vornehmlich nach Hinzert (Rheinland-Pfalz). Der Hinweis auf die Erhängung von Bestry fand sich in den Reiseberichten der Gestapo Karlsruhe: Am 9. Oktober 1942 machte der Kriminalassessor Georg Schübel aus Waldshut eine Dienstreise nach Jestetten-**Dettighofen**, um die „Exekution des Polen Bestry in Jestetten" zu beaufsichtigen. Einen Tag später war er in einem ähnlichen Fall nach Weizen unterwegs (s. Stühlingen). In einer von Josef Arzner erstellten Liste der NS-Verfolgten im Kreis Waldshut stehen die Namen von zwei Frauen aus Jestetten: Maria und Mathilde Kaier mußten 14 bzw. 25 Monate Haft in Ravensbrück erleiden. In **Jestetten** gibt es im Unterschied zu Rütte (s. Herrischried) keinen Gedenkstein für den ermordeten Polen. Und ob die beiden Frauen, wenn sie denn wegen „verbotenen Umgangs mit Fremdvölkischen" inhaftiert worden waren, je eine Haftentschädigung erhalten haben, ist bei der skandalösen „Wiedergutmachungs"-praxis in diesen Fällen sehr zu bezweifeln.

Es gibt auch kein Gedenkzeichen für die ermordeten Insassen der damaligen **Kreispflegeanstalt Jestetten**, die sich im markgräflichen **Schloß**, einem vielfach umgebauten Gebäude aus dem 16./17. Jahrhundert, befand. Die Anstalt stand unter der ärztlichen Leitung von Dr. Lichtenberger, die Bewirtschaftung und Pflege hatten Schwestern vom Provinzmutterhaus Bühl übernommen. Die Anstalt betrieb Landwirtschaft und Gemüseanbau und gehörte noch in den 30er Jahren zu den wichtigsten Lebensmittellieferanten des Kreises, vor allem des Krankenhauses in Waldshut.

Über die Durchführung des Massenmordes an geistig und körperlich behinderten Menschen in der Kreispflegeanstalt Jestetten forschte Erich Danner. Er fand keine Hinweise auf Zwangssterilisation in den Jahren nach 1933. Belegt ist, daß im Dezember 1939 in der Anstalt die „Meldebögen zur planwirtschaftlichen Erfassung" eintrafen, auf deren Grundlage die Ärzte der Berliner „Euthanasie"-Zentrale über Leben und Tod entschieden und die Listen für den Abtransport in die Tötungsanstalten erstellten. Die Anstalt war zu diesem Zeitpunkt mit 305 Insassen belegt. Der erste Transport von 75 Kranken erfolgte am 6. August 1940. Beim zweiten Transport am 7. Oktober 1940, der die Kranken mit den Nummern 76 bis 150 erfasste, kam es zu erschütternden Szenen. Ein Patient stürzte sich aus dem Fenster des zweiten Stockes und wurde tot im Garten gefunden, ein anderer Patient soll sich an Dr. Lichtenberger geklammert und ihn angefleht haben: „Hilf mir, die bringen mich um!" Ende November 1940 wurden 30 Kranke in die Kreispflegeanstalt Wiechs (s. Schopfheim, Kr. Lörrach) verlegt, um wenig später in die Tötungsanstalt Grafeneck (s. Gomadingen, Kr. Reutlingen) gebracht zu werden.

Versuche, sich dem Abtransport zu widersetzen, werden für den Transport am 6. Dezember 1940 berichtet, als die restlichen 61 Patienten abgeholt werden sollten, die Dr. Lichtenberger beim Ausfüllen der Meldebögen als nützliche Arbeitskräfte bezeichnet hatte. Lichtenberger hatte von dem im Badischen Innenministerium für die „Euthanasie"-Aktion verantwortlichen Medizinalrat Sprauer die telefonische Zusage erhalten, daß er diese Patienten behalten dürfe. Die Pfleger Adolf und Hans Fricker und einige Jestetter Helfer versteckten die Patienten in Scheunen, so daß die Omnibusse der Gekrat leer zurückfahren mußten.

Über die Gesamtzahl derer, die den „Euthanasie"-Morden zum Opfer fielen, besteht noch immer Unklarheit: Danner spricht von 230 bis 244 Personen, Heinz Faulstich nennt die Zahl von 135 Personen.

Im Februar 1942 wurde die weitgehend geräumte Anstalt von der SS-Organisation „Volksdeutsche Mittelstelle" beschlagnahmt, die hier etwa 200 zwangsumgesiedelte Slowenen, zumeist Familien, einquartierte. Über ihr Schicksal ist nichts bekannt.

Konzentrationslager und Zwangsarbeit

Nach den Ermittlungen des FNTB waren in **Jestetten** während der Kriegsjahre 55 ausländische Zwangsarbeitskräfte gemeldet.

KLETTGAU

Widerstand und Naziterror

Jakob Holle aus **Griessen** beteiligte sich am Transport antifaschistischer Schriften aus der Schweiz und mußte deshalb 19 Monate ins Gefängnis.

In **Erzingen** war die Wohnung von Alfred Stark ein Treffpunkt der illegalen Grenzgänger; Stark wurde am 22. Dezember 1933 vom Sondergericht Mannheim wegen der Verbreitung antifaschistischer Schriften zu einer Gefängnisstrafe verurteilt (s. Küssaburg und Waldshut-Tiengen). Martin Zimmermann, seit 1922 Bürgermeister von Erzingen und im Mai 1933 erneut gewählt, widersetzte sich dem Druck, in die NSDAP einzutreten, und legte 1934 sein Amt nieder.

Konzentrationslager und Zwangsarbeit

Nach den Ermittlungen des FNTB waren in den Kriegsjahren in der Weinbauerngemeinde **Erzingen** 65 ausländische Zwangsarbeitskräfte gemeldet.

KÜSSABERG

Widerstand und Naziterror

In einer von Josef Arzner (s. Waldshut-Tiengen) erstellten Liste der NS-Verfolgten im Kreis Waldshut werden zwei Männer und eine Frau aus **Kadelburg** genannt. Fritz Rempe gehörte zu den ersten Kommunisten, die über das Waldshuter Gefängnis Anfang Mai 1933 in das KZ Ankenbuck (s. Brigachtal, Schwarzwald-Baar-Kreis) eingeliefert wurden; nach sieben Monaten Haft kam er wieder frei.

Das Ehepaar Alfred und Adelheid Hermle, das unmittelbar an der Grenze in **Kadelburg-Ettikon** wohnte und sich in der KPD engagierte, hatte sich am Transport der „Roten Post" und der „Rundschau über Politik, Wirtschaft und Arbeiterbewegung" von der Schweiz nach Deutschland beteiligt. Alfred Hermle wurde im Mai 1933 bei Häusern verhaftet und in das KZ Heuberg (s. Stetten a.k.M., Kr. Sigmaringen) eingeliefert; am 20. Dezember 1933 kam er wieder frei. Zu diesem Zeitpunkt war seine Frau bereits verhaftet und die gemeinsame Wohnung zwangsgeräumt. Beide Kinder lebten bei fremden Leuten. Adelheid Hermle wurde am 22. Dezember 1933 vom Sondergericht Mannheim zu einer Gefängnisstrafe von acht Monaten verurteilt, die sie im Frauengefängnis Bruchsal verbüßte. Das Gericht sah es als erwiesen an, daß die Wohnung in Ettikon ein Treffpunkt der illegalen Grenzgänger war. Die Mitangeklagten – der Weber Wilhelm Bauknecht aus Tiengen und der Schlosser Alfred Stark aus Erzingen (s. Klettgau) – wurden zu Gefängnisstrafen verurteilt.

LAUCHRINGEN

Widerstand und Naziterror

Als es der Gestapo im Januar/Februar 1936 gelang, den Transporten antifaschistischer Materialien von der Schweiz nach Deutschland auf die Spur zu kommen, befanden sich unter den etwa 30 Verhafteten aus Waldshut und Umgebung zwei Kommunisten aus **Unterlauchringen**: Albin Huber und Oskar Hupfer. Albin Huber war am 30. Januar 1936 an seinem Arbeitsplatz in der Lauffenmühle (s. Waldshut-Tiengen) verhaftet worden. Beim Prozeß vor dem OLG Karlsruhe am 14. August 1936 wurde ihm und den Mitangeklagten vorgeworfen, Mitgliedsbeiträge für die KPD kassiert und in die Schweiz weitergeleitet sowie antifaschistische Zeitungen bezogen und verbreitet zu haben. Huber erhielt eine Gefängnisstrafe von 22 Monaten, die er im Landesgefängnis Ulm und im Gefängnis Ebrach bei Würzburg absitzen mußte.

Oskar Hupfer war am 22. Februar 1936 verhaftet und wegen „Vorbereitung zum Hochverrat" am 9. Oktober 1936 zu 20 Monaten Gefängnis verurteilt worden, die er ebenfalls in Ulm verbüßte. Auf der von Josef Arzner erstellten Liste von NS-Verfolgten im Kreis Waldshut steht auch der Name eines weiteren Unterlauchringers: Thomas Winzenried war zu drei Jahren Gefängnis verurteilt worden. Zeitpunkt und Grund der Verurteilung sind nicht bekannt.

Pfarrer Erwin Dietrich aus **Oberlauchringen** und einige Vinzentiusschwestern aus **Unterlauchringen** wurden am 8. Dezember 1944 von der Gestapo abgeholt und in das Gefängnis Waldshut gebracht. Die Gestapo warf ihnen vor, einem niederländischen Kriegsgefangenen bei der Flucht in die Schweiz geholfen zu haben. Die Ordensschwestern wurden nach einem ersten Verhör wieder freigelassen – bis auf Schwester Zoa, die erst am 30. Januar 1945 freikam. Pfarrer Dietrich blieb bis Kriegsende in Gestapohaft. Bereits im November 1944 war Pfarrkurat Oser aus **Unterlauchringen**, der schon längere Zeit unter Gestapoüberwachung stand, vor seiner drohenden Verhaftung in die Schweiz geflüchtet.

Konzentrationslager und Zwangsarbeit

Nach den Ermittlungen des FNTB waren in **Unterlauchringen** während der Kriegsjahre 105 ausländische Zwangsarbeitskräfte gemeldet.

LAUFENBURG (BADEN)

„Rassische" Verfolgung und „Euthanasie"

Das **Dampfsägewerk Laufenburg GmbH** hatte einen jüdischen Geschäftsführer, Siegfried Löwenstein, der mit seiner Ehefrau Emilie am Ort wohnte. Das Ehepaar Löwenstein wurde 1942 ermordet. Ein weiterer jüdischer Angestellter war Siegfried Wertheimer, über dessen Schicksal wir nichts wissen.

Konzentrationslager und Zwangsarbeit

Nach den Ermittlungen des FNTB waren in **Laufenburg** während der Kriegsjahre 220 ausländische Zwangsarbeitskräfte gemeldet; zu den Kriegsgefangenen liegen keine Zahlenangaben vor. Über deren Unterbringung und Arbeit ist wenig bekannt: Die **Fa. Wuttig Apparatebau** unterhielt ein Lager für sowjetische Kriegsgefangene. Im Lager des **Ferrowerks** (heute Fa. Hermann C. Starck) waren sowjetische und polnische Kriegsgefangene bzw. Zwangsarbeiter untergebracht. Bei der **Fa. E. und E. Maier** auf dem Betriebsgelände der Elektro Nitrum AG mußten überwiegend Zwangsarbeiter aus den Niederlanden arbeiten. Als weitere Arbeitsstätte wird die **Laufenburger Schraubenfabrik** genannt, die spätestens im November 1941 ein firmeneigenes Zwangsarbeiterlager unterhielt.

Auf dem **Friedhof** von **Luttingen** ist der polnische Kriegsgefangene Stefan Gawenda begraben; er war bei seinem Tod am 28. Dezember 1944 30 Jahre alt.

MURG

Widerstand und Naziterror

Der Name von Friedrich Brüstle steht auf der von Josef Arzner erstellten Liste der NS-Verfolgten im Kreis Waldshut. Brüstle wurde 1936 bei der großangelegten Gestapoaktion gegen sozialistische Widerstandsgruppen in der Grenzregion verhaftet und zu 17 Monaten Gefängnis verurteilt (s. Waldshut-Tiengen).

Erna Döbele erhielt 1991 das Bundesverdienstkreuz, sie hatte kurz vor der Befreiung im April 1945 in Bad Säckingen 96 polnische Zwangsarbeiter vor der Erschießung gerettet (s. Bad Säckingen). Bekannt wurde ihre couragierte Tat durch einen späten Dankesbrief von zwei damals geretteten Polen aus Lodz.

Konzentrationslager und Zwangsarbeit

Die erste Gruppe ausländischer Zwangsarbeitskräfte, die nach Murg kam, bestand aus etwa 14 polnischen Kriegsgefangenen, die im Saal des **Gasthauses „Rheinischer Hof"** untergebracht wurden. Sie arbeiteten in der Landwirtschaft, wurden 1941 in den Status von „Zivilarbeitern" überführt und wohnten seitdem auf den Höfen. Ende 1941 wurde ein Kommando mit etwa zehn sowjetischen Kriegsgefangenen für die **Ziegelei Michel** in den Ort verlegt. Aus der Ukraine verschleppte Mädchen und Frauen mußten bei der **Fa. Niethammer**, einem nach Murg verlagerten Rüstungsbetrieb, arbeiten. Ihrer Unterbringung dienten Baracken auf dem Firmengelände. Die Zahl der zivilen ausländischen Zwangsarbeitskräfte gibt der FNTB mit insgesamt 80 Personen an.

Im älteren Teil des **Gemeindefriedhofes** sind der belgische Zwangsarbeiter Julius van Fleteren, der am 12. März 1945 in Weil am Rhein im Alter von 37 Jahren ums Leben kam, und der Pole Eduard Habay bestattet. Habay starb am 1. März 1945 in Murg, gerade 20 Jahre alt.

RICKENBACH

Konzentrationslager und Zwangsarbeit

Nach den Ermittlungen des FNTB waren in den heute zu Rickenbach gehörenden Dörfern **Bergalingen** und **Willaringen** während der Kriegsjahre 50 bzw. 65 ausländische Zwangsarbeitskräfte eingesetzt. Zusätzlich gab es in Bergalingen noch ein Kommando mit französischen Kriegsgefangenen, die in der Landwirtschaft arbeiten mußten. Ihre Nachtunterkunft befand sich bei Franz Josef Strittmatter im Haus Nr. 35.

ST. BLASIEN

Widerstand und Naziterror

Die Geschichte des **Jesuitenkollegs St. Blasien**, das 1938 von den Nationalsozialisten geschlossen wurde, ist eng mit der Geschichte des katholischen Widerstands verbunden. Dafür stehen die Namen der beiden von den Nationalsozialisten ermordeten Jesuitenpatres Alois Grimm (1886–1944) und Alfred Delp (1907–1945) sowie des Reichstagsabgeordneten der Zentrumspartei Dr. Albert Hackelsberger, der zu den Mitbegründern des Kollegs gehörte.

Dr. Hackelsberger war im September 1938 in Tutzing (Bayern) verhaftet worden. Die Gestapo beschuldigte ihn des „Hochverrats" und legte ihm „Devisenvergehen" zur Last. Anfang August 1940 wurde er wegen einer haftbedingten Erkrankung aus dem Freiburger Gefängnis entlassen. Er starb am 25. September 1940.

Der Jesuitenpater Lothar König (1906–1946) wurde an seinem 50. Todestag mit einer Ausstellung im Kolleg geehrt. König war seit 1939 engster Mitarbeiter des Provinzials der oberdeutschen Provinz P. Augustin Rösch, leistete als solcher Kurierdienste zwischen den Bischöfen und nahm zusammen mit Alfred Delp an den Gesprächen des „Kreisauer Kreises" teil. Nach dem Attentat auf Hitler am 20. Juli 1944 lebte er in Verstekken, denn die Gestapo hatte ihn und Pater Rösch zur Fahndung ausgeschrieben. König starb am 5. Mai 1946 in München an den Folgen einer während der Zeit seines Verstecks zugezogenen Erkrankung.

Im **Kolleg St. Blasien** ist die Sport- und Veranstaltungshalle nach Alfred Delp benannt, das Mädcheninternat trägt den Namen von Edith Stein und das Wohnhaus der Jesuiten den von Alois Grimm. **Gedenktafeln** für Delp und Grimm befinden sich in den Hauskapellen.

Jesuitenkolleg St. Blasien

Dem Theologiestudenten Karl Leisner (1915–1945) widmete die Gemeinde St. Blasien 1989 eine Ausstellung im Haus des Gastes. Kurz vor seiner Priesterweihe war Leisner, der in Münster und Freiburg studiert hatte und in der katholischen Jugendbewegung aktiv war, an einer Lungentuberkulose erkrankt, die er im **Fürstabt-Gerbert-Haus** in St. Blasien auszuheilen gedachte. Er wurde hier aber im November 1939 verhaftet, weil er in einem Gespräch bedauert hatte, daß das von Georg Elser geplante Attentat auf Hitler im Münchner Hofbräuhaus mißglückt war. Vom Freiburger Gefängnis aus wurde Leisner in das KZ Sachsenhausen und schließlich, im Dezember 1940, in den Priesterblock des KZ Dachau verschleppt. Ein französischer Mitgefangener, Bischof Gabriel Piquet, spendete ihm dort am 17. Dezember 1944 die Priesterweihe. Leisner, von der im KZ wieder ausgebrochenen Tuberkulose schwer gezeichnet, überlebte die Befreiung nur um wenige Monate; er starb am 12. August 1945 im Sanatorium Planegg bei München. Zu seinem 50. Todestag wurde vor dem **Friedhof** von **St. Blasien** ein **Gedenkstein** enthüllt. Im Juni 1996 erfolgte seine Seligsprechung.

An den in **Immeneich** geborenen Busso Thoma (1899–1945) erinnert seit Juli 1985 eine **Gedenktafel** beim Kriegerdenkmal im Ortsteil **Schlageten**. Schülerinnen und Schüler hatten 1981 bei einem Besuch der Gedenkstätte Berlin-Plötzensee den Namen des Offiziers entdeckt, der zum Widerstandskreis um Stauffenberg gehörte und am 17. Januar 1945 vom „Volksgerichtshof" zum Tode verurteilt worden war.

„Rassische" Verfolgung und „Euthanasie"

Zu Beginn der NS-Zeit wohnten in **St. Blasien** mindestens drei jüdische Familien, die zur Synagogengemeinde Tiengen gehörten. In der **Hauptstr.** 3 befand sich das Kaufhaus von Gustav Grumbach, Alexander Mendelsohn hatte sein Fotogeschäft in der **Hauptstr.** 11 und Ferdinand Odenheimer ein Feinkostgeschäft in der **Hauptstr.** 27.

Im Juni 1936 berichtete der Generalstaatsanwalt in Karlsruhe über eine „Sachbeschädigung zum Nachteil eines Juden": Im Fotogeschäft Mendelsohn, „dem einzigen, dort ansässigen Juden", waren ein Schaufenster und ein Glastransparent eingeworfen worden. Als Täter vermutete der Generalstaatsanwalt einen katholischen Schreiner, der „aus seiner früheren Einstellung heraus, der Bewegung schaden" wolle.

Konzentrationslager und Zwangsarbeit

Für **St. Blasien** ermittelte der FNTB die Zahl von 210 ausländischen Zwangsarbeitskräften, die während der Kriegsjahre hier gemeldet waren. In **Schlageten** sollen es nach der gleichen Quelle 55 Personen gewesen sein. Nach Auskunft der Gemeinde gibt es auf dem **Kriegsgräberfriedhof** an der Landstraße nach Todtmoos auch „einige Grabstellen" ausländischer Kriegsopfer; es sei jedoch nicht bekannt, ob es sich um Kriegsgefangene oder Zwangsarbeiter handele. Die meisten hier Bestatteten waren deutsche Soldaten, die in Lazaretten und Sanatorien in St. Blasien verstorben sind.

STÜHLINGEN

„Rassische" Verfolgung und „Euthanasie"

Am 10. Oktober 1942 wurde in **Weizen** der polnische Zwangsarbeiter Stempniak „exekutiert". In der NS-Terminologie bedeutete „exekutiert" die Erhängung eines Polen, dem sexuelle Beziehungen zu einer deutschen Frau angelastet wurden. Zur „Abschreckung" mußten alle polnischen Zwangsarbeiter der Umgebung an diesen Hinrichtungen teilnehmen. Die Leichname der Ermordeten wurden den Anatomischen

Instituten der nächstgelegenen Universität übergeben. Der Hinweis auf die Hinrichtung in Weizen fand sich in den Reiseberichten der Gestapo Karlsruhe. Diese wurden 1964 im Prozeß gegen den stellvertretenden Leiter der Gestapo Karlsruhe, Dr. Heinrich F. aus Bernkastel, vor dem Landgericht Karlsruhe herangezogen. Danach hatte Dr. F. im Zeitraum von April 1941 bis November 1942 im südbadischen Raum 38 polnische Zwangsarbeiter erhängen lassen. Dr. F. wurde im übrigen freigesprochen.

Konzentrationslager und Zwangsarbeit

Der FNTB ermittelte nach dem Krieg für **Stühlingen** die Zahl von 275 und für **Bettmaringen** die Zahl von 50 ausländischen zivilen Zwangsarbeitskräften.

TODTMOOS

„Rassische" Verfolgung und „Euthanasie"

In Todtmoos lebte seit 1920 Heinrich Wollheim aus Berlin. Er wurde deportiert und ist in Auschwitz verschollen.

Konzentrationslager und Zwangsarbeit

Nach den Ermittlungen des FNTB waren während der Kriegsjahre 80 ausländische Zwangsarbeitskräfte in **Todtmoos** gemeldet. Über deren Arbeits- und Lebensbedingungen ist bisher nichts bekannt. Nach der Befreiung wurden im **Hotel Hirschen** in **Au** zeitweise ehemalige polnische Zwangsarbeiterinnen und -arbeiter, nun Displaced Persons genannt, untergebracht.

ÜHLINGEN-BIRKENDORF

Konzentrationslager und Zwangsarbeit

Die Nachkriegsermittlungen des FNTB zum Ausmaß der Zwangsarbeit in der französisch besetzten Zone ergaben folgende Zahlen: **Ühlingen** 120 Personen, **Birkendorf** 55 Personen und **Berau** 525 Personen. Im September 1950, als der Catalogue of camps and prisons bereits im Druck war, meldete die damals noch selbständige Gemeinde **Berau** die vollständigen Zahlen an das Landratsamt Waldshut: Nach dieser Liste waren in Berau 1.330 Kriegsgefangene und 3.395 Zwangsarbeiter eingesetzt. Die größte Gruppe stellten mit 416 Kriegsgefangenen und 1.513 Zwangsarbeitern die Franzosen, gefolgt von 898 Italienern und 847 „Russen". Von diesen waren 640 Kriegsgefangene und 207 zur Zwangsarbeit aus der Sowjetunion verschleppte Zivilisten. Weitere Gruppen stellten die Griechen (230), Jugoslawen (236), Polen (109), Spanier und Niederländer (je 52), Tschechen (38), Belgier (19), Elsässer (10), Bulgaren (9); 292 Personen waren unbekannter Nationalität.

Dieses Heer ausländischer Zwangsarbeitskräfte war – nach einer Auskunft der Gemeinde Berau aus dem Jahr 1972 – „bei verschiedenen Baufirmen, im Stollenbau und beim Bau des Kraftwerkes **Witznau**" eingesetzt. Die Gemeinde gab weiter an, daß „alle Kriegsgefangenen, Fremdarbeiter, Deportierte usw. in Lagern in Berau" untergebracht gewesen waren und daß es 18 Todesfälle, 17 Russen und ein Grieche, gegeben habe.

Bei unserer Gemeindeumfrage 1996 waren diese Fakten bereits in Vergessenheit geraten. Bis heute gibt es keine wissenschaftliche Dokumentation zum Bau des Schluchseekraftwerkes und dem Einsatz ausländischer Zwangsarbeitskräfte (s. auch Weilheim und Waldshut-Tiengen).

WALDSHUT-TIENGEN

Widerstand und Naziterror

Die Verhaftungsaktionen im Frühjahr 1933 betrafen vor allem Mitglieder der KPD. Franz Schmid, Albert Moses, Ludwig Denz und Karl Rasp aus **Waldshut** und Willi Schröder, Philipp Weidenauer und Rudolf Jehle aus **Tiengen** wurden in das KZ Ankenbuck eingewiesen (s. Brigachtal, Schwarzwald-Baar-Kreis). Bei der Besetzung der Geschäftsräume des Verbandes der Fabrikarbeiter in der **Wagnerstraße** 6 durch ein SS-Kommando wurden am 2. Mai 1933 der Gewerkschaftssekretär Straßer und einen Tag später auch sein Sohn Heinrich Straßer in „Schutzhaft" genommen.

Trotz der Verhaftungen gelang der KPD die Umstellung auf die Untergrundarbeit in der Grenzregion sehr schnell. Willy Eberl aus Horheim (s. Wutöschingen) berichtete über die Zusammenarbeit mit dem in die Schweiz emigrierten KPD-Landtagsabgeordenten Hermann Böning (Heidelberg, Baden-Württemberg I), der im Auftrag seiner Partei den Transport antifaschistischer Zeitungen aus der Schweiz nach Deutschland organisierte:

> „Böning konnte die Zeitungspakete natürlich nicht selbst über die Grenze bringen. Dazu waren verschiedene Genossen eingesetzt, einer, der die Pakete im Grenzort Erzingen (s. Klettgau, Vf.) über die Grenze schaffte, ich als zweiter, der sie von Erzingen auf dem Motorrad nach **Waldshut** brachte und dort Genosse Böning im Zug wieder übergab. Ein dritter, Genosse Gersbach (richtig: Karl Gerspach aus **Tiengen**), hatte die ganze Sache im Badischen zu organisieren, und ein vierter, Genosse Rottenhöfer von Albbruck, hatte die Verbindung mit der Schweiz zu halten. Auf diese Art ging es bis zum 22. Juni 1933."

Nach dieser ersten Verhaftung, die Eberl für zehn Monate und Gerspach für sieben Monate ins Gefängnis brachte und zu weiteren Festnahmen u.a. in Erzingen (s. Klettgau) und Kadelburg (s. Küssaburg) führte, gelang es der KPD, die unterbrochene Verbindung neu zu organisieren. Im Lagebericht der Gestapo Karlsruhe vom 3. März 1934 wird „besondere Aufmerksamkeit für die Tätigkeit der KPD in Oberbaden" gefordert:

> „Dafür daß gerade von Basel und Schaffhausen aus im Sinne der KPD gewirkt wird, spricht die Tatsache, daß in der Nacht zum 16. Februar 1934 in Freiburg eine größere Menge kommunistischer Flugblätter aufgetreten ist, deren Verteiler bis jetzt noch nicht ermittelt werden konnten, und daß die örtlichen Kommunistenkreise in **Tiengen** und Albbruck eine verdächtige, zur Zeit allerdings noch nicht nachhaltig erfaßbare Tätigkeit entwickeln."

Nach der Verhaftung Hermann Bönings hatte Hans Fittko im November 1933 die KPD-Grenzstelle in der Schweiz übernommen und bei einem Treffen im Gasthaus „Signal" in Basel die Reorganisation des Transportnetzes besprochen. An diesem Treffen nahmen Kommunisten aus Freiburg, aus Weil am Rhein und aus weiteren südbadischen Orten sowie Alfred Döbele aus Waldshut teil.

Anfang Mai 1934 holte die Gestapo Waldshut zu einem neuen Schlag aus: „Unter Hinzuziehung von 30 Mann Landpolizei, Gendarmerie und SS" führte sie „zahlreiche Haussuchungen bei verdächtigen Personen in **Waldshut**, **Tiengen**, Dogern, Albbruck, Eberfingen und auf der Baustelle auf dem Dachsberg" durch, „wobei eine Menge verbotener Druckschriften gefunden wurde. Die Besitzer des neueren illegalen Propagandamaterials wurden sofort in Schutzhaft genommen."

Leider konnten wir die Prozesse, die diesen Verhaftungen folgten, nicht auswerten. Der Gestapo jedenfalls war es nicht gelungen, das gesamte Widerstandsnetz zu zerschlagen. Am 30. Mai 1936 wurde im Lagebericht der Gestapo Karlsruhe festgestellt, daß sich die KPD seit Anfang 1934 in den Grenzorten **Waldshut**, **Tiengen**, Unter- und Oberlauchringen, Blasiwald, Schopfheim, Lörrach und Weil und anderen Orten reorganisiert habe:

> „Es wurden Beiträge in Höhe von monatlich 80 Pfg. bezahlt, Druckschriften von der Schweiz eingeschmuggelt und an die zahlenden Mitglieder der KPD weitergeben. Durch umfangreiche Ermittlungen konnten im Jahr 1936 in den obenbezeichneten Orten 54 KPD-Funktionäre des Hochverrats überführt werden. Bezeichnend ist ferner noch, daß bei einzelnen Funktionären in **Waldshut** bei der Festnahme über 120 RM Beitragsgelder für die illegale KPD beschlagnahmt werden konnten. Die Mitgliederzahl der illegalen KPD umfaßt nach den gemachten Feststellungen etwa 200 Personen."

Der Karlsruher Gestapochef Berckmüller schlug einen Monat später die Gestapobeamten Hermann Schlude und Fritz Nagel für eine Belohnung von je 100 RM vor, da es durch „ihre fortgesetzten und intensiven Überwachungen, die sich oft die ganzen Nächte hinzogen", gelungen sei, „in den Monaten Februar und März 1936 in Waldshut und Umgebung eine illegale Organisation der KPD aufzudecken".

An ihrem Arbeitsplatz, der **Textilfabrik Lauffenmühle**, wurden in diesem Zusammenhang Hermann Licht (s. Waldkirch, Kr. Emmendingen), Albin Huber aus Unterlauchringen und Hans Dettinger verhaftet. Hans Dettinger hatte im Betrieb für die heimliche Weitergabe von Flugblätter und Zeitungen gesorgt und die für die Finanzierung der Widerstandsarbeit so dringend benötigten Spenden gesammelt.

27 des Hochverrats Angeklagte aus Waldshut und Umgebung standen schließlich vor dem OLG Karlsruhe. Da wir die Prozeßakten nicht auswerten konnten, sind nur folgende Personen bekannt, von denen vermutlich jedoch einige schon in früheren Prozessen vor Gericht standen:

Aus **Tiengen**: Anton Volz, dreieinhalb Jahre Gefängnis, Arnold Denz, sieben Jahre Zuchthaus, anschließend Strafbataillon 999.

Aus **Waldshut**: Georg Greger, eineinhalb Jahre Gefängnis, Richard Mollmann sechseinhalb Monate Gefängnis, Walter Tremel, neuneinhalb Monate Gefängnis, Franz Vaas, zwei Jahre Gefängnis, anschließend Strafbataillon 999, Ludwig Bitsch, ein Jahr Gefängnis, Alfred Döbele, sieben Jahre Zuchthaus, Friedrich Hoos, zehn Jahre Zuchthaus, anschließend KZ, Alfred Schäfer, dreieinhalb Jahre KZ, Clement Plötz, drei Jahre und sieben Monate Gefängnis, Hans Rückerl viereinhalb Jahre Zuchthaus, Emil Rapp, zwei Jahre und sieben Monate Gefängnis, anschließend Strafbataillon 999, Josef Lohner, vier Jahre Zuchthaus.

Josef Arzner und Fritz Birk gelang 1933 die Flucht in die Schweiz. Beide meldeten sich 1936 zu den Internationalen Brigaden und kämpften gegen den Faschismus in Spanien. Von Fritz Birk ist weiter bekannt, daß er nach der Niederlage der spanischen Republik an Deutschland ausgeliefert wurde. Er wurde zu drei Jahren Zuchthaus verurteilt und nach dem Ende der Haft in ein KZ eingeliefert.

Auf der von Josef Arzner erstellten Liste der NS-Verfolgten im Kreis Waldshut steht der litauisch klingender Name Kasimir Schimkunas. Schimkunas wurde zu drei Jahren Zuchthaus verurteilt und anschließend in ein KZ verschleppt. Man kann vermuten, daß der Prozeß gegen ihn einer der vielen Prozesse gegen ausländische Zwangsarbeitskräfte war, die vom Landgericht Waldshut geführt wurden. Bereits im Mai 1940 hatte der Oberstaatsanwalt beim Landgericht Waldshut in seinem Lagebericht im „Abschnitt B. Politische Kriminalität" gemeldet:

> „Wegen Arbeitsverweigerung, Arbeitsvertragsbrüchen usw. wurden 73 neue Verfahren anhängig. Sie richten sich überwiegend gegen oberschlesische, polnische und tschechische Arbeiter der bei der zweiten Ausbaustufe des **Schluchseewerkes** beschäftigten Firmen. Die erhebliche Steigerung gegenüber den fünf Verfahren der letzten Berichtszeit beruht darauf, daß die erwähnten Arbeiter sich hier nicht heimisch fühlen und trotz von ihnen selbst anerkannter guter Arbeitsbedingungen die alt gewohnte Gruben- und Fabrikarbeit dem Stollenbau und den sonstigen Erdarbeiten vorziehen, mit denen sie hier beschäftigt werden. Bei der Osterurlaubsreise in ihre Heimat sind sie dann massenweise und wohl auf Verabredung desertiert. Fast alle konnten verhaftet und zur Strafe gebracht werden."

Die Denunziation durch den Waldshuter NSDAP-Ortsgruppenleiter W. und den Blockwart T. kostete dem Rentner Friedrich Geisert das Leben. Geisert, vor 1933 Mitglied der KPD, machte aus seiner antifaschistischen Gesinnung keinen Hehl. Er wurde am 2. November 1939 verhaftet und wegen Abhörens ausländischer Sender und der Verbreitung von „Greuelnachrichten" – er hatte Hitler als „Idioten" bezeichnet – vom Sondergericht Mannheim zu vier Jahren Zuchthaus verurteilt. Nach Verbüßung der Strafe im Zuchthaus Bruchsal wurde Geisert in das KZ Sachsenhausen und schließlich nach Bergen-Belsen überführt. Von dort erhielt seine Frau im Februar 1945 das letzte Lebenszeichen. Die beiden Denunzianten wurden nach dem Krieg zu Gefängnisstrafen von acht bzw. 15 Monaten verurteilt.

„Rassische" Verfolgung und „Euthanasie"

Die Geschichte der Jüdischen Gemeinde **Tiengen** reicht in das 15. Jh. zurück. Um 1885 hatte sie mit 233 Mitgliedern ihre Höchstzahl erreicht. Zentrum jüdischen Lebens waren die ältere Judengasse, heute **Priestergasse**, und die jüngere Judengasse, die 1935 in **Turmgasse** umbenannt wurde. Hier war der Standort der 1915 abgebrannten **Jüdischen Schule**. In der **Fahrgasse** 13 stand die 1793 eingeweihte, mehrfach renovierte **Synagoge**, die beim Novemberpogrom 1938 geschändet und erheblich beschädigt wurde. Das Gebäude wurde nach 1945 zu einer Fabrik umgebaut. Eine **Mikwe** befand sich in der **Fahrgasse** 2. An einigen dieser Stätten befinden sich **Informationstafeln**, so in der **Fahrgasse** an einem Baum gegenüber dem Haus Nr. 13, die an die ehemaligen Synagoge erinnert, sowie am Nachbarhaus der Jüdischen Schule und am Haus der Mikwe.

Das Gelände des 1938 geschändeten, dann eingeebneten und als Sportplatz benutzten **Jüdischen Friedhofes** an der **Feldbergstraße** beim Bahnübergang wurde nach 1945 zu einer umfriedeten Grünanlage umgestaltet, in deren Umfassungsmauern drei noch erhaltene Grabsteine aus dem 18. Jh. eingelassen sind. Auf einem **Gedenkstein** sind die Namen von 50 jüdischen Menschen, die seit 1889 auf diesem Friedhof beigesetzt worden waren, und der Text zu lesen:

> „Hier ist die Ruhestätte der einstigen Juden von Tiengen, Waldshut und St. Blasien."

1981 wurde zusätzlich eine **Informationstafel** am Friedhofseingang angebracht:

> „Israelitischer Friedhof der ehemaligen israelitischen Gemeinde Tiengen seit 1780–1938, Schändung und Zerstörung nach der Kristallnacht – Neugestaltung 1945 – Mögen ihre Seelen eingehen in den Bund des Lebens."

Zu Beginn der NS-Zeit lagen jüdische Wohn- und Geschäftshäuser vor allem entlang der **Hauptstraße**:

Nr. 10 Viehhandlung Moritz Maier;
Nr. 41 Farbengeschäft Heinrich Guggenheim;
Nr. 48 Schuhgeschäft Julius Guggenheim;
Nr. 55 Aussteuergeschäft Berthold und Isaak Bernheim;
Nr. 57 Lederhandlung Paul Guggenheim;
Nr. 59 Geflügelhandlung Jakob Guggenheim;
Nr. 85 Fellhandlung Jakob Guggenheim;
Nr. 90 Konfektionsgeschäft Jakob Guggenheim.

Adelheid Hermle (s. Küssaburg) berichtete über den Novemberpogrom 1938 in Tiengen, bei dem Kultgegenstände aus der **Synagoge** auf dem nahegelegenen **Viehmarktplatz** verbrannt wurden und SA- und SS-Leute Wohnungen und Geschäfte jüdischer Bürger überfielen:

> „Es war scheußlich, wie sie diese Nacht gehaust haben, 1938. In das Farbengeschäft – die Guggenheims habe ich gut gekannt – sind sie eingebrochen, haben die Möbel zusammengeschlagen, die Farben verschüttet, die Kannen ausgeleert, die ganze Wohnung versaut. Nachts haben sie die Juden alle auf einen Lastwagen aufgeladen, sie richtig hinaufgeschmissen ... Der eine Bernheim, ich weiß nicht mehr, ob das in der Kristallnacht war, oder schon vorher, den haben sie in einem Saugatter durch die Stadt gefahren, die SS und die SA, und haben den zur Schau gestellt."

Von den in den Pogromtagen in das KZ Dachau verschleppten jüdischen Männern kehrten Julius Guggenheim und Heiman Rabbinowicz nicht mehr zurück.

Bei der Deportation der badischen Juden am 22. Oktober 1940 wurden fünf Frauen aus Tiengen nach Gurs gebracht. Dort starb Sabine Bernheim. Drei Frauen, die 1942 von Gurs in die Vernichtungslager abtransportiert wurden, gelten seitdem als „verschollen". Aber auch Tiengener Jüdinnen und Juden, die in den ersten Jahren der NS-Dikatur nach Frankreich geflüchtet waren, wurden von den Deportationen erfaßt. Von fünf Personen weiß man, daß sie nach Auschwitz gebracht wurden. Mindestens 14 Mitglieder der Jüdischen Gemeinde Tiengen wurden Opfer des Holocaust.

Nach den mittelalterlichen Verfolgungen wurden jüdische Familien erst wieder gegen Ende des 19. Jahrhunderts in **Waldshut** ansässig. Zum Gottesdienst gingen sie nach **Tiengen**. Zu Beginn der NS-Zeit befanden sich die meisten jüdischen Geschäfts- und Wohnhäuser in der **Kaiserstraße**. 18 Personen gelang die Auswanderung, die Schwestern Aufrichtig wurden deportiert und ermordet.

Konzentrationslager und Zwangsarbeit

1941 erhielten die **Lonza-Werke** in **Waldshut**, ein Rüstungsbetrieb mit Schweizer Kapital, den Titel eines „Nationalsozialistischen Musterbetriebes" verliehen. Etwa 200 französische Kriegsgefangene waren seit Juli 1940 in einem firmeneigenen Barackenlager untergebracht. Sie nutzten die nahe Schweizer Grenze in einem solchen Ausmaß zur Flucht, daß das Gauarbeitsamt Anfang 1942 im 20 km breiten Grenzstreifen alle französischen Gefangenen durch sowjetische austauschen ließ. Doch auch die sowjetischen Gefangenen ergriffen – so konstatierte das Amt – „jede sich bietende Gelegenheit, um unter rücksichtslosem Einsatz ihres Lebens" die ca. 100 Meter entfernte Schweiz zu erreichen. Bis Anfang Oktober 1942 wurden in der Schweiz 11.800 Flüchtlinge registriert, die vermutlich überwiegend Zwangsarbeiterinnen und -arbeiter bzw. Kriegsgefangene aus dem badischen Raum waren. Im März 1942 erließ der Reichsführer SS den Befehl, auf fliehende Kriegsgefangene nach Anruf, auf sowjetische sofort zu schießen.

Hinsichtlich der zur Zwangsarbeit verschleppten Zivilpersonen meldete der FNTB für **Tiengen** 230 Personen und für **Aichen** 165 Personen; für **Waldshut** liegen überhaupt keine Angaben vor.

Nach Auskunft der Stadt Tiengen von 1972 haben Lager bei der **Fa. Sänger & Lanninger**, bei der Textilfabrik **Lauffenmühle** und den **Lonza-Werken** in Waldshut bestanden. In Tiengen selbst, im **Hotel „Ochsen"**, habe sich von 1942 bis 1944 der „Fernsprechbetrieb der 3. Kriegsgefangenen-Bau-Kompanie 145" befunden. Diese gehörte vermutlich zum Bauprojekt „Stollenbau Witznau – III. Baustufe" (s. Ühlingen-Birkendorf).

WEILHEIM

Widerstand und Naziterror

Der katholische Pfarrer von **Nöggenschwiel**, Josef König (1904–1945), wurde am 23. November 1944 verhaftet und in das Gestapogefängnis nach Waldshut gebracht. Er hatte einer Offizierswitwe nach dem Gottesdienst klarmachen wollen, daß die in den Wochenschauen gezeigten Bilder nicht unbedingt der Wahrheit entsprechen. Es kam zu einem heftigen Wortwechsel, bei dem König von den Verbrechen der SS sprach. Er wurde daraufhin wegen „Wehrkraftzersetzung" angezeigt. Am 23. April 1945 kam er schwerkrank wieder frei und starb am 13. Mai 1945 im Krankenhaus Waldshut. Im September 1995 wurde in der **St.Stephanus-Pfarrkirche**, neben der sich auch sein Grab befindet, eine **Gedenktafel** für Josef König enthüllt.

Konzentrationslager und Zwangsarbeit

Der Einsatz ausländischer Zwangsarbeitskräfte in der heute zu Weilheim gehörenden Gemeinde **Nöggenschwiel** erfolgte im Zusammenhang mit dem Bau der **Schluchseekraftwerke** bzw. der dritten Baustufe des Kraftwerkes **Witznau**. Den Stollenausbau und den Bau des Witznaustaubeckens führten die **Fa. Sänger & Lanninger** und weitere Baufirmen durch. Die Gesamtzahl der zu Erdarbeiten eingesetzten ausländischen Zwangsarbeitskräfte liegt nicht vor: Lager mit mehr als 4.000 Kriegsgefangenen und Zwangsarbeitern befanden sich in Berau (s. Ühlingen-Birkendorf), in Stühlingen, vermutlich auch in Häusern sowie auf der Gemarkung **Nöggenschwiel**. Dieses Lager war mit 200 bis 300 sowjetischen Kriegsgefangenen belegt.

Der Gemeinde **Weilheim** war 1972 die „Zahl der Verstorbenen ... nicht bekannt", denn ihre Bestattung habe auf dem **Friedhof** in **Nöggenschwiel** stattgefunden, „womit auch die Gemarkungszugehörigkeit geklärt sein dürfte". 1996 teilte uns die Gemeinde Weilheim mit, daß in den Standesamtsbüchern für den Zeitraum November/Dezember 1941 der Tod von 18 sowjetischen Kriegsgefangenen registriert wurde, die an Unterernährung und TBC verstorben sind: Diese „Toten wurden damals außerhalb der Friedhofsmauer beigesetzt. Allerdings waren sie nur in Zementsäcke eingewickelt. Nach Endes des Krieges wurden sie wieder ausgegraben und nach Donaueschingen verbracht, wo sie offenbar heute noch ruhen sollen" (s. auch Waldshut-Tiengen).

Zumindest in **Weilheim** waren zusätzlich noch zivile ausländische Zwangsarbeitskräfte während des Krieges gemeldet. Der FNTB gibt 80 Personen an.

WUTÖSCHINGEN

Widerstand und Naziterror

Kommunisten aus **Horheim** und **Ofteringen** beteiligten sich am Transport antifaschistischer Materialien aus der Schweiz nach Deutschland. Martin Heß aus Ofteringen mußte deshalb 13 Monate ins Gefängnis; für den im Frühjahr 1936 verhafteten Johann Gantert aus Horheim fiel die Strafe wesentlich höher aus: Nach der Verbüßung einer Zuchthausstrafe von zwei Jahren und zwei Monaten wurde er in ein KZ überstellt. Willy Eberl aus Horheim flüchtete nach seiner ersten Verurteilung zu zehn Monaten Gefängnis 1934 in die Tschechoslowakei, wo er seine antifaschistische Arbeit fortsetzte.

Konzentrationslager und Zwangsarbeit

Die meisten Zwangsarbeiter und Kriegsgefangenen mußten beim **Aluminiumwalzwerk Wutöschingen** arbeiten, dessen Direktor Willy Knauerhase enge Verbindungen zur NSDAP hatte, zum „Wehrwirtschaftsführer" aufstieg und nach Kriegsende wegen der Mißhandlung von Zwangsarbeitern angeklagt wurde. Der Betrieb gehörte zu den wichtigsten Zulieferbetrieben der Flugzeugindustrie und profitierte am Boom der Rüstungsaufträge.

Im Januar 1942 traf das angeforderte Kontingent von etwa 150 sowjetischen Kriegsgefangenen ein. Deren Gesundheitszustand war denkbar schlecht; 120 Männer mußten wegen Fleckfiebergefahr in Quarantäne, 15–20 waren „ausgesprochen kranke Leute". Der Anteil der ausländischen Zwangsarbeiter/Kriegsgefangenen an der Belegschaft stieg von 36,6 % (= 431 Personen) im November 1942 auf 50,6 % (= 754 Personen) im Juli 1944. Damit gehörten die Aluminiumwalzwerke zu den drei badischen Rüstungsbetrieben – die beiden anderen sind die Mauserwerke in Oberndorf (s. Schwarzwald-Baar-Kreis) und die Aluminiumwerke Rheinfelden (s. Kr. Lörrach) – mit dem höchsten Ausländeranteil. Der FNTB hatte allein die Zahl der zivilen ausländischen Zwangsarbeitskräfte mit 620 Personen angegeben.

Das Aluminiumwalzwerk war für eine besonders rigide Arbeitsordnung bekannt. Geringste Verstöße nicht nur von ausländischen, sondern auch von deutschen Arbeitern wurden der Gestapo gemeldet und hatten die Einweisung in eines ihrer „Arbeitserziehungslager" zur Folge.

Auf dem **Friedhof** im heutigen Ortsteil **Schwerzen** befinden sich heute noch zwei Gräber von Zwangsarbeitern: das des Ukrainers Dimitrio Batus, der am 21. März 1943 im Alter von 28 Jahren ums Leben gekommen war, und das von Ferenc Keruska aus Ungarn, der am 3. September 1945 starb. Es ist zu vermuten, daß nach dem Krieg Umbettungen erfolgten.

SPUREN DER ZWANGSARBEIT

An einigen Orten blieb unsere Spurensuche nach Orten des Widerstandes und der Verfolgung erfolglos – bis auf die Zahlen, die der FNTB nach Kriegsende zum Ausmaß der Zwangsarbeit in der französisch besetzten Zone ermittelte. Sie seien hier genannt und sollen zu weiterem Nachforschen dienen:

Eggingen, Ortsteil Untereggingen	80 Personen
Görwihl	55 Personen
Grafenhausen	55 Personen
Häusern	265 Personen
Hohentengen am Hochrhein	85 Personen
Lottstetten	95 Personen
Wehr	205 Personen
Wutach, Ortsteil Ewattingen	115 Personen

LITERATUR

Arbeitskreis Widerstand und Arbeitergeschichte (Hg.): Widerstand und Verfolgung in Südbaden. Der organisierte Widerstand aus der Arbeiterbewegung gegen den Nationalsozialismus. Waldkirch 1996 (zu **Waldshut-Tiengen**)

Manfred Bosch: Als die Freiheit unterging. Eine Dokumentation über Verweigerung, Widerstand und Verfolgung im Dritten Reich in Südbaden. Konstanz 1985

Erich Danner: Leidensweg von Behinderten aus der **Jestetter** Kreispflegeanstalt im „Dritten Reich". In: Jahreschronik. Jestetten 1993

Adelheid Enderle-Jehle: Das Schicksal des Verlegers Hermann Stratz. In: Vom Jura zum Schwarzwald. Blätter für Heimatkunde und Heimatschutz. Hg.: Fricktalisch-Badische Vereinigung für Heimatkunde. 63. Jg. Neue Folge. Frick 1989 (zu **Bad Säckingen**)

Justiz und NS-Verbrechen. Sammlung deutscher Strafurteile wegen nationalsozialistischer Tötungsverbrechen 1945-1966. Band II, lfd. Nr. 047 und Band IV, lfd. Nr. 122. Amsterdam 1969 (zu **Waldshut**)

Christoph Schrenk: Spuren des Naziterrors nicht vom Winde verweht. Gedenkstein erinnert an die Ermordung von drei polnischen Zivilarbeitern am 15. April 1942 in Rütte. In: Badische Zeitung vom 1./2. September 1979, Regionalseite Stadt und Kreis Waldshut (zu **Herrischried**).

Dieter Petri: Die **Tiengener** Juden. Schriften des Arbeitskreises für Regionalgeschichte Band 4. Konstanz 1983

Jörg Schadt: Verfolgung und Widerstand unter dem Nationalsozialismus in Baden. Die Lageberichte der Gestapo und des Generalstaatsanwalts Karlsruhe 1933–1940. Hg.: Stadtarchiv Mannheim. Stuttgart, Berlin, Köln, Mainz 1976 (zu **Waldshut-Tiengen**).

Alb-Donau-Kreis

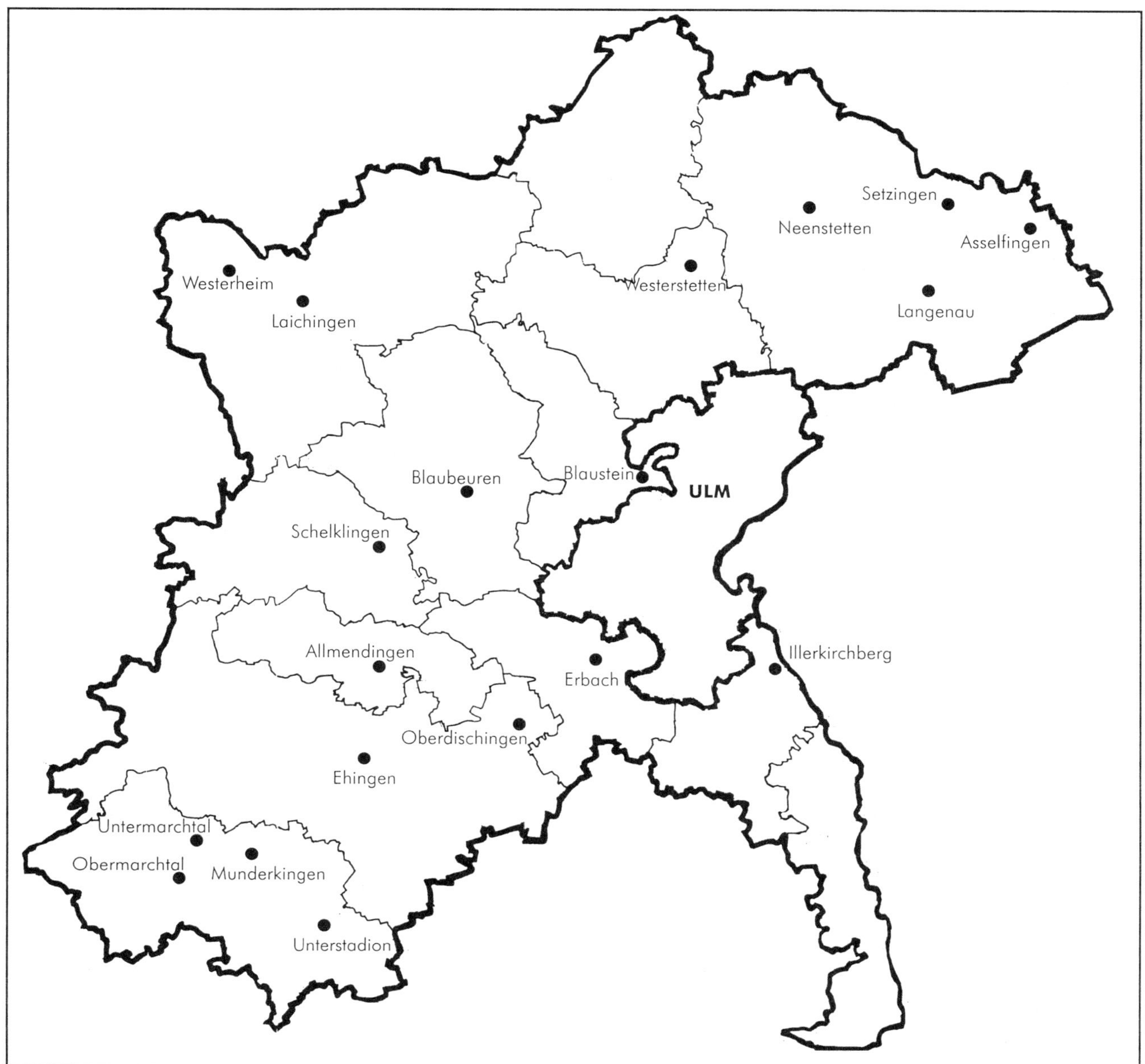

ALLMENDINGEN

„Rassische" Verfolgung und „Euthanasie"

Allmendingen war der Geburtsort des Sinto Anton Winter. Als die Nazis mit Himmlers „Auschwitz-Befehl" im Dezember 1942 den längst geplanten Völkermord an den Sinti und Roma in die Tat umzusetzen begannen, wurde Anton Winter verhaftet. Er traf mit einem Transport von 300 Sinti und Roma am 9. März 1943 im „Zigeunerlager" in Auschwitz-Birkenau ein und wurde am 29. November 1943 im Alter von 44 Jahren ermordet.

Konzentrationslager und Zwangsarbeit

Nach den Angaben des FNTB waren in **Allmendingen** 265 ausländische Zwangsarbeitskräfte eingesetzt. Über deren Nationalitäten, Unterbringung und Arbeit liegen noch keine weiteren Angaben vor.

ASSELFINGEN

„Rassische" Verfolgung und „Euthanasie"

Paula Reinhardt war 1938 in **Asselfingen** zur Welt gekommen. Das Sinti-Mädchen war fünf Jahre alt, als sie im Frühjahr 1943 mit ihrer Familie verhaftet und in das Vernichtungslager Auschwitz-Birkenau deportiert wurde. Am 18. März 1943 wurde sie zusammen mit zwölf weiteren weiblichen Familienmitgliedern im „Hauptbuch des Zigeunerlagers (Frauen)" unter der Nummer Z-4771 registriert. Den Eintragungen in diesem Buch ist zu entnehmen, daß vier junge Frauen aus der Familie Reinhardt – die 24jährige Rosa, die 22jährige Regine, die 20jährige Elisabeth-Flora und die 18jährige Klothilde, deren Beruf mit „Strickerin" angegeben ist – am 15. April 1944 zur Zwangsarbeit „selektiert" und in das FrauenKZ Ravensbrück transportiert wurden. Sie bekamen damit eine minimale Überlebenschance. Zu diesem Zeitpunkt waren sechs Mädchen und Frauen der Familie Reinhardt bereits den mörderischen Lebensbedingungen im „Zigeunerlager" zum Opfer gefallen: Als erste starb Eva am 5. Juli 1943 im Alter von 43 Jahren, einen Tag später die 1942 in Neukirch (Bodensee-Kreis) geborene Martha. Der 11. Juli 1943 ist der Todestag der achtjährigen Therese und der 9. August 1943 der der zehnjährigen Irmgard. Anna starb am 18. Februar 1944 im Alter von 13 Jahren. Von Paula und den übrigen Mädchen und Frauen ist kein Todesdatum bekannt. Es könnte die Nacht des 2. August 1944 gewesen sein, als die SS alle noch im „Zigeunerlager" befindlichen Menschen in die Gaskammern trieb.

Konzentrationslager und Zwangsarbeit

Das Grab einer russischen Zwangsarbeiterin auf dem **Friedhof** von **Asselfingen** ist die einzige Spur, die auf den Einsatz ausländischer Arbeitskräfte in der Gemeinde hinweist.

BLAUBEUREN

Widerstand und Naziterror

1994 begaben sich einige Jugendliche in einer Projektfreizeit des Evangelischen Jugendwerkes auf Spurensuche „60 Jahre danach": Sie beschäftigten sich mit den Wahlergebnissen in den 30er Jahren, lasen in der noch bis 1935 erschienenen Blaubeurer Tageszeitung „Blaumann" nach und befragten Zeitzeugen. Auf ihren Ergebnissen und den Berichten in den Ortschroniken von **Seißen**, **Sonderbuch** und **Gerhausen** basiert diese kurze Darstellung:

Gerhausen mit 1.152 überwiegend protestantischen Einwohnern war 1933 noch eine selbständige Gemeinde und – im Unterschied zum eher bürgerlichen Blaubeuren – ein Arbeiterdorf. Der größte Teil der erwerbstätigen Bevölkerung fand in den Zementwerken Arbeit. Bis in die Zeiten der Wirtschaftskrise hatte die SPD 44% der Wählerstimmen erhalten und war mit Abstand die größte Partei. Bei den Reichstagswahlen im Juli 1932 erfolgte der Einbruch: Für die SPD stimmten nur noch 28 %. Bei den Reichstagswahlen im März 1933 waren es schon weniger als ein Viertel der Wählerstimmen. Die KPD, deren Stimmenanteil seit 1924 bei etwa 5 % gelegen hatte, konnte ihre Position mit einem Stimmenanteil von 16 % bei den Reichstagswahlen im November 1932 erheblich ausbauen, aber nicht stabilisieren. Bei den Märzwahlen 1933 erreichte sie mit 5% nur ihre Stammwähler. Die NSDAP, die am 14. Januar 1932 ihre erste Versammlung in Gerhausen hatte abhalten können, erreichte mit ihrem Ruf nach der alles einenden „Volksgemeinschaft" bei den letzten Reichstagswahlen im März 1933 mit 53,9 % die absolute Mehrheit.

Noch Tage nach der Wahl prangte auf dem **Bismarckfelsen** in großen roten Buchstaben die Parole „Wählt KPD!" Später zwangen die neuen Machthaber einen Kommunisten aus **Blaubeuren**, die Parole zu entfernen. Dieser verrichtete sein Werk nach Aussagen eines Zeitzeugen absichtlich so ungeschickt, daß der ganze Fels monatelang in roter Farbe leuchtete.

Im Frühjahr 1933 trafen sich in den **Siglochschen Gewächshäusern**, so berichtete Babette Gundlach aus **Gerhausen**, junge Sozialdemokraten und Kommunisten, Mitglieder der Arbeiter-Sport- und Gesangsvereine, um über die politische Lage zu diskutieren. Dieses Treffen wurde von SA-Leuten bespitzelt; kurz darauf fanden Hausdurchsuchungen in Gerhausen und Blaubeuren statt.

In **Blaubeuren** verhafteten Landjäger am 28. März 1933 den SPD-Stadtrat und Reichsbanner-Führer Gustav Sigloch, den Vorsitzenden der örtlichen SPD und einen Hilfsarbeiter, deren Namen uns nicht bekannt sind. Die drei Männer kamen in „Schutzhaft" auf den Heuberg (s. Stetten a.k.M., Kr. Sigmaringen). Sie hätten, so ein NSDAP-Stadtratsmitglied, in der **Gastwirtschaft „Traube"** gegen die „nationale Regierung" gehetzt und in der **Gastwirtschaft „König"** bei der Übertragung einer Hitler-Rede das Radio abgestellt. Sechs Wochen später nahm die NSDAP-Mehrheit ein Ereignis am 1. Mai 1933 zum Anlaß, um den letzten SPD-Vertreter, Stadtrat Uhl, von den Sitzungen auszuschließen. Bei der abendlichen Maifeier, zu der sich die Sozialdemokraten wie üblich im **„Grünen Baum"** getroffen hatten, sei die „Internationale" gesungen worden. Gustav Sigloch war nach Kriegsende kurze Zeit Bürgermeister in Blaubeuren, an ihn erinnert die **Gustav-Sigloch-Straße**.

Auch in **Seißen**, einem von Landwirtschaft geprägten 763-Seelen-Dorf, spielten sich die politischen Auseinandersetzungen zwischen den Anhängern des Bauernbundes und der NSDAP im Wirtshaus ab. Die NSDAP erreichte bei den Reichstagswahlen im März 1933 69,6 % der Stimmen, während der früher die Alb bestimmende Bauernbund lediglich noch 19,7% bekam. Wie Pfarrer Ernst Schüle damals im Gemeindeblatt notierte, verliefen die Auseinandersetzungen „mit großem Stimmaufwand", aber es kam weder zu Tätlichkeiten noch zu Verhaftungen. Pfarrer Schüle hatte den aufkommenden Nationalsozialismus als „Abwehr der drohenden bolschewistischen Flut, Reinigung des Staates und Volkes von mancherlei zersetzenden Kräften, Einigung des deutschen Volkes, das wieder ein gesundes Selbstvertrauen gewonnen hat" begrüßt. In den folgenden Jahren fand er zu einer distanzierteren Haltung vor allem aufgrund des antikirchlichen Kurses des NSDAP-Kreisleiters und den Diskussionen in der württembergischen Landeskirche, die sich mit Landesbischof Wurm zur Bekennenden Kirche entwickelte.

Am 11. Mai 1933 ließ Wilhelm Neth, Führer der Hitlerjugend in Oberschwaben, das **Naturfreundehaus** im **Ried** beschlagnahmen. Die Naturfreunde hatten die frühere Kleemeisterhütte von der Stadt Blaubeuren gepachtet und in Eigenarbeit zu einer Wanderherberge

Das von den Nationalsozialisten enteignete Naturfreunde-Haus im Ried

ausgebaut. Am Tag der Beschlagnahmung verbrannten Mitglieder der Hitler-Jugend die Fahne der Naturfreunde und hißten das Hakenkreuz. Einer, der damals in der Hitlerjugend war und sich den Jugendlichen bei ihrer Spurensuche zum Gespräch stellte, berichtete über jene Zeit:

> „Da hat man dann Lieder gesungen, über die deutsche Geschichte gesprochen, an Hitlers Geburtstag über sein Lebenswerk erzählt, vor allem aber sich über die Partei unterhalten. Es wurde exerziert, wie später bei der Wehrmacht, nur nicht so streng, es wurde mit dem Luftgewehr und Kleinkaliber geschossen, wie aus dem Leistungsbuch der HJ eindeutig hervorgeht. Man hat Geländeübungen gemacht, man ging auf Fahrt, man hat Spiele gemacht, Fußball, Faustball, Handball ... Die HJ ist eindeutig als vormilitärische Ausbildung anzusehen, als nichts anderes. Die haben schon verstanden, die Jungen herzuziehen ... Als junger Mensch hat man sich darüber keine großen Gedanken gemacht."

Jugendliche, die sich nicht anpassen wollten, fanden in Rudolf Fritz, der seit 1936 in **Blaubeuren** evangelischer Pfarrer war, einen verständnisvollen Religionslehrer. Allerdings wurde die Gruppe der Religionsschülerinnen und -schüler immer kleiner, da in Blaubeuren die Deutschen Christen das Sagen hatten und Eltern ihre Kinder vom Religionsunterricht abmeldeten. Schließlich erhielt Pfarrer Fritz – wie viele seiner Kollegen – 1939 Unterrichtsverbot. Im **Pfarrhaus** und im **Horsthäusle**, dem Haus der Pfadfinder, trafen sich weiterhin Jugendliche; ihre Treffen wurden jedoch überwacht und denunziert. Hans Hermann, Leiter einer Pfadfindergruppe, wurde an seinem Arbeitsplatz bei Spohn & Burkhardt verhaftet und in das Ulmer Gefängnis gebracht. Pfarrer Fritz gehörte zur Bekennenden Kirche und konnte sich auf einen kleinen Kreis von Gemeindemitgliedern stützen. Da er – was damals selten war – ein Auto hatte, betätigte er sich auch als Kurier und brachte die Schreiben und Kanzelverlesungen der württembergischen Kirchenleitung in die Dekanate Münsingen und Kirchheim.

In **Sonderbuch** lebten Frieda Lehle und ihr Sohn Paul, die sich zur pietistischen Gemeinschaft bekannten. Sie machten aus ihrer Ablehnung gegenüber dem Nationalsozialismus keinen Hehl. Bei der Volksabstimmung im März 1936, bei der das ganze Dorf gemeinsam im **Gasthaus „Zum Ochsen"** der Rundfunkrede Hitlers zuhörte, verweigerte Frau Lehle die Stimmabgabe und wurde daraufhin als „geistig abnorm" aus der Wahlliste gestrichen. 1940 lehnte der zur Wehrmacht einberufene Paul Lehle es zwar nicht ab, „als Soldat seine Pflicht im Krieg zu tun", er verweigerte jedoch den Waffendienst unter dem Zeichen des Hakenkreuzes. Daraufhin kam er zunächst in das KZ Oberer Kuhberg (s. Stadt Ulm) und 1941 vor das Kriegsgericht. Der Bürgermeister von Sonderbuch, um ein Gutachten gebeten, schilderte Lehle als „überzeugten Christen, grundehrlichen Menschen, der sich politisch nie betätigt habe"; seine Weigerung, das Hakenkreuz zu tragen, beruhe „wohl auf religiöser Verwirrung". Das Kriegsgericht sah zwar von einer Verurteilung ab, verfügte jedoch die Sicherheitsverwahrung in der Heil- und Pflegeanstalt Zwiefalten (s. Kr. Reutlingen), was auch ein Todesurteil hätte bedeuten können – angesichts des Krankenmordes in allen psychiatrischen Anstalten jener Jahre. Paul Lehle wurde nach einiger Zeit aus Zwiefalten entlassen, ohne daß die Gründe dafür genau angeben werden können: Das Kriegsgericht habe, nachdem die Anstaltsleitung von Zwiefalten die Sicherheitsverwahrung ablehnte, beim Bürgermeisteramt wegen einer volkswirtschaftlich nützlichen Verwendung nachgefragt, und diese sei bei der Süßmosterei Rösch ermöglicht worden. Paul Lehle konnte überleben und war von 1945 bis 1948 Bürgermeister in Sonderbuch.

„Rassische" Verfolgung und „Euthanasie"

Zwei Bürgerinnen der Gemeinde **Seißen** wurden Opfer des Vernichtungskrieges gegen kranke Menschen. Die 65jährige Regine Breitinger wurde am 15. September 1940 in der „Euthanasie"-Tötungsanstalt Sonnenstein (Sachsen) ermordet. In welcher Anstalt sich Frau Breitinger zuvor befunden hatte, konnten wir nicht feststellen. Auch der Leidensweg der 14jährigen Maria Bayer ist noch nicht genau bekannt. Das Mädchen war im Mai 1941 in der Heil- und Pflegeanstalt Hadamar (Hessen), eine der zentralen Tötungsanstalten der „Aktion T4", ermordet worden.

In Hans Moser fanden die jugendlichen Spurensucher 1994 in Blaubeuren einen Überlebenden, der ihnen von seinem schweren Schicksal als Behinderter berichten konnte. Herr Moser kam 1926 in Gundelfingen (Münsingen, Kr. Reutlingen) zur Welt. Mit sechs Jahren erkrankte er an Kinderlähmung. Er durfte keine Schule besuchen; der Hausarzt lehnte mögliche Therapien aus Kostengründen ab, und die Eltern waren zu arm, um sie aus eigener Tasche bezahlen zu können. 1943 ordnete der Bürgermeister gegen den Willen der Mutter die Unterbringung des nun 17jährigen jungen Mannes in der Heil- und Pflegeanstalt Kaufbeuren (Bayern) an – angeblich könne er dort etwas lernen. Über die Zustände in Kaufbeuren, wo nach dem offiziellen Stopp der „Aktion T4" der Patientenmord durch radikale Minimierung der Ernährung und durch die überdosierte Verabreichung von Luminal weiterging, berichtete Hans Moser:

> „In den riesigen, nicht beheizten Sälen wurden die Menschen untergebracht und bekamen nicht einmal eine Decke zum Zudecken. Auch das Essen war mehr als sparsam. Das Abendessen bestand z.B. aus zwei Löffeln Reis und einer Kartoffel ... Die Schwestern gaben jedem Insassen Tabletten und eine Spritze – für viele eine tödliche Dosis, wie sich herausstellen sollte. Die Nachtwache sah um 20.15 Uhr schließlich nach, wer diese ‚Behandlung' nicht überstanden hatte, und band den Verstorbenen das Kinn hoch. Die Leichen wurden die Nacht über noch im Saal liegen gelassen und am nächsten Morgen im hausinternen Ofen verbrannt. Jede Nacht mußten dort sieben bis acht Menschen ihr Leben lassen. Fenster und Türen waren abgeschlossen, so daß auch jede Fluchtmöglichkeit ausgeschlossen war."

Konzentrationslager und Zwangsarbeit

Nur ein einziges Mal wird in der Ortschronik von **Seißen** ein „Fremdarbeiter" erwähnt und dies auch nur in einer Situation unmittelbar bei Kriegsende: „Durch die falsche Beschuldigung eines Fremdarbeiters wäre fast noch ein Seißener Landwirt standrechtlich erschossen worden. Ein nach Seißen evakuierter Mann, der englisch sprach, konnte den Mord in letzter Minute verhindern". Sechzig Jahre danach ist es sicherlich schwierig, jenen Vorgang tatsächlich zu erhellen. Was waren die Anschuldigungen? Aber es ist sechzig Jahre danach dennoch sehr wohl möglich, sich mit der lange Zeit verdrängten Anwesenheit von Zwangsarbeiterinnen und Zwangsarbeitern in Blaubeuren und Umgebung auseinanderzusetzen, Spuren zu sichern, Akten und Zeitzeugen zu befragen. Dabei könnte man einiges über die harten Lebens- und Arbeitsbedingungen erfahren, über die bis heute ein Mantel des Schweigens gelegt wird.

Ein erster Hinweis sind die Gräber auf dem **Friedhof** von **Blaubeuren**. Nach den Gräberlisten von 1951 und 1953 gab es auf diesem Friedhof Gräber von 26 ausländischen Kriegstoten. In einem Sammelgrab wurden sechs unbekannte Russen bestattet, die am 5. März 1945 bei **Weiler** an der Bahnlinie Schelklingen–Blaubeuren ums Leben gekommen sind. Über die Umstände ihres Todes ist bisher nichts bekannt: Waren es möglicherweise Opfer eines „Evakuierungstransportes" aus irgendeinem der vielen KZ-Außenkommandos, die in diesen Wochen vor den heranrückenden französischen und amerikanischen Truppen geräumt wurden? Von 19 Toten sind auf Grund der Eintragungen beim **Standesamt Blaubeuren** Herkunft, Alter, ausgeübter Beruf – überwiegend Steinbrucharbeiter und Landarbeiter – sowie Todesursachen bekannt. Sieben stammten aus Polen, sechs aus der UdSSR, zwei aus Italien, einer aus Jugoslawien, einer aus der Türkei; bei zwei Toten ist die Nationalität unklar. Die Todesdaten liegen zwischen 1940 und 1945; zwei starben nach Kriegsende. Es waren überwiegend junge Menschen, zwischen 20 und 30 Jahren alt. Der jüngste war noch ein Kind: Anton Spodziega aus Polen starb am 20. April 1944, seinem 7. Geburtstag. Bei den angegebenen Todesursachen fallen Tuberkulose-Erkrankungen auf, die auf extrem harte Arbeit bei unzureichender Ernährung schließen lassen. In zwei Fällen – bei dem Steinbrucharbeiter Iwan Bratusa aus Srebrnik und bei dem polnischen Hilfsarbeiter Wocny Franziscek – waren es schwere Schädelverletzungen. Ein junger Mann – der Pole Marian Rzym – setzte am 27. Juli 1943 in **Gerhausen** seinem Leben selbst ein Ende, ein weiterer Steinbrucharbeiter aus Polen, Franziscek Mentrala, kam beim Berühren einer Hochspannungsleitung ums Leben.

Wie viele Gräber heute noch vorhanden sind, konnte nicht festgestellt werden. Sicherlich haben Umbettungen stattgefunden, möglicherweise wurden auch Gräber eingeebnet. Der Name des polnischen Kindes wie auch die Namen der beiden Italiener stehen nicht mehr in der Gräberliste von 1953.

BLAUSTEIN

„Rassische" Verfolgung und „Euthanasie"

Die Erforschung des **Landschulheims Herrlingen** und des Wirkens bedeutender jüdischer Pädagogen ist dem 1986 gegründeten Arbeitskreis Landschulheim Herrlingen zu verdanken.

Bereits 1911 hatte Kläre Weimersheimer geb. Essinger, verheiratet mit dem Herrlinger Bezirksarzt Dr. Moritz Weimersheimer, ein **Kinderheim** für schwierige und schwache Kinder, die im rauhen Klima auf der Alb wieder zu Kräften kommen sollten, gegründet. Im Mai 1925 kaufte Frau Weimersheimer einen Bauplatz an der **Wippinger Steige** und ließ nach den Plänen ihrer Schwester Anna ein Haus im „Schwarzwaldstil" errichten. Im Mai 1926 eröffnete die Lehrerin Anna Essinger mit ihrer Schwester in diesem Haus ihr Landschulheim, das erste in Württemberg, das sie nach den Grundsätzen der Reformpädagogik leitete. 1927 zog Käthe Hamburg, mit Anna Essinger befreundet und Mathematiklehrerin im Landschulheim, mit ihren sieben Pflegekindern, die zum Teil Waisenkinder waren, nach Herrlingen. Sie fanden im **Waldheim** Unterkunft und lebten von den Spenden des Vereins für Kinderlandheime und vom Pensionsgeld der Feriengäste. Alle schulpflichtigen Kinder besuchten den Unterricht im Landschulheim. Bis 1933 lebten in allen drei Einrichtungen jüdische und nicht-jüdische Kinder zusammen.

Bald nach der Machtübernahme durch die Nationalsozialisten entschloß sich Anna Essinger, mit ihrer Schule nach Großbritannien zu emigrieren. Ostern 1933 hatte sie miterleben müssen, wie ihre Schwester

Kläre gezwungen wurde, die „arischen" Kinder zu ihren Eltern zurückzuschicken. Diese Erfahrung bestärkte sie in der Einsicht, daß für ihre liberalen und humanistischen Erziehungsvorstellungen in Hitler-Deutschland kein Raum mehr war. Mit Hilfe der Quäker gründete sie in der Grafschaft Kent im Oktober 1933 eine neue Schule: New Herrlingen Bunce Court School. Mit 70 Kindern und fast dem gesamten Lehrpersonal gelang ihr im September 1933 die als Schulausflug getarnte Flucht nach Großbritannien.

Vor ihrer Emigration übertrug sie dem jüdischen Pädagogen Hugo Rosenthal die Weiterführung des Landschulheims und wurde dabei von ihrem Bruder Fritz Essinger, dem das Anwesen gehörte, durch einen großzügigen Pachtvertrag unterstützt.

Hugo Rosenthal (1887–1980) war einer der jüdischen Pädagogen, die bereits in den Jahren der Weimarer Republik die Notwendigkeit einer spezifisch jüdischen Erziehung propagiert hatten. 1933 rückten die Vorbereitung auf die Auswanderung, das Erlernen praktischer Berufe und die Entwicklung einer jüdischen Identität in den Mittelpunkt seiner Erziehungsziele. Unterstützung bei der Einrichtung des jüdischen Landschulheims, das sich Zeit seines Bestehens jedoch nie so bezeichnen durfte, fand er bei Dr. Otto Hirsch, dem Präsidenten des Oberrates der israelitischen Religionsgemeinschaft in Württemberg.

Am 16. Oktober 1933 wurde das **Jüdische Landschulheim Herrlingen** mit sechs Internatsschülern und 17 Tagesschülern aus dem Kinderheim und dem Waldheim eröffnet. Am 15. Februar 1934 waren bereits 18 Schülerinnen und Schüler im Internat, und zwanzig kamen von außerhalb. Zum Schuljahr 1934/1935 lagen die Anmeldungen von 40 Kindern vor, die aus allen Teilen Deutschlands, aus Groß- und Kleinstädten, nach Herrlingen kamen. Im Schuljahr 1935/1936 war das Heim mit 78 Kindern im Internat und 17 Externen belegt; 1936/1937 waren es 80 Kinder im Internat und 24 Externe. Erstmals im Schuljahr 1938/1939 gingen die Anmeldungen empfindlich zurück. „In den folgenden Monaten der immer bedrohlicher werdenden politischen Spannungen", so Hugo Rosenthal in seinen Erinnerungen, „wurden unsere Schülerlisten zu einer Art Bewegungsmesser der jüdischen Abwanderung, die bis zu den Herbstfeiertagen (München!) zu einer Verminderung der Schülerzahlen auf etwa 25 führte. In diesen Monaten und den folgenden ging das Landschulheim den Schmerzensweg seiner Auflösung bis Ostern 1939."

Die meisten Schülerinnen und Schüler stammten aus assimilierten Familien und waren dem jüdischen Leben entfremdet. In Herrlingen lernten sie das Neu-Anknüpfen an eine vergessenen Tradition. Das Landschulheim wurde zu einem Ort, an dem die Kinder lernten, den alltäglichen Angriffen, den sie an ihren Heimatorten ausgesetzt waren, ein neues Selbstbewußtsein entgegenzusetzen. Peter Erlanger kam im Schuljahr 1938/1939 von Ravensburg nach Herrlingen, er war elf Jahre alt und gerade vom Gymnasium verwiesen worden. 1939 emigrierte er nach Palästina. Über das Jahr in Herrlingen berichtete er:

> „Nachdem ich fünf Jahre in deutschen Schulen lernte, mit ihren ‚Schulmeistermethoden' verstärkt noch durch die Nazis, waren die Lehr- und Erziehungsmethoden in Herrlingen eine Entdeckung! Daß man Lehrer und sogar Schulleiter mit Vornamen anreden durfte oder sogar sollte, war etwas für mich bis dahin ganz Unerhörtes. Daß ich das erste Mal in meinem Leben jüdische Kameraden hatte, als Gleicher unter Gleichen, und nicht mehr als einziger Jude in der Schule unter lauter Christen, war natürlich ein großartiges Erlebnis. Dies stand im scharfen Kontrast zu vorher und nachher Erlebtem. Das Landschulheim machte aus mir, um Herzl zu paraphrasieren, aus einem Judenjungen einen jungen Juden, eine Tatsache, die mir das Einleben in meine neue Heimat und die schwere Wirklichkeit, die Palästina 1939 für uns darstellte, wesentlich erleichterte, zumal von zu Hause jede zionistische Motivation fehlte."

Einer der jungen Lehrer, der 1937 nach Herrlingen kam, war der damals 22jährige Jizchak Schwersenz aus Berlin. Der junge Zionist war besonders beeindruckt von den Bemühungen um eine moderne religiöse Erziehung, der Gestaltung des Schabbath und der religiösen Feste. Für ihn war Herrlingen „eine Enklave mitten in Nazi-Deutschland, geleitet von der großen Persönlichkeit Hugo Rosenthals, die Ruhe und Sicherheit ausstrahlte". Schwersenz folgte dem Rat Rosenthals, ging 1938 nach Berlin, beendete seine Lehrerausbildung und unterrichtete bis zu deren Schließung 1941 an jüdischen Schulen in Berlin. 1942 stand sein Name auf einer Deportationsliste; er konnte fliehen und lebte bis 1944 illegal. Im Februar 1944 gelang ihm über Singen (s. Kr. Konstanz) die Flucht in die Schweiz – mit falschem Ausweis und in der Uniform eines Luftwaffenoffiziers.

Die Beziehungen zur Bevölkerung von Herrlingen verliefen in den ersten Jahren ohne größere Störungen. Frieda Welkanoz war 1934 von Berlin nach Herrlingen gezogen, damit ihre drei Söhne das Landschulheim besuchen konnten. Sie wohnte im Dorf – weitgehend unbehelligt. Ab und zu kam es vor, daß Hitler-Jugendliche mit lautem Gesang an den Häusern vorbeizogen. Bis 1939 wohnten auch einige Lehrer im Ort. Eltern, die ihre Kinder besuchten, stiegen im **Gasthof „Zum Kreuz"** ab, dessen Wirt als sehr freundlich und zuvorkommend geschildert wurde. Nach 1935 konnte die Kinder jedoch nicht mehr zu ihrem gewohnten Badeplatz an der Blau pilgern, sondern mußten sich Stellen aussuchen, an denen noch keine Verbotsschilder für Juden aufgestellt waren. Bei längeren Ausflügen durften sie nicht mehr in Jugendherbergen übernachten, sondern konnten nur noch die Orte aufsuchen, an denen ihnen Glaubensgenossen Gastfreundschaft gewährten. Eng waren die Kontakte zur Jüdischen Gemeinde in Ulm, besonders als 1936 jüdische Kinder von den Ulmer Schulen verwiesen wurden. Beim Novemberpogrom 1938 blieb das Jüdische Landschulheim unversehrt. Allerdings verfügte die Gestapo Ulm am 10. November 1938 das Verbot der Zeitung des Landschulheims „Herrlinger Leben". Aufgrund der verstärkten Auswanderungswelle und dem damit verbundenen starken Rückgang der Schülerzahlen entschloß sich Hugo Rosenthal, das Landschulheim zum 1. April 1939 zu schließen. Das Ehepaar Rosenthal folgte im August 1939 seinen drei Söhnen nach Palästina.

Im Auftrag der Gemeinde Blaustein erforschte Ulrich Seemüller die Geschichte des **Jüdischen Altersheims Herrlingen** und stellte folgende Zusammenfassung zur Verfügung:

Ende März 1939 wurde der Schulbetrieb im Landschulheim Herrlingen eingestellt. Nachdem die Gebäude einen Monat lang leergestanden hatten, begann ein Arbeitskommando des Israelitischen Oberrates im Mai 1939 damit, die Räumlichkeiten für eine

Verwendung als Altersheim instandzusetzen. Die Herrlinger Gemeindeverwaltung erfuhr erst zu diesem Zeitpunkt von der geplanten Einrichtung. Sie ergriff sogleich verschiedene Gegenmaßnahmen (Durchführung eines Appells der NSDAP-Ortsgrupppe Blautal und einer Unterschriftenaktion zur Demonstration der antijüdischen Einstellung der Bevölkerung; Einschaltung des Landrats, der Gestapo und der Stürmer-Redaktion), die allerdings nicht das gewünschte Ergebnis brachten. Der Grund hierfür lag in den Bestrebungen von Gestapo und Reichssicherheitshauptamt (RSHA), eine „Entjudung" der Gemeinden bzw. eine Gettoisierung der Juden herbeizuführen (Grundlage: Gesetz über Mietverhältnisse mit Juden vom 30. April 1939).

Im Juli 1939 wurden die ersten jüdischen Pensionäre in das Altersheim eingewiesen, dessen Einzugsgebiet von Oberschwaben bis nach Heilbronn reichte. Obwohl das Altersheim ursprünglich nur für alleinstehende jüdische Frauen vorgesehen war, kamen sehr bald auch Männer und ältere Ehepaare hinzu. Bis Ende 1939 waren ca. 70 Personen dort einquartiert. Obwohl die Gebäude somit voll belegt waren, steigerte sich die Insassenzahl bis November 1940 auf über 80 und im August 1941 auf über 90. Ende 1941 wurde mit 96 Personen der Höchststand erreicht. Insgesamt wohnten 115 Pensionäre und 36 Bedienstete im Heim.

Die Gestapo hatte die Bewohner des Altersheims unter ständiger Kontrolle: Im Zuge der Überwachung von Juden wurden neu Zugezogene schon kurz nach der Ankunft von Gemeindebediensteten verhört. Neben persönlichen Angaben sollten hierbei frühere Aufenthaltsorte, Vermögensverhältnisse, Vorstrafen und Auswanderungsabsichten in Erfahrung gebracht werden. Die Vernehmungsprotokolle wurden anschließend an die Gestapo weitergeleitet, die außerdem jeden Monat Namensverzeichnisse mit den Zu- oder Wegzügen erhielt. Weiterhin wurde das Heim von der Gestapo sowohl indirekt über den Israelitischen Oberrat bzw. die Jüdische Kultusvereinigung als auch immer wieder mit direkter Präsenz vor Ort kontrolliert. Aktenkundig wurden Razzien nach verbotener Literatur (Juli 1939), Rundfunkgeräten (September 1939) und Winterbekleidung (Januar 1942).

Das **jüdische Altersheim** war ein Zwangssaltersheim. Während jüngere Einzelpersonen und Ehepaare aufgrund des Gesetzes über Mietverhältnisse in vorbestimmte „Judenhäuser" eingewiesen wurden, zwangen die Gemeindeverwaltungen alleinstehende ältere Juden, Altersheime aufzusuchen, die z.B. in Tigerfeld (s. Kr. Reutlingen), Heilbronn-Sontheim (Baden-Württemberg I), Stuttgart (Baden-Württemberg I), Dellmensingen (s. Erbach) oder auch in Herrlingen eigens dafür eingerichtet wurden. Ein Indiz für den Zwang war auch das mit 71 Jahren für ein Altersheim ungewöhnlich niedrige Durchschnittsalter der Pensionäre. Neu Hinzugekommenen war es anfangs noch erlaubt, eine Zimmereinrichtung mitzubringen. War ein entsprechendes Vermögen vorhanden, so mußten sich die alten Leute in das Heim „einkaufen", wobei sie sicherlich davon ausgingen, daß sie hiermit ein lebenslanges Bleiberecht erworben hatten. Während bei den Pensionären die Wegzüge vorwiegend mit Zuweisungen an andere Altersheime bzw. mit Verfolgungsmaßnahmen (Einweisung in „Heilanstalten" zum Zwecke der „Euthanasie", Deportationen) erklärt werden konnten, waren beim Personal in wesentlich stärkerem Umfang Meldebewegungen zu beobachten. So betrug dessen durchschnittliche Aufenthaltszeit ca. elf Monate gegenüber der von ca. 20 Monaten bei den Pensionären, wobei das jüdische Altersheim Herrlingen insgesamt nur ca. 39 Monate lang bestand. Möglicherweise verfügten die jüdischen Bediensteten über einen gewissen Freiraum bei der Ortswahl, denkbar wäre aber auch, daß die Jüdische Kultusvereinigung den Einsatzort bestimmte und hierbei öfters Ortswechsel angeordnet wurden. In den Jahren 1939 und 1940 gelang es noch mehreren Heimbediensteten, in das Ausland auszuwandern, danach nicht mehr. 1941 konnte eine „halbjüdische" Bedienstete untertauchen, bevor die Deportationen einsetzten.

Die Altersheimbewohner führten in den Häusern auf der **Wippinger Steige** ein von der übrigen Herrlinger Bevölkerung isoliertes Dasein. In Einzelfällen waren zwar Kontakte vorhanden, doch beschränkten sich diese vor allem auf Hausangestellte, die im Ort Besorgungen zu erledigen hatten. Bis auf obrigkeitlich verfügte Maßnahmen, die von der Gemeindeverwaltung gesteuerten Aktionen zur Verhinderung des Heimes und der Tatsache, daß Kinder und Jugendliche wiederholt Altersheimbewohner mit antijüdischen Parolen beschimpften oder Steine nach ihnen warfen, blieben die Altersheiminsassen dort unbehelligt.

Im Zuge der Evakuierung der Westgrenze hielten sich im Herbst und Winter 1939 badische Juden im Altersheim auf. Nach ihrer Rückkehr in die Heimat wurden sie im Oktober 1940 in einer vom badischen Gauleiter organisierten Aktion ins unbesetzte Frankreich, in die Konzentrationslager Gurs und Récébédou, deportiert (s. Offenburg, Ortenau-Kreis). Im Dezember 1941 kamen erstmals Bewohner direkt aus dem Heim mit dem Ziel Riga (Lettland) zur Deportation, und im April 1942 wurden Transporte nach Izbica im besetzten Polen durchgeführt. Die Betroffenen wurden entweder mit dem System „Vernichtung durch Arbeit" zu Tode gebracht oder direkt ermordet (Riga: Aktion „Dünaburger Konservenfabrik"; Izbica: Weiterleitung in die Todeslager Belzec, Majdanek und Sobibor). Seit Frühjahr 1941 kam es wiederholt zu Einweisungen älterer Heimbewohner in Heilanstalten (z.B. nach Zwiefalten). Allem Anschein nach starben sie dort durch „Euthanasie".

Ab November 1941 gab es Hinweise, daß eine Auflösung bzw. Verlegung des Altersheims bevorstand. Die Stadt Ulm beabsichtigte, in den Gebäuden ein Altersheim für „deutsche Volksgenossen" einzurichten und finanzierte daher die behelfsmäßige Instandsetzung des Schlosses Oberstotzingen (Kr. Heidenheim, Baden-Württemberg I). Im Juni und Juli 1942 wurden die verbliebenen 84 Insassen des Altersheims Herrlingen in mehreren Schüben in das trotz der durchgeführten Arbeiten nach wie vor zum Wohnaufenthalt ungeeignete Schloß Oberstotzingen verlegt. Bereits wenige Wochen später wurde auch das Oberstotzinger Altersheim aufgelöst. Im Rahmen der großen Deportation württembergischer Juden wurden die alten Leute am frühen Morgen des 19. August 1942 auf Pferdefuhrwerken zum Bahnhof in Niederstotzingen gekarrt und per Reichsbahn zum Sammellager auf dem Stuttgarter Killesberg transportiert. Keiner der Herrlinger Pensionäre überlebte die Deportation. Der Großteil von ihnen starb aufgrund der katastrophalen

Lebensverhältnisse bereits wenige Wochen nach der Ankunft im KZ Theresienstadt. Einige von ihnen kamen in die Vernichtungslager Auschwitz, Maly Trostinec und Treblinka. Von den deportierten Herrlinger Hausangestellten starben verhältnismäßig wenige in Theresienstadt. Sie endeten überwiegend in den Vernichtungslagern; nur zwei der von Oberstotzingen aus deportierten Juden überlebten den Zweiten Weltkrieg.

1943 vermietete die Stadt Ulm ein Gebäude des Jüdischen Landschulheims, das **Martin-Buber-Haus** in der **Wippinger Steige** 13, an den bei Hitler in Ungnade gefallenen Generalfeldmarschall Rommel. Am 14. Oktober 1944 beging Rommel in einem Wehrmachtsfahrzeug auf dem Weg von Herrlingen nach Wippingen Selbstmord mit einer Giftkapsel, die ihm Beauftragte Hitlers mit der entsprechenden Auflage überbracht hatten. Rommel hatte sich zunächst geweigert, Selbstmord zu begehen, willigte dann jedoch ein, als man mit der „Sippenhaft" für seine Familie drohte.

Lange Jahre hindurch war in Herrlingen nur die Erinnerung an den Generalfeldmarschall präsent:

Ein **Gedenkstein** mit Panzertür und immer frischen Blumen an der Wippinger Steige, bald nach dem Krieg in **Erwin-Rommel-Steige** umbenannt, trägt die Widmung:

> „Generalfeldmarschall Erwin Rommel 14.10.1944
> Bei einer Autofahrt zur Wippinger Steige wurde er zum Freitod gezwungen. Er nahm Gift, um seine Familie vor dem Terror eines unmenschlichen Systems zu retten. Mit seiner Gewissensentscheidung besiegte er diese Unmenschlichkeit."

Eine Tafel am Ortseingang weist in deutscher, englischer und französischer Sprache auf das Rommel-Grab auf dem **Friedhof** von **Herrlingen** hin. Die Gemeinde unterhält das Rommel-Archiv im **Lindenhof**, einer ehemaligen Fabrikantenvilla im Jugendstil.

Im gleichen Jahr 1988 wurde in einem Nebengebäude, dem **„Haus unterm Regenbogen"**, eine Dauerausstellung zur Geschichte der Landschulheime und zum Schicksal von Schülern und Lehrern eröffnet.

Im September 1993 brachte die Gemeinde auf Anregung des Arbeitskreises Landschulheime zwei weitere **Gedenktafeln** an; eine in der **Karolinensteige** 28 (früher Nr. 17):

> „Von 1927 bis 1939 lebte in diesem Haus, dem Waldheim, Käthe Homburg mit ihren Pflegekindern. Sie war Lehrerin im Landschulheim Herrlingen."

Die **Tafel** in der **Oberherrlinger Str.** 92 (früher Nr. 28) trägt die Inschrift:

> „Von 1912–1936 war dieses Haus das Kinderheim der Kläre Weimersheimer. Mit ihrer Schwester Anna Essinger gründete sie eine reformpädagogische Schule: das Landschulheim Herrlingen."

Nach Anna Essinger soll eine Straße in einem künftigen Neubaugebiet benannt werden.

1994 schließlich ließ der heutige Besitzer am **Haus Friedenthal**, **Erwin-Rommel-Steige** 13, eine **Informationstafel** anbringen:

> „Haus Friedenthal
> Seit 1984 Privatbesitz
> 1950–1974 Kindererholungsheim der Arbeiterwohlfahrt
> 1943–1945 Wohnsitz von Generalfeldmarschall Erwin Rommel
> 1933–1939 Jüdisches Landschulheim Hugo Rosenthal, Haus Breitenfels – Martin-Buber-Haus
> 1926–1933 Schullandheim Anna Essinger
> 1919–1921 Privatbesitz Fam. Pommer
> 1906–1919 Privatbesitz Fam. Kreißer/Ulm"

1994 begaben sich Angelika und Peter Schubert mit wesentlicher Unterstützung der Gemeinde Blaustein auf Spurensuche in Herrlingen und New Herrlingen und drehten den Dokumentarfilm „Annas Kinder".

Konzentrationslager und Zwangsarbeit

Aus ihrer Heimat verschleppte oder in Kriegsgefangenschaft geratene Russen mußten in den **Herrlinger Steinbrüchen** der **Fa. Kali-Chemie** und der **Fa. E. Schwenk Nachf.** unter harten Bedingungen arbeiten. Auf Friedhöfen der Gemeinde erinnern noch einige Gräber an die Opfer der Zwangsarbeit. Auf dem **Friedhof** von **Bermaringen** wurde der Russe Stefan Iwanowi aus der Gegend von Leningrad bestattet, der am 16. April 1945 im Alter von 55 Jahren an einem unbehandelten Magengeschwür verblutete. Er hatte zuletzt im „Waldlager" gelebt. Auf dem **Friedhof** von **Herrlingen** befindet sich das Grab von Viktor Schelesl aus Winiza, der 1942 im Alter von 24 Jahren zu Tode kam. Auf dem **Friedhof** von **Wippingen** sind drei

Seit dem 6. November 1988 berichtet in Herrlingen eine Gedenktafel am Hauptgebäude des Landschulheim von Anna Essinger und des Jüdischen Landschulheims in der Erwin-Rommel-Steige 50 zur Geschichte des Gebäudes:

„In diesem Haus gründete am 1. Mai 1926 die Ulmerin Anna Essinger das Landschulheim Herrlingen. Es war das erste Landschulheim der reformpädagogischen Bewegung in Württemberg. Im Oktober 1933 emigrierte sie mit ihren Schülern.
Hugo Rosenthal setzte ihr Werk als Jüdisches Landschulheim Herrlingen fort und ermöglichte jüdischen Kindern in den Jahren der Verfolgung eine geschützte Ausbildung und ein neues Selbstbewußtsein. Die Schule mußte im März 1939 geschlossen werden."

sowjetische Kriegsgefangene beigesetzt, die 1944 bei einem Fluchtversuch aus dem Lager der Kali-Chemie erschossen wurden. Von ihnen sind nur die Nachnamen bekannt: Gurawskij, Wetoschkin und Sarapkin, der ein Bruder des früheren Botschafters der UdSSR in Bonn war.

EHINGEN (DONAU)

Konzentrationslager und Zwangsarbeit

Die ersten polnischen Zwangsarbeiter trafen am 22. Februar 1940 auf dem **Ehinger Bahnhof** ein. Die etwa 30 Mann starke Gruppe wurde in der Landwirtschaft eingesetzt. Andrzej Kaleta berichtete 1995 anläßlich seines Besuches in Ehingen über seine verschiedenen Arbeitsstätten: Er arbeitete zunächst auf Bauernhöfen in Emerkingen, Altsteußlingen, Schlechtenfeld und Kirchbierlingen. Im Herbst 1944 mußte er in die Rüstungsproduktion; das Arbeitsamt schickte ihn zur Fa. Wankmiller nach Heilbronn. Dort war er erstmals in einem großen Zwangsarbeiterlager untergebracht, das bei dem schweren Bombenangriff auf Heilbronn am 4. Dezember 1944 zerstört wurde. Kaleta mußte nach Ehingen zurück und arbeitete bis zur Befreiung in der **Schwäbischen Zellstoff-Fabrik**. Untergebracht war er zusammen mit etwa 30 polnischen Zwangsarbeiter in einem alten Gewerbegebäude gegenüber dem Amtsgefängnis, heute **Bucks Höfle** an der **Lindenstraße**.

In der „Zellstoff" waren zu diesem Zeitpunkt außer den Polen noch französische Zwangsarbeiter, italienische Militärinternierte und ein großes Kontingent von Kriegsgefangenen aus der UdSSR eingesetzt. Die etwa 200 Russen, so Kaleta, standen in der Rangfolge der Zwangsarbeiter ganz unten. Sie mußten in zwei Schichten auf dem Holzplatz bei jeder Witterung Baumstämme entrinden. Sowohl bei der Arbeit als auch im Lager wurden sie von Wehrmachtssoldaten bewacht und durften sich im Gegensatz zu den anderen Zwangsarbeitern nie frei bewegen. In Erinnerung blieb Kaleta die Unterernährung der russischen Kriegsgefangenen und die Versuche der Polen, ihnen mit Lebensmittel zu helfen, was bekanntlich strengstens verboten war. Kaleta nahm zur Nachtschicht, die nicht so streng kontrolliert wurde, immer Kartoffeln mit, die in der Hackerei deponiert wurden. Wenn die ausgemergelten Russen eine vollgeladene Lore hereinschoben, konnte man ihnen die Kartoffeln, manchmal auch Brot zustecken. Einige russische Kriegsgefangene konnten aus den Griffen von Zahnbürsten „einmalig schöne Zigarettenspitzen" herstellen; Kaleta und seine Kameraden besorgten Zahnbürsten und organisierten einen Tauschhandel: eine Zigarettenspitze gegen ein Kilo Brot.

Die Betriebsleitung der Schwäbischen Zellstoff AG ging mit aller Härte gegen kleinste Verstöße gegen die Arbeitsdisziplin vor. Im Bereich der **Schwabenwiese** unterhielt sie im Sommer 1944 eine eigenes Straflager, ein sog. „Erziehungslager".

Unter den von Unterernährung und Schwerstarbeit geschwächten sowjetischen Kriegsgefangenen grassierten Mangelerkrankungen wie Hungerödeme und Tuberkulose.

Die Wehrmacht hatte im **Konvikt** ein Kriegsgefangenenlazarett eingerichtet. Allerdings konnte von einer medizinischen Betreuung nicht die Rede sein; die Sterblichkeitsrate war sehr hoch. Mindestens 228 russische Kriegsgefangene starben und wurden auf dem **Ehinger Friedhof** bestattet.

Auf dem Gräberfeld steht seit 1950 ein **Gedenkstein** mit kyrillischer Inschrift:

> „4. März 1950. Hier sind begraben 228 sowjetische Bürger, die in faschistischer Gefangenenschaft gefallen sind. Ewiger Ruhm den Kämpfern für die Freiheit."

In deutscher Sprache ist zu lesen:

> „Hier ruhen 228 russische Soldaten, die in Kriegsgefangenschaft verstorben sind."

Bis 1996 waren auf dem Gräberfeld lediglich kleine in den Boden eingelassene Steine mit Nummern vorhanden. Im Frühjahr dieses Jahres wurden dem Gedenkstein zwei Bronzetafeln mit den Namen der hier Bestatteten zur Seite gestellt. Nach den uns vorliegenden Listen ruhen in dieser Anlage 206 Kriegsgefangene und 23 zur Zwangsarbeit verschleppte Zivilpersonen aus der Sowjetunion, unter ihnen neun Frauen.

Vier polnische Zwangsarbeiter wurden in **Ehingen** und Umgebung hingerichtet: Franz Dudek, geboren am 1. April 1924, wurde am 27. Mai 1942 in **Hausen am Bussen** „exekutiert". Am 13. Juli 1942 wurde der 32jährige Martin Kszaszoz in **Granheim**, heute: Stadtteil von Ehingen, erhängt. Die Leichen beider Männer wurden dem Anatomischen Institut der Universität Tübingen übergeben. Die Namen der beiden anderen jungen Polen sind nicht bekannt: Einer wurde an der Gemarkungsgrenze von **Rißtissen** nach Untersulmetingen erhängt. Der vierte Pole, zuletzt Zwangsarbeiter auf einem Bauernhof in den **Lutherischen Bergen**, wurde in den letzten Kriegstagen am **Groggensee** von örtlichen NSDAP-Leuten bestialisch ermordet. An keiner der Hinrichtungsstätten befindet sich ein Gedenkzeichen.

Nach Kriegsende wurden die Kranken aus dem Lazarett in das „Alte Lager" nach Münsingen (s. Kreis Reutlingen) gebracht; auch dort ging das Sterben weiter. Polnische Zwangsarbeiter lebten nach ihrer Befreiung, von der Ehinger Bevölkerung weiterhin gemieden, noch einige Zeit in von der UNRRA betreuten Unterkünften, die im **Gymnasium** und im **Hopfenhaus** in der **Spitalstraße**, dem früheren Sitz der NSDAP-Kreisleitung, eingerichtet wurden. Der Französische Nationale Suchdienst ermittelte damals die Zahl der ausländischen Zwangsarbeitskräfte, die während des Krieges als Zivilpersonen verschleppt worden waren und in Lagern leben mußten: In **Ehingen** waren es 150, in **Kirchen** 115 und in **Rißtissen** 75.

ERBACH

„Rassische" Verfolgung und „Euthanasie"

Daß das **Schloß Dellmensingen** von März bis August 1942 der Gestapo Stuttgart als Sammellager vor der Deportation diente, ist 55 Jahre später in der Gemeinde „vergessen". Mit der zynischen Behauptung, sie kämen in ein „Altersheim", hatte die Gestapo ältere jüdische Menschen, überwiegend aus dem Stuttgarter Raum, aus Freudental und Ludwigsburg gezwungen, ihre Wohnungen aufzugeben. Hauptnutznießer der Zwangsumsiedlungen aus Stuttgart waren die Heinkel-Flugzeugwerke, die Wohnungen für ihr Personal benötigten. Für die Überlassung von 60 „Juden-Wohnungen" hatten sich die Heinkel-Werke bereit erklärt, das heruntergekommen Anwesen in Dellmensingen etwas renovieren zu lassen. Das unwirtliche Schloß war bald mit über 130 Personen hoffnungslos überbelegt.

In den sechs Monaten bis zum Abtransport starben 18 Frauen und Männer. Sie wurden auf dem Jüdischen Friedhof Laupheim beigesetzt. Die erste Deportation von drei Personen erfolgte am 24. April 1942 mit dem Ziel Izbica. Am 19. August 1942 holte die Gestapo die letzten Bewohnerinnen und Bewohner ab und brachte sie nach Stuttgart in das Sammellager in den Messehallen auf dem Killesberg. Von dort mußten sie am 22. August 1942 den Weg in das KZ Theresienstadt antreten. Von den 101 Personen hat keine überlebt. 95 Namen stehen im Gedenkbuch für die Opfer der Judenverfolgung; die meisten kamen in Theresienstadt ums Leben. Etliche wurden von Theresienstadt nach Auschwitz gebracht und dort ermordet. Bei 17 alten Frauen und Männern ist Minsk als Sterbeort angegeben.

ILLERKIRCHBERG

Widerstand und Naziterror

Die Nacht vom 24. zum 25. April 1945, bevor US-amerikanische Truppen das Dorf erreichten, blieb den Einwohnern von **Unterkirchberg** als „Schreckensnacht" in Erinnerung. „Der Feind hatte dem Dorf keinen nennenswerten Schaden zugefügt. Das Unglück kam aus den eigenen Reihen." Mit diesen Worten beginnt der Lehrer Erich Weiß seinen Bericht über die grauenvollen Ereignisse: Gegen Abend des 24. April hatte der NSDAP-Ortsgruppenleiter seinen Befehl, das Dorf nicht kampflos dem Feind zu überlassen, bekanntgegeben. Eine Abordnung des Volkssturms versuchte daraufhin, ihn von der Sinnlosigkeit seines Vorhabens zu überzeugen. Als der Ortsgruppenleiter die Männer als „feige Hunde" beschimpfte, kam es zu einer Schlägerei. Man beschloß, den Ortsgruppenleiter bis zum Eintreffen der Amerikaner in den Ortsarrest einzusperren. Dieser Plan wurde durch Wehrmachtsoffiziere vereitelt. Es kam zu einer Schießerei, bei der ein Soldat tödlich, ein anderer schwer verletzt wurde. Gegen elf Uhr nachts mußten alle Männer vor dem **Gasthaus „Zum Adler"** antreten. Von Wehrmachtssoldaten mit angelegten Gewehren eingekesselt, wurden sie zum Haus des Ortsgruppenleiters geführt. Dieser griff den Adlerwirt Gerlach, den Schlosser Hermann, den 17jährigen Eugen Behr und drei weitere Männer heraus. Soldaten führten sie zu einem Platz am **Triebweg**, kurz darauf fielen Schüsse.

Schreinermeister J. Schrof berichtete über das weitere Geschehen:

„Da erschien der Ortsgruppenleiter wieder und erklärte, daß fünf oder sechs Mann erschossen worden seien, weil sie ihn angegriffen hätten. Als weitere Vergeltungsmaßnahmen würden noch einige Häuser angezündet. Löschen sei unter Todesstrafe verboten ... Wenige Minuten später brannten die Häuser von H. und K. König. Mörschs Haus wollte nicht brennen. Da man Herrn Mörsch strafen wollte, zündete man Rufs Scheune an; man vermutete, daß er sich in der Scheune verborgen hielt, und hoffte, ihn auf diese Art zu fangen. Weitere Häuser blieben verschont, weil der Offizier, der die Anzünderei zu leiten hatte, die Namen vergessen hatte ... Das ganze Dorf war in heilloser Aufregung. Man hatte die Schüsse gehört, man sah die brennenden Häuser, man wartete schon zu lange auf die Männer ... Draußen vor dem Dorf, am Weg nach Oberkirchberg unweit vom Haldenbeck, fand man drei Erschossenen, durch Genickschuß getötet, und zwar den Adlerwirt Gerlach, den Schlosser Hermann und den jungen Behr ... Am anderen Morgen war der Ortgruppenleiter samt dem Militär verschwunden. Zurück blieb das Elend, das diese unheilvolle Nacht gebracht hatte."

Nach dem Krieg fand in Ulm ein Prozeß gegen den NSDAP-Ortsgruppenleiter statt. Er wurde zu einer achtjährigen Zuchthausstrafe verurteilt, die er jedoch wegen Krankheit nie abbüßen mußte.

Konzentrationslager und Zwangsarbeit

In der Chronik von **Oberkirchberg** berichtet Josef Hajek über ein Kriegsgefangenenlager in **Buch**, das in einem leerstehenden Lager des Reichsarbeitsdienstes auf dem Hof der Familie Klink eingerichtet worden war. Etwa sechs bis 15 junge französische Kriegsgefangene hatten hier ihre Nachtunterkunft. Sie wurden täglich unter Bewachung zu ihren Arbeitstellen, meist umliegende Bauernhöfe und Gewerbebetriebe, gebracht. Gegen Kriegsende machten sich die französischen Kriegsgefangenen heimlich daran, im dichten Jungfichtenbestand des Gemeindewaldes einen Erdbunker auszuheben, um hier sicher zu überleben. Als französische Truppen am 25. April 1945 in Buch einmarschierten, gab es, wie Hajek berichtete, „unvergeßliche Begrüßungsszenen mit den Landsleuten, die ihnen die Freiheit brachten".

Etwa seit Januar 1945 lebten in einer Scheune des landwirtschaftlichen Anwesens Berg zum Arbeitsdienst verpflichtete Ungarn. Sie mußten zusammen mit dem Volkssturm Deckungsgräben entlang der Straße ausheben und an einer Artilleriestellung auf dem Höhenzug nördlich von **Buch** bauen.

Einen Tag vor dem Einmarsch der französischen Truppen hatten durchziehende deutsche Einheiten etwa 80 russische Kriegsgefangene in Buch zurückgelassen. Man brachte sie in einer Scheune auf dem Bauernhof Erath unter und verpflegte sie aus den zurückgelassenen Wehrmachtsvorräten. „Die russischen Kriegsgefangenen, die sich auch nach ihrer Befreiung durch die alliierten Truppen durch ein hohes Maß an Fairneß und Disziplin auszeichneten", so der Chronist, „verblieben noch etwa drei Wochen in ihrer Unterkunft in Buch, um dann nach einem kurzen Aufenthalt in einem Lager in Ulm in ihre Heimat zurückzukehren".

LAICHINGEN

Widerstand und Naziterror

„Wäre es nach den Laichingern gegangen, dann wäre Hitler bereits in diesem Jahr 1932 zum Reichspräsidenten gewählt worden." Zu dieser Einschätzung kam Heinz Surek, als er die letzten Jahre der Weimarer Republik und den „Alltag im Nationalsozialismus" in einer Vortragsreihe an der Volkshochschule Laichingen erforscht und nachgezeichnet hatte. Während Hitler bei den Reichspräsidentenwahlen 1932 im ganzen Reich 36,8 % der Wählerstimmen auf sich ziehen konnte, stimmten in **Laichingen** 50,7 % der Wahlberechtigten für ihn, in **Feldstetten** waren es sogar 80 %. Bei den letzten Reichstagswahlen am 5. März 1933 erhielt die NSDAP gar 67,3 % der Stimmen; ihr Anwachsen ging mit einer Schwächung des Bauern- und Weingärtnerbundes zusammen, der – um 1930 mit einem Stimmenanteil von 40 % noch stärkste politische Kraft – auf 9,8 % geschrumpft war. Die SPD, deren Wählerreservoir die Textilarbeiterinnen und -arbeiter der „Leinenstadt" waren, hatte seit 1930 keine größeren Stimmenverluste hinnehmen müssen und erreichte mit 10,5 % die ihr treu gebliebenen Stammwähler. Von SPD-Stadtrat Heinrich Greiner ist bekannt, daß er bis zum Verbot seiner Partei im Juni 1933 im gleichgeschalteten Stadtrat saß, in dem sechs Nationalsozialisten den Ton angaben.

Am 13. Mai 1933 wurde der mitgliederstarke Textilarbeiterverein aufgelöst und in die Deutsche Arbeitsfront eingegliedert; der Zulauf zur „Nationalsozialistischen Betriebszellen-Organisation" (NSBO) hielt sich zum großen Ärger der NSBO-Funktionäre in bescheidenen Grenzen. Damals beschäftigte die Laichinger Leinenindustrie rund 800 Arbeiterinnen und 300 Arbeiter.

Politisch motivierten Widerstand von einzelnen oder Gruppen hat es in **Laichingen** nicht gegeben, wohl aber Verhaltensweisen, in denen eine Gegnerschaft zum NS-Regime zum Ausdruck kam. Beim Hitler-Besuch auf dem **Truppenübungsplatz** zwischen Feldstetten und Ennabeuren im September 1933 hatte, als die Wagenkolonne des „Führers" durch die Stadt rollte, ein Mann die Hand nicht zum „Hitlergruß" erhoben. Er wurde anhand eines Fotos identifiziert und der Gestapo überstellt. Beim Verhör gelang es ihm, durch geschicktes Herausreden jeden Verdacht zurückzuweisen. Als „Staatsfeind Nr. 1" mußte er jedoch immer damit rechnen, von einem SA-Haufen überfallen und zusammengeschlagen zu werden. Wer im Laufe der Zeit als „Staatsfeind" auf die schwarze Liste der NSDAP kam, ist heute nur noch in wenigen Fällen bekannt. „Staatsfeind Nr. 3" war Georg Schwenkglenks, der im **Beurer Gäßle** wohnte. Dort rottete sich am 6. September 1935 eine bedrohlich wirkenden Menschenmenge zusammen. Sprechchöre wie „Staatsfeind Nummer drei raus aber glei!" und „Wir dulden keine Meckerer!" ertönten. Man wurde seiner habhaft und führte ihn zum **Rathaus**; anschließend wurde er der Gestapo in Ulm überstellt. Die Verhöre verliefen glimpflich, und Schwenkglenks konnte statt der angedrohten „Schutzhaft" im KZ Dachau wieder nach Laichingen zurückkehren. Die NSDAP-Ortsgruppe brüstete sich mit dieser Aktion und drohte in der Zeitung jedem, der eine andere Meinung zu äußern wagte, mit „dem Sprechchor vom Staatsfeind Nr. 4": „Jene Elemente, denen ständiges Kritisieren und Verleumden zur zweiten Natur geworden scheint, mögen daran denken, daß vielleicht schon morgen vor ihrer Pforte der Schlachtruf ertönt ... und daß sie den Weg in die Schutzhaft anzutreten haben."

Das Wirtshaus war zu einem gefährlichen Ort geworden: Wegen abfälligen Äußerungen über das „tausendjährige Reich" mußte der Schuhmacher Konrad Schlenk nach Verhören durch die NSDAP-Ortsgruppe einen Zentner Getreide als Buße abliefern; außerdem erhielt er ein Wirtschaftsverbot für drei Monate. Das war 1934. Der Weber Johann Georg Harscher mußte im März 1935 wegen „Beleidigung" der NSDAP eine Geldbuße von 20 Reichsmark zahlen. Im Oktober 1938 hatte der Bauer Ernst Ott die Besetzung des Sudetenlandes kritisiert. Er wurde angezeigt und zur Gestapo nach Ulm bestellt, konnte sich jedoch herausreden. Bei Kriegsbeginn wurde der Weber Tobias Sautter denunziert, weil er gesagt haben soll: „Die erste Kugel soll den Führer treffen!" Er war vom 15. September bis zum 3. Novmber 1939 in Untersuchungshaft, wurde dann vom Sondergericht Stuttgart, das in Laichingen tagte, freigesprochen. Wenig später erhielt er seine Einberufung zur Wehrmacht. Mit sieben Tagen Gefängnis mußte im Dezember 1941

In der Radschule tagte das Standgericht und verurteilte zwei Deserteure zum Tode.

der Landwirt Johannes Eckert „ausfallende Äußerungen im Gasthause" abbüßen.

Gegen zwei Frauen fiel die Verfolgung wegen „Heimtücke" wesentlich härter aus:

Frau Würstle hatte bei Kriegsausbruch über den Krieg geschimpft und wurde wegen des Ausspruchs: „Wenn nur der Göring verrecken würde!" angezeigt. Das Amtsgericht Münsingen sprach die 56jährige Frau frei; darauf wurde noch einmal Anzeige erstattet, und die Angelegenheit kam vor das Sondergericht Stuttgart. Frau Würstle wurde zu vier Monaten Gefängnis verurteilt, die sie in Gotteszell (Schwäbisch Gmünd, Baden-Württemberg I) absitzen mußte.

Der Ausspruch „Der wär wohl he gewese!", mit dem sie das gescheiterten Attentat am 20. Juli 1944 kommentierte, wurde der Näherin Maria Schmid, die als „stille und ruhige Person" bekannt war, zum Verhängnis. Die Anzeige wurde von der Gestapo Ulm verfolgt. Frau Schmid kam am 4. September 1944 in das Untersuchungsgefängnis Urach und sah erst bei Kriegsende die Freiheit wieder.

Zu den ungesühnten und massiv verdrängten Verbrechen der Wehrmacht gehören die unzähligen Standgerichte, die in den letzten Kriegswochen all diejenigen zum Tode verurteilten, die weiterem Blutvergießen und der Zerstörung ihrer Heimat ein Ende bereiten wollten. In Unterkirchberg (s. Illerkirchberg) hatten sich die Wehrmacht und der dortige NSDAP-Ortsgruppenleiter so verhalten, wie es seit Beginn des Krieges in den besetzten Ländern Praxis gewesen war: Man griff wahllos einige Männer heraus, erschoß sie und zündete deren Häuser an. In **Laichingen** kamen zwei junge Männer – Walter Haubich aus Nordenham und ein junger Soldat aus Reutlingen, dessen Name uns nicht bekannt ist – am 15. April 1945 wegen Desertion vor das Standgericht, das unter Generalmajor Ullmer in der **Radschule** tagte. Die beiden Soldaten waren am hinteren Allenberg aufgegriffen worden; man sperrte sie bis zur Verhandlung in das **Ortsgefängnis** am **Marktplatz**. Vorübergehende hörten ihre Hilferufe durch die vergitterten Fenster. Nachdem das Kriegsgericht, dem auch zwei Laichinger Bürger beisaßen, die Todesstrafe ausgesprochen hatte, wurden die beiden jungen Männer auf den **Truppenübungsplatz** nach **Feldstetten** gebracht. Über ihre Hinrichtung am Abend des 16. April 1945 gibt es einen Bericht von Pfarrer Josef Kulmus aus Ennabeuren (heute Ortsteil von Heroldstatt), der einem der Deserteure in der Stunde des gewaltsamen Todes beistand:

> „Ich war allein mit einem etwa 22jährigen jungen Mann aus Oldenburg, Walter Haubich aus Nordenham. Ich spendete ihm die heiligen Sakramente. Er wollte noch seinen Eltern einen letzten Gruß schicken, aber seine Kraft versagte. Er umklammerte mich und wollte mich nicht loslassen. Die Wache stieß mit dem Gewehrkolben an die Tür der Kammer."

Den Weg zum Hinrichtungsplatz mußten die beiden Deserteure barfuß zurücklegen; hinter ihnen polterte der Schinderkarren. Er führte am Ortsende von Feldstetten, an der Abzweigung nach Ennabeuren, zum Waldrand. Dort wartete das Exekutionskommando der Wehrmacht: Offiziere, etwa 30 Soldaten und eine Abordnung des Volkssturms. Nach der Erschießung wurden die Toten von den Bäumen losgeschnitten und auf den Schinderkarren geworfen. Man brachte sie, so Pfarrer Kulmus, „in das Lager Auingen-Münsingen", wo sie begraben wurden. „Denen ist recht geschehen", hörte Pfarrer Kulmus bei der Heimfahrt aus dem Mund eines deutschen Soldaten. Genau diese Ansicht ist noch heute bei der Diskussion um die Anerkennung der Opfer der Wehrmachtsjustiz zu hören.

Ein weiteres Opfer der Wehrmacht wurde Johann Georg Schmutz aus der **Oberen Gasse**. Beim Einmarsch der amerikanischen Truppen hatte Schmutz, der dem Kirchengemeinderat angehörte, versucht, junge deutsche Soldaten daran zu hindern, auf die Panzer zu feuern. Er wurde, wie seine Frau berichtete, im Keller seines Wohnhauses „von fanatisierten und zum letzten entschlossen Angehörigen der 189. Infanteriedivision" erschossen. Generalmajor Ullmer und sein Stab hatten indessen fluchtartig den Ort verlassen.

„Rassische" Verfolgung und „Euthanasie"

Jüdische Viehhändler waren auf dem Viehmarkt von **Laichingen** gerne gesehen: Die Bauern schätzten ihren Sachverstand, und es gibt, so Heinz Surek, auch eine ganze Menge von Belegen, daß sie den Käufern, wenn sie einmal in Geldnöten waren, den Kaufpreis großzügig und zinslos stundeten. Den Nationalsozialisten war dieser Handel mit den „Viehjuden" ein Dorn im Auge. Bauern, die weiterhin mit ihnen Geschäfte tätigten, wurden öffentlich angeprangert. Im Februar 1936 erließ die Gestapo Ulm ein Verbot, bei Juden Vieh zu kaufen, und forderte dazu auf, jeden, der sich nicht daran halte, anzuzeigen. Noch im selben Jahr wies der Laichinger Magistrat den jüdischen Viehhändler einen besonderen, abseits gelegenen Platz in der **Pfeierstraße** zu. Als diese Maßnahmen noch nicht ausreichten, verhängte NSDAP-Bürgermeister Stegmaier ein generelles Verbot gegen jüdische Viehhändler, sich auf den Laichinger Vieh- und Krämermärkten zu betätigen. Es war das erste Marktverbot in Württemberg, dem bald andere Städte und Gemeinden nachfolgten.

Die moderne Textilindustrie von Laichingen geht auf jüdische Fabrikgründungen im 19. Jahrhundert zurück: 1864 gründete Heinrich Kahn mit einem Kompagnon die **Leinenweberei Fa. Eckstein & Kahn**, die zunächst in Donnstetten (Römerstein, Kr. Reutlingen), dann in **Laichingen** ihren Betrieb hatte. Viele Hausweber konnten sich damals durch Aufträge der Fa. Eckstein & Kahn noch eine Zeitlang über Wasser halten. Für seine Verdienste um die Laichinger Weberei und den Anschluß des Ortes an das Industriezeitalter wurde Heinrich Kahn zum Ehrenbürger ernannt. Seine Söhne Paul und Hugo Kahn erbauten in den Jahren 1904/1905 die erste mechanische Weberei in Laichingen.

Das Unternehmen hieß nun Mechanische Leinenweberei Laichingen. Auch deren Söhne, Dr. Rudolf Kahn und Dr. Otto Kahn, arbeiteten als Teilhaber im Betrieb der Väter.

Bis etwa 1936 florierte der Betrieb, der nach modernen Methoden der Betriebsorganisation geleitet wurde. Dies änderte sich mit dem Vierjahresplan zur Aufrüstung und der Bewirtschaftung der Rohstoffe. Der Fa. Eckstein & Kahn wurde die zugeteilte Quote erst verspätet zugestellt, dann drastisch gekürzt; schließlich teilte man ihr mit, daß sie nicht mit Aufträgen von

Mechanische Leinenweberei Laichingen

Staats- und Reichsstellen rechnen könne. Äußeres Zeichen des zunehmenden Drucks war im Mai 1938 die Umbenennung der **Heinrich-Kahn-Straße**, die zum Betriebsgelände hinausführte, in Saarstraße, die „auf höhere Weisung" vorgenommen wurde. Die Familie Kahn versuchte nun, die Weberei zu verkaufen. Nachdem sich mehrere ernsthafte Verkaufsgespräche aus nicht erkennbaren Gründen zerschlugen, bekam sie mitgeteilt, daß das Wirtschaftsministerium einen Käufer gefunden habe. Sie wurde gezwungen, das Werk zu einem Kaufpreis, der nicht einmal der Hälfte des geschätzten Wertes entsprach, an einen Dr. Weiß zu verkaufen. Dr. Weiß war Direktor der Württembergischen Landessparkasse und vorher Schriftleiter beim NS-Kurier. Als er zur Übergabe im Betrieb erschien, brüstete er sich damit, die Reichsaufträge und Garnzuteilungen in der Tasche zu haben, auf die die Familie Kahn vergeblich gewartet hatte.

Paul Kahn wurde 1942 in das KZ Theresienstadt deportiert und kam dort zwei Wochen nach seiner Einlieferung ums Leben; seine Frau war bereits 1940 gestorben. Hugo Kahn emigrierte in die Niederlande, wo sein Sohn Otto lebte, der mit einer Niederländerin verheiratet war. Die letzten Monate des Krieges mußte Hugo Kahn in einem Versteck verbringen. Der Sohn Otto wurde bei einer Razzia erfaßt und kam in ein Konzentrationslager; er überlebte und kehrte in die Niederlande zurück. Rudolf Kahn gelang noch im Juni 1941 die Flucht nach Großbritannien, später zog er in die USA. Als einziger kehrte Hugo Kahn nach dem Krieg nach Stuttgart zurück und erreichte 1950 in einem Prozeß vor dem Tübinger Landgericht die Rückgabe der „Mechanischen Leinenweberei Laichingen" an die noch lebenden Mitglieder der Familie Kahn. Die **Heinrich-Kahn-Straße** gibt es heute wieder.

Konzentrationslager und Zwangsarbeit

In der NS-Zeit veränderte sich wie überall auf der Alb auch in **Laichingen** die Industrielandschaft. Die traditionsreichen Textilbetriebe wurden, besonders wenn es sich um jüdischen Besitz handelte, zur Aufgabe gezwungen. In stillgelegte Fabrikgebäude zogen metallverarbeitende Betriebe ein. Als erste Metallfabrik hatte im Mai 1938 die **WMF** aus Geislingen im Gebäude der „Württembergischen Leinenindustrie" in der **Bahnhofstraße** eine Metallschleiferei mit etwa 30 Arbeitsplätzen eingerichtet.

Mit Kriegsbeginn wurde die Leinenindustrie auf Rüstungsproduktion umgestellt. Man webte und verarbeitete Zeltbahnen, Uniform- und Fallschirmstoffe und war damit bis 1942/1943 ausgelastet. Der Textilbedarf wurde aber zunehmend durch die Produktion in den besetzten Ländern gedeckt. Die geräumten Websäle standen zur dezentralen Verlagerung der Rüstungsbetriebe aus dem mittleren Neckarraum zur Verfügung. In die Genossenschaftsweberei in der **Hindenburgstraße** zog die **Fa. Hoeckle**, und die **Fa. Wiedmann** verlagerte Produktionsbereiche in Gebäude der „Württembergischen Leinenindustrie".

Selbstverständlich waren nicht nur in der Landwirtschaft, sondern auch in der Textil- und metallverarbeitenden Industrie zunehmend ausländische Zwangsarbeitskräfte und Kriegsgefangene eingesetzt. Darüber ist jedoch bisher kaum etwas bekannt. Nicht einmal die vom FNTB nach Kriegsende erhobenen Zahlen liegen vor. Ein schwaches Licht auf die Lebens- und Arbeitsbedingungen besonders der aus der Sowjetunion verschleppten Jugendlichen, Frauen und Männer wirft die Tatsache, daß sich der Gemeinderat in seiner Sitzung im März 1944 mit der Frage beschäftigte, wo man die verstorbenen „Ostarbeiter" bestatten solle. NSDAP-Bürgermeister Gebhardt schlug einen Platz außerhalb des Friedhofs, nördlich der **Friedhofsmauer** vor. Hier wurden auch auf der Gemarkung abgestürzte Piloten der alliierten Streitkräfte begraben. Nach der Befreiung ordneten die Besatzungsbehörden die Umbettung dieser Toten innerhalb des Friedhofes an; später wurden sie in ihre Heimatländer überführt. Unbekannt ist bisher, was mit den Gräbern der „Ostarbeiterinnen" und „Ostarbeiter" geschah. Wie viele waren es? Wurden sie ebenfalls umgebettet oder wurden sie – wie Heinz Surek vermutet – nach Kriegsende „sofort wieder eingeebnet"?

LANGENAU

Konzentrationslager und Zwangsarbeit

Am Abend des 13. April 1945 wurde auf dem **Marktplatz** von **Langenau** an einem zuvor gezimmerten Galgen der 23jährige französische Zwangsarbeiter Francis Raymond Bioret erhängt. Auf einem Schild war der Grund zu lesen: „Dieser Ausländer wurde gehängt, weil er einen Langenauer Volksgenossen beschimpfte und bedroht hat, ihn beim Näherkommen der Amerikaner umzubringen." Nach 20 Stunden, am Abend des 14. April 1945, wurde der Leichnam „auf Betreiben der erregten Einwohnerschaft" abgenommen und auf dem **Ostfriedhof** von **Langenau** eiligst begraben.

Sechzehn Jahre danach, am 14. Juni 1961, stand einer der Verantwortlichen vor dem Landgericht Stuttgart: Es war der SS-Untersturmführer L., Jg. 1917, Mitglied der berüchtigten SS-Division „Das Reich". Unmittelbar nach dem Krieg war L. unter falschem Namen in Bayern untergetaucht, ließ sich 1948 mit gefälschten Papieren, jedoch unter seinem richtigen Namen „entnazifizieren" und führte bis zu seiner Verhaftung im November 1958 das Leben eines erfolgreichen Geschäftsmanns und Familienvaters in Ebersberg (Bayern). Zur Tatzeit war L. stellvertretender Bataillonsführer des in Langenau stationierten SS-Genesenden-Bataillons gewesen.

Den Tathergang rekonstruierte das Gericht folgendermaßen: Der Zwangsarbeiter Francis Bioret hatte bei einem Schlossermeister arbeiten müssen. Dieser hatte ihn im März 1945 schwer mißhandelt. Voll Empörung über die erlittene Erniedrigung drohte der junge Franzose damit, den Meister „beim Einmarsch der Amerikaner totzuschlagen". Ein Lehrling denunzierte diese Äußerung dem Schlossermeister; dieser wandte sich an den NSDAP-Ortsgruppenleiter, der dem Kommandeur des SS-Genesungsbataillons L., als dem mächtigsten Mann in der Stadt, Meldung machte. Für L. war der Sachverhalt klar: „Hier muß ein Exempel statuiert werden, die Kerle müssen wissen, daß wir da sind!" Darin sah er sich in seinem zufällig anwesenden Vorgesetzten, einem SS-Obersturmbannführer Dr. ing. Bor. aus dem SS-Hauptamt in Berlin, bestätigt. Möglicherweise haben der Schlossermeister und der Ortsgruppenleiter noch gegen die sofortige Erhängung protestiert, wie sie vor Gericht aussagten. L. jedoch bestand auf der sofortigen Exekution und hatte bereits Befehl gegeben, einen Galgen am Marktplatz zu errichten. Als er dort gegen 22.30 Uhr eintraf, war der junge Franzose bereits „von den Untergebenen des Angeklagten" erhängt. Der vorgesetzte SS-Obersturmbannführer Dr. Bor. gab dem Mord mit falsch datierten Aktenvermerken nachträglich den Anschein eines für die NS-Militärjustiz regulären Verfahrens, nämlich den eines ordentlich tagenden Standgerichtes. Dr. Bor. wurde nicht zur Rechenschaft gezogen: Er war zum Zeitpunkt des Prozesses „auf unbestimmter Zeit vernehmungsunfähig". L. wurde zu drei Jahre und sechs Monaten Gefängnis bei voller Anrechnung der Untersuchungshaft verurteilt. Das Gericht sah auch von der Aberkennung der bürgerlichen Ehrenrechte ab.

MUNDERKINGEN

Widerstand und Naziterror

Am 26. April 1933 war im „Donau-Boten", dem damaligen Amtsblatt der Stadt **Munderkingen**, eine ganzseitige „Erklärung" des Stadtpfarres Dr. Karl Schmid zu lesen. Schmid, zugleich Ortsvorsitzender der katholischen Zentrumspartei, bezichtigte sich darin, während des letzten Wahlkampfes „beim größten Teil der Bevölkerung berechtigten Anstoß erregt" zu haben, Anschuldigungen gegen NSDAP-Mitglieder, sie hätten Mitteilungen aus dem Aushängekasten der Zentrumspartei entfernt, „wider besseren Wissens" nicht entgegengetreten zu sein und „den Anschein erweckt" zu haben, Hitler „des Falscheides bezichtigen zu wollen." Die Erklärung gipfelte in einem Bekenntnis, das auch bei Berücksichtigung der damaligen schwülstigen Sprache allein in seiner Diktion erzwungen erscheint: „Ich bin heute von der Redlichkeit Adolf Hitlers so sehr überzeugt, daß ich mich in der Verehrung Hitlers nicht mehr übertreffen lasse."

Der politische Hintergrund für diese demütigende Erklärung ist wohl in der starken Position der Zentrumspartei in Munderkingen zu suchen, die den Nationalsozialisten im März 1933 nicht die erwünschte Mehrheit ermöglicht hatte und der Gleichschaltung des Stadtrates entgegenstand. So mußte der Pfarrer, der auch als Politiker in der Bevölkerung und in den kirchlichen Vereinen hohes Ansehen genoß und sich aus seiner Geisteshaltung heraus gegen die NS-Ideologie zur Wehr gesetzt hatte, ausgeschaltet werden. Dafür spricht der letzte Satz der Erklärung: „Heute sehe ich meine vornehmste Aufgabe darin, mitzuhelfen, das Vaterland zu retten, ob mit oder ohne Zentrum, spielt dabei keine Rolle."

Die Katholische Kirche, damals in der Zeit des Reichskonkordates um einen Konsens mit dem NS-Staat bemüht, beugte sich dem Druck der NSDAP ebenfalls und versetzte im August 1933 den 61jährigen Pfarrer zwangsweise in den Ruhestand.

„Rassische" Verfolgung und „Euthanasie"

Mindestens zwei Sinti-Familien hatten in **Munderkingen** gelebt: Die Familie der am 30. November 1925 geborenen Theresie Adam und die Familie von Hildegard Lauster, die am 15. Februar 1939 ebenfalls in Munderkingen zur Welt gekommen war. Im Frühjahr 1943 wurden beide mit ihren Familienangehörigen in das Vernichtungslager Auschwitz-Birkenau deportiert.

Theresia Adam kam mit ihrer Familie am 18. März 1943 mit einem Transport von 647 Sinti und Roma im „Zigeunerlager" Birkenau an. Bei der Registrierung erhielt sie die Nummer Z-4714, ihr Beruf wurde mit „Arbeiterin" angegeben. Bereits drei Monate später erlag die junge Frau den erbärmlichen, auf Vernichtung zielenden Lebensbedingungen in Birkenau.

In dem Transport, der am 18. März 1943 in Birkenau eintraf, befanden sich auch die vier Jahre alte Hildegard Lauster mit Eltern und Geschwistern, Tanten und Onkeln und Großeltern aus den Sinti-Familien Lauster und Winter. Sechs Wochen nach ihrer Ankunft ist das kleine Mädchen gestorben.

Konzentrationslager und Zwangsarbeit

Die Munderkinger **Schraubenfabrik „Maco"** an der **Mühlstraße** – heute: Donaumetallwerk – stellte während des Krieges Gewehrgranatzünder her und setzte dazu ausländische Zwangsarbeitskräfte ein. Ab 1942 bestand die Belegschaft etwa zu einem Viertel aus französischen und belgischen Kriegsgefangenen, einigen polnischen Zwangsarbeitern und -arbeiterinnen sowie einer größeren Gruppe von aus der Sowjetunion verschleppten Frauen und Männern. Die „Ostarbeiterinnen" und „Ostarbeiter" lebten nach Geschlechtern getrennt in zwei auf dem Werksgelände an der Mühlstraße aufgestellten Baracken. Sie durften sich nicht frei bewegen und litten unter großem Hunger. In der Frauenbaracke lebten mindestens zwei Kleinkinder: der noch nicht ein Jahr alte Sohn von Klara Gaklenko und der am 21. März 1944 in dieser Baracke geborene Sohn der Russin Jewgenija. Möglicherweise war noch ein weiteres Kind hier geboren worden. Alexander Babkena kam nach Angaben der Gräberliste am 5. Januar 1944 in Munderkingen zur Welt; er starb, noch nicht drei Monate alt, am 13. März 1944 an „Herzlähmung". Sein Grab auf dem **Friedhof** von **Munderkingen** wurde 1962 eingeebnet.

Den russischen Zwangsarbeitskräften oblagen die schwersten Arbeiten im Werk: Die Männer mußten ohne Kran und sonstiges Hebezeug den ankommenden Rohstahl abladen. Als „Stangenschieber" mußte jeder von ihnen täglich mehrere Tonnen heben und die rohen Eisenstangen in die Drehautomaten drükken. Sie verfügten ebensowenig über Schutzhandschuhe wie die russischen Frauen, die in der „Putzerei" Öl und Späne von den Werkstücken zu entfernen hatten. Brutale Antreibmethoden von einem leitenden Angestellten der „Maco" gehörten zu ihrem Arbeitsalltag. Prügel und Mißhandlungen gab es auch nach Feierabend im Lager. 1945 lebten außerdem italienische Militärinternierte und niederländische Zwangsarbeiter in der Stadt.

Über die Lebens- und Arbeitsbedingungen sowie den Ort der Unterbringung einer größeren Gruppe von aus Jugoslawien zwangsumgesiedelten Slowenen ist nichts bekannt. Lediglich Gräber auf dem **Friedhof** von **Munderkingen** bezeugen die einstige Anwesenheit dieser Menschen, die als Folge der Germanisierungspolitik im besetzten Jugoslawien 1941 familienweise aus ihren Dörfern vertrieben worden waren. Heute gibt es noch vier Gräber. Bei Franz Dobrina, Jg. 1860, Johann Klakocar, Jg. 1858 und Agnes Kuney, Jg. 1861, die im Laufe des Jahres 1942 starben, wurde als Todesursache lakonisch „Altersschwäche" angegeben. Der Arbeiter Franz Povce starb am 10. März 1943 im Alter von 30 Jahren an Lungentuberkulose. Nicht mehr vorhanden sind die Gräber von sechs slowenischen Kindern, die im Alter zwischen einem und neun Jahren ebenfalls 1942 ums Leben kamen. Diese Kindergräber wurden spätestens 1962 ebenso eingeebnet wie das des bereits erwähnten russischen Säuglings Alexander Babkena.

Außer den vier Erwachsenengräbern gibt es noch das Grab des polnischen Zwangsarbeiters Jakob Machlowski, der aus der Gegend von Krakau stammte und am 22. Mai 1944 im Alter von 60 Jahren starb. Es war zumindest 1962 „mit einem Holzkreuz und Einfassung" versehen.

NEENSTETTEN

Widerstand und Nazitterror

Hermann Renz, seit 1934 evangelischer Pfarrer in **Neenstetten**, war Mitglied der Bekennenden Kirche. Seine Predigten und der von ihm gehaltenen Religionsunterricht wurden bespitzelt; des öfteren wurde er zur Gestapo bestellt. 1937 verweigerte er den Eid auf den Führer, weswegen man ihm die Erlaubnis entzog, Religionsunterricht zu erteilen. An die Ostfront einberufen, erlag er am 1. August 1941 seinen Verwundungen.

Konzentrationslager und Zwangsarbeit

Bei Bauern in **Neenstetten** war ein Arbeitskommando mit sieben französischen Kriegsgefangenen aus dem Lager **Weidenstetten** eingesetzt.

OBERDISCHINGEN

Konzentrationslager und Zwangsarbeit

Aufgrund der Nachkriegsermittlungen des Nationalen Französischen Suchdienstes waren während des Kriegs 235 ausländische Zwangsarbeitskräfte im Ort.

OBERMARCHTAL

„Rassische" Verfolgung und „Euthanasie"

Das Sinti-Mädchen Klara Winter-Lauster kam am 27. August 1933 in **Obermarchtal** zur Welt. Als sie zehn Jahre alt war, wurde sie zusammen mit ihren Verwandten von der mütterlichen und väterlichen Seite im Frühjahr 1943 in das Vernichtungslager Auschwitz-Birkenau deportiert. Im „Hauptbuch des Zigeunerlagers" wurde, nach Männern und Frauen getrennt, am 18. März 1943 die Ankunft von 36 Mitgliedern der Familien Winter und Lauster registriert. Da das „Hauptbuch" nur die Geburtsorte vermerkt, wissen wir nicht, wo Klara und ihre Familie vor dem Abtransport in den Tod gelebt hatten. Für Klara gibt es kein Todesdatum; möglicherweise war es die Nacht des 2. August

Das Konradihaus

1944, als die SS das Lager umstellte und Kinder, Frauen und Männer in die Gaskammern trieb.

SCHELKLINGEN

„Rassische" Verfolgung und „Euthanasie"

Der „Reichskommissar für die Festigung des Deutschen Volkstums, Volksdeutsche Mittelstelle – Umsiedlung" beschlagnahmte zu Kriegsbeginn das **Konradihaus** in **Schelklingen** und richtete hier ein Lager für „Eindeutschungsfähige" ein. Die offiziellen Bezeichnungen wechselten von „SS-Umsiedlungslager" zu „SS-Abfertigungslager". Der Begriff „eindeutschungsfähig" gehörte zum Vokabular der Germanisierungspolitik, mit der der NS-Staat in Gebieten, in denen deutsche Minderheiten lebten, die nicht-deutsche Bevölkerung zur Umsiedlung entsprechend sogenannter „Volkstumsgrenzen" bzw. zur Zwangsarbeit deportierte.

Erste Transporte trafen aus dem besetzten Polen ein, und zwar aus dem Warthegau, dessen Gauleiter 1940 ankündigte: „Innerhalb von zwei Jahren wird kein Pole mehr über der Erde leben oder höchsten noch den Deutschen als Arbeitssklaven dienen." Polen stellten im „SS-Umsiedlungslager" vermutlich die größte nationale Gruppe. Nach dem Überfall auf Jugoslawien fanden solche Aktionen besonders in Slowenien statt: Im „SS-Umsiedlungslager" Schelklingen, besonders aber auch in Munderkingen (s. dort) befanden sich zahlreiche slowenische Familien. Eine dritte Gruppe stellten Elsässer dar, wie Transportlisten vom Januar 1944 aus dem „SS-Sicherungslager" Schirmeck-Vorbruck belegen.

Im Stadtarchiv Schelklingen wird gegenwärtig an einer Studie über das „SS-Umsiedlungslager" gearbeitet, die 1997 mit Erinnerungsberichten von Überlebenden erscheinen soll.

Auf dem **Alten Friedhof** von **Schelklingen** sind heute noch neun Gräber von Menschen vorhanden, die den Strapazen der Umsiedlungsaktion und den beengten Lebensverhältnissen im „SS-Umsiedlungslager" erlagen. Es sind die Gräber der Slowenen Antonie Juriko, die am 13. März 1945 im Alter von 61 Jahren starb, des 83jährigen Bauern Franz Krosel, der kleinen Anna Zonta, die am 2. Juni 1944 in Munderkingen zur Welt kam und zwei Monate später im SS-Umsiedlungslager starb, und von zwei Frauen, vier Männern und einem Kind aus Polen. 1946 waren auf dem Alten Friedhof mindestens 30 Tote, darunter 21 Kinder, aus dem SS-Umsiedlungslager bestattet gewesen. Die meisten der Toten stammten aus dem besetzten Polen, vier aus Slowenien und zwei aus dem Elsaß. Wann diese Gräber eingeebnet wurden, konnte die Stadt Schelklingen 1988 nicht mehr feststellen: „Es kann davon ausgegangen werden, daß die in der beiliegenden Gräberliste vom 22. Nov. 1985 nicht mehr aufgeführten Gräber seit mindestens 30 Jahren nicht mehr existent sind."

Konzentrationslager und Zwangsarbeit

Die Gräberliste von 1946 gibt erste Auskünfte über in der Stadt verstorbenen Zwangsarbeiter und Kriegsgefangene. Soweit wir feststellen konnten, ist von diesen Gräbern nur noch das des polnischen Landarbeiters Josef Pragnacy vorhanden, der am 15. September 1943 im Alter von 19 Jahren ums Leben kam – sein Grab lag 1946 „links vom Heldengrab".

Unmittelbar nach seiner Ankunft am 16. Oktober 1941 muß der russische Kriegsgefangene Wladislaw Smilga gestorben sein. Er war 20 Jahre alt und wurde nicht auf dem **Alten Friedhof**, sondern „auf dem Schelklinger Berg beim Portland Zementwerk beerdigt" – so jedenfalls steht es in der Gräberliste. Das **„Zementwerk"** war der letzte Wohnort des Russen Paul Grez, der bald nach der Befreiung am 16. Juni 1945 wohl an den Folgen der Zwangsarbeit im Alter von 34 Jahren starb. Untersuchungen zum Einsatz ausländischer Zwangsarbeitskräfte bei den Portland Zementwerken fehlen. Der FNTB kam bei seinen Nachforschungen über den Einsatz ausländischer Zwangsarbeitskräfte in Schelklingen auf die Zahl von 735 Personen.

Ob sich die Bezeichnung „Jura-Lager", die sich ebenfalls in der Gräberliste von 1946 findet, auf ein Lager der Portland Zementwerke bezieht, konnten wir nicht klären: In diesem Lager starb am 16. April 1945 der russische Säugling Viktor Rabuschew. Bei diesem Kindergrab trägt die Gräberliste den Vermerk: „Eingeebnet". Der Grieche Eftlinius Gatzuris, vermutlich ein Zwangsarbeiter, starb am 9. Juli 1945 im Krankenhaus Blaubeuren, er war zuvor im **Gasthaus „Sonne"** untergebracht gewesen. All diese Namen sowie die Namen von drei 1942 und 1943 gestorbenen italienischen Staatsangehörigen fehlen auf der Gräberliste von 1985.

SETZINGEN

Konzentrationslager und Zwangsarbeit

Am 9. Dezember 1942 wurde der polnische Zwangsarbeiter Iwan Kaliczynski in **Setzingen** erhängt. Er war 26 Jahre alt. An seiner Hinrichtung mußten seine Landsleute aus der Umgebung teilnehmen. Der Leichnam wurde dem Anatomischen Institut der Universität Tübingen übergeben.

UNTERMARCHTAL

„Rassische" Verfolgung und „Euthanasie"

Am 28. März 1943 traf im Vernichtungslager Auschwitz-Birkenau ein Transport mit 352 Sinti aus dem Gebiet des damaligen Deutschen Reiches ein. Unter der Nummer Z-6000 wurde die in **Untermarchtal** geborene Arbeiterin Elisabeth Laubinger im „Hauptbuch des Zigeunerlagers" eingetragen. Ob die damals 42jährige Frau den Völkermord überlebte, wissen wir nicht.

Konzentrationslager und Zwangsarbeit

Nach einer Aufstellung von Kriegsgräbern sowjetischer Staatsangehöriger aus den 60er Jahren waren in **Untermarchtal** zwei Kriegsgefangene oder Zwangsarbeiter aus der UdSSR begraben.

UNTERSTADION

„Rassische" Verfolgung und „Euthanasie"

Eine in **Unterstadion** geborene Frau wurde Opfer des Völkermordes an Sinti und Roma: Johanna Reinhardt wurde am 18. März 1943 mit zahlreichen Familienangehörigen in das Vernichtungslager Auschwitz-Birkenau eingeliefert. Drei Monate später, am 18. Juni 1943, erlag sie im Alter von 64 Jahren den mörderischen Lebensbedingungen im „Zigeunerlager" Birkenau.

WESTERHEIM

Konzentrationslager und Zwangsarbeit

Eine Zeitzeugin berichtete, daß auch „Fremdarbeiter" und französische Kriegsgefangene im Dorf arbeiten mußten. Ein Bild aus den letzten Kriegstagen prägte sich ihr besonders in das Gedächtnis ein:

> „Es war im Frühjahr 1945, als ein seltsam anmutender Zug die **Wiesensteiger Straße** ins Dorf hinablief. Die Menschen, die sich da die Straße entlang schleppten, waren in Lumpen gehüllt. Nur wenige trugen Schuhe. Die meisten hatten nur Lappen um ihre Füße gewickelt. Die Männer und Frauen hatten einen wie geistesabwesenden Blick. Ich erinnere mich, jemand schob auch einen Kinderwagen. Ob aber ein Kind im Wagen lag, konnte ich nicht sehen. Schlimm war, daß der Zug etwa alle 15 Meter auf beiden Seiten von bewaffneten deutschen Soldaten begleitet war. Als eine Nachbarin die zerlumpten und ausgemergelten Gestalten an ihrem Haus vorbeiwanken sah, lief sie heim und kam mit einem Laib Brot zurück. Sie wollte das Brot einer Frau reichen, als ein Soldat der Wachmannschaft ihr zurief: ‚Lassen Sie das oder ich erschieße Sie!'."

WESTERSTETTEN

„Rassische Verfolgung und „Euthanasie"

Westerstetten war der Geburtsort von Elisabeth Guttenberger. Am 18. März 1943 wurde das elfjährige Sinti-Mädchen mit Eltern, Geschwistern und weiteren Verwandten in das Vernichtungslager Auschwitz-Birkenau eingeliefert. Dort starb sie am 26. Juli 1943.

Konzentrationslager und Zwangsarbeit

Acht Opfer eines Evakuierungstransportes sind im April 1945 unweit der **Bahnstrecke** auf der Gemarkung **Beimerstetten** im Waldteil „Gurgelhaus" neben den Gleisen verscharrt worden. Nach der Befreiung wurden die Toten – unbekannte KZ-Häftlinge oder Zwangsarbeiter – exhumiert und am 31. Mai 1945 auf dem **Friedhof Westerstetten** feierlich beigesetzt. An der Beerdigung nahm auch ein Rabbiner teil. Der **Gedenkstein** hat die Inschrift:

> „Acht unbekannte Opfer von Gewalt".

LITERATUR

Arbeitskreis Landschulheim **Herrlingen** (Hg.): Dokumentation des Wochenendes der Begegnung und Erinnerung. 5. und 6. November 1988. Herrlingen 1988

Hans-Otto Binder: Ritterkreuz und Judenstern: Rommel und das jüdische Landschulheim **Herrlingen**. Über den Umgang mit der Geschichte vor Ort. Hg. Fachschaft Geschichte der Universität Tübingen. Tübingen 1995

Erinnerungen und Dokumente aus der Zeit des Nationalsozialismus. Zusammengetragen und zusammengestellt von Wilhelm Arnold Ruopp. In: 900 Jahre **Seißen** glei bei Blaubeura. Beiträge zur Heimatkunde eines Albdorfes. Herausgegeben von Wilhelm Arnold Ruopp und Otto Strübel. Blaubeuren 1985

Ruth Fichtner, Bertram Wegemer: Kindern eine Zukunft. Von zwei Kinderheimen in der Weimarer Zeit. Diplomarbeit im Fachbereich Erziehungswissenschaften an der Universität Tübingen 1986 (zu **Herrlingen**)

Michel Hermann: 60 Jahre danach. Auf Spurensuche im Bezirk **Blaubeuren**. Blaubeurer Geographische Hefte 11. Blaubeuren 1996

Herbert Hummel: **Gerhausen** im III. Reich. In: 900 Jahre Gerhausen. Im Auftrag der Stadt Blaubeuren herausgegeben von Herbert Hummel. Blaubeuren 1992

Justiz und NS-Verbrechen. Sammlung deutscher Strafurteile wegen nationalsozialistischer Tötungsverbrechen 1945–1966. Band XVII. Amsterdam 1977 (zu **Langenau**)

Lucie Schachne: Erziehung zum geistigen Widerstand. Das jüdische Landschulheim **Herrlingen** 1933–1939. Frankfurt 1989

Jizchak Schwersenz: Die versteckte Gruppe. Ein jüdischer Lehrer erinnert sich an Deutschand. 3. Auflage, Berlin 1994 (zu **Herrlingen**)

Ulrich Seemüller: Das jüdische Altersheim **Herrlingen** 1939–1942 (Erscheinungstermin ist für 1997 geplant)

Spuren eins Dorfes – **Sonderbuch**. Im Auftrag des Ortschaftsrats Sonderbuch verfaßt und herausgegeben von Martin Weingardt und Jörg Martin in Zusammenarbeit mit Eberhard Konold. Sonderbuch 1994

Heinz Surek: **Laichingen** 1929 bis 1933. Laichingen 1933. Alltag in der NS-Zeit. In loser Folge erschienene Artikelserie zu den Vorträgen an der Volkshochschule Laichingen in der „Schwäbischen Zeitung" in den Jahren 1986–1989

Heinz Surek: Zwei junge Soldaten wegen Desertation in der Radschule zum Tode verurteilt. In: Schwäbische Zeitung vom 13. April 1995 (zu **Laichingen**)

Heinz Surek: Heldengedenkfeiern der NSDAP-Ortsgruppe auf dem Marktplatz. Entscheidungen fällte der Bürgermeister als „Führer" der Gemeinde. In: Schwäbische Zeitung vom 6. April 1995 (zu **Laichingen**)

AUSSTELLUNGEN/MUSEEN

Haus unterm Regenbogen, Erwin-Rommel-Steige 50, 89134 Blaustein-Herrlingen: Dauerausstellung zur Geschichte der Landschulheime Herrlingen.

Anmeldung bei: Arbeitskreis Landschulheim Herrlingen im „Haus unterm Regenbogen", Heide Warttinger, Tannenweg 18, 89134 Blaustein, Tel.: 07304-2459

KONTAKTE

Arbeitskreis Landschulheim Herrlingen c/o Heinz Krus, Erwin-Rommel-Steige 50, 89134 Blaustein-Herrlingen

Historische und bibliographische Auskünft zu den Landschulheimen: Ruth Fichtner, Heimstättenstr. 5, 89077 Ulm, Tel. 0731-389735

Förderkreis Kunst und Kultur in der Gemeinde Blaustein c/o Ortsvorsteher Heiner Kahle, Rathaus Herrlingen, Kanalweg 1, 89134 Blaustein und Hauptamtsleiter Manfred Hollerbach, Rathaus Blaustein, Marktplatz 2, 89134 Blaustein

FILM

Annas Kinder. Dokumentarfilm.
Filmproduktion Angelika und Peter Schubert, München 1994 (zu Herrlingen)

Kreis Biberach

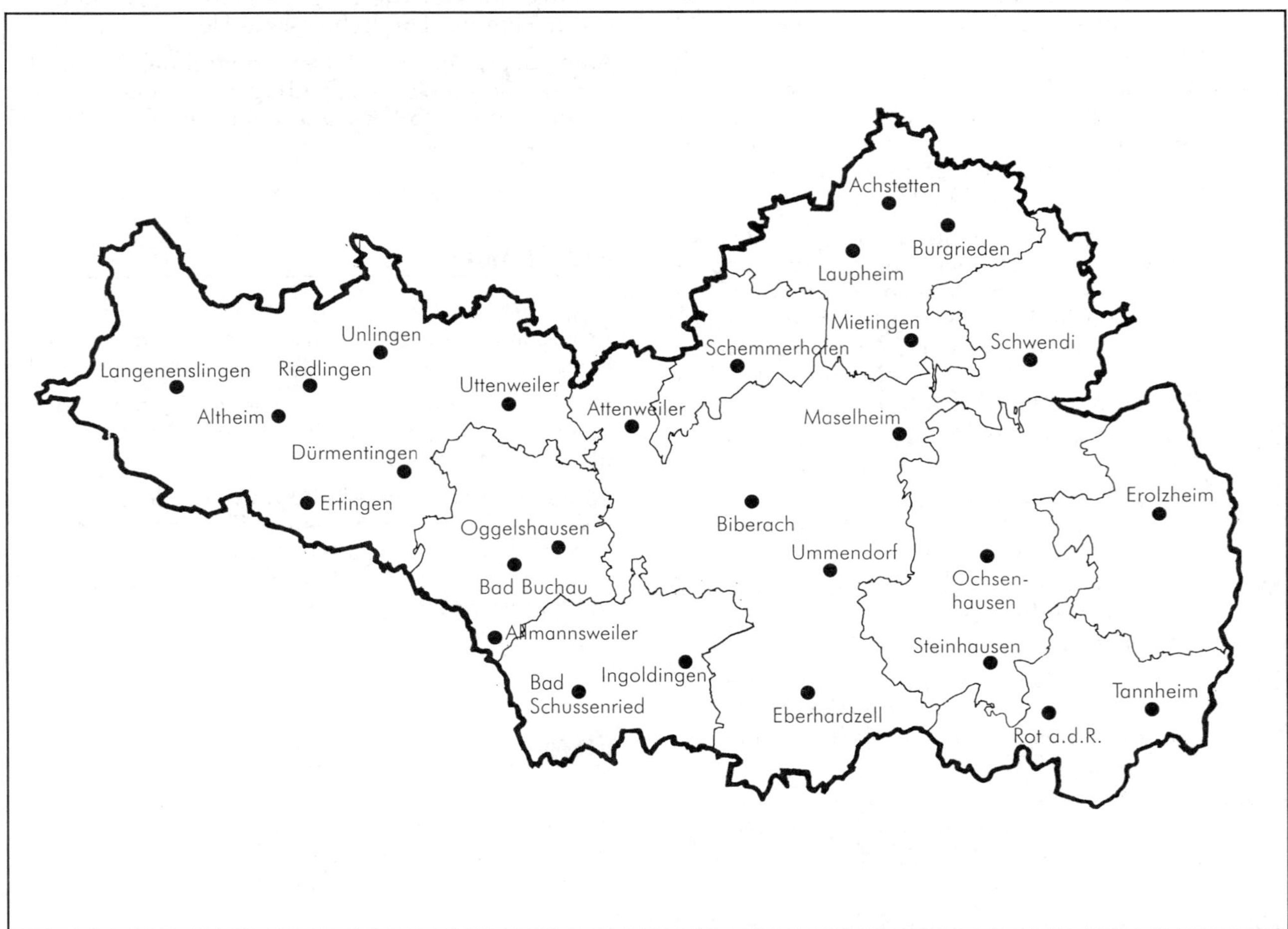

ACHSTETTEN

„Rassische" Verfolgung und „Euthanasie"

Im Gedenkbuch für die im Vernichtungslager Auschwitz-Birkenau ermordeten Sinti und Roma steht der Name von Johanna Lauster. Das Sinti-Mädchen ist 1936 in **Achstetten** zur Welt gekommen. Am 18. März 1943 traf sie in einem Transport von 647 Sinti und Roma in Auschwitz-Birkenau ein, mit ihr zahlreiche Familienangehörigen. Ihre weitere Spur verliert sich in den total überfüllten Baracken des „Zigeunerlagers".

ALLMANNSWEILER

Konzentrationslager und Zwangsarbeit

Das **Gasthaus „Kreuz"** war unmittelbar nach Kriegsende bis 1946 Unterkunft für ehemalige polnische Zwangsarbeiter und KZ-Häftlinge. Die französischen Besatzungsoffiziere hatten angeordnet, daß das ganze Dorf für die Verpflegung aufkommen müsse. Die erste Gruppe, die Allmannsweiler bald verließ, bestand aus polnischen Zwangsarbeitern, die zuvor vermutlich auf den Bauernhöfen in der Umgebung gearbeitet hatten. Ihnen folgte eine Gruppe von 17 polnischen Juden und einem Deutschen, die den Todesmarsch aus den KZ-Außenkommandos der „Gruppe Wüste", und zwar der Lager Dautmergen, Schörzingen und Spaichingen, überlebt hatten (s. Zollern-Alb-Kreis).

ALTHEIM

Konzentrationslager und Zwangsarbeit

Das Lager der in **Altheim** eingesetzten französischen Kriegsgefangenen befand sich ab Ende Juli 1940 im Dachgeschoß der **Gastwirtschaft „Zum Adler"**.

Heiligenkreuztal war der Sterbeort der russischen Zwangsarbeiterin Martosha Katypdiuk, die bei ihrem

Heiligenkreuztal war der Sterbeort der russischen Zwangsarbeiterin Martosha Katypdiuk, die bei ihrem Tod am 23. Februar 1943 39 Jahre alt war. Ihr Leichnam wurde 1949 auf den russischen Kriegsopferfriedhof in Biberach umgebettet (s. Biberach).

ATTENWEILER

Konzentrationslager und Zwangsarbeit

Daß in der Gemeinde **Attenweiler** auch „Ostarbeiterinnen" eingesetzt waren, bezeugt die Geburt von Nikolo Palyuschek am 13. August 1943. Der kleine Junge wurde nur drei Monate alt. 1949 erfolgte die Umbettung auf den „Russenfriedhof" in Biberach (s. Biberach).

BAD BUCHAU

Widerstand und Naziterror

Im katholischen **Buchau** – 1933 waren von 2.292 Einwohnern 1.954 gläubige Katholiken, etwa 200 jüdischen Glaubens und eine kleine Minderheit evangelisch – kam es zu Beginn des Dritten Reiches zu massiven Auseinandersetzungen zwischen NS-Organisationen und der katholischen Kirche. Im Mai 1934 überfielen Angehörige der Hitler-Jugend mit Unterstützung einiger SA-Männer die traditionelle Fronleichnamsprozession und verprügelten etwa 40–50 Kinder. Eine Strafanzeige der Eltern bei der Staatsanwaltschaft Ulm blieb unbeantwortet. Einen Monat später wurde der Bürgermeister Vinzenz Gann (Zentrum) aus dem Amt gejagt und zusammen mit den beiden Bauern Dyonis Geray und Josef Roth sowie dem Postschaffner Karl Schillig für einige Tage in „Schutzhaft" genommen. 1936 beschloß der Gemeinderat gegen die Stimmen des Stadtpfarrers Endrich und des katholischen Bauern Franz Depenhardt die Zusammenlegung der katholischen mit der evangelischen Volksschule zur „Deutschen Schule". 1937, im Jahr des „Kreuzfrevels", zerstörten Nazis in allen katholischen Gegenden Feldkreuze, Heiligenbildstöcke und Kreuzwege. In Buchau waren es auswärtige Nazis, die Feldkreuze zerschlugen und die Kruzifixe in den Gastwirtschaften herunterrissen.

Im Mai 1940 forderte die NSDAP-Gauleitung Württemberg-Hohenzollern von allen Kreisleitern die listenmäßige „Erfassung der Staatsfeinde und der asozialen Elemente". Deren „Gefährlichkeit" sollte in drei Grade eingeteilt werden:

> „1. Grad: Politisch vollständig unzuverlässig. Zur Zeit im Konzentrationslager. Gefährliche und gehässige Gegner der Partei und des Staates. Stark asoziale Elemente, Verbrecher.
>
> 2. Grad: Staatsfeindliche Elemente. Gegner aus konfessionellen Gründen, charakterlich Minderwertige, verbrecherisch Veranlagte, Alkoholiker, Faulenzer.
>
> 3. Grad: Alle, die auf Grund von Äußerungen politisch zweifelhaft sind, Meckerer, Besserwisser, Gegner unserer Symbole und Feiern, Hamsterer und Wucherer."

In Buchau standen auf dieser Liste 15 Namen ausschließlich von Katholiken, an erster Stelle Stadtpfarrer Erich Endrich und seine Schwester Anna, die ihm den Haushalt führte.

Die Gründe für die Einlieferung von Pfarrer Anton Schieß aus Burkheim (Kr. Breisgau-Hochschwarzwald), der seit 1939 im Ruhestand in Buchau lebte, sind nicht bekannt. Anton Schieß ist am 11. Februar 1942 im KZ Dachau umgekommen.

„Rassische" Verfolgung und „Euthanasie"

Der **Jüdische Friedhof** an der **Friedhofstraße** erinnert mit seinen fast 1.000 Grabsteinen eindrucksvoll

Eine Gedenktafel am Platz der ehemaligen Synagoge informiert über die Geschichte der Jüdischen Gemeinde Buchau.

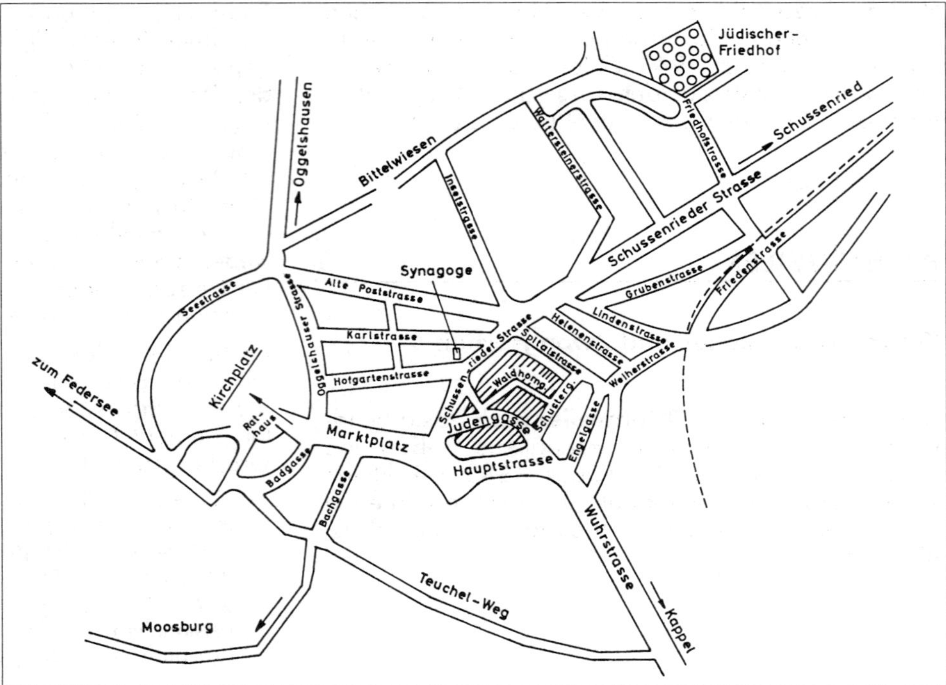

Das „Judenviertel" – bis 1822 Getto. Die Judengasse wurde am 5. Mai 1933 in Freigasse umbenannt. Jüdische Familien lebten 1933 vor allem in der Wuhrstraße, in der Schussenrieder Straße und in der Hofgartenstraße. Hier befanden sich auch die meisten ihrer Geschäfte.

an die einst blühende Jüdische Gemeinde Buchau. 1990 wurde ein **Mahnmal** „Dem Gedenken unserer jüdischen Mitbürger" eingeweiht. Es trägt die Namen der Ermordeten. Die im selben Jahr angebrachte **Gedenktafel** am Platz der ehemaligen **Synagoge** berichtet ausführlich über die Geschichte der Juden, die seit 1570 ein Heimatrecht in Buchau hatten.

Wo die beim Novemberpogrom 1938 völlig zerstörten **Synagoge** stand, befindet sich heute eine umfriedete Rasenfläche. Eine Trauerweide wurde an der Stelle gepflanzt, wo einst der Thoraschrein gestanden hatte. 1981 wurde eine **Gedenktafel** angebracht:

> „Hier stand die Synagoge der
> seit dem Ende des 16. Jahrhun-
> derts blühenden Jüdischen
> Gemeinde der Stadt Buchau.
> In den Jahren 1837–1839 erbaut, wurde
> sie bei der Verfolgung
> unserer jüdischen Mit-
> bürger am 9. November 1938
> durch Brandlegung zerstört.
> Gestiftet aus dem Nachlaß
> von Frau Pepi Dreifuss
> Buchau – New York 1901–1977."

Der erste Nachkriegsbürgermeister von Buchau, Joseph Mohn, hatte unmittelbar nach Kriegsende begonnen, die Verfolgung der jüdischen Bürgerinnen und Bürger in der NS-Zeit aufzuzeichnen. Ihn unterstützte Siegbert Einstein, einer der wenigen Juden Buchaus, der aus dem KZ Theresienstadt wieder in seine Heimat zurückgekehrt ist. 1970 gab die Stadt Buchau seine Dokumentation „Der Leidensweg unter dem Hakenkreuz" heraus. Aufgrund dieser Dokumentation und weiterer Nachforschungen können wir exemplarisch über einige Häuser und das Schicksal ihrer Bewohnerinnen und Bewohnern berichten.

Wuhrstraße

Nr. 4: Kurz-, Woll- und Textilwarengroßhandlung Sara Einstein.
Im Frühjahr 1942 „Judenhaus", Einweisung einer Person, die die 70jährige schwerbehinderte Frau Einstein pflegen sollte. Frau Einstein wurde am 20. August 1942 nach Theresienstadt deportiert und starb dort am 8. September 1942. Nach Aussagen älterer Buchauer behandelte die Polizei sie bei ihrem Abtransport „schlimmer als ein Tier, das in das Schlachthaus gebracht wird".

Nr. 14: Glas- und Porzellanhandlung Josef & Alfred Berliner.
Josef Berliner war ein hochangesehener und sozial eingestellter Kaufmann. Beim Novemberpogrom 1938 wurde sein Sohn Alfred, der wie dessen Frau Frieda im väterlichen Geschäft arbeitete, in das KZ Dachau verschleppt. Josef Berliner wurde zum gleichen Zeitpunkt gezwungen, sein Geschäft aufzugeben. Die Familie Berliner lebte nun in bitterster Armut. Am 28. April 1939 konnte mit Hilfe des Schweizerischen Hilfswerks für Emigrantenkinder der 12jährige Heinz, Sohn von Alfred und Frieda, in die Schweiz in Sicherheit gebracht werden. Im Frühjahr 1942 „Judenhaus", Einweisung von zehn Personen. Als erste wurden Alfred mit seiner Frau Frieda und der Tochter Ilse abgeholt; alle drei sind in Riga umgekommen. Es folgte die Tochter Helene am 10. Juli 1942; sie gilt als „im Osten verschollen". Die Eltern Josef und Julie Berliner, inzwischen bettelarm, wurde am 20. August 1942 nach Theresienstadt deportiert; Julie Berliner starb am 5. September 1942, ihr Mann am 2. November 1942.

Schussenrieder Straße

(frühere Nr. 174) Wohnhaus des Pferde- und Viehhändlers Leopold Bernheim.
Nach dem Tod seiner Frau im Januar 1933 lebte Leopold Bernheim mit seinen Töchtern Thekla und Julie, verwitwete Bäck, sowie deren Tochter Lisa in einem Haushalt. 1937 erhielt er wie alle württembergischen Viehhändler Berufsverbot und sah sich gezwungen, seinen Grundbesitz zu verkaufen. Nach dem Tod von Julie am 13. Juni 1941 schob man den alten Herrn am 28. November 1941 nach Oberstotzingen (Niederstotzingen, Kr. Heidenheim, Baden-Württemberg I) in ein angebliches „Jüdisches Altersheim" ab. Dort starb er am 6. Juni 1942 im Alter von 89 Jahren. Thekla wurde an dem Tag, als man ihren Vater abschob, von

der Gestapo abgeführt; sie ist „im Osten verschollen". Lisa, die Enkelin, flüchtete im Mai 1939 in die Niederlande; dort wurde sie 1942 bei einer Razzia erfaßt und deportiert; sie gilt als „verschollen". Im Frühjahr 1942 „Judenhaus", Einweisung von acht Personen.

Hofgartenstraße

Nr. 3 Konditorei und Café Moritz Vierfelder.
Das Café war ein beliebter Treffpunkt aller in Buchau wohnenden Juden und deren Verwandten. Auch die nichtjüdische Bevölkerung hatte es gerne besucht. Beim Novemberpogrom 1938 – die Kinder Hermann und Frieda waren zu diesem Zeitpunkt schon emigriert – war das Café Ziel von Ausschreitungen; Moritz Vierfelder wurde schwer mißhandelt. Nach der Freilassung aus der „Schutzhaft" im KZ Dachau sah er sich ständigen Schikanen ausgesetzt und war schließlich gezwungen, sein Geschäft aufzugeben. Er wanderte am 9. Dezember 1940 zusammen mit seiner Frau Elsa in die USA aus. Seine Schwester Klara konnte am 24. April 1940 folgen. Er war bis zuletzt Vorsteher der Jüdischen Gemeinde und hat sich mit großem Einsatz um seine völlig verarmten Glaubensgenossen gekümmert. An ihn erinnert die **Moritz-Vierfelder-Straße** in einem Neubaugebiet.

Nr. 13 Tuchgroßhandlung Einstein & Erlanger, Inh. Sally und Siegbert Einstein.
Siegbert Einstein war nach den Rassegesetzen der Nazis mit einer Nicht-Jüdin verheiratet, mit Else geb. Schlittler, und lebte somit in einer „Mischehe". 1938 wurde er gezwungen, sein Geschäft zu schließen. Er wurde als „Hilfsarbeiter", u.a. beim Butterwerk in Riedlingen, zwangsverpflichtet. Seine Frau Else und die beiden Söhne Kurt und Rolf lebten unter der ständigen Angst, daß der Vater deportiert würde. Frau Einstein wurde mehrmals aufgefordert, sich scheiden zu lassen und mit ihren evangelisch getauften Söhnen in die Schweiz zurückzugehen. Sie hielt dem Druck stand und half trotz der eigenen Not den vielen verarmten und kranken Buchauer Juden. Als die Deportationen der bis dahin von der Vernichtung zurückgestellten jüdischen Partner in „Mischehen" begannen, wurde im Februar 1945 auch Siegbert Einstein geholt. Er überlebte das KZ Theresienstadt und kehrte nach Buchau zurück. Seit September 1946 war er für einige Jahre Mitglied im Gemeinderat und stellvertretender Bürgermeister. 1959 wurde er für seine Bemühungen um Entschädigungen für die Überlebenden des Holocaust mit dem Bundesverdienstkreuz ausgezeichnet. Er starb am 24. Dezember 1968 und wurde auf dem Jüdischen Friedhof von Buchau beigesetzt.

Nr. 14 Wohnhaus der Eltern von Albert Einstein, worüber eine **Gedenktafel** berichtet:

> „In diesem Haus lebten bis Ende 1878
> die Eltern des genialen Naturwissenschaftlers
> Albert Einstein
> 14. 3. 1879 – 18. 4. 1955
> Seine Vorfahren waren seit 1665 ununterbrochen
> in der Freien Reichsstadt Buchau ansässig.
> Gestiftet zum 100. Geburtstag durch die Stadtverwaltung Bad Buchau."

Im Neubaugebiet gibt es auch eine **Albert-Einstein-Straße**.

Nr. 4 Rabbinat
Im Frühjahr 1942 „Judenhaus", Einweisung von 14 Personen. Der letzte Rabbiner war Dr. Abraham Schlesinger. Am 24. Oktober 1938, noch vor dem Novemberpogrom, ließ ihn die Gestapo Stuttgart verhaften und in das KZ Welzheim (Rems-Murr-Kreis, Baden-Württemberg I) einsperren. Nach der Freilassung emigrierte er mit seiner Frau Grete nach Palästina. Er starb in Jerusalem am 27. Juli 1961, knapp ein Jahr nach dem Tod seiner Frau, im Alter von 79 Jahren.

Der bedeutendste Betrieb mit zeitweise bis zu 450 Beschäftigten waren die Trikotagenfabriken Hermann Moos AG in der **Schussenrieder Str.** 134. Im Zweigbetrieb in Schussenried waren etwa 200 Arbeiterinnen und Arbeiter beschäftigt. In der „Moos'schen Fabrik", so erinnerten sich alte Buchauer, habe ein gutes, soziales Betriebsklima geherrscht. Nach 1933 wurden die Inhaber Hermann und Franz Moos durch zahlreiche Schikanen bis hin zu zeitweisen Verhaftungen zum Verkauf gezwungen. Der Betrieb wurde weit unter dem Schätzwert am 24. August 1938 durch die Fa. Götzwerke „arisiert". Ein wertvolles Grundstück beim Schloß, das Hermann Moos gehörte, eignete sich die NS-Volkswohlfahrt zum Schleuderpreis an, den sie auf ein „Auswanderungskonto" bei der Deutschen Bank in Ulm einzahlte. Hermann Moos, der mit seiner Frau und drei Kindern im Oktober 1939 in die USA emigrieren konnte, sah davon keinen Pfennig. Von der Familie Franz Moos konnten die beiden Töchter Alice und Susanne auswandern; die Eltern lebten völlig verarmt in Buchau. Franz Moos wurde am 20. August 1942 in das KZ Theresienstadt deportiert, wo er am 22. April 1944 im Alter von 71 Jahren ums Leben kam. Das Elend der Deportation blieb seiner Frau Ida erspart: Sie starb am 7. September 1941 in Buchau.

Das religiöse Zentrum der **Jüdischen Gemeinde Buchau** war die **Neue Synagoge**, 1837/38 an der Ecke **Hofgartenstraße/Schussenrieder Straße** errichtet, die als architektonische Besonderheit einen Glockenturm trug. Zur Synagogengemeinde Buchau gehörten auch die Gläubigen aus dem heutigen Ortsteil **Kappel**, aus Ravensburg, Leutkirch im Allgäu (Kr. Ravensburg) und Saulgau (Kr. Sigmaringen). Unmittelbar neben der Synagoge lag das **Rabbinat** im Haus **Hofgartenstr.** 4. In der **Schustergasse** 11 befand sich eine **Mikwe**. Der um 1659 angelegte **Neue Jüdische Friedhof** liegt auf der Buchauer **„Insel"**. Er diente zeitweise auch als Begräbnisstätte für die jüdischen Menschen aus Aulendorf, Kappel, Mittelbiberach, Ravensburg, Leutkirch, Riedlingen, Wangen und anderen Orten im Allgäu. Da der Platz sehr eng war, belegte man die Grabstätten mehrfach. Bis 1938 besuchten jüdische Kinder die **Jüdische Schule** im „Langen Bau" an der **Oggelshauser Straße**. Zuletzt hatten sie nur noch einen Klassenraum links vom heutigen Haupteingang. Danach fand der Unterricht im **Rabbinatsgebäude** statt.

Über die Schändung und völlige Zerstörung der **Synagoge** geben die Akten eines Nachkriegsprozesses vor dem Landgericht Ravensburg im Februar 1948 Auskunft: Der Befehl der SA-Brigade 56 in Ulm, die Synagoge in Buchau in Brand zu setzen, erging am 9. November 1938 an die SA-Standarte Ochsenhausen (s. Ochsenhausen). Der Führer der SA-Standarte, zugleich Bürgermeister von Ochsenhausen, und eine Rotte von SA-Leuten fuhren in Zivil nach Buchau, drangen kurz vor Mitternacht in das Gotteshaus ein, gossen Benzin über das Kirchengestühl und entzündeten es. Nach einem explosionsartigen Knall erlosch das Feuer wieder. Einigen Zeugenaussagen zufolge hätten jüdische Bürger versucht, das Feuer zu löschen. Die Ochsenhäuser SA-Leute zogen anschließend vor „Judenhäuser", die sie sich von Einheimischen zeigen ließen, zertrümmerten Fensterscheiben und drangen in die Wohnungen ein. Am Morgen des 10. November 1938 brachte man fast alle männlichen Juden ins **Rathaus** und verschleppte zwölf von ihnen in das KZ Dachau. In Ulm war man über die mißlungene Brandstiftung äußerst verärgert. Am Abend des 10. November traf der Ulmer SA-Brigadeführer in Buchau ein, um den zweiten Versuch persönlich zu überwachen. Diesmal brachte man außer Benzin noch Reisigbüschel und Holzwolle mit; den Tatort sicherte eine bewaffnete Postenkette von SA-Leuten. In der Nacht des 11. November, zwischen drei und vier Uhr, brannte die Synagoge lichterloh. Polizei und Feuerwehr durften nicht eingreifen, sie hatten nur die Nachbarhäuser zu schützen. Die Außenmauern wurden schließlich am 18. November 1938 von Pionieren einer Ulmer Wehrmachtseinheit gesprengt.

Vor dem Novemberpogrom 1938 waren nur wenige jüdische Familien ausgewandert. Danach versuchte jeder, der es konnte – meist unter Hingabe aller Ersparnisse und Besitztümer –, das rettende Ausland zu erreichen. Am 20. November 1941 erfolgte die erste Deportation, bei der 23 Personen über Stuttgart nach Riga verschleppt wurden. Am 28. November 1941 erhielten vier alte Menschen den Befehl, ihre Wohnungen zu räumen und in sog. „Altersheime" umzusiedeln. In die Buchauer **„Judenhäuser"**, in denen die Menschen bereits unter engsten und ärmlichsten Verhältnissen lebten, wies die Gestapo Stuttgart im Frühjahr 1942 vorübergehend 50 weitere Jüdinnen und Juden ein. Am 26. April 1942 fand die zweite Deportation von mindestens zehn Personen statt, deren Ziel Izbica war. Der größte Transport mit 54 Personen hatte am 18. August 1942 das KZ Theresienstadt zum Ziel. Als letzte wurden am 21. Februar 1945 Siegbert Einstein und Lina Schmal gezwungen, ihre Heimat zu verlassen. Beide überlebten das KZ Theresienstadt; mit ihnen kehrten noch zwei jüdische Frauen – Jenny Moos und Frieda Ullmann – nach der Befreiung nach Buchau zurück.

Joseph Mohn hat 257 Namen von jüdischen Menschen zusammengestellt, die von 1933–1945 in Buchau lebten. Von diesen konnten 90 auswandern, 45 starben am Ort, 122 wurden deportiert. „Vom größten Teil dieser unglücklichen Opfer kennt niemand mit Bestimmheit den Ort, die Zeit und die Art ihres Todes."

Über den Leidensweg der Sintifamilie Winter ist noch wenig bekannt. Johann Baptist Winter und seine Frau Theresia geb. Reinhart hatten zwölf Kinder. Die Familie, die von Frühjahr bis Herbst auf Reise ging, verdiente ihren Lebensunterhalt durch den Verkauf von Stoffen und Regenschirmen. Joseph Mohn erwähnt ein Familienmitglied, das 1945 aus dem KZ zurückkehrte: Es war ein Sohn, der 1912 in Allmendingen (Alb-Donau-Kreis) geborenen Andreas Winter.

Drei Männer und drei Frauen aus Buchau und Kappel wurden Opfer der „Euthanasie". Über ihr Schicksal gibt es nur dürftige Angaben. Helene Grübel und Josepha Huber aus **Buchau** wurden 1940 in der Gaskammer von Grafeneck (s. Gomadingen, Kr. Reutlingen) ermordet; Elise Fehrenbacher starb in der „Heil- und Pflegeanstalt" Sonnenstein bei Pirna (Sachsen), ebenfalls eine der Tötungsanstalten, in denen der Mord an kranken Menschen ausgeführt wurde. Die in **Kappel** wohnenden Angehörigen von Gabriel Haller erhielten am 8. Februar 1940 einen Brief aus Grafeneck, in dem ihnen der Tod des 66jährigen Verwandten mitgeteilt wurde – mit gefälschter Todesursache und dem zynischen Angebot, die Asche des Verstorbenen zu übersenden. Die Familie erhielt eine Urne, die im Grab der Schwester Juliane auf dem **Friedhof** in **Kappel** beigesetzt wurde.

Die beiden anderen Opfer – Alfons Berner aus **Buchau** und Eugen König aus **Kappel** – waren zum Zeitpunkt ihrer Ermordung erst 38 Jahre alt. Beide hatten 1922 ihr Examen als Volksschullehrer bestanden, fanden aber keine Anstellung. Alfons Berner erkrankte psychisch und kam in die Irrenanstalt nach Weißenau (Kr. Ravensburg). Von dort wurde er nach Sonnenstein gebracht, wo er am 16. Oktober 1940 ermordet wurde. Eugen König begann, Musik zu studieren, und komponierte Messen, von denen eine in der **Stiftskirche** von **Buchau** aufgeführt wurde. Der hochbegabte junge Mann geriet in eine psychische Krise und kam in die Nervenklinik der Universität Tübingen. Am 20. Juni 1940 traf beim Standesamt Tübingen die Todesanzeige aus Grafeneck ein: Eugen König sei an „Hirnhautentzündung" gestorben.

Einige jüdische Opfer des vom NS-Staat organisierten Krankenmordes wurden von 1939 bis 1942 auf dem **Jüdischen Friedhof** von **Buchau** bestattet: Es waren acht Patientinnen und Patienten der „Heil- und Pflegeanstalt" Zwiefalten (s. Kr. Reutlingen).

Konzentrationslager und Zwangsarbeit

1941 hatte die Ulmer Fa. Klöckner-Humboldt-Deutz Produktionsbereiche in die Fabrikationsgebäude der **Götzwerke** verlagert. Hier und bei den **Torfwerken** waren ausländische Zwangsarbeitskräfte eingesetzt.

In den Ortsteil **Kappel** hatte die Luftfahrtsforschungsgesellschaft „Graf Zeppelin" aus Stuttgart ihr Institut in die Nähe des Feldflugplatzes Reichenbach verlegt.

In der heimat- und regionalgeschichtlichen Literatur wird die Anwesenheit von ausländischen Zwangsarbeitskräften erst bei Kriegsende erwähnt. Joseph Mohn spricht von „polnischen Arbeiterinnen mit Kindern" in **Kappel** und **Buchau** und berichtet über die Erschießung des polnischen Zwangsarbeiters Theodor Nebensny beim Einmarsch der Franzosen am 23. April 1945. Er sei auf den Panzer geklettert, wohl um die Befreier zu begrüßen, und war der Aufforderung, wieder abzusteigen, die er vermutlich nicht verstand, nicht gefolgt.

BAD SCHUSSENRIED

„Rassische" Verfolgung und „Euthanasie"

In den 70er Jahren begann der Psychiater Dr. Johannes May mit der Aufarbeitung der Geschichte, die die **Heil- und Pflegeanstalt Schussenried** bei der planmäßig betriebenen Ermordung behinderter Menschen spielte.

1934–1939: 150 Patienten werden sterilisiert.

September 1939: Angeblich kriegsbedingte Verlegung von 150 Patienten aus der Heil-und Pflegeanstalt Zwiefalten (s. Kr. Reutlingen) nach Schussenried. Die Anstalt mit ihren etwa 600 Betten ist überfüllt.

Mitte Oktober 1939: In Schussenried treffen die Meldebögen zur planwirtschaftlichen Erfassung ein. Das württembergische Innenministerium kündigt die bevorstehenden Verlegungen als kriegsbedingt an.

16. Februar 1940: An der Besprechung mit Ministerialrat Dr. Stähle in Stuttgart nimmt für die Anstalt Schussenried Dr. Götz, bisher stellvertretender Anstaltsleiter, teil. Stähle informiert über Organsiation und Ablauf der T4-Aktion in Württemberg.

1. Mai 1940: Dr. Götz wird zum ärztlichen Direktor bestellt.

3. Juni 1940: Die Berliner T4-Zentrale schickt die erste Transportliste.

7. Juni 1940: 75 (oder 74) Kranke werden in die Tötungsanstalt Grafeneck (s. Gomadingen, Kr. Reutlingen) gebracht. Zu den ersten Opfern gehören fünf jüdische Patienten. Ihre Namen stehen im Gedenkbuch für die Opfer der Judenverfolgung.

18. Juni 1940: Die „Gekrat", die Transportorganisation der „Aktion T4", holt einen weiteren Transport aus Schussenried ab. Unter den Todgeweihten ist ein Mann, der an Kopfverletzungen aus dem 1. Weltkrieg litt. Zufällig wollte ihn seine Mutter an diesem Tag besuchen. Als sie vom Abtransport erfuhr, schickte sie sofort ein Telegramm an Hitler. Die Führer-Kanzlei reagierte rasch. Am Abend des selben Tages kehrte der Patient wieder nach Schussenried zurück und berichtete, er sei schon im Waschraum gewesen, und man habe ihn wieder herausgeholt.

1. und 2. Juli 1940: In zwei Transporten treffen 148 Patienten aus der Anstalt Liebenau in Schussenried ein.

22. und 29. Juli 1940: Die Liebenauer Patienten werden abtransportiert.

18. Oktober 1940: 59 Patienten aus den Kreispflegeanstalten Freiburg und Fußbach bei Offenburg kommen nach Schussenried.

19. Oktober 1940: Aus Zwiefalten treffen 26 Patienten ein.

1. November 1940: Abtransport der Freiburger und Fußbacher Patienten.

Insgesamt gehen vom 7. Juni bis 1. November 1940 neun Transporte mit meist über 70 Patienten nach Grafeneck.

1944: Nach Schussenried kommen etwa 400 Patienten aus der Anstalt Emmendingen sowie eine unbekannte Anzahl von Patienten aus Hamburg („Alterspflegefälle").

Februar 1944: Zwei Patienten werden in das KZ Mauthausen gebracht.

März 1944: Zwei Patienten aus Schussenried und 17 aus der Anstalt Wilhelmsdorf verlegte Patienten werden in die Anstalt Weinsberg gebracht. Weinsberg ist Zwischenanstalt auf dem Weg in die Tötungsanstalt Hadamar (Hessen).

Mai 1944: Transport eines jugendlichen Patienten, der zuvor in der Anstalt Winnenden war, nach der Anstalt Eichberg, ebenfalls eine Zwischenstation auf dem Weg in die Gaskammer von Hadamar.

6. September 1944: Durch Erlaß des Reichsinnenministeriums wird Schussenried „Sammelstelle" für psychisch erkrankte „Ostarbeiter". Ihr Einzugsbereich erstreckte sich laut Erlaß auf „Baden, Westmark, Württemberg, Hohenzollern". Etwa 100 aus der Sowjetunion und Polen zur Zwangsarbeit verschleppte Menschen werden in den folgenden Monaten eingewiesen. „Unheilbar" Kranke sollen in eigens bestimmte Tötungsanstalten abgeschoben werden. Für Schussenried ist dies die Anstalt Kaufbeuren in Bayern.

Februar 1945: In Schussenried befinden sich 83 „Ostarbeiter" und Polen, von denen 51 als „nicht arbeitsfähig" gelten.

Als sich Dr. Stähle bei seiner Flucht vor den französischen Truppen vom 21. bis 23. April 1945 in der Anstalt aufhielt, forderte er die „Umlegung" der Russen und Polen. Dies wurde von Dr. Götz abgelehnt. Aufgrund der Eintragungen in das Sterbebuch sind bis Ende April 1945 drei Todesfälle von „Ostarbeitern" in Schussenried belegt. Diese geringe Sterblichkeit erklärt Johannes May mit dem jugendlichen Durchschnittsalter der Patienten von etwa 20 Jahren und der erst kurzen Aufenthaltsdauer in der Anstalt. Tötungen durch Injektionen von Luminal habe es in Schussenried nicht gegeben. Wie aber erklärt sich die verhältnismäßig hohe Zahl von 25 „Ostarbeiterinnen" und „Ostarbeitern", die ursprünglich auf dem **Friedhof** von **Schussenried** bestattet gewesen waren und 1949 auf den „Russenfriedhof" nach Biberach umgebettet wurden?

Die Sterblichkeitsrate unter den übrigen Patienten war 1944 mit 112 Todesfällen und 1945 mit 245 Todesfällen erschreckend hoch. Nach der Auffassung von Johannes May lassen sich daraus jedoch keine gezielten Tötungsaktionen an den Kranken belegen. Ursache für die vielen Todesfälle seien: „Unzureichende Ernährung, trotz eigener Landwirtschaft, die ja für die Kriegswirtschaft mitproduzieren mußte, Überbelegung, Medikamentenmangel, Kälte durch Brennstoff- und Transportmittelknappheit, häufige Fliegeralarme." Patienten hätten aber auch Essen verweigert aus Angst, vergiftet zu werden (zum Schicksal der Südtiroler Patienten in Schussenried s. Zwiefalten, Kr. Reutlingen).

Am 2. November 1940 schrieb der evangelische Anstaltspfarrer Karl Leube, der langjährige Vertrauensmann der „Württembergischen Arbeitsgemeinschaft evangelischer Seelsorger an Nerven- und Gemütskranken", nach Rücksprache mit Landesbischof Wurm und im Auftrag der Arbeitsgemeinschaft einen Protestbrief an verschiedene Dienststellen in Stuttgart und in Berlin. Dieser Brief ist der einzig bekannte Fall von Widerstand im Jahr 1940 aus dem Bereich der oberschwäbischen staatlichen Anstalten.

1991 hat der Gemeinderat beschlossen, die in unmittelbarer Nähe bzw. auf dem Gelände des heutigen Psychiatrischen Landeskrankenhauses liegende Wuhrstraße in **Pfarrer-Karl-Leube-Straße** umzubenennen.

Bis 1983 gab es überhaupt kein Gedenkzeichen für die Ermordeten. Am 31. März 1983 wurde auf dem **Psychiatrie-Gräberfeld** im Ostteil des **Städtischen Friedhofes St. Martin** an der **Olzreuter Straße** eine allerdings kaum auffallende Hinweistafel angebracht. Aus der Inschrift „Den 561 Opfern der nationalsozialistischen Gewaltherrschaft im Jahr 1940" geht nicht hervor, daß es sich bei den Opfern um Patienten der Heil- und Pflegeanstalt handelte; auch die Zahl der Opfer ist zu niedrig angeben. Seit 1986 finden hier alljährlich am Totensonntag Gedenkfeiern statt.

1992 wurde schließlich im Innenhof des Klosters, nahe dem Eingang zum viel besichtigten Bibliothekssaal ein **Mahnmal** – „Das offene Haus" – errichtet. Der Entwurf stammt von der Münchner Künstlerin Verena Kraft. Eine kleine Tafel erläutert die Gestaltungsidee:

> „Zum Gedenken an die 620 psychisch kranken Frauen und Männer aus der Heilanstalt Schussenried, die 1940 in Grafeneck ermordet wurden. Das offene Haus ohne Dach und Wände soll an die schutzlose Situation der psychisch Kranken in der NS-Zeit erinnern."

Das „offene Haus"

Konzentrationslager und Zwangsarbeit

In **Otterswang** war ein Arbeitskommando mit französischen Kriegsgefangenen im Einsatz.

Von Ende März 1945 bis zum Einmarsch der französischen Truppen am 25. April 1945 stand der Gefangenenzug einer SS-Eisenbahnbaubrigade – der zweiten oder siebten – auf dem **Bahnhof** von **Schussenried**.

Unmittelbar nach der Befreiung richtete die französische Besatzungsmacht in Schussenried ein Lager für ehemalige Zwangsarbeiter ein („Polenlager").

BIBERACH an der RISS

Widerstand und Naziterror

Mit einem aktiven Wahlkampf versuchten die Arbeiterparteien in **Biberach**, den Weg in die Diktatur zu stoppen, und marschierten dabei getrennt: Am 23. Februar 1933 demonstrierten Sozialdemokraten und Angehörige der Eisernen Front durch die Innenstadt, am 25. Februar die Ortsgruppe der KPD. Die letzte öffentliche Kundgebung der SPD mit dem Bezirkssekretär Hans Brümmer aus Stuttgart fand am 28. Februar im Saal der **Gastwirtschaft „Drei König"** statt. In der folgenden Nacht zündeten Nationalsozialisten den Berliner Reichstag an und setzten damit das Fanal zur Zerschlagung der Arbeiterbewegung. Bei den letzten Reichstagswahlen vom 5. März 1933 erhielten die SPD noch 9,2 % (gegenüber 10 % bei den Novemberwahlen 1932) und die KPD 4,6 % (November 1932: 7,4 %) der Wählerstimmen. Zweitstärkste Partei war das Zentrum mit 34 % der Stimmen (November 1932: 36,4 %). Die NSDAP erzielte den größten Zuwachs, sie erreichte 43,8 % gegenüber 32,1 % bei den Novemberwahlen 1932.

Am 20. April 1933 fanden Hausdurchsuchungen bei bekannten Mitgliedern der Arbeiterparteien statt. Die Namen von zwei Verhafteten sind bekannt: Anton Mönch war bis 1931 Vorsitzender des SPD-Ortsvereins und lange Jahre Mitglied im Gemeinderat gewesen. Wilhelm Schultheiß stand 1932/1933 der Eisernen Front vor und war seit 1931 Ortsvereinsvorsitzender der SPD. Aus der „Schutzhaft" im KZ Heuberg wurde Anton Mönch nach sechs Wochen entlassen. Wilhelm Schultheiß kam erst nach vier Monaten wieder nach Hause und wurde Ostern 1934 noch einmal vier Wochen eingesperrt. Auch Wilhelm Gommringer, im Sozialistischen Jugendverband aktiv, war einige Zeit in „Schutzhaft".

Nach dem reichsweiten Verbot der SPD legte der SPD-Gemeinderat August Bopp am 25. Juni 1933 sein Mandat nieder; am 5. Juli 1933 wurde der SPD-Ortsverein Biberach „zufolge des erhaltenen Auftrags" von der Polizei aufgelöst. Im Laufe des Jahres 1933 wurden der Ortsausschuß der Freien Gewerkschaften, der Arbeitergesangverein „Eintracht", der Arbeiter-Rad- und Kraftfahrerbund „Solidarität" und die Arbeiter-Turn- und Sportvereinigung verboten.

Bis 1936 hatten Biberacher Sozialdemokraten Verbindungen zu anderen sozialdemokratischen Gruppen im Raum Ulm. Sie halfen gefährdeten Genossen bei der Flucht nach Österreich oder in die Schweiz. Als eine Anlaufstelle diente die Werkswohnung in der **Maschinenfabrik Beck** zwischen **Mondstraße** und **Bismarckring**, in der der Sozialdemokrat Josef Mader mit seiner Familie lebte. Sein Sohn Willy Mader berichtete:

> „Als dann 1933 exponierte Genossen aus dem Raum Ulm bis Göttingen unter Druck gerieten und mit Verhaftung rechnen mußten, setzten sie sich nach Österreich und in die Schweiz ab. Im Zuge der Verfolgung fiel der Gestapo auf, daß für viele dieser Genossen die Spur in Biberach endete. Wie lief nun alles ab? Mein Vater wurde meist von anderen Genossen der jetzt aufgelösten Ortsgruppe verständigt, daß der oder jener unterwegs sei. Diese Genossen stiegen meist in Warthausen oder Ummendorf aus dem Zug und kamen zu Fuß nach Biberach. Mein Vater brachte sie meist bei Dunkelheit nach Hause. In einem großen Trakt der Fabrik, der von uns zugänglich und von der Firma bereits stillgelegt war, der Modellbühne, schliefen die auf der Flucht befindlichen Genossen. Sie hätten im Falle des Auftauchens von Polizei und Gestapo nach drei Seiten verschwinden können. Anderntags ging es dann mit dem LKW des Konsums, wo mein Vater beschäftigt war, nach Schussenried, Aulendorf oder Waldsee, wo der Konsum jeweils ein Ladengeschäft zu beliefern hatte. Nach Aussagen meines Vaters gab es dann in Steinach bei Waldsee einen Viehhändler, der die Flüchtlinge in den Raum Lindau–Lindenberg brachte. Dort gab es bei den deutschen Grenzern einen Genossen, der mit einer Frau aus Feldkirch/Österreich verheiratet war. Dieser half dann den Genossen über die grüne Grenze nach Österreich."

Über dieses Thema drehten 1995 zwei Gymnasiastinnen einen Video-Film mit dem Titel „Gegen das Vergessen" und gewannen damit einen Wettbewerb einer Jugendsendung des ZDF.

Ab 1935 verstärkten sich die Angriffe der Nationalsozialisten auf die Katholische Kirche und ihre Vereine. Der katholische Sportverein „Deutsche Jugendkraft" durfte nicht mehr trainieren. Die Hitlerjugend veranstaltete eine Aktion auf dem **Marktplatz**, bei der ihre Führer die katholische Jugend „für ehrlos und geächtet" erklärten und einen Sarg mit der Aufschrift „Neudeutschland" verbrannten. Der „Bund Neudeutschland" war ein Zusammenschluß katholischer Gymnasiasten. 1937 wurde Stadtpfarrer Keppeler für einige Zeit inhaftiert, weil er den Namen eines Amtsbruders nicht preisgeben wollte, von dem er einen mit „Michael Germanikus" unterzeichneten „Offenen Brief" an Goebbels erhalten hatte. Im Juli 1938 organisierte die NSDAP im Zusammenhang mit der Vertreibung von Bischof Sproll (s. Rottenburg, Kr. Tübingen) eine Hetzkundgebung auf dem Marktplatz. Im Anschluß zogen SA-Leute mit Sprechchören „Stadtpfarrer Keppeler, nimm dich in acht, die SA paßt auf und wacht!" zum **Pfarrhaus**. In „Schutzhaft" genommen wurden Otto Ilg, Verwalter des **Kolpinghauses** und – 1939 – Karl Sproll, ein Neffe des Rottenburger Bischofs, der beim „Anzeiger vom Oberland" als Journalist gearbeitet hatte.

Zwei Biberacher verloren in Konzentrationslagern ihr Leben: Karl Fischer am 11. April 1940 in Mauthausen und Franz Schmelzle am 18. Dezember 1942 in Dachau. In Berlin-Plötzensee wurde am 24. Juni 1938 der gebürtige Biberacher Heinrich Menz hingerichtet. Der „Volksgerichtshof" hatte ihn wegen „Landesverrats" zum Tode veruteilt. Über die Hintergründe ist bis jetzt nichts näheres bekannt.

In Biberach gab es noch kurz vor dem Einmarsch der französischen Truppen ernsthafte Pläne, die Stadt zu verteidigen. Etwa 100 Frauen versammelten sich in der **Wieland-Straße** vor dem Sitz der NSDAP-Kreisleitung und forderten die kampflose Übergabe der Stadt, zumal versprengte Teile der SS-Division „Feldherrnhalle" in der Gegend auftauchten und beim Lazarett **Jordanbad** Stellung bezogen.

Der letzte demokratisch gewählte Gemeinderat hatte am 28. März 1933 der Umbenennung der Kronenstraße in Hindenburgstraße zugestimmt, die Beschlußfassung aber auf die nächste Sitzung verschoben, in welcher das nunmehr gleichgeschaltete Gremium die Umbenennung vollzog. Zum 50. Jahrestag der Machtübertragung an Hitler forderte der Biberacher „Aktionskreis Faschismus" die Umbenennung der Hindenburgstraße in Sophie-Scholl-Straße. Der von der SPD-Fraktion im Gemeinderat unterstützte Vorschlag führte zu einer heftigen Kontroverse. Seit 1987 gibt es schließlich im Neubaugebiet Sandberg die **Geschwister-Scholl-Straße** und den **Edith-Stein-Weg**. Zwei Vertreter des kirchlichen Widerstandes gaben kirchlichen Einrichtungen den Namen: das **Bischof-Sproll-Bildungszentrum** (1980) und die **Bonhoeffer-Kirche** (1976).

„Rassische" Verfolgung und „Euthanasie"

1936 sahen sich zwei jüdische Geschäftsleute zur Aufgabe gezwungen: Bernhard Bergmann mußte das alteingesessene Textilwarengeschäft Dahlberg & Bergmann am **Marktplatz** schließen und Max Michaelis sein Kaufhaus „Kronenladen" in der **Hindenburgstr.** 15. Der Boykott ihrer Geschäfte hatte ihren Umsatz 1935 auf weniger als ein Drittel des Umsatzes von 1932 sinken lassen. Beiden Familie gelang die Flucht ins Ausland.

Acht Männer und Frauen aus Biberach wurden im Zuge der Vernichtungsaktionen gegen Kranke und Behinderte in den Tötungsanstalten Grafeneck (s. Gomadigen, Kr. Reutlingen), Hartheim bei Linz (Österreich) und Sonnenstein bei Pirna (Sachsen) ermordet.

Konzentrationslager und Zwangsarbeit

Außer dem **Lager „Lindele"** sind vier Unterkünfte für ausländische Kriegsgefangene und Zwangsarbeiter in der Stadt bekannt: die ehemalige **Wanderarbeitsstätte**, das **Gasthaus „Rößle"** in **Bergeshausen**, das Lager des Reichsarbeitsdienstes im **Gaisentalhof** und der **„Tannenkeller"**. Im Februar 1941 beschäftigten die Stadtverwaltung und 20 kleinere Handwerksbetriebe etwa 100 belgische und französische Kriegsgefangene. Bei den Firmen **Jauch**, **Ottenbacher**, **Schefold** und **Vollmer** waren zusätzliche Arbeitskommandos mit mehr als zehn Kriegsgefangenen eingesetzt; außerdem arbeiteten 21 Kriegsgefangene in der Landwirtschaft.

Ab 1942 kamen auch Frauen und Männer aus der Sowjetunion (Ukraine) nach Biberach, die zur Zwangsarbeit deportiert worden waren. Etwa 50 „Ostarbeiterinnen" waren bei den **Vollmerwerken** beschäftigt und im **Pflugkeller** untergebracht, während die Firma **Lindenmaier** zu diesem Zweck Baracken auf dem Betriebsgelände in der **Waldseer Straße** errichtete.

In den letzten Kriegsjahren verlagerten die Boehringer-Werke aus Ingelheim, die AEG aus Stuttgart, der Zeppelinbau und die Zahnradfabrik aus Friedrichshafen Produktionsbereiche nach Biberach.

Der größte Lagerkomplex befand sich an der **Birkenharder Straße** – auf dem Gelände, auf dem heute die Bereitschaftspolizei stationiert ist. Die Erforschung der Geschichte des **„Lagers Lindele"** ist Schülerinnen und Schülern der Dollinger-Realschule Biberach zu verdanken, die sich 1982/1983 am Wettbewerb „Alltag im Nationalsozialismus" um den Preis des Bundespräsidenten beteiligten. 1994 dokumentierte diese Arbeitsgemeinschaft die Geschichte des Lagers und das Schicksal sowjetischer Kriegsgefangener und Zwangsarbeiter in Biberach und Umgebung mit einem Video-Film „Gefangen – Verschleppt – Vergessen?" Unsere Zusammenfassung zum Lager Lindele basiert darauf:

Im Februar 1939 begann die Wehrmacht an der Birkenharder Straße mit dem Bau von **Kasernenanlagen**. Sie dienten von Juni bis zum Kriegsbeginn im September der Unterbringung eines Ersatzbataillons des Infanterieregiments 56.

Ein halbes Jahr später richtete das Kriegsgefangenen-Stammlager VA Ludwigsburg in den Kasernen und Baracken ein Lager für Offiziere und ihre Ordonnanzen ein, das **Oflag VB**: es war vom 28. August 1940 bis zum November 1941 mit rund 900 britischen Offizieren belegt.

In der Nacht des 13. September 1941 unternahmen 26 britische Offiziere einen Fluchtversuch durch einen selbst gegrabenen unterirdischen Gang: nur zwei der Flüchtlinge gelangten in die Schweiz (s. Altshausen, Kr. Ravensburg). Auf Reste des Tunnels stieß man 1981 bei Straßenarbeiten. Zwei britische Offiziere kamen am 21. Juni bzw. am 10. Oktober 1941 möglicherweise bei Fluchtversuchen ums Leben.

Nach der Verlegung der Briten führte die Kommandantur des Stalag VA Ludwigsburg das „Lager Lindele" als **„Schattenlager VA"**. Unter dieser Bezeichnung ist ein Verfahren zu verstehen, das es ermöglichte, die zu erwartende hohe Sterblichkeitsrate zu vertuschen: In einem „Schattenlager" wurden weder ankommende Transporte oder Belegungszahlen, noch die Aufstellung von Arbeitskommandos eigens registriert. Wie aus dem Schriftwechsel der Kommandantur mit dem Bürgermeisteramt Biberach zu entnehmen ist, wurde mit einer Belegung von 2.000 bis 3.000 Mann und wöchentlich 70 bis 80 Todesfällen gerechnet. Ein erster Transport traf möglicherweise in der Nacht vom 9. zum 10. November 1941 auf dem **Bahnhof Biberach** ein; ein sowjetischer Gefangener war bereits während der Fahrt gestorben, ein zweiter nach Eintreffen im Lager. Beide wurden zunächst beim **Katholischen Friedhof** begraben und am 27. November 1941 auf den **„Russenfriedhof"** im **„Franzosenwäldle"** umgebettet. Eine weitere Gruppe von etwa 800 Gefangenen traf am 22. November 1941 ein; von diesen sollen 16 Männer die erste Nacht nicht überlebt haben. Zeitzeugen berichteten vom „unbeschreiblichen Zustand" der Gefangenen, „deren Leben nur noch an einem Faden hing".

Hinsichtlich der Todesfälle gibt es nur eine 1956 beim Bürgermeisteramt erstellte Namensliste, die auf Meldungen des Lagerlazaretts beruht. Danach wurden am 9. und 10. November 1941 zwei Tote und vom 25. November 1941 bis zum 15. Februar 1942 122 Todesfälle registriert. Wie viele Gefangene zwischen dem 10. und 25. November an Erschöpfung und Hunger starben, konnte bisher noch nicht ermittelt werden; zumindest fehlen die Namen der 16 Gefangenen, die kurz nach dem Eintreffen des zweiten Transportes am 22. November 1941 gestorben sein sollen. Die Toten wurden im etwa 600 m entfernten „Franzosenwäldle" verscharrt – ohne genaue Identifizierung, nur mit Ölpapier bedeckt und mit Chlorkalk überstreut. Bis zum 12. Dezember 1941 waren hier bereits 92 Kriegsgefangene beerdigt worden; zu diesem Zeitpunkt hatte die Lagerkommandantur jedoch nur 75 Todesfälle der Stadtverwaltung gemeldet. Am 4. März 1942 stellte das Bürgermeisteramt der Wehrkreisverwaltung V in Stuttgart 1.074,78 Reichsmark für die „Bestattung" von 146 sowjetischen Kriegsgefangenen in Rechnung. Das waren 22 Tote mehr, als die Stadtverwaltung bis zum 15. Februar 1942 registriert hatte.

Wie lückenhaft und irreführend die Registratur der Todesfälle war, zeigt die Belegung der insgesamt elf Massengräber:

Grabnummer	Grabbelegung	Verstorben am bzw. zwischen
Grab 1:	8 Tote	29. 11. 1941
Grab 2 u. 3:	15 Tote	25. – 27. 11. 1941 umgebettet vom Kath. Friedhof am 27. 11. 1941
Grab 4:	19 Tote	28. 11. – 2. 12. 1941
Grab 5:	12 Tote	3. 12. – 5. 12. 1941
Grab 6:	6 Tote	11. 12. – 13. 12. 1941
Grab 7:	16 Tote	6. 12. – 10. 12. 1941
Grab 8:	11 Tote	31. 12. 1941 – 14. 1. 1942
Grab 9:	17 Tote	14. 12. – 23. 12. 1941
Grab 10:	9 Tote	24. 12. – 29. 12.1941
Grab 11:	11 Tote	25. 1. – 13. 2. 1942

Wie viele sowjetische Kriegsgefangene das „Schattenlager VA" überlebt haben und wohin sie abtransportiert wurden, ist nicht bekannt.

Am 12. März 1942 wurde das „Lager Lindele" wieder offiziell geführt als **Oflag VD**, in dem nun französische Kriegsgefangene und sog. „Südostgefangene", vor allem Serben und Kroaten, untergebracht wurden. Das Oflag VD wurde am 19. Dezember 1942 aufgelöst. Von nun an wurde das „Lager Lindele" bis zum Kriegsende als „Internierungslager" – **Ilag VB** – genutzt. Hier traf am 20. September 1942 ein erster Transport von britischen Staatsangehörigen ein, die die Wehrmacht von den von ihr besetzten Kanalinseln Jersey und Guernsey vertrieben hatte. Bis zum 1. Dezember erhöhte sich ihre Zahl auf 1.588. Nicht alle fanden im „Lager Lindele" Unterkunft, so daß Zweiglager in Liebenau (s. Meckenbeuren, Kr. Ravensburg) und Wurzach (s. Kr. Ravensburg) eingerichtet werden mußten. In den Anfangszeiten waren die Lagerbedingungen unzureichend; sie änderten sich, als das Internationale Rote Kreuz und die Schutzmächte Schweiz und Schweden zugunsten der Internierten intervenierten. Die Wehrmacht übergab das Lager am 19. Dezember 1942 schließlich dem württembergischen Innenministerium.

Im November 1944 brachte ein Transport 149 Jüdinnen und Juden, darunter auch Kinder, aus Tripolis und Bengasi (Libyen) in das Lager Lindele. Ihnen folgten

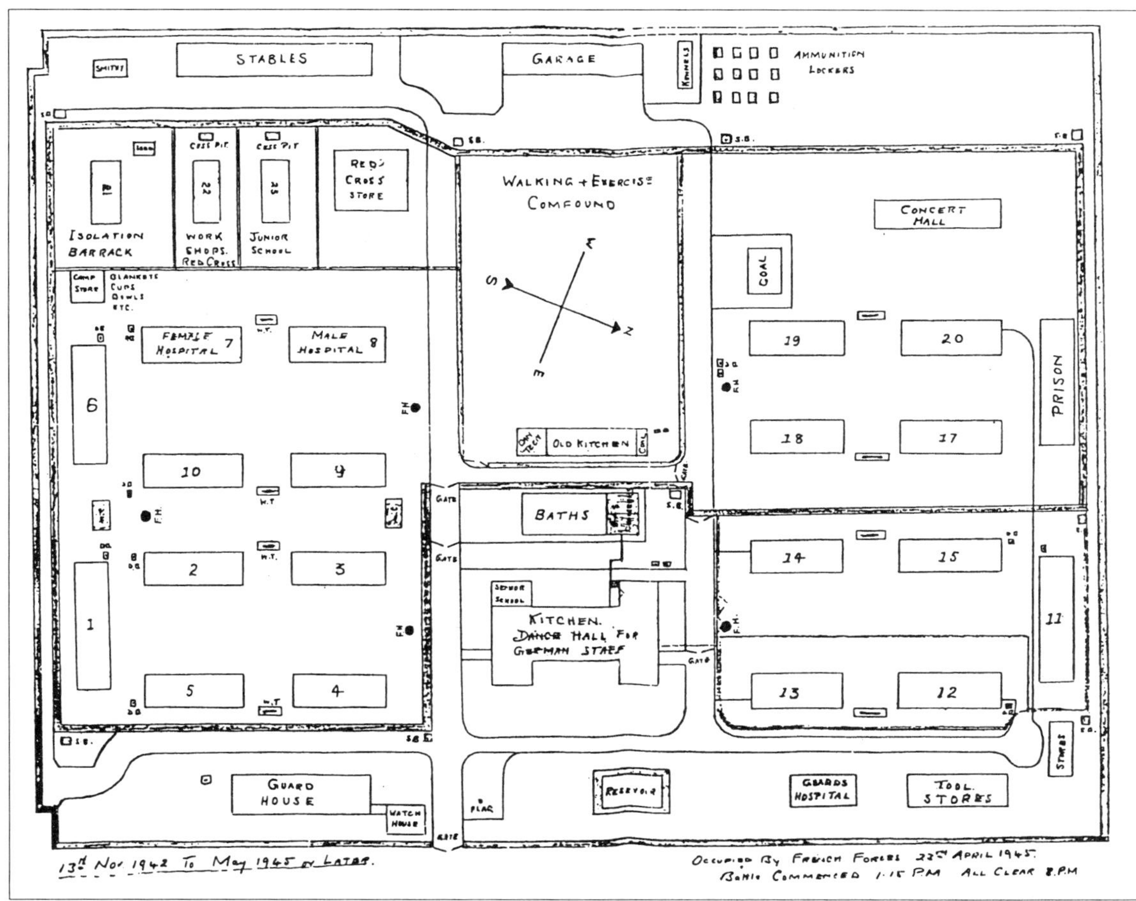

Skizze des Internierungslagers Lindele: Die britischen Internierten schufen sich, unterstützt vom Internationalen Roten Kreuz und den Schutzmächten Schweiz und Schweden, eine gut funktionierende Lagerselbstverwaltung. Sie sicherten die medizinische Versorgung, richteten Werkstätten ein, bauten einen Sportplatz sowie eine Musikbühne und organisierten Schulunterricht für die Kinder.

im Januar 1945 133 jüdischen Männer, Frauen und Kindern aus dem KZ Bergen-Belsen. Beide Gruppen befanden sich in einem erbärmlichen Gesundheitszustand. Den Transport aus Bergen-Belsen hatte John Hasenberg, der 1882 in Neumünster/Holstein geboren wurde und ecuadorianischer Staatsangehöriger war, nicht überlebt. Am 5. Februar 1945 starb im Lager Hermann Feinstein, der 1876 in Meldiglauken/Holland geboren wurde, und am 3. März 1945 Dr. Simon Dierk Langedyk, geboren am 7. Juni 1891 in Groningen/Holland. Sie waren Bürger von Paraguay bzw. Honduras und wurden auf dem **Evangelischen Friedhof Biberach** bzw. auf dem Jüdischen Friedhof in Laupheim bestattet (s. Laupheim) bestattet.

Zeitweilig befanden sich im Ilag VB auch 31 Polen und 13 Griechen mit US-amerikanischer Staatsbürgerschaft sowie sieben Norweger; sie wurden zwischen dem 23. Januar 1945 und dem 1. Mai 1945 über die Schweiz repatriiert.

Von den britischen Internierten erlebten 20 Menschen nicht mehr die Befreiung. Zwölf Gräber von hier gestorbenen britischen Staatsangehörigen – sieben Männer, drei Frauen und zwei Kleinkinder – befinden sich heute auf dem **Evangelischen Friedhof** an der **Memminger Straße**. Ein weiteres Grab befindet sich auf dem **Katholischen Friedhof**.

Nach dem Bombenangriff vom 12. April 1945, bei dem auch fünf polnische bzw. sowjetische Zwangsarbeiterinnen und -arbeiter umkamen, wurden KZ-Häftlinge kurzfristig zu Räumarbeiten eingesetzt: Sie gehörten vermutlich zur 2. SS-Eisenbahnbaubrigade, deren weitere Einsatzorte in Schussenried und Ulm bezeugt sind. Die Waggons, in denen sie von SS bewacht und des Nachts eingesperrt waren, standen auf einem Nebengleis beim **Bahnhof Warthausen**.

Einen Tag vor der Befreiung am 23. April 1945 zog eine von SS-Wachmannschaften begleitete Kolonne von KZ-Häftlingen, über deren Herkunft nichts bekannt ist, durch die Stadt.

Die Zahl der in Biberach anwesenden und bei Kriegsende in die Stadt strömenden Zwangsarbeiterinnen und Zwangsarbeiter bzw. Kriegsgefangenen ist nicht mehr genau anzugeben. Am 27. Dezember 1945 meldete die UNRRA, die mit der Rückführung der nun Displaced Persons genannten Zwangsverschleppten betraute Hilfsorganisation der Vereinten Nationen, die Zahl von 3.104 Personen; im September 1946 waren es noch 669 Personen. DP-Lager befanden sich in den **Vollmerwerken**, in den Räumen der stillgelegten **Biberacher Metallfabrik**, in der **Pflug-Schule** und in der **Braith-Schule**. Das **Jordanbad** war Unterkunft für jüdische Überlebende aus dem Lager Lindele und anderen Lagern.

Im Oktober 1945 ordnete die französische Besatzungsmacht an, den inzwischen völlig überwucherten **„Russenfriedhof"** im „Franzosenwäldle" von Unkraut zu säubern und Birkenkreuze auf den Gräbern aufzustellen. Im Oktober 1949 erfolgten auf Anordnung der französischen Besatzungsmacht Umbettungen von sowjetischen Toten auf den 1945 an der

Memminger Straße angelegten **Divisionsfriedhof** der französischen Militärverwaltung, nachdem die französischen Toten in ihre Heimat überführt worden waren. So wurden die sterblichen Überreste von drei aus der Sowjetunion zur Zwangsarbeit verschleppten Männern, einem russische Kriegsgefangenen, der in Biberach gearbeitet hat, und zwei Säuglingen von „Ostarbeiterinnen", deren Gräber sich auf dem Katholischen Friedhof von Biberach befunden hatten, vom Biberacher Friedhof umgebettet. Ebenso die im „Franzosenwälde" bestatteten sowjetischen Kriegsgefangenen des Lagers Lindele: 146 Tote sind als „Unbekannte, Lager Lindele" in der Gräberliste eingetragen. Weitere Umbettungen erfolgten von fast allen Friedhöfen Oberschwabens und – im März 1950 – von badischen Friedhöfen. Auch die Umbettungsgräber wurden lediglich mit Nummern gekennzeichnet; dies entsprach noch immer den Regelungen, die das Reichsinnenministerium am 1. Dezember 1943 verfügt hatte:

> „Die Gräber der sowjetrussischen Soldaten sind in allereinfachster Weise herzurichten; im wesentlichen handelt es sich darum, den Zustand der Kenntlichkeit der Gräber als solcher zu erhalten. Die einzelnen Gräber sind durch ein Nummernschild zu bezeichnen, die Namen der Toten in den Belegungsplänen einzutragen."

Bis Ende der sechziger Jahre waren die Nummern auf allmählich verrottenden Holzpflöcken angebracht, dann wurden diese durch Keramikstelen ersetzt. Diese Kennzeichnung widerspricht den Bestimmungen des Kriegsgräbergesetzes von 1953. Laut der Gräberliste von 1954 fanden auf dem ehemaligen Französischen Divisionsfriedhof insgesamt 617 überwiegend aus der Sowjetunion stammenden Tote ihre letzte Ruhestätte: mindestens 64 Säuglinge und Kleinkinder, 92 zur Zwangsarbeit verschleppte Frauen und 461 Zwangsarbeiter bzw. Kriegsgefangene.

Im Mai 1950 wurde auf dem nur mit Nummerntafeln versehenen Gräberfeld ein **Gedenkstein** gesetzt, der in kyrillischen Schriftzeichen die Inschrift trug:

> „Hier sind 614 sowjetische Bürger begraben
> Umgekommen in faschistischer Unfreiheit
> Ewiger Ruhm den Kämpfern für die Freiheit
> 4. März des Jahres 1954"

Der „Friedhof der Namenlosen" geriet in Vergessenheit, bis sich in den 80er Jahren die Pax-Christi-Gruppe und andere Friedensgruppen in Biberach seiner annahmen: Im November 1983 fand erstmals eine Gedenkfeier statt. Im Frühjahr 1984 wurde eine Holztafel mit der deutschen Übersetzung der kyrillischen Inschrift angebracht und am 23. Februar 1985 ein Sühnezeichen in Form eines orthodoxen Kreuzes errichtet. Seit 1987 gibt es eine Städtepartnerschaft zwischen Biberach und der georgischen Stadt Telawi, die sich dem Gedanken der Versöhnung verpflichtet fühlt. Die Pax-Christi-Gruppe sammelte unter der Losung „Gebt den Namenlosen ihre Namen wieder!" Geld, um den 614 Toten Grabtafeln mit Namen und Lebensdaten widmen zu können. Im Oktober 1991 fand die feierliche Einweihung des neugestalteten Friedhofes mit den ersten Namenstafeln in Anwesenheit des Moskauer Metropoliten Pitirim statt. Am Totensonntag 1992 wurden bei einer Gedenkfeier weitere rund 120 Tafeln kirchlich geweiht. Die Pax-Christi-Gruppe bemüht sich gegenwärtig noch um die Identifizierung von etwa 45 Toten.

BURGRIEDEN

Konzentrationslager und Zwangsarbeit

Auf dem **Friedhof** von **Bühl** waren zwei Zwangsarbeiter aus der Ukraine – Jakow Zivetko und Afanassiy Notschowka – bestattet gewesen, die am 11. Oktober 1944 ums Leben gekommen sind. Ihre sterblichen Überreste wurden 1949 auf den russischen Kriegsgräberfriedhof in Biberach umgebettet (s. Biberach).

Der russische Kriegsgräberfriedhof an der Memminger Straße

DÜRMENTINGEN

„Rassische" Verfolgung und „Euthanasie"

Dürmentingen ist der Geburtsort der Sintezza Elsa Winter. Wo die junge Frau bis zu ihrer Deportation in das Vernichtungslager Auschwitz-Birkenau lebte, wissen wir nicht. Im Frühjahr 1943 mußte sie erfahren, daß fast alle ihre Verwandten in das Vernichtungslager Auschwitz-Birkenau deportiert wurden. Sie selbst traf erst am 18. September 1943 im hoffnungslos überfüllten „Zigeunerlager" Birkenau ein. Bei der Registrierung wurde ihr Beruf mit „Arbeiterin" angegeben, und sie erhielt die Nummer Z-9467. Als die Lager-SS am 15. April 1944 die noch arbeitsfähigen Sinti und Roma selektierte, war Else Winter, damals 20 Jahre alt, noch kräftig genug, um zur Zwangsarbeit in das FrauenKZ Ravensbrück geschickt zu werden. Dort verliert sich ihre Spur.

Konzentrationslager und Zwangsarbeit

Über die Anwesenheit von französischen Kriegsgefangenen, die seit 1940 auf Bauernhöfen arbeiten mußten, wird erst bei Kriegsende berichtet. Die erste französische Panzereinheit, die am 23. April 1945 das Dorf erreichte, bewaffnete die befreiten Landsleute und bestellte einen von ihnen zum vorläufigen Ortskommandanten. Für etwa drei Wochen richteten die Franzosen in **Dürmentingen** eine Sammelstelle für befreite polnische und russische Zwangsarbeiter und -arbeiterinnen ein. Sie wurden im Mai/Juni 1945 auf den Heuberg (s. Stetten a.k.M., Kr. Sigmaringen) gebracht, um schließlich von dort in großen Transporten in ihre Heimatländer zurückgeführt zu werden.

Im Schloß der Fürsten von Thurn und Taxis in **Heudorf am Bussen** richtete die französische Besatzungsmacht ein weiteres Sammellager für die in der Umgebung befreiten polnischen Zwangsarbeiterinnen und -arbeiter ein, das zeitweise mit bis zu 300 Personen belegt war.

Bis 1949 gab es auf dem **Friedhof** von **Dürmentingen** zwei Gräber, in denen Kinder von „Ostarbeiterinnen" beigesetzt worden waren: Valentine Belousow, am 4. Mai 1940 in einem kleinen Dorf in der Ukraine geboren, wurde zusammen mit ihren zur Zwangsarbeit verpflichteten Eltern nach Deutschland gebracht. Das kleine Mädchen starb im Alter von knapp vier Jahren in Dürmentingen. In Hailtingen war Nikolaus Schuljuk am 2. Februar 1944 zur Welt gekommen, gestorben ist er am 26. Mai 1944. Die sterblichen Überreste beider Kinder wurden 1949 auf den „Russenfriedhof" in Biberach umgebettet.

EBERHARDZELL

Konzentrationslager und Zwangsarbeit

Johann Scharabura, Nikolaus Ratschkowskaja und Sophie Baran sind nach Angabe der Gräberliste des „Russenfriedhofes" Biberach in **Eberhardzell** gestorben. Nikolaus Ratschkowskaja war das Kind einer ukrainischen Zwangsarbeiterin. Er starb am 6. Mai 1945, sechs Tage nach seiner Geburt.

EROLZHEIM

Konzentrationslager und Zwangsarbeit

Bei den Ermittlungen, die der Französische Nationale Suchdienst nach 1945 zum Einsatz ausländischer Zwangsarbeitskräfte durchführte, wurden für Erolzheim 75 Frauen und Männer gemeldet. Zwei Kinder sowjetischer Zwangsarbeiterinnen, die ursprünglich auf dem **Friedhof** von **Erolzheim** bestattet gewesen waren, wurden 1949 auf den „Russenfriedhof" nach Biberach umgebettet. Stefanie Jenicka, geboren am 14. Dezember 1944 in Ochsenhausen, starb am 11. Juni 1945. Von Josef Refionowska sind keine Lebensdaten bekannt.

ERTINGEN

Konzentrationslager und Zwangsarbeit

Das Grab eines ausländischen Kriegstoten, das uns die Gemeinde mitteilte, ist die einzige Spur, die auf den Einsatz von Zwangsarbeitern hinweist. Der polnische Zwangsarbeiter Antoni Adamski kam am 16. Januar 1945 im Alter von 36 Jahren in **Ertingen** ums Leben. Sein Beruf wird mit „Waldarbeiter" angegeben.

Zwei sowjetische Tote wurden 1949 auf den Russenfriedhof in Biberach umgebettet: Feodor Kowalewsky ist am 18. August 1945 im Alter von 27 Jahren gestorben. Anna Michazka, Tochter einer russischen Zwangsarbeiterin, ist am 4. Mai 1945 im Alter von sechs Wochen ums Leben gekommen.

In **Binzwangen** hatten polnische Zwangsarbeiter in der Landwirtschaft arbeiten müssen. Dies galt seit 1940 auch für französische Kriegsgefangene, die nach der Arbeit in ein bewachtes Lager in Ertingen zurückkehrten. Polnische und russische Zwangsarbeiter waren ebenfalls in einem Lager untergebracht.

INGOLDINGEN

„Rassische" Verfolgung und „Euthanasie"

Im Gedenkbuch für die im Vernichtungslager Auschwitz-Birkenau ermordeten Sinti und Roma steht der Name von Johanna Reinhardt. Sie ist 1881 in **Ingoldingen** zur Welt gekommen. Im März 1943 wurde die damals 62jährige Frau mit Kindern und Enkelkindern deportiert. Sie starb an den qualvollen Lebensbedingungen in Birkenau am 30. Juni 1943, drei Monate nach ihrer Einlieferung.

Konzentrationslager und Zwangsarbeit

Winterstetten war der Sterbeort des ukrainischen Zwangsarbeiters Boris Bunin. Seine sterblichen Überreste wurden 1949 auf den „Russenfriedhof" nach Biberach umgebettet (s. Biberach).

LANGENENSLINGEN

Konzentrationslager und Zwangsarbeit

Die Anwesenheit von französischen Kriegsgefangenen, polnischen und ukrainischen Zwangsarbeitern in **Dürrenwaldstetten** und **Friedingen** ist erst für das Kriegsende bezeugt. Sie hätten sich bei ihrer Befreiung „relativ diszipliniert" verhalten und seien bald in ein Sammellager nach Riedlingen abtransportiert worden.

Vier Jahre nach Kriegsende wurde die in **Emerfeld** gestorbene „Ostarbeiterin" Anna Maria Fenik auf den „Russenfriedhof" in Biberach umgebettet.

LAUPHEIM

„Rassische" Verfolgung und „Euthanasie"

Die Geschichte der Laupheimer Judengemeinde beginnt 1724 damit, so leitet Udo Bayer dieses für uns verfaßte Kapitel ein, daß ein Jude aus Illereichen in bayerisch Schwaben die Ortsadeligen um Aufnahme bittet. Der erste Schutzvertrag trat zehn Jahre später in Kraft. Auf dem **Judenberg** entstand dann im Laufe des 18. Jahrhunderts eine geschlossene Siedlung, von der heute noch große Teile erhalten sind. Dazu gehört zunächst vor allem der ab ca. 1732 angelegte **Friedhof** mit seinen etwa 1.200 Gräbern; er hat die NS-Herrschaft unbeschädigt überstanden und stellt heute den wichtigsten Gedenkort für die einstigen Laupheimer Juden dar. Die Bemühungen um seine Erhaltung seit den achtziger Jahren ist vor allem einem Mann, Ernst Schäll, zu verdanken. Die Gräber sind mittlerweilen in einer ausführlichen Dokumentation erfaßt. Am Eingang ist auch das ehemalige Leichenhaus erhalten. An seiner Wand befindet sich die **Gedenktafel** mit den Namen aller aus Laupheim deportierten Juden. Kunsthistorisch bedeutsam sind einige von Friedrich Adler (s.u.) entworfene Grabsteine wie z.B. für die Eltern Carl Laemmles (s.u.) sowie sein Gefallenendenkmal von 1922, dessen von den Nationalsozialisten gewaltsam entfernte Gedenktafel 1955 wiederhergestellt wurde. Auf dem Friedhof wurden in den Heggbacher Anstalten in den Jahren 1940 bis 1942 verstorbene jüdische Patientinnen und Patienten beigesetzt; eine letzte Ruhestätte fanden hier auch jüdische KZ-Häftlinge, die aus dem KZ Bergen-Belsen in das Lager „Lindele" in Biberach gebracht wurden (s. Biberach).

Die Gedenktafel am Eingang zum Jüdischen Friedhof erinnert an die ermordeten Mitglieder der Jüdischen Gemeinde Laupheim

Auf dem **Friedhof** befindet sich ein **Gedenkstein** an der Stelle der 1771 errichteten ersten Synagoge, die 1822 durch einen – 1877 noch erweiterten – Neubau an der Ecke zur **Bronner Straße** ersetzt wurde und der dann dem Novemberpogrom von 1938 zum Opfer gefallen ist. Aus dem Brandschutt wurden einige Metallgegenstände sowie einige Scherben der von Adler entworfenen Glasfenster geborgen. Sie werden heute im Heimatmuseum aufbewahrt, das in den kommenden Jahren im **Schloß Großlaupheim** neue Räume und eine eigene Abteilung zur jüdischen Geschichte Laupheims bekommen soll.

Schließlich gehört zu den erhaltenen Bauten am **Judenberg** noch das ehemalige **Rabbinatsgebäude**, erst jüngst als Kulturdenkmal eingestuft. Es wurde seit der Nachkriegszeit als Hotel („Württemberger Hof") genutzt und durch einen Vorbau verändert. Seit ca. 1825 diente es als jüdisches Gemeindehaus, und hier befand sich auch bemerkenswerter Weise die erste öffentliche Bibliothek Laupheims. Seit der Zerstörung der Synagoge beim Novemberpogrom 1938 hielt der Rest der jüdischen Gemeinde hier Gottesdienste ab. Nach der Vertreibung aus ihren Wohnungen 1941 war ein Teil der älteren Laupheimer Juden zusammen mit aus anderen Teilen Württembergs Verschleppten im Rabbinatsgebäude untergebracht. Andere Laupheimer Juden, die nicht mehr fliehen konnten oder wollten, wurden in Baracken außerhalb, an der Straße zum Westbahnhof, der sog. **Wendelinsgrube** zusammengepfercht. Aus dieser Funktion als Zwischenstation für Deportationen erklärt sich auch die Tatsache, daß die aus Laupheim Deportierten nicht alle ursprünglich von hier stammten. Insgesamt fanden vier Deportationen aus Laupheim statt:

die erste am 28. November 1941 über Stuttgart nach Riga,
die zweite am 24. April 1942 nach Izbica,
die dritte am 10. Juli mit unbekanntem Zielort, und schließlich
die letzte am 19. August 1942 nach Theresienstadt als Zwischenstation.

Niemand hat das Grauen überlebt.

Gegenüber vom Judenberg in der **Kapellenstraße** befindet sich der **„Rote Ochsen"**, heute Restaurant und Hotel, seit dem vorigen Jahrhundert und bis 1939 in jüdischem Besitz. Hier pflegten in den zwanziger Jahren Carl Laemmle mit seiner Entourage aus Amerika bei seinen Besuchen in der Heimat einzukehren; ein in seinem Auftrag gedrehter Film hat das Laupheim jener Jahre und vor allem die Orte jüdischen Lebens bewahrt. Das andere jüdische Gasthaus war der **„Kronprinz"** (heute „Alexis Sorbas"). **Kapellenstraße** und **Radstraße** waren neben dem **Marktplatz** vor allem die Adressen der jüdischen Geschäfte.

Die **Jüdische Gemeinde Laupheim** umfaßte 1933 etwa 235 Mitglieder, von denen 126 bis 1941 – nicht zuletzt mit Carl Laemmles Hilfe – emigrieren konnten. Zwar war der jüdische Bevölkerungsanteil seit den achtziger Jahren des letzten Jahrhunderts – bedingt durch eine Abwanderung in die Großstädte – zurückgegangen, aber die wirtschaftliche Bedeutung der Laupheimer Juden hatte noch zugenommen. Bekanntlich war Laupheim, als es in napoleonischer Zeit aus österreichischem Besitz an Württemberg überging, für eine Weile die größte Judengemeind des Königreichs, da in Altwürttemberg seit 1496 Juden als „nagende und schedliche würm" unerwünscht waren. Der Laupheimer Rabbiner war bis 1922 sogar für die Ulmer Gemeinde mitzuständig.

An dieser Stelle ist an einige bedeutende Laupheimer Juden zu erinnern:

Das **Schloß Großlaupheim** wurden vom Vater Kilian von Steiners (1833–1903) erworben und war bis 1968 im Besitz der letzten Nachfahren. Kilian von Steiners Namen ist verbunden mit einer Reihe bedeutender württembergischer Unternehmen und Banken im vergangenen Jahrhundert sowie vor allem mit seiner Leistung als Mitinitiator des Schiller-Archivs in Marbach. Zu seinem Gedenken trägt die Berufsschule heute seinen Namen. Der spätere Kantor der Jüdischen Gemeinde Hamburg, Moritz Henle (1850–1925), ist durch seine liturgischen Kompositionen bekannt geworden.

Das Schicksal der anderen hier namentlich Erwähnten ist unmittelbar mit den Geschehnissen ab 1933 verbunden. Carl Laemmle (1867–1939) dürfte der bekannteste von ihnen sein. An seinem Geburtshaus in der **Radstraße** – schräg gegenüber der Stelle, wo bis 1869 das ehemalige jüdische Schulhaus stand – befindet sich eine **Gedenktafel**. Von 1905 an hatte er in Chicago Kinos eröffnet, dann einen rasant wachsenden Verleih gegründet und schließlich selbst begonnen, Filme zu produzieren. Mit seiner 1915 eingeweihten Universal City, dem seinerzeit größten Studio überhaupt, gehört er zu den fünf großen jüdischen Gründerfiguren Hollywoods, deren Firmen bis heute existieren. Laemmle unterstützte Laupheim in der Zeit nach dem Ersten Weltkrieg materiell recht großzügig, und ihm wurde die Ehrenbürgerwürde verliehen. Nach dem Beginn der nationalsozialistischen Verfolgung rettete er Hunderten von verfolgten Juden dadurch das Leben, daß er Bürgschaftserklärungen ausstellte, ohne die eine Emigration in die USA nicht möglich war. Die nach ihm benannte Straße wurde 1933 schleunigst umgetauft, zumal seine Verfilmung „Im Westen nichts Neues" schon 1930 Anlaß zu böser Hetze gegeben hatte. Heute erinnert an ihn ein Sträßchen und vor allem das seit 1994 seinen Namen tragende Gymnasium, das aus der Lateinschule, die er wie viele Laupheimer Juden besucht hatte, hervorgegangen ist. Seine noch in Los

Geburtshaus von Friedrich Adler in Laupheim

Angeles lebenden Verwandten haben mit zum Aufbau einer Sammlung beigetragen, die Laemmles Verbindung zu Laupheim dokumentiert und noch nicht abgeschlossen ist.

Friedrich Adler, 1878 in dem schön restaurierten Haus in der **Kapellenstraße** (heute Café Hermes) geboren, war ein hervorragender Vertreter des Jugendstil- und Art-Deco-Designs. Bis 1933 lehrte er als Professor in Hamburg an der Hochschule für Kunst und Gewerbe und wurde dann aus dem Amt entfernt. Er konnte sich nicht mehr zur Flucht entschließen und wurde 1942 nach Auschwitz deportiert und ermordet. Da sein Nachlaß zerstört ist, war eine vor allem Ernst Schäll zu verdankende mühsame Spurensuche nötig, um sein Werk in der Fülle, wie sie das Ausstellungsprojekt 1994/95 zeigen konnte, überhaupt erst wieder zu rekonstruieren. In der **König-Wilhelm-Straße** 21 steht ein von ihm mitgeplantes Haus. Eine Straße und die Realschule tragen heute seinen Namen. An seinem Geburtshaus ist eine **Gedenktafel** angebracht, und in einem Nebenzimmer des Café Hermes werden Fotografien und Erinnerungsstücke gezeigt.

Dr. Hertha Nathorff geb. Einstein aus Laupheim (1895–1993) war eine in Berlin erfolgreiche Medizinerin und Leiterin des Rot-Kreuz-Krankenhauses. Nach ihrer Flucht gehörte sie in New York für ein halbes Jahrhundert zu den markantesten Persönlichkeiten im Kreis der Emigranten aus Deutschland mit einer Vielzahl von Tätigkeiten. 1987 veröffentlichte das Institut für Zeitgeschichte ihr Tagebuch als bedeutendes Zeitdokument. Sie war Laupheim in ihren letzten Lebensjahren sehr verbunden, und ihr Name lebt an ihrer ehemaligen Lateinschule fort in einem von ihr gestifteten Abiturspreis.

Der Schriftsteller Siegfried Einstein (1919–1983) – seinen Eltern gehörte das große Textilgeschäft gegenüber dem Rathaus – kehrte nach dem Exil in der Schweiz 1952 nach Deutschland zurück. Er hatte bereits 1961 eine bedeutende Untersuchung zu Eichmann verfaßt; neben publizistischen Arbeiten besteht sein Werk vor allem aus einer Reihe von Gedichtbänden. 1964 hat er den Tucholsky-Preis erhalten.

Schließlich ist von den gebürtigen Mitgliedern der ehemaligen Laupheimer Judengemeinde noch die Sportlerin Gretel Bergmann zu erwähnen. 1914 geboren, hielt sie 1936 den damaligen deutschen Rekord im Hochsprung, wurde aber von der Olympiade 1936 ausgeschlossen. Eine Sporthalle in Berlin-Wilmersdorf trägt seit 1995 ihren Namen, und das deutsche Nationale Olympische Komitee hat sie 1996 zu den Spielen nach Atlanta eingeladen.

Im Gedenkbuch der Sinti und Roma steht der Name von Marie Lauster, die in **Laupheim** zur Welt gekommen ist. Am 18. März 1943 wurde die damals 25jährige Sintezza zusammen mit zahlreichen Familienangehörigen in das Vernichtungslager Auschwitz-Birkenau deportiert. Am 15. April 1944 wurde sie erneut auf Transport geschickt; sie kam zur Zwangsarbeit in das FrauenKZ Ravensbrück bzw. eines seiner zahlreichen Außenkommandos. Ob Marie Lauster überleben konnte, ist uns nicht bekannt.

Konzentrationslager und Zwangsarbeit

Nach den Angaben des FNTB waren in **Laupheim** 670 ausländische Zwangsarbeiterinnen und Zwangsarbeiter im Einsatz. Des weiteren werden französische Kriegsgefangene erwähnt. Über ihre Unterbringung und Arbeitsstellen ist bisher wenig bekannt. Eine größere Gruppe war vermutlich zu Arbeiten auf dem **Flugplatz Bastelwald** zwischen Bühl (s. Burgrieden) und Baustetten eingesetzt.

Im Videofilm „Gefangen – Verschleppt – Vergessen", den die Geschichts/Video-AG der Dollinger-Realschule in Biberach drehte, wird die Hinrichtung eines ukrainischen Zwangsarbeiters im **Gewann Hailenberg** auf der Gemarkungsgrenze von **Untersulmetingen** und Rißtissen dokumentiert. Der 1914 in der Nähe von Kiew geborenen Dimitry Sjewidow arbeitete seit Juni 1942 bei einem Bauern in **Obersulmetingen**. Im Oktober 1943 geriet er in eine Auseinandersetzung mit dem NSDAP-Ortsgruppenleiter wegen der abendlichen Treffen von deutschen und ukrainischen Jugendlichen an der kleinen **Brücke** über die Riß. Nach zwei, drei Tagen im Ortsarrest im **Schloß Obersulmetingen** wurde Sjewidow am 20. Oktober 1940 gegen 10 Uhr von einem Stuttgarter SS-Kommando an einem auf einem Lastwagen montierten Galgen im Gewann Hailenberg erhängt. Der Leichnam wurde an der Friedhofsmauer in **Untersulmetingen-Niederkirch** verscharrt und 1949 auf den „Russenfriedhof" nach Biberach umgebettet.

Bis 1949 waren auf dem **Friedhof** von **Laupheim** eine Frau und 17 Männer aus der Sowjetunion bestattet gewesen. Der erste Todesfall ereignete sich am 4. Juni 1943, als die 16jährige ukrainische Zwangsarbeiterin Valentina Fedonink ums Leben kam. Auf dem **Friedhof** von **Untersulmetingen** gab es zwei Gräber: das von Warwara Sawkina und das des hingerichtetetn Dimitry Sjewidow. 1949 wurden alle Toten auf den „Russenfriedhof" in Biberach umgebettet (s. Biberach).

MASELHEIM

„Rassische" Verfolgung und „Euthanasie"

An die ermordeten Patientinnen und Patienten der Heggbacher Einrichtungen erinnert eine **Gedenktafel** in der Kirche von **Heggbach**:

> „Zum Gedenken an die Opfer
> des Euthanasieprogramms der
> NS-Regierung 1940 – 1941 – 1942 – 1943.
> Gott liebt Menschen
> die Leid tragen.
> Gerade sie
> wird er trösten. (Mt.5,4)
> Aus Heggbach wurden 193 Menschen ermordet."

In der kirchlichen **Pflegeanstalt Heggbach**, zu der auch ein Kinderasyl in Ingerkingen (s. Schemmerhofen) gehörte, wurden geistig und mehrfach behinderte Menschen – Kinder, Jugendliche und Erwachsene – betreut. Bereits im Oktober 1939 richtete die Anstaltsleitung auf Antrag des württembergischen Innenministeriums in Heggbach eine „Sonderabteilung für jüdische Pfleglinge" ein, die im April 1940 mit sechs Patienten belegt war. Bis zu 39 jüdische Patienten wurden bis 1942 in diese Abteilung eingewiesen, unter ihnen 18 alte Frauen aus dem beschlagnahmten

Jüdischen Altersheim Sontheim (s. Heilbronn, Baden-Württemberg I). Die in der Anstalt Heggbach verstorbenen jüdischen Patienten wurden auf dem Jüdischen Friedhof Laupheim bestattet.

Am 24. Juni 1940 trafen in Heggbach die Meldebögen zu planwirtschaftlichen Erfassung aller Heiminsassen ein. Aufgrund dieser Meldebögen stellte die Berliner Zentrale der „Aktion T4" die Listen für den Abtransport in die Tötungsanstalt Grafeneck (s. Gomadingen, Kr. Reutlingen) zusammen.

Im September und Oktober 1940 wurden in drei Transporten 173 Anstaltsinsassen nach Grafeneck gebracht und wenig später dort ermordet. In die zum Teil geräumte Anstalt wurden im Februar 1942 jene Pfleglinge des Kinderasyls Ingerkingen verlegt, die dem Abtransport nach Grafeneck im September und Oktober 1940 entgangen waren.

Bis 1943 wurden weitere 20 Patienten in kleineren Gruppen und als Einzeltransport abgeholt:

25. März 1941: Ein Patient und zwei Patientinnen werden in die Anstalt Weinsberg gebracht. Weinsberg war Zwischenanstalt für die Tötungsanstalt Hadamar (Hessen).

18. Juni 1941: Zwei jüdische Patienten werden „nach Polen" deportiert.

28. November 1941: Zwei weitere jüdische Patienten werden in die Anstalt Berlin-Weißensee verlegt.

24. April 1942: Eine jüdische Patientin wird an einen unbekannten Ort verlegt.

11. Juli 1942: Zwei jüdische Patienten und acht jüdische Patientinnen werden in eine Anstalt in Polen verlegt.

Im Juni und August 1943 werden zwei behinderte Kinder in die „Kinderfachabteilung" der Anstalt Eichberg (Hessen) verlegt. Diese Anstalt ist eine Zwischenstation auf dem Weg nach Hadamar; auf dem Eichberg werden aber auch Kinder durch Hungerkost und durch Überdosen von Luminal ermordet.

Im Gedenkbuch für die Opfer der Judenverfolgung fanden wir die Namen von 15 Menschen, deren letzter „Wohnort" **Maselheim** bzw. **Heggbach** war. Nur bei zwei Namen steht als Todesursache „Euthanasie": Mina Goldberger geb. Leiter war bei ihrer Ermordung am 21. Oktober 1940 46 Jahre alt; von Adolf Günzburg, Jg. 1894, ist kein Todesdatum angegeben.

In Auschwitz wurden ermordet:

Frida Bieringer, Jg. 1870, Aidla Grajewski geb. Berkmann, Jg. 1871, Käthe Kremer, Jg. 1930, Bertha Rubens, Jg. 1866, Adolf Einstein, Jg. 1875, Kaila Golperin geb. Resaikow, Jg. 1857, Felix Morgenstern, Jg. 1891, Philippine Reinauer, Jg. 1860, Berta Schorsch geb. Schloss, Jg. 1854, und Henriette Strauß, Jg. 1861.

Riga war der Todesort von Martha Aronson, Jg. 1915, Karl Guggenheim, Jg. 1882. In Izbica ist Rosa Löwenthal, Jg. 1878, „verschollen".

Konzentrationslager und Zwangsarbeit

Das Grab eines Neugeborenen war bis 1949 ein sichtbarer Hinweis für den Einsatz sowjetischer Zwangsarbeitskräfte in **Maselheim**: Vinzenz Josef Tarnowska, Sohn einer Zwangsarbeiterin aus der Ukraine, ist am 10. Januar 1945, am Tag seiner Geburt, gestorben. 1949 erfolgte die Umbettung auf den sowjetischen Kriegsgräberfriedhof in Biberach (s. Biberach).

MIETINGEN

Konzentrationslager und Zwangsarbeit

„Wie Kriegsgefangene und Fremdarbeiter in einem oberschwäbischen Dorf während des Krieges lebten und arbeiteten", betitelten drei Schülerinnen der Hauswirtschafts-Sozialpädagogischen Berufsfachschule in Biberach die Ergebnisse ihrer Spurensuche 1983 im Rahmen des Schülerwettbewerbs „Alltag im Nationalsozialismus".

Nach ihren Erkundungen in **Baltringen**, heute Ortsteil von Mietingen, kamen im März 1940 die ersten polnischen Kriegsgefangenen ins Dorf. Während der Kriegsjahre waren neun Zwangsarbeiter bei Bauern und bis zu 50 Kriegsgefangene in einem von zwei bis drei Wachmännern bewachten Lager untergebracht. Die Zwangsarbeitskräfte stammten aus Polen, Frankreich und der Sowjetunion und waren zwischen 30 und 40 Jahre alt. Unter ihnen befanden sich zwei Polinnen und eine Frau aus Weißrußland.

Das Lager der Kriegsgefangenen war im ehemaligen **Hirten- und Armenhaus** eingerichtet. Sanitäre Installationen fehlten hier völlig; die Männer mußten auf Holzpritschen, jeweils drei übereinander, schlafen. Strohsack und Bettwäsche hatten nur diejenigen, die bei Bauern arbeiteten – und das waren lediglich vier Gefangene. Die Mehrzahl war zur Regulierung des **Saubachs** eingesetzt, der noch heute „Polengraben" genannt wird. Nach Abschluß dieser Arbeiten wurde im Laufe des Jahres 1942 das Lager aufgelöst.

Auf dem etwa einen Kilometer entfernten **Militärflugplatz** waren polnische Zwangsarbeiter im Einsatz. Den Schülerinnen wurde bei ihrer Spurensuche berichtet, daß ein polnischer Gefangener von einem Wachmann so sehr geschlagen wurde, daß er an den Folgen starb. Bei Kriegsende wollten einige Zwangsarbeiter den Täter zur Rechenschaft ziehen. Nur dem Einsatz des Pfarrers von Baltringen sei es zu verdanken gewesen, daß der Wachmann mit dem Leben davon gekommen sei.

Berichtet wurde auch von den Versuchen der Einheimischen, den Zwangsarbeitern und Kriegsgefangenen mit Lebensmittel, Tabak und Zigarettenpapier zu helfen. Gerüchte gingen durchs Dorf, daß in einem Nachbarort ein polnischer Zwangsarbeiter erhängt worden sei, weil er wegen seiner Beziehung zu einer deutschen Frau denunziert worden war.

Bei unserer Gemeindeumfrage 1996 war diese auf Grund von Zeitzeugenbefragungen sehr anschauliche Beschreibung, mit der 1983 die Lebens- und Arbeitsbedingungen von Zwangsarbeitern und Kriegsgefangenen rekonstruiert wurden, längst wieder in Vergessenheit geraten. Das Bürgermeisteramt Mietingen meldete lediglich das Grab eines „Zivilinternierten" – gemeint ist wohl eine zur Zwangsarbeit verschleppte Zivilperson – auf dem **Friedhof** von **Mietingen**. Möglicherweise handelt es sich dabei um das Grab des Polen, der an den Folgen der Mißhandlungen starb. Eine in den fünfziger Jahren entstandene Gräberliste nennt für Mietingen des weiteren zwei Gräber von Sowjetbürgern.

OCHSENHAUSEN

„Rassische" Verfolgung und „Euthanasie"

Im Gedenkbuch der Sinti und Roma stehen die Namen von zwei in **Ochsenhausen** geborenen Sinti-Mädchen und einer Sintezza, die im Frühjahr 1943 in das Vernichtungslager Auschwitz-Birkenau eingeliefert wurden. Die zehn Jahre alte Eva Meyer und die 20jährige Anna Meyer befanden sich mit weiteren Familienangehörigen in einem Transport von 1.353 Sinti- und Roma-Familien, dessen Ankunft in Birkenau am 13. März 1943 registriert wurde. Zwei Tage später traf die zwölfjährige Franziska Reichmann mit ihrer Familie im „Zigeunerlager" ein. Franziska erlag am 3. Januar 1944 den auf Vernichtung zielenden Lebensbedingungen in Birkenau, Anna Meyer starb am 18. Januar 1944. Das Todesdatum der kleinen Eva Meyer ist nicht bekannt.

Konzentrationslager und Zwangsarbeit

Etwa 100 ausländische Zwangsarbeitskräfte waren nach den Ermittlungen des FNTB in den Kriegsjahren im heutigen Ortsteil **Reinstetten** im Einsatz. Über ihre Lebens- und Arbeitsbedingungen ist nichts bekannt. Vier Jahre nach Kriegsende wurden acht Grabstätten von sowjetischen Bürgern, die zur Zwangsarbeit nach **Ochsenhausen** verschleppt worden waren, auf den „Russenfriedhof" in Biberach umgebettet. Dazu gehörten die sterblichen Überreste von drei Säuglingen: Johannes und Viktor Kapral waren am 3. April 1944 in Ochsenhausen zur Welt gekommen und blieben nur 14 Tage am Leben, Georg Bersenjewa war bei seinem Tod am 30. März 1944 knapp drei Wochen alt.

OGGELSHAUSEN

Konzentrationslager und Zwangsarbeit

Für die kleine Gemeinde meldete der FNTB aufgrund seiner Nachkriegsermittlungen immerhin die Zahl von 145 ausländischen Zwangsarbeitskräften, die während des Krieges zeitweise hier untergebracht waren. Über die Art der Unterbringung und über Arbeits- und Lebensbedingungen ist bisher nichts bekannt.

RIEDLINGEN

Widerstand und Naziterror

Beim **Vöhringerhof**, in unmittelbarer Nähe des Klärwerks in der Eichenau, wurde im April 1985 auf Initiative der SPD-Fraktion im Riedlinger Gemeinderat eine **Gedenktafel** für drei von der Gestapo ermordete Männer enthüllt:

> „Hier starben am 21. April 1945 als Opfer der nationalsozialistischen Herrschaft: Johann Gottlieb Aberle, Hermann Eugen Schlotterbeck und ein unbekannter Soldat."

Der Name des bei der Anbringung der Gedenktafel noch „unbekannten Soldaten" ist inzwischen bekannt: Es war der damals 18jährige Andreas Stadler, der wegen „Feindbegünstigung" im Gestapogefängnis in Stuttgart saß. Auch die beiden anderen Ermordeten waren Ende Februar 1945 in das berüchtigte „Hotel Silber" eingeliefert worden.

Für den damals 57jährigen Maurer Johann Gottlieb Aberle aus Dettenhausen (s. Kr. Tübingen) war es in den zwölf Jahren des NS-Regimes die dritte Verhaftung: Er hatte im Februar 1945 auf dem Weg von Waldenbuch nach Dettenhausen zwei schwerverwundete kanadische Piloten gefunden, ihnen erste Hilfe geleistet und sie mit sich nach Hause genommen. Als er erkannte, daß beide ohne ärztliche Hilfe nicht überleben würden, bewerkstelligte er zusammen mit seinem Sohn die Überführung in ein Kriegsgefangenenlazarett in Tübingen. Dort stellte man fest, daß die Verbände „deutscher Herkunft" waren und erstattete gegen Johann Gottlieb Aberle Anzeige wegen „Feindbegünstigung".

Hermann Schlotterbeck, Mitglied der Stuttgarter Widerstandsgruppe Schlotterbeck (Stuttgart, Baden-Württemberg I) war nach seinem mißglückten Versuch, in die Schweiz zu gelangen, seit Sommer 1944 im KZ Welzheim gefangen. Bei der Auflösung des KZ Welzheim wurde er mit einer Gruppe überwiegend ausländischer KZ-Häftlinge zunächst in das Stuttgarter Gestapogefängnis überführt.

Als am 3. April 1945 amerikanische und französische Truppen vor den Toren Stuttgarts standen, mußten etwa 60 Gefangene, unter ihnen Andreas Stadler, Johann Gottlieb Aberle und Hermann Schlotterbeck, zu Fuß und unter Bewachung nach **Riedlingen** marschieren. Die Gestapo Stuttgart hatte das dortige **Amtsgerichtsgefängnis** als Ausweichgefängnis bestimmt. In den frühen Morgenstunden des 21. April 1945 holten fünf Gestapo-Angehörige die drei Männer aus ihren Zellen, führten sie aneinander gekettet in ein Waldstück nahe des **Vöhringer Hofes**, wo bereits eine Grube ausgehoben war. Das Kommando zur Erschießung gab SS-Hauptscharführer Emil Held, der zuvor das der Gestapo Stuttgart unterstellte „Arbeitserziehungslager" Rudersberg geleitet hatte (Rems-Murr-Kreis, Baden-Württemberg I). Drei Gestapo-Wachmänner führten den „Befehl" aus. Es waren Albert Rentschler, der von den Häftlingen des KZ Welzheim wegen seiner Brutalität und seinen sadistischen Ausfällen „Wildsau" genannt wurde, ein Mann mit Namen Geiger und Albert Schaich, Lehrer von Beruf, seit 1933 Mitglied der NSDAP und der SA, im Krieg gegen die Sowjetunion bei der Geheimen

Feldpolizei im Einsatz und ab Juli 1944 bei der Gestapo Stuttgart mit der Verfolgung von „Arbeitsvertragsbrüchen der deutschen Bevölkerung" beschäftigt. Mit dabei war auch der SS-Hauptscharführer Werner Kaiser, der angeblich lediglich einmal an einer Exekution teilnehmen wollte. Kaiser war seit 1933 bei der Gestapo Stuttgart.

Zwei der Täter standen am 21. Mai 1948 vor dem Landgericht Ravensburg: Albert Schaich und Werner Kaiser. Schaich berief sich auf „Befehlsnotstand" und Kaiser auf seine Rolle als „stiller Beobachter", beide wurden freigesprochen. Mehr noch: Das Gericht wertete die Erschießungen ohne vorangegangenes Gerichtsverfahren als erforderliche Maßnahme der Landesverteidigung:

> „Eine Verfolgung aus politischen Gründen scheidet aus, da die 3 Gefangenen wegen landesverräterischen Verhaltens erschossen worden sind. Die Erschießung der 3 Gefangenen wurde nicht wegen deren politischer Einstellung vorgenommen, sondern aus Gründen der Kriegsführung, die auch andere Staaten veranlaßt haben, ein derartiges Verhalten unter schwere Strafe zu stellen."

Das Gericht hatte es nicht für notwendig erachtet, Friedrich Schlotterbeck, den einzigen Überlebenden der Widerstandsgruppe Schlotterbeck, als Zeugen zu vernehmen. Friedrich Schlotterbeck hatte bereits 1945 damit begonnen, die Mörder seines Bruders ausfindig zu machen. Im Gegensatz zum Gericht kannte er den Aufenthaltsort von Held und Rentschler. Gegen den Freispruch legte die Staatsanwaltschaft Revision ein, die vom Oberlandesgericht Tübingen am 30. November 1948 verworfen wurde. Das französische Militärgericht in Rastatt kassierte am 6. Dezember 1950 beide Urteile und verwies das Verfahren an das Landgericht Rottweil. Dieses stellte am 18. Februar 1952 das Verfahren ein. Im Dezember 1952 betrat Albert Schaich erstmals wieder ein Klassenzimmer und unterrichtete bis zu seiner Pensionierung. Den Angehörigen von Johann Gottlieb Aberle verweigerte das Landesamt für Wiedergutmachung noch 1967 jegliche Entschädigung und verwies dabei auf das Ravensburger Urteil, das ihn zum „Landesverräter" abgestempelt hatte.

Gedenktafel für die beim Vöhringerhof ermordeten Antifaschisten

„Rassische" Verfolgung und „Euthanasie"

Die in **Riedlingen** ansässigen jüdischen Gläubigen gehörten zur Synagogengemeinde Buchau. 1933 gab es in Riedlingen fünf jüdische Geschäfte:

Am **Marktplatz** lagen die Manufaktur- und Kurzwarenhandlungen von Herbert Oetinger sowie von Isaak Strauß und David Weil. Alexander Hummel betrieb in der **Kastanienallee** 2 einen Elektrohandel. Das Herrenbekleidungsgeschäft von M. E. Weil befand sich in der **Donaustr.** 16. Albert und Irma Bernheim gehörte ein Kurz- und Wollwarenladen.

Mindestens fünf Riedlinger Jüdinnen und Juden verloren ihr Leben bei den Deportationen. Zwei Namen stehen auf dem Gedenkstein in Buttenhausen (s. Münsingen, Kr. Reutlingen). Im Gedenkbuch für die Opfer der Judenverfolgung steht nur ein Name: Irma Bernheim geb. Oettinger, Jg. 1893, wurde in Riga ermordet.

Konzentrationslager und Zwangsarbeit

Zum Einsatz ausländischer Zwangsarbeitskräfte in **Riedlingen** fehlen bisher Nachforschungen. Immerhin gab der FNTB als Ergebnis seiner Nachkriegsermittlungen die Zahl von 940 Zivilpersonen an, die während des Krieges zur Zwangsarbeit nach Riedlingen verschleppt worden sind. Die sterblichen Überreste von sechs „Ostarbeiterinnen" und „Ostarbeitern" wurden 1949 auf den sowjetischen Kriegsgräberfriedhof in Biberach umgebettet (s. Biberach).

Im heutige Ortsteil **Grüningen** waren französische, nach 1941 auch russische Kriegsgefangene sowie aus Polen, Rußland und der Ukraine verschleppte Zwangsarbeiterinnen und -arbeiter, zuletzt auch italienische Militärinternierte eingesetzt.

ROT an der ROT

Konzentrationslager und Zwangsarbeit

Nach den Ermittlungen des FNTB waren während des Krieges in **Rot** 170 und in **Spindelwag** 50 ausländische Zwangsarbeitskräfte gemeldet. 1949 veranlaßte der Französische Gräberdienst die Umbettung eines in **Ellwangen** verstorbenen „Ostarbeiters" auf den „Russenfriedhof" in Biberach (s. Biberach).

SCHEMMERHOFEN

„Rassische" Verfolgung und „Euthanasie"

In der Eingangshalle des **Hauses St. Franziskus** in der **Oberstadioner Straße** 14 erinnert ein Wandgemälde an die 72 Kinder des damaligen **„Kinderasyls**

Ingerkingen", die im Herbst 1940 der „Euthanasie"-Mordaktion zum Opfer fielen. Das Heim für geistig behinderte Kinder, das zu den Heggbacher Einrichtungen (s. Maselheim) gehörte, wurde in drei Transporten geräumt: Am 11. September 1940 wurden 33 Jungen, am 1. Oktober 1940 22 Mädchen und am 30. Oktober 1940 17 Jungen und Mädchen sowie junge erwachsene Pfleglinge, die in der Einrichtung arbeiteten, von den grauen Bussen der Gekrat abgeholt. Die letzten Kinder wurden am 13. und 14. Februar 1941 in die Heggbacher Anstalten verlegt. Nur elf Kinder konnten überleben. Die Gebäude des Kinderasyls wurden von der NS-Wohlfahrt zum Zweck der „Kinderlandverschickung" beschlagnahmt.

SCHWENDI

Konzentrationslager und Zwangsarbeit

Erste Hinweise auf den Einsatz von sowjetischen Zwangsarbeitskräften finden sich in der Gräberliste des „Russenfriedhofes" von Biberach. Drei der dorthin umgebetteten Toten sind in Großschafhausen bzw. in Siessen gestorben. In **Großschafhausen** waren die Zwangsarbeiter im **Holzwerk Jost** eingesetzt; ein 16mm-Film, den der damalige Betriebsleiter drehte, befindet sich in der Kreisbildstelle Biberach.

STEINHAUSEN

Widerstand und Naziterror

Der Deserteur Heinz Brenner aus Ulm (s. Stadt Ulm) lebte von Anfang Oktober 1944 bis zur Befreiung im Untergrund. In diesen sieben Monaten fand er bei zehn Familien jeweils für einige Tage Unterkunft und Verpflegung. Der Bauer Buck, der einen Einödhof bei **Rottum** bewirtschaftete, versteckte den jungen Mann zweimal, vom 9. bis zum 24. Februar 1945 und vom 26. April bis zum 1. Mai 1945. Das illegale Quartier in Rottum hatte die Familie Appenzeller in Ochsenhausen ausfindig gemacht. Heinz Brenner beschrieb seinen Gastgeber als einen „biblischen Patriarchen oder einen schweizerischen Freiheitskämpfer alter Zeit". Bauer Buck, der an einer Beinverletzung aus dem ersten Weltkrieg litt, war gläubiger Protestant und entschiedener Kriegsgegner. Er war entschlossen, falls man ihn noch zum Volkssturm einziehen würde, seinen Hof, Frau und Kind zu verteidigen. Abends wurde aus der Bibel gelesen und über die Bedeutung des Gelesenen für die damalige Zeit gesprochen. An diesen Gesprächen nahm auch ein belgischer Kriegsgefangener teil, der mit am Tisch saß und auch anständig untergebracht war.

TANNHEIM

Konzentrationslager und Zwangsarbeit

Nach den Nachkriegsermittlungen des Französischen Nationalen Suchdienstes waren in Tannheim 175 ausländische Zwangsarbeitskräfte im Einsatz.

UMMENDORF

Konzentrationslager und Zwangsarbeit

Die Nachkriegsermittlungen des FNTB ergaben, daß in den Kriegsjahren 155 ausländische Zwangsarbeitskräfte in der kleinen Gemeinde eingesetzt waren. In dieser Zahl sind Kriegsgefangene nicht enthalten. In dem Dokumentarvideofilm „Gefangen-verschleppt-vergessen", den die Geschichts/Video-AG der Dollinger-Realschule herstellte (s. Biberach), berichtet ein ehemaliger sowjetischer Kriegsgefangener über die Lebens- und Arbeitsbedingnungen im Lager der **Fa. Himmelsbach** in der heutigen **Noherrstraße**. Nach dem Bericht von Alexeew Lazar mußten die Gefangenen bei den Holzwerken Himmelsbach, bei Bahnverladearbeiten im Auftrag der Biberacher Fa. Belz, bei Gleisreparaturarbeiten und in der Landwirtschaft arbeiten. Bei einem Luftangriff am 12. April 1945 auf Biberach rettete Herr Lazar ein 12jähriges Mädchen aus den Trümmern des Autohauses Mayer und wurde deswegen von seinen Landsleute angefeindet. Aus diesem Grunde entzog er sich nach Kriegsende der Rückführung in die Sowjetunion.

Bei Kriegsende gab es auf dem **Friedhof** von **Ummendorf** vier Gräber sowjetischer Toter, die 1949 auf den „Russenfriedhof" von Biberach umgebettet wurden: Erika Pazkorn starb, gerade vier Wochen alt, am 19. Februar 1945; Grigorij Kuli und zwei namentlich unbekannte Ukrainer kamen am 23./24. April 1945 beim Einmarsch der französischen Truppen ums Leben.

UNLINGEN

Konzentrationslager und Zwangsarbeit

Das Grab des aus Litauen stammende Kriegsgefangenen oder Zwangsarbeiters Alexas Zukas in der östlichen Ecke des **Friedhofes** von **Unlingen** ist die einzige Spur, die auf den Einsatz von ausländischen Zwangsarbeitskräften in der Gemeinde hinweist. Zukas war laut Gräberliste am 13./14. April 1945 im Alter von 35 Jahren „an Erschöpfung" gestorben. Die sterblichen Überreste der ukrainischen Zwangsarbeiterin Anna Raska, am 24. April 1945 im Alter von 19 Jahren ums Leben gekommen, und der am 25. April 1945 gestorbenen, fünf Monate alten

Katharina Michailowa, wurden 1949 auf den „Russenfriedhof" in Biberach umgebettet (s. Biberach).

In **Göffingen** waren französische Kriegsgefangene und polnische Zwangsarbeiter in landwirtschaftlichen Betrieben eingesetzt.

UTTENWEILER

Konzentrationslager und Zwangsarbeit

Einen Hinweis zum Einsatz von „Ostarbeiterinnen" in **Uttenweiler** fand sich in der Gräberliste des „Russenfriedhofs" in Biberach. Anna Adrianowa ist am 10. November 1943 in Uttenweiler geboren worden, sie starb am 25. Dezember des gleichen Jahres. Ihr Grab befindet sich seit der Umbettung 1949 in Biberach (s. Biberach).

LITERATUR

Hartwig Abraham: Geschichte der Biberacher Arbeiterbwegung und Sozialdemokratie. Ein Beitrag zur politischen Entwicklung in der Stadt **Biberach** an der Riß. Dürmentingen 1983

Reinhold Adler: Judenverfolgung in **Bad Buchau** 1933–1940. In: BC – Heimatkundliche Blätter für den Kreis Biberach, Heft 2. Biberach 1988

Reinhold Adler: Moritz Vierfelder – Aus dem Emigrantenschicksal des letzten Vorstehers der jüdischen Gemeinde **Buchau**. In: BC – Heimatkundliche Blätter für den Kreis Biberach, Heft 1. Biberach 1982

Reinhold Adler, Joachim Guderlei: Das „Lager Lindele" im Zweiten Weltkrieg. In: BC – Heimatkundliche Blätter für den Kreis **Biberach**, Heft 2. Biberach 1984

Reinhold Adler, Joachim Guderlei: Ein Friedhof der Namenlosen in **Biberach**. Zur Entstehung des Friedhofes für sowjetische Soldaten und Zwangsarbeiterinnen. In: Zeit und Heimat. Beilage der Schwäbischen Zeitung vom 17. August 1989

Udo Bayer: „I am doing what my heart dictates me ..." Carl Laemmles Bürgschaftserklärungen für jüdische Flüchtlinge. In: BC – Heimatgeschichtliche Blätter für den Kreis Biberach, Heft 1. Biberach 1996 (zu **Laupheim**)

Udo Bayer: Carl Lämmle und unser Gymnasium. In: Von der Lateinschule zum Carl-Lämmle-Gymnasium. Laupheim 1994 (zu **Laupheim**)

John H. Bergmann, Ernst Schäll: Der Gute Ort. Die Geschichte des **Laupheimer** jüdischen Friedhofs im Wandel der Zeit. In: Ulmer Forum 1983/84.

John H. Bergmann, Ernst Schäll: Gedenktafel für die Opfer der Judenverfolgung in **Laupheim**. In: Schwäbische Heimat 1985

Hans-Otto Binder: **Biberach** in der Zeit der Weimarer Republik und der nationalsozialistischen Diktatur. In: Dieter Stievermann (Hg.): Geschichte der Stadt Biberach. Stuttgart 1991

Heinz A. Brenner: Dagegen. Widerstand Ulmer Schüler gegen die deutsche Nazidiktatur. Hg.: Dokumentationszentrum Oberer Kuhberg. Ulm 1987 (zu **Steinhausen a.d. Rottum**)

Wolfgang Eckert: Die Reise in den letzten Akt. Zur Erinnerung an den 28. November 1941. In: BC – Heimatkundliche Blätter für den Kreis **Biberach**, Heft 2. Biberach 1991

Wolfgang Eckert: Zur Geschichte der Juden in **Laupheim**. In: BC – Heimatkundliche Blätter für den Kreis Biberach, Heft 2. Biberach 1988

Gesellschaft für Heimatpflege Biberach (Hg.): **Biberach** April 1945. BC – Heimatkundliche Blätter für den Kreis Biberach. Sonderheft 1. Biberach 1985

Helga Häckler, Sabine Haug, Karin Lämmle: Wie Kriegsgefangene und Fremdarbeiter in einem oberschwäbischen Dorf während des Krieges lebten und arbeiteten. Schülerarbeit an der Hauswirtschafts-Sozialpädagogischen Berufsfachschule Biberach im Rahmen des Schülerwettbewerbs Alltag im Nationalsozialismus. Biberach 1983 (zu **Mietingen**)

Roger E. Harris: Islanders deported. Part I: The complete history of those British subjects who were deported from the Channel Islands during the German occupation of 1940–1945 and imprisoned in Europe. Ilford/Essex 1979 (zu **Biberach**)

Heggbacher Einrichtungen (Hg.): Vor 50 Jahren: Massenmord – als „Gnadentod" getarnt. Und heute? Dokumentation der Vorträge und Gottesdienst zum Gedenken an die Euthanasieopfer. Maselheim 1990 (zu **Maselheim**)

Justiz und NS-Verbrechen. Sammlung deutscher Strafurteile wegen nationalsozialistischer Tötungsverbrechen 1945–1966. Band II. Amsterdam 1969 (zu **Riedlingen**)

Laupheim. Hrsg. von der Stadt **Laupheim**. Weißenhorn 1979

Johannes May: Staatliche Heilanstalt **Schussenried** in den Jahren 1933-1945. In: Denkmal für die Opfer der „Euthanasie" – Das offene Haus. Hg.: Psychiatrisches Landeskrankenhaus Bad Schussenried. Bad Schussenried 1992

Johannes May, Hermann Josef Pretsch, Martin Rexer, Bodo Rüdenburg: „Euthanasie" in den staatlichen Heilanstalten Zwiefalten und **Schussenried**. Die Rechtfertigung, Vorbereitung und Durchführung der „Vernichtung lebensunwerten Lebens" in der nationalsozialistischen Aktion T4. Zwiefalten 1991

Joseph Mohn: Der Leidensweg unter dem Hakenkreuz. Aus der Geschichte von Stadt und Stift **Buchau**. Herausgegeben von der Stadt Bad Buchau zu Ehren der Toten und Verfolgten des nationalsozialistischen Regimes von Bad Buchau und Kappel. Bad Buchau 1970

Pax-Christi-Gruppe Biberach (Hg.): Gebt den Namenlosen ihren Namen wieder! **Biberach** 1991

Ernst Schäll: Professor Friedrich Adler. In: BC – Heimatkundliche Blätter für den Kreis Biberach, Heft 2. Biberach 1994 (zu **Laupheim**)

Ernst Schäll: **Laupheim** – einst eine große und angesehene Judengemeinde. In: Abraham P. Kustermann, Dieter R. Bauer (Hg.): Jüdisches Leben im Bodenseeraum. Ostfildern 1994

Ernst Schäll: Carl Laemmle – Ein Lebensweg von **Laupheim** nach Hollywood. In: BC – Heimatgeschichtliche Blätter für den Kreis Biberach. Biberach 1992

Ernst Schäll: Der jüdische Friedhof in **Laupheim**. In: Schwäbische Heimat 4/1996

Bernhard Schmidt, Matthias Stelzer: Der Nazi-Herrschaft die Stirn geboten. Gottlieb Aberle – sechs Jahre im KZ und in **Riedlingen** erschossen. Tödliche Begegnung des Dettenhäuser Arbeiters mit dem späteren Konrektor Albert Schaich. In: Schwäbische Zeitung vom 22. Juli 1995

Wilfried Steuer (Hg.): April 1945 – Ende und Anfang. **Bad Buchau** 1985

Das Tagebuch der Hertha Nathorff. München 1987 (zu **Laupheim**)

Alfons Waibel: Das Euthanasieprogramm des Dritten Reiches. Die Ereignisse in **Heggbach** und **Ingerkingen**. Eine Dokumentation als Fachbericht 3 der Heggbacher Einrichtungen. Hg.: Heggbacher Einrichtungen. Maselheim 1984

Günther Wirth: Verbotene Kunst 1933–1945. Verfolgte Künstler im deutschen Südwesten. Stuttgart 1987 (zu **Laupheim**)

FILME

„Gefangen – Verschleppt – Vergessen". Videodokumentation zum Lager Lindele und dem „Russenfriedhof" in **Biberach**. Hergestellt von der Geschichte/Video-Arbeitsgemeinschaft der Dollinger-Realschule in Biberach. Verleih: Kreisbildstelle Biberach, Landratsamt, Rollinstraße, 86485 Biberach

MUSEEN

Das Heimatmuseum im **Schloß Großlaupheim** verfügt über eine Abteilung zur Geschichte der jüdischen Gemeinde Laupheim.

KONTAKTE

Pax-Christi-Basisgruppe Biberach c/o Berthold Seeger, Kolpingstr. 43, 88400 Biberach an der Riß

Geschichts-AG der Dollinger-Realschule Biberach, Raustr. 12, 88400 Biberach

Dr. Udo Bayer c/o Carl-Laemmle-Gymnasium, Herrenmahd 9, 88471 Laupheim

Ernst Schäll, Veldenstr. 81, 88471 Laupheim

Bodensee-Kreis

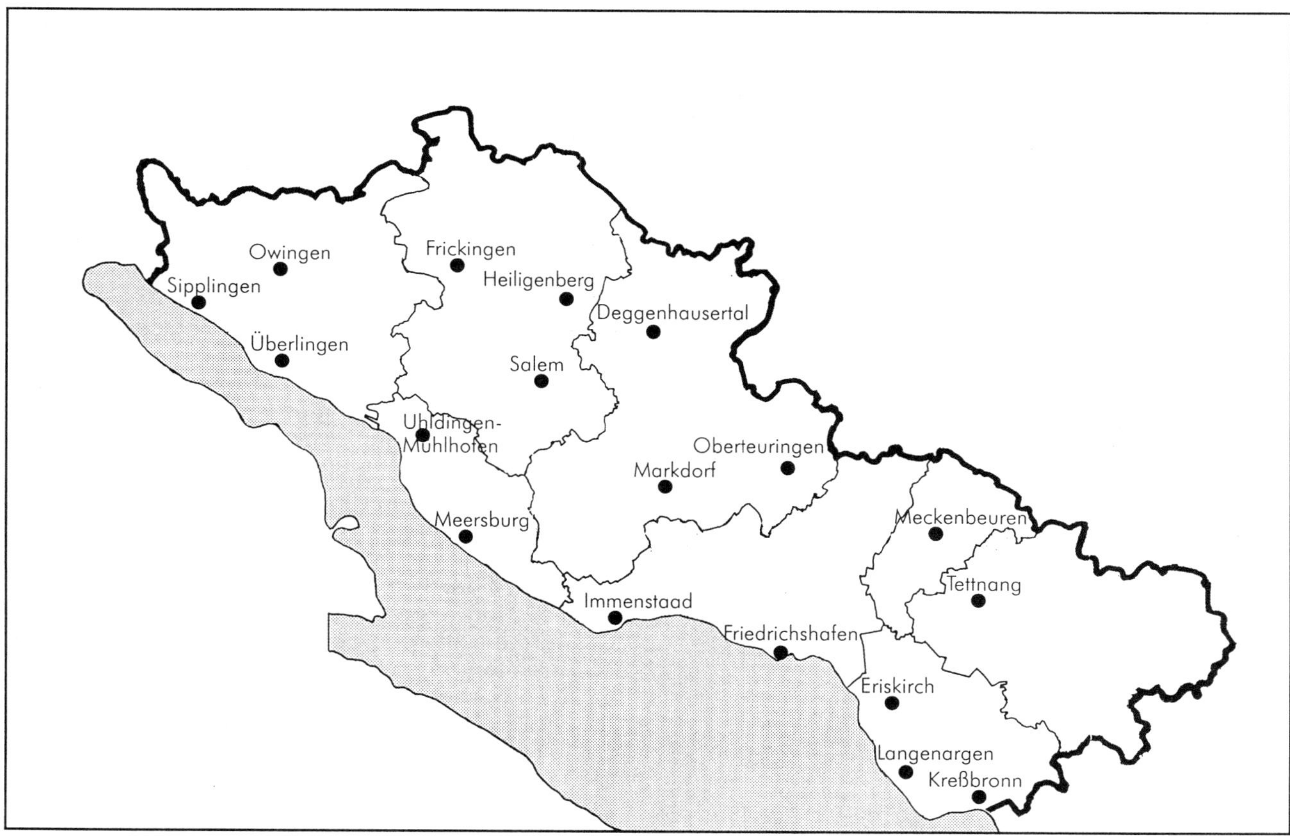

DEGGENHAUSERTAL

Widerstand und Naziterror

Eine Gruppe von Offizieren, die das Attentat auf Hitler am 20. Juli 1944 unterstützt hatte, fand in den letzten Apriltagen 1945 Unterkunft in **Urnau**. Dorthin hatte sie der Rektor des Klosters Hersberg, Pater Leo Kruck, gebracht (s. Immenstaad). Dank der Umsicht des damaligen Bürgermeisters Rist und des Pfarrers Schmieder konnte eine mit größter Wahrscheinlichkeit tödlich endende Begegnung mit SS-Leuten, die auf dem Weg in die „Alpenfestung" waren, vermieden werden.

Konzentrationslager und Zwangsarbeit

Nach 1945 stellte der FNTB Nachforschungen zum Einsatz ausländischer Zwangsarbeitskräfte in der französisch besetzten Zone an. Für **Homberg** ermittelte er die Zahl von 195 Frauen und Männern.

In **Roggenbeuren** kamen der sowjetische Zwangsarbeiter (oder Kriegsgefangene) Alexius Jakorski und die Zwangsarbeiterin Sofroma Stee ums Leben. Beide Gräber wurden 1949 auf den „Russenfriedhof" in Biberach umgebettet (s. Kr. Biberach). In **Homberg** starben im Mai 1945 kurz nacheinander die erst fünf Wochen alten Zwillinge Helene und Maria Mochomedjano; ihr Grab ist heute ebenfalls in Biberach. In **Homberg** befindet sich noch das Grab des polnischen Kriegsgefangenen Josef Tomasik, der am 25. Juli 1940 im Alter von 26 Jahren ums Leben kam. In **Deggenhausen** ist der Bulgare Georgi Krasmansky bestattet; laut Gräberliste war der bei seinem Tod im Oktober 1945 50jährige ein „Fremdarbeiter".

Am 8. August 1941, um fünf Uhr morgens, wurde „an der Landstraße 2. Ordnung Nr. 74", d.h. in der Mitte der Verbindungstraße zwischen **Homberg** und der Gemeinde Münchhof, der 29jährige polnische Zwangsarbeiter Josef Procel erhängt. Er war wegen Beziehungen zu deutschen Frauen denunziert worden. Die Denunziation führte, wie es die rassistischen Polen-Gesetze vorsahen, zur öffentlichen Hinrichtung des Mannes. Die 20jährige Anna J. wurde kahlgeschoren und mit einem Schild mit der Aufschrift „Polenhure" durch Konstanz geführt. Anna, ihre Mutter und eine weitere junge Frau, Elisabeth R. wurden in das KZ Ravensbrück eingewiesen. Von dort kamen Anna und ihre Mutter nach Auschwitz, wo die Mutter starb. Nach dem Krieg kehrten Anna und Elisabeth nach Homberg zurück. Elisabeth starb bald an den Folgen der KZ-Haft. Bis zu ihrem Tod erklärte sie, daß es zwischen ihr und Josef Procel nur „Schäkereien" gegeben habe. Anna J. sagte 1964 als Zeugin im Prozeß gegen den stellvertretenden Leiter der Gestapo Karlsruhe Dr. Heinrich F. aus, der wegen der Ermordung von 38 Polen im Zeitraum von April 1941 bis November 1942 vor Gericht stand: Procel habe um sie geworben und von einer Vergewaltigung könne nicht die Rede sein. Der Prozeß endete für Dr. F. mit einem Freispruch.

ERISKIRCH

Widerstand und Naziterror

1994 beschloß der Gemeinderat von Eriskirch, im **Neubaugebiet Lehen** eine Straße nach dem Widerstandskämpfer Fridolin Endraß zu benennen und ein deutlich sichtbares Erinnerungszeichen zu errichten. Fridolin Endraß, am 5. März 1893 in **Mariabrunn** geboren, war bis 1933 Vorsitzender der Eisenbahnergewerkschaft in Friedrichshafen. Nach 1933 schloß er sich einer Widerstandsgruppe an, die von dem in die Schweiz geflüchteten Gewerkschafter Hans Molt geleitet und von der Internationalen Transportarbeiterförderation (ITF) unterstützt wurde. Die Gruppe brachte antifaschistische Zeitungen, auf Dünndruckpapier gedruckt und in Fahrradschläuchen versteckt, über die Schweizer Grenze und gab Beobachtungen über die Kriegsvorbereitungen im Bodenseeraum weiter. Fridolin Endraß wurde am 21. Juli 1938 verhaftet und am 5. November 1939 vom „Volksgerichtshof" in Berlin zum Tode verurteilt. Seine Hinrichtung am 23. Februar 1940 in Berlin-Plötzensee wurde zur Abschreckung an allen Litfaßsäulen in Friedrichshafen plakatiert (s. Friedrichshafen).

FRICKINGEN

Konzentrationslager und Zwangsarbeit

Der FNTB meldete aufgrund seiner Nachkriegsermittlungen für **Leustetten** die Zahl von 160 ausländischen Zwangsarbeitskräften. Am 6. April 1943 kam in **Frickingen** der serbische Kriegsgefangene Milan Pilja im Alter von 24 Jahren ums Leben. Er ist auf dem **Gemeindefriedhof** bestattet.

FRIEDRICHSHAFEN

Widerstand und Naziterror

Leiter der **Gestapo-Dienststelle** in der **Friedrichstr.** 85-87 war von 1934 bis 1941 der SS-Obersturmführer Friedrich Wilhelm Boger, danach wurde er zur Gestapo nach Polen und schließlich in das KZ Auschwitz, in die Politische Abteilung, versetzt. Boger saß 1963/1964 im Frankfurter Auschwitz-Prozeß auf der Anklagebank. Das Gericht verurteilte ihn wegen gemeinschaftlich begangenen Mordes in 109 Fällen und in fünf Fällen als Mörder bei Vernehmungen und wegen der Teilnahme an mindestens zwei Selektionen zu einer lebenslänglichen Zuchthausstrafe. Über die Art der von Boger durchgeführten „verschärften Vernehmungen" steht im Urteil: „Es ist erwiesen, daß Boger ... Häftlinge in bestialischster Art und Weise folterte, wobei er vor allem auf die Geschlechtsteile schlagen ließ. Viele Zeugen haben das übereinstimmend bekundet. Wie viele so Gefolterte an den Folgen gestorben sind, konnte nicht geklärt werden."

1945 war Boger in Ludwigsburg mit falschem Namen untergetaucht. Ein ehemaliger Auschwitz-Häftling identifiziert ihn und veranlaßte seine Festnahme. Er kam zunächst in das amerikanische Internierungslager Ludwigsburg und dann nach Dachau. Im November 1946 sollte er an die Volksrepublik Polen ausgeliefert werden; er konnte jedoch unterwegs fliehen und tauchte in Ortschaften bei Crailsheim, der Heimat seiner Mutter, unter. Boger sagte vor Gericht über diese Zeit: „Damals zeigte es sich noch, daß die Deutschen zusammenhielten, denn sie kannten mich alle, und niemand zeigte mich an." 1949 wurde er in einem Ermittlungsverfahren der Staatsanwaltschaft Ravensburg in Untersuchungshaft genommen, nach fünf Wochen jedoch wieder freigelassen. Bei dem Ermittlungsverfahren ging es vermutlich um die Mißhandlung eines katholischen Geistlichen bei einem Verhör in Friedrichshafen.

Nach der Freilassung meldete sich Boger unter seinem richtigen Namen im Kreis Crailsheim an und erhielt ordentliche Papiere. Im Herbst 1950 betrieb er bei der Spruchkammer in Ludwigsburg seine „Entnazifizierung" – darauf spekulierend, daß angesichts der Verschlechterung der Ost-West-Beziehungen keine Auslieferung in einen Staat des Ostblocks mehr erfolgen würde. Seine Rechnung ging auf; im folgenden Spruchkammerverfahren wurde er als „Mitläufer" eingestuft. Bis 1958 lebte er dann unbehelligt in Stuttgart-Zuffenhausen. Anläßlich der Verhaftung Bogers berichtete der „Südkurier" über den Beginn dieser SS-Karriere in Friedrichshafen:

> „Zahlreiche Einwohner Friedrichshafens wurden seine Opfer: Geistliche, Handwerker, Arbeiter, Ordensfrauen und Beamte. Viele mußten Äußerungen gegen das Regime bitter büßen ... Oft waren im Friedrichshafener **Polizeigefängnis** mehr als 30 Personen auf dem für 6 oder 8 Häftlinge gedachten Raum untergebracht."

Als ein Beispiel für Bogers gewaltätigen Charakter wird ein Vorfall aus dem Jahr 1939 berichtet: Nach einem Wirtshausbesuch begegnete er an der Ecke **Friedrich- und Wilhelmstraße** einem Arbeiter, der gerade das **Gasthaus „Zum Schwanen"** verlassen hatte. Es kam zu einem kurzen Wortwechsel, bei dem Boger seine Pistole zog und den Arbeiter niederschoß. Dieser erhielt einen Bauchschuß und kämpfte wochenlang ums Überleben.

Boger ließ nicht nur die Fronleichnamsprozessionen aus dem Fenster des Gestapo-Dienststelle fotografieren, er sorgte in Verbindung mit den Geschäftsleitungen auch für die strenge Überwachung der Rüstungsbetriebe.

In den „Deutschland-Berichten", die der nach Prag emigrierte Parteivorstand der SPD (Sopade) auf der Grundlage von Informationen aus Deutschland herausgab, finden sich mehrere Aussagen zu diesem Überwachungssystem:

> „November/Dezember 1934: Die **Dornier-** und **Zeppelinwerke** in Friedrichshafen haben Hochbetrieb und vergrößern ihre Belegschaft. Die in diesen Betrieben eingestellten Arbeiter werden sehr stark bespitzelt und überwacht. Jeder Arbeiter wird bei seinem Eintritt verpflichtet, nicht die geringsten Aussagen über die Fabrikation zu machen.
>
> Juni 1936: Bei der Zeppelin AG Friedrichshafen stehen sämtliche Werkstätten und Büros unter strenger militärischer

Bewachung. Jeder Werksangestellte ist unter steter und strenger Kontrolle. Alle Unterhaltungen, selbst beim Essen, werden beobachtet."

Berichte über die Aufrüstung gelangten dennoch zu den Stützpunkten der SPD und der KPD im Ausland: Obwohl den Facharbeitern bei den Dornier- und Zeppelinwerken gesagt wurde, daß sie Autogetriebe herstellten, sei es unter ihnen kein Geheimnis, daß es sich tatsächlich um Flugmotoren handele, heißt es im Abschnitt „Aufrüstung" in den „Deutschland-Berichten" vom Dezember 1934. Im Oktober 1935 meldeten die „Deutschland-Berichte":

„**Zahnradfabrik Friedrichshafen** (Ergänzungsbetrieb für Flugzeug- und Auto- sowie Schiffbau): arbeitet mit Hochdruck in mehreren Schichten. Stellt Getriebe für Kriegszwecke, hauptsächlich für Tanks her. Erweitert seine Anlagen um etwa 50 Prozent des bisherigen Umfangs. Es wird allgemein angenommen, daß die Erweiterung nicht aus eigenen Mitteln, sondern mit Reichshilfe durchgeführt wird."

Der Verfasser dieser Berichte schrieb im November 1935 zur Stimmung unter den Belegschaften: Zwar hielten die Sozialdemokraten in „Freundschaftskreisen" etwas Verbindung untereinander, aber es sei sehr schwierig, Informationen über die betrieblichen Verhältnisse zu bekommen: „Da traut sich fast keiner heran. Keiner will eben unter die Räder kommen."

Zwei Arbeiter aus Friedrichshafen bezahlten ihren Kampf gegen die Kriegsvorbereitungen mit dem Leben:

Artur Göritz (1907–1938) aus **Manzell** hatte nach längerer Arbeitslosigkeit im Dezember 1933 bei den **Dornier-Werken** eine Anstellung als Schlosser gefunden, er arbeitete zunächst in der Tragflächenabteilung, später in der Abteilung Typenbau. Der damals 26 Jahre alte Mann war vor 1933 bei der bündischen Jugend gewesen, hatte in Stuttgart die Jugendabteilung des „Arbeiterschwimmervereins" geleitet und war der „Roten Hilfe" beigetreten. Er interessierte sich für Philosophie, Geschichte und Politik und warb in seiner Freizeit Abonnenten für die „Universums-Bücherei". Anfang 1934, so stellte der „Volksgerichtshof" später fest, traf er Josef Steidle, mit dem er seit dessen Lehrzeit bei der Maschinen- und Schiffbaufirma Manzell befreundet war. Steidle, Mitglied der illegalen Leitung der KP Württemberg, suchte zuverlässige Informanten, die über die Kriegsvorbereitungen berichten könnten, und fand in Artur Göritz einen Menschen, der seine antifaschistische Gesinnung bewahrt hatte. Göritz berichtete ihm über die Stimmung im Betrieb und bei einem weiteren Treffen Ostern 1935 im Walsertal über das Ergebnis der „Vertrauensrätewahl" und die Entwicklung der Flugzeugtypen DO 17, DO 18 und DO 19. Der „Volksgerichtshof" sah darin „Landesverrat" und verurteilte Artur Göritz ebenso wie die Mitangeklagten Lieselotte Herrmann, Stefan Lovasz und Josef Steidle am 11. Juni 1937 zum Tode. Alle vier zum Tode Verurteilten wurden am 20. Juni 1938 in Berlin-Plötzensee hingerichtet.

Fridolin Endraß (1893–1940) arbeitete als Schlosser im **Reichsbahn-Ausbesserungswerk**. Bis zum Verbot der Freien Gewerkschaften und der Besetzung des **Gewerkschaftshauses** in der **Friedrichstr.** 39 war er Bevollmächtigter des Einheitsverbandes der Eisenbahner Deutschlands gewesen. Er wohnte in der **Ernst-Lehmann-Str.** 4 und war Mitglied im Arbeitersängerbund und im Arbeiterradfahrerbund „Solidarität", die beide im Sommer 1933 verboten wurden. Den Beginn seiner Zusammenarbeit mit dem in die Schweiz geflüchteten Gewerkschafter Hans Molt datierte der „Volksgerichtshof" auf den Mai 1937. Bis zu seiner Verhaftung im Juli 1938 übermittelte Endraß Informationen in die Schweiz und beteiligte sich am Transport antifaschistischer Zeitungen. In der Anklageschrift von Endraß wird seine Tätigkeit so beschrieben:

„Endraß hat die Verbindung zu anderen Genossen in Friedrichshafen, Ulm, Bad Münster am Stein, Aulendorf und Kemnat bei Stuttgart aufgenommen, diese Genossen zur illegalen Mitarbeit geworben und mit den von Riedlin (ein Antifaschist aus Kreuzlingen, der Druckschriften versteckt in den Radschläuchen seines Fahrrades über die Grenze brachte. Vf.) überbrachten Druckschriften beliefert. Er hat an mehreren Funktionärsbesprechungen in der Schweiz teilgenommen, die der Weiterführung der illegalen Gewerkschaftsarbeit in Deutschland gedient haben, und im übrigen die ihm von Molt erteilten illegalen Aufträge nach bestem Können ausgeführt. Darüberhinaus hat er Stimmungsberichte an Molt geliefert, die für illegale Druckschriften ausgewertet worden sind. Schließlich hat Endraß noch Aufträge von Molt angenommen, die die Erkundung von Staatsgeheimnissen zum Gegenstande gehabt haben, hat sich in Ausführung dieser Aufträge bemüht, an Ort und Stelle militärische Vorgänge in Erfahrung zu bringen, und auch über Vorgänge dieser Art berichtet."

Wegen „Hoch- und Landesverrat" zum Tode verurteilt, starb Fridolin Endraß am 23. Februar 1940 unter dem Fallbeil in Berlin-Plötzensee.

Der Friedrichshafener Kaplan Erich Selzle wurde am 27. Dezember 1937 in München verhaftet. Die Gestapo bezichtigte ihn „homosexueller Beziehungen" und schleppte ihn durch drei Konzentrationslager: Welzheim (Rems-Murr-Kreis, Baden-Württemberg I), Dachau, Mauthausen und wieder Dachau. Dort wurde er am 29. April 1945 befreit.

Die Gründe, weshalb Karl Wagner in das KZ Buchenwald eingeliefert wurde, sind uns nicht bekannt. Er kam dort am 16. April 1942 ums Leben. Seine Angehörigen ließen die Urne im Familiegrab beisetzen.

„Rassische" Verfolgung und „Euthanasie"

Nach einer Liste der Städtischen Friedhofsverwaltung vom 23. Dezember 1965 sind auf den **Friedhöfen** von **Friedrichshafen** in Familiengräbern noch zehn Urnen von „Euthanasie"-Opfern bestattet, die 1940 in den Tötungsanstalten Brandenburg, Sonnenstein (Sachsen), Hartheim (Österreich) und Grafeneck (s. Gomadingen, Kr. Reutlingen) ermordet wurden; ein Grab wurde 1964 entgegen den Bestimmungen des Kriegsgräbergesetzes „abgeräumt".

Opfer der rassistischen Polen-Erlasse, die sexuelle Beziehungen zwischen deutschen Frauen und „Fremdvölkischen" mit der Todesstrafe für den Mann und der Einweisung der Frau in das KZ Ravensbrück bestrafte, wurde der polnische Zwangsarbeiter Wladislaw Lenda. Er wurde am 28. Oktober 1941 in Friedrichshafen erhängt. Zur Abschreckung mußten seine Landsleute an der Hinrichtung teilnehmen; der Leichnam wurde dem Anatomischen Institut der Universität Tübingen übergeben (s. Kr. Tübingen).

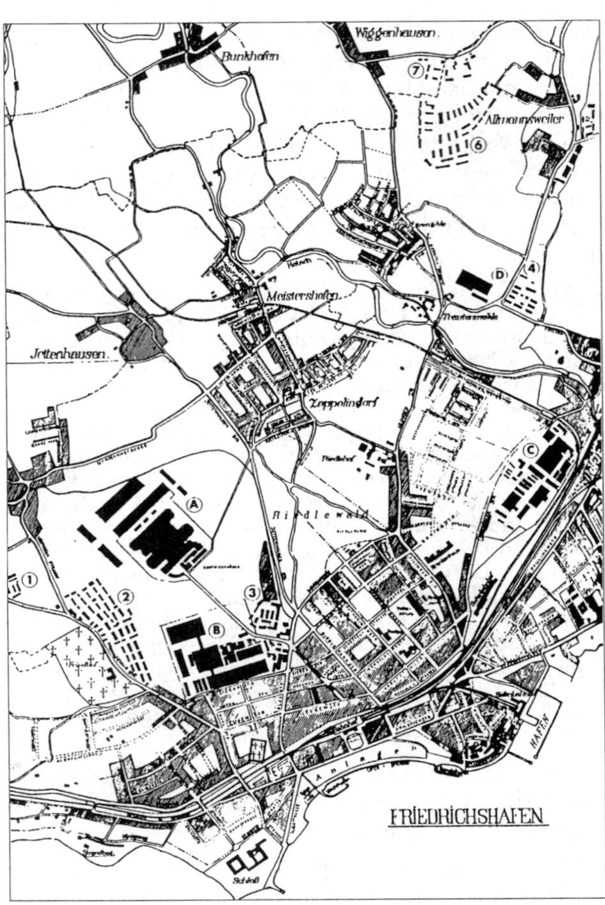

Rüstungsbetriebe und Lager in Friedrichshafen:

A Luftschiffbau Zeppelin GmbH, am Nordrand V2-Halle (1943)
B Maybach-Motorenbau GmbH
C Zahnradfabrik Friedrichshafen AG
D Dornier-Werk Allmannsweiler
1 Olympialager, angelegt vor 1937, ursprünglich für Flaktruppen, noch ohne die 1944 erfolgte östliche Erweiterung für Maybach
2 Lager Hochstraße ab 1942/1943, südliche Hälfte als Lager Seeblick von Maybach belegt, nördliche Hälfte geteilt zwischen Dornier (Lager Wolga III) und Luftschiffbau (Lager Don, mit KZ-Außenkommando)
3 Lager Riedlepark, vermutlich für Wachmannschaften des Luftschiffbau-Geländes
4 Lager Friedensstraße (Wolga I) für Dornier
5 Lager am Flugplatz, ursprünglich für Arbeiter beim Abbau der Luftschiffhalle 1942/1943
6 Wiesenlager (Lager Allmannsweiler), ab 1942, ursprünglich von Zahnradfabrik, Maybach, Luftschiffbau und Dornier belegt, später nur für Zahnradfabrik
7 Lager Weiher des Bauunternehmens Rostan

(Kartierung und Lokalisierung von Georg Wieland)

Konzentrationslager und Zwangsarbeit

Das Zentrum der Luftfahrtindustrie am Bodensee entstand wenige Jahre vor dem Ersten Weltkrieg; am Ende des Zweiten Weltkrieges waren von der einst idyllischen Residenzstadt Friedrichshafen nur noch Trümmer übriggeblieben. Zum **Zeppelin-Konzern** gehörten die Luftschiffbau Zeppelin GmbH, die Maybach-Motorenbau GmbH, die Zahnradfabrik, eine Aktiengesellschaft mit Schweizer Kapital und Technologie, sowie die Dornier-Metallbauten GmbH, die nach der Trennung in der Wirtschaftskrise 1932 von Claude Dornier als Dornier-Werke GmbH weitergeführt wurde. Alle vier Betriebe taten sich schwer mit der Umstellung auf eine Friedensproduktion, zu der sie sich in den Jahren der Weimarer Republik gezwungen sahen. Seit der Machtübertragung an Hitler und der erst geheimen, dann offenen und ab 1936 gewaltig forcierten Aufrüstung ging es in ihrem Sinne aufwärts. Die **Luftschiffbau GmbH** auf dem alten Zeppelingelände im Norden Friedrichhafens produzierte Aluminium und Magnesium, Radar- und Peilanlagen, Fallschirme und Fesselballons, war an Entwicklung und Bau von Transportflugzeugen und – im Seewerk Immenstaad – an Torpedoversuchen beteiligt. Im **Werk Friedrichshafe**n fand bis Herbst 1943 die Endmontage der V2-Raketen, Typ A4, statt und in **Raderach** deren Erprobung; in diesem Bereich waren 850–1.000 Gefangene aus dem KZ Dachau eingesetzt. Die Belegschaft stieg von 2.000 (1939) auf 6.000 (1944/1945).

Die **Maybach Motorenbau GmbH** hatte sich in der Weimarer Republik auf Motoren verschiedenster Art und luxuriöse Personenwagen spezialisiert. Im Oktober 1935 faßte das Oberkommando des Heeres den Beschluß, daß alle Vollketten- und Halbkettenfahrzeuge der Wehrmacht mit Maybach-Motoren ausgerüstet werden sollen. 1939 arbeiteten bei den Maybach-Motorenwerken 2.600 Beschäftigte, 1944 waren es 5.633, darunter 2. 805 ausländische Zwangsarbeitskräfte.

Bei Kriegsbeginn war die **Zahnradfabrik AG** der größte Getriebehersteller Europas. Am stärksten waren die **Dornier-Werke** durch die Aufrüstung expandiert. 1933 hatte man gerade noch 1.144 Beschäftigte gezählt; 1944 waren es im ganzen Konzernbereich 21.156. Zweigwerke bestanden in Wismar, München, Neuaubing, Berlin, Oberpfaffenhofen, Lübeck, Langenargen und Pfronten, und natürlich wurden – ebenso wie die Maybach-Motoren – die Dornier-Flugzeuge auch in Lizenz gebaut.

Zur Situation der ausländischen Zwangsarbeiterinnen und -arbeiter, der Kriegsgefangenen und KZ-Häftlinge lassen sich bisher, wie Oswald Burger feststellte, nur fragmentarische Angaben machen. Die Forschungslage ist deshalb so schwierig, weil bei den Bombenangriffen viele Akten vernichtet wurden und in den Firmenarchiven nicht viel überliefert ist.

Im Juli 1942 befanden sich bereits etwa 2.000 ausländische Zwangsarbeitskräfte in der Stadt, untergebracht in unzureichenden Notunterkünften und in Baracken auf den Firmengeländen. Für die folgenden Wochen hatte das zuständige Arbeitsamt Ravensburg weitere Transporte mit 3-4.000 Personen angekündigt. In dieser Situation beschloß der Stadtrat die Errichtung eines **„Barackendorfes"** nordwestlich von **Allmannsweiler**:

> „Dieser verstärkte Zugang an ausländischen Zivilarbeitern und Gefangenen bedingt zur Regelung der Unterbringung die Erstellung von Baracken. Aus sozial- und rassepolitischen sowie städtebaulichen Gesichtspunkten ist eine Zusammenfassung der einzelnen Baracken zu einem großen Lager dringend notwendig."

Das Lager sollte etwa 2.500 Personen aufnehmen und bei Bedarf beliebig erweitert werden können. Zwei getrennte Bereiche – für „Zivilarbeiter" und für Kriegsgefangene – waren ebenso geplant wie „Gemeinschaftseinrichtungen (insbesondere Verpflegungsbaracke mit Kücheneinrichtung, Wasch- und Abortbaracken, Wachbaracke für die Wehrmacht und Polizeistation eventl. Handwerker- und Ladenbaracke) sowie eine schon früher vorgesehene Bordell-Baracke". Der Standort in Allmannsweiler „anschließend an die Baracken der Firma Rostan" wurde gewählt, weil das Lager von den einzelnen Industriebetrieben „in höchstens ½ Stunde Fußmarsch" zu erreichen" und von den Hauptverkehrstrassen „kaum einzusehen" sei. Die erste Bauphase sah 37 Baracken vor, 14 für ausländische „Zivilarbeiter" und 23 für sowjetische Kriegsgefangene; davon konnten **Maybach-Motorenbau** 19, die **Zahnradfabrik** acht, die **Dornier-Werke** sieben und die **Luftschiff Zeppelin** drei belegen. Hinsichtlich der Kostenübernahme für die „Gemeinschaftseinrichtungen" scheint es zwischen den Betrieben des Zeppelinkonzerns und den Dornier-Werken größere Differenzen gegeben zu haben. Bei Kriegsende bestand das Lager in Allmannsweiler aus 63 Baracken.

Oswald Burger kam bei seinen Nachforschungen auf sechs weitere Lager:

ein Lager mit 64 Baracken in der **Hochstraße** gegenüber dem Friedhof, westlich der Firmengelände von Maybach-Motorenbau und Luftschiffbau Zeppelin,

das „Olympialager" mit 20 Baracken rechts von der **Hochstraße** in Richtung Sparbruck/Schnetzenhausen,

ein Lager mit etwa 14 Baracken an der heutigen **Barbarossastraße** (damals Friedensstraße) zwischen Dornier-Halle und Flughafen Löwenthal, das den Dornier-Werken zugeordnet war,

ein ebenfalls zu den Dornier-Werken gehörendes Lager mit fünf Baracken am **Seemooser Horn** östlich des Dornier-Werkgeländes,

ein Lager bei der V2-Versuchsanlage in **Raderach**.

Die beiden KZ-Außenlager von Dachau befanden sich in der **Hochstraße** und in **Raderach**.

Ein Dachauer **KZ-Außenkommando** bestand von September 1943 bis Mitte Mai 1944: Etwa 400 Gefangene mußten bei der **Zahnradfabrik**, der **Fa. Balluf & Springer**, dem **Aluminiumwerk & Apparatebau**, den **Maybach-Motorenwerken**, den **Dornier-Werken** und dem **Reichsbahnausbesserungswerk** arbeiten. Es waren Polen, Russen, Tschechen, Österreicher, Franzosen, Italiener und einige Deutsche. Die Geschichte eines polnischen Gefangenen, dem im April 1944 zusammen mit fünf Landsleuten und zwei Belgiern die Flucht gelang, und von zwei deutschen Häftlingen konnte Oswald Burger teilweise rekonstruieren; die beiden Deutschen waren Kommunisten, sie wurden, weil sie Kontakte zu Frauen im benachbarten Zwangsarbeiterinnen-Lager aufgenommen hatten, im November 1943 in das KZ Buchenwald überstellt.

Die Errichtung des zweiten, weit größeren Außenkommandos des KZ Dachau stand in Zusammenhang mit der Montage und der Erprobung der V2-Raketen in Friedrichshafen bzw. Raderach. Dieses Kommando wurde erstmals am 23. Februar 1943 erwähnt und war mit 850 bis 1.000 Häftlingen belegt. Das **Zeppelingelände** und die **Versuchsanlage** in **Raderach** waren bevorzugte Ziele alliierter Bombenangriffe. Mindestens 176 Häftlinge fanden dabei den Tod.

Ein ehemaliger Gefangener, der Bremer Kommunist Willy Müller erinnert sich:

> „Zuerst haben wir Gefangenen uns Fliegerangriffe gewünscht. Aber als wir sie dann in ihrer ganzen Härte erleben mußten, ohne Schutz dem Angriff ausgesetzt waren, haben doch manchem die Nerven gezittert. Bei einem Tagesangriff hatten wir sechzehn Tote ... Am 27. April morgens donnerte, krachte und explodierte es, die **Zeppelinhalle** stürzte in sich zusammen. Die **Montagehalle** für die V2-Waffe bekam fünf Volltreffer, die

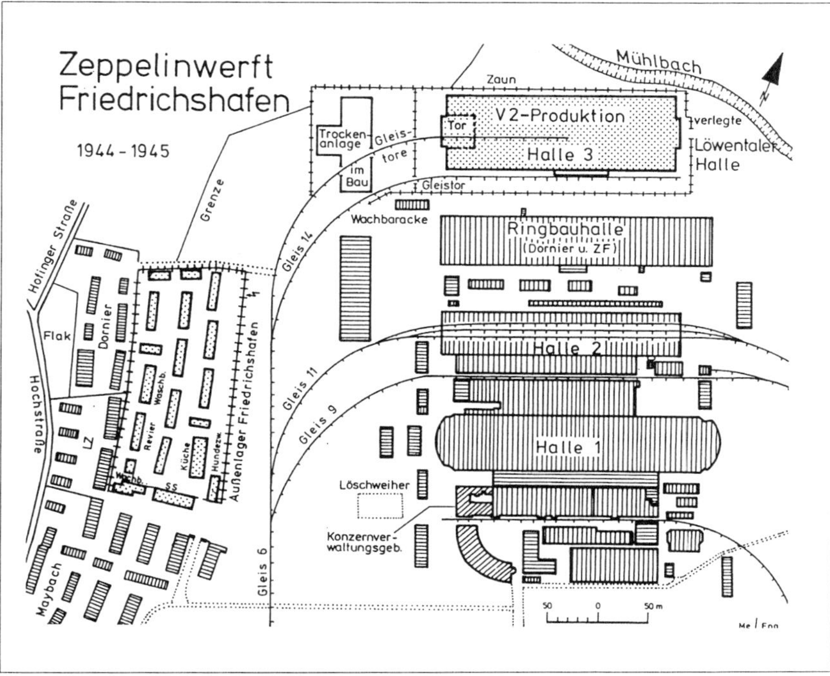

Zeppelinwerft Friedrichshafen

> Maybachwerke wurden zu hundert Prozent vernichtet und die ganze Stadt Friedrichshafen brannte, auch die Gefangenen- und die Zivillager standen in Flammen. Das gesamte Lager wurde vernichtet, nur der Zaun blieb stehen. Zwölf Kameraden wurden dabei zerrissen, zwei weitere von den wie Regentropfen fallenden Stabbrandbomben erschlagen ... Am 1. Mai 1944 ziehen wir nach **Raderach** in ein ehemaliges Kriegsgefangenenlager."

Am 26. September 1944 brachte die SS 762 Häftlinge in das KZ Mittelbau-Dora nach Thüringen, wo von Häftlingen des KZ Buchenwald in den Stollen des Kohnsteins eine unterirdische Raketenfabrik gebaut worden war. Eine Gruppe von etwa 400 Häftlingen kam nach Saulgau, wo sie in den Gebäuden der Fa. Bautz weiter Teile für die V2-Raketen herstellten mußten (s. Saulgau, Kr. Sigmaringen).

Auch die anderen Produktionsstätten der Luftfahrtindustrie wurden zum Teil bereits ab 1942 verlagert: **Dornier**, dessen Hauptverwaltung und Entwicklungsabteilungen in **Manzell** lagen (auf dem heutigen MTU-Gelände), verlagerte ab 1942 nach Wangen im Allgäu (in einen Spinnereibetrieb), Ravensburg (in einen Bierkeller und den Stollen des Milchwerkes), Langenargen, Nonnenhorn (Teilefertigung in sechs Baracken), Isny im Allgäu, Ummendorf, Wollmatingen, nach Konstanz (Gebäude der Fa. Strohmeyer und der Fa. Schwarzwald Flugzeugbau), nach Meersburg (Textilfabrik Hämmerle), nach Nußdorf bei Überlingen (Fa. Kältemaschinenbau), nach Überlingen (Fa. Kramer) und mehr als 50 weiteren Orten im Bodenseeraum. Die **Maybach-Motoren-Werke** verlagerten Abteilungen nach Ravensburg und nach Gottmadingen. Von der **Luftschiffbau Zeppelin** sind mindestens 16 Verlagerungsorte bekannt, insbesondere in Ravensburg, Biberach, Saulgau, Leutkirch und Weingarten.

Bereits am 30. April 1944 empfahl der „Jägerstab" die unterirdische Verlagerung der Dornier-Werke, der Maybach-Motorenwerke und der Zahnradfabrik. Unter dem Decknamen „Magnesit" sollten in den Molassefelsen in Goldbach bei Überlingen drei getrennte Fabriken mit jeweiligem Bahnanschluß in einer Frist von 100 Tagen ausgebaut werden. Mit der Bauleitung wurde das Ingenieurbüro Arno Fischer in München beauftragt, die Bauaufsicht lag bei der Organisation Todt. Im Bauvorhaben „Magnesit" waren ausländische Zwangsarbeiter und Kriegsgefangene und vor allem, soweit es den Ausbau der Stollen betraf, Häftlinge aus dem KZ Dachau eingesetzt (s. Überlingen).

Opfer der Zwangsarbeit, nicht jedoch KZ-Häftlinge, sind auf dem **Städtischen Hauptfriedhof** begraben. Im westlichen Teil befindet sich ein Gräberfeld, Russenfriedhof genannt. Ein **Mahnmal** aus rotem Sandstein trägt die Inschrift:

> „Hier sind 450 Bürger der Sowjetunion begraben, die in faschistischer Gefangenschaft umgekommen sind.
> Ewige Ehre den Freiheitskämpfern.
> 14. März 1950"

Nach den Ermittlungen des Stadtarchivars Georg Wieland ergibt sich für die ausländischen Zwangsarbeitskräfte hinsichtlich der bekannten Todesfälle folgendes Bild: 144 Zwangsarbeiter starben bei Bombenangriffen. Bei 116 sind andere Todesursachen angegeben wie z. B. Mangelerkrankungen infolge der schweren Arbeit und unzureichenden Ernährung, Arbeitsunfälle und direkte Gewaltanwendung. Von den 260 registrierten Toten waren 118 Bürger der Sowjetunion, 95 waren italienische Militärinternierte, 26 stammten aus den Niederlanden, zwölf aus Polen.

Wieland geht davon aus, daß die tatsächlichen Todeszahlen höher lagen, denn das Verzeichnis der offiziellen Kriegsgräber enstand erst 1949/50. In seinen Ausführungen wird erkennbar, daß die rassistisch begründete, unterschiedliche Behandlung von Zwangsarbeitskräften aus West- und Osteuropa sich bei der Bestattung fortsetzte. Während Westeuropäer seit 1940 in Reihengräbern innerhalb des umzäunten Friedhofs beerdigt und in offizielle Gräberregister eingetragen wurden, wurden die Osteuropäer auf einem nördlich an den Friedhof angrenzenden Grundstück beigesetzt. Der Friedhofsaufseher führte vom 1. Januar 1941 bis zum 10. Juni 1945 ein handschriftliches Verzeichnis, das neben 107 sowjetischen Bürgern auch zwei Lettinnen, sieben Polen, einen Franzosen und einen alliierten Flieger nachweist. Erst nach dem Krieg wurde das „Russenfeld" als **Grabfeld 32** in die Anlage einbezogen. Nach den Umbettungen von sowjetischen Toten aus Tuttlingen, Oberndorf a.N. und anderen Orten wurde es als Ehrenfeld umgestaltet, in dem heute 450 sowjetische Opfer der Zwangsarbeit bestattet sind.

Angehörige aus westeuropäischen Ländern veranlaßten nach 1945 vielfach Überführungen ins Heimatland. Die italienischen Toten wurden auf den italienischen Kriegsopferfriedhof in München umgebettet. So verblieben nur 24 nicht-sowjetische Tote in Friedrichshafen, sie ruhen im südlich an das „Russenfeld" angrenzenden **Ehrenfeld 19** zusammen mit 248 Luftkriegsopfern der deutschen Bevölkerung.

Im heutigen Ortsteil **Kluftern** kam der „Ostarbeiter" oder Kriegsgefangene Wassili Maximow ums Leben. Sein Leichnam wurde 1949 auf den „Russenfriedhof" nach Biberach umgebettet (s. Kr. Biberach). Im Dorf hatten sich nach Angaben des Französischen Nationalen Suchdienstes während des Krieges 60 ausländische Zwangsarbeitskräfte befunden. Für **Ailingen** meldete der FNTB 160 und für **Raderach** 155 Personen.

HEILIGENBERG

Konzentrationslager und Zwangsarbeit

In der Gemeinde waren seit 1940 zahlreiche Zwangsarbeiterinnen und -arbeiter aus Polen eingesetzt. Über ihre Lebens- und Arbeitsbedingungen ist nichts bekannt. Als Pfarrer Friedrich Hemmer die polnischen Frauen und Männer in einem Gottesdienst wegen ihrer tiefen Gläubigkeit lobte, wurde er denunziert und zu einer Gefängnisstrafe verurteilt. 1941 brachte die Gestapo den Pfarrer für einige Monate in das KZ Dachau.

Ab 1942 lebten auch sowjetische Zwangsarbeitskräfte in der Gemeinde. Maria Kapusmiak, in **Heiligenberg** geborene Tochter einer Zwangsarbeiterin, starb am 11. April 1945 im Alter von knapp fünf Monaten. Wera Pawlenka war 23 Jahre alt, als sie am 19. Februar

1945 starb. Der Russe Gregor Buchanow kam ebenfalls in Heiligenberg zu Tode. Die drei Toten wurden 1949 auf den sowjetischen Kriegsgräberfriedhof in Biberach umgebettet (s. Biberach). Auf dem **Friedhof** von Heiligenberg sind noch zwei Zwangsarbeiterinnen aus Polen begraben.

IMMENSTAAD

Widerstand und Naziterror

Eine Gruppe von Offizieren des 20. Juli und einige ihrer Angehörigen, die die Nazis in „Sippenhaft" genommen hatten, wurden im April 1945 unter Bewachung von der Wehrmachtshaftanstalt Küstrin in Richtung „Alpenfestung" in Marsch gesetzt. Am 21. April 1945 trafen sie im **Kloster Hersberg** ein. Als sie sich mit ihren Bewachern auf eine Freilassung verständigt hatten, rückte in der gleichen Nacht ein SS-Kommando aus Friedrichshafen ein. Es gelang aber, dieses Kommando durch falsche Auskünften in die Irre zu führen, so daß es wieder abziehen mußte. Der Aufenthalt im Kloster Hersberg war jedoch gefährlich geworden. Mit Hilfe von Pater Leo Kruck fand sich in Urnau hinter dem Gehrenberg ein abseits der Durchgangsstraßen liegendes Versteck (s. Deggenhausertal).

Konzentrationslager und Zwangsarbeit

Die Nachkriegsermittlungen des FNTB ergaben für **Immenstaad** die hohe Zahl von 650 ausländischen Zwangsarbeitskräften, die während der Kriegsjahre in der Gemeinde untergebracht waren. Über ihre Lebens- und Arbeitsbedingungen in dieser Zeit ist nichts bekannt.

Im **Kloster Hersberg** hatte die „Volksdeutsche Mittelstelle" ein Slowenen-Lager unterhalten, in dem sich bei Kriegsende noch etwa 200 Personen aufhielten. In der heimatgeschichtlichen Literatur erinnert man sich lediglich daran, daß die Slowenen die Befreiung „in einem wahren Freudentaumel" erlebten und sich in den Wochen bis zu ihrem Rücktransport „sehr undankbar" verhielten. Wofür hätten diese Slowenen denn „dankbar" sein sollen? Sie waren nach dem Überfall der Wehrmacht auf Jugoslawien Opfer der Germanisierungspolitik, die in Slowenien zur Unterdrückung der nicht-deutschstämmigen Mehrheit, zu Umsiedlungen gemäß „Volkstumsgrenzen" und zu Deportationen führte. Die deutschen Besatzer führten Deutsch als Amts- und Unterrichtssprache ein, vernichteten slowenische Bibliotheken und beschlagnahmten die Vermögen derjenigen, die „dem Reich feindlich gegenüberstanden."

Über den Ablauf der Deportationen gibt ein Bericht der jugoslawischen Regierung Auskunft, der dem Internationalen Militärgerichtshof in Nürnberg im Dezember 1945 vorgelegt wurde:

> „Frühmorgens kamen die Lastwagen in die einzelnen Dörfer. Soldaten und Gestapo-Männer, mit Maschinengewehren bewaffnet, drangen in jedes einzelne Haus ein und forderten die Bewohner auf, ihre Heimstätten unverzüglich zu verlassen und von ihren Sachen nur soviel mitzunehmen, wie jeder selbst tragen konnte. Alle diese unglücklichen Menschen mußten in wenigen Minuten ihre Häuser und ihre ganze Habe verlassen. Mit Lastkraftwagen wurden sie in das katholische Trappistenkloster nach Reichenberg gebracht. Von hier gingen die Transporte ab. Jeder einzelne Transport nahm 600 bis 1.200 Personen nach Deutschland mit. So wurde der Bezirk Bregitza fast völlig, der Bezirk Ksko bis 90% entvölkert. Aus beiden Bezirken wurden 56.000 Einwohner verschleppt."

Auf dem **Friedhof** von **Immenstaad** sind fünf Slowenen und ein polnischer Zwangsarbeiter begraben.

KRESSBRONN

Konzentrationslager und Zwangsarbeit

Während des Krieges waren in Kressbronn 505 ausländische Zwangsarbeitskräfte gemeldet; diese Zahl ermittelte der Französische Nationale Suchdienst. Über Lebens- und Arbeitsbedingungen ist bisher nichts bekannt.

LANGENARGEN

Widerstand und Naziterror

Am 27. April 1945 erschossen Gestapo-Beamte in dem **Schlatterbögle** genannten Waldstück zwischen Schlatt und Langenargen den Lagerverwalter Emil B. aus **Langenargen** und verscharrten den Leichnam. Wenig später führten sie seinen Sohn Hans an die Hinrichtungsstätte. Ihm gelang die Flucht durch das dichte Unterholz, obwohl man mit einem Maschinengewehr hinter ihm her schoß. Emil B. war von NSDAP-Kreisleiter Seibold der Gestapo in Friedrichshafen gemeldet worden, weil er als Kommunist galt und wenige Tage vor dem Einmarsch der Franzosen in einer Wirtschaft angeblich damit gedroht hatte, bei der Befreiung einige Nazis umzulegen.

Zwei der Täter, ein Angehöriger des Grenzpolizeikommissariats Friedrichshafen und ein Beamter der Gestapo Stuttgart, standen im Februar 1949 vor dem Landgericht Ravensburg. Das Gericht folgte ihrer Version, wonach der Erschießungsbefehl vom Leiter des Grenzpolizeikommissariats, dem SS-Hauptsturmführer Sch., erteilt wurde, billigte „Befehlsnotstand" zu und verurteilte beide wegen „Beihilfe zum Totschlag" zu drei bzw. einem Jahr und drei Monaten Gefängnis. SS-Hauptsturmführer Sch. lebte bis 1955 mit falschen Papieren unter dem Namen Walter Schön. Im Mai 1955 stellte er sich der Staatsanwaltschaft und mußte sich am 12. Dezember 1955 vor dem Ravensburger Gericht verantworten. Er berief sich ebenfalls auf „Befehlsnotstand", den das Gericht allerdings nicht so einfach gelten lassen wollte. Sch. habe den ihm unterstellten Beamten den Befehl zur Erschießung von Vater und Sohn gegeben, er sei als „mittelbarer Täter und nicht etwa nur als Gehilfe anzusehen". Die Richter werteten zugunsten des Angeklagten sein „bis dahin tadelfreies Leben", obwohl ihnen bekannt war, daß Sch. seit 1933 bei der Gestapo und von 1939 bis 1941 bei einer SS-Einsatzgruppe im besetzten Polen, zuletzt bei der Gestapo Kattowitz, tätig war. Sie wandten den § 6 des 1954 erlassenen Straffreiheitsgesetzes an, der für „Straftaten, die unter dem Einfluß der außergewöhnlichen Verhältnisse des Zusammenbruchs in der Zeit zwischen dem 1. 10. 1944 und dem 31. 7. 1945 ... auf Grund eines Befehls begangen worden sind, Straffreiheit gewährt". Sch. war nun „ein kleiner mittlerer Beamter, der nicht zu verantworten hatte, was von höherer Seite angeordnet worden war". Das Verfahren wurde auf Kosten der Staatskasse eingestellt.

Konzentrationslager und Zwangsarbeit

Nach den Ermittlungen des FNTB waren in **Langenargen** während des Krieges 415 ausländische Zwangsarbeitskräfte gemeldet. Eine ihrer Unterkünfte hat sich in der alten **Turnhalle** befunden.

MARKDORF

Widerstand und Naziterror

Bald nach Kriegsende, als die Nazinamen aus öffentlichen Straßen und Plätzen verbannt wurden, benannte man eine Straße beim Bahnhof **Eugenienstraße**. „Eigentlich müßte sie den vollen Namen tragen: Eugenie Guldin" – so der Stadtarchivar Manfred Ill, der im März 1995, zum 50. Todestag dieser Frau, ihre Geschichte wieder ins Gedächtnis brachte. Frau Guldin hatte am Fahrkartenschalter des **Bahnhofs Markdorf** gearbeitet. Sie war eine entschiedenen Gegnerin der Nationalsozialisten und machte aus ihrer Einstellung kein Hehl. Gerne unterhielt sie sich mit dem aus dem Elsaß stammenden Bahnhofsassistenten Müller, der ebenfalls gegen die Nazis eingestellt war und politische Witze erzählte. Müller wurde 1944 denunziert, und im Verlauf des Verfahrens belasteten Zeuginnen auch Frau Guldin. Sie wurde am 15. August 1944 festgenommen und in das Konstanzer Gestapogefängnis eingeliefert. Im Dezember 1944 brachte sie ein Transport in das FrauenKZ Ravensbrück. Von dort konnte Frau Guldin noch einmal ihren Angehörigen schreiben. Anfang April 1945 erfuhren die Angehörigen von ihrem Tod am 1. März 1945: Frau Guldin, damals 36 Jahre, sei an „Herzmuskellähmung" verstorben, hieß es. Erst lange nach Kriegsende erfuhr die Familie, daß Emilie Guldin in der Gaskammer von Ravensbrück ermordet worden war.

Konzentrationslager und Zwangsarbeit

Als der FNTB nach 1945 Ermittlungen zum Einsatz ausländischer Zwangsarbeitskräfte in den Gemeinden durchführte, kam er für **Markdorf** auf die Zahl von 385, für **Riedheim** auf 95 und für **Ittendorf** auf 100 Personen. Außerdem waren auch Kriegsgefangene (Franzosen, Polen, Russen) in landwirtschaftlichen Betrieben eingesetzt.

Auf dem **Friedhof** von **Markdorf** sind in einem Sammelgrab drei Kinder polnischer Zwangsarbeiterinnen und vier polnische Zwangsarbeiter bestattet. Von den Kindern waren 1944/1945 zwei in Markdorf und eines in Konstanz zur Welt gekommen, alle starben im Säuglingsalter. Bei Kriegsende gab es auf diesem Friedhof noch weitere fünf Kindergräber: Es waren Kinder von russischen und ukrainischen Zwangsarbeiterinnen, die in der Zeit von Januar 1944 und April 1945 auf die Welt gekommen waren. Das jüngste – Antonie Karpenko – lebte nur drei Tage; Tamara Schwernowa war bei ihrem Tod am 21. März 1945 14 Monate alt. Die Kindergräber wurden ebenso wie die sterblichen Überreste der Zwangsarbeiterin Katarina Tuka und von sechs Kriegsgefangenen bzw. Zwangsarbeitern 1949 auf den „Russenfriedhof" nach Biberach umgebettet (s. Biberach).

Drei polnische Zwangsarbeiter sind auf dem **Friedhof** von **Bergheim** beerdigt: Andeshei Gerasjuk, geboren am 1. November 1888, gestorben am 8. September 1942; Eugen Koslowski, geboren am 16. Dezember 1921, gestorben am 15. November 1942; Michael Bukriy, geboren am 20. Juni 1920, gestorben am 14. April 1943.

MECKENBEUREN

„Rassische" Verfolgung und „Euthanasie"

An 510 Patienten der **Heilanstalt Liebenau**, die 1940 in Grafeneck (s. Gomadingen, Kr. Reutlingen) ermordet wurden, erinnert eine **Gedenkstätte** in der Kirche von Liebenau. Zwei Patienten waren Juden. Es sind vermutlich die im Gedenkbuch für die Opfer der Judenverfolgung genannten Männer: Hermann Heinemann, Jg. 1870, und Moses Max Heinemann, Jg. 1872. Allerdings gibt das Gedenkbuch als Todesort Auschwitz an.

Meckenbeuren war der Geburtsort der Sintezza Marie Winter. Als die Deportationen von Sinti und Roma im Frühjahr 1943 begannen, lebte Marie Winter mit ihrem Ehemann und sechs Kindern in Gevelsberg; dort waren die jüngsten Kinder – die bei der Deportation drei Jahre alte Klara und der fünf Monate alte Albert – geboren worden. Kein Mitglied der Familie Winter hat das Vernichtungslager Auschwitz-Birkenau überlebt: Als erster starb am 1. April 1943 der Säugling Albert. Am 30. April 1943 erlag die vierjährige Klara den grauenvollen Lagerbedingungen. Marie Winter starb am 12. September 1943, ihr zehnjähriger Sohn Hugo am 23. Dezember 1943 und drei Tage später die 16jährige Franziska. Der Vater Albert Winter lebte noch bis zum 26. Januar 1944. Zurückblieben zwei Söhne: der achtjährige Friedrich und der neunjährige Richard. Das Gedenkbuch überliefert von ihnen keine Todesdatum. Da die beiden Kinder zu klein waren, um zur Zwangsarbeit „selektiert" zu werden, dürfte ihr Todestag die Nacht zum 2. August 1944

Gedenkkreuz für die ermordeten Kranken der Anstalt Liebenau (Titelblatt der von der Stiftung Liebenau 1993 herausgegebenen Dokumentation)

gewesen sein, als die SS alle zu diesem Zeitpunkt noch im Lager befindlichen Sinti und Roma in die Gaskammern trieb.

Konzentrationslager und Zwangsarbeit

Der FNTB meldete aufgrund seiner Nachkriegsermittlungen für **Meckenbeuren** 60 und für **Kehlen** 350 ausländische Zwangsarbeitskräfte. Über Unterbringung und Arbeitsbedingungen ist bisher nichts bekannt. Nach den Angaben einer sowjetischen Gräberliste aus den 50er Jahren waren auf dem Friedhof von Meckenbeuren zwei „Ostarbeiter" bzw. Kriegsgefangene begraben. Vermutlich wurden sie auf den „Russenfriedhof" in Friedrichshafen umgebettet.

In Liebenau befand sich auch ein Zweiglager des Internierungslagers Biberach (s. Kr. Biberach).

Zeitzeugen erinnerten sich, daß eine junge Deutsche in **Meckenbeuren** öffentlich an den Pranger gestellt wurde: Man schor ihr die Haare und hängte ihr ein Schild „Ich bin eine Polendirne" um den Hals. Weder der Name dieser Frau noch ihr weiteres Schicksal sind bekannt. Vermutlich wurde sie in das FrauenKZ Ravensbrück eingesperrt. So sah in der Regel die brutale Bestrafung der deutschen Frauen aus, die sich nicht an das Kontaktverbot gegenüber „Fremdvölkischen" hielten. Die polnischen Männer wurden mit dem Tod durch Erhängen bestraft. Zur „Abschreckung" mußten alle polnischen Landsleute aus der Umgebung an der Hinrichtung teilnehmen. Solch eine öffentliche Hinrichtung fand in **Liebenau** am 6. Juni 1941 statt. An diesem Tag mußte der 27jährige polnische Zwangsarbeiter Josef Musial sterben. Sein Leichnam wurde dem Anatomischen Institut der Universität Tübingen übergeben (s. Kr. Tübingen).

MEERSBURG

Konzentrationslager und Zwangsarbeit

Während des Krieges waren nach Auskunft des FNTB in Meersburg 355 ausländische Zwangsarbeiter und -arbeiterinnen gemeldet. Deren Lebens- und Arbeitsbedingungen sind bisher nicht erforscht.

Bei Kriegsende befanden sich auf dem **Friedhof** von **Meersburg** die Gräber von zwei Kindern russischer oder ukrainischer Zwangsarbeiterinnen, die das Säuglingsalter nicht überlebt haben, das Grab eines fünfzehnjährigen Mädchens, einer 24jährigen Frau und eines 35jährigen Mannes. Sie alle waren aus der Sowjetunion zur Zwangsarbeit verschleppt worden. Die Gräber wurden 1949 auf den „Russenfriedhof" nach Biberach verlegt (s. Kr. Biberach).

OBERTEURINGEN

Konzentrationslager und Zwangsarbeit

Von der Anwesenheit ausländischer Zwangsarbeiter und -arbeiterinnen zeugen noch heute fünf Gräber auf dem **Friedhof** von **Oberteuringen**. Die Nachkriegsermittlungen des FNTB hatten ergeben, daß in der kleinen Gemeinde mindestens 165 ausländische Frauen und Männer Zwangsarbeit verrichten mußten.

Kein Grab erinnert an den jungen Polen Alexander Borowiec, der am 30. Mai 1941 in Oberteuringen „exekutiert" wurde. Er war gerade 26 Jahre alt. Sein Leichnam wurde dem Anatomischen Institut der Universität

Tübingen übergeben. Hinter der Bezeichnung „exekutiert" verbirgt sich die grausame Ermordung meist junger Polen, denen Liebesbeziehungen zu deutschen Frauen angelastet wurden (s. Kr. Tübingen).

OWINGEN

Konzentrationslager und Zwangsarbeit

Zwei russische Kriegsgefangene, möglicherweise aber auch „Ostarbeiter" – Stanislaus Janiszweski und Alexander Owetschin – fanden in **Owingen** den Tod. Ihre sterblichen Überreste wurden 1949 auf den „Russenfriedhof" in Biberach umgebettet.

Auf dem **Friedhof** von **Billafingen** bestehen noch die Gräber von zwei polnischen Zwangsarbeitern.

SALEM

„Rassische" Verfolgung und „Euthanasie"

Erster Direktor der 1919/20 von Prinz Max von Baden gegründeten **Internatsschule Salem** war Dr. Kurt Hahn. Er wurde 1933 verhaftet und flüchtete nach seiner Freilassung nach Großbritannien. 1945 kehrte er an seinen alten Wirkungsort zurück und verhalf der Salemer Schule wieder zu internationalem Ansehen.

Konzentrationslager und Zwangsarbeit

Die **Markgräflich-Badische Verwaltung Salem** beschäftigte auf ihren Güter ausländische Kriegsgefangene. Als Unterkünfte hatte sie Lager im **Sennhof** und im **Stefansfelder Hof** eingerichtet, die den Vorschriften für die Unterbringung von Kriegsgefangenen entsprachen: Fluchtsicher vergitterte Fenster und gesonderte Räume für das Wachpersonal. Einige Kriegsgefangene wurden auch an private Landwirte verliehen.

Außer den Kriegsgefangenen waren auch zur Zwangsarbeit verschleppte Zivilpersonen in den heute zur Gemeinde Salem gehörenden Dörfern eingesetzt. Im **Stefansfelder Hof** befand sich seit 1942 ein Lager für aus der Ukraine deportierte Frauen. Der FNTB ermittelte nach 1945 die Zahl der ausländischen zivilen Zwangsarbeitskräfte: Für **Salem** nannte er 65, für **Buggensegel** 60 und für **Mimmenhausen** ebenfalls 60 Personen.

Das Grab eines in **Weildorf** ums Leben gekommenen sowjetischen Zwangsarbeiters (oder Kriegsgefangenen) wurde 1949 auf den „Russenfriedhof" nach Biberach verlegt (s. Kr. Biberach).

SIPPLINGEN

Konzentrationslager und Zwangsarbeit

Der einzige Hinweis auf den Einsatz ausländischer Zwangsarbeiter ist das Grab des niederländischen Zwangsarbeiters Johannes van Gardingen auf dem **Friedhof** von **Sipplingen**. Er starb am 6. Oktober 1945 im Alter von 21 Jahren.

TETTNANG

Konzentrationslager und Zwangsarbeit

Nach den Ermittlungen des FNTB waren in **Tettnang** während der Kriegsjahre 70 zur Zwangsarbeit verschleppte Zivilpersonen im Einsatz. Aufgrund der Angaben der Gräberlisten des **Spitalfriedhofes** und des **Friedhofes** der Kirchengemeinde kamen in den Kriegsjahren elf Erwachsene und ein polnischer Säugling in Tettnang ums Leben; zwei Säuglinge und ein Erwachsener starben in den Monaten nach der Befreiung. Nach Umbettungen sind noch zehn Gräber vorhanden.

Auf dem **Friedhof** der Kirchengemeinde war der am 10. Oktober 1944 in Tettnang zu Tode gekommene italienische Militärinternierte Ernesto Petrosino bestattet gewesen; sein Grab wurde auf den Italienischen Kriegsopferfriedhof in München umgebettet. Auf den Niederländischen Ehrenfriedhof in Frankfurt wurden die sterblichen Überreste von drei niederländischen Zwangsarbeitern überführt: Kornelius Kerpel stammte aus Schiedamm, war Fabrikarbeiter und starb am 4. Mai 1944 in Tettnang an einer „Herzmuskelentzündung". Johann Ypma, 22 Jahre und von Beruf Schweißer, starb am 7. Mai 1944 an „Verbrennungen III. Grades". Der Bäcker Pieter Alewijnse aus Middelburg kam am 18. August 1944 im Alter von 21 Jahren bei einem Luftangriff ums Leben.

Auf dem **Friedhof** der Kirchengemeinde liegen heute noch folgende ausländische Kriegstote begraben:

Andrea Darnanville aus Rouen/Frankreich, von Beruf Küchenhilfe, sie starb am 23. August 1944 im Alter von 26 Jahren;

Michael Bichon ebenfalls aus Frankreich; als Beruf ist „Hilfsarbeiter" angeben. Bei seinem Tod am 17. April 1945 war er 21 Jahre alt.

Philomena Alibozeck, Landarbeiterin aus Polen, ist 29jährig am 27. April 1944 an einer „Lungenentzündung" gestorben.

Edmund Cieslewierz, Hilfsarbeiter aus Polen, starb am 4. Juni 1944 im Alter von 29 Jahren an einer „Magenblutung".

Lydia Dworek, Tochter der polnischen Zwangsarbeiterin Stefanie Dworek, wurde am 21. Dezember 1944 in **Dietmannsweiler** geboren und starb acht Tage später in Tettnang wegen „Lebensschwäche".

Drei Gräber stammen aus der Zeit nach der Befreiung:

Bei den am 20. Mai 1946 zur Welt gekommenen und am gleichen Tag gestorbenen Zwillingen Bernhard und Josef Zajac lautete die Diagnose ebenfalls „Lebensschwäche"; die Eltern, die noch nicht nach Polen zurückkehren konnten oder wollten, waren damals im Lager Liebenau untergebracht gewesen. Bei dem dritten Grab aus der Zeit nach 1945 – dem des ungarischen Militärarztes Emerich Turanyi – lassen sich keine Bezüge zu einer möglichen Verschleppung herstellen.

Ein Niederländer – Hendrikus Visser aus Dordrecht, von Beruf Maschinenarbeiter – ist noch auf dem **Spitalfriedhof** bestattet; er war am 19. April 1941 im Alter von 24 Jahren an einer „septischen Angina" gestorben. Auf dem Spitalfriedhof gibt es ferner das Grab der „Ostarbeiterin" Anna Subji; sie stammte aus der Ukraine, war Küchenmädchen und starb am 9. Januar 1944 im Alter von 20 Jahren an „Lungentuberkulose".

ÜBERLINGEN

Widerstand und Naziterror

Am 5. März 1933 stimmten in Überlingen von 3.471 Wahlberechtigten 40,1 % für die NSDAP; die bis dahin stärkste Partei, das Zentrum, mußte gegenüber den Novemberwahlen 1932 mit 35,1 % einen Verlust von über 7 % der Stimmen hinnehmen. Von den beiden Arbeiterparteien blieb die SPD mit 6,9 % ziemlich stabil, während die KPD von 7 % im November 1932 auf 4,9 % gesunken war. Am 6. März 1933 wehte die Hakenkreuzfahne auf dem **Rathaus**: Der bisherige Bürgermeister Dr. Heinrich Emerich und sein Stellvertreter, der Bäckermeister Franz Hug, wurden unter der Anschuldigung angeblicher Dienstverfehlungen zum Rücktritt gezwungen. Die NSDAP-Ortsgruppe Überlingen forderte am 27. März 1933 seine Verhaftung, da „sein freies Umherlaufen ... auf große Teile der Bevölkerung als herausfordernd" wirke und „Stimmen laut" würden, daß „Emerich, wo immer er angetroffen, niedergeschlagen werde". Emerich starb am 31. Mai 1933, einen Tag, bevor ein von den Nationalsozialisten angezetteltes Gerichtsverfahren gegen ihn eröffnet wurde. An ihn erinnert die **Heinrich-Emerich-Straße**.

Unter den rund 1.500 „Schutzhaftgefangenen", die bis Ende März 1933 in das KZ Heuberg (s. Stetten a.k.M., Kr. Sigmaringen) eingeliefert wurden, befanden sich auch drei Kommunisten aus Überlingen. Im Mai 1933 wurde der Metzgermeister Karl Löhle wegen antifaschistischer Äußerungen auf den Heuberg gebracht. Löhle wurde nach der Befreiung kommissarischer Bürgermeister und gehörte am 12. September 1945 zu den Mitbegründern des Antinazi-Comités Überlingen. Zum Kern des überparteilichen Antinazi-Comités, das sich die Entnazifizierung der Stadt und den demokratischen Neubeginn zur Aufgabe gestellt hatte, gehörten Dr. Karl Bittel und seine Frau Mia (s. Bodmann-Ludwigshafen, Kr. Konstanz), der Lehrer Albin Albrecht, Prof. Walter Braunfels, Karl Frank, Albert Heberle, Johann Karrer, Max Kohler, Frido Metzger, Anton Müller, Eugen Rikenburger, Wilfrid Schilling, Willy Ullrich, Fridolin Veit und Prof. Eugen Wasmer.

„Rassische" Verfolgung und „Euthanasie"

Beim Novemberpogrom 1938 war das Ziel der Ausschreitungen der Radolfzeller SS das Konfektionsgeschäft der Familie Levi in der **Münsterstraße**. Man schlug die Schaufenster ein und plünderte hemmungslos. Wenige Tage später sah sich Wilhelm Levi gezwungen, sein Geschäft an einen christlichen Nachbarn zu verkaufen, der dadurch sein Café vergrößern konnte. Die Familie Levi wanderte über Großbritannien in die USA aus. Die **Martin-Buber-Jugendherberge** erhielt diesen Namen auf Wunsch von Werner Haberland, einem Überlinger Juden, der ebenfalls rechtzeitig emigrieren konnte und bei seinem Tod 1970 sein Vermögen dem Jugendherbergswerk hinterließ.

Das Landgericht Konstanz verurteilte im September 1941 die 27jährige Anna Schey zu einem Jahr und sechs Monaten Zuchthaus. Sie hatte sich in einen polnischen Kriegsgefangenen verliebt, der auf dem elterlichen Hof arbeiten mußte. Damit hatte sie gegen die rassistischen „Polen-Gesetze' verstoßen, die Liebesbeziehungen zwischen Deutschen und Polen unter schwere Strafen stellten. Das Schicksal ihres Freundes ist nicht dokumentiert, vermutlich mußte er seine Liebe mit dem Leben bezahlen und wurde erhängt. Fälle der „verbotenen Liebe" sind auch aus Bonndorf und Güttingen überliefert.

Konzentrationslager und Zwangsarbeit

Dank der jahrelangen Bemühungen des Arbeitskreises Regionalgeschichte und der Friedensinitative Überlingen sind die wenigen Spuren, die an das **KZ-Außenkommando Überlingen** erinnern, heute mit informativen Gedenktafeln versehen, und die Geschichte dieses Lagers ist von Oswald Burger gut erforscht. Bei einer Fahrradtour „Auf den Spuren eines KZ" 1981 und einem internationalen Jugend-Workcamp 1983 wurde das KZ am Bodensee einer größeren Öffentlichkeit bekannt.

Aufgabe der etwa 800 Gefangenen aus dem KZ Dachau war, in die Molassefelsen bei **Goldbach**, gegenüber dem Überlinger **Westbahnhof**, unterirdische Fabrikanlagen zu bauen, die die von Bomben zerstörte Friedrichshafener Flugzeug- und Motorenindustrie aufnehmen sollten. Vorgesehen war die Verlagerung der Firma **Dornier**, der **Zahnradfabrik Friedrichshafen**, der **Maybach-Motoren-Werke** und der **Luftschiffbau Zeppelin GmbH** (s. Friedrichshafen). Die Untertage-Verlagerung begann im September 1944 unter der Tarnbezeichnung „Magnesit" und wurde von einem Konsortium verschiedener Bauunternehmen unter der Aufsicht der Organisation Todt (OT) durchgeführt. Die OT-Dienststelle befand sich im **Gasthaus „Zur Krone"**. Oswald Burger beschrieb die verschiedenen auf der riesigen Baustelle eingesetzten Gruppen:

> „OT-Leute in ihren gelben Uniformen als Bauaufsicht, Ingenieure und Bauleiter mit wenigen Facharbeitern von

Gedenktafel im Eingangsbereich des Goldbacher Stollens

den Privatunternehmen, Handwerker und einzelne Gesellen aus der Umgebung, Fremdarbeiter und Kriegsgefangene, die für die privaten Bauunternehmen und Handwerksbetriebe arbeiten mußten, KZ-Häftlinge in den Stollen, beaufsichtigt von ihren Kapos und angeleitet von der OT, SS-Wachen mit Hunden vor den Stollenausgängen, um Fluchtversuche der Häftlinge zu vereiteln."

Das KZ-Außenkommando lag an der Straße nach **Aufkirch**, im Gewann **Simmelbrunnen**, etwa an der Stelle des heutigen **Krankenhauses**. Es bestand aus drei Wohnbaracken, jede mit bis zu 300 Gefangenen belegt, einer Küchenbaracke, einer Sanitärbaracke, einer abseits liegenden Unterkunft für die SS-Wachmannschaften und war mit einem doppelten Stacheldrahtzaun gesichert. Der Kommunist Willy Müller aus Bremen war im Mai 1939 in das KZ Dachau überstellt worden; 1943 kam er zur V2-Raketen-Produktion in das KZ-Außenkommando Friedrichshafen. Nach der Zerstörung der Friedrichshafener Rüstungsindustrie war er kurze Zeit im KZ-Außenkommando Saulgau (s. Kr. Sigmaringen) und traf schließlich im Februar 1945 im KZ-Außenkommando Überlingen ein:

„Im Lager empfängt uns schreckliches Elend. Es ist der reinste Vernichtungsort für Häftlinge, fünf Minuten vor Torešschluß. Von 800 Insassen sind 140 verhungert. 400 Insassen wurden als vollständige Invaliden auf Transport geschickt. Wir sind jetzt die Lückenbüßer ... Zwölf Stunden müssen die Häftlinge arbeiten. Sie dürfen während der Sprengung den Stollen nicht verlassen, sondern müssen sofort wieder im Qualm und Rauch der Explosion weiterarbeiten. Auch hier ist ein schmutziges Antreibersystem von der OT und der Lagerleitung organisiert. Es gibt keine Bergarbeiterzulage, sondern die SS und OT-Leitung bestiehlt noch den Proviant der Häftlinge. Das ganze Grauen der rücksichtslosen Vernichtung liegt über dieser Zwangsarbeit."

Der tägliche Weg zur Arbeit führte durch die **Aufkircher Straße** und die **Uhlandstraße** zur oberen **Bahnhofstraße**. Dieser Weg war sehr steil und in jenem Winter oft vereist; eine Zeitzeugin erzählte, daß sie als Kind auf Anweisung ihrer Großmutter gegen Abend reichlich Asche gestreut habe, „damit die Häftlinge nicht hinfielen. Sie waren barfuß in ihren Pantinen. Wenn nämlich einer ausrutschte und stürzte, wurden sofort die Hunde auf ihn gehetzt."

Über eine gelungene Flucht, die des österreichischen Kommunisten Adam Puntschart und des ukrainischen Kommunisten Wassili Sklarenko am 23. März 1945 über Gottmadingen und Büsingen nach Schaffhausen, berichtet die von Oswald Burger herausgegebene Lebensgeschichte von Adam Puntschart.

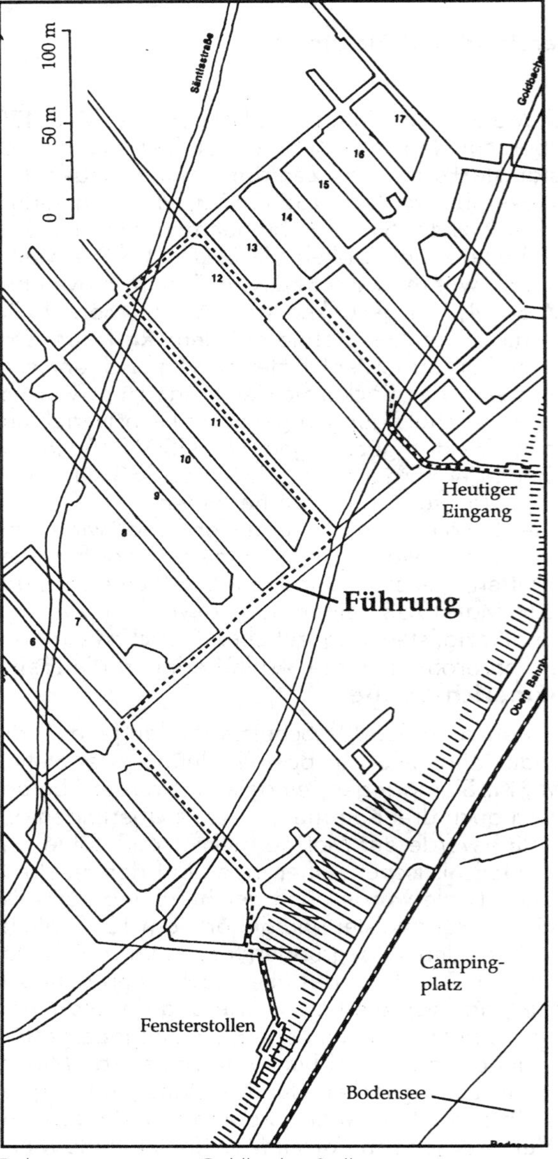

Dokumentationsstätte Goldbacher Stollen

In der Nacht vom 20. zum 21. April 1945 verlud die SS die Häftlinge in Eisenbahnwaggons; Ziel des Tansportes war das KZ Dachau. Wegen angeblicher Seuchengefahr, wohl aber auch um den anrückenden Franzosen zu verbergen, daß es in der geruhsamen Kurstadt ein KZ-Kommando gegeben hatte, brannte die Feuerwehr das Barackenlager nieder. Die zum Teil heute noch erhaltenen Stollen hatten eine Gesamtlänge von vier Kilometern, und es gab Ende der 70er Jahre Pläne, sie als Atombunker auszubauen, worüber der Dokumentarfilm „Unter Deutschlands Erde" berichtet. Im Eingangsbereich des Stollens an den Felsen hinter dem **Westbahnhof** gibt es seit November 1984 eine von dem Überlinger Bildhauer Werner Gürtner gestaltete **Gedenkstätte**.

Bei den Gedenkfeiern zum 50. Jahrestag der Befreiung, an denen auch ehemalige italienische und slowenische Gefangene teilnahmen, wurde beim Stolleneingang eine weitere, den italienischen Opfern gewidmete **Tafel** angebracht. Inzwischen wurde in einem Stollen ein **Dokumentationszentrum** eingerichtet.

Im Rahmen des 6. Internationalen Bodensee-Ostermarsches wurde am Karsamstag 1993 beim **Städtischen Krankenhaus**, auf dessen Gelände sich das Lager befunden hatte, ein weiteres **Mahnmal** eingeweiht; es besteht aus einer von Werner Gürtner geschaffenen Christusfigur und einem von dem Steinmetz Anreas Hubbuch behauenen Molassefelsen, der die Inschrift trägt:

> „Zum Gedenken an die Häftlinge des KZ-Lagers Überlingen – 1944/1945. Möge dieses Mahnmal zum Frieden in und unter den Menschen beitragen. Ostern 1993."

Gedenkstätte am Städtischen Krankenhaus

Wie vielen Gefangenen der Stollenausbau das Leben gekostet hat, läßt sich nicht mehr genau rekonstruieren. Zahlreiche Häftlinge starben in den Stollen, und Gerüchte, daß Tote mit dem Aushub aus den Stollen herausgefahren und in den See geworfen wurden, wurden nie geprüft. Zwei namentlich unbekannte Häftlinge, am 18. und am 20. Dezember 1944 ums Leben gekommen, wurden auf dem **Überlinger Friedhof** begraben; weitere Tote brachte man mit der Fähre nach Konstanz zur Verbrennung im dortigen Krematorium. Namentlich bekannt sind 71 Tote, weil das **Standesamt Überlingen** zunächst die Sterbefälle noch registrierte. Von diesen waren die meisten italienische Militärinternierte; ihre Urnen brachte das Italienische Rote Kreuz 1947 nach Italien zurück. Etwa ab Februar 1945, als das Konstanzer Krematorium wegen Kohlenmangel die Verbrennungen einstellen mußte, ließ die Lager-SS die Toten in einem Waldstück bei **Degenhardt** verscharren. Die Stelle des Massengrabes an der auf der Höhe von Andelshofen nach Salem abbiegenden Straße ist noch heute als Lichtung zu erkennen. Bei der Exhumierung im April 1946 war keine Identifizierung der 97 Leichen mehr möglich. Der medizinische Befund hielt zu den Todesursachen fest:

> „Zehn der namenlosen Opfer wiesen Schußwunden auf, die den Tod herbeigeführt hatten. Bei 90 Prozent der Leichen war der Tod durch Schwäche, Hunger, Mißhandlungen oder durch willkürklich provozierte ‚Arbeitsunfälle' herbeigeführt worden, da die Häftlinge manchmal in den Stollen Sprengungen beiwohnen mußten. Einer trug noch eine Schlinge um den Hals. Zehn Prozent der Opfer wiesen Hundebisse auf."

Die Toten aus dem **Degenhardter Wäldchen** wurden am 9. April 1946 auf dem neu angelegten **KZ-Friedhof Birnau**, in unmittelbarer Nähe der Wallfahrtskirche, feierlich bestattet. Ein **Gedenkstein**, umgeben von Kreuzen, die nur Nummern tragen, berichtet über die hier Bestatteten:

> „97 Namenlose des Lagers Aufkirch, Zweiglager von Dachau, haben hier eine menschenwürdige Ruhestätte gefunden. Sie arbeiteten im Winter 1944/45 in den Stollenbauten bei Überlingen und starben an leiblicher und seelischer Not in einem nationalsozialistischen Zwangslager. Doch, Frieden den Menschen, die guten Willens sind."

Über weitere Hintergründe informiert eine **Tafel** auf dem gegenüberliegenden **Parkplatz**:

> „Im Oktober 1944 wurde in Überlingen ein Außenlager des Konzentrationslagers Dachau errichtet. Circa 800 Häftlinge mußten unterirdische Stollen in den Felsen beim Überlinger Westbahnhof sprengen, in denen die Produktion der Rüstungsbetriebe sichergestellt werden sollte.
> Mindestens 168 Häftlinge starben an den Folgen der harten Zwangsarbeit, an Unterernährung und brutaler Mißhandlung. Zunächst wurden die Toten im Krematorium Konstanz verbrannt. Später wurden 97 namenlose Opfer der nationalsozialistischen Politik im Waldstück Degenhardt verscharrt.
> Im April 1946 wurden sie auf Anordnung der französischen Militärbehörden hier beigesetzt."

Bald nach Kriegsbeginn waren polnische Kriegsgefangene in **Überlingen** eingetroffen; sie wurden, sofern sie nicht den Status von „Zivilarbeitern" erhielten, im Sommer 1940 in das Stalag VB Villingen (s. Schwarzwald-Baar-Kreis) zurückgebracht und durch etwa 50 französische Kriegsgefangene ersetzt. Arbeitsstätten waren Überlinger Gewerbebetriebe. Im September 1942 traf ein Kommando mit sowjetischen

Kriegsgefangenen ein, das zeitweise in der Baracke des Reichsarbeitsdienstes bei der ehemaligen Bürstenfabrik untergebracht wurde. Die sowjetischen Gefangenen wurden als Be- und Entladekolonnen der Reichsbahn zugewiesen, einige waren auch bei der Stadt und im Spital beschäftigt. Des weiteren waren serbische Kriegsgefangene bei privaten Unternehmen beschäftigt.

Zum Einsatz ausländischer ziviler Zwangsarbeitskräfte hatte der FNTB folgende Zahlen ermittelt: in **Überlingen** 730 Personen, in den heutigen Ortsteilen **Bambergen** 55, **Bonndorf** 95 und **Nesselwangen** ebenfalls 95 Personen. Ein Großteil der für Überlingen gemeldeten Zwangsarbeitskräfte war vermutlich ebenfalls beim Verlagerungsprojekt „Magnesit" eingesetzt. Als Unterkünfte sind das **Lager Goldbach**, und als dieses nicht mehr ausreichte, die alte **Turnhalle** und der **Rabensaal** bekannt. Sie mußten für die Organisation Todt und für die verschiedenen mit dem Ausbau des Stollens beauftragten Baufirmen arbeiten, die sich zur „Arbeitsgemeinschaft Überlingen" zusammengetan hatten. Neben der Siemens-Bauunion GmbH mit damaligem Sitz in Zell am Ziller waren dies die Fa. Butzer & Wahler aus Kaufering (Bayern), die Deutsche Tunnelbaugesellschaft Sänger & Lanninger aus Gurtweil bei Tiengen (Kr. Waldshut), die Fa. Krieg & Söll aus Kehl (Ortenau-Kreis), die Fa. Otto Heil aus Bad Kissingen (Bayern) und die Fa. Wickert & Reutlinger mit Sitz in Neustadt/Weinstraße (Rheinland-Pfalz). Es ist zu vermuten, daß das „Straflager" in der **Kiesgrube** beim **Bahnhof Nußdorf** der Organisation Todt unterstand.

Im Sterbebuch der Stadt Überlingen sind 17 Todesfälle von OT-Zwangsarbeitern und der Tod eines bei der „Arbeitsgemeinschaft" eingesetzten französischen Zwangsarbeiters eingetragen: Die Opfern waren Franzosen, Belgier, Russen und Italiener, die meisten kamen bei dem Bombenangriff vom 22. Februar 1945 ums Leben. Nach Auskunft des Stadtarchivs sind alle einst auf dem Überlinger Stadtfriedhof bestatteten Opfer der Zwangsarbeit, auch die beiden unbekannten KZ-Häftlinge, auf Ehrenfriedhöfe überführt. Von fünf russischen Toten weiß man, daß sie 1949 auf den sowjetischen Kriegsgräberfriedhof nach Biberach umgebettet wurden (s. Kr. Biberach).

UHLDINGEN-MÜHLHOFEN

Konzentrationslager und Zwangsarbeit

Der FNTB nannte zum Einsatz ausländischer Zwangsarbeitskräfte während des Krieges folgenden Zahlen: **Oberuhldingen** 130 und **Mühlhofen** 95 Zivilpersonen. In Mühlhofen gab es auch ein Arbeitskommando mit etwa 20 polnischen Kriegsgefangenen aus dem Stalag VB Villingen (s. Schwarzwald-Baar-Kreis), das in der Landwirtschaft eingesetzt wurde.

LITERATUR

Arbeitsgemeinschaft Geschichte am Bildungszentrum Markdorf: **Markdorf** 1939–1948. Hg. Kreisarchiv Bodenseekreis. Friedrichshafen 1990 (Geschichte am See Band 46)

Oswald Burger: Zeppelin und die Rüstungsindustrie am Bodensee. In: 1999. Zeitschrift für Sozialgeschichte des 20. und 21. Jahrhunderts. Heft 1 und Heft 2. Hamburg 1987 (zu **Friedrichshafen** und **Überlingen**)

Oswald Burger: KZ-Häftlinge im Dienste der **Friedrichshafener** Rüstungsindustrie. In: Elmar L. Kuhn (Hg.): Von Grethaus und Salzstadel zur Kreissparkasse. Friedrichshafen 1985 (Geschichte am See Band 25)

Oswald Burger: Der Stollen. Überlingen 1996

Manfred Dieterle-Jöchle: Vergangenheitsbewältigung in der Provinz. Die Nachgeschichte der KZ-Außenlager von Dachau in **Friedrichshafen** und **Überlingen**. Markdorf 1996 (Geschichte am See Band 52)

Karl Heinz Jahnke: Jugend im Widerstand 1933-1945. Frankfurt 1985 (zu Artur Göritz, **Friedrichshafen**)

Justiz und NS-Verbrechen. Sammlung deutscher Strafurteile wegen nationalsozialistischer Tötungsverbrechen 1945–1966. Band 4. Amsterdam 1970, und Band 13. Amsterdam 1975 (zu **Langenargen**)

Krieg, Rüstung und Militär in **Friedrichshafen**. Eine Dokumentation. Hg.: Ressort Geschichte und Lokalredaktion Friedrichshafen der Südschwäbischen Nachrichten. Friedrichshafen 1983

Hermann Langbein: Der Auschwitz-Prozeß. Eine Dokumentation. Zwei Bände. Frankfurt 1995 (Zu Wilhelm Boger, **Friedrichshafen**)

Edith Laudowicz: „Ich war in Dachau". Lebensskizze des Bremer Seemanns Willy Müller. Hg.: VVN-Bund der Antifaschisten Bremen. Bremen 1985 (zu **Friedrichshafen** und **Überlingen**)

Alexander Mayer: „Aktion Gnadentod" in der Stiftung **Liebenau**. Liebenau 1990

Joseph Mohn: Der Leidensweg unter dem Hakenkreuz. Bad Buchau 1970 (zur Heilanstalt **Liebenau**)

Nationalsozialismus in **Überlingen** und Umgebung. Materialien zusammengestellt von Oswald Burger, Werner Bux, Walter Hutter, Hans Kley und Günther Zipf. Friedrichshafen 1984 (Geschichte am See Band 22)

Adam Puntschart: „Die Heimat ist weit ..." – Erlebnisse im Spanischen Bürgerkrieg, im KZ, auf der Flucht. Hg.: Oswald Burger. Weingarten 1983 (zu **Überlingen**)

Gerhard Raichle: Fridolin Endraß (1893 bis 1940). In: Die „ausgesperrte" Geschichte. Beiträge zur Geschichte der Arbeiterbewegung und des Nationalsozialismus in **Friedrichshafen**. Friedrichshafen 1986 (Geschichte am See Band 26)

Stiftung Liebenau (Hg.): „Aktion Gnadentod" in der Stiftung **Liebenau**. 50 Jahre danach. Meckenbeuren 1993

Georg Wieland: Vom Leben der Zwangsarbeiter und Kriegsgefangenen in **Friedrichshafen** 1939–1945. In: Leben am See. Band XII. Friedrichshafen 1995

FILME

Wie Dachau an den See kam ... Dokumentation über den **Überlinger** KZ-Stollen und das Gedenken. Videofilm von Stephan Kern und Jürgen Weber. Konstanz 1995.

Unter Deutschlands Erde. Ein Video der Medienwerkstatt Freiburg. Freiburg 1983

DOKUMENTATIONSSTÄTTE GOLDBACHER STOLLEN

Führungen in die Stollen und an die Stätten des Nationalsozialismus in Überlingen veranstaltet der Verein Dokumenationsstätte Goldbacher Stollen und KZ Aufkirch in Überlingen e.V.

Anmeldungen und Informationen: Oswald Burger, Seubertweg 12, 88662 Überlingen oder die Kur- und Touristik GmbH Überlingen Tel. 07551-991122.

Sichert die Spuren ...

Dieser „Wegweiser" stellt eine Zwischenbilanz dar:

- ❑ Für viele Orte kann der Band nur kleine Anhaltspunkte liefern. Hier bedarf es dringend der weiteren Forschung ...
- ❑ An anderen Orten hat sich seit Redaktionsschluß etwas getan: Eine Gedenktafel wurde angebracht, eine Straße umbenannt ...
- ❑ Natürlich gibt es auch noch ganz „weiße Flecken", Orte, über die uns jegliche Kenntnisse fehlen ...

Der Studienkreis Deutscher Widerstand bittet alle Leserinnen und Leser um Mitarbeit:
Schicken Sie uns Informationen, Richtigstellungen, Fotos und Dokumente, von denen Sie meinen, daß sie zur Ergänzung des Projektes „Heimatgeschichtlicher Wegweiser" beitragen.

Studienkreis Deutscher Widerstand
✉ Rossertstraße 9, 60323 Frankfurt/Main ☎ (069) 72 15 75

Kreis Ravensburg

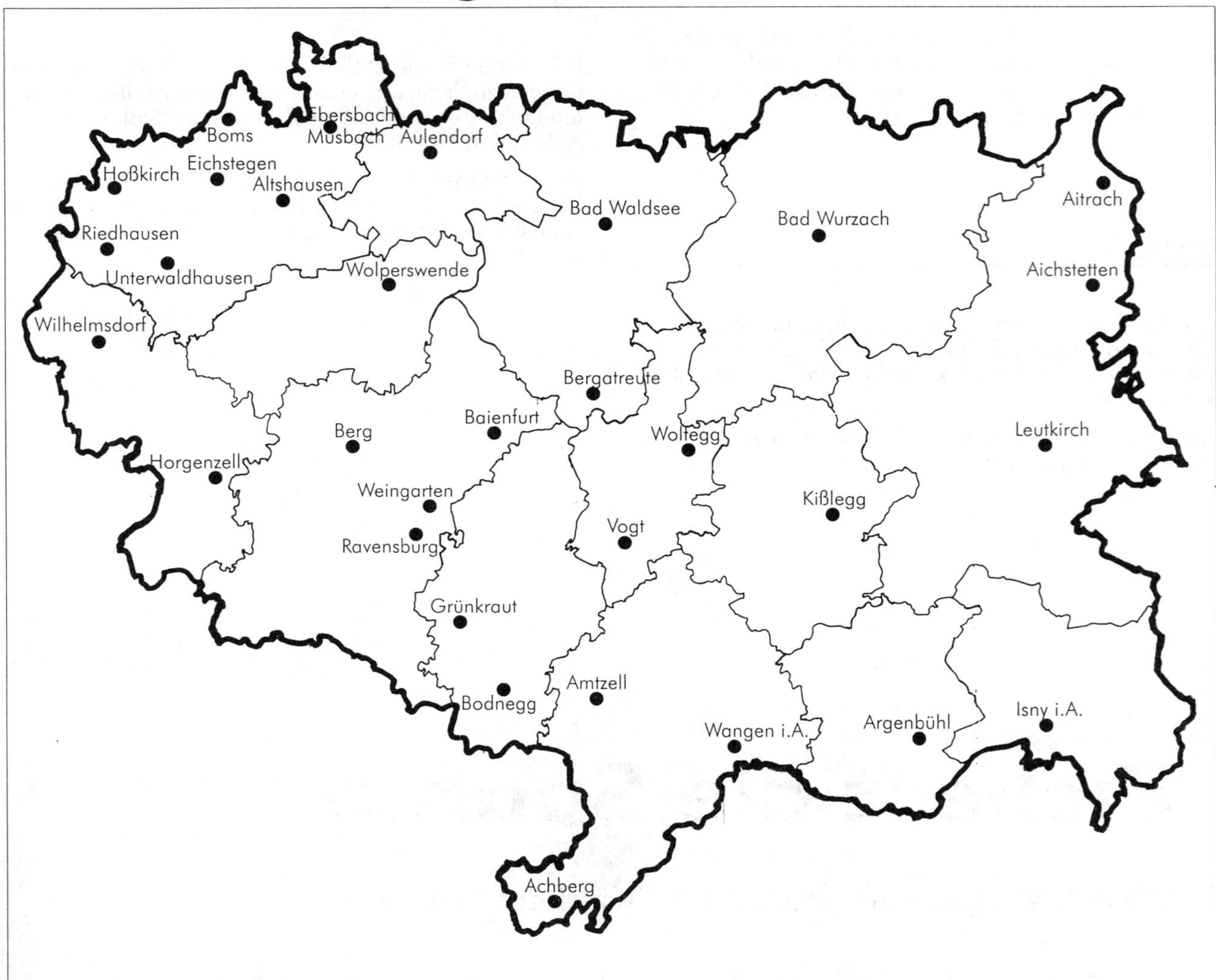

ACHBERG

Konzentrationslager und Zwangsarbeit

Gräber von Zwangsarbeitern finden sich auf zwei **Friedhöfen** der Gemeinde. In **Esseratsweiler** sind zwei Polen bestattet. Der eine, Jan Goslinski, ist am 12. Mai 1945 im Alter von 23 Jahren gestorben, der andere, Boleslaw Zimnotowki, ist am 19. August 1943 im Alter von 24 Jahren ums Leben gekommen. In **Siberatsweiler** ruhen der Pole Martin Sora, bei seinem Tod am 5. Mai 1942 29 Jahre alt, und der Russe Achwesdi Umerlov, der am 21. April 1944 im Alter von 46 Jahren starb.

AICHSTETTEN

„Rassische" Verfolgung und „Euthanasie"

Aichstetten war der Geburtsort von Rosa Winter. Am 18. März 1943 wurde das 13jähige Sintimädchen mit seiner ein Jahr jüngeren, in Seibranz (Bad Wurzach) geborenen Schwester Wilhelmine und weiteren Familienangehörigen in das Vernichtungslager Auschwitz-Birkenau eingeliefert. Trotz der mörderischen Lebensbedingungen erschien Rosa der SS bei einer Selektion am 15. April 1944 noch zur Zwangsarbeit fähig; sie wurde in das FrauenKZ Ravensbrück transportiert. Ob sie überleben konnte, ist uns nicht bekannt. Wilhemine blieb, soweit den Angaben im Gedenkbuch der Sinti und Roma zu entnehmen ist, in Auschwitz-Birkenau und wurde vermutlich in der Nacht des 2. August 1944 bei der „Liquidierung" des Lagers ermordet.

Konzentrationslager und Zwangsarbeit

In **Aichstetten** und in **Breitenbach** waren etwa 30 französische und belgische Kriegsgefangene im Einsatz.

AITRACH

Konzentrationslager und Zwangsarbeit

Drei Gräber sowjetischer Zwangsarbeiter (oder Kriegsgefangener) wurden 1949 auf den „Russenfriedhof" nach Biberach umgebettet (s. Kr. Biberach). Die Nachkriegsermittlungen des FNTB ergaben für **Aitrach** die Zahl von 190 zur Zwangsarbeit eingesetzten Zivilpersonen.

ALTSHAUSEN

„Rassische" Verfolgung und „Euthanasie"

Nach 1933 gab es in **Altshausen** zwei jüdische Betriebe in der **Ulrichstraße**: das Sägewerk von Edmund Roos und die Viehhandlung von Siegfried Bernheim. Beide bestanden bis 1938 bzw. 1939. Über das Schicksal der Besitzer und ihrer Angehörigen ist bisher nichts bekannt.

Konzentrationslager und Zwangsarbeit

Am 22. April 1945, als eine Vorhut der französischen Truppen Altshausen bereits eingenommen hatte, erreichten Kolonnen von KZ-Häftlingen aus den Lagern der „Gruppe Wüste" (s. Zollern-Alb-Kreis) von Ostrach kommend das Dorf. Ihre SS-Bewacher hatten auf der Straße zwischen Eichstegen und Altshausen das Weite gesucht. Erste medizinische Betreuung erhielten die zu Tode erschöpften Männer im **Reservelazarett Altshausen**. In den folgenden Tagen fand man Opfer des Todesmarsches entlang der Straße. Nach den Eintragungen im Sterbebuch der Gemeinde hat ein KZ-Häftling am 30. April 1945 „Selbstmord" verübt, ein weiterer erlag am 2. Mai 1945 im Reservelazarett den Folgen der KZ-Haft. Bis Mai/Juni 1945 blieben befreite Häftlinge in **Altshausen** und **Haggenmoos**, dann wurden sie nach Saulgau (s. Kr. Sigmaringen) gebracht.

Der FNTB ermittelte die Zahl von 345 ausländischen Zwangsarbeitskräften, die während der Kriegsjahre in Altshausen gemeldet waren. Zum Einsatz von Kriegsgefangenen liegen keine Gesamtzahlen vor. Französische Kriegsgefangene mußte u.a. bei der **Fa. Hilgers** arbeiten, einem Zulieferbetrieb im Fertigungskreis der V2-Produktion (s. Saulgau, Kr. Sigmaringen). Der Eigentümer Martin Hilgers wurde am 1. Mai 1945 ermordet in einem Waldstück bei Altshausen aufgefunden; Gerüchte schrieben die Tat ehemaligen französischen Kriegsgefangenen zu.

Die Gräber von drei aus der Sowjetunion zur Zwangsarbeit verschleppten Männer und einer Frau wurden 1949 auf den „Russenfriedhof" nach Biberach umgebettet. Außer den Namen – Rekamia Boudar, Andrej Kusmin, Josef Procyk und Nikivor Wassiljwa – überliefert die Gräberliste keine weitere Daten.

AMTZELL

„Rassische" Verfolgung und „Euthanasie"

Den Massendeportationen der Sinti und Roma im Frühjahr 1943 war der Sinto Hans Winter, 1924 in **Amtzell** geboren, entgangen, ohne daß wir über die genaueren Umstände Auskunft geben können. Ein Jahr später jedoch wurde auch er verhaftet und am 12. April 1944 in das Vernichtungslager Auschwitz-Birkenau eingeliefert. Drei Tage später wurde der junge Mann zur Zwangsarbeit selektiert und zusammen mit 884 Leidensgenossen in das KZ Buchenwald überstellt. Dort verlieren sich seine Spuren.

Konzentrationslager und Zwangsarbeit

Im Dorf waren Arbeitskommandos mit französischen, belgischen und serbischen Kriegsgefangenen stationiert. Im Dezember 1943 arbeiteten etwa 70 Männer auf Höfen in **Büchel**, **Spießberg**, **Pfärrich** und **Ruzenweiler**. Zusätzlich waren noch zivile Zwangsarbeitskräfte in **Amtzell** eingesetzt. Der FNTB gibt ihre Zahl mit 85 Personen an.

ARGENBÜHL

Widerstand und Naziterror

Ihre schwierigen Familienverhältnisse – der Ehemann trank und schlug Frau und Töchter – versuchten die Betroffenen in **Ratzenried** mit einer Anzeige wegen „Abhörens feindlicher Sender" zu lösen: Das in Waldsee tagende Sondergericht verurteilte den Flaschner Wilhelm K. im Juni 1942 zu einer Zuchthausstrafe von 2½ Jahren. Nach dem Ende der Haftzeit lebte K. bei einem Bauern in **Siggen**. Drei Tage vor dem Einmarsch der französischen Armee kehrte er nach Ratzenried zurück und drohte seiner Frau und anderen Angehörigen Rache an. Diese wandten sich an die Ortspolizei. Zwei Gestapobeamte aus Stuttgart, die mehr oder weniger zufällig in Ratzenried Quartier genommen hatte, erfuhren von der Sache, meldeten sie der SS-Dienststelle am Ort, wo die Hinrichtung des Wilhelm K. beschlossen wurde. Am Abend des 27. April 1945 erschienen sie auf dem Bauernhof in Siggen, fesselten Wilhelm K. und erschossen ihn wenig später in der Nähe von Ratzenried. Das Landgericht Ravensburg verurteilte am 9. Dezember 1953 die ehemaligen Gestapobeamten R. und B. wegen „gemeinschaftlich begangenen Totschlags" zu Gefängnisstrafen von je 1½ Jahren.

Konzentrationslager und Zwangsarbeit

Nach den Ermittlungen des FNTB waren in den Kriegsjahren in **Eisenharz** 65 ausländische Zwangsarbeitskräfte gemeldet. Das Grab von Nina Stepanjuk, die bei Bauern in Eisenharz arbeiten mußte, wurde 1949 auf den sowjetischen Kriegsgräberfriedhof nach Biberach umgebettet (s. Kr. Biberach).

In **Eglofs** waren knapp 30 und in **Ratzenried** 13 französische und belgische Kriegsgefangene im Einsatz.

AULENDORF

Widerstand und Naziterror

Unter den Eisenbahnern, die bei der Reichsbahn in Aulendorf beschäftigt waren, gab es Verbindungsmänner zur Widerstandsgruppe um Fridolin Endraß in Friedrichshafen (s. Bodensee-Kreis).

Konzentrationslager und Zwangsarbeit

Nach den Ermittlungen des FNTB waren während der Kriegsjahre in **Aulendorf** 340 ausländische Zwangsarbeitskräfte, in **Blönried** 90 und in **Zollenreute** 175 gemeldet. Die meisten mußten vermutlich bei der Reichsbahn sowie zwei „kriegswichtigen" Betrieben arbeiten. Größtes Unternehmen mit etwa 500 Beschäftigten war die Niederlassung der **Maschinenfabrik Lanz** (Mannheim, Baden-Württemberg I), die Zugmaschinen herstellte. Die **Textilfabrik Nußbaumer** mit etwa 200 Beschäftigten produzierte Wehrmachtskleidung und Fallschirme. Seit 1940 waren Ordensschwester aus dem Kloster Sießen (s. Saulgau, Kr. Sigmaringen) bei dieser Fabrik dienstverpflichtet. Zusätzlich zu den zivilen Zwangsarbeitskräften, von denen die meisten aus Polen, der Ukraine und Rußland stammten, waren auch französische Kriegsgefangene eingesetzt.

Am 17. April 1945 hielt auf dem **Bahnhof Aulendorf** ein Zug mit offenen Güterwaggons, dem sich niemand nähern durfte. Er war überbelegt mit Gefangenen aus dem KZ Schömberg (s. Zollern-Alb-Kreis). Tote wurden aus den Waggons geholt und in einen abseits stehenden Wagen verladen.

Am 22. April 1945 zog eine Kolonne mit KZ-Häftlingen aus den Balinger Ölschieferbergwerken durch Aulendorf. Wer von den entkräfteten Menschen nicht weiter marschieren konnte, wurde von den begleitenden Wachmannschaften erschossen. Der Weg, den der Todesmarsch der KZ-Häftlinge der „Gruppe Wüste" nahm, ist von Gräbern in Ostrach, Eichstegen, Kreenried, Altshausen, Ebersbach, Aulendorf und Haslach markiert.

Bei Kriegsende befanden sich – außer dem Sammelgrab der unbekannten KZ-Häftlinge – zehn weitere Gräber von russischen Zwangsarbeitern auf dem **Friedhof** von **Aulendorf**; sie wurden 1949 nach Biberach verlegt (s. Kr. Biberach).

Auf dem Friedhof von Aulendorf erinnert ein Gedenkstein an die Opfer des Todesmarsches:
„Hier fanden acht unbekannte KZ-Häftlinge ihre Ruhestatt."

BAD WALDSEE

Widerstand und Naziterror

Im katholischen Waldsee, in dem am 5. März 1933 trotz erheblicher Stimmenverluste noch die Hälfte der Wahlberechtigten für das Zentrum stimmte, zog sich die „Gleichschaltung" im Gemeinderat ohne größere Konflikte bis zum September 1933 hin. Zum Widerstand bereite Kräfte waren bereits seit März „ausgeschaltet" worden. Zu Beginn jenes Monats wurden drei Kommunisten bzw. „der Kommunistischen Partei nahestehende Personen" nach Hausdurchsuchungen verhaftet. Einer kam bald wieder frei, die beiden anderen wurden zur „Schutzhaft" in das auf dem Heuberg errichtete KZ gebracht (s. Stetten a.k.M., Kr. Sigmaringen).

Im Mai 1933 durchsuchte ein Aufgebot von zwei Polizisten, fünf Hilfspolizisten und 25 SA- und SS-Männern das Dorf **Grund** nach Waffen; dabei nahmen sie vier Männer fest und brachten sie in das Gefängnis nach Ravensburg. Am 23. Dezember 1933 wurde Alois Geray aus Waldsee verhaftet. Er sah in den zwölf Jahren der NS-Diktatur die Freiheit nicht wieder und mußte die Konzentrationslager Heuberg, Welzheim (Rems-Murr-Kreis), Dachau, Mauthausen, Groß-Rosen und schließlich noch den Todesmarsch des KZ Sachsenhausen durchleiden, bis er am 2. Mai 1945 in der Nähe von Schwerin befreit wurde.

1941 wurde Anna Warth (1905–1990) von der Schönstatt-Gemeinschaft gebeten, nach Möglichkeiten zu suchen, dem im KZ Dachau eingesperrten Begründer der Gemeinschaft, Pater Josef Kentenich, und seinen Mitgefangenen Hilfe zukommen zulassen. Sie versorgte in der Folgezeit die im Priesterblock des KZ Dachau inhaftierten katholischen Pfarrer mit Lebensmittelpaketen und Medikamenten. Viele halfen mit, zuweilen auch, ohne es zu wissen, das Wachpersonal von Dachau selbst. Nach der Befreiung organisierte die „Schönstätter Generalvikarin", wie sie respektvoll wegen ihrer unermüdlichen Fürsorge genannt wurde, die Heimkehr vieler Priester. Etwa 50 nahmen ihren Weg nach Hause über die **Wurzacher Straße** in Bad Waldsee.

„Rassische" Verfolgung und „Euthanasie"

Bis Winter 1935 waren die jüdischen Viehhändler aus Bad Buchau und Laupheim (beide s. Kr. Biberach) angesehene und geschätzte Partner auf den Waldseer Viehmärkten. In den folgenden Monaten hintertrieb der NSDAP-Bürgermeister die geschäftlichen Kontakte und erreichte schließlich, daß im März 1937 der erste „judenfreie" Viehmarkt abgehalten wurde. Am Strandbad prangte bereits seit Sommer 1935 ein Schild, das Juden den Zutritt verbot.

Konzentrationslager und Zwangsarbeit

Erste Hinweise auf den Einsatz ausländischer Zwangsarbeitskräfte in den heute zu Bad Waldsee gehörenden Dörfern fanden wir in der Gräberliste des sowjetischen Kriegsgräberfriedhofes in Biberach. In **Reute** waren sieben Frauen und drei Männer aus der Sowjetunion und in **Michelwinnaden** zwei aus der Ukraine verschleppte Männer gestorben. 1949 wurden ihre sterblichen Überreste nach Biberach umgebettet.

Nach den Ermittlungen des FNTB waren während der Kriegsjahre in **Gaisbeuren** 135, in **Haisterkirch** 165 und in **Michelwinnaden** 75 ausländische Zwangsarbeitskräfte gemeldet.

BAD WURZACH

Widerstand und Naziterror

Josef Späth und sein Bruder Alfons, Franziskanerpater in **Bad Wurzach**, hatten sich der katholischen Missionsarbeit in Afrika und Südamerika gewidmet. Josef Späth war Geschäftsführer der „Missions-Verkehrs-Arbeitsgemeinschaft". Er setzte bei seiner Tätigkeit auf das neue Medium Film und zeigte Stummfilme zur Missionstätigkeit und auch einen selbstgedrehten Film über das Heilig-Blut-Fest 1934 in Bad Wurzach. 1935 startete er mit einem spektakulären Deutschland-Flug eine Werbekampagne für die Missionsarbeit und bekam dazu von der Dornier-Werft in Friedrichhafen ein Flugzeug gestellt, das den Namen „Das fliegende Kreuz" trug. 1937 wurde er von der NS-Zeitung „Flammenzeichen" und der örtlichen NSDAP-Gruppe scharf angegriffen: er zeige „sittlich verkommene" Filme. Diese Hetze führte, wie Stadtarchivar Otto Frisch nachwies, zur Schließung der Missions-Geschäftsstelle und im Frühjahr 1938 zum Berufsverbot. Wie Josef Späth später in seinem Antrag auf Anerkennung als politisch Verfolgter des Naziregimes schrieb, entging er der drohenden Verhaftung durch die Gestapo Friedrichshafen, weil er „von seiten eines Geistlichen und einer Gastwirtin" gewarnt wurde.

Konzentrationslager und Zwangsarbeit

Der FNTB ermittelte zum Einsatz ausländischer ziviler Zwangsarbeitskräfte in Bad Wurzach und den heutigen Ortsteilen folgende Zahlen: **Bad Wurzach** 120 Personen, **Arnach** 115 Personen, **Gospoldshofen** 820 Personen, **Unterschwarzach** 185 Personen und **Dietmanns** 80 Personen. Des weiteren waren in **Hauerz** vier französische und sechs belgische Kriegsgefangene eingesetzt. Für **Arnach** wurden 27 Kriegsgefangene gemeldet und für **Wurzach** 26, untergebracht im **Gasthaus „Krone"**.

In Bad Wurzach wurden britische Staatsangehörige in einem Internierungslager gefangengehalten. Sie waren nach der Besetzung der Kanalinseln gezwungen worden, ihre Heimat zu verlassen. Auf dem **Städtischen Friedhof** von **Bad Wurzach** erinnern zwölf Gräber an die Opfer dieser Vertreibung. Unter den Toten waren zwei Kinder. Geraldine Barnes aus St. Saviours auf der Insel Jersey war sieben Jahre alt, als sie am 31. Juli 1943 in Bad Wurzach starb. Der knapp elf Jahre alte Raymond Gould aus St. Heliers auf Jersey kam am 3. Januar 1944 ums Leben (zu den Internierungslagern für britische Bewohner der Kanalinseln s. auch Biberach, Kr. Biberach).

Der **Bahnhof** von **Haidgau** war für einen Evakuierungstransport von etwa 700 KZ-Häftlingen der „Gruppe Wüste" (s. Zollern-Alb-Kreis) die Endstation ihres Leidensweges. Denn hier flohen am 22. April 1945 die SS-Bewacher.

Auf dem **Städtischen Friedhof** von **Bad Wurzach** sind vier polnische Zwangsarbeiter bestattet. Der 24jährige Stefan Orubo und Michal Pisarczyk, 23 Jahre alt, kamen in den Tagen der Befreiung, zwischen dem 18. und 20. April 1945 ums Leben. Wolodimyr Wowk und Jakob Udawenja kehrten nach der Befreiung nicht in ihre Heimat zurück, sondern lebten in einem DP-Lager in Bad Wurzach. Wolodimyr Wowk starb 22jährig am 17. Februar 1950, Jakob Udawenja am 17. Dezember 1948 im Alter von 58 Jahren. Alois Lopusch und Stanislaus Meyer sind auf dem **Friedhof** von **Ziegelbach** bestattet. Alle Gräber werden nach den Bestimmungen des Kriegsgräbergesetzes – Artikel 2 und 9 – gepflegt.

In **Unterschwarzach** war am 29. Mai 1944 Franz Henschel geboren worden. Er lebte nur knapp einen Monat. Die Geschwister Johanna und Heinrich Urban kamen in **Hauerz** ebenfalls im Säuglingsalter ums Leben. Johanna war bei ihrem Tod am 13. Oktober 1944 acht Monate alt. Heinrich starb, vier Wochen alt, am 11. April 1945. Die Gräber der Kinder befinden sich heute auf dem „Russenfriedhof" in Biberach (s. Kr. Biberach). Vermutlich handelt es sich bei den Toten um zwangsumgesiedelte Wolgadeutsche, die in einem Lager der „Volksdeutsche Mittelstelle" leben mußten.

BAIENFURT

Konzentrationslager und Zwangsarbeit

Nach den Ermittlungen des FNTB waren während der Kriegsjahre in **Baienfurt** 240 ausländische Zwangsarbeitskräfte eingesetzt. Zahlen zum Einsatz von Kriegsgefangenen liegen nicht vor. Der italienische Militärinternierte Michaeli Pisani kam am 19. September 1944 ums Leben; seine sterblichen Überreste wurden im Juni 1958 auf den italienischen Kriegsopferfriedhof in München überführt.

BERG

Konzentrationslager und Zwangsarbeit

In der Gräberliste des „Russenfriedhofes" von Biberach wird **Berg** als Sterbeort von Josef Wasilewa genannt. Die weibliche Form des Nachnamens läßt vermuten, daß es sich um das Kind einer Zwangsarbeiterin handelte. Das Grab wurde 1949 nach Biberach verlegt (s. Kr. Biberach).

BERGATREUTE

Konzentrationslager und Zwangsarbeit

Die aus der Sowjetunion zur Zwangsarbeit nach **Bergatreute** verschleppte Russin Beloschitzka brachte am 17. Juli 1944 ein Mädchen zur Welt. Die kleine Maria lebte nur wenige Tage und starb am 2. August 1944. Ihr Grab befindet sich heute auf dem „Russenfriedhof" von Biberach (s. Kr. Biberach). Insgesamt waren nach den Ermittlungen des FNTB während der Kriegsjahre 95 ausländische Zwangsarbeitskräfte am Ort.

BODNEGG

Konzentrationslager und Zwangsarbeit

Nach Angaben des FNTB waren während der Kriegsjahre in **Bodnegg** 110 ausländische zivile Zwangsarbeitskräfte gemeldet. In **Teschen** gab es ein Lager für Kriegsgefangene. Bei Kriegsende befanden sich auf dem **Friedhof** von **Bodnegg** die Gräber der russischen Zwangsarbeiter (oder Kriegsgefangenen) Pawel Jelassew, Nikolai Slukschenko und Nikolai Abramow. Sie wurden 1949 auf den sowjetischen Kriegsgräberfriedhof in Biberach umgebettet (s. Kr. Biberach).

Am 30. März 1943 wurden in **Bodnegg** der 21jährige polnische Zwangsarbeiter Henryk Sitek und der 32jährige Ostarbeiter Sinowi Sapsaew „exekutiert"; die Leichen überließ die Gestapo dem Anatomischen Institut der Universität Tübingen. Wie Benigna Schönhagen in ihrer Untersuchung feststellte, verbirgt sich hinter der Bezeichnung „exekutiert" die öffentliche Erhängung von „fremdvölkischen" Männern, die aufgrund rassistischer Vorschriften verbotene Liebesbeziehungen zu deutschen Frauen eingegangen waren (s. Tübingen, Kr. Tübingen). Die deutschen Partnerinnen wurden mit öffentlichem Kahlscheren und der Einweisung in das FrauenKZ Ravensbrück bestraft.

BOMS

Konzentrationslager und Zwangsarbeit

Seit Kriegsbeginn waren zunächst polnische, später auch russische Zwangsarbeitskräfte auf den Bauernhöfen eingesetzt. Der FNTB ermittelte insgesamt die Zahl von 60 Personen. Die Russin Luzia Polovko überlebte die Zwangsarbeit nicht; ihre sterblichen Überreste wurden 1949 auf den sowjetischen Kriegsgräberfriedhof in Biberach umgebettet (s. Kr. Biberach).

In den letzten Kriegstagen zogen Kolonnen von französischen Kriegsgefangenen sowie von KZ-Häftlinge aus den Lagern der „Gruppe Wüste" (s. Zollern-Alb-Kreis) unter Bewachung durch das Dorf. Vier bis fünf jüdische Häftlinge blieben nach der Befreiung für einige Zeit im Ort.

EBERSBACH-MUSBACH

„Rassische" Verfolgung und „Euthanasie"

Opfer der rassistischen Polen-Erlasse wurde der 31jährige polnische Zwangsarbeiter Paul Perdek. Seine Beziehung zu einer deutschen Frau wurde denunziert und damit jenes grausame Verfahren in Gang gesetzt, das der Reichsführer SS Himmler für Fälle der „verbotenen Liebe" angeordnet hatte: Im Beisein seiner Landsleute aus der näheren Umgebung wurde Paul Perdek am 27. Februar 1941 in **Geigelbach** erhängt. Seinen Leichnam ließ die Gestapo in das Anatomische Institut der Universität Tübingen bringen (s. Kr. Tübingen). Über das Schicksal der deutschen Frau ist nichts bekannt: Der Himmler-Erlaß sah das öffentliche Kahlscheren und die Einweisung in ein KZ, in der Regel, nach Ravensbrück, vor.

Konzentrationslager und Zwangsarbeit

Am Sonntag, den 22. April 1945, erreichte der Todesmarsch aus den Lagern der „Gruppe Wüste" den Ort **Ebersbach**. Etwa 1.000 KZ-Häftlinge schleppten sich mit letzter Kraft die Straße entlang. Wer nicht mehr gehen konnte, wurde von den Wachmannschaften erbarmungslos erschossen. Auf der Strecke von Altshausen nach Aulendorf wurden auf diese Weise mindestens vier Menschen ermordet: einer an der Straße von Altshausen nach **Ebersbach**, zwei auf der **Ebersbacher Gemarkung** und einer an der Straße nach Aulendorf. Die notdürftig verscharrten Toten wurden am 8. März 1946 exhumiert.

EICHSTEGEN

Konzentrationslager und Zwangsarbeit

1949 wurden die sterblichen Überreste von Nikolaus Tschekmann auf den „Russenfriedhof" nach Biberach umgebettet. Leider geht aus der Gräberliste nicht hervor, ob es sich bei dem Toten um einen am Ort eingesetzten Zwangsarbeiter oder um ein Opfer der Evakuierungsmärsche aus den Lagern der „Gruppe Wüste" handelte (s. Altshausen und Zollern-Alb-Kreis). Die Marschkolonnen der von Hunger und Krankheit gezeichneten KZ-Häftlinge hatten am 22. April 1945 **Eichstegen** erreicht. Ein Teil mußte sich in Richtung Aulendorf weiterschleppen; ein anderer kam am Abend frei, als die SS-Bewacher flüchteten. Am 23. Mai 1945 wurde die Leiche eines erschossenen Häftlings in **Kreenried** auf der Gemarkung Eichstegen gefunden.

Einige Überlebende blieben nach der Befreiung für kurze Zeit in Eichstegen. Doch im Dorf fehlten Mitleid und die Bereitschaft, sich mit den Verbrechen des KZ-Systems und der Zwangsarbeit auseinanderzusetzen. Die NS-Ideologie von den sogenannten „Untermenschen" war ungebrochen, und ihre Traditionslinien scheinen bis in das Jahr 1995 zu reichen, als Hans Willbold seine Chronik über das Kriegsende im nördlichen Oberschwaben schrieb. Seiner Meinung nach „trieben es die in Eichstetten und Umgebung beschäftigt gewesenen Polen und einige KZ-Häftlinge anfangs teilweise ziemlich arg, ohne daß die französische Besatzungsmacht dagegen etwas unternahm. Da war es gut, daß in Eichstegen den Krieg über französische Kriegsgefangene lebten und gut behandelt worden waren. Sie taten sich zusammen und sorgten während der ersten unruhigen Wochen für Ordnung, soweit es in ihrer Macht stand. Auch der eine oder andere Pole, der in Eichstegen gearbeitet hatte, veranlaßte, daß seine auswärtigen Landsleute sich in der Gemeinde nicht räuberisch betätigten."

GRÜNKRAUT

Konzentrationslager und Zwangsarbeit

Nach den Angaben in der Gräberliste von Biberach kamen in **Grünkraut** vier aus Rußland zur Zwangsarbeit deportierte Menschen ums Leben: Am 7. August 1942 starb die 42jährige Alexandra Mesencowa, am 26. Januar 1945 das drei Wochen alte Baby Johanna Strigonowa, am 19. März 1945 Matrona Maljuk im Alter von 35 Jahren und am 28. April 1945 der 20jährige Paul Wlasow. Alle Toten wurden 1949 auf den „Russenfriedhof" nach Biberach umgebettet (s. Kr. Biberach). Die Zahl der ausländischen Zwangsarbeitskräfte, die der FNTB nach dem Krieg für Grünkraut ermittelte, ist sehr hoch: 740 Personen. Weitere Nachforschungen zu deren Einsatz und zur Unterbringung sind erforderlich.

HORGENZELL

Konzentrationslager und Zwangsarbeit

Nach **Hasenweiler**, in die ehemalige Trinkerheilanstalt Haslachmühle, hatte die Luftschiffbau Zeppelin GmbH nach der Bombardierung Friedrichhafens Produktionsbereiche verlagert. Ob hier auch ausländische Zwangsarbeitskräfte beschäftigt waren, konnte noch nicht geklärt werden. Der FNTB ermittelte, daß im heutigen Ortsteil **Zogenweiler** während der Kriegsjahre 95 Zwangsarbeitskräfte eingesetzt waren.

Zwei russische Zwangsarbeiter, die in **Zogenweiler** und **Kappel** arbeiten mußten, kamen ums Leben. Die Gräber von Peter Blinow und Egon Kudinow wurden 1949 auf den „Russenfriedhof" nach Biberach verlegt.

HOSSKIRCH

Konzentationslager und Zwangsarbeit

Französische Kriegsgefangene und aus der Sowjetunion zur Zwangsarbeit verschleppte Frauen und Männer mußten in der Landwirtschaft arbeiten.

Unmittelbar bevor französische Panzer den Ort erreichten, zogen am 22. April 1945 Kolonnen ausgemergelter Männer unter SS-Bewachung durch den Ort in Richtung Altshausen. Es waren KZ-Häftlinge aus den Lagern der „Gruppe Wüste" (s. Zollern-Alb-Kreis). Ein Teil erlebte hier und in **Hüttenreute** die Befreiung; erste Unterkunft fanden die zu Tode erschöpften und kranken Menschen auf den Höfen, bis sie Anfang Mai 1945 auf Fuhrwerken nach Altshausen gebracht wurden.

ISNY im ALLGÄU

Konzentrationslager und Zwangsarbeit

Nach Angaben des FNTB waren während der Kriegsjahre im heutigen Ortsteil **Beuren** 70 ausländische Zwangsarbeitskräfte gemeldet; für Isny fehlen Zahlen. Hinsichtlich des Einsatzes von Kriegsgefangenen liegen folgende Zahlen aus dem Dezember 1943 vor: In **Isny** waren acht französische und vier belgische Kriegsgefangene im **Gasthaus „Blume"** untergebracht. In **Beuren** waren es elf Franzosen und vier Belgier, in **Großholzreute** sechs Franzosen und vier Belgier.

Ein Teil der ausländischen Zwangsarbeitskräfte mußten ab Anfang 1944 für die Friedrichshafener Dornier-Werke arbeiten, die Fertigungsbereiche nach Isny verlagert hatten (s. Friedrichshafen, Bodensee-Kreis).

Mindestens fünf russische und ukrainische Frauen und Männer wurden Opfer der Zwangsarbeit; ihre sterblichen Überreste wurden 1949 auf den „Russenfriedhof" in Biberach umgebettet. Leider nennt die Gräberliste bei dreien nur die Namen: Viktor Kanyschdin, Leonhard Titenko und Peter Karotki starben in **Isny**. Grigore Dubadal lebte in den Monaten nach der Befreiung in **Großholzreute** und starb dort am 10. Februar 1946 im Alter von 28 Jahren. Die russische Zwangsarbeiterin Tatjana Panasjuk war mit 18 Jahren nach Deutschland deportiert worden; sie kam am 12. Januar 1945 ebenfalls in **Großholzreute** ums Leben.

KISSLEGG

Konzentrationslager und Zwangsarbeit

In der Gräberliste des „Russenfriedhofs" von Biberach ist bei zwei Toten, die 1949 umgebettet wurden, **Kißlegg** als Sterbeort eingetragen. Leider enthält die Gräberliste außer den Namen – Stephan Huzyk und Michael Sylka – keine weiteren Daten.

In **Kißlegg** war das Arbeitskommando 17716 mit 23 französischen und 19 belgischen Kriegsgefangenen eingesetzt; in **Waltershofen** das Kommando 17726 mit neun Gefangenen. Zum Einsatz ziviler ausländischer Zwangsarbeitskräfte in den Kriegsjahren ermittelte der FNTB für **Kißlegg** die Zahl von 320 Personen, in **Immenried** waren es 80. Über deren Unterkünfte und Arbeitsbedingungen ist bisher nichts bekannt.

LEUTKIRCH

Widerstand und Naziterror

Das Kriegsende wurde in Leutkirch zum „schwarzen Freitag". Zwei Bürger mußten ihren Mut, die Panzersperren an der **Memminger Straße** abzubauen, mit dem Leben bezahlen: Am 27. April 1945 erschossen SS-Leute den Schreinermeister Josef Luz. Der Postschaffner Michael Maischberger versuchte, von Schüssen verwundet, sich davonzuschleppen. SS-Männer folgten seiner Spur wie Bluthunde und ermordeten ihn im Haus der Familie Jeni mit einem Kopfschuß. Zur Abschreckung legten sie beide Leichen im Schwanengässle öffentlich zur Schau. Ein Plakat drohte: „So geht es allen, die uns verraten". Erst nach dem Einmarsch der französischen Armee konnten die Ermordeten beigesetzt werden. Ihre Gräber auf dem Friedhof an der Wangener Straße wurden Ende der sechziger Jahre bzw. 1994 eingeebnet.

„Rassische" Verfolgung und „Euthanasie"

> „Zum Gedenken an die jüdische Familie Gollowitsch und alle weiteren Leutkircher Opfer des nationalsozialistischen Rassenwahns und der Gewaltherrschaft im Dritten Reich. Stadt Leutkirch 1985."

Diese **Gedenktafel** befindet sich seit 1986 am heutigen **Kornhaus** neben dem ehemaligen Haus „Zum

Seit dem Sommer 1985 erinnert am Haus Memminger Straße 9 eine Gedenktafel:
„Zum Gedenken an Josef Luz und Michael Maisberger, die hier am 27. April 1945 niedergeschossen wurden. Zusammen mit anderen Leutkircher Bürgern haben sie unter Einsatz ihres Lebens die in den letzten Kriegstagen errichteten Panzersperren abgebaut, um sinnloses Blutvergießen zu verhindern und die Stadt vor Schaden zu bewahren. Stadt Leutkirch 1985."

Schatten", das bis zum erzwungenen Abbruch 1934 im Besitz der Familie Gollowitsch war.

Die Geschichte dieser seit 1879 in Leutkirch lebenden Kaufmannsfamilie wurde von Richard Kämmerle erforscht. 1936 gehörten zu dieser Familie die Ehepaare Fritz und Lilly Gollowitsch sowie Heinrich und Alice Gollowitsch mit ihren Kindern und die Großmütter Julie Gollowitsch und Rosa Weil, beide nahezu 70 Jahre alt.

Beim Novemberpogrom 1938 war das **Konfektionshaus „Zum Anker"**, das letzte Geschäft in Familienbesitz, Ziel der Ausschreitungen: Nazis schmierten „Juda, fahr nach Amerika!" auf die heruntergelassenen Rolläden. Fritz und Heinrich Gollowitsch wurden in „Schutzhaft" genommen und am 28./29. November 1938 mit der Auflage entlassen, ihren Besitz weit unter Wert zu verkaufen und auszuwandern. Während der Haft hatte die Gestapo Friedrichshafen die Konten der Brüder Gollowitsch beschlagnahmt; das Finanzamt Leutkirch bediente sich mit 32.000 Reichsmark als „Sicherungshypothek". Im Mai 1939 eröffnete das Kaufhaus „Zum Anker" unter „arischer Flagge", wie es in einem damaligen Zeitungsartikel hieß.

Von den Kindern gelangte Ilse Gollowitsch bereits im November 1937 in die USA; Margot wanderte im August 1939 nach Großbritannien aus. Die übrigen Familienmitglieder waren inzwischen weitgehend verarmt und konnten trotz aller Bemühungen nicht mehr fliehen. Fritz und Lilly Gollowitsch wurden am 28. November 1941 über das Sammellager auf dem Stuttgarter Killesberg nach Riga deportiert. Ein halbes Jahr später wurde Alice Gollowitsch mit ihrer 16jährigen Tochter Liselotte abgeholt; der Transport ging über Stuttgart am 13. Juli 1942 direkt nach Auschwitz. Heinrich Gollowitsch hat sich vor dem Abtransport die Pulsadern aufgeschnitten, er kam ins Krankenhaus und von dort am 14. Juli 1942 in das Gestapogefängnis nach Stuttgart. Am 18. Juli 1942 meldete die Gestapo dem Landrat in Wangen seinen „Tod durch Erhängen". Die 74jährige Julie Gollowitsch wurde am 14. Juli 1942 in das sogenannte jüdische Altersheim Dellmensingen bei Ulm eingewiesen und knapp einen Monat später nach Theresienstadt deportiert; dort kam sie am 12. September 1942 ums Leben.

Richard Kämmerle schildert in seiner Arbeit auch das Schicksal von Elisabeth Sauer, einer mit dem Arzt Dr. Felix Sauer verheirateten Jüdin. Das hochbetagte Ehepaar schied im Mai 1944 gemeinsam aus dem Leben.

Konzentrationslager und Zwangsarbeit

Nach Angaben des FNTB waren während der Kriegsjahre in **Leutkirch** 70 sowie in den heutigen Ortsteilen **Reichenhofen** 90 und **Wuchzenhofen** 160 ausländische Zwangsarbeitskräfte gemeldet. Zusätzlich gab es Arbeitskommandos mit französischen und belgischen Kriegsgefangenen: in **Leutkirch** 79, in **Friesenhofen** 14, in **Herlazhofen** 13, in **Gebrazhofen** 21 und in **Reichenhofen** 15. Über deren Lebens- und Arbeitsbedingungen ist bisher nichts bekannt. Ausländische Zwangsarbeitskräfte mußten u.a. in den Fabriken **Breitsch & Natterer** und **Peter & Sohn**, die 1943/1944 Fertigungsbereiche der Luftschiffbau Zeppelin GmbH übernommen hatten, arbeiten.

Heute bergen mindestens neun Gräber auf dem **Friedhof** an der **Wangener Straße** die sterblichen Überreste von „Fremdarbeitern" oder Kriegsgefangenen, gestorben in den Jahren 1943–1945 bzw. in den Monaten nach der Befreiung. Den Namen nach zu urteilen, stammten die meisten aus Polen und der Sowjetunion. Doch bei Kriegsende war die Zahl der Ausländergräber größer: Auf dem **Leutkircher Friedhof** gab es weitere zehn und auf den Friedhöfen von **Gebrazhofen**, **Reichenhofen** und **Herlazhofen** je ein Grab von zur Zwangsarbeit verschleppten russischen Frauen und Männern. Alle wurden 1949 auf den „Russenfriedhof" nach Biberach umgebettet (s. Kr. Biberach).

RAVENSBURG

Widerstand und Naziterror

Das katholische Ravensburg, Hochburg der Zentrumspartei, erlebte am 19. Februar 1933 auf der **Kuppelnau** mit dem früheren Reichskanzler Brüning eine letzte Großkundgebung gegen die „braune Gefahr". Fünf Tage zuvor waren etwa 250 Nazis und Stahlhelmer, von der Polizei beschützt und von Passanten mit Pfui- und Freiheitsrufen überschüttet, durch die **Marktstraße** gezogen; es kam zu bösen Ausschreitungen von Seiten der Nazis, die mit ihren brennenden Fackeln auf Zuschauer einschlugen.

Bei den Reichstagswahlen vom 5. März 1933 konnte die NSDAP erhebliche Stimmengewinne verzeichnen: Ihr Anteil stieg von 23,2 % im November 1932 auf 37,9 %. Trotz Stimmeneinbußen blieb das Zentrum mit 40 % (45,8 % im November 1932) stärkste Partei. Von den beiden Arbeiterparteien lag die KPD mit 8,5 % (November 1932: 13,4 %) vor der SPD, die 6 % der Wählerinnen und Wähler erreichte (November 1932: 5,9 %). Im Zuge der „Gleichschaltung" legten am 20. Juli 1933 sieben Zentrums-Stadträte ihr Mandat nieder, zwei schlossen sich der NSDAP-Fraktion an.

Zeitungsverbote und Hausdurchsuchungen bei Sozialdemokraten und Kommunisten hatte es bereits vor dem 5. März 1933 gegeben. Nach dem 8. März, als die Hakenkreuzfahne über dem **Rathaus** wehte, verschärften die Nazis ihre Maßnahmen gegen KPD und SPD. Sie ließen bekannte Mitglieder, unter ihnen der KPD-Stadtrat Heinrich Stotz, der Vorsitzenden der KPD-Ortsgruppe Willi Weigold und der SPD-Stadtrat Heinrich Matthiesen, verhaften. Man brachte sie zunächst in das „Rote Haus", wie das **Amtsgerichtsgefängnis** beim **Gänsbühl** genannt wird, und nach vierzehn Tagen zur „Schutzhaft" in das KZ Heuberg (s. Stetten a.k.M., Kr. Sigmaringen). Im April folgte ihnen der Leiter des vom Katholischen Volksvereins eingerichteten „Bauernsekretariats", Anton Huber. Mitte April 1933 erfolgte das Verbot der Naturfreunde, des Arbeiterbildungsvereins, des Freien Volkschors und der Pfadfindergruppe.

Eine kleine Gruppe mutiger Frauen, die sich der Roten Hilfe angeschlossen hatte, kümmerte sich um die Familien der Verhafteten, sammelte Spenden und half sich gegenseitig. Bei einer Hausdurchsuchung entdeckte die Gestapo in der Wohnung der Familie Weigold in der **Grüner-Turm-Straße** Spendenmarken der Roten Hilfe. Emilie Weigold, deren Mann auf dem Heuberg und später noch im KZ Oberer Kuhberg (s. Stadt Ulm) gefangenen gehalten wurde, wurde mit Handschellen abgeführt und einige Zeit im „Roten Haus" eingesperrt. Wenig später verhaftete die Gestapo auch die Krankenschwester Ella Rösch. Das Haus der Familie Weigold war trotz Überwachung eine Anlaufstelle auf der Flucht in die Schweiz.

Nach seiner Entlassung aus dem KZ Heuberg im Dezember 1933 stand der 26jährige Schreiner Ernst Steinbach, Mitglied der KPD und Leiter des „Roten Jungsturms", ein Jahr unter Polizeiaufsicht. Etwa 1936 bekam er Kontakt zu einem Mitglied der von Hans Molt in Stuttgart unter Eisenbahnern aufgebauten Widerstandsgruppe, zu der auch Fridolin Endraß in Friedrichshafen gehörte. Über diesen Kontaktmann, den er nur unter seinem Decknamen „Rudi" kannte, erhielt Steinbach antifaschistische Zeitungen, die aus der Schweiz über Konstanz und Singen geschmuggelt und von Eisenbahnern bis nach Stuttgart weitergereicht wurden (s. Bodensee-Kreis und Kr. Konstanz). Die Verbindung wurde auch zur Fluchthilfe genutzt. Trotz mehrfacher Durchsuchungen des elterlichen Wohnhauses in der **Schussen-Siedlung** kam die Polizei nie auf das selbstgeschreinerte Versteck, einem unauffälligen Schränkchen mit doppeltem Boden, in dem Steinbach das illegale Material aufbewahrte.

Bis zu seinem offiziellen Verbot im Februar 1939 war der Katholische Jungmännerverband ein Ort der geistigen Auseinandersetzung mit dem NS-System, nachdem den Sturmscharen und dem Schülerbund „Neudeutschland" bereits im Juli 1935 das öffentliche Auftreten untersagt worden war. Für den Zusammenhalt der katholischen Jugend, der 1933 ungefähr 120 Jugendliche angehörten, sorgten insbesondere Kaplan Karl Kästle, der bis 1937 in Ravensburg lebte, und der Bezirksführer der Sturmscharen Wilhelm Kübel.

Am 13. Dezember 1943 wurde im Zuchthaus Brandenburg der Ingenieur Friedrich Stöckler im Alter von 51 Jahren hingerichtet. Stöckler stammte aus Ravensburg und war in Berlin wegen „Wehrkraftzersetzung" verhaftet worden.

Nach dem gescheiterten Attentat auf Hitler vom 20. Juli 1944 ließ die Gestapo in der Aktion Gitter im ganzen Reich alle früheren Mandats- und Funktionsträger der Arbeiterparteien und des Zentrums verhaften. In Ravensburg waren davon betroffen: Heinrich Matthiesen, Paul Baumeister, Johann Münsinger und Irmgard Bohnacker-Tischer.

Die Vereinigung der Verfolgten des Naziregimes bezifferte die Zahl der NS-Verfolgten im Altkreis Ravensburg auf rund 150 Frauen und Männer, von ihnen waren etwa 40 für kürzere oder längere Zeit im KZ. Stadtarchivar Peter Eitel kam bei seinen Nachforschungen zum Widerstand zu der Einschätzung, daß es allein im Jahr 1933 17 politisch bedingte Verhaftungen gegeben hat. Für den Zeitraum 1934 bis 1945 lassen sich weitere 20 politische Verfahren belegen:

„Von diesen während des Dritten Reiches Verhafteten gehörten 26 eindeutig der politischen Linken an. Sechs der Verhafteten waren Frauen, darunter zwei aktive Kommunistinnen. Als Grund der Verhaftung wurden neben der Zugehörigkeit zur KPD folgende ‚Vergehen' genannt: Verbreitung antifaschistischen bzw. kommunistischen Propagandamaterials, böswillige Verleumdung Hitlers und anderer NS-Größen, Verdacht des Hochverrats, Besitz staatsfeindlicher Broschüren, Verächtlichmachung von NS-Einrichtungen, Verweigerung des Arbeitsdienstes, tätliche Auseinandersetzungen mit SA-Leuten und bewußt herbeigeführte Störungen von politischen Rundfunksendungen. 1936 kam z.B. der Bäckermeister Ludwig Schopp für drei Jahre ins Gefängnis, weil er während der Übertragung einer Hitlerrede in einem Ravensburger Lokal den Radioapparat ausgeschaltet hatte. Während des Krieges waren das Abhören von ‚Feindsendern', ‚defaitistische und wehrkraftzersetzende' Äußerungen sowie die Begünstigung von Kriegsgefangenen weitere typische Gründe von Verhaftungen."

„Rassische" Verfolgung und „Euthanasie"

Eine **Gedenktafel** in der **Grüner-Turm-Straße** 5 erinnert seit 1983 an die **Jüdische Gemeinde Ravensburg**:

> „An dieser Stelle befand sich im Mittelalter eine Synagoge (erwähnt 1345) als Mittelpunkt der kleinen Jüdischen Gemeinde, die von 1330 bis 1429 in Ravensburg nachweisbar ist. Die Juden lebten gettoartig in der heutigen Grüner-Turm-Straße, die bis 1934 Judengasse hieß. 1429 wurden die jüdischen Mitbürger aus der Stadt vertrieben. Erst im 19. Jh. konnten sich in Ravensburg wieder Juden niederlassen. Doch blieb ihre Zahl so klein, daß es nicht zur Wiedererrichtung einer Synagoge kam. Sie wurden in der Zeit des Nationalsozialismus 1933 bis 1945 erneut verfolgt und vertrieben."

Nach 1933 bestanden noch folgende jüdische Betriebe: Viehhandlung Isaak Bernheim, **Georgstraße** 14, Pferdehandlung Martin Erlanger, **Pfannenstiel** 1, Elektrohandlung Raimund Finsterhölzel, **Friedensstraße** 17, Warenhaus Geschwister Knopf, **Marienplatz** 23-25, Warenhaus Friedrich und Julius Landauer, **Marienplatz** 1, Schuhhaus Merkur Inh. Hans und Siegfried Sondermann, **Kirchstraße** 1, und Damen- und Herrenkonfektionsgeschäft Fa. Hermann Wallersteiner, Inh. Gustav Adler, **Marienplatz** 31.

Mindestens acht Mitglieder der Jüdischen Gemeinde Ravensburg wurden Opfer des Holocaust.

Der **Burach-Hof** bei Ravensburg, der von der Familie Erlanger bewirtschaftet wurde, war nach 1933 eines der Hachscharah-Zentren, in denen junge Juden auf die Auswanderung nach Palästina vorbereitet wurden. Peter Erlanger wurde 1938 vom Gymnasium verwiesen und besuchte dann das Jüdische Landschulheim Herrlingen (s. Blaustein, Alb-Donau-Kreis). Dem Ehepaar Erlanger gelang noch vor Beginn des 2. Weltkrieges mit seinen Kindern die Auswanderung nach Palästina.

In **Ravensburg** lebten in der NS-Zeit einige Sinti-Familien. Über die zunehmende Diskriminierung bis zum sogenannten „Festsetzungserlaß" vom Oktober 1939, über die Umsetzung des längst geplanten Völkermordes nach Himmlers Auschwitz-Befehl vom 16. Dezember 1942 fehlen lokale Forschungen. Im Frühjahr 1943 erfolgten die Deportationen der Ravensburger Sinti-Familien in das Vernichtungslager Auschwitz-Birkenau. Im Gedenkbuch der Sinti und Roma fanden wir einige Namen:

Am 14. März 1943 wurde der 13jährige in **Ravensburg** geborene Ludwig Rötzer in Auschwitz-Birkenau mit der Nummer Z-3196 registriert. Zusammen mit ihm wurden seine Geschwister Josef, Jg. 1929, Ferdinand, Jg. 1935, Franz, Jg. 1939, Anna, Jg. 1933, Rosina, Jg. 1938, und seine Mutter, die Händlerin Johanna Rötzer, Jg. 1908, eingeliefert. Johanna Rötzer brachte am 10. Juni 1943 unter grauenvollen Bedingungen ihren Sohn Josef zur Welt, der bald nach der Geburt starb. Das Gedenkbuch überliefert die Todesdaten von vier Kindern. Bei Ludwig und den übrigen Kindern sowie der Mutter fehlen diese Daten. Da sie jedoch nicht zur Zwangsarbeit selektiert wurden und damit keine Überlebenschance erhielten, ist zu vermuten, daß sie bei einer der Vernichtungsaktionen der SS, spätetens in der Nacht des 2. August 1944, bei der Auflösung des „Zigeunerlagers" ermordet wurden.

Am 18. März 1943 trafen mit einem Transport von insgesamt 647 Sinti und Roma Mitglieder der Familie Guttenberger in Auschwitz-Birkenau ein, unter ihnen der 1892 in **Ravensburg** geborene Tassilo Guttenberger, der knapp einen Monat nach seiner Ankunft ums Leben kam. Von den weiblichen Mitgliedern der Familie Guttenberger überlebte eine junge Frau, die zur Zwangsarbeit nach Ravensbrück geschickt wurde. Elisabeth Guttenberger, die etwa 30 Verwandte in Auschwitz-Birkenau verloren hat, beschrieb ihre Ankunft:

> „Das ‚Zigeunerlager' lag im Lagerabschnitt Birkenau, zwischen dem Männerlager und dem Häftlingskrankenbau. In diesem Bereich standen dreißig Baracken, die man Blöcke nannte. Davon gingen Küchen, Krankenstuben und Waschraum ab. Ein Block war die Toilette für das ganze Lager. In den restlichen Blöcken waren mehr als zwanzigtausend ‚Zigeuner' untergebracht. Die Baracken hatte keine Fenster, sondern nur Lüftungsklappen. Der Fußboden war aus Lehm. In einer Baracke, die vielleicht für zweihundert Menschen Platz gehabt hätte, waren oft 800 und mehr untergebracht. Das allein war schon ein furchtbares Martyrium, diese Unterbringung der vielen Menschen. Meine Tante ist neben mir gegangen. Wir sahen uns an, und uns beiden sind die Tränen runtergelaufen. Dieser Eindruck! Es war grausam. Die Menschen saßen reglos in diesen Buchsen und haben uns nur angestarrt. Ich habe gedacht, ich träume, ich bin in der Hölle."

Im gleichen Transport, dessen Ankunft am 18. März 1943 registriert wurde, befanden sich Mitglieder der Familie Schneck und der Familie Reinhardt.

Vier Generationen der Familie Schneck wurden in Auschwitz-Birkenau ausgelöscht: von der Urgroßmutter Krescentia und der Großmutter Luisa, beide aus Rohrdorf, heute Ortsteil von Isny, bis zu den in **Ravensburg** geborenen Kindern Roman, Jg. 1928, Hyacintha, Jg. 1926, und Waltraud, Jg. 1931, deren Todesdaten das Gedenkbuch der Sinti und Roma überliefert.

Das Gedenkbuch nennt bei sieben von 16 Mitgliedern der Familie Reinhardt die Sterbedaten. So ist Karl Reinhardt, 1920 in **Ravensburg** geboren, am 2. August 1943 in Auschwitz-Birkenau ermordet worden. Drei weitere Mitglieder – August, 1916 in Ravensburg geboren, Gertrude, 1924 in Ravensburg geboren, und Hildegard, 1921 in Tübingen geboren, wurden zur Zwangsarbeit selektiert und in die Konzentrationslager Ravensbrück und Buchenwald gebracht. Von der drei Jahre alten Anita, der zweijährigen Natalie und der zehnjährigen Anna, die alle in **Ravensburg** zur Welt kamen, sowie weiteren drei Personen fehlen die genauen Sterbedaten. Es ist zu befürchten, daß sie bei der Auflösung des „Zigeunerlagers" in der Nacht des 2. August 1944 ermordet wurden.

Der 18. März 1943 ist auch das Einlieferungsdatum von Martha Bertha Köhler, 1939 in **Ravensburg** geboren, und der 46jährigen Hilda Köhler; beide wurden zusammen registriert, so daß verwandschaftliche Beziehungen angenommen werden können. Die kleine Martha Bertha starb einen Monat nach ihrer Ankunft am 28. April 1943, von Hilda sind keine weiteren Daten überliefert (zum Schicksal von Anton Köhler s.u.).

Am 3. April 1943 wurden Ferdinand und Anna Winter mit ihren sechs Kindern im „Hauptbuch des Zigeunerlagers" registriert. Nur von Ferdinand Winter ist ein Todesdatum überliefert: Er starb am 28. Februar 1944 im Alter von 43 Jahren. Die Kinder, bei ihrer Einlieferung zwischen sechs und 15 Jahren alt, waren mit Ausnahme von Johann alle in **Ravensburg** zur Welt gekommen. Das Elend, das sie in Auschwitz-Birkenau erwartete, beschrieb Elisabeth Guttenberger:

> „Zuerst starben die Kinder. Tag und Nacht weinten sie nach Brot. Sie sind alle sehr bald verhungert ... Die größeren Kinder ab zehn Jahren mußten für die Lagerstraße Steine schleppen, bei diesem Hunger, wo doch täglich die Kinder verhungert sind ... Als die letzten Sinti und Roma in die Gaskammern geschickt wurden, bei der letzten Vergasungsaktion, da hat man dann auch die Zwillingskinder vergast. Auf Befehl des Lagerarztes Dr. Mengele sind ihre Leichen noch seziert worden, bevor sie verbrannt wurden. Er wollte sehen, wie weit die inneren Organe von Zwillingen einander ähnlich sind."

Auch die Zwillinge der Familie Winter, Sophie und Tusnelda, am 18. Juni 1933 in Ravensburg zur Welt gekommen, könnten medizinischen Experimenten zum Opfer gefallen sein.

Am 12. Mai 1944 trafen 39 Sinti-Kinder aus einem katholischen Waisenhaus, der St. Josefspflege in Mulfingen (Kr. Hohenlohe, Baden-Württemberg I), in Auschwitz-Birkenau ein. Die Kinder hatten dort als „lebende Objekte" für die „Zigeunerforscherin" Eva Justin gedient, die mit ihrer Doktorarbeit die „Notwendigkeit der Sterilisierung von Zigeunern" untermauern wollte. Drei dieser Kinder waren in **Ravensburg** zur Welt gekommen: Anton Köhler; Jg. 1934, Amalie Reinhardt, Jg. 1929, und Ottilie Reinhardt, Jg. 1930. Mit Anton waren sieben Geschwister bzw. Vettern und Cousinen in diesem Transport. Auch Amalie und Ottilie Reinhardt, die nicht miteinander verwandt waren, hatten noch ihre Geschwister bei sich. Amalie Reinhardt-Schaich, eine der wenigen Überlebenden der Mulfinger Kinder, berichtete:

> „Am 10. Juni 1938 wurde ich im Allgäu von der Gendarmerie mit meinen Geschwistern: Anton (Jahrgang 1930), Scholastika (Jahrgang (1933), Adolf (Jahrgang 1937), Emil (Jahrgang 1926) unseren Eltern weggenommen. Ich war damals neun Jahre alt. Mein Vater kam sofort in ein KZ, meine Mutter etwas später. Sie ist im KZ Bergen-Belsen umgekommen. Zusammen mit meiner Schwester Scholastika kam ich in das Kinderheim Schönenbürg bei Ulm (Schönenbürg, Ortsteil von Schwendi, Kr. Biberach; die Red.). Meine Brüder Anton und Emil kamen nach Oggelsbeuren (Kr. Biberach, die Red.), mein Bruder Adolf in das Kinderheim Baindt bei Ravensburg. Im September 1939 kam ich mit anderen Sinti-Kindern in das Kinderheim St. Josefspflege nach Mulfingen ... Am 9. Mai 1944 mußten wir morgens unsere Sachen packen ...

> Nach vier oder fünf Tagen trafen wir mit dem Zug in Auschwitz ein ... Dort waren wir Mulfinger Kinder noch vierzehn Tage im Block 16 zusammen. Doch dann haben sie uns getrennt. Die Kinder, die über vierzehn waren, sind geblieben und die jüngeren kamen in den Kinderblock, den ‚Waisenblock'. Wir größeren wurden zum Straßenbau abkommandiert. So oft es ging, habe ich meine jüngeren Geschwister besucht ... Von Andreas Reinhardt (einem anderen Mulfinger Kind; die Red.), der nicht mit mir verwandt ist, habe ich damals gehört, daß er des Nachts beobachtet habe, wie kleine Kinder in offenem Feuer verbrannt wurden. Andreas war ganz verstört und wollte erst gar nicht mit der Sprache heraus. Er war damals 15 Jahre alt und zur Türwache im Block 16 eingeteilt. Er hatte deshalb Gelegenheit, auch des nachts einmal einen Blick hinauszuwerfen. Ich habe ihm aber zuerst nicht geglaubt und ihn gebeten, mich zu wecken, wenn so etwas noch einmal zu sehen wäre. Eines Nachts weckte er mich und ich konnte tatsächlich durch den Türspalt erkennen, wie kleine Kinder von SS-Männern auf brennende Scheiterhaufen geworfen wurden. Es war entsetzlich."

Amalie Reinhardt-Schaich erfuhr später im FrauenKZ Ravensbrück von polnischen Häftlingen, die nach ihr aus Auschwitz gekommen waren, daß sämtliche Kinder des „Waisenblocks" vergast worden sind.

Am Kriegerdenkmal bei der **Pfarrkirche** in **Weissenau**, „Den Gefallenen beider Weltkrieg 1914–18, 1939–45" gewidmet, wurde im November 1983 eine weitere Inschrift zugefügt: „Den Opfern der Euthanasie 1940/41"

Sie soll an die 394 Patientinnen und 387 Patienten der **Anstalt Weißenau** (heute Psychiatrisches Landeskrankenhaus) erinnern, die in der Tötungsanstalt Grafeneck (s. Gomadingen, Kr. Reutlingen) ermordet wurden.

Der Leiter der Anstalt Weißenau, Dr. Wilhelm Weskott, gehörte zu dem Kreis der württembergischen Psychiater, die bei einer Besprechung im württembergischen Innenministerium im Februar 1940 von Dr. Staehle weitgehend über die „Euthanasie"-Aktion informiert wurden. Zuvor, am 21. Oktober 1939, waren in der Anstalt die Meldebögen von der Berliner Zentrale eingetroffen und ausgefüllt worden. Dr. Weskott war nach den ersten Abtransporten in die Tötungsanstalt Grafeneck darüber empört, daß „mit einer geradezu bösartigen Sinnlosigkeit ... die besten Arbeiter ausgesucht worden sind". Im Juli 1940 schrieb er an Dr. Staehle einen „Erfahrungsbericht über Transporte nach Grafeneck", in dem er sich über den Mangel an Geheimhaltung, die Gerüchte in der Bevölkerung und die ihm äußerst peinlichen „unerwarteten Besuche von Angehörigen, die von Grafeneck nicht benachrichtigt wurden" beklagt:

> „Die Fürsorgeämter und andere noch nicht zur Geheimhaltung verpflichtete Behörden bekommen Todesnachrichten so häufig, daß jede Geheimhaltung längst durchbrochen ist. In Ravensburg werden wir Ärzte immer häufiger auf die grauen Wagen angesprochen. Wir bestreiten die Vermutungen, aber es wird nicht mehr lange dauern, dann lacht man uns ins Gesicht, daß wir lögen."

Von Dr. Sorg hingegen wird berichtet, daß er Diagnosen fälschte, Entlassungsscheine ausstellte und Angehörige von Patienten, deren Abtransport bevorstand, benachrichtigte.

In der Anstalt hatten sich auch jüdische Patienten befunden, die vom Rabbiner aus Buchau betreut wurden. Mindestens fünf von ihnen waren unter den Ermordeten.

Bei ihrer Untersuchung zum Gräberfeld X des Anatomischen Instituts der Universität Tübingen stellte Benigna Schönhagen fest, daß acht Leichen aus der Anstalt Weißenau geliefert wurden. Die Namenslisten ergaben, daß es sich um Patienten aus der Südtiroler Anstalt Pergine handelte, die im Mai 1940 allesamt nach Süddeutschland, unter anderem nach Zwiefalten und Weißenau, verlegt wurden. „Dort fanden sie dann", so Schönhagen, „offensichtlich durch Auskühlung und Hungerkost – diese Vermutung legen Todesursachen wie Lungen- und Bauchfellentzündung nahe – einen qualvollen Tod" (s. auch Zwiefalten, Kr. Reutlingen).

Konzentrationslager und Zwangsarbeit

Die Angaben des FNTB zum Einsatz ausländischer Zwangsarbeitskräfte sind unvollständig: Für Ravensburg selbst liegen keine Zahlen vor. Im heute eingemeindeten **Eschach** hingegen waren während der Kriegsjahre 2.555, in **Dietmanns** 80 und in **Adelsreute** 65 Fremdarbeiterinnen und Fremdarbeiter gemeldet; für **Weißenau** gibt er ein „Gemeinschaftslager" ohne Informationen über die Belegstärke an. Zahlen zum Einsatz von ausländischen Kriegsgefangenen fehlen.

Ein Großteil der ausländischen Zwangsarbeitskräfte mußte bei der Fa. Bautz (s. Saulgau, Kr. Sigmaringen) und in den Verlagerungsbetrieben der Dornier-Werke arbeiten (s. Friedrichshafen, Bodensee-Kreis). Diese befanden sich ab 1943 im **Bierkeller „Höll"** unterhalb der Weststadt und im Stollen eines Milchwerks. In Gebäude der Fa. Beck & Van Gossel, der Schlosserei Herbert Miller und in die Parkettfabrik Sterkel hatte die Luftschiffbau Zeppelin GmbH Fertigungsbereiche verlagert.

Aus dem Jahr 1950 liegt eine vom Städt. Hoch- und Tiefbauamt erstellte Liste „Ausländergräber" vor. Sie erfasst 217 Gräber auf dem **Städtischen Friedhof** und dem **Französischen Friedhof**. Nach dieser Liste ruhen in einem Sammelgrab 30 russische Kriegsgefangene bzw. Zwangsarbeiter, die am 17. April 1945 bei einem Bombenangriff auf Weingarten ums Leben gekommen sind. Bei allen anderen ist als Sterbeort **Ravensburg** vermerkt. 49 Personen stammten aus Frankreich, 43 aus der Sowjetunion (Rußland, Ukraine, Estland, Lettland und Litauen), 34 aus Polen. 17 Tote werden als „Umsiedler (unbekannte Nationalität)" geführt; es sind fast ausschließlich Säuglinge und Kleinkinder, gestorben zwischen 1942 und 1945, was auf die Existenz eines „Umsiedlungslagers" der SS-Organisation „Volksdeutsche Mittelstelle" in Ravensburg schließen läßt. Die übrigen Toten stammten aus Ungarn (10), dem ehemaligen Jugoslawien (10), den Niederlanden, Italien und Tschechoslowakei (je 6), aus Belgien und der Schweiz (je 5), aus Österreich (4) aus der Türkei (3), aus den USA, Großbritannien, Spanien, Indien und Griechenland (je 2), aus Liechtenstein und Finnland (je 1), drei sind „staatenlos".

Aus einer zweiten Liste, die nur noch 152 Namen enthält, ist teilweise der jeweilige Status der ausländischen Toten zu entnehmen. Ihr zufolge starben bis 1945 sieben Kriegsgefangene, sieben „Internierte", 35 Zwangsarbeiterinnen und -arbeiter, sowie 16 Säuglingen und Kleinkinder vor allem von polnischen und russischen Zwangsarbeiterinnen. Die Todesursachen lassen auf unzureichende medizinische Betreuung, Mangelernährung bei gleichzeitiger Schwerarbeit und Gewaltmaßnahmen schließen: Schußverletzungen nach Fluchtversuchen, „in berechtigter Notwehr erschossen", „Tod durch Erhängen". Bei den Säuglingen und Kleinkindern ist häufig „Lebensschwäche" als Todesursache angegeben. Bombenangriffe forderten unter den ausländischen Zwangsarbeitskräften mindestens 17 Tote. Nach dem Kriegsende, so wird aus dieser zweiten Liste deutlich, stieg die Sterblichkeit unter den befreiten Zwangsarbeiterinnen und -arbeitern. Sie galten nun als Displaced Persons, wurden weiterhin in Lagern zusammengehalten, ihre medizinische Betreuung und Ernährung blieb mangelhaft. An den Folgen der Zwangsarbeit starben bis Juni 1950 noch 48 Erwachsene und 32 Kinder.

Wie viele Gräber heute noch vorhanden sind, konnten wir nicht feststellen. Es erfolgten Überführungen in die Heimatländer und Umbettungen: 29 Tote, bis dahin auf den **Friedhöfen** von **Ravensburg** und den heutigen Ortsteilen **Taldorf** und **Eschach** bestattet, wurden 1949 auf dem „Russenfriedhof" in Biberach beigesetzt (s. Kr. Biberach).

RIEDHAUSEN

Widerstand und Naziterror

SS-Leute erschossen am 22. April 1945, zwei Stunden bevor französische Panzer den Ort erreichten, den gehörlosen Karl K. aus Wilhelmsdorf (Kr. Ravensburg) an der **Ostrachbrücke**. Sie hielten ihn, der sich nicht verständigen konnte, für einen Deserteur oder Spion, raubten ihm seine Kleider und warfen den Leichnam in die Ostrach.

Konzentrationslager und Zwangsarbeit

Die sterblichen Überreste des Zwangsarbeiters Anton Schupienko wurden auf den „Russenfriedhof" nach Biberach umgebettet.

UNTERWALDHAUSEN

„Rassische" Verfolgung und „Euthanasie"

Am 17. Mai 1904 war in **Unterwaldhausen** die Sintezza Marie Winterstein zur Welt gekommen. Nach ihrer Heirat lebte sie in Hessen, zuletzt in Hirzenhain, wo 1940 der jüngste Sohn Richard geboren wurde. Als im Frühjahr 1943 die Nationalsozialisten den lange geplanten Völkermord an Sinti und Roma in die Tat umsetzten, wurde Marie Winterstein mit ihrem Ehemann, dem Korbmacher Karl Winterstein, 1902 in Weingarten geboren, und sechs Kindern im Alter zwischen drei und vierzehn Jahren in das Vernichtungslager Auschwitz-Birkenau deportiert. Am 10. Mai 1943 traf die Familie im bereits hoffnungslos überfüllten „Zigeunerlager" ein. Kein Mitglied der Familie überlebte; als letzte erlag Klara am 5. Januar 1944 im Alter von 15 Jahre den auf Vernichtung zielenden Lagerbedingungen.

VOGT

Konzentrationslager und Zwangsarbeit

In der kleinen Gemeinde **Vogt** forderten die Bedingungen der Zwangsarbeit zwei Todesopfer: Iwan Panschin und Andrey Saray. Ihre Gräber wurden 1949 auf den „Russenfriedhof" nach Biberach verlegt (s. Kr. Biberach).

WANGEN im ALLGÄU

Widerstand und Naziterror

Bei unserer Spurensuche in Wangen fanden wir weitgehende Unterstützung durch die Historikerin Birgit Locher, den Lehrer Edwin Wölfle und die Stadtarchivarin Petra Sachs-Gleich. Auf der Grundlage vorhandener Literatur, eigener Recherchen und Aussagen von Zeitzeugen können die Autoren des folgenden Beitrags interessante Ergebnisse vorlegen, die sie angesichts des dürftigen Forschungsstandes jedoch „unbedingt als vorläufig" verstanden wissen wollen. Frau Locher bereitet derzeit eine Veröffentlichung zur Geschichte des Nationalsozialismus in Wangen vor, in der sicherlich manche der hier vorgetragenen Sachverhalte ausführlicher dargestellt werden:

Wegen seiner katholisch-agrarischen Struktur hat es in **Wangen** von jeher kaum eine ausgeprägte politische Linke gegeben. Durch die Ansiedlung von Industriebetrieben um die Stadt herum entstand jedoch eine Arbeiterschicht, die in sich tief gespalten war: zum einen in ein katholisches Zentrumslager, zum anderen in linke sozialdemokratische oder kommunistische Gruppierungen, die allerdings zahlenmäßig gering waren. Bei der letzten Reichstagswahl vom 5. März 1933 verfehlte die NSDAP in Wangen den Aufstieg zur stärksten Partei. Das demokratische Lager erreichte trotz Wirtschaftskrise und massiver Diskreditierung immerhin noch knapp 55 % der Stimmen.

Aufgrund dieser politischen Konstellation sah die NSDAP ihren größten Gegner in der Zentrumspartei, deren Ausschaltung sich mit der Absetzung von Bürgermeister Geray am 21. April 1933 symbolisch vollzog. Der zentrumsnahe Geray war zum Zeitpunkt seiner „Beurlaubung" bereits 27 Jahre lang bei der Stadt Wangen tätig gewesen: zunächst als Stadtsekretär, dann als Stadtpfleger und seit 1922 als Bürgermeister. Er erfreute sich großer Beliebheit bei der Wangener Bevölkerung und war zu Beginn des Jahres

1932 mit über 95% aller Stimmen wieder zum Bürgermeister gewählt worden.

Geray hatte in den Jahren vor der „Machtergreifung" deutlich gemacht, daß er von radikalen Parteien, insbesondere der NSDAP, wenig hielt. Die NSDAP hatte ihm seine Aufmarsch- und Versammlungsverbote ebenso wenig verziehen wie seine Maßnahmen gegen die hetzerische Parteipropaganda, die sich vor den vielen Wahlen der Weimarer Republik entfaltete.

Mit Gerays Beurlaubung wurden auch seine Bezüge radikal gekürzt. Sein Gesuch um eine Erhöhung lehnte man mit der Begründung ab, daß keine Not vorliege. Erst nach einer dezidierten, äußerst peinlichen Darstellung seiner finanziellen Situation wurde später Gerays Pension aufgrund sozialer Härten von 3/5 auf 2/3 des Grundbetrags erhöht. Am 9. August 1933 verurteilte ihn das Landgericht Ravensburg wegen angeblicher „fortgesetzter Verleitung zur erschwerten Amtsunterschlagung" zu sechseinhalb Monaten Gefängnis.

Zu erwähnen ist auch das Vorgehen gegen die Wangener Sozialdemokraten. Mitte März 1933 wurde der SPD-Ortsverein aufgelöst; bald darauf erfolgte das Verbot des Arbeiter-Radfahrerbundes „Solidarität", der in Wangen 230 Mitglieder zählte. Wichtigste Persönlichkeit war Karl Beurer, SPD-Stadtrat und stellvertretender Bürgermeister. Aufgrund des „Gesetzes zur Wiederherstellung des Berufsbeamtentumns" wurde er als Zugführer bei der Reichsbahn nach Rottweil zwangsversetzt. Nach Kriegsende kam Beurer nochmals nach Wangen zurück und wirkte maßgeblich beim Aufbau einer antifaschistischen Gruppe mit. Er sollte, nach mündlichen Aussagen, von den Franzosen zum kommissarischen Bürgermeister eingesetzt werden, starb jedoch bereits im Juni 1945.

Der Ortsverein der kommunistischen Partei zählte vor der Machtergreifung etwa 30 Mitglieder. Eine 1932 vor allem von den arbeitslosen Mitgliedern bei der **Gastwirtschaft „Zum Klostereck"** erbaute Blockhütte diente der KPD-Ortsgruppe als Versammlungslokal. Im Frühjahr 1933 wurden dort Gäste, zumeist Spinnerei- und Bleichereiarbeiter, bespitzelt, überwacht und von SA-Männern mehrfach verprügelt. Auch der Wirt der benachbarten Gaststätte wurde zusammengeschlagen und entging einer Verhaftung nur dadurch, daß ihm ein Arzt eine Schwerstkriegsverletzung bescheinigte. Unter fadenscheinigen Gründen wurde das Lokal bald geschlossen und der freiwilligen Sanitätskolonne übergeben. Während des Krieges waren in der Blockhütte die in den Wangener Betrieben beschäftigten Zwangsarbeiter und Kriegsgefangenen untergebracht (s.u.).

Viele Angehörige der KPD wurden in „Schutzhaft" genommen und ihre Wohnungen mehrmals durchsucht. Allerdings ist es der KPD wohl gelungen, alles verdächtige Material zu beseitigen. Im „Argen-Boten" vom 23. März 1933 war zu lesen: „Im Verlaufe des gestrigen Vormittags wurden in der hiesigen Stadt sieben Kommunisten und zwar Briechle Josef, Guntsch Anton, Haberer Karl, Hörmann Franz, Steinbach (Riechel) August, Scheffold Jos.jr., Walser, Nierat festgenommen und mit dem Auto nach dem Konzentrationslager auf dem Heuberg verbracht."

Im April 1933 kamen Walter Bitterwolf und Georg Rölli ebenfalls auf den Heuberg (s. Stetten a.k.M., Kr. Sigmaringen), der Gipser Baumann wurde aufgrund seines Rufes „Heil Moskau" inhaftiert. Die Haftdauer reichte von einigen Tagen bis zu sechs Monaten. Mit der Haft allein war es jedoch nicht getan. Zunächst fanden die wenigsten ehemaligen Kommunisten Arbeit und wurden mit allerlei Sanktionen bestraft wie z.B. Streichung der Kinderbeihilfe und der Winterhilfe oder Zwangsverpflichtung in eine Arbeitskolonne. Zudem wurde verlangt, daß sie die Kosten ihrer Inhaftierung zu tragen hätten. Sie mußten sich alle drei Tage auf dem **Polizeiamt** melden und wurden heimlich überwacht, wobei eine regelmäßige Berichterstattung an das Oberamt Wangen ihre Gesinnung betreffend erfolgte. Im September 1933 äußerte sich Georg Briechle in einem Gasthaus negativ über die NSDAP. Als früheres KPD-Mitglied und bekannter „politischer Hetzer" wurde auch er in „Schutzhaft" genommen und später wegen „heimtückischer Angriffe gegen die Reichsregierung" zu einer Haftstrafe verurteilt. Diese Einschüchterungskampagnen könnten Erfolg gehabt haben, folgt man den Berichten an das Oberamt: Sämtliche ehemalige kommunistische Führer hätten sich im Juli 1933 „zurückhaltend" gegeben und seien „politisch nicht in Erscheinung" getreten.

Die Blockhütte bei der Gastwirtschaft „Zum Klostereck".

Nach Aussagen des heute noch lebenden Kassierers der KPD Wangen sollen zwei sich damals in Wangen aufhaltende, aber nicht aus der Stadt stammende NS-Gegner in Konzentrationslager verbracht und dort umgebracht worden sein.

Der katholische Jungmännerverein erwies sich in Wangen als eine der religiösen Gruppen, die sich weitgehend unabhängig zu behaupten suchten. Besonders aktiv war dabei Josef Rädler, der Leiter der Gruppe. Zwischen 1936 und 1939 unternahm man mehrmals Ausflüge mit Fahrrädern, Skiern oder mit der Eisenbahn in die Schweiz und nach Österreich. Tübach bei Rorschach wurde zum zentralen Ort, um Pater Udo von Württemberg zu treffen, den Leiter des katholischen Flüchtlingshilfswerks in der Schweiz. Über diesen Kontakt war es möglich, religiöse und politische Schriften über die Grenze zu schmuggeln. Als Kassenbericht getarnt fand so die Niederschrift der Predigt des Münsteraner Bischofs von Galen vom 3. August 1941, in der er sich vehement gegen den Mord an Behinderten aussprach, ihren Weg nach Wangen. Auch die Enzyclika „In brennender Sorge" von Papst Pius XI wurde in Miniaturausgaben in Butterbroten versteckt über die Grenze geschmuggelt. Zuhause wurden diese Schriften in kirchlichen Kreisen verteilt. 1938 wurde Josef Rädler 14 Tage in Ortsarrest im **Wangener Rathaus** genommen, weil er ein Hetzplakat der NSDAP in **Deuchelried** zerstört hatte; er stand unter ständiger Gestapo-Überwachung, wurde mehrere Male verhört, doch es kam nie zu einem gerichtlichen Verfahren.

Eine Auflistung der Opfer des Nationalsozialismus vom 29. Februar 1946 für die Schweizerische Kommission für Deutschlandhilfe nennt 23 Fälle politischer Verfolgung in Wangen, eine weitere, im Stadtarchiv vorhandene Liste nennt 21 solcher Fälle.

„Rassische" Verfolgung und „Euthanasie"

In der sogenannten „Reichskristallnacht" im November 1938 wurden im **Kaufhaus Lehmann-Dahlberg** in der **Gegenbaurstraße** 10 die Fensterscheiben eingeworfen. Im Januar 1939 wanderte die Familie nach Chile aus. Der Viehhändler Ferdinand Fröhlich war nur kurz in Wangen angesiedelt, er zog 1938 wohl nach Stuttgart und dann nach Karlsruhe, von wo aus er in das Internierungslager Gurs in Südfrankreich kam. Zehn Mitglieder der Familie Stern, die ein Konfektionsgeschäft am **Postplatz** betrieben hatte, kamen in Konzentrationslagern um. Der Viehhändler Hermann Lindauer und seine Frau Rosa zogen 1927 nach Wangen in die **Klosterbergstraße**. Hermann Lindauer starb 1934, das Schicksal seiner Frau ist unbekannt. 1935 kam Martin Lindauer für acht Wochen in „Schutzhaft" nach Friedrichshafen. 1938 wurde ihm die berufliche Betätigung verboten, und er war gezwungen, sein Haus zu verkaufen. Noch im selben Jahr flüchteten die Lindauers nach Luxemburg und wanderten im Mai 1939 nach Amerika aus. Hilfe zur Flucht leistete Hugo Sigrist, der seinen Freund Martin Lindauer mit dem Auto zur Schweizer Grenze gefahren hatte. 1949 erschien in der „Schwäbischen Zeitung" als Anzeige ein Nachruf auf „den treuen Freund Hugo Sigrist":

> „Mit ihm ist ein selten tapferer und aufrechter Mensch dahingegangen, der sich nicht scheute, in Zeiten meiner tiefsten Erniedrigung sich zu mir zu bekennen. Seine seltene Treue hat mir den Glauben an die Menschheit erhalten. In trauerndem Gedenken. Martin Lindauer, New Brunswick, USA."

Das „Gesetz zur Verhütung von erbkrankem Nachwuchs" fand auch in Wangen seine Anwendung. Vor dem örtlichen Erbgesundheitsgericht wurden im Juni 1934 neun Fälle verhandelt, die die Zwangssterilisation von als „schwachsinnig" bezeichneten Menschen betraf. Dazu wurden die Betroffenen vorgeladen und dem Gericht „vorgeführt". Wie die Beschlußakten vom 6. Juni 1934 zeigen, wurden von den neun Fällen (acht Männer und eine Frau) zwei abgelehnt, die sieben restlichen befürwortet. Im August 1934 fanden weitere „Vorführungen" statt, die Insassen eines Altenheims betrafen. Darunter waren auch vier Kinder eines Ehepaars, welches sich weigerte, den Antrag auf Unfruchtbarmachung zu stellen. Es ist anzunehmen, daß ihre Kinder gegen ihren Willen sterilisert wurden, allerdings ist dies nicht genau aus den Akten nachzuvollziehen.

Konzentrationslager und Zwangsarbeit

Nach dem derzeitigen, noch völlig unzureichenden Forschungsstand ist bekannt, daß Kriegsgefangene und Zwangsarbeiter sowohl in den ausgelagerten Friedrichshafener Betrieben Maybach Motoren und Dornier, als auch bei hiesigen Betrieben, bei der Stadt Wangen und in vielen Bauernhöfen der Umgebung zum Einsatz gekommen sind. Sie waren teils in Baracken auf dem Gelände der Industriebetriebe, teils privat untergebracht, insbesondere wenn sie aus westlichen Ländern kamen. Dazu einige Beispiele:

In die Werksanlagen der Wangener **ERBA** (Spinnerei) waren seit 1943 Teile der Produktion des Friedrichshafener Rüstungsbetriebs **Dornier** ausgelagert. Hier arbeiteten Kriegsgefangene und Zwangsarbeiter vor allem aus osteuropäischen Ländern. Sie waren in streng bewachten ehemaligen Reichsarbeitsdienstbaracken am **Aumühleweg** untergebracht und wurden in der Werkskantinenbaracke verpflegt. An Flucht war auf dem durch massive Zäune gesicherten Weg von den Baracken zur Fabrik nicht zu denken.

Etwa 100 Zwangsarbeiter vor allem aus der ehemaligen Sowjetunion, aber auch Kroaten und Serben, waren in der **Käsefabrik Wiedemann** beschäftigt. Dort mußten sie Käse waschen, verpacken und verladen. Als Unterkunft dienten drei Baracken in der **Ravensburger Straße**, wo die Arbeitskräfte auch unter Einsatz von Hunden bewacht wurden.

Ein Pole, der einem in einem nahe der Stadt liegenden Sägewerk beschäftigten französischen Kriegsgefangenen zur Flucht verholfen hatte, wurde verhaftet. Wenig später erhielt der Sägewerksbesitzer ein Päckchen mit dessen Kleidung übersandt.

Darüber hinaus ist bekannt, daß in der bereits erwähnten **Blockhütte** am **Klostereck**, im heute nicht mehr existierenden Gasthaus „Löwen" in der **Gegenbaurstraße** (heute Kreissparkasse) und in der ehemaligen Wanderarbeitsstätte im **„Alten Bad"** (heute Badstubenmuseum und Galerie) in der Langen Gasse Kriegsgefangene einquartiert waren. Die Blockhütte war

1943/1944 mit 35 französischen und belgischen Kriegsgefangenen aus dem Stalag VA Ludwigsburg (Baden-Württemberg I) belegt; von diesen mußten sieben bei Bauern, sechs bei der Stadt Wangen, die übrigen bei Wangener Betrieben und Handwerkern arbeiten.

In den letzten Kriegstagen kam es in Wangen noch zu Exekutionen und Standgerichten, von denen auch Ausländer betroffen waren. Am 28. April 1945 wurden vermutlich durch ein SS-Exekutionskommando in Wangen erschossen: ein deutscher Polizeioffizier, Name unbekannt, der Franzose André Tripault, geb. 16. November 1914, der Franzose Lucien Brean und eine weitere unbekannte Person (s. Weingarten).

Am 10. Juni 1945 meldete die Stadtverwaltung der französischen Kommandantur 13 Lager, die insgesamt mit 690 Personen – Kriegsgefangenen und zivilen Zwangsarbeitskräften – belegt waren. Der FNTB gab bei seinen Nachkriegsermittlungen zum Einsatz ausländischer ziviler Zwangsarbeitskräfte folgende Zahlen an: **Wangen** 325, für **Deuchelried** 60 und für **Leupolz** 105 Personen.

Auf dem **Städtischen Friedhof St. Wolfgang** befindet sich eine Kriegsgräberstätte mit 14 Gräbern von teils namentlich bekannten, teils unbekannten Opfern. Seit 1992 steht hier eine von dem Bildhauer Werner Gürtner geschaffene Pietà. Laut Gräberliste vom 24. März 1973 ruhen zwischen deutschen Soldaten drei unbekannte russische Kriegsgefangene, ein am 28. April 1945 erschossener unbekannter Franzose, der niederländische Zwangsarbeiter Artur Walsorden, der ukrainische Zwangsarbeiter Peter Worobyow und Wladimir Solatko-Petrische aus Jugoslawien.

Zwei Kinder russischer Zwangsarbeiterinnen starben in Wangen: am 8. Juli 1943 der sechs Monate alte Peter Musitschko und am 4. Februar 1944 der vier Monate alte Dimitro Tschermerda, der in Friedrichshafen zur Welt gekommen war. Die beiden Kindergräber sowie die Gräber von Nikolaj Nassorow und Georg Doluk wurden 1949 nach Biberach auf den „Russenfriedhof" verlegt (s. Kr. Biberach).

WEINGARTEN

Widerstand und Naziterror

In der alten Garnisonsstadt Weingarten feierten am 31. Januar 1933 die Anhänger der NSDAP die Machtübertragung an Hitler mit einem Fackelumzug. Schon im September 1922 war in Weingarten eine der ersten NSDAP-Ortsgruppen gegründet worden, seit 1931 saß ein NSDAP-Mann im Gemeinderat, und bei den Reichstagswahlen vom 31. Juli 1932 war die NSDAP mit 27,7 % der Stimmen nach dem mit 48,7 % dominierenden Zentrum zweitstärkste Partei geworden. Knapp 15 % der Wählerinnen und Wähler stimmten für die SPD (6,1 %) und die KPD (8,8 %).

Bei der letzten Reichstagswahl am 5. März 1933 konnte die NSDAP ihren Stimmenanteil auf 45,2 % ausbauen – nicht zuletzt durch gewalttätige Behinderungen des Wahlkampfs der Arbeiterparteien und des Zentrums. Fünf Männer, darunter der KPD-Gemeinderat Hermann Isele, kamen in diesen Wochen in „Schutzhaft" in das KZ Heuberg (s. Stetten a.k.M., Kr. Sigmaringen). Bereits am 10. April 1933 wurden der Radfahrverein Solidarität, der Touristenverein Naturfreunde, der Arbeiter-Turn- und Sportverein, der Arbeiterbildungsverein und der Arbeitersängerverein aufgelöst.

Im April 1933 setzte sich der gleichgeschaltete Gemeinderat aus acht Nationalsozialisten und sechs Mitgliedern des Zentrums zusammen. Diese legten am 5. Juli 1933 geschlossen ihre Mandate nieder. Sie verweigerten damit den Nationalsozialisten eine Art „Ehrenerklärung", die jene verlangt hatten, nachdem zuvor die Marienstatue aus der **Basilika** gestohlen worden waren und die Bevölkerung diesen Frevel der SA zuschrieb. Bürgermeister Braun (Zentrum), dem die NSDAP vor 1933 gedroht hatte, daß sie ihn „einen Kopf kürzer machen" werde, wurde erst im September 1937 in den Ruhestand gezwungen. Nach dem Attentat vom 20. Juli 1944 wurde Braun, der mit Eugen Bolz befreundet war, für einige Tage in das Gefängnis von Ravensburg eingesperrt.

Unmittelbar vor der Befreiung, am 24. April 1945, lieferte der NSDAP-Kreisleiter den früheren Bürgermeister sowie den Rechtsanwalt Dreher aus Ravensburg, zwei Franzosen und zwei weitere ausländische Zwangsarbeiter an die SS in Kempten aus, da sie Verhandlungen wegen der Übergabe der Stadt aufgenommen hatten. Durch das schnelle Vordringen der französischen Armee konnten Braun und Dreher am 29. April befreit werden; für die vier Ausländer gab es keine Rettung mehr: Sie waren von der SS bereits erschossen worden.

Im Juli 1933 wurden die in Weingarten sehr aktiven katholischen Jugendverbände aufgelöst. Bei der Beschlagnahmung gab ein Pater bewußt als Besitz auch eine Muttergottesstatue an, die prompt mitgenommen wurde. Diese Vorfall verbreitete sich wie ein Lauffeuer: „Jetzt haben sie auch noch die heilige Maria verhaftet!" Der Pater kam fünf Tage in das Polizeigefängnis von Ravensburg.

In den folgenden Jahre kam es immer wieder zu Verhaftungen, wie W. Heinz 1983 in den „Südschwäbischen Nachrichten" schrieb:

> „Es verging kein Jahr, ohne daß Weingärtner Bürger aus politischen Gründen ins Gefängnis oder in ein KZ gebracht wurden. Sei es, weil sie verbotene Schriften aufbewahrten, angeblich den Arbeitsfrieden störten, die SA bzw. die Reichsregierung beleidigten, für KZ-Häftlinge sammelten, Bibelforscher waren, passiven Widerstand leisteten oder sich zum Katholizismus bekannten."

Konzentrationslager und Zwangsarbeit

Die ersten französischen Kriegsgefangenen trafen im September 1940 in Weingarten ein. Ihre Unterkunft war ein Ökonomiegebäude auf dem **Martinsberg**; arbeiten mußten sie im Heeresverpflegungsamt in der **Wolfegger Straße**. Im September 1941 war dieses Lager mit 65 Gefangenen belegt.

Ein Lazarett für ausländische Kriegsgefangene mit etwa 85 Betten befand sich in der **Lazarettstraße**. Ab 1943 waren im Lazarett auch Kriegsgefangene untergebracht, die zur Arbeit eingesetzt wurden. So mußten italienische Militärinternierte Sandvorräte in öffentlichen Gebäuden anlegen; russische Kriegsgefangene wurden im November 1944 zum Ausbau des Luftschutzstollens am **Veitsburghang** in Ravensburg eingesetzt.

Nach einer Aufstellung vom Mai 1943 waren zu diesem Zeitpunkt 68 zivile Zwangsarbeitskräfte aus Belgien, Frankreich, den Niederlanden, Polen und Italien in Weingarten. Die meisten arbeiteten bei der **Maschinenfabrik Weingarten GmbH** und der **Maschinenfabrik Baer**. Beide Maschinenfabriken unterhielten auch Lager für ausländische Kriegsgefangene.

Nach der Bombardierung der Friedrichshafener Produktionsstätten im Jahr 1944 verlagerte die Luftschiffbau Zeppelin GmbH Teile der V2-Produktion nach Weingarten in die Räume der **Fa. Karosseriebau Neuburger**, der **Fa. Hans Riedmayer** und in das **Möbelhaus Holzschuh**.

Die Gräber von 66 sowjetischen Zwangsarbeitern oder Kriegsgefangenen und von sechs aus der Ukraine deportierten jungen Frauen wurden 1949 auf den „Russenfriedhof" nach Biberach verlegt. 30 Russen, die beim Bombenangriff am 17. April 1945 auf Weingarten ums Leben kamen, ruhen in einem Massengrab auf dem Städtischen Friedhof von Ravensburg.

WILHELMSDORF

„Rassische" Verfolgung und „Euthanasie"

Am 24. März 1941 wurden 19 Gehörlose aus den **Zieglerschen Anstalten** (heute: Rotachheim) in das Landeskrankenhaus Weinsberg (Baden-Württemberg I) verlegt; 18 von ihnen wurden wenig später in den „Euthanasie"-Tötungsanstalten Hadamar (Hessen) und Sonnenstein (Sachsen) ermordet. Ein weiterer Patient, der Jude Moses Frisch aus Galizien, wurde 1942 in Auschwitz ermordet.

Andere Heimbewohner, darunter zwei jüdische Frauen, konnten durch den hinhaltenden Widerstand des damaligen Leiters Heinrich Hermann gerettet werden.

Ein **Mahnmal** auf dem **Wilhelmsdorfer Friedhof** gedenkt der Ermordeten:

> „Zum Gedenken an die Opfer der Euthanasie.
> Vor Gott ist nicht einer vergessen.
> In der Zeit des Nationalsozialismus wurden im Jahr 1941 aus der Taubstummenanstalt 19 behinderte Menschen abgeholt und getötet."

In der Eingangshalle des „Haus Höchsten" schufen Heimbewohner eine Bilderwand zum Gedenken an die Opfer der Krankenmorde.

Konzentrationslager und Zwangsarbeit

Nach Angaben des FNTB waren während der Kriegsjahre in **Wilhelmsdorf** 75 ausländische Zwangsarbeitskräfte gemeldet.

WOLFEGG

Konzentrationslager und Zwangsarbeit

Zwei in der Gemeinde eingesetzte sowjetische Zwangsarbeitskräfte kamen ums Leben: Todesort von Natalia Bilowo war **Wolfegg**; Dimitri Grimienko starb im Ortsteil **Neutann**. Die Toten wurden 1949 auf den „Russenfriedhof" nach Biberach umgebettet (s. Kr. Biberach).

Nach Angaben des FNTB waren in den Kriegsjahren 100 ausländische Zwangsarbeitskräfte in Wolfegg gemeldet. Im **Bauhof** waren auch Kriegsgefangene untergebracht, so im Dezember 1943 16 Belgier.

WOLPERTSWENDE

Konzentrationslager und Zwangsarbeit

„Ravensburg-Weingarten" war der Geburtsort von zwei russischen Säuglingen, die in **Wolpertswende** starben. Maria Korolenko starb am 14. Juli 1943, knapp zwei Monate alt, Lydia Srinkowa am 9. März 1945 im Alter von sieben Monaten. Beide Kindergräber wurden 1949 auf den „Russenfriedhof" nach Biberach verlegt.

LITERATUR

Michael Barczyk: Ein trübes Kapitel **Waldseer** Geschichte. In: Kurzeitung. Beilage zur Schwäbische Zeitung vom 10. Mai 1982

Michael Barczyk: Zum Nachdenken. Gab es in **Waldsee** eine sogenannte Judenfrage? In: Kurzeitung. Beilage zur Schwäbischen Zeitung vom 3. April 1987

Michael Barczyk, Günther Kiemel: **Bad Waldsee**. Zeugnisse aus Zeit und Zeitung. Bad Waldsee 1984

Dorothee Breucker: Emilie Weigold – Eine Frau im Widerstand gegen die Nazis. In: Schwäbische Zeitung, Ausgabe **Ravensburg**, vom 19. Juli 1993

Peter Eitel: Widerstand gegen den Nationalsozialismus gab es auch in **Ravensburg**. In: Schwäbische Zeitung, Ausgabe Ravensburg, vom 14. Juli 1994

Peter Eitel: Zwischen 1935 und 1941 wurden selten Kritik und Zweifel laut. In: Schwäbische Zeitung, Ausgabe **Ravensburg**, vom 16. Juli 1994

Sybille Emmrich: Am 12. März 1933, vier Uhr früh: Verhaftung. Danach Gefängnis, KZ Heuberg. In: Schwäbische Zeitung, Ausgabe **Ravensburg**, vom 26. Februar 1983

Ereignisse, Erlebnisse, Schicksale 1945–1995. 50 Jahre danach. Beiträge in der Schwäbischen Zeitung **Leutkirch**, **Isny**, **Bad Wurzach**. Bearbeitet von Elmar Scheffold. Leutkirch 1995

Gedenkbuch: Die Sinti umd Roma im Konzentrationslager Auschwitz-Birkenau. Band 2: Berichte von Überlebenden. München 1993 (zu **Ravensburg**)

Alois Geray: Ein **Waldseer** berichtet: Elf Jahre Haft und Folter im KZ überlebt. In: Kurzeitung. Beilage zur Schwäbischen Zeitung vom 25. Juli 1984

Vor Gott ist nicht einer vergessen. Hg.: **Zieglersche Anstalten**. Wilhelmsdorf 1985

Gerhard Heimann: Kleine Chronik der Stadt **Wangen im Allgäu**. 2. Teil: 1900–1945. Wangen o.J.

W. Heinz: Daß wir nichts mehr zu fressen haben. Stichpunkte zur faschistischen Machtergreifung in **Weingarten**. In: Südschwäbische Nachrichten. Magazin für Gegenöffentlichkeit in WG, BC, RV, LI und FN. 2. Jahrgang Nr. 4. Januar/Februar 1983

Richard Kämmerle: Die **Leutkircher** Familien Gollowitsch und Sauer. Schicksale nationalsozialistischer Judenverfolgung. Überarbeitung der Abschlußarbeit zur 1. Staatsprüfung für das Lehramt an Grund- und Hauptschulen an der Pädagogischen Hochschule Freiburg. Freiburg 1994

Ernst Klee: „Euthanasie" im NS-Staat. Die „Vernichtung lebensunwerten Lebens". Frankfurt 1983 (zu **Ravensburg-Weißenau**)

Uwe Kraus: Der Gemeinderat wird gleichgeschaltet. In: Schwäbische Zeitung, Ausgabe **Ravensburg**, vom 15. Februar 1986

Die letzten Kriegstage 1945 im Raum **Leutkirch**. Eine Zusammenfassung von Zeitungsberichten der Lokalredaktion sowie ergänzende Berichte Leutkircher Bürger, die in der Schwäbischen Zeitung veröffentlicht wurden. Leutkirch 1985

Norbert Kruse, Hans Ulrich Rudolf, Dietmar Schillig, Edgar Walter: **Weingarten**. Von den Anfängen bis zur Gegenwart. Hg.: Stadt Weingarten. Biberach 1992

Justiz und NS-Verbrechen. Sammlung deutscher Strafurteile wegen nationalsozialistischer Tötungsverbrechen 1945–1946. Band XII. Amsterdam 1974 (zu **Argenbühl-Ratzenried**)

Johannes Meister: Schicksale der „Zigeunerkinder" in der St. Josefspflege in Mulfingen. In: 1999. Zeitschrift für Sozialgeschichte des 20. und 21. Jahrhunderts. Hamburg 1987 (zu **Ravensburg**)

P. Wilhelm Poieß: Gefangener der Gestapo. Limburg 1949 (zu **Bad Waldsee**)

Petra Sachs-Gleich: Kriegsende – und dann? **Wangen** 1945. Begleitheft zur Ausstellung in der Galerie In der Badstube. Wiederabdruck der in der Schwäbischen Zeitung Wangen am 29. April und 6. Mai 1995 erschienenen Beiträge. Wangen 1995

Petra Sachs-Gleich: Als der Krieg zu Ende war: **Wangen** 1945. In: Im Oberland. Kultur, Geschichte, Natur. Beiträge aus Oberschwaben und dem Allgäu. Heft 2, 1995

Richard Schisterer: Eine starke Frau. In: Petrus-Brief. Kirchenblatt der Kath. Pfarrei St. Peter, **Bad Waldsee**, Nr. 21, 1990

Benigna Schönhagen: Das Gräberfeld X. Eine Dokumentation über NS-Opfer auf dem Tübinger Stadtfriedhof. Tübingen 1987 (zu **Ravensburg-Weißenau**)

FILME

„Auf Wiedersehen im Himmel". Dokumentarfilm zum Schicksal der Sinti-Kinder in der St. Josefspflege in Mulfingen von Anita Awosusi und Michael Krausnick. (zu Ravensburg)
Verleih: Verband Deutscher Sinti und Roma – Baden-Württemberg, Bluntschlistr. 4, 69115 Heidelberg, Tel. 06221 – 162795

Kreis Reutlingen

BAD URACH

Widerstand und Naziterror

Als am 10. Mai 1933 in vielen deutschen Städten die Bücherverbrennungen stattfanden, brannten auch die Bücher der „Uracher Literaten". An sie hat Wolfram Gekeler mit seinem Aufsatz über die „Uracher Literatenkolonie 1919–1931" erinnert: Nach dem Ersten Weltkrieg hatten sich Karl Raichle, Gregor Gog und Theodor Plivier auf einem Anwesen am **Grünen Weg** niedergelassen. Zu Besuch kamen häufig die Schriftsteller Friedrich Wolf, Erich Mühsam und Johannes R. Becher. 1931 war das Ende der Literatenkolonie gekommen: Raichle verkaufte seinen Besitz, zog zunächst nach Berlin und 1933 nach Meersburg an den Bodensee. Sein Haus blieb auch in der NS-Zeit – wie Manfred Bosch in „Bohème am Bodensee" schilderte – ein Treffpunkt von Oppositionellen.

„Rassische" Verfolgung und „Euthanasie"

Aus dem **Bruderhaus Bleiche** der Gustav-Werner-Stiftung (s. Reutlingen) wurden im März 1941 zwei Patienten nach Weinsberg (Kr. Heilbronn, Baden-Württemberg I) verlegt. Die Anstalt Weinsberg hatte bei der „Euthanasie"-Aktion die Funktion einer Zwischenanstalt auf dem Weg in die Gaskammer der Tötungsanstalt Hadamar (Hessen). Ein Patient wurde in Hadamar ermordet, der andere konnte in das Bruderhaus zurückgeholt werden.

Konzentrationslager und Zwangsarbeit

Nach Angaben des FNTB waren in den Kriegsjahren in Bad Urach 440 ausländische Zwangsarbeitskräfte gemeldet. Eine ihrer Arbeitsstätten dürfte die **Flachsspinnerei** der Reutlinger Fa. Gminder gewesen sein. Gertrud Pfeilsticker, lange Jahre SPD-Gemeinderätin in Bad Urach, berichtete noch im hohen Alter, was sie als junges Mädchen gesehen hatte: „Diese Menschenbilder hat man immer noch vor Augen und vergißt es nie mehr". In den Baracken in der **Siechengasse** unterhalb des Hohenurach wohnten sehr viele Mädchen und Frauen aus der Sowjetunion; sie mußten „in der Fabrik schuften und haben beinahe nichts zu essen gekriegt". Sie kamen heimlich an die Haustüren, um ihre Bastschuhe gegen ein Stück Brot zu tauschen. An französische und russische Kriegsgefangene, die in der **Ulmer Straße** untergebracht waren, erinnerte sie sich ebenfalls: „Die Russen haben so unter dem Hunger gelitten, daß sie die Mülleimer nach Eßbarem durchsucht haben". Eine Frau, die einem Russen einen Apfel zugesteckt habe, wurde verhaftet. Am Tag der Befreiung verloren zwei junge russische Zwangsarbeiterinnen ihr Leben.

DETTINGEN an der ERMS

Widerstand und Naziterror

Von dem evangelischen Pfarrer Adolf Rittmann (1884–1976) ist bekannt, daß er im November 1944 dem jüdischen Ehepaar Max und Ines Krakauer drei Tage lang Unterschlupf gewährte. In der Gemeinde hatte bis zur posthumen Würdigung des Pfarrers mit dem Bundesverdienstkreuz im Juli 1979 niemand von seinem mutigen Verhalten gewußt. Rittmann gehörte zur Bekennenden Kirche; er hatte bereits im September 1934 Unterschriften gegen die Amtsenthebung von Landesbischof Theophil Wurm gesammelt und 1937 das Treuegelöbnis auf Hitler verweigert, worauf ihm – wie der überwiegenden Mehrzahl der württembergischen Pfarrer – das Recht, Religionsunterricht zu erteilen, entzogen wurde. Eingeworfene Fensterscheiben und Schmähschriften am **Pfarrhaus** sowie einige Hausdurchsuchungen waren die Folge.

Am 24. November 1990 überreichte Bürgermeister Beutler 21 Frauen und zwei Männern die Ehrenmedaille der Gemeinde: Geehrt wurden die mutigen Frauen von Dettingen dafür, daß sie vor der Ankunft der US-amerikanischen Panzer am 23. April 1945 die Panzersperren an der **Eisenbahnbrücke** und der **Ziegelhütte** mit Waldsägen geöffnet hatten.

„Rassische" Verfolgung und „Euthanasie"

Nach Angaben des Heimatforschers Hermann Stark mußten drei Dettinger Bürger die Haft in einem Konzentrationslager erleiden. In den NS-Akten werden als Haftgründe „asozial", „arbeitsscheu" und „Alkoholiker" angegeben. Diese Haftgründe wurden einerseits in vielen Fällen willkürlich verhängt, andererseits zeigen sie den brutalen Umgang des NS-Staates mit sozialen Randgruppen auf, die – wie z.B. in der „Aktion Arbeitsscheu Reich" im Sommer 1938 – erbarmungslos gejagt, in Konzentrationslager eingeliefert und der „Vernichtung durch Arbeit" preisgegeben wurden. Auch Kommunen waren an der Einweisung in Konzentrationslager beteiligt, wurden sie auf diese Weise doch Fürsorgeempfänger und „nutzlose Esser" los.

Über die Morde an Behinderten wurde in der kleinen Gemeinde hinter vorgehaltener Hand geredet, sah man doch während des Jahres 1940 ständig die grauen Omnibusse mit den Milchglasfenstern durch die **Hauptstraße** fahren, die die Kranken in die Tötungsanstalt Grafeneck (s. Gomadingen) brachten.

Aus dem **Bruderhaus Dettingen** der Gustav-Werner-Stiftung (s. Reutlingen) wurden im März 1941 drei Patienten in die Anstalt Weinsberg (Kr. Heilbronn, Baden-Württemberg I) verlegt. Die Anstalt Weinsberg hatte in der „Euthanasie"-Aktion die Funktion einer Zwischenanstalt auf dem Weg in die Gaskammer der Tötungsanstalt Hadamar (Hessen). Zwei der verlegten Patienten wurden in Hadamar ermordet, der dritte konnte in das Bruderhaus Bleiche bei Bad Urach zurückgeholt werden.

Konzentrationslager und Zwangsarbeit

Hermann Stark und Ortrud Esken haben zum Schicksal der ausländischen zivilen Zwangsarbeitskräfte und Kriegsgefangenen in Dettingen geforscht. Nach Angaben des FNTB waren es während der Kriegsjahre 195 Personen; die beiden Autoren kommen auf 192 Personen (116 Frauen und Männer aus der Sowjetunion, 20 Franzosen, 14 Frauen und Männer aus Polen, 14 Tschechen, sieben Niederländer und 21 französische Kriegsgefangene). Unterkünfte waren u.a. das **Freizeitheim** der Fa. Eisenlohr auf der **Königshöhe** (polnische Mädchen und Frauen) und das **CVJM-Vereinshaus**, in dem hinter Stacheldraht und vergitterten Fenstern französische Kriegsgefangene untergebracht waren. Das Verhältnis dieser Kriegsgefangenen zu den Bauern, bei denen sie eingesetzt waren, wird als gut bezeichnet.

Die Mehrheit der ausländischen Zwangsarbeitskräfte, überwiegend Russen, mußten für die Stuttgarter Robert Bosch GmbH arbeiten, die Fertigungsbereiche ihrer Rüstungsproduktion in die Weberei I der Fa. Eisenlohr verlagert hatte.

Eine weitere Arbeitsstelle war die **Dettinger Papierfabrik** des **Bruderhauses** der Gustav-Werner-Stiftung (s. Reutlingen). Hier waren etwa 20-30 französische Kriegsgefangene und einige Zwangsarbeiter verschiedener Nationalität eingesetzt. Für die Kriegsgefangenen war im Speisesaal im oberen Stock der Fabrik eine Ecke als Nachtunterkunft abgeteilt. Russische Zwangsarbeiter waren in einem Gebäude gegenüber der Küche des Bruderhauses untergebracht.

Zwei Selbstmorde geben einen Hinweis darauf, wie belastend einige der unter Zwang nach Deutschland verschleppten Arbeitskräfte ihre Lebenssituation empfunden haben. Der polnische Zwangsarbeiter Stefan Molicak, der in Pfullingen arbeiten mußte, warf sich am 11. Februar 1943 vor einen Zug; die 22jährige „Ostarbeiterin" Natalia Tereschenko aus der Region Charkow sah aus ihrem Elend keinen anderen Ausweg, als sich am 26. September 1944 zu erhängen. Beide wurden auf dem **Dettinger Friedhof** beigesetzt. Ortrud Esken berichtet über einen weiteren Todesfall eines im **Bruderhaus Dettingen** untergebrachten russischen Zwangsarbeiters: Niemand durfte an der Beerdigung teilnehmen; der Sterbefall wurde weder im kirchlichen Totenbuch noch beim Standesamt registriert.

Nach 1945 diente das **Freizeitheim** auf der **Königshöhe** als von der UNRRA betreutes Lager für ehemalige litauische Zwangsverschleppte, die nicht in ihre Heimat zurückkehren wollten (oder konnten). Die befreiten sowjetischen und polnischen Zwangsarbeiterinnen und -arbeiter waren bereits Mitte Mai 1945 in die Reutlinger Kasernen und dann nach Ludwigsburg gebracht worden, um von dort aus die Heimreise in eine oft ungewisse Zukunft anzutreten.

ENGSTINGEN

Widerstand und Naziterror

Die Bundeswehrkaserne in **Großengstingen** trug den Namen eines Offiziers, der zur Widerstandsgruppe des 20. Juli gehörte: Eberhard Finckh. Er wurde am 30. August 1944 vom „Volkgerichtshof" zum Tode verurteilt und noch am selben Tag hingerichtet.

Eine **Gedenktafel** teilt in knappen Worten mit:

„Eberhard Finckh
Soldat im Widerstand
1899–1944"

Auch Straßen in der Umgebung der Kaserne wurden nach Vertretern des militärischen und zivilen Widerstandes benannt: **Eberhard-Finckh-Straße**, **Graf-von-Moltke-Platz**, **Stauffenbergstraße**, **Dr.-Carl-Goerdeler-Straße**, **Eugen-Bolz-Straße**, **Martin-Niemöller-Straße** und **Geschwister-Scholl-Straße**.

Konzentrationslager und Zwangsarbeit

Nach Angaben des FNTB waren in **Kohlstetten** während der Kriegsjahre 75 ausländische Zwangsarbeitskräfte gemeldet. In der Regel bezogen sich diese Zahlen auf Zivilpersonen, nicht auf Kriegsgefangene. Über den Einsatz ziviler Fremdarbeiter war 1972, als die Gemeinde auf eine Umfrage zu „Zwangsarbeiterlager im Kreisgebiet" antwortete, nichts bekannt. In Kohlstetten hätten im wesentlichen französische Kriegsgefangene gearbeitet, sechs bis acht bei Bauern und 17 beim staatlichen **Forstamt**. Sie seien in „Wohngebäuden" untergebracht gewesen, hätten sich frei bewegen können, und es habe ein „gutes Verhältnis zu den Arbeitgebern und der ganzen Einwohnerschaft" bestanden. Ein polnischer Kriegsgefangener, der „Kost und Wohnung bei seinem Arbeitgeber" hatte, war am 14. Februar 1944 an den Folgen eines Arbeitsunfalls gestorben.

ENINGEN unter ACHALM

Widerstand und Naziterror

Im roten Arbeiterdorf **Eningen** stimmten am 5. März 1933 35 % der Wahlberechtigten für die KPD und 25 % für die SPD; mit 27 % der Stimmen schnitt die NSDAP gegenüber den in Land Württemberg erzielten 42 % ausgesprochen schlecht ab. Um so härter wurden die Oppositionellen verfolgt: In den frühen Morgenstunden des 27. März 1933 riegelten Polizei, SA und SS aus Reutlingen, zusammen etwa 250 Mann, die Zufahrtsstraßen ab, umstellten die Häuser und verhafteten etwa 15 Kommunisten – so eine Meldung der „Schwarzwälder Kreiszeitung". Zeitzeugen erinnern sich an etwa 50 Verhaftete, unter ihnen die KPD-Stadträte Eugen Eger, Fritz Häußler, Fritz Hegel, Kuno Kniess und Eugen Klotz, die noch am selben Tag in das auf dem Heuberg eingerichtete KZ eingeliefert wurden (s. Stetten a.k.M., Kr. Sigmaringen). Im April 1933 erfolgte die Auflösung der Arbeiter-Vereine; das selbsterbaute Heim der Freien Turner auf dem **Geisberg** wurde enteignet und kam in den Besitz der Hitler-Jugend. Mitte Mai 1933, einen Monat vor dem reichsweiten SPD-Verbot, sahen sich die noch im Gemeinderat verbliebenen fünf SPD-Gemeinderäte gezwungen, ihr Mandat niederzulegen.

In einer interessanten Studie hat Gabriele Karus-Gaibler die Bemühungen der NSDAP um die „Umgestaltung des Eninger Geistes" in den Jahren der Nazi-Diktatur beschrieben. Eine besondere Bedeutung kam dabei dem im März 1934 errichteten SA-Ausbildungslager **St. Johann** auf der **Eninger Weide** zu, von dem sich die neuen Machthaber nicht nur einen Aufschwung des dörflichen Kleinhandels erhofften, sondern auch einen „positiven" Einfluß auf die Bevölkerung. Nicht allen gefiel jedoch das selbstgefällige militärische Auftreten der machthungrigen jungen Militärs, die lautstark versprachen, „das rote Nest ... schon noch umzukrempeln". Bei der „Volksabstimmung" im November 1933 gab es in Eningen noch ein Protestpotential von 13,3 % Nein-Stimmen. Bereits am 1. April 1935 übernahm die Wehrmacht das Lager, konnte es jedoch wegen Schwierigkeiten bei der Wasserversorgung nicht hinreichend nutzen. Mit Kriegsbeginn wurde es schließlich Polizei-Ausbildungslager.

„Rassische" Verfolgung und „Euthanasie"

Größter Arbeitgeber am Ort war seit 1895 die **Mechanische Baumwollweberei Eningen** GmbH, die dem jüdischen Fabrikanten Ernst Saulmann gehörte. 1933 waren rund 500 Arbeiter und Angestellte bei der Weberei beschäftigt. „Ohne diesen Betrieb wäre die Gemeinde nicht lebensfähig", äußerte sich Bürgermeister Maier und betonte zugleich das „soziale Verständnis" des Fabrikanten, dieser habe in absatzschlechten Zeiten „nicht wie andere ... seine Arbeiter entlassen, sondern auf Lager gearbeitet". 1933 war das Unternehmen in finanzielle Schwierigkeiten geraten, die zunächst durch verschiedene Sanierungsbemühungen und beachtliche Schweizer Kredite aufgefangen wurden. Ende 1935 geriet die Weberei wieder in die roten Zahlen. Die Gründe dafür liegen vermutlich u.a. in der gezielten Benachteiligung bei der Rohstoffzuteilung, die auch an anderen Orten jüdische Textilbetriebe in den Konkurs zwangen. NSDAP-Kreisleiter Spohner nutzte im Herbst 1935 mit einer in Eningen gehaltenen Hetzrede zur „Judenfrage" die wirtschaftliche Krise, um die Beschäftigten gegen den Fabrikanten aufzuwiegeln. Am 28. Dezember 1935 verließ Ernst Saulmann, dem man mit „Schutzhaft" gedroht hatte, mit seiner Familie das Land und zog in die Nähe von Florenz. Im März 1937 wurde das Unternehmen zwangsversteigert und kam in den Besitz eines „politisch zuverlässigen, arischen Bieters". Josef Leger, seit 1927 leitender Angestellter in der Weberei, führte den Betrieb unter dem neuen Namen „Mechanische Weberei Eningen u.A. Josef Leger" weiter.

Ernst Saulmann starb am 25. April 1946 in Paris an den Folgen eines Gallenleidens, das er sich in einem Konzentrationslager zugezogen hatte. Seine Frau Agathe kehrte 1946/1947 nach Eningen zurück und forderte die Rückerstattung des Unternehmens, die schließlich 1950 nach zwei langwierigen und spektakulären Prozessen erfolgte. Ihre Pläne, die Weberei als wirtschaftliche Grundlage für ein „Paradies für heimat- und elternlose Kinder aller Nationen" zu nutzen, konnte sie nicht verwirklichen. Agathe Saulmann nahm sich am 6. Juli 1951 in Baden-Baden das Leben.

Konzentrationslager und Zwangsarbeit

Die 1937 „arisierte" **Mechanische Weberei Eningen** profitierte sehr schnell von Wehrmachtsaufträgen: Statt Kleiderstoffen wurden nun Spezialgewebe wie Lastenfallschirmseide, Kartuschenbeutelstoffe und Verbandsmaterial hergestellt. Etwa 80 belgische, französische, polnische und russische Zwangsarbeiterinnen und -arbeiter waren während der Kriegsjahre hier beschäftigt.

Die ersten zwölf französischen Kriegsgefangenen trafen am 31. August 1940 in Eningen ein, es folgten weitere Arbeitskommandos von Kriegsgefangenen, und schließlich kamen auch zur Zwangsarbeit deportierte Zivilpersonen aus der Sowjetunion und aus Jugoslawien in Eningen zum Einsatz. Die **Turnhalle** am **Geisberg** war die bewachte und vergitterte Nachtunterkunft von über 20 französischen und etwa 40 russischen Kriegsgefangenen. Die Franzosen arbeiteten überwiegend in der Landwirtschaft und in Betrieben; die Russen setzte die Gemeinde zum Holzfällen ein, „um diesen so wichtigen Rohstoff der Rüstungsindustrie so rasch wie möglich zuzuführen". Weiter Unterkünfte für russische Zwangsarbeiterinnen und -arbeiter waren das **Gasthaus „Rössle"** in der **Herrschaftsstraße** und das **Badersche Haus** neben dem **Rathaus**. Einige Zwangsarbeiter wohnten auch bei ihren Arbeitgebern. Der FNTB ermittelte für Eningen die Gesamtzahl von 230 ausländischen Zwangsarbeitskräften.

Gabriele Karus-Gaibler bezeichnet die Behandlung der privat untergebrachten Zwangsarbeitskräfte „in der Regel gut oder zumindest nicht schlecht", während die Zustände im **Lager Turnhalle** „bedenklich" gewesen seien. Ein von ihr befragter Zeitzeuge berichtete, die Russen hätten schwer arbeiten müssen und seien von ihren Bewachern grundlos ins Gesicht geschlagen worden. Weiter sagte der Mann:

> „Man hat sich nicht mit ihnen einlassen dürfen, sonst wurde man denunziert. Und wenn eine deutsche Frau mit so einem Mann rumgemacht hat, dann hat man sie kahlgeschoren, so öffentlich. Das gab's auch hier bei uns. Das weiß ich noch."

Nach 1945 dienten die Baracken des ehemaligen SA-Ausbildungslagers **St. Johann** auf der **Eninger Weide** als Unterkunft für befreite polnische Zwangsarbeiterinnen und -arbeiter. Im Juni 1946 war das „Polenlager" mit 158 Personen belegt. Am 2. März 1946 wurden zwei junge Polen in der **Teufelsschlucht**, auf dem Weg von Eningen nach St. Johann, aus dem Hinterhalt erschossen. Dieser Mord wurde nie aufgeklärt. Ab 1950 wurden die Baracken Durchgangsquartier für deutsche Flüchtlinge.

Gedenkstätte Grafeneck

GOMADINGEN

„Rassische" Verfolgung und „Euthanasie"

Das Gedenken an die Opfer der Krankenmorde in Grafeneck war lange Jahre hindurch auf den **Friedhof** beschränkt. 1962 wurden die beiden Urnengräber mit einem **Steinkreuz** versehen. Zwanzig Jahre später – 1982 – kam eine kleine **Grabplatte** hinzu, die an die „Opfer der Unmenschlichkeit" erinnert. 1985 entschloß sich die Samariterstiftung auf dem Friedhof eine **Informationstafel** aufzustellen:

> „Mehr als 10500 Menschen sind hier von Januar bis Dezember 1940 vergast worden. Die meisten dieser behinderten Frauen, Männer und Kinder kamen aus badischen, bayrischen und württembergischen Heimen und Anstalten. In den beiden großen Gräbern finden sich 250 Urnen mit Asche von Ermordeten."

Ende der siebziger Jahre gründeten Mitglieder des Evangelischen Jugendwerks im Bezirk Münsingen den „Arbeitskreis Grafeneck", dem sich bald Mitarbeiter der Samariterstiftung anschlossen. Zusätzlich zu den jährlichen Gedenkgottesdiensten am Buß- und Bettag entstand in diesem Kreis Mitte der 80er Jahre der Plan zur Errichtung einer Gedenkstätte. Im August 1989 bauten junge Erwachsene bei einem internationalen workcamp eine Mauer, die vom Friedhof zur geplanten Gedenkstätte führt. Im November 1990 schließlich wurde die neue **Gedenkstätte** eingeweiht. Der Entwurf stammt von dem Nürtinger Architekten Prof. Eberhard Weinbrenner, die künstlerische Gestaltung führte der Bildhauer Rudolf Kurz aus. Jeder, der die Anlage betritt, geht über eine Granitschwelle, in die die Namen der Orte eingemeißelt sind, aus denen Menschen nach Grafeneck transportiert wurden. Das Dach der offenen Kapelle wird von fünf Pfeilern getragen, die an das fünfte Gebot – „Du sollst nicht töten" – erinnern. Eine **Bronzetafel** berichtet über die Geschichte von Grafeneck:

> „Grafeneck war seit 1929 ein Behindertenheim der Samariterstiftung. Dieser Friedhof wurde 1930 für das Heim angelegt.
> 1939 beschlagnahmten die Nationalsozialisten die Einrichtung. Die Bewohner mußten Grafeneck verlassen, sie fanden zunächst Aufnahme im Kloster Reute bei Bad Waldsee.
> In der Nähe des landwirtschaftlichen Gebäudes wurde dann eine Tötungsanstalt zur Durchführung von Hitlers „Euthanasie"-Programm eingerichtet. Mehr als 10500 Menschen sind hier von Januar bis Dezember 1940 vergast worden. Die meisten der behinderten Frauen, Männer und Kinder kamen aus badischen, bayrischen und württembergischen Heimen und Anstalten. In den beiden großen Gräbern befinden sich 250 Urnen mit Asche von Ermordeten.
> 1941 wurde das Schloß für die Kinderlandverschickung erneut beschlagnahmt.
> Nach Kriegsende war es ein Erholungsheim für französische Kinder.
> 1947 wurde Grafeneck an die Samariterstiftung zurückgegeben. Seither dient der Friedhof seiner ursprünglichen Bestimmung."

1991 beschloß der Arbeitskreis Gedenkstätte Grafeneck die Erstellung eines Gedenkbuches mit den Namen der Ermordeten. In der Folgezeit konnte Thomas Stöckle etwa 6.000 Namen zusammentragen. Vorerst 4.400 der Namen sind im „Gedenkbuch der Opfer der ‚Euthanasie' in Grafeneck 1940" aufgezeichnet, das erstmals im Rahmen des Gedenkgottesdienstes im November 1995 in der Gedenkstätte Grafeneck aufgelegt wurde. Gegenwärtig ist der Bau eines Dokumentationsgebäudes geplant.

Der Vernichtungskrieg gegen die Behinderten trat mit einer auf den 1. September 1939 zurückdatierten, tatsächlich erst im Oktober 1939 ausgestellten Ermächtigung Hitlers in seine Hauptphase: Reichsleiter Bouhler, Chef der Kanzlei des „Führers", und Dr. Brandt bekamen den Auftrag, „die Befugnisse namentlich zu bestimmender Ärzte so zu erweitern, daß nach menschlichem Ermessen unheilbar Kranken bei kritischster Beurteilung ihres Krankheitszustandes der Gnadentod gewährt werden kann". Innerhalb der Kanzlei war das Hauptamt II unter Viktor Brack mit der Durchführung beauftragt. Aus Geheimhaltungsgründen zog diese Dienststelle im April 1940 in die Tiergartenstraße 4 in Berlin-Charlottenburg um; die Adresse gab den Massentötungen in den Jahren 1940/1941 die Tarnbezeichnung „Aktion T4". Zur Durchführung war ein Komplex von Tarnorganisationen mit genau aufgeteilten Funktionen gegründet worden: Die „Reichsarbeitsgemeinschaft für Heil- und Pflegeanstalten" (RAG) hatte die Aufgabe, die zu tötenden Patienten über Meldebögen zu erfassen und auszuwählen, die „Gemeinnützige Kranken-Transport GmbH" (Gekrat) brachte die Patienten in die Tötungsanstalten bzw. in „Zwischenanstalten". Die „Zentrale Verrechnungsstelle Heil- und Pflegeanstalten" ermöglichte über fingierte Pflegeabrechungen die Selbstfinanzierung der Mordaktion. Das Personal der „Aktion T4" – zwischen 300 und 400 Personen – war bei der „Gemeinnützigen Stiftung für Anstaltspflege" angestellt.

Bei einer Besprechung des obersten Leitungsgremiums am 9. Oktober 1939 fielen die grundsätzlichen Entscheidungen: Jeder fünfte Anstaltsinsasse sollte von der „Aktion" erfasst werden, hochgerechnet sei also „mit 65–70.000 Fällen zu rechnen". Als Tötungsmethode schlug ein Vertreter des Reichskriminalamtes Kohlenmonoxyd vor.

Hinsichtlich der Tötungsanstalten hatte die RAG genaue Kriterien aufgestellt: eine kleine Anstalt, etwa

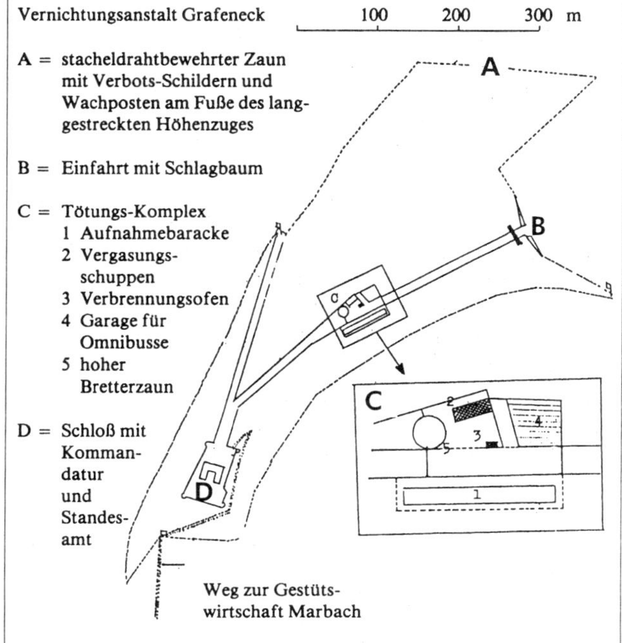

„Euthanasie"-Tötungsanstalt Grafeneck, gezeichnet nach einem Plan aus den Akten des Tübinger Grafeneckprozesses.

Den Ort der Vernichtung, jene Remise, in der die Gaskammer installiert wurde, hatte die Samariterstiftung Grafeneck 1965 abreißen lassen.

50 Betten, einsam, vom Verkehr abgelegen und leicht bewachbar, Gelände zur Aufstellung von Baracken. Das Samariterstift Grafeneck, das eine Kommission am 6. Oktober 1939 besichtigte, entsprach genau diesen Vorgaben. Knapp zehn Tage später war das Heim geräumt, und der Umbau begann: Firmen aus der Region umzäunten das gesamte Gelände weiträumig mit Stacheldraht. Eine etwa 300 Meter vom Hauptgebäude entfernte Remise wurde in einen Entkleidungsraum und den 48 qm großen Vergasungsraum unterteilt, der mit Brauseköpfen, Holzrosten und Sitzbänken als Duschraum getarnt wurde. Daneben stellte man in einem neuen Schuppen drei Krematoriumsöfen auf. Ende Dezember 1939 war der Umbau abgeschlossen. Von den insgesamt sechs Tötungsanstalten der „Aktion T4" bekam Grafeneck den Buchstaben A. Das Personal – etwa 25 Pfleger, Schwestern, Handwerker und andere Angestellte – traf am 6. Januar 1940 ein, begrüßt von dem Direktor der „Reichsanstalt", Dr. Horst Schumann, 33 Jahre alt, zuvor Amtsarzt in Halle.

Die „Aktion T4" begann mit der Verschickung der Meldebögen im Oktober 1939 zunächst im Südwesten (Baden und Württemberg) und wenig später im Nordosten (Brandenburg) des damaligen Reichsgebietes. Dies legt einen Zusammenhang zwischen Kriegsplanung und Ablauf der Aktion nahe. Der bevorstehende Frankreichfeldzug erleichterte zu Beginn die Geheimhaltung und trug zur Desinformation der Anstaltsleitungen bei, da es längst schon Pläne für die Evakuierung der grenznahen Anstalten für den Fall eines Krieges gab. Die Meldebögen wurde mit dem Betreff „Verlegung von Anstaltsinsassen im Rahmen besonderer planwirtschaftlicher Maßnahmen" verschickt.

Am 20. Januar 1940 traf der erste Transport aus der Anstalt Eglfing bei München mit 40 Patienten ein, an denen die Tötungsanlage erprobt wurde. Danach begann die Abholung der Patientinnen und Patienten aus den badischen und württembergischen Anstalten: Am 25. Januar 1940 55 Frauen aus Weinsberg, am 1. Februar 13 Männer aus der Pflegeanstalt Pfingstweide in Tettnang, am 3. Februar 45 Patienten aus Rottenmünster. Es folgten Patienten aus der Kreispflegeanstalt Hub, aus Wiesloch, Emmendingen, Zwiefalten, Sinsheim, Illenau, Weissenau, Kork. Da die Tötungsanlage für den „überraschenden Anfall von so vielen Kranken" (Dr. Horst Schumann) zu klein war – man verdoppelte bald ihre Kapazität auf 75 Personen, bekam die nahegelegene Heil- und Pflegeanstalt Zwiefalten die Funktion einer Zwischenanstalt, in der die Transporte für wenige Tage aufgenommen und dann nach Grafeneck weitergeleitet wurden (s. Zwiefalten). Insgesamt fielen der „Aktion T4" in Grafeneck zwischen Januar und Dezember 1940 10.654 Kranke hauptsächlich aus Württemberg und Baden, aber auch aus bayrischen Anstalten und der an der niederländisch-deutschen Grenze gelegenen Anstalt Bedburg-Hau zum Opfer.

Im Dezember 1940 wurde die Tötungsanstalt Grafeneck geschlossen, das Personal wechselte in die Tötungsanstalt Hadamar in Hessen. Man hat bisher angenommen, daß Proteste vor allem des evangelischen Landesbischofs Theophil Wurm und des katholischen Erzbischofs Conrad Gröber, sehr vereinzelt auch aus Partei- und Justizkreisen und aus der Bevölkerung, das Ende der Morde in Grafeneck noch vor der Jahreswende 1940/1941 herbeigeführt hätten. Inzwischen – so Thomas Stöckle und Heinz Faulstich – spricht vieles dafür, daß dieser vielschichtige Protest allenfalls eine beschleunigende Wirkung auf die Schließung ausgeübt hat. Die Annahme scheint begründet, daß Grafeneck das vorgegebene Plansoll bereits erfüllt hatte. Hierfür sprechen sowohl die immer kleiner werdenden Transporte im Herbst 1940, die oft den Charakter einer „Nachlese" von bisher übersehenen oder gegen den Willen der Zentrale von den Anstalten zurückgehaltenen Kranken hatten, als auch die zeitgleiche Schließung der Anstalt in Brandenburg. Der Betriebsbeginn der beiden Tötungsanstalten in Hadamar (Hessen) und Bernburg (Sachsen) bereitete die Erfassung neuer Regionen durch die „Aktion T4" vor. Doch auch in Baden und Württemberg war nach der Schließung von Grafeneck die „Aktion T4" noch nicht zu Ende: Die zur Tötung bestimmten Kranken wurde in „Zwischenanstalten" – Wiesloch in Baden und Weinsberg in Württemberg bzw. in die Hadamar wie einen Kranz umgebenden Anstalten – gebracht und schließlich, wenn sich Angehörige und Abgabeanstalt in Sicherheit wiegten, daß es sich „dieses Mal um eine normale Verlegung" handelte, nach Hadamar gebracht und ermordet.

Anstalten in Baden und Württemberg, deren Patientinnen und Patienten 1940/1941 in Grafeneck ermordet wurden (Aufstellung von Thomas Stöckle):

Staatliche Heil- und Pflegeanstalten:
Bad Schussenried (s. Kr. Biberach)
Emmendingen (s. Kr. Emmendingen)
Illenau (s. Achern, Ortenau-Kreis)
Rastatt (Kr. Rastatt, Baden-Württemberg I)
Reichenau (s. Kr. Konstanz)
Sigmaringen (s. Kr. Sigmaringen)
Weinsberg (Kr. Heilbronn, Baden-Württemberg I)
Weissenau (s. Ravensburg, Kr. Ravensburg)
Wiesloch (Rhein-Neckar-Kreis; Baden-Württemb. I)
Winnental (Rems-Murr-Kreis, Baden-Württemb.I)
Zwiefalten (s. Kr. Reutlingen)

Privatheilanstalten:
Kennenburg (Esslingen, Kr. Esslingen, Baden-Württemberg I)
Christophsbad (Göppingen, Kr. Göppingen, Baden-Württemberg I)
Rottenmünster (s. Rottweil, Kr. Rottweil)

Landesfürsorgeanstalten:
Markgröningen (Kr. Ludwigsburg, Baden-Württemberg I)
Rabenhof (Ellwangen, Ostalb-Kreis, Baden-Württemberg I)
Rappertshofen (s. Reutlingen, Kr. Reutlingen)
Riedhof (s. Stadt Ulm)

Kreispflegeanstalten:
Freiburg (s. Stadt Freiburg)
Fußbach (s. Offenburg, Ortenau-Kreis)
Geisingen (s. Kr. Tuttlingen)
Hub (Ottersweier, Kr. Rastatt, Baden-Württemb.I)
Jestetten (s. Kr. Waldshut)
Krautheim (Kr. Hohenlohe, Baden-Württemberg I)
Sinsheim (Rhein-Neckar-Kreis, Baden-Württemb.I)
Weinheim (Rhein-Neckar-Kreis, Baden-Württemberg I)
Wiechs (s. Schopfheim, Kr. Lörrach)

Konfessionelle Anstalten:
Gottlob-Weiser-Haus (Schwäbisch Hall, Kr. Schwäbisch Hall, Baden-Württemberg I)
Herten (s. Lörrach, Kr. Lörrach)
Heggbach (s. Maselheim, Kr. Biberach)
Ingerkingen (s. Schemmerhofen, Kr. Biberach)
Kork (s. Kehl, Ortenau-Kreis)
Liebenau (s. Meckenbeuren, Bodenseekreis)
Mariaberg (s. Gammertingen, Kr. Tübingen und Reutlingen, Kr. Reutlingen)
Mosbach (Neckar-Odenwald-Kreis, Baden-Württemberg I)
Pfingstweide (s. Tettnang, Bodenseekreis)
Rosenharz (s. Ravensburg, Kr. Ravensburg)
Stetten (Rems-Murr-Kreis, Baden-Württemberg I)

Konzentrationslager und Zwangsarbeit

Der FNTB gibt die Zahl der in **Dapfen** eingesetzten ausländische Zwangsarbeitskräfte mit 105 Personen an. Die meisten mußten auf dem **Haupt- und Landgestüt Marbach** arbeiten, darunter etwa 25–30 russische Zwangsarbeiter. Zusätzlich war eine Kommando von etwa zehn französischen Kriegsgefangenen in der Landwirtschaft tätig, dessen Unterkunft sich in den vergitterten Räumen des **Schulhauses** befand.

HAYINGEN

Konzentrationslager und Zwangsarbeit

Nach Angaben des FNTB waren während der Kriegsjahre in **Hayingen** 70 ausländische Zwangsarbeitskräfte eingesetzt. Es waren, wie die Stadt mitteilte, überwiegend im besetzten Polen rekrutierte Frauen und Männer, die in der Landwirtschaft arbeiten mußten. Zudem gab es 1943/1944 ein Arbeitskommando mit etwa 50 russischen Kriegsgefangenen, die zu Erdarbeiten bei der Kabelverlegung herangezogen wurden.

HOHENSTEIN

Konzentrationslager und Zwangsarbeit

Im heutigen Ortsteil **Ödenwaldstetten** waren während der Kriegsjahre 60 ausländische Zwangsarbeitskräfte gemeldet. Nach Auskunft der Gemeinde gab es jedoch lediglich „ein reguläres Kriegsgefangenenlager", das mit durchschnittlich 10 bis 15 französischen Kriegsgefangenen belegt war. Diese kamen aus dem Stalag VA in Ludwigsburg (Baden-Württemberg I) und mußten in der Landwirtschaft arbeiten. Ein Kriegsgefangener (oder Zwangsarbeiter) ist auf dem **Friedhof** von **Ödenwaldstetten** begraben, sein Name steht allerdings nicht in der Gräberliste.

HÜLBEN

Widerstand und Naziterror

In der Ortschronik berichtet Peter Schmid über die am 23. März 1933 erfolgte Verhaftung von acht Kommunisten. Sie wurden zunächst in das Amtsgerichtsgefängnis nach Urach und schließlich in das auf dem Heuberg eingerichtete KZ gebracht (s. Stetten a.k.M., Kr. Sigmaringen). Unter den Verhafteten befanden sich drei KPD-Gemeinderäte. Der der KPD nahestehende Arbeiterkultur- und Sportverein mit etwa 30 Mitgliedern wurde seit Mitte März 1933 überwacht und im April aufgelöst. Ebenso wie beim Verbot der SPD-Ortsgruppe Anfang Juli 1933 konnten alle schriftlichen Unterlagen vernichtet werden.

Schmid nennt Beispiele von widerständigem Verhalten: Bei Festen weigerte man sich, die Hakenkreuzfahne herauszuhängen, man hielt die Kinder von der Hitlerjugend fern, spendete nur einen winzigen Betrag für die NS-Wohlfahrt, und hielt den Kontakt zu Gleichgesinnten aufrecht. Der der SPD nahestehende Lehrer Albrecht Kullen wurde vorzeitig in Pension geschickt. Der Bauer Robert Schmauder hatte 1937 ein Pferd bei dem jüdischen Pferdehändler Löwenthal in Buttenhausen (s. Münsingen) gekauft; er mußte daraufhin sein Amt als Fronmeister niederlegen. Johann Schwenkel verlor nach seiner Rückkehr vom Heuberg seine Stelle als Schuldiener. Da er jedoch keine Arbeit fand und seine Familie von der Fürsorgeunterstützung leben mußte, stellte man ihn als Mesner ein. Während des Kriegs stand er in Verdacht, ausländische Sender zu hören. Jakob Kraiser, der ihn vor einer möglichen Verhaftung warnte, kam deshalb auf die „Schwarze Liste" der NSDAP-Ortsgruppe.

Zwei Tage, bevor der Krieg auch in Hülben zu Ende ging, hatte der Soldat Wilhelm Schlatterer seine Uniform ausgezogen und machte sich auf den Weg nach Hause, nach Besigheim am Neckar. Er wurde am 22. April 1945 gestellt und am **Karrensteigle** standrechtlich erschossen. Nach der Befreiung wurde sein Leichnam exhumiert und auf dem **Hülbener Friedhof** bestattet.

Konzentrationslager und Zwangsarbeit

Französische Kriegsgefangene und zivile Zwangsarbeiterinnen und -arbeiter mußten im **Steinbruch**, in der Landwirtschaft sowie in Uracher Industriebetrieben arbeiten. Ihre Unterkunft war die **„Strickerei"** (heute Firma Boss) und das Haus **Pfarrgasse** 2. Nach einer Liste, auf der allerdings die im Steinbruch eingesetzten Zwangsarbeiter nicht aufgeführt sind, waren es vier Frauen und sieben Männer aus Polen und der Sowjetunion.

LICHTENSTEIN

Konzentrationslager und Zwangsarbeit

Nach Angaben des FNTB waren während der Kriegsjahre in den heutigen Ortsteilen **Honau** und **Unterhausen** 285 ausländische Zwangsarbeitskräfte gemeldet. Der größte Teil mußte für die **Robert Bosch GmbH** arbeiten, die Fertigungsbereiche aus dem bombengefährdeten Stuttgart in die Fabrik Gebr. Burkhardt in Unterhausen und in das Honauer Werk der Baumwollspinnerei verlagert hatte.

MEHRSTETTEN

„Rassische" Verfolgung und „Euthanasie"

Am 18. März 1943 trifft im Vernichtungslager Auschwitz-Birkenau ein Transport mit 647 Sinti und Roma aus dem Reichsgebiet ein. Unter ihnen befindet sich die 21jährige Kreszenzie Lauster, deren Geburtsort **Mehrstetten** ist. Im „Hauptbuch (Frauen)" wird als ihr Beruf „Arbeiterin" angegeben. Zusammen mit ihr werden vier weibliche Familienangehörige registriert: Die Händlerin Klara Lauster, 1887 in Holzelfingen (Lichtenstein, Kr. Reutlingen) geboren; Johanna, die 1897 in Großeichlingen zur Welt gekommen ist, die 1921 in Reutlingen geborene Johanna und die gerade zehn Jahre alte Luise, deren Geburtsort Bondorf ist. Das „Hauptbuch" überliefert lediglich für die 47jährige Johanna Lauster ein Sterbedatum: Es ist der 11. Juli 1944. Drei Wochen später, in der Nacht des 2. August 1944, treibt die SS alle zu diesem Zeitpunkt noch lebenden Insassen des „Zigeunerlagers" in die Gaskammern. Zuvor hat SS-Arzt Dr. Mengele noch eine Selektion durchgeführt. Er läßt noch arbeitsfähige Frauen, Männer und Jugendliche zur Zwangsarbeit in die KZs Buchenwald und Ravensbrück überstellen. Ob Kreszenzie, Johanna, Luise und Klara Lauster diese wenn auch geringe Chance zum Überleben bekommen haben, wissen wir nicht (zu weiteren Angehörigen der Familie Lauster s. Münsingen).

METZINGEN

Widerstand und Naziterror

Metzingen war schon früh eine Hochburg der NSDAP, die hier 1923 eine der ersten Ortsgruppen in Württemberg gegründet hatte. Bei den Reichstagswahlen vom 5. März 1933 konnte sie ihre führende Position auf 54,1 % der Stimmen ausbauen, das waren 10 % mehr als im Reichsdurchschnitt. 9 % der Wählerinnen und Wähler stimmten für Hitlers Steigbügelhalter, die Deutschnationale Volkspartei. Der Wahlkampf war von heftigen Zusammenstößen mit den politischen Gegnern, vor allem den Kommunisten, gezeichnet, bei denen sich die Polizei schützend vor die Nazis stellte. Die beteiligten Kommunisten hingegen verurteilte das Tübinger Landgericht noch im März 1933 wegen „erschwerten Landfriedensbruchs" zu Gefängnisstrafen zwischen vier und acht Monaten. Bei dieser letzten, von Terror und Verboten geprägten Wahl erreichte die KPD noch 12 % und die SPD 8,4 % der Stimmen.

Unmittelbar darauf erfolgte die Verhaftung bekannter Kommunisten: Ernst Ott, Vorsitzender des KJVD, Ernst Hettich, der die Metzinger Gruppe der Naturfreunde leitete, und der Kassierer der Roten Hilfe, Heinrich Weiblen, kamen über das Amtgerichtsgefängnis in Urach in das KZ Heuberg (s. Stetten a.k.M., Kr. Sigmaringen) bzw. in das Amtsgerichtsgefängnis Ulm.

Den bekanntesten Kommunisten Metzingens, den Gemeinderat und Landtagsabgeordneten Albert Fischer (1883–1952), konnte die SA-Hilfspolizei zu diesem Zeitpunkt noch nicht festnehmen: Fischer ging in den Untergrund und konnte bis August 1933 an der Formierung des kommunistischen Widerstandes unter den Bedingungen der Illegalität mitarbeiten. Im August 1933 wurde sein Versteck in der Raumühle bei Waldenbuch im Schönbuch (Kr. Böblingen) verraten.

Die Gestapo Stuttgart brachte ihn sofort in das KZ Heuberg; bei dessen Auflösung im Dezember 1933 kam er in das KZ Oberer Kuhberg, das er erst ein Jahr später, als kranker Mann, verlassen durfte. Herrschte bereits auf dem Heuberg ein brutales Terrorregime, so sind die Bedingungen, unter denen Albert Fischer in den Kasematten des KZ Oberer Kuhberg (s. Stadt Ulm) inhaftiert war, absolut schändlich und menschenunwürdig; die Gefangenen „waren dort buchstäblich lebendig begraben". Unmittelbar nach Kriegsbeginn wurde Albert Fischer in einer reichsweiten Vorbeuge-Aktion erneut verhaftet. Diesmal führte ihn der Weg über das Zuchthaus Hohenasperg (Kr. Ludwigsburg, Baden-Württemberg I) in das KZ Buchenwald. Unter den etwa 1.000 damals Verhafteten befand sich auch sein Sohn Albert. Nach sechs Jahren Haft und Zwangsarbeit kehrten Vater und Sohn im Sommer 1945 wieder nach Metzingen zurück. Albert Fischer sen., der „Anwalt der kleinen Leute", in den ersten Nachkriegsjahren stellvertretender Bürgermeister seiner Heimatstadt, starb am 28. Mai 1952 an den Spätfolgen der langen Haftzeit. Sein Grab befindet sich im neuen Teil des **Mühlwiesenfriedhofes**.

Auch der katholische Stadtpfarrer von Metzingen, Alois Dangelmaier (1889–1968), mußte die „Schutzhaft" im KZ Oberer Kuhberg erleiden. Im Dezember 1933 hatte er eine Totenmesse für sechs in Köln hingerichtete Kommunisten gelesen und darüber auch im Religionsunterricht gesprochen. Er wurde denunziert und am 5. Januar 1934 verhaftet. Aufgrund der Intervention von Bischof Sproll kam er einen Monat später wieder frei, durfte jedoch nicht mehr nach Metzingen zurückkehren.

„Rassische" Verfolgung und „Euthanasie"

Zwei jüdische Betriebe, die Strickwarenfabrik Adolf Herold und die Mechanische Weberei Pausa, eine Filiale des Stuttgarter Stammwerkes von Artur und Felix Löwenstein, wurden 1938 „arisiert". Das Ehepaar Herold, das in der **Schillerstr.** 13 wohnte, wurde 1941 deportiert und ermordet.

Konzentrationslager und Zwangsarbeit

Von den Metzinger Textilbetrieben profitierten die Firmen **Fischer & Lohr**, **Emil Wurster** und **Hugo Boss** von Wehrmachtsaufträgen. Boss stellte in den ersten Jahren der NS-Diktatur vor allem Uniformen für die NSDAP her, ab 1935 dann Uniformen für alle Waffengattungen. Bei den metallverarbeitenden Betrieben expandierten die **Maschinenfabriken Fr. Henning** und **Dörflinger** durch Rüstungsaufträge. Dörflinger stellte u.a. Granatenhülsen her. Die **Kartonagenfabrik R. & A. Leibfarth** produzierte Verpackungen für Rundmunition; vor dem Hintergrund der immer knapper werdenden Rohstoffe entwickelte man bei Leibfarth eine öldichte Pappflasche. Auch die **Seifenfabrik G. A. Bazlen** sicherte sich Wehrmachtsaufträge.

1944 kamen im Zuge der dezentralen Verlagerung weitere Rüstungsbetriebe nach Metzingen. Die **Vereinigten Kugellagerfabriken Norma** aus Stuttgart-Bad Cannstatt zogen in die Räume der stillgelegten Spinnerei und Weberei Eugen Ott & Söhne ein. Die Fa. Müller & Bauer mußte der **Maschinenfabrik Südwestdeutsche Präzision**, die Hydraulikteile für Flugzeuge herstellte, ihre Fabrikationsräume überlassen. Die **Robert Bosch GmbH** verlagerte ebenfalls Fertigungsbereiche nach Metzingen, und zwar in zwei Räume der **Gewerbeschule** und in die **Frauenarbeitsschule**. In die **Hindenburgschule** zog das aus Berlin ausgelagerte Institut für Metallphysik ein.

Im ehemaligen **Schieferwerk**, in dem die Seifenfabrik G. A. Bazlen bereits eine Fettrückgewinnungsanlage betrieb, baute das Reichsamt für Wirtschaftsaufbau eine Versuchsanlage zur Ölschiefergewinnung. In den letzten Kriegsjahren wurden bei diesem Projekt Tausende von KZ-Häftlingen in den Lagern der „Gruppe Wüste" zu Tode geschunden (s. Zollern-Alb-Kreis).

Die Zahl der ausländischen Zwangsarbeitskräfte, die der FNTB nach dem Krieg für **Metzingen** ermittelte, ist entsprechend hoch: 1.225 Personen. Im heute eingemeindeten **Neuhausen an der Erms** waren es 105 Personen; eine der Unterkünfte befand sich im **Kindergarten** in der **Klosterstraße**. Die meisten Zwangsarbeiter stammten, wie Ulrich Brett in seinem Aufsatz „Zweiter Weltkrieg und Kriegsende in Metzingen" feststellte, aus Polen und der Sowjetunion. Hinzu kamen noch Arbeitskommandos von Kriegsgefangenen. Ulrich Brett nennt 33 Metzinger Betriebe, die Zwangsarbeiterinnen und -arbeiter und teilweise auch Kriegsgefangene beschäftigten, wobei die Firmen **Fr. Henning**, **Hugo Boss** und **Gebr. Holder** bis 1944 die größten Kontingente hatten.

Im Lager der **Fa. G. A. Bazlen** in der **Römerstraße** waren auch französische Kriegsgefangene untergebracht. Einige unternahmen im Herbst 1941 einen Fluchtversuch, wobei ihnen französiche „Zivilarbeiterinnen" halfen. Daraufhin sperrte die Stadtverwaltung die Römerstraße für Ausländer. Ein weiteres Lager für Kriegsgefangene befand sich in der **Maurenstraße** auf dem Gelände des heutigen städtischen Bauhofs.

Bis 1942 waren die ausländischen Zwangsarbeitskräfte in sieben firmeneigenen Lagern und zahlreichen Privatquartieren untergebracht. Da „dies zum Teil zu Mißständen geführt habe", d.h. zu unkontrollierbaren Begegnungen zwischen „Fremdvölkischen" und Einheimischen, beschloß die Stadtverwaltung im September 1942 den Bau eines „Ostarbeiterlagers" auf dem städtischen Grundstück am **Döleswasenweg**. Die Kosten dafür sollte von allen Firmen, die Zwangsarbeitskräfte beschäftigten – dazu gehörte auch die Stadtverwaltung – getragen werden. Bis November 1943 hatte die Stadtverwaltung schließlich durchgesetzt, daß alle ausländischen Zwangsarbeitskräfte in diesem Lager leben mußten.

Da es erst wenige Berichte von ehemaligen Zwangsarbeiterinnen und -arbeitern gibt, u.a. den des niederländischen Zwangsarbeiters Harmen Atema, der bei der Fa. Holeder arbeitete, können über die unterschiedlichen Lagerbedingungen kaum Aussagen getroffen werden. Ein Hinweis auf die mangelhafte Ernährung gibt ein Antrag der Fa. Hugo Boss vom Januar 1944, die bei ihr eingesetzten polnischen Zwangsarbeiterinnen aus der Werksküche zu verpflegen – „zur Sicherstellung der Arbeitsleistung derselben, da die Verpflegung, die dieselben vom Lager erhalten, nicht ausreiche".

Auf dem alten Teil des **Mühlwiesenfriedhofes** befinden sich noch drei Gräber von Opfern der Zwangsarbeit. Zwei von ihnen waren bei einem Bombenangriff am 19. April 1945 ums Leben gekommen. Da uns keine Gräberliste zur Verfügung stand, wissen wir nicht, ob Umbettungen erfolgten.

MÜNSINGEN

„Rassische" Verfolgung und „Euthanasie"

An die einst blühende **Jüdische Gemeinde Buttenhausen** erinnern drei **Gedenkzeichen**. 1961 wurde in der Ortsmitte von Buttenhausen ein Mahnmal eingeweiht, es ist

> „Den Brüdern und Schwestern der
> Jüdischen Gemeinde Buttenhausen,
> die als Opfer nationalsozialistischer Verfolgung
> ihr Leben lassen mußten. 1933–1945."

gewidmet und trägt die Namen von 45 Ermordeten.

„Die ursprüngliche Absicht", so Prof. Dr. Karl Adler, einer der wenigen Überlebenden, bei der feierlichen Enthüllung, „auf dem Gedenkstein die Namen aller Deportierten aufzuführen, die aus Buttenhausen stammten, erwies sich leider als undurchführbar, denn es wären über 100 Namen gewesen, die in den Stein hätten gemeißelt werden müssen. So beschränkten wir uns auf die Mitglieder der jüdischen Gemeinde Buttenhausens und einige auswärts wohnende unverheiratete Landsleute. Es tat uns weh, daß wir die Freunde auslassen mußten, die in anderen Orten, wie in Frankfurt, Stuttgart, Berlin, Nürnberg und Fürth wohnten, und von dort aus in den Tod geschickt wurden. Wir schließen sie in unser Gedenken ein."

Grabzeichen auf dem jüdischen Friedhof Buttenhausen

1966 wurde am Standort der beim Novemberpogrom 1938 zerstörten **Synagoge** an der **Mühlsteige** ein Mahnmal mit dem Davidstern und der Menora errichtet. Der davor liegende Stein trägt die Inschrift:

> „Hier stand die Synagoge.
> Nationalsozialisten zerstörten sie
> am 9. November 1938."

Am Eingang zum **Jüdischen Friedhof** von **Buttenhausen** steht seit 1973 ein großer **Gedenkstein** mit der Inschrift:

> „Von 1787 bis 1943 bestattete
> die Jüdische Gemeinde Buttenhausen
> ihre Toten auf diesem Friedhof.
> Die letzten jüdischen Bürger der Gemeinde
> ruhen nicht in heimatlicher Erde.
> Fast alle kamen während der Zeit der Verfolgungen
> bis zum Jahre 1945 in den Konzentrationslagern um."

Gepflegt wird der Jüdische Friedhof nach der getreuen Beachtung der jüdischen Traditionen der Totenruhe von dem Buttenhauser Gemeinderat und Landwirt Walter Ott, der sich als erster um die Erforschung der Geschichte der Jüdischen Gemeinde gekümmert hatte. In den letzten Jahren bekam er dabei mehrfach Unterstützung durch von der Aktion Sühnezeichen organisierte internationale workcamps.

1993 beschloß der Münsinger Gemeinderat, im Treppenhaus und in zwei Räumen der inzwischen restaurierten **Bernheimerschen Realschule**, dem heutigen **Rathaus**, eine ständige Ausstellung „Juden in Buttenhausen" zu zeigen.

Das Wohngebiet der Jüdischen Gemeinde Buttenhausen lag im 18. und 19. Jahrhundert außerhalb des Ortskerns jenseits der Lauter in der **Judengasse**, die heute **Mühlsteige** heißt. Hier standen **Synagoge** mit Schulsaal, rituellem Bad und das Rabbinat. Am Nordhang des **Mühlbergwaldes** lag der **Friedhof**. 1862 wurde ein neues Schulgebäude in der **Münsinger Straße** gebaut, in dem die christliche und die jüdische Schule untergebracht wurden – es gab getrennte Eingänge. Um diese Zeit zählte man 442 jüdische und 392 christliche Einwohnerinnen und Einwohner.

Zu Beginn der NS-Zeit lebten 89 Juden und 335 Christen in der Gemeinde. Bis 1935 war die jüdische Bevölkerung mit Salomon Löwenthal im Gemeinderat vertreten, dann erzwang die NSDAP seinen Rücktritt. Beim Novemberpogrom 1938 rückte SA aus Reutlingen an, um die **Synagoge** in Brand zu setzen. Der erste Versuch scheiterte durch das Eingreifen der Buttenhausener Feuerwehr. Als die SA-Leute auch die **Bernheimersche Realschule** mit ihrer bedeutenden Bibliothek anzünden wollten, wurden sie von Bürgermeister Hirrle mit gezogener Pistole daran gehindert. Sie sperrten ihn jedoch ins **Rathaus**, zogen vor die Häuser, in denen jüdische Familien wohnten und verhafteten acht Männer. Die Zerstörung des Jüdischen Friedhofes konnte durch den Widerstand einiger

Buttenhauser Bürger vereitelt werden. In den folgenden Wochen bemühte sich Bürgermeister Hirrle um die Freilassung der in das KZ Dachau eingelieferten Männer.

1939 wohnten noch 44 jüdische Bürgerinnen und Bürger in Buttenhausen. Ihre Zahl nahm – trotz Auswanderungen – ständig zu, da Buttenhausen zu einem der württembergischen Sammellager bestimmt wurde, in das aus ihren städtischen Wohnungen gedrängten jüdischen Menschen umziehen mußten. Bis zum Beginn der Deportationen waren 91 Personen nach Buttenhausen zwangseingewiesen worden. Von der ersten Deportation am 1. Dezember 1941 mit dem Ziel Riga bis zur letzten Überstellung am 17. Januar 1944 nach Theresienstadt waren es insgesamt 117 Personen, die den Weg von Buttenhausen in die Vernichtungslager antreten mußten. Sechs Menschen begingen vor dem drohenden Abtransport Selbstmord.

In einem Transport, dessen Ankunft am 18. März 1943 im Vernichtungslager Auschwitz-Birkenau registriert wurde, befand sich der 1891 in **Münsingen** geborene Sinto Heinrich Lauster. Mit ihm wurden vier Kinder registriert: der 17jährige Simon, in Wellendingen (Kr. Rottweil) geboren, Franz, 12 Jahre alt, in Rulfingen (Mengen, Kr. Sigmaringen) zur Welt gekommen, Franz, sieben Jahre alt, in Raudingen geboren, und der sechsjährige, in Sindelfingen (Kr. Böblingen) zur Welt gekommene Josef. Heinrich Lauster und zwei Kinder erlagen bald nach ihrer Ankunft den auf Vernichtung zielenden Lebensbedingungen im „Zigeunerlager". Bei dem 12jährige Franz vermerkt das „Hauptbuch (Männer)", daß er am 15. April 1944 „auf Transport" zur Zwangsarbeit in das KZ Buchenwald geschickt wurde. Bei dem sieben Jahre alten Franz steht weder ein Sterbedatum noch der Vermerk „Transport". So ist zu befürchten, daß er bei der „Liquidierung" des Lagers in der Nacht vom 2. August 1944 ermordet wurde (zu weiteren Mitgliedern der Familie Lauster s. Mehrstetten).

Konzentrationslager und Zwangsarbeit

Über die nun 100jährige Geschichte des **Truppenübungsplatzes Münsingen** auf der Rauhen Alb ist einiges geschrieben worden: Man kann über den Erwerb des 67 Quadratkilometer großen Geländes, den wirtschaftlichen Aufschwung, den er der Region brachte, berühmte Besucher – von König Wilhelm II von Württemberg bis Mussolini –, über die Zwangsräumung des Dorfes **Gruorn** in den Jahren 1935 bis 1939 und über die Aufstellung von mit Deutschland verbündeten ausländischen Divisionen nachlesen. An Mussolinis Gebirgsjägerdivision „Monte Rosa" erinnert sogar ein 1986 unter Protesten der Friedensbewegung eingeweihtes Ehrenmal im städtischen „Ehrenhain" an der **Uracher Straße**, das in unheilvoller SS-Tradition von „Ehre und Treue" („Onore, Fede") spricht.

Mit der Wlassow-Armee tut man sich schwerer: Diese ab Ende 1944 von dem in Kriegsgefangenschaft geratenen General Wlassow mit Zustimmung des Reichsführers SS unter russischen Kriegsgefangenen rekrutierte Division galt der Wehrmacht bald als Sicherheitsrisiko, zumal im Frühjahr 1945 zunehmend aus ihren Lagern geflüchtete russische Zwangsarbeiter und Kriegsgefangene auf dem Truppenübungsplatz eintrafen. Die Anwesenheit von gut bewaffneten Wlassow-Truppen wurde dem Oberkommando des Heeres schließlich so suspekt, daß es am 16. April 1945 die Verbände in Richtung Südmähren in Marsch setzte. Bei diesem Marsch begegneten die Wlassow-Soldaten den Gefangenenkolonnen aus den Konzentrationslagern und trafen ihre geschundenen Landsleute. Es kam zu Verbrüderungsszenen und zu Schußwechseln mit den SS-Wachmannschaften. Das deutsche Begleitpersonal der Wlassow-Truppen setzte sich jedoch durch und brachte den größten Teil der Russen nach Landsberg, wo Transportzüge bereitstanden. Wlassow-Soldaten, die in US-amerikanische Kriegsgefangenschaft geraten waren, wurden an die Sowjetunion ausgeliefert und für Jahre in sibirische Straflager verbannt. Ein sowjetisches Militärtribunal verurteilte General Wlassow am 31. Juli 1945 zum Tode.

Kaum bekannt ist in der Ortsliteratur, daß sich ab September 1941 auf dem Truppenübungsplatz Münsingen ein Lager für sowjetische Kriegsgefangene befand. Bei ihren Forschungen zum Anatomischen Institut der Universität Tübingen stellte Benigna Schönhagen fest, daß etwa ein Drittel der Toten, die zwischen September 1939 und April 1945 in die Anatomie gebracht wurden, sowjetische Kriegsgefangene waren (s. Tübingen). Von diesen 156 Toten stammten die meisten aus dem Kriegsgefangenenlager auf dem Truppenübungsplatz Heuberg (s. Stetten a.k.M., Kr. Sigmaringen). Auch das Kriegsgefangenenlager **Münsingen** „versorgte" die Tübinger Anatomie reichlich mit „Material". Es lieferte allein im November 1941 die Leichen von 13 Sowjetsoldaten, alle mit der Angabe „Todesursache unbekannt". 1949 wurden aufgrund einer Anordnung der französischen Militärregierung 18 auf dem Anatomiegräberfeld beigesetzte sowjetische Kriegsgefangene in ein Sammelgrab auf den **„Russenfriedhof"** in **Münsingen** umgebettet, der sich auf dem Gelände des Truppenübungsplatzes befindet.

Zum Einsatz ziviler ausländischer Zwangsarbeitskräfte ermittelte der FNTB folgende Zahlen: in **Münsingen** 85 Personen, in **Buttenhausen** 60 Personen. Nach Auskunft der Stadt Münsingen aus dem Jahr 1972 waren es überwiegend Polen, die, soweit sie nicht auf den Bauernhöfen wohnten, in dem Gebäude **Uracher Str.** 19 untergebracht waren. Ein weiteres Lager hatte sich am Ortsende von **Auingen** befunden, in unmittelbarer Nähe der heutigen Fabrikgebäude der Fa. Magirus-Deutz.

PFRONSTETTEN

„Rassische" Verfolgung und „Euthanasie"

In einem Gebäude in **Tigerfeld**, das zum Kloster Zwiefalten gehörte, dem „Schlößle", waren von März 1941 bis August 1942 45 alte jüdische Frauen und Männer zwangseinquartiert. Sie wurden im August 1942 in das KZ Theresienstadt deportiert. Die Namen von 41 Opfer dieser Deportation sind bekannt (zu den sog. Jüdischen Altersheimen s. auch Herrlingen, Gemeinde Blaustein, Alb-Donau-Kreis).

PFULLINGEN

Konzentrationslager und Zwangsarbeit

Das „Russenlager" bestand aus einer Scheune und einer Baracke in der **Hohmorgenstraße**; wieviele Männer hier untergebracht waren, ist bisher nicht bekannt. Des weiteren waren etwa 90 französische Zwangsarbeiter in den örtlichen Fabriken und Gewerbebetrieben eingesetzt; zwei von ihnen, die bei der **Fa. Gebr. Burkhard** gearbeitet hatten, starben bei einem Bombenangriff im Juni 1944.

Nach der Befreiung waren ehemalige Zwangsarbeitskräfte in drei Lagern untergebracht: im Bereich des **Schlosses** befand sich ein „Polen-Lager", in einem Gebäude in der **Goethestraße** lebten aus Litauen verschleppte Personen und in der **Jugendherberge Arbach** Personen aus Lettland.

REUTLINGEN

Widerstand und Naziterror

Die **Bundeshalle** glich einer belagerten Festung, als die Eiserne Front am 4. März 1933 dort ihre letzte Wahlkundgebung abhielt. Bereits seit Wochen konnten die Arbeiterparteien in Reutlingen keine Veranstaltung ohne heftigste Provokationen durch Nationalsozialisten und SA durchführen; dabei kam es in **Gönningen** zum schwersten Zwischenfall, als SA-Leute einen der KPD angehörenden Arbeiter auf offener Straße erschossen. Trotz des massiven Terrors blieben, wie die Debatten um den von der KPD vorgeschlagenen Generalstreik zeigten, SPD und ADGB bei ihrer Ablehnung, und es kam zu keiner gemeinsamen Aktion. Bei den Reichstagswahlen am 5. März 1933 erhielten die beiden Arbeiterparteien zusammen noch 38,4 % der Stimmen (SPD: 28,2 % und KPD 10,2 %); die NSDAP war jedoch mit 32,2 % der Stimmen erstmals stärkste Partei geworden, und die mit ihr verbündete DNVP erzielte 8,8 % der Stimmen.

Unmittelbar nach der Wahl, am 8. März 1933, hißten die Nationalsozialisten die Hakenkreuzfahne auf dem **Oberamt**, auf der **Polizeikaserne** und auf dem **Rathaus**; hier wählten sie genau jene Stelle aus, wo 1918, in den Tagen der Novemberrevolution, die rote Fahne geflattert hatte. SA-Sturmbannführer Karl Schumacher wurde vom württembergischen Reichskommissar von Jagow zum Sonderkommissar ernannt und mit der „vollen Polizeigewalt" ausgestattet. Am 9. März begann er mit der Rekrutierung der Hilfspolizei aus den Reihen der SA.

Die Razzien in den Arbeitervierteln dauerten bis in den Sommer 1933. Als erste wurden am 11. März 1933 14 bekannte Kommunisten verhaftet, unter ihnen der Reutlinger KPD-Vorsitzende Edo Leitner und der Leiter des KPD-Unterbezirks Fritz Wandel. Fritz Wandel gehörte zu den Organisatoren des Mössinger Generalstreiks (s. Kr. Tübingen) und wurde besonders hart verfolgt: Nach der „Schutzhaft" im KZ Heuberg (s. Stetten a.k.M., Kr. Sigmaringen) wurde er im Oktober 1933 zu 4½ Jahren Zuchthaus verurteilt, die er in Rottenburg (s. Kr. Tübingen) verbüßte. Nach dem Ablauf der Haft brachte ihn die Gestapo für fünf Monate in das KZ Welzheim (Rems-Murr-Kreis, Baden-Württemberg I) und dann in das KZ Dachau. 1943 kehrte er für kurze Zeit nach Reutlingen zurück, arbeitete im Elektrizitätswerk, wo ihn die Reutlinger NSDAP als Spitzel einsetzen wollte. Als dies nicht funktionierte, veranlaßte man seine Einziehung in das Strafbataillon 999. Wandel gehörte zu den wenigen seiner Einheit, die das Kriegsende erlebten.

Am 24. März 1933 besetzten SA-Trupps erstmals das **Gewerkschaftshaus** in der **Lederstraße** und die Redaktionsräume der sozialdemokratischen Zeitung „Freie Presse" in der **Stadtmauerstraße** beim **Tübinger Tor**. Die letzte Ausgabe der „Freien Presse" war am 11. März 1933 erschienen. Redakteur Georg Bayer und die Gewerkschafter Hacker, Vollmer und Zischer wurden ebenfalls auf den Heuberg verschleppt. Das Gewerkschaftshaus wurde im April 1933 noch einmal besetzt und am 2. Mai 1933 endgültig geschlossen.

Am 13. April 1933 umstellten 100 Mann Schutzpolizei, SA und SS das Gebäude der **Ortskrankenkasse**, durchsuchten Büros und Wohnungen und verhafteten Direktor Mangold. Mangold erlitt einen Herzanfall und mußte in das Bezirkskrankenhaus eingeliefert werden, wo er sich am 28. April 1933 das Leben nahm. Ein weiterer AOK-Angestellter, Ernst Hipp, kam für zwei Monate in das KZ Heuberg. Nach seiner Entlassung mußte Hipp sich noch zwei Jahre lang alle drei Tage auf dem Polizeirevier melden, bekam seinen Paß entzogen und sah sich und seine Familie täglichen Schikanen ausgesetzt. Unter den im April 1933 verhafteten Männern befanden sich der SPD-Fraktionsvorsitzende Oskar Kalbfell, der Sozialdemokrat Otto Künzel, der stellvertretende Reichsbanner-Führer Hans Freytag und der sozialistisch gesonnene Arzt Dr. Salzer; sie alle sowie der bereits genannte Fritz Wandel gehörten in den Kriegsjahren zum Kern einer Reutlinger Widerstandsgruppe (s.u.).

Noch vor dem reichsweiten Verbot ihrer Partei legten alle acht SPD-Gemeinderäte am 18. Mai 1933 ihr Mandat nieder und lösten die SPD-Ortsgruppe auf. Bis zu diesem Zeitpunkt waren bereits die sozialdemokratische Eiserne Front und das Reichsbanner, der der KPD nahestehende Kampfbund gegen den Faschismus und die in Reutlingen sehr aktiven Arbeitersport- und Kulturvereine mit über 1.000 Mitgliedern verboten worden. Die Auflösung des Arbeitersamariterbundes wurde in Reutlingen vom dortigen Leiter des Deutschen Roten Kreuzes, Georg Münch, durchgeführt. Münch sah dies als selbstverständlich an: „Der ASB war international und klassenkämpferisch eingestellt und deshalb war er undeutsch". Soweit sich nicht bereits SA und SS am Eigentum des Arbeitersamariterbundes bedient hatte – und das war in **Rommelsbach**, **Pliezhausen**, **Ohmenhausen** und **Betzingen** der Fall –, bemühte sich Münch um bürokratische Korrektheit, indem er den Mitgliedern ihre persönliche Habe zurückgab und das beschlagnahmte Vereinseigentum nach Stuttgart schickte: „In Reutlingen-Stadt vollzog sich die Arbeit leicht, sie war gut von der Polizei vorbereitet. Hier war alles in den Listen verzeichnete Inventar vorhanden."

Kommunistische Flugblätter, die zum 1. Mai 1933 verbreitet wurden, waren am 20. Mai 1933 der Anlaß zu Hausdurchsuchungen und Verhaftungen in der **Sickenhäuser Straße**, über die der Reutlinger „Generalanzeiger" berichtete:

> „Heute früh um fünf Uhr fiel in der Stadt der Durchmarsch einer langen Kolonne der Schutzpolizei, der SA und SS auf. Es werden etwa 350 Mann gewesen sein. Es ging in die Sickenhäuser Straße, wo eine große Durchsuchungsaktion stattfinden sollte. Nach dem Anmarsch vor dem dortigen Häuserviertel wurde der ganze Wohnblock vollständig abgeriegelt und die Durchsuchung der einzelnen Wohnräume setzte durch zwölf Durchsuchungskommandos schlagartig ein ... Die Bewohner der Häuser waren vollkommen überrascht und befanden sich teilweise noch im Bett. Gefunden wurden neben einem großen Druckschriftenmaterial der KPD etwa zehn Gewehre, teilweise neuerer Konstruktion, Steil-Handgranaten und Eier-Handgranaten ... Dann brachte man auch die Matrizen zutage zu einem Vervielfältigungsapparat, auf dem die da und dort in der Stadt auftauchenden hetzerischen Rundschreiben der KPD hergestellt wurden ... Nebenher ging eine Durchsuchung der Wohnbaracken hinter dem Gaswerk."

Bereits eine Woche später fand in der **Sickenhäuser Straße** eine weitere Razzia statt, da wieder Flugblätter aufgetaucht waren. Insgesamt wurden bei beiden Aktion 34 Personen verhaftet und auf den Heuberg gebracht. Drei Kommunisten, die die 1. Mai-Ausgabe der „Süddeutschen Arbeiterzeitung" weitergegeben hatten, verurteilte das Sondergericht Stuttgart zu Gefängnisstrafen zwischen 12 und 17 Monaten.

Im Juni 1933 sollten in Reutlingen Flugblätter der Roten Hilfe verteilt werden, in denen über die Haftbedingungen im KZ Heuberg berichtet und zur Unterstützung für die Familien der politischen Gefangenen aufgerufen wurde. Die für den 18. Juni vorgesehene Verbreitung der Flugblätter in Reutlingen und Betzingen wurde denunziert, worauf die inzwischen in der Reutlinger **Polizeikaserne** in der **Lindachstraße** stationierten SS-Hundertschaften erneut die Häuserblocks in der **Sickenhäuser Straße** und in **Gmindersdorf** abriegelten. Sie fanden jedoch nur in einer Wohnung verkohltes Papier. Zwei der damals Verhafteten verurteilte das Stuttgarter Sondergericht zu einem bzw. vier Monaten Gefängnis. An den im KZ Heuberg gefangengehaltenen Männern wurde ein Exempel statuiert: Die Gestapo ließ eine dreiwöchige Entlassungssperre für Reutlinger „Schutzhäftlinge" anordnen und unterzog sie verschärften Verhören, um etwas über die Verfasser des Roten-Hilfe-Flugblattes zu erfahren. Als Folge kam es Ende Juli 1933 erneut zu Verhaftungen von Kommunisten in Reutlingen.

Zum weiteren Widerstand in Reutlingen fehlen Forschungen. Daß es ihn gegeben hat, wird an den Verhaftungen im Frühjahr 1936 deutlich, als die Gestapo die „Aushebung" einer „kommunistischen Zelle" meldete. Bis etwa 1937 gehörten Reutlinger Sozialdemokraten zum Verteilerkreis der „Sozialistischen Aktion"; Otto Künzel wurde deshalb zu 16 Monaten Gefängnis verurteilt. Drei Mitglieder der Glaubensgemeinschaft der Zeugen Jehovas wurden verfolgt. Einer von ihnen, der Kaufmann Alfred Stüber, wurde im Oktober 1937 verhaftet; die Gestapo brachte ihn im Mai 1938 zunächst in das KZ Welzheim (Rems-Murr-Kreis), später in das KZ Buchenwald. Er überlebte durch den Umstand, daß er Arbeit in der Fotoabteilung des Lagers bekommen hatte. Nach der Befreiung konnte Stüber das Lager fotografieren. Diese Aufnahmen, insgesamt 72 Fotos, zeigte er am 14. Juli 1945 erstmals im **Olympiatheater** der Reutlinger Öffentlichkeit.

Nach Laura Schradin (1897–1937) wurde eine **Schule** benannt. Die engagierte Sozialdemokratin gehörte in der Weimarer Republik zu den ersten Frauen, die ein politisches Mandat ausübten: Sie war seit 1919 Landtagsabgeordnete und Stadträtin in Reutlingen, kämpfte für die Gleichberechtigung und gegen den aufkommenden Nationalsozialismus. 1935 wurde sie wegen kritischen Äußerungen, sogenannter „Heimtücke", zu zwei Monaten Gefängnis verurteilt, erhielt jedoch wegen ihres schlechten Gesundheitszustandes eine Haftverschonung. Laura Schradin starb am 8. März 1937.

Im März 1941 wurden vier Frauen aus einem Dorf auf der schwäbischen Alb auf dem **Marktplatz** von Reutlingen kahlgeschoren; man hatte ihnen Beziehungen zu Kriegsgefangenen vorgeworfen (s. Eningen unter Achalm). Eine große Menschenmenge und ganze Schulklassen schauten der entwürdigenden Anprangerung zu. Eine Reutlingerin verurteilte das Sondergericht Stuttgart im Juni 1942 wegen „unerlaubten Umgangs mit Kriegsgefangenen" zu sieben Monaten Gefängnis. Ihr Vergehen hatte darin bestanden, daß sie Süßigkeiten und eine Porträtzeichnung von einem französischen Kriegsgefangenen angenommen hatte und ihm ein Fünfmark-Stück wechselte, was als „Beihilfe zur Flucht" gewertet wurde.

In den letzten Kriegstagen setzte sich der damals 27jährige Soldat Karl Erb aus **Sickenhausen** von seiner Truppe ab. Der Deserteur wurde aufgegriffen, von einem Standgericht am 18. April 1945 zum Tode verurteilt und einen Tag später an einer Linde unterhalb des Rathauses von Mitterteich (Bayern) erhängt. 1952 ließen die Eltern die sterblichen Überreste ihres Sohnes nach Sickenhausen überführen. 1969 verwirklichte der Gemeinderat von Mitterteich den Wunsch der Eltern und benannte eine Straße nach dem ermordeten Sohn. Später ließen die Eltern in der Karl-Erb-Straße noch eine Gedenktafel anbringen.

Gegen Kriegsende hatte sich um den Sozialdemokraten Oskar Kalbfell ein Kreis oppositioneller Personen gebildet, der sich Hilfsmaßnahmen für verfolgte Reutlinger, Kontaktaufnahmen zu ausländischen Zwangsarbeitskräften, die Verhinderung von Zerstörungen und den demokratischen Neuaufbau nach der Befreiung zur Aufgabe machte. Zum inneren Kern gehörten auch einige Mitglieder der NSDAP und der NS-Bürgermeister Dr. Georg Allmendinger, in dessen Wohnung die ersten Treffen stattfanden. Am Abend des Einmarsches der französischen Armee, am 20. April 1945, ernannte der Kampfkommandant Oskar Kalbfell zum kommissarischen Oberbürgermeister. Kalbfell übte dieses Amt bis zu seinem Rücktritt im Oktober 1973 aus.

„Rassische" Verfolgung und „Euthanasie"

In ihrem Aufsatz „Ausgrenzung und Verfolgung – Auswirkungen der nationalsozialistischen Rassenpolitik in Reutlingen" wertete Karin-Anne Böttcher die Akten des Reutlinger **Fürsorgeamtes** aus. Sie fand zahlreiche Beispiele, wie die Vorgaben des NS-Staates in die Tat umgesetzt wurden. Heinrich Neß, Leiter des

Fürsorgeamtes, listete die Namen der ihm bekannten jüdischen Familien auf und fertigte Aktenvermerke über neu in der Stadt angekommene Sinti an. Sein Hauptaugenmerk galt – außer dem „Kampf gegen die Zigeunerplage" – der Ausgrenzung von „Gemeinschaftsfremden" aus der „Volksgemeinschaft". Er betrieb, um die Fürsorgezahlungen zu minimieren, vorrangig die Einweisung von Fürsorgeempfängern in das „Beschäftigungs- und Bewahrungsheim", das die Stadt Stuttgart Ende 1914 auf dem der Reutlinger Gustav-Werner-Stiftung gehörenden Hofgut Buttenhausen (heute: Münsingen) unterhielt. Aufgrund der getroffenen Vereinbarungen konnte die Stadt Reutlingen hier „Arbeitsscheue" und Fürsorgeempfänger, die „einer geregelten Arbeit aus dem Wege gehen" sowie Alkoholiker, Prostituierte, Homosexuelle und alle, die „aus Mangel an eigenem Verantwortungsbewußtsein weder einen geordneten Haushalt führen noch Kinder zu brauchbaren Volksgenossen erziehen", einliefern. In den Akten des Fürsorgeamtes finden sich auch Fälle von Fürsorgeempfängern, unter ihnen auch Sinti, die im Frühjahr und Sommer 1938 in der „Aktion Arbeitsscheu Reich" in Konzentrationslager gesperrt wurden und dort ums Leben kamen.

Zwischen dem Fürsorgeamt und dem Erbgesundheitsgericht, das pro Jahr in mindestens 30 bis 40 Fällen über Zwangssterilisationen entschied, bestand eine enge Zusammenarbeit. Beinahe der Hälfte der zwischen 1934 und 1936 verhandelten Fälle lag die zweifelhafte Diagnose „angeborener Schwachsinn" zugrunde. Insgesamt jedoch lehnte das Erbgesundheitsgericht in etwa einem Drittel der Verhandlungen die Unfruchtbarmachung ab.

Als erste Anstalt im Umkreis von Reutlingen wurde die **Landesfürsorgeanstalt Rappertshofen** im September 1940 von den Mordaktionen an psychisch kranken Menschen erfaßt. Seit Anfang des 20. Jahrhunderts gab es in Rappertshofen zwei „Schwachsinnigenabteilungen" mit rund 100 Patientinnen und Patienten. Nachdem der Anstaltsleiter und Oberamtsarzt Dr. Beutter die Meldebögen ausgefüllt hatte, trafen Mitte September 1940 die Transportlisten mit den Namen der zu ermordenden Kranken ein. 62 Menschen mußten am 27. September 1940 die grauen Busse der Gekrat, einer Tarnorganisation der Berliner „Euthanasie"-Zentrale, besteigen, die sie in die Tötungsanstalt Grafeneck brachten (s. Gomadingen). Beim zweiten Abtransport, der für den 19. November 1940 angekündigt war, legte Dr. Beutter, der als Oberamtsarzt Zwangssterilisationen befürwortet hatte, jedoch ein Gegner der „Vernichtung lebensunwerten Lebens" war, Widerspruch ein, den er mit der Arbeitsleistung der Kranken begründete: Elf oder zwölf Heimbewohner wurden abgeholt, ein Teil der Angeforderten konnte nach Verhandlungen mit dem Transportleiter in Rappertshofen bleiben, andere waren „unauffindbar". Doch der NS-Staat hatte zu diesem Zeitpunkt bereits sein Planziel erreicht: Die geräumte Anstalt diente zur Unterbringung von zwangsumgesiedelten Menschen aus dem Baltikum und ab Dezember 1941 auch als Heim für die Kinder-Landverschickung. Einige Patienten waren in die „Abteilung für Schwachsinnige" nach Zwiefalten verlegt worden, andere wurden „entgegen den ergangenen Anordnungen" in den offenen Abteilungen untergebracht. In Zwiefalten ging das Morden – durch Überdosierung von Medikamenten und durch „Hungerkost" – weiter: Von den knapp 80 Patienten aus Reutlingen starb die Hälfte noch vor dem Kriegsende (s. Zwiefalten).

Die der Inneren Mission gehörende **Anstalt Mariaberg**, im Laucherttal gelegen, wurde vom Reutlinger Schulrat Wittmann geleitet. Im September 1940 trafen die Listen mit den Namen von 97 Pfleglingen ein, die ermordet werden sollten. Wittmann und weitere Vorstandsmitglieder erreichten in Verhandlungen mit dem für die „Euthanasie-Aktion" beim württembergischen Innenministerium zuständigen Medizinalrat Mauthe, daß nur 56 Namen auf der Liste blieben. Beim Abtransport am 1. Oktober 1940 konnten weitere 15 Insassen zurückgehalten werden. Beim zweiten Transport am 13. Dezember 1940 mußten von 30 angeforderten Kranken 20 den Weg in die Gaskammer von Grafeneck antreten. Insgesamt waren 210 Kranke zur Ermordung vorgesehen, 76 konnten durch die Anstaltsleitung gerettet werden (s. auch Gammertingen, Kr. Sigmaringen).

In der Reutlinger **Gustav-Werner-Stiftung zum Bruderhaus** trafen Ende September 1940 die Meldebögen der Berliner „Euthanasie-Zentrale" ein. Kurz danach kam Dr. Mauthe zusammen mit dem Landesjugendarzt Dr. Eyrich zu einer Visitation und ließ sich zehn Kranke vorstellen. Nach Aussagen der damaligen Sekretärin in einer Vernehmung am 1. April 1948 sei in der Folge dieses Besuches „aus der Mutteranstalt Reutlingen niemand wegverlegt worden". Aus den Bruderhäusern der Gustav-Werner-Stiftung in Göttelfingen (Kr. Freudenstadt, Baden-Württemberg I), Fluorn (s. Kr. Rottweil), Dettingen und Bleiche bei Bad Urach (beide Kr. Reutlingen) wurden jedoch mindestens 24 Heimbewohner abgeholt und in der Tötungsanstalt Hadamar (Hessen) ermordet.

Zur Verfolgung der Reutlinger Sintifamilien schildert Karin-Anne Böttcher das Schicksal der Familie des Geigenhändlers und Musikers Anton Reinhardt, die seit 1926 in der **Lederstr.** 34, in einem winzigen Haus der Rotgerbergenossenschaft, wohnte. Den Sommer über ging die Familie mit Pferd und Wohnwagen auf die Reise, um mit Geigen und Spitzen aus dem Erzgebirge zu handeln. Bis in die 30er Jahre war die Familie wohlangesehen. Als die alte Frau Reinhard im September 1936, 87jährig, starb, widmete ihr das „Reutlinger Tagblatt" einen langen Nachruf, der mehr die „Zigeuner-Romantik" verklärte als gegen die Angehörigen dieses Volkes hetzte.

Im Laufe der Jahre 1936/1937 ließen sich in Reutlingen mehrere Sintifamilien, zum Teil Verwandte der Reinhardts, nieder, was von der Bevölkerung und den Behörden mit Argwohn beobachten wurde. Anwohner des Hauses **Lerchenstr.** 3 wandten sich mit Unterschriften an den Oberbürgermeister und forderten, den Zuzug zu stoppen. Mitglieder von Reutlinger Sintifamilien – insgesamt 25 Männer und Frauen – wurden im März 1938 in das Gesundheitsamt in der **Aulberstraße** bestellt und dort einer „rassenbiologischen Untersuchung" durch den Tübinger Nervenarzt Dr. Robert Ritter und seiner Assistentin Eva Justin unterzogen. Zu diesem Zeitpunkt lebten in Reutlingen acht Sinti-Familien und einige Einzelpersonen, insgesamt 40 Männer, Frauen, Kinder.

Ab Sommer 1938 verschärfte sich ihre Lebenssituation dramatisch. Oberbürgermeister Dr. Dederer, Polizeidirektor Memminger und NSDAP-Kreisleiter Sponer verfaßten einen „Aufruf gegen die Zigeunerplage", der im „Reutlinger Tagblatt" veröffentlicht wurde. Darin wurde die Bevölkerung aufgefordert, bestehende Mietverträge mit Sintifamilien umgehend zu kündigen. Drei Kündigungen sind aus den Akten bekannt; die Familien, die keine andere Bleibe fanden und sich hilfesuchend an die Behörden wandten, konnten noch für kurze Zeit in ihren Wohnungen bleiben, da inzwischen die Entscheidung zum Völkermord gefallen war. Das Reichssicherheitshauptamt der SS hatte im Oktober 1939 „Zigeunern und Zigeunermischlingen" verboten, ihren Wohnort „bis auf weiteres" zu verlassen. Dieser „Festsetzungserlaß" diente der Vorbereitung der bereits geplanten Deportationen, zugleich nahm er den Sintifamilien, die, um ihren Lebensunterhalt zu sichern, auf Reisemöglichkeiten angewiesen waren, ihre Lebensgrundlage. Anton Reinhardt war bereits 1936/1937 der Wandergewerbeschein entzogen worden; lediglich seine Frau Katharine verfügte noch über eine „Gewerbelegitimationskarte". In die Not getrieben, trafen die Sinti im **Fürsorgeamt** auf den Amtsleiter Neß, der sich rühmte, „mit unerbittlicher Härte" gegen „diesen biologischen Fremdkörper" vorgegangen zu sein: „Fürsorgeunterstützung nur gegen vorherige Arbeitsleistung und zwar nur das Allernotwendigste (20%ige Kürzung des Richtsatzes), keine Anerkennung der Hilfsbedürftigkeit bei Händler-Familien, Sanktionen gegen Hauseigentümer, die an Zigeuner vermieten". Bis zu ihrer Deportation im Frühjahr 1943 wurden die Töchter der Familie Reinhardt zur Arbeit in Reutlinger Fabriken zwangsverpflichtet; Vater Anton mußte in Heimarbeit Kartuschen für die **Fa. Hebsaker** herstellen.

Am 15. März 1943 wurden Anton und Katharine Reinhardt mit ihren drei Kindern sowie Johann und

Gedenktafel für die jüdischen Bürger Reutlingens

Entwurf zur Gedenktafel

Rosine Reinhardt mit fünf Kindern in das Vernichtungslager Auschwitz-Birkenau deportiert. Nur die beiden ältesten Töchter von Anton Reinhardt konnten in Reutlingen bleiben, wohl weil ihre Ehemänner als „vorwiegend deutschblütig" angesehen wurden. Von der Familie Anton Reinhardt überlebte niemand. Bis auf den Sohn Anton wurden alle in Birkenau ermordet; ihre Namen stehen im Gedenkbuch der Sinti und Roma. Der junge Anton wurde zur Zwangsarbeit selektiert und kam in Sangershausen, einem Außenkommando des KZ Buchenwald, ums Leben. Ein weiterer Reutlinger Sinto, Josef Reinhardt, der zu einem späteren Zeitpunkt in Auschwitz-Birkenau eintraf und ebenfalls zur Zwangsarbeit in ein KZ geschickt wurde, überlebte die Befreiung im KZ Bergen-Belsen nur um wenige Tage.

Am 12. Mai 1944 traf in Auschwitz-Birkenau ein Transport von 39 Sinti-Kindern aus der St. Josefspflege in Mulfingen (Kr. Hohenlohe, Baden-Württemberg I) ein. Unter ihnen befand sich Johanna Köhler, 1936 in **Reutlingen** geboren. Die Kinder hatten in Mulfingen als „lebende Objekte" für Eva Justin gedient, die in ihrer Doktorarbeit ihre rassistische These von der „Notwendigkeit der Sterilisierung von Zigeunern" untermauern wollte. Nur wenige der Mulfinger Kinder überlebten (s. auch Ravensburg, Kr. Ravensburg).

Die 1987 an einer Gartenmauer hinter dem Heimatmuseum, gegenüber dem Eingang zur **Stadtbibliothek** angebrachte **Gedenktafel** für die jüdischen Bürgerinnen und Bürger Reutlingens entstand in einem am 31. Januar 1985 vom Gemeinderat ausgeschriebenen Wettbewerb, an dem sich etliche Schulen und insgesamt 150 Schülerinnen und Schüler beteiligten. Eine Jury aus Vertretern des Gemeinderats, der Verwaltung und der Schulen wählte den Entwurf der 12jährigen Stefanie Marx aus. In drei Szenen zeigt er Streit und Versöhnung zwischen Christen und Juden.

Die Herstellung eines gußfertigen Tonmodells erfolgte ebenfalls im Kunstunterricht am Friedrich-List-Gymnasium. Hinsichtlich des Textes wurde jedoch eine gravierende Änderung vorgenommen. Die Schülerinnen und Schüler hatten einen zentralen Satz aus dem Bußgebet von Papst Johannes XXIII. ausgewählt: „Vergib uns den Fluch, den wir zu Unrecht an den Namen der Juden hefteten" und als Standort der Gedenktafel die Marienkirche vorgeschlagen. Stattdessen entschied sich der Gemeinderat für den eher abgelegenen Platz bei der Stadtbibliothek und den Text:

> „Nicht vergessen! Hoffen!
> Zur Erinnerung an unsere
> Reutlinger jüdischen Mitbürger."

Die seit 1861 wieder in Reutlingen ansässigen jüdischen Kaufmannsfamilien stammten aus Wankheim. Zum Gottesdienst gingen sie in die Synagoge nach Tübingen, die Toten wurden auf dem Jüdischen Friedhof Wankheim bestattet (s. Kr. Tübingen). Um 1933 lebten mindestens 74 Jüdinnen und Juden in Reutlingen; hinzu kamen einige Studierende am **Staatlichen Technikum für Textilindustrie**. Fast 80 % der jüdischen Erwerbstätigen verdiente den Lebensunterhalt im Einzelhandel, viele als Besitzer eines kleinen oder mittleren Familienbetriebs. Jüdische Geschäfte, bereits am 11. März 1933 Ziel eines von der NSDAP-Kreisleitung organisierten Boykotts, befanden sich vor allem in der **Wilhelmstraße**.

Der Boykott jüdischer Geschäfte war nicht so einfach durchzusetzen, obwohl Oberbürgermeister Haller bereits im Mai 1933 den städtischen Beamten und Angestellten das Einkaufen in jüdischen Geschäften und Warenhäusern verboten hatte, die NS-Presse immer wieder Adreßlisten veröffentlichte und Zuwiderhandelnde in den Aushängekästen des „Stürmers" angeprangert wurden. Im Juli 1935 prangte in der **Wilhelmstraße** zwischen dem Haus 18–20, dem Kaufhaus „Kadep", und dem Haus 17–23, dem „Kronenladen", ein Transparent mit der Aufschrift „Wer beim Juden kauft, ist ein Volksverräter!".

Gegenüber dem angesehenen Kaufmann Samuel Kahn, dessen Kaufhaus am **Marktplatz** lag, betrieb die NSDAP-Kreisleitung übelste Verleumdung, als die Boykott-Aufrufe nicht die gewünschten Erfolge zeigten: Sie setzte Gerüchte in die Welt, daß der 67jährige Kaufmann ein „Rassenschänder" sei. Kahn verkaufte im Oktober 1937 sein Warenhaus für 86.000 Mark an den Kaufmann und SA-Obersturmführer Walter Törber; der Verkaufspreis deckte noch nicht einmal den Wert des Warenlagers ab. Kahn erhielt erst 1941, kurz bevor am 23. Oktober ein generelles Auswanderungsverbot für Juden erlassen wurde, ein Visum für die USA.

Beim Novemberpogrom 1938 demolierten Reutlinger die beiden letzten jüdischen Geschäfte, die es in der Stadt noch gab: den Schuhladen von Heinrich Rosenrauch in der **Wilhelmstr.** 31 und das Elektrogeschäft von Willy Salmon in der **Krämerstraße** 4. Die beiden Inhaber wurden für mehrere Wochen in das KZ Dachau gesperrt. Als sie zurückkehrten, waren ihre Geschäfte geschlossen und die Warenvorräte zu Schleuderpreisen verkauft.

Als Mitte Oktober 1941 die Massendeportationen in Württemberg begannen, lebten in Reutlingen noch wenige jüdische Menschen: Das hochbetagte Ehepaar Salomo und Karoline Spiro wohnte mit seinen Töchtern Alice und Martha im Haus **Unter den Linden** 31. Martha Spiro wurde am 1. Dezember 1941 über das Sammellager auf dem Stuttgarter Killesberg nach Riga deportiert und wenig später von der SS erschossen. Die Eltern Spiro mußten im Sommer 1942 in das als „Altersheim" getarnte Sammellager Tigerfeld (s. Pfronstetten) umziehen und wurde schließlich im August 1942 in das KZ Theresienstadt deportiert, wo beide im Sommer 1943 starben. Alice Spiro war durch ihre Ehe mit Walter Wieland vor der Deportation zunächst geschützt. Einer späteren Deportation „zum Arbeitseinsatz" entging sie vermutlich dank eines Attestes, das ihr die Ärztin Dr. Luitgard Schneider ausstellte.

Der Kaufmann Paul Bloch war doppelt gefährdet: Er war jüdischer Herkunft und gehörte der von den Nazis verbotenen und wegen ihrer standhaften Kriegsdienstverweigerung besonders hart verfolgten Glaubensgemeinschaft der Zeugen Jehovas an. Schutz boten ihm einige Zeit lang seine Arbeit bei der Fa. Stoll, deren Direktor, Hans Kern, ihn möglichst lange zu halten versuchte, und seine Ehe mit einer „arischen" Christin. Im Herbst 1944 sollte er in ein „Arbeitsbataillon" der Organisation Todt gezwungen werden. Bloch versuchte, in die Schweiz zu flüchten, wurde unterwegs denunziert und in das KZ Dachau eingeliefert, das er mit schweren gesundheitlichen Schäden überlebte.

Margarethe Schweizer und Karoline Fabian, zwei ältere, alleinstehende Frauen, waren schon lange aus der jüdischen Religionsgemeinschaft ausgetreten. Als sie den Deportationsbefehl zum 1. Dezember 1941 bekam, nahm sich Frau Schweizer das Leben. Frau Fabian wurde nach Riga deportiert und bald nach der Ankunft bei einer Massenhinrichtung erschossen.

Karin-Anne Böttcher kommt auf der Grundlage der Forschungen der Reutlinger Geschichtswerkstatt zum Ergebnis, daß „mehr als 50 Menschen jüdischer Herkunft, die einmal (für kürzere oder längere Zeit) in Reutlingen gewohnt hatten, in den nationalsozialistischen Vernichtungslagern ermordet wurden. Zählt man – soweit bekannt – das Schicksal der jüdischen Technikums-Studenten dazu, erhöht sich die Zahl der Opfer auf annähernd 70. Nur von acht Reutlinger Jüdinnen und Juden weiß man, daß sie die Qualen und Entbehrungen der Konzentrationslager überlebt haben."

Konzentrationslager und Zwangsarbeit

Am 1. Januar 1938 gab es in Reutlingen sechs Rüstungsbetriebe: die beiden **Lederfabriken Ammer, Knapps & Schwandner** und **J.J. Schlayer**, die **Maschinenfabrik Stoll**, die **Maschinenfabrik der Gustav-Werner-Stiftung zum Bruderhaus**, die **Kartonagenfabrik Hebsaker** und die **Spulen- und Hülsenfabrik Emil Adolff**, die Munitionshülsen aus Pappe herstellte und im Rahmen der Autarkievorgaben des Vierjahresplans einen neuen Verpackungsstoff aus Kunstharz, das Bakelit, entwickelte, das importiertes Zinn ersetzen konnte. Aber auch die Textilfabriken produzierten bereits in Friedenszeiten für den Krieg: Die **Fa. Ulrich Gminder** lieferte den Wehrmachtsbeschaffungsämtern feldgrauen Köper, einen besonders stabilen Stoff, der SS in Dachau schwarzes Tuch und rüstete auch den Reichsarbeitsdienst aus. Bei Gminder wurde die Verarbeitung der einheimischen

Rohstoffe Hanf und Flachs weiterentwickelt sowie an dem neuen Werkstoff Zellwolle experimentiert. Die **Textilfabrik Gebr. Wendler** stellte bei Kriegsbeginn die gesamte Fertigung auf Wehrmachtsproduktion um: Gefertigt wurden insbesondere wasserdichte Stoffe und Gewebe für Gasmasken; im Februar 1944 wurde die Firma „Leitfirma" im Fertigungkreis der Volksgasmaske und beschäftigte 1.900 Arbeitskräfte.

Während die Metallbetriebe in den Kriegsjahren weiterhin boomten, hatten einige Textilfabriken zunehmend unter Rohstoffmangel zu leiden und sahen sich genötigt, andere Produktionsbereiche aufzunehmen. 1943/1944 gab die **Fa. Gminder** über 23.000 Quadratmeter Produktionsfläche an Rüstungsfirmen ab, so an die Stuttgarter Robert Bosch GmbH, die eine Abteilung Schalterbau und eine Galvanisierungsabteilung zur Fa. Gminder verlagerte, und an die Kugellagerfabrik Norma aus Stuttgart-Bad Cannstatt. Bosch hatte in Reutlingen insgesamt sieben Aufnahme-Betriebe für seine dezentralisierte Produktion.

Insgesamt lebten in den Kriegsjahren in Reutlingen nach Angaben des FNTB 3.950 ausländische Zwangsarbeiterinnen und -arbeiter, von denen etwa ein Drittel aus der Sowjetunion, die übrigen vor allem aus Polen, Frankreich, Italien, Belgien, den Niederlanden und einigen mittel- und osteuropäischen Ländern stammten. Die Auswertung der Ausländerkartei ergab rund 3.500 Namen. Zudem waren mindestens 200 ausländische Kriegsgefangene eingesetzt.

Zu den heute eingemeindeten Dörfern sind folgenden Angaben bekannt:

Altenburg: Kriegsgefangenenlager im Saal des **Gasthauses „Adler"**, belegt mit Franzosen, später auch mit Gefangenen aus der Sowjetunion. Die Männer wurden unter Bewachung an verschiedene Arbeitsplätze gebracht.

Degerschlacht: Kriegsgefangene aus dem Lager Altenburg, eine „Ostarbeiterin".

Mittelstadt: 30 französische Kriegsgefangene und 20 aus der Ukraine verschleppte Zwangsarbeitskräfte in der Landwirtschaft und Industrie.

Reicheneck: zehn französische Kriegsgefangene und polnische Zwangsarbeiter.

Rommelsbach: zehn französische Kriegsgefangene bei Bauern.

Sickenhausen: zehn französische Kriegsgefangene bei Bauern.

Sondelfingen: sowjetische Kriegsgefangene, untergebracht auf dem Gelände der **Eisengießerei Maag**.

Die ersten Zwangsarbeiter aus Polen trafen im Dezember 1939 in Reutlingen ein und wurden in der Land- und Forstwirtschaft eingesetzt. Ab Frühjahr 1942 kamen in großen Transporten Frauen und Männer aus Rußland und der Ukraine. Der größte Teil der Zwangsarbeitskräfte war in Rüstungsbetrieben eingesetzt: Allein die **Fa. Heim** in **Betzingen**, die seit 1943 in Serienproduktion die V1-Flugbombe herstellte, beschäftigte rund 500 Zwangsarbeiterinnen und -arbeiter. Für die **Fa. Ulrich Gminder** bzw. die ausgelagerten Fertigungsabteilungen der Robert Bosch GmbH, der Norma-Kugellagerfabrik sowie für die **Fa. Emil Adolff** arbeiteten mindestens 350 ausländische Männer und Frauen. Weitere Unternehmen, die in großem Umfang Zwangsarbeitskräfte einsetzten, waren die **Werkzeug-Maschinenfabrik Burkhardt & Weber**, die Spezialmaschinen für die Flugmotorenfertigung herstellte, die **Maschinenfabrik Gustav Wagner KG**, die **Spinnerei** und **Weberei** der **Gebr. Wendler**, die **Maschinenfabrik H. Stoll & Co**, die **Röhrenfabrik A. Rieber GmbH**, die aus Stuttgart verlagerte J.C. Eckardt AG sowie die **Maschinenfabrik zum Bruderhaus**, die Munition und Granaten produzierte. Zwangsarbeitskräfte waren bei der Reichsbahn und auch bei Handwerksbetrieben, im Einzelhandel, in der Gastronomie, in Privathaushalten, in Krankenhäusern und Lazaretten und im städtischen Gas- und Elektrizitätswerk eingesetzt.

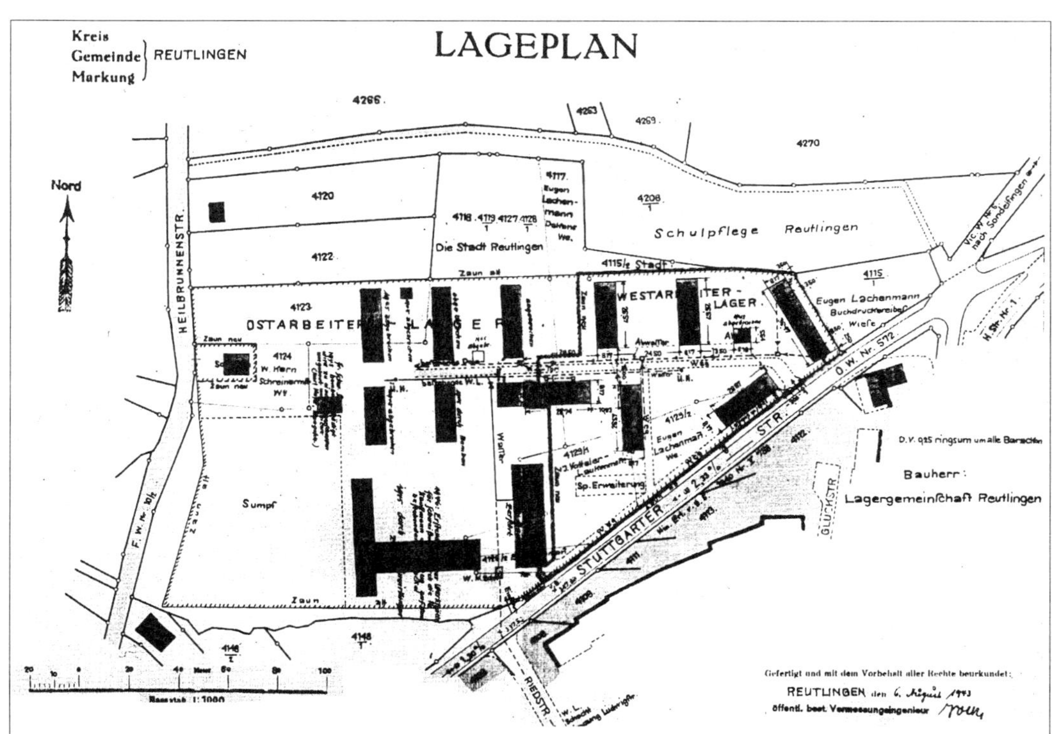

Plan des größten Zwangsarbeiterlagers am Ortsrand von Reutlingen, 1943 im Winkel zwischen Stuttgarter Straße und Heilbrunnenstraße errichtet.

Zur Unterbringung der ausländischen Zwangsarbeitskräfte ließ die „Lagergemeinschaft Reutlingen", ein Zusammenschluß der Betriebe, im August 1943 ein Barackenlager am Stadtrand zwischen **Stuttgarter Straße** und **Heilbrunnenstraße** errichten. Es war in zwei durch einen Zaun getrennte Bereiche geteilt: Im wesentlich stärker belegten „Ostarbeiter"-Lager standen drei große und zwei kleinere Unterkunftsbaracken, eine Küchenbaracke und eine Baracke für die Lagerverwaltung. Das „Westarbeiter-Lager" verfügte über fünf Wohnbaracken, zwei Waschbaracken und eine Abort-Baracke. Anfang 1944 wurde in die Küchenbaracke eine Trennwand eingezogen: Man wollte damit ein Zusammensein von „Ost- und Westarbeitern", deren Verpflegungsatz sich erheblich unterschied, verhindern. Die hygienischen Bedingungen im „Ostarbeiter-Lager", wo jede Waschgelegenheit fehlte, waren im Sommer 1944, als das Lager mit über 600 Personen überfüllt war, katastrophal.

Ein Lager, das der Reichsbahn gehörte, befand sich beim **Güterbahnhof**. Weitere Unterkünfte befanden sich auf den Firmengeländen, so bei der **Fa. Burkhardt & Weber** und der **Fa. Emil Adolff**. Die acht (oder neun) in einen Steinbruch hineingebauten Baracken an der **Schieferstraße** trugen die Abkürzung „Adrula" , d.h. Adolffs Russen-Lager. Im Bereich der inzwischen abgerissenen Baracken wurde im September 1992 in der **Justinus-Kerner-Straße** eine **Gedenktafel** aufgestellt; sie trägt den Text:

> „Während des 2. Weltkrieges gab es im Reutlinger Stadtgebiet zahlreiche Arbeitslager, in denen insgesamt 4.000 Zwangsarbeiter und Kriegsgefangene untergebracht waren. An dieser Stelle befanden sich die acht Baracken des Arbeitslagers ‚Adrula', in denen mehrere hundert Frauen und Männer unter menschenunwürdigen Umständen leben mußten. Wir gedenken ihrer."

Die **Fa. Wilhelm Heim**, ein Zulieferbetrieb im Fertigungskreis der V1-Waffen, unterhielt ein Barackenlager hinter der **Betzinger „Karlshöhe"**; armenische Familien, die bei ihr arbeiteten, waren in einem Gebäude in der **Mühlstraße** 24 untergebracht. Als die Bad Cannstatter Fa. J.C. Eckardt AG in die Räume der **Strickwarenfabrik Büsing & Co** in der **Kaiserstraße** 55 zog, wurde nach einer Unterkunft für über 60 „Ostarbeiterinnen" gesucht; man brachte die Mädchen und Frauen schließlich in einem alten Nähsaal unter. Die russischen Zwangsarbeiterinnen und -arbeiter der **Fa. Ulrich Gminder** hatten im Juli 1942 als Nachtunterkunft einen umgebauten Schuppen hinter dem Gebäude **Albstraße** 29. „Westarbeiter", die bei Gminder arbeiteten, lebten im „Wohnlager **Hauffstraße**", einem ehemaligen Wohnhaus, das ab 1933 dem NS-Arbeitsdienst und später der Hitler-Jugend zur Verfügung gestanden hatte.

Ausländische Kriegsgefangene und Zwangsarbeiter wurden ab dem Herbst 1944 auch zum Stollenbau, so beispielsweise am **Frankonenstollen**, herangezogen. Bei den Kriegsgefangenen handelte es sich überwiegend um Polen und um italienische Militärinternierte, die in Nachtschichten eingesetzt wurden. Die Zwangsarbeiter wurden von den Reutlinger Betrieben abgezogen; als Entschädigung führte die Stadt 50–70 Pfennig pro Tag an die jeweiligen Betriebe ab. Die Abordnung zum Stollenbau wurde von der Gestapo auch als Strafmaßnahme wegen „Arbeitsbummelei" genutzt.

Opfer der Zwangsarbeit wurden auf dem **Betzinger Friedhof** bestattet und nach Kriegsende zum großen Teil in ihre Heimatländer überführt oder auf Kriegsgräberfriedhöfe wie z.B. den „Russenfriedhof" auf dem Truppenübungsplatz Münsingen umgebettet (s. Münsingen). Heute ruhen in der 1980 neu gestalteten Kriegsgräberabteilung des Betzinger Friedhofs noch sieben ausländische Tote. Insgesamt starben mehr als 100 ausländische Zwangsarbeiterinnen und -arbeiter. 31 von ihnen kamen bei Bombenangriffen ums Leben; bei den übrigen Toten wurden als häufigste Todesursachen Blutvergiftungen sowie Lungen- und Rippfellentzündungen genannt. Zur medizinischen Betreuung der Zwangsarbeitskräfte hatte 1944 lediglich eine Krankenbaracke – entweder beim Kreiskrankenhaus oder beim Bürgerhospital – zur Verfügung gestanden.

Im **Krematorium** des **Friedhofs Unter den Linden** wurden von etwa August/September 1944 bis zum 14. Januar 1945 die ersten Toten – 98 umgekommene Häftlinge des KZ-Außenkommandos Hailfingen

Mahnmal für die „Opfer der Gewalt" auf dem Friedhof Unter den Linden.

(s. Rottenburg, Kr. Tübingen) – und 30 Tote aus den KZ-Kommandos der „Gruppe Wüste" Bisingen, Dautmergen und Schömberg (s. Zollernalbkreis) verbrannt. Das „Einäscherungs-Verzeichnis für Schutzhäftlinge", das die Friedhofsverwaltung anlegte, nennt als Todesursachen auffallend häufig „Herz-" oder „Kreislaufschwäche" sowie Schußverletzungen. 78 der in Reutlingen verbrannten KZ-Opfer waren Juden aus Ungarn, Polen, Lettland, Frankreich, den Niederlanden und Deutschland. Entgegen den Anordnungen des SS-Offiziers, der die ersten Leichentransporte begleitete, wurde die Asche nicht zerstreut, sondern in einer abgelegenen Abteilung des Friedhofes bestattet. Als 1952 das **Mahnmal** errichtet wurde, bettete man die Aschenreste in den sarkophagähnlichen Sockel um.

Seit 1939 schickte das Anatomische Institut der Universität Tübingen „die Hälfte des anfallenden Leichenmaterials" nach Reutlingen zur Verbrennung – mehr als zwei Drittel der Toten, die für Lehr- und Forschungszwecke seziert und präpariert wurden, waren ebenfalls Opfer staatlicher Gewalt (s. Tübingen, Kr. Tübingen).

RIEDERICH

Konzentrationslager und Zwangsarbeit

Nach Angaben des FNTB waren während der Kriegsjahre in **Riederich** 195 zivile ausländische Zwangsarbeitskräfte gemeldet. Der größte Teil mußte für die in einen Textilbetrieb nach Riederich verlagerten **Vereinigten Kugellagerwerke Norma** arbeiten; zusätzlich waren in dem Verlagerungsbetrieb noch Kriegsgefangene eingesetzt.

SANKT JOHANN

Konzentrationslager und Zwangsarbeit

Nach Angaben des FNTB waren im heute eingemeindeten **Würtingen** während der Kriegsjahre 70 ausländische Zwangsarbeitskräfte eingesetzt. Hinzu kam ein kleines Arbeitskommando mit französischen Kriegsgefangenen, das in der Landwirtschaft eingesetzt war (zum Lager St. Johann s. Eningen).

TROCHTELFINGEN

Widerstand und Naziterror

Der katholische Pfarrer Michael Gaisert (1864–1933) von **Steinhilben** wurde 1933 zunächst zur Aufgabe seiner Pfarrstelle gezwungen. Nationalsozialisten mißhandelten ihn derart, daß er am 25. Oktober 1933 an den Folgen starb.

Konzentrationslager und Zwangsarbeit

Im heute eingemeindeten **Mägerkingen** waren während der Kriegsjahre 65 ausländische Zwangsarbeitskräfte eingesetzt; diese Zahl ermittelte der FNTB.

Auf Trochtelfinger Gemarkung errichtete die Wehrmacht die Munitionsanstalt **Haid**. Ein Lager, in dem etwa 200 aus der Sowjetunion verschleppte Zwangsarbeitskräfte und Kriegsgefangene sowie italienische Militärinternierte untergebracht waren, befand sich an der **Straße Großengstingen – Meidelstetten**. Die bei den Luftangriffen im Frühjahr 1945 getöteten Ausländer sind beim Standesamt Trochtelfingen registriert; leider konnten wir keine Einsicht in die Unterlagen nehmen.

WANNWEIL

Konzentrationslager und Zwangsarbeit

Die ersten Kriegsgefangenen, etwa 15 Mann, trafen Ende Juni 1940 in Wannweil ein; im November des gleichen Jahres folgte ein weiteres Kommando. Sie arbeiteten in der Landwirtschaft und in der **Spinnerei & Weberei Burkhardt**. In diesem Betrieb waren bereits dienstverpflichtete Frauen aus Belgien, dem besetzten Elsaß und aus Polen umgesiedelte „Volksdeutsche" eingesetzt. Bis Kriegsende stieg die Zahl der zivilen Zwangsarbeitskräfte auf 133 Personen, unter ihnen 66 aus Polen verschleppte Mädchen und Frauen. Sie waren zum Teil im Mädchenwohnheim, zum Teil in einem Barackenlager jenseits des Flüßchens Echaz an der **Hauptstraße** 125 untergebracht.

Bei der **Textilfabrik Schirm & Mittler** in der **Hauptstraße** 290 mußten etwa 70 sowjetische Zwangsarbeiterinnen und -arbeiter Zeltbahnen fertigen; ihre Unterkunft waren Baracken auf dem Firmengelände. Weitere 58 „Fremdarbeiter" arbeiteten bei kleineren Betrieben, darunter auch den Tübinger Montanwerken (s. Tübingen, Kr. Tübingen).

Die weitaus meisten ausländischen Zwangsarbeitskräfte mußten jedoch für die 1943 aus dem Werk Untertürkheim nach Wannweil verlagerten Fertigungsbereiche der **Daimler Benz AG** arbeiten. Dazu mußte die **Spinnerei & Weberei Burkhardt** einen Teil der Fabrik räumen. Architekten des Werks Untertürkheim planten Anfang 1944 ein Barackenlager „für 200 Rü.(stungs) Arbeiter"; dieses wurde im **Gries**, auf einer Wiese neben dem Fabrikgelände, errichtet und bestand aus drei großen Baracken sowie einem „Lagerführungs-B.(lock)". Zwangsarbeiter der Daimler Benz AG waren zeitweise auch in den **Gasthäusern „Linde"** und **„Ochsen"** sowie im **Bahnhof** untergebracht. Insgesamt waren 222 zivile ausländische Zwangsarbeitskräfte und eine unbekannte Zahl sowjetischer Kriegsgefangener im Verlagerungsbetrieb Wannweil eingesetzt; das größte Kontingent stellten 106 aus Rußland deportierte Frauen und Männer, gefolgt von 85 Franzosen.

Den Angaben der Stadtverwaltung zufolge waren während der Kriegsjahre in Wannweil insgesamt 475

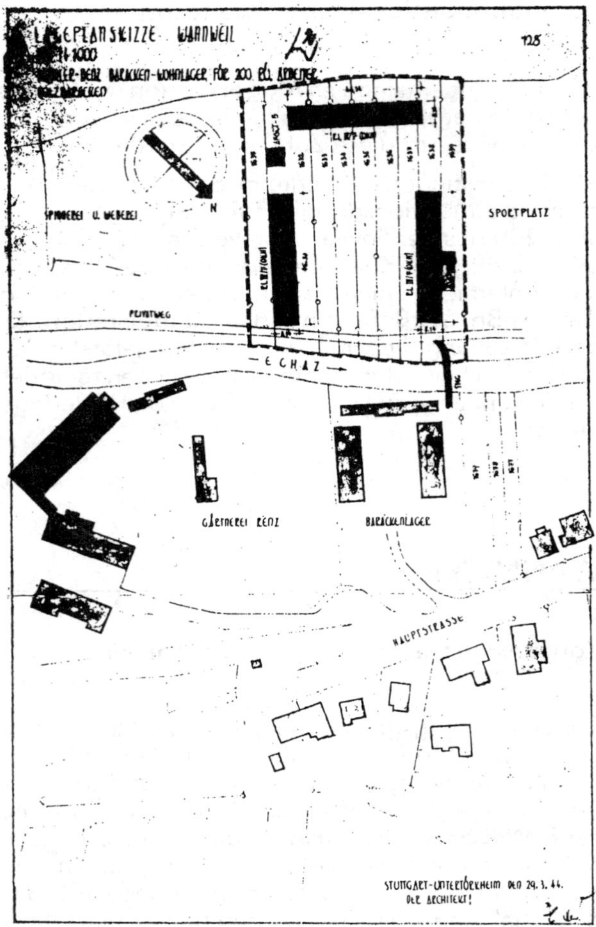

Lageplanskizze Wannweil. Daimler-Benz-Baracken-Wohnlager für 200 Rü.Arbeiter. Gefertigt: Stuttgart-Untertürkheim, den 29. März 1944. Der Architekt.

ausländische Zwangsarbeitskräfte gemeldet, von denen 458 in Lagern leben mußten. Der FNTB gab eine niedrigere Zahl an: 420 Personen. Da wir keine Gräberlisten auswerten konnten, können keine Angaben zu Todesfällen gemacht werden.

ZWIEFALTEN

„Rassische" Verfolgung und „Euthanasie"

Bis zum Beginn der NS-Zeit war die Staatliche Heilanstalt Zwiefalten „in ganz Württemberg wegen ihrer vorbildlichen Krankenversorgung, der landwirtschaftlichen Selbstversorgung, der zahlreichen Werkstätten und ihrer erfolgreichen Familienpflege geachtet". In den folgenden Jahren war sie – so die Autoren der Dokumentation „,Euthanasie' in den Staatlichen Heilanstalten Zwiefalten und Schussenried" – „zu einem Sammellager für Grafeneck verkommen".

Der Direktor der Anstalt, Prof. Dr. H.-W. Gruhle, galt als Gegner der „Euthanasie" und wurde im Herbst 1939 zur Wehrmacht eingezogen. Bereits 1935 war Medizinalrat Julius Moegelin, seit 1907 in der Anstalt tätig und von Patienten und deren Angehörigen sehr geschätzt, wegen kritischer Äußerungen denunziert, entlassen und für ein Jahr in Haft genommen worden. Den Alltag in der Anstalt bestimmten der NSDAP angehörende Ärzte und einige Pfleger, die ihren Dienst in Parteiuniform verrichteten. Von 1939 bis 1940 war Dr. Alfons Stegmann Anstaltsleiter; ihm folgte im Juli 1940 die Oberärztin Dr. Martha Fauser. Im Tübinger Grafeneck-Prozeß verurteilte ein Schwurgericht im Juli 1949 Dr. Stegmann zu zwei Jahren Gefängnis, die 1951 zur Bewährung ausgesetzt wurden. Dr. Martha Fauser verbüßte ihre eineinhalbjährige Gefängnisstrafe.

Der Krieg gegen psychisch kranke und sozial unangepaßt lebende Menschen begann auch in der Anstalt Zwiefalten mit der Zwangssterilisation auf der Grundlage des „Gesetzes zur Verhütung erbkranken Nachwuchses" vom 14. Juli 1933. Von Anfang an waren es nicht allein medizinische, sondern rassistische und soziale Gesichtspunkte, die den Wert oder „Unwert" eines Menschenlebens bestimmten. Die auch vom medizinischen Standpunkt unklare Klassifikation „erbkrank" wurde von den NS-Eugenikern sehr schnell durch den diffusen Begriff „erbbelastet" erweitert. Gemeint waren damit „die charakterlich Kranken, die Minderwertigen und die Asozialen", d.h. „jeder, der sich nach seiner gesamten Verhaltensweise nicht in die Volksgemeinschaft einfügt, der sich im Leben nicht bewährt und nicht fähig und willens ist, den ihm zukommenden Platz in der Gemeinschaft auszufüllen". Von 1933 bis 1939 wurden über 200 Patientinnen und Patienten der Heil- und Pflegeanstalt Zwiefalten zwangssterilisiert.

Am 20. Mai 1939 befahl das württembergische Innenministerium, die Heil- und Pflegeanstalten in Württemberg „judenfrei" zu machen und in der Heil- und Pflegeanstalt Zwiefalten eine **Sammelstelle für jüdische Patientinnen und Patienten** einzurichten. 20 Betroffene wurden bis zum Oktober 1939 in diese Abteilung verlegt. Von ihnen überlebten lediglich zwei das Jahr 1940, das Jahr der Massentötungen in Grafeneck (s. Gomadingen).

Doch auch diese beiden entgingen ebensowenig wie später eingelieferte jüdische Patienten der Vernichtung: Sie wurden 1941 in die Tötungsanstalt Hadamar (Hessen) überstellt, von der Gestapo abgeholt und in die von Stuttgart nach Theresienstadt oder Auschwitz abgehenden Transporte eingereiht oder kamen in Zwiefalten auf eine Art und Weise ums Leben, die gezielte Einzeltötungen z.B. durch eine Überdosis Luminal vermuten lassen. Von den insgesamt 32 jüdischen Patientinnen und Patienten, die zwischen 1934 und 1942 in die Anstalt Zwiefalten eingewiesen wurden, überlebte niemand.

Am 9. Oktober 1939 trafen in Zwiefalten die Meldebögen zur planwirtschaftlichen Erfassung des Krankenbestandes ein, die die Berliner „Euthanasie"-Zentrale zu Beginn der „Aktion T4" – so bezeichnet nach dem Sitz der Zentrale in der Tiergartenstraße 4 – verschickte. Am 2. April 1940 verließ der erste Transport die Anstalt Zwiefalten, um psychisch kranke Kinder, Frauen und Männer in die Gaskammer der Tötungsanstalt Grafeneck zu bringen. In der Zeit bis zum 9. Dezember 1940, dem Tag des letzten Transportes nach Grafeneck, wurden dort mehr als 1.000 Menschen ermordet, die aus der Anstalt Zwiefalten stammten oder zur Verwischung ihrer Spuren kurzzeitig nach Zwiefalten verlegt worden waren.

Bereits im September 1939 war die Anstalt Zwiefalten, durch ihre Nähe zu Grafeneck als **Zwischenstation** prädestiniert, mit den ersten Verlegungen konfrontiert. Sie mußte die gesamte Anstalt Rastatt (Kr. Rastatt, Baden-Württemberg I) mit 577 Patientinnen und Patienten, Verwaltung und Direktion aufnehmen. Im Laufe des Jahres 1940 wurden etwa 500 der Rastatter Kranken und etwa 200 Kranke der Anstalt Emmendingen (s. Kr. Emmendingen) in Grafeneck ermordet. Insgesamt wurden 1940 mindestens 1.673 Kranke über die Anstalt Zwiefalten in weitere Zwischenanstalten oder nach Grafeneck „verlegt". Über die Zustände im Sommer 1940 berichtete die Assistenzärztin Helene Volk:

> „Der lange, ehemalige Klostergang war übervoll mit Patienten gepfropft. Sie lagen auf der Erde, auf den Stühlen, auf Strohsäcken, auf Tischen, bunt durcheinander, alte und junge, mißgestaltete, völlig kahl geschorene Menschen, denen mit blauer Farbe eine Nummer auf die Vorderstirn und auf den Unterarm geschrieben war ... Von meinen ehemaligen Patienten traf ich nur noch zwei an. Ohne daß ich es ahnte, war ich in die Vorstation von Grafeneck geraten."

Zwiefalten war – wie auch die Anstalten Schussenried (s. Kr. Biberach) und Weißenau (s. Ravensburg, Kr. Ravensburg) – **Aufnahmeanstalt für Patientinnen und Patienten aus Südtirol**. Am 26. Mai 1940 trafen 299 psychisch Kranke aus der Heilanstalt Pergine bei Trient in Zwiefalten ein. Grund der Verlegungen der Südtiroler Kranken war ein Abkommen zwischen Hitler und Mussolini vom Herbst 1939, das den deutschsprachigen Südtirolern eine Option über die Umsiedlung ins Reich oder dem Verbleiben in Italien aufzwang. Da die vereinbarten Abwanderungsquoten nicht erreicht werden konnten, wurden als Lückenbüßer insgesamt 491 Südtiroler Patienten ohne Rücksicht auf ihre Zustimmung zur Umsiedlung nach Zwiefalten und Schussenried gebracht. Es wird vermutet, daß die Südtiroler Patienten, unter ihnen sehr viele Pflegefälle, ebenfalls zur Ermordung in Grafeneck vorgesehen waren, die Verantwortlichen der „Aktion T4" davon jedoch Abstand nahmen, um die nicht sehr ausgeprägte Umsiedlungsbereitschaft der deutschsprachigen Südtiroler nicht noch stärker zu schwächen. Die Sterblichkeit unter den Südtiroler Patienten war sowohl in Zwiefalten, als auch in Schussenried und Weissenau überproportional hoch. Nur wenige überlebten.

Am 21. März 1944 erfolgte noch einmal ein staatlich organisierter Abtransport von Kranken in das KZ Mauthausen. Es handelte sich um zwölf Patienten, die laut Gerichtsbeschluß zur „Sicherheitsverwahrung" in die Anstalt eingewiesen worden waren. Die Anordnung, „kriminelle Geisteskranke" an Konzentrationslager „abzugeben", hatte das Justizministerium im Juli 1943 erlassen. Am 28. März 1944 holten Kriminalpolizisten erneut vier „sicherheitsverwahrte" Patientinnen ab, die in das KZ Auschwitz eingeliefert wurden. Zu den sogenannten „Kriminellen" gehörte der Patient Georg St., der 1935 wegen „politisch ausfälligen Bemerkungen" zu einem Jahr Gefängnis verurteilt worden war. 1938 kam er aufgrund einer Denunziation wiederum ins Gefängnis, und das Gericht ordnete die anschließende Unterbringung in der Anstalt Zwiefalten an. In seiner Krankenakte wurde er als „brauchbarer Hausarbeiter" beschrieben, hinsichtlich seiner Erkrankung wäre „eine gewisse Beruhigung" eingetreten, er schriebe „häufig überraschend einsichtige Briefe, besonders an seinen Sohn, der im Osten im Feld steht". Georg St. kam kurz nach seiner Einlieferung in das KZ Mauthausen ums Leben.

Nachdem die erste zentrale Tötungsanstalt Grafeneck mit der Ermordung von 10.654 Kranken das Plansoll der „Aktion T4" im Süden Deutschlands erfüllt hatte und geschlossen wurde, ging der Krankenmord in Zwiefalten weiter. 1941 bekam die Anstalt eine neue Funktion: Sie wurde zur **Sammelanstalt für schwere Pflegefälle** aus den Anstalten in Württemberg und Baden bestimmt. Deren Tod war in den Zielvorstellungen der NS-Psychiatrie eingeplant: Arbeitsunfähige, pflegebedürftige chronisch Kranke waren auf billigste Weise zu verwahren. Ihr Tod wurde durch Einzeltötungen, durch Verhungernlassen, durch das Herbeiführen von Erkältungen aufgrund unzureichender Beheizung, durch die Inkaufnahme von Seuchen bei zu dichter Belegung und durch die teilweise bewußt unterlassene Pflege herbeigeführt. Im Tübinger Grafeneck-Prozeß gab Dr. Martha Fauser an, daß sie der Anweisung von Dr. Stähle, dem beim württembergischen Innenministerium für die „Euthanasie"-Aktion verantwortlichen Beamten, gefolgt sei und Patienten mit Überdosierungen von Luminal und Scopolamin getötet und entsprechende Anweisungen auch an das Pflegepersonal gegeben habe. Insgesamt sind von 1941 bis 1945 mehr als 1.500 Kranke in Zwiefalten umgekommen. Sie wurden auf dem Anstaltsfriedhof in Massengräbern mit je zehn Toten bestattet.

Leichen von in Zwiefalten verstorbenen Patientinnen und Patienten wurden zu Forschungs- und Unterrichtszwecken auch dem Anatomischen Institut der Universität Tübingen übergeben. Von den 31 ab 1935 registrierten Übergaben erfolgten elf im Jahr 1940 und sechs in den Jahren 1941–1944. Es ist nicht auszuschließen, daß es sich bei der letzten Gruppe um Opfer von Einzeltötungen handelte.

Über die Aufarbeitung des Krankenmordes seit Ende der 70er Jahre berichtet Bodo Rüdenburg:

1979 wurde in Zwiefalten erstmals öffentlich der Opfer der „Aktion T4" gedacht, als am 21. November der evangelische Pfarrer Wilfried Nill die Zwiefaltener Bevölkerung zu einem Kreuzweg nach Hayingen aufrief, einem Wegstück, auf dem die berüchtigten grauen Busse die Opfer nach Grafeneck deportiert hatten.

1986 erschien ein Bildband über das Kloster Zwiefalten, in dem Dr. Alexander Veltin und der katholische Krankenhausseelsorger Hermann Josef Pretsch in einem Beitrag an die Zwiefaltener „Euthanasie"-Opfer erinnerte.

1987 wurde an Gründonnerstag auf dem Friedhof des Psychiatrischen Landeskrankenhauses (PLK) Zwiefalten der erste **Gedenkstein** für die „Euthanasie"-Opfer in Baden-Württemberg errichtet. Die Spendensammlung war durch den Personalrat des PLK erfolgt. Das Sozialministerium als oberster Dienstherr hat eine Beteiligung abgelehnt und darauf verwiesen, daß eine zentrale Gedenkstätte in Baden-Württemberg geplant sei.

1990 wurde von Martin Rexer und Bodo Rüdenburg eine Ausstellung erarbeitet, die die besondere Rolle der Heil- und Pflegeanstalt in der „Aktion T4" dokumentierte.

1991 erschien eine erste, inzwischen vergriffene Broschüre über die „Euthanasie" in den Staatlichen Heilanstalten Zwiefalten und Schussenried. Seit 1991

Der erste Gedenkstein für die Opfer der „Euthanasie" in Baden-Württemberg, 1987 auf dem Friedhof des Psychiatrischen Landeskrankenhauses Zwiefalten enthüllt.

arbeiten Mitarbeiter und Mitarbeiterinnen des PLK Zwiefalten im bundesweiten Arbeitskreis zur Erforschung der „Euthanasie" und Zwangssterilisation mit. Im Haus wird weiter geforscht; die neuesten Ergebnisse finden sich in dem 1996 von Hermann Josef Pretsch herausgegeben Band „Krankenmorde in Südwestdeutschland".

Konzentrationslager und Zwangsarbeit

Die ukrainische Zwangsarbeiterin Buzinika, die auf einem Bauernhof in **Upflamör** arbeiten mußte, brachte am 8. Oktober 1943 einen Sohn zur Welt. Der kleine Michael starb nach wenigen Wochen am 12. Januar 1944. Das Kindergrab wurde 1949 auf den „Russenfriedhof" in Biberach verlegt. (s. Kr. Biberach). In **Zwiefalten** waren nach Angaben des FNTB 90 ausländische zivile Zwangsarbeitskräfte eingesetzt.

LITERATUR

Rolf Bidlingmaier: Die Machtergreifung in **Metzingen**. In: Metzinger-Uracher Volksblatt vom 30. Januar 1993

Manfred Bosch: Bohème am Bodensee. Literarisches Leben am See von 1900 bis 1950. Lengwil 1996 (zu **Bad Urach**)

Karin-Anne Böttcher: „Schuld daran sind nur der Faschismus und der verfluchte Krieg". Zwangsarbeiterinnen und Zwangsarbeiter in **Reutlingen** während des Zweiten Weltkriegs. In: Reutlinger Geschichtsblätter NF 34, 1995

Ulrich Brett: Zweiter Weltkrieg und Kriegsende in **Metzingen**. Herausgegeben von der Stadt Metzingen. Metzingen 1995

Hans Ulrich Dapp: Emma Z. Ein Opfer der „Euthanasie". Stuttgart 1990 (zu **Grafeneck**)

„Das vergeß' ich nie mehr, solange ich lebe ...". Dokumentation über Sterilisation und Euthanasie in der Gustav-Werner-Stiftung zum Bruderhaus **Reutlingen** 1933–1945. Reutlingen 1990

Dettingen an der Erms. Herausgegeben im Auftrag der Gemeinde Dettingen von Fritz Kalmbach. Dettingen 1992

Heinz Faulstich: Von der Irrenfürsorge zur „Euthanasie". Geschichte der badischen Psychiatrie bis 1945. Freiburg 1993 (zu **Zwiefalten** und **Grafeneck**)

Harald Fähnrich: Heimat Mitterteich. Ein volkskundliches Lesebuch. Beidl 1986 (zu **Reutlingen**)

Reinhold Fülle: „Wenn geschlossen, wird geschossen". 100 Jahre Truppenübungsplatz **Münsingen**. In: Schwäbische Heimat. Heft 4. Stuttgart 1995

Wolfram Gekeler, Hellmut G. Haasis, Gerlinde Hummel-Haasis: Generalstreik, SS und der Knick im Sofakissen. Episoden aus der Geschichte **Reutlingens** und der Alb von 1919 bis heute. Reutlingen 1985

Albert Helm: „Drittes Reich", Weltkrieg, das bittere Ende. Wiederaufbau. In: Mitterteich im Wandel der Zeit. Hg.: Stadt Mitterteich. Weiden 1986 (zu **Reutlingen**)

Herbsttagung 1995 des Arbeitskreises zur Erforschung der Geschichte der „Euthanasie" und Zwangssterilisation vom 27.–29. Oktober in **Grafeneck** und Münsingen. Mit der Grafenecker Erklärung zur Bioethik. Herausgegeben im Auftrag des Arbeitskreises von Matthias Hamann. Wetzlar 1996

Gabriele Karus-Gaibler: **Eningen**. Portrait der Achalm-Gemeinde.

Ernst Klee: „Euthanasie" im NS-Staat. Die „Vernichtung lebensunwerten Lebens". Frankfurt 1985 (zu **Grafeneck**)

Ernst Klee: Dokumente zur „Euthanasie". Frankfurt 1985 (zu **Grafeneck**)

Ernst Klee: Was sie taten, was sie wurden. Ärzte, Juristen und andere Beteiligten am Kranken- oder Judenmord. Frankfurt 1988 (zu **Grafeneck**)

Gerhard Junger: Schicksale 1945. Das Ende des II. Weltkrieges im Kreis **Reutlingen**. Besetzung und Besatzung. Reutlingen 1991

Paul Landmesser, Peter Päßler: Wir lernen im Vorwärtsgehen! Dokumente zur Geschichte der Arbeiterbewegung in **Reutlingen** 1844–1949. Hg.: IG Metall Ortsverwaltung Reutlingen. Heilbronn 1990

Alexander Mitscherlich, Fred Mielke (Hg.): Medizin ohne Menschlichkeit. Dokumente des Nürnberger Ärzteprozesses. Frankfurt 1960 (zu **Grafeneck**)

Johannes May, Hermann Josef Pretsch, Martin Rexer, Bodo Rüdenburg: „Euthanasie" in den staatlichen Heilanstalten **Zwiefalten** und Schussenried. Die Rechtfertigung, Vorbereitung und Durchführung der „Vernichtung lebensunwerten Lebens" in der nationalsozialistischen Aktion T4. Zwiefalten 1991

Karl Morlok: „Wo bringt ihr uns hin?" Geheime Reichssache **Grafeneck**. Stuttgart 1985

Hermann J. Pretsch (Hg.): „Euthanasie". Krankenmorde in Südwestdeutschland. Zwiefalten 1996

Günter Randecker: Juden und ihre Heimat **Buttenhausen**. Hg.: Stadt Münsingen. Münsingen 1988

Rudolf Rensch: Doch die Freiheit, die kommt wieder. In: Rundschreiben des Arbeitskreis Stadtgeschichte Nr. 1. Metzingen 1995 (zu **Metzingen**)

Reutlingen 1930–1950. Nationalsozialismus und Nachkriegszeit. Katalog zur Ausstellung der Stadt Reutlingen zum 50. Jahrestag des Kriegsendes. Herausgegeben von der Stadt Reutlingen. Reutlingen 1995 (mit ausführlicher Bibliographie)

Heinz Dieter Schmid: Die nationalsozialistische Machtergreifung in einer Kreisstadt. Frankfurt 1979 (zu **Reutlingen**)

Stadtverwaltung **Reutlingen** (Hg.): Die Reutlinger Gedenktafel zur Erinnerung an jüdische Mitbürger. Dokumentation eines Schülerwettbewerbs. Reutlingen 1987

Thomas Stöckle: Die „Aktion T4" am Beispiel **Grafenecks**. Magisterarbeit am Historischen Institut der Universität Stuttgart. Stuttgart 1993

Thomas Stöckle: **Reutlingen** in der „Euthanasie"-Aktion T4. Die „Vernichtung lebensunwerten Lebens" in den Jahren 1940/41. In: Reutlinger Geschichtsblätter NF 34, 1995

Werner Ströbele: Die **Reutlinger** Widerstandsgruppe. Annäherung an die Formen der Opposition des Kreises um Oskar Kalbfell und Georg Allmendinger während des Zweiten Weltkrieges anhand neuer Quellen und Berichte. In: Reutlinger Geschichtsblätter NF 34, 1995

Fritz Wandel: Dachau wie es wirklich war. **Reutlingen** 1946

FILME

„Von Menschen und Steinen". Walter Ott und der Judenfriedhof von **Buttenhausen**. Dokumentarfilm von Peter Schubert. Südwestfunk 1985

AUSSTELLUNGEN

Juden in **Buttenhausen**. Ständige Ausstellung in der Bernheimerschen Realschule. Zwiefaltener Straße 30, 72525 Münsingen-Buttenhausen.

Öffnungszeiten:
Von April bis Oktober jeweils sonntags von 14.00 bis 17.00 Uhr.
Außerhalb der Öffnungszeiten können sich Besucher an Walter Ott, Wasserstetter Straße 18/1 in Buttenhausen wenden. Gruppenführungen sind nach Absprache mit Herrn Ott, Tel. 07383-398, oder der Stadtverwaltung Münsingen, Tel. 07381-182115, möglich.
Zur Ausstellung gibt es den Katalog: Juden in Buttenhausen. Bearbeitet von Roland Deigendesch. Herausgegeben von der Stadt Münsingen. Münsingen 1994

GEDENKSTÄTTE GRAFENECK

Besuch und Führungen nach Absprache mit dem Arbeitskreis Gedenkstätte Grafeneck, Samariterstift Grafeneck, 72532 Gomadingen, Tel. 07385/966-206
Begleitmaterial:
Arbeitskreis Gedenkstätte Grafeneck und Samariterstiftung Nürtingen (Hg.): Gedenkstätte Grafeneck. 1990

KONTAKTE

VHS-Arbeitskreis Stadtgeschichte, Karlstr. 5, 72555 Metzingen

Freie Reutlinger Geschichtswerkstatt c/o Karin-Anne Böttcher, Unter den Linden 45, 74762 Reutlingen

Kreis Sigmaringen

GAMMERTINGEN

Widerstand und Naziterror

Im **Schloß Gammertingen** tagte am 19. April 1940 das Stuttgarter Sondergericht unter dem berüchtigten NS-Richter Cuhorst. Es verurteilte Dekan Bogenschütz aus Trochtelfingen (Bopfingen, Ostalb-Kreis, Baden-Württemberg I) wegen einer regimekritischen Predigt zu sechs Monaten Gefängnis.

„Rassische" Verfolgung und „Euthanasie"

Für die Patienten der **Mariaberger Heime** im Ortsteil **Bronnen**, die zur Ermordung in die „Euthanasie"-Anstalt Grafeneck verschickt wurden, hat der Ulmer Bildhauer Harald Walter im September 1990 eine Gedenkstätte bei der **Klosterkirche** in Mariaberg gestaltet. Die auf steinernen Stelen liegenden Tafeln tragen den Text:

> „Wenn die Menschen schweigen,
> so werden die Steine schreien.
> Luk. 19,40
> Im Jahre 1940 wurden durch staatliche Zwangsmaßnahmen 61 Menschen mit geistigen Behinderungen von Mariaberg nach Grafeneck verlegt und dort ermordet.
> Ihr Tod verpflichtet uns, allem Denken und Tun zu widerstehen, das menschliches Leben in lebenswert und lebensunwert einteilen will.
> Und vergib uns unsere Schuld.
> Matth. 6,23"

Auf der mittleren Tafel sind 61 Namen mit Geburtsdaten eingraviert. Unter den Ermordeten befanden sich auch zwei jüdische Patienten.

Die Initiative war von Mitarbeitern der Mariaberger Heime ausgegangen, die 1985, zum 40. Jahrestag des Kriegsendes, die Geschichte der Heime in der NS-Zeit beleuchteten. Danach wurden ab Januar 1934 als Folge des „Gesetzes zur Verhütung erbkranken Nachwuchses" 51 Frauen zwangssterilisiert. Mitte Oktober 1939 trafen die Meldebögen der Berliner „Euthanasie"-Zentrale ein. Zu diesem Zeitpunkt war den Ärzten in Mariaberg wohl nicht klar, daß diese Meldebögen die Grundlage für den Abtransport der Kranken in Tötungsanstalten darstellten. Eine erste „Verlegungsliste" mit den Namen von 97 Behinderten traf am 21. September 1940 ein. Man versuchte nun, durch Verhandlungen mit Dr. Staehle, dem Koordinator der „Aktion T4" im württembergischen Innenministerium, die Betroffenen zu retten. Als einziges „Zugeständnis" bekamen die Ärzte die schreckliche Aufgabe, „eine der Arbeitsleistung entsprechende Liste" zusammenzustellen. Wenige Tage später, am 1. Oktober 1940, standen die berüchtigten grauen Busse im Klosterhof. Im letzten Moment konnten noch elf Menschen zurückgehalten werden; 41 wurden in die Tötungsanstalt Grafeneck (s. Gomadingen, Kr. Reutlingen) abtransportiert und – bis auf vier, die in die Anstalt Zwiefalten (s. Kr. Reutlingen) eingewiesen wurden – unmittelbar nach ihrer Ankunft in der Gaskammer ermordet. Zwei Monate später sonderte ein SS-Arzt nochmals 30 Kranke aus; beim Abtransport am 4. Dezember 1940 konnten zehn von ihnen gerettet werden. Bei einem weiteren Transport im März 1941 erreichte die Heimleitung, daß von zehn zur Tötung vorgesehenen Behinderten sechs zurückgestellt wurden. Insgesamt hatte die „Euthanasie"-Zentrale 127 der 210 Insassen zur Ermordung selektiert; 66 konnten gerettet werden.

Konzentrationslager und Zwangsarbeit

Unterkunft von polnischen Kriegsgefangenen, die seit Herbst 1939 in **Gammertingen** eintrafen, war die alte **Turnhalle** an der Lauchert und das ehemalige **Spital** beim **Gasthof „Kreuz"**. Die Polen wurden 1940/1941 durch französische Kriegsgefangene ersetzt, die – so der Zeitzeuge und Autor des Aufsatzes „Kriegsende und Besatzungszeit in Gammertingen" Herbert Burkarth – „deutlich besser behandelt wurden als die Polen". Burkarth erinnert sich auch an den Selbstmordversuch einer ukrainischen Zwangsarbeiterin, die sich weigerte, das vorgeschriebene Kennzeichen „Ost" zu tragen. Zur Zwangsarbeit verschleppte Menschen aus Polen und der Ukraine wurden in der Landwirtschaft, in der örtlichen Industrie und zu Bauarbeiten eingesetzt.

Am 19. April 1945, drei Tage vor der Besetzung Gammertingens durch französische Truppen, zog eine Kolonne von Gefangenen des Zuchthauses Rottenburg (s. Kr. Tübingen) durch die Stadt. Burkarth schreibt:

> „Sie waren zu Gerippen abgemagert und schlurften teilnahmslos in Holzschuhen vorbei. Der Zug wurde von rücksichtslosen Wächtern mit Gewehren begleitet ... Wie sich später herausstellte, löste sich der Zug dann in der Gegend von Ostrach auf, nachdem sich die Bewacher aus dem Staub gemacht hatten."

HERBERTINGEN

Konzentrationslager und Zwangsarbeit

Im heutigen Ortsteil **Hundersingen** waren in den Kriegsjahren über 30 zivile Zwangsarbeitskräfte zunächst aus Polen, später aus Rußland in der Landwirtschaft eingesetzt; zusätzlich gab es ein Arbeitskommando mit etwa 20 französischen Kriegsgefangenen.

Unmittelbar nach der Befreiung waren in **Hundersingen**, im unteren Dorf, an die 200 polnische Zwangsarbeiterinnen und -arbeiter sowie griechische Zwangsarbeiter vom Flugplatz Mengen einquartiert. Einige polnische Zwangsarbeiter rächten sich nach der Befreiung am ehemaligen NSDAP-Ortsgruppenleiter von **Herbertingen** und einem Polizeimeister; beide wurden totgeschlagen.

Ein Opfer der Zwangsarbeit – Ihor Besaha – wurde 1949 vom **Friedhof Herbertingen** auf den „Russenfriedhof" nach Biberach umgebettet (s. Kr. Biberach).

HERDWANGEN-SCHÖNACH

Widerstand und Naziterror

Im **Gasthaus „Adler"** in **Herdwangen** fand am Vorabend der Reichstagswahl vom 5. März 1933 eine letzte Versammlung der Zentrumspartei statt. Sie wurde von Bürgermeister Otto Osterwald (1887–1967) geleitet. Osterwald war sowohl in der Gemeinde als auch im badischen Landtag, dem er von 1929 bis 1933 angehörte, als überzeugter Katholik und Nazigegner bekannt. Die örtliche NSDAP, die bei dieser Wahl die absolute Mehrheit erzielt hatte, diffamierte Osterwald als „Landesverräter" und zwang ihn, das Bürgermeisteramt bereits am 27. März 1933 niederzulegen. Der drohenden Verhaftung entging Osterwald, indem er etwa ein halbes Jahr lang „wie ein Heimatloser im Land umherirrte".

In seinem Antrag auf Anerkennung als Opfer des Naziregimes aus dem Jahr 1945 berichtete er über ständige Bespitzelungen und mehrere Verhöre durch die Gestapo, von denen das letzte im August 1944 stattfand. Auch seine Frau Frieda wurde mehrfach zur Gestapo vorgeladen, weil sie den Hitler-Gruß verweigerte. Nach der Befreiung setzte die französische Besatzungsmacht Osterwald als Bürgermeister ein. Bereits am 30. September 1945 legte er jedoch das Amt nieder. Die Gründe dafür sind vermutlich nicht nur in der rigiden Besatzungspolitik zu suchen, sondern auch im politischen Klima der Gemeinde. Noch 1953 legte der Herdwanger Gemeinderat Protest gegen die Entschädigungsleistungen an Osterwald ein: Man sehe in der Verfügung „die größte Gefahr des Gemeindefriedens und die Heraufbeschwörung der früheren politischen Gehässigkeiten".

Konzentrationslager und Zwangsarbeit

Nach Angaben des FNTB waren während der Kriegsjahre 180 ausländische Zwangsarbeitskräfte in **Herdwangen** gemeldet.

Das Grab des „Ostarbeiters" Beronislaw Tomonewski, der in Herdwangen ums Leben kam, befindet sich seit 1949 auf dem „Russenfriedhof" in Biberach (s. Kr. Biberach).

HETTINGEN

„Rassische" Verfolgung und „Euthanasie"

Im Gedenkbuch der Sinti und Roma steht der Name der 1925 in **Hettingen** zur Welt gekommenen Johanna Reinhardt. Nur weil sie eine Sintezza war und damit in den Augen der Nazis einer „minderwertigen Rasse" angehörte, wurde die junge Frau zusammen mit 15 Angehörigen im Frühjahr 1943 in das Vernichtungslager Auschwitz-Birkenau verschleppt. Die Ankunft der in Ravensburg beheimateten Familie Reinhardt wurde am 18. März 1943 registriert. Bei sieben Familienmitgliedern vermerkt das Gedenkbuch ein Todesdatum. Drei junge Männer und Frauen wurden am 15. April 1944 zur Zwangsarbeit in die Konzentrationslager Buchenwald und Ravensbrück eingeliefert; bei den übrigen, darunter auch bei Johanna Reinhardt, fehlt jeder Eintrag. So ist zu befürchten, daß sie bei der Auflösung des „Zigeunerlagers" in der Nacht des 2. August 1944 von der SS ermordet wurden (s. Ravensburg, Kr. Ravensburg).

Am 26. März 1943 wurde in Auschwitz-Birkenau die Ankunft eines weiteren Transportes von Sinti- und Roma-Familien registriert. Unter den 54 Neuankömmlingen befand sich die 13jährige Lina Reinhardt, die in **Hettingen** geboren war. Sie wurde zusammen mit ihrer Mutter Marie und den Schwestern Barbara, Stefanie, Walburga und Waltraud in das „Hauptbuch (Frauen)" eingetragen. Bis Lina am 14. Juli 1943, nur vier Monate nach ihrer Einlieferung, an den unsäglichen Lagerbedingungen zugrunde ging, hatte sie hilflos den Tod der Mutter und von vier Schwestern mitansehen müssen. Zurück blieb die jüngste Schwester, die gerade fünf Jahre alte Waltraud. Auch sie wird die Nacht des 2. August 1944 nicht überlebt haben.

Konzentrationslager und Zwangsarbeit

Für den heutigen Ortsteil **Inneringen** gab der FNTB die Zahl der ausländischen Zwangsarbeitskräfte mit 70 Personen an. Das Bürgermeisteramt Inneringen nannte 1972 „russische und polnische Zwangsarbeiter, ca. 15 Stück Landarbeiter", die „in älteren leerstehenden Gebäuden ohne Bewachung untergebracht" waren – wie ein Stück Vieh, muß man wohl hinzufügen.

HOHENTENGEN

„Rassische" Verfolgung und „Euthanasie"

Mit einem der letzten Transporte von Sinti und Roma aus dem Reichsgebiet trafen am 12. Mai 1944 sechs Kinder mit dem Familiennamen Winter im Vernichtungslager Auschwitz-Birkenau ein. Das älteste Kind war die zwölfjährige Maria Winter, 1931 in **Hohentengen** zur Welt gekommen, das jüngste der knapp zwei Jahre alte, in Ulm geborenen Heinz. Bei diesem Transport waren keine Erwachsenen dabei: Er bestand aus insgesamt 39 Kindern aus der St. Josefspflege in Mulfingen (Kr. Hohenlohe, Baden-Württemberg I). Sie waren bis dahin vom Transport nach Auschwitz-Birkenau nur deshalb zurückgestellt worden, weil sie von Eva Justin als Untersuchungsobjekte mißbraucht wurden. Die Expertin für „Zigeunerforschung" war an der Vorbereitung der Vernichtung der Sinti und Roma beteiligt und benutzte die Kinder als Material für ihre Studie „Lebensschicksale artfremd erzogener Zigeunerkinder und ihrer Nachkommen" (s. auch Tübingen, Kr. Tübingen).

Von den am 12. Mai 1944 in Auschwitz-Birkenau eingetroffenen Kindern konnten nur die vier ältesten, zur Zwangsarbeit selektiert, überleben. Josef Winter, acht Jahre alt, starb am 12. Juli 1944; alle anderen Kinder wurden bei der „Liquidierung des Zigeunerlagers" in der Nacht des 2. August 1944 erschlagen, erschossen oder in die Gaskammern getrieben (s. auch Ravensburg, Kr. Ravensburg).

Konzentrationslager und Zwangsarbeit

Am Ortsrand von **Beizkofen** waren in einem Barakkenlager ausländische Zwangsarbeiter untergebracht, unter ihnen Männer aus Polen und Griechenland. Sie mußten seit Herbst 1944 unter harten Bedingungen Verteidigungsanlagen bauen und die Startbahn auf dem Flugplatz Mengen verlängern. Weitere Zwangsarbeiterunterkünfte befanden sich in **Bremen** und in **Günzkofen**, wo ebenfalls beim Flugplatzbau eingesetzte italienische Militärinternierte im **Rathaus** und im **Dorfgasthaus** wohnten.

Die Bauarbeiten auf dem Flugplatz Mengen standen unter der Leitung der Organisation Todt, deren Stab Privatquartiere in **Ölkofen** bezogen hatte, während die Mannschaften in den **Schulen** von **Hohentengen** und **Beizkofen** einquartiert waren. Am 21. April 1945, zwei Tage vor dem Einmarsch der französischen Armee, verließen die OT-Verbände und die Baukompanie fluchtartig den Ort.

Auf dem **Friedhof** von **Hohentengen** ist Zygmund Zablesky bestattet, vermutlich ein polnischer Zwangsarbeiter.

ILLMENSEE

Widerstand und Naziterror

In der Nähe von **Illwangen** griffen SS-Leute am 27. April 1945 zwei deutsche Soldaten auf, die desertiert waren. Im **Gasthaus** von **Höchsten** fand das Standgericht statt: Nach brutalen Mißhandlungen wurden die beiden Männer abgeführt und erschossen. Die notdürftig verscharrten Leichen wurden exhumiert und am 1. Mai 1945 auf dem **Friedhof** von **Oberhomberg** beigesetzt.

„Rassische" Verfolgung und „Euthanasie"

Das 1930 in **Illmensee** geborene Sintimädchen Josephine Weiß wurde am 27. März 1943 mit zahlreichen Verwandten in das Vernichtungslager Auschwitz-Birkenau eingeliefert. Das Gedenkbuch der Sinti und Roma überliefert zu ihrem weiteren Schicksal keine Daten. Es ist zu befürchten, daß das Kind bei der „Liquidierung des Zigeunerlagers" in der Nacht des 2. August 1944 wie alle zu diesem Zeitpunkt dort lebenden Menschen ermordet wurde.

Opfer der rassistischen Polen-Erlasse wurde der in **Illmensee** auf einem Bauernhof eingesetzte polnische Zwangsarbeiter Jan Kobus. Seine Liebe zu einer Deutschen, die ein Kind von ihm erwartete, wurde denunziert. SS-Leute brachten den 27jährigen Polen nach Pfullendorf, wo er in der Nähe der Spitalmühle erhängt wurde. An der Hinrichtung mußten seine in der Gegend arbeitenden Landsleute teilnehmen. Über das Schicksal der deutschen Frau ist nichts bekannt. Als Bestrafung der Frauen sahen die Erlasse die öffentliche Anprangerung mit Kahlscheren der Haare und die Einweisung in das FrauenKZ Ravensbrück vor (s. Pfullendorf).

Konzentrationslager und Zwangsarbeit

Der „Ostarbeiter" Ilya Strauche ist in **Illmensee** ums Leben gekommen. Sein Grab befindet sich heute auf dem „Russenfriedhof" in Biberach (s. Kr. Biberach). In **Illwangen** waren nach Angaben des FNTB während der Kriegsjahre 80 ausländische Zwangsarbeitskräfte eingesetzt.

INZIGHOFEN

„Rassische" Verfolgung und „Euthanasie"

Im katholischen **Engelswies**, so Edwin Ernst Weber im Heimatbuch „Zwischen Wallfahrt, Armut und Liberalismus", wo es 1933 nur ein Mitglied der NSDAP gab und 55,8 % der Wahlberechtigten bei den letzten Reichstagswahlen vom 5. März 1933 dem Zentrum treugeblieben waren, zeigte sich gleichwohl „die verbrecherische Fratze des Nationalsozialismus":

> „Ein Fürsorgezögling wird um 1935 auf Betreiben des damaligen Schullehrers, der ihn drangsaliert und als blöde abqualifiziert, im Gefolge des sogenannten Gesetzes zur Verhütung erbkranken Nachwuchses nach einem vorausgegangenen Urteil eines Erbgesundheitsgerichtes in Konstanz zwangssterilisiert. In zwei oder drei weiteren Fällen konnte die drohende Zwangssterilisierung nach Aussage von Zeitzeugen bis zum Kriegsende verzögert und damit verhindert werden."

Konzentrationslager und Zwangsarbeit

Seit 1940 waren in **Engelswies** kriegsgefangene Polen und Franzosen im Arbeitseinsatz; 1942/1943 kamen zivile Zwangsarbeitskräfte, überwiegend aus Polen und der Sowjetunion deportierte Frauen und Männer, hinzu. Von den französischen Kriegsgefangenen wird berichtet, daß sie tagsüber auf Bauernhöfen arbeiteten; ihr Nachtlager befand sich im **Schulhaus** im heutigen Probenraum des Kirchenchors.

Wohnhaus von Günter Weisenborn, der zur Widerstandsgruppe Schulze-Boysen/Harnack gehörte. Nach seiner Befreiung aus dem Zuchthaus Luckau ließ sich der Schriftsteller in Engelswies nieder. Er wohnte 1948–1951 bei dem Bauern Sebastian Hipp und arbeitete während dieser Zeit an dem Buch „Der lautlose Aufstand", der ersten Darstellung der deutschen Widerstandsbewegung, zu der Ricarda Huch den Anstoß gegeben hatte.

KRAUCHENWIES

Widerstand und Naziterror

Fast zufällig hatte die Gemeinde vor wenigen Jahren erfahren, daß Sophie Scholl 1942 einige Monate im weiblichen Arbeitsdienstlager in Krauchenwies verbrachte. Die Grund- und Hauptschule soll nach Abschluß der Umbauten zum Gedenken an die Widerstandsgruppe „Weiße Rose" den Namen **Sophie-Scholl-Schule** tragen (s. auch Stadt Ulm).

„Rassische" Verfolgung und „Euthanasie"

Im Gedenkbuch der Sinti und Roma steht der Name von Anna Maria Lehmann, 1924 in **Krauchenwies** geboren. Die junge Sintezza wurde am 12. März 1943 mit zahlreichen Familienangehörigen in das Vernichtungslager Auschwitz-Birkenau eingeliefert; dort erlag sie den mörderischen Lebensbedingungen am 9. Juni 1944.

Konzentrationslager und Zwangsarbeit

Nach Angaben des FNTB waren während der Kriegsjahre in Krauchenwies 105 und in **Hausen am Andelsbach** 55 ausländische Zwangsarbeitskräfte eingesetzt.

Hermann Auer berichtete, wie er als junger Mann am 22. April 1945 auf der Straße von Sigmaringen nach Krauchenwies eine Gruppe zu Tode erschöpfer KZ-Häftlinge traf, die gerade von ihren SS-Bewachern verlassen worden war:

> „Als ich auf die Höhe beim **Torwarthaus** kam, wollte ich vor Schreck wieder umdrehen, denn links und rechts neben der Straße lagen KZ-Häftlinge bis zum Schetterhäuschen. Es müssen Hunderte gewesen sein, sie hatten alle noch ihre blaugestreiften Häftlingskleider an. Ich nahm meinen ganzen Mut zusammen und marschierte mitten auf der Straße weiter, ich beobachtete sie nur aus meinen Augenwinkeln, den Kopf immer geradeaus. Doch plötzlich stand einer mühsam auf einen Stock gestützt auf und kam auf mich zu ... Ich blieb stehen und sah nun, was da für jämmerliche Gestalten, Männer und Frauen, am Waldrand lagen. Sie waren total ausgemergelt und kaum noch fähig zu gehen. Der ehemalige KZ-Häftling kam zu mir und fragte um etwas Eßbares. Ich gab ihm dann etwas Käse, Kekse und von der Fliegerschokolada, den Wein und Schnaps habe ich ihm nicht gezeigt. Wir unterhielten uns dann eine gute halbe Stunde, er erzählte mir von seinem Leidensweg der letzten Wochen."

LEIBERTINGEN

„Rassische" Verfolgung und „Euthanasie"

Walter Knittel berichtet in seinem Aufsatz „‚... ein dunkles Kapitel'. Das Tausendjährige Reich auf dem Dorf" über das „grausige Schauspiel im Henkerswäldchen", als ein polnischer Zwangsarbeiter, der eine Beziehung zu einer **Kreenheinstetter** Frau hatte, angezeigt und durch ein SS-Kommando erhängt wurde:

> „Es geht in diesem Fall nicht um Schuldzuweisungen, die über fünfzig Jahre nach dem Geschehen auch an dieser Stelle nicht angebracht wären. Es geht darum, auch die dunkelste Stunde der Kreenheinstetter Geschichte vor dem Vergessen zu bewahren, einfach zu fragen, wohin Intoleranz und Unmenschlichkeit, Fremdenhaß und Fanatismus führen können. Und wenn es die SS aus der Stadt war, einem mußte diese ‚Rassenschande' doch ein Dorn im Auge gewesen sein, daß er sie verriet und die Liebenden an die Henker auslieferte. Was muß in den Menschen vorgegangen sein, als sie die Frau kahl geschoren mit einem Schild um den Hals durch das Dorf führten, sie, deren einziges Verbrechen darin bestanden hatte, einen polnischen Mann zu lieben? Was muß in den Menschen vorgegangen sein, als sie den Zugschlitten in der Schmiede herrichten ließen, als sie genau wußten oder ahnten, wozu dieses Werkzeug gebraucht würde? ... Was ging in jenen vor, die mitzogen aus dem Dorf bis zum **Wäldchen** an der Straße nach **Rohrdorf**, dem dieser Mord den Namen ‚Henkerswäldchen' eingetragen hat, die die Verkündung des ‚Urteils im Namen des Volkes' hörten, die den Strick um den Hals sahen, die den Schlitten anziehen sahen."

Konzentrationslager und Zwangsarbeit

In **Kreenheinstetten** kam die russische Zwangsarbeiterin Maria Lazorka ums Leben. Ihre sterbliche Überreste wurden 1949 auf den sowjetischen Kriegsgräberfriedhof in Biberach umgebettet (s. Kr. Biberach).

MENGEN

Widerstand und Naziterror

Der Besitzer des **Sägewerks** in **Ennetach**, Josef Löw, saß bis 1933 für die Zentrumspartei im Gemeinderat und war ein entschiedener Nazigegner. Kritische Bemerkungen über die Hitlerregierung, die den Krieg vorbereite, brachten ihn im September 1933 für fünf Tage in das Gerichtsgefängnis nach Saulgau. Wenige Jahre später wurde er wegen eines antinazistischen Spottgedichts denunziert und acht Tage eingesperrt. Nach dem Überfall auf Polen machte er gegenüber den Arbeitern in seinem Sägewerk „abträgliche Äußerungen über die Kriegsführung" und wurde erneut angezeigt. Die Gestapo überstellte ihn nach Verhören im Stuttgarter Gestapogefängnis in das KZ Welzheim (Rems-Murr-Kreis, Baden-Württemberg I) und von dort in das KZ Sachsenhausen. Am 6. Oktober 1943 sah Josef Löw die Freiheit wieder.

Der **Gottfried-Graf-Weg** trägt seinen Namen nach dem in Mengen geborenen Maler Gottfried Graf (1881–1938). Seit 1920 unterrichtete er an der Stuttgarter Kunstakademie die Holzschnittklasse. Im August 1937 diffamierten die Nazis seine Bilder als „entartet", wenig später mußte er sein Lehramt niederlegen.

Konzentrationslager und Zwangsarbeit

Auf dem heutigen **Bundeswehrflugplatz Mengen**, mit dessen Bau im Januar 1939 begonnen worden war, wurden ab Oktober 1943 Dornier-Flugzeuge eingeflogen, darunter die neuentwickelte DO 335 mit dem Tarnnamen „Ameisenbär". Bau- und Reparaturarbeiten auf dem Flugfeld wurden von ausländischen Zwangsarbeitern, unter ihnen Griechen und italienische Militärinternierte, durchgeführt, die u.a. in Baracken im benachbarten Hohentengen untergebracht waren. Die Bauleitung lag bei der Organisation Todt (s. Hohentengen).

Eine weitere Arbeitsstätte war das **Flachswerk** in der Nähe des **Bahnhofs**. Von den etwa 50 polnischen Kriegsgefangenen, die ab Herbst 1939 eintrafen, arbeitete ein Kommando bei der „Flachse", zwei weitere bei Bauern und im Stadtwald. Im Sommer 1940 wurden die Polen teilweise in den Status von „Zivilarbeitern" überführ. Im gleichen Jahr kamen französische Kriegsgefangene in die Stadt. Ihre Unterkünfte befanden sich in den **Gasthäusern „Lamm"**, **„Schwanen"** und **„Grüner Baum"**.

Weitere Arbeitskommandos mit französischen Kriegsgefangenen waren in den heutigen Ortsteilen **Blochingen** und **Ennetach**, hier in Baracken auf dem Gelände der **Sägerei Löw**, stationiert.

Die ersten zivilen Zwangsarbeitskräfte aus der Sowjetunion trafen im Sommer 1942 in Mengen ein. Der FNTB nennt die Zahl von 65 Personen. Sie mußten in verschiedenen Handwerks- und Industriebetrieben und vor allem in der Flachsfabrik arbeiten; dort standen auf dem Betriebsgelände Baracken.

Über die vielen Nationalitäten in der Stadt, in die nach der Landung der Alliierten im Juli 1944 auch zahlreiche Vichy-Franzosen flüchteten (s. Sigmaringen), schrieb Stadtpfarrer Schmidt in der Kirchenchronik:

> „In Mengen hört man fast alle europäischen Sprachen, auch Griechen sind hier. Im übrigen sind vertreten Belgier, Holländer, Russen, Polen, Ukrainer, vereinzelt auch Neger, Ungarn etc."

Nach Zeitzeugenerinnerungen, so berichtet Stadtarchivar Anton Stehle, fiel ein etwa 25jähriger russischer Kriegsgefangener, der auf einem Bauernhof in **Ennetach** eingesetzt war, wegen seiner Liebesbeziehung zu einer Deutschen dem Rassenwahn der Nationalsozialisten zum Opfer. Der junge Mann, von seinen Mitgefangenen „Professor" genannt, sei um 1944 in das Stalag Villingen (s. Villingen-Schwenningen, Schwarzwald-Baar-Kreis) gebracht und ermordet worden. Über das Schicksal der Frau, die ein Kind erwartete, ist nichts bekannt.

Auch KZ-Häftlingen mußten in Mengen arbeiten. Sie wurden täglich am frühen Morgen aus Saulgau zu der Arbeitsstätte in der **„Württembergia"**, einer stillgelegten Fabrik für landwirtschaftliche Geräte, gebracht und abends wieder zurückgekarrt (s. Saulgau).

Bei Kriegsende gab es auf dem **Friedhof** von **Mengen** mindestens vier Gräber von aus der Sowjetunion zur Zwangsarbeit verschleppten Männern. Sie wurden 1949 auf den „Russenfriedhof" nach Biberach umgebettet. In der Gräberliste von Biberach finden wir ihre Namen: Nikolai Buternis ist am 16. April 1945 im Alter von 19 Jahren ums Leben gekommen, Pawel Rumjonzen aus der Region von Kursk starb nach der Befreiung am 5. August 1945 im Alter von 43 Jahren. Von den beiden anderen Toten – Wassili Masslow und Onufri Kysilicin – sind keine Lebensdaten angeben.

MESSKIRCH

Widerstand und Naziterror

Trotz aller Verbote und Schikanen setzte der katholische Stadtpfarrer Otto Meckler die Fronleichnamsprozessionen fort. Die Gestapo nahm ihn im Sommer 1941 fest und hielt ihn unter ständigen Verhören drei Wochen in Haft. Pfarrer Meckler starb am 17. August 1944 an den Folgen der erlittenen Mißhandlungen.

Die Gründe, weshalb der 1899 in **Meßkirch** geborene Karl Strobel als „Vorbeugungshäftling" in das KZ Dachau bzw. Mauthausen eingeliefert wurde, sind nicht genau bekannt. Strobel war – nach Aussagen seines Bruders – „Spartakist". Am 20. Oktober 1943 kam er im KZ Mauthausen angeblich an „Herzmuskelschwäche" ums Leben.

„Rassische" Verfolgung und „Euthanasie"

Die Namen von drei in **Meßkirch** geborenen Sinti-Kindern sind im Gedenkbuch der Sinti und Roma verzeichnet. Friederika Reinhardt-Wagner war 13 Jahre alt, als sie am 18. März 1943 im Vernichtungslager Auschwitz-Birkenau mit ihren Angehörigen eintraf. Das „Zigeunerlager" war zu diesem Zeitpunkt bereits völlig überfüllt. Dort verliert sich ihre Spur.

Acht Tage später folgten mit einem anderen Transport weitere Mitglieder der Familie Reinhardt, darunter das Baby Gertrud, das 1942 in **Meßkirch** zur Welt gekommen war. Zusammen mit der kleinen Gertrud wurden Therese, Jg. 1895, Magdalene, Jg. 1925, sowie Johanna, zwölf Jahre alt, und die siebenjährige Antonia im „Hauptbuch (Frauen)" registriert. Folgt man den Angaben im Hauptbuch, das konkrete Todesdaten der beiden Frauen und der beiden Mädchen enthält, war am Ende des Jahres 1943 nur noch das Baby am Leben. Eher ist aber zu befürchten, daß es einer der grauenvollen Mordaktionen, begangen von SS-Leute an Säuglingen, zum Opfer gefallen ist (s. auch Ravensburg, Kr. Ravensburg).

Das dritte Sinti-Kind aus **Meßkirch** ist die 1933 geborene Olga Köhler. Sie kam in einem Kindertransport am 12. Mai 1944 in Auschwitz-Birkenau an. Die Kinder, deren Eltern bereits früher verhaftet und in Konzentrationslager verschleppt worden waren, hatten in einem katholischen Waisenhaus, in der St. Josefspflege in Mulfingen (Kr. Hohenlohe, Baden-Württemberg I), gelebt und der „Zigeunerexpertin" Dr. Eva Justin als Demonstrationsobjekte für ihre rassistischen Forschungen gedient. Zwei Schwestern von Olga, die 15jährige Johanna und die achtjährige Eliese, und fünf Brüder oder Vettern, der jüngste acht Jahre und der älteste 14 Jahre alt, waren im selben Transport.

Bei keinem der Mulfinger Kinder ist im Gedenkbuch ein Todesdatum vermerkt. Doch ihr trauriges Schicksal ist bekannt: Die arbeitsfähigen wurden bei der letzten Selektion vor der „Liquidierung" des Lagers von ihren Geschwistern getrennt und zur Zwangsarbeit nach Ravensbrück bzw. Buchenwald gebracht; die kleinen Kinder wurden in der Nacht des 2. August 1944 in den Gaskammern von Auschwitz ermordet (s. auch Ravensburg, Kr. Ravensburg).

Konzentrationslager und Zwangsarbeit

Den Forschungen von Armin Heim zufolge waren am 3. April 1945 242 ausländische zivile Zwangsarbeiter und -arbeiterinnen und 93 Kriegsgefangene in **Meßkirch** gemeldet. Als Unterkünfte von Kriegsgefangenen sind die **Städtische Wanderherberge** (für Polen) und der Saal des **Gasthauses „Sonne"** bekannt; beide waren vergittert und von Landesschützen bewacht. Von den zivilen Zwangsarbeitskräften waren 160 in Lagern und 82 in Privatquartieren untergebracht. Die meisten mußten bei der **Metallfabrik Schad** (Schako) arbeiten. Die Schako mit Stammsitz in Kolbingen hatte seit Kriegsbeginn in der früheren **Schuhfabrik Löffler** einen neuen Betrieb errichtet; 1942 wurde mit der Produktion von Ausrüstungsteilen für die Flugzeugindustrie begonnen. Auf dem Firmengelände befand sich ein mit Stacheldraht umzäuntes Barackenlager für die überwiegend aus Polen und Rußland verschleppten Zwangsarbeiter und einige serbische Kriegsgefangene.

Bei der im Oktober 1944 von Kenzingen in die **Haberhalle** am **Adlerplatz** verlagerten **Fa. Optica** waren französische Kriegsgefangene bzw. Zwangsarbeiter eingesetzt. Der Chef der Fa. Optica, Dr. Friedrich Wöhler, entging im März 1945 nur dank günstiger Zufälle dem Urteil eines Standgerichts, vor das ihn NSDAP-Kreisleiter Zimmermann wegen „defaitistischen Äußerungen, Sabotage, Zurückhaltung von Arbeitern für den Volkssturm und zu guter Behandlung der Fremdarbeiter" gezerrt hatte.

In einem weiteren Rüstungsbetrieb, der als Geheimsache unter dem Tarnnamen „Weberei" lief, wurde bis Kriegsende die Produktion nicht aufgenommen. Es handelt sich um die **Fa. Elektron** aus Stuttgart, einem wichtigen Zulieferbetrieb der Flugzeugindustrie, der das Freiburger Rüstungskommando im Juli 1944 die **Städtische Viehhalle** als Verlagerungsort zuwies. Ob beim Ausbau dieser Produktionsanlagen wie auch beim Luftschutzstollenbau im Hang der alten **Kiesgrube** ausländische Zwangsarbeitskräfte eingesetzt waren, ist nicht bekannt.

Da uns keine Gräberlisten zur Verfügung standen, können wir keine Angaben darüber machen, ob in Meßkirch Opfer der Zwangsarbeit, möglicherweise bei dem schweren Bombenangriff vom 22. Februar 1945, zu beklagen sind.

Drei Opfer des Todesmarsches aus den KZ-Außenkommandos der „Gruppe Wüste" (s. Zollern-Alb-Kreis), die vor Erschöpfung nicht mehr weiterlaufen konnten und von SS-Leuten im **Münzkreuz** erschossen worden waren, wurden nach der Befreiung exhumiert und auf dem **Friedhof** von **Meßkirch** bestattet.

NEUFRA

Konzentrationslager und Zwangsarbeit

Nach Angaben des FNTB waren während der Kriegsjahre 150 ausländische Zwangsarbeitskräfte in der Gemeinde gemeldet. Über ihre Arbeits- und Lebensbedingungen ist noch nichts bekannt.

Zu einem Ehrengrab auf dem **Friedhof** von **Neufra** schrieb uns die Gemeinde:

„Man sagt, daß diese drei Toten russische Gefangene waren, welche aus dem KZ in Bisingen (s. Zollern-Alb-Kreis, die Red.) geflohen sind. In Neufra wurden sie festgenommen und von der Polizei erschossen. Die Leichen wurden am Straßenrand beerdigt. Nach dem Einmarsch der Franzosen wurden sie dann auf den Friedhof umgebettet. Das Grab wird von der Gemeinde gepflegt. Die an der Grabstelle angebrachte Gedenktafel trägt folgende Inschrift:

> ‚Als Opfer des Krieges ruhen hier drei Unbekannte, die im November 1943 ihr Leben lassen mußten. Ruhet in Frieden!'"

OSTRACH

Widerstand und Naziterror

Sowohl in **Ostrach** als auch im heute eingemeindeten **Bachhaupten** gibt es Erinnerungszeichen an den Rechtsanwalt Reinhold Frank (1896–1945), der, zum Kreis der Widerstandskämpfer des 20. Juli gehörend, am 23. Januar 1945 in Berlin-Plötzensee enthauptet wurde: die bereits 1946 benannte **Reinhold-Frank-Straße** und seit 1996 die **Reinhold-Frank-Realschule**. An der Pfarrkirche von Bachhaupten wurde zu seinem 50. Todestag eine **Gedenktafel** mit dem Text enthüllt:

> „Ich, Reinhold Frank, geb. zu Bachhaupten 1896, hingerichtet 1945, ließ mein Leben für Recht und Freiheit."

„Rassische" Verfolgung und „Euthanasie"

Am 21. September 1939 verhaftete die Polizei die Sinti-Familie Pfisterer, die in den Sommermonaten in **Ostrach** bei der Erbsen- und Kartoffelernte geholfen hatte. Während die meisten Familienmitglieder bald wieder entlassen wurden, blieben der Vater Bernhard Heinrich Pfisterer und der älteste Sohn Gotthilf in Haft und wurden am 28. Oktober 1939 in das KZ Sachsenhausen eingewiesen. Für Bernhard Heinrich Pfisterer begann damit ein unvorstellbarer Leidensweg, dessen Stationen Carsten Kohlmann aufgezeichnet hat: Von Sachsenhausen kam Herr Pfisterer über Dachau und Neuengamme schließlich in das KZ Mauthausen, wo er dem Außenkommando Gusen zugeteilt wurde. Dort mußte er unter katastrophalen Bedingungen in einem der Steinbrüche des SS-Unternehmens „Deutsche Erd- und Steinwerke GmbH" arbeiten. Nach einem ganztägigen Appell im Winter 1942/1943 erkrankte

Grab der Familie Frank auf dem Friedhof von Bachhaupten mit der Gedenktafel für Reinhold Frank.

er schwer; aus Angst, in der Gaskammer zu sterben, meldete er sich jedoch nicht krank. Im Sommer 1943 schlug ein betrunkener SS-Mann so oft mit der Eisenstange auf ihn ein, bis ihm die Knochen gebrochen waren. Seitdem ist seine linke Körperseite teilweise gelähmt. 1944 wurde er mit anderen Häftlingen, die kaum mehr arbeiten konnten, in die Gaskammer geschickt, kurz vor dem Erstickungstod aber noch einmal herausgeholt, da die SS die Musiker unter den Sinti und Roma vorläufig noch für die Musikkapelle brauchten, die im Lager bei Hinrichtungen spielen mußte. Die Gasvergiftung hinterließ dauernde gesundheitliche Schäden.

Sein Sohn Gotthilf Pfisterer kam über Sachsenhausen und Dachau in ein Konzentrationslager in Österreich. Aus diesem wurde er vermutlich in das sogenannte „Zigeuner-Ghetto" Litzmannstadt deportiert und wahrscheinlich am 23. Februar 1942 im Vernichtungslager Chelmno vergast.

Konzentrationslager und Zwangsarbeit

Nach Angaben des FNTB waren im heutigen Ortsteil **Burgweiler** während der Kriegsjahre 110 ausländische Zwangsarbeitskräfte gemeldet. In **Jettkofen** gab es ein Arbeitskommando mit etwa acht französischen Kriegsgefangenen.

Ein Teil der KZ-Häftlinge, die den Todesmarsch aus dem KZ Schömberg und anderen Lagern der „Gruppe Wüste" (s. Zollern-Alb-Kreis) angetreten hatten, erreichte am Sonntag, den 22. April 1945, **Ostrach**. Kurz zuvor, auf der Straße von Pfullendorf nach Ostrach, im **Wald Weithart**, hatten die begleitenden SS-Wachmannschaften zehn Häftlinge erschossen. Als die ersten französischen Panzer Ostrach erreichten, suchten die SS-Leute fluchtartig das Weite.

„Ostrach gleicht in diesen Tagen einem einzigen Konzentrationslager. Mit Brot und Kartoffeln, von einheimischen Landwirten zum Elendslager gebracht, konnte der Heißhunger dieser Menschen gestillt werden", schrieb Pfarrer Georg Moser in der Kirchenchronik. Das „Elendslager" waren Scheunen beim **Gasthaus „Hirsch"**. Nachdem französische Einheiten am 23. April Ostrach besetzt und einen ehemaligen französischen Kriegsgefangenen zum Ortskommandanten bestimmt hatten, brachte man schwerstkranke KZ-Häftlinge im **Elisabethen-Krankenhaus** unter. Um ihre medizinische Versorgung kümmerte sich unter schwierigsten Bedingungen der polnische Arzt Dr. Nadolzky, ein ehemaliger Häftling. Sieben Todesfälle sind aus den ersten Tagen der Befreiung registriert.

„Rund 20 Personen, ausnahmslos Fremden", schreibt Josef Unger in seinem Aufsatz über das Kriegsende im Ostrachtal, „kostete das Kriegsende in Ostrach das Leben". An sie erinnern zwei Gräber für je einen unbekannten KZ-Häftling im Wald zwischen Pfullendorf und Ostrach, drei Gräber auf dem **Ostracher Friedhof** und ein **Gedenkstein** mit der Inschrift:

> „Hier ruhen zehn unbekannte Männer aus den Umsturztagen 1945.
> Auch von ihnen war jeder ein Geschöpf Gottes und einer Mutter Kind."

PFULLENDORF

Widerstand und Naziterror

Kreisarchivar Dr. Weber erwähnt in seinem Aufsatz über das Kriegsende in Pfullendorf eine Liste vom Dezember 1935 mit den Namen von elf entlassenen „Schutzhäftlingen" aus **Pfullendorf**, die „künftig besonders zu überwachen" seien. Unter ihnen befanden sich etliche Miglieder der NSDAP, mit denen der NSDAP-Kreisleiter Josef Weißhaupt, ein „150prozentiger Nazi", in Streit geraten war, aber auch der spätere SPD-Stadtrat Georg Waldraff, den Weißhaupt als „das geistige kommunistische Oberhaupt" denunzierte.

Repressalien und Verfolgung mußten der Pfullendorfer Pfarrer Leopold Schmitt und sein Pfarrkollege in **Zell am Andelsbach**, Hermann Lengler, erdulden. Während Schmitt des öfteren zu Gestapo-Verhören vorgeladen wurde, brachten regimekritische Äußerungen Pfarrer Lengler 1944 in „Schutzhaft", zunächst in das Gefängnis nach Konstanz und schließlich in den „Priesterblock" des KZ Dachau. Nach Erinnerungen von Zeitzeugen kehrte Lengler bei Kriegsende „kahlrasiert, mit ausgeschlagenen Zähnen" nach Zell zurück.

„Rassische" Verfolgung und „Euthanasie"

Nach Weber wurde 1934 im **Bürgermeisteramt** eine Liste mit den Namen von 43 angeblich „Erbkranken" erstellt, die für die Zwangssterilisation bestimmt wurden. In die Mühlen des Konstanzer Erbgesundheitsgerichtes gerieten auf diese Weise Jugendliche, Frauen und Männer, nur weil ihre schulischen Leistungen nicht dem Durchschnitt entsprachen, weil sie Alkoholprobleme hatten oder weil sie oder ein Angehöriger irgendwann einmal mit der Psychiatrie in Berührung gekommen waren.

Unter den Opfern der „Euthanasie"-Mordaktion 1940 /1941 finden sich, so Weber, nachweisbar drei aus **Pfullendorf** stammende Behinderte, die in den Anstalten Herten (s. Lörrach, Kr. Lörrach) und Emmendingen (s. Kr. Emmendingen) gelebt und von dort in die Tötungsanstalt Grafeneck (s. Gomadingen, Kr. Reutlingen) gebracht worden waren.

Der nach dem Krieg von einem polnischen Steinmetzen geschaffene Gedenkstein für den 27jährigen polnischen Zwangsarbeiter Jan Kobus, der am 5. April 1941 wegen seiner Liebe zu einer deutschen Frau an einem Baum an der Ecke Mühlensteige/ehemaliger Feldweg zur Spitalmühle in Pfullendorf erhängt wurde. Das Foto zeigt den Gedenkstein noch an seinem alten Standort, dem Ort des Mordes; inzwischen wurde er auf den Alten Friedhof von Pfullendorf versetzt.

Konzentrationslager und Zwangsarbeit

Seit Frühjahr 1940 waren polnische Kriegsgefangene in verschiedenen Gewerbebetrieben und in der Landwirtschaft eingesetzt. Ihr bewachtes Lager befand sich im **„Malerhaus"** in der **Vorstadt**. Später kamen Kriegsgefangene aus Frankreich und der Sowjetunion hinzu. Hinsichtlich des Einsatzes von zur Zwangsarbeit verschleppten Zivilpersonen ermittelte der FNTB nach dem Krieg folgende Zahlen: in **Pfullendorf** 225 Personen und in den heute eingemeindeten Orten **Aach-Linz** und **Zell am Andelsbach** 100 bzw. 60 Personen. Das weitaus größte Kontingent stellten Zwangsarbeiter und -arbeiterinnen aus Polen, Rußland, der Ukraine und dem ehemaligen Jugoslawien.

Arbeitsstätten ausländischer Zwangsarbeitskräfte waren neben den Bauernhöfen und kleineren Handwerks- und Industriebetrieben die ab 1943 nach Pfullendorf verlagerten Rüstungsbetriebe wie die **Lederwarenfabrik Völker**, die nach der Zerstörung des Hamburger Betriebs im August 1943 ihre Produktion in das **Katholische Gemeindehaus** verlagerte. Im Sommer 1944, nach der Landung der Alliierten in der Normandie, folgten die **Holzwerke Karl Schreyer AG** aus Strasbourg. Das Werk brachte seine bisherigen Zwangsarbeiter mit, die in Baracken in der Nähe des heutigen **Aldi-Marktes** gefangen gehalten wurden. Es sollen bis zu 60 Häftlinge aus elsässischen Konzentrationslagern gewesen sein, nach anderen Aussagen Gefangene des Zuchthaus Ensisheim.

Kurz vor dem Einmarsch der französischen Armee zogen einige hundert KZ-Häftlinge aus den Balinger Ölschieferwerken (s. Zollern-Alb-Kreis), von bewaffneten SS-Wachmannschaften bewacht, durch die Straßen Pfullendorfs in Richtung Ostrach, wo sie am 23. April 1945 befreit wurden (s. Denkingen, Kr. Tuttlingen, und Ostrach).

In der Bevölkerung sprach man von den beiden letztgenannten Gruppen als den „KZlern" und „schweren Kriminellen", die sich nach ihrer Befreiung als „politisch Verfolgte aufgespielt" hätten. Zu Recht weist Weber daraufhin, daß, wenn es Gefangene des Zuchthaus Ensisheim waren, „zumindest ein Teil aufgrund von 'Delikten' wie Schwarzmahlen, Wehrkraft-Zersetzung oder Beihilfe zur Fahnenflucht in die Mühlen der drakonischen NS-Justiz geraten" waren.

Auf dem **Alten Friedhof** von **Pfullendorf** erinnern noch einige Gräber an die Opfer der Zwangsarbeit: Neben dem **Gedenkstein** für Jan Kobus liegen die Gräber von Wladislaw Zientek (1914–1943), Johann Chiltschuk (1924–1945) und Grigori Nikonowitsch (1912–1945). Die beiden letzten waren bei Bombenangriffen ums Leben gekommen. Wladislaw Zientek hatte sich am 25. April 1943 das Leben genommen. Zwei weitere Polen und das sechs Monate alte Kind einer polnische Zwangsarbeiterin starben nach Kriegsende und wurden auf den Friedhöfen von Pfullendorf bzw. **Aach-Linz** beigesetzt. Das Grab des „Ostarbeiters" Adam Bynkowski, der in Aach-Linz zu Tode gekommen war, wurde 1949 auf dem „Russenfriedhof" in Biberach umgebettet (s. Kr. Biberach). Ebenfalls exhumiert wurde der am 25. April 1945 in Pfullendorf ums Leben gekommene polnische Kriegsgefangene Miezyslaw Narezy.

SAULGAU

Widerstand und Naziterror

Eine Woche nach der Reichstagswahl vom 5. März 1933, bei der das Zentrum in **Saulgau** mit 50,4 % der Stimmen zwar stärkste Partei blieb, die NSDAP jedoch mit 37,1 % der Stimmen kräftig aufgeholt hatte, verhaftete SA-Hilfspolizei den KPD-Gemeinderat Oskar Haas und brachte ihn in das auf dem Heuberg errichtete KZ (s. Stetten a.k.M.). In **Hochberg** nahmen sie den Schreiner Hugo Schädler fest; er wurde wegen „Vorbereitung zum Hochverrat" zu einer Gefängnisstrafe verurteilt und kam erst 1935 wieder frei.

Nach einer Auflistung des Landratsamtes **Saulgau** aus dem Jahr 1946 waren zehn Saulgauer Bürger und Bürgerinnen wegen staatsfeindlichen Äußerungen, Abhörens ausländischer Sender und Kontakten zu ausländischen Zwangsarbeitern in Haft. So erhielt Josef Brugger, weil er ausländische Sender hörte, eine Zuchthausstrafe von 15 Monaten, anschließend brachte ihn die Gestapo bis zum Februar 1941 zur „Schutzhaft" in das KZ Welzheim (Rems-Murr-Kreis, Baden-Württemberg I). Anton Rothmund, Lagerist bei der Fa. Bautz, hörte ebenfalls ausländische Sender und sprach im Kreis von Kollegen über die Nachrichten. Er wurde denunziert und am 14. Februar 1942 vom Stuttgarter Sondergericht zu 18 Monaten Zuchthaus verurteilt. Im Zuchthaus Ludwigsburg starb Rothmund infolge einer Blindarmentzündung am 17. Juli 1942.

Der 1992 auf dem Friedhof von Hochberg errichtete Gedenkstein geht auf die Initiative der Pax-Christi-Gruppe zurück. Er trägt die Inschrift:
„Zum ehrenden
Gedenken an
Josef Ruf
geb. 15. 12. 1905
für Frieden eingetreten,
durch Gewalt
gest. 10. 10. 1940"

Die Pax-Christi-Gruppe Saulgau und die katholische Kirchengemeinde von Hochberg gedachte 1990 des 50. Todestages des in **Hochberg** geborenen Josef Ruf (1905–1940). Ruf war Laienbruder der von Pfarrer Max Josef Metzger (s. Schopfheim, Kr. Lörrach) ins Leben gerufenen Christkönigsgesellschaft im bayrischen Meitingen, verweigerte den Kriegsdienst und wurde im Zuchthaus Brandenburg hingerichtet.

„Rassische" Verfolgung und „Euthanasie"

Zu Beginn der NS-Zeit gab es zwei jüdische Geschäfte in Saulgau: Das Weiß- und Wollwarengeschäft in der **Hauptstr.** 47 wurde von Alma Lang geführt. Im März 1934, kurz vor ihrer Auswanderung in die USA, ging es in „arischen" Besitz über. Die Mälzerei von Julius Weil im **Blauweg** bestand bis zum Novemberpogrom 1938. Julius Weil wurde am 11. November 1938 verhaftet und derart unter Druck gesetzt, daß er seinen Betrieb an die Fa. Bilgram aus Memmingen verkaufte. Er flüchtete mit seiner Familie über Indien nach Kanada.

Bei der **St.-Wendelins-Kapelle** im **Kloster Siessen** trägt eine Stele die Inschrift:

> „Fern der Heimat starben im Lager Siessen zwischen 1940 und 1945 169 Flüchtlinge – Franzosen, Rumänen, Russen und Slowenen".

Die Bezeichnung „Flüchtlinge" ist falsch; bei den Toten handelt es sich – wie Andreas Ruess schreibt – „um Opfer des nationalsozialistischen Germanisierungswahns". Im Oktober 1940 hatte die NS-Organisation „Volksdeutsche Mittelstelle" das Kloster beschlagnahmt. Bereits Anfang Dezember 1940 traf ein erster Transport mit „volksdeutschen" Familien, etwa 400 Personen, aus der Bukowina (Rumänien) ein; Mitte Januar 1942 kamen 900 Personen und am 2. Oktober 1943 weitere 500 hinzu. Außer „Volksdeutschen" befanden sich auch zwangsumgesiedelte Franzosen aus dem Elsaß und ab September 1944 auch einige Hundert Vichy-Franzosen in Kloster Siessen. Über die Ankunft der Elsässer schrieben die Franziskanerinnen in ihre Klosterchronik:

> „In den ersten Märzwochen 1943 kamen rund 1.000 Elsässer als Gefangene in geschlossenen Eisenbahnwagen. Sie wurden von SS-Wachen begleitet. Sie waren Opfer der damals geübten 'Sippenhaft' geworden: Weil ihre waffenfähigen Söhne sich nicht zur NS-Musterung gestellt hatten, sondern untergetaucht waren (teils in der Schweiz, teils im bis November 1942 noch unbesetzten Süden Frankreichs), mußten die Angehörigen in Form von Deportation büßen. Sie wurden aber nach etwa zehn Tage bereits weiterbefördert, wie es hieß, in die Industriewerke nach Sachsen."

Ab Oktober 1944 verschlechterten sich die Lebensbedingungen im überfüllten Lager dramatisch. Epidemien brachen aus, denen bis April 1945 allein über 70 Kinder zum Opfer fielen.

Der auf einem Bauernhof in **Bolstern** beschäftigte polnische Zwangsarbeiter Antoni Wlosinski fiel den rassistischen „Polen-Erlassen" zum Opfer, die Liebesbeziehungen zwischen deutsche Frauen und „fremdvölkischen" Männern unter harte Strafen stellten. Der 21jährige Wlosinski wurde am 9. April 1941 an einem Baum an der Straße von Bolstern nach Wagenhausen erhängt, sein Leichnam dem Anatomischen Institut der Universität Tübingen überstellt (s. Kr. Tübingen). Der jungen Frau wurden in der Polizeiwache von Saulgau die Haare geschoren, das Schöffengericht Ravensburg verurteilte sie zu sechs Monaten Gefängnis; danach war sie bis Kriegsende im Frauen-KZ Ravensbrück eingesperrt.

Konzentrationslager und Zwangsarbeit

Auf den Höfen von **Bolstern** und **Bondorf** arbeiteten während der Kriegsjahre aus Polen, Rußland und der Ukraine verschleppte Frauen und Männer sowie französische Kriegsgefangene. In **Bogenweiler** waren polnische und russische Zwangsarbeiter im **Gemeindehaus** untergebracht. Das **Gemeindehaus** in **Fulgenstadt** war die Nachtunterkunft von etwa zehn französischen Kriegsgefangenen. Auch in **Groß-** und **Kleintissen** gab es französische Kriegsgefangene. In **Siessen/Haid** war die Zwangsarbeiterin Halle Schalona ums Leben gekommen; ihr Grab befindet sich heute auf dem „Russenfriedhof" in Biberach (s. Kr. Biberach).

In der Stadt **Saulgau** sind sieben Lager für ausländische Zwangsarbeitskräfte und Kriegsgefangene bekannt, in denen bei Kriegsende 363 Personen gezählt wurden:

Drei befanden sich beim bzw. auf dem Firmengelände der **Erntemaschinenfabrik Josef Bautz AG** zwischen **Zeppelinstraße** und **Paradiesstraße**; in ihnen waren französische und sowjetische Kriegsgefangene sowie aus der Sowjetunion verschleppte Frauen und Männer untergebracht. Die Fa. Bautz war spätestens ab 1943 Zulieferbetrieb für die Ulmer Klöckner-Humbold-Deutz AG und die Maybach-Motorenwerke in Friedrichshafen (s. Stadt Ulm und Friedrichshafen, Bodensee-Kreis).

Die **Fa. Hartmetalltechnik** verfügte über ein Lager in der städtischen **Turnhalle** und eines in der **Hauptstraße** 118. Im Lager am **Tiefen Weg** und in der Kegelbahn der **Bahnhofswirtschaft** nächtigten zunächst polnische, später auch französische Kriegsgefangene, die u.a. von der Stadtverwaltung zu Waldarbeiten eingesetzt wurden.

Mit dem Bau des Kaufhauses „SEZ", heute Einkaufszentrum KOMM, an der **Zeppelinstraße** im Jahr 1968 verschwanden die letzten steinernen Zeugen des KZ-Außenkommandos Saulgau. Bereits 1950 war die ehemalige Küchenbaracke des Lagers, die nach Kriegsende für einige Zeit ehemaligen polnischen Zwangsarbeitern als Unterkunft gedient hatte, abgebrannt. Die Baracken der KZ-Häftlinge hatte der ehemalige Häftlingsarzt Dr. Ivan Matijasic am 28. April 1945 mit Genehmigung des französischen Ortskommandanten wegen der hohen Ansteckungsgefahr selbst in Brand gesetzt. 51 Jahre später veröffentlichte Georg Metzler seine langjährigen Forschungen zu

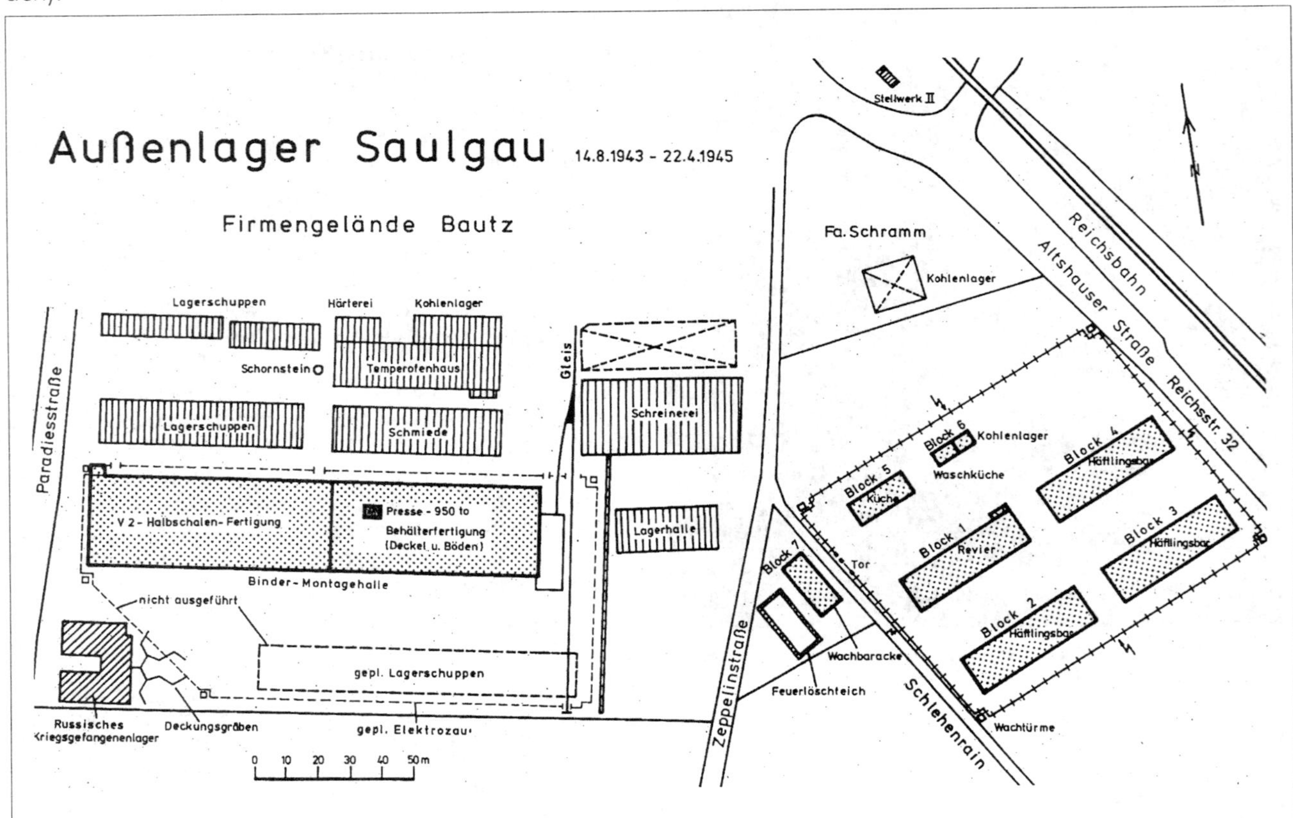

KZ-Außenkommando Saulgau und Montage-Halle des Rumpfes der V2-Rakete auf dem Gelände der Erntemaschinenfabrik Josef Bautz AG. (Skizze von Georg Metzler)

dem längst in Vergessenheit geratenen Dachauer Außenkommando unter dem Titel „'Geheime Kommandosache'. Raketenrüstung in Oberschwaben. Das Außenlager Saulgau und die V2 (1943–1945)".

Die Entscheidung der **Luftschiffbau Zeppelin** (s. Friedrichshafen, Bodensee-Kreis) und der am Raketenprogramm beteiligten militärischen und staatlichen Stellen, in Saulgau die Halbschalen und Treibstoffbehälter für die V2-Rakete zu produzieren, fiel im Sommer 1943. Für die Wahl des Standortes Saulgau war entscheidend, daß auf dem Gelände der Erntemaschinenfabrik Josef Bautz AG eine genügend große Halle mit einer Fläche von ca. 4.000 Quadratmetern stand, die gerade fertiggestellte Bindermäher-Halle, kurz **„Binderhalle"** genannt. Deren Beschlagnahmung erfolgte gegen den Willen der Firmeninhaber.

Außer der „Binderhalle" gab es in Saulgau noch neun weitere Stellen, die mit der „Geheimen Kommandosache" zu tun hatten: Materiallager befanden sich in der Autowerkstatt Bauer in der **Hauptstraße**, in der Schreinerei Braun in der **Gesellenstraße**, in der Flaschnerei Frankenhauser, bei der Fa. Kneußle in der **Holzstraße**, in den **Gastwirtschaften „Adler"**, **„Linde"** und **„Bach"** sowie in den Garagen des **Hotels „Kleber-Post"**. In der näheren Umgebung lagen weitere Materiallager; so in der Brauerei „Adler" in Boms, in der Schlosserei Fimpel in Hohentengen, in der Ziegelei Rimmele in Litzelbach und bei der Fa. Schaal-Holzstoffe in Scheer. In der **Herdtstraßenkiesgrube** in Saulgau befand sich der Lagerschuppen, in dem die fertigen Halbschalen gelagert wurden, bis sie per Bahn in das unterirdische „Mittelwerk" im Kohnstein (bei Nordhausen in Thüringen) transportiert wurden, wo KZ-Häftlinge des KZ Mittelbau-Dora die Endmontage vornehmen mußten.

Wie bereits in Friedrichshafen erhielt die Luftschiffbau Zeppelin für die Saulgauer V2-Produktion KZ-Häftlinge. Ein erstes Kontingent aus dem KZ Dachau traf am 14. August 1943 ein, das u.a. das Lager zwischen der **Altshauser Straße** und der Straße **Am Schlehenrain** und den Lagerschuppen in der **Herdtstraßenkiesgrube** errichten mußte und die **Binderhalle** ausbaute. Mit der Produktion wurde Ende 1943/Anfang 1944 begonnen. Metzler nennt vier Arbeitskommandos, die in der Halbschalen-Fertigung, im Preßwerk, beim Materialtransport und im Bahnhof beim nächtliche Verladen und Entladen arbeiten mußten.

Weil die Arbeitsstellen über die ganze Stadt verteilt waren, sah die Saulgauer Bevölkerung die KZ-Gefangenen in ihrem trostlosen Zustand täglich. Trotz der strengen Haltung der Wachposten fanden einige Menschen Mittel und Wege, ihnen etwas zum Essen zu geben. Großen Mut bewiesen zwei junge Frauen, die über tote Briefkästen Post der Gefangenen beförderten. Der Briefkasten in der Gärtnerei Kotz wurde von Rosa Kotz betreut, der in den Baracken der Fa. Kneußle, gegenüber dem Verwaltungsgebäude von Bautz, von Maria Baumann. Die beiden Frauen brachten die dort hinterlegten Briefe zur Post, aus Sicherheitsgründen auch oft außerhalb Saulgaus.

Nach Metzler war das KZ-Außenkommandos für eine Kapazität von 600 Plätzen geplant. Es erreichte im Januar 1945 mit 433 Häftlingen den Höchststand. Über die Hälfte der Gefangenen waren damals Russen und knapp ein Viertel Deutsche. Daneben gab es kleinere Gruppen aus Polen, Frankreich, Jugoslawien, Italien, Spanien und der Tschechoslowakei. Auch einige Niederländer, Belgier, Ungarn und Griechen waren im Lager. Aus der Bestandsliste vom 13. Januar 1945 geht hervor, daß 91 % der Häftlinge Handwerker und 80 % unter 40 Jahre alt waren.

Dem ersten Transport von 40 Männern aus dem KZ Dachau am 14. August 1943 folgte am 13. September 1943 ein weiterer mit etwa 100 Häftlingen. Anfang Dezember 1943 trafen 200 Häftlinge aus dem Kommando Friedrichshafen und Ende Dezember 1943 weitere 100 Häftlinge aus Dachau ein. Nach den Bombenangriffen auf die Zeppelinwerft in Friedrichshafen vom März und April 1944 wurden die Friedrichshafener KZ-Häftlinge auf die Kommandos Saulgau und Überlingen verteilt. Ab Mai 1944 erfolgten von Saulgau Überstellungen in andere Lager: so z.B. am 7. Mai 1944 sieben Häftlinge in das Kommando Raderach (s. Friedrichshafen). Am 10. August 1944 wurden 15 Häftlinge aus Friedrichshafen und Saulgau in das KZ Bergen-Belsen und am 24. September 1944 insgesamt 762 Häftlinge aus Friedrichshafen und Saulgau in das KZ Dora-Mittelbau transportiert. Etwa zur gleichen Zeit trafen die letzten 48 Häftlinge des aufgelösten Kommandos Friedrichshafen und im Oktober 1944 23 Häftlinge aus dem Kommando Raderach in Saulgau ein.

Am 13. Januar 1945 befanden sich 433 Häftlinge im Lager. Am 25. Februar 1945 wurden 151 von ihnen zum Stollenausbau nach Überlingen abkommandiert. Nach Beendigung der Fertigung in der **„Binderhalle"** wurden am 4. April 1945 254 Häftlinge von Saulgau in das KZ Dachau zurücktransportiert. Zurück blieben 26 Häftlinge, die einen Tag später die Ankunft ihrer in Überlingen fast zu Tode geschundenen Kameraden erleben mußten.

Lagerführer war bis Dezember 1944 der SS-Oberscharführer Hans Sengenberger, den Häftlinge als „sehr streng und radikal" schilderten; er regierte das Lager mit persönlichen Schikanen und Einschüchterungen. Zum Lagerältesten hatte die SS einen deutschen kriminellen Häftling ernannt, der – so Metzler – „jähzornig und brutal, von großer Gestalt", die Häftlinge das Fürchten lehrte. Nach der Versetzung Sengenbergers in das Dachauer Außenkommando „Präzifix" trat mit dem neuen Lagerführer, dem SS-Untersturmführer Ludwig Geiß, für die Gefangenen ab Januar 1945 eine spürbare Besserung ein. Geiß schaffte alle Lagerstrafen ab und kümmerte sich um zusätzliche Lebensmittel und Medikamente.

Solange die Saulgauer KZ-Häftlinge an der Produktion der V2-Rakete arbeiteten, d.h. bis Ende März 1945, war die Sterblichkeitsrate relativ gering: Sechs Tote sind bis zu diesem Zeitpunkt registriert. Dies änderte sich, als am 5. April 1945 214 schwerkranke Häftlinge aus dem KZ-Außenkommando Überlingen (s. Bodensee-Kreis) in Saulgau eintrafen. Sie boten einen erschütternden Anblick, über den die wenigen Zeugen auch nach 50 Jahren kaum und nur mit Tränen sprechen konnten. Die im Saulgauer Kommando verbliebenen Häftlinge, unter ihnen der Häftlingsarzt Dr. Ivan Matijasic, bemühten sich aufopfernd um die Pflege ihrer Leidensgenossen. Doch die mitgebrachten Krankheiten wie Typhus, Fleckfieber und Tuberkulose sowie die schlechte körperliche Verfassung forderten ihre Opfer. Bis zum zum 31. August 1945 starben 37 Überlinger Häftlinge.

Insgesamt kamen im KZ-Außenkommando Saulgau 43 KZ-Häftlinge ums Leben. Die ersten vier Toten wurden im Krematorium Lindau eingeäschert. Wo der russische Häftling Iwan Schorin, der am 15. Dezember 1944 starb, bestattet wurde, ist nicht bekannt. Der deutsche Häftling Werner Schräger war der erste KZ-Tote, der am 10. März 1945 auf dem **Saulgauer Friedhof** im **Grabfeld VI** hinter der Frauenkapelle und der Leichenhalle bestattet wurde. Hier wurden auch die 37 aus Überlingen überstellten KZ-Häftlinge beigesetzt. Die sterblichen Überreste von zwei Häftlingen – des Franzosen Gaston Laban und des Polen Ivan Hullitzki – wurden 1948 bzw. 1949 nach Biberach umgebettet (s. Kr. Biberach). 1980 erfolgte im Auftrag des Volksbundes Deutsche Kriegsgräberfürsorge die Umbettung von 36 KZ-Opfern und 40 weiteren Toten auf das **Kriegsopferehrenfeld** des Saulgauer Friedhofes. Zwei Grabplatten tragen 31 Namen von Kriegstoten: 13 waren – wie ein Vergleich mit der Liste bei Metzler ergibt – KZ-Häftlinge, die nach der Befreiung im Saulgauer Krankenhaus gestorben waren, die übrigen 18 in Saulgau verstorbenen Zwangsarbeiterinnen und -arbeiter. Sieben Gräber von russischen Zwangsarbeiterinnen und -arbeitern wurden 1949 auf den „Russenfriedhof" nach Biberach verlegt.

Befreite polnische Zwangsarbeiterinnen und -arbeiter waren bis Juni 1945 bis zu ihrer Repatriierung in einem Lager im Klostergebäude von **Moosheim** untergebracht. Weitere DP-Lager befand sich in der **Schule** und im **Gasthaus „Rößle"** in **Fulgenstadt**.

SCHEER

Konzentrationslager und Zwangsarbeit

In der **Papierfabrik** mußten während der Kriegsjahre polnische, tschechische, russische und griechische Zwangsarbeiter arbeiten. Ihre Unterkunft befand sich in Nebengebäuden des **Schlosses**. Der FNTB gab ihre Zahl mit 65 Personen an.

In **Heudorf am Mengen** richtete die französische Besatzungsmacht nach der Befreiung zwei Lager für ehemalige polnische Zwangsarbeiterinnen und -arbeiter ein. Die Not und die erlittenen Demütigungen der vergangenen Jahre trieben die Befreiten zu Raubzügen, bei denen sie sich Kleidung, Lebensmittel und Hausrat beschafften.

SIGMARINGENDORF

„Rassische" Verfolgung und „Euthanasie"

Die Sintezza Aloise Winter, 1871 in **Sigmaringendorf** geboren, wurde im Frühjahr 1943 zusammen mit ihrer Tochter Ursula und ihrer Enkelin Anna, gerade ein Jahr alt, in das Vernichtungslager Auschwitz-Birkenau deportiert. Im Mai 1944 wählte die SS die damals 32jährige Ursula zur Zwangsarbeit aus, trennte sie von ihrer Familie und brachte sie in das Frauen-KZ Ravensbrück. Ob sie dort eine wenn auch geringe Chance zum Überleben erhielt, wissen wir nicht. Bei der Großmutter und der kleinen Anna ist zu befürchten, daß ihr Leben in der Nacht des 2. August 1944 endete, als die SS alle Gefangenen aus dem „Zigeunerlager" in die Gaskammern trieb.

Konzentrationslager und Zwangsarbeit

Der FNTB kam bei seinen Nachkriegsermittlungen zum Ausmaß der Zwangsarbeit in der nun französisch besetzten Zone für **Sigmaringendorf** zu einer erstaunlich hohen Zahl: 1.445 zivile ausländische Zwangsarbeitskräfte sollen während der Kriegsjahre hier gemeldet gewesen sein (s. Sigmaringen).

SIGMARINGEN

Widerstand und Naziterror

Nach dem Attentäter des 20. Juli 1944 hat die Bundeswehr 1961 in **Sigmaringen-Ziegelholz** die **„Graf-Stauffenberg-Kaserne"** benannt. Die Würdigung auf dem **Gedenkstein** vor der Kaserne fiel denkbar knapp aus: „Oberst Graf von Stauffenberg. 20. Juli 1944"

„Rassische" Verfolgung und „Euthanasie"

Zu Beginn der NS-Zeit lebten in **Sigmaringen** fünf jüdische Familien: die Familie des Fabrikanten Siegfried Frank (bis 1938), des Apothekers Gustav Rieser, des Kaufmanns Siegfried Rödelsheimer und des Kaufmanns Samuel Laufer.

Im Gedenkbuch der Opfer der Judenverfolgung steht der Name von Flora Katz geb. Neckarsulmer; die 63jährige wurde am 17. Dezember 1940 in der Tötungsanstalt Grafeneck ermordet. Möglicherweise gehörte Frau Katz zu den 71 Patientinnen und Patienten, die in der „Aktion T4" aus der **Heil- und Pflegeanstalt Sigmaringen** nach Grafeneck gebracht wurden (s. Gomadingen, Kr. Reutlingen).

Sigmaringen war der Geburtsort von Anton Winter. Der fünfjährige Sinti-Junge wurde im März 1943 zusammen mit seinen Geschwistern, dem vier Jahre alten Adolf und dem 1941 in Biberach geborenen Karl, sowie weiteren Familienangehörigen in das Vernichtungslager Auschwitz-Birkenau eingeliefert. Noch im Laufe des Jahres 1943 erlag Anton den auf Vernichtung zielenden Lagerbedingungen, wenn er nicht gar Opfer einer der zahllosen SS-Mordaktionen an Kindern geworden ist. Karl starb am 3. Juli 1944, knapp drei Jahre alt, von Adolf ist kein Todesdatum überliefert. Es könnte die Nacht des 2. August 1944 sein, als die SS das Lager auflöste und die zu diesem Zeitpunkt noch im Lager lebenden Sinti und Roma erschlug, erschoß und in die Gaskammern trieb (s. auch Ravensburg, Kr. Ravensburg).

Konzentrationslager und Zwangsarbeit

Nach einer Bevölkerungserhebung vom Juni 1944 befanden sich zu diesem Zeitpunkt 1.780 Nicht-Einheimische in der Stadt, in der Mehrzahl Evakuierte aus bombenzerstörten deutschen Städten. Genannt werden aber auch „170 in Lagern untergebrachte Ausländer". Der Anteil von Ausländern erhöhte sich, wenn auch aus ganz anderen Gründen, in den folgenden Monaten beträchtlich, als die Vichy-Regierung im September 1944 ihren Regierungssitz in das Sigmaringer Schloß verlegte. In ihrem Gefolge flüchteten bis zu 1.600 Franzosen nach Sigmaringen. Hinzu kam französische Miliz, aus deren Reihen sich die SS-Division Charlemagne rekrutierte. Die kurze Zeit, in der über dem **Sigmaringer Schloß** die Trikolore wehte und Maréchal Pétain Ausflüge in die Umgebung unternahm, hat bisher die Lokalhistoriker mehr beschäftigt als das Schicksal der nach Sigmaringen verschleppten Zwangsarbeitskräfte. Die Zahlen, die der FNTB nach 1945 zum Ausmaß der Zwangsarbeit ermittelte, bedürfen dringend einer Überprüfung: Im seit 1938 eingemeindeten **Laiz** waren es 175 Personen, im benachbarten Sigmaringendorf 1.445 Personen, für Sigmaringen selbst fehlen Zahlenangaben.

STETTEN AM KALTEN MARKT

Widerstand und Naziterror

Wilhelm Müller verkaufte in seinem Friseursalon in der **Lagerstraße**, später in der **Schwenninger Straße** Bücher und Zeitschriften wie den „Simplicissismus", die den örtlichen Nazis suspekt vorkamen, und führte mit seinen Kunden kritische Gespräche über das NS-Regime. Man versuchte, sich seiner durch die Einweisung in die Heil-und Pflegeanstalt Reichenau (s. Kr. Konstanz) zu entledigen und scheute dabei nicht vor einer Entführung zurück. Da keine Anzeichen einer psychiatrischen Erkrankung festzustellen waren, kam Müller nicht zuletzt auf Drängen seiner Angehörigen wieder frei. 1941 weigerte sich der Friseur, einer Frau auf dem **Marktplatz** von **Stetten** den Kopf kahl zu scheren (s. u.), und 1944 gab er italienischen Offizieren Hinweise zur Flucht in die Schweiz. Die Gestapo stellte Müller eine Falle und verhaftete ihn Ende 1944. Über das Konstanzer Gestapo-Gefängnis brachte sie ihn in das KZ Mauthausen, wo er am 8. April 1945 ums Leben kam. Sein Name ist auf der Ehrentafel in der Aussegnungshalle auf dem **Stettener Friedhof** festgehalten.

„Rassische" Verfolgung und „Euthanasie"

Von Erika Jeuck, die das Schicksal von Wilhelm Müller aufzeichnete, stammt auch der Bericht über die grausame Verfolgung der damals 33jährigen Franziska Schumann, deren einziges „Vergehen" es war, freundschaftliche Beziehungen zu einem polnischen Zwangsarbeiter zu unterhalten.

Das Paar wurde von drei Stettener NSDAP-Mitglieder denunziert. Am 19. August 1941 stellte die NSDAP Franziska Schumann an den Pranger: Vor dem **Rathaus** wurden ihr die Haare kahlgeschoren, anschließend trieb man sie mit einem Schild „Ich bin eine Polendirne" durch den Ort. Von dieser Schandtat gibt es Fotos, die eine gaffende Menschenmenge zeigen. Franziska Schumann wurde zunächst in das Gestapo-Gefängnis in Konstanz und von dort am 21. Januar 1942 in das FrauenKZ Ravensbrück überstellt. Am 20. Februar 1945 kam sie wieder frei und kehrte nach Stetten zurück. Sie erhielt – wie in den meisten derartiger Fälle – keine Entschädigung, sondern mußte sich noch diskriminierende Äußerungen über ihr „Verhalten" gefallen lassen. Ihr polnischer Freund war nicht, wie viele seiner Landsleute, öffentlich erhängt, sondern zur „Eindeutschung" in das KZ Hinzert überstellt worden. Er überlebte und kehrte nach 1945 nach Stetten zurück, um Franziska Schumann zu heiraten. Doch das wollte sie nach all den schrecklichen Jahren nicht mehr.

Konzentrationslager und Zwangsarbeit

Im Bereich des **Truppenübungsplatzes Heuberg** errichtete die württembergische Gestapo Ende März 1933 ihr erstes KZ. Die Gefangenen – Kommunisten, Sozialdemokraten, Gewerkschafter, Arbeitersportler, Mitglieder des Reichsbanners und des Antifaschistischen Kampfbundes, unter ihnen auch zahlreiche Juden – wurden aus ganz Württemberg zusammengetrieben; im Mai 1933 erfolgten Überstellungen aus den überfüllten Untersuchungsgefängnissen in Baden. Zeitweise war das KZ Heuberg mit etwa 2.000 Gefangenen belegt, die für kürzere oder längerer Zeit hier festgehalten wurden.

Die Leitung des „Schutzhaftlagers", in der Presse auch als „Umerziehungslager" bezeichnet, lag in den Händen des Stuttgarter Polizeimajors a.D. Kaufmann; sein Stellvertreter war der von allen Gefangenen wegen seiner außerordentlichen Brutalität gefürchtete NSDAP-Kreisleiter Karl Buck aus Welzheim (Rems-Murr-Kreis, Baden-Württemberg I), dessen steile KZ-Karriere hier begann. Zur Bewachung wurden insgesamt etwa 500 bewaffnete SA-Leute eingestellt. Die Gefangenen mußten im Straßenbau und beim Ausbau des Truppenübungsplatzes arbeiten. Sie litten vor allem unter den entwürdigenden Schikanen der von Buck aufgehetzten SA-Wachmannschaften. „Schlechter Bettenbau" oder „schlechte Haltung beim Antreten" wurden mit Essensentzug, stundenlangem Strafestehen, Einsperren im „Speicher" oder der Abkommandierung zu besonders schwerer Arbeit im Steinbruch geahndet. Emil Faller, Kommunist aus Schopfheim (s. Kr. Lörrach) beobachtete an Karl Buck, wie er „mit geradezu hysterischer Aufmerksamkeit" der Mißhandlung von Gefangenen zusah:

> „Besonders die jüdischen Gefangenen, wie Ginsberger, Markewitz, Levi u.a., wurden mißhandelt. Bei Eis und Schnee mußten sie jedes Blättchen, welches von den Bäumen gefallen war, mit den Fingernägeln aus der Erde kratzen, bekamen Tritte und Schläge und mußten, dies ist auch anderen Gefangenen, auch mir passiert, Dauerlauf über den ganzen Kasernenhof machen, hin und her, hin und her."

Am 9. Dezember 1933 wurde der jüdische Kommunist Simon Laibowitsch aus Eberbach (Rhein-Neckar-Kreis,

Baden-Württemberg I), 24 Stunden nach seiner Einlieferung, auf grausame Weise ermordet. Buck hatte SA-Männer dazu veranlaßt, den durch entsetzliche Prügel bei der Ankunft geschwächten Mann in einen eiskalten Brunnentrog zu tauchen und mit Wurzelbürsten zu „bearbeiten". Laibowitsch starb noch in der Nacht.

Bei der Schließung des KZ Heuberg im Dezember 1933 wurden die verbliebenen württembergischen Häftlinge auf das KZ Oberer Kuhberg (s. Stadt Ulm), die badischen in das KZ Ankenbuck (s. Brigachtal, Schwarzwald-Baar-Kreis) aufgeteilt. Danach nahm die Wehrmacht den Truppenübungsplatz in Besitz.

Zum 50. Jahrestag der Verhaftung von Kurt Schumacher, dem ersten SPD-Vorsitzenden der Nachkriegszeit, errichtete die baden-württembergische SPD gegen den Widerstand der Gemeinde Stetten ein **Mahnmal** auf dem Heuberg. Dieses wurde von dem Bildhauer Reinhard Bombsch gestaltet und im Juli 1983 schließlich bei der Drei-Tritten-Kapelle am Rande des Truppenübungsplatzes Heuberg eingeweiht. Die Inschrift verfaßte Walter Jens:

„Denn gedacht
soll ihrer werden.
Zur Erinnerung an alle, die während
der Herrschaft des
Nationalsozialismus im Lager Heuberg
gequält und geschunden wurden.
Die Sozialdemokraten Baden-Württemberg."

Bald nach Kriegsbeginn richtete die Wehrmacht auf dem Heuberg ein Lager für Kriegsgefangene ein, zunächst für Polen und Franzosen, im Herbst 1941 auch für Soldaten aus der Sowjetunion. Zeitzeugen sprechen von bis zu 2.000 Russen, die unter erbärmlichsten Bedingungen zeitweise im Freien lagern mußten und den Hungertod starben. Das „Russenlager" trug die Nummer 40002 und unterstand dem Stalag VB Villingen (s. Villingen-Schwenningen, Schwarzwald-Baar-Kreis). Der **„Russenfriedhof"** zeugt von den vielen Todesfällen im Winter 1941/1942. Nicht alle auf dem Heuberg gestorbenen russischen Kriegsgefangenen wurden jedoch hier bestattet. Zwischen dem 15. September 1941 und dem 27. November 1941 wurden z.B. 33 Tote in das Anatomische Institut der Universität Tübingen eingeliefert; zwei weitere folgten im Juni 1942 (s. Tübingen, Kr. Tübingen). Fast immer ist als Todesursache „unbekannt" angegeben. Viktor Bjelskurow, Sjemnion Tschrenjakov und Iwan Sientjurow, alle drei zwischen 21 und 23 Jahre alt, wurden nach einem Fluchtversuch am 15. September 1941 erhängt.

Die sowjetischen Gefangenen erhielten erst ab Frühjahr 1942 eine geringe Überlebenschance, als sie in der Rüstungsindustrie eingesetzt wurden. Aber auch als Zwangsarbeiter standen sie hinsichtlich Unterbringung, Ernährung und medizinischer Betreuung am untersten Ende der Skala.

Das **Mahnmal** auf dem **„Russenfriedhof"** verschweigt die Verbrechen der Wehrmacht an den sowjetischen Kriegsgefangenen und gibt auch keinen Hinweis auf die Zahl ihrer Opfer. Die Inschrift besagt lediglich, daß hier „Opfer des Krieges 1939–1945" ruhen.

Seit Oktober 1942 wurde auf dem **Truppenübungsplatz Heuberg** die „Bewährungseinheit 999" aufgestellt. Die großen Verluste der Wehrmacht sollten dadurch ausgeglichen werden, daß bislang als „wehrunwürdig" geltende Männer eingezogen wurden und auf dem Heuberg eine kurze Ausbildung erhielten, bevor man sie an die Front schickte. Das Ausbildungslager wurde im Dezember 1943 geschlossen und die letzten „Bewährungseinheiten" auf den Truppenübungsplatz Baumholder bei Trier (Rheinland-Pfalz) verlegt.

Beim **Standesamt Stetten** sind die Todesfälle von 39 „Bewährungssoldaten" registriert, die in der Zeit vom 25. Dezember 1942 bis zum 17. November 1943 auf dem Heuberg ums Leben kamen. Alle Eintragungen führen den Vermerk „erschossen". Die Toten wurden Ende 1943 vom Stettener Friedhof auf den „Russenfriedhof" auf dem Truppenübungsplatz umgebettet. Der Gemeinderat von Stetten wollte nicht, daß „unser Friedhof ... verschandelt" wird.

Bis 1986 erinnerte auf dem abseits gelegenen sowjetischen Kriegsgräberfriedhof nur ein 1957 vom Verband der Kriegs- und Wehrdienstopfer gesetztes Kreuz mit einer allgemeinen Widmung an die erschossenen „Bewährungs"-Soldaten. Überlebende der 999er und ihre Angehörigen widmeten ihnen 1986 einen ehrenden Gedenkstein: „Den erschossenen und gefallenen Antifaschisten der Bewährungsbataillone 999".

Von 1943 bis 1945 waren auf dem Truppenübungsplatz Heuberg ausländische Einheiten stationiert, die mit der Wehrmacht und der SS kollaborierten, so die in die SS eingegliederte „Legion Freies Indien", eine italienische Division der Bersaglieri, ab September 1944 französische Miliz-Verbände der Vichy-Regierung (s. Sigmaringen) und ab November 1944 die 2. Division der Russischen Befreiungsarmee unter General Wlassow (s. auch Münsingen, Kr. Reutlingen).

In der **Gemeinde Stetten** waren ab Frühjahr 1940 polnische Kriegsgefangene eingesetzt. Ihrer Unterbringung diente die **Turnhalle**, die zu diesem Zweck vergitterte Fenster und einen Stacheldrahtzaun erhielt. Später kamen aus der Kriegsgefangenschaft entlassene Polen und zivile Zwangsarbeiterinnen und -arbeiter aus der Sowjetunion hinzu, die beim Kanalbau, im Straßenbau, in der Landwirtschaft und in privaten Haushalten arbeiten mußten. Mindestens 33 sowjetische Tote, unter ihnen auch Frauen, wurden 1949 auf den „Russenfriedhof" in Biberach umgebettet (s. Kr. Biberach). Diese Toten waren zuvor vermutlich auf dem **Städtischen Friedhof** von **Stetten** begraben gewesen.

Nach der Befreiung wurden nach und nach alle ehemaligen sowjetischen Kriegsgefangenen und Zwangsarbeitskräfte aus der ganzen Region auf den Heuberg gebracht. Innerhalb kurzer Zeit trafen mehr als 20.000 Frauen, Männer, Jugendliche und Kinder hier ein, die nichts zum Überleben vorfanden, denn die Unterkünfte und das Verpflegungsamt waren seit dem 20. April 1945 von der deutschen Bevölkerung mehrfach geplündert worden. Bis zum Herbst 1945, als die meisten in die Sowjetunion abtransportiert wurden, mußte die französische Besatzungsmacht das Lebensnotwendige in den Heuberg-Gemeinden requirieren, wobei sie auf wenig Verständnis stieß. Die befreiten Zwangsarbeiter und Kriegsgefangene ihrerseits unternahmen Plünderungszüge in der gesamten Umgebung, bei denen sie nach Lebensmitteln und Vieh suchten. Dabei kam es auch zu Racheakten.

WALD

Konzentrationslager und Zwangsarbeit

Kappel war der Sterbeort des sowjetischen Zwangsarbeiters Peter Blinow. Sein Grab wurde 1949 auf den „Russenfriedhof" in Biberach verlegt (s. Kr. Biberach). Auf dem **Friedhof** von **Wald** gibt es noch zwei Gräber: Nach Auskunft der Gräberliste starb die 24jährige Zwangsarbeiterin Fodosia Romanjuk am 26. Juni 1942 durch einen „Unfall beim Melken". Franz Papiesz ertrank am 12. Juli 1941 im **Rickenweiher**; er war knapp 18 Jahre alt.

LITERATUR

Hans Burkhardt, Günter Erxleben, Kurt Nettball: Die mit dem blauen Schein. Über den antifaschistischen Widerstand in den 999er Formationen der faschistischen deutschen Wehrmacht 1942 bis 1945. Berlin/DDR 1982 (zum Truppenübungsplatz **Heuberg**, **Stetten a.k.M.**)

Herbert Burkharth: Kriegsende und Besatzungszeit in **Gammertingen**. In: Von der Diktatur zur Besatzung. Das Kriegsende 1945 im Gebiet des heutigen Landkreises Sigmaringen. Herausgegeben vom Landkreis Sigmaringen. Sigmaringen 1995

Armin Heim: Das Kriegsende 1945 im ehemaligen Amtsbezirk **Meßkirch**. In: Von der Diktatur zur Besatzung. Das Kriegsende 1945 im Gebiet des heutigen Landkreises Sigmaringen. Herausgegeben vom Landkreis Sigmaringen. Sigmaringen 1995

Herdwangen-Schönach. Heimatbuch zur Geschichte der Gemeinde und des nördlichen Linzgaus. Herausgegeben von der Gemeinde Herdwangen-Schönach. Sigmaringen 1994

Erika Jeuck: Das Kriegsende 1945 in **Stetten am kalten Markt**. In: Von der Diktatur zur Besatzung. Das Kriegsende 1945 im Gebiet des heutigen Landkreises Sigmaringen. Herausgegeben vom Landkreis Sigmaringen. Sigmaringen 1995

Hans-Peter Klausch: Die 999er – Von der Brigade „Z" zur Afrika-Division 999: Die Bewährungsbataillone und ihr Anteil am antifaschistischen Widerstand. Frankfurt 1985 (zum Truppenübungsplatz **Heuberg**)

Hans-Peter Klausch: Die Geschichte der Bewährungsbataillone 999 unter besonderer Berücksichtigung des antifaschistischen Widerstands. Zwei Bände. Köln 1988 (zum Truppenübungsplatz **Heuberg**)

Walter Knittel: „... ein dunkles Kapitel. Das Tausendjährige Reich auf dem Dorf". In: Im Schatten eines Denkmals. Geschichte und Geschichten des Geburtsortes von Abraham a Sancta Clara. **Kreenheinstetten** 793–1993. Herausgegeben von der Gemeinde Leibertingen. 1993

Carsten Kohlmann: „Endstation Auschwitz" – Die Verfolgung der Sinti und Roma im Raum Schramberg in der Zeit des Nationalsozialismus. Vortrag im Rahmen der Initiative „Gemeinsam gegen Gewalt" am 23. Januar 1997 in Schramberg. Typoskript. Schramberg 1997 (zu **Ostrach**)

Georg Metzler: „Geheime Kommandosache". Raketenrüstung in Oberschwaben. Das Außenlager **Saulgau** und die V2 (1943–1945). Bergatreute 1996

Andreas Ruess: Krieg und Kriegsende in **Saulgau**. In: Von der Diktatur zur Besatzung. Das Kriegsende 1945 im Gebiet des heutigen Landkreises Sigmaringen. Herausgegeben vom Landkreis Sigmaringen. Sigmaringen 1995

Anton Stehle: Diktatur, Krieg und Besatzungszeit in der Stadt **Mengen**. In: Von der Diktatur zur Besatzung. Das Kriegsende 1945 im Gebiet des heutigen Landkreises Sigmaringen. Herausgegeben vom Landkreis Sigmaringen. Sigmaringen 1995

Christian Turrey: „Ich kann den Waffendienst mit der Lehre Christi einfach nicht vereinbaren" – Zur Erinnerung an Josef Ruf. In: Schwäbische Heimat, Heft 4. Stuttgart 1995 (zu **Saulgau**)

Josef Unger: Das Kriegsende 1945 im **Ostrachtal**. In: Von der Diktatur zur Besatzung. Das Kriegsende 1945 im Gebiet des heutigen Landkreises Sigmaringen. Herausgegeben vom Landkreis Sigmaringen. Sigmaringen 1995

Christoph Wartenberg: Die Geschichte in Geschichten. In: Von der Diktatur zur Besatzung. Das Kriegsende 1945 im Gebiet des heutigen Landkreises Sigmaringen. Herausgegeben vom Landkreis Sigmaringen. Sigmaringen 1995

Edwin Ernst Weber: **Engelswies** im 20. Jahrhundert. In: Zwischen Wallfahrt, Armut und Liberalismus. Die Ortsgeschichte von Engelswies in dörflichen Selbstzeugnissen. Herausgegeben vom Landkreis Sigmaringen und der Gemeinde Inzigkofen. Sigmaringen 1994

Edwin Ernst Weber: Das Kriegsende 1945 in der Stadt **Pfullendorf** und Umgebung. In: Von der Diktatur zur Besatzung. Das Kriegsende 1945 im Gebiet des heutigen Landkreises Sigmaringen. Herausgegeben vom Landkreis Sigmaringen. Sigmaringen 1995

Kreis Tübingen

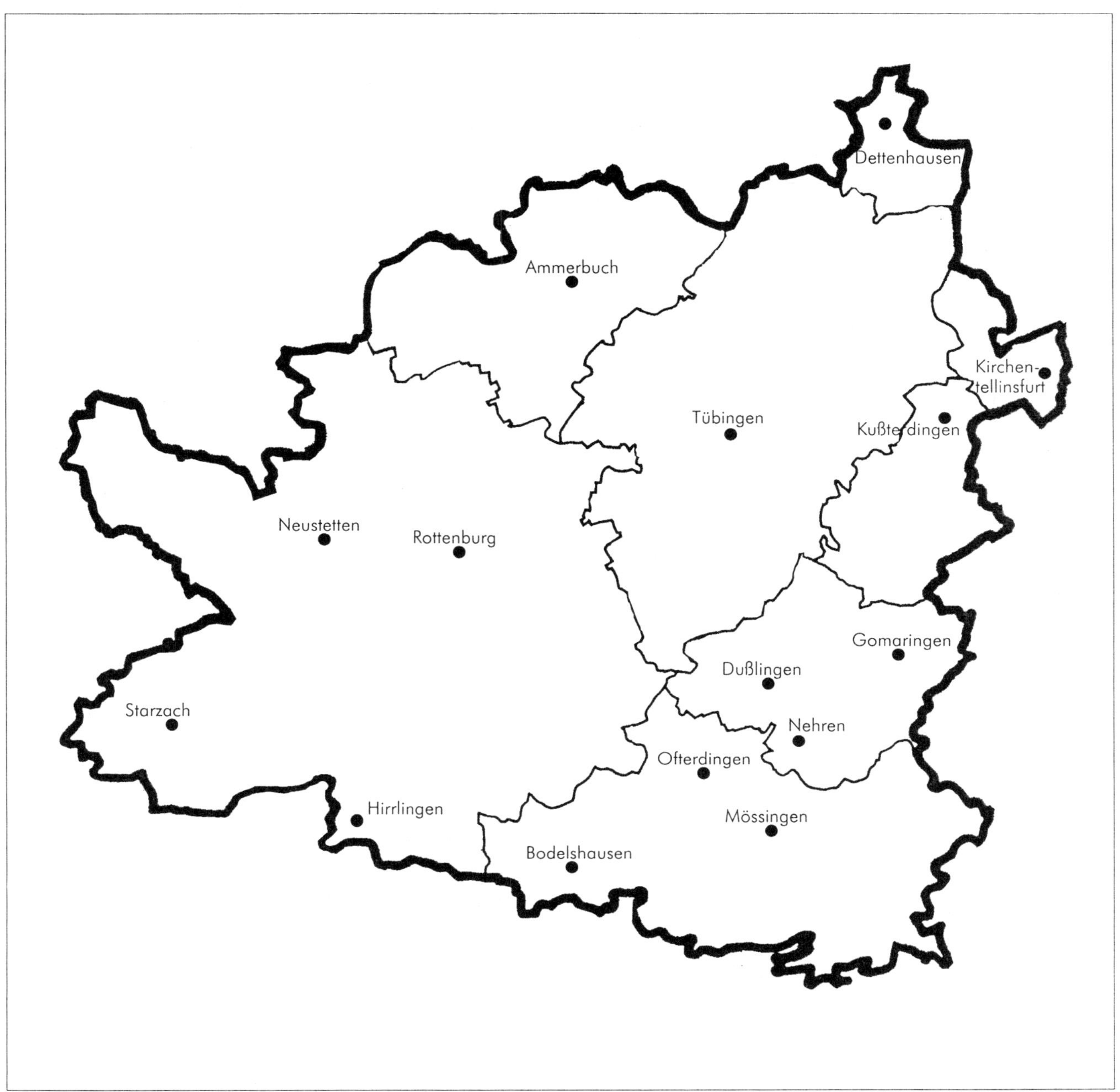

AMMERBUCH

Widerstand und Naziterror

Im **Schloß Hohenentringen** versammelte sich am 30. Januar 1943 die NSDAP-Spitze aus dem ganzen Kreis, um den 10. Jahrestag der Machtübernahme zu feiern. Ein Entringer, der für die Nazis nicht viel übrig hatte, schloß die versammelte Gesellschaft im Speisesaal ein und setzte den Saal unter Tränengas. Schwer angeschlagen mußten sich die Nazigrößen an zusammengebundenen Tischtüchern aus dem Speisesaal abseilen. Trotz eingehender Untersuchungen wurde der Urheber nie gefaßt. Den vielbelachten Streich besang Karl Hoffmann aus Entringen in einem Gedicht, das in der Gegend die Runde machte.

„Rassische" Verfolgung und „Euthanasie"

Eine junge Frau aus **Reusten** verliebte sich in einen französischen Kriegsgefangenen. Als sie ein Kind erwartete, wurde sie wegen „Rassenschande" denunziert. Man schor ihr öffentlich den Kopf kahl, anschließend kam sie für eineinhalb Jahre in Haft. Der französische Kriegsgefangene wurde „in den Osten strafversetzt" und ist seitdem verschollen.

Eine damals 20jährige Frau aus **Poltringen** wurde in der „Euthanasie"-Tötungsanstalt Grafeneck ermordet (s. Gomadingen, Kr. Reutlingen).

Konzentrationslager und Zwangsarbeit

Polnische, später auch serbische und französische Kriegsgefangene, die in **Altingen** arbeiten mußten, waren zu Beginn des Krieges in einem Lager in **Reusten** untergebracht. Im Sommer 1941 richtete die Gemeinde ein eigenes Lager in einer ehemaligen **Möbelwerkstatt** im Bereich **Stiegel-** und **Krimstraße** ein. Zusätzlich waren aus Polen verschleppte Zwangsarbeiterinnen und -arbeiter im Dorf. Zwei Zeitzeuginnen erinnern sich an griechische Zwangsarbeiter und jüdische KZ-Häftlinge, die auf dem Weg zur Arbeit auf dem nahegelegenen Flugplatz bei Hailfingen (s. Rottenburg) „abgemagert und zerlumpt durch das Dorf getrieben" wurden. Manchmal habe man ihnen ein bißchen Brot zustecken können.

In **Entringen** waren 14 Kriegsgefangene im **Gasthaus „Sonne"** untergebracht. Sie wurden täglich unter Bewachung zu ihren Arbeitsstellen – u.a. im **Gipswerk** und bei Bauern in **Breitenholz** – gebracht. Über die Unterkunft der 79 ausländischen Zwangsarbeiterinnen und -arbeiter, die in der Gemeinde gemeldet waren, ist wenig bekannt. Die meisten wohnten vermutlich bei den Handwerkern und Bauern, denen sie zur Arbeit zugeteilt wurden. In **Hohenentringen** nahm sich ein junger polnischer Zwangsarbeiter das Leben. Der französische Kriegsgefangene Octave Boden wurde beim Einmarsch der französischen Truppen von einem Granatsplitter tödlich getroffen.

24 französischen Kriegsgefangenen diente das **Gasthaus „Lamm"** in **Pfäffingen** als Nachtunterkunft; sie waren bei Bauern, Handwerkern und der **Holzfirma Maisch** eingesetzt. Einige mußten, begleitet von einem Wachmann, täglich zur Arbeit nach dem heute zu Tübingen gehörenden Unterjesingen marschieren. Außerdem mußten im Dorf 55 (oder 60 nach Angaben des FNTB) Frauen und Männer Zwangsarbeit leisten.

In **Poltringen** waren 62 Zwangsarbeitskräfte aus Polen und der Ukraine sowie 16 französische Kriegsgefangene gemeldet; Nachtunterkunft der letzteren war ein Saal im **Gasthaus „Bären"**. Außer in der Landwirtschaft mußten sie im **Kalk- und Schotterwerk Heinrich** arbeiten.

Im **Gasthof „Zum Löwen"** in **Reusten** waren seit Oktober 1940 26 französische Kriegsgefangene untergebracht. Verschiedene Betriebe beschäftigten zudem neun Zwangsarbeiterinnen und 14 Zwangsarbeiter, überwiegend polnischer Herkunft.

Im **Steinbruch Schäfer** in **Reusten** mußten auch Häftlinge aus dem KZ-Außenkommando bei Hailfingen arbeiten (s. Rottenburg und Gäufelden, Kr. Böblingen, Baden-Württemberg I). Jugendliche, die beim Steinbruch herumkletterten, konnten die ausgemergelten Männer beobachten und fanden Wege, ihnen etwas zum Essen zuzuschieben. Ein jüdischer Gefangener aus Warschau wurde ab dem 9. Februar 1945 bis zur Befreiung von zwei Reustener Bürgern versteckt.

BODELSHAUSEN

Konzentrationslager und Zwangsarbeit

Während der Kriegsjahre waren in **Bodelshausen** mindestens 270 ausländische Zwangsarbeitskräfte eingesetzt, unter ihnen 250 Kriegsgefangene. Ein erstes Kommando mit 14 französischen Gefangenen aus dem Stalag VA Ludwigsburg (Kr. Ludwigsburg, Baden-Württemberg I) traf am 28. Juni 1940 ein und hatte seine Nachtunterkunft im alten **Schulhaus**. Aus dem Stalag VB Villingen (s. Villingen-Schwenningen, Schwarzwald-Baar-Kreis) traf im Dezember 1943 das Kommando 13720 mit 26 italienischen Kriegsgefangenen ein, die in einem Verlagerungsbetrieb der Firma EAW aus Stuttgart arbeiten mußten.

Ein Arbeitskommando mit 150 französischen Kriegsgefangenen aus dem Senegal war bis zur Jahreswende 1944/1945 im **Schafhaus** untergebracht; danach folgte ein weiteres Kommando mit 60 Senegalesen, die man wegen der bitteren Kälte nun allerdings im alten **Schulhaus** einquartierte. Soweit man weiß, mußten die schwarzen Kriegsgefangenen in den Munitionslagern im **Rammert** an der Straße nach Dettingen arbeiten.

19 Zwangsarbeiter aus Polen und der Ukraine waren bei Landwirten in **Bodelshausen** im Einsatz. Die Firma GEA, die in den Räumen der **Fa. Johannes Maute** elektrische Lenkanlagen für die V2-Raketen baute, beschäftigte ebenfalls Zwangsarbeitskräfte, ohne daß darüber Zahlenangaben gemacht werden können.

DETTENHAUSEN

Widerstand und Naziterror

Am 12. April 1933 erfolgten im „roten" **Dettenhausen** Hausdurchsuchungen und Verhaftungen. Sieben Kommunisten wurden in das KZ Heuberg (s. Stetten a.k.M., Kr. Sigmaringen) gebracht, unter ihnen der gesamte Vorstand der „Freien Turnerschaft" und der Maurer Gottlieb Johann Aberle, den seine Zeitgenossen voll Respekt als einen Mann charakterisierten, „der sich bis zuletzt nicht das Wort verbieten ließ". Nach acht Wochen „Schutzhaft" kehrte Aberle in sein Dorf zurück.

Anfang September 1939 wurde er auf Grund einer Denunziation erneut verhaftet: Er hatte die gerade eingeführten Lebensmittelmarken mit den Worten kommentiert: „Wenn man schon für den Käse Marken braucht, dann ist der Krieg schon verspielt." Diese Äußerung brachte ihn zunächst in das KZ Welzheim (Rems-Murr-Kreis, Baden-Württemberg I) und von da in das KZ Sachsenhausen. Am 24. September 1943 wurde er aufgrund eines Gnadengesuchs seines jüngsten Sohnes freigelassen, der schwerverwundet von der Ostfront zurückgekehrt war. Dieser Sohn starb am 1. Januar 1945.

Wenig später wurde Aberle erneut angezeigt, weil er zwei beim Absturz schwerverletzten kanadischen

Piloten erste Hilfe geleistet hatte und sie in das Wehrmachtslazarett nach Tübingen bringen ließ, statt sie der örtlichen NSDAP zu übergeben. Der Tatbestand lautete: „Feindbegünstigung" und „landesverräterisches Verhalten". Aus der Haft im Stuttgarter Gestapo-Gefängnis kehrte Gottlieb Aberle nicht mehr zurück. Er wurde auf dem Evakuierungstransport in Richtung Dachau am 21. April 1945 in Riedlingen von Gestapo-Leuten erschossen (s. Riedlingen, Kr. Biberach).

Emma und Christian Metzger, Tochter und Schwiegersohn von Gottlieb Aberle, ließen 1946 den exhumierten Leichnam auf den **Friedhof** von **Dettenhausen** überführen. Bis in die 70er Jahre kämpften sie um die Anerkennung des Vaters als politisch verfolgten Antifaschisten – vergeblich. Im letzten Ablehnungsbescheid vom 8. November 1967 verweigerte die Stuttgarter Wiedergutmachungsbehörde die Entschädigung für den „Schaden am Leben" mit der Begründung, daß Gottlieb Aberle nicht wegen seiner politischen Einstellung und auch nicht „vorsätzlich oder leichtfertig" erschossen worden war, sondern „aus Gründen der Kriegsführung, die auch andere Staaten veranlaßt haben, ein derartiges Verhalten unter schwere Strafe zu stellen".

Konzentrationslager und Zwangsarbeit

Seit 1940 diente das alte **Klubhaus** am Waldrand, neben dem heutigen Vereinsheim des VfL Dettingen gelegen, als Nachtunterkunft für etwa 30 französische Kriegsgefangene; sie arbeiteten in der Landwirtschaft, in einer Gärtnerei und beim **Reichsbahnausbesserungswerk**. In der **Farrenscheune** bei der **Alten Post** waren ab 1943 ebenfalls französische Kriegsgefangene untergebracht: Die rund 100 aus dem Senegal stammenden Männer mußten die auf dem **Bahnhof** von **Dettingen** ankommende Munition mit Pferdefuhrwerken in das Munitionslager auf dem **Eckberg** befördern.

Zudem waren im Dorf 36 (nach Angaben des FNTB 50) Zwangsarbeitskräfte aus Rußland, Polen, Estland und Litauen eingesetzt.

Ein Kriegsgefangener aus dem Senegal starb am 15. März 1945; ein unbekannter Russe und der Zwangsarbeiter Wassilykj Schilisins kamen in den Tagen der Befreiung ums Leben.

DUSSLINGEN

Widerstand und Naziterror

Im Frühjahr 1933 wurden in **Dußlingen** die beiden Kommunisten Adam Dieter und Johannes Schlauch sowie der Sozialdemokrat Adam Schelling verhaftet und in das auf dem Heuberg errichtete KZ verschleppt (s. Stetten a.k.M., Kr. Sigmaringen). Für die folgenden Jahre nennt Wolfgang Sannwald acht weitere Verhaftungen, die die Betroffenen in die Konzentrationslager Welzheim (Rems-Murr-Kreis, Baden-Württemberg I), Oberer Kuhberg (s. Stadt Ulm), Dachau und Buchenwald brachte. „Als Vergehen" – so Sannwald – „wurde den Inhaftierten staatsfeindliche Äußerungen, parteischädigende Beziehungen zu einem polnischen Mädchen, Arbeitsscheue, Hochverrat und das Hören ausländischer Sender vorgeworfen".

„Rassische" Verfolgung und „Euthanasie"

In den Akten der Gemeinde lassen sich mindestens fünf Fälle von Zwangssterilisierungen nachweisen.

Konzentrationslager und Zwangsarbeit

In **Dußlingen** gab es mehrere Rüstungsbetriebe. Unter der Bezeichnung **„Albwerke"** verlagerte die Karlsruher Gesellschaft für Lagerschalen GmbH ihre Produktion von Flugzeugmotoren-Schalen in die Räume der Firmen **Rilling**, **Auto-Welsch** und **Lumpp KG**. Die **Iruswerke** stellten Granaten her.

Hinzu kam das im Sommer 1944 errichtete **Ölschieferwerk** auf dem **Höhnisch**. Die im Rahmen des „Geilenberg-Programms" gebaute Versuchsanlage zur Gewinnung von Öl aus dem im Schwarzen Jura enthaltenen Bitumen befand sich auf dem Gelände der heutigen **Metallfirma Steim**. Das Dußlinger Werk, auch „Hermann-Göring-Werk" genannt, wurde als „Werk I" bezeichnet. Insgesamt wurden im Projekt „Wüste" zehn Ölschieferwerke gebaut – unter dem Einsatz von KZ-Häftlingen, von denen Tausende zugrunde gerichtet wurden (s. Zollern-Alb-Kreis). Den Aufbau der Werke leiteten die Deutsche Bergwerks- und Hüttenbau Gesellschaft mbH, die Firma Krutwig und das Technische Bataillon 36 der Organisation Todt (OT). Betreiber der Ölschieferwerke war die „Deutsche Ölschiefer-Forschungsgesellschaft mbH".

Am Bau des Ölschieferwerkes auf dem Höhnisch beteiligten sich, wie Wolfgang Sannwald berichtet, italienische

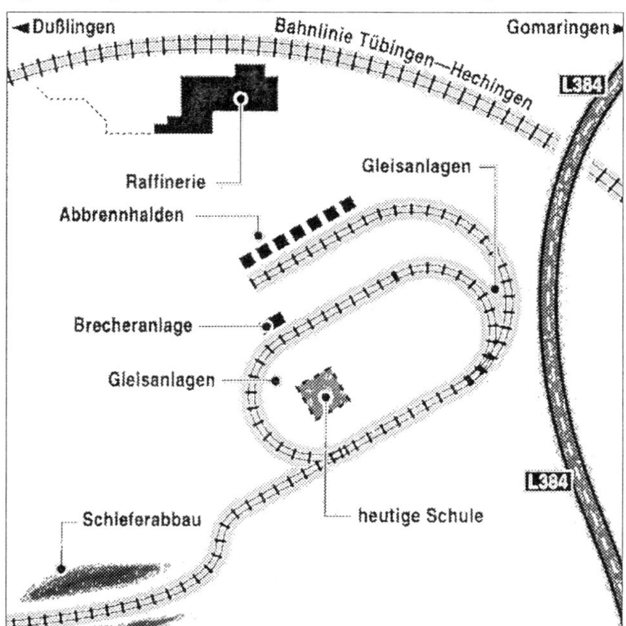

Lageplan des Dußlinger Ölschieferwerkes. Heute befindet sich hier das Schulzentrum auf dem Höhnisch. Zur Orientierung können die Bahnlinie und die Landstraße von Gomaringen nach Nehren dienen.

Kriegsgefangene, deren Barackenlager sich in der heutigen **Robert-Werner-Straße** und in der **Wilhelm-Herter-Straße** befanden. Als die Front näherrückte, gab es bei der OT Pläne, alle Italiener in den Eiskeller der **Steinlachburg** einzusperren und zu ermorden.

Auch der Einsatz von KZ-Häftlingen ist bezeugt: Im August 1944 mußten sie an den Gleisanlagen arbeiten. Ab Spätherbst 1944 brachten Züge der Reichsbahn täglich Häftlinge aus dem KZ-Außenkommando Bisingen (s. Zollern-Alb-Kreis) zur Baustelle auf dem **Höhnisch**. Bahnbeamte berichteten später von den offenen Güterwagen, die mit Stacheldraht überzogen waren und von schwerbewaffneten SS-Leuten eskortiert wurden. Manchmal hielten die Züge auf offener Strecke in der Nähe des Höhnisch-Werkes; aber auch die Dußlinger Bevölkerung konnte die KZ-Gefangenen sehen, wie sie sich vom **Bahnhof** zum Werk hinauf schleppten.

Insgesamt wurden in den Rüstungsbetrieben einschließlich des Ölschieferwerkes, zum kleineren Teil auch in der Landwirtschaft und bei Handwerkern, 356 Kriegsgefangene und 358 Zwangsarbeiterinnen und -arbeiter eingesetzt. Hinsichtlich der zivilen Zwangsarbeitskräfte gibt der FNTB mit 740 Personen eine wesentlich höhere Zahl an.

In **Dußlingen** waren Kriegsgefangene im heutigen **Rathaus**, im **evangelischen Gemeindehaus**, in der **Maiengasse**, in der **Mühlgasse** und in der **Niederhofenstraße** im **Gasthaus „Hirsch"** untergebracht; ein Lazarett befand sich neben der **Kapelle**. Wo sich die Lager für zivile Zwangsarbeitskräfte befunden haben, ist noch nicht genau erforscht. Anläßlich des Treffens ehemaliger Zwangsarbeiterinnen und -arbeiter, zu dem die Stadt Tübingen 1991 eingeladen hatte, berichtete eine Frau aus Polen, die in Dußlingen bei den **Iruswerken** arbeiten mußte, über den ständig nagenden Hunger:

> „Im Lager war es sehr schlecht, es gab ein Stück Brot für drei Leute, für den ganzen Tag. Morgens schwarzer Kaffee und eine Bohnensuppe oder anderes Gemüse, und alle waren sehr hungrig, und es waren nur Frauen. Und die Russinnen sind öfters ins Dorf gegangen und haben um Brot gebettelt. Es gab auch Läuse."

Viele Opfer der Zwangsarbeit sind auf dem KZ-Friedhof von Bisingen bestattet. Auf dem **Friedhof** von **Dußlingen** ruhen – nach Umbettungen in den fünfziger Jahren – heute noch ein Italiener, ein Pole, ein Russe und ein Jugoslawe.

GOMARINGEN

Widerstand und Naziterror

Eifriger Förderer des Nationalsozialismus war der Fabrikant Carl Dölker; fast alle Angestellte seiner **Korsettfabrik** traten 1931 der neugegründeten NSDAP-Ortsgruppe bei. Im Januar 1933 lagerte der Unternehmer in seiner Fabrik „Maschinengewehre, Handgranaten, Karabinergewehre, Mauserpistolen", um damit im „Falle eines kommunistischen Aufstandes" die SA-Stürme in Württemberg zu bewaffnen. Als Dank erhielt er in den Jahren der NS-Diktatur nicht nur die Ehrenbürgerwürde seiner Heimatstadt angetragen, sondern profitierte auch als Lieferant von SA-Garnituren.

Seit 1932 erreichte die NSDAP in der einstigen SPD-Hochburg **Gomaringen** überdurchschnittlich hohe Stimmanteile und wurde schließlich bei der letzten Reichstagswahl am 5. März 1933 mit 536 Stimmen (43,3 %) stärkste Partei. Auf die SPD entfielen noch 422 Stimmen und auf die KPD 74. Drittstärkste Partei wurde mit 126 Stimmen der evangelische Christlich-soziale Volksdienst, der ebenso wie der zu den Deutschen Christen gehörende Gomaringer Pfarrer Otto Schwarzmaier die Nationalsozialisten unterstützte.

Am 21. April 1933 wurden 15 Gomaringer Sozialdemokraten und Kommunisten, unter ihnen auch Hauptlehrer Wilhelm Dalhofer, zur „Schutzhaft" in das auf dem Heuberg errichtete Konzentrationslager gebracht (s. Stetten a.k.M., Kr. Sigmaringen). Die Liste mit den Namen von „bewußten Nazigegnern" war auf Betreiben des Fabrikanten Dölker zusammengestellt worden. Am 8. Juni 1933 löste sich der SPD-Ortsverein auf; die SPD-Gemeinderäte Renz, Rösch, Fauser und Rilling legten ihr Mandat nieder. Gegen den am 25. März 1933 erneut gewählten Bürgermeister Elsässer, der politisch dem nationalkonservativen Stahlhelm nahestand, entfesselten die Nationalsozialisten ein Kesseltreiben, das mit seinem Rücktritt endete. Das Bürgermeisteramt übernahm am 19. November 1933 der vom gleichgeschalteten Gemeinderat favorisierte Albert Sautter.

Der Vereinnahmung durch den NS-Staat widersetzten sich der evangelische Pfarrverweser Schweickhardt, Karl Beck, der den CVJM leitete, und Karl Böhm. Böhm, ein zum evangelischen Glauben konvertierter Jude, engagierte sich besonders in der Jugendarbeit. Seit 1936 war er ständigen Angriffen von Seiten der NS-Presse ausgesetzt. Böhm starb am 5. Juli 1941. In den Listen der Gestapo war dies nicht vermerkt, denn sie überstellte dem Verstorbenen im November 1944 einen Deportationsbefehl.

„Rassische" Verfolgung und „Euthanasie"

1935 gab es auf den Gomaringer **Viehmarktplatz** einen abgegrenzten Bereich für jüdische Viehhändler. Bürgermeister Sautter veranlaßte zudem die fotographische Überwachung und rühmte sich, bereits beim folgenden Viehmarkt die jüdischen Viehhändler vertrieben zu haben. 1937 ließ er einen Gomaringer Bauern im „Stürmer" anprangern, weil er noch immer Geschäfte mit jüdischen Viehhändlern aus Rexingen (Horb, Kr. Freudenstadt, Baden-Württemberg I) tätigte. Bei Juden gekauftes Vieh durfte nicht im Gemeindefarrenstall aufgestellt werden.

An einen jüdischen Bürger Gomaringens erinnert der **Sally-Adamsohn-Platz**. Bis 1925 hatte der 1863 in Landeck in Westpreußen geborene praktische Arzt seine Praxis in Gomaringen betrieben, dann setzte er sich zur Ruhe, wohnte zuerst in der **Tübinger Straße**, später in der **Linsenhofstr.** 3. Doch ein ruhiger Lebensabend war ihm nicht vergönnt. Der alte Herr litt bald unter alltäglichen Schikanen: Vereine luden ihn nicht mehr zu ihren Festen ein, der Friseur wollte ihn nicht mehr bedienen, in der **Bahnhofswirtschaft** durfte er nicht mehr zum Essen erscheinen, was den

Wirt Baumann veranlaßte, ihm das Essen heimlich nach Hause bringen zu lassen. 1942 versuchte Sally Adamsohn, sich vor der bevorstehenden Deportation das Leben zu nehmen, und schnitt sich auf offenem Feld, nahe der **Bahnlinie** in den Bonlanden, die Pulsadern auf. Er wurde gefunden, trotz seiner Verletzungen am 20. August 1942 „nach dem Osten abgeschoben" und starb bald nach seiner Einlieferung im KZ Theresienstadt. Eine **Station** auf dem **Gomaringer Geschichtspfad** – beim **Kindergarten** in der **Tübinger Straße** – informiert über sein Schicksal.

Konzentrationslager und Zwangsarbeit

Nach Angaben des FNTB waren während der Kriegsjahre 120 ausländische zivile Zwangsarbeitskräfte gemeldet. Nach einer anderen Quelle lebten 1946 etwa 200 ehemalige Zwangsarbeiter, nun Displaced Persons genannt, im Dorf, unter ihnen zahlreiche italienische Militärinternierte und aus Polen verschleppte Frauen und Männer.

Die ersten polnischen Kriegsgefangenen trafen im Herbst 1940 in **Gomaringen** ein. Ab 1941 war ein Arbeitskommando mit zehn Franzosen in einem Haus in der **Bachgasse** untergebracht; bei einer Besichtigung durch einen Wehrmachtsoffizier erwies sich diese Unterkunft als „eine der übelsten, die er bis jetzt besichtigt habe". 55 sowjetische Kriegsgefangene verbrachten seit 1942 die Nacht auf der Theaterbühne in der **Turnhalle**, tagsüber mußten sie an der Schienenstrecke der **Gönninger Bahn** arbeiten. In der **Turnhalle** waren auch zivile Zwangsarbeitskräfte untergebracht, die bei der **Deutschen Obst-Trocknungsgesellschaft**, der Pomosin, arbeiten mußten.

In **Stockach** waren etwa 20 serbische, später auch französische Kriegsgefangene in der Lehrerwohnung im **Rathaus** untergebracht. Ein polnischer und ein litauischer Zwangsarbeiter mußten in der Landwirtschaft arbeiten.

Auf dem **Friedhof** von **Gomaringen** befindet sich das Grab des polnischen Kriegsgefangenen Wladislaw Bogatkiewicz.

HIRRLINGEN

Konzentrationslager und Zwangsarbeit

Seit 1940 dienten Räume im **Schloß**, dem heutigen **Rathaus**, als Unterkunft für 19 französische Kriegsgefangene, die bei Bauern eingesetzt waren. 1943 mußten 21 „Ostarbeiter" beim **Sägewerk** arbeiten, drei weitere in der Landwirtschaft. Am 21. April 1944 erhielt die von Vaihingen auf den Fildern nach **Hirrlingen** verlagerte **Fa. Stummp & Kurz**, die Flugzeugmunition herstellte, 18 aus der Ukraine verschleppte Frauen zugewiesen; ihre Unterkunft befand sich in der **Gastwirtschaft „Waldhorn"**. Außerdem lebten zu diesem Zeitpunkt elf russische, sechs ukrainische und vier polnische Zwangsarbeitskräfte im Dorf.

IMMENHAUSEN

Konzentrationslager und Zwangsarbeit

Ab Juni 1941 war ein Kommando mit acht französischen Kriegsgefangenen im Dorf. Im Mai 1942 zählte man zusätzlich sieben Zwangsarbeiter und vier Zwangsarbeiterinnen aus Rußland sowie acht polnische ehemalige Kriegsgefangene, die den Status „Zivilarbeiter" erhalten hatten. Alle mußten in der Landwirtschaft arbeiten.

Baracken, in denen slowenische Zwangsarbeiter untergebracht waren, bei der Fa. Schirm & Co. in Kirchentellinsfurt (Aufnahme vor 1954).

Gedenkstein auf dem Jüdischen Friedhof Wankheim.

KIRCHENTELLINSFURT

Konzentrationslager und Zwangsarbeit

Das **Schulhaus** an der **Neuen Steige** 40 war die Nachtunterkunft für 23 französische Kriegsgefangene, die in der Landwirtschaft und bei Handwerkern arbeiten mußten. Über die Unterkunft von 21 russischen Kriegsgefangenen ist bisher nichts bekannt.

Auch zivile ausländische Zwangsarbeitskräfte überwiegend aus Polen, Litauen und der Ukraine sowie zwangsumgesiedelte Slowenen lebten im Ort. Der FNTB gab nach dem Krieg ihre Zahl mit 280 Personen an. Die meisten waren bei der **Fa. Schirm & Co** eingesetzt, auf deren Betriebsgelände sich auch ihr Lager befand.

Unmittelbar nach der Befreiung am 20. April 1945 fand man im **Weilhau** die Leiche eines französischen Kriegsgefangenen. Die Umstände seines Todes wurden nie aufgeklärt; im Dorf hielt sich das Gerücht, er sei von „Werwölfen" erschossen worden.

KUSTERDINGEN

Widerstand und Naziterror

Der jüdische Arzt Dr. Hermann Pineas aus Berlin entging der Deportation, indem er über zwei Jahre lang im Untergrund lebte. Einige Zeit konnte er sich bei Pfarrer Richard Gölz im **Wankheimer Pfarrhaus** verstecken, wurde jedoch denunziert und konnte gerade noch rechzeitig fliehen. Pfarrer Gölz wurde verhaftet und in das KZ Welzheim (Rems-Murr-Kreis) gebracht; kurz vor Kriegsende kam er wieder frei. Wie oft Gölz und seine Frau Hildegard verfolgte Juden beherbergten, läßt sich nicht mehr feststellen; drei – Hermann Pineas, Max Krakauer und Beate Steckhan – haben nach dem Krieg darüber berichtet. Die Holocaust-Gedenkstätte Yad Vashem verlieh Richard und Hildegard Gölz posthum den Ehrentitel „Gerechter der Völker". Seit 1996 erinnert die **Gölzstraße** in Tübingen an das Pfarrerehepaar.

„Rassische" Verfolgung und „Euthanasie"

An die **Jüdische Gemeinde Wankheim**, die seit Beginn des 19. Jahrhunderts bis 1882 bestand, erinnert heute nur noch der **Friedhof** oberhalb der **Burgsteige** am Waldrand. Hier wurden auch die in Tübingen und Reutlingen lebenden Gläubigen bestattet. 1938 schändeten Nationalsozialisten die Ruhestätte, noch heute sind an einigen Grabsteinen die Spuren der Zerstörung zu sehen. 1946 ließ Victor Marx, ein Tübinger Textilhändler, der die Deportation und sechs Konzentrationslager überlebt hatte, einen **Gedenkstein** mit den Namen von vierzehn ermordeten Tübinger und Reutlinger Juden errichten (s. Tübingen).

Bei ihren Nachforschungen zum **Gräberfeld X** des **Anatomischen Instituts** auf dem **Tübinger Stadtfriedhof** stieß Benigna Schönhagen auf den in Kusterdingen ermordeten ukrainischen Zwangsarbeiter Theodor Kalymon. Er stammte aus der Gegend von Lemberg und war gerade 20 Jahre alt, als er am 12. Mai 1943 von Gestapoangehörigen erhängt wurde. Er war von einer Bauersfrau, auf deren Hof er arbeiten mußte, denunziert worden. Über die Motive der Denunziation kursieren bis heute im Dorf zwei Versionen. Die eine besagt, der junge Mann habe sich der Frau „unsittlich genähert, sie sogar mit einem Beil bedroht". Andere Dorfbewohner meinten, die Initiative sei von der Frau ausgegangen, ihr „guter Ruf" habe auf dem Spiel gestanden, sie habe den „fremden Knecht" angezeigt, um sich zu rehabilitieren. Auch über den Ort der Hinrichtung gibt es unterschiedliche Angaben: Die einen nennen den Platz vor der

Friedhofsmauer in Weiler, andere berichten, die Erhängung habe an einem Galgen im Steinbruch stattgefunden. Wie in solchen Fällen üblich mußten alle polnischen Zwangsarbeiter aus der Umgebung an der Exekution teilnehmen (s. auch Tübingen).

Konzentrationslager und Zwangsarbeit

Nach Angaben des FNTB waren während der Kriegsjahre in **Kusterdingen** 50 ausländische zivile Zwangsarbeitskräfte gemeldet. Außerdem war ein Kommando mit 30 französischen Kriegsgefangenen stationiert. In **Jettenburg** mußten vier Frauen aus Polen, zwei Jugoslawen sowie sechs Frauen und Männer aus Rußland in der Landwirtschaft arbeiten. Für **Mähringen** wird die Zahl von 17 russischen Zwangsarbeitskräften angegeben sowie ein Lager in den Kellerräumen des alten **Rathauses**, in dem insgesamt 57 Kriegsgefangene, erst Serben und Kroaten, später Franzosen die Nacht verbrachten. In **Wankheim** befand sich ein Lager für 24 französische Kriegsgefangene im Dachgeschoß des **Rathauses**. Zusätzlich waren überwiegend in der Landwirtschaft eingesetzt: zwei Franzosen, zwölf Männer und acht Frauen aus Polen, acht Männer und fünf Frauen aus Rußland, drei Männer und zwei Frauen aus Jugoslawien und ein Mann aus Ungarn.

Der Evakuierungsmarsch der Frauen aus dem KZ-Außenkommando Calw (Kr. Calw, Baden-Württemberg I) führte am 5. und 6. April 1945 durch **Kusterdingen**. In der **Herrenscheuer** zeugen in die Balken geritzte Inschriften davon, daß ungarische Jüdinnen hier zwei Nächte verbringen mußten. Prof. Josef Seubert aus Kusterdingen übermittelte uns die Übersetzung einer der nur noch schwer lesbaren Inschriften:

> „Hier halten wir uns 2 Tage auf, wir sind zu Fuß gekommen Sprei Ancika und Manyi aus Mezöcsát. Der gute Gott kann uns helfen, daß wir unsere Familie wiedersehen können. Der gute Gott weiß, wo wir Ungarn sind. Wir leiden viel, wir haben großen Hunger, schlechte Schuhe, wir sind sehr verzagt."

MÖSSINGEN

Widerstand und Naziterror

Die Textilarbeiter im damals „roten" Steinachtal schrieben Geschichte, als sie am 31. Januar 1933 eine der größten Widerstandsaktionen gegen die Machtübergabe an die Nationalsozialisten wagten. In **Mössingen** hatte die örtliche KPD, die bei Wahlen immerhin ein Viertel der Bevölkerung hinter sich hatte, für den Abend des 30. Januar zu einer Versammlung in die **Turnhalle** eingeladen. Um die 200 Frauen und Männer aus dem Ort und den umliegenden Dörfern diskutierten über die Aufforderung zum Generalstreik. Noch in den späten Abendstunden zogen Trommler und Pfeifer der Roten-Sport-Einheit und der Antifaschistischen Aktion durch den Ort, um die Bevölkerung für die Aktionen des kommenden Tages zu mobilisieren. In den Mittagsstunden des 31. Januar formierte sich bei der Turnhalle ein Demonstrationszug, an dessen Spitze ein großes Transparent mit der Losung „Heraus zum Massenstreik!" mitgeführt wurde. Bei den **Pausa-Werken** angelangt, sprach sich die Pausa-Belegschaft in der anschließenden Betriebsversammlung mit 53 gegen 42 Stimmen für die Teilnahme am Generalstreik aus und reihte sich in den Demonstrationszug ein. Die inzwischen auf 400 bis 500 Personen angewachsene Menge – im späteren Prozeß ist von 800 Personen die Rede – zog vor die Tore der **Textilfabrik Merz** und versuchte dort, die Produktion stillzulegen. Anschließend marschierte man zur **Buntwirkerei Burkhardt**, deren Tore bereits verschlossen waren. Nach einigen Auseinandersetzungen zogen sich die Streikenden zurück, um vor der Turnhalle eine Kundgebung abzuhalten. In der **Bahnhofstraße** stießen sie auf die von Fabrikant Merz alarmierten Polizeieinheiten aus Reutlingen, die, mit Gummiknüppeln und Pistolen bewaffnet, Jagd auf die Demonstrationsteilnehmer machten.

Bis zum 1. Februar 1933 wurden zwölf Mössinger und zwei Talheimer verhaftet, am 2. Februar sieben weitere Mössinger und drei Männer aus **Belsen**. Die Razzia am 3. Februar 1933 galt vor allem den Dörfern **Belsen** und Nehren, wo sieben bzw. zehn Personen abgeführt wurden. Insgesamt wurden 58 Personen verhaftet und nach Verhören auf dem Rathaus in verschiedene württembergische Gefängnisse eingeliefert, um – wie es in der Presse hieß – „örtlichen Zwischenfällen vorzubeugen". Angeklagt wurden noch viel mehr, nämlich 98 Personen. 92 von ihnen standen schließlich wegen Landfriedensbruches vor dem Tübinger Landgericht, das 71 Männer und drei Frauen zu Gefängnisstrafen zwischen drei Monaten und einem Jahr verurteilte. Von den Verurteilten stammten 34 aus **Mössingen**, 19 aus Nehren und 15 aus **Belsen**.

Im November 1933 fand ebenfalls in Tübingen der Prozeß gegen sechs „Rädelsführer" statt, die der „Vorbereitung zum Hochverrat" beschuldigt wurden. Aus **Mössingen** stammten vier Angeklagte: Martin Maier, Hermann Ayen, Christoph Gauger und Jakob Stotz; die gegen sie verhängten Zuchthausstrafen lagen zwischen 21 Monaten und zweieinhalb Jahren. Der württembergische KPD-Vorsitzende Albert Buchmann, der für das Flugblatt „Heraus zum Massenstreik!" verantwortlich zeichnete, mußte für drei Jahre ins Gefängnis. Am schlimmsten traf es den als „Volksfeind Nr. 1" behandelten KPD-Unterbezirksvorsitzenden Fritz Wandel aus Reutlingen. Er mußte für viereinhalb Jahre in das Zuchthaus Rottenburg; anschließend überstellte die Gestapo ihn im November 1937 in das KZ Welzheim (Rems-Murr-Kreis, Baden-Württemberg I), fünf Monate später nach Dachau (s. auch Reutlingen). An einen der Organisatoren des „Mössinger Generalstreiks" erinnert seit 1985 der **Jakob-Stotz-Platz**.

Wie in dem Buch „Da ist nirgends nichts gewesen außer hier. Das ‚rote Mössingen' im Generalstreik gegen Hitler" nachzulesen ist, fiel in den folgenden Jahren das Arbeiterdorf Mössingen bei den „Volksabstimmungen" durch einen überproportional hohen Anteil von Nein- und Ungültig-Stimmen auf. Einige Kommunisten leisteten Kurierdienste beim Transport antifaschistischer Materialien, andere kümmerten sich um die Unterstützung der Familien von politischen Gefangenen.

Konzentrationslager und Zwangsarbeit

In **Mössingen** waren während der Kriegsjahre 277 zivile Zwangsarbeitskräfte, vor allem aus Rußland und der Ukraine verschleppte Frauen und Männer, sowie ein Arbeitskommando mit 21 französischen Kriegsgefangenen, u.a. aus der damaligen französischen Kolonie Senegal, im Einsatz. Als Unterkünfte sind bisher bekannt: eine Baracke am **Mühlengärtle** für Zwangsarbeiterinnen aus der Ukraine, die **Turnhalle** für Kriegsgefangene aus dem Senegal und die **Bahnhofswirtschaft** für russische Zwangsarbeiter. Außer in der Landwirtschaft mußten sie bei einigen nach Mössingen verlagerten Rüstungsbetrieben arbeiten; so bei der **Fa. Eberhard Hoeckle GmbH**, der **Fa. Emil Adolff** und der **Fa. Gebr. Burkhard**.

Aus den heute zu Mössingen gehörenden Dörfern sind folgende Zahlen und Unterkünfte bekannt:

Belsen: in der **Turnhalle** rund 100 „Ostarbeiter", die von der Organisation Todt zum Bau des Ölschieferwerkes in Dußlingen herangezogen wurden (s. Dußlingen); im Saal der **Bahnhofswirtschaft** ein Kommando mit französischen Kriegsgefangenen, sowie etwa zehn deutschstämmige Familien aus der Gegend von Odessa.

Öschingen: acht polnische Zwangsarbeiter, untergebracht auf Bauernhöfen.

Talheim: eine unbekannte Zahl russischer Zwangsarbeiter; sie mußten Bombentrichter auf dem Versuchsgelände des Forschungsinstituts „Graf Zeppelin" auf dem **Farrenberg** auffüllen.

NEHREN

Widerstand und Naziterror

Im März 1933 wurden in der Arbeiterwohngemeinde der Vorsitzende des SPD-Ortsvereins, Lehrer Stadler, sowie zwei Kommunisten verhaftet und in das auf dem Heuberg errichtete KZ verschleppt (s. Stetten a.k.M., Kr. Sigmaringen). Mitglieder des einen Monat später verbotenen Arbeiterturn- und Sportvereins traten in den NS-Turnverein ein und sorgten für vielfältige Behinderungen bei der „Neuorganisation des deutschen Sports" (zu der Beteiligung von Bürgern aus Nehren am „Mössinger Generalstreik" s. Mössingen).

„Rassische" Verfolgung und „Euthanasie"

In den Gemeindeakten sind mehrere Fälle von Zwangssterilisationen belegt (s. auch Tübingen). Ein **Nehrener** Bürger wurde aus der Heil- und Pflegeanstalt Weißenau (s. Ravensburg, Kr. Ravensburg) in die Tötungsanstalt Grafeneck gebracht und ermordet (s. Gomadingen, Kr. Reutlingen).

Konzentrationslager und Zwangsarbeit

Während der Kriegsjahre waren in **Nehren** Kommandos mit 18 französischen und 23 jugoslawischen Kriegsgefangenen sowie 42 zivile ausländische Zwangsarbeitskräfte eingesetzt.

NEUSTETTEN

Konzentrationslager und Zwangsarbeit

In **Nellingsheim** diente der Saal des **Gasthauses „Adler"** als Nachtunterkunft für 14 französische Kriegsgefangene, die in der Landwirtschaft arbeiten mußten. Zusätzlich waren noch zivile Zwangsarbeitskräfte vor allem aus Polen im Dorf: In den Gemeindeakten ist von zwölf Jugendlichen und Männern die Rede, der FNTB gibt aufgrund seiner Nachkriegsermittlungen die Zahl von 100 Personen an.

Für **Remmingsheim** lassen sich in den Gemeindeakten 42 Kriegsgefangene und 102 zivile ausländische Zwangsarbeitskräfte nachweisen; der FNTB nennt 60 Zivilpersonen. Außer in der Landwirtschaft mußten einige auch bei der **Pharmazeutischen Fabrik Klaus Isecke** arbeiten. Ein Lager befand sich im **Gasthaus „Hecht"**. Zeitzeugen erinnern sich an gefangene Russen, die vor der **Schule** um Brot gebettelt haben.

In **Wolfenhausen** waren 14 französische Kriegsgefangene und 51 zivile Zwangsarbeitskräfte (FNTB: 50) im Einsatz. Von letzteren waren 31 Frauen und Männer aus Polen, 15 Männer aus Rußland und fünf aus Litauen zur Zwangsarbeit verschleppt worden. Die Unterkunft der Kriegsgefangenen befand sich in der **Hauptstr.** 20; die zivilen Zwangsarbeitskräfte lebten auf den Bauernhöfen. In einem Gebäude in der **Holzstraße** – von den einen als „Polenvilla", den anderen als „altes Hüttle" bezeichnet – konnten sich die Zwangsarbeiterinnen und -arbeiter in ihrer kargen Freizeit treffen.

OFTERDINGEN

Konzentrationslager und Zwangsarbeit

Nach Angaben des FNTB waren in **Ofterdingen** während der Kriegsjahre 80 zivile ausländische Zwangsarbeitskräfte gemeldet; die Gemeindeakten nennen 76 Personen. Außerdem waren Kommandos mit insgesamt 99 polnischen, danach mit französischen und später auch mit belgischen Kriegsgefangenen im Einsatz. Als Unterkünfte dienten der Saal des **Gasthauses „Löwen"**, Gebäude auf dem Gelände der Fa. **Steinhilber** und Quartiere auf Bauernhöfen.

Die polnische Zwangsarbeiterin Helena Nigbor brachte am 19. November 1944 einen Sohn zur Welt, der eine Woche später starb. Sein Grab befindet sich auf dem **Gemeindefriedhof**.

ROTTENBURG am NECKAR

Widerstand und Naziterror

Am Geburtshaus von Eugen Bolz in der **Königstraße** 52 erinnert eine **Gedenktafel** an den württembergischen Staatspräsidenten, den die Nationalsozialisten im Frühjahr 1933 aus dem Amt jagten und im August des gleichen Jahres für drei Wochen zur „Schutzhaft" auf den Hohenasperg (Kr. Ludwigsburg, Baden-Württemberg I) verschleppten. Bolz nahm 1941/1942, nach Jahren der Isolation und beruflichen Diskriminierung, Kontakt zum Widerstandskreis um Carl Goerdeler auf. Er wurde am 12. August 1944 verhaftet und am 21. Dezember 1944 vom „Volksgerichtshof" zum Tode verurteilt.

Die Gedenktafel trägt den Text:

„Eugen Bolz
Staatsmann und Bekenner
Ehrenbürger der Stadt Rottenburg am Neckar
Geboren in diesem Haus
am 15. Dezember 1881
Hingerichtet in Berlin-Plötzensee
am 23. Januar 1945
Timor Domini Initium Sapientiae."

Der Rottenburger Bischof Johannes Baptista Sproll wird in der katholischen Kirchengeschichtsschreibung als „Bekennerbischof" gewürdigt. Diese Würdigung bezieht sich auf die zunehmend kritische Position, die Sproll im Verlauf des Kirchenkampfes einnahm, und auf seinen deutlichen Protest am 10. April 1938, als er sich der Stimmabgabe enthielt. Bei dieser „Wahl" war die Zustimmung zur Annektion Österreichs mit dem „Ja" zum „Führer" gekoppelt. Sproll begrüßte zwar die Annektion Österreichs und ließ auch zu Beginn der Abstimmung die Kirchenglocken läuten; mit seinem Fernbleiben demonstrierte er – als einziger hoher kirchlicher Würdenträger – seinen Dissens zur NS-Politik gegenüber der katholischen Kirche. Noch in der gleichen Nacht prangte am **bischöflichen Palais** das Wort „Volksverräter", und für den nächsten Tag inszenierte die NSDAP einen Aufmarsch. Das von der NSDAP entfachte Kesseltreiben, das sich in immer neuen, gewalttätigen Demonstrationen bis in den Juli 1938 hinzog, führte am 16. Juli 1938 zur Vertreibung des Bischofs aus Rottenburg.

Neuere Forschungen belegen, daß Sproll am 26. März 1933, noch vor der Erklärung der Fuldaer Bischofskonferenz, zu einem versöhnlichen Verhalten gegenüber dem NS-Staat aufgerufen hatte. Er unterstützte nachdrücklich die „Arbeitsgemeinschaft Deutscher Katholiken", deren unbedingte Respektierung als „Mittelglied zwischen nationalsozialistischer Partei und den staatlichen Regierungsstellen einerseits und dem katholischen Volksteil andrerseits" er beim Klerus einforderte. Bei seinem Antrittsbesuch am 5. Mai 1933 bei Reichsstatthalter Wilhelm Murr lobte er ausdrücklich, „was der neue Staat gegen Bolschewismus, Marxismus, Schund- und Schmutzliteratur, Gottlosigkeit, Freidenkertum, Dirnenwesen, Nacktkultur, öffentliche Unsittlichkeit bereits getan hat". In seiner Weingartner Rede 1935 unterstützte er gar die rassistischen Maßnahmen des NS-Staates: Die „Selbstbesinnung eines ganzen Volkes auf seine biologischen Grundlagen" sei „an sich gut und wird in Zeiten von Zersetzungserscheinungen eine unbedingte Notwendigkeit, ja die wichtigste Aufgabe des Staates wie jedes einzelnen sein".

827 Priester der Diözese Rottenburg wurden in der NS-Zeit verfolgt, elf mußten die Haft im KZ Dachau erleiden.

An Josef Eberle, den in **Rottenburg** geborenen Dichter, Verleger und Mitherausgeber der „Stuttgarter Zeitung" in der Nachkriegszeit, wurde 1996 mit einer Ausstellung im Stadtarchiv erinnert. Josef Eberle (1901–1986) hatte in den Jahren der Weimarer Republik in der pazifistischen „Sonntagszeitung" politisch-satirische Gedichte veröffentlicht, die in konservativen Kreisen Anstoß erregten. 1933 arbeitete er beim Süddeutschen Rundfunk und weigerte sich kurz vor Hitlers Ernennung zum Reichskanzler, eine Führerrede zu übertragen. Dies und die Tatsache, daß er mit der Jüdin Else Lemberger verheiratet war, führte bei der Gleichschaltung des Rundfunks zu einem Berufsverbot und zu einer sechswöchigen Haft im KZ Heuberg (s. Stetten a.k.M., Kr. Sigmaringen). In den ersten Jahren der NS-Diktatur schrieb er, bei seinen Schwiegereltern in Rexingen (Horb, Kr. Freudenstadt, Baden-Württemberg I) lebend, unter dem Pseudonym Sebastian Blau, bis er 1936 auch ein Schreibverbot erhielt. In den letzten Kriegsmonaten mußte er mit seiner Frau in den Wäldern um Stuttgart untertauchen, um sie vor der drohenden Deportation zu bewahren.

Der Bauer Johannes Reichart wurde im März 1944 als „Volksschädling" in das KZ Welzheim (Rems-Murr-Kreis, Baden-Württemberg I) gesperrt und kam erst bei Kriegsende wieder frei. Er hatte einem abgestürzten kanadischen Piloten etwas zu essen und zu trinken gegeben.

Am 20. Januar 1946, zum ersten Jahrestag der Hinrichtung von Eugen Bolz, fand in der Turn-und Festhalle in Rottenburg eine „Feier für die Opfer der nazistischen Gewaltherrschaft" statt: Unter den Eingeladenen waren 23 Frauen und Männer, die während des Naziregimes in Gefängnissen und Konzentrationslagern inhaftiert gewesen waren. Die Gründe waren u.a.: „Predigt gegen den Nazismus", „jüdische Abstammung", „Beherbergung eines amerikanischen Fliegers", „Beleidigung des Reichspropagandaleiters" und angeblicher „Landesverrat".

Bei der **Andreaskirche** in **Schwalldorf** erinnert seit 1994 ein **Gedenkstein** an den früheren Bürgermeister Lukas Jungel, der 1940 wegen „Heimtücke" verhaftet worden war und im Stuttgarter Untersuchungsgefängnis unter ungeklärten Umständen ums Leben kam, und an Pfarrer Franz Egger, den das Sondergericht 1940 wegen des Hörens ausländischer Sender zu zweieinhalb Jahren Zuchthaus verurteilte. Egger starb 1945 an den Folgen der Haft.

„Rassische" Verfolgung und „Euthanasie"

In **Baisingen** erinnern an die im 19. Jahrhundert recht stattliche **Jüdische Gemeinde** noch Gebäude in der **Kaiserstraße** – im Haus Nr. 104 hatte sich bis zu ihrer Schließung 1933 die **Jüdische Schule** befunden – sowie die **Judengasse** und die dort 1782 erbaute **Synagoge**. Das Synagogengebäude hatte den Novemberpogrom 1938 äußerlich unversehrt überstanden, verfiel jedoch in der Nachkriegszeit und

Der 1779 angelegte Jüdische Friedhof von Baisingen liegt nordwestlich des Dorfes am Waldrand; der Weg dorthin heißt Galgenweg. Ein Gedenkstein für die ermordeten Baisinger Jüdinnen und Juden wurde von Harry Kahn, der die Deportation nach Riga überlebte und nach Baisingen zurückkehrte, gestiftet.

wurde lange Jahre als Scheune genutzt. 1988 erwarb die Stadt Rottenburg das inzwischen unter Denkmalschutz gestellte Gebäude und begann 1995 mit den Restaurierungsarbeiten.

Zu Beginn der NS-Zeit lebten noch 86 Jüdinnen und Juden in Baisingen; etwa 60 von ihnen flüchteten in den folgenden Jahren ins Ausland. Die meisten jüdischen Geschäfts- und Wohnhäuser lagen um 1933 in der **Kaiserstraße**:

Nr. 11 Viehhandlung Max Lassar,
Nr. 56 Kurz- und Textilwaren Hanne Kahn,
Nr. 57 Viehhandlung und Metzgerei Josef Gideon,
Nr. 58 Viehhandlung Jakob Marx,
Nr. 60 Viehhandlung Siegfried Wolf,
Nr. 61 Schuhwaren Julius Kahn und Viehhandlung Friedrich Kahn,
Nr. 62 Schuhmacherbedarfsartikel Julius Erlebacher,
Nr. 66 Viehhandlung Louis Marx,
Nr. 73 Viehhandlung Berthold und Sally Schweizer,
Nr. 81 Kurzwarenhändler Sally Erlebacher,
Nr. 104 Kurz- und Textilwaren Berta Kiefe,
Nr. 107 Viehhandlung Sally Marx,
Nr. 108 Tabakwaren Arthur und Berta Daube, und Kolonialwaren Benedikt Hirsch Wwe.,
Nr. 109 Kolonialwaren und Schneiderei Ludwig und Rosa Haarburger,
Nr. 110 Viehhandlung Max Wolf.

Die **Synagoge** wurde am Vormittag und am Abend des 10. November 1938 von SA-Leuten aus Horb und anderen Dörfern der Umgebung geschändet und verwüstet. Danach drangen sie in die Wohnungen der jüdischen Bevölkerung ein, zu denen ihnen Einheimische den Weg wiesen. Ende 1938 gab es in Baisingen kein jüdisches Geschäft mehr; die noch im Dorf lebenden Juden mußten ihre Wohnungen räumen und in einige „Judenhäuser" ziehen. Im Frühjahr 1941 wurden etwa 30 Juden aus Stuttgart, aus Rexingen bei Horb und anderen württembergischen Städten nach Baisingen zwangsumgesiedelt; sie alle wurden zusammen mit den Baisinger Juden in Vernichtungslager deportiert.

Seit 1987 berichtet eine **Gedenktafel** am **Rathaus** von Baisingen über die Geschichte der Jüdischen Gemeinde Baisingen:

> „Zum ehrenden Gedenken an die jüdischen Gemeindemitglieder von Baisingen, die von 1640–1843 ein blühendes Gemeindeleben mit zuletzt 235 jüdischen Bewohnern hier aufbauten. Danach verringerte sich die Zahl durch Abwanderung. Im 2. Weltkrieg wurden 60 Baisinger Juden im KZ ermordet. 1980 starb der letzte jüdische Mitbürger. 1640–1980."

In **Rottenburg** ließen sich nach den mittelalterlichen Verfolgungen erst Ende des 19. Jahrhunderts wieder jüdische Familien nieder. Sie gingen zum Gottesdienst nach Tübingen und bestatteten ihre Toten auf dem Jüdischen Friedhof in Wankheim (s. Kusterdingen). Zu Beginn der NS-Zeit gab es zwei jüdische Betriebe: die Putzwollfabrik Rudolf Horkheimer & Söhne in der damaligen **Schuhstr.** 6 sowie das Herrenkonfektionsgeschäft Berlizheimer in der **Königstr.** 73.

Die 43jährige Sofie Berlizheimer erhielt am 20. November 1941 den Deportationsbefehl. Kurz zuvor war ihre hochbetagte Mutter Rosa Berlizheimer in das jüdische Altersheim Eschenau (Kr. Heilbronn, Baden-Württemberg I) zwangseingewisen worden, wo sie im Frühjahr 1942 starb. Zusammen mit 1.000 württembergischen Jüdinnen und Juden wurde Sofie Berlizheimer am 1. Dezember 1941 über das Sammellager auf dem Stuttgarter Killesberg in das KZ Riga deportiert. Wie die meisten Frauen und Kinder dieses Transportes wurde sie am 26. März 1942 in der „Aktion Dünamünde" im Hochwald bei Riga erschossen.

Die Ehepaare Ferdinand und Jenny Horkheimer sowie Albert und Rosa Horkheimer wurden im August 1942 abgeholt und in das KZ Theresienstadt deportiert; dort kamen Ferdinand und Jenny ums Leben; die Spuren von Albert und Rosa verlieren sich bei einem der vielen Transporte in die Gaskammern von Auschwitz.

Am 10. Januar 1944 wurde die 70jährige Witwe Albertine Dierberger geb. David, eine Katholikin, wegen ihrer „jüdischen Abstammung" nach Theresienstadt verschleppt; sie kehrte als einzige der Rottenburger Jüdinnen und Juden zurück.

Konzentrationslager und Zwangsarbeit

In den Kriegsjahren waren in **Rottenburg** insgesamt 612 ausländische Zwangsarbeitskräfte (Kriegsgefangene und Deportierte) im Einsatz; diese Zahl gibt Karlheinz Geppert nach der Auswertung der städtischen Akten an. Der FNTB nennt aufgrund seiner

Nachkriegserhebungen, die nur zur Zwangsarbeit verschleppte Zivilpersonen betrafen, eine höhere Zahl: 655 Personen.

Die Rüstungsbetriebe der Stadt, vor allem die **Uhrenfabrik Junghans AG** in der **Tübinger Straße** und die **Maschinenfabrik Fouquet & Frauz** in der **Gartenstraße** erhielten bevorzugt Kontingente kriegsgefangener und zwangsrekrutierter Russen, Polen, Italiener, Niederländer, Belgier und Tschechen. Weitere Arbeitsstätten waren die **Baufirma Heberle**, die **Albeko GmbH** und die **Deutschen Asbestwerke**. Auch die Stadtverwaltung, das **Spitalgut**, Handwerker und Landwirte bedienten sich der billigen Zwangsarbeiterinnen und -arbeiter.

Zu den heute eingemeindeten Orten können folgende Angaben gemacht werden:

Eckenweiler: Französische Kriegsgefangene waren im Hintergebäude beim **Rößle-Wirt** untergebracht; Kriegsgefangene und Zwangsarbeiterinnen aus Polen und der Ukraine lebten auf Bauernhöfen.

Frommenhausen: 16 französische Kriegsgefangene und 21 zivile Zwangsarbeitskräfte aus Polen und der Sowjetunion mußten in der Landwirtschaft und im **Steinbruch** arbeiten.

Kiebingen: Einige französische Kriegsgefangene und polnische Zwangsarbeiter waren in der Landwirtschaft eingesetzt.

Oberndorf: Einige französische Kriegsgefangene arbeiteten bei Bauern.

Weiler: 20 Franzosen, sechs Russen und zwei Polen mußten in der Landwirtschaft arbeiten.

Wendelsheim: Gemeldet waren sechs französische Kriegsgefangene und 13 Zwangsarbeiterinnen und -arbeiter aus der Sowjetunion und aus Polen.

Wurmlingen: Zehn französische Kriegsgefangene, fünf russische und vierzehn polnische Zwangsarbeiter waren im „HJ-Heim" untergebracht.

Im **Steinbruch** bei der **Landesstrafanstalt Rottenburg** begannen im Juli 1944 unter dem Codenamen „Jaspis" die Bauarbeiten für die unterirdische Verlagerung des Sindelfinger Werkes der **Daimler Benz AG**. Die in den Steinbruch getriebenen Stollen sollten einen Teil der Flugmotorenfertigung, das Preßwerk und die Werkzeugmacherei aufnehmen. Im Unterschied zu anderen Verlagerungsprojekten forderte die Daimler Benz AG für das Projekt „Jaspis" keine KZ-Häftlinge an, sondern bediente sich der nahezu 1.000 Gefangenen aller Nationen aus der Landesstrafanstalt. Die kräftezehrende Arbeit, die durch fehlende Schutz- und Arbeitskleidung erhöhte Unfallgefahr sowie ein Bombenangriff am 26. Februar 1945 führten zu zahlreichen Todesfällen unter den Gefangenen. 1944 wurden 33 Tote registriert, 39 im Zeitraum von Januar bis April 1945; unter den Toten waren einige Franzosen und Niederländer und sehr viele Litauer und Deutsche.

Mitte April 1945 wurde die Strafanstalt „evakuiert". Spuren dieses Todesmarsches finden sich an den Straßen in Richtung Ulm und Ravensburg, wo die Gefangenen von französischen Truppen befreit wurden.

Die Verbrechen in der **Landesstrafanstalt Rottenburg** waren 1947 Anklagegegenstand in einem Prozeß, den das französische Militärtribunal in Rastatt gegen den Leiter der Anstalt, Hermann Schwarz, den Gefängnisarzt und zehn Vollzugsbeamte führte. Ihnen wurde vorgeworfen, durch Mißhandlungen, zu hohe Arbeitsanforderungen, u.a. bei den gefürchteten Kommandos im Rottenburger Steinbruch, und unmenschliche Strafen den Tod zahlreicher Gefangener verursacht zu haben. Unterernährung („allgemeiner Kräftezerfall", „Entkräftung") war die häufigste Todesursache, obwohl die Anstalt – wie das Gericht feststellte – „über eigenes Vieh, eigene Landwirtschaft und Obstbaumanlagen verfügte". Das Gericht kam zum Ergebnis, daß „die Ausrottung der politischen Häftlinge systematisch betrieben" wurde, und verurteilte den Gefängnisarzt zum Tode; Direktor Schwarz und sechs Vollzugsbeamte erhielten langjährige Haftstrafen.

22 in der **Landesstrafanstalt Rottenburg** verstorbene Gefangene wurden im Zeitraum von Dezember 1944 bis April 1945 in das Anatomische Institut der Universität Tübingen eingeliefert (s. Tübingen). Ihre Namen, von Benigna Schönhagen dokumentiert, stehen auf den Gedenktafeln am Gräberfeld X auf dem Tübinger Hauptfriedhof: Es waren ein Spanier, ein Franzose aus dem Elsaß, ein Pole, zwei Niederländer, fünf Deutsche und zwölf Männer aus Litauen.

An der Gemarkungsgrenze zwischen dem heute zu Rottenburg gehörenden **Hailfingen** und dem zur Gemeinde Gäufelden im Kreis Böblingen gehörenden Tailfingen lag der **Nachtflugjägerplatz Tailfingen**, der 1944 unter der Bauleitung der Organisation Todt (OT) ausgebaut wurde. Die OT setzte dazu Kriegsgefangene und Zwangsarbeiter ein, unter ihnen 350 Jugendliche und Männer aus Griechenland, sowie ab Dezember 1944 etwa 600 jüdische KZ-Häftlinge, von denen etwa die Hälfte zu Tode geschunden wurde. Außer bei den Arbeiten auf dem Flugplatzgelände mußten KZ-Häftlinge auch in den Steinbrüchen von Hailfingen und Reusten (Ammerbuch) arbeiten. Tote aus dem KZ-Kommando wurden bis Ende 1945 im Krematorium von Reutlingen verbrannt (s. Kr. Reutlingen); danach verscharrten die Wachmannschaften die Leichen in einem Massengrab auf dem Flugplatzgelände.

Als das Massengrab am 1. Juni 1945 entdeckt wurde, befahl die französische Besatzungsmacht, daß alle Bewohner von Oberndorf, Hailfingen, Tailfingen und Bondorf zur Exhumierung antreten mußten; dabei wurden sie auch geprügelt. Die kollektive Prügelstrafe trug zur Verbitterung und zur nachhaltigen Verdrängung bei. Erst 1986 sah sich die Stadt Rottenburg durch die öffentlichen Debatten um das vergessene KZ-Außenkommando veranlaßt, auf dem Tailfinger Friedhof gemeinsam mit der Gemeinde Gäufelden einen Gedenkstein für die Opfer der Zwangsarbeit zu errichten (s. auch Gäufelden, Kr. Böblingen, Baden-Württemberg I).

STARZACH

Konzentrationslager und Zwangsarbeit

In **Börstingen** mußten zwölf französische Kriegsgefangene aus dem Stalag VB Villingen (s. Villingen-

Schwenningen, Schwarzwald-Baar-Kreis) in den **Eyacher Kohlensäurebetrieben** arbeiten; ihre Unterkunft befand sich auf dem Firmengelände im Speicher über dem Pferdestall. Ein Hinweis darauf, daß auch aus der Sowjetunion verschleppte Zwangsarbeitskräfte im Dorf waren, liefert die Erwähnung eines „Russenkindes" in den Gemeindeakten.

In **Felldorf** waren 13 Zwangsarbeiterinnen und -arbeiter in der Landwirtschaft eingesetzt.

In **Wachendorf** waren 37 Kriegsgefangene und Zwangsarbeiter gemeldet. Bei der **von Owschen Gutsverwaltung** mußten sieben Russen und 15 Polen arbeiten. Drei weitere Zwangsarbeiter aus der Sowjetunion und zwölf französische Kriegsgefangene waren auf Bauernhöfen eingesetzt.

Der **Freiherrlich-von-Rasslerschen Gutsverwaltung** in **Sulzau** stand das größte Kontingent billigster Zwangsarbeitskräfte zur Verfügung. Auf dem **Hofgut Weitenburg** waren von April 1942 bis April 1945 insgesamt 45 Personen beschäftigt: Als erste kamen russische Frauen und Männer (33), im April folgten drei Franzosen aus dem Elsaß und im November 1944 neun Männer aus Lettland.

TÜBINGEN

Widerstand und Naziterror

In der Universitäts- und Beamtenstadt Tübingen erhielten die „Parteien der nationalen Erhebung" – die NSDAP und die Kampffront Schwarz-Weiß-Rot – bei den letzten Reichstagswahlem am 5. März 1933 zusammen 62 % der Stimmen (NSDAP: 49,2 % und Kampffront: 12,8 %); gegenüber dem Reichsdurchschnitt war dies ein Plus von 10 %, gegenüber dem Landesdurchschnitt gar von 15 %. 16,7 % der Stimmberechtigten wählten eine der beiden Arbeiterparteien (SPD 11,4 % und KPD 5,3 %), obwohl deren Wahlkampf durch Verbote und SA-Aufmärsche behindert worden war. Dem Zentrum hielten 10 % der Wählerinnen und Wähler die Treue. In „Tübingen unter dem Hakenkreuz" beschreibt Benigna Schönhagen das politische und soziale Milieu, in dem sich die „Machtergreifung der Nationalsozialisten ... nicht als Umbruch, sondern als Durchbruch längst vorhandener Bestrebungen" vollzog.

Treibende Kraft bei der Durchsetzung der neuen Machtverhältnisse war die Tübinger Studentenschaft, die seit dem Juli 1932 mehrheitlich vom NS-Studentenbund bestimmt wurde. Am 8. März 1933 zogen NS-Studenten die Hakenkreuzfahne in der **Neuen Aula** hoch; Rektor und Professorenschaft schwiegen – angeblich, weil „es sonst Krawall gegeben hätte". Die für den gleichen Tag angesetzte Flaggenhissung auf dem **Rathaus** erfolgte erst am 9. März, da Oberbürgermeister Adolf Scheef (DDP) zuvor die Zustimmung aus dem Stuttgarter Innenministerium einholen wollte. „Während in anderen Städten" – so Benigna Schönhagen – „die demokratisch gewählten Stadtvorstände als Repräsentanten des ‚Systems' denunziert und durch ergebene Nationalsozialisten ersetzt wurden, übte der Tübinger Oberbürgermeister, einst ‚linker Flügelmann der schwäbischen Demokraten', sein Amt bis zum regulären Ende seiner Amtszeit im Frühjahr 1939 aus. Die gesamte Rathausspitze überstand die Machtübernahme durch die Nationalsozialisten unangefochten."

Am 10. März 1933 erfolgte die erste Verhaftung von vier Kommunisten, die am 31. Januar 1933 ein Flugblatt mit dem Aufruf zum Generalstreik verteilt hatten; tags darauf nahm die Polizei zwei führende Tübinger KP-Mitglieder – Ferdinand Zeeb aus **Hagelloch** und den Gemeinderat Hugo Benzinger – in „Schutzhaft". In den frühen Morgenstunden des 25. März wurde der Vorsitzende der Eisernen Front Gottlob Frank und weitere sechs Kommunisten festgenommen und in das auf dem Heuberg (s. Stetten a.k.M., Kr. Sigmaringen) errichtete KZ eingeliefert. Am 30. März 1933 verhaftete die Polizei den Juristen Helmut Erlanger. Erlanger war Mitglied der SPD und Assistent an der **Rechts- und Staatswissenschaftlichen Fakultät**. Seine Festnahme hatte die NS-Studentenschaft betrieben, indem sie den „jüdischen Intellektuellen" als „besonders gefährlich" und als „Agitator und geistigen Kopf der SPD" anzeigte. Erlanger wurde bis Anfang August 1933 auf dem Heuberg festgehalten und flüchtete bald nach seiner Freilassung in die Schweiz.

Mitte April 1933 veranstalteten SA-Hilfspolizisten erneut Razzien in den Arbeitervierteln; diese führten in **Hagelloch** zu zehn und in **Lustnau** zu 15 Verhaftungen.

Insgesamt verzeichnen die Listen der Tübinger Polizeidirektion 27 Tübinger, die im Frühjahr 1933 für kurze oder längere Zeit auf dem Heuberg festgehalten wurden.

Am 11. März 1933 erließ der württembergische Reichskommissar von Jagow das Verbot der Eisernen Front und des Reichsbanners sowie „sämtlicher Vereine, die für die Belange dieser beiden Organisationen eintreten". In Tübingen kam der Arbeitergesangsverein „Vorwärts" dem Verbot durch die Selbstauflösung zuvor. Am 28. März 1933 besetzten SA-Leute das Heim des Turnerbundes in der **Lindenallee** und zogen die Hakenkreuzfahne auf. Das Gewerkschaftsbüro, **Am Nonnenhaus** 6, wurde im März/April durchsucht und schließlich am 2. Mai 1933 von SA besetzt und geschlossen. Der ADGB-Vorsitzenden Heinrich Kost hatte die Protokollbücher des Ortskartells rechtzeitig in Sicherheit bringen können; sie überstanden die NS-Zeit im Zwischenboden einer **Scheune** in der **Michaelstraße**. Der Buchdruckerverband hatte ebenfalls dafür gesorgt, daß die Vereinskasse nicht in die Hände der Nationalsozialisten fiel; seine Mitglieder machten einen Ausflug nach Heidelberg zum Grab des ersten sozialdemokratischen Reichspräsidenten, Friedrich Ebert.

„Überwiegend waren es Buchdrucker, die sich immer wieder irgendwo getroffen haben", berichtete Ernst Schittenhelm über die folgenden Jahre unter der NS-Diktatur: Man traf sich – wie auch die Naturfreunde – bei Wanderungen, irgendwo im Wald und in einem Gartenhaus, das er eigens zu dem Zwecke erworben hatte, um sich mit Gesinnungsgenossen ungestört zu unterhalten. Hilfe für Verfolgte sowie die Verteilung von aus der Schweiz eingeschmuggelten antifaschistischen Zeitungen und Flugblättern organisierte eine Widerstandsgruppe, zu der etwa 20 Personen gehörten und die sich um den Kommunisten Ferdinand Zeeb bildete, nachdem er aus dem KZ Heuberg zurückgekehrt war. Das Material wurde in einem Kellerraum in der **Hohentwielgasse** gelagert und durch Kuriere in das Steinachtal, nach Reutlingen und Stuttgart gebracht. Ein Mitglied dieser Gruppe stand 1935 vor dem Tübinger Landgericht.

Die Reutlinger SPD-Abgeordnete Laura Schradin beherbergte in ihrer Wohnung auf dem Tübinger **Österberg** längere Zeit einen Reutlinger Kommunisten und konnte ihn dadurch vor erneuter KZ-Haft bewahren.

Julie Majer, Handarbeitslehrerin an der **Frauenarbeitsschule**, versteckte im Frühjahr 1934 einige Zeit den illegal lebenden Stuttgarter KPD-Funktionär Wilhelm Bader, der ihre Adresse von Agnes Rösler, einer Nichte von Frau Majer, bekommen hatte. Als Bader 1937 beim Versuch, in die Schweiz zu gelangen, festgenommen wurde und unter der Folter die Namen seiner Helferinnen preisgab, wurde Julie Majer aus dem Schuldienst entlassen; die Gestapo konnte ihr ihre Arbeit in der Roten Hilfe nicht nachweisen. Agnes Rösler, die erstmals 1933 wegen illegaler KPD-Arbeit verurteilt worden war, wurde festgenommen und nach längerer Untersuchungshaft in das FrauenKZ Ravensbrück überstellt.

Zum 40. Jahrestag des gescheiterten Attentats auf Hitler wurde im Juli 1984 im Foyer der Neuen Aula der **Eberhard-Karls-Universität** eine **Gedenktafel** für die Männer des 20. Juli enthüllt, von denen einige an der Tübinger Universität studiert hatten:

„20. Juli 1944
Freiheit, dich suchten wir lange
in Zucht und in Tat und in Leiden.
Sterbend erkennen wir nun
im Angesicht Gottes dich selbst.
Dietrich Bonhoeffer

Berthold Graf Schenk von Stauffenberg 10. 8. 1944
Ulrich von Hassell 8. 9. 1944
Caesar von Hofacker 20. 12. 1944
Fritz Elsas 18. 1. 1945
Eugen Bolz 23. 1. 1945
Carl Goerdeler 2. 2. 1945
Friedrich Goerdeler 1. 3. 1945
Theodor Strunck 9. 4. 1945
Dietrich Bonhoeffer 9. 4. 1945
Klaus Bonhoeffer 23. 4. 1945
Rüdiger Schleicher 23. 4. 1945

In ihrer Jugend Studenten der Universität Tübingen,
gingen sie mit anderen im Widerstand gegen
den Nationalsozialismus in den Tod.
20. Juli 1984"

Nach Claus Graf Schenk von Stauffenberg und Helmuth James Graf von Moltke sind Straßen benannt; der Universitätsvorplatz trägt den Namen der Geschwister Hans und Sophie Scholl.

Zum 8. Mai 1985 wurde eine zweite **Gedenktafel** in der **Neuen Aula** angebracht; der heftig umstrittene Text lautet:

„Denen, die unserer Schwäche,
Überheblichkeit
und Verblendung wegen
Leid und Tod erfuhren,
Denen, die Unbill auf sich nahmen
und Unrecht Unrecht nannten.
Denen, die sich guten Glaubens
opferten.
Denen, die keinen Ausweg sahen.
Denen, die bereit sind, Lehren zu
ziehen.
1933 1945 1985
Die Eberhard-Karls-Universität"

Einige der Tübinger NS-Studenten machten Karriere im NS-Staat und wurden zu Vollstreckern der Vernichtungspolitik, so z.B. Dr. Franz-Walter Stahlecker, der im Sommer 1941 die Führung der SS-Einsatzgruppe A übernahm und für die Massenerschießungen in Litauen und Estland verantwortlich war. Stahlecker wurde 1942 von Partisanen in Estland getötet. Martin Sandberger, ebenfalls Jurastudent an der Eberhard-Karls-Universität, war Führer des Einsatzkommandos 1a in Stahleckers Einsatzgruppe und wurde im Prozeß vor dem Nürnberger Militärgericht zum Tode verurteilt. 1950 zu lebenslänglicher Haft begnadigt, war er bereits 1958 wieder auf freiem Fuß. Theodor Dannecker, der in Tübingen das Gymnasium besuchte, organisierte als SS-Hauptsturmführer im „Judenreferat" Eichmanns die Deportationszüge aus Frankreich, Bulgarien, Ungarn und Italien. Bei Kriegsende beging er Selbstmord.

„Rassische" Verfolgung und „Euthanasie"

Die erste umfassende Darstellung der Verfolgung der Tübinger Juden und Jüdinnen in der NS-Zeit erschien 1974 und wurde von Lilli Zapf geschrieben, einer gebürtigen Nördlingerin, die 1935 wegen ihrer Hilfe für bedrohte Juden in die Niederlande emigrieren mußte. Nach ihren Forschungen hatte die **Jüdische Gemeinde Tübingen** zu Beginn der NS-Zeit 82 Mitglieder. Zum evangelischen Glauben bekannten sich 23 Personen jüdischer Herkunft. Es waren überwiegend Geschäftsleute, Ärzte, Rechtsanwälte, einige Angestellte, wenige Privatgelehrte. An der **Eberhard-Karls-Universität** hatte es bereits seit 1931 keinen jüdischen Professor mehr unter den Lehrstuhlinhabern gegeben.

Der Boykott jüdischer Geschäfte, Kanzleien und Arztpraxen am 1. April 1933, bei dem es auch zu tätlichen Übergriffen kam, traf das Damenkonfektionsgeschäft von Albert Schäfer und Jakob Oppenheim am **Holzmarkt**, das Herrenkonfektionsgeschäft von Gustav Lion in der **Neckargasse**, das Tapetenhaus von Hugo Löwenstein in der **Wilhelmstraße**, das Konfektionsgeschäft von Leopold Hirsch in der **Kronenstraße**, die verschiedenen Lebensmittelfilialen von Margarete Arnold, die Anwaltskanzlei Dr. Hayum & Dr. Katz in der **Uhlandstraße** und die Praxis von Dr. Heinz Oppenheim in der **Neuen Straße**.

Die Stadtverwaltung betrieb von sich aus die „Ausschaltung der Juden aus dem Wirtschaftsleben", indem sie am 12. Juni 1933 die Geschäftsbeziehungen zum Bankhaus Weil löste und das Tapetenhaus Löwenstein von der Liste der städtischen Lieferanten strich. Hugo Löwenstein war der erste jüdische Geschäftsmann, der durch den Boykott bereits im September 1933 zur Geschäftsaufgabe gezwungen wurde. Die Familie Arnold mußte eine Filiale nach der anderen aufgeben, bis die Firma 1936 vor dem Konkurs stand. Bereits am 15. Mai 1933 hatte der Gemeinderat „Juden und Fremdrassigen" den Zutritt zur städtischen Freibadeanstalt verboten – dies war reichsweit eines der ersten Verbote.

Im ersten Jahr der NS-Diktatur verließen mehr als 20 Prozent der jüdischen Bevölkerung ihre Heimatstadt; 1938 war bereits mehr als die Hälfte geflohen.

In der Nacht vom 9. zum 10. November 1938 drangen Tübinger Nationalsozialisten in die **Synagoge** am **Holzmarkt** ein, verwüsteten die Inneneinrichtung und warfen Kultgegenstände und die Thorarollen in den Neckar. Gegen vier Uhr morgens wurde schließlich Feuer gelegt, und die Synagoge brannte bis auf die Grundmauern nieder. Einige der Brandstifter, unter ihnen der NSDAP-Kreisleiter Hans Rauschnabel, standen 1946 vor dem Tübinger Landgericht.

Zu Plünderungen jüdischer Geschäfte kam es in Tübingen nicht, weil der letzte jüdische Geschäftsmann, Leopold Hirsch, einen Monat zuvor zum „Notverkauf" gezwungen wurde. Leopold Hirsch sowie der Kaufmann Albert Schäfer, der bereits mit Berufsverbot belegte Bankbeamte Hans Spiro, der Lehrer und Vorbeter Josef Zivi und der zu Besuch bei seiner Mutter weilende Fritz Erlanger wurden verhaftet und in das KZ Dachau verschleppt. Liselotte Spiro berichtete später, wie sie die Rückkehr ihres Vaters aus Dachau erlebte:

> „Mitte Dezember, früh am Morgen, kehrte mein Vater aus Dachau zurück. Wir waren erschüttert über sein Aussehen: Die Haare waren kurz geschoren, der Anzug hing lose an seinem abgemagerten Körper, die Wangen waren eingefallen."

Hans Spiro war evangelisch getauft und wohnte mit seiner Frau Klara, einer Nicht-Jüdin, und der Tochter Liselotte in der **Wöhrdstr.** 10 a. Nach der Rückkehr aus Dachau entschlossen sich die Eltern, zumindest die 15jährige Liselotte mit einem Kindertransport, der im Juni 1939 von Stuttgart abging, nach Großbritannien zu schicken. Im November 1939 wurde Hans Spiro verhaftet, kam jedoch nach kurzer Zeit wieder frei. Am 4. Dezember 1942 wurde er erneut festgenommen. Über das Tübinger **Gefängnis** brachte ihn die Gestapo zunächst in das KZ Welzheim (Rems-Murr-Kreis, Baden-Württemberg I) und überstellte ihn am 27. Januar 1943 nach Auschwitz, wo er am 19. März 1943 im Alter von 45 Jahren ermordet wurde.

Als die Deportationen begannen, lebten die wenigen noch in Tübingen verbliebenen Jüdinnen und Juden unter bedrängten Verhältnissen in der **Kelternstraße**, in der **Hechinger Straße** und in der **Keplerstraße**. Als erste wurden am 26. März 1941 zwei hochbetagte Frauen, die Schwestern Sofie und Philippine Reinauer, in die Heggbacher Anstalten zwangseingewiesen; Sofie starb bald nach der Einlieferung in Heggbach, Philippine wurde im Juli 1942 nach Auschwitz deportiert und ermordet (s. Maselheim, Kr. Biberach). Bis zum Oktober 1941 mußten zwei weitere Frauen – Anne Erlanger aus der **Uhlandstraße** und Wilma (Selma) Schäfer, deren Mann kurz zuvor, am 4.Mai 1941, an den Folgen der im KZ Dachau erlittenen Mißhandlungen gestorben war – nach Haigerloch umsiedeln (s. Zollern-Alb-Kreis). Dort trafen sie auf Tübinger Glaubensgenossen, die aus anderen Orten zwangseingewiesen worden waren.

Unter den am 1. Dezember 1941 vom Sammellager auf dem Stuttgarter Killesberg in das KZ Riga deportierten Jüdinnen und Juden befanden sich aus Tübingen:

Paula Hirsch und ihr 16jähriger Sohn Ernst; beide lebten zuletzt in einem evangelischen Landheim in Reichenberg/Murr;

Wilma Schäfer geb. Seemann, die kurz vor der Deportation nach Haigerloch zwangseingewiesen worden war;

der Textilhändler Victor Marx, seine Frau Marga und die achtjährige Tochter Ruth. Die Familie war von Stuttgart nach Haigerloch umgesiedelt worden.

Als einziger dieses Transportes überlebte Victor Marx. Er setzte 1946 den ermordeten Tübinger und Reutlinger Juden, deren Namen ihm damals bekannt waren, einen Gedenkstein auf dem Jüdischen Friedhof von Wankheim (s. Kusterdingen). Aus seiner eigenen Familie waren dies neben Marga und Ruth auch die Mutter Blanda Marx, die bereits 1934 nach Frankreich geflüchtet und 1942 in Héricourt im Departement Haut Saône verhaftet worden war. Ein Transport aus dem Lager Drancy brachte sie am 6. November 1942 in das Vernichtungslager Auschwitz, wo sich ihre Spuren verlieren. Seit 1996 erinnert die **Ruth-Marx-Straße** an das jüngste Opfer der nationalsozialistischen Judenverfolgung in Tübingen.

Im Transport, der Stuttgart am 22. August 1942 mit Ziel Theresienstadt verließ, befanden sich aus Tübingen:

das Ehepaar Max und Sofie Löwenstein geb. Liebmann und Elfriede Spiro aus der **Hechinger Straße** 9 und die Geschwister Dr. Albert und Charlotte Pagel, die in der **Kelternstraße** 8 wohnten. Die 73jährige schwerkranke Klara Wallensteiner hatte ebenfalls den Deportationsbefehl erhalten und nahm sich noch in Tübingen das Leben. Max Löwenstein starb im Juli 1944 in Theresienstadt. Die Geschwister Pagel und Elfriede Spiro wurden am 23. Januar 1944 nach Auschwitz deportiert und ermordet. Sofie Löwenstein mußte zusammen mit ihrer Tochter Ilse Bloch geb. Löwenstein, die mit einem Transport aus Stuttgart im Juni 1943 in Theresienstadt eintraf, im Oktober 1944 die Fahrt in die Gaskammern von Auschwitz antreten.

Weitere Tübinger Jüdinnen und Juden, die an andere Orte verzogen waren, wurden ebenfalls nach Theresienstadt deportiert:

Anne Erlanger geb. Dessauer hatte bis zu ihrer Zwangsumsiedlung nach Haigerloch in der **Hechinger Str.** 9 gewohnt. Von Haigerloch wurde sie im Mai 1942 nach Fürth abgemeldet und im September 1942 deportiert.

Pauline Pollak geb. Heidelberger war mit dem Tübinger Kantor Leopold Pollak verheiratet. Nach dessen Tod zog sie zunächst nach Karlsruhe und 1940 nach Würzburg. Von dort wurde sie am 22. September 1942 deportiert.

Sofie Weil geb. Mayer, Ehefrau des 1923 verstorbenen Bankiers Friedrich Weil, übersiedelte 1935 zu ihrer in Mainz verheirateten Tochter Mina Mayer und wurde mit dieser im September 1942 deportiert.

Bella Wochenmark geb. Freudenthal lebte mit ihrem Ehemann, dem Rabbiner Dr. Josef Wochenmark, in Stuttgart. Bei der Nachricht von der bevorstehenden Deportation nahm sich Josef Wochenmark am 8. März 1943 in Stuttgart das Leben.

Von den genannten überlebte allein die hochbetagte Pauline Pollak, die 1946 zu ihren Kindern in die USA auswanderte.

Die Namen von 14 Ermordeten – Marga, Ruth und Blanda Marx, Max, Sophie und Ilse Löwenstein, Selma Schäfer, Anne Erlanger und sechs Mitgliedern der Familie Spiro, von denen drei in Reutlingen und einer in Stuttgart lebten – stehen auf dem Gedenkstein auf dem Jüdischen Friedhof in Wankheim, den Victor Marx 1946 vor seiner Auswanderung in die USA errichten ließ. Er müßte vergrößert werden, schrieb Lilli Zapf bereits 1974, „da die Zahl der umgekommenen Tübinger und Reutlinger Juden zweiundzwanzig beträgt".

Lilli Zapf hat auch die Namen der an der **Eberhard-Karls-Universität** immatrikulierten jüdischen Studentinnen und Studenten dokumentiert: Im Sommersemester 1933 waren es acht, im Sommersemester 1935 lediglich noch der Medizinstudent Ulrich Sander aus Stuttgart. Nachforschungen zu ihrem Schicksal fehlen.

Ein erstes **Gedenkzeichen** wurde am 40. Jahrestag des Novemberpogroms, am 9. November 1978, mit dem **Synagogenbrunnen** an der Ecke **Nägelestraße/Gartenstraße**, neben dem ehemaligen Synagogengelände, gesetzt. Den Anstoß hatte eine Gruppe engagierter Bürgerinnen und Bürger gegeben. Die Inschrift lautete zunächst nur:

> „Hier stand die Synagoge der Tübinger Jüdischen Gemeinde. Sie wurde in der Nacht vom 9./10. November 1938 wie viele andere in Deutschland niedergebrannt."

Die Kritik der Initiative 9. November, daß weder Täter noch Opfer genannt sind, blieb erfolglos. 1979 ließ die Stadtverwaltung lediglich eine zweite Tafel anbringen:

> „Zum Gedenken an die Verfolgung und Ermordung jüdischer Mitbürger in den Jahren 1933–1945."

Seit 1983 gibt es am **Holzmarkt** an der Mauer der **Stiftskirche** eine weitere **Gedenktafel**, zu der ehemalige Tübinger Jüdinnen und Juden bei ihrem ersten offiziellen Besuch im Herbst 1981 die Anregung gegeben hatten:

> „Universitätsstadt Tübingen
> Zum Gedenken an unsere
> während der nationalsozialistischen
> Herrschaft vertriebenen und ermordeten
> jüdischen Mitbürger.
> Zur täglichen Mahnung
> für uns und als Verpflichtung
> dem Rassenhaß und der Unduldsamkeit zu wehren.
> 1933 1945 1983"

Im Rahmen der Altstadtsanierung und der Kennzeichnung historischer Gebäude wurde 1988 eine **Informationstafel** zur ehemaligen **Judengasse** angebracht, die über die seit 1335 urkundlich bezeugte Ansiedlung von Juden und deren Verfolgung in der NS-Zeit berichtet.

In „Tübingen unter dem Hakenkreuz" beschreibt Benigna Schönhagen am Beispiel der Sintifamilie P. die zu Beginn der NS-Zeit zunehmende Diskriminierung. Wie die Jahre zuvor bezog die Schausteller-Familie ihr Winterquartier im Hof eines Gebäudes in der **Reutlinger Straße**. Der Grundstückspächter war damit einverstanden, doch die Mieter des Hauses beschwerten sich im Herbst 1934 bei der Polizei: Es wäre dem „Straßenbild nicht einträglich, wenn diese Wohnwagen monatelang an einer der Hauptzufahrtsstraßen der Stadt" stünden; zudem würden „die fahrenden Leute letzten Endes doch nur der Wohlfahrt der Stadt zur Last fallen". Wie die Akten berichten, konnte Herr P., „ein sehr fleißiger, ordnungsliebender Mensch, der den ganzen Tag mit der Reparatur seines Wohnwagens beschäftigt war", lediglich erreichen, daß das Ultimatum zum Wegzug bis zum Ende der Reparaturarbeiten verlängert wurde. 1938 unternahm der Gemeinderat alle Anstrengungen, um den „Zuzug von Zigeunern" zu unterbinden; alle städtischen Dienststellen und Hausbesitzer wurden zur Mithilfe aufgefordert. Ob nach dem „Festsetzungserlaß" vom 1939 noch Sinti-Familien in Tübingen lebten, ist uns nicht bekannt.

Im Gedenkbuch der Sinti und Roma fanden wir die Namen von drei in **Tübingen** geborenen Sinti, die im Frühjahr 1943, als der längst geplante Völkermord in die Tat umgesetzt wurde, in das Vernichtungslager Auschwitz-Birkenau deportiert wurden. Eugen Lang wurde am 16. März 1943 in das „Hauptbuch (Männer)" eingetragen. Zu dem damals 46jährigen vermerkt das „Hauptbuch", daß er am 24. Mai 1944 zur Zwangsarbeit selektiert und in das KZ Buchenwald gebracht wurde. Am 18. März 1943 wurden im „Hauptbuch (Frauen)" zwölf Frauen und Mädchen der in Ravensburg lebenden Familie Reinhardt registriert, darunter die damals 22jährige Hildegard, die in **Tübingen** zur Welt gekommen war. Die junge Frau wurde am 15. April 1944 in das FrauenKZ Ravensbrück gebracht (s. Ravensburg, Kr. Ravensburg). An diesem Tag verließ auch ein Transport von 884 zur Zwangsarbeit bestimmten Männern das „Zigeunerlager" mit dem Ziel KZ Buchenwald; unter ihnen war Johann Köhler, 1919 in **Tübingen** geboren. Ob Eugen Lang, Hildegard Reinhard und Johann Köhler die auf Vernichtung zielende Zwangsarbeit überlebt haben, ist uns nicht bekannt.

Seit Oktober 1995 befindet sich am **Holzmarkt**, unmittelbar neben der Gedenktafel für die ermordeten Tübinger Jüdinnen und Juden, eine **Gedenktafel** für die Sinti und Roma. Der Text ist bemerkenswert, da er auch Verantwortliche für den Völkermord an den Sinti und Roma benennt:

> „Sinti und Roma wurden in der Zeit des Nationalsozialismus ermordet. Viele wurden zwangssterilisiert und verfolgt. Tübinger waren unter den Verfolgten und Ermordeten.
>
> Angehörige der Universität waren unter den Vordenkern des Rassenwahns. Einwohner unserer Stadt gehörten zu den Tätern.
>
> 1933-1945-1995"

An der **Nervenklinik** forschten und unterrichteten einige Vordenker des eugenischen und ethnischen Rassismus. Prof. Dr. Robert Gaupp, bis 1936 Leiter der Klinik, hatte bereits 1925 die „Unfruchtbarmachung geistig und sittlich Kranker und Minderwertiger" gefordert und das im Juli 1933 erlassene „Gesetz zur Verhütung erbkranken Nachwuchses" vorbehaltlos begrüßt. Unter seiner Leitung forschte in den 20er Jahren an der Nervenklinik auch Dr. Werner Villinger, der ab 1939/1940 für die Berliner „Euthanasie"-Zentrale als Gutachter über Leben und Tod von Patientinnen und Patienten entschied. Nachfolger Gaupps wurde 1936 der SA-Sturmhauptführer Prof. Hermann F. Hoffmann, ebenfalls ein radikaler Befürworter der Zwangssterilisationen. Hoffmann, seit 1938 auch Rektor der **Eberhard-Karls-Universität**, ließ sich in SA-Uniform für die Professorengalerie malen.

An der **Nervenklinik** wirkte bis zu seiner Berufung 1936 an die „Rassenhygienische und Bevölkerungsbiologische Forschungsstelle Berlin-Dahlem" der Psychiater Dr. Robert Ritter. Irmgard Bumiller hat die Rolle Ritters, seines Mitarbeiters Dr. Adolf Wirth und seiner

Mitarbeiterinnen Dr. Eva Justin und Dr. Sophie Ehrhardt bei den Planungen zum Völkermord an den Sinti und Roma in ihrem Aufsatz „,Getarnter Schwachsinn'. Der Tübinger Beitrag zur nationalsozialistischen ,Zigeuner'-Verfolgung" ausführlich dargestellt. In seiner Tübinger Zeit erstellte Ritter zudem eine „Erbgesundheitskartei" der Tübinger Weingärtner-Bevölkerung, die er durch „Alkoholismus" als „nicht wenig belastet" deklarierte. Zugleich leitete er die Eheberatungsstelle der „Deutschen Gesellschaft für Rassenhygiene" und ließ sich am 1. Januar 1936 zum stellvertretenden Amtsarzt beim Tübinger Erbgesundheitsgericht ernennen.

Bereits im ersten Jahr nach dem Inkrafttreten des Gesetzes über Zwangssterilisation meldete die Nervenklinik dem Tübinger **Erbgesundheitsgericht** 213 Männer, 317 Frauen und 33 Kinder als „erbkrank"; rund ein Drittel wurde durch Beschluß des Erbgesundheitsgerichtes zur Sterilisation verurteilt.

An der Erfassung „erbkranker Personen" beteiligte sich der Leiter des **Gesundheitsamtes** Tübingen-Rottenburg, Medizinalrat Dr. Brasser. Er wies alle Bürgermeisterämter an, bis zum 1. November 1935 „Erbkranke" sowie „Verdachtsfälle" zu melden. Daraufhin trafen pünktlich aus dem Bereich der Stadt Tübingen drei Listen ein: Das Städtische **Wohlfahrtsamt** lieferte eine Liste mit 58 Namen und Adressen, seine Dienststellen in **Lustnau** und **Derendingen** meldeten zehn bzw. 16 Fürsorgeempfänger. Für den Zeitraum 1935-1941 lagen im Gesundheitsamt 583 Sterilisationsanträge vor; lediglich drei Anträge waren von angeblich Erbkranken bzw. deren Vormünder gestellt worden; die übrigen gingen auf die Initiative der Amtsärzte oder der Anstaltsärzte zurück.

Zahlen über Zwangssterilisationen an der **Frauenklinik** Tübingen – in Württemberg neben der Frauenklinik in Stuttgart und der chirurgischen Klinik in Ulm für die Unfruchtbarmachung zuständig – liegen nur für den Zeitraum von 1933/1934 bis 1. Oktober 1936 vor: Bis dahin wurden 414 Frauen zwangssterilisiert; eine Frau starb an den Folgen der erzwungenen Operation. Nach dem 1943 angeordneten Rückführungsstopp für schwangere Zwangsarbeiterinnen wurden polnische Frauen zu Abtreibungen und Sterilisationen gezwungen; auch diese wurden an der Universitätsfrauenklinik durchgeführt, ohne daß die betroffenen Frauen Widerspruch hätten einlegen können. Einige wurden überhaupt nicht über die Folgen der Einspritzungen aufgeklärt und erfuhren erst nach dem Krieg, nach der Rückkehr in ihre Heimat, daß sie für immer kinderlos bleiben würden.

Im Mai 1992 wurde die Robert-Gaupp-Staffel, die von der **Rümelinstraße** in den **Klinikbereich** hinaufführt, in **Jakob-van-Hoddis-Staffel** umbenannt. Die Umbenennung war ein Jahr zuvor vom Koordinationstreff der Tübinger Behindertengruppen, vom Förderverein zur Erforschung der Heimatgeschichte des Nationalsozialismus und dem Psychoanalytiker Christoph Biermann gefordert worden. Der jüdische Dichter Jakob van Hoddis hatte von 1922-1927 in Tübingen gelebt; später litt er an einer psychischen Erkrankung und wurde 1942 aus der Israelitischen Kuranstalt Jacoby in Bendorf-Sayn deportiert und im Alter von 55 Jahren ermordet.

Das **Gräberfeld X**, in der nordöstlichen Ecke des **Stadtfriedhofs** an der Ecke zur **Sigwartstraße** gelegen, diente von 1849 bis 1963 dem **Anatomischen Institut** der Universität Tübingen als Bestattungsstelle. Zwischen 1933 und 1945 wurden hier über 1.000 Tote beigesetzt, deren Leichname zu Forschungs- und Ausbildungszwecken benutzt worden waren. Nach den Erfahrungen von Benigna Schönhagen, die das Gräberfeld X dokumentierte, lassen sich exakte Zahlen über die hier begrabenen NS-Opfer nicht mehr ermitteln, weil viel belastendes Material vernichtet wurde. „Mit Sicherheit" – so Schönhagen – müssen zu ihnen die 139 Toten gezählt werden, die seit Kriegsbeginn Opfer der braunen Zweckjustiz wurden; ebenso die 156 sowjetischen Kriegsgefangenen, die in den Kriegsgefangenenlagern des Landes zu Tode gehungert,

Auf dem Gräberfeld X wurden erstmals 1952 als Gedenkzeichen drei Steinkreuze aufgestellt, die lediglich die Jahreszahlen „1939–1945" trugen; 1963 kam eine in den Boden eingelassene Gedenktafel hinzu mit der Inschrift: „Hier ruhen mehrere hundert Menschen verschiedener Völker, die in Lagern und Anstalten unseres Landes einen gewaltsamen Tod fanden."

erschlagen oder sonstwie zugrunde gerichtet wurden. Zählt man noch die 115 im Arbeitshaus Vaihingen und die 22 im Strafgefängnis Rottenburg Umgekommenen hinzu, so ergibt das eine Zahl von 429 Toten, die während des Kriegs von Dienern des nationalsozialistischen Staats gewaltsam um ihr Leben gebracht wurden. Weder die 51 Toten aus Heilanstalten, die während des Kriegs in die Anatomie gebracht wurden, noch die vielen an den Folgen der unzureichend behandelten Lungentuberkulose gestorbenen Fremdarbeiter sind in dieser Zahl berücksichtigt. Auch so sind es noch mehr als zwei Drittel aller im Krieg angelieferten Anatomieleichen, bei denen kein natürlicher Tod angenommen werden kann."

Zu Beginn der 80er Jahre war das **Gräberfeld X** weitgehend in Vergessenheit geraten. 1980 begann die Friedhofsverwaltung mit der „Instandsetzung" des Gräberfeldes, auf dem sich neben einem Sammelgrab und 34 durch das Kriegsgräbergesetz geschützten Einzelgrabstellen noch 49 Gräber von Ausländern befanden, die nach 1950 gestorben waren und nicht zu den Opfern von Krieg und Gewalt zählten. Diese Gräber sollten, nachdem das Ruherecht abgelaufen war, aufgehoben werden. Eine pietätlos auf dem Gräberfeld abgestellte Planierraupe erregte die Aufmerksamkeit von Mitgliedern der Tübinger Vereinigung der Verfolgten des Naziregimes (VVN), die die Öffentlichkeit alarmierten. Zu diesem Zeitpunkt waren bereits 30 Grabsteine von den geschützten NS-Opfer-Gräbern entfernt worden. Die Tübinger DKP wandte sich an den Oberbürgermeister: „Es ist skandalös, daß von Seiten der Stadt dieser Menschen, die in ganz Europa von dem verbrecherischen Naziregime aus ihrer Heimat verschleppt wurden, niemals öffentlich gedacht wurde und daß nichts unternommen wurde, um ihr Schicksal in Tübingen bekannt und als Teil der Stadtgeschichte begreiflich zu machen."

Begleitet von einer öffentliche Diskussion, beschloß der Gemeinderat im Juni 1980 die Umgestaltung des Gräberfeldes zu einer **Gedenkstätte** und die Anbringung von sechs Bodenplatten mit den Namen von 518 NS-Opfern. Am 8. Mai 1985 veranstaltete die Stadt eine erste offizielle Gedenkfeier auf der neugestalteten Gedenkstätte. Die von der Stadt in Auftrag gegebene Dokumentation zum Gräberfeld X wurde 1987 abgeschlossen. Am 8. Mai 1988 pflanzten Teilnehmerinnen und Teilnehmer des Kongresses „Kultur des Friedens", unter ihnen Tschingis Aitmatow und Mikis Theodorakis, eine **Friedenslinde** auf dem Gräberfeld.

Es bedurfte erst der Empörung internationaler Verfolgtenverbände, bis sich die **Eberhard-Karls-Universität** zur Beisetzung aller noch vorhandenen Präparate aus der NS-Zeit und zur Errichtung eines **Gedenksteins** entschloß, der am 8. Juli 1990 enthüllt wurde. Eine Woche später zertrümmerten Neofaschisten das Mahnmal; sie kippten Bruchstücke vor die Redaktion der Lokalzeitung und beschmierten die Bodenplatten mit Hakenkreuzen. Drei Täter, auch der Schändung jüdischer Friedhöfe angeklagt, wurden im Januar 1992 wegen Volksverhetzung, gemeinschaftlicher Sachbeschädigung und Störung der Totenruhe zu Gefängnisstrafen verurteilt. Den zerstörte Gedenkstein ließ die Universität, nun in Bronze gegossen, wieder errichten. Er trägt die Inschrift:

„Verschleppt – geknechtet – geschunden
Opfer der Willkür oder verblendeten Rechts
fanden Menschen Ruhe erst hier
Von ihrem Leib noch
forderte Nutzen eine Wissenschaft
die Recht und Würde des Menschen nicht achtete
Mahnung sei dieser Stein den Lebenden.
Die Eberhard-Karls-Universität Tübingen
1990."

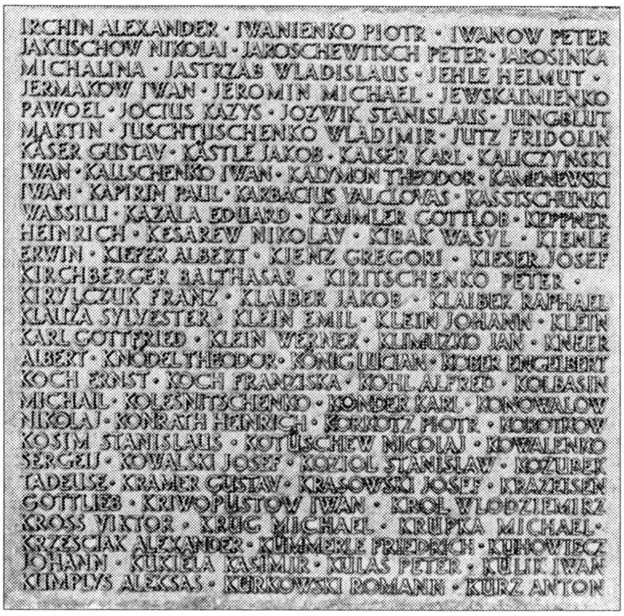

Eine der Bronzeplatten mit den Namen, der im Gräberfeld X beigesetzten NS-Opfer. In der Mitte der achten Zeile steht der Name des in Kusterdingen erhängten ukrainischen Zwangsarbeiters Theodor Kalymon; fünf Zeilen tiefer findet man den Namen des Bauern Balthasar Kirchberger aus dem oberbayrischen Miesbach, der am 16. Februar 1944 wegen „Wehrkraftzersetzung" in Stuttgart hingerichtet worden war.

1993 ließ die Stadt Tübingen zusätzlich eine **Informationstafel** auf dem Stadtfriedhof anbringen, welche die Geschichte des Gräberfelds X erläutert.

Konzentrationslager und Zwangsarbeit

Die Ausstellung „Fremde Arbeiter in Tübingen 1939–1945", die eine Projektgruppe am Ludwig-Uhland-Institut für empirische Kulturwissenschaft 1985 erarbeitete, war eine der ersten, die sich mit dem System der Zwangsarbeit auseinandersetzte. Das Ergebnis der damaligen Spurensuche hat heute noch Bestand. 1991 fand auf Einladung der Stadtverwaltung ein Treffen ehemaliger Zwangsarbeiterinnen und -arbeiter aus Polen in Tübingen statt. Dina Stern hat in ihren Aufsatz „‚Ich habe hier meine Jugend und meine Gesundheit verloren'. Zwangsarbeiter und Zwangsarbeiterinnen in Tübingen" Berichte aufgenommen, die bei diesem Treffen gegeben wurden.

In **Tübingen** waren während der Kriegsjahre mindestens 1.695 ausländische Zwangsarbeitskräfte gemeldet; diese Zahl gaben Tübinger Behörden im September 1949 dem FNTB an, allerdings zu spät, um die im Catalogue of camps and prisons angegebene Zahl von 595 Personen noch korrigieren zu können. Von diesen 1.695 Arbeitskräften waren 221 Kriegsgefangene aus Frankreich und Italien, 1.474 Zwangsarbeitskräfte aus 15 europäischen Ländern. Eine weitere Quelle gibt für die Zeit um den 8. Mai 1945 insgesamt 1.610 Personen an, davon 810 Männer und 800 Frauen; möglicherweise bezieht sich diese Zahl lediglich auf zivile Zwangsarbeitskräfte. Hinsichtlich der Eingruppierung in Kriegsgefangene und „Arbeiter" bleiben Fragen offen: In der Statistik vom September 1949 werden sowjetische Kriegsgefangene nicht erwähnt, obwohl andere Quellen belegen, daß diese bis Kriegsende in der Stadt eingesetzt waren. Bei den zivilen Zwangsarbeitskräften stellten Franzosen die größte nationale Gruppe (338), gefolgt von Polen (329), Russen und Ukrainern (234), Belgiern (173) und Tschechen (100).

Im Zeitraum von 1939 bis 1945 gab es in Tübingen über 30 Lager und Unterkünfte, von denen einige näher beschrieben werden können:

Das erste Lager für Kriegsgefangene richtete die Stadtverwaltung im November 1939 ein und schloß dazu mit der Universität einen Mietvertrag über Räume im früheren **Hygienischen Institut** in der **Nauklerstraße** (heute: Archäologisches Institut). Zwei Räume im Erdgeschoß waren als Nachtunterkunft für etwa 100 Gefangene bestimmt; Zimmer im Obergeschoß dienten der Unterbringung der Wachmannschaften.

Weitere Kriegsgefangenen-Lager unterhielt die Stadtverwaltung ab Dezember 1940 auf dem Gelände der **Fa. Sidler** in der **Schaffhausenstr.** 69 sowie in **Lustnau** in der **Pfrondorfer Straße**. Bis Kriegsende gab es in Tübingen insgesamt neun Kriegsgefangenen-Lager. Außer den drei bisher genannten kam das Barackenlager an der **Hechinger Straße**, vermutlich im Kreuzungsbereich mit der Stuttgarter Straße gelegen, hinzu. Das Lager an der Hechinger Straße diente zeitweise als Krankenlager, in dem 164 an Tuberkulose erkrankte russische Kriegsgefangene und – 1944 – auch italienische Militärinternierte ohne medizinische Betreuung dahinvegetieren mußten. Weitere Lager befanden sich im **Wankheimer Schießtal** unter der Herrschaft der Wehrmacht, bei der **Fa. Pflum & Kemmler**, der **Essigfabrik Gebr. Schweikhardt** und der **Fa. Gebr. Höck** in der **Reutlinger Straße**, im **Kupferhammer** bei der **Maschinenfabrik Hermann Zanker** und in **Lustnau** in der **Gastwirtschaft „Ochsen"** und bei der **Fa. Queck**. Die

Die Marquardtei in der Herrenbergstraße. Ein Stallgebäude im Hof diente zur Unterbringung ausländischer Kriegsgefangener und Zwangsarbeiter.

Kriegsgefangenen mußten für die Stadtverwaltung arbeiten – u.a. legten sie den **Lustnauer Landgraben** trocken – sowie in zahlreichen Handwerksbetrieben und Gärtnereien, in Universitätsinstituten, im Wehrmachtslazarett und bei Rüstungsbetrieben.

Als Zwangsarbeiterlager sind folgende Orte im Bereich **Weststadt**, entlang der **Reutlinger Straße**, in **Derendingen** und in **Lustnau** bekannt:

Im Dezember 1941 richtete die **Kiesbaggerei Epple** am **Stauwehr** ein erstes Lager ein. Ein weiteres, zunächst städtisches Lager befand sich in einem Stallgebäude auf dem Gelände der **Marquardtei** in der **Herrenbergstraße**; es war erst mit sowjetischen Kriegsgefangenen belegt; später wurde es von der Reichsbahn übernommen, die hier ihre zivilen russischen und ukrainischen Zwangsarbeiter unterbrachte. Insgesamt verfügte die Reichbahn in Tübingen über fünf Lager: Außer der Marquardtei waren es zwei Lager in der **Bahnhofstraße**, eines in der **Hegelstraße** und eines gegenüber dem Universitätssportplatz in der **Rottenburger Straße**. Die **Daimler-Benz AG** Werk Untertürkheim unterhielt Lager in der **Dorfackerstr.** 22 und auf den **Reutlinger Wiesen** in **Lustnau**. Zwangsarbeiter waren im Lager der **Fa. Wurster & Dietz** in **Derendingen** in der **Waldhörnlestr.** 54 untergebracht. Die **Himmelwerk AG**, eine Elektromotorenfabrik in **Derendingen**, unterhielt insgesamt vier Lager: in der **Derendinger Straße**, in der **Siebenhöferstraße**, in der **Christofstraße** und in der **Rottenburger Straße**. In der Rottenburger Straße befanden sich die Zwangsarbeiterunterkünfte in der Kantine des Sportvereins und einer bis heute erhaltenen Baracke auf den Parzellen Nr. 5491–5496. Ebenfalls in **Derendingen** richteten die **Montanwerke** in den Fabrikationsräumen der **Möbelfabrik Beck** in der **Hechinger Straße** ein Lager ein. Die **Fa. Gebr. Queck** unterhielt in **Lustnau** in der **Welzenwieler Straße** ein „Russenlager". Im „Russenlager" der **Fa. Braun & Kemmler** im **Großholz** in **Lustnau**, das aus zwei Baracken bestand, lebten außer 45 aus der Sowjetunion verschleppten Frauen und Männer auch „fünf Russenkinder". Weitere Lager unterhielten das Telegraphische Bauamt Tübingen in der **Eisenbahnstraße**, die Maschinenbaufirma Christian Majer in der **Schwarzlocherstraße**, die bereits erwähnte Maschinenfabrik Hermann Zanker am **Kupferhammer**, die Fa. Wilhelm Hahn am **Westbahnhof**, die Fa. Höck & Co und die Fa. Pflumm & Kemmler in der **Reutlinger Straße**, das Sägewerk Fritz & Sohn, die Zimmereifachschule Kress und die Otniwerke in der **Unteren Wöhrd** in **Derendingen**.

1944 wurden Zwangsarbeitskräfte verstärkt beim Bau von Luftschutzstollen und Bunkern eingesetzt. Für diese Arbeiten war allein die Stadtverwaltung zuständig. Für die Vermietung von Kriegsgefangenen zahlte die Stadt an die Kommandantur des Stalag VB Villingen insgesamt 47.297 Reichsmark; an die Gefangenen wurden davon lediglich 14.324 Reichsmark ausbezahlt, d.h. pro Mann und pro Tag etwa 40–50 Pfennige. Die Stadtverwaltung errichtete 1944 in Sulz am Neckar (s. Kr. Rottweil) in einem Gipswerk ein eigenes Lager; die dort Eingewiesenen mußten Holz für den Stollenbau in Tübingen fällen. Die Bewachung für die Arbeiten an den Stollen – „König" in der **Schwärzlocher Straße**, Polizeistollen in der **Münzgasse**, Schottei in der **Haaggasse**, Neckarhalde in der **Mühlstraße** und am **Hauptbahnhof** – übernahmen

In dieser Baracke an der Rottenburger Straße brachte die Reichsbahn tschechische Zwangsarbeiter unter. In den 80er Jahren wohnten hier Gastarbeiter.

Mitglieder der DAF, Werkschutzmänner, städtische Bedienstete und von der Stadt verpflichtete Männer. Alle wurden im Oktober 1944 angewiesen, unter keinen Umständen zu dulden, daß die Kriegsgefangenen „um Brot, Brotmarken, Geld, Rauchwaren u.ä. betteln". Wenn jedoch „die Volksgenossen aus der Nachbarschaft freiwillig den Kriegsgefangenen, um sie zur Arbeit anzuspornen, etwas geben wollen, so wird dagegen nichts eingewendet. Etwaige Gaben sind an den Wachmann auszuhändigen."

Zu den heute eingemeindeten Orten sind folgende Angaben zu machen:

Bebenhausen: Französische Kriegsgefangene hatten ihr Nachtquartier in der Kegelbahn des **Gasthauses „Hirsch"**; sie wurden zum Teil an Bauern ausgeliehen oder zu Holzarbeiten im Schönbuch eingesetzt. Polnische Zwangsarbeitskräfte waren im **Schreibturm** untergebracht.

Pfrondorf: Dreizehn französische Kriegsgefangene waren bei Landwirten, bei Schreinern und im Steinbruch eingesetzt. Ein Franzose war am 1. Dezember 1942 beim Holzfällen tödlich verunglückt. 1949 wurden seine sterblichen Überreste nach Frankreich überführt.

Unterjesingen: Neben französischen Kriegsgefangenen, die zum Teil jeden Tag vom Lager in Pfäffingen (s. Ammerbuch) nach Unterjesingen gebracht wurden, gab es insgesamt 72 polnische und russische Zwangsarbeiterinnen und -arbeiter im Dorf.

Beim Standesamt Tübingen sind insgesamt 167 Todesfälle von Kriegsgefangenen, Zwangsarbeitskräften und Kindern von Zwangsarbeiterinnen registriert. Bei 102 Verstorbenen fehlen Angaben zur Todesursache – auffällig häufig bei polnischen und aus der Sowjetunion verschleppten Personen und bei polnischen und russischen Kindern: 21 Kinder sind ohne die Angabe der Todesursache registriert. Unter den 65 Toten, bei denen Todesursachen angegeben sind, befinden sich weitere sechs Kinder, die alle im ersten Lebensjahr starben – an Ernährungsstörungen, unbehandelten Erkältungen und Entzündungen. Einige Kinder starben noch in den Monaten unmittelbar nach der Befreiung. Bei den Erwachsenen sind Erkrankungen angegeben, die alle auf die unhygienische Lagersituation, unzureichende Ernährung und äußerst mangelhafte medizinische Versorgung zurückzuführen sind. 13 ausländische Zwangsarbeiterinnen und -arbeiter wurden Opfer von Bombenangriffen, vier kamen bei Unfällen am Arbeitsplatz ums Leben und mindestens zwei – der „Ostarbeiter" Nikifor Boft, der beim Bahnbetriebswerk arbeiten mußte, und die 21jährige Hanja Dschemula aus der Gegend von Winniza, untergebracht im „Gemeinschaftslager" Lustnau – begingen Selbstmord. 34 Gräber befinden sich noch heute auf dem zur Gedenkstätte umgestalteten **Gräberfeld X**.

LITERATUR

Arbeiter**tübingen**. Zur Geschichte der Arbeiterbewegung in einer Universitätsstadt. Hg.: DGB Kreis Tübingen. 2. Auflage. Tübingen 1981

Hans-Joachim Althaus u.a.: Da ist nirgends nichts gewesen außer hier. Das „rote **Mössingen**" im Generalstreik gegen Hitler. Geschichte eines schwäbischen Arbeiterdorfes. Berlin (West) 1982

Erinnern und Gedenken. Ansprachen zur Gedenkfeier am 8. Juli 1990 für die Opfer des NS-Regimes, deren Leib nach gewaltsamen Tod in den Jahren 1933-1945 der Universität zur Verfügung gestellt wurde. Tübinger Universitätsreden Band 41. **Tübingen** 1991

Fremde Arbeiter in **Tübingen** 1939–1945. Katalog zur gleichnamigen Ausstellung. Erarbeitet von der Projektgruppe „Fremde Arbeiter" am Ludwig-Uhland-Institut für empirische Kulturwissenschaft der Universität Tübingen. Hg.: Tübinger Vereinigung für Volkskunde. Tübingen 1985

Der jüdische Friedhof **Wankheim**. Dokumentiert von Frowald Gil Hüttenmeister. Stuttgart 1995

Zerstörte Hoffnungen: Wege der **Tübinger** Juden. Hg.: Geschichtswerkstatt Tübingen. Stuttgart 1995

Helmut Hornbogen: Der **Tübinger** Stadtfriedhof. Wege durch den Garten der Erinnerung. Tübingen 1995

Peter Maier: Der Umsturz in **Kirchentellinsfurt** 1945. In: Blätter zur Heimatgeschichte von Kirchentellinsfurt Nr. 1. Kirchentellinsfurt 1996.

Nationalsozialismus im Landkreis **Tübingen**. Eine Heimatkunde. Hg.: Ludwig-Uhland-Institut, Projektgruppe „Heimatkunde im Nationalsozialismus". Tübingen 1988

Wolfgang Sannwald: Einmarsch, Umsturz, Befreiung. Das Kriegsende im Landkreis **Tübingen**. Frühjahr 1945. Herausgegeben vom Landkreis Tübingen in Zusammenarbeit mit den Städten Tübingen und Rottenburg. Tübingen 1995

Volker Schäfer (Hg.): Zeugnis für ein anderes Deutschland – Ehemalige **Tübinger** Studenten als Opfer des 20. Juli 1944. 2. erweiterte Auflage. Tübingen 1984

Bernhard Schmidt, Matthias Stelzer: Der Nazi-Herrschaft die Stirn geboten. Gottlieb Aberle – sechs Jahre im KZ und in Riedlingen erschossen. Tödliche Begegnung des **Dettenhäuser** Arbeiters mit dem späteren Konrektor Albert Schaich. In: Schwäbische Zeitung vom 22. Juli 1995

Benigna Schönhagen: Das Gräberfeld X. Eine Dokumentation über NS-Opfer auf dem **Tübinger** Stadtfriedhof. Tübingen 1987

Benigna Schönhagen: **Tübingen** unterm Hakenkreuz. Eine Universitätsstadt in der Zeit des Nationalsozialismus. Stuttgart 1991

Benigna Schönhagen (Hg.): Nationalsozialismus in **Tübingen**. Vorbei und Vergessen. Katalog zur gleichnamigen Ausstellung. Tübingen 1992

Monika Walther-Becker: Das Außenlager **Hailfingen**. In: Herwart Vorländer (Hg.): Nationalsozialistische Konzentrationslager im Dienst der totalen Kriegsführung. Stuttgart 1978 (zu **Rottenburg**)

Lilli Zapf: Die **Tübinger** Juden. 3. Auflage. Tübingen 1981

KONTAKTE

Förderverein zur Erforschung des Nationalsozialismus im Landkreis Tübingen e.V., c/o Professor Utz Jeggle, Ludwig-Uhland-Institut, Schloß, 72070 Tübingen

Fahrradtour

„Jüdisches Leben auf der Schwäbischen Alb".
Eine detaillierte Beschreibung der Tour – Ausgangs- und Endpunkt ist Tübingen – findet sich bei:
Susanne Wetterich: Davids Stern an Rhein und Neckar. Ausflüge auf den Spuren jüdischen Lebens in Baden-Württemberg. Stuttgart 1990.

Stadt Ulm

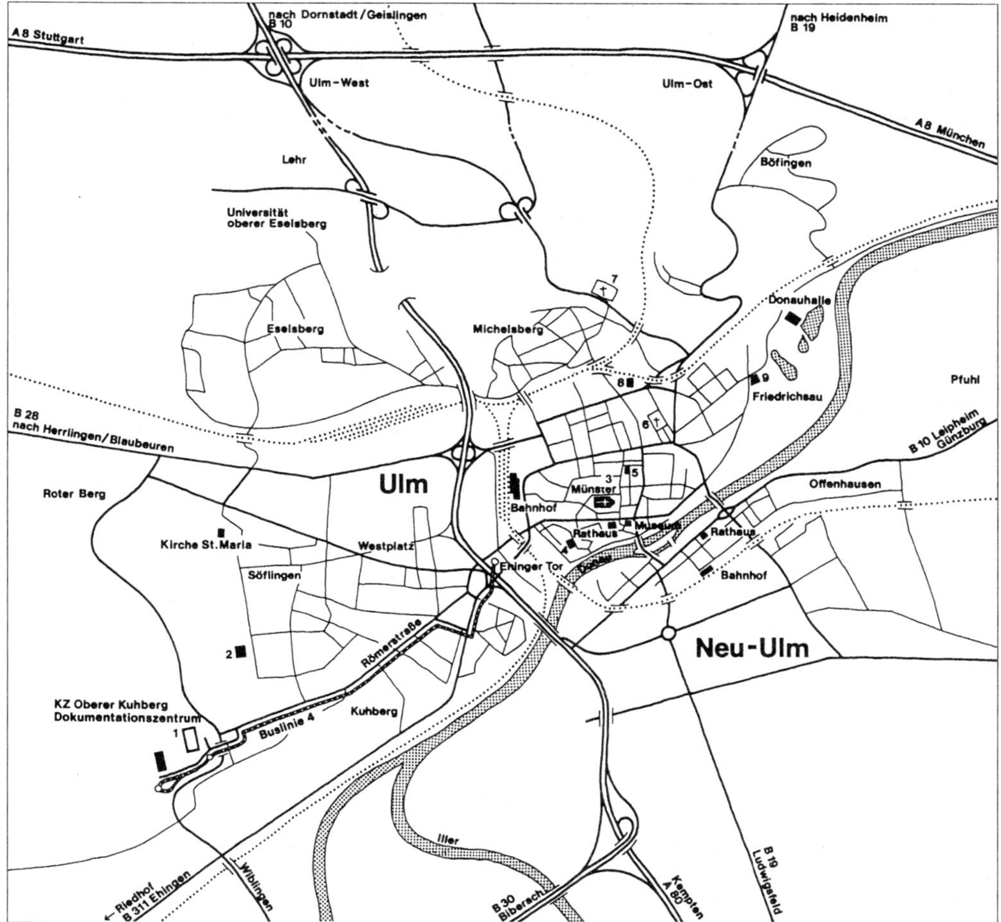

Stadtplan von Ulm:

1 KZ Oberer Kuhberg, Dokumentationszentrum
2 Außenwerk Gleiselstetten
3 Münsterplatz, Mahnmal für die Geschwister Scholl und die Widerstandsgruppe „Weiße Rose"
4 Weinhof, Mahnmal für die Opfer der Jüdischen Gemeinde Ulm und Gedenktafel für die beim Novemberpogrom 1938 zerstörte Synagoge
5 Kornhausplatz, Einsteinhaus
6 Alter Friedhof
7 Neuer Friedhof mit jüdischem Friedhof (seit 1899), Ehrenfriedhof für Opfer des Nationalsozialismus und des Krieges, Mahnmal für die sowjetischen Opfer der Zwangsarbeit
8 Ehemaliges Garnisonsgefängnis
9 Landesgefängnis

Widerstand und Naziterror

In der ehemaligen Garnisonsstadt Ulm vollzog sich mit dem Abzug des Militärs im Jahr 1919 ein tiefgreifender wirtschaftlicher und sozialer Umbruch. Ulm wurde bei den Reichstagswahlen am 14. September 1930, als die NSDAP ihren Stimmanteil von 3,1 % auf 22,2 % (Landesdurchschnitt: 9,4 %) steigern konnte und dabei vor allem Wählerinnen und Wähler aus nationalkonservativen und militaristischen Kreisen an sich zog, zu einer Hochburg des Nationalsozialismus in Württemberg.

Bei den letzten Reichstagswahlen vom 5. März 1933 lag die NSDAP mit 45 % der Stimmen um 2 % über dem Landesdurchschnitt; die DNVP bekam 11,2 % der Stimmen. Das Zentrum erhielt bei leichten Einbußen 17,8 %, die SPD konnte sich mit 15,6 % als drittstärkste Partei behaupten, während der KPD noch 5,2 % der Wahlberechtigten ihre Stimmen gaben (gegenüber 9,2 % im November 1932).

Zwei Tage später marschierten SA und SS zum Rathaus und zogen die Hakenkreuzfahne auf. Als Oberbürgermeister Dr. Emil Schwamberger seiner Amtsenthebung widersprach, besetzten SS-Formationen und Einheiten der Schutzpolizei am 17. März 1933 das **Rathaus**; Schwamberger wurde am 9. Mai 1933 entlassen und wenig später aus der Stadt gewiesen.

Die letzte, von der Eisernen Front veranstaltete Kundgebung fand am 3. März 1933 auf dem **Weinhof** statt; eine Woche später wurde die sozialdemokratische Zeitung „Donauwacht" verboten und am 25. März 1933 das **Redaktionsgebäude** in der **Sterngasse** 11, in dessen Obergeschoß sich auch das SPD-Bezirkssekretariat befand, besetzt. Kurz danach zog die NS-Zeitung „Ulmer Sturm" in das Gebäude ein. In der Nacht vom 10. zum 11. März 1933 durchsuchten SA-Hilfspolizisten Wohnungen in den Arbeitervierteln und verhafteten etwa 50 Kommunisten. Am 1. April 1933 kam der SPD-Sekretär Johannes Weißer in „Schutzhaft". Zur gleichen Zeit wurden der Arbeiter-Sportverein VfL Ulm und die „Freie Turnerschaft" zur Auflösung gezwungen und das **Naturfreundehaus** „Spatzennest" bei **Weidach** von SA besetzt. Das enteignete Haus übernahm die Hitlerjugend; später diente es auch als Wochenendhaus für lokale NS-Größen. Am 18. April 1933 erfolgte das Verbot des Volkschors „Harmonia". Am 2. Mai 1933 besetzte die SA das **Gewerkschaftshaus** im **„Mohren"** am **Weinhof** 23; bei dieser Aktion festgenommene Gewerkschaftssekretäre wurden im **Arresthaus** der Ulmer Garnison in der **Frauenstraße** 134 inhaftiert. Auf dem **Münsterplatz** fand am „Tag von Potsdam", am 22. März 1933, die erste große Militärparade statt; vier Monate später brannten hier die Bücher demokratischer, marxistischer und jüdischer Schriftsteller.

Ende August 1933 richtete die Gestapo im **Neuen Bau** auf dem südlichen **Münsterplatz** eine von zwei Außenhauptstellen in Württemberg ein; die zweite befand sich in Friedrichshafen (s. Bodensee-Kreis). Polizeidirektor war von März 1933 bis 1942 der NSDAP-Ortsgruppenleiter und SS-Brigadeführer Wilhelm Dreher, dem der gleichgeschaltete Gemeinderat bereits am 15. Mai 1933 zusammen mit Hitler und Gauleiter Murr die Ehrenbürgerwürde verliehen hatte. Nachfolger Drehers, der 1942 das Amt des Regierungspräsidenten für Württemberg-Hohenzollern übernahm, wurde der SA-Brigadeführer Erich Hagenmeyer, einer der Verantwortlichen für den außerordentlich brutalen Verlauf des Novemberpogrom 1938 in Ulm (s.u.).

Mitglieder des Kommunistischen Jugendverbandes (KJVD) verbreiteten im Sommer 1933 das „Tribunal", die im Untergrund hergestellte Zeitung der Roten Hilfe, bildeten konspirative Gruppen in Ulm, stellten Kontakte zu Gesinnungsgenossen in Oberschwaben her und erkundeten damals noch getarnte Wehrübungen auf dem Truppenübungsplatz Münsingen (s. Kr. Reutlingen). Vier junge Ulmer im Alter zwischen 17 und 27 Jahren – der Handelsschüler Ernst Bauer, der Bauschlosser Emil Thierer, der Schlosser Hans Hörmandinger und der Schreiner Karl Thierer – sowie Johann Staudthammer aus Laupheim, Xaver Schätzle aus Biberach, Willy Schlessmann aus Ravensburg, Friedrich Maier aus Blaubeuren und Heinrich Gscheidle aus Stuttgart-Bad Cannstatt standen am 17. Januar 1934 vor dem Stuttgarter Sondergericht. Dieses mußte vier Angeklagte freisprechen, die übrigen erhielten Gefängnisstrafen zwischen acht Monaten und einem Jahr. Der Leiter des KJVD, der 23jährige Zimmermann Paul Ströbel aus der **Radgasse**, wurde am 2. August 1934 zu zweieinhalb Jahren Zuchthaus verurteilt; nach dem Haftende überstellte ihn die Gestapo in das KZ Dachau.

Jakob Girr, Otto Hiller und Wilhelm Thorwarth waren in der Sozialistischen Arbeiterjugend (SAJ) aktiv und leisteten Kurierdienste für in die Schweiz geflüchtete SAP-Funktionäre. Am 28. März 1934 wurden sie vom Sondergericht Stuttgart zu Gefängnistrafen verurteilt. Am 5. November 1934 fand ein Prozeß gegen vier weitere Mitglieder der SAJ statt; einer der Verurteilten war Willi Sauter, der nach dem Ende seiner zweijährigen Zuchthausstrafe in das KZ Dachau eingeliefert wurde.

Am 16. September 1937 standen erneut Ulmer Kommunisten vor Gericht und wurden des „Hochverrats" beschuldigt. Die Gestapo war der Widerstandsgruppe um Ernst Albrecht, Otto Hornischer, Sepp Schuhbauer, Dr. Josef Stadelmann und Albrecht Vogt im Zusammenhang mit ihren Ermittlungen gegen die neuorganisierte KP-Bezirksleitung auf die Spur gekommen.

Das erste Verbot katholischer Vereine traf am 18. Januar 1934 den Arbeiterverein St. Michael. Die Konflikte zwischen NS-Staat und katholischer Kirche spitzten sich 1936 in den Auseinandersetzungen um die „deutsche" Schule zu. Der Stadtpfarrer von **Söflingen**, Franz Weiß, setzte sich mit seiner Gemeinde mutig gegen die Vereinnahmungsversuche zur Wehr und organisierte einen Schulstreik. Im September 1937 verurteilte das Sondergericht Stuttgart acht Söflinger Bürger wegen „Heimtücke" zu teils drakonischen Strafen; so erhielt ein Lehrer sechs Jahre Zuchthaus. Im Mai 1938 beherbergte Pfarrer Weiß im Söflinger **Pfarrhaus** für zwei Tage den aus Rottenburg vertriebenen Bischof Sproll (s. Kr. Tübingen); ein Jahr später, Ostern 1939, wurde er verhaftet und am 20. Juni 1939 wegen „Heimtücke und Kanzelmißbrauchs" zu einem Jahr Gefängnis verurteilt. Bei seiner Entlassung aus dem **Untersuchungsgefängnis** am **Frauengraben** im April 1940 bereitete ihm seine Gemeinde einen begeisterten Empfang, doch Gestapo-Beamten überbrachten am Ostersonntag 1940 den Ausweisungsbefehl zur „lebenslänglichen Verbannung" an den Bodensee.

Angehörige der Zeugen Jehovas mußten das Bekenntnis zu ihrem Glauben mit dem Tode bezahlen. Jonathan Stark wurde am 1. November 1944 im Alter von 18 Jahren im KZ Sachsenhausen ermordet; der Buchdrucker, der in Ulm geboren und zur Lehre gegangen war, hatte die Einberufung zum Arbeitsdienst und den Eid auf Hitler verweigert. Aus dem gleichen Grund ermordete das NS-Regime drei Mitglieder der Familie Seibold, die in **Söflingen** wohnte: Johann wurde am 11. Dezember 1940, sein Bruder Konrad am 28. März 1942 im Zuchthaus Brandenburg hingerichtet; beide waren der „Wehrkraftzersetzung" beschuldigt worden. Der Vater Konrad Seibold sen. starb am 14. April 1945 im KZ Mauthausen den Hungertod. Zwei weitere Geschwister, Josef und Barbara, überlebten mit schweren gesundheitlichen Schäden die Konzentrationslager Sachsenhausen und Ravensbrück.

„Wehrkraftzersetzung am Arbeitsplatz" war der Grund, weshalb der Sattler Otto Sauter aus Ulm am 19. April 1944 vor Gericht stand. Er wurde zum Tode verurteilt und am 5. Juni 1944 im Zuchthaus Brandenburg im Alter von 32 Jahren enthauptet.

Trotz der relativ umfangreichen Literatur zu den Geschwistern Scholl und zur „Weißen Rose" waren bis in die 80er Jahre ihre Ulmer Wurzeln weitgehend unbekannt. Ihnen ging Silvester Lechner in einem 1988 veröffentlichten Aufsatz „Die weiße Rose und Ulm" nach:

Seit 1932 lebte die Familie Scholl – Robert und Magdalena Scholl mit den Kindern Inge, Hans, Elisabeth, Sophie und Werner – in Ulm, zunächst in der **Kernerstr.** 29, ab 1933 in der **Olgastr.** 81 und ab 1939 am **Münsterplatz** 33. Weniger die Schule – Hans und Werner besuchten die Kepler-Oberschule für Jungen in der **Olgastraße**, die drei Töchter die Mädchenoberrealschule in der **Steingasse** 9 – als Elternhaus und Freundeskreise bestimmten die Entwicklung der Scholl-Kinder, die 1933 in der Stadt als begeisterte Anhänger der Hitler-Jugend bekannt und bewundert wurden. Der Vater, ein aufrechter Demokrat und von Anfang an ein offener Gegner des Nationalsozialismus, stellte sich dennoch ihren Fragen, und so kam es nicht, wie in vielen Familien jener Zeit, zum Bruch zwischen Eltern und Kindern.

Ende 1935 gründete Hans zusammen mit seinen Freund Ernst Reden, der in Ulm seinen Wehrdienst ableistete, in bewußter Abgrenzung zur HJ eine Jugendgruppe, die bündische Traditionen neubelebte und sich kritisch und selbstbewußt mit der Formierung und Militarisierung der Hitlerjugend auseinandersetzte. Hans war der erste unter den Geschwistern, der sich innerlich vom NS-System abzuwenden begann, und er ließ Bruder und Schwestern an seinen Gedanken teilnehmen. Ende 1937 wurden Inge, Sophie, Hans und Werner Scholl sowie Ernst Reden bei

Das von Otl Aicher gestaltete Denkmal für die „Weiße Rose" auf dem Münsterplatz

einer Gestapo-Aktion gegen „bündische Umtriebe" verhaftet; als letzter kam nach einige Wochen Hans frei. Der vom Amtsgericht Stuttgart gegen ihn angestrebte Prozeß wurde im Juli 1938 im Zuge einer Amnestie niedergeschlagen, doch der Freund Ernst Reden mußte für acht Monate ins Gefängnis. In dieser Zeit wurde die Familie, wie Inge Scholl schrieb, „zu einer kleinen, festen Insel in dem unverständlichen und immer fremder werdenden Getriebe".

Nach 15 Monaten Militärzeit begann Hans am 17. April 1939 mit dem Medizinstudium in München und machte dort jene entscheidenden Entwicklungen und Erfahrungen, die zu den Widerstandsaktionen der „Weißen Rose" führten. Wenige Tage nach dem Überfall auf Polen schrieb die 18jährige Sophie ihrem vier Jahre älteren Freund Fritz Hartnagel, der als Offizier in diesen Krieg zog: „Sag nicht, es ist fürs Vaterland!" Sophie blieb nach dem Abitur im Frühjahr 1940 noch ein Jahr in Ulm und ließ sich am Fröbel-Seminar in **Söflingen** zur Kindergärtnerin ausbilden. In dieser Zeit schloß sie eine enge Freundschaft mit Susanne Hirzel. Nach ihrem Examen wurde sie zum Arbeitsdienst in ein RAD-Lager in Krauchenwies (s. Kr. Sigmaringen) und zum „Kriegshilfsdienst" in einen Kinderhort in Blumberg (s. Schwarzwald-Baar-Kreis) eingezogen. Inge Scholl berichtete, daß die Familie Scholl in dieser Zeit wiederholt hektographierte Briefe im Briefkasten fand, die Auszüge aus den Predigten des Bischofs von Galen enthielten. Über Freundinnen der Mutter, Diakonissenschwester aus Schwäbisch-Hall, erfuhren sie vom Abtransport behinderter Kinder in die Tötungsanstalt Grafeneck (s. Gomadingen, Kr. Reutlingen). Im Sommer 1942 verhaftete die Gestapo Robert Scholl, der wegen antinazistischen Äußerungen denunziert worden war; das Sondergericht Ulm verurteilte ihn am 4. August 1942 zu vier Monaten Gefängnis. Nach der Entlassung im Oktober 1942 verlor er seinen Arbeit als Steuerberater im Treuhandbüro Dr. Albert Mayer. Sophie begann im Mai 1942 ihr Biologie- und Philosophiestudium in München und wurde sofort im Freundeskreis des Bruders aufgenommen.

In diesen Wochen wurden die ersten vier Flugblätter der „Weißen Rose" konzipiert, formuliert und von Juni bis Anfang Juli 1942 verschickt.

Einer der Ulmer Freunde der Geschwister Scholl, der Kunstmaler Wilhelm Geyer, erlebte die Jahre 1942/1943 in München in unmittelbarer Nähe mit. Geyer arbeitete ab November 1942 im Münchner Atelier von Manfred Eickemeyer, sah die Geschwister täglich und diskutierte mit ihnen über den Widerstand. Dennoch erfuhr er nichts von der Flugblatt- und Schablonenherstellung im Atelier, da man ihn als Vater von sechs Kindern nicht in Aktionen hineinziehen wollte. Geyer wurde am 23. Februar 1943, einen Tag nach der Hinrichtung von Christoph Probst und der Geschwister Scholl, von der Ulmer Gestapo verhaftet und bis zum Beginn des dritten „Weiße Rose"-Prozesses am 13. Juli 1943 in Haft gehalten. Das Nichtwissen schützte ihn bei der Verhandlung, und er mußte trotz Zweifel freigesprochen werden.

> „Dem Volksgerichtshof fällt auf, daß aus einer Schulklasse drei Schüler in dieser Sache erscheinen und noch weitere erwähnt wurden! Da muß etwas nicht stimmen, was am Geiste dieser Klasse liegt und was der Senat nicht allein diesen Jungen zur Last legen kann. Man schämt sich, daß es eine solche Klasse eines deutschen Humanistischen Gymnasiums gibt!"

Gemeint war das **Humanistische Gymnasium** in Ulm, das heutige **Humboldt-Gymnasium** in der **Olgastraße**, und die 16- bis 18jährigen Schüler –

Hans Hirzel, Heinrich Guter und Franz Joseph Müller – sowie die ältere Schwester von Hans Hirzel, die mit Sophie Scholl befreundete Susanne Hirzel, standen am 19. April 1943 im zweiten Prozeß gegen Mitglieder der „Weißen Rose" vor Gericht. Im Winter 1941/1942 hatte Hans Scholl mit Hans Hirzel die entscheidenden Gespräche geführt, die in die spätere Mitarbeit bei der Verbreitung der Flugblätter der „Weißen Rose" mündeten. Ende Juni 1942 bekam Hirzel das erste Flugblatt und berichtete darüber seinen Freunden; man beschloß, bei der Verbreitung zu helfen. In der ersten Januar-Hälfte 1943 brachten Sophie Scholl und Willi Graf viele hundert Exemplare der Flugblätter nach Ulm. Sie wurden in der Orgel der **Martin-Luther-Kirche** versteckt, zu der Hans Hirzel als orgelspielender Pfarrersohn Zugang hatte. Insgesamt etwa 2.000 Flugblätter wurden von Hans Hirzel und Franz Josef Müller postfertig gemacht. Beim Transport nach Stuttgart und beim Einliefern bei verschiedenen Postschaltern beteiligte sich auch Susanne Hirzel. Hans Hirzel und Franz Joseph Müller wurden zu je fünf Jahren Gefängnis verurteilt; Heinrich Guter erhielt „unter Berücksichtigung seiner Jugend" 18 Monate Gefängnis, Susanne Hirzel wurde mit sechs Monaten Gefängnis bestraft.

Am 27. Februar 1943, fünf Tage nach der Hinrichtung von Sophie und Hans, wurden Robert, Magdalena, Inge und Elisabeth Scholl in Sippenhaft genommen; der jüngste Sohn Werner mußte an die Ostfront und ist seit Sommer 1943 vermißt. Im August 1943 wurde die Familie wegen „Rundfunkverbrechen" vor Gericht gezerrt, das den Vater zu einer Gefängnisstrafe von 18 Monaten verurteilte und die Frauen als „verführte Opfer" freisprach. Im Juli 1944 verließen Magdalena, Inge und Elisabeth Scholl die Stadt, in der sie niemand mehr zu grüßen wagte, und zogen auf den „Bruderhof" bei der Wutachschlucht im Südschwarzwald.

Am **Humanistischen Gymnasium** hatte es bereits in den Jahren 1940 bis 1942 eine kleine Gruppe von systemkritischen Schülern gegeben. Heinz Brenner berichtete, wie seine Freunde und er versuchten, sich ein eigenes Bild über die Realität des NS-Regimes zu schaffen. Schlüsselerlebnisse waren: der Blick aus dem Fenster des Gymnasiums auf die **Olgastraße**, auf der ausgehungerte russische Frauen und Kinder in das Lager in der **Friedrichsau** transportiert wurden, ein Biologielehrer, dessen „Hitlergruß" man als Wegwerfgeste deuten konnte, die Gespräche von etwa 20 Schülern in der Wohnung von Pater Eisele und bei den freiwilligen Religionsstunden im **Katholischen Kaufmannsheim** in der **Glöcklerstraße**. Mit Pater Eisele wurde über die Problematik des „Führer-Eides" und über Kriegsdienstverweigerung diskutiert. Heinz Brenner zog aus diesen Gesprächen im Herbst 1944 die persönliche Konsequenz und desertierte aus Bamberg, von wo er, kaum von einer Verwundung genesen, an die Front geschickt werden sollte (s. Steinhausen an der Rottum, Kr. Biberach). Von Pater Eisele hatten die Jugendlichen 1941 auch die Predigten des Bischofs von Galen bekommen, die sie auf Matrizen abschrieben, in verschiedenen Wohnungen, u.a. im Haus der Familie Vidal in **Oberelchingen**, vervielfältigten und an ausgewählte Adressen in Ulm verschickten. Um der Gestapo keinen Anhaltspunkt zu geben, warfen sie die Briefe in Stuttgart in Briefkästen.

Die Jugendlichen nahmen auch Kontakt zu Zwangsarbeiterinnen im **Lager Gänswiese** auf (s.u.).

Untersuchungen zu den Ulmer Gefängnissen stehen noch aus:

Im **Landesgefängnis** in der **Talfinger Straße** 30 mußten zahlreiche aus politischen Gründen Verurteilte und andere Opfer der NS-Justiz ihre Strafen verbüßen. In den Kriegsjahren war das Landesgefängnis, das seit 1938 der Reichsjustiz-Verwaltung unterstellt war, dermaßen überfüllt, daß Außenstellen in Bettenreute bei Fronhofen und im Langenauer Ried eingerichtet wurden.

Das **Gerichts-** und **Untersuchungsgefängnis** lag hinter dem Land- und Amtsgericht im **Frauengraben** 4; im Innenhof fanden Hinrichtungen mit dem Fallbeil statt; über die Anzahl und die Opfer ist bisher nichts bekannt.

Im **Land-** und **Amtsgericht** tagte mehrfach das Stuttgarter Sondergericht unter seinem berüchtigten Vorsitzenden Cuhorst.

In der **Griesbadgasse** 17 befand sich das **Polizeigefängnis**, in dem beim Novemberpogrom 1938 die Ulmer Juden vor ihrem Abtransport in das KZ Dachau eingesperrt wurden (s.u.).

Von Mai 1933 bis November 1933 diente das **Garnisonsgefängnis** in der **Frauenstraße** 134 als „Schutzhaftlager" für etwa 60 Gefangene, die teils in Ulm bzw. in Neu-Ulm festgenommen worden waren, teils vom KZ Heuberg (s. Stetten a.k.M., Kr. Sigmaringen) zum „verschärften Arrest" nach Ulm gebracht wurden. Sie wurden im November 1933 in das neu errichtete KZ im **Fort Oberer Kuhberg** überstellt (s.u.).

In den Kriegsjahren fanden in dem Gebäude Kriegsgerichtsverhandlungen gegen Wehrmachtsangehörige statt, denen Desertion, „Wehrkraftzersetzung" und ähnliches zur Last gelegt wurde. Dieser Komplex der Ulmer Militärgeschichte ist noch nicht erforscht. Nach dem gescheiterten Attentat auf Hitler wurden zehn in der „Aktion Gitter" Ende August 1944 festgenommene ehemalige Abgeordnete der Arbeiterparteien und des Zentrums im Garnisonsgefängnis inhaftiert, unter ihnen die Zentrumspolitiker Spindler, Wiedemeier und Witzigmann, die Sozialdemokraten Weißer, Gerlinger und Henle und der Kommunist Georg Siegwarth. Von Johannes Weißer ist bekannt, daß er im Spätsommer 1943 bei einem heimlichen Besuch von Paul Severing in Ulm über das geplante Attentat auf Hitler informiert wurde. Ein von 1934 bis 1940 in Ulm stationierter Offizier, der Oberst im Generalstab Eberhard Finckh, gehörte zum Widerstandskreis des 20. Juli. Finckh wurde am 30. August 1944 in Berlin-Plötzensee hingerichtet.

Auf dem **Hauptfriedhof** befindet sich unweit der Einsegnungshalle ein Mahnmal für die aus politischen und rassistischen Gründen Verfolgten:

> „Viele hundert Ulmer Bürger wurden schuldlos
> als Opfer unmenschlicher Herrschaft
> geknechtet, geschändet, gemordet.
> 1933-1945
> Besinnt Euch, Ihr Lebenden"

Nur kurze Zeit stand in der **Oberen Donaubastion** ein im September 1989 enthülltes **Mahnmal** zum Gedenken an die Deserteure der deutschen Wehrmacht.

Die von der Bildhauerin Hannah Stütz-Mentzel als „Kettenreaktion" gestaltete Plastik trägt als Widmung ein Zitat von Kurt Tucholsky:

> „Hier lebte ein Mann,
> der sich geweigert hat,
> auf seine Mitmenschen zu schießen.
> Ehre seinem Andenken."

Das Mahnmal wurde bald darauf aufgrund eines Beschlusses des Ulmer Stadtrats entfernt und befindet sich heute auf einem der Öffentlichkeit nicht zugänglichen Privatgrundstück.

„Rassische" Verfolgung und „Euthanasie"

Nach den Verfolgungen im Mittelalter ließen sich jüdische Kaufmannsfamilien erst um 1840 wieder in Ulm nieder. 1873 feierte die damals rund 600 Mitglieder zählende **Jüdische Gemeinde** die Einweihung ihrer im maurischen Stil erbauten **Synagoge** am **Weinhof**; bis dahin hatten die Gottesdienste in einem Betsaal im **Gasthaus „Zum Schwanen"** stattgefunden. In der Nachbarschaft der Synagoge, am **Weinhof** Nr. 2, standen **Rabbinat** und **Gemeindehaus**. Als im Frühjahr 1936 etwa 35 jüdische Schülerinnen und Schülern von den Schulen gewiesen wurden, richtete die Gemeinde ab Ostern 1936 bis zum November 1938 im Gemeindehaus eine **Jüdische Volksschule** ein; die von Höheren Schulen ausgeschlossenen Schülerinnen und Schüler besuchten das Jüdische Landschulheim Herrlingen (s. Blaustein, Alb-Donau-Kreis).

Bereits 1857 war vor dem **Frauentor** ein **Jüdischer Friedhof** angelegt worden, der bald zu klein wurde. Dieser Friedhof wurde in der NS-Zeit mehrfach geschändet und 1943 aufgelöst; nach 1945 integrierte man das Gelände in eine **Grünanlage** an der **Frauenstraße** und errichtete dort 1987 ein **Mahnmal**. 1899 erhielt die Jüdische Gemeinde eine Abteilung des Städtischen Friedhofes an der **Stuttgarter Straße** als Begräbnisstätte zugewiesen; dieser **Neue Jüdische Friedhof** wird bis heute genutzt.

Um 1933 lebten rund 530 jüdische Bürgerinnen und Bürger in der Stadt. Die meisten jüdischen Geschäfte lagen am **Münsterplatz** und in den umliegenden Straßen. Direkt am Münsterplatz gab es das Konfektionshaus Bernheimer, das Weiß- und Wollwarengeschäft Henle, das Schuhhaus Polaschek und das Konfektionsgeschäft Weglein. In der **Langen Straße** befanden sich das Herrenbekleidungsgeschäft Erlanger, das Wäschegeschäft Adolf Moos, die Tuchhandlung Samuel Strauß, das Kaufhaus Tietz, das Kaufhaus Wohlwert, die Schuhgeschäfte Pallas und Prophet sowie die Kanzlei des Rechtsanwaltes Salomon Moos. Mit dem Boykott vom 1. April 1933 begann die wirtschaftliche Diskriminierung der jüdischen Kaufleute. Die Stadtverwaltung betrieb eine aktive Vertreibungspolitik, indem sie u.a. Mietverträge kündigte und jüdische Geschäftsinhaber von der Liste der städtischen Lieferanten strich. Zu Beginn des Jahres 1939 gab es in Ulm kein jüdisches Unternehmen mehr, die Zahl der jüdischen Bürgerinnen und Bürger war auf 153 gesunken.

Bereits am 18. März 1933 war der Direktor des **Ulmer Museums** in der **Taubengasse**, Julius Baum, vom Dienst suspendiert worden. Zum 30. November 1933 wurde Baum, der nicht nur einer der besten Kenner der alten schwäbischen Kunst war, sondern auch eine bedeutende Galerie moderner Kunst aufgebaut hatte, wegen seiner „jüdischen Abstammung und kulturbolschewistischen Kunstgesinnung" endgültig entlassen. Im Oktober 1937 ließ eine Kommission der Reichskulturkammer von ihr als „entartet" erklärte Kunstwerke aus dem Ulmer Museum entfernen; der Großteil wurde wohl im März 1939 in Berlin verbrannt.

Von der reichsweiten Polizeiaktion am 27./28. Oktober 1938, bei der Juden mit polnischer Staatsangehörigkeit über die Grenze nach Polen abgeschoben wurden, waren in Ulm die Familien Brumlik, Choze, Fränkel, Karnowski, Klappholz und Krippel betroffen. 23 der Ausgewiesenen verloren ihr Leben in einem Vernichtungslager.

In den frühen Morgenstunden des 10. November 1938 stand die **Synagoge** am **Weinhof** in Flammen. Wie beim Prozeß gegen die Brandstifter im Dezember 1946 rekonstruiert wurde, hatte der NSDAP-Kreisleiter Eugen Maier und der SA-Brigadeführer Erich Hagenmeyer den Befehl dazu gegeben und angeordnet, daß die SA-Standarte 120 sich in Zivilkleidung an bestimmten Sammelplätzen rund um den Weinhof einzufinden habe.

Im Urteil des Landgerichts Ravensburg sind die folgenden Geschehnisse beschrieben:

> „Auf dem **Weinhof** versammelte sich nun im Laufe der Zeit eine Menschenmenge von mehreren hundert Köpfen. Die Synagoge wurde erbrochen und an mehreren Stellen gleichzeitig in Brand gesteckt, sodaß sie schließlich völlig ausbrannte ... Auf Befehl der Leiter der Kundgebung wurden einzelne der Beteiligten teils zu Fuß, teils mit Kraftwagen weggeschickt, um die meisten der in Ulm wohnhaften männlichen Juden herbeizuholen unter dem Vorwand, sie müßten die in Brand geratene Synagoge löschen. Bei der Ankunft auf dem Weinhof wurden dann die Juden sofort von der tobenden Menge in Empfang genommen und gezwungen, einzeln oder auch zu zweien in den Brunnentrog (des **Christopherus-Brunnen**, Vf.) hineinzusteigen. Dort wurden sie im Kreis herumgetrieben und von der den Brunnentrog dicht gedrängt umstehenden Menge in der übelsten Weise geschlagen. Wenn die Mißhandelten dem Zusammenbrechen nahe waren, ließ man sie aus dem Brunnen wieder heraussteigen, worauf sie von bereitstehenden Polizeibeamten in Schutzhaft abgeführt wurden."

Bis zu ihrem Abtransport in das KZ Dachau am 11. November 1938 wurden 29 Männer aus Ulm, 19 aus Laupheim (s. Kr. Biberach) und acht aus Buttenhausen (s. Münsingen, Kr. Reutlingen) in das **Polizeigefängnis** in der **Griesbadgasse** gesperrt. Julius Barth starb am 24. Dezember 1938 im KZ Dachau an den Folgen der Mißhandlungen.

Mit dem „Gesetz über die Mietverhältnisse der Juden" vom 30. April 1939 wurden die noch in Ulm verbliebenen Jüdinnen und Juden aus ihren Wohnungen vertrieben und in „Judenhäusern" konzentriert; diese befanden sich u.a. in der **Ensinger Straße** 3, der **Neutorstraße** 1 und 15, der **Schuhhausgasse** 9, der **Beyerstraße** 54 und am **Weinhof**. Ende 1939 zählte man 46 Familie mit etwa 115 Personen, die unter äußerst bedrängten Verhältnissen in diesen Häusern leben mußten.

Noch im November 1938 ließ die Stadtverwaltung die Grundmauern der zerstörten Synagoge am Weinhof abtragen.

In vier Transporten wurden Ulmer Jüdinnen und Juden in die Vernichtungslager deportiert:

Unter den rund 1.000 Menschen, die am 1. Dezember 1941 in das KZ Riga verschleppt wurden, befanden sich 20 Personen aus Ulm; es waren Mitglieder der Familien Barth, Fränkel, Harburger, Hilb, Hommel, Kahn, Mayer, Neuburger, Schulmann und Steiner.

Der zweite Transport von 14 Ulmer Jüdinnen und Juden, unter ihnen Mitglieder der Familien Böhm, Gump, Harburger, Hirsch, Honold, Moos, Nathan, Robert und Stern, der am 26. April 1942 Ulm verließ, hatte das Lager Izbica in der Nähe des Vernichtungslagers Majdanek zum Ziel. Wie beim ersten Transport wurden die Verhafteten zuerst in das **Schwörhaus** gebracht, dort auf bürokratischem Weg ihres Vermögens beraubt, und dann in das Sammellager auf dem Stuttgarter Killesberg gebracht.

Im Juni 1942 erfolgten „zur Entlastung des Wohnungsmarktes" Zwangsumsiedlungen von 45 überwiegend alten Menschen in die „Jüdischen Altersheime" in Oberstotzingen (Kr. Heidenheim, Baden-Württemberg I), Dellmensingen (s. Erbach, Alb-Donau-Kreis), Laupheim (s. Kr. Biberach), Tigerfeld (s. Kr. Reutlingen) und Herrlingen (s. Blaustein, Alb-Donau-Kreis), die die Funktion von kurzfristigen Sammellagern vor der Deportation hatten. Von dort mußten sie im August 1942 den Weg in das KZ Theresienstadt antreten. Von den Deportierten überlebten allein Sigo und Resi Weglein, deren Aufzeichnungen „Als Krankenschwester im KZ Theresienstadt" 1988 von Silvester Lechner und Alfred Moos herausgegeben wurden.

Am 1. März 1943 wurden die fünf letzten jüdischen Bürger Ulms, die nicht in einer zu diesem Zeitpunkt noch „privilegierten Mischehe" lebten, nach Auschwitz deportiert. Einige Partner und Kinder aus „Mischehen" kamen im Oktober 1944 zum „geschlossenen Arbeitseinsatz" nach Leimbach im Harz, wo sie in einem Bergwerk, dem „Schacht Freies Leben", unterirdische Produktionsräume für einen Rüstungsbetrieb bauen mußten. Noch im Februar 1945 wurden David Eis, bis dahin durch seine Ehe mit einer Christin

Das von Michael Croissant geschaffene Mahnmal für die 116 ermordeten Ulmer Jüdinnen und Juden auf dem nördlichen Weinhof.

geschützt, und der 17jährige Heinz Körner, nach den rassistischen NS-Kriterien ein „Mischling 1. Grades" in das KZ Theresienstadt verschleppt; beide konnten überleben.

Von den ins Ausland geflüchteten Ulmer Jüdinnen und Juden – es waren insgesamt 332 Personen – wurden Ernst und Johanna Ullmann geb. Nathan, ihre Tochter Leonore und Robert Ullmann, ein Bruder von Ernst, 1943 in den Niederlanden verhaftet und in das KZ Bergen-Belsen deportiert; dort verlieren sich ihre Spuren.

An den berühmteen Sohn der Stadt Ulm, den Physiker und Nobelpreisträger Albert Einstein, erinnert eine von dem Bildhauer Max Bill geschaffene **Stele** vor seinem im 2. Weltkrieg zerstörten Geburtshaus in der **Bahnhofstraße** 20. Die 1922 nach ihm benannte **Einstein-Straße** in **Söflingen** war am 21. März 1933 in Fichtestraße umbenannt worden war und erhielt erst nach Kriegsende ihren Namen wieder. An Einstein erinnern ferner das **Einstein-Haus** der Volkshochschule sowie eine Büste im **Behördenhaus** in der **Zeughausgasse**.

Im **Ulmer Münster** befinden sich steinerne Zeugen der jüdischen Geschichte Ulms: In der **Bauhütte** werden Grabsteine des mittelalterlichen Jüdischen Friedhofes aufbewahrt; der Weihestein zur Grundsteinlegung des Münsters von 1377 – heute im **Ulmer Museum** – ist ein Grabstein von diesem Friedhof. Die **Prophetenfigur Jeremias** des Steinmetzen Karl Federlin am zweiten Nordpfeiler im Hauptschiff war 1877 von der Jüdischen Gemeinde Ulm anläßlich des 500. Jubiläums der Grundsteinlegung gestiftet worden. 1933/1934 wurde die Widmungsinschrift entfernt und erst 1977 wieder angebracht. Seit 1986 erinnert das von Hans Gottfried Stockhausen geschaffene **„Israelfenster"** im westlichen Teil des Südschiffes an den Holocaust und die Rettung des jüdischen Volkes im Staat Israel.

Die Verfolgung von Ulmer Sintifamilien ist noch nicht erforscht. Im Gedenkbuch der Sinti und Roma fanden wir vier Namen:

Der in **Ulm** geborene Willy Eckstein war elf Jahre alt, als er am 18. März 1943 mit seinem Vater Karl, den Brüdern Karl, Jg. 1934, und Anton, Jg. 1929, und den Schwestern Regina, Jg. 1928, und Margot, Jg. 1930, in das Vernichtungslager Auschwitz-Birkenau eingeliefert wurde. Bis zum 30. Dezember 1943, dem Todestag der dreizehnjährigen Margot, waren der Vater und alle Geschwister den auf Vernichtung zielenden Lebensbedingungen im „Zigeunerlager" erlegen – mit einer Ausnahme: Zu Anton überliefert das Gedenkbuch kein Todesdatum. Es ist möglich, daß der damals 15jährige Junge kurz vor der Ermordung aller Lagerinsassen in der Nacht des 2. August 1944 zur Zwangsarbeit selektiert wurde, doch es könnte auch sein, daß er zu den in dieser Nacht ermordeten 2.897 Kindern, Frauen und Männer gehörte.

In einem Transport, der am 27. März 1943 in Auschwitz-Birkenau eintraf, befand sich die am 14. März 1916 in **Ulm** geborene Maria Reinhardt mit ihren Töchtern, der achtjährigen Emma und der sieben Jahre alten Rita. Die beiden Kinder waren in Freiburg zur Welt gekommen (s. Stadt Freiburg). Die letzte Nachricht, die das Gedenkbuch übermittelt, ist die Überstellung von Frau Reinhardt und ihren Kindern in das Frauenlager Auschwitz.

Anna Reinhardt, 1920 in **Ulm** geboren, wurde am 14. Dezember 1943 in Auschwitz-Birkenau eingeliefert zusammen mit ihrer acht Monate alten Tochter Bianca, die in Karlsruhe zur Welt gekommen war. Das Gedenkbuch enthält keine Todesdaten.

Am 12. Mai 1944 traf ein Kindertransport in Auschwitz-Birkenau ein. Die Mädchen und Jungen hatten bis dahin in verschiedenen Heimen gelebt, nachdem ihre Eltern verhaftet und in Konzentrationslager verschleppt worden waren. Ihre letzte Station vor der Fahrt in den Tod war die St. Josefspflege in Mulfingen (Kr. Hohenlohe, Baden-Württemberg I) gewesen, wo die Kinder der „Zigeunerexpertin" Dr. Eva Justin als Anschauungsmaterial für ihre rassistischen Forschungen dienen mußten. Das jüngste Kind in diesem Transport war der am 29. August 1941 in **Ulm** zur Welt gekommene Heinz Winter. Der kleine Junge wurde vermutlich in der Nacht des 2. August 1944 ermordet, wenn er nicht bereits vorher einer der grauenvollen Mordaktionen der SS zum Opfer gefallen ist (s. auch Ravensburg, Kr. Ravensburg, und Tübingen, Kr. Tübingen).

Dem „Gesetz zur Verhütung erbkranken Nachwuchses", jenem zentralen Pfeiler des eugenischen Rassismus, fielen von 1933 bis 1944 in der Region Ulm 1.155 Frauen und Männer zum Opfer. Das „Erbgesundheitsgericht" befand sich im **Land- und Amtsgericht** in der **Olgastraße** 106; es verhandelte über die vom **Gesundheitsamt** in enger Zusammenarbeit mit dem **Fürsorgeamt** gestellten Anträge auf Zwangssterilisierung, ohne daß die Betroffenen eine Chance des Einspruchs gehabt hätten. Die Eingriffe wurden im **Städtischen Krankenhaus** vorgenommen.

Eine der wenigen Stimmen, die sich gegen das „Gesetz zur Verhütung erbkranken Nachwuchses" erhoben, gehörte dem an der Theologischen Hochschule im Kloster Beuron lehrenden Pater Franziskus Deininger, der in **Ulm** geboren und aufgewachsen war. In seiner Abhandlung „Sterilisierung und Seelsorge" setzte er sich mit den gängigen Begründungen auseinander: Von allen Argumenten, die von den Befürwortern der Zwangssterilisierungen vorgebracht würden, sei das „auf die dadurch möglichen Ersparnisse das sittlich minderwertigste".

Unter den von der Zwangssterilisation Betroffenen befanden sich auch Bewohnerinnen und Bewohner der **Landesfürsorgeanstalt Riedhof**. Bei der „Aktion T4" in den Jahren 1940/1941 wurden aus dieser Anstalt mindestens 55 Menschen abgeholt und in der Tötungsanstalt Grafeneck ermordet (s. Gomadingen, Kr. Reutlingen). Es waren Frauen und Männer aus der „Schwachsinnigen-Abteilung"; im Jahresbericht 1941/1942 heißt es weiter, daß die „noch in der Anstalt befindlichen Schwachsinnigen, welche zu keiner Arbeit herangezogen werden können", in die Anstalt Zwiefalten (s. Kr. Reutlingen) verlegt wurden. Über das weitere Schicksal dieser 19 Männer und sechs Frauen ist noch nichts bekannt.

1943 wurde der Riedhof mit alten, zum größten Teil pflegebedürftigen Menschen belegt, die aus dem Bürgerhospital in Stuttgart und, nach dem Luftangriff im Dezember 1944 auf Ulm, aus dem **Ulmer Bürgerhospital** kamen. Vorübergehend beherbergte die Anstalt auch 75 alte, aus dem Rheinland evakuierte Frauen und Männer. Die extrem reduzierte Pflege und Ernährung sowie eine Ruhrepidemie führten 1944/1945 zu einem starken Anstieg der Todesfälle:

Waren bis zu diesem Zeitpunkt durchschnittlich 20 bis 30 Menschen in der Anstalt gestorben, wurden 1944 76 und 1945 120 Todesfälle registriert. Die Landesfürsorgeanstalt Riedhof wurde 1974 in das neuerrichtete Behindertenheim „Tannenhof" in **Wiblingen** überführt, ihre völlig heruntergekommenen Gebäude dienen heute der Caritas als Möbellager und als Obdachlosenunterkunft.

Auf dem **Marktplatz** wurde im Sommer 1940 einer jungen Frau aus Böhmenkirch (Kr. Göppingen, Baden-Württemberg I) auf einem eigens errichteten Schaugerüst die Haare geschoren. Ein in der NS-Zeitung „Ulmer Sturm/Ulmer Tagblatt" veröffentlichtes Foto zeigt eine riesige Menge von Zuschauerinnen und Zuschauern, auf deren Gesichtern sich Häme, Spott und Verachtung für die „Ehrlose" spiegeln. Die Neunzehnjährige hatte sich in einen französischen Kriegsgefangenen verliebt und erwartete ein Kind; damit hatte sie „das gesunde Volksempfinden aufs gröblichste verletzt" und gegen die rassistischen Gesetze, die Kontakte zu Kriegsgefangenen und „Fremdvölkischen" unter drakonische Strafen stellten, verstoßen. Nach der öffentlichen Demütigung wurde sie zu einem Jahr Zuchthaus verurteilt; über das Schicksal des jungen Franzosen ist bisher nichts bekannt.

Konzentrationslager und Zwangsarbeit

Das **Konzentrationslager Oberer Kuhberg** wurde im November 1933 im südlich von **Söflingen** gelegenen **Fort Oberer Kuhberg** eingerichtet. Ein Vorkommando von Häftlingen aus dem KZ Heuberg (s. Stetten a.k.M., Kr. Sigmaringen) mußte das von Mauern und Wällen umgebene Festungswerk zusätzlich mit einem Stacheldrahtzaun umgeben, um das Lager absolut „ausbruchsicher" zu machen. Ende November 1933 trafen die ersten Gefangenen vom Heuberg und aus dem Ulmer **Garnisonsgefängnis** ein. Fred Rieckert, ein Kommunist aus Esslingen, beschrieb die Ankunft:

> „Vor Entsetzen schaudernd und fassungslos ließen wir beim Einzug unser bißchen Habe aus den Händen gleiten ... In unterirdischen Laufgräben mit kleinen Nebengelassen, die tief in den Berg hinein- und hinunterführten, wurden wir untergebracht. An den Gewölben hingen Eiszapfen und Spinnengewebe. Der Boden war gestampftes, unebenes Erdreich; feucht, kalt und schauerlich waren die 'Kasematten'. Kein Tageslicht, kein Fenster gab es, nur vereinzelt Schießscharten, die früher den äußeren Festungsgürtel beschirmten."

Die **Kasematten** sind etwa 100 Meter lange Gänge, die sich zur Grabenseite hin in 16 Nischen öffnen. In den Nischen standen damals notdürftig zusammengezimmerte Brettergestelle, die mit Strohsäcken und Decken versehen als Nachtlager dienten. Jeweils zwischen zwei Nischen gab es einen „Aufenthaltsraum" mit Tischen und Bänken, wo auch das Essen eingenommen werden mußte. In der ersten Zeit hatten die Gefangenen nur Kerzen als Beleuchtung, später verlegten fachkundige Häftlinge eine provisorische Lichtleitung. In einem Teil der Kasematten gab es Rauchabzüge; hier konnte, wenn etwas Holz oder Kohle vorhanden war, geheizt werden. Dennoch blieben die Räume auch im Sommer kalt und feucht. Eine weitere Häftlingsunterkunft war der **„Zeppelinbau"**. Dieser fensterlose, hallenförmige Raum war mit etwa 40 Holzrosten vollgestellt und nur am vorderen Ende mit

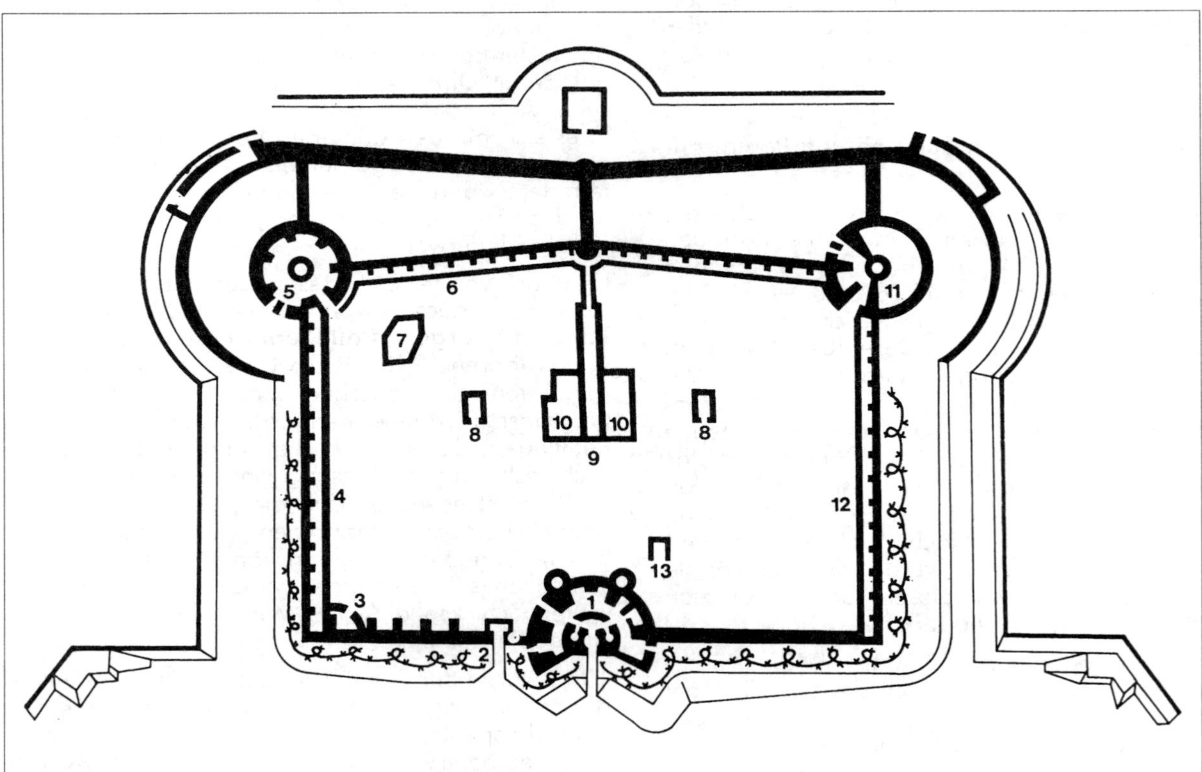

Plan des Forts Oberer Kuhberg während seiner Nutzung als Konzentrationslager (November 1933 bis Juli 1935):

1 Kommandantur im Reduitgebäude; 2 Lagereingang für KZ-Gefangene; 3 Zugang Kasematten; 4 Kasematten Stufe III; 5 Aufenthaltsturm für Wachmannschaften; 6 Gefangenenräume Stufe II; 7 Revier mit drei Betten; 8 Strafbunker im Artillerie-Beobachtungsstand; 9 „Zeppelinbau"; 10 Schneider- bzw. Schusterwerkstatt; 11 Küchenturm; 12 Gefangenenräume Stufe III; 13 Brunnen.

einer Glühbirne beleuchtet. Die hygienischen Verhältnisse waren äußerst unzureichend: Wasser mußte in Blechkannen geholt werden, lediglich am äußersten Ende in den südlichen Kasematten gab es eine kleine Latrine. Ein „Krankenrevier" befand sich in der südlichen Ecke des Innenhofs in einer ehemaligen Wurfbatterie. Nässe, Kälte, Enge, Dunkelheit und Schmutz machten den Gefangenen die Haft zur Qual.

Bevor die Gefangenen in den Kasematten lebendig begraben wurden, wurden sie im **Artillerieunterstand Gleiselstetten**, in etwa 1.500 Meter Entfernung in Richtung **Söflingen** gelegen, in Empfang genommen. Im Inneren des kleinen Forts, von den Häftlingen „Panzerkreuzer" genannt, waren acht Räume, jeder sechs Meter lang und fünf Meter breit und mit an Ketten übereinander befestigten Pritschen ausgestattet. Zudem gab es eine Arrestzelle ohne jegliches Tageslicht; sie war so eng, daß der Gefangene darin Tag und Nacht stehen mußte. Das Fort Gleiselstetten war der Schauplatz besonders brutaler Empfangsrituale. Wilfried Acker, vor 1933 Leiter des KP-Unterbezirks Schwenningen-Rottweil, war am 10. März 1933 in Stuttgart verhaftet worden und kam vom Heuberg in das KZ Oberer Kuhberg. Er schrieb über die Eingangsstufe:

> „In der Stufe E war folgendes an der Tagesordnung: In einem zementierten Vorraum wurde ein Tisch in der Mitte aufgestellt. Die Häftlinge mußten der Reihe nach immer wieder auf allen Vieren unter dem Tisch hindurchkriechen, vorn und hinten und links und rechts stand je ein SA-Mann mit einem Kabelende oder sonst einem Knüppel in der Hand. Von dem Moment an, wo sich der Häftling bückte, um unter dem Tisch hindurchzukriechen, schlugen SA-Leute mit dem Kabelende auf ihn ein, am anderen Ende des Tisches wurde er von den dortigen SA-Leuten in derselben Weise empfangen."

In ähnlicher Weise verlief die Folter im Wassergraben, durch den der neuangekommene Häftling kriechen mußte, ohne den Kopf über den Rand zu heben. Währenddessen schütteten SA-Leute eimerweise Wasser in den Graben, so daß der Häftling unwillkürlich den Kopf hob, um nicht zu ertrinken. Diesen Moment paßten andere SA-Leute ab und prügelten auf den Kopf des Gefangenen ein.

Wer die Eingangsstufe hinter sich hatte, wurde in eine der drei Häftlingsstufen eingeteilt. Stufe I galt für Häftlinge, die sich in den Augen der Gestapo „auf dem Wege der Besserung" befanden und kurz vor der Entlassung standen; Häftlinge der Stufe I lebten im **„Zeppelinbau"**. In Stufe II, untergebracht in den **westlichen Kasematten**, wurden Funktionäre der Arbeiterparteien und der Gewerkschaften eingeordnet, denen keine konkrete Tat vorgeworfen werden konnte. Stufe III bekamen leitende Funktionäre oder Personen, denen bestimmte Aktivitäten nachgewiesen wurden. Für sie galten die schärfsten Haftbedingungen: Sie wurden in den **Kasematten** im unteren Gang gefangengehalten, wo es kein Licht gab, sie durften nur einmal im Monat einen Brief schreiben und keine Pakete empfangen. Die gefürchteten Bettenkontrollen, die Kleider- und Eßgeschirrappelle fanden hier besonders häufig statt. Zu den zusätzlichen Schikanen gehörte auch, daß die Häftlinge der Stufe III nur mit Erlaubnis austreten durften.

Häftlinge der Stufen I und II wurden zur Arbeit abkommandiert. Im Bereich des **Forts Oberer Kuhberg** gab es Schneider- und Schusterwerkstätten, beide im linken bzw. rechten Seitenraum des **„Zeppelinbaus"**. Weitere Arbeitskommandos waren im Kohlenlager, im Proviantlager, in der Küche und am **Brunnen**, dessen handbetriebene Hebelpumpe sich in einem engen Loch befand. Lange Zeit mußten die Invaliden Kurt Schumacher und Ludwig Herr, die beide nur einen Arm hatten, die Pumpe bedienen. Außerhalb des Lagers gab es kräftezehrende Arbeitseinsätze im **Steinbruch Oberer Eselsberg** und im **Schirrhof**, dem Festungsbauhof dicht an der kleinen Donau in Neu-Ulm.

Die Kommandantur befand sich im **Reduitgebäude**; hier lag im ersten Obergeschoß das Büro des Kommandanten Karl Buck, der bereits im KZ Heuberg eine außerordentlich brutale Herrschaft entfaltet hatte. Stellvertreter Bucks war der SA-Mann Hermann Eberle, „einer der brutalsten, und wie könnte es anders sein, einer der dümmsten Schläger" (Wilfried Acker). Nach der Schließung des KZ Oberer Kuhberg setzten beide ihre KZ-Karrieren in Welzheim (Rems-Murr-Kreis, Baden-Württemberg I) fort. Buck wurde 1941 Kommandant des KZ Schirmeck im besetzten Elsaß, während Eberle nun als Kommandant in Welzheim blieb. Nach Kriegsende wurde Karl Buck von britischen und französischen Militärgerichten dreimal zum Tode und einmal zu lebenslänglicher Haft verurteilt. 1955 wurde er in Frankreich begnadigt und in die Bundesrepublik abgeschoben, wo er bis zu seinem Tode 1977 unbehelligt in Rudersberg lebte, nachdem Bemühungen ehemaliger Häftlinge, ihn wegen Verbrechen, begangen in den Lagern Heuberg, Kuhberg und Welzheim, vor Gericht zu bringen, erfolglos blieben. Eberle wurde von einem britischen Militärgericht wegen der Erschießung eines englischen Gefangenen zu 13 Jahren Gefängnis verurteilt. Er erhängte sich im Oktober 1949 nach Beginn seiner Spruchkammer-Verhandlung im Schorndorfer Gefängnis.

Im Zuge der offenen Kriegsvorbereitung und der Einführung der allgemeinen Wehrpflicht forderte die Wehrmacht im März 1935 das Fort Oberer Kuhberg zurück. Bei der Schließung des KZ am 11. Juli 1935 kamen die letzten Gefangenen, zwischen 30 und 50 Männer, in das KZ Dachau.

Unter den nach Dachau überstellten Häftlingen befanden sich Kurt Schumacher und Ludwig Herr:

Der SPD- Landtags- und Reichstagsabgeordnete Kurt Schumacher (1895–1952) war am 6. Juli 1933 in Berlin verhaftet und auf Verlangen von Reichsstatthalter Wilhelm Murr nach Württemberg ausgeliefert worden. Vom Heuberg kam er im Dezember 1933 in das KZ Oberer Kuhberg, wo er als Häftling der Stufe III besonderen Schikanen ausgesetzt wurde. Schumacher blieb bis zum 16. März 1943 im KZ Dachau gefangen – mit zwei Unterbrechungen: 1939 wurde er für sechs Wochen zum Verhör in das SS-Reichssicherheitshauptamt nach Berlin gebracht und 1939/1940 bei der vorübergehenden Schließung Dachaus in das KZ Flossenbürg. Nach dem gescheiterten Attentat auf Hitler wurde er am 24. August 1944 erneut verhaftet und über einen Monat im KZ Neuengamme gefangengehalten.

Ludwig Herr (1890–1945) aus Kornwestheim war vor 1933 hauptamtlicher Sekretär der Roten Hilfe in Württemberg. Er wurde am 6. April 1933 in Esslingen verhaftet und zunächst auf den Heuberg verschleppt. Im Dezember 1933 verlegte man ihn in das KZ Oberer Kuhberg. Ludwig Herr sah nach seiner Überstellung in das KZ Dachau die Freiheit nicht wieder. Im Herbst 1939

Jugendliche beim Besuch der KZ-Gedenkstätte Oberer Kuhberg

brachte man ihn in das KZ Mauthausen und 1940 wieder nach Dachau zurück. In Dachau setzte sich Ludwig Herr für sowjetische Kriegsgefangene ein und wurde dafür mit 75 Stockschlägen auf das nackte Gefäß und wochenlangem Arrest in einem Käfig bestraft. Im letzten Kriegsjahr wurde er in das KZ Neuengamme überstellt, wo er im Januar 1945 ums Leben kam.

In der Dokumentation „,Doch die Freiheit, die kommt wieder'. NS-Gegner im Württembergischen Schutzhaftlager Ulm 1933–1935" können weitere Lebenswege von Kuhberg-Häftlinge nachgelesen werden: Einige beteiligten sich nach der Freilassung erneut am Widerstand, andere wurden in reichsweiten Verhaftungsaktionen wie z.B. im September 1939 oder im August 1944 festgenommen; Stationen ihres Leidens waren die Konzentrationslager Welzheim, Dachau, Mauthausen, Neuengamme, Sachsenhausen und vor allem Buchenwald.

Exakte Angaben über die Gesamtzahl der im **KZ Oberer Kuhberg** inhaftierten Männer können nicht gemacht werden. Die Belegstärke dürfte zwischen 260 zu Beginn und knapp 50 bei der Schließung geschwankt haben. Schätzungen liegen zwischen etwa 600 und rund 1.800 Gefangenen. Namentlich bekannt sind beim gegenwärtigen Stand der Forschung 358 Männer aus ganz Württemberg. 20 Häftlinge

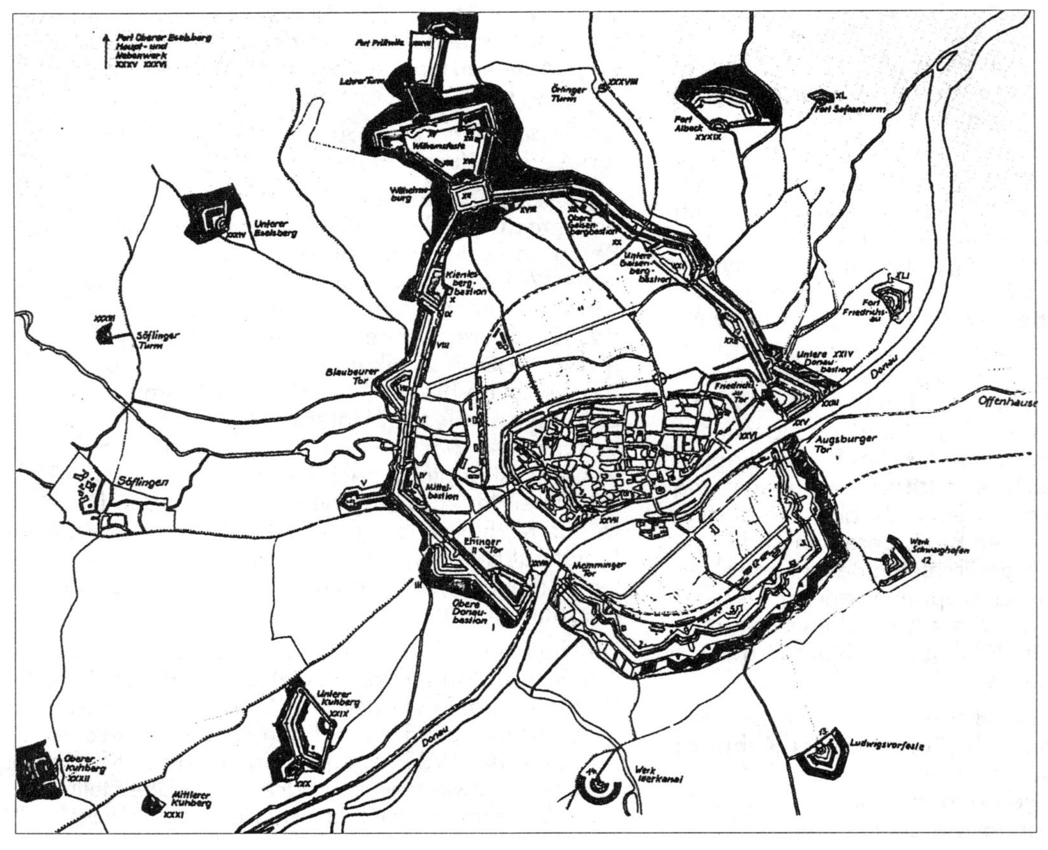

Skizze der 1859 fertiggestellten Bundesfestung Ulm. Im Fort Oberer Kuhberg befand sich von November 1933 bis Juli 1935 das „Württembergische Schutzhaftlager" Oberer Kuhberg. In den Jahren des zweiten Weltkriegs waren Kriegsgefangene u.a. im Fort Albeck, in der Wilhelmsburg und im Söflinger Turm untergebracht. Die Ulmer Rüstungsbetriebe Hörz, Wieland und Kässbohrer verlagerte ab 1939 Produktionsbereiche in das Fort Oberer Kuhberg. In die Wilhelmsburg verlagerte die Telefunken GmbH 1944 ihr Röhrenwerk aus Lodz und verschleppte dabei etwa 2.000 junge Polinnen.

stammten aus Ulm, unter ihnen Pfarrer Josef Leissle aus Elchingen. Außer Leissle waren noch der katholische Stadtpfarrer von Metzingen, Alois Dangelmaier, der katholische Pfarrer Josef Sturm aus Waldhausen und der Prediger Johannes Heinzelmann aus Leutkirch auf dem Kuhberg in „Schutzhaft". Soweit Angaben zu den Berufen vorliegen, überwiegen Arbeiter und Handwerker. In einigen Fällen ist zu vermuten, daß die „Schutzhaft" zur Ausgrenzung sozial unangepasst lebender Menschen verhängt wurde, doch hinsichtlich der Einweisung von „Asozialen", „Arbeitsscheuen" und ähnlich stigmatisierten Personen besteht noch ein großer Forschungsbedarf. Bereits im September 1933 waren in Ulm bei einer reichsweiten Razzia 38 Bettler festgenommen worden. Soweit die Parteizugehörigkeit bekannt ist, waren 159 in der KPD oder einer ihr nahestehenden Organisation und 19 in der SPD bzw. dem Reichsbanner. Alfred Baier aus Oberndorf (s. Kr. Rottweil) gehörte der Zentrumspartei an und Ludwig Boos aus Neuhausen ob Eck (s. Kr. Tuttlingen) der Deutschen Demokratischen Partei.

Die Erinnerung an das KZ Oberer Kuhberg wurde lange Jahre hindurch allein von der im Sommer 1948 gegründeten Lagergemeinschaft Heuberg-Kuhberg-Welzheim wachgehalten. Mehr als zehn Jahre mußten seit der Gründung noch vergehen, bis die Stadt Ulm eine **Gedenktafel** am **Fort Oberer Kuhberg** enthüllte, auf der das Festungswerk nicht als Konzentrationslager, sondern etwas verschwommen als „Kerker für aufrechte Männer unserer Heimat" bezeichnet wurde.

1970 ergriff Julius Schätzle, der Vorsitzende der Lagergemeinschaft, die Initiative zur Errichtung einer **Mahn- und Gedenkstätte**. Ein Jahr später wurde das „Kuratorium Mahn- und Gedenkstätte Oberer Kuhberg" gegründet, das 1977 durch den Verein „Dokumentationszentrum Oberer Kuhberg e.V. – KZ-Gedenkstätte" abgelöst wurde. Der Verein konnte einen Teil des Forts von der Bundesvermögensverwaltung mieten und begann mit Führungen von Schulklassen und Jugendgruppen. In den folgenden Jahren wurde mit der Hilfe von internationalen Jugendcamps ein Teil der **Kasematten** und das **Reduitgebäude** instandgesetzt und zugänglich gemacht. Am 17. Mai 1985 konnte schließlich das **Dokumentationszentrum Oberer Kuhberg** mit einer Dauerausstellung im Reduitgebäude eröffnet werden. Seit 1991 hat das Dokumentationszentrum Oberer Kuhberg dank der finanziellen Förderung durch die Städte Ulm und Neu-Ulm eine wissenschaftliche Leitung; dadurch konnten die Forschungen zur NS-Zeit in Ulm und die pädagogische Arbeit in der KZ-Gedenkstätte erheblich intensiviert werden. Inzwischen liegt auch das Konzept für eine neue Dauerausstellung vor, die jedoch wegen noch fehlender Mittel bisher nicht realisiert werden kann.

Im Zeitraum von 1940 bis 1945 mußten etwa 10.000 ausländische Zwangsarbeitskräfte in Ulm arbeiten; etwa 2.000 von ihnen waren aus Polen verschleppt worden. Diesen widmete das Dokumentationszentrum Oberer Kuhberg 1994 ein Forschungsprojekt, das von der „Geschichtwerkstatt zur NS-Zeit in der Region Ulm/Neu-Ulm" an der Ulmer Volkshochschule begleitet wurde. Im Oktober 1996 und im April 1997 begaben sich ehemalige polnische Zwangsarbeiterinnen und -arbeiter auf eine „zweite Reise", nun freiwillig und als Gäste der Stadt, um die Orte der Zwangsarbeit wiederzusehen und Erinnerungen mitzuteilen. 130 Berichte sind in dem von Silvester Lechner herausgegebenen Band „Schönes, schreckliches Ulm" veröffentlicht.

Die hohe Zahl ausländischer Zwangsarbeitskräfte resultiert aus der Verbindung von Rüstungsindustrie und Garnisonsstadt, die Ulm seit dem letzten Drittel des 19. Jahrhunderts prägte. Rüstungsbetriebe mit den größten Kontingenten von Zwangsarbeiterinnen und -arbeitern waren: die **Fa. Karl Kässbohrer**, die **Magiruswerke**, die 1936, zu Beginn des „Vierjahresplans zur wirtschaftlichen Mobilmachung", mit der Klöckner-Humboldt-Deutz AG fusioniert hatten, sowie die **Wieland-Werke AG**. Insgesamt umfasste die Liste der „Wehrwirtschaftsbetriebe" in Ulm 25 Firmen.

Die ersten Zwangsarbeitskräfte waren polnische und französische Kriegsgefangene, deren Lager sich im **Fort Oberer Kuhberg** befand. Ab 1942 kamen weitere Arbeitskommandos mit Kriegsgefangenen und vor allem zur Zwangsarbeit rekrutierte Zivilpersonen hinzu. Letztere waren anfänglich überwiegend in der Landwirtschaft tätig; auf dem **Oberberghof** auf dem **Eselsberg** arbeiteten beispielsweise rund 30 polnische Frauen und Männer. Aufgrund des zunehmenden Arbeitskräftemangels wurden sie wenig später in städtischen Betrieben, im Dienstleistungsgewerbe, im Bürgerhospital und bei Handwerkern eingesetzt und in Gasthaussälen, bei ihren Arbeitsstätten oder sonstigen Notunterkünften untergebracht.

Lager – teils für Kriegsgefangene, teils für Zivilpersonen – befanden sich im **Fort Albeck**, das von 1942 bis 1945 mit etwa 350 Personen, die bei den **Magirus-Werken** arbeiten mußten, belegt war, in der **Turnhalle** in **Söflingen** – die hier wohnenden „Ostarbeiterinnen" gingen zur Arbeit in die **Magiruswerke**, im der Reichsbahn gehörenden **Lager „Türmle"** in der **Weinbergstraße** in **Söflingen**, in dem gegen Kriegsende 600–700 Personen untergebracht waren, im **Lager am Wall**, wo etwa 200 polnische bei der **Bahnmeisterei** beschäftigte Zwangsarbeiter wohnten, in zwei Baracken auf dem Gelände zwischen dem **Bahnbetriebswerk** und der **Güterabfertigung**, im **„Schwedenturm"** im **Örlinger Tal**, und im Rohbau der **Gewerbeschule** am **Hindenburgring**. In der Gewerbeschule waren überwiegend aus Rußland verschleppte Zwangsarbeiter untergebracht, die in den **Magirus-Werken** arbeiten mußten; nach der Bombardierung des Lagers im Dezember 1944 wurden die Insassen auf die **Lager Fort Albeck** und **Roter Berg** verteilt. Insgesamt sind 113 Einsatzorte in der Stadt Ulm und dem alten Landkreis Ulm bekannt.

Ende 1941/Anfang 1942 wurde mit dem Bau zweier großer Barackenlager begonnen:

Das **Lager** auf der **Gänswiese** in der **Friedrichsau**, das 1940 aus wenigen Baracken bestand, wurde zu einer Aufnahmekapazität von über 1.000 Personen ausgebaut. Der Catalogue of camps and prisons gibt für das Lager Gänswiese Belegungszahlen zwischen 600 und 1.400 Personen an, die im Zeitraum von September 1942 bis 24. April 1945 bei den „Firmen Eberhardt, Ott, Wieland etc." arbeiten mußten. Heinz Brenner, damals 17jähriger Schüler des Humanistischen Gymnasiums, und seine Freunde erkundeten im Frühjahr 1942 das mit Stacheldraht umzäunte Lager, machten heimlich Fotos und nahmen vorsichtig Kontakt mit aus der Ukraine verschleppten Mädchen auf.

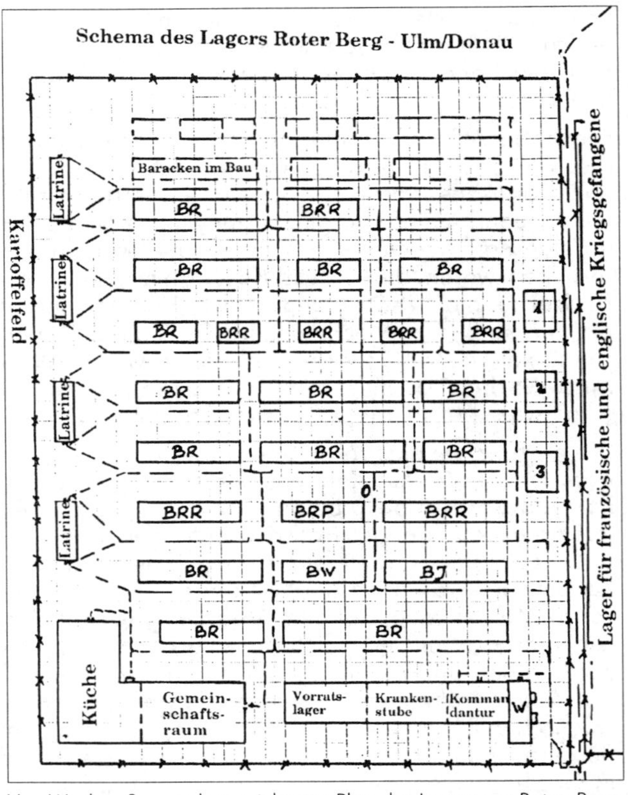

Von Waclaw Szewczyk gezeichneter Plan des Lagers am Roten Berg.

Tadeusz Lisiecki wurde Ende 1943 bei einer Razzia in der Gegend von Krakau verhaftet, kam mit einer Gruppe von 35 jungen Landsleuten nach Ulm, lebte im Lager auf der Gänsewiese und mußte bei den **Wieland-Werken** in zwölfstündigen Tag- und Nachtschichten arbeiten. Im Betrieb traf er auf „Russen, Franzosen, Belgier, Holländer, Jugoslawen, Griechen, Tschechen und auch ein paar Polen". Bei der Verpflegung bestanden nach seiner Wahrnehmung „beträchtliche Unterschiede für Deutsche, Ausländer und Russen". Lisiecki kam in die mittlere Kategorie und war dem Verhungern nahe:

> „Um 13 Uhr bekamen wir ein sehr karges Mittagessen, so daß man es kaum bis zum Abend aushalten konnte. Das Abendessen war auch nicht üppiger. Am Samstag bekamen wir um 15 Uhr unsere Sonntagsration: Brot, 50 Gramm Margarine, ein Stück Käse oder Marmelade. Das mußte bis zum Montag reichen."

Als größtes Lager wurde 1942 in **Söflingen** das **Lager am Roten Berg** mit einer Kapazität von mindestens 2.000 Personen gebaut. Es war 1943 nach Angaben des CCP mit 1.000-1.500 „Ostarbeitern" und „Ostarbeiterinnen", oft ganzen Familien, belegt, die in ihrer Mehrzahl bei den **Magiruswerken** und der **Fa. Karl Kässbohrer**, aber auch im **Käseschmelzwerk** der Fa. Koppenhöfer in der **Blaubeurer Straße** arbeiten mußten. Das Lager am Roten Berg wurde von Waclaw Szewcyk, der als zwölfjähriger Junge zusammen mit seinen Eltern und zwei Geschwistern nach Ulm verschleppt wurde, ausführlich beschrieben: Es gab eine Baracke für polnische Familien, sieben Baracken für russische Familien; drei Baracken waren mit Familien aus der Ukraine belegt. In vierzehn Baracken lebten überwiegend aus Rußland verschleppte Jugendliche. Eine Baracke war mit italienischen Militärinternierten belegt und eine weitere mit etwa 100 Zwangsarbeitern aus Jugoslawien.

Im Mai 1944 kam ein weiterer Rüstungsbetrieb nach Ulm: Unter der Codebezeichnung „Geheime Reichssache Kastanie" verlagerte die **Telefunken GmbH** ihr Röhrenwerk aus Lodz (Polen) nach Ulm in die **Wilhelmsburg**. Bereits in Lodz hatte Telefunken, eine gemeinsame Gründung von AEG und Siemens, bei der Röhrenfertigung fast ausschließlich polnische Mädchen zwischen zwölf und 16 Jahren beschäftigt; diese hatten sich teilweise „freiwillig" gemeldet, um der Deportation zum Arbeitseinsatz zu entgehen. Als die Front näherrückte, verlagerte Telefunken Maschinen, Material und Arbeitskräfte zum kleineren Teil in das Stammwerk nach Berlin bzw. in Zweigwerke in das niederschlesische Liegnitz, nach Reichenbach bei Breslau sowie nach Neuhaus und Erfurt in Thüringen. Der größte Teil der Belegschaft und der Maschinen erreichte am 19. August 1944 Ulm.

Hinter der Tarnadresse „Mechanische Werkstätten GmbH, Prittwitzstraße 90" verbarg sich der Aufnahmeort, die **Wilhelmsburg** – eine der gewaltigsten und umfangreichsten Kasernenanlagen Europas, die ab 1844 als Kern der „Bundesfestung", später „Reichsfestung Ulm" gebaut worden war. Bis die Maschinen in den unter der Erde liegenden Räumen installiert waren, verschickte man die polnischen Mädchen zum Ernteeinsatz auf Bauernhöfe der Umgebung. Anfang November 1944 wurde die Produktion in sechs Abteilungen aufgenommen. Etwa 600-800 polnische Mädchen wurden auf den Dachböden der Wilhelmsburg untergebracht, weitere 600 in der **Kepler-Mittelschule** in der **Keplerstraße** 1. Als die Kepler-Mittelschule am 17. Dezember 1944 nach mehreren Bombentreffern ausbrannte, brachte die Werksleitung auch diese in die Wilhelmsburg.

Die **Wilhelmsburg** war ein – wie es Silvester Lechner formuliert – „gefängnisartiges Provisorium", das „durch räumliche Enge und Ungeziefer, schlechteste Hygiene-, Nahrungs-, Bekleidungsversorgung, durch Angst vor Strafen und Bomben und Angst um das Schicksal der Angehörigen zu einer Art Hölle" wurde. Die tägliche Arbeitszeit betrug zehn bis zwölf Stunden, unterbrochen von einer einstündigen Mittagspause; der Wochenlohn – fünf Mark für Jugendliche, neun Mark für Erwachsene – war nur ein Bruchteil der üblichen Entlohnung und wurde ab Dezember 1944 überhaupt nicht mehr ausgezahlt. Der Lagerleiter Thalhofer, Mitglied des Telefunken-Werkschutzes, wird in allen Berichten als gewalttätig geschildert, er habe oft und willkürlich gestraft, mit seiner Krücke zugeschlagen und andere Werkschutzleute ebenfalls prügeln lassen.

Bei den **Magiruswerken** bestand von Dezember 1944, möglicherweise erst ab 4. Januar 1945, bis zum 11. März 1945 ein Außenkommando des KZ Dachau mit etwa 40 KZ-Häftlingen. Die Gefangenen waren in einer mit Stacheldraht umzäunten Baracke untergebracht. Nationalitäten, Arbeits-und Lebensbedingungen sind noch nicht erforscht. Im Archiv des Internationalen Suchdienstes in Arolsen liegt eine Liste mit den Namen von neun Häftlingen, die nach dem Krieg Entschädigungsforderungen gestellt hatten, darunter der 1924 in Meta di Sorrento geborene Italiener Lucio Miccio.

Der polnische Zwangsarbeiter Miroslaw Charzynski war als Teilnehmer am Warschauer Aufstand im August 1944 nach Ulm verschleppt worden und mußte für die Reichsbahn arbeiten. Er beobachtete kurz vor dem Einmarsch der Amerikaner, wie KZ-Gefangenen, untergebracht in einem Bauzug, Gleise reparierten. Offensichtlich handelte es sich um KZ-Häftlinge der 2. (bzw. 7.) **SS-Eisenbahnbaubrigade**, deren Einsatz in Ulm für die Zeit von Ende März bis zum 21. April 1945 bezeugt ist.

161 ausländische Zwangsarbeiterinnen und-arbeiter kamen bei Bombenangriffen ums Leben. Wie groß die Zahl derer war, die den harten Lager- und Arbeitsbedingungen erlagen, und ob sich unter ihnen auch Säuglinge und Kinder befanden, ist noch nicht bekannt. Gräber von sowjetischen Opfern der Zwangsarbeit befinden sich auf dem **Hauptfriedhof**.

LITERATUR

Otl Aicher: Innenseiten des Kriegs. Frankfurt/Main 1985

Inge Aicher-Scholl, Julian Aicher: „... die anderen kräftigen, daß sie sich nicht beugen". Söflingens Pfarrer Franz Weiß trotzte der braunen Gewalt. In: Südwest Presse Ulm vom 16. November 1985

Heinz A. Brenner: Dagegen. Bericht über den Widerstand von Schülern des Humanistischen Gymnasiums Ulm/Donau gegen die deutsche nationalsozialistische Diktatur. Leutkirch 1992

Claudia Dauerer: Alfred Moos, ein Ulmer Jude auf der Flucht vor dem NS-Staat. Ein Beitrag zur deutschen Emigration nach Palästina. DZOK-Manuskripte. Band 2. Ulm 1995

Klaus Drobisch: Wir schweigen nicht! Eine Dokumentation über den antifaschistischen Widerstandskampf Münchener Studenten 1942/1943. 4. Auflage. Berlin/DDR 1983

Geschichtswerkstatt zur NS-Zeit (Hg.): Die „Hitlerjugend" am Beispiel der Region Ulm/Neu-Ulm. Ein Aspekt im Umfeld der „Weißen Rose" 1942/1943. Eine kommentierte Dokumenten- und Materialiensammlung. DZOK-Manuskripte Band 1. Ulm 1993

Richard Hanser: Deutschland zuliebe. Leben und Sterben der Geschwister Scholl. Die Geschichte der Weißen Rose. München 1980

Haus der Geschichte Baden-Württembergs (Hg.): „Doch die Freiheit, die kommt wieder." NS-Gegner im württembergischen Schutzhaftlager Ulm 1933–1935. Katalog zur gleichnamigen Ausstellung. Stuttgart 1994

Inge Jens (Hg.): Briefe und Aufzeichnungen von Hans und Sophie Scholl. Frankfurt/Main 1984

Heinz Keil: Dokumentation über die Verfogung der jüdischen Bürger von Ulm/Donau. Ulm 1961

Silvester Lechner (Hg.): Die Kraft, nein zu sagen. Zeitzeugenberichte, Dokumente, Materialien zu Kurt Schumachers 100. Geburtstag. Sonderveröffentlichungen des DZOK. Ulm 1995

Silvester Lechner: Das KZ Oberer Kuhberg und die NS-Zeit in der Region Ulm/Neu-Ulm. Schriftenreihe des DZOK Band 1. Stuttgart 1988 (darin auch der Aufsatz „Die weiße Rose und Ulm")

Silvester Lechner (Hg.): Schönes, schreckliches Ulm. 130 Berichte ehemaliger polnischer Zwangsarbeiterinnen und Zwangsarbeiter, die in den Jahren 1940 bis 1945 in die Region Ulm/Neu-Ulm verschleppt worden waren. DZOK-Manuskripte Band 3. Ulm 1996

Toni Liebl (Hg.): Kurt Huber – Stationen seines Lebens in Dokumenten und Bildern. Herausgegeben von Schülern und Lehrern des Kurt-Huber-Gymnasiums in Gräfelfing. Gräfelfing 1986

Kurt Walter Obermeier: 90 Jahre Sozialdemokratie Ulm. Ulm 1980

Julius Schätzle: Stationen zur Hölle. Konzentrationslager in Baden und Württemberg 1933–1945. 2. Auflage. Frankfurt/Main 1980

Inge Scholl: Die Weiße Rose. Erweiterte Neuausausgabe. Frankfurt/Main 1982

Württembergisches Schutzhaftlager Ulm. Ein frühes Konzentrationslager im Nationalsozialismus. Hg.: Oberschulamt Tübingen. Tübingen 1995

Hans Eugen Specker (Hg.): Ulm im Zweiten Weltkrieg. Ulm 1995 (= Forschungen zur Geschichte der Stadt Ulm. Reihe Dokumentation. Band 6)

Hermann Vinke: Das kurze Leben der Sophie Scholl. Ravensburg 1980

Resi Weglein: Als Krankenschwester im KZ Theresienstadt. Erinnerungen einer Ulmer Jüdin. Herausgegeben und mit einer Lebensbeschreibung versehen von Alfred Moos und Silvester Lechner. Schriftenreihe des DZOK Band 2. Stuttgart 1990

Werner Weidlin: Das Konzentrationslager Fort Oberer Kuhberg Ulm. Stuttgart 1983

Walter Wuttke: Bemerkungen zur Landesfürsorgeanstalt „Riedhof" bei Ulm (1930–1950). In: Herbsttagung 1995 des Arbeitskreises zur Erforschung der Geschichte der „Euthanasie" und Zwangssterilisation vom 27.–29. Oktober in Grafeneck und Münsingen. Herausgegeben im Auftrag des Arbeitskreises von Matthias Hamann. Wetzlar 1996

FILME

„Die Weiße Rose". Spielfilm von Michael Verhoeven. 1982. Zu entleihen bei: Kreisbildstelle Ulm, Basteistr. 46, 89073 Ulm
Dazu gibt es das Begleitbuch:
Michael Verhoeven, Mario Krebs: Die Weiße Rose. Der Widerstand Münchner Studenten gegen Hitler. Frankfurt/Main 1982

„Fünf letzte Tage". Videofilm über die letzten fünf Lebenstage von Sophie und Hans Scholl von Percy Adlon. 1986. Zu entleihen bei: Kreisbildstelle

„Daß es so etwas gibt, wo man Menschen einsperrt...". Das KZ Oberer Kuhberg bei Ulm. Ein Film von Bernhard Häusle und Siegi Jonas. 1995
Zu entleihen: DZOK und Kreisbildstelle

Die Kraft, Nein zu sagen. Ein Film zur Gedenkfeier und Ausstellung im DZOK anläßlich Kurt Schumachers 100. Geburtstag im Oktober 1995 von Günther Hörmann und Roland Barth. Zu entleihen: DZOK

„Auf Wiedersehen im Himmel!". Die Sinti-Kinder von der St. Josefspflege. TV-Produktion des Dokumentations- und Kulturzentrums Deutscher Sinti und Roma in Zusammenarbeit mit dem SWF. Regie: Romani Rose und Michail Krausnick.
Zu entleihen: Dokumentations- und Kulturzentrum Deutscher Sinti und Roma, Bremeneckgasse 2, 69117 Heidelberg

STADTSPAZIERGÄNGE

Sylvester Lechner: Ulm im Nationalsozialismus. Der Stadtführer auf den Spuren des Regimes, der Verfolgten und des Widerstands. DZOK Manuskripte Band 4. Ulm 1997

DOKUMENTATIONSZENTRUM OBERER KUHBERG – KZ-GEDENKSTÄTTE (DZOK)

Postfach 2066, 89010 Ulm, Telefon: 0731-21312
Leiter: Dr. Silvester Lechner

Das Fort Oberer Kuhberg liegt oberhalb der Bundesstraße 311 Richtung Ehingen und ist mit der Buslinie 4 zu erreichen; Haltestelle: Schulzentrum Oberer Kuhberg oder Am Hochsträß
Öffnungszeiten/Führungen: Samstag und Sonntag 14 bis 17 Uhr; Führungen durch Mitglieder des Vereins Dokumentationszentrum Oberer Kuhberg e.V. jeweils samstags und sonntags um 14 Uhr oder nach telefonischer Vereinbarung.

Zur Vorbereitung und Vertiefung der Besuche:
Peter Stratmann: Zugänge. Neunzehn direkt einsetzbare Unterrichtseinheiten für eine vertiefende Begegnung mit der Ulmer KZ-Gedenkstätte. Hg.: Dokumentationszentrum Oberer Kuhberg. Ulm 1997

Das Dokumentationszentrum Oberer Kuhberg gibt heraus:
die Mitteilungen, jährlich zwei Ausgaben,
die im Silberburg-Verlag in Tübingen erscheinende Schriftenreihe „Die Region Ulm/Neu-Ulm in der NS-Zeit,
die im Verlag des DZOK erscheinenden DZOK-Manuskripte
sowie die DZOK-Sonderveröffentlichungen.

Eine Bücherliste kann beim DZOK angefordert werden.

Zollernalbkreis

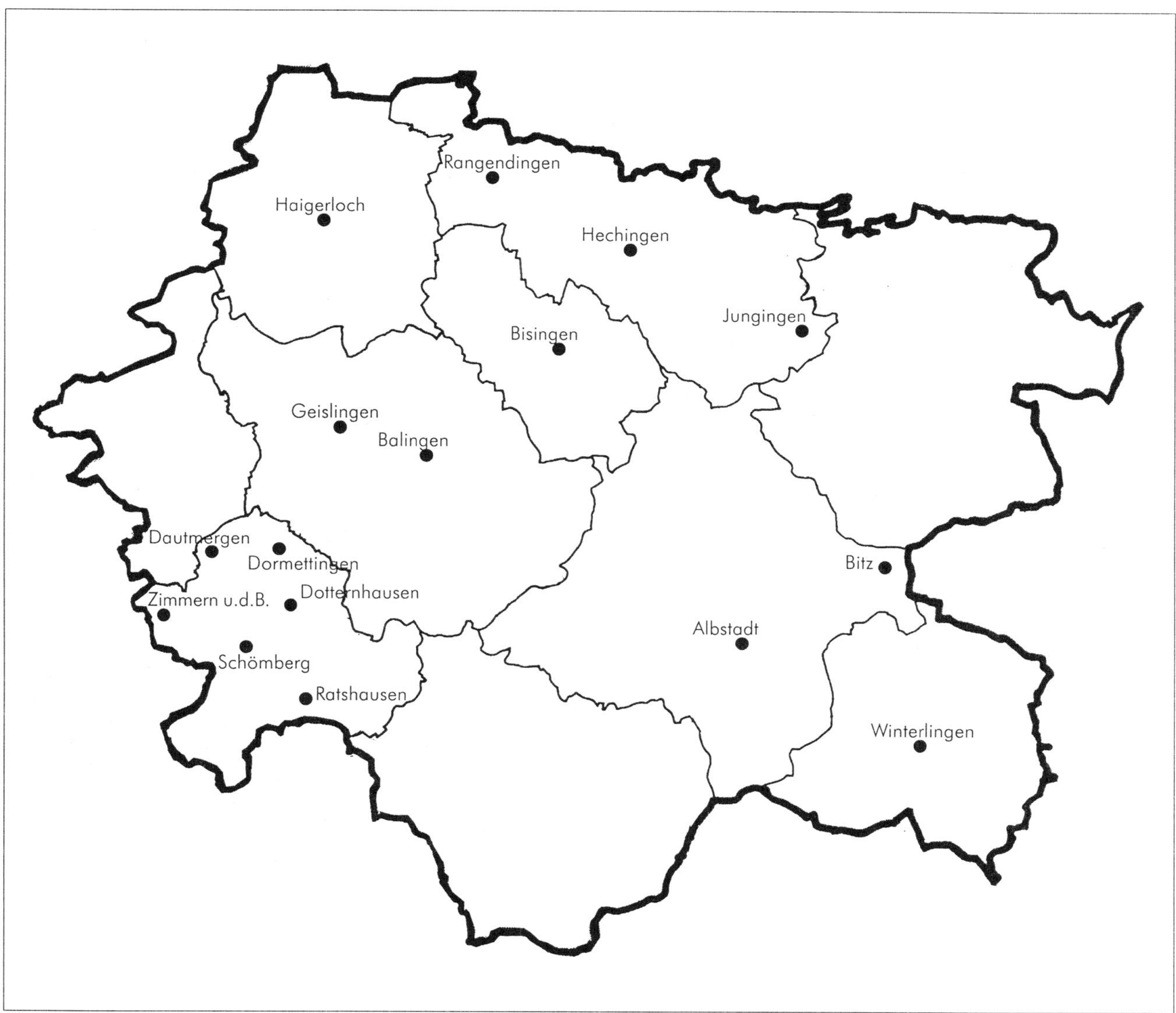

ALBSTADT

Widerstand und Naziterror

In **Ebingen** erfolgten erste Verhaftungen von zehn bekannten Mitgliedern der KPD und des KJVD in den frühen Morgenstunden des 11. März 1933; die Festgenommenen wurden in das Landesgefängnis Rottenburg (s. Kr. Tübingen) eingeliefert und wenig später in das KZ Heuberg (s. Stetten a.k.M., Kr. Sigmaringen) verschleppt. Am 2. Mai 1933 erfolgte die Besetzung des Gewerkschaftsbüros im inzwischen abgebrochenen **Gasthaus „Zum Engel"** und des **Waldheims**, das sich die Gewerkschafter in mühevoller Eigenarbeit gebaut hatten.

Der Fabrikant Dr. Fritz Haux, der jahrelang für die DDP im Gemeinderat saß, wurde am 25. März 1933 verhaftet, fünf Tage im Balinger Amtsgerichtsgefängnis festgehalten und im Oktober 1933 gezwungen, sein Mandat niederzulegen. Sein Bruder Alfred Haux wurde am 2. Dezember 1937 „wegen heimtückischer Äußerungen" festgenommen und befand sich bis 31. Dezember 1937 in Stuttgart in Gestapohaft. Die **Spinnereien & Trikotagenfabriken Gebr. Haux** hatten in den folgenden Jahren mit politisch motivierten Benachteiligungen zu kämpfen. Walter Stettner nennt in seiner Geschichte Ebingens die Zahl von 70 Personen, die während der NS-Zeit für kürzere oder längere Zeit inhaftiert waren.

Die Trikotstadt **Tailfingen** war in den letzten Jahren der Weimarer Republik eine „rote Hochburg", in der noch im November 1932 42 % der Wählerinnen und Wähler für die KPD und 15 % für die SPD votierten; die NSDAP erhielt lediglich 17 % der Stimmen. Bei der letzten Reichstagswahl vom 5. März 1933 wurde die NSDAP mit 35 % der Stimmen stärkste Partei; doch – rein rechnerisch – verfügten die beiden Arbeiterparteien mit je 21 % der Stimmen über die Mehrheit. Ansätze zu gemeinsamem antifaschistischen Handeln wurden bei Kundgebungen von KPD und SPD am 18. Februar 1933 in Balingen sichtbar, bei denen sich sowohl der SPD-Reichstagsabgeordnete Karl Ruggaber (s. Villingen-Schwenningen, Schwarzwald-Baar-Kreis) als auch der Tailfinger KPD-Ortsgruppenvorsitzende

Reinhold Gonser für eine „Einheitsfront gegen den Faschismus" aussprachen.

Unmittelbar nach der Wahl wurde ein Kommando mit 25 SS-Leuten im Saal der **Gastwirtschaft „Linde"** stationiert, das in den folgenden Tagen und Nächten Razzien bei bekannten Kommunisten durchführte; mehr als 40 Mitglieder der KPD kamen in „Schutzhaft" zunächst nach Balingen und wenig später in das auf dem Heuberg errichtete KZ. Am 3. Mai 1933 bat Bürgermeister Höfel im Namen des Gemeinderats um die Entlassung der 43 Tailfinger „Schutzhäflinge": „In der Tailfinger Einwohnerschaft, insbesondere unter den Arbeitern", habe sich „im Laufe der letzten Wochen eine spürbare Umstellung und Neuorientierung vollzogen". Das Oberamt Balingen stimmte der Freilassung zu – unter der Voraussetzung, daß für jeden „Schutzhäftling" ein Bürge gestellt werde. Dieser müsse 50 Reichsmark an die Oberamtskasse zahlen „für den Fall, daß der entlassene Schutzhäftling sich irgendwelche Äußerungen oder Betätigungen gegen die deutsche Bewegung oder die Regierung des Reiches oder der einzelnen Länder zu Schulden kommen läßt". Unter diesen Auflagen zogen sich die Entlassungen bis in den Sommer des Jahres 1934 hin.

Im **Schloß Lautlingen**, seit 1625 Stammsitz der Grafen von Stauffenberg, verbrachten Claus und Berthold von Stauffenberg häufig ihre Schulferien. Bei Besuchen in den Kriegsjahren legte Claus von Stauffenberg seine Gedanken zum Widerstand im „Lautlinger Programm" nieder, einem für die Forschungen zum 20. Juli zentralen Dokument. Hier erhielt die Mutter, Caroline Schenk Gräfin von Stauffenberg, noch in der Nacht des 20. Juli 1944 die Nachricht vom gescheiterten Attentat auf Hitler. Unmittelbar darauf wurde sie und weitere Familienmitglieder, auch alle Stauffenberg-Kinder, in „Sippenhaft" genommen. Caroline von Stauffenberg blieb bis zum 2. November 1944 in Einzelhaft im Amtsgerichtsgefängnis in Balingen und stand nach der Rückkehr in das inzwischen von Gestapoangehörigen und deren Familien besetzte Schloß unter ständiger Bewachung. Ehemaligen Bediensteten und einigen Dorfbewohnern gelang es, die Gräfin mit Lebensmitteln zu versorgen und ihr Nachrichten zu übermitteln.

Das Attentat fand jedoch auch in Lautlingen keineswegs ungeteilte Zustimmung, und es dauerte nach dem Krieg noch Jahre, bis die Gemeinde sich zu einer ehrenden Erinnerung an die Attentäter entschließen konnte. Die längste Straße des Dorfes, die in den Jahren 1933–1945 nach dem NS-Idol Schlageter benannt war, bekam den Namen **Stauffenbergstraße**. Bei der Namensgebung für die Schule votierte 1962 die Gemeinderatsmehrheit jedoch nicht für die Brüder von Stauffenberg, sondern für Ignaz Demeter, den früheren Pfarrer von Lautlingen und nachmaligen Erzbischof von Freiburg. Die Gemeinde Lautlingen stellte damit jedoch keine Ausnahme dar: In der jungen Bundesrepublik galten die Brüder von Stauffenberg noch bis Anfang der 60er Jahre als „Vaterlandsverräter".

Die ersten Gedenkzeichen in Lautlingen – eine 1952 angebrachte **Gedenktafel** an der Außenmauer der **katholischen Kirche** für Graf Nikolaus Üxküll-Gyllenband (1878–1944), einen Bruder von Gräfin Caroline von Stauffenberg, und die **Stauffenberg-Gedächtniskapelle** – gingen auf Initiativen der Familie von Stauffenberg zurück. Die Gedächtniskapelle auf dem Kirchhof wurde am 23. Jahrestag des Attentats, am 20. Juli 1957, eingeweiht. Den Brüdern Claus und Berthold von Stauffenberg sind die Worte gewidmet:

> „Sie widerstanden den Feinden ihres Volkes und gaben ihr Leben, damit Gottes Gesetz nicht vertilgt werde".

Im Schloß Lautlingen befindet sich heute die Stadtverwaltung, ein Museum mit einer Sammlung historischer Musikinstrumente und das 1977 eingerichteten **Stauffenberg-Gedächtniszimmer**.

„Der Auferstehende" von Gerhard Marcks in der Stauffenberg-Gedächtniskapelle in Lautlingen

„Rassische" Verfolgung und „Euthanasie"

Zu Beginn der NS-Zeit lebten in **Ebingen** mindestens 25 jüdische Bürgerinnen und Bürger. In der **Oberen Vorstadt** 35 wohnte die Kaufmannsfamilie Sigmund und Fanny Gideon geb. Münzesheimer mit ihren Söhnen Walter, Ernst und Hans sowie Emilie Gideon, die Schwester von Sigmund. Zum Schicksal der Familie Gideon, die ein Wäschegeschäft betrieb, ist bekannt, daß die Söhne Ernst und Hans im März 1939 nach Großbritannien auswanderten; zum gleichen Zeitpunkt zogen die Eltern nach Stuttgart. Von dort wurden sie am 1. Dezember 1941 zusammen mit Emilie Gideon nach Riga deportiert und ermordet. Walter Gideon hatte bereits 1937 Ebingen verlassen; weitere Nachrichten fehlen.

Die Praxis des Hals-, Nasen- und Ohrenarztes Dr. Otto Hammel lag in der **Kirchgrabenstr.** 4. Dr. Hammel war mit Martha geb. Gideon verheiratet; in seinem Haushalt lebte die verwitwete Schwägerin Rosa Hammel geb. Marx. Dr. Hammel starb am 23. November 1935 in Ebingen; seine Frau und die Schwägerin verließen am 2. März 1936 die Stadt; ihr weiteres Schicksal ist unbekannt.

Das Ehepaar Julius und Sophie Sichel geb. Hochstätter, die aus Rumänien stammenden Brüder Grünberg, die Buchhalterin Klara Einstein, geboren in Nördlingen, die Brüder Hermann und Berthold Hirsch aus Berwangen, der Geschäftsführer Egon Hirschfeldt und der aus Haigerloch stammende Viehhändler Heinrich Weil hatten Anfang der 30er Jahre für kurze Zeit in **Ebingen** gewohnt; lediglich von vier Personen ist bisher der weitere Lebensweg bekannt: Berthold Hirsch konnte im April 1938 in die USA auswandern; Heinrich Weil und Julius Sichel wurden nach Riga deportiert und dort erschossen; Sophie Sichel wurde am 22. August 1942 in das KZ Theresienstadt verschleppt und mußte am 16. Mai 1944 den Weg in die Gaskammern von Auschwitz antreten. Zwei mit „arischen" Partner verheiratete Jüdinnen überlebten.

Gegen die Einheitspreisgeschäfte Wohlwert in der **Schmiechastraße** und Kadep in der **unteren Gartenstraße** richtete sich am 1. April 1933 der Boykott: SA-Posten zogen vor den Eingängen auf, und am Nachmittag fand auf dem **Schweinweiher** eine antisemitische Hetzkundgebung statt. Das Kaufhaus Wohlwert wurde Ende 1933, das Kaufhaus Kadep zum 30. September 1934 „arisiert"; bis Ende 1938 wurden schließlich alle jüdischen Geschäfte – zwei Aussteuergeschäfte (Gideon und Hirsch), die Viehhandlung Weil und die Spedition Brasch & Rothenstein – zur Aufgabe gezwungen.

In **Tailfingen** wohnte bis 1936 das Ehepaar Marx und Flora Julie Klatschko. Marx Klatschko war praktischer Arzt; ihm wurde 1933 die Kassenzulassung entzogen.

Konzentrationslager und Zwangsarbeit

Während die **Ebinger** Trikotfabriken bis auf wenige Ausnahmen in den Kriegsjahren von Stillegungen betroffen waren, profitierten die Metallbetriebe von Rüstungsaufträgen. Die größten metallverarbeitenden Betriebe waren die Nadelfabrik, d.h. die **Fa. Groz-Beckert**, die aus der 1937 erfolgten Fusion der beiden größten Maschinennadelnhersteller, der Ebinger Fa. Theodor Groz & Söhne und der Fa. Beckert in Chemnitz hervorgegangen war, sowie die **Präzisions- und Schnellwaagenfabriken G. Hartner** und **August Sauter**. Diese Betriebe profitierten von Rüstungsaufträge und beschäftigten in den Kriegsjahren polnische, französische und sowjetische Kriegsgefangene und zur Zwangsarbeit verschleppte Zivilpersonen, vor allem aus Rußland und der Ukraine.

Ab 1943 erfolgten Industrieverlagerungen, vor allem aus dem bombengefährdeten Stuttgarter Raum:

Die **Daimler Benz AG** verlegte Abteilungen in die Textilfabrik der **Fa. Gebr. Friederich** und die Stuttgarter Rüstungsbetriebe **Union Spezialmaschinen** und **Hahn & Kolb** bezogen Räume u.a. bei den **Firmen Robert Kauffmann** und **Gottlieb Geß**. In die **Textilfabrik der Gebr. Haux** zog die **Fa. Müller & Schlenker** aus Schwenningen (s. Villingen-Schwenningen, Schwarzwald-Baar-Kreis) ein und die aus Vaihingen/Fildern stammende **Fa. Vollmoeller** produzierte in den Räumen der **Fa. Wilhelm Romminger**. Diese Verlagerungen führten zum weiteren Anstieg der ausländischen Zwangsarbeitskräfte.

Unterkünfte für ausländische Zwangsarbeitskräfte und Kriegsgefangene befanden sich:

im unteren und oberen Saal der **Gaststätte „Unoth"**; beide waren ab 1940 mit etwa 160 französische Kriegsgefangene aus dem Stalag VB Villingen (s. Villingen-Schwenningen, Schwarzwald-Baar-Kreis) belegt. Im Juli 1945 befanden sich hier 127 polnische Zwangsarbeitskräfte;

im **Lager „Roter Kasten"**; es bestand bereits in den Kriegsjahren und war im Juli 1945 mit 73 russischen Kriegsgefangenen belegt;

in der **Ankerschule**, im **Lager „Munast"** in der **Riedstraße** (Juli 1945: 81 polnische Zwangsarbeitskräfte) und in einem Gebäude in der **Kirchgrabenstr.** 17; die hier untergebrachten Zwangsarbeitskräfte wurden bei der Stadt Ebingen eingesetzt.

Das **„Gühringlager"** auf dem Betriebsgelände der Fa. Gottl. Gühring in der **Jakobstr.** 13 bestand aus sieben Baracken und war am 15. Juli 1945 mit 274 russischen Zwangsarbeitern belegt.

Im **„Bleuellager"** untergebrachte Zwangsarbeiter mußten bei der aus Eßlingen ausgelagerten **Fa. Kuby** und bei der **Bahnmeisterei** arbeiten. Es lag am **Ehestetter Weg** an der Schmiecha, bestand aus sieben Baracken und war im Juli 1945 mit 106 polnischen Zwangsarbeitskräften belegt.

Die **Daimler Benz AG** verfügte über vier Lager: das **„Buchenwaldlager"** (Juli 1945: 246 russischen Zwangsarbeiter), den Saal des **Gasthauses „Zum Goldenen Becher"**, je ein Lager in der **Weissenburg** und in einer Trikotwarenfabrik.

Im **„Dreilindenlager"** waren aus der Sowjetunion und aus Polen verschleppten Zwangsarbeitskräfte untergebracht. Sie mußten u.a. bei der **Fa. Eppler & Schäfer** und der **Fa. August Sauter** arbeiten. Am 15. Juli 1945 wurden hier 211 russische Zwangsarbeitskräfte gezählt.

Der FNTB gibt die Gesamtzahl der in **Ebingen** eingesetzten zivilen Zwangsarbeitskräfte mit 1.040 Frauen und Männern an. Eine im Juli 1945 auf Anordnung der Militärbehörden erfolgte Zählung kam zu einem anderen Ergebnis: Neben 73 russische Kriegsgefangene hatten sich zu diesem Zeitpunkt 1.235 Zwangsarbeiterinnen und -arbeiter in Ebingen befunden, unter letzteren 762 aus der Sowjetunion, 330 aus Polen, 61 aus Lettland, 34 aus Estland, elf aus Jugoslawien, neun aus Frankreich, je sechs aus Litauen und der Türkei, fünf Italiener, je vier Niederländer und Rumänen sowie drei Tschechen.

Nach der Befreiung rächten sich einige Zwangsarbeiter ob der erlittenen Mißhandlungen und Demütigungen: Der Lagerleiter der **Fa. Müller & Diemer**, Ludwig Maute, wurde im Wald bei **Ostdorf** erschossen; ebenso erging es Wilhelm Gern, dem Leiter des **Daimler-Benz-Lagers** in der **Weissenburg**.

Auf dem **Ebinger Friedhof** ruhen nach den Angaben der Gräberliste vom 19. Juni 1978 in der Abteilung IV 157 sowjetische Opfer der Zwangsarbeit. Bei 69 Personen ist **Ebingen** als Todesort angeben: Von ihnen starben bis Kriegsende 39 Frauen und Männer sowie sieben Säuglinge und Kleinkinder. 13 Personen waren bei Bombenangriffen ums Leben gekommen, bei den übrigen lassen die angegebenen Todesursachen auf harte Lager- und Arbeitsbedingungen schließen.

In den Monaten nach der Befreiung sind noch 23 Todesfälle zu beklagen; als Todesursache wird hier in den meisten Fällen Tuberkulose angegeben, jene typische Lagerkrankheit, die durch unzureichende Ernährung bei körperlicher Schwerarbeit und durch mangelhafte hygienische Verhältnisse hervorgerufen wird.

88 sowjetische Tote wurden auf den Ebinger Friedhof umgebettet; die Sterbeorte waren: Balingen (12), Schömberg (3), Haslach (1), Dotternhausen (7), Hechingen (5), Erlaheim (1), Winterlingen (1), Melchingen (2), Hörschwag (2), Onstmettingen (1), Bisingen (5), Wilflingen (1), Frommern (1), Kirchentellinsfurt (1), Reutlingen (4), Metzingen (3), Tübingen (1), Bad Urach (5), Großengstingen (3), Dettingen (1), Erzingen (6), Rosenfeld (1), Bechtolsweiler (1) und Owingen (1). Sieben Tote, unter ihnen ein indischer Kriegsgefangener, wurden außerhalb des Grabfeldes IV bestattet.

In **Onstmettingen** profitierte die **Werkzeugfabrik Raster & Bosch** von Rüstungsaufträgen und der damit verbundenen bevorzugten Zuweisung ausländischer Zwangsarbeitskräfte. Der FNTB gibt deren Zahl mit 260 Personen an. Nach einer Auskunft der Gemeinde aus dem Jahr 1972 gab es am Ort im Zeitraum von Oktober 1942 bis zum 20. April 1945 ein „Ostarbeiterlager", in dem allerdings lediglich 45 „Zivilrussen" untergebracht gewesen wären.

Die **Tailfinger** Trikotfabriken, die bei Kriegsbeginn zum größten Teil stillgelegt wurden, dienten ab 1943 als Verlagerungsorte für Stuttgarter Rüstungsbetriebe, die bis zu 2.500 Arbeiter, unter ihnen zunehmend ausländische Zwangsarbeitskräfte und Kriegsgefangene, beschäftigten. U.a. hatten die **Fa. Elektra** und die **Robert Bosch GmbH** Produktionsbereiche nach Tailfingen verlagert.

Ab 1940 dienten die Fabrikationsräume der **Fa. Christian Schöller** als Unterkunft für etwa 100 französische Kriegsgefangene, die zunächst zu Erntearbeiten in der Landwirtschaft, später auch in der Rüstungsindustrie eingesetzt wurden. Ein weiteres Kriegsgefangenenlager befand sich im Gemeindesaal der **katholischen Kirche St. Elisabeth**; hier waren zunächst französische, ab 1942 russische Kriegsgefangene untergebracht. Unterkünfte von aus Polen und der Sowjetunion zur Zwangsarbeit verschleppten Frauen und Männern befanden sich in verschiedenen Fabrikgebäuden und in Baracken.

BALINGEN

Widerstand und Naziterror

Mit 50,2 % der Stimmen lag das Ergebnis der NSDAP in Balingen bei den Reichstagswahlen am 5. März 1933 deutlich über dem Landes- und Reichsdurchschnitt; hinzu kamen noch 11,2 % Stimmen für die deutschnationale Kampffront Schwarz-Weiß-Rot. Die beiden Arbeiterparteien SPD und KPD konnten mit 15,6 % bzw. 7,8 % lediglich ihre Stammwählerschaft erreichen. Unmittelbar nach der Wahl erfolgten im Oberamt Balingen Verhaftungen von etwa 30 Kommunisten aus Ebingen, Tailfingen, Geislingen und Winterlingen; auch zwei Balinger Kommunisten waren darunter. Über das **Amtsgerichtsgefängnis** wurden sie in das KZ Heuberg gebracht (s. Stetten a.k.M., Kr. Sigmaringen). In **Heselwangen**, einer SPD-Hochburg, wurden neun Sozialdemokraten und zwei Kommunisten festgenommen und ebenfalls auf den Heuberg gebracht.

„Rassische" Verfolgung und „Euthanasie"

Am 1. April 1933, dem Tag des reichsweiten Boykotts jüdischer Geschäfte, standen SA-Posten vor der Praxis von Dr. Alexander Bloch. In der folgenden Zeit sah sich der beliebte Arzt ständig neuen Diskriminierungen ausgesetzt: Patienten blieben weg; eines Tag stand in seinem Stammcafé in der **Friedrichstraße** ein Schild, daß „Juden in diesem Lokal unerwünscht" seien. Anfang 1937 gab Dr. Bloch seine Praxis auf und flüchtete in die Schweiz.

Die Balinger **Trikotwarenfabrik Herbert Schatzki & Co** in der **Bahnhofstraße** wurde 1937 „arisiert". Herbert Schatzki sah sich gezwungen, seinen Betrieb weit unter Wert zu verkaufen und mit seiner Familie in die USA zu emigrieren.

Auf den **Gedenktafeln** in den Einsegnungshallen der **Friedhöfe** von **Frommern** und **Dürrwangen** befinden sich nach Auskunft des Stadtarchivs auch Namen von „Euthanasie"-Opfern.

Konzentrationslager und Zwangsarbeit

Als der FNTB nach Kriegsende die Zahl der zur Zwangsarbeit verschleppten Zivilpersonen ermittelte, kam er für Balingen und die heute eingemeindeten Orten zu folgenden Ergebnissen:

Balingen:	570 Personen
Frommern:	595 Personen
Engstlatt:	110 Personen
Ostdorf:	60 Personen
Weilstetten:	60 Personen.

Seine Ermittlungen bezogen sich nicht auf ausländische Kriegsgefangene und nicht auf die über 6.000 KZ-Häftlinge, die in den Jahren 1944/1945 beim Bau der Ölschieferwerke des Unternehmens „Wüste" in sieben KZ-Außenkommandos im heutigen Zollernalbkreis eingesetzt wurden. Die genannten Zahlen verdeutlichen vielmehr das Ausmaß der in den Kriegsjahren „normalen" Zwangsarbeit in der Landwirtschaft, im Handwerk, bei städtischen Betrieben, in der Rüstungsindustrie sowie ab 1943 auch beim Bau der Ölschieferwerke in **Engstlatt**, **Erzingen** und **Frommern**.

Das erste Lager für etwa 275 französische Kriegsgefangene wurde 1940 in Balingen auf dem Gelände des ehemaligen **Zementwerks** eingerichtet. In **Ostdorf** waren 218 französische Kriegsgefangenen im **Lager „Ferienheim"** untergebracht. Ein weiteres Arbeitskommando von französischen Kriegsgefangenen war in **Waldstetten** stationiert. Insgesamt waren im Altkreis Balingen über 1.000 ausländische Kriegsgefangene eingesetzt.

1943 gab es in Balingen vier „Ostarbeiterlager" auf den Firmengeländen der **Waagenfabrik Bizerba**, der **Schuhfabrik Mercedes**, der **Maschinenfabrik Robert Wahl** und der **Siemens & Halske AG**. Zwangsarbeiter aus westlichen Ländern waren in drei weiteren Lagern, teils auch in Privatunterkünften untergebracht.

Beim **Standesamt Balingen** wurde der Tod von 15 „Ostarbeiterinnen" und „Ostarbeitern", von 14 französischen Kriegsgefangenen bzw. Zwangsarbeitern und von zwölf niederländischen Zwangsarbeitern registriert. Russische und polnische Tote bestattete man „abseits der Gräber der deutschen Volksgenossen". Auf den **Friedhöfen** von **Balingen**, **Frommern** und **Erzingen** erinnern heute nur noch wenige Gräber an die Opfer der Zwangsarbeit. Die sterblichen Überreste von aus der Sowjetunion zur Zwangsarbeit verschleppten Zivilpersonen wurden in den 70er Jahren auf den Friedhof von Ebingen (s. Albstadt) umgebettet: Vom **Friedhof Balingen** waren es zwölf Tote, unter ihnen drei Kleinkinder, vom **Friedhof Frommern** ein Toter und vom **Friedhof Erzingen** sechs. Die niederländischen und französischen Opfern der Zwangsarbeit wurden in ihre Heimatländer überführt bzw. auf Ehrenfriedhöfe umgebettet.

Auf dem **Friedhof** von **Balingen** sind heute noch drei Frauen aus Frankreich, den Niederlanden und Österreich, die in der Gräberliste als „Rüstungsarbeiterinnen" bezeichnet werden, und vier Zwangsarbeiter – ein Kroate, ein Grieche und zwei Polen – bestattet. In einem „Ehrengrab" wurden der aus Bayern stammende Anton Margreiter, der am 22. Dezember 1945 im KZ-Außenkommando Schömberg starb, und Hans Joachim Schinkel, Mitglied der SS-Wachmannschaften im KZ-Außenkommando Dautmergen, beigesetzt.

Auf dem **Friedhof** von **Dürrwangen** ruhen der KZ-Gefangene Ernst Witt aus Lauenburg, der im 23. Januar 1945 im KZ-Außenkommando Frommern (s.u.) ums Leben kam, sowie zwei aus der Tschechoslowakei verschleppte Zwangsarbeitskräfte, die in einer Möbelfabrik in **Frommern** arbeiten mußten: Die 23-jährige Christina Pospisilowa und Josef Maresch, 26 Jahre alt, starben beide am 4. Juli 1944.

1943/1944 ließen sich in Balingen die Planungs- und Bauleitungen des Ölschieferprojekts, des Unternehmens „Wüste" nieder (s. Schömberg). Die Deutsche Bergwerks- und Hüttenbau AG, eine Tochtergesellschaft der Hermann-Göring-Werke, beschlagnahmte die **Frauenarbeitsschule** in der **Filserstraße**. Die Organisation Todt (OT) hatte ihren Verwaltungssitz im **Gasthaus „Schwanen"** und requirierte weitere Gebäude – die **Sichelschule**, das **evangelische Gemeindehaus** und die **Turnhalle** – zur Unterbringung ihrer etwa 2.000 Zwangsarbeitskräfte. Ein Lager in **Engstlatt** unterstand ebenfalls der Organisation Todt, die die polnischen und russischen Zwangsarbeiter beim Bau des Ölschieferwerks in Engstlatt und Frommern einsetzte.

Das **KZ-Außenkommando Erzingen** bestand von März 1944 bis zum 17. April 1945. Die Häftlinge wurden zum Bau des zunächst SS-eigenen Ölschieferwerkes **Bronnhaupten** eingesetzt, das im August 1944 in das Unternehmen „Wüste" eingegliedert wurde. Am 31. Oktober 1944 war das Lager mit 199 Gefangenen belegt. Am 12. und 17. April 1945 wurden 159 Gefangene in zwei Transporten in das KZ Dachau überstellt. Im KZ-Außenkommando Erzingen ums Leben gekommene Häftlinge wurden im Krematorium von Schwenningen verbrannt; die Urnen sind auf dem Schwenninger Waldfriedhof beigesetzt (s. Villingen-Schwenningen, Schwarzwald-Baar-Kreis).

In **Frommern** findet man am **Hesselberg** zahlreiche baulichen Überreste des **Ölschieferwerkes**, mit dessen Bau an der **Ohnrastraße** die am 25. September 1942 gegründete Lias-Ölschiefer-Forschungsgesellschaft m.b.H. im Frühjahr 1943 begonnenn hatte. Geplant war die Ölgewinnung nach dem Lurgi-Schweitzer-Verfahren im „industriellen Maßstab" mit einer Tagesleistung von 1.000 Tonnen. Das Lias-Werk gehörte der offiziellen Zählung nach nicht zu den zehn Ölschieferwerken der „Gruppe Wüste", war aber dennoch organisatorisch dem „Geilenberg-Programm" zugeordnet. Die Bauarbeiten standen unter der Leitung der OT und wurden u.a. von der Fa. Baresel durchgeführt.

Ab März 1944 wurden bei den Bauarbeiten auch KZ-Häftlinge eingesetzt. Am 31. Oktober 1944 war das **KZ-Außenkommando Frommern** mit 179 Gefangenen belegt. Das Lager bestand im März 1945 aus fünf, mit Stacheldraht umzäunten Holzbaracken. Für den Zeitraum Januar 1945 bis März 1945 sind acht Todesfälle registriert: Den Angaben auf den im KZ-Außenkommando Dautmergen ausgestellten Totenscheinen zufolge starben drei KZ-Häftlinge an völliger Entkräftung, fünf bei bzw. an den Folgen von Bombenangriffen. Am 12./13. April 1945 wurden 64 KZ-Häftlinge auf den Todesmarsch in Richtung Dachau getrieben.

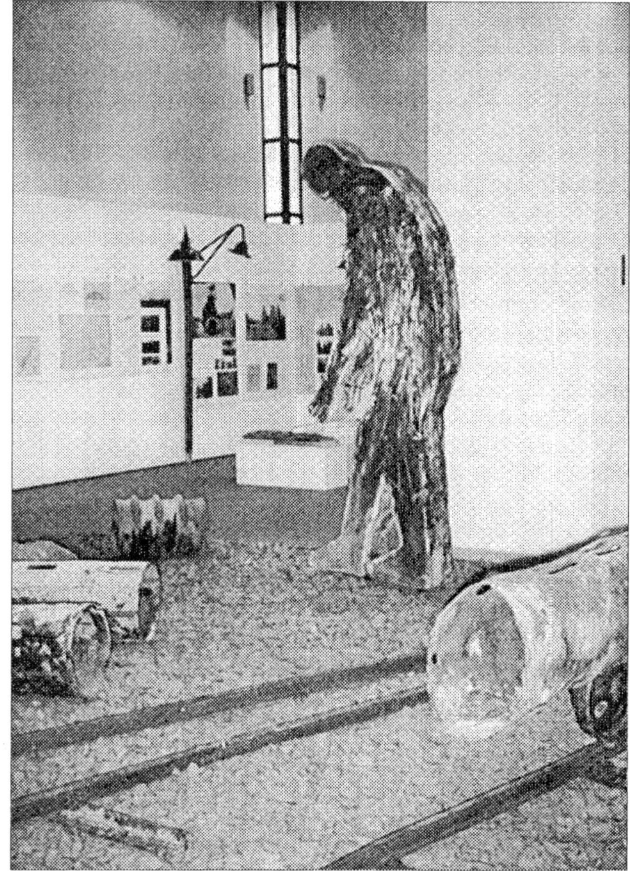

Die von der GeschichtsAG des Balinger Gymnasiums unter Leitung des Studienrats Immo Opfermann erarbeitete Ausstellung „Das Unternehmen ‚Wüste'". Die Rohre stammen aus den Ölschiefermeilern, und die Häftlingsfigur ist ebenfalls aus Überresten angefertigt.

Bei Kriegsende war das Lias-Werk Frommern zu 3/4 fertiggestellt; es wurde von der französischen Besatzungsmacht übernommen, zu Ende gebaut und 1947 in Betrieb genommen. 1949 wurde es wegen Unrentabilität stillgelegt.

Namen von KZ-Toten stehen auf den **Gedenktafeln** in den Einsegnungshallen der **Friedhöfe** von **Frommern** und **Dürrwangen**. In Frommern erinnert im Zentrum Buren an der **Jahnstraße** ein **Mahnmal** an die Opfer von Krieg und Gewalt.

Schülerinnen und Schüler des Gymnasiums Balingen erarbeiteten mit ihrem Lehrer, Studienrat Immo Opfermann, die Ausstellung „Das Unternehmen ‚Wüste'. Ölschieferwerke und Konzentrationslager entlang der Bahnlinie Tübingen-Rottweil. 1944/1945". Sie wurde im Beisein von ehemaligen Häftlingen am 16. September 1994 in der Balinger **Zehntscheuer** eröffnet und zum 50. Jahrestag der Befreiung auch in Rottweil gezeigt.

BISINGEN

Konzentrationslager und Zwangsarbeit

Das **KZ-Außenkommando Bisingen** wurde am 24. August 1944 eröffnet und bestand insgesamt 234 Tage bis zur Evakuierung am 14. April 1945. Als der erste Transport aus dem KZ Auschwitz am 24. August 1944 in Bisingen eintraf, fanden die 1.000 Gefangenen, Überlebende des Warschauer Aufstandes, ein etwa 150 Meter vom Ortsrand entferntes, mit Stacheldraht umzäuntes Gelände zwischen der heutigen **Schelmengasse** und der **Freesienstraße** vor, auf dessen morastigem Boden Zelte aufgeschlagen waren. In den ersten Wochen mußten Gefangenen-Kommandos das Lager – fünf Wohnbaracken, eine Küchenbaracke, eine Waschbaracke sowie Unterkünfte für die Wachmannschaften und den Kommandanten – errichten und eine Wasserleitung vom Kühlen Grund in das Lager legen. An der **Schelmengasse** ist noch die außerhalb des Lagers gelegene, inzwischen zum Wohnhaus umgebaute ehemalige Entlausungsbaracke erhalten.

Der zweite Transport mit 1.500 KZ-Gefangenen aus dem KZ Stutthof traf am 1. Oktober 1944 auf dem Bahnhof Engstlatt (Balingen) ein; am 30. Oktober 1944 und am 26. November 1944 folgten Transporte mit 250 polnischen Juden aus dem KZ Vaihingen (Kr. Ludwigsburg, Baden-Württemberg I) und 400 ungarischen Juden aus dem KZ Dachau. Der letzte bisher nachgewiesene Transport traf am 7. März 1945 mit 1.000 Gefangenen, unter ihnen 900 Juden, aus dem KZ Buchenwald ein. Insgesamt wurden in den letzten acht Kriegsmonaten über 4.000 Häftlinge überwiegend aus Osteuropa in das KZ-Außenkommando Bisingen deportiert, unter ihnen 1.550 Juden.

Die Baracken waren bei einer durchschnittlich Belegstärke von etwa 1.500 Gefangenen hoffnungslos überbelegt. An den Wänden waren Brettergestelle mit drei übereinanderliegenden Brettern montiert, je drei Männer mußten sich ein Brett und eine Decke teilen. Außer unter der qualvollen Enge litten die Gefangenen unter dem Morast, der Kälte, der unzureichenden Ernährung und den Mißhandlungen durch die Wachmannschaften.

Die Arbeitsstellen der KZ-Gefangenen befanden sich in den „Wüste-Werken" 1 (s. Dußlingen, Kr. Tübingen), 2 (Bisingen, im Kuhloch) und 3 (Engstlatt s. Balingen).

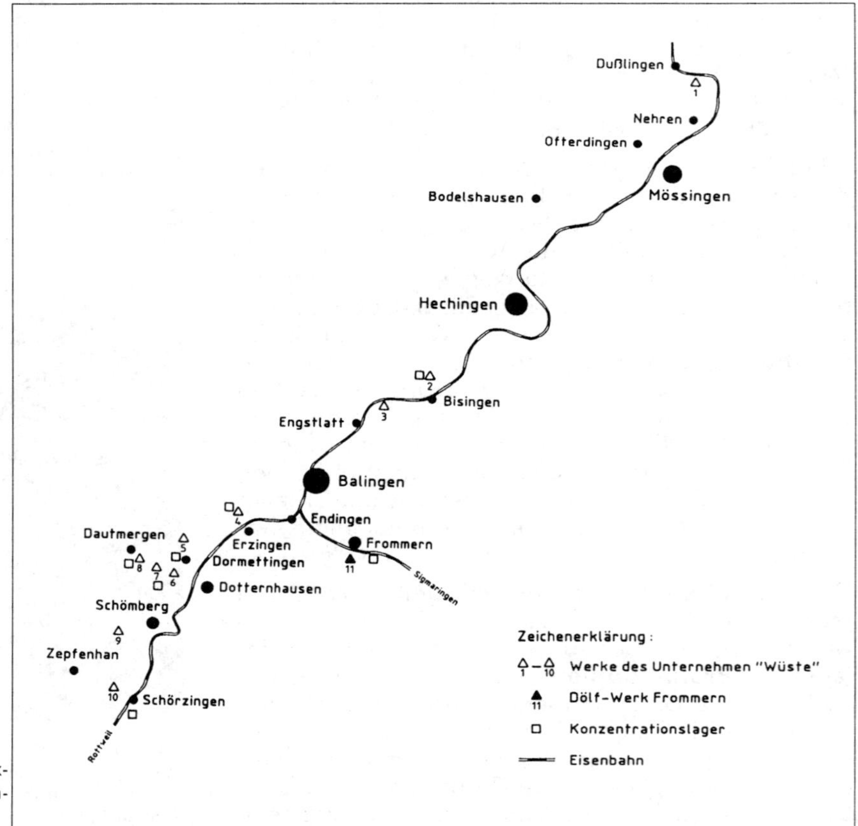

Das Unternehmen „Wüste" entlang der Bahnstrecke Tübingen-Rottweil. Ölschieferabbau und Konzentrationslager 1943–1945.

Lageplan des KZ-Außenkommandos Bisingen und der Ölschieferabbaustätte im „Kuhloch". Diese kann auf einem geschichtlichen Lehrpfad erkundet werden.

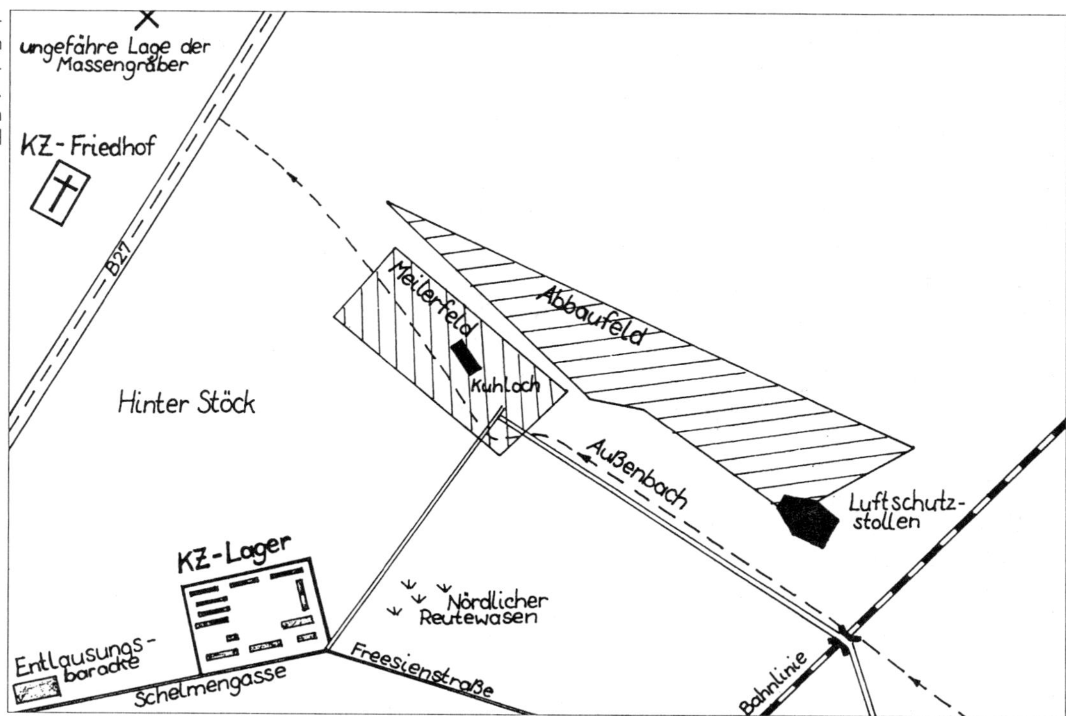

Im **Schiefersteinbruch „Kuhloch"** im **Außenbachtal** war vermutlich auch ein Teil jener 415 zur Zwangsarbeit verschleppten Zivilpersonen eingesetzt, deren Anwesenheit in Bisingen der FNTB nach dem Krieg ermittelt hatte. Das Bisinger Ölschieferwerk sollte nach dem Meilerverfahren betrieben werden. Um eine Tonne Öl aus dem Schiefer zu gewinnen, mußten die KZ-Gefangenen mindestens 35 Tonnen Schiefer aus dem Boden brechen – ohne geeignete Werkzeuge und ohne jegliche Schutzkleidung, die vor Verletzungen und gegen Kälte und Nässe hätte schützen können.

Als im Dezember 1944 Beauftragte der Deutschen Ölschiefer Forschungsgesellschaft (DölF) Lager und Werk besichtigten, waren sie von den „für die Ölgewinnung untragbaren Zuständen" entsetzt. Daraufhin wurden im Januar 1945 einige Verbesserungen angeordnet wie die Anschaffung von Gummistiefeln und der Bau von Laufrosten im Lager. Dadurch sank die Sterblichkeitsrate geringfügig. Bei der „Evakuierung" des Lagers Bisingen wurden zwischen dem 12. und 14. April 1945 in offenen Güterwagggons 769 KZ-Häftlinge – der CCP nennt die Zahl von 852 Gefangenen – in das Dachauer Kommando Allach transportiert; eine unbekannte Zahl kam nach Dautmergen und Schörzingen und wurde von dort auf den Todesmarsch getrieben (s. Dautmergen und Schömberg).

Unter den auf „Vernichtung durch Arbeit" angelegten Bedingungen war die Sterblichkeit im **KZ Bisingen** extrem hoch: Bei der Ankunft des zweiten Transports zählte man bereits 36 Tote, die die Strapazen der langen Fahrt nicht überstanden hatten. Bis Oktober 1944 ließ die SS 29 in Bisingen verstorbene Häftlinge im Krematorium von Reutlingen einäschern (s. Reutlingen, Kr. Reutlingen). Dann ging sie dazu über, die Toten in Massengräbern zu verscharren. Überlebende berichteten, daß viele Tote direkt an den Arbeitsstätten verbrannt worden waren. Arbeitsunfähige Häftlinge wurden in das Sterbelager Vaihingen/Enz (Kr. Ludwigsburg, Baden-Württemberg I) und in das KZ Dachau überstellt. Als im November 1946 die Massengräber an der heutigen **Bundesstraße 27** entdeckt wurden und man die Leichname exhumierte, wurden 1.158 Tote gezählt. Sie wurden auf Veranlassung der französischen Militärregierung auf dem in der Nähe der Massengräber angelegten **KZ-Friedhof Bisingen** beigesetzt. Am 29. April 1947 wurde diese mit ihrem hohen Kreuz weithin sichtbare **Gedenkstätte** feierlich eingeweiht, woran eine Tafel erinnert:

> „A la mémoire de 1158 victimes de la barbarie nazie qui reposent en ce lieu. Gouvernement Militaire Francais du Württemberg. II 1947"

Auf einer zweiten Tafel am Fuß des Gedenkkreuzes steht in lateinischer Sprache der Bibelvers 1. Macc. 14.29, dessen deutsche Übersetzung lautet:

> „Sie haben sich der Gefahr ausgesetzt, um ihr Heiligtum und das Gesetz zu erhalten."

Lange Jahre hindurch waren dies die einzigen Informationen, die Besucherinnen und Besucher des KZ-Friedhofes erhalten konnten. Erst 1985 wurde auf Initiative der Jungsozialisten Bisingens eine weitere Tafel angebracht, die auf dem damaligen Forschungsstand über das historische Geschehen informierte:

> „In Bisingen befand sich von September 1944 bis April 1945 ein Kommando des Konzentrationslagers Natzweiler (Elsaß). Andere Zweiglager waren u.a. in Leonberg, Schömberg, Schörzingen, Vaihingen/Enz, Neckargartach und Schwäbisch Hall. Von den durch das NS-Regime bei der Ölschiefergewinnung eingesetzten Häftlingen dieses Lagers aus verschiedenen Ländern – darunter viele Juden – sind sehr viele verhungert. Die Namensliste der hier bestatteten 1158 Toten wurde vernichtet. Wehret den Anfängen! Wehret dem Haß!"

1991 ließ der Zollernalbkreis auf den KZ-Friedhöfen der „Gruppe Wüste" in Bisingen, Schömberg und Schörzingen neue **Informationstafeln** mit gleichlautendem Text aufstellen, der sich nur durch die Zahl der auf den jeweiligen Friedhöfen bestatteten Toten unterscheidet. Dieser Text bietet eine umfassende Information und wird deshalb hier in vollem Umfang zitiert:

> „Auf dem KZ Friedhof liegen 1158 Tote der Aussenlager des Konzentrationslagers Natzweiler/Strutthof.
> Sie sind Opfer des Unternehmens „Wüste", das noch in den letzten Kriegsmonaten des Zweiten Weltkrieges

Eine 1962 von dem Bildhauer Ugge Bärtle gestaltete Stele auf dem KZ-Friedhof Bisingen. Die Widmung im Sockel lautet:
„Den Opfern ruchloser Gewalt
Hier ruhen 1158 Tote unbekannten Namens aus vielen Ländern Europas."

(1939–1945) durch die Gewinnung von Treibstoff aus Ölschiefer die Rohstoffbasis des bereits verlorenen Krieges sichern sollte. Für dieses Projekt wurden, beginnend ab Ende 1943, auf dem Gebiete des heutigen Zollernalbkreises sieben Lager eingerichtet und die KZ-Häftlinge als Zwangsarbeiter eingesetzt.
Die KZ-Häftlinge stammten aus fast ganz Europa. Aus Stutthof/Danzig wurden die letzten Überlebenden der jüdischen Bevölkerung Litauens, aus Auschwitz und Buchenwald polnische Juden und Überlebende des Warschauer Aufstandes in die hiesigen Lager gebracht und über Dachau ungarische Juden. Daneben zählten auch Mitglieder der Widerstandsbewegung Westeuropas und Skandinaviens zu den Häftlingen dieser Konzentrationslager.
Bereits Mitte des Jahres 1944 waren in den Lagern Schömberg, Schörzingen, Frommern, Erzingen, Bisingen und Dautmergen insgesamt 6278 KZ-Häftlinge interniert.
Unter unerträglichen Bedingungen mussten die Häftlinge Tag für Tag Zwangsarbeit leisten. Die schwere, körperliche Arbeit, verbunden mit den unsäglichen hygienischen Bedingungen, der völlig unzureichenden medizinischen Versorgung und den unmenschlichen Lebensverhältnissen in den Lagern führten innerhalb kurzer Zeit zum Auftreten von Seuchen und zu einem großen Sterben unter den Häftlingen. Insgesamt starben so 3484 Häftlinge in den Lagern des Unternehmens „Wüste" einen sinnlosen Tod.
Im Frühjahr 1945, als die Front immer näher rückte, wurde das Unternehmen „Wüste" aufgegeben und ein Teil der Häftlinge mit Bahntransporten nach Dachau gebracht, die übrigen Richtung Oberschwaben auf den „Todesmarsch" geschickt.
Als die französische Armee einmarschierte, fand sie neben den Produktionsanlagen und den verlassenen Lagern drei Massengräber vor, in denen die Opfer des Unternehmens „Wüste" verscharrt worden waren. Im Mai 1945 wurde in Schörzingen das erste dieser Massengräber geöffnet, im August 1946 und im November desselben Jahres die anderen beiden in Schömberg und Bisingen und die Toten auf den gleichnamigen KZ-Friedhöfen bestattet.

„Das Vergessenwollen verlängert das Exil.
Und das Geheimnis der Erlösung heißt
Erinnerung."
Richard von Weizsäcker
8. Mai 1985
Aufgestellt: März 1991. Der Zollernalbkreis"

An der ehemaligen **Arbeitsstätte**, dem **Schiefersteinbruch** Kuhloch im **Außenbachtal** steht seit Oktober 1969 ein **Gedenkstein** mit deutscher, französischer und lateinischer Inschrift:

> „Wanderer, gehst Du hier vorbei, gedenke derer, denen das Leben genommen wurde, bevor sie es sinnvoll gelebt hatten."

Dieser Gedenkstein wurde bei der Anlage des Sportplatzes auf einem Teil des Steinbruchgeländes von deutschen und französischen Soldaten errichtet. Über einen Teil der ehemaligen Ölschieferabbruchstätte führt inzwischen ein geschichtlicher **Lehrpfad**.

Seit November 1996 ist im **Heimatmuseum** eine ständige Ausstellung zum KZ- Außenkommando Bisingen zu besichtigen.

BITZ

Konzentrationslager und Zwangsarbeit

Nach den Ermittlungen des FNTB waren während der Kriegsjahre in Bitz 255 ausländische Zwangsarbeitskräfte eingesetzt. Ein Lager befand sich von 1941-1945 im **„Albhotel"**; die hier untergebrachten russischen Zwangsarbeiterinnen – die Gemeinde nannte die Zahl von 87 jungen Mädchen und Frauen – mußten bei mehreren Firmen in Bitz arbeiten.

DAUTMERGEN

Konzentrationslager und Zwangsarbeit

Auf der Gemarkung Schömberg, am Ortsausgang in Richtung Dautmergen, lag in den letzten Kriegsjahren ein von hohen Stacheldrahtzäunen umgebenes Areal: das **KZ-Außenkommando Dautmergen**. Da es unter dieser Ortsbezeichnung bekannt ist, soll es auch hier beschrieben werden.

Das KZ-Außenkommando Dautmergen bestand vom 23. August 1944 bis zum 18. April 1945 und gehörte zu den Lagern des Unternehmens „Wüste" (s. Schömberg). Ein erster Transport mit 2.000 Gefangenen traf am 23. August 1944 aus dem KZ Auschwitz ein; ihnen folgten im September 400 KZ-Häftlinge aus Dachau und Anfang Oktober 1944 2.500 Gefangene aus dem KZ Stutthof bei Danzig, die auf die Lager Bisingen und Dautmergen verteilt wurden. Am 31. Oktober 1944 hatte das KZ-Außenkommando Dautmergen mit 2.777 Gefangenen die höchste Belegzahl aller Lager des Unternehmens „Wüste". Etwa zur gleichen Zeit waren bereits 200 als arbeitsunfähig ausgesonderte KZ-Häftlinge aus Dautmergen und Schömberg in das KZ Dachau überstellt worden. Anfang November 1944 ging ein Transport mit zu Tode erschöpften Gefangenen in das Sterbelager Vaihingen (Kr. Ludwigsburg, Baden-Württemberg I). Unter den Häftlingen des Lagers Dautmergen befanden sich zahlreiche Juden aus Litauen, Überlebende des Warschauer Aufstandes, Sinti und Roma, die in den Sterberegistern als „Böhmen" ausgegeben wurden, sowie Mitglieder der Résistance aus Westeuropa und Norwegen.

Thomas Seiterich-Kreuzkamp sprach mit den Widerstandskämpfern Serge Lampin und René Colin, die am 21. September 1944 zusammen mit 400 KZ-Gefangenen – über die Hälfte Franzosen, einige Norweger, Niederländer, Belgier und Deutsche – am Bahnhof Schömberg eintrafen. Hier seine Zusammenfassung ihrer Berichte:

> „Es hagelte Schläge, sobald sie auf dem Bahnsteig standen, noch ganz steif und unbeweglich von der langen Zugfahrt, zusammengepfercht im Güterwaggon ... Die Marschkolonne setzte sich mühsam in Bewegung, quer durch die schlafende Kleinstadt. Über eine schmale Landstraße erreichten sie nach einstündigem Fußmarsch das Lager Dautmergen. Das KZ bestand aus einer Sumpfwiese, eingezäunt mit Stacheldraht. Auf Wachtürmen waren starke Scheinwerfer montiert. In der Mitte der Fläche, im Morast, lagen ein paar Zeltplanen. Dorthin trieb man sie. Auf dem mit Nässe vollgesogenen, herbstkalten, fauligen Stroh, das auf den Zeltplanen lag, legten sie sich hin. Quer, übereinander, ein Haufen halb verhungerter Männer. Es gab nicht genug Platz. Später, als auf der nach Westen hin ungeschützten Hochfläche der eisige Wind kam, mußten sich drei Männer eine Decke teilen. Die Häftlinge behalfen sich mit Zementsäcken. Da es keinerlei Winterkleidung gab, wurden die Säcke tagsüber unter dem zerlumpten Lagerdrillich getragen."

Diese unerträglichen Lagerbedingungen und der mörderische Arbeitseinsatz in den Ölschiefersteinbrüchen von Schömberg und Dotternhausen forderten in den ersten Monaten täglich bis zu 50 Tote. Wie auch im benachbarten KZ-Außenkommando Bisingen gab es im Winter 1944/1945 im „Stab Geilenberg" Bemühungen, die Lagersituation zu verbessern. Doch auch Aktionen, die dem Erhalt der Arbeitsfähigkeit der Häftlinge dienen sollten, hatten für viele den Tod zur Folge: Als im Winter 1944/1945 im Lager Dautmergen die Gefangenen zur Entlausung getrieben wurden, mußten sie nackt oder nur mit einer übergeworfenen Decke für Stunden im Freien stehen, worauf Dutzende an Lungenentzündungen und schweren Erkältungen starben. Nach den vorliegenden Totenscheinen starben in Dautmergen allein im Dezember 1944 und im Januar 1945 fast 250 Gefangene.

Von den anderen KZ-Außenkommandos des Unternehmens „Wüste" unterschied sich das Lager Dautmergen in den auf Vernichtung zielenden Lager- und Arbeitsbedingungen kaum, doch in einem Punkt hatte es eine besondere Geschichte:

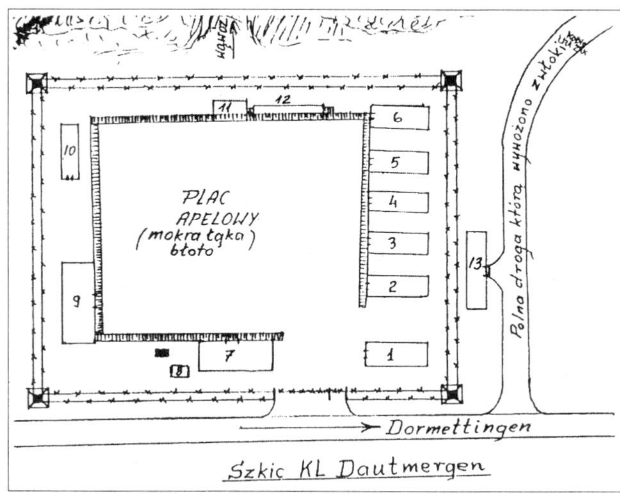

Skizze des KZ-Außenkommandos Dautmergen, angefertigt von dem polnischen Häftling Henryk Sztanka. Deutsche Übersetzung der Bezeichnungen: 1 Küche, 2-6 Baracken ohne Fenster und festen Fußboden, 7,9 Schuppen ohne Fenster und festen Fußboden, 10 „Krankenstube", 11 Abort, 12 Waschraum im Freien, nicht überdacht, 8 Wasserreservoir (Brandschutz), 13 Unterkünfte für SS-Wachmannschaften außerhalb des Lagers. Auf dem rechts eingezeichneten Weg wurden die verstorbenen und ermordeten Häftlinge zum Massengrab gebracht.

Als im Herbst 1946 rund 50 Angeklagte – Kommandanten und Mitglieder der Wachmannschaften der Lager des Unternehmens „Wüste" – vor dem französischen Militärgericht in Rastatt standen, gab es einen unter ihnen, für den befreite KZ-Häftlinge von Dautmergen „um Leben und Freiheit" baten. Erwin Dold, Kommandant in Dautmergen, wurde am 1. Februar 1947 als einziger Angeklagter freigesprochen. Im Januar 1945 wurde der damals 25jährige kriegsversehrte Feldwebel, der ab Oktober 1944 Kommandant im KZ-Außenkommando Haslach (s. Ortenau-Kreis) gewesen war, nach Dautmergen versetzt. Zunächst für die Verpflegung zuständig, wurde er im März 1945 zum Lagerleiter bestellt. Dold setzte sich gegen Widerstände in den Reihen der SS und der Organisation Todt für die Verbesserung der Arbeits- und Ernährungsbedingungen ein. Er beschaffte Baumaterial und ließ Baracken und sanitäre Anlagen verbessern, organisierte auf dem Schwarzmarkt und bei Fahrten in seine badische Heimat zusätzlich Lebensmittel und versuchte, die hygienischen Verhältnisse zu verbessern.

657 KZ-Häftlinge wurden am 12. und 13. April 1945 per Bahntransport in das KZ Dachau überstellt. Fünf Tage später mußten die noch in Dautmergen verbliebenen Gefangenen und eine Gruppe aus dem KZ Bisingen den Todesmarsch antreten. Gräber an den Straßen in Richtung Oberschwaben zeugen von den Grausamkeiten, denen die zu Tode erschöpften Häftlinge ausgesetzt waren, bis sie in Altshausen (s. Kr. Ravensburg) und Ostrach (s. Kr. Sigmaringen) befreit wurden (zu den Todesmärschen s. auch Schömberg).

Als die Französische Besatzungsmacht die Massengräber in Schömberg öffnen ließ, fand man die sterblichen Überreste von 1.777 Toten; sie wurden 1946 auf den KZ-Friedhof Schömberg feierlich beigesetzt (s. Schömberg).

DORMETTINGEN

Konzentrationslager und Zwangsarbeit

Zu den KZ-Außenkommandos des Unternehmens „Wüste" gehörte auch ein Lager in Dormettingen, das von Januar 1945 bis April 1945 bestand. Die KZ-Gefangenen mußten unter härtesten Bedingungen Ölschiefer in den Steinbrüchen zwischen Dormettingen und Dotternhausen abbauen. In den Tagen zwischen dem 6. und 12. April 1945 wurden 299 KZ-Gefangene in das KZ Dachau überstellt. Eine nicht bekannte Zahl von Toten wurden auf dem KZ-Friedhof im nahegelegenen Schömberg bestattet (s. Schömberg).

Zusätzlich waren noch etwa 100 ausländische zivile Zwangsarbeitskräfte in Dormettingen im Einsatz; diese Zahl ermittelte der FNTB nach Kriegsende. Vom **Dormettinger Friedhof** wurden die sterblichen Überreste von fünf sowjetischen Opfern der Zwangsarbeit auf den Friedhof von Ebingen umgebettet (s. Albstadt).

DOTTERNHAUSEN

Konzentrationslager und Zwangsarbeit

Westlich von Dotternhausen liegen die größten Ölschieferabbaustellen, in denen die Häftlinge der umliegenden KZ-Außenkommandos des Unternehmens „Wüste" ab Sommer 1944 unter katastrophalen Bedingungen Zwangsarbeit verrichten mußten (zum Unternehmen „Wüste" s. Schömberg und Balingen).

In Dotternhausen gab es ein der Organisation Todt unterstelltes Lager mit etwa 60 zur Zwangsarbeit verschleppten Zivilpersonen. Ein Todesfall ist beim Standesamt registriert: der polnische Zwangsarbeiter Stanilaus Kopia kam am 21. Oktober 1944 ums Leben. Sein Grab befindet sich auf dem **Friedhof** von **Dotternhausen**. Die sterblichen Überreste von sieben sowjetischen Opfern der Zwangsarbeit wurden auf den Friedhof von Ebingen umgebettet (s. Albstadt).

GEISLINGEN

Konzentrationslager und Zwangsarbeit

Aufgrund seiner Nachkriegsermittlungen meldete der FNTB für Geislingen die Zahl von 315 zur Zwangsarbeit verschleppten Zivilpersonen. Als Lager ist ein Gebäude in der **Brückenstr.** 56 bekannt, in dem – nach Angaben der Gemeinde – „Franzosen und Polen" untergebracht waren.

HAIGERLOCH

„Rassische" Verfolgung und „Euthanasie"

Mit seinem Schutzbrief von 1780 hatte Fürst Karl Friedrich von Hohenzollern-Sigmaringen den Umzug aller jüdischen Familien, die kein Haus in der Oberstadt besaßen, in das Haag-Schloß und seine Nebengebäude angeordnet. Bis zu den Deportationen in den Jahren 1941/1942 blieb das **Haag** das gettoartige Wohngebiet der Jüdischen Gemeinde Haigerloch, die um 1858 mit 397 Mitgliedern ihre höchste Zahl erreichte. Hier befanden sich die 1783 erbaute **Synagoge**, das **Gemeindehaus** mit Schule und Lehrerwohnung, ein **Schlachthaus**, das **Gasthaus „Rose"**, einige Geschäfte und die Wohnhäuser und Stallungen der zahlreichen Viehhändler. Die Toten wurden auf dem **Alten Jüdischen Friedhof** im Wald bei **Weildorf** (heute: Stadtteil von Haigerloch) und dem **Neuen Jüdischen Friedhof** unterhalb des **Haags** bestattet. An beiden Friedhöfen finden Besucherinnen und Besucher ausführliche **Informationstafeln**:

> „Jüdische Gemeinde Haigerloch
> Seit 1546 bestand ein jüdische Siedlung in Haigerloch. Im Jahr 1780 wurde den jüdischen Bürgern, meist Handwerker und Kaufleute, das Stadtviertel Haag als Wohnstätte zugewiesen. Die jüdische Gemeinde Haigerloch zählte im Jahr 1933 insgesamt 213 Seelen. 1942 wurden die letzten 192 Juden in Vernichtungslager deportiert, dabei haben nur elf Personen überlebt.
> Zwischen 1567 und 1884 hat die jüdische Gemeinde ihre Mitglieder auf dem Waldfriedhof Weildorf bestattet. 1803 legte sie unterhalb ihres Wohngebiets einen neuen jüdischen Friedhof an."

Der 1990 errichtete Gedenkstein vor der ehemaligen Synagoge im Haag.

Der Gesprächskreis Ehemalige Synagoge Haigerloch bietet Führungen über die beiden Friedhöfe und das ehemalige jüdische Wohnviertel an. Die Haigerlocher Juden lebten überwiegend vom Viehhandel und waren auf den oberschwäbischen Viehmärkten gerne gesehen, bis sie in den Jahren 1935/1936 als unerwünschte Konkurrenz Marktverbot bekamen. Als Folge der wirtschaftlichen Unterdrückung und zunehmenden Diskriminierung verließen bis 1937 13 Personen ihren Heimatort; im Jahr darauf flüchteten aufgrund der brutalen Ausschreitungen in den Tagen des Novemberpogroms 1938 16 Personen ins Ausland.

Die SA-Truppe aus Sulz am Neckar, die das **Haag** heimsuchte, traf in der Nacht des 10. November 1938 mit einem Omnibus auf dem **Markplatz** von Haigerloch ein, und es waren Einheimische, die ihnen den Weg zur **Synagoge**, zum **Gemeindehaus** und zu den Wohnungen jüdischer Menschen wiesen. Nach der Schändung der Synagoge zog man zum Gemeindehaus, zertrümmerte die Fensterscheiben und verwüstete die Schulräume. Nach schweren Mißhandlungen wurde der Lehrer Gustav Spier in das **Amtsgerichtsgefängnis** geschleppt, wo er auf seine in dieser Nacht aus den Betten gezerrten Glaubensgenossen traf. Elf Haigerlocher Juden wurden am 12. November 1938 in das KZ Dachau verschleppt.

1941 lebten im **Haag** noch 109 Personen in 29 Häusern; in den folgenden Monaten wurden mindestens 111 Personen aus württembergischen Städten nach Haigerloch zwangsumgesiedelt. Das Haag wurde zur Zwischenstation auf dem Weg in die Vernichtungslager. Der erste Abtransport erfolgte am 27. November 1941, als 109 Frauen und Männer im Alter von über 60 Jahren mit dem vorgeschriebenen Handgepäck von höchstens 50 kg zum **Bahnhof** getrieben wurden, sich dort einer Leibesvisitation unterziehen mußten und ihres letzten Vermögens beraubt wurden. Über das Sammellager auf dem Stuttgarter Killesberg wurden sie in das Getto Riga deportiert. Nach Deportationen im April und Juli 1942 wurden am 19. August 1942 die letzten, im Haag verbliebenen 133 Jüdinnen und Juden abgeholt.

Die **Synagoge**, **Im Haag** 14, hatte äußerlich unversehrt den Novemberpogrom 1938 überstanden. Das Gebäude ging 1939 in städtischen Besitz über, wurde zur Turnhalle umgebaut und diente während des Krieges als Lagerraum der Deutschen Lufthansa AG (s.u). Nach 1945 wurde es als Kino genutzt, dann als Lebensmittelgeschäft und schließlich wieder als Lagerraum. Der Gesprächskreis Ehemalige Synagoge Haigerloch will das Gebäude restaurieren und als Gedenkstätte erhalten.

An die mindestens 84 Opfer der Jüdischen Gemeinde Haigerloch erinnert eine **Gedenktafel** auf dem **Jüdischen Friedhof** am **Haag**. Sie trägt die Widmung:

> „Zum dauernden Gedenken
> aller in der Nazizeit
> 1933–1945
> hingeopferten Juden aus Haigerloch
> die ihr Leben unschuldig
> lassen mußten."

In den leerstehenden Häusern im **Haag** richtete die „Volksdeutsche Mittelstelle" ein „SS-Umsiedlungslager" ein, in das im Oktober 1942 46 slowenische Familien mit 310 Personen eingewiesen wurden. Sie waren aufgrund der deutschen Besatzungspolitik in Jugoslawien zwangsumgesiedelt worden (zu den SS-Umsiedlungslagern" s. auch Schelklingen, Alb-Donau-Kreis, und Unterkirnach, Schwarzwald-Baar-Kreis).

Konzentrationslager und Zwangsarbeit

Nach Angaben des FNTB waren während der Kriegsjahre in **Haigerloch** 425 und in **Stetten** 135 ausländische Zwangsarbeitskräfte gemeldet. Außer in der Landwirtschaft und bei örtlichen Unternehmen mußten sie vermutlich bei den 1943/1944 nach Haigerloch verlagerten Betrieben arbeiten. So hatte die **Deutsche Lufthansa AG** Werkstätten aus Böblingen in die Räume der stillgelegten **Makospinnerei** im **Karlstal** verlagert und eine Baracke auf dem Nachbargelände aufstellen lassen. In dieser Baracke waren mindestens 25 russische und vier tschechische Zwangsarbeiter untergebracht, während elf niederländische Zwangsarbeiter im **Gasthaus „Hecht"** ihre Unterkunft hatten. Eine weitere Arbeitsstätte könnte jener – wie es im Protokoll der Gemeinderatssitzung vom 8. August 1944 heißt – „geheimzuhaltende Rüstungsbetrieb" gewesen sein, der seine Produktion in das **Salzwerk Stetten** verlagern wollte. Hier sind weitere Forschungen nötig.

HECHINGEN

„Rassische" Verfolgung und „Euthanasie"

Seit 1490 lebten Juden in Hechingen. Mit 809 Mitgliedern erreichte die Jüdische Gemeinde um 1844 ihren Höchststand. 1754 wurde die jüdische Bevölkerung in ein gettoartiges Wohngebiet in der **Friedrichstraße**, in die ehemaligen fürstlichen Kasernen, umgesiedelt; nur zehn wohlhabendere Familien konnten in eigenen Häusern in der **Oberstadt** verbleiben. An der Entwicklung der Hechinger Textilindustrie hatten die Familien Baruch, Heilbronner, Levi und Liebmann einen bedeutenden Anteil. 1933 lebten noch 101 jüdische Bürgerinnen und Bürger in der Stadt.

Von den drei **Synagogen**, die Hechingen einst besaß, steht noch eine, zugleich die älteste. Sie wurde 1546 an der südöstlichen Stadtmauer im Bereich der Judengasse errichtet (heute: **Synagogenstraße**, **Ecke Goldschmiedstraße**). Neben der Synagoge baute die Jüdische Gemeinde 1830–1832 ein **Gemeinde- und Schulhaus**, in dem sich auch die Wohnungen des Rabbiners, des Lehrers und des Vorsängers befanden.

Beim Novemberpogrom 1938, in der Nacht des 10. November, wurde das Gotteshaus von SA-Leuten aus Reutlingen und Hechingen geschändet und die Inneneinrichtung zerstört. Nach dem Kriegsende nutzte man das Gebäude als Lagerraum, bis sich Anfang der 80er Jahre eine Initiative zur Rettung der Synagoge gründete. Am 19. November 1986 schließlich konnte das sorgfältig restaurierte Gebäude der Öffentlichkeit übergeben werden. Bei der Einweihung erhielt auch die Synagogenstraße, die 1934 in Hohenberger Straße umbenannt worden war, wieder ihren Namen zurück. Die ehemalige Synagoge ist heute ein kulturelles Zentrum, in den die Erinnerung an die jüdischen Geschichte Hechingens wachgehalten wird.

In der 1761 in der **Friedrichstraße** erbauten **Synagoge** wurden bis 1870 Gottesdienste gefeiert; acht Jahre später wurde das Gebäude abgebrochen. In der **Münzgasse** ließ zu Beginn des 19. Jahrhunderts der Hofbankier Kaulla eine Privatsynagoge errichten. Gottesdienste fanden hier bis 1850 statt; anschließend wurde das Gebäude als Fabrik genutzt und schließlich – 1937 – abgebrochen. Neben der Kaulla'schen Synagoge stand das Jüdische Lehrhaus, an dem, ermöglicht durch die Kaulla'sche Rabbinatsstiftung, bis 1850 unterrichtet wurde.

In der **Friedrichstraße** befanden sich weitere jüdische Gemeindeeinrichtungen des 19. Jahrhunderts: ein Schlacht- und Waschhaus, eine Mazzenbäckerei und eine Herberge für durchreisende Juden; diese wurde später in ein Haus bei der **Ankerbrücke** verlegt.

Mindestens 29 Mitglieder der Jüdischen Gemeinde Hechingen wurden Opfer des Holocaust. Ihrer wird auf dem **Jüdischen Friedhof** gedacht, der am **Galgenrain** an der Straße von **Hechingen** nach **Sickingen** liegt. 18 Namen stehen auf einer in die Südwand der Friedhofshalle eingelassenen **Gedenktafel**:

> „Aus der Jüdischen Gemeinde Hechingen
> wurden verschleppt und starben 1941/1942
> Isidor Bernheim – Liesel Bernheim – Klothilde Bernheimer – Blondina Eppstein – Edmund Eppstein – Otto Hofheimer – Martha Hofheimer – Edith Hofheimer – Jettchen Kraus – Rudolf Levi – Karl Levi – Alfred Löwenthal – Mina Löwenthal – Dr. Moritz Meyer – Pescha Nowenstein – Leon Schmalzbach – Mina Schmalzbach – Luise Schnurmann."

An die Hoffaktorenfamilie Kaulla erinnert die **Kaullastraße** und eine imposantes Grabmal auf dem **Jüdischen Friedhof**.

Die **Levistraße** trägt ihren Namen nach dem in der Hechingener **Oberstadt** als Sohn des Textilfabrikanten Jakob Levi geborenen Rechtsanwalt und Sozialisten Paul Levi (1883–1930). Levi gehörte mit Karl Liebknecht und Rosa Luxemburg zu den Mitbegründern des Spartakus-Bundes und der KPD, deren Vorsitzender er bis 1921 war. Nach Konflikten um die innerparteiliche Demokratie und um die Politik der Kommunistischen Internationalen wurde Levi 1921 aus der KPD ausgeschlossen. Er kehrte zur SPD zurück und wurde in den Jahren der Weimarer Republik einer der bekanntesten politischen Strafverteidiger.

Im Gedenkbuch der Sinti und Roma fanden wir die Namen von drei kleinen Sinti-Kindern, die am 18. März 1943 in das Vernichtungslager Auschwitz-Birkenau eingeliefert wurden: Agnes Zulie war 1942 und Hildegard am 16. Januar 1943 in **Hechingen** zur Welt gekommen; der Geburtsort der bei der Deportation drei Jahre alten Olga Zulie ist Ebingen (Albstadt). Im „Hauptbuch (Frauen) des Zigeunerlagers" wurden die Kleinkinder zusammen mit Elisabeth Zulie, 1920 in Schwäbisch Gmünd geboren, und Elise Zulie, 1922 in Gruol zur Welt gekommen, registriert; als Berufsbezeichnung gibt das Hauptbuch für beide Frauen „Arbeiterin" an. Die 23jährige Elisabeth wurde – den Angaben im Hauptbuch zufolge – am 15. April 1944 zur Zwangsarbeit selektiert und in das FrauenKZ Ravensbrück überstellt. Das Hauptbuch nennt lediglich bei der kleinen Agnes ein konkretes Todesdatum; sie erlag dreizehn Tage nach ihrer Einlieferung den grauenvollen Lagerbedingungen.

Konzentrationslager und Zwangsarbeit

Zum Einsatz ausländischer Zwangsarbeitskräfte ermittelte der FNTB nach dem Kriegsende folgende Zahlen: **Hechingen** 215 und **Weilheim** 60 Personen. Vom **Heilig-Kreuz-Friedhof** in Hechingen wurden fünf sowjetische Opfer der Zwangsarbeit auf den Friedhof von Ebingen umgebettet (s. Albstadt); doch auf dem Heilig-Kreuz-Friedhof sollen sich – wie die Stadt mitteilte – noch weitere Gräber von ausländischen Kriegsopfern befinden.

JUNGINGEN

Widerstand und Naziterror

Am 28. März 1933 besetzten Landjäger das Dorf, verhafteten vier bekannte Mitglieder der KPD-Ortsgruppe und verschleppten sie in das auf dem Heuberg eingerichtete KZ (s. Stetten a.k.M., Kr. Sigmaringen); unter ihnen befand sich der Gastwirt Casimir Bumiller.

Konzentrationslager und Zwangsarbeit

Der FNTB ermittelte die Zahl von 55 ausländischen Personen, die während der Kriegsjahre in Jungingen zur Zwangsarbeit eingesetzt waren.

RANGENDINGEN

„Rassische" Verfolgung und „Euthanasie"

Im Gedenkbuch der Sinti und Roma steht der Name der 1903 in **Rangendingen** geborenen Sintezza Mathilda Reinhardt. Sie wurde im Frühjahr 1943 in das Vernichtungslager Auschwitz-Birkenau deportiert; im „Hauptbuch (Frauen)" ist ihre Einlieferung am 14. März 1943 registriert zusammen mit der 17jährigen Emma, möglicherweise ihre Tochter. Emma erlag bereits eine Woche nach ihrer Ankunft den auf Vernichtung zielenden Lagerbedingungen; Mathilda wurde am 15. April 1944 zur Zwangsarbeit in das FrauenKZ Ravensbrück transportiert; dort verlieren sich ihre Spuren.

Konzentrationslager und Zwangsarbeit

Nach Angaben des FNTB waren während der Kriegsjahre in Rangendingen 75 zur Zwangsarbeit verschleppte Zivilpersonen gemeldet.

RATSHAUSEN

Konzentrationslager und Zwangsarbeit

Beim Ölschieferwerk Schömberg waren außer KZ-Gefangenen auch zur Zwangsarbeit verschleppte Zivilpersonen eingesetzt. Eines der der Organisation Todt (OT) unterstellten Lager befand sich im Saal des **Gasthauses „Zum Engel"** und war mit etwa 60 aus Estland deportierten Männern belegt.

SCHÖMBERG

Konzentrationslager und Zwangsarbeit

Die Ölschiefergebiete zwischen Schwarzwald und Schwäbischer Alb gerieten 1943 in die Zielplanungen des Rüstungsministeriums und des SS-Wirtschaftsverwaltungshauptamtes. Um den drohenden Treibstoffmangel abzuwenden, wurden drei Verfahren zur Ölgewinnung – die Untertageverschwelung, die Meilerverschwelung und die Mantelverschwelung – in Versuchsanlagen erprobt. Zwei dieser Versuchsanlagen befanden sich in **Schörzingen** und **Schömberg**, eine dritte in Frommern (s. Balingen). Mitte des Jahres 1944 wurde im Rüstungsministerium der „Stab Geilenberg" gebildet, dessen Aufgabe es war, in nur drei Monaten zehn Ölschieferwerke entlang der Bahnlinie Tübingen-Rottweil, das Unternehmen „Wüste", aus dem Boden zu stampfen. Die Bauarbeiten wurden von der Organisation Todt (OT) geleitet, und das SS-Wirtschaftsverwaltungshauptamt verfügte den Einsatz von 5.000 KZ-Häftlingen, die in sieben dem KZ Natzweiler unterstellten KZ-Außenkommandos untergebracht wurden. Dazu wurden die bereits bestehenden Lager in **Schörzingen**, **Schömberg** und Frommern ausgebaut und neue in Bisingen, Erzingen, Dautmergen und Dormettingen errichtet. Im Unternehmen „Wüste" wurden von den insgesamt eingesetzten 6.278 KZ-Gefangenen mindestens 3.384 zu Tode geschunden.

In **Schörzingen** begannen die Planungsarbeiten für den Ölschieferabbau Anfang Oktober 1943 unter der Federführung der Fa. Kohle-Öl-Union v. Busse KG, einer Tochtergesellschaft der Hermann-Göring-Werke in Salzgitter, und der Organisation Todt (OT). An der Straße nach **Wilflingen** entstand ein Werk, das nach dem Verfahren der Untertageverschwelung arbeiten sollte. Hierzu wurden zwei Stollen in Richtung des **Waldgebietes Aspen** getrieben und mit Querstollen verbunden. In den Querstollen wurde das Schiefermaterial abgebrochen und schließlich, nach dem Zumauern der Zugänge, durch Druckluft entzündet. Die Ausbeute war sehr gering: Nur ein Drittel des Bitumengehalts im Ölschiefer ergab ein übelriechendes Schweröl. Im Juli 1944 wurde das Werk der Kohle-Öl-Union in das Unternehmen „Wüste" eingegliedert. Gleichzeitig hatte der „Stab Geilenberg" den Bau eines weiteren Werks, des „Wüste-Werks 10", an der Straße nach **Zepfenhan** im **Eckerwald** beschlossen, das nach dem von dem IG-Farben-Chemiker Dr. Sennewald entwickelten Meilerverfahren arbeiten sollte.

Im Ölschieferwerk der Kohle-ÖL-Union waren zunächst deutsche Bergleute aus Salzgitter und aus der Zeche Pegnitz sowie vermutlich auch ausländische Zwangsarbeitskräfte eingesetzt.

Die ersten KZ-Häftlingen kamen im Januar oder Februar 1944 aus dem KZ Natzweiler im besetzten Elsaß. Sie mußten das **KZ-Außenkommando Schörzingen** errichten und in den Stollen der Kohle-Öl-Union Schiefer abbrechen. Das Lager Schörzingen lag unmittelbar neben dem Ölschieferwerk an der Straße von Schörzingen nach Wilflingen. Das KZ-Außenkommando Schörzingen, offiziell als „SS-Arbeitslager" bezeichnet, war am 29. Februar 1944 mit etwa 70 Gefangenen belegt; im August 1944 hatte man die ursprünglich geplante Belegstärke mit 200 Gefangenen erreicht. Zur gleichen Zeit ließ die OT das Lager weiter ausbauen, um die für den Olschieferabbau im **Werk Zepfenhan** angeforderten KZ-Gefangenen unterzubringen. In den Monaten September und Oktober 1944 stieg die Häftlingszahl um das 3 1/2 fache des Standes vom August 1944; am 30. September 1944 wurden 723 Gefangene gezählt. Als höchste Belegzahl nannte der französische Häftling Julien Hagenbourger, der als Lagerschreiber eingesetzt war, die Zahl von 1.079 Gefangenen.

Neben der qualvollen Enge und dem ständigen Hunger zehrte die völlig unzureichende Bekleidung an den Kräften der Gefangenen. Im regenreichen Herbst 1944 und dem darauffolgenden strengen Winter mußten sie in dünnen Baumwollanzügen und schlechtem Schuhwerk – oft hatten sie nur Lappen um die Füße gewickelt – im Schlamm stehend den Schiefer brechen. Der Arbeitstag dauerte mehr als zwölf Stunden, und oft wurde auch an Sonn- und Feiertagen gearbeitet. Dazu kam noch morgens und abends ein Fußmarsch von fast vier Kilometern, um den Arbeitsplatz bzw. das Lager zu erreichen.

Mit der Arbeit auf der **Baustelle Zepfenhan**, auf der durchschnittlich 500 Gefangene eingesetzt waren, schnellte die Sterblichkeitsrate im KZ-Außenkommando Schörzingen in die Höhe. Etwa 95 % der Todesfälle betrafen das Kommando Zepfenhan. Waren die ersten 43 Toten aus Schörzingen noch im Krematorium von Schwenningen verbrannt worden (s. Villingen-Schwenningen, Schwarzwald-Baar-Kreis), so entledigte sich die Lager-SS ab Oktober 1944 der vielen Toten durch die Anlegung eines Massengrabes an der Stelle, wo sich heute der **KZ-Friedhof Schörzingen** befindet; wenig später kam ein zweites Massengrab in Richtung **Aspenwald** hinzu. Beim **Standesamt Schörzingen** sind offiziell 549 verstorbene KZ-Häftlinge registriert. Diese Zahl der amtlich registrierten Toten verfälscht jedoch das tatsächliche Ausmaß der „Vernichtung durch Arbeit", denn sie enthält weder die Zahl der als arbeitsunfähig ausgesonderten Gefangenen, die in das Sterbelager Vaihingen (Kr. Ludwigsburg, Baden-Württemberg) überstellt wurden, noch die Opfer der Todesmärsche.

Die Arbeiten auf der **Baustelle Zepfenhan** wurden im Januar oder Februar 1945 wegen zunehmenden Material- und Transportschwierigkeiten eingestellt. Alle Insassen des Lagers Schörzingen mußten nun im Kohle-Öl-Union-Werk arbeiten. Bei der Auflösung des Lagers Schörzingen wurden am 7. April 1945 372 Gefangene in das KZ Dachau überstellt, die am 12. April im Dachauer Außenkommando Allach eintrafen; am

17. April erreichten 100 jüdische Gefangene aus Schörzingen Dachau.

Zum Verlauf der Todesmärsche aus den Lagern des Unternehmens „Wüste" ist bisher bekannt, daß der größte Teil der nicht mit Bahntransporten in das KZ Dachau überstellten Gefangenen in mehreren Marschkolonnen von je 500–600 Gefangenen zwischen dem 16. und 18. April 1945 in Richtung Oberschwaben und Oberbayern getrieben wurden. Die Gesamtzahl der auf den Todesmarsch Getriebenen liegt nach vorsichtigen Schätzungen zwischen 1.500 und 2.000 KZ-Häftlingen. Dabei dürfte ungefähr folgender Weg vorgeschrieben worden sein: Tuttlingen-Meßkirch-Ostrach-Altshausen-Aulendorf-Bad Waldsee und weiter in Richtung Memmingen. In Meßkirch (s. Kr. Sigmaringen) schlugen einige Kolonnen den Weg über Sigmaringen nach Riedlingen (s. Kr. Biberach) ein; andere marschierten über Ostrach (s. Kr. Sigmaringen) und von dort zum Teil weiter bis nach Altshausen und Aulendorf (beide s. Kr. Ravenburg); eine Gruppe mußte sich bis in die Nähe von Garmisch-Partenkirchen schleppen. Der spätere Untersuchungsbericht der Kriminalpolizei Ravensburg vermerkt, daß auf der gesamten Strecke immer wieder Leichen aufgefunden wurden. Zum Teil konnten die Todesursachen nicht mehr ermittelt werden, zum Teil wurde eindeutig der Tod durch Genickschuß festgestellt.

Noch im Mai 1945 veranlaßte die französische Militärregierung die Exhumierung der in den Massengräbern verscharrten Toten; zwei überlebende Häftlinge

Mahnmal im Eckerwald. Die Bronzefigur wurde von dem Rottweiler Bildhauer Siegfried Haas geschaffen. Auf der davor liegenden Platte ist eingraviert:
„Die Hölle entspringt aus uns Menschen,
Wenn wir Fremde und Gedrückte allein lassen,
Wenn wir den Nachteil fliehen,
Wenn wir um jeden Preis den Vorteil für uns nehmen."

– Lucien Hamen und Lorenz Stach – hatten sie auf die Existenz dieser Gräber hingewiesen. Die sterblichen Überreste von 549 Toten wurden am 14. Juni 1945 auf dem **KZ-Friedhof Schörzingen** feierlich beigesetzt. Die Namen von 433 Opfern und ihre Nationalitäten sind auf Gedenktafeln in der **Friedhofskapelle** zu lesen. Soweit sie damals schon bekannt waren, stehen sie auch in dem 1947 von Eugen Rosenfeldt (s. Tuttlingen, Kr. Tuttlingen) herausgegebenen Gedenkbuch: Es waren zwei Belgier, 24 Deutsche, 30 Franzosen, ein Grieche, 19 Italiener, 39 Jugoslawen, ein Norweger, 202 Polen, 80 Russen, zwei Serben, 22 Slowaken, vier Tschechen, 20 Ungarn und drei „Staatenlose".

Die zahlreichen Ruinen des **Werkes Zepfenhan** wurden in den Jahren 1987 bis 1995 durch den 1987 gegründeten Verein Initiative Gedenkstätte Eckerwald wieder sichtbar gemacht. Entlang des **Gedenkpfads Eckerwald** können Besucherinnen und Besucher Reste der Lagerhäuser, Fundamente der Kesselanlagen, Rohölbecken und aus Backstein gemauerte Rohrhalterungen entdecken. Zehn Schautafeln und ein Dokumentenhaus in den Ruinen der ehemaligen Gasreinigungsanlage geben Auskunft über die Schieferölgewinnung, ihre Bedeutung für die Kriegswirtschaft, die Lager des Unternehmens „Wüste" und die erbarmungslose Ausbeutung der Häftlinge. Am **Mahnmal** im **Eckerwald** findet alljährlich zum 8. Mai eine Gedenkfeier statt, zu der die Initiative Gedenkstätte Eckerwald vor allem auch Überlebende der „Wüste"-Konzentrationslager einlädt.

In **Schömberg** hatte die SS-eigene Deutsche Ölforschungsgesellschaft mbH (DÖLF) 1943 eine Versuchsanlage gebaut, die nach dem Sennewald-Verfahren arbeitete. Ende Dezember 1943 richtete die SS ein **KZ-Außenkommando** ein, es war das erste der sieben Lager des Unternehmens „Wüste". Die ersten Toten des Lagers Schömberg wurden im Krematorium von Schwenningen verbrannt. Beim Standesamt Schömberg sind 940 Todesfälle registriert. Als das Lager am 17. April 1945 aufgelöst wurde, überstellte die SS 2.420 Gefangene in das Dachauer KZ-Außenkommando Allach; eine weitere Gruppe mußte den Todesmarsch in Richtung Bodensee antreten und wurde schließlich bei Garmisch-Partenkirchen befreit.

Auf der Gemarkung von Schömberg gab es noch ein weiteres KZ-Außenkommando des Unternehmens „Wüste": das Lager Dautmergen (s. Dautmergen). Die in Dautmergen ums Leben gekommenen KZ-Häftlinge wurden auf dem **KZ-Friedhof** von **Schömberg**, an der Straße nach Dautmergen gelegen, bestattet. Hier ruhen 1.777 Tote, die 1946 aus Massengräber der Lager Dautmergen, Dormettingen und Schömberg exhumiert worden waren. Ein **Gedenkkreuz** in der Mitte der Anlage trägt die Inschrift:

> „Den Opfern ruchloser Gewalt.
> Im Lager Schömberg litten und starben für
> ihre Überzeugung
> in der Zeit von Januar 1944 bis zum April 1945
> 1777 politische Gefangene,
> darunter 5 Belgier, 18 Deutsche, 110 Franzosen,
> 6 Holländer,
> 18 Italiern, 97 Jugoslawen, 99 Letten und Litauer,
> 8 Norweger
> 34 Tschechoslowaken, 669 Polen, 8 Rumänen,
> 124 Russen, 2 Schweizer,
> 248 Ungarn und 330 Staatenlose."

Obwohl damals bereits bekannt war, daß die meisten der „Staatenlosen" Juden aus Litauen waren,

Mahnmal für die jüdischen Opfer, von denen sehr viele bei der Auflösung des Gettos in Wilna in die Lager des Unternehmens „Wüste" verschleppt worden waren, auf dem KZ-Friedhof Schömberg. Einzelne Grabsteine wurden von überlebenden Angehörigen aufgestellt, so von Reva Skop und Zima Abramowitz für ihre Brüder Isaak und Gershon Abramowitz aus Wilna. Isaak war 19 Jahre alt, als er am 27. November 1944 den furchtbaren Strapazen erlag; sein Bruder Gershon starb wenige Tage vor der Befreiung, am 5. April 1945, im Alter von 24 Jahren.

unterblieb der Hinweis auf ihre Herkunft. Im März 1991 ließ der Zollernalbkreis auf den KZ-Friedhöfen Schörzingen und Schömberg ebenso wie auf dem KZ-Friedhof Bisingen gleichlautenden **Informationstafeln** aufstellen, die ausführlich über das Geschehen berichten und die hohe Zahl der jüdischen Opfer benennen. Doch noch immer gibt es eine vergessene Opfergruppe: Der Sinti und Roma, die in den Lagern des Unternehmens „Wüste" umkamen, wird auf keiner der Gedenktafeln gedacht (zum Text der Informationstafeln s. Bisingen).

Nach den Ermittlungen des FNTB waren in **Schömberg** in den Kriegsjahren 225 zur Zwangsarbeit verschleppte Zivilpersonen gemeldet; möglicherweise mußte ein Teil von ihnen ebenfalls beim Ölschieferabbau arbeiten. Untergebracht waren sie im Saal des **Gasthauses „Traube"** und in **Baracken** am **Ortsrand**. Zum Einsatz ausländischer Kriegsgefangener fehlen jegliche Angaben. Vier sowjetische Opfer der Zwangsarbeit – drei aus **Schömberg**, eines aus **Wilflingen** – wurden auf den Friedhof von Ebingen umgebettet (s. Albstadt).

WINTERLINGEN

„Rassische" Verfolgung und „Euthanasie"

Die Ehefrau des praktischen Arztes Dr. Burkhardt, Sara Burkhardt geb. Muschel, war Jüdin. Sie wurde 1944 deportiert und ermordet.

Konzentrationslager und Zwangsarbeit

Aufgrund seiner Nachkriegsermittlungen meldete der FNTB für Winterlingen die Zahl von 460 zur Zwangsarbeit verschleppten Zivilpersonen. Das Grab des Säuglings Anatoli Hontscharowa, der am 14. Februar 1945 im „Durchgangslager" des Landesarbeitsamtes in Bietigheim (Kr. Ludwigsburg, Baden-Württemberg I) zur Welt gekommen war und knapp drei Wochen später in **Winterlingen** starb, wurde auf den Friedhof von Ebingen umgebettet (s. Albstadt).

ZIMMERN unter der BURG

Konzentrationslager und Zwangsarbeit

1982 führten Schülerinnen und Schüler einer Tübinger Gesamtschule im Rahmen des Schülerwettbewerbs „Alltag im Nationalsozialismus" Zeitzeugengespräche in Zimmern unter der Burg. Dabei erfuhren sie, daß einige Bauern versucht hatten, den ausgehungerten KZ-Gefangenen aus dem Lager Dautmergen Lebensmittel zukommen zu lassen. Sie legten Brot und Rüben in den Straßengraben in der Hoffnung, daß sie von den Gefangenen auf ihrem täglichen Weg zu den Ölschiefersteinbrüchen gefunden würden. Sie mußten jedoch beobachten, wie die begleitenden SS-Leute einzelne Gefangene, wenn sie sich bückten, niederknüppelten und die Lebensmittel ihren Schäferhunden zum Fressen gaben. Im Dorf selbst waren etwa 15 polnische Zwangsarbeiter in der Landwirtschaft eingesetzt.

SPUREN DER ZWANGSARBEIT

Der Französische Nationale Suchdienst (FNTB) ermittelte nach Kriegsende Zahlen zum Einsatz ausländischer

Zwangsarbeitskräfte in der französisch besetzten Zone. Diese Ermittlungen erfaßten lediglich die zur Zwangsarbeit verschleppten Zivilpersonen, nicht jedoch die ausländischen Kriegsgefangenen und KZ-Häftlinge. Für Orte, bei denen wir keine weiteren Angaben finden konnten, werden diese Zahlen hier genannt. Sie können als Anstoß für Nachforschungen dienen:

Burladingen	55 Personen
Grosselfingen	90 Personen
Obernheim	105 Personen

LITERATUR

Manfred Ailinger, Peter Thaddäus Lang: Die französischen Kriegsgefangenen in **Ebingen** 1941–1945. In: Heimatkundliche Blätter Balingen. Jg. 42. Balingen 1995 (zu **Albstadt**)

Floris B. Bakels: Nacht und Nebel. Frankfurt/Main 1979 (zu **Dautmergen**)

Eberhard Blum, Peter Thaddäus Lang: Juden in Ebingen? In: Heimatkundliche Blätter Balingen. Jg. 35. Balingen 1988 (zu **Albstadt**)

Casimir Bumiller: Die alte Synagoge in **Hechingen**. Hechingen 1991

Crime SS – Témoinage pour la postérité. Raconté par ceux qui ont vu. Préface du Capitaine A. Bessy. Gouverneur Militaire de Rottweil. Rottweil 1945 (zu **Schörzingen**)

Eberhard Elbs: Ölschiefer und Konzentrationslager: Das „Unternehmen Wüste". In: Heinrich Haasis (Hg.): Der Zollernalbkreis. Zweite Auflage. Stuttgart und Aalen 1990

Wilhelm Foth: Das Unternehmen Wüste. Ölschieferabbau und KZ-Häftlinge im **Balinger** Raum. In: Heimatkundliche Blätter Balingen. Jg. 32. Balingen 1985

Gedenkpfad **Eckerwald** – Das südwürttembergische Schieferölprojekt und seine sieben Konzentrationslager. Das Lager **Schörzingen** und sein Außenkommando **Zepfenhan**. Hg.: Initiative Gedenkstätte Eckerwald. Rottweil 1991

Juso-AG Bisingen (Hg.): Das KZ **Bisingen**. Eine Dokumentation. Gewidmet den Opfern der Intoleranz. Dritte Auflage. Bisingen 1996

Rudi Holoch: Das Lager **Schörzingen** in der „Gruppe Wüste". In: Herwart Vorländer (Hg.): Nationalsozialistische Konzentrationslager im Dienste der totalen Kriegsführung. Sieben württembergische Außenkommandos des Konzentrationslagers Natzweiler/Elsaß. Stuttgart 1978

Albrecht Homrighausen: Das Konzentrationslager in **Schörzingen**. In: Schörzingen. Ein Dorf am Fuße des Oberhohenbergs. Hg.: Stadt Schömberg. Schömberg 1995

Peter Thaddäus Lang: Kain, wo ist dein Bruder Abel? Die Vertreibung der Juden aus **Ebingen**. In: Heimatkundliche Blätter Balingen. Jg. 36. Balingen 1989 (zu **Albstadt**)

Peter Thaddäus Lang: Schwerste Zeiten für eine tapfere Frau. Caroline Schenk Gräfin von Stauffenberg beschreibt ihr Leben nach dem 20. Juli 1944. In: Heimatkundliche Blätter Balingen. Jg. 41. Balingen 1994 (zu **Albstadt-Lautlingen**)

Peter Thaddäus Lang: Claus Schenk Graf von Stauffenberg: Prägende Kräfte in Kindheit und Jugend. In: Heimatkundliche Blätter Balingen. Jg. 42. Balingen 1995 (zu **Albstadt-Lautlingen**)

Peter Thaddäus Lang, Wilhelm Conzelmann: **Tailfingen** – die Trikotstadt. Albstadt-Tailfingen 1990 (zu **Albstadt-Tailfingen**)

Stephan Link: „Arisierungen" im Kreis **Balingen**. In: Heimatkundliche Blätter Balingen. Jg. 38. Balingen 1991

Stephan Link: Der Fall Haux: Unternehmerkonflikte im Nationalsozialismus. In: Heimatkundliche Blätter Balingen. Jg. 42. Balingen 1995 (zu **Albstadt-Ebingen**)

Helge Norseth: Gefangen und doch frei. Stuttgart 1995 (zu **Dautmergen**)

Immo Opfermann: Ölschieferabbau in **Frommern** 1943–1949. In: Stadtverwaltung Balingen (Hg.): 793–1993. 1200 Jahre Endingen, Frommern, Heselwangen, Weilstetten, Zillhausen. Balingen 1993 (zu Balingen)

Thomas Seiterich-Kreuzkamp: Der Fall Erwin Dold. In: Michael Kißener (Hg.): Widerstand gegen die Judenverfolgung. Konstanz 1996 (zu **Dautmergen**)

Wolfgang Sörös: Nationalsozialistische Konzentrationslager und Kriegswirtschaft im regionalgeschichtlichen Unterricht der Hauptschule. Dargestellt am Beispiel des KZ **Bisingen**. Zulassungsarbeit PH Ludwigsburg. Ludwigsburg 1977

Karl Werner Steim: Der Judenpogrom 1938 in **Haigerloch**. In: Heimatkundliche Blätter Balingen. Jg. 35. Balingen 1988

Karl Werner Steim: **Haigerloch** in preußischer Zeit (1850–1945). Hg.: Stadt Haigerloch. Haigerloch 1994

Margarete Steinhart: **Balingen** 1918–1948. Kleinstadt im Wandel. Balingen 1991

Walter Stettner: **Ebingen**. Die Geschichte einer württembergischen Stadt. Sigmaringen 1986

Otto Werner: Die Juden in **Hechingen** während der Zeit des Nationalsozialismus. in: Stadt Hechingen (Hg.): 1200 Jahre Hechingen. Hechingen 1987

Otto Werner: „Damit hörte die Synagoge auf, ein Gotteshaus zu sein". Das Novemberpogrom 1938 in **Hechingen**. In: Heimatkundliche Blätter Balingen. Jg. 35. Balingen 1988

Andreas Zekorn: Die Todesmärsche und das Ende des „Unternehmens Wüste". In: Heimatkundliche Blätter Balingen. Jg. 42. Balingen 1995

Andreas Zekorn: Das „Unternehmen Wüste". In: Konrad Flegr, Andreas Zekorn (Hg.): Verblendung, Mord und Widerstand. Aspekte nationalsozialistischer Unrechtsherrschaft im Gebiet des heutigen Zollernalbkreises von 1933–1945. Hechingen 1995

MUSEEN/ARCHIVE

Alte Synagoge Hechingen
Goldschmiedstr. 22, 72379 Hechingen
Ausstellung zur jüdischen Geschichte Hechingens auf der Empore.
Besuch mit Führung nach Anmeldung unter Telefon 07471-621031

Heimatmuseum Bisingen
Kirchstraße 15, 72406 Bisingen, Tel. 07476-3104
Ständige Ausstellung: „Schwierigkeiten des Erinnerns". Das Konzentrationslager in Bisingen und der Ölschieferabbau während des Zweiten Weltkrieges.
Geöffnet samstags und sonntags 14-17 Uhr und auf Anfrage unter Tel. 07476-89620
An den Besuch kann sich eine Wanderung auf dem geschichtlichen Lehrpfad „Kuhloch" anschließen.

Gedenkpfad Eckerwald
Anfahrt: Autobahnausfahrt Rottweil, in Rottweil Richtung Bahnhof, Göllsdorf, Feckenhausen, weiter Richtung Wellendingen. An dieser Straße befindet sich auf der rechten Seite der Zugang zum Gedenkpfad.
Führungen durch Mitglieder der Initiative Gedenkstätte Eckerwald bitte rechtzeitig anmelden bei:
Gertrud Graf, Schörzinger Str. 61, 78669 Wilflingen, Tel 07426-3373
Walter Looser-Heidger, Tel. 0741-14530 oder 0741-23201
Immo Opfermann, Lembergstr. 13, 72355 Schömberg, Tel. 07427-2242
Im Archiv der Initiative Gedenkstätte Eckerwald sind zahlreiche Berichte von Überlebenden der Lager des Unternehmens „Wüste" aufbewahrt.
An Unterrichtsmaterialien stehen zur Verfügung:
Immo Opfermann: Unterlagen und Karten zur geographischen Spurensuche und zur Aufarbeitung der Geschichte der „Wüste"-KZ.
Peter Maisenbacher: Posidonienschiefer. Anregungen zur Durchführung fächerübergreifenden Unterrichts in Erdkunde, Biologie, Geologie, Chemie, Geschichte. zu beziehen bei:
Dr. Peter Maisenbacher, Lilienstr. 3, 75179 Pforzheim

Kreisarchiv Zollernalbkreis
Landratsamt, 72336 Balingen
In der Bibliothek gibt es eine Literatursammlung und im Archiv eine Dokumentensammlung zum Unternehmen „Wüste".
Ansprechpartner: Kreisarchivar Dr. Andreas Zekorn

KONTAKTE

Verein Alte Synagoge Hechingen e.V., Goldschmiedstr. 22, 72379 Hechingen

Gesprächskreis Ehemalige Synagoge Haigerloch, c/o Klaus Schubert, Weildorfer Kreuz 22, 72401 Haigerloch

Initiative Gedenkstätte Eckerwald, c/o Gertrud Graf, Schörzinger Str. 61, 78669 Wilflingen

Jungsozialisten Bisingen, c/o Norbert Wannenmacher, Helle Wiesenstr. 11, 72406 Bisingen

Arbeitskreis KZ Bisingen, Rathaus, Heidelbergstr. 9, 72406 Bisingen

FILME

Der KZ-Kommandant. Die ungewöhnliche Geschichte des Erwin Dold. Fernsehfilm der Filmgesellschaft Media Control für SWF III. 1991 (zu **Dautmergen**)

Vergangenheit unter dem Teppich. Zur Kontroverse um die Dokumentation der Jungsozialisten in Bisingen über das ehemalige KZ **Bisingen**. SWF II. 1986

FAHRRADTOUREN

Mit anderen Augen.
Eine Radtour zu Stationen nationalsozialistischer Gewaltherrschaft in Baden-Württemberg. Tourenbeschreibung vom Verein für Friedenspädagogik Tübingen. Tübingen 1989

Jüdisches Leben auf der Schwäbischen Alb.
Eine detaillierte Beschreibung der Tour, die in Tübingen beginnt und über Rexingen, Horb, Haigerloch, Hechingen, Dußlingen und Wankheim wieder nach Tübingen führt, findet sich bei:
Susanne Wetterich: Davids Stern an Rhein und Nekkar. Ausflüge auf den Spuren jüdischen Lebens in Baden-Württemberg. Stuttgart 1990.

Literatur zum Vertiefen und Weiterarbeiten (Auswahl)

H.G. Adler: Theresienstadt 1941–1945. Das Antlitz einer Zwangsgemeinschaft. Geschichte, Soziologie, Psychologie. Tübingen 1960

Götz Aly (Hg.): Aktion T4 1939–1945. Die „Euthanasie"-Zentrale in der Tiergartenstraße 4. Berlin 1987

Gerhard Armanski: Maschinen des Terrors. Das Lager (KZ und Gulag) in der Moderne. Münster 1993

Fietje Ausländer (Hg.): Verräter oder Vorbilder? Deserteure und ungehorsame Soldaten im Nationalsozialismus. Bremen 1990

Wolfgang Ayaß: „Asoziale" im Nationalsozialismus. Stuttgart 1995

Avraham Barkai: Vom Boykott zur „Entjudung". Der wirtschaftliche Existenzkampf der Juden im Dritten Reich 1933–1943. Frankfurt/Main 1987

Wolfgang Benz: Dimension des Völkermords. Die Zahl der jüdischen Opfer des Nationalsozialismus. München 1991

Barbara Beuys: Vergeßt uns nicht. Menschen im Widerstand 1933–1945. Reinbek bei Hamburg 1987

Otto Borst (Hg.): Das Dritte Reich in Baden und Württemberg. Stuttgart 1988

Michael Bosch, Wolfgang Niess: Der Widerstand im deutschen Südwesten 1933–1945. Hg.: Landeszentrale für politische Bildung. Stuttgart 1984

Karsten Bredemeier: Kriegsdienstverweigerung im Dritten Reich. Baden-Baden 1991

Anna Ebel-Blumenberg: Sondergerichtsbarkeit und „politischer Katholizismus" im Dritten Reich. Mainz 1990

Ulrich Cartarius: Opposition gegen Hitler. Berlin 1984

Danuta Czech: Kalendarium der Ereignisse im Konzentrationslager Auschwitz-Birkenau 1939–1945. Reinbek bei Hamburg 1989

Das Daimler-Benz-Buch. Ein Rüstungskonzern im „Tausendjährigen Reich". Hg.: Hamburger Stiftung für Sozialgeschichte des 20. Jahrhunderts. Nördlingen 1987

Deutschland-Berichte der Sozialdemokratischen Partei Deutschlands (Sopade). 1934–1940. Sieben Bände. Salzhausen, Frankfurt/Main 1989

Klaus Drobisch, Günther Wieland: System der NS-Konzentrationslager 1933–1939. Berlin 1993

Ehrenbuch für die im Zuchthaus Brandenburg-Görden ermordeten Antifaschisten. Sechs Bände. Berlin/DDR 1986

Ehrenbuch der Opfer von Berlin-Plötzensee. Hg.: Vereinigung der Verfolgten des Naziregimes in Westberlin. Westberlin 1974

Bernd Eichmann: Versteinert, verharmlost, vergessen. KZ-Gedenkstätten in der Bundesrepublik Deutschland. Frankfurt/Main 1985

Hanna Elling: Frauen im deutschen Widerstand 1933–1945. Frankfurt/Main 1986

Enzyklopädie des Holocaust. Die Verfolgung und Ermordung der europäischen Juden. Drei Bände. Berlin 1993

Hermann Erbacher: Die Evangelische Landeskirche in Baden in der Weimarer Zeit und im Dritten Reich. 1919–1945. Karlsruhe 1983

Heinz Faulstich: Von der Irrenfürsorge zur „Euthanasie". Geschichte der badischen Psychiatrie bis 1945. Freiburg 1993

Benjamin B. Ferencz: Lohn des Grauens. Die verweigerte Entschädigung für jüdische Zwangsarbeiter. Ein Kapitel deutscher Nachkriegsgeschichte. Frankfurt/Main, New York 1981

Jutta von Freyberg, Barbara Bromberger, Hans Mausbach: „Wir hatten andere Träume". Kinder und Jugendliche unter der NS-Diktatur. Frankfurt 1995

Detlef Garbe: Zwischen Widerstand und Martyrium. Die Zeugen Jehovas im „Dritten Reich". München 1993

Gedenkbuch – Opfer der Verfolgung der Juden unter der nationalsozialistischen Gewaltherrschaft in Deutschland 1933–1945. Bearbeitet vom Bundesarchiv Koblenz und dem Internationalen Suchdienst Arolsen. Koblenz 1986

Gedenkbuch: Die Sinti und Roma im Konzentrationslager Auschwitz-Birkenau. Hg.: Staatliches Museum Auschwitz-Birkenau in Zusammenarbeit mit dem Dokumentations- und Kulturzentrum Deutscher Sinti und Roma. Zwei Bände. München, London, New York, Paris 1993

Karl Giebeler, Thomas Lutz, Silvester Lechner: Die frühen Konzentrationslager in Deutschland. Austausch zum Forschungsstand und zur pädagogischen Praxis in Gedenkstätten. Bad Boll 1995

Heinz Gittig: Bibliographie der Tarnschriften 1933–1945. München, New Providence, London, Paris 1996

Constantin Goschler: Wiedergutmachung. Westdeutschland und die Verfolgten des Nationalsozialismus 1945–1954. München 1992

Günter Grau (Hg.): Homosexualität in der NS-Zeit. Dokumente einer Diskriminierung und Verfolgung. Frankfurt 1993

Joachim Hahn: Erinnerungen und Zeugnisse jüdischer Geschichte in Baden-Württemberg. Stuttgart 1988

Joachim Hahn: Synagogen in Baden-Württemberg. Stuttgart 1987

Ulrich Herbert: Fremdarbeiter. Politik und Praxis des Ausländereinsatzes in der Kriegswirtschaft des Dritten Reiches. Bonn 1985

Ulrich Herbert: Geschichte der Ausländerbeschäftigung in Deutschland 1880 bis 1980. Saisonarbeiter, Zwangsarbeiter, Gastarbeiter. Bonn 1986

Ulrich Herbert (Hg.): Europa und der „Reichseinsatz". Ausländische Zivilarbeiter, Kriegsgefangene und KZ-Häftlinge in Deutschland 1938–1945. Essen 1991

Ludolf Herbst, Constantin Goschler: Wiedergutmachung in der Bundesrepublik. München 1989

Raul Hilberg: Die Vernichtung der europäischen Juden. Die Gesamtgeschichte des Holocaust. Berlin 1982

Raul Hilberg: Täter, Opfer, Zuschauer. Die Vernichtung der Juden 1933–1945. Frankfurt 1992

Barbara Hopmann, Mark Spoerer, Birgit Weitz, Beate Brüninghaus: Zwangsarbeit bei Daimler-Benz. Stuttgart 1994

Franz Hundsnurscher, Gerhard Taddey: Die jüdischen Gemeinden in Baden. Denkmale, Geschichte, Schicksale. Stuttgart 1968

Wolfgang Jacobmeyer: Vom Zwangsarbeiter zum heimatlosen Ausländer. Die Displaced Persons in Westdeutschland 1945–1951. Göttingen 1985

Karl Heinz Jahnke, Michael Buddrus: Deutsche Jugend 1933–1945. Hamburg 1989

Karl Heinz Jahnke: Hitlers letztes Aufgebot. Deutsche Jugend im sechsten Kriegsjahr 1944/45. Essen 1993

Hans-Peter Klausch: Die 999er. Von der Brigade „Z" zur Afrikadivision 999. Die Bewährungsbataillone und ihre Anteil am antifaschistischen Widerstand. Frankfurt/Main 1986

Ernst Klee: „Euthanasie" im NS-Staat. Die „Vernichtung lebensunwerten Lebens". Frankfurt/Main 1983

Ernst Klee (Hg.): Dokumente zur „Euthanasie". Frankfurt/Main 1985

Ernst Klee: Was sie taten – Was sie wurden. Ärzte, Juristen und andere Beteiligte am Kranken- und Judenmord. Frankfurt 1986

Ernst Klee, Willi Dreßen, Volker Rieß: „Schöne Zeiten". Judenmord aus der Sicht der Täter und Gaffer. Frankfurt/Main 1988

Christoph Kleßmann, Falk Pingel (Hg.): Gegner des Nationalsozialismus. Frankfurt/Main 1980

Mathias Knauer, Jörg Frischknecht: Die unterbrochene Spur. Antifaschistische Emigration in der Schweiz 1933–1945. Zürich 1983

Michail Krausnick: Wo sind sie hingekommen? Der unterschlagene Völkermord an den Sinti und Roma. Gerlingen 1995

Künstlerschicksale im Dritten Reich in Württemberg und Baden. Hg.: Verband Bildender Künstler Württemberg e.V. Gerlingen 1987

Gisela Lehrke: Gedenkstätten für die Opfer des Nationalsozialismus. Historisch-politische Bildung an Orten des Widerstands und der Verfolgung. Frankfurt, New York 1988

Lexikon des deutschen Widerstandes. Hg. Wolfgang Benz und Walter H. Pehle. Frankfurt/Main 1994

Johannes Ludwig: Boykott, Enteignung, Mord. Die „Entjudung" der deutschen Wirtschaft. Hamburg, München 1989

Arno Lustiger: Zum Kampf auf Leben und Tod! Vom Widerstand der Juden 1933–1945. Köln 1994

Manfred Messerschmidt, Fritz Wüllner: Die Wehrmachtsjustiz im Dienste des Nationalsozialismus. Zerstörung einer Legende. Baden-Baden 1987

Manfred Messerschmidt: Was damals Recht war ... NS-Militär- und Strafjustiz im Vernichtungskrieg. Hg.: Wolfram Wette. Essen 1996

Rolf-Dieter Müller, Gerd R. Ueberschär, Wolfram Wette: Wer zurückweicht wird erschossen! Kriegsalltag und Kriegsende in Südwestdeutschland 1944/1945. Freiburg 1985

Benno Müller-Hill: Tödliche Wissenschaft. Die Aussonderung von Juden, Zigeunern und Geisteskranken 1933–1945. Reinbek bei Hamburg 1985

Die Opfer der nationalsozialistischen Judenverfolgung in Baden-Württemberg 1933–1945. Ein Gedenkbuch. Stuttgart 1969

Roland Peter: Rüstungspolitik in Baden: Kriegswirtschaft und Arbeitseinsatz in einer Grenzregion im Zweiten Weltkrieg. München 1995

Walter H. Pehle (Hg.): Der Judenpogrom 1938. Von der „Reichskristallnacht" zum Völkermord. Frankfurt/Main 1988

Michael Philipp (Hg.): Gurs. Ein Internierungslager in Südfrankreich 1939–1943. Literarische Zeugnisse, Briefe, Berichte. Hamburg 1991

Falk Pingel: Häftlinge unter SS-Herrschaft. Widerstand, Selbstbehauptung und Vernichtung im Konzentrationslager. Hamburg 1978

Richard Plant: Rosa Winkel. Der Krieg der Nazis gegen die Homosexuellen. Frankfurt/Main 1991

Hermann J. Pretsch (Hg.): „Euthanasie". Krankenmorde in Südwestdeutschland. Zwiefalten 1996

Romani Rose (Hg.): Der nationalsozialistische Völkermord an den Sinti und Roma. Schriftenreihe des Dokumentations- und Kulturzentrums Deutscher Sinti und Roma. Heidelberg 1995

Romani Rose, Walter Weiß: Sinti und Roma im „Dritten Reich". Das Programm der Vernichtung durch Arbeit. Hg.: Zentralrat Deutscher Sinti und Roma. Göttingen 1991

Karl Heinz Roth, Michael Schmid: Die Daimler-Benz AG 1916–1948. Schlüsseldokumente zur Konzerngeschichte. Hg.: Hamburger Stiftung für Sozialgeschichte des 20. Jahrhunderts. Nördlingen 1987

Paul Sauer: Dokumente über die Verfolgung der jüdischen Bürger in Baden-Württemberg durch das nationalsozialistische Regime 1933–1945. Hg.: Archivdirektion Stuttgart. Zwei Bände. Stuttgart 1966

Paul Sauer: Die jüdischen Gemeinden in Württemberg und Hohenzollern. Denkmale, Geschichte, Schicksale. Hg.: Archivdirektion Stuttgart. Stuttgart 1966

Paul Sauer: Die Schicksale der jüdischen Bürger Baden-Württembergs während der nationalsozialistischen Verfolgungszeit 1933–1945. Statistische Ergebnisse der Erhebungen der Dokumentationsstelle bei der Archivdirektion Stuttgart und zusammenfassende Darstellung. Hg.: Archivdirektion Stuttgart. Stuttgart 1969

Jörg Schadt: Verfolgung und Widerstand unter dem Nationalsozialismus in Baden: Die Lageberichte der Gestapo und des Generalstaatsanwaltes Karlsruhe 1933–1940. Hg.: Stadtarchiv Mannheim. Stuttgart 1976

Klaus Scherer: „Asozial" im Dritten Reich. Die vergessenen Verfolgten. Münster 1990

Peter Scherer, Peter Schaaf: Dokumente zur Geschichte der Arbeiterbewegung in Württemberg und Baden 1849–1949. Stuttgart 1984

Jürgen Schmädecke, Peter Steinbach: Der Widerstand gegen den Nationalsozialismus. Die deutsche Gesellschaft und der Widerstand gegen Hitler. München 1985

Thomas Schnabel (Hg.): Die Machtergreifung in Südwestdeutschland. Das Ende der Weimarer Republik in Baden und Württemberg 1928–1933. Stuttgart 1982

Claudia Schoppmann: Zeit der Maskierung. Lebensgeschichten lesbischer Frauen im „Dritten Reich". Berlin 1993

Hanna Schramm: Menschen in Gurs. Erinnerungen an ein französisches Internierungslager (1940–1941). Worms 1977

Gerhard Schreiber: Die italienischen Militärinternierten im deutschen Machtbereich 1943–1945. Verraten – Verachtet – Vergessen. München 1990

Peter Steinbach, Johannes Tuchel: Widerstand in Deutschland 1933–1945. Ein historisches Lesebuch. München 1994

Stanislaus Stepien: Der alteingesessene Fremde. Ehemalige Zwangsarbeiter in Westdeutschland. Frankfurt/Main 1989

Sterbebücher von Auschwitz. Fragmente. Hg.: Staatliches Museum Auschwitz-Birkenau. Drei Bände. München, New Providence, London, Paris 1995

Alfred Streim: Die Behandlung sowjetischer Kriegsgefangener im „Fall Barbarossa". Karlsruhe, Heidelberg 1991

Christian Streit: „Keine Kameraden". Die Wehrmacht und die sowjetischen Kriegsgefangenen 1941–1945. Bonn 1990

Jürgen Stroech: Die illegale Presse 1933–1939. Eine Waffe im Kampf gegen den deutschen Faschismus. Leipzig, Frankfurt/Main 1979

Totenliste des Lagers Gurs. Erstellt vom Hauptamt der Stadt Karlsruhe. Karlsruhe 1990

Jacob Toury: Jüdische Textilunternehmer in Baden-Württemberg 1683–1938. Tübingen 1984

Gerd R. Ueberschär: Der 20. Juli 1944. Bewertung und Rezeption des deutschen Widerstandes gegen das NS-Regime. Köln 1994

Herwart Vorländer (Hg.): Nationalsozialistische Konzentrationslager im Dienste der totalen Kriegsführung. Sieben württembergische Außenkommandos des Konzentrationslagers Natzweiler/Elsaß. Stuttgart 1978

Martin Weinmann (Hg.): Das nationalsozialistische Lagersystem (CCP). Mit Beiträgen von Anne Kaiser und Ursula Krause-Schmitt. Frankfurt/Main 1990

Bettina Wenke: Interviews mit Überlebenden. Verfolgung und Widerstand in Südwestdeutschland. Stuttgart 1980

Erhard R. Wiehn (Hg.): Oktoberdeportation 1940. Die sogenannte „Abschiebung" der badischen und saarpfälzischen Juden in das französische Internierungslager Gurs und andere Vorstationen von Auschwitz. 50 Jahre danach zum Gedenken. Konstanz 1990

Jörg Wollenberg (Hg.): „Niemand war dabei und keiner hat's gewußt". Die deutsche Öffentlichkeit und die Judenverfolgung 1933–1945. München, Zürich 1989

Jürgen Ziegler: Mitten unter uns. Natzweiler-Struthof: Spuren eines Konzentrationslagers. Hamburg 1986

Ortsregister

A

B

C

D

E

F

G

H

I

J

K

L

M

N

T

U

V

W

Y

Z

Nachweis der Fotografien und Skizzen

Die Abbildungen stammen von folgenden Personen und Archiven:

Armin Bannwarth (1), Udo Bayer (1), Bernd Bothe (1), Manfred Bosch (5), Oswald Burger (1), Guido Fackler (2), Förderverein Ehemalige Synagoge Kippenheim (2), Dokumentationsarchiv des deutschen Widerstandes (5), Gedenkstätte Grafeneck (2), Gemeinde Unterkirnach (1), Ekkehard Hausen (4), Reinhard Hildebrandt, VVN-BdA Ludwigsburg (3), Inge Kaufmann, VVN-BdA Freiburg (4), Carsten Kohlmann (1), Gerhard Müller (1), Psychiatrisches Landeskrankenhaus Bad Schussenried (1), Klaus Schätzle (1), Berthold Seeger (1), Stadtarchiv Biberach (1), Stadtarchiv Emmendingen, Stadtarchiv Haigerloch, Stadtarchiv Schelklingen (1), Stadtarchiv Tuttlingen (2), Stadtarchiv Singen (1), Stadtarchiv Wangen (1), Stadtverwaltung Bad Buchau (1), Stadtverwaltung Donaueschingen (1), Stadtverwaltung Ostrach (1), Peter Stratmann(4), Jürgen Stude (1), Heinz Surek (2), Hella Wolff-Seybold (2);

sowie aus folgenden Veröffentlichungen:

Fremde Arbeiter in Tübingen 1939-1945. Herausgegeben von der Projektgruppe „Fremde Arbeiter" am Ludwig-Uhland-Institut für empirische Kulturwissenschaft und der Tübinger Vereinigung für Volkskunde. Tübingen 1985

Manfred Bosch: Bohème am Bodensee. Literarisches Leben am See von 1900 bis 1950. Lengwil 1996

Die Chronik. 100 Jahre SPD in Villingen und Schwenningen. Hg.: SPD-Ortsverein Villingen-Schwenningen. Villingen-Schwenningen 1990

Von der Diktatur zur Besatzung. Das Kriegsende 1945 im Gebiet des heutigen Landkreises Sigmaringen. Herausgegeben vom Landkreis Sigmaringen. Saulgau 1995

Heinz Faulstich: Von der Irrenfürsorge zur „Euthanasie". Geschichte der badischen Psychiatrie bis 1945. Freiburg 1993

Alfred G. Frei, Jens Runge (Hg.): Erinnern-Bedenken-Lernen. Das Schicksal von Juden, Zwangsarbeitern und Kriegsgefangenen zwischen Hochrhein und Bodensee in den Jahren 1933 bis 1945. Sigmaringen 1990

Fremd und nicht freiwillig. Zwangsarbeit und Kriegsgefangenschaft in Rheinfelden-Baden und Umgebung 1940–45. Begleitheft zur Ausstellung im Haus Salmegg. Rheinfelden 1992

Ernest Gillen: 50 Jahre danach: Gedenken an das Ende der KZ-Nebenlager und des Nationalsozialismus in Rottweil und Umgegend. In: Rappel. Revue de la L.P.P.D. Heft 4. Luxembourg 1995

Joachim Hahn: Erinnerungen und Zeugnisse jüdischer Geschichte in Baden-Württemberg. Stuttgart 1988

Haus der Geschichte Baden-Württemberg (Hg.): „Doch die Freiheit, die kommt wieder". NS-Gegner im Württembergischen Schutzhaftlager Ulm 1933–1935. Stuttgart 1994

Michel Hermann: 60 Jahre danach. Auf Spurensuche im Bezirk Blaubeuren. Blaubeuren 1996

Manfred Hildenbrand: Die „Hölle" von Haslach. Die beiden Konzentrationslager „Kinzigdamm" und „Vulkan". In: Die Ortenau. Veröffentlichungen des Historischen Vereisn für Mittelbaden. Offenburg 1993

50 Jahre Kriegsausbruch, 40 Jahre Bundesrepublik Deutschland. Villingen-Schwenningen in Aussagen, Bildern und Dokumenten. Hg.: Stadt Villingen-Schwenningen. Villingen-Schwenningen 1989

Juso-AG Bisingen (Hg.): Das KZ Bisingen. Eine Dokumentation. Gewidmet den Opfern der Intoleranz. Dritte Auflage. Bisingen 1996

Kollegbrief St. Blasien, Heft 67. St. Blasien 1995

Abraham P. Kustermann, Dieter R. Bauer (Hg.): Jüdisches Leben im Bodenseeraum. Ostfildern 1994

Silvester Lechner: Das KZ Oberer Kuhberg und die NS-Zeit in der Region Ulm/Neu-Ulm. Schriftenreihe des DZOK. Band 1. Stuttgart 1988

Silvester Lechner (Hg.): Schönes, schreckliches Ulm. 130 Berichte ehemaliger polnischer Zwangsarbeiterinnen und Zwangsarbeiter, die in den Jahren 1940 bis 19456 in die Region Ulm/Neu-Ulm verschleppt worden waren. DZOK-Manuskripte Band 3. Ulm 1996

Peter Maier: Der Umsturz in Kirchentellinsfurt 1945. In: Blätter zur Heimatgeschichte von Kirchentellinsfurt Nr. 1. Kirchentellinsfurt 1996

Georg Metzler: „Geheime Kommandosache". Raketenrüstung in Oberschwaben. Das Außenlager Saulgau und die V2 (1943–1945). Bergatreute 1996

Joseph Mohn: Der Leidensweg unter dem Hakenkreuz. Aus der Geschichte von Stadt und Stift Buchau. Bad Buchau 1970

Hermann J. Pretsch (Hg.): „Euthanasie". Krankenmorde in Südwestdeutschland. Zwiefalten 1996

Ulrike Puvogel, Martin Stankowski unter Mitarbeit von Ursula Graf: Gedenkstätten für die Opfer des Nationalsozialismus. Eine Dokumentation. Band I. Herausgegeben von der Bundeszentrale für politische Bildung. 2. überarbeitete und erweiterte Auflage. Bonn 1995

Reutlingen 1930–1950. Nationalsozialismus und Nachkriegszeit. Hg.: Stadt Reutlingen. Reutlingen 1995

Adolf Rieth: Den Opfern der Gewalt. KZ-Opfermale der europäischen Völker. Tübingen 1968

Ein Rundgang durch das ehemalige jüdische Kippenheim. Hg.: Förderverein Ehemalige Synagoge Kippenheim und Deutsch-Israelischer Arbeitskreis südlicher Oberrhein. Lahr 1996

Wolfgang Sannwald (Hg.): Einmarsch – Umsturz – Befreiung. Das Kriegsende im Landkreis Tübingen. Frühjahr 1945. Tübingen 1995

Elmar Scheffold: 50 Jahre danach. Ereignisse, Erlebnisse, Schicksale. Beiträge in der Schwäbischen Zeitung Leutkirch, Isny, Bad Wurzach. Leutkirch 1995

Benigna Schönhagen: Das Gräberfeld X. Eine Dokumentation über NS-Opfer auf dem Tübinger Stadtfriedhof. Tübingen 1987

Benigna Schönhagen (Hg.): Nationalsozialismus in Tübingen. Vorbei und vergessen. Tübingen 1992

Thomas Seiterich-Kreuzkamp: Der Fall Erwin Dold. In: Michael Kißener (Hg.): Widerstand gegen die Judenverfolgung. Konstanz 1996

Stadtverwaltung Reutlingen (Hg.): Die Reutlinger Gedenktafel zur Erinnerung an jüdische Mitbürger. Dokumentation eines Schülerwettbewerbs. Reutlingen 1987

Margarete Steinhart: Balingen 1918–1948. Kleinstadt im Wandel. Balingen 1991

Stiftung Liebenau (Hg.): „Aktion Gnadentod" in der Anstalt Liebenau. 50 Jahre danach. Liebenau 1993

Christian Turrey: „Ich kann den Waffendienst mit der Lehre Christi einfach nicht vereinbaren". Zur Erinnerung an Josef Ruf. In: Schwäbische Heimat. Herausgegeben vom Schwäbischen Heimatbund. 46. Jg., Heft 4. Stuttgart 1995

Resi Weglein: Als Krankenschwester im KZ Theresienstadt. Erinnerungen einer Ulmer Jüdin. Herausgegeben und mit einer Zeit- und Lebensbeschreibung versehen von Silvester Lechner und Alfred Moos. Schriftenreihe des DZOK. Band 2. Stuttgart 1988

Georg Wieland: Vom Leben der Zwangsarbeiter und Kriegsgefangenen in Friedrichshafen 1939–1945. In: Leben am See. Band XII. Friedrichshafen 1995

Hans Willbold: Das Kriegsende 1945 im nördlichen Oberschwaben. Bad Buchau 1995

Die Deutsche Bibliothek – CIP-Einheitsaufnahme

Heimatgeschichtlicher Wegweiser zu Stätten des Widerstandes und der Verfolgung 1933–1945 / hrsg. vom Studienkreis Deutscher Widerstand und der Vereinigung der Verfolgten des Naziregimes (VVN) / Bund der Antifaschisten Baden-Württemberg.
Frankfurt/Main : VAS.

Teilw. hrsg. vom Studienkreis zur Erforschung und Vermittlung der Geschichte des Widerstandes 1933–1945, vom Bundesvorstand und vom Landesverband Saar der Verfolgten des Naziregimes / Bund der Antifaschisten. – Teilw. red. von Ursula Krause-Schmitt. – Bis Bd. 4 im Verl. Pahl-Rugenstein, Köln

Bd. 5. Baden-Württemberg.
2. Regierungsbezirke Freiburg und Tübingen / mit einem Vorw. von Siegfried Pommerenke. Autorin: Ursula Krause-Schmitt – 1997
ISBN 3-88864-223-X

60486 Frankfurt-Bockenheim, Kurfürstenstraße 18

Fotografie Titelseite: Gedenkstätte Grafeneck,
Jürgen vom Grafen, Münsingen
Layout und Karten: Gottfried Schmidt
Druck: F.M. Druck, Karben